Friedrich Lurz

Die Feier des Abendmahls
nach der Kurpfälzischen Kirchenordnung
von 1563

Kohlhammer

Praktische Theologie heute

Herausgegeben von
Gottfried Bitter
Peter Cornehl
Ottmar Fuchs
Albert Gerhards
Henning Schröer
Klaus Wegenast

Band 38

Friedrich Lurz

Die Feier des Abendmahls nach der Kurpfälzischen Kirchenordnung von 1563

Ein Beitrag zu einer ökumenischen Liturgiewissenschaft

Verlag W. Kohlhammer

Die Deutsche Bibliothek – CIP-Einheitsaufnahme

Lurz, Friedrich:
Die Feier des Abendmahls nach der Kurpfälzischen Kirchenordnung von 1563 : ein Beitrag zu einer ökumenischen Liturgiewissenschaft / Friedrich Lurz. –
Stuttgart ; Berlin ; Köln : Kohlhammer, 1998
 (Praktische Theologie heute ; Bd. 38)
 Zugl.: Bonn, Univ., Diss., 1997
 ISBN 3-17-015572-5

Alle Rechte vorbehalten
© 1998 W. Kohlhammer GmbH
Stuttgart Berlin Köln
Verlagsort: Stuttgart
Umschlag: Data Images GmbH
Gesamtherstellung:
W. Kohlhammer Druckerei GmbH + Co. Stuttgart
Printed in Germany

Inhaltsverzeichnis

Vorwort		13
1	Einleitung	15
2	Zur Methode einer ökumenischen Liturgiewissenschaft	17
2.1	Die Notwendigkeit einer Methodenreflexion	17
2.1.1	Die methodologische Fragestellung	17
2.1.2	Die bisherige Diskussion	17
2.2	Die Ebenen einer ökumenischen Liturgiewissenschaft	18
2.2.1	Die Ebene der Theorie der Liturgiewissenschaft	21
2.2.2	Die Ebene der Liturgiewissenschaft	22
2.2.2.1	Die formale Ebene der Liturgiewissenschaft	22
2.2.2.2	Die inhaltliche Ebene der Liturgiewissenschaft	23
2.2.3	Das Objekt der Liturgiewissenschaft	24
2.2.3.1	Das bisherige ökumenische Objekt der Liturgiewissenschaft	24
2.2.3.2	Das Materialobjekt	27
2.2.3.2.1	Die 'Kirche' als Materialobjekt der Liturgiewissenschaft?	28
2.2.3.2.2	Die 'Sachgemäßheit' als Kriterium für eine Einschränkung des Materialobjekts?	30
2.2.3.2.3	Die Geschichte der 'anderen Liturgie' ist die Geschichte der eigenen Liturgie	31
2.2.3.2.4	Die Themen einer ökumenischen Liturgiewissenschaft	32
2.2.3.3	Das Formalobjekt: Perspektive und erkenntnisleitendes Interesse	33
2.3	Die Methoden einer ökumenischen Liturgiewissenschaft	36
2.3.1	Die historisch-kritische Methode	36
2.3.2	Die pastoral-praktische Methode	39
2.3.3	Die systematisch-theologische Methode	41
2.3.3.1	Der Einfluß der Dogmatik auf die Liturgie	43
2.3.3.2	Der Einfluß der Liturgie auf die Dogmatik	44
2.3.3.3	Die 'Sinngestalt' als liturgietheologische Synthese	45
2.3.4	Resümee	46
3	Die Abendmahlsfeier nach der Kurpfälzischen Kirchenordnung von 1563 als exemplarisches Untersuchungsobjekt: Der Forschungsstand und die Aufgabenstellung dieser Untersuchung	48
4	Der historische Kontext der zu untersuchenden Kirchenordnung	53
4.1	Die allgemeine historische Entwicklung in Deutschland seit Beginn der Reformation	53
4.2	Die spezielle historische Entwicklung in der Kurpfalz des 16. Jahrhunderts	56
4.2.1	Die Zeit Ludwigs V. (1508-1544)	57
4.2.2	Die Zeit Friedrichs II. (1544-1556)	58
4.2.3	Die Zeit Ottheinrichs (1556-1559)	61
4.2.4	Die Zeit Friedrichs III. (1559-1576)	63
4.2.5	Die Zeit Ludwigs VI. (1576-1583) und Johann Casimirs (1583-1592)	65
5	Der unmittelbare Kontext des Abendmahlformulars: Der Heidelberger Katechismus und die Kirchenordnung	67
5.1	Die Vorgeschichte - ein weiterer Abendmahlsstreit	67
5.2	Der Heidelberger Katechismus als dogmatische Grundlegung der Kirchenordnung	69

5.3	Die Kirchenordnung und ihre Entstehung	72
5.4	Der Ort der Abendmahlsfeier im theologischen Aufbau der vorliegenden Kirchenordnung	74
6	Die näheren Umstände der Abendmahlsfeier	76
6.1	Die Bezeichnung der Feier	76
6.2	Die Häufigkeit von Abendmahlsfeier und Kommunion	78
6.2.1	Die Häufigkeit in der vorreformatorischen Liturgie	78
6.2.1.1	Die Feierhäufigkeit	78
6.2.1.2	Die Kommunionhäufigkeit	79
6.2.2	Die Häufigkeit von Feier und Empfang des Abendmahls in den reformatorischen Liturgien	80
6.2.3	Die Feierhäufigkeit nach der vorliegenden Ordnung	82
6.3	Die Frage nach der Würdigkeit zur Teilnahme am Abendmahl	83
6.3.1	Der Umgang mit der Frage nach der Würdigkeit in der vorreformatorischen Liturgie	83
6.3.1.1	Antike und Frühmittelalter	83
6.3.1.2	Mittelalter	85
6.3.2	Der Umgang mit der Frage der Würdigkeit in den reformatorischen Liturgien	86
6.3.2.1	Der Umgang mit der Frage der Würdigkeit in der lutherischen Tradition	86
6.3.2.2	Der Umgang mit der Frage der Würdigkeit in der reformierten Tradition	88
6.3.2.3	Resümee	90
6.3.3	Der Umgang mit der Frage der Würdigkeit in der vorliegenden Ordnung	90
6.3.3.1	Die Kirchenzucht	90
6.3.3.2	Der Vorbereitungsgottesdienst zum Abendmahl	91
6.3.3.3	Resümee	95
6.4	Der Verlauf der Feier bis zum Beginn der eigentlichen Abendmahlsfeier	95
7	Die Abendmahlsvermahnung	101
7.1	Die Abendmahlsvermahnung - eine unzureichend analysierte und definierte liturgische Gattung	102
7.2	Die Umreißung der Vermahnung unter formalen Gesichtspunkten	105
7.3	Die Bezeichnungen und ihre Etymologie als Schlüssel für ein erstes Verständnis der Textgattung	106
7.3.1	Die im 16. Jh. verwendeten Bezeichnungen für die Vermahnungstexte	106
7.3.2	Die Etymologie der Begriffe	108
7.3.2.1	Das Verb 'mahnen'	108
7.3.2.2	Das Verb 'vermahnen'	108
7.3.2.3	Das Verb 'ermahnen'	108
7.3.2.4	Das Verb 'exhortari'	110
7.3.2.5	Das Verb 'adhortari'	111
7.3.2.6	Das Verb 'admonire'	111
7.3.3	Resümee	112
7.4	Die Genese der Textgattung 'Abendmahlsvermahnung' - der Versuch einer Bedeutungsbestimmung unter inhaltlichen und formalen Gesichtspunkten	113
7.4.1	Die behauptete Genese aus dem 'Habete vinculum pacis'	113
7.4.2	Die Vermahnung als Ersatz für die Präfation und die damit behauptete Herkunft aus der Präfation	114
7.4.3	Die behauptete Genese aus der Ankündigung der Osterkommunion	116
7.4.4	Die behauptete Genese aus den mittelalterlichen Kommunionansprachen	117
7.4.4.1	Die Kommunionansprache in den katholischen Ritualien	121
7.4.4.1.1	Die rubrizierte Kommunionvermahnung vor der Reformation	121

7.4.4.1.2	Die ersten textlich ausgearbeiteten katholischen Kommunionvermahnungen in privaten Drucken	124
7.4.4.1.3	Die textlich gefaßten Kommunionvermahnungen der nachreformatorischen Ritualiendrucke	126
7.4.4.2	Die Vermahnungen bei sonstigen Sakramentenfeiern in den katholischen Ritualien	129
7.4.4.3	Die weitere Entwicklung im Rituale Romanum 1614	131
7.4.5	Die Genese der Vermahnung - ein Resümee	132
7.4.5.1	Die Genese der katholischen Kommunionvermahnungen	132
7.4.5.2	Die Genese der evangelischen Abendmahlsvermahnungen	135
7.5	Die genauere Kategorisierung der evangelischen Abendmahlsvermahnungen	140
7.5.1	Der 'nouthetische Typ'	140
7.5.2	Der 'anamnetische Typ'	141
7.5.3	Der Misch-Typ	143
7.5.4	Resümee	143
7.6	Die Einsetzungsworte (1 Kor 11,23-29) als Lesung zu Beginn der Abendmahlsvermahnung	144
7.6.1	Die Einsetzungsworte in den Liturgien der alten Kirchen	144
7.6.2	Die Einsetzungsworte im Canon Romanus	145
7.6.3	Der Text und die Stellung des Einsetzungsberichtes in den Ordnungen der Reformation	150
7.6.3.1	Die erste Beseitigung unbiblischer Ausschmückungen: Die Abendmahlsordnungen vor Luther	150
7.6.3.2	Die erste Anpassung an eine veränderte liturgische Verwendung: Die Abendmahlsordnungen Luthers	152
7.6.3.3	Die erstmalige Verwendung des paulinischen Textes in der Straßburger 'Ordnung des herren Nachtmal' (1525)	156
7.6.3.4	Die Ausweitung des paulinischen Textes bis Vers 26 in den Schweizer Abendmahlsordnungen vor Calvin	157
7.6.3.5	Der paulinische Einsetzungsbericht 1 Kor 11,23-29 als biblische Grundlage der Abendmahlsvermahnung in den calvinistischen Abendmahlsordnungen	162
7.6.3.6	Resümee	163
7.6.4	Der Einsetzungsbericht am Beginn der Abendmahlsvermahnung der vorliegenden Ordnung	164
7.7	Der Abschnitt der Prüfung	168
7.7.1	Die Überleitung: Die Funktion und die daraus resultierende Abgrenzung der folgenden Abschnitte	168
7.7.1.1	Die Funktions-Angabe: Der Trost als Ziel der Feier	168
7.7.1.2	Die Abgrenzung der Abschnitte aufgrund inhaltlicher Kriterien: Die Selbstprüfung und das Gedächtnis als Dimensionen einer Feier gemäß der Einsetzung	170
7.7.2	Die Anbindung des Prüfungsabschnittes an die paulinische Warnung vor unwürdigem Abendmahlsempfang	172
7.7.3	Die Anordnung der Abschnitte der Prüfung	175
7.7.4	Die Analyse der Einzelabschnitte der Prüfung	177
7.7.4.1	Die Selbstprüfung in drei Stücken	177
7.7.4.1.1	Die formalen Vorbilder für dieses Dreierschema der Selbstprüfung	177
7.7.4.1.2	Die inhaltliche Ausgestaltung dieses Dreierschemas	180
7.7.4.1.3	Resümee	182
7.7.4.2	Die Abmahnung Unbußfertiger	183
7.7.4.2.1	Die Genese und der Inhalt der Bannformulierungen	185
7.7.4.2.2	Die Funktion der Bannformulierungen	196

7.7.4.2.3	Resümee	199
7.7.4.3	Die Tröstung Kleinmütiger	200
7.7.4.3.1	Die formale und textliche Anlehnung	200
7.7.4.3.2	Die inhaltliche Aussage	204
7.7.4.3.3	Resümee	207
7.8	Der Abschnitt des Gedächtnisses	209
7.8.1	Die Abgrenzung des folgenden Abschnitts und die nochmalige Funktionsangabe	209
7.8.2	Die Betrachtung des Heilswerkes Christi	211
7.8.2.1	Der Glaube als Modus des Gedächtnisses	211
7.8.2.2	Die Christozentrik des Gedächtnisses	213
7.8.2.3	Die Verheißung und die Erfüllung des Evangeliums in Christus	214
7.8.2.4	Christi Leiden und Sterben als Stellvertretung	218
7.8.2.5	Der Kreuzestod Christi als Bundesschluß	222
7.8.2.6	Resümee	224
7.8.3	Die Zueignung im Abendmahl	224
7.8.3.1	Die Integration der Einsetzungsworte in die Abendmahlsvermahnung und ihre Vorbilder	225
7.8.3.2	Die Einleitung der Einsetzungsworte und die sich darin spiegelnde Funktion des Abendmahls	227
7.8.3.3	Der Text der Einsetzungsworte und seine Abgrenzung	228
7.8.3.4	Der erläuternde Anhang zu den Einsetzungsworten	230
7.8.3.4.1	Die Gestalt und der Inhalt der Erläuterungen in den Vorlagen	230
7.8.3.4.2	Die Himmelfahrt Christi als theologische Grundlage der veränderten Funktion der Erläuterung	232
7.8.3.4.3	Die Vergewisserung als Funktion der Erläuterung	235
7.8.3.4.4	Resümee	238
7.8.4	Die Wirkung des Kreuzestodes durch die Kraft des Hl. Geistes: Die Gemeinschaft mit Christus und den Brüdern	239
7.8.4.1	Der Glaube an das einmalige Opfer Christi als Anknüpfungspunkt für die Wirkungen	240
7.8.4.2	Das Kreuzesopfer als Antwort auf 'den Hunger und den Durst' nach Erlösung	241
7.8.4.3	Der Hl. Geist als verbindende Instanz und die daraus folgenden sakramententheologischen Implikationen	243
7.8.4.4	Die Vereinigung mit Christus	245
7.8.4.4.1	Die Vereinigung mit Christus in der Tradition der Nürnberger Vermahnung	245
7.8.4.4.2	Die Gemeinschaft mit Christus in der Kraft des Hl. Geistes	247
7.8.4.5	Die kommunitäre Wirkung	248
7.8.4.5.1	Der eine Leib (1 Kor 10,17)	248
7.8.4.5.2	Das Körnergleichnis	250
7.8.4.6	Resümee	253
8	Das Abendmahlsgebet	255
8.1	Die formale Entwicklung der Abendmahlsgebete in den reformatorischen Ordnungen	256
8.1.1	Die grundlegende Ablehnung des Canon Romanus	256
8.1.2	Die Rudimente bzw. die Versuche einer Veränderung des Canon Romanus	258
8.1.3	Vom Canon Romanus unabhängige Abendmahlsgebete	260
8.1.3.1	Mit dem Allgemeinen Gebet verbundene Abendmahlsgebete	260
8.1.3.2	Aus den vorbereiteten Gebeten zur Kommunion des Priesters entstandene oder in Äquivalenz zu ihnen stehende Gebete	261
8.1.3.3	Das schottische Eucharistiegebet als Sonderfall	263

8.2	Die inhaltlichen Aspekte der evangelischen Abendmahlsgebete	265
8.2.1	Der Aspekt der Danksagung und des Lobpreises	265
8.2.1.1	Die Präfation	266
8.2.1.2	Das Sanctus	267
8.2.1.3	Sonstige Danksagungselemente in den Abendmahlsgebeten	269
8.2.1.4	Resümee	270
8.2.2	Der anamnetische Aspekt	270
8.2.2.1	Die anamnetischen Abschnitte außerhalb der speziellen Anamnese	271
8.2.2.2	Die spezielle Anamnese und die Darbringungsformel	272
8.2.2.3	Resümee	276
8.2.3	Der epikletische Aspekt	277
8.2.3.1	Die Epiklese	277
8.2.3.1.1	Die Wandlungsepiklese	279
8.2.3.1.2	Die Kommunionepiklese	284
8.2.3.2	Die Interzessionen als Ausformung des epikletischen Aspekts	287
8.2.3.3	Resümee	288
8.3	Das Abendmahlsgebet der vorliegenden Ordnung	290
8.3.1	Die 'spezielle Anamnese' des Abendmahlsgebets	294
8.3.2	Die 'Wandlungsepiklese'	295
8.3.2.1	Das geistgewirkte Ergeben in Christus	296
8.3.2.2	Der geistgewirkte Empfang des Leibes und Blutes Christi	299
8.3.3	Die 'Kommunionepiklese'	302
8.3.4	Resümee	306
9	Das Vaterunser	309
9.1	Das Vaterunser in der vorreformatorischen Liturgie	309
9.1.1	Das Vaterunser im Kommunionkreis der vorreformatorischen Eucharistiefeier	309
9.1.2	Das Vaterunser im Predigt- und Kommuniongottesdienst des Spätmittelalters	310
9.1.3	Der Textbestand des Vaterunsers in der vorreformatorischen Liturgie	311
9.2	Das Vaterunser in den reformatorischen Liturgien	312
9.2.1	Die Stellung des Vaterunsers innerhalb der Abendmahlsfeier	312
9.2.2	Die Einleitung zum Vaterunser	315
9.2.3	Der Abschluß des Vaterunsers	316
9.3	Das Vaterunser in der vorliegenden Ordnung	317
10	Das Glaubensbekenntnis	321
10.1	Das Glaubensbekenntnis in der vorreformatorischen Eucharistiefeier	321
10.1.1	Das Nicaeno-Constantinopolitanum	321
10.1.2	Das Apostolicum	323
10.2	Das Glaubensbekenntnis in den reformatorischen Abendmahlsordnungen	323
10.2.1	Das Glaubensbekenntnis nach dem Evangelium	324
10.2.2	Das Glaubensbekenntnis nach der Predigt	324
10.3	Das Glaubensbekenntnis in der vorliegenden Ordnung	326
11	Das 'Sursum corda'	331
11.1	Das 'Sursum corda' in der vorreformatorischen Eucharistiefeier	331
11.2	Das 'Sursum corda' in den reformatorischen Ordnungen	332
11.2.1	Das 'Sursum corda' in den Ordnungen des Meßtyps	332
11.2.2	Das 'Sursum corda' in den Ordnungen des oberdeutschen Typs	334
11.2.2.1	Die Präsenz Christi im Himmel	338
11.2.2.2	Die 'Geringachtung' der Abendmahlsgaben	339
11.3	Das zur Vermahnung erweiterte 'Sursum corda' der vorliegenden Ordnung	342

12	Die Mahlhandlung	347
12.1	Die Bezeichnung der Mahlhandlung	347
12.1.1	Die Bezeichnung der Mahlhandlung in der vorreformatorischen Liturgie	348
12.1.2	Die Bezeichnung der Mahlhandlung in den reformatorischen Liturgien	348
12.1.3	Die Bezeichnung der Mahlhandlung in der vorliegenden Abendmahlsordnung	349
12.2	Der Ort der Kommunion und die damit zusammenhängenden Bewegungsabläufe	349
12.2.1	Der Ort der Kommunion in der vorreformatorischen Liturgie	349
12.2.2	Der Ort der Kommunion in den reformatorischen Ordnungen	350
12.2.3	Der Ort der Kommunion in der vorliegenden Ordnung	354
12.3	Die Materie des Mahles	355
12.3.1	Die Materie des Mahles in der vorreformatorischen Liturgie	355
12.3.1.1	Das Brot	355
12.3.1.2	Der Wein	356
12.3.2	Die Materie des Mahles in den reformatorischen Liturgien	356
12.3.2.1	Das Brot	356
12.3.2.2	Der Wein	357
12.3.2.3	Resümee	358
12.3.3	Die Materie des Mahles in der vorliegenden Ordnung	358
12.3.3.1	Das Brot in der vorliegenden Ordnung	359
12.3.3.2	Der Wein in der vorliegenden Ordnung	360
12.3.3.3	Resümee	360
12.4	Die Brotbrechung	361
12.4.1	Die Brotbrechung in der vorreformatorischen Liturgie	361
12.4.2	Die Brotbrechung in den reformatorischen Ordnungen	362
12.4.3	Die Brotbrechung in der vorliegenden Ordnung	365
12.5	Der Empfang der Abendmahlsgaben	368
12.5.1	Der Empfang der Abendmahlsgaben in der vorreformatorischen Liturgie	368
12.5.1.1	Der Empfang des Brotes	368
12.5.1.2	Die Kelchkommunion	368
12.5.2	Der Empfang der Abendmahlsgaben in den reformatorischen Ordnungen	369
12.5.3	Der Empfang der Abendmahlsgaben in der vorliegenden Ordnung	373
12.6	Die Spendeformel	375
12.6.1	Die Einladung zur Kommunion	375
12.6.1.1	Die Einladung zur Kommunion in der vorreformatorischen Liturgie	375
12.6.1.2	Die Einladung zur Kommunion in den reformatorischen Ordnungen	377
12.6.2	Die eigentliche Spendeformel	380
12.6.2.1	Die Spendeformel in der vorreformatorischen Liturgie	381
12.6.2.2	Die Spendeformel in den reformatorischen Ordnungen	381
12.6.2.3	Die Spendeformel in der vorliegenden Abendmahlsordnung	387
12.7	Die Begleitgesänge und -lesungen zur Kommunion	391
12.7.1	Die Begleitgesänge zur Kommunion	391
12.7.1.1	Die Begleitgesänge zur Kommunion in der vorreformatorischen Liturgie	391
12.7.1.2	Die Begleitgesänge zur Kommunion in den reformatorischen Ordnungen	392
12.7.1.3	Die Begleitgesänge zur Kommunion in der vorliegenden Ordnung	394
12.7.2	Die Begleitlesungen zur Kommunion	395
12.7.2.1	Die Begleitlesungen zur Kommunion in der vorreformatorischen Liturgie	395
12.7.2.2	Die Begleitlesungen zur Kommunion in den reformatorischen Ordnungen	396
12.7.2.3	Die Begleitlesungen in der vorliegenden Ordnung	398
12.7.3	Resümee	401

13	Das Dankgebet nach der Kommunion	402
13.1	Der Abschnitt zwischen Kommmunion und Schluß der Feier in der vorreformatorischen Liturgie	402
13.1.1	Die Postcommunio in der vorreformatorischen Liturgie	402
13.1.2	Die Begleitgebete zur Ablution	403
13.1.3	Die Communio-Antiphon	403
13.2	Die Danksagung in den reformatorischen Abendmahlsordnungen	404
13.2.1	Die Orationen nach der Kommunion	404
13.2.1.1	Die Bezeichnung des Gebets nach der Kommunion	404
13.2.1.2	Die formale Entwicklung	406
13.2.1.3	Der Inhalt der Dankgebete	410
13.2.2	Die lobpreisenden Elemente nach der Kommunion	413
13.2.3	Die Vermahnungen nach der Kommunion	415
13.2.4	Resümee	417
13.3	Die Dankgebete der vorliegenden Abendmahlsordnung	418
13.3.1	Die einleitende Gebetsvermahnung	418
13.3.2	Das erste Dankgebet	419
13.3.3	Das zweite Dankgebet	422
13.3.4	Resümee	426
14	Der Abschluß der Feier	427
14.1	Der Abschluß in der vorreformatorischen Liturgie	427
14.2	Der Abschluß in den reformatorischen Ordnungen	427
14.3	Der Abschluß in der vorliegenden Ordnung	430
15	Der liturgietheologische Ertrag und eine abschließende Reflexion	431
15.1	Die abendmahlstheologische Konzeption der vorliegenden Ordnung	432
15.1.1	Die Bestimmung der Abendmahlstheologie in Abgrenzung zur zeitgenössischen katholischen Auffassung	432
15.1.2	Die Bestimmung der Abendmahlstheologie in Abgrenzung zur zeitgenössischen lutherischen und zwinglischen Auffassung	434
15.1.3	Die positive Bestimmung der spezifischen Abendmahlstheologie der vorliegenden Ordnung	435
15.2	Die liturgische Umsetzung der abendmahlstheologischen Konzeption	437
15.2.1	Der konsistente dynamische Ablauf der Abendmahlsfeier als Kennzeichen der liturgischen Gestaltung	439
15.2.2	Die liturgischen Gattungen der Abendmahlsfeier	441
15.2.2.1	Die Einsetzungsworte	441
15.2.2.2	Die Abendmahlsvermahnung	443
15.2.2.3	Das Abendmahlsgebet	448
15.2.2.4	Das Vaterunser und das Credo	449
15.2.2.5	Das Sursum corda	450
15.2.2.6	Die Mahlhandlung	451
15.2.2.7	Das Dankgebet/Die Postcommunio	453
15.2.3	Die theologischen Grunddimensionen der Abendmahlsliturgie	455
15.2.3.1	Die anamnetische Dimension	455
15.2.3.2	Die epikletische Dimension	458
15.2.3.3	Die lobpreisende und danksagende Dimension	460
15.3	Abschließende Überlegungen zur Effektivität und zu Konsequenzen der Methode	463

16	Literatur- und Abkürzungsverzeichnis	467
16.1	Im Text verwendete Abkürzungen	467
16.2	Literaturverzeichnis	467
16.2.1	Wörterbucher	467
16.2.2	Quellen	467
16.2.2.1	Evangelische liturgische Quellen	467
16.2.2.2	Sonstige evangelische Literatur des 16. Jahrhunderts	475
16.2.2.3	Katholische liturgische Quellen	476
16.2.2.4	Sonstige altkirchliche und katholische Quellen	477
16.3	Sekundärliteratur	478

Anhang 1:	Abendmahlsformular Kurpfalz 1563	503
Anhang 2:	Abendmahlsvermahnung Brandenburg-Nürnberg 1533	508
Anhang 3:	Kommunionvermahnung Witzel 1542	510
Anhang 4:	Kommunionvermahnung Helding 1548	511
Anhang 5:	Kommunionvermahnung Mainz 1551	513
Anhang 6:	Kommunionvermahnung Ritus Communionis Catholicus 1556	515
Anhang 7:	Kommunionvermahnung Trier 1574	518
Anhang 8a:	1. Kommunionvermahnung Gnesen-Posen 1579	519
Anhang 8b:	2. Kommunionvermahnung Gnesen-Posen 1579	521
Anhang 8c:	3. Kommunionvermahnung Gnesen-Posen 1579	522
Anhang 9:	Kommunionvermahnung Augsburg 1580	524
Anhang 10:	Kommunionvermahnung Münster 1592	525
Anhang 11:	Kommunionvermahnung Konstanz 1597 I	526

Vorwort

Die vorliegende Arbeit wurde im Sommersemester 1997 an der Katholisch-Theologischen Fakultät der Rheinischen Friedrich-Wilhelms-Universität Bonn als Promotionsschrift angenommen. Für die Drucklegung wurde sie nur geringfügig überarbeitet.

Ihre Erstellung wäre nicht ohne die Unterstützung möglich gewesen, die ich von verschiedenen Seiten erfahren durfte und für die ich hier danken möchte.
An erster Stelle ist Herr Prof. Dr. Albert Gerhards zu nennen, der die Arbeit über Jahre begleitet und gefördert hat und das Erstgutachten erstellte. Ebenso danke ich Herrn Prof. Dr. Josef Wohlmuth für die Erstellung des Zweitgutachtens und Herrn Prof. D. Dr. Hans Helmut Eßer (Horstmar) für die kritische Durchsicht des Manuskriptes.
Weiterhin möchte ich den Menschen danken, die meine Arbeit während der letzten Jahre in vielfältiger Weise unterstützt haben, sei es durch mühsames Korrekturlesen des Manuskriptes, durch Erste Hilfe bei Computerpannen, durch die Diskussion unterschiedlichster Fragen oder aber durch ihr begleitendes Interesse und ihre Ermutigung. Namentlich möchte ich nennen: Frau Birgit Osterholt-Kootz, Frau Elke Steffen, Herr Stefan Reich und meine Schwestern Adelheid und Elisabeth Lurz.
Den Herausgebern sei für die Aufnahme in die Reihe "Praktische Theologie heute" gedankt, für Druckkostenzuschüsse dem Erzbistum Köln, der Evangelischen Kirche der Pfalz, der Caspar-Olevian-Gesellschaft (Trier), der Rheinischen Friedrich-Wilhelms-Universität Bonn und meiner Familie.

Bonn, im Frühjahr 1998

1 Einleitung

Seit Jahren erlebt das Eucharistische Hochgebet in verschiedenen Denominationen der Ökumene eine ungewöhnliche Renaissance. In der katholischen Kirche hat im Rahmen der Liturgiereform nach dem 2. Vatikanischen Konzil und aufgrund der liturgiewissenschaftlichen Impulse der letzten Jahrzehnte eine bislang unbekannte Vermehrung der Eucharistiegebete stattgefunden und die absolute Stellung des Canon Romanus verdrängt. Diese Entwicklung ist noch keineswegs an ihr Ende gelangt, wie die anhaltende Diskussion um neue Hochgebete zeigt. Sie erhält ihren theologischen Impuls in einem vertieften Verständnis der ganzen Eucharistiefeier aufgrund des nun laut und in der Muttersprache vollzogenen Eucharistiegebetes.

Bezogen auf ihre Ausgangslage vollziehen aber nicht wenige evangelistische Kirchen in diesem Bereich den radikalsten Wandel. Wo bisher die seltene Feier des Abendmahls Tradition und rituell meist nur durch die Rezitation der Einsetzungsworte und ggf. einer vorgeschalteten Vermahnung gekennzeichnet ist, finden sich heute regelmäßiger Abendmahlsfeiern mit Eucharistiegebeten. Selbst wo diese noch nicht Feierwirklichkeit sind, sind sie meist agendarisches Programm, demgegenüber die bloße Zitation der Einsetzungsworte als Reduktion erscheint[1]. Gerade auch die reformierten Kirchen außerhalb Deutschlands haben sich das Eucharistische Hochgebet zu eigen gemacht.[2]

Eine Ausnahme bilden allerdings die deutschen Reformierten, die bislang bei ihrer traditionellen Form ohne Eucharistiegebet bleiben.[3] Schon dieses Verharren - das einem allgemein anerkannten theologischen 'Trend' entgegenläuft - macht es interessant, die Ursprungsform der Abendmahlsfeier der deutschen reformierten Gemeinden genauer zu untersuchen, um nicht vorschnell der in der Liturgiewissenschaft üblichen Abwertung als 'anachronistisch' und 'mittelalterlich' folgen zu müssen.

Zunächst mag vielleicht verwunderlich erscheinen, daß sich ein Katholik an eine solche Untersuchung wagt. Begründet ist dieses Vorhaben letztlich darin, daß eine für die ökumenische Dimension offene katholische Liturgiewissenschaft bei einem solchen Unternehmen vor nicht leicht zu beantwortenden Fragen steht, anhand derer sie auch ihr eigenes Selbstverständnis zu überdenken hat: Führt vielleicht die Absolutsetzung des Eucharistiegebetes in der heutigen Liturgiewissenschaft in eine Sackgasse, die mehr verbaut, als sie eröffnet? Was für eine Textgattung stellt die Abendmahlsvermahnung dar, die die ganze Feier bestimmt und quasi anstelle des Eucharistiegebetes steht? Was sind Ursache und Motivation für diesen Verdrängungsvorgang? Welche Funktion erhält die Abendmahlsvermahnung im Gesamt der Feier? In welchem Verhältnis steht das in dieser Ordnung anzutreffende Abendmahlsgebet zu unseren Eucharistiegebeten?

Diesen Fragekomplexen möchte sich diese Arbeit stellen, indem sie die Abendmahlsfeier nach der Kurpfälzischen Kirchenordnung von 1563 untersucht - das Formular, das bis in unser Jh. die Grundlage für die Feier in den deutschen reformierten Gemeinden bildet. Diese Ordnung ist in der liturgiewissenschaftlichen Literatur wenig beachtet und analysiert worden. Die Untersuchung soll, in exemplarischer Anwendung der Methodik einer ökumenischen

---

[1] So führt der 'Vorentwurf der Erneuerten Agende' 14 Eucharistiegebete für die Grundform I auf (vgl. EA 618-641). Die isolierten EW finden sich weiterhin als Variante C 1 (vgl. EA 112-114).

[2] Vgl. hierzu den knappen Überblick in Schulz, Konvergenz 6-11. Vgl. auch Schulz, Eucharistiegebet.

[3] Vgl. Kirchenbuch 1983,157-168; Schulz, Konvergenz 5. Die Ablehnung des Eucharistiegebets zeigt sich besonders in der Reaktion auf das Lima-Dokument (vgl. Moderamen).

Liturgiewissenschaft, diese Feier verstehen und ihre theologischen Inhalte wie formalen Bezüge erkennen lassen. Dies soll vorrangig dadurch geschehen, daß die Abendmahlsordnung in ihren historischen und theologischen Kontext gestellt wird, der durch die kirchenpolitische Entstehungssituation, durch die zugrundeliegende Dogmatik (formuliert im Heidelberger Katechismus) und durch Bezüge zu anderen zeitgenössischen Ordnungen gekennzeichnet ist. Da die Ordnung einen der letzten Neuentwürfe des 16. Jh. darstellt, werden vielfach regelrechte Entwicklungslinien liturgischer Reformen quer durch das Reformationsjahrhundert aufzuzeigen sein.

2 Zur Methode einer ökumenischen Liturgiewissenschaft
2.1 Die Notwendigkeit einer Methodenreflexion
Vor einem Einstieg in die konkrete Thematik ist zunächst eine Methodenreflexion notwendig. Es muß vorab geklärt werden, warum und mit welcher Zielsetzung eine solche Ordnung Gegenstand einer Untersuchung sein kann, die sich aus der katholischen Liturgiewissenschaft heraus mit einer evangelischen Feierform befaßt. Vor allem ist zu fragen, welche Methoden dazu verwandt werden müssen.

2.1.1 Die methodologische Fragestellung
Im Jahre 1991 haben Mitglieder der bundesdeutschen Abteilung der 'Arbeitsgemeinschaft katholischer Liturgikdozentinnen und -dozenten im deutschen Sprachgebiet' ein Papier 'Zur Standortbestimmung der Liturgiewissenschaft' veröffentlicht. Dort heißt es knapp zur 'Stellung der Liturgiewissenschaft innerhalb der Theologie': "Wie alle anderen theologischen Disziplinen kann Liturgiewissenschaft selbstverständlich nur in ökumenischer Perspektive betrieben werden."[4] Was aber bedeutet diese geforderte Ökumene im Konkreten? Warum wird außerdem von einer 'ökumenischen Perspektive' und nicht von einer 'ökumenischen Liturgiewissenschaft' gesprochen?
Für die nachfolgende Untersuchung muß zunächst diskutiert werden, wie 'ökumenisch' Liturgiewissenschaft denn überhaupt sein kann und was dies bedeutet, wenn man eine evangelische Liturgie zum Gegenstand einer Untersuchung von katholischer Seite machen möchte.

2.1.2 Die bisherige Diskussion
Die Auseinandersetzung um diesen Fragenkomplex beginnt im dt. Sprachraum mit zwei Veröffentlichungen[5] Ende der 80er Jahre. Einerseits hat Teresa Berger aus ihrer amerikanischen Erfahrung heraus versucht, Notwendigkeit und Möglichkeit einer mehr ökumenisch orientierten Liturgiewissenschaft zu begründen und Grundsätze für ein solches Vorhaben zu formulieren.[6] In der Benutzung des Ausdrucks 'Prolegomena'[7] zeigt sich, daß sie das Gebiet keinesfalls fest umschreiben, sondern eher provisorisch umreißen möchte.[8]
Der Herausgeber des ALw (des Publikationsorgans von Bergers Ausführungen), Angelus A. Häußling, hegt in einer Vorbemerkung Zweifel, ob das "brisante und schwierige Thema so umfassend wie notwendig behandelt wird"[9]. Dem läßt er eine umfassendere Stellungnahme

---

[4] Gerhards/Osterholt-Kootz 126.

[5] Eine Veröffentlichung des evangelischen Theologen Karl-Heinrich Bieritz mit ähnlicher Intention ist schon für 1978 zu vermerken (vgl. Bieritz, Chancen). Sie ist aber in der Konzeption nicht so weitreichend und hat kein entsprechendes Echo gefunden.

[6] Vgl. Berger, Prolegomena. Der Titel scheint sich an einer anderen Veröffentlichung im ALw wenige Jahre zuvor zu orientieren, die versucht, die Liturgiewissenschaft einem breiteren Methodenspektrum zu öffnen und bei der z.B. auf die mangelnde Berücksichtigung empirischer Methoden hingewiesen wird (vgl. Gärtner/Merz).

[7] Laut Fremdwörter-Duden hat 'Prolegomena' die Bedeutungen 'Vorwort', 'Einleitung', 'einleitende Bemerkungen', 'Vorbemerkungen' (vgl. Duden 5,593).

[8] Der Begriff 'Liturgiewissenschaft' wird bislang selbst in der katholischen Kirche unterschiedlich gefaßt. Viel zu sehr ist deren Selbstverständnis durch die in den Regionen unterschiedliche Herkunft der Disziplin geprägt. Diese wirkt sich auch heute noch in einer großen Bandbreite des Selbstverständisses aus, die Gerhards und Osterholt-Kootz konstatieren (vgl. Gerhards/Osterholt-Kootz 128).

[9] Berger, Prolegomena 1.

folgen[10], in der er Bergers Ansatz kritisiert; in einem späteren Beitrag[11] wiederholt er die Kritik. Ihr Grundtenor ist: "Sie [die Bedenken; A.d.V.] speisen sich vielmehr aus dem Eindruck, die vorgelegte Konzeption von Liturgiewissenschaft greife zu kurz, was zur Folge hat, daß schon in absehbarer Frist der guten Sache mehr Schaden zugefügt als Nutzen erreicht werden kann."[12] Liturgiewissenschaft sei schon immer ökumenisch gewesen[13] und wo nicht, hätten die Gesprächspartner aus der anderen (evangelischen) Konfession gefehlt. Eigentlicher Zielpunkt der Kritik scheinen aber die aus der Weite des Ansatzes Bergers folgenden Implikationen, vor allem ekklesiologischer Art, zu sein.

Nach diesen Veröffentlichungen ist die Diskussion nicht weitergeführt worden. Nachfolgend soll auf sie im Rahmen eines eigenen Methoden-Aufrisses insofern eingegangen werden, als in den unterschiedlichen Positionen von Berger und Häußling die entscheidenden Fragestellungen schon deutlich zur Sprache kommen und somit nur in kritischer Auseinandersetzung mit diesen Positionen der eigene Standpunkt entwickelt werden kann[14]. Die ganze Diskussion zu beurteilen birgt das Problem in sich, daß beide Autoren die Vokabel 'ökumenisch' auf unterschiedlichen Ebenen verwenden und dieses Wort verschieden füllen. Da sich die anschließende Untersuchung dezidiert als Beispiel einer 'ökumenischen Liturgiewissenschaft' versteht, muß es im folgenden darum gehen, die einzelnen Ebenen der Liturgiewissenschaft daraufhin zu betrachten, was ein ökumenischer Ansatz für die jeweilige Ebene bedeutet.

2.2 Die Ebenen einer ökumenischen Liturgiewissenschaft

Ausgegangen werden soll von der Definition der Liturgiewissenschaft, wie sie die katholischen Liturgiewissenschaftlerinnen und Liturgiewissenschaftler Deutschlands selbst in ihrer Standortbestimmung treffen:

> "Liturgiewissenschaft reflektiert als theologische Disziplin die Kirche als Versammlung derer, die sich explizit als von Gott Gerufene erfahren und im Gottesdienst zum Gedächtnis der Heilstaten Gottes in Jesus Christus zusammenkommen. In den unterschiedlichen Gestalten liturgischer Feier hört die versammelte Gemeinde das Wort Gottes und empfängt sein Heil; sie preist Gott als Ursprung und Mitte ihres Lebens, sagt ihm Dank und trägt ihm ihre Bitten vor."[15]

Damit ist die Liturgiewissenschaft als theologische Disziplin herausgestellt, die Versammlung des Volkes Gottes (nicht jedoch das Volk Gottes selbst!) als zu untersuchendes Objekt definiert und sind die liturgischen Grundvollzüge genannt.[16] Für das vorliegende Problem sind

---

[10] Vgl. Häußling, Bemerkungen.

[11] Vgl. Häußling, Was heißt. Dieser Aufsatz ist auch der einzige in den beiden wichtigen, von Schlemmer herausgegebenen Sammelbänden zum Bereich 'Liturgie und Ökumene' (vgl. Schlemmer, Gottesdienst; Schlemmer, Gemeinsame Liturgie), der sich um eine Methodenreflexion bemüht.

[12] Häußling, Bemerkungen 245f.

[13] Im Beitrag zum Sammelband wiederholt er diese Feststellung, konstatiert dann aber selbst, daß die ökumenische Ausrichtung der Liturgiewissenschaft überfällig ist (vgl. Häußling, Was heißt 75).

[14] Keinesfalls geht es (wie in der ganzen vorliegenden Arbeit) bei einer Kritik an Positionen um eine Herabwürdigung der sie vertretenden Personen.

[15] Gerhards/Osterholt-Kootz 124.

[16] In der Standortbestimmung wird diese Grundlegung des Gegenstandes der Liturgiewissenschaft dann vor allem theologisch näher ausgeführt (vgl. Gerhards/Osterholt-Kootz 125f).

allerdings Präzisierungen notwendig, ohne die zitierte Definition an irgendeiner Stelle aufzuheben. Dazu sollen die verschiedenen Ebenen der Liturgiewissenschaft, deren Benennung sich an der klassischen Definition einer Wissenschaft orientiert, näher betrachtet werden. Bei einer Wissenschaft sind drei Ebenen zu unterscheiden: a) die Ebene des Objektes einer Wissenschaft, b) die Ebene der Wissenschaft selbst und c) die Ebene der Theorie der Wissenschaft. Die Ebene des Objekts der Liturgiewissenschaft bildet die Liturgie selbst[17], die Ebene der dieses Objekt erforschenden Wissenschaftsdisziplin bildet die Liturgiewissenschaft und schließlich bildet die Theorie der Liturgiewissenschaft die die liturgiewissenschaftliche Arbeit noch einmal reflektierende Ebene.

Dabei sind auf der ersten und zweiten Ebene noch einmal formale und materiale Aspekte zu unterscheiden. Auf der ersten Ebene bedeutet dies eine Unterscheidung zwischen dem Formalobjekt, d.h. der Forschungsperspektive und dem erkenntnisleitenden Interesse der Liturgiewissenschaft einerseits und dem Materialobjekt, d.h. der gefeierten Liturgie andererseits.[18] Auf der Ebene der Liturgiewissenschaft bedeutet dies die Unterscheidung zwischen den die Liturgiewissenschaft Betreibenden als formalem Aspekt und der wissenschaftlichen Arbeit als materialem Aspekt.

Im weiteren ist nun zu fragen, wie und auf welchen Ebenen die Liturgiewissenschaft in dieser Aufgliederung 'ökumenisch'[19] sein kann bzw. soll. Dazu sollen die einzelnen Ebenen genauer betrachtet werden.

---

[17] Zum Problem, ob die Liturgie oder die Kirche das Objekt der Liturgiewissenschaft bildet, vgl. 2.2.3.2.1.

[18] Die lange auf diese Aufteilung angewandte Unterscheidung zwischen der von der Liturgiewissenschaft (als Rubrizistik) zu ordnenden äußeren Gestalt der Liturgie und deren von der Dogmatik zu ordnendem Gehalt wird im Kommentar zur Standortbestimmung ausdrücklich abgelehnt (vgl. Gerhards/Osterholt-Kootz 128). Eine so geartete Unterscheidung zwischen 'formal' und 'material' ist hier nicht gemeint!

[19] Es soll im folgenden zunächst der Begriff 'Ökumene' im traditionellen Verständnis einer Übersteigung von Konfessionsgrenzen hin auf eine Einheit der Christen verwandt werden. Was aber nun 'Ökumene' über dieses Vorverständnis hinaus bedeutet, kann nicht eruiert, sondern nur entschieden werden, je nachdem, welche Zielperspektive von Ökumene man selber anstrebt.

Tabelle 1: Die unterschiedlichen Ebenen einer ökumenischen Liturgiewissenschaft

Ebene	allgemeine Beschreibung der Ebene	spezifische Ausrichtung bei einer ökumenischen Liturgiewissenschaft
Theorie der Liturgiewissenschaft	theoretische Reflexion über die Arbeitsweise der Liturgiewissenschaft	Einbringen des Postulats einer ökumenischen Liturgiewissenschaft
Liturgiewissenschaft		
formaler Aspekt	Liturgiewissenschaftlerinnen und Liturgiewissenschaftler	Dialog zwischen Liturgiewissenschaftlerinnen und Liturgiewissenschaftlern unterschiedlicher Konfessionen
inhaltlicher Aspekt	eigentliche wissenschaftliche Arbeit	Liturgiewissenschaft als Hermeneutik von Liturgie(n)
Objekt der Liturgiewissenschaft		
Formalobjekt	Erkenntnisperspektive und erkenntnisleitendes Interesse	Verstehen der anderen Liturgie(n) in ihrem jeweiligen theologiegeschichtlichen und sozio-kulturellen Kontext
Materialobjekt	gefeierte Liturgie	die vielen gefeierten Liturgien aus Vergangenheit und Gegenwart als je in sich abgeschlossene Einheiten, die immer durch eine theologische Ebene (Pascha-Mysterium als Einheitskriterium) und eine anthropologische Ebene (jeweiliger Kontext als Kriterium der Vielfalt) bestimmt sind

2.2.1 Die Ebene der Theorie der Liturgiewissenschaft

Will man die explizite Forderung nach einer 'ökumenischen Perspektive der Liturgiewissenschaft' oder sogar einer 'ökumenischen Liturgiewissenschaft' einbringen, so muß dies auf der Ebene der Theorie der Liturgiewissenschaft geschehen. Sie ist der Ort der theoretischen Diskussion über das, was Liturgiewissenschaft leisten kann und soll und welches Instrumentarium dazu verwandt werden muß. Zwar können die Impulse hierzu sehr wohl aus der Praxis und damit von der 'untersten' Ebene kommen, aber eine theoretische Reflexion muß auf diese Impulse folgen: Auf der Theorieebene muß überlegt werden, wie eine Forderung auf den anderen Ebenen verwirklicht werden kann.

Berger stellt dar, daß das Postulat einer ökumenischen Liturgiewissenschaft noch wenig oder nur begrenzt erhoben wird, daß sich solche Gedanken vielmehr erst ab dem 2. Vatikanischen Konzil finden.[20] Einschlägige Untersuchungen bilden die Antwort darauf, daß UR 9 ausdrücklich die Erforschung des liturgischen Lebens der 'getrennten Brüder' fordert[21]. Aber auch die Diskussion zwischen Berger und Häußling reflektiert dieses Postulat.

Betrachtet man die entsprechenden katholischen liturgiewissenschaftlichen Lexika und Handbücher[22], ist man über die mangelnde Aufnahme dieses Postulates erstaunt.[23] Und selbst wo das Postulat formuliert wird (wie in der Standortbestimmung durch alle katholischen Liturgiewissenschaftlerinnen und Liturgiewissenschaftler Deutschlands), ist die faktische Relevanz in der praktischen Forschungsarbeit nicht sehr hoch: Die minimale Zahl von Veröffentlichungen zum Bereich der evangelischen Liturgien spricht für sich!

---

[20] SC 4 hat ausdrücklich die berechtigte Existenz anderer Riten anerkannt. Damit ist die bislang gewohnte Überbewertung des römischen Ritus beseitigt (vgl. Fischer, Liturgie 270f), wenn der Blickwinkel auch zunächst in Richtung Osten geht (vgl. ebd. 267). Zur Bedeutung der Liturgiekonstitution für die Ökumene vgl. Berger, Erneuerung. Zur Frage nach der Liturgie innerhalb der ökumenischen Bewegung vgl. Holeton/Gibaut. Den beachtenswerten vorläufigen Schlußpunkt bildet die 'Lima-Erklärung' von 1982.

[21] Allerdings handelt es sich meist um Publikationen im angelsächsischen Raum (vgl. Berger, Prolegomena 4-6).

[22] Vgl. 2.2.3.2. Eine Ausnahme bildet in gewisser Weise ein Kompendium von Adam, das ein Kapitel 'Liturgie und Ökumene' (vgl. Adam, Grundriß 94-100) kennt. Dieses 'und' zeigt aber auch an, daß für ihn die Ökumene nichts Zentrales in der Liturgiewissenschaft ist. So formuliert er auch kein eigentliches Postulat einer ökumenischen Liturgiewissenschaft.

[23] Als Beispiele für ein Fehlen des Postulats vgl. Adam/Berger 321-323 (in den Artikeln 'Ökumenischer Gottesdienst' und 'Ökumenische Texte und Lieder' (vgl. ebd. 372f) finden sich nur praxisbezogene Äußerungen, aber zu einer Theoretisierung kommt es nicht); Gärtner/Merz; Richter, Liturgiewissenschaft. Wenigstens ansatzweise findet sich das Postulat einer ökumenischen Liturgiewissenschaft in: Harnoncourt, Verantwortung 16; Harnoncourt, Liturgiewissenschaft 162; Kohlschein, Liturgiewissenschaft 41. Damit soll allerdings keinem der Autoren eine mangelnde ökumenische Gesinnung unterstellt werden (auch die nicht geringe Beteiligung katholischer Liturgiewissenschaftler/innen bei den ökumenischen Treffen der 'Societas Liturgica' spricht gegen eine solche Beurteilung), sondern eine mangelnde theoretische Reflexion ist zu kritisieren! So kann es ohne weiteres vorkommen, daß bei einer Aufzählung der Liturgiefamilien die evangelischen Liturgien vergessen werden (vgl. Rado 264), danach aber Überlegungen über eine Anerkennung der evangelischen Ordinationen angestellt werden (vgl. Rado 267).
Ausdrücklich eine ökumenische Perspektive fordert Lengeling (vgl. Lengeling, Liturgie/Liturgiewissenschaft 46) unter Berufung auf die Konzilsdokumente (UR 9.10.14.15.17.22.23; OE 4; OT 16), ohne konkreter zu werden. Er verweist auch auf den erheblichen ökumenischen Effekt, den eine Ausrichtung der Theologie an den Erkenntnissen der Liturgiewissenschaft haben kann (vgl. Lengeling, Liturgie/Liturgiewissenschaft 49).
Nußbaum fordert ein ökumenisches Bemühen der Liturgiewissenschaft und gibt als Zielvorstellungen an, "einen Forschungsbeitrag für das Bemühen innerhalb der evangelischen Kirche um eine Einheitsagende und für die liturgischen Erneuerungsbemühungen in der anglikanischen Kirche zu leisten, und zum anderen, Möglichkeiten für eine wirklich ökumenische Liturgie auszuloten" (Nußbaum 14).

Im evangelischen Raum ist dies anders. Die wenigen praktischen Theologen, die sich wirklich für Liturgiewissenschaft interessieren, sehen schon länger nicht mehr von der Breite der Traditionen ab.[24] Ursache ist sicher, daß eine evangelische Liturgiewissenschaft, die redlich mit ihrem Materialobjekt umgeht, überhaupt nicht die Verwurzelung der evangelischen Liturgie in der katholischen Tradition übersehen kann. Dies wird zudem erleichtert durch die von der Konkordienformel genährte Vorstellung, daß die Form des Gottesdienstes zu den 'Adiaphora' gehöre.[25] Da dadurch die gottesdienstliche Form (und damit auch die der anderen Kirchen) zu einer gewissen Beliebigkeit gerät, braucht die die eigenen Grenzen überschreitende Betrachtung nicht weiter reflektiert zu werden, so daß das Postulat keine theoretische Fundierung erhält.

2.2.2 Die Ebene der Liturgiewissenschaft
Auf der Ebene der Liturgiewissenschaft selbst sind zwei Aspekte zu unterscheiden, die beide eine ökumenische Dimension aufweisen können, nämlich ein formaler und ein inhaltlicher Aspekt.

2.2.2.1 Die formale Ebene der Liturgiewissenschaft
Als formale Ebene der Liturgiewissenschaft sind oben die die Liturgiewissenschaft treibenden Wissenschaftlerinnen und Wissenschaftler definiert. Wenn Liturgiewissenschaft also auf der formalen Ebene ökumenisch ist, so besteht ein Dialog zwischen Wissenschaftlerinnen und Wissenschaftlern verschiedener Konfessionen. Damit ist aber noch keine inhaltliche Ökumenizität angezielt oder abgedeckt.

---

[24] Vgl. Leiturgia; Volp; HdL. Volps Liturgik zeichnet sich dadurch aus, daß sie ein eigenes Kapitel 'Einheit in Vielfalt: Ökumene als liturgische Aufgabe' kennt (vgl. Volp 883-908). Positiv zu vermerken ist die ökumenische Dimension der vorgestellten Liturgik, daß die Ökumene wert erachtet wird, als eigener theoretischer Ansatz aufgeführt zu werden, und die gleichzeitige Skepsis gegenüber vorschnellen Erfolgsmeldungen: "Liturgische Reformen müssen sich davor hüten, Anpassungen, an der Oberfläche beobachtet, mit Veränderungen in der Tiefe zu verwechseln. An der kirchlichen Oberfläche zeigt sich primär ein Streit um Begriffe. ... Noch fehlen Kategorien, mit denen Konvergenzen der Konfessionen beurteilt werden können." (ebd. 885).
Volp sieht deutlich die unterschiedlichen Theorien in der Geschichte der Liturgie und weigert sich deshalb, ein geschlossenes Beurteilungssystem anzuwenden (vgl. ebd.). Seinen theoretischen Ansatz bildet der Zeichen- und Symbolcharakter der Liturgie, der unterschiedliche Bedeutungszuweisungen zuläßt: "Nicht die Sache (res), aber die Symbolsysteme der Konfessionen (Signifikate) sind mit der Veränderung der Ausdrucksweisen (Signifikanten) im Fluß" (ebd. 886). Zu fragen ist allerdings, ob es einen Konsens über die zu bezeichnende Sache gibt! Leider lassen Volps Ausführungen und sein Literaturverzeichnis die Diskussion auf katholischer Seite und damit die Aufsätze Bergers und Häußlings völlig außer acht. Die eigentliche, ekklesiologische Problemstellung auf katholischer Seite wird deshalb nur indirekt angeschnitten.
Das von Schmidt-Lauber und Bieritz herausgegebene 'Handbuch der Liturgik' enthält ebenfalls einen ausführlichen Abschnitt 'Gottesdienst in ökumenischer Perspektive' in dem die unterschiedlichen Traditionen vorgestellt werden. Auch bei der sonstigen Darstellung ist immer die Ökumene ausgiebig berücksichtigt. In der Darstellung der Theorie wird die Ökumene selbstverständlich gefordert (vgl. Schmidt-Lauber, Begriff 27.30f.35f) und sehr optimistisch charakterisiert: "Trotzdem hat sich eine evangelische Liturgiewissenschaft entwickeln können, die mit der römisch-katholischen nicht nur konvergiert, sondern weitgehend konform geht. Fragestellungen und Lösungsangebote sind die gleichen: Theologie ist auch in diesem Fach nur mehr ökumenisch sinnvoll." (Schmidt-Lauber, Begriff 27; vgl. auch Schmidt-Lauber, Liturgiewissenschaft/Liturgik).

[25] So der Artikel 10 der Konkordienformel von 1580 (vgl. Herbst 134-137). Wohl noch kein Liturgiewissenschaftler ist bisher so weit gegangen wie Volp, der den Ökumene-Begriff noch weiter faßt, indem er schreibt: "Eine Liturgik des 21. [!] Jahrhunderts kann nur ökumenisch sein, und zwar in einem weiten interreligiösen Horizont" (Volp 18).

Berger moniert zu Recht, daß die katholische Liturgiewissenschaft die evangelische Liturgie lange unberücksichtigt gelassen habe[26]. Der Einwand darauf, in Vergangenheit und auch noch in der Gegenwart stünden keine oder zu wenige kompetente Gesprächspartner auf evangelischer Seite zur Verfügung[27], argumentiert auf formaler Ebene, während es Berger um die inhaltliche Ebene geht.

Kann nicht eine Liturgiewissenschaft ohne weiteres inhaltlich ökumenisch betrieben werden, ohne daß entsprechende Gespächspartner auf der Seite anderer Konfessionen vorhanden sind? Auch im traditionellen Bereich der 'Ökumenizität' katholischer Liturgiewissenschaft, der Untersuchung östlicher Liturgien, dürften nur begrenzt Gesprächspartner anderer Konfessionen vorhanden gewesen sein. Man kann das Argument auch anders wenden: Es kann sogar auf formaler Ebene ein reger 'Austausch' stattfinden, ohne daß dieses Gespräch inhaltlich ökumenisch orientiert ist. Unbestreitbar bleibt, daß ein formal interkonfessioneller Dialog auch die inhaltliche Ebene wesentlich weiterführen kann und deshalb anzustreben ist.[28] Nur grundsätzliche Voraussetzung für eine inhaltlich gesehen ökumenische Liturgiewissenschaft ist er nicht.

2.2.2.2 Die inhaltliche Ebene der Liturgiewissenschaft

Entscheidend für die Fragestellung ist die auf inhaltlicher Ebene ökumenisch betriebene Liturgiewissenschaft. Inhaltlich ist eine Wissenschaft durch ihr Objekt definiert und geprägt. Deshalb macht die Betrachtung der anderen Liturgien das wesentliche Moment einer ökumenischen Liturgiewissenschaft aus. Um zu erläutern, was dies bedeutet, kann direkt ein in der Diskussion genanntes Beispiel angeführt werden: Der evangelische Liturgiewissenschaftler Rietschel scheidet das ganze Gebiet der katholischen Weihe aus seiner Liturgik aus, weil diese keine 'innere Verbindung' zur evangelischen Ordination habe[29]. Solch eine Haltung macht aber ökumenische Liturgiewissenschaft nicht unmöglich, sondern sie sollte hier gerade beginnen, wenn man nicht nur Gleichheiten konstatieren will.[30]

Zu Recht wird als Grund für die Schwierigkeiten des Dialogs zwischen der katholischen und evangelischen Liturgiewissenschaft die fehlende Identität liturgischer Erfahrungsfelder genannt[31]. Dies stellt aber kein unüberwindbares Hindernis, sondern gerade das eigentliche Aufgabenfeld dar, denn es muß versucht und begonnen werden, sich in den Erfahrungshorizont des anderen einzuarbeiten. Für eine inhaltlich-ökumenische Arbeit ist es notwendig,

---

[26] Vgl. Berger, Prolegomena 8. Häußling selbst bezeichnet die Beachtung der evangelischen Liturgien noch 1988 als "relativ neu" (Häußling, Aufgabenfelder 99).

[27] Vgl. Häußling, Bemerkungen 243, auch Anm. 3. Dieses Problem sieht auch Berger. Der Grund liegt z.T. darin, daß in anderen Konfessionen der Gottesdienst einen ganz anderen Stellenwert hat als bei uns und so die Ausbildung einer expliziten Liturgiewissenschaft verhindert wird (vgl. Berger, Prolegomena 13). Weitestgehend wird die Liturgiewissenschaft dem Fach 'Praktische Theologie' zugeordnet, so daß es dem Belieben des Lehrstuhlinhabers oder der Lehrstuhlinhaberin überlassen bleibt, ob dieses Thema intensiver verfolgt wird (vgl. Häußling, Liturgiewissenschaft 4^{17}.12; Kohlschein, Geschichte 64f).

[28] Beispielhaft auf liturgiewissenschaftlicher Ebene sind die 'Societas Liturgica' und die Zeitschrift 'Studia liturgica'. Für den ökumenischen Dialog mit den Ostkirchen sind die liturgiewissenschaftlichen Konferenzen von Saint-Serge (Paris) von hoher Bedeutung (vgl. Triacca).

[29] Vgl. Rietschel, Liturgik 2,405f; vgl. Häußling, Bemerkungen 243f.

[30] Ansonsten billigt man auch dogmatischen Vorentscheidungen ein Gewicht zu, das eine kritische Funktion der Liturgie gegenüber der Dogmatik nicht mehr ermöglicht.

[31] Vgl. Häußling, Liturgiewissenschaft 12.

sich auf die Perspektive des anderen einzulassen, um zu einer gegenseitigen Begegnung der Objektbereiche zu gelangen, also der Bereiche, die jeweils als 'Liturgie' betrachtet werden. Eine solche Wahrnehmung darf sich ihres eigenen auch konfessionell gebundenen Standpunktes nicht entheben (ein solcher Anspruch wäre auch wissenschaftstheoretisch unhaltbar), vielmehr muß sie diesen immer mitreflektieren.[32]

Dadurch ergibt sich für eine ökumenische Liturgiewissenschaft ein Ansatz, der als *hermeneutischer Ansatz*[33] beschrieben werden kann und der *das Anderssein des Gegenübers zu verstehen* sucht. Das Gegenüber ist aber nicht ein liturgisches Formular, sondern sind letztlich die Menschen als Versammlung des Volkes Gottes, die die Liturgie feiern. Um der Menschen willen muß dieser hermeneutische Ansatz die Bereitschaft einschließen, auch in eine neue Diskussion über die Motive der entstandenen und bestehenden Trennung einzutreten. Dies verlangt den Willen zur kritischen Reflexion des eigenen, scheinbar durch die Dogmatik unumstößlich gefestigten Standpunktes[34].

Auf das obige Problem des unterschiedlichen Ordinationsverständnisses angewendet wäre die Verbindung der formalen Gestalt von katholischer und evangelischer Ordination herauszuarbeiten (und dies kann z.B. ohne weiteres von der einen gegen ein eventuelles Desinteresse auf der anderen Seite geschehen), um damit einen Ausgangspunkt zu schaffen, von dem aus die inhaltlichen Verbindungen und Differenzen behandelt werden können.

2.2.3 Das Objekt der Liturgiewissenschaft

Die Frage nach dem Objekt der Liturgiewissenschaft muß noch konkretisiert werden. Zuvor ist das Objekt der Liturgiewissenschaft hinsichtlich seiner materialen und formalen Seite differenziert worden[35]. Nun muß betrachtet werden, was eine ökumenische Ausrichtung für diese beiden Seiten bedeutet.

2.2.3.1 Das bisherige ökumenische Objekt der Liturgiewissenschaft

In diesem Zusammenhang muß zunächst die Behauptung kritisch hinterfragt werden, daß Liturgiewissenschaft, die diesen Namen verdiene, immer schon ökumenisch arbeite, ja sogar die Liturgiewissenschaft im 19. Jh. und zu Beginn des 20. Jh. unter den theologischen Disziplinen am ökumenischsten sei[36]. Der Blick dieser Liturgiewissenschaft, die sich nicht selten als 'vergleichende Liturgiewissenschaft' versteht, geht dabei in Richtung der Ostkirchen. Inwieweit aber ist er wirklich ökumenisch? Unzweifelhaft gilt: "In der Liturgiewissenschaft hatte die Ostkirche als seriöses, der eigenen Kirche nicht nachgestelltes Objekt ihren festen Platz."[37] Für die ostkirchlichen Liturgien als Materialobjekt ist dies vollkommen

---

[32] Häußling ist recht zu geben, daß Liturgiewissenschaft immer nur aus einer kirchlichen Heimat heraus und unter der konkreten Vorausbezogenheit der geschichtlich gegebenen Liturgiewissenschaft betrieben werden kann (vgl. Häußling, Bemerkungen 244f). Aber die Beachtung der eigenen Verortung verhindert keine Grenzüberschreitung.

[33] Der Begriff 'Hermeneutik' kann hier nicht weiter entfaltet werden; vgl. hierzu Smend/Stuhlmacher/Sauter; von Bormann.

[34] Als vorbildlich sind hier der 'Ökumenische Arbeitskreis evangelischer und katholischer Theologen' und seine Publikationen in der Reihe 'Dialog der Kirchen' zu nennen.

[35] Vgl. 2.2.

[36] Vgl. Häußling, Bemerkungen 242; Häußling, Aufgabenfelder 98f.

[37] Häußling, Bemerkungen 243.

richtig. Aber welches erkenntnisleitende Interesse ist vorhanden? Ist es nicht vielmehr die Möglichkeit, aufgrund der starken Beharrungskraft der östlichen Liturgien in die Zeit der antiken Liturgien zurückzuschauen? Ist nicht die eigentliche Intention, das traditionelle Selbstverständnis von Liturgie als unveränderlicher Gegebenheit in der katholischen Kirche durch den Blick in Richtung Osten zu erschüttern[38] und durch Vergleiche die theologische Dimension der Liturgie gegenüber dem zu dieser Zeit herrschenden Rubrizismus zur Geltung zu bringen? Die Zielrichtung dieser Liturgiewissenschaft liegt fast ausschließlich in der Reform des eigenen Ritus in Richtung einer altkirchlichen Ursprünglichkeit.[39] Sicher hat letzteres auch eine beachtliche ökumenische Relevanz (im Sinne einer gemeinsamen Wurzel), darf aber auch nicht überbewertet werden, will man nicht als Ziel einer ökumenischen Liturgiewissenschaft eine altkirchliche Einheitsliturgie anstreben[40]. Dieser Ansatz hat also auf der Ebene des Formalobjekts nur geringe ökumenische Dimension, nur das Materialobjekt geht über die Grenzen der eigenen Kirche hinaus.

Was aber ist der tiefere Grund für die Mißachtung der evangelischen Liturgie in der zu dieser Zeit betriebenen 'vergleichenden Liturgiewissenschaft'? Zum einen sind hier sicher dogmatische Überlegungen am Werk. Während der Liturgie der Ostkirche nie die 'Gültigkeit' abgesprochen wird, geschieht dies gegenüber den Kirchen der Reformation. Der Gottesdienst der evangelischen Nachbarn "kam nicht vor, er brauchte auch gar nicht vorzukommen, denn er war liturgietheologisch 'nichts wert'"[41]. Tieferer Grund ist, daß die orthodoxen und orientalischen Kirchen die episkopale Verfassung mit dem Anspruch einer apostolischen Sukzession nicht abgelegt haben und auch die Sakramente identisch bleiben; die evangelischen Kirchen haben diese Linie meist verlassen.

Aber hinter der fast vollständigen Mißachtung evangelischer Liturgien darf nicht zu schnell konfessionelle Voreingenommenheit und Dogmatismus vermutet werden. Z.B. bei Anton Baumstark, dem 'Altvater' der vergleichenden Liturgiewissenschaft, sind Stellen zu finden, die deutlich machen, daß er sich gar nicht so schnell durch die Dogmatik einengen läßt. So äußert er sich zu der Tatsache, daß in der Anaphora 'Addai und Mari' ursprünglich kein Einsetzungsbericht zu finden ist, obwohl dieser doch nach westlicher Lehre die konsekratorische Wirkung habe, folgendermaßen: "Now whatever be the theological considerations involved, we are not justified in conjuring the fact away. It is the theologians, not the liturgists, whose business it is to relate the historical *datum* to the unchangeable character of dogma. The historian, if he is a Catholic, while accepting the truth of the dogma unreservedly, must

---

[38] Dieser Vorgang hat entscheidende ökumenische Implikationen, die keineswegs marginalisiert werden sollen. Zumindest sekundär wird dabei auch der hohe Wert der östlichen Liturgien entdeckt.

[39] Zur Zeit dieser Liturgiewissenschaft gibt es auch fast keine Notwendigkeit zu einer weitergehenden Aufmerksamkeit, da es praktisch keine Berührungsmöglichkeiten zwischen einer größeren Zahl von Gläubigen der West- und Ostkirchen gibt. Erst heute bildet z.B. die griechisch-orthodoxe Kirche die drittgrößte christliche Religionsgemeinschaft in Deutschland.

[40] Zur Kritik an einem solchen Streben nach einer an der Antike orientierten Vereinheitlichung der Liturgie vgl. Bradshaw, Homogenization. Die Verobjektivierung einer bestimmten Epoche stellt auch einen der Hauptkritikpunkte der deutschen Reformierten am Lima-Papier dar, dem "die Anschauung selbstverständlich zu sein [scheint], daß die normativen Formen allein in der alten Kirche zu finden sind" (Moderamen 312). Man bemerkt dazu: "Nach reformatorischer Überzeugung ist weder die Kirche selbst noch auch die historische Kontinuität kirchlicher Lehre die entscheidende Instanz für die Frage nach der christlichen Wahrheit, sondern einzig und allein Gottes Wort in Jesus Christus, wie es in der Heiligen Schrift bezeugt ist" (ebd.).

[41] Häußling, Was heißt 65.

no less certainly accept the fact which confronts him."[42] Als Liturgiewissenschaftler versteht er sich also ausdrücklich als Historiker und nicht im eigentlichen Sinne als Theologe[43]. Er glaubt fest daran, daß historische Daten dem depositum fidei der Kirche nicht widersprechen können[44]. Aber "facts must be given their true value"[45]. Einen augenscheinlichen Widerspruch der historischen Fakten zur kirchlichen Lehre zu klären, überläßt er den Theologen, wie am angeführten Beispiel deutlich wird.

Der tiefere Grund für das Außerachtlassen der reformatorischen Tradition in der vergleichenden Liturgiewissenschaft liegt dann nicht in einer konfessionellen Voreingenommenheit, sondern in der Anwendung einer Methode und der Übertragung des dahinterstehenden Entwicklungsparadigmas auf die Liturgie. Dieses Paradigma gibt sich historisch, agiert aber letztlich philosophisch[46]. Es ist die dieser Richtung eigentümliche Sicht von Liturgie als etwas Gewachsenem, Organischem: "Die Liturgie ist ein Gewordenes, aber nicht wie eine beliebige Schöpfung mit bewußter Absicht auf ein selbstgewähltes Ziel gerichteter menschlicher Willkürtätigkeit."[47] Es handelt sich eben um "die Ergebnisse eines organischen, nach inneren Gesetzen sich vollziehenden Werdens"[48]. Dabei liegt aber kein wirklich evolutives Bild zugrunde (denn dieses kennt auch radikale Änderungen und Sackgassen), sondern das Bild eines kontinuierlichen Weiterwachsens. Das Spezifische dieser organischen Sicht ist, daß nach ihr die Liturgie wie die Natur in ihrer Entwicklung bestimmten Gesetzen folgt[49]. Ein radikaler Umbruch aber, wie ihn die reformatorischen Liturgien beinhalten und der sich offenbar auch gegen jede innere Gesetzlichkeit richtet, kann nur als menschliche Willkürtätigkeit verstanden werden[50]. Die vertretbaren Kategorien der Liturgiegeschichte sind für Baumstark "Fortschritt, Beharren, Erstarrung"[51]. Wurzel und damit letztlich Lebenskern der Liturgie bleibt die Liturgie der alten Kirchen.[52] So kann die Reformation nur als "riesenhafte[r] Abfall von der alten Kirche"[53] und damit der Substanz verstanden werden; die Sub-

---

[42] Baumstark, Comparative Liturgy 8. Es handelt sich um die englische Übersetzung von Baumstark, Liturgie comparée 8. Die erläuternde Apposition 'not the liturgists' ist sinngerecht vom Übersetzer eingefügt worden und findet sich im französischen Orginal nicht.

[43] Liturgiewissenschaft ist für Baumstark als 'Laie' nur zu betreiben, weil sie für ihn keine theologische Disziplin darstellt (vgl. West 11).

[44] Vgl. West 12.

[45] Baumstark, Comparative Liturgy 7.

[46] West hat diese philosophischen Hintergründe eingehend nachgewiesen (vgl. West). Bradshaw hat Baumstarks Grundsätze einer vergleichenden Liturgiewissenschaft jüngst revidiert (vgl. Bradshaw, Search 56-79; Cameron-Mowat).

[47] Baumstark, Werden 2.

[48] Baumstark, Werden 3.

[49] Vgl. West 15. Evolution wird somit als Transformation des wesentlich Gleichbleibenden gesehen (vgl. ebd. 19). Diese Sicht wird wie die Methode aus der vergleichenden Linguistik übernommen, die die Entwicklung der Sprachen mit einer Stammbaumtheorie deutet (vgl. ebd. 16-19).

[50] Vgl. West 15.

[51] So die Überschrift des 12. Kapitels in Baumstark, Werden (vgl. ebd. 88). Vertretbare Veränderungen geschehen für Baumstark in Stille, ohne daß es jemand merkt (vgl. West 29f).

[52] Allerdings geht Baumstark - anders als das Modell der Linguistik - nicht von einer Einheitlichkeit der Ursprünge aus. Nach seiner Überzeugung entwickeln sich die pluriformen Liturgien wegen ihres organischen Charakters nach entsprechenden Gesetzen zunehmend zu einer Einheit (vgl. West 28f).

[53] Baumstark, Werden 126. Komprimiert zeigt sich diese Sicht in einer Äußerung, in der er gegenüber einem evangelischen Autor ausdrücklich die Reformation als Grenze seiner Vorstellung von 'Liturgie' kennzeichnet:

stanz der Liturgie muß aber für Baumstark immer gleich bleiben.[54] Gerade darin zeigt sich die Problematik des organischen Modells[55]: Die Ontologisierung geschieht durch die Annahme der Vergleichbarkeit von Natur und Kultur; während sich aber die Natur aufgrund genetischer Kriterien entwickelt (und, wie wir heute wissen, auch die Gene veränderbar sind), verändert sich die Kultur unter soziologischen Einflüssen[56]. Stimmt das zugrundeliegende Paradigma nicht, so stellt sich die Frage nach der Notwendigkeit einer Betrachtung evangelischer Liturgien in neuer Weise.

2.2.3.2 Das Materialobjekt

Wie gezeigt, ist das Materialobjekt der Liturgiewissenschaft bisher nur eingeschränkt ökumenisch; der große Bereich der evangelischen Liturgien wird im allgemeinen ausgenommen. Kommen die evangelischen Liturgien in den Blick, so gilt: "Noch überwiegt die distanzierte, von konfessionskundlichem und kontroverstheologischem Interesse geleitete Kenntnisnahme und Auseinandersetzung"[57]. Daß diese Distanz ein aktuelles Problem ist, zeigt sich am neuen Handbuch der Liturgiewissenschaft 'Gottesdienst der Kirche'. Im 1984 erschienen Band 8 wird die evangelische Tradition weitestgehend ausgelassen (so bei der Betrachtung der Ordination) bzw. in Kürze abgehandelt (die Trauung auf 3 Seiten, die Bestattung auf 1/3 Seite[58]) und erst nachträgliche Veröffentlichungen des evangelischen Liturgiewissenschaftlers Frieder Schulz[59] im ALw heben dieses Manko auf. Erst in den später erschienen Bänden bildet dann auch die evangelische Liturgietradition das Materialobjekt der Betrachtung (und zwar einer Betrachtung von katholischer Seite).[60] Bei den fremdsprachigen katholischen Handbüchern sieht die Situation noch schlechter aus.[61]

Ist man aber zu der Beachtung der evangelischen Liturgie grundsätzlich bereit, so kann es trotzdem zu Verengungen des Materialobjektes kommen, da in den verschiedenen Konfessionen (bzw. ihren Liturgiewissenschaften) unter 'Liturgie' z.T. sehr verschiedene Dinge ver-

---

"Die christliche Liturgie ist einmal bis zu den Tagen Luthers etwas wurzelhaft Einheitliches, das lokal sich sehr verschieden, überall aber organisch d.h. nach Gesetzen entwickelt hat, die seinem Wesen entspringen" (Baumstark, (Rez.) Dietrich 220f).

[54] Vgl. Baumstark, Comparative Liturgy 1.

[55] Vgl. West 21.

[56] Vgl. West 25.

[57] Bieritz, Chancen 470.

[58] Vgl. Kleinheyer/von Severus/Kaczynski 118-121.227.

[59] Vgl. Schulz, Ministeria communitatis; Schulz, Benedictio nuptialis; Schulz, Agenda mortuorum.

[60] Auch zu den Bänden 7.1 und 7.2 fügt Schulz noch Informationen hinzu, die aber in einem ganz anderen Verhältnis zu den entsprechenden Abschnitten des Handbuches stehen als die vorherigen Artikel (vgl. Schulz, Initiatio christiana; Schulz, Ministerium). In sehr guter Weise findet sich die Berücksichtigung der evangelischen Liturgien ausgeführt in Band 4 (vgl. Pahl, Feier).

[61] Für frühere Epochen konstatiert Häußling den Mangel (vgl. Häußling, Liturgiewissenschaft 13[41]). Bei den heutigen fremdsprachigen Handbüchern ergibt sich folgendes Bild: Das französischsprachige Handbuch der Liturgiewissenschaft (vgl. Martimort) ignoriert die evangelische Liturgietradition völlig. So werden zwar zur Eucharistiefeier im Westen nach dem Tridentinum 'Les missels néo-gallicans' (vgl. Martimort 2,197f) behandelt, nach evangelischen Abendmahlsfeiern sucht man aber vergebens. Auch im italienischen Handbuch (vgl. Marsili) ergibt sich der gleiche Befund. Positiv zu bewerten ist aber, daß hier wenigstens ein eigener Band 'Le liturgie orientali' geplant ist. Bezeichnend für die Situation ist auch, daß Neunheuser, der die Handbücher 1989 vergleicht, nirgendwo das ökumenische Manko bemängelt (vgl. Neunheuser, Handbücher).

standen werden⁶², was dazu führen kann, daß von katholischer Seite der evangelischen das Interesse an Liturgie abgesprochen wird. Der so für die evangelische Seite zugrunde gelegte und dort zweifelsfrei auch praktizierte Liturgiebegriff ('Liturgie' ist das die Predigt umgebende, letztlich aber immer sekundär bleibende Geschehen) ist jedoch eine Kategorie Schleiermachers⁶³ und seiner Rezeption und darf nicht einfach zurückdatiert bzw. zum grundsätzlichen Problem der Konfessionen gemacht werden. Auf katholischer Seite bildet ein gewisses Pendant ein Liturgiebegriff, der auf das Ritualisierte, Zeremonielle eingeschränkt bleibt, der also nach dem Zweiten Vatikanischen Konzil obsolet sein sollte⁶⁴.

Man kommt deshalb nicht umhin, unter 'Liturgie' als Materialobjekt einer ökumenischen Liturgiewissenschaft all das zu verstehen, was in den jeweiligen Kirchen bei der Versammlung der Gemeinde zum Gedächtnis der Heilstaten Christi geschieht.

2.2.3.2.1 Die 'Kirche' als Materialobjekt der Liturgiewissenschaft?

Wie weit aber muß nun - positiv gewendet - das Materialobjekt einer ökumenischen Liturgiewissenschaft gefaßt sein? Fordert Berger, die Liturgien aller Kirchen zu berücksichtigen⁶⁵, so erwidert Häußling: "Aber was ist Liturgie? Die Summe der einzelnen gottesdienstlichen Handlungen, jener in der eigenen Kirche und nun eben auch, weil ökumenisch, ausgeweitet auf die verschiedenen Kirchen der Ökumene überhaupt?"⁶⁶ Er hält mit Berufung auf Guardini dagegen, daß Liturgie nicht die Addition einzelner Handlungen in der Kirche sei, sondern diese selbst⁶⁷. Folge eines solchen Ansatzes ist die mangelnde Bereitschaft, eine Vielzahl von Liturgien zu betrachten, und die Tendenz, die Liturgiewissenschaft ekklesiologisch zu konzipieren. Sie spricht dann nicht von der Liturgie, sondern von der Kirche, "wie sie in der Feier der Liturgie sich selbst erkennt. Liturgiewissenschaft ist konkrete Ekklesiologie."⁶⁸ Die Liturgiewissenschaftler des dt. Sprachraums sind in ihrer 'Standortbestimmung der Liturgiewissenschaft' wesentlich vorsichtiger, wenn sie die Aufgabe der Liturgiewissenschaft beschreiben: "Liturgiewissenschaft reflektiert als theologische Disziplin die Kirche als Versammlung derer, die sich explizit als von Gott Gerufene erfahren"⁶⁹. Gegenstand der Liturgiewissenschaft ist also nicht die Kirche an sich, sondern als sich Versammelnde, d.h. qua liturgischem Vollzug, in dem die Kirche Jesu Christi sichtbar wird⁷⁰. Bei der Liturgiewissenschaft handelt es sich eben nicht um ein Teilgebiet der Ekklesiologie⁷¹, sondern die

---

⁶² Vgl. Berger, Liturgiewissenschaft 158.

⁶³ Vgl. Kalb 367.

⁶⁴ Eine ähnliche Verengung des Objektes ist die Betrachtung allein der amtlich vorgegebenen Texte und Vollzüge, da amtliche Vorgaben einen geringeren Stellenwert in den evangelischen Liturgien haben (vgl. Bieritz, Chancen 471).

⁶⁵ Vgl. Berger, Prolegomena 14f.

⁶⁶ Häußling, Bemerkungen 246.

⁶⁷ Vgl. Häußling, Bemerkungen 246.

⁶⁸ Häußling, Bemerkungen 246.

⁶⁹ Gerhards/Osterholt-Kootz 124.

⁷⁰ Soweit stimmt man mit Häußlings Aussage überein, daß sich die Kirche in der Liturgie erkenne (vgl. Häußling, Bemerkungen 246). Auch Berger benennt die Kirche als Thema der Liturgiewissenschaft klar, indem sie von der Liturgie als "Epiphanie der Kirche" (Berger, Prolegomena 2) spricht.

⁷¹ Vgl. Gerhards/Osterholt-Kootz 129⁹.

Kirche wird in ihr in einem ihrer Grundvollzüge (neben Martyria und Diakonia) betrachtet.[72] Allerdings steht die Dogmatik der letzten Jahrzehnte mit ihrem fast durchgängigen Sprechen von der Kirche als 'Grundsakrament'[73] in der Versuchung, die Kirche als vorgegebene Größe zu verstehen, die sich in ihren Vollzügen *nur* artikuliert[74]. Aber nicht die Kirche ist das Grundlegende der Liturgie, sondern das Heilsmysterium in Jesus Christus, oder - wie es SC meist ausdrückt - das Pascha-Mysterium. Dieses wird gegenwärtig in den Vollzügen von Diakonia, Martyria und Leiturgia, und erst aus diesen Vollzügen heraus erwächst die Rede von der Kirche[75]. Indem Christus in den Vollzügen gegenwärtig ist, ist Kirche 'Leib Christi'. Die Grundvollzüge stehen nicht sekundär zur Kirche, denn nicht nur wird in ihnen Kirche überhaupt erst sichtbar, sondern sie begründet sich aus diesen![76] Nur so kann z.B. die Liturgiewissenschaft eine kritische Funktion gegenüber der Kirche ausüben[77].

Materialobjekt der Liturgiewissenschaft ist also die Liturgie als Kirche im Vollzug.[78] Nun lehrt das Konzil, daß die Kirche Jesu Christi nicht automatisch mit der katholischen Kirche identisch ist, sondern in ihr 'subsistiert' (LG 8), aber auch außerhalb dieser 'Kirche' existiert (UR 3). Die Ökumene ist notwendig, weil die Erfahrung von Kirche sich über die Grenzen der Kirchentümer ausgedehnt hat[79] und weil wir erkannt haben, "daß die Kirche Gottes als die Eine in den vielen Kirchen vor Ort existiert, und erst die Gemeinschaft der Kirchen die ganze Kirche ist"[80]. Es geht darum, Kirche als Einheit der Vielfalt von Kirchen zu erfahren! Mit 'Kirche' kann deshalb hier nicht eine rein institutionelle Größe gemeint sein, sondern das von Gott gerufene Volk, das seinem Anruf antwortet (so auch die Standortbestimmung). Gerade wegen dieses 'sakramentalen Charakters' von Kirche kann sie als Institution nicht primäres Materialobjekt von Liturgiewissenschaft sein. Wenn die Verwirklichung der Kirche

---

[72] Auch Häußling definiert in einer früheren Publikation 'Kirche' wesentlich stärker vom Vollzug her: "In unserem Bereich ist Kirche eben dort, wo eine Gemeinde von Glaubenden sich ausdrücklich Gott zuwendet, wie er, offenbarend und Heilsgeschichte wirkend, sich selbst darbietet, dort also, wo eine Orts- oder Personalkirche Gottesdienst feiert" (Häußling, Funktion 115).

[73] Vgl. Vorgrimler, Sakramententheologie 47-57.

[74] Gerade das Sprechen Rahners von den Sakramenten als 'Selbstvollzug' der Kirche bringt diese Vorstellung mit sich (vgl. Vorgrimler, Sakramententheologie 56f). Rahner selbst bestimmt später das Verhältnis von Kirche und Sakrament wenigstens an einigen Stellen stärker als wechselseitiges, ohne eine eigentliche Positionsänderung zu vollziehen: "vom Wesen der Kirche her wird das Wesen der Sakramente deutlich, und umgekehrt" (Rahner 323).

[75] In Boffs Sakramentenlehre kommt dies zumindest an einer Stelle zum Ausdruck: "Kirche wird zum Sakrament, insofern sie am Sakrament Christi teilhat und es immer wieder aktualisiert" (Boff 71).

[76] Vgl. SC 10, wo es heißt: "Dennoch ist die Liturgie der Höhepunkt, dem das Tun der Kirche zustrebt, und zugleich die Quelle, aus der all ihre Kraft strömt."
De Lubac stellt dieses Wechselverhältnis zumindest für die Eucharistie und die Kirche deutlich heraus, indem er es nicht nur als Abhängigkeitsverhältnis, sondern sogar als Verhältnis von Ursache und Wirkung darstellt: "Täglich bringen sich Kirche und Eucharistie gegenseitig hervor" (De Lubac, Corpus Mysticum 319f). An anderer Stelle schreibt er: "C'est l'Église qui fait l'Eucharistie, mais c'est aussi l'Eucharistie qui fait l'Église" (De Lubac, Méditation 113; vgl. auch Schnackers 98; Gy 14).

[77] Es ist Häußlings Verdienst, den wichtigen Aspekt einer kritischen Funktion der Liturgiewissenschaft hervorgehoben zu haben (vgl. Häußling, Funktion). Dabei richtet sich die Kritik nicht nur gegen die konkrete, jetzt gefeierte Liturgie durch die Konfrontation mit der Tradition (vgl. ebd. 111-113), sondern auch gegen die Dogmatik; es geht letztlich um die Liturgiefähigkeit von Theologie (vgl. ebd. 121).

[78] Vgl. auch Berger, Liturgiewissenschaft 158.

[79] Vgl. Häußling, Bemerkungen 246.

[80] Häußling, Bemerkungen 247.

Jesu Christi nicht fest umrissen werden kann, sondern wir davon ausgehen müssen, daß sie sich in vielfältigen Formen aktualisiert, müssen konsequenterweise eben auch alle Kirchen und ihre Liturgien als Materialobjekt berücksichtigt werden.

Geht man schließlich nicht vom Begriff der Kirche aus, sondern vom biblischen Begriff des 'Volkes Gottes' (wie dies das Konzil tut (LG 9-18)), d.h. aller Menschen, an denen Gott sein Heil wirkt und mit denen Gott seinen Bund geschlossen hat, so ist über die christlichen Kirchen hinaus auch das Judentum darin eingeschlossen, denn der Bund mit Israel ist nie gekündigt! Damit stellt auch die jüdische Liturgie einen Teil des Materialobjektes der Liturgiewissenschaft als theologischer Disziplin dar.[81]

2.2.3.2.2 Die 'Sachgemäßheit' als Kriterium für eine Einschränkung des Materialobjekts?

Gegen eine von Berger geforderte Ausweitung des von der Liturgiewissenschaft zu untersuchenden Materialobjekts macht Häußling den theologischen Einwand geltend, daß der Kreis der zu betrachtenden bzw. ernstzunehmenden Liturgien wegen ihrer unterschiedlichen Bezugnahme auf das eine Heilsmysterium in Jesus Christus einzuschränken sei: "Von der Nähe und Ferne zu diesem Mysterium in der Verkündigung, im Glauben, in der Feier, ergeben sich die kritischen Maßstäbe, an denen 'Kirche' und mit ihr 'Liturgie' als geistgefüllt und sachgerecht, als ökumenisch relevant, zu messen sind."[82] Damit wird die Nähe oder die Ferne zum Pascha-Mysterium zum Kriterium erhoben, ob eine Liturgie für die Liturgiewissenschaft überhaupt relevant ist. Was aber sind die konkreten Kriterien für eine solche Beurteilung?

Häußling konkretisiert diese Aussage noch einmal für die Liturgie, indem er die Formel von der 'Hierarchie der Wahrheiten' (UR 11) überträgt: "Auf die liturgischen actiones der Ökumene angewandt, heißt das: es gibt eine Hierarchie der Sachintensität, gewertet nach dem unterschiedlich repräsentierenden Zusammenhang mit dem Pascha-Mysterium."[83] Hier liegt der Kern seiner Aussage gegen eine ökumenische Liturgiewissenschaft im von Berger vorgelegten Maße und hier genau ist ihm m.E. zu widersprechen, denn diese Argumentation reduziert 'Sachgemäßheit' auf eine theologische, von einheitlichen Kriterien ausgehenden Ebene (eben das Pascha-Mysterium), ohne die anthropologische Ebene zu sehen bzw. in der Kriteriologie zu berücksichtigen.

Liturgie hat als Feier des Pascha-Mysteriums immer zugleich eine theologische und eine anthropologische Ebene[84] und beide können nicht voneinander getrennt werden, sondern sind unlösbar miteinander verbunden. Die anthropologische Ebene ist es, die sich durch unterschiedliche Ausformungen der Liturgie in den jeweiligen geschichtlichen Situationen und

---

[81] Dies fordern ebenfalls Berger (vgl. Berger, Prolegomena 17) und Häußling (vgl. Häußling, Was heißt 75-78; Häußling, Liturgiewissenschaft 13f).

[82] Häußling, Bemerkungen 247.

[83] Häußling, Bemerkungen 247[12]. Die Forderung nach Sachgemäßheit kann nicht gegen Berger angeführt werden, da sie sie ebenfalls gegen eine reine Beliebigkeit fordert (vgl. Berger, Prolegomena 12).

[84] So auch die Standortbestimmung (vgl. Gerhards/Osterholt-Kootz 125). 'Theologisch' wird hier gegen 'anthropologisch' abgegrenzt, nicht weil die Theologie neben der göttlichen keine menschliche Dimension beinhalten würde, sondern um gerade diese beiden Dimensionen benennen zu können.

Kulturen ergibt und die heute meist mit dem Stichwort 'Inkulturation' benannt wird.[85] Für beide Ebenen gibt es eine jeweilige Sachgemäßheit: Die der theologischen Ebene tendiert zur Einheit, die der anthropologischen aber zur Pluriformität. Selbst wenn man für die theologische Ebene[86] die Sachgemäßheit an einem einzigen Paradigma, dem Pascha-Mysterium, festmachen will, bleibt das Problem der Umsetzung, denn wie sehen daraus folgend die konkreten Kriterien aus? Über das, was am Pascha-Mysterium gemessen 'sachgerecht' ist, streiten und entzweien sich die Christen seit fast zwei Jahrtausenden![87] Auch eine Orientierung an einem Ideal der alten Kirche - auf das sich vielfach die Liturgische Bewegung bezieht - hilft nicht weiter. Einerseits ist die theologische Entwicklung weitergegangen[88] - eben auch in die verschiedenen Richtungen der Ökumene! Andererseits geht man noch immer fälschlich von einer Einheitlichkeit der alten Liturgien aus, die es so wohl nie gegeben hat. Was aber nicht konkret zu fassen ist, kann nicht Kriterium einer wissenschaftlichen Betrachtung sein!

Daraus folgt, daß nur eine solche Bestimmung der ökumenischen Liturgiewissenschaft redlich bleibt, die als Materialobjekt alle christlichen Liturgien betrachtet, da alle sich als Erfüllung des Auftrages Christi verstehen. Nur so bleibt Theologie weiterhin wissenschaftlich, d.h. in ihren Aussagen überprüfbar[89]. Bzgl. der vielen Liturgien eine "physische Unmöglichkeit"[90] zu reklamieren, ist wissenschaftlich nicht redlich, sondern die normale Konsequenz wäre die Aufteilung einer Wissenschaft in verschiedene Spezialgebiete.[91] Die Ergebnisse der Einzelbereiche aber müssen und können dann unter einem gemeinsamen Fragehorizont diskutiert werden.

2.2.3.2.3 Die Geschichte der 'anderen Liturgie' ist die Geschichte der eigenen Liturgie

Es gibt noch einen weiteren Grund, gerade die Vielfalt der evangelischen Liturgien im Rahmen einer ökumenischen Liturgiewissenschaft zu beachten, denn dies bedeutet in entscheidendem Maße, auch die eigene Liturgie in ihrer Geschichte, d.h. mit all ihren Formen und 'Fehlformen' anzuerkennen. Die Vielfalt der Liturgien ergibt sich nicht nur bei synchroner, sondern auch bei diachroner Betrachtung der eigenen Liturgietradition. Die Liturgien der anderen Kirchen ernstzunehmen, heißt zugleich, die Liturgie der eigenen Kirche in ihrer Geschichte und mit den an ihr entbrannten Konflikten ernstzunehmen. Gerade die

---

[85] Zur umfangreichen Literatur zur 'Inkulturation' vgl. Meyer, Eucharistie 535-537. Zu beachten ist auch die römische Instruktion zu diesem Thema (vgl. Kongregation für den Gottesdienst und die Sakramentenordnung).

[86] Auf die anthropologische Ebene soll weiter unten (vgl. 2.3.2) eingegangen werden.

[87] Dies ist auch gegen Volps Ansatz festzuhalten, dessen Interpretation der Liturgie als Symbolsystem das Problem auf die Ebene der 'Signifikate' und 'Signifikanten' verlagert (vgl. Volp 886). Zum einen lassen sich die Sache und das Zeichen in der Liturgie nicht trennen, zum anderen ist die Sache selbst umstritten. Es handelt sich bei dieser Frage nicht nur um ein Stilproblem (so Volp 887)!

[88] Z.B. kann man hinter das Selbstverständnis des modernen Menschen als autonomem Subjekt auch in Kirche und Liturgie nicht mehr zurück; dieses bleibt aber bei einer Orientierung an der alten Kirche vielfach unberücksichtigt (vgl. Lurz, Krise).

[89] Das heißt nicht, daß es nicht Gruppierungen geben kann und gegeben hat (z.B. die 'Deutschen Christen'), denen man die Bezeichnung 'christlich' absprechen muß, weil sie die Botschaft in radikaler Weise pervertieren. Eine solche Abgrenzung besteht zu Recht. Das hier behandelte Problem ist aber ein anderes.

[90] Häußling, Bemerkungen 246.

[91] De facto findet sich eine solche Spezialisierung schon für den Bereich der östlichen Liturgien aufgrund der notwendigen Sprachkenntnisse!

evangelischen Liturgien bilden vielfach die Reaktion auf liturgische 'Fehl'-Formen der katholischen Tradition, ebenso aber eine Weitertradierung liturgischer Formen der Kirche des Spätmittelalters: Oft finden sich in ihnen Formen, die wir heute schnell als 'mittelalterlich' abwerten. Mit einer solchen Beurteilung wird man aber weder den evangelischen Liturgien noch der eigenen mittelalterlichen Tradition gerecht[92]! Vor jeder negativen Beurteilung sollte eine intensive Hermeneutik i.S. eines einfühlenden Verstehens[93] ihren Platz haben.[94] Damit kann gerade die Betrachtung von evangelischen Liturgien ein besseres Verstehen der mittelalterlichen Liturgie bewirken. Ökumenische Liturgiewissenschaft wird dadurch in erheblichem Maße zur Auseinandersetzung mit der eigenen, widersprüchlichen Liturgiegeschichte.

2.2.3.2.4 Die Themen einer ökumenischen Liturgiewissenschaft

Materialobjekt einer ökumenischen Liturgiewissenschaft ist somit, was die einzelnen Konfessionen als Gottesdienst bezeichnen, denn der Dialog zwischen Gott und seinem Volk wird in den verschiedenen Kirchen unterschiedlich aktualisiert. Dies darf nicht dazu führen, daß bestimmte, konfessionsspezifisch erscheinende Vollzugsformen und Themen ausgeklammert werden. Berger hat ökumenisch konsensfähige Themen aufgeführt: Theologie der Liturgie, anthropologische Aspekte der Liturgie, 'Tisch des Wortes und Tisch des Brotes', sakramentliche Feiern und der liturgische Rhythmus der Zeit[95]. Damit sind Themen genannt, in denen in den letzten Jahren nicht geringe Konvergenz-Bewegungen zu verzeichnen sind. Dennoch müssen auch konfessionsspezifische Themen behandelt werden. Konfessionell umstrittene Themen auszuklammern hieße, nicht wirklich ökumenische Liturgiewissenschaft zu betreiben, sondern sich auf konsens- und konvergenzfähige Themen zu beschränken. So

---

[92] Pierce bemerkt richtig: "The term 'medieval' can often be used in a pejorative sense in the area of current liturgical practice. To be too 'medieval' in structure, gesture, or phrasing, seems to suggest ritual action which is not responsive to the needs of the late 20th-century Christian community, something archaic or antiquarian in outlook or preference." (Pierce 509). Ist man aber bereit, auch für das Mittelalter und seine uns heute oftmals skurril erscheinenden Ausdrucksformen eine Inkulturation anzunehmen, wird man mit Urteilen wesentlich vorsichtiger sein. Z.B. können die Apologien und anderen Bußelemente mittelalterlicher Liturgie als typische Form einer Inkulturation angesehen werden, die der sich herausbildenden Frömmigkeitsform im mitteleuropäischen Raum entspricht. Dies herabzuwürdigen bedeutet, einem 'klassizistischen' Modell von Inkulturation anzuhängen und nur *eine* christliche Kultur als normativ, universal und tradierungswürdig anzuerkennen (vgl. Pierce 519). Das Mittelalter selbst geht anders vor: "Respect for the antiquity of the Roman rite did not stop medieval Christians from augmenting that rite to answer more adequately their cultural and spiritual needs. The same should hold true for liturgical practice in the late twentieth century." (Pierce 520).

[93] Das aus der Psychologie entlehnte Adjektiv 'einfühlend' wird benutzt, um anzuzeigen, daß das geforderte Verstehen kein rein rationaler, sondern ein ganzheitlicher Akt ist. Wie in der Psychologie heißt auch hier 'verstehen' nicht 'für gut heißen'. 'Für gut heißen' ist eine moralische Kategorie und sollte unbedingt vermieden werden. Hinter einer Liturgie stehen bestimmte Menschen, die sie feiern, und deren Liturgie ernstzunehmen heißt, letztlich diese Menschen anzunehmen. Dabei kann nicht nur, sondern muß 'verstehen' ohne weiteres einschließen, daß (scheinbare) Sackgassen und Fehlentwicklungen wahr- und angenommen werden. Sie gehören zu einer Liturgie wie zu den Menschen, die sie feiern, und sind deshalb zunächst als positiver Anteil zu sehen. Dies nicht zu akzeptieren, bedeutet letztlich, die Begrenztheit menschlicher Existenz zu verleugnen.

[94] Eine ähnlich negative Einschätzung findet sich heute in der katholischen Liturgiewissenschaft vielfach gegenüber den liturgischen Formen der Traditionalisten, als handle es sich nicht um die Liturgie der eigenen Kirche bis vor knapp 30 Jahren!

[95] Vgl. Berger, Liturgiewissenschaft 158. Auch Bieritz nennt Themenbereiche, wobei bei ihm die anthropologischen Grundlagen und die moderne Sakralerfahrung im Vordergrund stehen (vgl. Bieritz, Chancen 475-477).

gehört z.B. das für die evangelische Seite brisante Thema Marienverehrung ebenso zu einer ökumenischen Liturgiewissenschaft, wie das für die katholische und orthodoxe Seite brisante Thema der Frauenordination. Es sind dies Themen, an denen sich Teilungen manifestiert haben bzw. neue Spaltungen drohen. Eine ökumenische Liturgiewissenschaft muß sich gerade auch den Konfliktfeldern widmen!

2.2.3.3 Das Formalobjekt: Perspektive und erkenntnisleitendes Interesse

Die herkömmliche, konfessionelle Liturgiewissenschaft weist ohne weiteres unterschiedliche erkenntnisleitende Interessen auf. In den letzten Jahrzehnten zielt die katholische Liturgiewissenschaft mehr auf den Wandel der Liturgie, während die evangelische - vor allem in den Nachkriegsjahrzehnten unter dem Eindruck des Kirchenkampfes - doch stärker konservierende Interessen zeigt[96], auch wenn sich letztlich die Konfessionen im Erscheinungsbild ihrer Gottesdienste annähern[97]. Diese Tendenz zur Vereinheitlichung der Gottesdienstformen ist gerade in den letzten Jahren (besonders im englischsprachigen Raum) zu bemerken und geschieht vorrangig unter dem Paradigma einer Orientierung an altkirchlichen Liturgien.[98]
Eine Konvergenz im Erscheinungsbild der Liturgie droht aber, bei Äußerlichkeiten stehen zu bleiben, und kann nicht Ziel einer ökumenischen Liturgiewissenschaft sein, die die Vielfältigkeit als berechtigte Dimension anerkennt. Ökumenische Liturgiewissenschaft muß ihr erkenntnisleitendes Interesse neu bestimmen und kann nicht einfach weiter betrieben werden wie bisher, wenn auch mit ökumenischem Akzent[99]. Es reicht nicht, nur von einer 'ökumenischen Perspektive der Liturgiewissenschaft'[100] zu sprechen, sondern eine 'ökumenische Liturgiewissenschaft' ist zu fordern!
Berücksichtigt und anerkannt man grundsätzlich, daß es in verschiedenen Kulturen und geschichtlichen Situationen unterschiedliche Ausformungen, d.h. Inkulturationen von Liturgie geben kann und darf, so fällt es leichter, nicht wie in der Zeit während und kurz nach dem Konzil Liturgie und Ökumene so zu verbinden, daß als Zielvorstellung eine einheitliche Liturgie fungiert[101], wie man auch die Einheit (i.S. von Einheitlichkeit) der Kirche für den ekklesialen Bereich erstrebt.[102] Einheitsstiftend ist das Pascha-Mysterium als geistliche Größe, nicht aber die konkrete Liturgie, die das Pascha-Mysterium feiert, da sie das Pascha-Mysterium nicht als absolute Größe 'umsetzt', sondern in einen bestimmten sozio-kulturellen Kontext hinein transponiert. Die Liturgie offenbart somit nicht nur die Einheit des gefeierten Pascha-Mysteriums, sondern auch die legitime Verschiedenheit der Ausdrucksformen![103]

---

[96] Vgl. Bieritz, Chancen 472.

[97] Vgl. Volp 888-891.

[98] Bradshaw hat 1995 in seinem Abschlußreferat des 'Societas Liturgica'-Kongresses in Dublin diese Problematik eindringlich aufgezeigt (vgl. Bradshaw, Homogenization).

[99] So Häußling, Bemerkungen 247.

[100] So die Standortbestimmung (vgl. Gerhards/Osterholt-Kootz 126).

[101] Berger gibt davon überblickartig Zeugnis (vgl. Berger, Prolegomena 4f). Einer ökumenischen Liturgiewissenschaft das Ziel einer Einheitsliturgie vorzugeben, beinhaltet zudem die Gefahr, nur die Ergebnisse wahrzunehmen bzw. die Gebiete zu untersuchen, die für die Verwirklichung dieses Zieles dienlich sein können.

[102] Zu den verschiedenen, heute existierenden, aber gestuften Modellen von Kircheneinheit in der ökumenischen Diskussion vgl. Beinert. Bei allen Modellen geht es um die Frage, wie Einheit und Verschiedenheit miteinander verbunden werden könnnen.

[103] Vgl. Berger, Ecumenism 389.

Intention einer inhaltlich ökumenischen Liturgiewissenschaft kann wegen dieser legitimen Verschiedenheit der Liturgie *zunächst nur ein Verstehen* sein. Es gilt, die Feier des einen Heilsmysteriums in den unterschiedlichen Liturgien zu untersuchen, die geschichtliche Genese und vor allem die Motivationen für die formalen wie inhaltlichen Änderungen liturgischer Vollzüge herauszuarbeiten und dabei ihre Gewirktheit durch den Hl. Geist anzuerkennen.[104] Dies muß (z.B. gegen die Auffassung Baumstarks) auch für die Liturgien gelten, die man von katholischer Seite zunächst als absolute Abkehr von der Tradition versteht. Weil in der Liturgie der verschiedenen Konfessionen der im Geist präsente *eine* erhöhte Herr der Gastgeber ist, darf ökumenische Liturgiewissenschaft die "liturgische Mehrsprachigkeit"[105] ernst nehmen.

---

[104] Vgl. hierzu das Ökumenismusdekret: "Auch zahlreiche liturgische Handlungen der christlichen Religion werden bei den von uns getrennten Brüdern vollzogen, die auf verschiedene Weise je nach der verschiedenen Verfaßtheit einer jeden Kirche und Gemeinschaft ohne Zweifel tatsächlich das Leben der Gnade zeugen können und als geeignete Mittel für den Zutritt zur Gemeinschaft des Heiles angesehen werden müssen. Ebenso sind diese getrennten Kirchen und Gemeinschaften trotz der Mängel, die ihnen nach unserem Glauben anhaften, nicht ohne Bedeutung und Gewicht im Geheimnis des Heiles. Denn der Geist Christi hat sich gewürdigt, sie als Mittel des Heiles zu gebrauchen..." (UR 3).

[105] Berger, Prolegomena 15.

Tabelle 2: Die Methoden einer ökumenischen Liturgiewissenschaft
ökumenische Liturgiewissenschaft ist Hermeneutik der Theologie der jeweiligen Liturgie

Methoden	Fragerichtung bzgl. einer Liturgie	Funktion der Liturgie	Wichtiger Lerninhalt für katholische Liturgiewissenschaft im ökumenischen Kontext
historisch-kritische Methode	Entwicklungsdimension: Genese der Feier des einen Pascha-Mysteriums in den vielen sozio-kulturellen Kontexten	Grundsatz: die Tradition ist normativ, aber nicht determinativ für eine Liturgie; mit der Tradition allein läßt sich keine Sachgemäßheit begründen	hilft plurale Entwicklung als "katholisch" zu erkennen
pastoral-praktische Methode	anthropologische Dimension	überprüft die Sachgemäßheit bzgl. der Menschen, d.h. ihres jeweiligen (und damit verschiedenen) sozio-kulturellen Kontextes	Inkulturation ist nicht nur möglich, sondern notwendig
theologisch-systematische Methode	theologische Dimension		Das Einheitskriterium liegt nicht offen vor, sondern ist nur "sakramental" erfahrbar; Aussagen zur theologischen Sachgemäßheit müssen ständig hinterfragt werden
	a) Einfluß der Dogmatik auf die Liturgie	Dogmatik übt über die (an die Feiergestalt rückgebundene) Sinngestalt eine kritische Funktion gegenüber der gefeierten Liturgie aus	
	b) Einfluß der Liturgie auf die Dogmatik	gefeierte Liturgie übt über ihre Sinngestalt eine kritische Funktion gegenüber der Dogmatik aus	
	c) In der Sinngestalt sich artikulierende Liturgietheologie als spannungsgeladene Synthese der beiden Einflußweisen	überprüft die Sachgemäßheit der Feier bzgl. des einen Pascha-Mysteriums (und seiner Feier in den vielen Kulturen)	

2.3 Die Methoden einer ökumenischen Liturgiewissenschaft

Nachfolgend sollen die Intentionen einer ökumenischen Liturgiewissenschaft anhand der Methoden erläutert werden. Nicht alle Methoden sind für die anschließende Untersuchung gleich wichtig; sie sollen aber benannt werden, um ein möglichst vollständiges Bild zu entwerfen.

Methodisch muß eine ökumenische Liturgiewissenschaft die gleichen Schritte aufweisen wie die traditionelle, als theologische Disziplin verstandene Liturgiewissenschaft[106]: die historisch-kritische, die praktische und die theologisch-systematische Methode[107]. Alle drei Methodenbereiche bleiben in ihrem bisherigen Umfang erhalten. Allerdings ergeben sich aufgrund der ökumenischen Ausrichtung neue Sichtweisen und Themenfelder. Im weiteren sollen allein diese aufgrund der spezifischen Problemstellung neu erwachsenden Aufgaben beschrieben werden.

Oben wurde gesagt, daß vordringlichste Aufgabe einer ökumenischen Liturgiewissenschaft das Verstehen ist, daß sie also zu einer Hermeneutik der Liturgie werden muß.[108] Eine Liturgie zu verstehen, kann jedoch letztlich nichts anderes heißen, als die in ihr enthaltene Theologie und damit den in ihr enthaltenen und gefeierten Glauben ins Wort zu heben. Dazu ist nicht nur der gesprochene Text, sondern das Gesamt des liturgischen Geschehens mit seinem geistesgeschichtlichen Verstehenshorizont als Kontext[109] zu beachten. Zugleich bleiben die drei Methodenstränge nicht unverbunden nebeneinander stehen[110], sondern sie erhalten durchweg eine theologische Ausrichtung.

2.3.1 Die historisch-kritische Methode

Der historisch-kritischen Methode kommt in einer ökumenischen Liturgiewissenschaft entscheidende Bedeutung zu, weil diese als Liturgie-Hermeneutik in neuer Weise 'vergleichende Liturgiewissenschaft'[111] ist. Geht es in einer ökumenischen Liturgiewissenschaft darum, die Theologie einer Liturgie zu verstehen, so ist nicht nur das 'Daß' der ökumenischen Vielfalt, sondern auch ihr inhaltliches 'Was' wahrzunehmen. Eine ökumenische Liturgiewissenschaft muß zunächst Wahrnehmungslehre der faktisch vielfältigen Liturgien sein. Die Kontextualität zu beachten, bedeutet dann zu erkennen, wie die Vielfalt entstanden ist, d.h. welcher theologiegeschichtliche sowie gesellschaftlich-politische Kontext zu berücksichtigen ist. Die Genese und die Impulse für die Entwicklung und Veränderung einer Liturgie sind von entscheidender Bedeutung. Letztlich geht es also in der historisch-kritischen Methode um eine 'Rekontextualisierung'[112].

---

[106] So auch Häußling, Bemerkungen 247.

[107] Die sonstigen Methoden, die die Standortbestimmung nennt (vgl. Gerhards/Osterholt-Kootz 125), sollen hier der Einfachheit halber außer acht gelassen werden, ohne daß sie deshalb unwichtig wären.

[108] Vgl. 2.2.3.3. Grundsätzlich zu Liturgie und Hermeneutik vgl. Saliers; Nichols.

[109] Der Grundsatz muß lauten: 'Der Kontext bildet den Text, der zu verstehen ist.' Vgl. hierzu Irwin, Method. Seine Ausführungen finden sich in komprimierter Form in Irwin, Liturgical Theology 1.

[110] Guardini hat die Trennung der Methoden noch ausdrücklich gefordert (vgl. Guardini).

[111] Vgl. Bieritz, Chancen 478.

[112] Vgl. Irwin, Method 412. Er beschreibt 'Kontext' folgendermaßen: "Zunächst impliziert er eine Herausarbeitung der historischen Entwicklung eines gegebenen liturgischen Ritus, um seinen Ursprung, seine Bestandteile und seine historischen Varianten zu bestimmen. Zweck dieser Untersuchung ist, die theologische Bedeutung, die der Ritus traditionell übermittelt hat, aufzudecken und zwischen wesentlichen und peripheren Aspekten des Ritus zu unterscheiden." (Irwin, Method 408; Ü.d.V.). Zu den einzelnen Schritten einer solchen

Da jedoch jede Liturgie für sich beansprucht und beanspruchen muß, 'vollständig' zu sein, d.h. das ganze Pascha-Mysterium zu feiern und zu vergegenwärtigen, kann nicht nur, sondern muß zunächst jede Liturgie einzeln für sich betrachtet werden, um die Theologie[113] dieser einen Liturgie zu eruieren. Dazu sind vor allem die Strukturelemente in ihrer Funktion im Gesamt des Gottesdienstes zu untersuchen.[114] Anders aber als in der traditionellen vergleichenden Liturgiewissenschaft wird nicht von einer grundsätzlichen Kompatibilität der Strukturen ausgegangen[115], weil auf die Strukturen auch keine organische Vorstellung adaptiert werden soll. Taft bemerkt richtig: "The 'structure' is simply a model that reveals how the object 'works'"[116]. Entscheidend sind die Strukturelemente, nur ihnen billigt Taft "a life of their own"[117] zu. Die historische Entwicklung eines Strukturelementes ist aber immer ein sekundärer Aspekt, der primäre ist immer seine Funktion im konkreten Ganzen der Feier.[118] Um diese Funktion herauszuarbeiten, muß neben die strukturelle Abgrenzung die inhaltliche Analyse treten, die die enthaltenen theologischen Aussagen erarbeitet.[119]

'kontextuellen Liturgie-Hermeneutik' vgl. Irwin, Method 411. Irwin bezieht seine Ausführungen allgemein auf die Theologie einer Liturgie; ein Transfer des Ansatzes auf eine ökumenische Ebene scheint seiner Intention aber nicht zu widersprechen.

[113] Zu beachten ist, daß die gewollte Theologie einer Liturgie (und ab der Reformation haben wir es viel häufiger als bis dahin mit theologisch *konzipierten* Liturgien zu tun) nicht unbedingt mit der der faktisch gefeierten Liturgie übereinstimmen muß!

[114] Vgl. hierzu 15.3.

[115] Von einer solchen Vergleichbarkeit geht Baumstark aus: "For Baumstark, it will be recalled, 'structure' refers to the order of ritual unities which perdure over time" (West 41). Diese behauptete Kompatibilität von Strukturen und Strukturelementen kann nicht selten nur durch Assoziation hergestellt werden (vgl. ebd. 37). Schon die 'Schüler' Baumstarks relativieren dieses Verständnis von Struktur (vgl. ebd. 38f).

[116] Taft, East and West 152; West 42.

[117] Taft, East and West 154.

[118] So äußert sich auch Bieritz: "Einzelelemente - und seien es auch syntagmatische Einheiten [...] - sind jeweils von dem Beziehungssystem her zu interpretieren, zu dem sie gehören; nicht primär die Entwicklung der einzelnen Elemente als solcher, sondern die Entwicklung der Funktionen, die sie innerhalb des jeweiligen Beziehungssystems wahrnehmen, muß Gegenstand liturgiewissenschaftlicher Untersuchung sein. Damit wird es fraglich, ob man von der (vermeintlichen oder tatsächlichen) Identität überlieferter syntagmatischer Einheiten auch auf die Identität ihrer Funktionen und damit auf eine identische, sich in Jahrhunderten durchhaltende 'Grundstruktur' schließen kann." (Bieritz, Struktur 45).

[119] Grundsätzlich hat eine solche historisch-kritische Methode ihre Begrenzung. Es ist mit dieser Methode nicht möglich, eine Liturgie und die in ihr enthaltene Theologie vollständig zu verstehen. Nur die mitvollzogene, mitgefeierte und damit aktuelle Liturgie kann wirklich 'verstanden' werden, da es nicht nur um ein rein rationales Verstehen geht, auch wenn die nichtrationalen Elemente ins Wort gehoben werden müssen und für vergangene Liturgien oftmals nur erahnt werden können (z.B. aufgrund von Erlebnisberichten). "It [die lex orandi, A.d.V.] is the liturgical act itself, not the book, and the act is more than text; it is rite, and ceremony, and context. ... It is not the text but the liturgical act which is formative of the Christian life" (Mitchell 246). Neunheusers Einwand dagegen kann m.E. nicht geltend gemacht werden: "Das ist richtig, obwohl der Satz auch eine überspitzte Aussage ist, denn die lit. Handlung realisiert das Wort, das der Text bietet" (Neunheuser, (Rez.) Alexander 106). Zum einen kann man für die Antike überhaupt nicht davon ausgehen, daß es einen vorgegebenen 'Text' gibt, der in der Liturgie umgesetzt wird. Auch zu Beginn des Mittelalters bilden die fragmentarischen textlichen Vorlagen nur Beispiele und damit eine Stütze für den Zelebranten (vgl. Elich 69). Der wirkliche Wandel von einer oralen zu einer literalen Kultur, die einen weitgehend ablesenden Gebrauch liturgischer Texte impliziert, findet sich erst im 12./13. Jahrhundert (ebd. 70f). Erst mit dem Buchdruck erfahren gedruckte liturgische Bücher eine solche Verbreitung, daß der ausschließliche Gebrauch ihrer Texte verpflichtend wird (vgl. ebd. 79).

Dieser hermeneutische Ansatz bedeutet natürlich, daß in einem viel stärkeren Maße als bisher üblich die Abhängigkeit der Liturgie von den gesellschaftlich-kulturellen Bedingungen erkannt und erforscht werden muß. Dem können auf evangelischer Seite in Gruppen, die im Gefolge der dialektischen Theologie und des Kirchenkampfes stehen, noch systematische Sperren entgegenstehen[120]; ein Befürworter des dargestellten Ansatzes wird schnell in den Verdacht eines liberalistischen Liturgie-Verständnisses fallen. Auf katholischer Seite steht dem beschriebenen Ansatz ein Verständnis von Liturgiewissenschaft entgegen, das unter dem Ideal einer ursprünglichen, normativen Liturgie betrieben wird und einem Historismus zu erliegen droht. Die Theologie geht auch nach der Zeit der Patristik weiter und versucht, gerade die unterschiedlichen Fragen der jeweiligen Zeit und des jeweiligen kulturellen Kontextes zu beantworten, hinter die wir heute nicht ohne weiteres zurück können. Zu einer altkirchlichen Liturgie zurückzukehren, kann nicht die Antwort auf alle liturgiewissenschaftlichen Fragestellungen unserer Zeit sein. Altkirchliche Ansätze können nur in dem Maße Antworten auf unsere heutigen Fragen sein, insofern sie theologisch fundiert und zugleich anthropologisch, d.h. dem heutigen Kontext angemessen sind.[121]

Es geht bei der historisch-kritischen Methode ja auch nicht um Vergangenes, sondern um das Verstehen der Gegenwart, wie Taft prägnant deutlich macht:
"Und so ist Geschichte[122] nicht eine Wissenschaft vergangener Ereignisse, sondern gegenwärtigen Verstehens. Wie jemand sagte, Geschichte sind nicht Ereignisse, sondern Ereignisse sind zu Ideen geworden - und Ideen gehören in die Gegenwart. Die Vergangenheit verändert sich nicht, aber wir tun es, deshalb ist die Arbeit der Geschichte immer eine der Gegenwart, und niemals getan. Liturgiegeschichte handelt deshalb nicht von der Vergangenheit, sondern von Tradition, die eine *genetische Vision der Gegenwart* ist, einer Gegenwart bedingt durch ihr Verständnis ihrer Wurzeln. Und der Zweck dieser Geschichte ist nicht, die Vergangenheit aufzudecken (was unmöglich ist), noch weniger, sie zu imitieren (was albern wäre), sondern *Liturgie zu verstehen*, die, weil sie eine Geschichte hat, nur in Bewegung verstanden werden kann, gerade wie der einzige Weg, einen Kreisel zu verstehen, ist, ihn zu drehen."[123]
Und konkret gegen eine naive Orientierung heutiger Liturgie an der 'norma patrum' argumentiert Taft:
"Natürlich können wir nicht von der Geschichte erwarten, daß die Geschichte uns sagt, was gegenwärtige Praxis oder Lehre sein sollte. Dies würde bedeuten, Geschichte mit Theologie zu verwechseln. Aber Geschichte kann uns von der Versuchung befreien, die Vergangenheit oder die Gegenwart zu verabsolutieren, indem sie uns die sich wandelnden Formen - und somit die Relativität - von manchem unserer Praxis und Lehre eröffnet."[124]

---

[120] Vgl. Bieritz, Chancen 482.

[121] Auch Teile der Liturgischen Bewegung heben die anthropologische Relevanz hervor und wenden sich gerade deshalb den alten Liturgien zu.

[122] Bei den folgenden Zitaten ist zu beachten, daß mit dem im Original verwandten Ausdruck 'history' sowohl 'Geschichte' als auch 'Geschichtswissenschaft' gemeint sein kann.

[123] Taft, East and West 153f; Ü.d.V.

[124] Taft, East and West 154[9]; Ü.d.V.

Die liturgische Tradition hat sicher eine Normativität, aber diese Normativität darf nicht eine Determination der liturgischen Gegenwart bedeuten.[125] Die Normativität besteht zunächst darin, daß die Liturgie nicht zu jeder Zeit *ab ovo* neu geschaffen werden muß.[126]

Einer innerhalb der dargestellten Perspektive historisch-kritisch arbeitenden Liturgiewissenschaft wird es wesentlich leichter fallen, konvergente wie divergente Entwicklungen in den verschiedenen Liturgien und ihre Ursachen wahrzunehmen.[127] Aber auch die gegenseitige Beeinflussung liturgischer Traditionen wird deutlicher[128] und damit überkommenes 'Besitzstanddenken' infragegestellt[129]. In der Schärfung der Wahrnehmung wird es möglich sein, manches bisher fest Kategorisierte neu einzuordnen. Das Verstehen der anderen Liturgien und der Motivationen für ihre Änderungen bringen eine Infragestellung und damit ein besseres Verstehen der eigenen Liturgie mit sich.[130] Gerhards und Osterholt-Kootz kommentieren zu Recht die Forderung einer ökumenischen Perspektive der Liturgiewissenschaft mit dem Satz: "Die Wahrnehmung ökumenischer Vielfalt ist eine wichtige Voraussetzung für die Weiterentwicklung der katholischen Liturgie, die heute nurmehr als Einheit in Vielfalt zu denken ist."[131]

2.3.2 Die pastoral-praktische Methode

Steht in der vorgestellten Konzeption und in der nachfolgenden Durchführung die historisch-kritische Methode im Vordergrund, so kann die Praxis nicht auf morgen verschoben werden.[132] Die pastoral-praktische Methode muß die genannten Intentionen aufnehmen, denn sie geht umso mehr von den Bedürfnissen, Erwartungen und Fähigkeiten der Menschen aus, an der sich Liturgien in ihrem jeweiligen Kontext zu messen haben. Der hermeneutische Ansatz ist auch hier zu wahren, denn heutige Menschen stehen in einem bestimmten geschichtlichen Kontext, auf den sich die Liturgie einstellen muß. Wie aber die Kontexte verschieden sind, so werden auch die Ausformungen von Liturgie verschieden sein. Hier erlangt der Grundsatz, daß Tradition Normativität, aber nicht Determination bedeutet, praktische Relevanz. Überprüft die theologisch-systematische Methode u.a. die 'Sachgemäßheit' in bezug auf das Pascha-Mysterium[133], so überprüft die pastorale Methode die 'Sachge-

---

[125] Vgl. Irwin, Method 412.

[126] Vgl. Irwin, Liturgical Theology 2,728.

[127] Vgl. Bieritz, Chancen 473f.

[128] Berger nennt als Beispiel die gegenseitige Beeinflussung von Liturgischer und Ökumenischer Bewegung (vgl. Berger, Prolegomena 7; Berger, Ecumenism 385f). Für die Beeinflussung und die Konvergenz auf dem Gebiet des eucharistischen Hochgebetes in den Kirchen Nordamerikas vgl. Senn, Eucharistic Prayers.

[129] Für das Beispiel der Akklamation nach dem Einsetzungsbericht in den neuen Hochgebeten, die den meisten katholischen Theologen noch als Erfindung der katholischen Liturgiereform gilt, vgl. Bürki, Bedeutung 26f; Schulz, Beitrag.

[130] Vgl. 2.2.3.2.3. Als Beispiel hierfür kann genannt werden, daß die quasi in der Liturgiereform verpflichtend gemachte doppelte Epiklese durch die geschichtliche Erforschung anderer Liturgien von der heutigen Liturgiewissenschaft nicht selten kritisiert wird (vgl. Meyer, Eucharistie 351; Gerhards, Entstehung 84).

[131] Gerhards/Osterholt-Kootz 136.

[132] Faktisch ist die ständige, wechselseitige Bezugnahme zwischen den methodischen Ansätzen zu praktizieren.

[133] Vgl. 2.3.3.

mäßheit' in bezug auf die Menschen, die heute die Liturgie feiern[134], d.h. die Sachgemäßheit der 'Inkulturation'[135]. Zu Recht benennt Berger die Inkulturation als eines der Hauptthemen der ökumenischen Liturgiewissenschaft[136]. Aber der Begriff darf nicht nur in bezug auf regional abgegrenzte Kulturen angewandt werden, sondern wir müssen wahrnehmen, daß auch innerhalb einer Gesellschaft ohne weiteres verschiedene Kulturen nebeneinander existieren.[137] So kann z.B. der Protestantismus in Deutschland als die konkrete Ausformung des Christentums in einer städtisch-bürgerlichen Gesellschaft (gekennzeichnet durch eine größere Autonomie des einzelnen) verstanden werden. Und dieses Nebeneinander von Konfessionen innerhalb einer Gesellschaft ist das herausragend neue Problem, das sich seit der Reformation in Westeuropa ergibt. Mit der Durchsetzung dieser bürgerlichen Gesellschaftsform - spätestens im 20. Jahrhundert - werden bestimmte, damit verbundene liturgische Ausdrucksformen, die bis dahin als konfessionell gelten, zum allgemeinen Schatz christlicher Kirchen.[138] In dieser Situation einer mobilen, nicht mehr ständisch und konfessionell abgegrenzten Gesellschaft befinden sich viele Christen in Westeuropa. Weil die religiös-kulturelle Situation nicht mehr eine solche der Abgrenzung ist, weil Menschen unterschiedlichster Konfessionen miteinander leben wollen und müssen, müssen von der Liturgiewissenschaft soweit wie möglich Wege aufgezeigt werden, die die gemeinsame Feier ihres Glaubens ermöglichen; dies gilt speziell für konfessionsverschiedene Familien[139]. Abgesehen von solch pastoralen Kernproblemen, die sich aus der konfessionellen Spaltung ergeben, bedeutet die ökumenische Perspektive für den pastoralen Bereich der Liturgiewissenschaft, daß die Kirchen in bezug auf den Gottesdienst vielfach vor den gleichen pastoralen Problemen stehen[140], so daß eine konfessionsübergreifende Diskussion auch leichter zu tragbaren Lösungsvorschlägen führen kann. De facto hat die Liturgiewissenschaft der letzten

---

[134] Weil die heutigen Menschen den Maßstab bilden, gilt die Notwendigkeit einer solchen Überprüfung auch für liturgische Elemente, die aus altkirchlichen Liturgien in die heutige Zeit transponiert werden. Wenn z.B. die großen evangelischen Kirchen in den USA in den Vespergottesdiensten das Lucernarium wieder einführen (vgl. Taft, Liturgy 320-326), so muß überlegt werden, ob dies wirklich Ausdrucksformen für Menschen unserer Zeit sein können, die im evangelischen Raum sozialisiert sind, oder ob man hier einem Archaismus erliegt. Die Formel 'Context is Text' erhält somit auf pastoraler Ebene neben einer hermeneutischen eine konzeptionelle Bedeutung. Die gottesdienstlichen Formen müssen unbedingt dem jeweiligen Kontext, d.h. den jeweiligen feiernden Menschen adäquat sein, da nur so die in ihnen enthaltene Theologie zum Vorschein kommen kann, und sie damit zum Ausdruck des Glaubens dieser Menschen werden können.

[135] Die römische Instruktion über die Inkulturation der Liturgie verwendet den Begriff 'Inkulturation' primär für Länder mit nichtchristlicher Tradition, nicht aber für die Länder mit christlich-abendländischer Tradition (vgl. Kongregation für den Gottesdienst und die Sakramentenordnung 7). Historisch betrachtet sind aber auch für die letztgenannten Länder Inkulturationsphänomene zu verzeichnen.

[136] Vgl. Berger, Liturgiewissenschaft 160. Zur Vorstellung einer 'interkulturellen Liturgiewissenschaft' vgl. Berger, Liturgiewissenschaft interkulturell.

[137] Gerade die heutige Gesellschaft ist durch solche, voneinander unabhängige Kulturen gekennzeichnet, was vielfach mit dem (m.E. falschen) Stichwort der 'Postmoderne' umschrieben wird.

[138] So können jedenfalls zu Recht einige Änderungen im Rahmen der Liturgiereform (Muttersprachlichkeit, aktive Teilnahme aller Gläubigen, Laienkelch, Schriftbezogenheit) verstanden werden. Die Kritik von traditionalistischer Seite übersieht, daß es sich nicht um eine Protestantisierung der Liturgie handelt, sondern um Schritte hin zu einer Liturgie, die den konkreten Menschen unseres Kulturraums gerecht wird.

[139] Beispiele nennt Berger (vgl. Berger, Prolegomena 9). Eine weitgehende Harmonisierung hat z.B. bei der Trauung konfessionsverschiedener Paare stattgefunden. Die schmerzlichste und regelmäßig erfahrene Trennung bildet die verweigerte Eucharistiegemeinschaft.

[140] Ähnlich Bieritz, Chancen 472; Häußling, Liturgiewissenschaft 13.

Jahrzehnte zu nicht geringfügigen Konvergenzen geführt[141]. Hier weiterzugehen und über eine primär an der eigenen Kirchenzugehörigkeit orientierte Liturgiewissenschaft hinauszugehen, bleibt dringliche Aufgabe einer ökumenischen Liturgiewissenschaft[142].

2.3.3 Die systematisch-theologische Methode

Die systematisch-theologische Methode steht in der Liturgiewissenschaft insgesamt noch am Anfang[143], wenn sie auch schon länger gefordert wird[144]. Für Guardini ist sie die Antwort auf die Frage: "Was ist und bedeutet sie [die Liturgie; A.d.V.] jetzt?"[145] Durch die systematische Methode werde die Liturgiewissenschaft zu einer Lehre "vom liturgischen Gelten"[146]. Guardini geht es um die Herausstellung der theologischen Dimension der Liturgie und damit der Liturgiewissenschaft als wirklich theologischer Disziplin[147], einer Aufgabe, die oben schon allen Methoden der Liturgiewissenschaft zugewiesen wurde[148]. Guardinis Ansatz ist nur als Reaktion auf eine Vorstellung von Theologie verständlich, die einzig die dogmatische Reflexion als wirkliche Theologie ansieht - während heute auch der praktische und der historische Methodenbereich als theologisch qualifiziert wird.

'Systematisch' bedeutet daher in unserem Kontext eine 'dogmatische'[149] Reflexion des Glaubens, verbunden mit dem Anspruch, daß die Liturgie für eine solche Reflexion von Relevanz ist und die Liturgiewissenschaft selbst diese Relevanz in die Diskussion einbringen kann und muß. Somit stellt die systematische Methode die Liturgie in ein Spannungsverhältnis zur Dogmatik, das heute meist mit dem Begriffspaar 'lex orandi - lex credendi'

---

[141] Zu einigen Beispielen vgl. Berger, Ecumenism 387-389; Volp 885f; Schmidt-Lauber, Zukunft 310-321.

[142] Vgl. Berger, Liturgiewissenschaft 160.

[143] Der Kommentar zur Standortbestimmung spricht deshalb von einer bisher angewendeten historisch-philologischen Methode "mit gelegentlichen systematisch-theologischen Akzentsetzungen" (Gerhards/Osterholt-Kootz 132[21]). Meßner fordert noch 1989 die - also nicht durchgeführte - Etablierung der Liturgiewissenschaft als systematische Disziplin (vgl. Meßner, Meßreform 10).

[144] Vgl. Guardini. Für die heutigen Äußerungen zu diesem Thema sei stellvertretend genannt: Richter, Theologie.

[145] Guardini 97.

[146] Guardini 99. Allerdings ist Guardini bzgl. der Verbindlichkeit des Glaubensgehaltes sehr optimistisch: "So nimmt sie, und zwar in ihrer besonderen Eigenschaft als Kult, in irgendeiner Weise an jener übernatürlichen Offenbarungsgeltung teil, welche der noëtischen Seite nach als Unfehlbarkeit bezeichnet wird. ... die Liturgie ist nicht nur vom dogmatisch-moralischen Standpunkt aus von Irrtümern frei. Sie ist vielmehr auch in ihrem besonderen Wesen, als Kult, richtig. Nach Grundzügen und Gesamtrichtung ist sie richtig für alle Zeiten." (Guardini 99). Eine solche Position, die der Liturgie selbst direkte Offenbarungsqualität zuweist, ist heute nicht mehr zu halten.

[147] Vgl. Guardini 100.102.

[148] Vgl. 2.3.

[149] Die Termini 'Dogma', 'Dogmatik' und 'dogmatisch' sollen nachfolgend mit der (unter Theologen fast umgangssprachlichen) Bedeutung 'reflektierter, satzhaft gefaßter Glaube' benutzt werden. Selbstverständlich ist sich heutige systematische Theologie bewußt, daß sich Glaube darüber hinaus und berechtigterweise vorsprachlich zum Ausdruck bringt und dies zum Ganzen des Glaubens gehört: "Deshalb gibt es so etwas wie einen phänomenologischen Anweg zu den (mehr oder weniger) verbindlichen Glaubensäußerungen der Kirche, die einen Wahrheitsanspruch erheben. Neben den 'Äußerungen' der betenden Kirche in ihren Liturgien (lex orandi) stehen die Glaubensbekenntnisse und die formellen Dogmen (lex credendi) sowie die damit gegebenen Lebensorientierungen (lex vivendi), die es theologie- und dogmengeschichtlich darzustellen und zu verstehen gilt." (Wohlmuth, Dogmatik 249).

gekennzeichnet wird[150]. Im 19./20. Jh. wird dieses als Axiom verstandene Begriffspaar im katholischen Raum sehr einseitig benutzt[151], indem das Dogma zur isolierten, verabsolutierten, ungefragt 'zu glaubenden' Formel degradiert und die Liturgie zur juridisch verstandenen Pflichterfüllung wird[152]. Heute stellt sich die Aufgabe einer neuen Synthese von Dogmatik und Liturgie[153], da beide Größen den Glauben zum Inhalt haben, ohne daß damit schon eine verantwortbare, konkrete Verfahrensweise erkennbar wäre, mit der beide Größen aufeinander bezogen werden könnten. Die bisherige Betrachtungsweise ist aufgrund der geschichtlich gewachsenen, einseitig rationalen Zugangsweise zur Theologie nicht leicht zu überwinden. Deshalb ist dieses Spannungsverhältnis zunächst i.S. einer gegenseitigen Einflußnahme zu beschreiben, die in der Geschichte des Christentums vielfach zu beobachten ist, die aber oft nur als problematisch bezeichnet werden kann. Letztlich lassen sich beide Größen (Liturgie und Dogmatik) nur in Dialog bringen, wenn auf der Seite der Liturgie nicht die Feiergestalt alleine oder gar nur die einzelnen Texte eines liturgischen Formulars als Bezugsgrößen angesehen werden, sondern diese immer mit und vermittelt durch die jeweils zu erhebende Sinngestalt[154].

---

[150] Knapp zu Geschichte und weiterführender Literatur vgl. Garijo-Guembe. Teresa Berger kommt es zu, diese Polarität durch die 'lex agendi' zu einem Dreierschema erweitert zu haben (vgl. Berger, Lex orandi), womit die ethische, diakonische Dimension zur Sprache kommt, die im katholischen Raum nicht selten marginalisiert wird, im evangelischen Raum aber (gerade im reformierten Bereich) wesentlich zum Glaubens- und Gottesdienstverständnis hinzugehört (ähnlich Irwin, Liturgical Theology 2,725f). Aber auch in der Befreiungstheologie und ihren liturgischen Formen kommt diese Dimension neu zur Geltung (vgl. Irwin, Liturgical Theology 2,726).

[151] Vgl. De Clerck. Diese Formel wird auf einen Ausdruck Prospers von Aquitanien zurückgeführt: "ut legem credendi lex statuat supplicandi" (DH Nr. 246). In der Rezeption wird vielfach übersehen, daß es Prosper weder um die genauen Inhalte der Gebete geht, noch die Liturgie als absolutes Argument benutzt wird, sondern immer nur eingebunden in eine Argumentation, die sich auf die Bibel und die theologische Tradition stützt (vgl. De Clerck 180-193). Die Fehlinterpretation dieser Argumentation als 'Axiom' (vgl. De Clerck 193-195) führt schließlich zu ihrer Umkehrung durch Pius XII: "Lex credendi legem statuat supplicandi" (Pius XII. 541). "It is now the *lex credendi* which should determine the *lex orandi*" (De Clerck 198).
Aufgrund der Unschärfe und der wechselnden Deutung der Terminologie wird das Begriffspaar nachfolgend nicht benutzt; zur Problematik vgl. auch Haunerland 18f.

[152] Vgl. Meßner, Meßreform 10.

[153] Vgl. Meßner, Meßreform 10f.

[154] Die Termini 'Sinngestalt' und 'Feiergestalt' sollen im Nachfolgenden entsprechend der Terminologie Meyers verwendet werden (vgl. Meyer, Eucharistie 445-460), der in der Sinngestalt eine durch liturgietheologische Reflexion auf die Stiftung Jesu und die von der Kirche gefeierte Eucharistie gewonnene Größe sieht, die die formale Dynamik bezeichnet, die der ganzen Feier ihren Sinn gibt und theologische Einzelaspekte verbindet (vgl. ebd. 445). Obwohl die Sinngestalt aus der liturgietheologischen Reflexion resultiert, bleibt sie konstitutiv an die Feiergestalt gebunden, ja ergibt sich aus der Reflexion auf die Feiergestalt (vgl. ebd. 445f). Sie ist nicht Resultat einer von der Feiergestalt losgelösten Dogmatik und Lehrentwicklung (vgl. ebd. 446). Die Feiergestalt (die genauso eine theologische Größe bildet wie die Sinngestalt) bezeichnet den "materialen Ausdruck der formalen Sinngestalt und umfaßt sowohl die anthropologischen als auch die in der Stiftung Jesu gründenden wesentlichen Elemente und Vollzüge der Eucharistiefeier" (ebd. 445) und damit alle ihre Handlungselemente und -ebenen (vgl. ebd. 447).
Meyer bemerkt zu Recht, daß es sich bei der Sinngestalt nicht einfach um das innere theologische Wesen und bei der Feiergestalt nicht einfach um den äußeren zeremoniellen Ausdruck handelt; beide sind theologische Größen (vgl. ebd. 446). Allerdings ist die Sinngestalt als reflektierte Größe leichter mit systematischen Kategorien zu beschreiben und mit der Sprache der Systematik in Dialog zu bringen, während sich die Feiergestalt einer solch einfachen Dialogizität entzieht.

2.3.3.1 Der Einfluß der Dogmatik auf die Liturgie

In der Theologie des 19. Jh. gilt es, die durch die Dogmatik festgelegten Glaubenssätze in der Liturgie umzusetzen, so daß der Liturgiewissenschaft dabei nicht der Charakter einer theologischen Disziplin zukommt, sondern sie als reine Anwendungswissenschaft, wenn nicht sogar Rubrizistik verstanden wird.

Abgesehen von einer solch radikalen Degradierung der Liturgie hat der Ansatz einer Beeinflussung der Liturgie durch die Dogmatik grundsätzlich seine Berechtigung. So können zahlreiche liturgische Reformen in den alten Kirchen als Umsetzung dogmatischer Entscheidungen verstanden werden, ohne daß allerdings ein rigider Automatismus zu verzeichnen wäre.[155] Auch die Liturgiereform nach dem 2. Vatikanum ist vielfach nur aus einer veränderten Ekklesiologie i.S. einer Volk-Gottes-Theologie verständlich[156]. Ebenso werden zahlreiche inhaltliche Änderungen der evangelischen gegenüber der katholischen Liturgie nur als Umsetzung dogmatischer Grundeinsichten verständlich[157].

Die Dogmatik hat gegenüber der gefeierten Liturgie eine kritische Funktion, vor allem wenn sie die 'theologische Sachgemäßheit' einfordert[158]. Einerseits darf sich eine ökumenische Liturgiewissenschaft nie mehr "als eine Funktion kirchlicher Dogmatik verstehen"[159], andererseits sollte sie sich nur in dem Maße als systematische Disziplin betrachten, wie dies jeder theologischen Disziplin aufgrund der Anwendung der systematischen Methode zukommt. Die Dogmatik (als Disziplin des durchdachten Glaubens) kann aber die theologische Sachgemäßheit nicht alleine und direkt beurteilen, sondern bedarf zunächst der Gegenkritik von Seiten der Liturgie (als gefeiertem Glauben). Um im Bild von Sinn- und Feiergestalt zu bleiben: Die Dogmatik kann ihre kritische Funktion nur gerechtfertigt ausüben, wenn sie mit der in der Feiergestalt zum Ausdruck kommenden und immer an diese rückgebundenen

---

[155] Ein gutes Beispiel bildet die Fixierung der Gebetsrichtung der Vorstehergebete 'ad patrem', ohne daß damit die Gebetsanrede 'ad Christum' beseitigt wird. In der Antike handelt es sich aber um dogmatische Entscheidungen, die *auch* die Liturgien betreffen; eine dogmatische Konzeption *von* Liturgien bietet erst die Reformation.

[156] Dies gilt z.B. für die Einführung der Muttersprache, wie für die grundsätzliche Konzeption der liturgischen Feiern als Gemeindefeiern.

[157] Für Luthers Liturgiereform hat Meßner dies eindrücklich herausgearbeitet (vgl. Meßner, Meßreform). Historisch gesehen ist auch die Kritik der Reformatoren an der tatsächlich gefeierten Liturgie der Zeit zu nennen. Diese Kritik wird nur verständlich und in ihrer Umwälzungskraft nachvollziehbar, wenn die tatsächliche Liturgiefeier weitgehend von dem entfernt ist, was zu dieser Zeit in den theologischen Lehrbüchern und den liturgischen Büchern steht. Gegen diese Theologie der tatsächlichen Liturgiefeier, besonders gegen die sich darin ausdrückende Werkgerechtigkeit gehen die Reformatoren massiv mit dogmatischer Argumentation vor (vgl. Arnold 121-126.133).

[158] Die Forderung nach theologischer Sachgemäßheit bedeutet nicht automatisch die Forderung nach traditionellen Inhalten und Formen. Vorgrimler führt als Beispiel die theologisch begründete Subjektwerdung des Menschen an, die von der heutigen Dogmatik betont wird, der aber eine ausschließlich von oben geordnete amtliche Liturgie entgegensteht, an der die Gemeinde nur partizipieren darf, die aber nicht aus ihr selbst erwächst (vgl. Vorgrimler, Liturgie 125-127). Als anderes Beispiel bemängelt Keifer, daß die Hochgebete III und IV eine solch realistische Opferterminologie beinhalten, wie sie die heutige Sakramententheologie ablehnt und letztlich auch die Vorlagen aus der Liturgietradition nicht hergeben (vgl. Keifer 188f). Für die jüngste Vergangenheit lassen sich ähnliche, korrigierende Impulse auf die Liturgie vermerken. Z.B. hat die Betonung des Christusmysteriums vor aller Marien- und Heiligenverehrung zu einer Konzentration des Kirchenjahres auf die Herrenfeste, wie auch zum Abdrängen mancher Formen der Marienfrömmigkeit geführt.

[159] Bieritz, Chancen 481.

Sinngestalt in Dialog tritt. Eine direkte Einflußnahme der Dogmatik auf die Feiergestalt droht hingegen, sachfremde Aspekte aufzuzwängen.

Eine ökumenische Liturgiewissenschaft muß deshalb beobachten, inwieweit bei der Gestaltung von Liturgien dogmatische Vorgaben ohne eine Reflexion auf die Feiergestalt entwickelt und in der Liturgie einfach umgesetzt werden oder nicht.[160]

2.3.3.2 Der Einfluß der Liturgie auf die Dogmatik

Trotzdem bleibt - auch in der Geschichte des Christentums - das Verhältnis kein einseitiges, sondern die Dogmatik benutzt traditionell (über die eigentliche Sakramentendogmatik hinaus) die Liturgie als Quelle und Belegstelle für ihre systematischen Überlegungen, allerdings in eklektizistischer Weise: Die Liturgie wird als Steinbruch für den systematischen Überbau benutzt[161]. Z.B. wird das Axiom 'lex orandi - lex credendi' aufgenommen, um mit den liturgischen Texten die marianischen Dogmen legitimieren zu können[162]. Eine solch minimalistische Betrachtung der Texte ohne Beachtung ihres spezifischen, eben auch Feiercharakters ist aber nicht zu verantworten.[163]

Jenseits einer solchen funktionalen 'Benutzung' der Liturgie ist es vor allem die Liturgiewissenschaft selbst, die versucht, die Liturgie als dogmatische Erkenntnisquelle herauszustellen, um ihre Bedeutung innerhalb der Theologie zu heben bzw. deutlicher zu machen[164]. Die Liturgiewissenschaft befreit sich aus der engen Bindung an das Lehramt dadurch, daß sie auf den genuin andersartigen Sprachcharakter der Liturgie hinweist[165]. Indem der Eigenwert der liturgischen Gestalt hervorgehoben wird, kann der doxologische Charakter der Liturgie deutlich werden.[166] Grundsätzlich bleibt diese unterschiedliche Sprechweise zu beachten, wenn Dogmatik und Liturgie in Beziehung zueinander gebracht werden.[167] Sie wird aber erst wirklich verständlich, wenn man beachtet, daß auch hier der Kontext den Text des Verständisses bildet: Nicht der gedruckte Text, sondern nur die gefeierte Liturgie hat die eigentliche Aussagekraft und macht die andere Sprechweise deutlich.[168]

---

[160] Dies gilt auch für die Betrachtung historischer Liturgien. Vgl. zu diesem Ansatz Irwin, Method 417f.

[161] Vgl. auch Vorgrimler, Liturgie 116.

[162] Vgl. Berger, Lex orandi 426; Dulles 91f. Zu päpstlichen Verlautbarungen vgl. Irwin, Liturgical Theology 2,723; Dulles 89f.

[163] Vgl. Irwin, Liturgical Theology 2,722.

[164] Vgl. Berger, Lex orandi 426; Meßner, Meßreform 11.

[165] Vgl. Berger, Lex orandi 427.

[166] Vgl. Berger, Lex orandi 427. In diesem Kontext sind die Bemühungen allerdings vorrangig auf den Bereich der Liturgiewissenschaft beschränkt (vgl. Berger, Lex orandi 428; vgl. auch Wainwright). Als Ausnahme ist der Versuch Wohlmuths zu nennen, eine Christologie aus den liturgischen Texten zu entwickeln (vgl. Wohlmuth, Jesu Weg).

[167] Vgl. Irwin, Liturgical Theology 2,725. De Clerck stellt dies deutlich heraus: "But the liturgy will express it in its own manner, in an evocative, poetic, symbolic, more directly existential way. Certainly the liturgical texts are always formulated inside a certain culture, and they necessarily reflect a theology; but their primary purpose is to express the faith and to celebrate it, not to be precise with all the resources of rationality and criticism." (De Clerck 199).

[168] Vgl. Anm. 119; vgl. ebenso Haunerland 22f. Irwin fügt nun noch ein drittes Verständnis von 'liturgical theology' als 'doxological theology' hinzu (vgl. Irwin, Liturgical Theology 2,725), das aber für unser Vorhaben hier integriert werden kann. Bei diesem Ansatz geht es darum, den doxologischen Charakter der Theologie selbst hervorzuheben. Auch systematische Theologie ist an das Lob Gottes und an eine dynamische Gotteserfahrung und Gotteserkenntnis in Gebet und Reflexion rückgebunden; Glaubenserfahrung *und* Glaubens-

In dieser Perspektive, die den Einfluß der Liturgie auf die Dogmatik im Auge hat, kommt der Liturgiewissenschaft und dem von ihr untersuchten breiten Strom liturgischer Traditionen eine kritische Funktion gegenüber der Dogmatik zu. Ein wichtiges Beispiel hierfür ist die Änderung von Materie und Form des Weihesakramentes durch die Konstitution 'Sacramentum ordinis' von 1947, die sich auf entsprechende liturgiewissenschaftliche Erforschungen älterer (als der als 'verunglückt' angesehenen mittelalterlichen) Traditionen stützt[169].
Letztlich übt aber nicht schon die Liturgie selbst, sondern die aus der gefeierten Liturgie entwickelte Sinngestalt eine kritische Funktion aus. In diesem Spannungsfeld von Liturgie und Dogmatik müssen jedoch Kriterien für die Möglichkeit und Grenzen einer gegenseitigen Beeinflussung aufgezeigt werden. Vorgrimler führt an einigen Beispielen in ausgezeichneter Weise aus, wie die inadäquate Herleitung einer Theologie aus der Liturgie zu regelrechten Unfällen führen kann und auch geführt hat[170]. Dies geschieht dann, wenn z.B. eine liturgische Form verabsolutiert und nicht deren locus theologicus beachtet wird, wenn somit die Form und nicht die Theologie der Liturgie die kritische Funktion ausübt.[171]

'Einseitigkeiten' und 'Unfälle' der beschriebenen Art lassen sich also dann vermeiden, wenn die *gegenseitige* Beeinflussung von Reflexion und Feier des Glaubens beachtet wird, als Bezugspunkt für eine kritische Auseinandersetzung aber die aus dieser Dialektik erwachsende Theologie der Liturgie angesehen wird.

2.3.3.3 Die 'Sinngestalt' als liturgietheologische Synthese
In beiden Wechselbeziehungen kommt der Sinngestalt einer Feier die Funktion einer vermittelnden Instanz zwischen Dogmatik und liturgischer Feier zu, ohne daß damit die enge Bindung an die Feiergestalt aufgegeben wäre. Sie bildet letztlich eine Liturgietheologie als Synthese[172], die sich in der Auseinandersetzung zwischen den zwei bisher genannten, systematischen Sichtweisen verantwortet herausbilden kann. Erst dieser synthetisierte Standort erlaubt dann auch eine verantwortete Überprüfung der 'theologischen Sachgemäßheit'[173] im Rahmen einer ökumenischen Liturgiewissenschaft.

---

reflexion müssen Elemente einer Dogmatik sein (vgl. ebd.). LaCugna kritisiert sogar ausdrücklich die gängige, aber einseitige Formel von der 'Liturgie als Quelle der Theologie' (vgl. LaCugna). Eine Bezugnahme der Theologie auf die Liturgie sei nur möglich, weil Liturgie und Theologie innerlich aufeinander bezogen seien, da das innere Moment *beider* die Doxologie sei (vgl. LaCugna 3). Die Abhängigkeit von Theologie und Liturgie besteht also nie nur in eine Richtung!

[169] Vgl. Vorgrimler, Liturgie 117.

[170] Vgl. Vorgrimler, Liturgie 119. Dies gilt es gegenüber der m.E. überzogenen Forderung zu bedenken, die Theologie der Liturgie *allein* aus der Liturgie zu entwickeln (vgl. Meßner, Meßreform 11, der allerdings als korrektives Prinzip die Hl. Schrift zuläßt). Auch ist die Liturgie - wie dargestellt - über Jahrhunderte durch die Dogmatik geprägt, so daß eine 'reine' Liturgie überhaupt nicht als Arbeitsgrundlage vorhanden ist!

[171] So leitet Augustinus aus dem Exorzismus der Tauffeier die Existenz der Erbsünde ab, ohne den theologischen Ort des Exorzismus im Ritus zu beachten, der eben ein Ritus der Erwachsenentaufe ist, aus dem sich nicht die theologische Schlußfolgerung für die Kindertaufe ziehen läßt. Ein solch epistemologisches Vorgehen "canonizes the *status quo*" (De Clerck 200).

[172] Überblickartig zu den bisherigen Versuchen einer Liturgietheologie vgl. Empereur; Irwin, Liturgical Theology 1; Fagerberg.

[173] Vgl. 2.2.3.2.2.

Allerdings muß man im Rahmen einer ökumenischen Liturgiewissenschaft damit rechnen, zu unterschiedlichen Sinngestalten und damit Liturgietheologien zu gelangen, da die jeweiligen Liturgien in unterschiedlichen Kontexten und Traditionen stehen. Auch hier ist wieder die Einheit mit der Verschiedenheit zu verbinden. Einheitsbildend ist das Pascha-Mysterium, das in der Liturgie gefeiert wird; hier muß die ökumenische Diskussion versuchen, zu einem Konsens zu kommen. Die Kontextualität aber ergibt die legitime Verschiedenheit der Liturgietheologien[174].

2.3.4 Resümee

Damit stellt sich für die ökumenische Liturgiewissenschaft die Frage der Sachgemäßheit in einer neuen und nicht mehr so leicht zu beantwortenden Weise.

Durch die historische Methode kann nicht mehr zu eruieren versucht werden, wie denn die Liturgie eigentlich sein müsse, sondern sie erarbeitet die geschichtliche, je kontextgebundene Lösung der polaren systematischen und praktischen Fragestellung. Erst als Lösung dieser Problematik dürfen wir eine historisch gegebene Liturgie nicht übersehen, wenn wir unsere eigene Situation beurteilen wollen, weil sie eine *"genetische Vision der Gegenwart"*[175] darstellt. Zu 'verstehen' wird dennoch ein entscheidender Schritt zu einer sachgerechten Lösung sein; deshalb bleibt die historische Methode weiterhin wichtig.

Die Entscheidungen aber müssen in der Gegenwart getroffen werden. Muß sich die Sachgemäßheit theologisch an dem einen Pascha-Mysterium orientieren, so richtet sich die Sachgemäßheit auf anthropologischer Ebene an den jeweiligen gesellschaftlich-kulturellen Kontexten aus. Der Systematik einen übergewichtigen Raum einzuräumen, hieße zu übersehen, daß gerade auch die theologische Dimension immer von diesem anthropologischen Aspekt geprägt ist: Der Begriff 'Offenbarung' beinhaltet, daß diese beim Menschen auch ankommen kann; sie muß also immer eine anthropologische Ebene aufweisen. Schon aufgrund des Offenbarungsgeschehens und der darin enthaltenen Überordnung Gottes gegenüber den Menschen ist ein Vorrang der theologischen vor der anthropologischen Dimension gegeben[176]. Und dennoch kann die sich ergebende Spannung[177] nicht in Richtung der Theologie gelöst werden, vor allem, weil sich beide Dimensionen bei konkreten Problemen überhaupt nicht klar abgrenzen lassen.

Letztlich wird sich die Polarität von Einheit und Verschiedenheit nur als Spannungsverhältnis beschreiben, aber nicht auflösen lassen. Dieses Spannungsverhältnis gilt es auszuhalten und ständig neu zu aktualisieren; es wird eine ökumenische Liturgiewissenschaft kennzeichnen.

---

[174] Inhaltlich stellt sich damit die Frage, welche Teile in der Liturgie (die immer die unlösbare Einheit von Form und Inhalt bildet) unveränderlich und welche veränderlich sind (vgl. SC 21). Anders gesagt: Welche Elemente sind so konstitutiv, dem Pascha-Mysterium sachgemäß, daß sie nicht aufgegeben werden können (Berger zählt hierzu z.B. die Gebetsstruktur der beraka (vgl. Berger, Prolegomena 17))? Welche Elemente sind in ihrer Verschiedenheit aus ihrem Kontext heraus zu legitimieren? Als Beispiel konkret auf die Feier der Eucharistie angewendet: Ist einzig ein Eucharistisches Hochgebet der Feier angemessen, oder hat auch die Form der Abendmahlsvermahnung ihre theologische Berechtigung? Hierzu Beurteilungskriterien aufzustellen, bleibt schwierig, wenn eine Beurteilung nicht erst im Nachhinein möglich ist. M.E. kann eine Form dann ihre Priorität erweisen, wenn die einzelnen Kirchen freiwillig ihre traditionell andere, dazu konträre Form aufgeben können.

[175] Taft, East and West 153.

[176] Vgl. Meßner, Meßreform 11f.

[177] Vgl. Meßner, Meßreform 12.

Gerade im Ertragen dieser Spannung (weil die Verschiedenheit verständlich geworden ist) liegt die Zielperspektive der nun anders verstandenen Ökumene und nicht mehr in einer möglichst bald anzustrebenden und von der Dogmatik herzustellenden Einheit. Die Einheit ist deswegen keine veraltete Kategorie, sondern bleibt in ihrer allerdings eschatologisch verstandenen Dynamik Triebkraft einer ökumenischen Liturgiewissenschaft.

So zeigt sich, daß die Liturgiewissenschaft durch die Orientierung als 'ökumenische Liturgiewissenschaft' ein neues Profil erlangt. Liturgiewissenschaft erhält ein wesentlich breiteres Aufgabengebiet, muß ihre Methoden mit neuer Zielsetzung einsetzen und darf in wesentlich geringerem Maße als bisher (dies hat sie mit jeder ökumenischen Theologie gemeinsam) auf unumstößliche Ergebnisse abzielen. Sie muß wie jede Theologie heutiger Zeit Pluriformität, Prozeßhaftigkeit und damit Spannungen ertragen können.

3 Die Abendmahlsfeier nach der Kurpfälzischen Kirchenordnung von 1563 als exemplarisches Untersuchungsobjekt: Der Forschungsstand und die Aufgabenstellung dieser Untersuchung

In dieser Arbeit soll die vorgestellte Konzeption einer ökumenischen Liturgiewissenschaft und einer entsprechenden Methodik zur exemplarischen Durchführung gelangen. Als Materialobjekt soll dazu die Abendmahlsfeier nach dem Formular der Kurpfälzischen Kirchenordnung[178] von 1563 dienen: **"Kirchenordnung, wie es mit der christlichen lehre, heiligen sacramenten und ceremonien in des durchleuchtigsten hochgebornen fürsten und herren, herrn Friderichs pfaltzgraven bey Rhein...gehalten wirdt"**[179]. Diese Ordnung hat bisher in der Liturgiewissenschaft nur wenig Beachtung gefunden.[180]

Meist wird die Abendmahlsfeier nach der Kurpfälzischen Ordnung innerhalb von Handbuch-Abschnitten über den oberdeutschen Typ oder über Abendmahlsfeiern mit reformierter Bekenntnisausrichtung erwähnt, ohne daß man über eine kursorische Behandlung hinausgeht; man beläßt es bei einer knappen Charakterisierung (ggf. mit Nennung von Strukturelementen)

---

[178] Mit dem Begriff 'Kirchenordnung' werden sehr unterschiedliche Erscheinungen innerhalb der Geschichte des Christentums bezeichnet, die - ausgehend von einer konkreten Lebenspraxis von Kirche - versuchen, diese in eine bestimmte Richtung hin weiter zu entwickeln (vgl. Quasten 238). Dies geschieht durch konkrete Anweisungen für unterschiedlichste Gebiete, wie Verfassung, Liturgie, Disziplin und Pastoral (vgl. ebd.).

Berufen sich die Kirchenordnungen der antiken Christenheit mit Vorliebe auf eine apostolische Verfasserschaft (vgl. ebd.), so werden sie im evangelischen Raum durch weltliche Obrigkeiten in Auftrag gegeben bzw. verfaßt; dahinter steht die Auffassung, daß die weltliche Obrigkeit nicht nur für das leibliche, sondern auch für das seelische Wohl der Untertanen zuständig sei (vgl. Sprengler-Ruppenthal, Kirchenordnungen 675). Selten werden Kirchenordnungen durch evangelisch gesinnte Bischöfe (z.B. Köln 1543) (vgl. ebd. 672.676), durch das Kirchspiel oder durch die Ortsgemeinde (z.B. Braunschweig 1528) erlassen (vgl. ebd. 676f). Daß sich diese Form ausbildet, ist nur möglich durch das obrigkeitliche Kirchenregiment im ausgehenden Spätmittelalter, das durch die römische Kurie selbst im 15. Jh. zur Festigung ihrer zentralistischen Macht gegen die Bischöfe gefördert und legitimiert wird (vgl. Wolf, Kirchenordnungen 1498). Insgesamt gesehen besteht ihre Funktion darin, ein evangelisches Kirchenwesen aufzubauen.

Die ersten evangelischen Kirchenordnungen erscheinen 1526 nach dem Speyrer Reichstag, dessen Beschluß die Ordnung kirchlicher Angelegenheiten den Reichsständen überläßt (vgl. Zeeden, Kirchenordnungen 242); vorausgegangen sind erste Versuche einiger Städte (vgl. Wolf, Kirchenordnungen 1498). Während sich die ersten Kirchenordnungen auf die für die Ausbildung des spezifisch Reformatorischen entscheidenden Dinge konzentrierten (z.B. Lehre, Liturgie, Ausbildung und Besoldung der Pfarrer und praktische Fragen) und somit das bis dahin gültige kanonische Recht (vgl. ebd. 1497) und die entsprechenden liturgischen Bücher (vgl. Sprengler-Ruppenthal, Kirchenordnungen 670) ersetzen (Hauptinhalte sind 'agenda' und 'credenda' (vgl. Mehlhausen 288)), entwickeln sich die späteren zu detaillierten Reglements für die gesamte kirchliche wie bürgerliche Leben (vgl. Zeeden, Kirchenordnungen 242). Weil die Kirchenordnungen aber einen bestimmten Zustand erst anzielen, dürfen ihre Ausführungen nicht schon automatisch als umgesetzt verstanden werden (vgl. ebd.).

Gliedern lassen sich die Kirchenordnungen einerseits unter historisch-genetischen Gesichtspunkten in 'Familien', andererseits unter systematischen Aspekten: Die lutherischen Kirchenordnungen sind meist von der Obrigkeit verabschiedete Schriften (und damit staatskirchentümlicher Natur), die das ganze Spektrum von genannten Inhalten enthalten. Die reformierten Kirchenordnungen zielen dagegen vielfach auf Gemeinde- und Synodaltätigkeit ab; sie sind im Gegensatz zu den lutherischen auch nicht unbedingt an politische Organe und Grenzen gebunden und beschränken sich inhaltlich auf Disziplin und Verfassung, während liturgische Fragen anderweitig behandelt werden (vgl. ebd. 243). Aus dieser Klassifizierung fallen die Schweizer Kirchenordnungen heraus, und ebenso bildet die Kurpfälzische Kirchenordnung 1563 eine Mischform von Staatskirchentum und Gemeindeverfassung (vgl. ebd.).

[179] Kurpfalz 1563 (EKO 14,333).

[180] Zur Literatur über die vorliegende Abendmahlsordnung vgl. Schulz, Ordnung 508f; Pahl, Feier 415; Thompson, Bibliography 335.

und einer liturgiegeschichtlichen Einordnung der Feier[181]. Gleiches gilt für Lexikonartikel[182]. Ausführlicher widmen sich Monographien über die Liturgiegeschichte süddeutscher Territorien des Themas, können aber ebenfalls nur auf wenigen Seiten über die zu untersuchende Abendmahlsfeier berichten[183]. Auch die kritische Edition der KO innerhalb der EKO[184] macht zwar in der Einleitung den historischen Kontext und die liturgischen Quellen deutlich, aber weitergehende liturgiewissenschaftliche Aussagen bleiben aufgrund der Ausrichtung des Gesamtwerkes marginal[185].

Liturgiewissenschaftlich analysiert ist das Formulars durch A.E.N. Lekkerkerker 1956 in seiner Untersuchungen zur niederländisch-reformierten Agende. Er versucht die entscheidenden Bezüge und theologischen Aussagen des Formulars auf knappem Raum deutlich zu machen[186].

Eine wirklich ausführliche Untersuchung legt Peter Brunner im Jahre 1971 vor.[187] Er klärt nicht nur den historischen Kontext, sondern zeigt vielfach genauere Bezüge zu anderen Abendmahlsordnungen des 16. Jh. und zum HK als dogmatischer Grundlage auf. Ebenso geht er auf die Funktion der Feierelemente ein. Allerdings weisen die einzelnen Abschnitte seiner Ausführungen unterschiedliche Prägnanz auf und sind an einigen Stellen korrekturbedürftig.

Die ausführlichsten und besten liturgiewissenschaftlichen Untersuchungen zur Kurpfälzischen Abendmahlsordnung von 1563 stammen von Frieder Schulz. Er gibt 1983 in 'Coena Domini' auf knappem Raum die profilierteste Analyse des Textes, die nicht nur über die Quellenlage zu einzelnen Abschnitten informiert (berücksichtigt werden liturgische und dogmatische Quellen)[188], sondern auch die Rezeptionsgeschichte umreißt[189] und entscheidende Textvarianten in der kritischen Edition anführt[190]. Aufgrund des knappen Raumes müssen sich die Ausführungen jedoch vielfach mit kurzen Stellenverweisen begnügen, so daß die theologischen Aussagen nur angerissen und die Funktionen der einzelnen Elemente oft nur angedeutet werden können[191]. Untermauert sind die Aussagen von Schulz durch ausführliche Beiträge über das Körnergleichnis[192] und den Vorbereitungsgottesdienst[193] aus dem Jahre 1962.

---

[181] Vgl. Pahl, Feier 418f; Bürki, Gottesdienst 165; Weismann, Predigtgottesdienst 58f. Vgl. auch Graff, Auflösung 1,153-155.

[182] Vgl. Niebergall, Agende 35f; Niebergall, Abendmahlsfeier 294 (wo die vorliegende Ordnung aber fälschlicherweise den lutherischen Ordnungen zugerechnet wird).

[183] Vgl. Jung 54f; Waldenmaier 102-106. Bassermann widmet den liturgischen Formularen der KO ein ausführliches Kapitel (vgl. Bassermann 60-91; er behandelt die Abendmahlsfeier ebd. 71-78).

[184] Vgl. Kurpfalz 1563 (EKO 14,333-408).

[185] Vgl. Goeters, Einleitung 37-47.

[186] Vgl. Lekkerkerker, Kanttekeningen 3,134-148.

[187] Vgl. Brunner, Abendmahlszeugnis 206-239.

[188] Vgl. Schulz, Ordnung 495-502.

[189] Vgl. Schulz, Ordnung 503-508.

[190] Vgl. CD 1,509-523.

[191] Gerade dieses zu leisten, wird eine Hauptaufgabe der folgenden Studie sein.

[192] Vgl. Schulz, Communio; vgl. auch 7.8.4.5.2.

[193] Vgl. Schulz, Vorbereitung; vgl. auch 6.3.3.2.

Nach 'Coena Domini' erfährt die Kurpfälzische Abendmahlsordnung keine größere publizistische Berücksichtigung mehr[194]. Bislang liegt über sie keine monographische Untersuchung vor, wohl weil sie letztlich als unbedeutend empfunden wird.

Die unzureichende Forschungslage ist aber nur ein Grund für die Wahl des Untersuchungsobjektes. Gerade der vorgestellte Ansatz hat zur Folge, daß eine Abendmahlsliturgie ausgesucht wird, die bei einem katholischen Betrachter zunächst einmal Unverständnis weckt, weil sie als Vertreterin des oberdeutschen Abendmahlstyps von der ihm gewohnten Form der Eucharistiefeier weit entfernt ist[195]. Vor allem die die ganze Feier prägende große Abendmahlsvermahnung erscheint zunächst als Fremdkörper, der überhaupt nicht den heutigen Vorstellungen einer liturgischen Gestaltung der Eucharistie entspricht. Aber nicht nur die Form, sondern auch die sprachliche Formulierung und die darin zum Ausdruck kommenden Inhalte lösen Befremden aus und bedürfen deshalb um so mehr einer hermeneutischen Annäherung.

Ein weiterer Aspekt, der gerade die Kurpfälzer Abendmahlsordnung interessant macht, ist ihre späte Entstehungszeit. Während sich bisher die meisten Untersuchungen evangelischer Liturgien mit frühen Ordnungen beschäftigen, die vor allem einem bestimmten Reformator zuzuordnen sind (und sicher sind in der ersten Hälfte des 16. Jh. die größten liturgischen Umwälzungen zu verzeichnen), liegt hier eine Ordnung vor, die zu den letzten Entwürfen des 16. Jahrhunderts gehört und für deren Gestaltungsprinzipien sich schon deutliche Entwicklungslinien *innerhalb* der evangelischen Liturgiegeschichte aufzeigen lassen. Die Darstellung dieser Entwicklungslinien und die Einordnung der vorliegenden Abendmahlsordnung in diese müssen folglich Schwerpunkte der Arbeit bilden.

Aufgrund des Materialobjekts, einer über 400 Jahre alten Abendmahlsordnung, liegt der Schwerpunkt i.S. einer Liturgiehermeneutik auf der historisch-kritischen Methode. Dabei muß die Textgestalt der Abendmahlsordnung im Vordergrund stehen, da zur Beurteilung der erlebten Liturgie keine Quellen zur Verfügung stehen. Es geht hier aber weniger um eine Einordnung der Grobstruktur in die Entwicklungsströme[196] der reformatorischen Abendmahlsfeiern, sondern um die Aufschlüsselung der Feier selbst. Eine Betrachtung der Grobstruktur steht einerseits in der Gefahr, über Texte zu reden, statt sie selbst zu analysieren. Andererseits droht sie, wie die traditionelle vergleichende Liturgiewissenschaft zu sehr von der Vergleichbarkeit der Ordnungen und damit der ganzen Feier auszugehen, ohne die

---

[194] Hauke beschäftigt sich in seiner Dissertation wiederum nur knapp mit der Kurpfälzer Ordnung von 1563 und kommt zu keinen neuen Ergebnissen (vgl. Hauke 48-54).
Zu nennen ist außerdem die mehr einer spirituellen Erschließung des Abendmahlformulars 'Andere Form' dienende Publikation der Westfälischen Landeskirche (vgl. Liturgischer Ausschuß 30-38).

[195] Für einen katholischen Betrachter könnte es näherliegend erscheinen, eine Abendmahlsfeier des Meßtyps zu untersuchen, weil einfach eine größere inhaltliche wie formale Kongruenz zur katholischen Form zu erwarten ist. Genau dies würde aber nicht der vorgestellten Methodik entsprechen, die gerade im Fremden nicht nur das Bekannte suchen und feststellen, sondern es in seiner Eigenständigkeit stehen lassen und zugleich verstehen möchte.

[196] Die groben Linien der Entwicklung, besonders die Einteilung der Abendmahlsfeiern in den 'Meßtyp' und den 'oberdeutschen Typ' werden hier nicht noch einmal referiert, sondern als bekannt vorausgesetzt (vgl. hierzu die guten Überblicke: Pahl, Feier; Schulz, Einführung; Niebergall, Abendmahlsfeier; Niebergall, Agende).

je spezifische Funktion der einzelnen Strukturelemente und das spezifische theologische Profil der einzelnen Feiern zu beachten[197].

Ausgegangen werden soll zunächst vom Kontext der Abendmahlsfeier. Dann sollen die einzelnen Abschnitte[198] des Feierformulars analysiert werden. Deren Bezüge, Wurzeln und ggf. Bedeutungs- und Funktionsverschiebungen sollen durch Vergleich mit reformatorischen, aber auch vorreformatorischen Ordnungen herausgearbeitet werden. Da die Genese der Texte im Vordergrund steht, sollen grundsätzlich nur Quellen berücksichtigt werden, die auf die Entstehung der vorliegenden Ordnung eingewirkt haben können, d.h. die *vor 1563* zu datieren sind. Natürlich macht es die große Anzahl der Ordnungen im Untersuchungszeitraum auch dann noch unmöglich, alle zu beachten. Deshalb sollen die in 'Coena Domini' veröffentlichten Ordnungen die Basis der Untersuchung darstellen, denn hier sind von einer Gruppe von Fachleuten aus unterschiedlichen Konfessionen die wichtigsten Abendmahlsordnungen des 16. Jh. zusammengestellt. Diese Auswahl wird als Vorentscheidung akzeptiert, in begründeten Einzelfällen werden aber zusätzliche Ordnungen zu Rate gezogen[199]. In der Regel sollen erst danach die inhaltlichen Aussagen untersucht werden, durch die der theologische Gehalt deutlich wird. Auch hierfür sollen wieder vergleichbare Aussagen früherer Ordnungen herangezogen werden, um Parallelen, Entwicklungen oder Gegensätze in den Formulierungen deutlich zu machen.

Bei den berücksichtigten Liturgien der Reformationszeit wird bewußt versucht, nicht vorschnell eine konfessionelle Engführung zu betreiben, um nicht die spätere konfessionelle Abgrenzung in unvertretbarem Maße zurückzuprojizieren. Wenn zudem der erste Teil der Darstellung jeweils eine parallele oder divergierende Entwicklung in der vorreformatorischen Liturgie betrachtet, so geschieht dies nicht, um die grundsätzliche Trennung herauszustellen, sondern um im Gegenteil deutlich zu machen, daß sich ein konfessionsspezifisches Profil der Liturgie vielfach erst im Laufe der Zeit aus gemeinsamen Wurzeln bzw. in Abgrenzung zu ihnen herausbildet[200]. Oftmals können die Konzeptionen evangelischer Abendmahlsliturgien bzw. ihrer Einzelelemente auch nur in dieser Gegenüberstellung verdeutlicht werden.

---

[197] So haben z.B. die EW nicht nur aufgrund ihrer Stellung im Gesamt der Feier, sondern auch aufgrund ihres Textbestandes unterschiedliche Funktionen, die es herauszuarbeiten gilt. Weiterhin reicht es nicht aus, einfach nur das Strukturelement 'Abendmahlsvermahnung' zu benennen, sondern aufgrund des Inhaltes ist die je unterschiedliche Funktion innerhalb der evangelischen Ordnungen herauszuarbeiten.

[198] Hier ist auf das grundlegende Problem hinzuweisen, daß die Bezeichnung und damit Kategorisierung der Abschnitte nicht selten nachträglich erfolgt (in vielen evangelischen Ordnungen sind solche Abschnitte schon druckgraphisch nicht deutlich abgegrenzt) und die Begriffe z.T. auch unscharf verwendet werden (z.B. soll für die 'Vermahnung' eine genauere Kategorisierung versucht werden). Trotzdem ist eine Darstellung ohne die Benutzung auch der unscharfen Begrifflichkeit nicht möglich. Die differenzierteste Bezeichnung der einzelnen Abschnitte findet sich momentan in 'Coena Domini', so daß auf sie im folgenden zurückgegriffen werden soll.

[199] Außerdem bleiben auch dann noch die Ordnungen Skandinaviens und der Bruderunität unberücksichtigt, da sie zwar nicht unbedingt isoliert entstanden sind, aber nicht wieder in den geographischen Untersuchungsraum rückgewirkt haben.

[200] Dies geschieht meist dadurch, daß sich die evangelischen Liturgien ausdifferenzieren, während die katholische Liturgie relativ konstant bleibt. Allerdings wird sich bei einigen Punkten zeigen, daß einzelne inhaltliche wie formale Elemente der katholischen Liturgie erst nach dem Tridentinum festgelegt werden.

Außer acht bleiben muß allerdings weitestgehend die Rezeptionsgeschichte des Kurpfälzer Abendmahlsformulars[201].

Ein weiterer Schwerpunkt - und dies ergibt sich bei der vorliegenden Ordnung schon aus der historischen Methode, die vielfach auf den HK als Quelle zurückgreifen muß - liegt auf der systematischen Methode, d.h. in besonderem Maße muß die gegenseitige Beeinflussung von Dogmatik und Liturgie untersucht werden. Dies bedeutet für Kurpfalz 1563 vor allem, daß der HK zur Erläuterung einzelner Textpassagen und deren theologischer Vorstellungen herangezogen wird.[202] HK und KO bilden zwei in kurzer Zeit aufeinander folgende Etappen des Konfessionswechsels der Kurpfalz, wobei die KO als (meist liturgische) Umsetzung des HK verstanden werden kann. Zudem wird der HK in die KO gerade als theologischer Grundlagentext eingefügt. Außerdem ist vielfach eine direkte Übernahme von Textteilen aus dem HK in die KO zu vermerken. Von daher muß von einer grundsätzlichen Kongruenz beider Texte ausgegangen werden!

Zur Aufhellung des systematischen Verständnisses können aber auch zeitgenössische Schriften der Autoren genannt werden, die an der Ausarbeitung der Ordnung selbst beteiligt sind, sei es nun, daß die Schriften unmittelbar vor der KO erscheinen, wie Erastus' 'Buch vom Brotbrechen'[203] und die Vorarbeiten Ursins zum HK[204], oder aber eine ungefähre Zeitgleichheit vorliegt, wie z.B. bei einigen Predigten Olevians, die als Predigten Nr. 3-6 in dessen Buch vom 'Gnadenbund Gottes' von 1590 abgedruckt sind[205], deren erstes Erscheinen jedoch auf 1563 zu datieren ist[206]. Allerdings dürfen solche Schriften für das Verständnis der Kurpfälzer Ordnung nicht absolut gesetzt werden, da sie ohne weiteres tendenziell sein können, die KO aber das Werk von Autoren unterschiedlichster Ausrichtungen im reformierten Lager ist.

Schließlich wird es darum gehen, nicht nur die Ergebnisse der Untersuchung zusammenzufassen, sondern in einem weiteren Schritt die sich daraus ergebenden Anfragen an heutige Liturgiewissenschaft zu formulieren und zugleich die Effizienz der vorgestellten Methodik noch einmal zu überprüfen.

---

[201] Hierzu hat Schulz schon die einzelnen Etappen mit ihren jeweiligen Charakteristika zusammengestellt (vgl. Schulz, Ordnung 503-508). Diese Angaben sind zu ergänzen durch Kampmann 19f, besonders 20[11]. Einzelne Abschnitte finden sich - teilweise stark verändert - auch noch im Vorentwurf der Erneuerten Agende (vgl. EA Nr. 502.510) und im neuen Kirchenbuch der Reformierten (vgl. Kirchenbuch 1983,157-168).

[202] Sie ist allerdings bisher niemals anders getroffen worden (vgl. Brunner, Abendmahlszeugnis 233; Schulz, Ordnung 495f).

[203] Vgl. Erastus, Erzelung. Die Bezeichnung 'Buch vom Brotbrechen' erhält die Schrift erst später.

[204] Vgl. Ursinus, Catechesis minor; Ursinus, Summa Theologiae.

[205] Vgl. Olevian, Gnadenbund (Franz u.a. 64-133).

[206] Vgl. Holtmann 495. Ebenfalls kann Olevians Schrift 'Vester Grundt' mit Vorsicht berücksichtigt werden, die zwar für 1563 angekündigt wird, aber erst 1567 im Druck erscheint (vgl. Goeters, Grund 467f). Sie wird später überarbeitet (vgl. Goeters, Grund 468-471) und ebenfalls in den 'Gnadenbund' integriert (vgl. Olevian, Gnadenbund (Franz u.a. 37-203)).

4 Der historische Kontext der zu untersuchenden Kirchenordnung
Um den Ansatz einer Hermeneutik der hier zu untersuchenden Liturgie aus ihrem Kontext auch nur ansatzweise leisten zu können, muß zunächst die allgemeine historische Situation im Deutschland des 16. Jahrhunderts und dann speziell in der Kurpfalz entsprechend dem heutigen Forschungsstand knapp dargestellt werden.[207]

4.1 Die allgemeine historische Entwicklung in Deutschland seit Beginn der Reformation
Die historische Situation, in der die zu untersuchende Abendmahlsordnung steht, ist gekennzeichnet durch die Entstehung des ersten reformierten Fürstentums in Deutschland.
46 Jahre sind seit dem 'Thesenanschlag' Martin Luthers gegen den Ablaß vergangen, der gemeinhin als das die Reformation auslösende Ereignis verstanden wird. Nach den ersten heftigen Auseinandersetzungen, die über das von Luther selbst intendierte Maß hinausgehen, da er sie nicht mehr kontrollieren kann, beruhigt sich die Lage etwas, indem die konfessionelle Auseinandersetzung zu einem Konflikt der politischen Gruppen wird - vor allem zu einer Auseinandersetzung der Fürsten mit dem Kaiser. Hierin spiegelt sich, daß die Kirchenfürsten, trotz aller Ausbildung eines landesherrlichen Kirchenregiments schon vor der Reformation, an von Kaiser und Reich gesetzte Loyalitätsnormen gebunden sind.[208] Nach dem Reichstag in Speyer 1526 steht es jedem Reichsstand frei, in den Fragen der Religion so zu handeln, wie er es vor Gott und dem Kaiser verantworten kann. Erst jetzt beginnen einige evangelisch gesinnte Fürsten mit dem organisatorischen Umbau des Bekenntnisstandes ihres Territoriums.[209] Schon früh, auf den Reichstagen 1529 und 1530, formieren sich die entsprechenden Fürsten und Städte der 'Protestanten' zu einer zusammenhängenden Gruppe. Sie grenzen sich sowohl gegenüber den Altgläubigen ab, formieren sich aber auch mit diesen gegen die 'Schwärmer' der Täufer und Zwinglianer. So kann sich zunächst ein über das lutherische hinausgehendes Bekenntnis nicht auf dem Boden des Reiches etablieren. Radikalere Ansätze, wie die der Schweiz, werden zugunsten der Lutheraner unterdrückt.
Der Versuch Kaiser Karls V., nach dem Sieg im Schmalkaldischen Krieg 1547 die Evangelischen durch das Interim vom 30. Juni 1548 unter die katholische Lehre zu zwingen, d.h. das Abendmahl unter beiden Gestalten und die Heirat der Geistlichen zu gestatten, ansonsten aber die katholische Lehre und Hierarchie auch für die Evangelischen verbindlich zu machen, scheitert an einer überkonfessionellen Fürstenallianz, die den völlig überraschten Karl V. militärisch besiegt und in die Flucht schlägt. Durch den Vertrag von Passau 1552 wird das Interim aufgehoben, und der Augsburger Religionsfrieden erbringt einen praktikablen Modus vivendi.[210]
Im Augsburger Religionsfrieden von 1555 wird dann der Grundsatz, daß jeder Reichsstand seine Konfession selbst bestimmen kann, zum 'Reichsgrundgesetz' erhoben[211]. Die evangeli-

---

[207] Aufgrund der umfangreichen Literatur zu dieser Epoche können selbstverständlich nur wenige zusammenfassende Beiträge berücksichtigt werden.

[208] Vgl. Wolgast, Formen 58.

[209] Vgl. Wolgast, Formen 58.

[210] Vgl. Schmidt, Konfessionalisierung 3.

[211] Vgl. Schmidt, Konfessionalisierung 2. Motivation für den Religionsfrieden ist eine politische Pragmatik, die auf ein politisches und rechtliches, aber kein religiös-weltanschauliches Koexistenzsystem abzielt, das zunächst einen kurzzeitigen Erfolg bewirkt, dann aber an seinen Mängeln zerbricht (vgl. Schilling, Konfessionalisierung 8).

schen Landesherren können die Kirchenaufsicht selbst übernehmen, zugleich aber wird eine konfessionelle Geschlossenheit einzelner Territorien gefordert. Dies hat zur Folge, daß ab diesem Zeitpunkt ein Territorium dem jeweiligen Landesherren bei der konfessionellen Ausrichtung folgen muß, d.h. ihm letztlich in dieser Angelegenheit ausgeliefert ist.[212] Zugleich aber fördert der Konfessionswechsel die Territorialisierung, wie auch die Territorialisierung der Ausbildung eines Konfessionsbewußtseins dienlich ist.[213] Den Schutz des Reichsrechts genießen allerdings weiterhin nur die Lutheraner; das reformierte Bekenntnis bleibt vornehmlich auf die Schweiz beschränkt, denn selbst die oberdeutschen Städte gehen vielfach zum Luthertum über, behalten aber reformierte Minderheiten[214].

Damit ist spätestens mit dem Augsburger Religionsfrieden der Punkt erreicht, ab dem man von einer 'Konfessionalisierung' sprechen kann.[215] Vielfach sichert man mit dem Religionsfrieden eine längst vorangeschrittene Verankerung der lutherischen Kirche in einer Reihe von Ländern und Städten ab, in denen die Reformation meist 'von unten' getragen und durchgeführt worden ist (allerdings immer mit Wohlwollen oder Passivität des Landesfürsten).[216] Bilden bis zum Augsburger Religionsfrieden fürstliche Frühreformationen die Ausnahme, so wagen nun viele Fürsten den Übergang zum Protestantismus, den sie bis dahin gescheut haben.[217] Seine Schubkraft für den Konfessionswechsel nach 1555 kann der Religionsfrieden aber nur erhalten, weil die evangelische Bewegung in der Bevölkerung während der 30er und 40er Jahre nicht völlig erlahmt ist; die Unterstützung durch mindestens eine beachtliche Minderheit bleibt durchweg für die Fürstenreformation notwendig.[218]

---

[212] Gerade die Bevölkerung der Kurpfalz und ihrer zugehörigen Gebiete muß zahlreiche Konfessionswechsel ertragen (vgl. Wolgast, Formen 81f).
Das Prinzip des 'cuius regio, eius religio' prägt hingegen die konfessionelle Entwicklung im Reich schon von Beginn der Reformation an; fast durchweg wird die Entscheidung über eine Änderung des territorialen Konfessionsstatus einzig vom Landesherren getroffen (vgl. ebd. 60). Als Motivationen für einen Konfessionswechsel sind zu erkennen: Berufung auf das persönliche Gewissen (des Landesfürsten!), politische Entscheidungen gegen Kaiser und Reich und ökonomische Überlegungen (Einziehung von Kirchen- und Klostergütern) (vgl. ebd. 62f).

[213] Zur Diskussion über die Territorialisierung vgl. Schmidt, Konfessionalisierung 86-91.

[214] Vgl. Press 201. Von einer regelrechten 'reformierten Bekenntnisfamilie' spricht Goeters erst ab dem Consensus Tigurinus von 1549 und dessen Rezeption (vgl. Goeters, Genesis 45). Besonders niederländische und englische Exulanten verstärken das reformierte Element ab dem Winter 1553/54; erst mit dem Handel in Bremen und dem Heidelberger Abendmahlsstreit sei aber das reformierte Element in Deutschland nicht mehr zu übergehen (vgl. Goeters, Genesis 45).

[215] Vgl. Schmidt, Konfessionalisierung 7. Zum Begriff der 'Konfessionalisierung' vgl. Schilling, Konfessionalisierung 3-7. Zu den unterschiedlichen Periodisierungsmodellen im Überblick vgl. Schmidt, Konfessionalisierung 110-115. Sie hängen letztlich davon ab, wie das Kriterium zur Abgrenzung der Periode und damit die 'Konfessionalisierung' selbst verstanden werden. Wird die äußere Organisationsform des Glaubens als Kriterium der Konfessionalisierung verstanden, so wird man sie sehr früh ansetzen müssen, wird eine staatliche Konfessionalisierung damit bezeichnet, so ist die Periode später anzusetzen, wird eine Art 'gesellschaftskultureller Tiefenwirkung' zum Kriterium erhoben, so wird man einen langen Prozeß feststellen müssen, der von der langsamen Ausbildung eigenständiger konfessioneller Lebensformen und deren Ausdrucksweisen abhängt. Zur 'Konfessionalisierung' als Paradigma der Forschung vgl. Schmidt, Konfessionalisierung 116-122.

[216] Vgl. Wolgast, Formen 61.

[217] Vgl. Schmidt, Konfessionalisierung 4.9f.

[218] Vgl. Schmidt, Konfessionalisierung 10f; Wolgast, Formen 62.

Es entwickeln sich aber in der Folgezeit nicht nur lutherische Landeskirchen, sondern auch Formen, die Elemente des Calvinismus mit weitgehend staatskirchlichen Strukturen verschmelzen und sich durch eine liturgisch strenge, stärker antikatholische und schärfer auf kirchliche Sittenzucht achtende Ausrichtung auszeichnen.[219] Den ersten Schritt zu einem Konfessionswechsel vom Luthertum zu einem reformierten Bekenntnis geht die Kurpfalz mit ihrer KO von 1563 (mit eingefügtem HK als Lehrgrundlage), der Kirchenratsordnung für die Regelung der äußeren Kirchengestalt von 1564 und dem Kirchenzuchtedikt von 1570.[220] Steht die Kurpfalz damit nominell außerhalb des Reichsrechts, so erfährt sie praktisch auf dem Reichstag von 1566 eine reichsrechtliche Duldung durch die Mehrheit, indem sie als 'Augsburgische Konfessionsverwandte'[221] angesehen wird. Diese Duldung hat Signalwirkung: Nachfolgend wechseln einige Territorien im Westen des Reichs (die Zentren bilden das Rheinland und die Pfalz) vom lutherischen zum reformierten Bekenntnis. Die damit einsetzende reformierte Konfessionalisierung[222] geht grundsätzlich aus dem Luthertum hervor[223] und steht damit unter dem bestimmenden Einfluß der landeskirchlichen Organisationsform. Grundsätzlich geht der Konfessionswechsel von oben, vom Landesherren aus, der nach dem Augsburger Religionsfrieden als Lutheraner auch die Verfügungsgewalt über die Kirche hat, und wird deshalb als 'deutschreformiert' bezeichnet - im Gegensatz zu den oppositionellen Kirchenbildungen der Hugenotten. Der reformierte Konfessionswechsel ist durchweg 'Fürstenreformation'[224], d.h. er entspringt der persönlichen Willensentscheidung des Fürsten - beeinflußt von Familie, Dynastie und führenden Beamten - und entsteht somit nicht 'von unten', wie die lutherische Reformation der 20er Jahre.[225] Kennzeichen ist auch, daß die deutschreformierte Konfessionalisierung nicht sonderlich populär ist und deshalb z.T. auf bäuerlichen wie ständischen Widerstand stößt.[226] Der Hervorgang aus lutherisch-landeskirchlichen Organisationsformen beinhaltet auch eine gegenüber der Genfer

---

[219] Vgl. Schmidt, Konfessionalisierung 44.

[220] Vgl. Schmidt, Konfessionalisierung 45; Abdruck in EKO 14,333-408.409-424.436-441.

[221] Vgl. Schmidt, Konfessionalisierung 45.

[222] Die deutschreformierte 'Konfessionalisierung' wird in der neueren Geschichtswissenschaft häufig mit dem Begriff der 'Zweiten Reformation' umschrieben. Dieser Begriff ist von Heinz Schilling geprägt, bleibt aber umstritten (nicht jedoch das eigentliche Phänomen; vgl. Schmidt, Konfessionalisierung 80), weil er den Wechsel von der lutherischen 'Ersten Reformation', der 'Reform der Lehre', zum reformierten Bekenntnis, der 'Reform des Lebens', als die eigentliche Reformation (vgl. ebd.) darstellt und damit parteiisch ist. In der Selbsteinschätzung trifft er aber genau das reformierte Verständnis, so daß seine These keinesfalls unsinnig ist (zum Überblick über die Debatte um diesen Begriff vgl. ebd. 80-82). Schilling selbst sieht die Problematik des Begriffes und spricht deshalb mittlerweile von "reformierter oder calvinistischer Konfessionalisierung" (Schilling, Konfessionalisierung 6) als einer Spezifizierung der Konfessionalisierung, die sich parallel auch im katholischen und lutherischen Raum vollzieht, und die als übergreifender politischer, gesellschaftlicher und kultureller Wandel begriffen wird (vgl. ebd.).

[223] Der Zwinglianismus wird in den 30er und 40er Jahren des 16. Jahrhunderts aus dem Reich vertrieben, da die siegreichen Fürsten den radikalen Frühzwinglianismus und dessen theokratische Rigorosität ursächlich mit dem Bauernkrieg in Verbindung bringen. Ein direkter Bezug des reformierten Konfessionswechsels zum Zwinglianismus ist deshalb in Deutschland nicht gegeben.

[224] Vgl. Schilling, Konfessionalisierung 11.

[225] Vgl. Schmidt, Konfessionalisierung 80.

[226] Vgl. Schmidt, Konfessionalisierung 49.

Ordnung einschneidende Reduktion der Gemeindeverfassung und der Kirchenzucht zugunsten einer besonders straffen obrigkeitlichen Reglementierung.[227]
Als Antwort auf die reformierte Konfessionalisierung in Deutschland läßt sich eine Periode zunehmender Abgrenzung der Lutheraner von den Reformierten beobachten.[228] Der Versuch der Lutheraner, mit der Konkordienformel (1577) und dem Konkordienbuch (1580/81) den Weg in eine einheitsbildende und vereinheitlichende Konfessionalisierung zu beschreiten, führt andererseits zu Absetzungsbewegungen und rascher Ausbreitung der reformierten Strömungen.[229] Ende der 1570er Jahre stehen sich damit zwei getrennte evangelische Konfessionskirchen gegenüber, die die weitere Auseinandersetzung mit den Katholiken und untereinander bestimmen sollen.[230] In den 1580er bis 1620er Jahren erreicht dann die Konfessionalisierung im Reich ihren eigentlichen Höhepunkt - bis zum Dreißigjährigen Krieg[231]. Ist bis in die 1570er Jahre, die durch einen Generationenwechsel gekennzeichnet sind, das Bestreben zur Wahrung des Reichsfriedens für die Form der Auseinandersetzung kennzeichnend, so bildet danach speziell auf reformierter Seite die Überzeugung, in einem eschatologischen Endkampf zu stehen, die treibende Kraft, ja sogar das Interpretament für eine gewalttätige Form der Auseinandersetzung.[232]

4.2 Die spezielle historische Entwicklung in der Kurpfalz des 16. Jahrhunderts

Die Kurpfalz[233] selbst stellt vielfach ein Spiegelbild der reformatorischen Entwicklung in Deutschland dar. Knapp läßt sich die Einführung der Reformation in der Kurpfalz als typische 'Spätreformation' kennzeichnen, der eine lange Zeitspanne mit ungeklärtem konfessionellen Status vorausgeht[234]. Dies heißt aber nicht, daß nicht schon zuvor die evangelischen Vorstellungen in der Kurpfalz Platz greifen können, sondern daß diese nicht bekenntnismäßig festgelegt sind, weshalb eine Vielschichtigkeit der theologischen Strömungen zu vermuten ist, die eine Ursache für den später häufigen Bekenntniswechsel im Territorium darstellt.[235]

Die Kurpfalz ist an Territorium (vor allem durch die Zuteilung der bayerischen Oberpfalz) und an Macht (die Pfalz ist das ranghöchste Territorium im deutschen Westen) bis zum 16. Jahrhundert ständig gewachsen.[236] Sie ist zur territorial herrschenden Macht am Rhein aufgestiegen, erleidet aber 1503 mit dem Landshuter Erbfolgekrieg, bei dem die Pfalz und das habsburgische Kaisertum gegeneinander stehen, Einbußen an Macht und Territorium.[237]

---

[227] Vgl. Schmidt, Konfessionalisierung 48.

[228] Vgl. Schilling, Konfessionalisierung 16.

[229] Vgl. Schilling, Konfessionalisierung 21.

[230] Vgl. Schilling, Konfessionalisierung 22.

[231] Vgl. Schilling, Konfessionalisierung 24f.

[232] Vgl. Schilling, Konfessionalisierung 25.27.44.

[233] Einen Überblick über Territorium und Geschichte der Kurpfalz in der Reformationszeit bieten Schindling/Ziegler; Schaab, Geschichte 23-49.

[234] Vgl. Wolgast, Formen 81.

[235] Vgl. Schaab, Geschichte 23.

[236] Vgl. Schindling/Ziegler 10f.

[237] Vgl. Schindling/Ziegler 12.

Der Versuch, diesen Verlust durch taktisches Vorgehen wieder auszugleichen, bestimmt die ganze nachfolgende Politik der Kurpfalz.

Rheinische Pfalz und Oberpfalz unterscheiden sich im Äußeren wie im Inneren erheblich voneinander. Ist die Rheinpfalz stark zerstückelt, so daß eine indirekte Herrschaft durch ein Satellitensystem von Lehensgrafschaften und geistlichen Gebieten ausgeübt werden muß, so bildet die Oberpfalz ein wesentlich geschlosseneres Territorium mit aktiven Landständen, bestehend aus Prälaten, Adel und Städten. Insgesamt ist die Integration der beiden etwa gleich großen Teile der Kurpfalz nicht gelungen[238].

Was die kirchliche Lage in der Kurpfalz anbelangt, so hat sich ein "straffes landesherrliches Kirchenregiment"[239] herausgebildet, in dem der kurpfälzische Hof durch Besetzung der Bischofssitze und in der alltäglichen Praxis starken Einfluß auf die kirchlichen Belange ausüben kann[240]. Die Beziehung zur Heidelberger Universität ist deutlich durch den vom Hof geförderten Humanismus gekennzeichnet, ohne daß die Scholastik an der Universität ausgeschaltet wird.[241]

4.2.1 Die Zeit Ludwigs V. (1508-1544)

Im Zeitalter der frühen Reformation ist die Politik der Kurpfalz durch äußerste Zurückhaltung und schwankende Neutralität geprägt.[242] Kurfürst Ludwig V. (1508-1544) zählt zu den wenigen Fürsten seiner Generation, die von der Reformation weder positiv noch negativ berührt werden; sein Verhalten ist vom Primat eines politischen Pragmatismus gekennzeichnet[243]. Er wendet sich z.B. auf dem Reichstag zu Worms (1521) scharf gegen Luther, reist aber kurz vor Erlaß des Wormser Edikts ab, läßt das Edikt in der Rheinpfalz auch nicht verkünden[244], unterzeichnet dann jedoch das antilutherische Mandat vom 16.01.1522, wendet sich in seinem Territorium gegen die Neuerungen und verbietet der Universität die 'Winkelprediger'[245]. Beim Reichstag von Nürnberg 1524 steht er auf der Seite der Altgläubigen[246] und gewährt gleichzeitig evangelischen Geistlichen den Unterschlupf. Diese unentschlossene bzw. vermittelnde Haltung[247] behält er auch im folgenden bei.[248] Im Bauernkrieg beteiligt er sich, nach anfänglichen Vermittlungsversuchen, an der Niederschlagung des Aufstandes, und auch die in der Pfalz auftretende Täuferbewegung wird sofort

---

[238] Vgl. Schindling/Ziegler 13.

[239] Schindling/Ziegler 14.

[240] Vgl. Schindling/Ziegler 13f.

[241] Vgl. Schindling/Ziegler 15. Zur Geschichte der Universität Heidelberg vgl. Wolgast, Universität.

[242] Vgl. Schindling/Ziegler 15.

[243] Vgl. Wolgast, Formen 82; Schaab, Geschichte 23.

[244] In der Oberpfalz geschieht dies erst 1522 (vgl. Goeters, Einführung 8.10f).

[245] Vgl. Benrath, Eigenart 15. Dieser parallel zur von Luther verwendeten Bezeichnung 'Winkelmesse' (vgl. Rietschel/Graff 300) gebildete Begriff soll wohl die nicht autorisierte Predigt vor kleinen Gruppen benennen. Das Verbot richtet sich vorrangig gegen Brenz, der in der Universität mit der evangelischen Auslegung des Matthäus-Evangeliums begonnen hat (vgl. Benrath, Eigenart 15; Wolgast, Universität 25), und Billican; beide verlassen Heidelberg bald, wie auch die Berufung Oekolampads an die Artistenfakultät an dessen reformatorischer Gesinnung scheitert (vgl. Goeters, Einführung 8).

[246] In die gleiche Richtung gehen Zensurbestimmungen von 1525 (vgl. Goeters, Einführung 8).

[247] Die Kurpfalz gehört mit Brandenburg und Jülich zu den konfessionsvermittelnden Parteien im Reich (vgl. Wolgast, Formen 82).

[248] Vgl. Schindling/Ziegler 16.

bekämpft.[249] Dafür dürften politische Überlegungen ausschlaggebend sein. Bei der Besetzung von Universitäts- und Kirchenstellen beharrt er einmal streng auf Altgläubigkeit und entläßt deshalb evangelisch Gesinnte, ein andermal gibt er Evangelischen genau diese Positionen.[250] Auf dem Reichstag zu Speyer von 1526 unterstützt er die Forderung nach einem Konzil, das die Religionsstreitigkeiten schlichten soll.[251] So kann insgesamt die Reformation unter der Oberfläche wirken, ohne daß sie zum offenen Durchbruch gelangt.[252] Die Sympathie für die Reformation in der Kurpfalz dürfte wie anderswo weniger auf dem Verstehen der Tiefe der theologischen Auseinandersetzungen beruhen als auf dem Bedürfnis nach Reformen, nach einer Kritik an Rom, nach neuen Frömmigkeitsäußerungen, nach einem Zugang zur Bibel und zum Laienkelch und nach einer Befreiung von der Höllenfurcht des Spätmittelalters.[253] Wie sich zu dieser Zeit die Anhängerschaft der Reformation zahlenmäßig ausdrückt, kann nicht mehr eruiert werden; die Stadt Heidelberg gilt dem päpstlichen Nuntius aber schon 1535 als eine der lutherischsten Gegenden Deutschlands.[254]

4.2.2 Die Zeit Friedrichs II. (1544-1556)

Diese vorsichtige Haltung setzt sich auch unter seinem Bruder und Nachfolger Friedrich II. (1544-1556) grundsätzlich fort. Gehen bei ihm die Tendenzen schon stärker in die evangelische Richtung, so bleibt doch politisches Kalkül das bestimmende Element des weiterhin vorsichtigen Taktierens.[255] So übergibt er 1530 in Augsburg den Evangelischen die Confutatio im Namen des Kaisers und stellt sich bei Religionsgesprächen als Vermittler zur Verfügung[256]. Zwar ist er der evangelischen Bewegung als Statthalter der Oberpfalz wesentlich stärker entgegengekommen[257] und gewährt als Pfalzgraf 1538 den oberpfälzischen Landständen die freie evangelische Predigt und die Kommunion unter beiden Gestalten[258], so daß von der evangelischen Bewegung an seine Amtsübernahme als Kurfürst erhebliche Hoffnungen geknüpft werden. Er bleibt aber bei der vorsichtigen Politik seines Bruders; das Wohlwollen für die Neugläubigen überwiegt, aber er meidet alles, was ihn am kaiserlichen Hof zum Lutheraner stempeln könnte[259] und erst 1545 empfängt er als Kurfürst das Abendmahl unter beiden Gestalten[260], womit sich ein langsames, vorsichtiges Umschwenken

---

[249] Vgl. Goeters, Einführung 9. Andere kommen zu einem weniger harschen Urteil (vgl. Schaab, Geschichte 24f).

[250] Vgl. Goeters, Einführung 9.

[251] Vgl. Goeters, Einführung 9.

[252] Vgl. Schaab, Geschichte 23.

[253] Vgl. Schaab, Geschichte 24.

[254] Vgl. Schaab, Geschichte 25.

[255] Dies zeigt sich schon in seiner Personalpolitik nach dem Regierungswechsel, in der er jede Einseitigkeit vermeidet (vgl. Press 184-186). Dies heißt nicht, daß nicht langsam aber sicher eine konfessionelle Verschiebung zugunsten der Evangelischen stattfindet (vgl. Press 186-189; für die Universität vgl. hierzu Wolgast, Universität 27f).

[256] Vgl. Goeters, Einführung 11.

[257] Er hat Martin Bucer als Hofprediger (vgl. Goeters, Einführung 11).

[258] Vgl. Goeters, Einführung 11; Schaab, Geschichte 25. 1543 empfängt er selbst das Abendmahl in Amberg unter beiden Gestalten (vgl. Schaab, Geschichte 25; Press 183).

[259] Vgl. Press 183.

[260] Vgl. Schindling/Ziegler 16; Goeters, Einführung 12.

anzeigt. Friedrich meint zu diesem Zeitpunkt seine Hoffnung auf den dänischen Thron, den er wegen seiner Heirat mit der dänischen Königstochter anstrebt, nicht mehr mit, sondern nur noch gegen den Kaiser, im Zusammengehen mit dem Schmalkaldischen Bund durchsetzen zu können. Außerdem ist in der Pfalz selbst die evangelische Bewegung wesentlich angewachsen, sein Neffe Ottheinrich (der 1542 als Herzog von Neuburg dort die Reformation einführt, 1544 aber die Regierung wegen Überschuldung abgeben muß und in Heidelberg wohnt) fördert sie nach Kräften.[261] Inwieweit dies jedoch als grundsätzliche Entscheidung gewertet werden kann, bleibt umstritten, da der Kurfürst weiterhin zwischen Kaiser und Evangelischen zu vermitteln sucht[262], sich zwar Erlasse finden, die die evangelische Reform vorantreiben wollen, deren Effekt aber unsicher bleibt.

Im Zuge der Entwicklung wird 1546 die Feier des Abendmahls unter beiden Gestalten, die Feier des Gottesdienstes in deutscher Sprache, die Aufhebung des Meßzwanges und die Freigabe der Priesterehe verordnet.[263] Im April 1546, nach einer - evangelische Reformen anstrebenden - Adelsversammlung in Heidelberg[264], wird eine erste Ordnung für die Heiliggeistkirche in Heidelberg erlassen, die auch für andere Stiftskirchen der Kurpfalz Vorbild wird[265] und der bald eine KO für die Pfalz[266] folgt. In allen entscheidenden Punkten berufen diese Ordnungen sich aber auf die von Ottheinrich für Pfalz-Neuburg erlassene KO von 1543, schmälern damit die eigene Verantwortung und letztlich die eigene Durchsetzungskraft. Einer wirklich tragfähigen Durchführung der Reformation in der Kurpfalz fehlt auch die Person eines Reformators, der die Dinge hätte vorantreiben können[267]. Im Mai 1546 werden die Geistlichen zu einer allgemeinen Synode nach Heidelberg gerufen, womit sich Friedrich II. über die Rechte der jeweiligen Diözesanbischöfe hinwegsetzt. Die gewünschte Visitation durch Martin Bucer kommt aber nicht zustande.[268]

1547 wird dann nochmals eine KO erlassen, die sich weitestgehend als Nachdruck der KO Pfalz-Neuburg 1543 darstellt[269], die aber auch bewußt jede Kennzeichnung als für die Kurpfalz bestimmt meidet und als Pfalz-Neuburger KO deklariert wird[270]. Dies kann nur mit dem stark gewachsenen Druck auf die Kurpfalz durch den Kaiser im Schmalkaldischen Krieg

---

[261] Vgl. Goeters, Einführung 12.

[262] Vgl. Schindling/Ziegler 16.

[263] Vgl. Goeters, Einführung 13; Abdruck in EKO 14,90; vgl. auch Press 189.

[264] Vgl. Press 190f.

[265] Vgl. Goeters, Einführung 14; Abdruck in EKO 14,90-94. Sie lehnt sich an Pfalz-Neuburg 1543, an Kurbrandenburg 1540 und an Köln 1543 an (vgl. Goeters, Einführung 14f). Sie bringt die Abschaffung des Meßkanons und die Freistellung der Priesterheirat mit sich, behält aber das lateinische Chorgebet bei (vgl. Schaab, Geschichte 25).

[266] Vgl. Goeters, Einführung 17; Abdruck in EKO 14,94-102. Der Kanon wird abgeschafft, die Elevation der Gaben bleibt aber erhalten. Meßgewänder werden untersagt, Chorrock und -mantel aber beibehalten. Allgemein werden der kleine Katechismus und die Kinderlehre eingeführt (vgl. Schaab, Geschichte 25f).

[267] Vgl. Goeters, Einführung 18. Der Fürst selbst versteht wohl vielfach nicht die dogmatischen Auseinandersetzungen im evangelischen Lager (vgl. Schaab, Calvinismus 35).

[268] Vgl. Schaab, Geschichte 26.

[269] Allerdings fehlen das Konsekrationsgebet, die feierliche Elevation der Elemente und ein lateinisches Postcommunio-Gebet der Vorlage, so daß man sich damit noch stärker vom katholischen Gottesdienst entfernt (vgl. Goeters, Einführung 21).

[270] Vgl. Goeters, Einführung 20; Teilabdruck in EKO 14,109-111.

und als taktisch geschickter Zug Friedrichs II. erklärt werden[271]. Ob die KO je eingeführt wird, bleibt zweifelhaft, denn der Kurfürst wird in seinem reformatorischen Elan durch die Niederlage des Schmalkaldischen Bündnisses gebremst, dem die Kurpfalz allerdings nie offiziell beigetreten ist[272]. So führt er in seinem Land auch 1548 das Interim ein (wenn dies auch auf dem Lande wenig beachtet wird[273]) und auch nach 1552 nimmt er bis zu seinem Tod keine dezidiert evangelische Haltung ein.

Allerdings läßt die Tatsache, daß er keinen seiner evangelisch gesinnten Räte entläßt, darauf schließen, daß er innerlich keinen Seitenwechsel vollzogen hat.[274] Allmählich kommen dann ab 1553 Evangelische auf Predigerstellen, die in der Regierung neueingestellten Personen sind ebenfalls durchweg Evangelische und zugleich vielfach Bürgerliche[275]. Ab 1555, also zur Zeit der Anerkennung der lutherischen Konfession durch den Augsburger Religionsfrieden, laufen wohl auch Vorbereitungen für eine neue KO, aber Friedrich II. stirbt am 22.02.1556 vor ihrer Fertigstellung. Wenige Tage vor seinem Tod kommuniziert er unter beiden Gestalten[276] und gibt damit sein letztes Zeichen einer evangelischen Überzeugung.

Die durchweg vorsichtige Haltung der Kurpfalz in religiösen Dingen unter Ludwig V. und Friedrich II. kann nur als absolute Vorrangstellung des Politischen vor dem Religiösen interpretiert werden.[277] Der Wunsch nach politischer Stabilität und sozialem Frieden beherrscht die Politik der Kurfürsten dieser Zeit, der die Religion (letztlich auch als Politik verstanden) untergeordnet wird.[278] Das auffällige religiöse Desinteresse der kurfürstlichen Politik kann nur "entweder als Ausfluß traditioneller pfälzischer Toleranz gewertet werden ... oder als Beharren auf einer spezifischen, älteren Gravaminapolitik, die die Abstellung von Mißbräuchen als Allheilmittel sah, darum den Ausgleich formell stets durch Konzil und Reichstag, materiell durch Beförderung christlicher Predigt und den Laienkelch suchte: in jedem Fall zeigte sich die Pfalz hier als Träger traditioneller Kirchenpolitik, die sich ganz natürlich als alt- und rechtgläubig verstand und den theologischen Streitigkeiten wenig Gewicht beimaß"[279]. Dieser Vorrang des Politischen zeigt sich auch in den diese Zeit kennzeichnenden Versuchen, dem Kaiser ständig die Gefolgschaft zu versichern und sich nicht gegen ihn zu stellen, um so die seit Beginn des Jahrhunderts geschwächte Position im Reich wieder aufzubauen.[280]

So sehr diese Neutralitätspolitik auf Reichsebene immer mit Mißtrauen beobachtet wird, so bietet sie doch im Inneren der Kurpfalz den Befürwortern der Reformation die Chance,

---

[271] Vgl. Goeters, Einführung 20. Zum Schmalkaldischen Krieg in unserem Zusammenhang vgl. Schaab, Geschichte 26f.

[272] Goeters, Einführung 21. Auf dem Augsburger Reichstag, der das Interim beschließt, nimmt der Kurfürst sogar an allen katholischen Zeremonien teil und veranlaßt sein Gefolge, zur Beichte zu gehen - deutliches Zeichen der Labilität des Kurfürsten (vgl. Schaab, Geschichte 27).

[273] Vgl. Press 193.

[274] Vgl. Press 193.

[275] Vgl. Press 194f.

[276] Vgl. Schindling/Ziegler 16; Goeters, Einführung 22.

[277] Vgl. auch Goeters, Einführung 8.10.

[278] Vgl. Schindling/Ziegler 17.

[279] Schindling/Ziegler 17.

[280] Vgl. Schindling/Ziegler 17f.

sich weitgehend ungestört entfalten zu können. So kann Luther selbst im April 1518 an der Heidelberger Universität seine Thesen gegen das scholastische Lehrgebäude in einer Disputation vertreten[281]. Welchen Einfluß dann die Reformation im einzelnen bis 1556 in der Kurpfalz hat, bleibt weitestgehend ein Forschungsdesiderat[282]; bis jetzt stellt sich die Lage und Entwicklung in den einzelnen Städten und Klöstern sehr disparat dar.[283] Die Kurpfalz lebt in einer Situation, die weder bei den evangelisch Gesinnten eine wirkliche Gemeindebildung zuläßt, noch bei den Altkirchlichen eigentliche Reformen vorantreibt[284]. Anstöße für evangelische Neuerungen und auch katholisches Beharren gehen nicht von der Pfalz selbst aus (die Regierung tritt weder im Gesamt noch in Einzelpersonen deutlich konfessionell auf, die Universität ist eher durch eine Säkularisierung als durch eine Konfessionalisierung gekennzeichnet), sondern von den umliegenden Reichsstädten (Straßburg, Esslingen, Landau) mit ihren Beziehungen zur oberdeutsch-zwinglianischen Reformation, von der Ritterschaft, die z.T. schon sehr früh evangelisch wird, und vom Bistum Speyer, das dezidiert eine altgläubige Haltung einnimmt.[285]

Einzig in der Oberpfalz ist die Entwicklung einheitlicher, so daß die evangelische Lehre schon in den 40er Jahren die vorherrschende ist. Getragen von den Räten der Städte und den fürstlichen Beamten, theologisch beeinflußt von Wittenberg, Nürnberg und Böhmen und ermöglicht durch eine erheblich stärkere Hinwendung der Obrigkeit zum Luthertum, kann man von einem "gleitenden Hineinwachsen in allgemein-kirchenreformatorisches Leben"[286] sprechen. So entwickelt sich die Oberpfalz zu einem selbständigen und selbstbewußten lutherischen Kirchenwesen, das - wohl wegen des relativ ruhigen Übergangs - sehr konservative Formen aufweist.[287]

4.2.3 Die Zeit Ottheinrichs (1556-1559)

Die religiös indifferente Haltung ändert sich völlig unter dem nächsten Kurfürsten Ottheinrich (1556-1559)[288]. Der 1502 geborene und zunächst von 1522 bis 1544 im Neuburger Land und in der Oberpfalz regierende Ottheinrich ist bis in die 30er Jahre altgläubig, hat sich aber spätestens Anfang der 40er Jahre dem Luthertum zugewandt[289]. Er führt das lutherische Bekenntnis 1542 in Pfalz-Neuburg ein und erläßt 1543 eine von Osiander ausgearbeitete KO, die sich an den Vorbildern Nürnberg und Ansbach orientiert[290]. Nachdem er 1552 mit dem Passauer Vertrag in Neuburg restituiert wird, erläßt er 1554 eine an Württemberg orientierte KO. Mit einer 1553 durch den Württemberger Reformator Johannes Brenz durchgeführten

---

[281] Vgl. Schindling/Ziegler 18f.

[282] Vgl. Schindling/Ziegler 19.

[283] Gegen Ende der Regierung Friedrichs II. wird die Lage der Kirche in der Pfalz als eine 'Kirche im Chaos' charakterisiert. Altkirchliche, lutherische, zwinglianische, calvinistische Prediger, wie auch Täufer und Schwenkfeldianer wirken nebeneinander (vgl. Wolgast, Formen 83).

[284] Vgl. Schindling/Ziegler 20.

[285] Vgl. Schindling/Ziegler 20f.

[286] Schindling/Ziegler 21.

[287] Vgl. Schindling/Ziegler 22. Die Entwicklung in der Oberpfalz kann hier im weiteren außer acht bleiben, da sie für unsere Thematik keine wichtigen Fakten liefert.

[288] Zur Person vgl. Press 205-207; Kurze.

[289] Vgl. Schaab, Geschichte 29.

[290] Vgl. Schaab, Geschichte 29.

Visitation sichert er nicht nur die Reformation ab, sondern vollzieht schon einen langsamen Übergang von einer lutherischen zu einer oberdeutsch beeinflußten Haltung, die sich 1555 durch die Beseitigung der Bilder in seinem Herrschaftsgebiet manifestiert[291].

Als Ottheinrich in der Pfalz die Regierung übernimmt, setzt er auch dort die Reformation durch. Schon im April verbietet er den katholischen Gottesdienst - mit unterschiedlichem Erfolg[292]. Er sichert die Wende zum evangelischen Bekenntnis mit der 1556 erschienenen und im agendarischen Teil an Württemberg 1553 orientierten KO ab[293]. Deckt sich diese Ordnung in der Tendenz mit der des Vorgängers Friedrichs II., so ist doch jede Duldung des Katholischen ausgeräumt. Das Abendmahl wird ohne Kanon in einer ansonsten traditionellen Liturgie gefeiert, Sakramentshäuschen, ewiges Licht und Altartuch werden abgeschafft, der Priester ist nur noch mit dem Chorrock bekleidet, der Gesang richtet sich nach dem Wittenberger Gesangbuch[294].

Zum organisatorischen Aufbau einer evangelischen Kirche gewinnt er den Straßburger Johann Marbach (nachdem Melanchthon, Bucer und Andreä nicht zu gewinnen sind)[295], der bald eine Visitation des Landes durchführt[296]. 1557 wird ein Bildersturm entfesselt, bei dem der Kurfürst selbst in der Heiliggeistkirche in Heidelberg anwesend ist[297]; eine entsprechende Instruktion des Kurfürsten gebietet die Bilderentfernung, wenn sie auch - laut Befehl - in aller Stille vonstatten gehen soll[298]. Auch hierin zeigt sich der oberdeutsche Einfluß bei ansonsten strikt lutherischer Orientierung[299]. Kann Ottheinrich in seinen späteren Jahren den Elan nicht aufrechterhalten, mit dem er die Reformation in der Pfalz einführen will[300], so tut er doch einen entscheidenden Schritt zur Festigung der Reformation, indem er die Universität zu einer konfessionellen staatlichen Hochschule auf humanistischer und dogmatischer Grundlage umgestaltet und hervorragende Kräfte, meist Glaubensflüchtlinge, nach Heidelberg holen kann[301]. An seinem Hof ist eine breite Glaubensvielfalt zu verzeichnen, mit der er wohl eine gesamtevangelische, politisch wirksame Einheit herstellen will; diese Vorstellung ist möglich, weil sich die verschiedenen Glaubensrichtungen noch nicht deutlich ausdifferenziert haben[302]. Letztlich beschwört diese Vielfalt der Glaubensüberzeugungen aber nur neue

---

[291] Vgl. Schindling/Ziegler 22.

[292] Vgl. Goeters, Einführung 22f; Abdruck in EKO 14,111-113.

[293] Vgl. Goeters, Einführung 23f; Schindling/Ziegler 22. Abdruck in EKO 14,113-220. Zu dieser KO und ihrer Genese (Stammbaum) vgl. Hauß/Zier; Bassermann 22-59.

[294] Vgl. Schaab, Geschichte 30.

[295] Vgl. Schindling/Ziegler 22; Schaab, Geschichte 30.

[296] Vgl. hierzu Schaab, Geschichte 30f.

[297] Vgl. Schindling/Ziegler 23.

[298] Vgl. Goeters, Einführung 32f.

[299] Vgl. Schaab, Geschichte 31.

[300] Vgl. Goeters, Einführung 34.

[301] Vgl. Schindling/Ziegler 23; Goeters, Einführung 34; Schaab, Geschichte 32. Letztlich kommt die Reform der Universitätsverfassung im Jahre 1558 einer Neugründung gleich (vgl. Wolgast, Universität 34; zur rechtlichen Grundlegung schon unter Friedrich II. vgl. ebd. 29-32).

[302] Vgl. Schindling/Ziegler 23. Schaab vermutet allerdings, daß Ottheinrich letztlich doch das theologische Unterscheidungsvermögen fehlt (vgl. Schaab, Geschichte 38).

konfessionelle Konflikte herauf, die in dem Wechsel in das reformierte Bekenntnis münden.[303]

4.2.4 Die Zeit Friedrichs III. (1559-1576)

1559 übernimmt Friedrich III. (auch 'der Fromme' genannt) die Regierung der Kurpfalz, womit die Herrschaft an die Pfalz-Simmerner Linie übergeht, da Ottheinrich kinderlos geblieben ist.[304] Der 1515 geborene Friedrich III. hat seine Jugend an verschiedenen Fürstenhöfen Europas verbracht. Er ist verheiratet mit Maria von Hohenzollern, der Tochter des Markgrafen Kasimir und der Nichte des zu den führenden Gestalten des Luthertums gehörenden Markgrafen Georg von Brandenburg-Ansbach. Sie bekennt sich entschieden zum Luthertum und kann auch Friedrich III. dafür gewinnen[305]. Er ist schon seit den 40er Jahren evangelisch[306] und zeichnet sich durch religiöse Motivation und Bereitschaft zur Durchsetzung des als richtig Erkannten aus. Ob er allerdings religiös so eigenständig ist, wie die Literatur dies häufiger darstellt, bleibt zweifelhaft; nach Press bleibt er von den theologischen Meinungen seiner Umgebung abhängig[307]. Seit 1556 hat er als Statthalter in der Oberpfalz die von Ottheinrich initiierten Reformationsmaßnahmen energisch umgesetzt, weshalb ihm Götz "religiöse[n] Fanatismus"[308] zuspricht.

Bei der Übernahme der Macht ist die Situation einerseits durch die keineswegs abgeschlossene Durchführung der Reformation i.S. einer kirchlichen Ordnung und durch einen unmittelbar nach dem Tod Ottheinrichs hervorbrechenden Abendmahlsstreit gekennzeichnet[309]. Friedrich III. öffnet sich zunehmend Beratern, die der oberdeutschen Reformation nahestehen. Seine langsame Hinwendung zum reformierten Bekenntnis ist sicher auf die konkreten Einflüsse von Heidelberger Theologen und Räten zurückzuführen[310]. Diese Einflüsse sind schon vor dem Regierungswechsel 1559 in Heidelberg präsent, verstärken sich aber durch die philippistischen Positionen, die von Melanchthon selbst protegiert werden[311]. Heidelberg wird somit zu einem Sammelpunkt der oberdeutschen[312] und philippistischen Theologie[313], orthodoxe Lutheraner sind in Heidelberg schon bei Amtsübernahme in der Minderzahl[314]. Dies drückt sich vor allem im 1563 entstandenen, sogenannten 'Heidelberger Ka-

---

[303] Brunner hingegen meint, daß bei Ottheinrichs Tod die führenden Kreise in Heidelberg schon die Confessio Augustana - selbst in der Interpretation der Variata - als Bekenntnisgrundlage überwunden haben (vgl. Brunner, Abendmahlszeugnis 211).

[304] Zu seiner Person vgl. Press 222-224 und die angegebene Lit. ebd. 222[9].

[305] Vgl. Zeeden, Reformationsgeschichte 56f.

[306] So auch die Einschätzung durch Götz (vgl. Götz 6).

[307] Vgl. Press 223. Seine Öffnung Beratern gegenüber dürfte Ausdruck der politischen Unerfahrenheit sein, die ihn kennzeichnet; seine mangelhaften Lateinkenntnisse dürften ihm auf jeden Fall die Probleme der theologischen Dogmatik verschließen. Allerdings ist er ein guter Kenner der Bibel, die ihm die Richtschnur des Handelns bildet (vgl. Schaab, Geschichte 35).

[308] Götz 7.

[309] Vgl. Goeters, Einführung 35.

[310] Vgl. Press 224.

[311] Vgl. Schindling/Ziegler 24.

[312] Wirklich Reformierte gibt es in der Heidelberger Regierung zu dieser Zeit nur wenige (vgl. Press 226).

[313] Vgl. Schindling/Ziegler 24.

[314] Vgl. Press 222.

techismus' aus. Er ist calvinistisch bestimmt, nimmt aber eine vermittelnde Stellung ein. Er wird in die 1563 eingeführte neue KO integriert.[315]

In der Folge wird radikal gegen die Altgläubigen und ihren Gottesdienst vorgegangen, der Bildersturm fortgesetzt, die Altäre werden durch Tische ersetzt und das Abendmahl unter Brotbrechung gefeiert[316]. Die Schroffheit des Vorgehens stellt eine Herausforderung für das gerade erst durch den Augsburger Religionsfrieden mühsam hergestellte, bikonfessionelle Reichssystem dar. Besonders durch das Vorgehen in Fällen, die durch das Reformationsrecht nicht klar abgedeckt sind, ruft Friedrich III. den Unmut der Fürsten hervor. Schon während der Erstellung des HK sind Gerüchte darüber in Umlauf[317] und fordern - wie die Fertigstellung selbst - Reaktionen der umliegenden Fürsten und ihrer Theologen heraus[318]. Friedrich bezieht sich in der dogmatischen Diskussion stets auf die Augsburger Konfession, womit er allerdings die 'Variata' Melanchthons von 1540 meint, die aufgrund des Ansehens und des Einflusses Melanchthons die Geltung eines Kommentars zur Klärung von Zweifelsfragen am Urtext erhalten hat[319]. Friedrich versucht damit, das reformierte Bekenntnis in den vom Reichsrecht gesetzten Rahmen einzufügen und sich zum Verwandtenkreis der Augsburger Konfession zu zählen[320]. Gerade in der Frage des Abendmahls weisen beide Fassungen der Confessio Augustana nicht unerhebliche Unterschiede auf.[321]

Die persönliche Integrität Friedrichs verhindert wohl ein schärferes Vorgehen gegen ihn[322], obwohl Kaiser Ferdinand den Pfälzer Kurfürsten auffordert, alle den Rahmen des Augsburger Religionsfriedens sprengenden Neuerungen abzuschaffen oder den Anschein solcher Neuerungen zu meiden. Es gehe nicht an, "das nit ein jeder nach seinem kopf und seines gefallens unter dem schein furgebner notturft seiner gewissen ime ain sondere religion schöpfe oder erdächte".[323]

Diese Auseinandersetzung erreicht ihren Höhepunkt auf dem Augsburger Reichstag von 1566 unter Kaiser Maximilian, auf dem neben der Türkenabwehr die Beseitigung aller aufkommenden 'Sekten' zur Debatte steht[324]. Friedrich erscheint trotz Warnungen persönlich in Augsburg und verteidigt selbst seinen Katechismus: "Belanget meinen Catechismum, bin ich desselben bekäntlich. Es ist auch derselbe in marginibus mit Fundamenten der Heil. Schrifft dermassen armirt, daß er ohnumgestossen..., und wird meines Verhoffens mit Gottes

---

[315] Genauer zum HK und zur KO vgl. 5.2.

[316] Vgl. Schindling/Ziegler 26.

[317] Vgl. Henss 40.42.

[318] Vgl. Henss 42-45.

[319] Vgl. Henss 46.

[320] Vgl. Schindling/Ziegler 26; Henss 46.

[321] Auch innerhalb der verschiedenen Fassungen der Confessio Augustana sind die Unterschiede deutlich zu erkennen. So heißt es in der Ausgabe von 1530: "De Coena Domini docent, quod corpus et sanguis Christi vere adsint, et distribuantur vescentibus in coena Domini" (CR 26,278). 1531 lautet die Stelle: "De Coena Domini docent, quod cum pane et vino vere exhibeantur corpus et sanguis Christi, vescentibus in Coena Domini" (CR 26,358; vgl. auch Götz 28[72]).

[322] Vgl. Henss 47.

[323] Brief vom 13.07.1563 (vgl. Kluckhohn 1,419). Ebenso äußert sich Ferdinands designierter Nachfolger Maximilian am 25.04.1563 (vgl. Kluckhohn 1,398f).

[324] Vgl. Henss 55.

Hülff noch länger ohnumgestossen bleiben"[325]. Beim Ausschluß vom Religionsfrieden sei es aber "nicht um eine Kappen voller Fleisch (wie man pflegt zu sagen), zu thun, sondern daß es die Seel und der selbigen Seligkeit belanget, die hab ich von meinem Herrn und Heyland Christo in Befelch, bin auch schuldig, und erbiethig, ihme dieselbige zu verwahren, darum kan Ew. Kayserl. Majestät ich nicht gestehen, daß sie, sondern allein Gott, der sie geschaffen, darüber zu gebiethen habe"[326]. Durch seinen persönlichen, anscheinend von tiefer Glaubensüberzeugung geprägten Einsatz, wie auch durch begleitende theologische[327] wie politische[328] Argumentation, gelingt es Friedrich, die Aufkündigung des Reichsreligionsfriedens zu vermeiden, indem sich der lutherische Kurfürst August von Sachsen hinter ihn stellt[329], oder besser gesagt, den Reichstag verläßt, ohne eindeutig gegen Friedrich Stellung zu beziehen[330]. Die Reichsstände sehen zwar die Kurpfalz in der Frage des Abendmahls nicht mehr auf dem Boden der Confessio Augustana stehen, sind aber nicht gewillt, sie aus dem Religionsfrieden auszuschließen, sondern fordern nur die Abkehr vom Calvinismus[331]. Die Confessio Augustana Variata zur Bekenntnisschrift zu erheben, gelingt Friedrich noch nicht; eine reichsrechtliche Anerkennung der 'Reformierten' als dritte Konfession wird erst 1648 fixiert.

Dies hält Friedrich aber nicht davon ab, sich in die Auseinandersetzungen in den Niederlanden und in Frankreich aktiv einzuschalten und den Reformierten zu helfen. Als Folge kommen reformierte Flüchtlinge in sein Gebiet, so ins linksrheinische Frankenthal (mit dem Prediger Petrus Dathenus) und nach Schönau im Odenwald[332]. Die bedeutende Stellung der Kurpfalz im reformierten Lager auszubauen, gelingt auch dadurch, daß der Heidelberger Hof und vor allem die Universität bedeutende Gelehrte anziehen, so daß letztere neben Genf und Leiden das dritte wissenschaftliche Zentrum des Calvinismus bildet und europäische Geltung erlangt[333].

Im Innern allerdings kann der Bekenntniswechsel nicht reibungslos durchgeführt werden, da sich zum einen Calvinisten und Zwinglianer gegenüberstehen und sich zum anderen die Oberpfalz dem Wechsel vom lutherischen zum reformierten Bekenntnis widersetzt.

4.2.5 Die Zeit Ludwigs VI. (1576-1583) und Johann Casimirs (1583-1592)

Wie Friedrich III. dies vorausgesehen hat, vollzieht sein Sohn Ludwig VI. (1576-1583) die radikale Kehrtwendung zum Luthertum, womit er direkt nach dem Regierungsantritt

---

[325] Zitiert nach Hollweg, Reichstag 342f.

[326] Hollweg, Reichstag 342.

[327] Wie Hepp nach den Akten des Kirchenrates Marcus zum Lamm herausstellt, ist sich Friedrich III. bewußt, was beim Reichstag auf ihn zukommt, ist zugleich auch bestens präpariert und kann durch das Angebot einer theologischen Disputation, die er selbst führen will, seine Gegner überrumpeln (vgl. Hepp 57-64).

[328] Vgl. hierzu Henss 56-64. Eine Verurteilung der Kurpfalz würde nicht nur eine Schwächung - der meist nicht lutherischen - evangelischen Bewegung außerhalb des Reiches bedeuten, sondern hätte auch weitreichende Folgen für die evangelische Bewegung innerhalb des Reiches (vgl. Henss 64).

[329] Vgl. Schindling/Ziegler 26; Götz 29.32.

[330] Vgl. Götz 32.

[331] Vgl. Götz 32f; Hepp 64-66.

[332] Vgl. Schindling/Ziegler 27.

[333] Vgl. Schindling/Ziegler 27.

beginnt.[334] Viele bis dahin einflußreiche Theologen, darunter Ursin, müssen ihre Stellungen und damit Heidelberg verlassen[335]. Die theologische Fakultät wird geschlossen, und dann werden die Lehrstühle neu besetzt[336]. Aber auch die sonstige Universität wird von den reformiert gesinnten Gelehrten verlassen und das Luthertum wird als Bekenntnis der Universität verpflichtend gemacht[337]. Ludwig VI. knüpft an die lutherisch-philippistisch geprägte Ära Ottheinrichs (nicht jedoch an die lutherisch gebliebene oberpfälzische Tradition) an[338]. Die 1577 erlassene KO schließt an die Ottheinrichs (von 1556) an[339]. Sein nur zögerlich vollzogener Beitritt zur Konkordienformel von 1577 und zum Konkordienbuch zwingt ihn dann auch zum Vorgehen gegen philippistische Positionen im Land[340].

Das dem jüngeren Bruder Johann Casimir durch das Testament des Vaters zugeteilte Fürstentum Pfalz-Lautern wird zur gleichen Zeit zum Refugium der Reformierten, was nach der Übernahme der Macht in der gesamten Kurpfalz eine zügige Wiedereinführung des reformierten Bekenntnisses ermöglicht. Die 1585 erlassene KO entspricht fast wörtlich derjenigen Friedrichs III. und ermöglicht den Abschluß der Umwälzungen.[341] Zugleich wird die Kurpfalz erneut Anziehungspunkt reformierter Gelehrter (während Lutheraner die Universität wieder verlassen[342]) und zur Führungskraft der Reformierten im Reich.[343] Allerdings gelingt der Konfessionswechsel in der Oberpfalz nicht, sie bleibt lutherisch, so daß auch innerhalb der Kurpfalz die Spannung deutlich wird, die die weitere Politik im Reich kennzeichnet.[344]

---

[334] Schon das Begräbnis des Vaters legt der neue Kurfürst in die Hände lutherischer Geistlicher (vgl. Henss 65).

[335] Vgl. Henss 67.

[336] Vgl. Wolgast, Universität 44f.

[337] Vgl. Wolgast, Universität 45.

[338] Vgl. Schindling/Ziegler 28f.

[339] Zur Liturgie vgl. Bassermann 92-97.

[340] Vgl. Schindling/Ziegler 29.

[341] Vgl. Schindling/Ziegler 30f. Zur Liturgie vgl. Bassermann 97-101.

[342] Vgl. Wolgast, Universität 45.48f.

[343] Vgl. Schindling/Ziegler 32.

[344] Vgl. Schindling/Ziegler 32.

5 Der unmittelbare Kontext des Abendmahlformulars: Der Heidelberger Katechismus und die Kirchenordnung

In diesem Kapitel soll die Frage nach dem historischen Kontext der Abendmahlsordnung auf den entscheidenden 'textlichen Rahmen' konzentriert werden, d.h. auf den HK als dogmatischem Grundlagentext und auf die KO als 'Agende', in der sich das vorliegende Formular findet.

5.1 Die Vorgeschichte - ein weiterer Abendmahlsstreit

Wie schon dargestellt, ist die konfessionelle Situation in der Kurpfalz bei der Übernahme der Macht durch Friedrich III. keineswegs gesichert. Gerade die Führungsschicht und hier besonders die Universität weisen aufgrund des Mangels an geeigneten Personen, wie auch unter Beachtung der Forderung Melanchthons nach konfessioneller Weitherzigkeit ein breites konfessionelles Spektrum auf[345]. Schon bald nach dem Tode Ottheinrichs treten die dadurch implizierten Spannungen zutage. Der unter Ottheinrich nach Heidelberg berufene strenge Lutheraner Tilmann Heshus[346] bekämpft das von verschiedenen Professoren der Universität vertretene schweizerisch-reformierte Bekenntnis.[347] Dies wird in der Auseinandersetzung mit dem von der theologischen Fakultät promovierten Diakon Klebitz dingfest, der die calvinische Abendmahlslehre vertritt[348]. Beide liefern sich wegen des Vorwurfs der Ketzerei eine wüste Polemik, und es kommt schließlich zu einer Prügelei auf dem Marktplatz.[349] Beide werden daraufhin am 16.09.1559 vom Kurfürsten um des konfessionellen Friedens willen entlassen[350], wenn auch Klebitz durch die nachfolgende Entwicklung als Sieger dastehen kann. Friedrich löst die lutherischen Superintendenturen auf und errichtet statt dessen 1564 einen Kirchenrat nach reformiertem Vorbild, mit 3 weltlichen und 3 geistlichen Mitgliedern, die vorrangig mit Vertretern der reformierten Richtung besetzt werden[351]. Friedrich distanziert sich weiter vom orthodoxen Luthertum (speziell in der Frage der Abendmahlslehre) und nimmt eine philippistische Haltung ein.[352] Dies wird besonders bei der Frage der Spendeformel beim Abendmahl deutlich, in der er eine Formel Melanchthons verbindlich macht[353] und das später eingehende Gutachten von Brenz, das in eine andere theologische Richtung

---

[345] Vgl. Henss 8; Götz 8f.

[346] Heshus ist 1527 in Wesel geboren, wird nach seinem Studium auf Empfehlung Melanchthons Superintendent in Goslar, nach Pfarrstelle und Professur in Rostock dann ab 1558 Pfarrer an der Heiliggeistkirche zu Heidelberg und Professor an der dortigen Universität (vgl. Götz 8[12]; Wolgast, Universität 37f). Er hat zugleich das Amt des Generalsuperintendenten inne (vgl. Goeters, Einführung 38). Zur Person vgl. Wilkens; BBK 2,789-791.

[347] Zu diesem Streit im einzelnen vgl. Goeters, Einführung 38f. Insgesamt ist die Situation der Universität bei Amtsübernahme durch eine große Internationalität gekennzeichnet (vgl. Wolgast, Universität 40).

[348] Vgl. Götz 10. Zur Person vgl. ebd. 11[22]. Hinter Klebitz stehen einflußreiche Kreise in Heidelberg, allen voran der Medizinprofessor Erastus (vgl. Press 227). Klebitz selbst ist eine taktische, aber nicht eigentlich handelnde Figur in diesen Auseinandersetzungen (vgl. Goeters, Einführung 38).

[349] Vgl. Zeeden, Reformationsgeschichte 57; Schaab, Geschichte 39; Goeters, Einführung 38.

[350] Vgl. Press 228. Damit ist im Kirchenrat kein orthodoxer Lutheraner mehr vertreten (vgl. Schaab, Geschichte 39).

[351] Vgl. Zeeden, Reformationsgeschichte 58; Press 242f. Zum literarisch fortgesetzten Streit vgl. Henss 13f.

[352] Vgl. Press 228f.

[353] Vgl. hierzu 12.6.2.3.

geht, nicht mehr berücksichtigt.[354] Sowohl eine lateinische als auch eine deutsche Fassung des Gutachtens läßt er 1560 in Heidelberg gegen den Willen der Universität drucken[355]. Verschiedene lutherische Fürsten wie auch seine lutherische Frau versuchen ohne Erfolg, ihn umzustimmen[356]. Der entscheidende Übertritt zur reformierten Lehre[357] erfolgt aber bei einer von Johann Friedrich von Sachsen und seinem Bruder Wilhelm Anfang Juni 1560 initiierten Disputation zwischen deren Hoftheologen Stössel und Mörlin und den Mitgliedern des Kirchenrates Boquin und Erastus. Den Kurfürsten stößt die lutherische Überzeugung der 'manducatio impiorum' derart ab, daß er mit dem Erlaß vom 12.08.1560 alle Geistlichen des Landes verweist, die die Formel Melanchthons ablehnen[358].

Der Kurfürst sucht nachfolgend nach einem möglichst einheitlichen und deshalb biblischen Bekenntnis in Predigt und Unterricht innerhalb seines Territoriums[359]. Auf dogmatischer Ebene beendet Friedrich III. den Streit, indem er die Abendmahlsformel der 1540 herausgegebenen Confessio Augustana Variata für verbindlich erklärt, womit er nominell auf dem Boden der Confessio Augustana bleibt, sich aber andererseits der reformierten Theologie annähert.[360]

Der Rektor der Heidelberger Universität, der in der Schweiz geborene Medizinprofessor Thomas Erastus, unterstützt mit einer Streitschrift[361] die reformierte Abendmahlsauffassung[362]. Und schon Ende 1561 hat der Kurfürst in Heidelberg die Brotbrechung beim Abendmahl ohne Befragung seiner Räte angeordnet - ein schon zu dieser Zeit als dezidiert reformiert geltender Brauch.[363] Gleichzeitig nimmt Friedrich III. vertriebene Theologen calvinischer Prägung auf. Auf den atl. Lehrstuhl beruft er den Theologen Emanuel Tremellio, einen Schüler Vermiglis in Zürich, auf den ntl. Lehrstuhl einen Freund Calvins, den Franzosen Peter Boquin.[364] Darunter sind auch Caspar Olevian[365] und Zacharius Ursin[366]. Daraufhin

---

[354] Es gibt darüber keine Nachricht, aber im August entläßt der Kurfürst eine Reihe von strenglutherischen Pfarrern (vgl. Goeters, Einführung 39). Die Kurpfalz wird nun zum Anlaufpunkt für eine bemerkenswerte Zahl von rheinländischen und niederländischen Pfarrern mit reformierter Überzeugung, wie sie auch später (beim erneuten Wechsel zum Luthertum) reformierte Pastoren an neue reformierte Gebiete abgibt (vgl. Goeters, Genesis 48).

[355] Vgl. Henss 11; Goeters, Einführung 38.

[356] Vgl. Zeeden, Reformationsgeschichte 58.

[357] Friedrich selbst verwehrt sich dagegen, als 'Calvinist' bezeichnet zu werden, und meidet jede direkte Identifizierung mit der Lehre Calvins (vgl. Press 229).

[358] Vgl. Zeeden, Reformationsgeschichte 59.

[359] Vgl. Staedtke, Reformation 215.

[360] Vgl. Anm. 321. Die Gültigkeit der Variata neben der Invariata verteidigt er auf dem Naumburger Fürstentag 1561, womit er seinen Richtungswechsel öffentlich macht (vgl. Press 229). Goeters vermutet, daß Friedrich erst zu diesem Zeitpunkt die Differenz zwischen Variata und Invariata begriffen habe (vgl. Goeters, Einführung 39). In der Naumburger Präfation wird die Variata als gleichberechtigt anerkannt, womit ein offener Bruch zwischen den Fürsten verhindert wird (vgl. Goeters, Entstehung 9).

[361] Vgl. Erastus, Bericht. Staedtke charakterisiert Erastus als den "bedeutendste[n] Vorposten zwinglischer Theologie zu dieser Zeit in Deutschland" (Staedtke, Reformation 218). Zur Person vgl. Wesel-Roth; Press 239f; Wolgast, Universität 38f; BBK 1,1532f.

[362] Vgl. Henss 18.

[363] Vgl. Henss 18; Kluckhohn 1,514; Press 229[38]. Zur Brotbrechung vgl. 12.4.

[364] Vgl. Staedtke, Reformation 215. Zu seiner Person vgl. Press 240; BBK 1,718f.

[365] Er ist 1536 geboren und stammt aus Trier. Er hat sich bei seinen Studien in Bourges der evangelischen Lehre angeschlossen. Schließlich wird er auf Ersuchen des kurpfälzischen Kurfürsten aus einem Trierer

verlassen einige Lutheraner in führenden Stellungen am Hof und an der Universität ihre Ämter.[367]

5.2 Der Heidelberger Katechismus als dogmatische Grundlegung der Kirchenordnung

Bekenntnismäßig beruft sich der Kurfürst weiterhin auf die 'Confessio Augustana', womit er aber stillschweigend die 'Variata' meint, um sich somit offiziell nicht auf die Seite Calvins stellen zu müssen und um weiterhin unter dem Schutz des Augsburger Religionsfriedens zu stehen. Dies ist wohl auch der Grund, warum er nicht einen der Katechismen Calvins übersetzen, sondern einen eigenen deutschsprachigen Katechismus erarbeiten läßt.[368] Ein solches Werk glaubt man wegen der ständigen Lehrstreitigkeiten nötig zu haben und um den Lehrern und Pfarrern eine Richtschnur für die Unterweisung an die Hand geben zu können. Wer nun im eigentlichen Sinne der Verfasser des Katechismus ist, bleibt in der Forschung umstritten[369]. Die traditionelle, auf den reformierten Theologen Heinrich Alting (1583-1644) zurückgehende und bis Ende des 19. Jh. von den meisten Forschern geteilte Auffassung, daß die beiden Theologen Olevian und Ursin die Verfasser seien[370], wobei letzterer die eigentliche theologische Arbeit vollbracht, ersterer aber die deutsche Endredaktion bewerkstelligt habe[371], wird heute nicht mehr durchweg geteilt[372]. Von den beiden Genannten selbst wird nie die Autorenschaft beansprucht.[373] Die wegen der Differenzen zwischen den lateinischen Vorarbeiten und der deutschen Endfassung vermutete individuelle Endredaktion[374] wird heute in Zweifel gezogen[375].

Gefängnis befreit, wo er als Leiter eines mißglückten Reformationsversuches einsitzt. Bald wird er Universitätsprofessor für Dogmatik, danach Pfarrer (vgl. Götz 13) und zu einem wichtigen Vertreter des Calvinismus in Heidelberg (vgl. Goeters, Olevian 238). Zu seiner Person vgl. Press 242; BBK 6,1197-1200; Goeters, Olevianus; Goeters, Olevian; Sudhoff.

[366] Ursin ist 1534 geboren, stammt aus Breslau, ist Melanchthon-Schüler und steht im Austausch mit schweizerischen Reformatoren. Er geht 1560 nach Zürich und wird dort von Vermigli und Bullinger für Heidelberg empfohlen (vgl. Götz 13; Henss 27). Er kommt im Herbst 1561 in die Pfalz und beginnt nach seiner Promotion zum Dr. theol. am 01.09.1562 mit seiner Lehrtätigkeit. Er wird bald Universitätsprofessor und Direktor des Collegium Sapientiae und ist damit für die Theologenausbildung zuständig. Zu seiner Person vgl. Press 244; Sudhoff; Sturm; Neuser, Dogma 286-288; zum Sapientskolleg vgl. Wolgast, Universität 32f.

[367] Vgl. Zeeden, Reformationsgeschichte 59f.

[368] Vgl. Zeeden, Reformationsgeschichte 60; Schaab, Calvinismus 36. Allerdings erscheinen zugleich mit dem HK Übersetzungen des Genfer Katechismus und der Genfer KO unter Vermeidung der Namen 'Genf' und 'Calvin' in Heidelberg im Druck (vgl. Henss 58). Olevian erklärte in einem Brief an Calvin vom 03.04.1563 (vgl. CR 47,684f), daß dies aus konfessioneller Rücksicht geschehe.

[369] Vgl. Henss 23; Metz, Katechismus 582. Einen geschichtlichen Überblick über die Erforschung der Entstehung und Wirkung des HK bietet Goeters, Entstehung 3-5; vgl. auch Staedtke, Entstehung 11-18. Für eine letzte prägnante Zusammenfassung der Diskussion vgl. Kloster. Alle Primärquellen über die Entstehung des Katechismus sind spätestens in den Wirren der napoleonischen Zeit verlorengegangen (vgl. Goeters, Entstehung 4)!

[370] Vgl. Sudhoff 88.

[371] Vgl. Hollweg, Untersuchungen 1,124-126.135; Neuser, Väter 177; Kloster 73-75.

[372] Vgl. Metz, Katechismus 582.

[373] Vgl. Hollweg, Untersuchungen 1,135.

[374] Beispiele nennt Hollweg, Untersuchungen 1,126-134.

[375] Vgl. Hollweg, Untersuchungen 1,135-152; 2,38-42; Goeters, Olevianus 299-310; Kloster 76-89; Bierma, Olevianus 27. Bierma sieht in Olevian "an intermediate redactor" (ebd.).

Die Annahme einer weitestgehenden Schöpfung des HK durch Ursin[376] wiederum hat für sich, daß Friedrich III. Ursin im Jahr 1562 unzweifelhaft mit der Erstellung zweier Vorarbeiten beauftragt, die als 'Summa theologiae' und 'Catechesis minor'[377] vorliegen, wobei letzterer schon die Aufteilung des späteren Katechismus in die drei Teile Elend, Erlösung und Dankbarkeit beinhaltet[378]. Allerdings werden als Quelle der Dreiteilung und der besonderen Betonung der Dankbarkeit auch andere, zuvor erschienene Schriften genannt: Die Stellung des Gesetzes unter dem Motiv der Dankbarkeit findet sich schon in Melanchthons 'Unterricht der Visitatoren'. Eine wirkliche Dreiteilung findet sich auch im Regensburger Katechismus des Nikolaus Han (Gallus)[379], der 1547 erscheint und in einer späteren Auflage (1558) in Heidelberg gedruckt wird[380]. Hollweg möchte außerdem in Bezas Schrift 'Kurze Bekanntnuß des Christlichen glaubens', die 1552 in Heidelberg in dt. Sprache erscheint, das Dankbarkeitsmotiv und die Dreiteilung des Katechismus vorgeformt wissen[381].

Auf jeden Fall bilden die beiden Schriften Ursins die entscheidende Grundlage, aus der der Text erarbeitet wird, der die beiden Anliegen einer Lehrnorm und eines Volkskatechismus in einer Schrift vereinigen kann[382]. Aber Ursin muß auch der Sache nach weiterhin als eigentlicher Verfasser dieses endgültigen Werkes angesehen werden[383], denn die Bekenntnisschrift ist "so sehr ein harmonisches Ganzes, daß man eine komplizierte Verfasserschaft als unwahrscheinlich bezeichnen kann"[384]. Einzig die Frage 80, die die katholische Messe als Abgötterei bezeichnet, wird eindeutig erst später eingefügt[385]. Dem widerspricht die Bemerkung Olevians in einem Brief an Heinrich Bullinger ("Non unius sed multorum sunt collatae piae cogitationes"[386]) nicht, denn selbstverständlich sind in diesem Katechismus Vorlagen und theologische Anklänge vieler Theologen zu verzeichnen, die aber auf einer anderen Ebene stehen, als die eigentlichen, kompilatorischen Vorarbeiten Ursins[387]. Ob und

---

[376] Zu den entscheidenden Argumenten vgl. Kloster 89-97.

[377] Vgl. Ursinus, Catechesis minor; Ursinus, Summa Theologiae; vgl. auch Goeters, Einführung 40. Zu beiden Schriften als Quelle des HK vgl. ausführlich Lang; Sturm 246-308.

[378] Vgl. Metz, Katechismus 582; Schulz, Vorbereitung 21[78]; Neuser, Väter 188.

[379] Abdruck bei Reu 1.1,720-734; vgl. Schulz, Vorbereitung 21[78].

[380] Vgl. Weber, Theologie 28; Barth, Lehre 18.

[381] Vgl. Schulz, Vorbereitung 21[78]; Hollweg, Untersuchungen 1,86-123; 2,42-47.

[382] Vgl. Metz, Katechismus 582f.

[383] Vgl. Goeters, Olevianus 301.303. Kloster spricht von einer "Priority of Ursinus in the Composition" (Kloster 73).

[384] Metz, Katechismus 583; vgl. Staedtke, Reformation 217. Außerdem bleibt er nach Erscheinen der maßgebliche Interpret des HK (hierzu und zum Druck seiner Vorlesungen vgl. Henss 28-31).

[385] Vgl. Frage 80 des HK, Kurpfalz 1563 (EKO 14,358). Ob sie das Werk des Kurfürsten (vgl. Schindling/Ziegler 26; Götz 16f) oder aber eher Olevians ist (vgl. Zeeden, Reformationsgeschichte 60) bleibt umstritten. Nach Staedtke ist sie auf Befehl des Kurfürsten eingefügt (vgl. Staedtke, Reformation 216; Goeters, Olevianus 304f). Diese Frage fehlt in der 1. Auflage völlig (vgl. Henss 24[22]). Danach werden noch mehrere Änderungen vorgenommen, der Terminus der 'abgötterey' wird jedoch erst in der endgültigen Fassung eingesetzt (vgl. ebd.).

[386] Zitiert nach Sudhoff 483.

[387] Vgl. Metz, Katechismus 583. Zu einem knappen Überblick über die auf den HK wirkenden Schriften vgl. Goeters, Entstehung 13-15.

wo der Kurfürst selbst in die Formulierung eingreift, wie seine eigene Darstellung behauptet, bleibt unklar.[388]

Unbeschadet des Anteils Ursins hat formell ein größeres Kollegium den Katechismus erstellt, wie auch eine Äußerung des Kurfürsten in der Vorrede zu den ersten beiden Ausgaben bestätigt, daß der Katechismus "mit rhat und zuthun unserer gantzen theologischen facultet allhie, auch allen superintendenten und fürnemsten kirchendienern"[389] entstanden sei. Für Mitte Januar werden die Superintendenten nach Heidelberg gerufen und beraten zusammen mit den Kirchenräten über den Katechismus.[390] Sie feiern am Abschlußtag gemeinsam das Abendmahl und billigen den Text durch ihre Unterschrift.[391] Die Verordnung zur Einführung trägt das Datum vom 19. Januar[392]. Kurz nach der Fertigstellung des Katechismus schreibt der Kurfürst an Johann Friedrich den Mittleren am 30.03.1563: "Das ist aber nit one, das ich alle meyne superintendenten fürnemste kirchendiener und theologos bey aynander gehabt"[393].

In seinen 129 Fragen und Antworten gliedert der HK seine Glaubenslehre unter den Aspekten 'Elend des Menschen', 'Erlösung des Menschen' und 'Dankbarkeit'.[394] Sie spiegeln weiterhin die reformierte Lehre wider, ohne sich sklavisch an die Aussagen eines Theologen gebunden zu wissen. So findet z.B. Calvins Prädestinationslehre nur marginalen Einzug in das Lehrwerk[395]. Diese, sich nicht nur an einzelnen Theologen festklammernde, sondern verschiedene theologische 'Väter' integrierende Haltung[396], läßt sich auf den Kurfürsten zurückführen[397].

---

[388] So sagt er zum Vorwurf, daß der Katechismus und die KO von Bullinger und seinen Gehilfen angefertigt worden seien: "Das ich mein *catechismum* und kirchenordnung zu Zurich durch *Bullingerum* und seine gehilfen habe lassen stellen, das ist ein offentlich beweisliche lügen und mit meiner handschrift darzuthun, das nachdem ich mein *catechismum* von mein theologen entpfangen und verlesen, in etlichem verbessert habe" (Notiz Friedrichs vom 01.12.1566, zitiert nach Kluckhohn 1,726).

[389] EKO 14,342³².

[390] Vgl. Henss 23; Goeters, Olevianus 303f.

[391] Vgl. Goeters, Einführung 41.

[392] Vgl. Staedtke, Reformation 216. Eine Liste mit mutmaßlichen Mitarbeitern findet sich bei Goeters, Entstehung 15. Zwei lutherisch gesonnene Superintendenten verweigern die Unterschrift bzw. leisten sie nur unter Vorbehalt (vgl. Goeters, Entstehung 16).

[393] Brief vom 30.03.1563, zitiert nach Kluckhohn 1,390.

[394] Weber ordnet den HK wegen seines systematischen Aufrisses und seiner anthropologischen Ausrichtung (vgl. Weber, Theologie 26) der Gruppe der 'analytischen' Katechismen zu, die sich von den vom Spätmittelalter bis in die Reformationszeit reichenden 'synthetischen' Katechismen durch eine theologische Mitte abgrenzen (vgl. ebd. 25). Die analytischen Katechismen sind vor allem im oberdeutsch-reformierten Raum anzutreffen, der in besonderer Weise vom Humanismus geprägt ist (vgl. ebd. 30). Der HK bleibt allerdings nicht beim Anthropologischen stehen, sondern wendet das Anthropologische immer ins Christologische (vgl. ebd. 30f; Barth, Lehre 19f). Barth formuliert es spitz: "*Es ist uns keinen Augenblick erlaubt, über den Menschen an und für sich zu reflektieren!*" (Barth, Einführung 10).

[395] Vgl. Frage 54 des HK, Kurpfalz 1563 (EKO 14,353); Neuser, Väter 190; Neuser, Dogma 290; Barth, Lehre 18f.

[396] Neuser sieht Ansätze Luthers, Melanchthons, Calvins und Zwinglis verarbeitet (vgl. Neuser, Väter 181-187).

[397] "Und erkennen Gott lob, das wir christen sein, in Christi und nicht Zwingli, Calvini, Lutheri oder anderer, wie sie heissen mögen, namen getauft sein. Diese menner und andere halten wir fur mentschen und werkzeug Gottes, dadurch er, wie wir uns versehen, vil guts in der welt ausgerichtet und vil mentschen zu erkantnuß seines seligmachenden worts gebracht hat, halten darfur, das sie vil guts geschrieben und dabeneben irren mögen, darumben wir dann dieser und anderer mentschen *scripta* so fern annemmen, als sie mit dem wort Gottes ubereinstimmen, das überig lassen wir fahren, wie sie dann selbst von ihnen also gehalten haben

Der Katechismus wird in den weiteren Drucklegungen noch drucktechnisch und sprachlich verändert. Er wird dann in seiner 3. Auflage[398] in die KO Kurpfalz 1563 übernommen.[399] Auf dieser beruht auch die einzige bekannte lateinische Ausgabe[400], während die früheste niederländische Übersetzung die 2. Auflage, eine niederdeutsche Übersetzung wiederum die 3. Auflage zur Vorlage hat.[401]

Zunächst wird der Katechismus wegen seiner Stigmatisierung und seines anspruchsvollen Umfangs außerhalb der Kurpfalz nur zögerlich rezipiert, meist zusammen mit der Übernahme der Kurpfälzischen KO.[402] Zum Teil wird der HK erst nach der Abkehr vom Luthertum und nach einem Interim-Katechismus eingeführt.[403] Auf der ersten reformierten Gesamtsynode im Jahre 1619 in Dordrecht wird der Katechismus in den Rang eines kirchlichen Symbols erhoben[404] und erhält auch in der Folgezeit immer stärker den Charakter einer reformierten Bekenntnisschrift, obwohl er nicht als Bekenntnisschrift konzipiert und veröffentlicht ist.[405]

5.3 Die Kirchenordnung und ihre Entstehung

Mit der KO[406] von 1563 findet die theologische Grundlegung des HK ihre konzeptionell-praktische Umsetzung[407]. Letztliches Ziel der geplanten Gestaltung und Neuordnung des Kirchenwesens ist die Umformung der Volksfrömmigkeit[408], denn die Reformationsversuche unter Ottheinrich haben bis dahin keine tiefergehende Wirkung gezeigt. Einerseits gibt es noch zahlreiche gegensätzliche Gruppierungen in den pfälzischen Landen, andererseits haben

---

wollen." (Friedrich am 14.09.1563 an Württemberg, Veldenz und Baden, zitiert nach Kluckhohn 1,453). So nimmt Friedrich selbst schon eine harmonisierende Haltung ein, die sich im Katechismus widerspiegelt, ohne seine reformierte Stellung zu verleugnen.

[398] Von einer 3. Auflage zu sprechen, ist zwar nicht völlig richtig, da nur eine Korrektur in einem der Druckbögen vorgenommen wird, dieser aber nicht konsequent eingebunden wird, sondern auch weiterhin unkorrigierte Bögen benutzt werden; trotzdem hat sich in der Forschung eingebürgert, von einer '3. Auflage' zu sprechen (vgl. Goeters, Einführung 42). Zur Geschichte der Ausgaben vgl. Wolters 97-140.

[399] Daß ein Katechismus in eine KO übernommen wird, ist kein besonderes Kennzeichen der Kurpfälzischen KO von 1563, sondern findet sich schon in deren lutherischer Vorgängerin, der KO Ottheinrichs von 1556, die wie die KO Württemberg von 1536 den Brenzschen Katechismus enthält (vgl. Hollweg, Untersuchungen 2,12f). Auch Schwäbisch-Hall 1543 und Pfalz-Zweibrücken 1557 haben zuvor schon einen Katechismus integriert (vgl. Hollweg, Untersuchungen 2,13), andere Kirchenordnungen verpflichten auf Bekenntnistexte (vgl. Sprengler-Ruppenthal, Kirchenordnungen 687).
Die Integration des Katechismus erweist sich aber in der KO Kurpfalz 1563 deshalb als notwendig, weil sein Text fester Bestandteil der liturgischen Ordnung wird, denn an allen Sonn- und Feiertagen soll im Gottesdienst aus dem Katechismus gelesen werden (vgl. Hollweg, Untersuchungen 2,13).

[400] Diese Ausgabe hebt sich von ihren dt. Vorlagen durch die Zählung der Fragen und vor allem durch einen reicheren Schriftbeweis ab, der bei den Bibelstellen auch die Verszahlen beigibt; ein solch präziser Stellenbeleg ist in der Gelehrtenwelt erst seit Mitte des 16. Jh. üblich (vgl. Henss 24[25]). Eine deutschsprachige Ausgabe des HK mit Bibelstellen, die auch Verszahlen enthalten, erscheint erst 1573, nachdem mit der Heidelberger Lutherbibel von 1568 die erste deutsche Bibel mit Verszählung gedruckt wird (vgl. Henss 38).

[401] Vgl. Henss 24-26. Zu weiteren Übersetzungen und Verbreitung des HK vgl. ebd. 68-72; Nauta.

[402] Vgl. Goeters, Genesis 56.

[403] Vgl. Goeters, Genesis 56.

[404] Vgl. Staedke, Reformation 220f; Staedke, Entstehung 18f.

[405] Vgl. hierzu Hollweg, Untersuchungen 2,9-37, besonders 23-26.

[406] Zum Begriff 'Kirchenordnung' vgl. 3.

[407] Olevian selbst bezeugt, daß die Agende dem HK angepaßt wird (vgl. Goeters, Olevianus 306).

[408] Vgl. Hollweg, Untersuchungen 1,153.

sich mittelalterliche Frömmigkeitsformen weit verbreitet erhalten[409]. Außerdem bedürfen die schon durchgeführten Änderungen in der Liturgie (z.B. das Brotbrechen beim Abendmahl) der Stützung durch eine Agende[410]. Gerade für die Feier des Abendmahls ist die Einführung eines neuen Formulars notwendig, nachdem die Superintendenten-Konferenz zur Beratung des HK schon im Januar 1563 bezüglich des bis dahin gültigen Formulars anordnet: "Die vorrede oder vermanung von dem Nachtmal soll man aussen lassen."[411] Die lutherische Abendmahlstheologie der Vermahnung erscheint den Superintendenten nicht mehr tragbar. Gerade für die Vermahnung, die textlich das Kernstück der Abendmahlsfeier bildet, muß ein adäquater Ersatz geliefert werden.

Zu einer solchen Fixierung der liturgischen Änderungen wird die hier zu untersuchende KO erlassen. Bei dieser KO ist von einem kollektiven Entstehungsprozeß auszugehen. Im Frühjahr 1562 wird neben der Neubearbeitung der Lehrgrundlage, wie sie dann im HK vorgelegt wird, die Neubearbeitung der Agende und der Kirchenverfassung in Angriff genommen[412]. Erste Eckpunkte für die Erneuerung der KO werden auf der genannten Synode zur Annahme des HK festgelegt, sie sind aber "nur aus einem polemischen Referat"[413] bekannt. Ausgearbeitet wird die KO auf einer Synode in Heidelberg im August und September 1563.[414] Die These, der Entwurf des Kirchenordnungstextes stamme von Olevian[415], bleibt Vermutung und läßt sich nicht beweisen. Auf jeden Fall ist die KO Ende Oktober fertiggestellt.[416] Ursin hat seine Mitarbeit selbst belegt, Olivian dürfte sicher den Abschnitt über Kirchenzucht verfaßt haben[417], Goeters vermutet seine Verfasserschaft auch für die Tauf- und Abendmahlsvermahnung[418], die aber von der Synode gekürzt werden[419]. Welche Vorlagen benutzt werden, wird noch zu untersuchen sein.[420] Entgegen dem Eindruck, man habe nur die alte KO von 1556 neu aufgelegt, werden alle konfessionell gewichtigen Stücke deutlich abgeändert[421]. Allerdings behält die KO von 1563 in nicht geringem Maße den Aufbau der

---

[409] Vgl. Hollweg, Untersuchungen 1,154f.

[410] Vgl. Goeters, Olevianus 301.

[411] Zitiert nach Goeters, Olevianus 341; vgl. auch ebd. 339.

[412] Vgl. hierzu Ursins Zeugnis nach Wesel-Roth 32[71].

[413] Goeters, Entstehung 16.

[414] Ein sicherer Hinweis existiert nur über einen undatierten Brief Ursins, der in diese Zeit gehört (Text vgl. Kluckhohn 1,444-448).

[415] Vgl. Götz 17[40]; Schindling/Ziegler 26.

[416] Vgl. Sudhoff 135; Olevians Brief vom 25.10.1563 an Bullinger, abgedruckt bei Goeters, Olevianus 342f.

[417] Vgl. Sudhoff 134[1]; Kluckhohn 1,446[1].

[418] Vgl. Goeters, Einführung 44.

[419] Vgl. Sudhoff 135.484; Goeters, Olevianus 306.

[420] Unmittelbar vorbereitend für die KO wirkt neben dem HK das Büchlein 'Christliche gebet 1563', das Gebete, wie Morgen- und Abendgebet, Fürbitte und Sündenbekenntnis aus Genfer und Zürcher Vorlagen übersetzt oder übernimmt und das z.T. schon an Katechismusexemplare von 1563 angebunden ist (vgl. Henss 32); allerdings wirkt es nicht auf das Abendmahlsformular ein! Hier sind formal wie inhaltlich viele andere Quellen eingeflossen, die bei der Untersuchung nachgewiesen werden sollen.
Die Beurteilung Sudhoffs ("Die Formulare zur Feier der Taufe und des hl. Abendmahls sind dagegen der laskyschen Kirchenordnung entnommen" (Sudhoff 129)), läßt sich in dieser Pauschalität sicher nicht aufrecht erhalten.

[421] Vgl. Goeters, Einführung 44f.

KO von 1556 bei[422] und zeigt damit auch eine Kontinuität an. Dies verdeutlicht die Spannung, in der die KO steht: Einerseits soll sie - besonders gegenüber dem Reich - die Kontinuität zur traditionellen evangelischen Lehre anzeigen, um sich nicht selbst unnötig ins Abseits zu begeben, andererseits soll sie deutlich akzentuierte, neue Inhalte zu setzen, um der eigenen religiösen Überzeugung genügen zu können. Der Text der KO wird von der Pfälzischen Synode verabschiedet und am 15.11.1563 offiziell eingeführt.

5.4 Der Ort der Abendmahlsfeier im theologischen Aufbau der vorliegenden Kirchenordnung

Im groben Aufbau folgt die KO von 1563 der von 1556: Auf einen Abschnitt über Lehre und Predigt folgt ein Kapitel über die Taufe, dann der Katechismus i.S. einer Unterweisung der getauften heranwachsenden Jugend, dann die Abendmahlsformulare, Formulare für den Predigtgottesdienst, für die Eheschließung, für den Krankenbesuch und für das Begräbnis. Dazwischen finden sich noch Anweisungen über Gottesdienst, Kirchengesang, Amtskleidung etc.[423]. Damit bildet der Lebenslauf des Menschen das generelle Ordnungsprinzip der KO[424]. Formal aber sind alle Teile der KO auf den Gottesdienst ausgerichtet, d.h. es handelt sich fast immer um Gottesdienstordnungen u. -formulare[425]; dies gilt auch für den HK, der nicht nur für die Belehrung der Jugend verwandt wird, sondern regelmäßig im Gottesdienst gelesen wird.[426] Das Abendmahl bildet somit schon in der formalen Anordnung der KO den Zielpunkt aller katechetischen Bemühungen nach der Taufe; mit der Teilnahme am Abendmahl ist der einzelne Vollmitglied der Gemeinde. Die Zulassung zum Abendmahl ist (zumindest vom Anspruch her) kein Automatismus, sondern die Einheit der Gemeinde beim Abendmahl bedingt die Einheit im Glauben mit der Gemeinde.

Den theologischen Ort der Abendmahlsfeier gibt innerhalb der KO wiederum der HK genauer an. Hier werden die gottesdienstlichen Feiern, speziell die Feiern von Taufe und Abendmahl im (dem HK zugrundeliegenden) Dreierschema Elend-Erlösung-Dankbarkeit dem Bereich der 'Erlösung' zugewiesen, nicht aber dem Bereich der 'Dankbarkeit' (wie man vielleicht erwarten würde), die sich für den HK in der Erfüllung der 10 Gebote verwirklicht. Die Erlösung geschieht nach dem HK allein durch den Kreuzestod Christi, Anteil an dieser Erlösung erhält der Christ einzig durch den Glauben[427]. Frage 65 nun erörtert die Herkunft des Glaubens: "Frag. Dieweil denn allein der glaub uns Christi und aller seiner wohlthaten theilhaftig macht, woher kompt solcher glaube? Antwort. Der heilig geist würckt denselben in unsern hertzen durch die predig des heiligen evangelions und bestätiget den durch den brauch der heiligen sacramenten."[428] Glaube ist also kausal hervorgerufen durch den Hl. Geist, instrumental aber durch die Predigt des Evangeliums. Die Sakramente haben

---

[422] Vgl. die Übersicht bei Bassermann 61¹.

[423] Vgl. Hollweg, Untersuchungen 2,13¹⁸.

[424] Vgl. Hollweg, Untersuchungen 2,12f.

[425] Eine Nähe zu den Ritualiendrucken für die katholische Liturgie ist nicht von der Hand zu weisen!

[426] Vgl. Hagemann 230f. Niebergall sieht dennoch ein deutliches Übergewicht des HK gegenüber dem Rest der KO (vgl. Niebergall, Agende 35). Der HK bildet sicherlich die 'innere Mitte' der liturgischen Formulare (vgl. Goeters, Einführung 47).

[427] Vgl. Frage 20 des HK, Kurpfalz 1563 (EKO 14,346).

[428] Kurpfalz 1563 (EKO 14,355).

demgegenüber die Funktion der Bestätigung[429], sie sind definiert als "sichbare, heilige warzeichen und sigill"[430]. Sie haben gegenüber der Predigt keine generell andere Qualität, sondern sie geben die Verheißung des Evangeliums noch besser zu verstehen und versiegeln sie[431]. Sie stehen außerdem aufgrund der göttlichen Einsetzung nicht zur Disposition. Frage 67 stellt nochmals die prinzipiell gleiche Funktion von Wort und Sakrament heraus, "unsern glauben auf das opfer Jesu Christi am creutz als auf den einigen grund unserer seligkeyt [zu] weisen"[432]. Damit hat der HK das Verhältnis von Wort und Sakrament in einer Weise bestimmt, die dem Sakrament nicht nur Zeichencharakter, sondern wirkliche Wirksamkeit zuweist (und sich damit gegen eine zwinglianische Position abgrenzt), andererseits aber die Präferenz des verkündigten Wortes und die Annahme des Wortes im Glauben herausstellt. Mit seiner Bestimmung des theologischen Ortes des Abendmahles stellt der HK zugleich dessen anthropologischen Ort fest: Es hat seinen Platz gerade in der Erfahrung der Erlösungsbedürftigkeit und Verunsicherung dieser Welt, nicht aber im Bewußtsein, schon erlöst zu sein. Damit zeigt sich zugleich ein Problem der engen Beziehung und Unterordnung des Sakramentes unter das Wort: Weil das Wort ausschließlich in seiner soteriologischen Funktion gesehen wird, werden auch die Sakramente unter dieser Funktion subsumiert. Diese, auf das Rechtfertigungsgeschehen verweisende Funktion - und nicht so sehr das grundlegend vorgängige Handeln des Hl. Geistes - machen das Verständnis der Abendmahlsfeier als 'eucharistia' unmöglich, denn das soterische Handeln kann nur ein Handeln des Mittlers Jesus Christus sein.

Indem aber Wort und Sakrament ihre Wirksamkeit allein durch den Hl. Geist erhalten[433], ist die Gemeinde nie Herrin der Liturgie[434]. Damit ist die grundlegende Vorrangstellung Gottes (durch den Hl. Geist) in der Liturgie gegenüber jeder Vorstellung vom primären Handeln der Kirche (speziell als 'Opferhandlung') betont.

---

[429] So: "bestätiget durch den brauch der heiligen sacramenten" (Frage 65 des HK, Kurpfalz 1563 (EKO 14,355)), ähnlich Frage 67 des HK (ebd.)). Vgl. Marcel 141.

[430] Frage 66 des HK, Kurpfalz 1563 (EKO 14,355).

[431] Vgl. Marcel 142f.

[432] Frage 67 des HK, Kurpfalz 1563 (EKO 14,355). Vgl. Marcel 143f.

[433] Vgl. Fragen 21.65.67 des HK, Kurpfalz 1563 (EKO 14,346f.355).

[434] Vgl. Nordholt 35f.

6 Die näheren Umstände der Abendmahlsfeier

Gegenstand der Untersuchung soll die Abendmahlsfeier nach der Kurpfälzischen KO von 1563 sein. Dies bedeutet vorrangig die Untersuchung des eigentlichen Abendmahlsformulars, das bei Bedarf an das Formular des Predigtgottesdienstes angehängt bzw. (besser gesagt) vor dem Segen eingeschoben wird. Um aber ein adäquates Bild und Verständnis der Feier zu erlangen, müssen auch das Formular des Predigtgottesdienstes und die Formulare anderer liturgischer Feiern, sowie Anweisungen, die nicht direkt im Abendmahlsformular stehen, die sich aber auf die Abendmahlsfeier beziehen, mitberücksichtigt werden.

Das Abendmahlsformular steht in der KO Kurpfalz 1563 zwischen dem Formular des Vorbereitungsgottesdienstes[435] und genaueren Anweisungen zur Exkommunikation[436]. In diesen drei Abschnitten zusammen finden sich die entscheidenden Informationen über Bezeichnung[437], Häufigkeit und Vorbereitung der Abendmahlsfeier, um die es zunächst in diesem Abschnitt gehen soll. Danach soll knapp der Wortgottesdienst dargestellt werden, der der eigentlichen Abendmahlsfeier vorausgeht.

6.1 Die Bezeichnung der Feier

Scheuen sich die ersten Reformatoren[438] noch nicht, den Begriff 'Messe'[439] für ihre Abendmahlsfeiern zu benutzen[440], so wird bald durch Beiworte ('evangelisch' - i.S. von 'evangeliumsgemäß' - oder 'deutsch') eine inhaltliche Verschiebung und Abgrenzung gegenüber der katholischen Messe angezeigt, bis der Begriff schließlich ganz verdrängt und ersetzt wird[441] und nur noch als Negativbegriff für die katholische Liturgie bestehen bleibt[442]. Katholischerseits wird daraufhin 'Messe' in bewußter Opposition zum reformatorischen 'Abendmahl' benutzt.[443] Finden sich in heutiger evangelischer Terminologie zur Bezeichnung der Abendmahlsfeier nicht selten die einfachen Termini 'Mahl'[444] oder 'Gottesdienst'[445], so

---

[435] Vgl. Kurpfalz 1563 (EKO 14,381-383).

[436] Vgl. Kurpfalz 1563 (EKO 14,387f).

[437] In dieser Arbeit soll immer wieder auch auf sprachlich-terminologische Elemente des Abendmahlsformulars eingegangen werden, da sich hierin vielfach das Verständnis des jeweiligen Feierelementes und der ganzen Feier spiegelt. Als Vergleichspunkte können hierbei die aufschlußreichen Arbeiten über die liturgische Terminologie des Reformationsjahrhunderts dienen (vgl. Ringel; Goertz, Begriffe).
Die Bezeichnung der Feier ist zunächst einmal von der Bezeichnung der Mahlhandlung zu unterscheiden, die in Abschnitt 12.1 behandelt werden soll. Zur Bezeichnung des Ortes vgl. 12.2.

[438] Zu den Bezeichnungen der Eucharistiefeier seit der Antike vgl. Meyer, Eucharistie 34-43.

[439] Vgl. Grimm, Wörterbuch 6,2110-2112. Die dort gegebene etymologische Deutung (vgl. Grimm, Wörterbuch 6,2110; Kluge 474) ist von der Sache her fragwürdig: Mit 'ite missa est' werden im Mittelalter nicht Unberechtigte aus der Feier geschickt; richtig bei Pfeifer 2,1094. Zur Literatur über den Begriff 'missa' vgl. Taft, Interpolation 1,308^{100}; Meyer, Eucharistie 35.40f.

[440] Vgl. Goertz, Begriffe 267f.

[441] Vgl. Goertz, Begriffe 269.272. Bucer z.B. bevorzugt 'Nachtmahl (des Herrn)' als biblischen Begriff, will sich aber nicht über die Bezeichnung streiten (vgl. BDS 1,209f).

[442] Vgl. Ringel 217.

[443] Vgl. Goertz, Begriffe 379.

[444] Der Ausdruck 'Mahl' hat nie seine einfache Bedeutung eines Essens verloren (vgl. Pfeifer 2,1045; Kluge 455), hat also nie spezifisch religiöse Dimension erlangt, wie der Begriff 'Abendmahl'. Allerdings bleibt er immer ein Terminus der feierlichen Sprache (vgl. Grimm, Wörterbuch 6,1452).

[445] Das vorreformatorische 'gotes dienst' meint zunächst jede Gottesverehrung, wird dann eingeengt als Synonym zu 'messe' benutzt, kann aber auch weiterhin allgemein verwandt werden (vgl. Goertz, Begriffe 108f).

sprechen die reformatorischen Ordnungen und Agenden des 16. Jh. vor allem von 'Abendmahl' und 'Nachtmahl'. Ursprünglich evangelischer Terminologie entspricht der Ausdruck 'Abendmahl', der bewußt der Alltagssprache entnommen wird und dort 'Abendessen' bedeutet, um damit den Vollzug als Mahl deutlich vom 'Opfer' der katholischen Messe abzugrenzen. Das Deutsch des Mittelalters kennt bis zur Reformation keinen Namen für die Messe, der den Mahlcharakter beinhaltet; speziell die Bezeichnung 'Abendmahl' stellt ein vollkommenes Novum dar.[446] Wenn überhaupt, so werden vorreformatorisch die Begriffe 'Abendessen', 'Abendmahl' oder 'Nachtmahl' nur auf das Gründonnerstagsgeschehen bezogen[447]; sie sind in diesem Kontext durch Bibelübersetzungen schon vor der Reformation bekannt[448]. Zunächst sind Beiworte ('heiliges Abendmahl') notwendig, um im Gebrauch überhaupt den Unterschied zur abendlichen Mahlzeit deutlich zu machen[449]. Das Wort 'Abendessen' wird dann - wegen der Bevorzugung von 'Abendmahl' bei Luther - nur noch für den profanen Bereich[450], 'Abendmahl' dagegen ausschließlich für den religiösen Bereich verwandt[451]. Der Begriff 'Abendmahl' wird in Anlehnung an die Einsetzung der Eucharistie benutzt, um damit die inhaltliche Reformabsicht darzustellen, nämlich sich in Wort und Tat möglichst an den biblischen Ursprüngen zu orientieren[452]. Außerdem scheint damit das für die Evangelischen entscheidende Charakteristikum der Feier, der Mahlcharakter, am besten ausgedrückt. Damit steht der Begriff programmatisch für die liturgischen Änderungen der Reformation[453]. Das gleiche gilt für den Terminus 'Nachtmahl', der sich in seiner Bedeutung nicht von 'Abendmahl' unterscheidet, sondern nur durch seine Verwendung im süddeutschen Raum.[454]

Beide Termini werden nun in der Abendmahlsordnung der KO Kurpfalz von 1563 nebeneinander benutzt, ohne daß sich eine bestimmte Priorität herauslesen ließe. Wie in anderen reformatorischen Ordnungen auch ist damit der Anspruch verbunden, die Feier entsprechend der Stiftung Christi zu gestalten. Die traditionelle Bezeichnung 'Messe' erscheint nur noch als Negativbegriff 'päpstliche Messe' innerhalb des HK. Hier werden 'Abendmahl' und 'Messe' systematisch und zugleich polemisch voneinander abgegrenzt:

"Frag. Was ist für ein underscheid zwischen dem abendtmal des herren und der bäpstlichen meß? Antwort. Das abendmahl bezeuget uns, daß wir volkommene vergebung aller unser

---

[446] Vgl. Jungmann, Abendmahl 92f. Mit 'coena domini' gibt es allerdings ein nicht unbedeutendes Vorbild in der lateinischen Liturgiesprache (vgl. Goertz, Begriffe 436^5).

[447] Vgl. Goertz, Begriffe 152f.275. Ab dem 14. Jh. kommt eine sakramentale Bedeutung auf (vgl. Hiersche 6; Pfeifer 1,3).

[448] Vgl. Ringel 225.

[449] Vgl. Ringel 16f.

[450] Vgl. Goertz, Begriffe 277.450f; Grimm, Neubearbeitung 1,138.

[451] Vgl. Grimm, Neubearbeitung 1,137.

[452] Vgl. Ringel 223f; Pahl, Feier 396; Meyer, Eucharistie 37. Der Ausdruck bleibt wegen der dahinter stehenden bewußten Opposition gegen die Opfervorstellung bis in unser Jahrhundert auf katholischer Seite verpönt (vgl. Meyer, Eucharistie 37).

[453] Katholischerseits wird er aus dem gleichen Grund nur für das Geschehen am Gründonnerstag benutzt (vgl. Goertz, Begriffe 385f). Man hat in den letzten Jahren erkannt, daß mit dem Begriff 'Abendmahl' weitgreifende Intentionen des NT unbeachtet bleiben (vgl. Mahl des Herrn 11). In dogmatischen, vor allem ökumenisch ausgerichteten Texten findet sich deshalb häufiger der für eine breite Rezeption ungeeignete Terminus 'Herrenmahl', der auch zu 'Mahl des Herrn' abgewandelt wird (vgl. ebd. 12).

[454] Vgl. Ringel 230; Goertz, Begriffe 277^3; Grimm, Neubearbeitung 1,138.

sünden haben durch das einige opfer Jesu Christi, so er selbst einmal am creutz vollbracht hat und daß wir durch den heiligen geist Christo werden eingeleibt, der jetzund mit seinem waren leib im himmel zur rechten des vaters ist und daselbst wil angebetet werden. Die meß aber lehret, daß die lebendigen und die todten nicht durch die leiden Christi vergebung der sünden haben, es sey denn, daß Christus noch täglich für sie von den meßpriestern geopfert werde, und das Christus leiblich under der gestalt brots und weins sey und derhalben darin soll angebetet werden. Und ist also die meß im grund nichts anderst denn ein verleugnung des einigen opfers und leidens Jesu Christi und eine vermaledeyte abgötterey."[455]

Der Begriff 'Messe' wird für Kurpfalz 1563 somit zum Kampfbegriff, der die traditionelle Eucharistieauffassung kennzeichnet, von der man sich ausdrücklich absetzen möchte. Vor allem die Opfervorstellungen stellen, wie die 80. Frage des HK drastisch hervorhebt, eine Relativierung des Kreuzesopfers dar, die für die Kurpfälzer unerträglich ist. Dagegen setzen sie den Begriff vom 'Abendmahl' bzw. 'Nachtmahl', um die nach ihrer Überzeugung schrift- und stiftungsgemäße Gegenkonzeption zu kennzeichnen. Diese Absetzung wird an vielen Stellen der Abendmahlsordnung zum Vorschein kommen.

6.2 Die Häufigkeit von Abendmahlsfeier und Kommunion

Die Frage der Häufigkeit der Feier und der Kommunion ist keine nebensächliche, denn an ihr lassen sich einerseits die Wertschätzung, andererseits auch die grundsätzlichen Unterschiede im Verständnis der Feier ablesen.

6.2.1 Die Häufigkeit in der vorreformatorischen Liturgie

Für die katholische Tradition ist aufgrund der geschichtlichen Entwicklung kennzeichnend, daß die Frage der Feierhäufigkeit von der der Häufigkeit der Kommunion der Gemeinde abgekoppelt ist.

6.2.1.1 Die Feierhäufigkeit

In der Antike ist für die Feier der Eucharistie die Versammlung der Gemeinde zum Gedächtnis der Auferstehung konstitutiv; somit verlangt die Versammlung als Anlaß nach der Eucharistie und nicht umgekehrt[456]. Im Laufe der Zeit kommen aber weitere Anlässe hinzu und werden im frühen Mittelalter immer zahlreicher, wenn auch - bei aller damit verbundenen Klerikalisierung - die Feier für die Gemeinde konstitutiv bleibt[457]. Im Hochmittelalter wird die Messe so häufig gefeiert, daß nicht mehr die Anlässe sie motivieren, sondern die mit ihr verbundenen und anzueignenden Wirkungen und Früchte des 'Meßopfers'[458]. Es kommt schließlich pro Priester zu bis zu drei Messen täglich[459], in denen zwar die Kommunion des Priesters für jede Feier obligatorisch bleibt, aber nicht den Anlaß der

---

[455] Frage 80 des HK, Kurpfalz 1563 (EKO 14,358); zu dieser Frage vgl. auch 5.2; 7.7.4.2; 7.8.4.1; Beyer.
[456] Vgl. Meyer, Eucharistie 239f.
[457] Vgl. Meyer, Eucharistie 240f.
[458] Vgl. Meyer, Eucharistie 242; Häußling, Motive 97f.
[459] Vgl. Häußling, Motive 96; Meyer, Eucharistie 240.

Feier bildet.[460] Die Kommunion der Gemeinde hingegen findet fast nicht mehr statt und ist deshalb als Anlaß für die Feier irrelevant.

6.2.1.2 Die Kommunionhäufigkeit

Die Häufigkeit des Kommunionempfangs durch die die Eucharistie mitfeiernden Gläubigen unterliegt in der Geschichte des Christentums starken Schwankungen[461]. In der Antike findet sich zunächst ein häufigerer Kommunionempfang als Feiern der Eucharistie: Das eucharistische Brot wird mit nach Hause genommen, da nur sonntags eine Eucharistiefeier stattfindet und zu jeder Feier frisches Brot verwendet wird. Die Gläubigen essen über die Woche morgens vom konsekrierten Brot, bevor sie irgendetwas anderes zu sich nehmen[462]. Ab dem 4. Jh. finden sich Klagen über eine zurückgehende Kommunionhäufigkeit besonders dort, wo der Kampf gegen den Arianismus zur Betonung der Gottheit Christi führt[463], die sich rituell in der Umformung vom Mahl zum "Hofzeremoniell des Königsempfangs"[464] zeigt. Bestehen bleibt allein die Kommunion des Klerus. In Rom ist eine längere Praxis der Gläubigenkommunion nachweisbar, die jedoch ab dem Mittelalter durch die Forderung der Beichte vor der Kommunion die gleiche Änderung erfährt[465].

Zwar kommt es im Westen seit dem 12. Jh. infolge des Streits um die Substanz der Eucharistie zu einer eucharistischen Welle, aber der gleichzeitige Zerfall des Symbol- und Bilddenkens führt zu einer Fixierung auf eine objektiv-statische, somatische Realpräsenz des Leibes und Blutes Christi. Ohne großen Erfolg wird mit der Transsubstantiationslehre versucht, die Alternative von sinnlichem Realismus und subjektivem Symbolismus zu vermeiden. Die an das vergegenwärtigende Gedenken gebundene, aktualpräsentische Dimension der Eucharistiefeier bleibt verborgen, während der Gedanke der 'manducatio oralis' weithin die Frömmigkeit bestimmt, aber nicht zum Empfang der eucharistischen Gaben motiviert. So kommt es statt einer Kommunionfrömmigkeit (die 'stellvertretende Kommunion' des Priesters reicht aus) zu einer Elevationsfrömmigkeit unter Aufnahme altchristlicher Spiritualisierungstendenzen[466]. Die Kommunionfrömmigkeit wird zunehmend individualistisch.[467]

---

[460] Zur Frage der Meßhäufigkeit im katholischen Raum vgl. Meyer, Eucharistie 238-247 und die dort angegebene Literatur; zu heutigen liturgietheologischen Überlegungen vgl. Meyer, Eucharistie 511f.

[461] Vgl. Hoffmann.

[462] Vgl. z.B. TrAp 36f (Fontes Christiani 1,292-294 Geerlings); Rouwhorst 33f.

[463] Es sind dies die fränkische und die griechisch-orientalische Liturgie (vgl. Jungmann, MS 2,450).

[464] Adam/Berger 268.

[465] Seit dem 10. Jh. wird vor jeder Kommunion die Beichte verlangt; auch die anderen Vorbereitungsanforderungen werden im Mittelalter erhöht.

[466] Zum Überblick über die 'geistliche Kommunion' vgl. Massa 195-204; Caspers. Wichtigste Folge der mittelalterlichen Eucharistietheologie ist die Einführung der Elevation, die sich vom 12. Jh. an von Frankreich her verbreitet: Zunächst betrifft sie nur die Hostie, die der Gemeinde zur Anbetung gezeigt wird. Eine Elevation des Kelches ist erst im MRom 1570 vorgeschrieben. Zunehmend wird die Vorstellung beherrschend, daß der Anblick der Hostie eine Art Augenkommunion darstelle und die gleiche Wirkung habe, wie das Hören der ganzen Messe. In der Folge werden die Anschauung und gar die Aussetzung der Hostie zeitlich möglichst weit ausgedehnt. Zur Elevation vgl. 7.6.2.

[467] Vgl. Dankbaar, Communiegebruiken 12.

Meist wird die Kommunionfrequenz für das späte Mittelalter mit ein- bis viermal jährlich angeben[468], wobei eine viermalige Kommunion auf fromme Personen beschränkt bleibt. Terminlich konzentriert sich dies auf Weihnachten, Ostern[469], Pfingsten und einen Termin im Herbst. Nur in sehr frommen Kreisen, besonders in einigen Ordenstraditionen findet sich auch in diesem Zeitraum eine häufigere Kommunion[470]. Zum Kommunionempfang ermunternde Predigten helfen nicht viel, stoßen aber auch im Klerus teilweise auf Ablehnung[471]. Daß das IV. Lateranum (1215) die jährliche Osterkommunion festlegen muß, zeugt für eine noch stärker rückgängige Kommunionfrequenz, an der sich trotz aller Appelle in und nach der Reformation nichts ändert[472]. Im Osten ist eine ähnliche Entwicklung zu verzeichnen und noch heute ist dort eine sehr seltene Kommunion des einzelnen bei mindestens sonntäglicher Feier der Eucharistie üblich[473].

6.2.2 Die Häufigkeit von Feier und Empfang des Abendmahls in den reformatorischen Liturgien

Gerade die dominierende Vorstellung von den Früchten des 'Meßopfers' ruft die entschiedene Ablehnung der Abendmahlsfeier ohne Kommunikanten durch die Reformation hervor. In den Ordnungen findet sich bei der Angabe, wie oft denn das Abendmahl zu feiern sei, die Nennung bestimmter Tage oder einer regelmäßigen Frequenz, und dann noch die Notiz 'so häufig Kommunikanten anwesend sind'. Dies bedeutet nicht nur, daß eine häufigere Feier ermöglicht wird, sondern zugleich, daß eine Abendmahlsfeier ohne Kommunikanten, d.h. mit ausschließlicher Kommunion des Vorstehers, nicht gestattet wird[474]. Von daher sind in der evangelischen Tradition grundsätzlich Kommunion- und Feierhäufigkeit identisch, wenn

---

[468] Vgl. Meyer, Eucharistie 236; Heinz, Frömmigkeit 1165; Heinz, Rules 122f. Zur Kommunionhäufigkeit im Mittelalter vgl. Browe, Kommunion.

[469] Es braucht sich dabei nicht immer um den Ostersonntag zu handeln: Nördlich der Alpen ist z.B. bis in nachreformatorische Zeit eine Kommunion der Gläubigen am Karfreitag belegt, während sie in Rom schon längst eliminiert ist (vgl. Daschner 555-559).

[470] Vgl. Massa 186-189.

[471] Vgl. Massa 190-195.

[472] Vgl. Torsy 90-94. Zur verpflichtenden Osterkommunion vgl. Heinz, Rules 119-122; Browe, Pflichtkommunion. Zudem muß die Osterkommunion im Spätmittelalter vom eigenen Pfarrer in Empfang genommen werden, zunächst um den kommunitären Aspekt zu verdeutlichen, dann aber um die entsprechende Vorbereitung und damit die Würdigkeit und Disposition kontrollieren zu können (vgl. Torsy 91f). Erst das Dekret Pius X. über die häufige Kommunion von 1905 (es verlangt nur 'den Stand der Gnade und die rechte Absicht') führt zu einer Änderung der Kommunionhäufigkeit bei den Katholiken. Erleichtert wird dies durch die Reduzierung der Anforderung an die eucharistische Nüchternheit.

[473] Vgl. Taft, Häufigkeit 91f.

[474] Z.B. BCP 1549 legt dies eindringlich fest: Sind keine Kommunikanten vorhanden, so ist die Gemeinde nach dem 'offertory' zu entlassen (vgl. BCP 1549, 1552 (CD 1,405))! Ebenso darf an Werktagen nur dann das Abendmahl gefeiert werden, wenn auch Kommunikanten anwesend sind (vgl. BCP 1549, 1552 (CD 1,406))! Für die Kathedralkirchen geht man aber weiterhin von der täglichen Kommunion aus (vgl. BCP 1549, 1552 (CD 1,395)); ansonsten ist die monatliche Abendmahlsfeier die Praxis (vgl. Maxwell 34).
Nur wenige Ausnahmen zu Beginn der Reformation sind zu vermerken: So rechnet Karlstadt noch mit der Möglichkeit, daß keine Kommunikanten bei der Feier des Abendmahls anwesend sind: "...sein communicanten, so consecriert der priester, seind si nit da, so consecriert er und summiert es..." (Karlstadt 1521 (CD 1,13)). Die Nürnberger Deutsche Messe nennt die Kommunion der Gemeinde noch als Möglichkeit: "Si populus voluerit communicare..." (Nürnberg/Volprecht 1524 (EKO 11,39)). Oekolampad toleriert zunächst, wenn die Leute nicht zur Kommunion gehen, sondern 'geistlich' kommunizieren (vgl. Smend, Messen 223; Jenny, Einheit 17).

auch innerhalb dieser Tradition unterschiedlich ist, ob die ganze Gemeinde zum Abendmahl geht oder nur ein Teil. Während im Luthertum praktisch keine Kommunion der ganzen Gemeinde gefordert wird[475], ist sie vor allem für die reformierten Kirchen konstitutiv[476]. Versucht das Luthertum, an der 'Messe' mit regelmäßiger Kommunion (eines Teils) der Gemeinde festzuhalten[477], so wird im reformierten Raum (z.T. aufgrund des großen Widerstands der Gemeinden und der Anknüpfung an die seltenere Gemeindekommunion des Spätmittelalters) eine nur vierfache Feier des Abendmahles während des Jahres vorgeschrieben und damit wohl auch durchgeführt[478]. Beide Konzepte führen aber nicht zu einer Erhöhung der Kommunionfrequenz, sondern zu einer starken Reduktion der Feierhäufigkeit. Letztlich bleibt die Frequenz von Abendmahlsfeier und -empfang so niedrig wie die Kommunionfrequenz in der katholischen Kirche, d.h. die Termine der Gemeindekommunion bleiben die gleichen wie vor der Reformation. Allein aus dem Ideal der Kommunion der ganzen Gemeinde in der reformierten Tradition kann auf eine geringe Erhöhung der Kommunionfrequenz des einzelnen geschlossen werden, da in der katholischen wie in der lutherischen Tradition nicht alle Gemeindemitglieder an den Kommuniontagen auch kommunizieren.

Zusammenfassend ist festzustellen: Im Mittelalter haben sich Feierhäufigkeit und Kommunionhäufigkeit zunehmend voneinander entfernt, weil nicht mehr die Versammlung der

---

[475] Zumindest bei einem Teil der Gemeinden wird es üblich, daß der nichtkommunizierende Teil anwesend bleibt (vgl. Graff, Auflösung 1,177f). Eine Privatkommunion, besonders adeliger Personen, scheint erst im 17. Jh. wieder aufzukommen (vgl. ebd. 179f).

[476] Ein solcher Gedanke findet sich zumindest als Ideal bei Bucer (vgl. Jenny, Einheit 19.29), Zwingli (vgl. Jenny, Einheit 69), Oekolampad (vgl. Jenny, Einheit 93). Calvin bezieht den Sakramentsbegriff auf die Zeichen, die regelmäßig vollzogen und virtuell auf *alle* Glieder der Kirche gerichtet sind (vgl. Rohls 117). Deshalb steht für ihn nicht nur die Privatkommunion im Widerspruch zur Einsetzung, sondern muß auch das Herrenmahl als Mahl der ganzen Gemeinde umgesetzt werden (vgl. Rohls 135): "Jeder, der an den Geheimnissen ... nicht teilnimmt, ist unredlich und unverschämt, daß er hier anwesend ist" (Calvin, Institutio 1559, IV 17,45 (Weber 986); vgl. Jenny, Einheit 134; Crockett 152). Die Ausübung der Kirchenzucht widerspricht dem nicht, da mit dem Ausschluß nur ausgedrückt wird, daß die einzelnen sich schon vom 'Reich Gottes' entfernt haben.

[477] Vgl. Bieritz, Abendmahl 23. Im lutherischen Raum gibt es zunächst noch Abendmahlsfeiern innerhalb der Woche oder zumindest werden sie zugelassen, wenn Kommunikanten anwesend sind und ein Wortgottesdienst gefeiert wird (vgl. Graff, Auflösung 1,181). Die Anwesenheit von Kommunikanten bildet aber die notwendige Voraussetzung für die Berechtigung der Abendmahlsfeier (vgl. Strasser 202).

[478] Zürich 1525 beschränkt sich auf die viermalige Feier pro Jahr (vgl. Bürki, Zürcher Ordnungen 183; Jenny, Einheit 67f). In Basel soll überall an Ostern, Pfingsten und Weihnachten Abendmahl gehalten werden, an den anderen Sonntagen reihum in einer Kirche der Stadt (vgl. Bürki, Basler Ordnungen 202; Jenny, Einheit 88). In Bern wird zunächst ebenfalls an Ostern, Pfingsten und Weihnachten Abendmahl gefeiert, dann sind jeweils zwei Feiern pro Festzeit zu verzeichnen, bis 1595 nach Genfer Vorbild ein 4. Abendmahlssonntag im Herbst eingeführt wird (vgl. Bürki, Berner Ordnung 228; Jenny, Einheit 93f).
Daß auch in der reformierten Tradition das Ideal ein anderes sein kann, zeigt die Position Calvins, der sich die Feier des Abendmahls noch wöchentlich wünscht (vgl. Calvin, Institutio 1536, IV (COS 1,161); Jenny, Einheit 110f); dieser Wunsch stößt in Genf auf wenig Gegenliebe und ist einer der Gründe, warum er die Stadt verlassen muß (vgl. Maxwell 201f). Später läßt er als Kompromiß die monatliche (vgl. Maxwell 201f), dann die vierteljährliche Feier zu, wie sie auch Genf kennt (vgl. Bürki, Calvin 351; Jenny, Einheit 135), obwohl er am Ideal der sonntäglichen Feier des Herrenmahls festhält (vgl. Maxwell 203f).
Oft wird die monatliche Feier wenigstens als Ideal gefordert, so in der Londoner Flüchtlingsgemeinde (vgl. Honders, Ordnungen 432), in Frankfurt (vgl. Pollanus 1551, 1554, 1555 (Honders 78)), in Schottland (vgl. FoP 1556, 1564 (CD 1,472)); zumindest in Schottland sieht die Realität aber anders aus und die viermalige Feier pro Jahr bürgert sich ein (vgl. Louden/Tripp 472[15]; Maxwell 204).

feiernden Gemeinde den Anlaß für Feier und Kommunion bildet, sondern die aus der Darbringung des 'Opfers' durch den Priester erwachsenden Früchte, die zu einer Multiplizierung der Feiern bei radikaler Reduktion der Gläubigenkommunion führen. Die evangelischen Ordnungen binden Feier und Kommunion wieder kausal aneinander. Nur Abendmahlsfeiern mit Kommmunikanten über den Vorsteher hinaus sind gestattet, wobei für Lutheraner schon einige Kommunikanten ausreichen, während die Reformierten die Kommunion der ganzen Gemeinde erwarten. Letztlich führen beide Ansätze nicht zu einer Erhöhung der geringen Kommunionfrequenz. Die von den Gläubigen in ihrer ganzen Fülle mitvollzogene Abendmahlsfeier stellt weiterhin eine Seltenheit und Ausnahme dar, ohne daß dies als Geringschätzung des Abendmahls mißverstanden werden darf. In der Regel dürfte die weiterhin bestehende Furcht vor dem Kommunionempfang den Grund für diese seltene Feier darstellen.

6.2.3 Die Feierhäufigkeit nach der vorliegenden Ordnung

Zu Beginn des Abschnittes 'Von der vorbereitung zum heiligen abendmal' finden sich genauere Aussagen zur Häufigkeit der Abendmahlsfeier. Zur Häufigkeit der Kommunion hingegen finden sich keine direkten Aussagen, aber sie läßt sich aus der grundlegenden Konzeption erschließen.

Text
"Das abendmal des herrn soll in stätten zum wenigsten alle monat, in dörfern alle zwey monat einmal und in beiden auf Ostern, Pfingsten und Weinachten gehalten werden, jedoch, da es die erbauung oder brauch und not der kirchen erfordern würde, ist es christlich und recht, daß es ofter geschehe."[479]

Kommentar
Für die Kurpfalz ist eine nach Grad der Verstädterung gestufte Häufigkeit der Abendmahlsfeier und damit der Kommunion vorgesehen, die mit einer Frequenz von allen 1-2 Monaten für das Spätmittelalter relativ hoch ist. Daß in der späteren Ausgabe der Kurpfälzischen KO von 1585 die Zahl der Feiern auf wenigstens alle zwei Monate in den Städten und alle drei Monate auf dem Lande reduziert wird, zeigt an, wie schwer das zunächst genannte Pensum außerhalb der Hochfeste einzuhalten ist[480]. Dabei ist die (lutherische) KO Kurpfalz 1556 von einem noch häufigeren Pensum als Kurpfalz 1563 ausgegangen: "Und anfengklich soll das nachtmal Christi in fürnembsten stetten alle monat und, so es gesein mag, alle vierzehen tag, ja so oft und dick, bevorab auf die sontag und andere feyertag, in der kirchen gehalten werden, so oft communicanten verhanden sein und sich zuvor, wie oben vermeldt, angezeigt haben."[481] Kriterium der Häufigkeit ist hier das Vorhandensein von Kommunikanten überhaupt, nicht der Kommunionwunsch der ganzen Gemeinde.

Daß sich die erwünschte Häufigkeit der Kommunion mit der KO von 1563 verringert, muß als Anpassung an die realen Gegebenheiten erklärt werden und mit dem Umstand, daß nun nicht mehr das Verlangen einzelner nach dem Abendmahl die Häufigkeit bestimmt. Für die Kurpfalz ist ab 1563 - wie in allen reformierten Gebieten - davon auszugehen, daß die

---

[479] Kurpfalz 1563 (EKO 14,381).

[480] In den Niederlanden, wo ebenfalls Kurpfalz 1563 rezipiert wird, ist noch lange eine lokal sehr unterschiedliche Häufigkeit von Abendmahlsfeier und damit Abendmahlsempfang zu verzeichnen (vgl. Luth 106).

[481] Kurpfalz 1556 (EKO 14,147).

Abendmahlsfeier zugleich auch die Kommunion der ganzen Gemeinde bedeutet - d.h. der Gemeindeglieder, die nicht unter dem Bann stehen. Die Wendung "da es die erbauung oder brauch und not der kirchen erfordern", zeigt an, daß der Wunsch der ganzen Gemeinde und nicht der Wunsch einzelner nach dem Abendmahl das Kriterium für die Häufigkeit bildet[482]. Damit wird die eine Seite einer Polarität deutlich, die die ganze Abendmahlsordnung bestimmt, nämlich die Polarität von Subjekt und Gemeinschaft (eine andere, meist deckungsgleiche Polarität bilden 'Subjektivität' und 'Objektivität'). So sehr die vorliegende Ordnung immer wieder die Bedeutung der persönlichen Glaubensentscheidung für den Vollzug des Abendmahls herausstellt[483], so sehr ist das Abendmahl Feier der ganzen Gemeinde als der Gemeinschaft der Getauften, die nach der Vereinigung mit Christus und untereinander strebt und diese stärken möchte[484].

6.3 Die Frage nach der Würdigkeit zur Teilnahme am Abendmahl

Über viele Jahrhunderte und quer durch die Konfessionen hat die Frage, ob jemand würdig genug zum Empfang der Eucharistie ist, die Eucharistiefrömmigkeit bestimmt und zu unterschiedlichsten Ausformungen geführt. Gerade weil diese Frage aber heute im westlichen Christentum nicht mehr im Vordergrund steht bzw. fast völlig aus dem Bewußtsein geschwunden ist, ist es für das Verstehen der vorliegenden Liturgie um so wichtiger, die Beweggründe und Formen genauer zu betrachten.

6.3.1 Der Umgang mit der Frage nach der Würdigkeit in der vorreformatorischen Liturgie

6.3.1.1 Antike und Frühmittelalter

Die Frage nach der Würdigkeit ist schon ab der ntl. Zeit eng mit der Eucharistiefeier verbunden. Nicht nur die Zugehörigkeit zur christlichen Gemeinschaft durch die Taufe, sondern auch die innere Disposition wird von den Mitfeiernden erwartet[485]. So weist die Warnung des Paulus in 1 Kor 11 auf die Notwendigkeit einer inneren Kongruenz von Form und Inhalt der Feier hin. Für die liturgischen Formulare läßt sich als erstes der in Did 10,6 verzeichnete Warnruf anführen: "Εἴ τις ἅγιός ἐστιν, ἐρχέσθω· εἴ τις οὐκ ἔστι, μετανοείτω."[486] Schon hier leuchtet die enge Verknüpfung der Frage nach der Würdigkeit zum Empfang der Eucharistie mit der Buße auf.[487]

Umkehr und Versöhnung mit Gott geschehen zunächst in der Taufe (als 'erster Buße')[488]. Schon die frühe Kirche ist sich aber bewußt, daß damit die Sünde nicht aus der christlichen Existenz eliminiert ist, sondern letztere durch die ständige Umkehr gekennzeichnet sein

---

[482] Vgl. Bassermann 71f.

[483] Vgl. vor allem 7.7.

[484] Vgl. 7.8.4.

[485] Für die früheste Zeit ist es allerdings unsinnig, die Teilnahme an der Feier der Eucharistie von der Teilnahme am Empfang der Eucharistie zu unterscheiden.

[486] Did 10,6 (Fontes Christiani 1,125-127 Schöllgen).

[487] Hier kann selbstverständlich nicht der Ort sein, die sehr differenzierten und keineswegs widerspruchsfreien Entwicklungslinien der Feier der Buße aufzuzeigen. Der heutige Forschungsstand ist vorzüglich und pointiert zusammengefaßt bei Meßner, Umkehr.

[488] Vgl. Meßner, Umkehr 18.49-53.

muß[489]. Mittel zur ständigen Umkehr bilden gegenseitige Zurechtweisung, Geben von Almosen, Fasten, Gebet[490] und das Hören des Wortes Gottes[491]; aber auch dem Empfang der Eucharistie wird ausdrücklich sündenvergebende Wirkung zugesprochen[492]. Es bilden sich zudem sündenvergebende Feierelemente in den verschiedenen liturgischen Feiern heraus.[493]

Die alten Kirchen kennen aber auch Vergehen, die wegen ihrer Radikalität einen Abfall vom Christentum darstellen. Es handelt sich um Götzendienst, Unzucht, Ehebruch und Mord[494]. Das sich darin dokumentierende Herausfallen aus der Gnade (dem nicht mit den oben genannten Mitteln begegnet werden kann) wird auch in der Gemeinde durch den Ausschluß aus der Kommuniongemeinschaft, die Exkommunikation, nachvollzogen.[495] Wie mit solchen Menschen umzugehen ist, d.h. ob es für sie die Möglichkeit einer 'poenitentia secunda' gibt, ist in den ersten Jahrhunderten umstritten: Neben sehr rigoristischen Positionen finden sich auch moderatere[496], bis sich im 3. Jahrhundert die Überzeugung durchsetzt, daß die Kirche ein solches Bußverfahren durchführen kann[497]. Es wird als zweites Katechumenat in einem öffentlichen Verfahren innerhalb der Gemeinde vollzogen und mit der Wiederzulassung zum Kommunionempfang beendet[498]. Besonders aber die Einmaligkeit des Bußverfahrens, gekoppelt mit einer Radikalisierung der nach der Rekonziliation zu befolgenden Auflagen, schreckt ab dem frühen Mittelalter zunehmend Christen von der eigentlichen Rekonziliation ab, die man möglichst in die Sterbestunde verlegt.[499] Allerdings bleibt das Instrument der öffentlichen Buße auch neben der neu aufkommenden Beichte im Mittelalter erhalten[500]. Besonders als Mittel der Politik und des Erhalts der 'öffentlichen Ordnung' erfreut sich die Exkommunikation in Form des 'großen Banns' noch während des ganzen Mittelalters großer Beliebtheit[501].

Letztlich steht hinter der veränderten Bußform aber ein Bewußtseinswandel weg von der Vorstellung, als getaufter Christ schon erlöst zu sein, hin zur Überzeugung, sich durch Verhalten und Werke auf die Erlösung im Jenseits vorbereiten zu müssen.[502]

---

[489] Vgl. Meßner, Umkehr 52.

[490] Vgl. Meßner, Umkehr 67.82f.

[491] Vgl. Meßner, Umkehr 77f.

[492] Vgl. Meßner, Umkehr 71-73; Meyer, Eucharistie 468f.

[493] Vgl. Meßner, Umkehr 73-82.

[494] Vgl. Meßner, Umkehr 87.

[495] Vgl. May, Bann 171. Die Möglichkeit einer Exkommunikation - wenn auch mehr als Strafe - beschreibt schon Mt 18 (vgl. auch Meßner, Umkehr 58f). Zur Exkommunikation vgl. auch Rees.

[496] Vgl. Meßner, Umkehr 64-69. Meßner wendet sich deutlich gegen die Auffassung, die ersten Jahrhunderte seien einzig durch eine solch rigoristische Haltung gekennzeichnet (vgl. Meßner, Umkehr 19). Der Rigorismus bezieht sich allerdings nicht auf die Frage, ob solche Sünden durch Gott vergeben werden können, sondern ob die Kirche dazu die Vollmacht habe (vgl. Meßner, Umkehr 86).

[497] Vgl. Meßner, Umkehr 86-103.

[498] Zur liturgischen Gestaltung vgl. Meßner, Umkehr 101f.

[499] Vgl. Meßner, Umkehr 116-118.

[500] Vgl. Meßner, Umkehr 120-134.

[501] Vgl. May, Bann 172-181; Dobras 274f. Zum 'großen Bann' vgl. Link 182-184; Stein 1100f; Frost 1211; Krämer. Zum Problem einer inhaltlichen Füllung des Terminus 'Bann' vgl. Dobras 276-278.

[502] Vgl. Meßner, Umkehr 117.

6.3.1.2 Mittelalter

Anstelle dieses verfallenden Bußinstrumentes tritt im Mittelalter die aus dem Mönchtum stammende und der geistlichen Führung dienende Beichte[503], die über Irland auf dem europäischen Festland eingeführt wird[504]. Sie wird zunehmend für die Vergebung von schweren Sünden (worunter wesentlich mehr verstanden wird, als die zur Exkommunikation führenden Sünden der Antike) verpflichtend gemacht, hat aber den 'Vorteil', daß sie ohne öffentliches Verfahren und extreme Auflagen vollzogen werden kann. Der stark zurückgehende Empfang der Eucharistie wird nun an die Verpflichtung zur Beichte gekoppelt, so daß der vielfach nur noch an Ostern stattfindende Empfang der Eucharistie die Beichte bindend voraussetzt[505]. Um sicher zu gehen, daß die Gläubigen diese Vorbereitung auch durchführen, wird die verpflichtende Kommunion vorher angekündigt. Zugleich vollzieht sich eine inhaltliche Bedeutungsverlagerung der Buße, weg von der Wiederaufnahme in die Gemeinde als gültigem Zeichen der Rekonziliation vor Gott, hin zu einer durch den Priester aufgrund seiner Lösungskompetenz im Verborgenen ausgesprochenen, indikativischen Absolutionsformel[506].

Daneben bleiben aber auch Bußelemente innerhalb der Gemeindeliturgie, besonders bei der Kommunion der Gläubigen, aktuell bzw. gewinnen erneut an Bedeutung. Hier ist besonders die sogenannte 'Offene Schuld' zu nennen, ein volkssprachliches, allgemeines, in der Formulierung vorgegebenes, als Erweiterung des Confiteors gestaltetes[507], in den verschiedenen Gegenden aber keineswegs einheitlich formuliertes Sündenbekenntnis mit Absolution[508], das ab der Jahrtausendwende nachweisbar ist und seinen Ort nach der Predigt (vorbereitend auf den eigentlichen Eucharistieteil[509]) oder unmittelbar vor der Kommunion hat[510]. Damit tritt neben die verpflichtende Beichte ein weiterer Absolutionsakt vor dem

---

[503] Vgl. Meßner, Umkehr 136-146.

[504] Vgl. Meßner, Umkehr 161-174.

[505] Vgl. Meßner, Umkehr 174f. Dies wird 1215 vom 4. Laterankonzil ausdrücklich verlangt (vgl. DH Nr. 812). Dadurch, daß diese Beichte beim Pfarrer der Gemeinde abgelegt oder ihm doch zumindest eine Meldung über die erfolgte Beichte gemacht werden muß, ergibt sich de facto eine Anmeldung zum Kommunionempfang!

[506] Vgl. Meßner, Umkehr 179.

[507] Vgl. Jungmann, MS 1,631f; Klaus, Veit Dietrich 148. Zum Confiteor vgl. Meßner, Umkehr 75f; Jungmann, MS 1,386-402; Klaus, Rüstgebete 530-533; Brunner, Messe 132f. An das Confiteor werden vor dem Tridentinum häufig 'Misereatur' und 'Indulgentiam' angehängt, so daß sich auch hier eine - allerdings optativisch gestaltete - Absolution findet (vgl. Klaus, Rüstgebete 531).

[508] Zu den Absolutionsformeln vgl. Brunner, Messe 133-141.

[509] Vgl. Heinz, Sondertradition 198; Browe, Kommunionvorbereitung 395. Zur 'Offenen Schuld' vgl. Meßner, Umkehr 76; Meyer, Eucharistie 235f; Heinz, Sondertradition; Klaus, Rüstgebete 533-535; Rietschel/Graff 317f. Die Offene Schuld zählt zu den ältesten deutschen Sprachdenkmälern (vgl. Heinz, Sondertradition 198; Kartschoke 104). Schon Surgant kennt das Sprechen der Offenen Schuld in deutscher Sprache (vgl. Surgant 1503, II, Kap.6 [Probst Nr. 756] 87ʳ; Konzili 3,340).

[510] Vgl. Klaus, Rüstgebete 538. Dies ist für die Krankenkommunion z.B. für Biberach belegt; die Offene Schuld wird vom Priester vor- und von der Gemeinde nachgesprochen: "... so gibt mann dann Jhm das Sacramendt vnd sprüchdt Jhm vor die offne schuldt vnd die wortt Centurionis. Vnnd so mann dem Khranckhen die offne Schuldt spricht, so Khnüet Jedermann nider vnnd sprücht dem priester die offne Schuldt nach..." (Schilling, Zustände 164f). Da der Ritus einer gesonderten Kommunion der Gläubigen aus dem Krankenkommunionritus entsteht, dürfte auch dort die Offene Schuld ihren Ort haben.

Empfang der Eucharistie[511], um im Zustand einer vollkommenen Sündenfreiheit die Eucharistie empfangen zu können. Nicht die Umkehr als Prozeß, in dem der Empfang der Eucharistie eine entscheidende Rolle spielt, sondern die Absolution als Feststellung, die die Sicherheit der Sündenfreiheit verleiht, in der dann überhaupt erst die Eucharistie empfangen werden darf, prägt somit die Kommunionfrömmigkeit des ausgehenden Mittelalters!

6.3.2 Der Umgang mit der Frage der Würdigkeit in den reformatorischen Liturgien
Wegen der in der reformatorischen Theologie im Mittelpunkt stehenden Rechtfertigungslehre erhält die Vergebung der Sünden auch im Abendmahlsgottesdienst und den mit ihm zusammenhängenden Feiern eine besondere Bedeutung und Ausfaltung[512]. Aufgrund ihrer spezifischen theologischen Konzeptionen legen die beiden Bekenntnisströmungen der Reformation ganz unterschiedliche Schwerpunkte in der Behandlung dieser Frage, weshalb die Darstellung getrennt erfolgen soll, auch wenn die genannten Feierformen in beiden Traditionen vorkommen.

6.3.2.1 Der Umgang mit der Frage der Würdigkeit in der lutherischen Tradition
In den reformatorischen Liturgien finden sich praktisch alle Feierformen und Elemente wieder, die aus der Geschichte der Buße bekannt sind, wobei auch Formen der Antike wieder aufgegriffen werden. Dennoch werden gegenüber der vorreformatorischen - nicht selten veräußerlichten - Praxis in einigen Punkten deutlich andere Schwerpunkte gesetzt. Nach der Rechtfertigungstheologie geschieht der entscheidende Akt der Umkehr und Sündenvergebung im Glauben an das die Verheißung enthaltende, verkündigte Wort[513], der in der Taufe sichtbar zum Ausdruck kommt. Die Taufe erlangt damit ihren Rang als primäres Sakrament der Sündenvergebung wieder[514]; zugleich geschieht die Einverleibung in den Leib Christi, die wieder besonders betont wird.

Dennoch bleibt christliche Existenz angefochten. Für Luther bleibt der Mensch 'simul iustus et peccator' und ist deshalb nie ganz gerechtfertigt, sondern bedarf der ständigen Heiligung durch das Hören des Wortes und den Empfang des Abendmahls[515]. Daneben befürwortet Luther weiterhin die Beichte als ein positives Element[516], ohne sie verpflichtend zu machen[517]. Die mit ihr verbundene Absolution wird als Form der Verkündigung des Evangeliums

---

[511] Von der theologischen Lehre bleibt zwar die Beichte bezogen auf 'schwere Sünden', die Offene Schuld bezogen auf 'leichte Sünden', die rechtliche bzw. durch die Liturgie sich ergebende Verbindlichkeit führt de facto aber zu einer Doppelung.
Im folgenden wird von 'Absolution' bei der Offenen Schuld gesprochen, unabhängig ob diese indikativ, optativ oder nur als Trostspruch formuliert wird. Die Frage des 'Effektes' ist primär eine Frage der dogmatischen Festlegung und nicht der liturgischen Ausgestaltung!

[512] Vgl. Schulz, Sündenbekenntnis 148.

[513] Vgl. Benrath, Buße 466.

[514] Natürlich hat sie diesen Rang in der theologischen Diskussion des Mittelalters nie völlig verloren, wie die Betonung der Notwendigkeit der Kindertaufe zeigt.

[515] Vgl. Meßner, Umkehr 191.

[516] Im Hintergrund stehen Luthers eigene positive Erfahrungen mit der Beichte (vgl. Bezzel 421f; Meßner, Umkehr 191f; Senn, Sündenbekenntnis 156).

[517] Vgl. Meßner, Umkehr 193. Allerdings wendet sich Luther scharf gegen Karlstadt, als dieser 1521 die Gemeinde in Wittenberg sub utraque kommunizieren läßt, ohne daß sie vorher gebeichtet haben muß (vgl. Bezzel 421). In Nürnberg versucht Osiander ebenfalls die 'Privatbeichte' zu erhalten und lehnt deshalb die mit der Offenen Schuld verbundene Absolution ab (vgl. Anm. 527).

verstanden wird, die wirkt, was sie aussagt[518]. Das Sündenbekenntnis des Poenitenten[519] ist zugleich Glaubensbekenntnis, durch das die Verkündigung angenommen wird; die guten Werke aber sind nicht Teil der Beichte, sondern Folge der Rechtfertigung[520]. Die Beichte ist also bei Luther keine Voraussetzung für den Abendmahlsempfang, sondern wird als Mittel im Kampf gegen die Anfechtung geschätzt.

Allerdings sieht Luther schon früh ein Verhör der Kommunikanten vor, das einen würdigen Empfang gewährleisten soll und in dem - außer daß der Lebenswandel der Kommunikanten beurteilt wird - besonders theologische Inhalte abgefragt werden[521]. Daß die Kommunizierenden adäquates Wissen über das haben sollen, was geschieht, wird somit als notwendiges Element der Würdigkeit angesehen, das aber keineswegs vorausgesetzt werden kann! Indem nun die lutherische Orthodoxie Beichte und Verhör aneinander koppelt, wird die Beichte zur Abendmahlsvorbereitung und bekommt einen stark katechetisierenden Charakter[522]. Verhör und Beichte erhalten ihren Ort meist am Tag vor dem Abendmahl. Von daher ist im Luthertum die Beichte, zusammen mit dem Verhör bzw. als Verhör gestaltet, wieder unabdingbare Voraussetzung für den Abendmahlsempfang[523]. In der Praxis wird diese Feier vielfach als allgemeine Beichte gestaltet, d.h. als ein allgemeines Sündenbekenntnis einer Gruppe mit Absolution des einzelnen bzw. später mit Absolution auch der ganzen Gruppe oder Gemeinde[524].

Daneben finden sich auch lutherische Ordnungen, die die Tradition der Offenen Schuld fortführen und ggf. als einzige Form der Beichte und Abendmahlsvorbereitung vorsehen[525]. Es handelt sich dabei um die Offene Schuld nach der Predigt[526] oder am Ende der Vermahnung[527]; in einigen Ordnungen taucht sie dagegen als umgeformtes Confiteor zu Beginn der

---

[518] Vgl. Meßner, Umkehr 192.

[519] Das Sündenbekenntnis braucht auch nicht vollkommen zu sein, sondern der Akzent ist deutlich von der einzelnen Tatsünde zum grundsätzlichen Bekenntnis der Sündhaftigkeit verschoben (vgl. Bezzel 422).

[520] Vgl. Meßner, Umkehr 192; Benrath, Buße 466f.

[521] Vgl. Luther, FM 1523 (Herbst 34-38); Meßner, Umkehr 193. Ein solches Verhör wird ab Ostern 1524 zur Pflicht (vgl. Bezzel 423).

[522] Vgl. Meßner, Umkehr 193; Senn, Sündenbekenntnis 157f.

[523] Vgl. Bezzel 424; Schulz, Sündenbekenntnis 143.

[524] Vgl. Meßner, Umkehr 194f. Selbst wo eine Privatbeichte erhalten bleibt, kann das Bekenntnis mit einer Formel durchgeführt werden (vgl. Meßner, Umkehr 194). Zu den Beichtformeln vgl. Schulz, Ministerium 73f. Zu den Absolutionsformeln vgl. ebd. 76-78.

[525] Zur Offenen Schuld im gesamten Bereich der evangelischen Liturgien vgl. Rietschel/Graff 369-371.824f; Schulz, Offene Schuld; Schulz, Sündenbekenntnis 143-150; Meßner, Umkehr 76f; Klaus, Rüstgebete 551-555. Zu Ordnungen, die der Straßburger Tradition angehören oder von ihr beeinflußt sind vgl. Anm. 535.

[526] Schon bei Kantz 1522 findet sich eine solche Offene Schuld, die nur scheinbar zu Beginn der Messe steht (vgl. Kantz 1522 (Smend, Messen 74); Schulz, Offene Schuld 86). Auch die Bugenhagensche Tradition positioniert die Offene Schuld nach der Predigt (vgl. Braunschweig 1528 (EKO 6.1,443); Schulz, Offene Schuld 86). Schließlich findet sich auch in Kurpfalz 1556 und Württemberg 1553 (vgl. Schulz, Offene Schuld 86[7]) - anders als in einem Teil der Württemberger Vorlagen - die Offene Schuld zwischen Predigt und Allgemeinem Gebet (vgl. Kurpfalz 1556 (EKO 14,145f)).

[527] Vgl. Württemberg 1536 (CD 1,262f); mit entsprechender Einleitung in Württemberg 1555ff (CD 1,263). Schulz sieht für den Text eine Abhängigkeit von Surgant (vgl. Schulz, Sündenbekenntnis 145f). Kolb läßt die Abhängigkeit offen, sieht aber keine spätmittelalterliche Vorlage (vgl. Kolb 316).
In Nürnberg entsteht ein Streit über die Offene Schuld, die in einer von Wenceslaus Link formulierten Form (vgl. Klaus, Rüstgebete 553) und in St. Sebald seit 1526 üblich ist (vgl. Seebaß: OGA 1,158[46]) und die die

Abendmahlsfeier auf[528]. Luther selbst sieht in seiner 'Deutschen Messe' das Vaterunser in der Funktion der Offenen Schuld[529].

Zugleich aber läßt Luther die Kirchenzucht als Pendant zur antiken 'paenitentia secunda' wiederaufleben, die bei öffentlichen, notorischen Sündern angewandt wird, sich an Mt 18 orientiert und somit aus einer Zurechtweisung und ggf. aus einer Exkommunikation besteht.[530] Diese Exkommunikation stellt aber eine declaratio dar, die die äußere Gemeinschaft betrifft, denn aus der inneren Gemeinschaft habe sich der Exkommunizierte schon selbst ausgeschlossen[531]. Den 'großen Bann' mit seinen weltlichen Folgen lehnt Luther ab[532].

6.3.2.2 Der Umgang mit der Frage der Würdigkeit in der reformierten Tradition

Bei den reformierten Kirchen ist die Schwerpunktsetzung genau umgekehrt zu den lutherischen. Die Beichte spielt eine relativ marginale Rolle; die Einzelbeichte hat rat- und trostspendende Funktion, wenn sie überhaupt ausgeübt wird[533]. Ansonsten reicht die allgemeine Beichte aus, da allein Gott die Sünden vergibt; sie wird entweder als gesonderter Akt am Vortage oder als Offene Schuld innerhalb der Abendmahlsfeier vollzogen[534]. Besondere Bedeutung kommt aber der Straßburger Tradition und ihrer Form der Offenen Schuld zu, die weit über den eigentlich reformierten Raum hinauswirkt. In Straßburg steht am Beginn des Abendmahlsgottesdienstes (zunächst vor dem Introitus) ein umgeformtes

---

Gemeinde und einige Theologen erhalten wissen wollen. Osiander lehnt sie strikt ab und läßt sie in Brandenburg-Nürnberg 1533 ausdrücklich fort, obwohl sie in seinem eigenen Entwurf dieser KO (vgl. OGA 3,528) wie im Gegenentwurf (vgl. OGA 3,574) enthalten ist (vgl. Seebaß: OGA 5,158[731]). Er möchte die Voranmeldung zum Abendmahl und damit einerseits die individuelle Absolution und andererseits die Möglichkeit der Abweisung Unwürdiger beibehalten (vgl. Klaus, Rüstgebete 553f). In die Diskussion darüber werden Luther und Melanchthon eingeschaltet, die die Absolution der Offenen Schuld für ausreichend halten, aber zwei neue Formulierungsvorschläge machen; in Nürnberg werden die Ordnungen zunächst nicht geändert (d.h. es wird keine Offene Schuld an die Vermahnung angehängt), in der Praxis jedoch wird die Offene Schuld in der alten Form verwandt (vgl. Klaus, Rüstgebete 554). Zu diesem Streit vgl. auch Rietschel/Graff 370f; Klaus, Veit Dietrich 147-168.

[528] Vgl. Worms 1524 (vgl. hierzu Brunner, Messe 132-141); Nürnberg/Volprecht 1524 (EKO 11,39); Nürnberg/Döber 1525 (EKO 11,51); Mecklenburg 1552 (EKO 5,197f). Vgl. hierzu Schulz, Offene Schuld 87f; Schulz, Ministerium 81. Die Form bei Döber steht in Beziehung zur Straßburger Vorlage (vgl. Schulz, Sündenbekenntnis 143f).

[529] Vgl. Luther, GK 1529 (WA 30.1,235); Schulz, Sündenbekenntnis 142.

[530] Zur lutherischen Form der Kirchenzucht in ihrer unterschiedlichen Ausprägung vgl. Meßner, Umkehr 199-204; Frost 1211; Hermann 107-122; Goertz, Kirchenzucht 176f; Dobras 285-295.

[531] Vgl. Meßner, Umkehr 200; Link 186f.

[532] Vgl. Link 186; Meßner, Umkehr 200; Dobras 285.

[533] Vgl. Rietschel/Graff 819-821; Meßner, Umkehr 204f; Benrath, Buße 468; Senn, Sündenbekenntnis 158; Galle 45f.48f.51.

[534] Vgl. Meßner, Umkehr 205; Bezzel 424. In Zürich ist die Offene Schuld nach der Predigt plaziert, aber nicht im Abendmahlsformular abgedruckt. Darauf folgt dann die Abendmahlsfeier, beginnend mit Kollekte und Epistellesung (vgl. Jenny, Einheit 54; die Ausführungen von Klaus sind zumindest mißverständlich (vgl. Klaus, Rüstgebete 556f); zur Offenen Schuld bei Zwingli vgl. auch Lutz 244f). In Basel und Bern findet sich die Offene Schuld ebenfalls nach der Predigt, taucht hier aber im Abendmahlsformular auf (vgl. Basel 1526 (CD 1,205f), Basel 1537 (CD 1,216f; vgl. hierzu auch Jenny, Einheit 83.83⁵.86) und Bern 1529 (CD 1,233; vgl. hierzu auch Jenny, Einheit 90f)). In der Position nach der Predigt besteht also kein Unterschied gegenüber der lutherischen Tradition. Farel dagegen zieht die Offene Schuld weit in den Abendmahlsteil hinein und ordnet sie am Ende der Abendmahlsvermahnung ein (vgl. Farel 1533 (CD 1,343); Jenny, Einheit 98).

Confiteor, bestehend aus trinitarischem Votum, Aufforderung, Sündenbekenntnis, einem Bibelwort als Gnadenverkündigung und einem abschließenden Gnadenwunsch, wobei die Texte später vermehrt werden[535].

Einen wesentlich höheren Stellenwert nimmt von Anfang an die Kirchenzucht ein[536], die in einigen Ordnungen den Rang einer dritten 'nota ecclesiae' neben Predigt und Sakrament erhält[537]. Sie erlangt ihren Stellenwert aufgrund der Betonung der Dankbarkeit, die als Konsequenz der Erlösung im täglichen Leben durch die Befolgung der Gebote zu verwirklichen ist. Kirchenzucht ist in den reformierten Kirchen Sittenzucht, für die es bei Calvin ein eigenes Amt, die Ältesten, gibt[538], da es neben den seelsorglichen Aufgaben um die Reinigung und Auferbauung der Gemeinde geht[539]. Sie richtet sich nach Mt 18 und besteht u.a. aus einer Züchtigung durch das Wort bei leichten Vergehen und der Exkommunikation bei schweren Vergehen und Verbrechen[540]. Sie erscheint Calvin notwendig, weil die unsichtbare Kirche der Erwählten und die sichtbare Kirche nicht deckungsgleich sind[541]. Die Gemeinde muß die Kirchenzucht ausüben, um die Anstrengung der wirklich Gläubigen vor Unordnung und Ärgernissen zu schützen und - da gerade die Abendmahlsgemeinschaft die Vereinigung mit Christus selbst darstellt - die sich sonst ergebende Beleidigung Christi zu

---

[535] Vgl. Straßburg/Schwarz 1524, Straßburg/Ordenung 1524 (Hubert 57f), Straßburg/Kirchenamt 1525 (Hubert 77f), Straßburg/Ordnung 1525 (Hubert 83f); Schulz, Sündenbekenntnis 143; Schulz, Offene Schuld 87; Schulz, Ministerium 80f; Senn, Sündenbekenntnis 159. Ab 1526 sind zwei der zur Wahl gestellten Sündenbekenntnisse als Gemeindegebet formuliert (vgl. Straßburg 1526ff (Hubert 91-95); Schulz, Sündenbekenntnis 144; Jenny, Einheit 25f). Einige der von der Straßburger Tradition abhängigen Liturgien übernehmen diese Form der Offenen Schuld: Augsburg 1537 (vgl. CD 1,308), wo die Offene Schuld der Abendmahlsvermahnung folgt, und Köln 1543,CV^v-CVI^r.

Die calvinistischen Ordnungen übernehmen und erweitern das zweite, als Gebet formulierte Sündenbekenntnis der Straßburger Tradition (vgl. Genf 1542, 1542A, 1545 (COS 2,18f); Genf dt. 1563,3-5; Pollanus 1551, 1552, 1554, 1555 (Honders 56-59); eine Gegenüberstellung mit dem Straßburger Text findet sich bei Weismann, Predigtgottesdienst 53). In der Londoner Flüchtlingsgemeinde findet sich das als Gebet formulierte Sündenbekenntnis nach der Predigt des Sonntagsgottesdienstes (vgl. Micron 1554 (Dankbaar 61f); a Lasco 1555 (Kuyper 2,85f)), auch wenn danach eine Abendmahlsfeier folgt (vgl. Dankbaar, Micron 13; Sprengler-Ruppenthal: EKO 7.1,555[23]). Dieses Genfer Gebet wird dann in Kurpfalz 1563 zu Beginn jedes Predigtgottesdienstes am Sonntagmorgen übernommen, eine zweite Offene Schuld erfolgt nochmals zwischen Predigt und Allg. Kirchengebet (vgl. Kurpfalz 1563 (EKO 14,388f); Schulz, Sündenbekenntnis 144).

Die anglikanische Liturgie übernimmt die Offene Schuld durch den Einfluß Bucers aus der Straßburger Tradition, stellt sie zunächst unmittelbar vor die Kommunion (vgl. OoC 1548 (CD 1,391-393); BCP 1549 (CD 1,402); Schulz, Sündenbekenntnis 144f), wie dies aus dem vorreformatorischen, separaten Kommuniongottesdienst bekannt ist (vgl. Senn, Sündenbekenntnis 159), dann aber im BCP 1552 vor das neu geschaffene Eucharistiegebet (vgl. CD 1,382f). Ebenso werden die Trostsprüche als 'comfortable words' übernommen (vgl. OoC 1548, BCP 1549, 1552 (CD 1,392f); Schulz, Ministerium 81).

John Knox übernimmt und überarbeitet ebenfalls die Straßburger Vorlage (vgl. Maxwell 88[3]) stellt aber alternativ ein Sündenbekenntnis in Gebetsform nach Dan 9 (vgl. Maxwell 85[2]) voran (vgl. FoP 1554 (Maxwell 85-88)).

[536] Vgl. Benrath, Buße 468.

[537] Vgl. Leith 174. Zu den theologischen Positionen Zwinglis und Calvins vgl. Goertz, Kirchenzucht 177-179. Zu den Positionen im Schweizer und süddeutschen Raum vgl. zusammenfassend Dobras 295-366.

[538] Vgl. Meßner, Umkehr 205; Link 188.

[539] Vgl. Link 188; Benrath, Buße 469.

[540] Vgl. Meßner, Umkehr 206.

[541] Vgl. Wendel 260-262.

verhindern⁵⁴². Im 16. Jh. hält man zunächst sogar am großen Bann fest mit allen damit verbundenen bürgerlichen Konsequenzen⁵⁴³.

6.3.2.3 Resümee

So wenig die evangelischen Ordnungen an die Form der spätmittelalterlichen Beichte und an die dort zu verzeichnende Absolutionsgewalt des Priesters anknüpfen, so sehr bildet die Frage der Würdigkeit zum Abendmahlsempfang weiterhin eine entscheidende Dimension der Abendmahlsfeier und -theologie. Zur relativ positiven Sicht christlicher Existenz in der Antike, in der der Empfang der Eucharistie nicht die Freiheit von Sünde voraussetzt, sondern gerade ein sakramentales Mittel der ständigen Umkehr darstellt, gelangen die evangelischen Kirchen nicht zurück.

Allerdings stellen die Erkenntnis der eigenen Sündhaftigkeit und der Glaube an das Evangelium das entscheidende Mittel der Sündenvergebung dar. Demgegenüber haben Absolutionsakte oder Gnadensprüche des Vorstehers (z.B. bei der Offenen Schuld) verdeutlichenden Charakter. Dieser ganz auf den einzelnen Gläubigen und sein Gewissen verweisenden Form stehen andere Formen gegenüber, in denen die Gemeinde sich verpflichtet sieht, keine offensichtlich Unwürdigen zum Abendmahl zuzulassen. Dabei kann der Akzent mehr auf dem Glaubenswissen liegen, das z.B. in einem Verhör abgefragt wird, oder mehr auf einer den Geboten entsprechenden Lebensführung, wie dies vor allem für die reformierten Gemeinden kennzeichnend ist, die deshalb vorrangig die Kirchenzucht ausüben.

6.3.3 Der Umgang mit der Frage der Würdigkeit in der vorliegenden Ordnung

Auch in der KO Kurpfalz 1563 tauchen fast alle in den Reformationsordnungen bekannten Möglichkeiten des Umgangs mit dieser Frage - bis auf Privatbeichte und Privatabsolution - wieder auf.⁵⁴⁴

6.3.3.1 Die Kirchenzucht

In der Kurpfalz bildet die Kirchenzucht wie in der gesamten reformierten Tradition den Schwerpunkt⁵⁴⁵. Sie wird im HK in den Fragen 83-85 theologisch begründet⁵⁴⁶, durch die vorausgehende Frage 82 aber direkt mit der Frage der Abendmahlsgemeinschaft verbunden⁵⁴⁷. Die Kirchenzucht stützt sich nach Frage 83 auf Mt 18 und wird als Ausformung des Verkündigungsdienstes gesehen, wobei sich die Kriterien für die Anwendung der Schlüsselgewalt nach Frage 84 aus der gläubigen Annahme oder der ungläubigen Ablehnung des verkündeten Evangeliums ergeben. Frage 85 sieht das Procedere in brüderlicher Vermahnung, Anzeigung bei der Obrigkeit, Vermahnung durch die Kirchendiener, Ausschluß aus der

---

⁵⁴² Vgl. Wendel 262-264.

⁵⁴³ So muß in Zürich ein Gebannter das Herrschaftsgebiet der Stadt verlassen (vgl. Goertz, Kirchenzucht 178). Allerdings steht hinter dem Bann im evangelischen Raum zumindest der Anspruch, ihn nicht - wie vor der Reformation - zur Durchsetzung von z.B. finanziellen Interessen benutzen zu können (für Konstanz vgl. Dobras 280).

⁵⁴⁴ Zur Offenen Schuld im Wortteil der Abendmahlsfeier vgl. 6.4.

⁵⁴⁵ Zur Kirchenzucht in der Kurpfalz vgl. Münch 99-109.

⁵⁴⁶ Vgl. Kurpfalz 1563 (EKO 14,359).

⁵⁴⁷ Vgl. Kurpfalz 1563 (EKO 14,359).

christlichen Gemeinde und dem Reich Gottes durch das Verbot des Sakramentsempfangs und schließlich Wiederaufnahme bei gelobter und erwiesener Besserung.
Innerhalb der KO taucht die Frage der Kirchenzucht wieder im Anschluß an das Abendmahlsformular ohne neue Überschrift auf, wird also im Rahmen des Abendmahls abgehandelt, da als Sakramentsempfang, von dem auszuschließen ist, nur das Abendmahl in Frage kommt. Dort konkretisiert man das Vorgehen, indem man anordnet, daß zunächst eine dreifache Vermahnung erfolgen muß, bevor es zu einem Ausschluß kommt[548]. Man grenzt sich deutlich vom päpstlichen Bann ab, den man als Mißbrauch ansieht[549], indem man den Bann in die Vollmacht der Gemeinde stellt, dann aber als ausführendes Organ eine Gruppe ehrbarer und gottesfürchtiger Männer benennt, der nicht nur die Kirchendiener angehören[550]. Das genauere Vorgehen erläutert aber nicht die KO, sondern die Kirchenratsordnung vom 21.07.1564.[551] Allerdings werden dort als ausführende Organe der Kirchenzucht weltliche Instanzen genannt; damit widerspricht die Kirchenratsordnung in einem wesentlichen Punkt der KO[552]. Der sich darin zeigende Interessenkonflikt kennzeichnet auch die weitere Diskussion in der Kurpfalz, besonders zwischen Olevian und Erastus[553].

Die hohe Bedeutung der Kirchenzucht mit der Möglichkeit des Banns erklärt das Vorkommen entsprechender Formulierungen innerhalb der Abendmahlsvermahnung[554]. Diese dürfen aber nicht als Ausübung der Kirchenzucht gegen bestimmte Personen mißverstanden werden, als würden diese erst innerhalb der Abendmahlsfeier ausgeschlossen. Der Ausschluß erfolgt bei jeder Person einzeln entsprechend dem genannten Verfahren. Die Bannformulierung innerhalb des Abendmahlformulars mag die Funktion haben, hieran zu erinnern, muß aber im letzten anders ausgerichtet sein!

6.3.3.2 Der Vorbereitungsgottesdienst zum Abendmahl
Entscheidendes Instrument zur Vorbereitung auf die Abendmahlsfeier und den Abendmahlsempfang sind die Ankündigung der Feier am Sonntag zuvor[555] und der Vorbereitungsgottes-

---

[548] Vgl. Kurpfalz 1563 (EKO 14,388).

[549] Vgl. Kurpfalz 1563 (EKO 14,387f).

[550] Vgl. Kurpfalz 1563 (EKO 14,388).

[551] Vgl. Kurpfalz/Kirchenratsordnung 1564 (EKO 14,409-424).

[552] Vgl. Goeters, Einleitung 49. Goeters vermutet das Fortleben schon älterer Bestimmungen oder einen Kompromiß zwischen den verschiedenen theologischen Richtungen (vgl. ebd.).

[553] Vgl. Link 188f; Goertz, Kirchenzucht 182. Zur Position des Erastus, der selbst für mehrere Jahre in der Kurpfalz exkommuniziert wird, vgl. Hermann 122-136. Erastus wehrt sich vor allem gegen die in der Exkommunikation zum Ausdruck kommende Macht, die nicht nur über Ungläubige, sondern auch über Gläubige ausgeübt wird.

[554] Vgl. 7.7.4.2.

[555] "Und soll, wann man das nachtmal halten wil, allwegen acht tag zuvor durch den kirchendiener der gemein Gottes verkündiget werden mit ermanung, daß sich die gantze gemein darzu schicke." (Kurpfalz 1563 (EKO 14,381)). Das Kirchenzuchtedikt von 1570 nennt eine Frist von "acht oder viertzehn tag zuvor" (Kurpfalz/Kirchenzuchtedikt 1570 (EKO 14,439)).
Eine solche Ankündigung kennt man vorreformatorisch, um die mit der (Oster-)Kommunion zusammenhängende verpflichtende Beichte durchzusetzen. Auch im lutherischen Bereich zielen solche Ankündigungen auf abzuleistende Privatbeichte, Privatverhör oder öffentliche Beichte. In der reformierten Tradition findet sich ebenfalls eine solche Ankündigung der Feier. Das Besondere ist jedoch die Zielvorstellung, daß die ganze Gemeinde am Abendmahl teilnehmen soll: Die Feier des Abendmahls ist ein Akt der ganzen Gemeinde und

dienst am Samstagnachmittag. Wie schon dargelegt, kennen nicht wenige reformatorische Ordnungen (gleich welcher Bekenntnisrichtung) einen gesonderten Vorbereitungsgottesdienst am Samstag vor der Abendmahlsfeier[556]. Auch die lutherische Ordnung Kurpfalz 1556 kennt einen solchen Gottesdienst, der die am Samstag übliche Vesper ersetzt[557] und entsprechend Württembergischem Vorbild aus einer Predigt von der rechten christlichen Buße und vom rechten Brauch des Abendmahls, Privatverhör und Privatabsolution, danach öffentlicher Beichte und allgemeiner Absolution besteht[558]. Die Ordnung von 1563 schließt daran an[559], formt aber den Gottesdienst entsprechend der zugrundeliegenden Theologie um. Sie kennt keine Privatbeichte und -absolution, aber die Möglichkeit des privaten Seelsorgegesprächs[560].

---

dient der mystischen Auferbauung der Gemeinde (z.B. für die Londoner Flüchtlingsgemeinde vgl. Honders, Ordnungen 432). Schon bei Calvin ist durch die seltene Feier des Abendmahls, kombiniert mit dem Instrument der Kirchenzucht, die Zulassung zum Abendmahl implizit als Aussage der Zugehörigkeit zur Gemeinde entwickelt.
Gleich welche konfessionelle Ausrichtung vorliegt, erfolgt die Ankündigung in der Regel eine Woche vorher (vgl. Württemberg 1536 (Richter, Kirchenordnungen 1,267); Württemberg 1553 (so Kolb 306); Pfalz-Neuburg 1543 (EKO 13,62); Genf 1452, 1545 (CD 1,357), Genf dt. 1563,43; für Genf vgl. auch Jenny, Einheit 134f; Schulz, Vorbereitung 8[36]), in seltenen Fällen zwei Wochen vorher (so in der Londoner Flüchtlingsgemeinde vgl. Louden/Tripp 432). Auch die Weseler Synode von 1568 empfiehlt eine Ankündigung zwei Wochen vor dem Abendmahlstermin, um die Ausübung der Kirchenzucht zu ermöglichen (vgl. Synode Wesel 1568 (Richter, Kirchenordnungen 2,316)). Andere - z.B. Farel (vgl. Jenny, Einheit 100) - nennen keine konkreten Termine. Aber auch wo eine solche Ankündigung nicht angeordnet ist, darf man aufgrund der relativ seltenen Abendmahlsfeier nicht von einem Fehlen einer solchen Ankündigung ausgehen!

[556] Bzgl. dieses vorbereitenden Gottesdienstes am Vortage läßt sich eine Entwicklungslinie feststellen (eine umfassende Darstellung ist hier nicht möglich), in der verschiedene der oben besprochenen Formen zu verzeichnen sind (vgl. hierzu ausführlich Schulz, Vorbereitung): Zunächst findet sich ein Privatverhör mit Absolution durch den Pfarrer ohne Gemeinde (vgl. Brandenburg-Nürnberg 1533 (EKO 11,185). Kurz darauf wird in Württemberg schon die Anzeigung zum Abendmahlsempfang in der 'Vesper' (die Feier wird so von der Ordnung genannt und dürfte zumindest eine Nachfolgeform der mittelalterlichen Vesper darstellen) am Tag zuvor angeordnet (vgl. Württemberg 1536 (Richter, Kirchenordnungen 1,267f); Gottschlick 238f; Kolb 307f); im Mittelpunkt steht eine Predigt über 'Einsetzung und Brauch des Abendmahls' (vgl. Schulz, Vorbereitung 5). Diese Gottesdienstform breitet sich schnell aus, wobei in Norddeutschland der Hauptakzent aber auf der privaten Absolution liegt, so daß die Predigt ganz zurücktreten kann, während in Süddeutschland die Predigt gänzlich im Zentrum steht (vgl. Schulz, Vorbereitung 5). In der Kölner Ordnung stehen eine Lesung über das Abendmahl und eine Auslegung (für die aber zwei Abendmahlsvermahnungen als Muster geliefert werden) im Mittelpunkt des Gemeindegottesdienstes; das Einzelverhör und die Privatabsolution sollen davor oder danach geschehen, sind also aus dem Gemeinde-Gottesdienst ausgelagert (vgl. Köln 1543,CII^r-CV^r; Schulz, Vorbereitung 6). Im gleichen Jahr wird in Schwäbisch-Hall in diesem Vorbereitungsgottesdienst die allgemeine Absolution nach vorausgegangenem Einzelverhör und Predigt eingeführt (vgl. Schwäbisch-Hall 1543 (Richter, Kirchenordnungen 2,15f.18f); Schulz, Vorbereitung 6f). Der Schlußpunkt ist dann mit der Württemberger Ordnung von 1553 erreicht, in der - bei fakultativer Privatbeichte - Offene Schuld und allgemeine Absolution den Gottesdienst bestimmen (vgl. Schulz, Vorbereitung 7). Diese für Südwestdeutschland typische Form wird auch von den lutherischen Kirchen bei Verfall der Privatbeichte übernommen (vgl. Schulz, Vorbereitung 8). In Genf tritt jedoch an ihre Stelle die Ausübung der Kirchenzucht durch Hausbesuche der Diener und Ältesten (vgl. Schulz, Vorbereitung 8[36]).

[557] Vgl. Kurpfalz 1556 (EKO 14,164f).

[558] Vgl. Kurpfalz 1556 (EKO 14,144-146); Schulz, Sündenbekenntnis 149; Kolb 306-320. Dieser Gottesdienst dient zudem der Anzeigung zum Abendmahl, speziell wenn jemand erstmals das Abendmahl empfängt (vgl. Kurpfalz 1556 (EKO 14,146)).

[559] Vgl. Schulz, Sündenbekenntnis 149.

[560] "Und da jemands ein privatanligen hette, darumb er sich mit seinem kirchendiener gern besprechen wolte, dem soll dasselbig unverwegert sein" (Kurpfalz 1563 (EKO 14,383)). Kurpfalz 1556 kennt wie Württemberg 1553 noch die Privatabsolution (vgl. Kurpfalz 1556 (EKO 14,145); Brunner, Abendmahlszeugnis 190).

Der Gottesdienst[561] bereitet zwei Gruppen auf die Abendmahlsfeier vor: die, die erstmals das Abendmahl empfangen, und die ganze Gemeinde. Trägerin der Vorbereitung der Erstkommunikanten ist zunächst die Familie, verantwortlich sind die Eltern oder die Hausväter[562], wie dies auch im sonstigen christlichen Umfeld der Fall ist. Erst am Samstag vor der Abendmahlsfeier geht die Unterrichtung, aber vor allem die Überprüfung der Neuzuzulassenden in die Hand des Kirchendieners über. Dies geschieht aber nicht als Separatveranstaltung[563], sondern als Feier der ganzen Gemeinde[564].

Der Kirchendiener soll zunächst der ganzen Gemeinde "eine predig von rechtem verstand und brauch des heiligen abendmals"[565] halten. Nach der Predigt fordert der Kirchendiener die Erstkommunikanten auf, sich zu melden und das Bekenntnis ihres Glaubens abzulegen[566]. Hierauf müssen diese einzeln das Glaubensbekenntnis, die 10 Gebote und das Vaterunser aufsagen[567] und werden außerdem nach der Abendmahlslehre des Katechismus befragt.[568] Es findet sich also keine Zeremonie in Form einer Konfirmation, sondern von den Erstkommunikanten wird nichts anderes verlangt, als was die anderen Kommunikanten auch leisten können müssen[569]. Allerdings setzt die KO keine große Hoffnung in die Lernfähigkeit der Erstkommunikanten (bzw. in die Wirksamkeit der Katechese), denn es heißt: "Doch da etliche auß blödigkeyt solche stück nicht so ordenlich von wort zu wort aufsagen und erzehlen köndten und sonst aber nicht sträflich weren, sollen sie der fürnembsten articel christlichen glaubens vom kirchendiener erinnert werden und nach beschehner bekandtnuß mit der gemein zum abendmahl des herrn zugelassen werden."[570] Diese Formulierung zeigt, wie schlecht es zu dieser Zeit anscheinend um das Glaubenswissen der 'normalen' Christen bestellt sein kann. Sicher stellt die Kurpfälzer Ordnung darüber hinaus hohe Ansprüche an

---

[561] Vgl. hierzu auch Bassermann 72-74; Lekkerkerker, Kanttekeningen 3,152f.

[562] "Darzu auch soll er [der Diener, A.d.V.] die eltern und haußväter vermanen, daß sie ire kinder und ander junges volck, welche sie das erste mal zum tisch des herrn wollen führen, mittlerweil underweisen und auf künftigen Sambstag oder andern vorgehenden, gelegnen tag nach der kirchen notturft nach geschehener predigt dem kirchendiener anzeigen, auf daß sie fernern bericht empfangen" (Kurpfalz 1563 (EKO 14,381)). Die Überleitung zum HK beruft sich ausdrücklich auf Dtn 6,6f, um die Pflicht der Eltern zur Unterrichtung der Kinder zu begründen (vgl. Kurpfalz 1563 (EKO 14,341)). Der ganze HK kann dann als Leitfaden für diese Katechese verstanden werden und steht daher zwischen Taufformular und Vorbereitungsgottesdienst zum Abendmahl.

[563] In der Vorgängerordnung ist nur davon die Rede, daß Erstkommunikanten dem Pfarrer vorgestellt werden müssen (vgl. Kurpfalz 1556 (EKO 14,146)).

[564] Die Weseler Synode ordnet 1568 ebenfalls eine öffentliche Prüfung der Kinder eine Woche vor dem Abendmahl an (vgl. Synode Wesel 1568 (Richter, Kirchenordnungen 2,316). Am Tag vor dem Abendmahl sollen alle Geprüften (also auch die Erwachsenen) sich der Gemeinde stellen und dann die Zulassung zum Abendmahl ausgesprochen werden (vgl. ebd.).

[565] Vgl. Kurpfalz 1563 (EKO 14,381).

[566] Parallel zur Entwicklung von der Einzelbeichte zur öffentlichen Beichte steht der Übergang von der privaten zur öffentlichen Katechismusprüfung (vgl. Schulz, Vorbereitung 9-11).

[567] Es handelt sich zugleich um die traditionellen 'katechetischen Stücke', die schon im Spätmittelalter als Predigtannex bekannt sind.

[568] Vgl. Kurpfalz 1563 (EKO 14,381).

[569] Vgl. Schulz, Vorbereitung 10f. Die Firmung wird als "schmierwerck und backenstreich und andere greuel" (Kurpfalz 1563 (EKO 14,342)) ausdrücklich abgelehnt.
Schulz macht auch auf die enge Verbindung der Aussagen des Vorbereitungsgottesdienstes zur Taufe aufmerksam; Abendmahlsvorbereitung ist demnach Tauferneuerung (vgl. Schulz, Vorbereitung 28-33).

[570] Kurpfalz 1563 (EKO 14,381f).

die Gläubigen, aber die Einschätzung erklärt auch manche Formulierungen, die wegen ihres katechetischen Tons unserer Zeit anstößig erscheinen, und ebenso die zahlreichen Wiederholungen der Ordnung.

Danach wendet sich die Vorbereitung wieder der gesamten Gemeinde zu. Sie soll ihr Bekenntnis in zu bejahenden Prüfungsfragen ablegen, die wie der gesamte Heidelberger Katechismus die drei Stücke Elend, Erlösung und Dankbarkeit zum Inhalt haben[571]. Diese Fragen sind Glaubensfragen und Beichtfragen zugleich[572] und tauchen hier erstmals in dieser Art bei der Abendmahlsvorbereitung auf[573]. Sie fragen aber nicht einfach nach Glaubenswissen, sondern stellen Entscheidungsfragen dar[574].

Dieser Unterschied ist keineswegs nebensächlich, sondern macht die Intention der Fragen deutlich: Wie am Abendmahlsformular noch häufiger deutlich werden wird, geht es dem HK und der KO immer um die personale Stellungnahme und Glaubensentscheidung, die sich in Sündenerkenntnis und Glauben darstellt und an der sich Erlösung oder Verderben entscheidet!

Am ausgedehntesten ist die mittlere Frage, die auch theologisch das Kernstück bildet, da sie zunächst die Erlösung in Jesus Christus erläutert, dann aber eine Lehre des Abendmahls als Bestärkung und Bestätigung dieser Erlösung entwirft.[575] Mit konditional gefaßter Gnadenverkündigung für bußfertige Kommunikanten[576], anschließendem Vaterunser (bei dem

---

[571] Zu Vorlagen dieses Dreierschemas vor allem in liturgischen Ordnungen Bucers vgl. Schulz, Vorbereitung 17-21; Brunner, Abendmahlszeugnis 221[158]. Zur Rezeption vgl. Schulz, Ministerium 75; Schulz, Vorbereitung 33-39. Als Besonderheit der Rezeption ist festzuhalten, daß dieses Dreierschema im 19. Jahrhundert in allen Ordnungen der Gemeindebeichte übernommen wird, nachdem die Privatbeichte als Abendmahlsvorbereitung auch in den lutherischen Kirchen aufgegeben ist (vgl. Schulz, Ministerium 75).

[572] Vgl. Schulz, Sündenbekenntnis 149.

[573] Als formale Vorlagen, Fragen an die Gemeinde zu stellen, sieht Schulz zwei Schöpfungen Bucers: einerseits die Prüfungsfragen an die Erstkommunikanten (vgl. Kassel 1539b (EKO 8,124¹); Köln 1543,XC^v-XCIII^r), andererseits die Fragen an die Eltern und Paten bei der Taufe in Köln (vgl. Köln 1543,LXXIX^r-LXXXVI^r; Schulz, Vorbereitung 16f).

[574] Vgl. Schulz, Vorbereitung 14.

[575] Vgl. Kurpfalz 1563 (EKO 14,382). Auf den Inhalt dieser Fragen braucht hier nicht näher eingegangen werden, da die gleichen Inhalte in der Vermahnung der Abendmahlsfeier wieder auftauchen, und dann auf die entsprechenden Passagen des Vorbereitungsgottesdienstes verwiesen wird (vgl. 7.7.4.1).

[576] "Alle, die nun in ihrem hertzen diß befinden, die sollen nicht zweifeln, daß sie durch das heilig leiden und sterben Christi vergebung aller irer sünden schon haben und gewißlich behalten, so lang sie in diesem fürnemen beharren, unangesehen das noch viel ubrige schwachheiten in inen seind, welche doch mit demselben leiden und sterben Jesu Christi bedeckt sein. Darauf sprech ein jeder, der solchs von hertzen begert: Amen." (Kurpfalz 1563 (EKO 14,383)). Vgl. Bezzel 424.
Schulz macht darauf aufmerksam, daß diese Formel inhaltlich der Offenen Schuld und Absolutionsformel von 1556 folgt (vgl. Kurpfalz 1556 (EKO 14,145f)), aber eben keine indikative Absolutionsaussage macht, sondern an die ein für allemal geschehene Erlösung erinnert (vgl. Schulz, Vorbereitung 24f). Dieses Erlösungsgeschehen wird durch den Glauben angeeignet; 'in ihrem hertzen befinden' ist nur eine andere Formulierung für 'glauben' (vgl. hierzu 7.8.2.1). Schulz resümiert: "Wenn also das spezielle Sündenbekenntnis und die zuspruchsweise Absolution feste Stücke jedes Sonntagsgottesdienstes sind, dann wird es verständlich, daß bei der Vorbereitung am Vortag nichts vorweggenommen werden soll" (Schulz, Vorbereitung 24f; vgl. auch Brunner, Abendmahlszeugnis 222). Aber auch dort wird (wie noch zu zeigen sein wird (vgl. 6.4)) die Sündenvergebung nicht einfach verkündet, sondern dem verheißen, der das Evangelium gläubig annimmt!

die Gemeinde sogar kniet![577]) und Segensvotum nach 1 Thess 5,23f[578] schließt der Gottesdienst[579].

6.3.3.3 Resümee

Die vorliegende Ordnung löst die Frage nach der Würdigkeit der Kommunikanten mit einem negativen, d.h. ausgrenzenden, und einem positiven, d.h. integrierenden, Akt. Mit dem Kirchenzuchtverfahren schließt die Gemeinde Unwürdige von der Teilnahme am Abendmahl aus und macht damit den Anspruch deutlich, Gemeinschaft der Erlösten zu sein, deren Beharren in der Gnade in der Erfüllung der Gebote Gottes sichtbar wird. Den integrierenden Akt bildet der Vorbereitungsgottesdienst, in dem überhaupt erst die Gemeindeglieder (nie nur die Erstkommunikanten!) zum Abendmahlsempfang zugelassen werden. Diese Zulassung geschieht aufgrund des Bekenntnisses der eigenen Sündhaftigkeit und des Glaubens an die Erlösung in Jesus Christus; bei den Erstkommunikanten kommt noch konkretes Glaubenswissen hinzu.

Stellt die Kirchenzucht ein Verfahren dar, mit dem die Gemeinde über den einzelnen urteilt, so handelt es sich bei den Antworten auf die Fragen des Vorbereitungsgottesdienstes um eine Entscheidung des einzelnen, die die Gemeinde (vertreten durch die Diener) annimmt. Somit spiegeln sich in diesen beiden Formen des Umgangs mit der Frage der Würdigkeit die schon aufgezeigte Polarität von individueller und kommunitärer, subjektiver und objektiver Dimension des Abendmahls wider. Beansprucht die Gemeinde für sich die Feststellung, daß jemand nicht offensichtlich unwürdig für den Empfang des Abendmahls ist, so ist die letzte Entscheidung dem einzelnen überlassen; es handelt sich um eine Glaubensentscheidung, für die die Gemeinde (d.h. der Vorsteher) allerdings die inhaltlichen Kriterien vorgibt.

6.4 Der Verlauf der Feier bis zum Beginn der eigentlichen Abendmahlsfeier

Obwohl die Abendmahlsfeier dem sonntäglichen Predigtgottesdienst angehängt wird, d.h. dieser Predigtgottesdienst in seiner Struktur nicht spezifisch auf die folgende Abendmahlsfeier ausgerichtet ist, soll er kurz betrachtet werden, um die Feier als ganze vor Augen zu haben und die einzelnen Elemente aufeinander beziehen zu können.

Text
"VOM HEILIGEN ABENDMAL DES HERRN.
An den tagen, wann man das abendmal halten wil, soll eine predigt vom todt und abendmal des herrn geschehen, darin vom einsetzen, ordnung, ursachen, nutz und frucht deß heiligen

---

[577] Zum Knien an dieser Stelle vgl. Schulz, Vorbereitung 26f. Auch beim Trausegen findet sich die Anweisung zum Knien (vgl. Kurpfalz 1563 (EKO 14,401)).

[578] Es ersetzt das Schlußvotum der Beichtvesper der Vorgängerordnung: "Geet hin im friden, euch geschehe, wie ir glaubet" (Kurpfalz 1556 (EKO 14,146); vgl. Schulz, Vorbereitung 26).

[579] Vgl. Kurpfalz 1563 (EKO 14,383). Die KO betont dennoch die Möglichkeit, darüber hinaus aus dem Katechismus zu predigen und dies gegebenenfalls auf die vorhergehende Sonntagspredigt auszudehnen. Als Ziel wird allerdings allgemein formuliert, "damit das volck die summa christlicher religion fassen und durch vielfeltiges widerholen behalten möge" (ebd.). Ziel ist also primär die allgemeine Vertiefung des christlichen Glaubens, in der die spezifische Abendmahlslehre nur einen kleinen Teil ausmacht. Auch dieser im Verhältnis zum ausgefeilten Katechismus geringe Anspruch wirft ein Licht auf die damalige schlechte Situation religiöser Bildung.

abendmals gehandlet werde. Und in dieser predigt soll sich der diener der kürtze befleissen umb folgender action willen, darin das nachtmal gnugsam außgeführt. Und gleich nach geschehener predig und sontagsgebet, wie daniden vermeldet wirdt, ehe dann man singt, soll der diener des worts diese nachvolgende vermanung bey dem tisch, da man das nachtmal halten wil, verstendtlich, außtrücklich und ernstlich fürlesen."[580]

Kommentar
Über den bisherigen Verlauf der Feier bis zum eigentlichen Abendmahl wird in der vorliegenden Abendmahlsordnung nur wenig Genaues gesagt. Wie bei den anderen Vertretern des oberdt. Typs wird im Falle einer Abendmahlsfeier diese an den sonstigen sonntäglichen Predigtgottesdienst angehängt[581]. Dieser Predigtgottesdienst wird in der KO an einer anderen Stelle beschrieben[582] und hat folgende Elemente[583]:

Votum[584]
Offene Schuld in Gebetsform[585]
Gebet um rechtes Hören[586]
Vaterunser[587]
Predigt[588]
Sündenbekenntnis[589]
Trostspruch (Joh 3,16)[590]
Absolution[591] und Retention[592]
"Sonntagsgebet":
    Allgemeines Gebet[593] oder Paraphrase des Vaterunsers[594]

---

[580] Kurpfalz 1563 (CD 1,509f).

[581] Beim Meßtyp dagegen wird (zumindest von der Theorie her) bei einem sonntäglichen Predigtgottesdienst der Ablauf des Abendmahlsformulars verwandt, nach dem Wortgottesdienst aber mit dem Segen abgeschlossen; die eigentliche Abendmahlsfeier läßt man also 'ausfallen'.

[582] Vgl. Kurpfalz 1563 (EKO 14,388-392).

[583] Vgl. hierzu Weismann, Predigtgottesdienst 58[198].

[584] "Gnad, fried und barmhertzigkeyt etc." (Kurpfalz 1563 (EKO 14,388)).

[585] "Himmlischer vater, ewiger und barmhertziger Gott..." (Kurpfalz 1563 (EKO 14,388)).

[586] "Wollest uns auch dein heiliges wort nach deinem göttlichen willen..." (Kurpfalz 1563 (EKO 14,389)).

[587] Vgl. Kurpfalz 1563 (EKO 14,389). Das Vaterunser hat hier wiederum eine das Gebet abschließende Funktion (vgl. auch 9.3).

[588] Während der Predigt werden an Sonn- und Feiertagen die Almosen eingesammelt (vgl. Kurpfalz 1563 (EKO 14,388); McKee 45[89]). Zur Almosenkollekte in den evangelischen Gottesdiensten vgl. McKee 27-65.

[589] Dies geschieht durch eine Gebetsvermahnung und die vorgesprochene Offene Schuld (vgl. Kurpfalz 1563 (EKO 14,389)).

[590] "Nun höret an den gewissen trost..." (Kurpfalz 1563 (EKO 14,389). Damit wird gerade der von den zahlreichen Trostsprüchen der Straßburger Vorlage übernommen (vgl. Straßburg 1537ff (Hubert 94f)), der die Rettung aufgrund des Glaubens herausstellt! Auch Kurpfalz 1556 kennt Joh 3,16-18 schon als Trostspruch bei der Krankenkommunion (vgl. Kurpfalz 1556 (EKO 14,171); Goeters: EKO 14,389[91]).

[591] "Sovil nun euer sein, die an ihnen selbst und an iren sünden ein mißfallen haben..." (Kurpfalz 1563 (EKO 14,389)).

[592] "Soviel aber under euch seind, die noch einen gefallen haben an iren sünden und schanden..." (Kurpfalz 1563 (EKO 14,389)).

[593] Vgl. Kurpfalz 1563 (EKO 14,389f).

Vaterunser der Gemeinde (auch bei vorausgegangener Paraphrase)[595]
Gesang[596]
aaron. Segen[597]

Als Kern des Wortgottesdienstes wird die Predigt gefordert, die den Tod und das Abendmahl des Herrn zum Inhalt haben soll. Hierin besteht die spezifische Ausrichtung des Predigtgottesdienstes auf die nachfolgende Abendmahlsfeier. Genauer heißt es, daß von der Einsetzung, der Ordnung, deren Ursachen, dem Nutzen und der Frucht des Abendmahls gesprochen werden soll. Sie soll aber ausdrücklich kurz sein, "umb folgender action willen, darin das nachtmal gnugsam außgeführt."[598] Wichtig ist hier, daß das Nachfolgende ausdrücklich als Aktion bezeichnet wird, sich also die für einen heutigen Betrachter aufdrängende Kategorisierung, daß es sich beim Nachfolgenden vorrangig um eine Predigt handelt, bei der die Menschen passiv bleiben, für diese Ordnung nicht ergibt. Daß mit 'action' aber wirklich auch die die Abendmahlsfeier dominierende Vermahnung gemeint ist, wird an dem betont lehrhaften Charakter der 'action' deutlich ("darin das nachtmal gnugsam außgeführt").
Weiterhin ist von einem nach der Predigt folgenden Sonntagsgebet die Rede ("Und gleich nach geschehener predig und sontagsgebet, wie daniden vermeldet wirdt..."). Der Abschnitt ist an einer anderen Stelle der KO, nämlich an der über die Sonntagspredigt, verzeichnet.[599] Es kann die Form des Allgemeinen Gebets oder die Form einer Paraphrase des Vaterunsers annehmen. Da das Sonntagsgebet den sonntäglichen Predigtgottesdienst abschließt (nur noch der Segen folgt), werden die der Predigt angehängte Offene Schuld mit Absolution und Retention sowie das Allgemeine Gebet mit Vaterunser auch bei einem Abendmahlsgottesdienst verwendet; in späteren Ausgaben der Abendmahlsordnung wird dies deutlicher[600]. Nur der Segen des Predigtgottesdienstes verschiebt sich hinter die Abendmahlsfeier[601].

Bemerkenswert ist das zweifache Sündenbekenntnis innerhalb einer Feier[602], das in der Literatur als Problem angesehen wird. Beim ersten handelt es sich um die als Gebet gefaßte Offene Schuld, die von Straßburg ausgehend in den reformierten Ordnungen verwandt, z.T. aber auch abgewandelt wird[603]. Die hier verwendete Fassung hält sich relativ eng an die

---

[594] Vgl. Kurpfalz 1563 (EKO 14,390f). Zur Vaterunser-Paraphrase vgl. auch 9.2.1.

[595] Vgl. Kurpfalz 1563 (EKO 14,391).

[596] "Lobet den herrn mit euerm gsang" (Kurpfalz 1563 (EKO 14,391)).

[597] Vgl. Kurpfalz 1563 (EKO 14,391). Vgl. auch 14.3.

[598] Auch die Weseler Synode von 1568 sieht die Gefahr der unnötigen Ausdehnung der Predigt. Sie fordert ausdrücklich zur Rücksichtnahme auf die Gemeinde, besonders auf die Schwangeren und Schwachen auf (vgl. Synode Wesel 1568 (Richter, Kirchenordnungen 2,316))!

[599] Vgl. Kurpfalz 1563 (EKO 14,389-392); Schulz, Ordnung 510^{82}.

[600] Vgl. Schulz, Ordnung 497^{16}. Das Vaterunser hat hier wiederum eine das Gebet abschließende Funktion (vgl. auch 9.3).

[601] Vgl. 14.3.

[602] Vgl. Weismann, Predigtgottesdienst 58.

[603] Vgl. 6.3.2.2.

französische Vorlage Calvins[604]. Der ganze Block aus Offener Schuld in Gebetsform, Gebet um rechtes Hören und Vaterunser findet sich so schon wörtlich in dem Büchlein 'Christliche Gebet', das 1563 kurz vor der KO veröffentlicht wird[605]. Die zweite Form des Sündenbekenntnisses stellt die fast wörtliche Übertragung der Offenen Schuld aus Kurpfalz 1556 dar[606], die sich wiederum eng an die Württemberger Vorlage hält[607].

Die Problematik des doppelten Sündenbekenntnisses bleibt bei Weismann als Frage stehen: "Also zwei Sündenbekenntnisse im selben Gottesdienst! Ob hier die Schwäche des Kompilationsverfahrens sichtbar wird oder ein tieferer theologischer Sinn waltet?"[608] M.E. läßt sich der Sinn dieser Doppelung aus der Ordnung selbst eruieren. Schon der Vorgängerordnung Kurpfalz 1556 ist - ganz der Linie Luthers entsprechend[609] - klar, daß jede Predigt des Evangeliums nichts anderes als eine Absolution darstellt, wenn diese Predigt im Glauben angenommen wird. Die formale Absolution bildet demgegenüber nur eine Verdeutlichung für die Einfältigen, ist also ein didaktisches Mittel[610]. Diese Linie wird in Kurpfalz 1563 fortgeführt; der entscheidende Unterschied aber wird an der Absolution deutlich. Es geht dieser Ordnung nicht um das Sündenbekenntnis als Teil des Absolutionsritus, sondern als personale Stellungnahme.

Schon der erste Satz des ersten Bekenntnisses verdeutlicht die Grundsituation des Menschen, eben auch als Christ: "...daß wir arme, elende sünder seind ... und nach deinem gerechten urtheil auf uns laden die ewige verdamnuß"[611]. Es geht um die Erkenntnis der eigenen erlösungsbedürftigen Existenz, die auch im HK die Grundlage für jedes soteriologische Wirken bildet. Die Bitte um den Hl. Geist zielt nicht direkt auf Besserung, sondern bittet, "uns unsere ungerechtigkeyt von gantzem hertzen lehr erkennen, daß wir uns selbst mißfallen"[612]. Dieses erste Sündenbekenntnis wird gar nicht mit einer Absolution abgeschlossen, sondern mündet in die Bitte um das rechte Hören 'deines heiligen Wortes', worauf die Predigt als Auslegung des 'Evangeliums' folgt. Nach der Predigt erfolgt nochmals ein

---

[604] Vgl. Genf 1542, 1542A, 1545 (COS 2,18f); Schulz, Sündenbekenntnis 144. Es handelt sich *nicht* um eine wörtliche Übernahme aus Genf dt. 1563,3-5!

[605] Vgl. Christliche gebet 1563,11f; Goeters: EKO 14,388[87].

[606] Vgl. Kurpfalz 1556 (EKO 14,145).

[607] Vgl. Württemberg 1536 (CD 1,262). Diese taucht ab 1555 wieder im Württemberger Abendmahlsformular auf (vgl. Drömann, Württemberger Ordnungen 248; Kolb 315).

[608] Weismann, Predigtgottesdienst 58. Bei der Vermutung, es könne ein tieferer Sinn dahinter liegen, verweist Weismann auf Wolf und Albertz: "Die doppelte Offene Schuld entspricht der doppelten Verwendung des Gesetzes im ersten und dritten Teil des Heidelberger Katechismus" (Wolf/Albertz 37). Schulz spricht von einer "Häufung von Schuldbekenntnissen" (Schulz, Sündenbekenntnis 149).

[609] Zu beachten ist hierzu die Diskussion um die Absolution in Nürnberg und Luthers Stellungnahme dazu (vgl. Klaus, Veit Dietrich 147-168, bes. 149).

[610] "Dann wiewol ein jetliche predig des heiligen evangelions von unserm einigen heiland Jesu Christo ein rechte warhaftige absolution und entbindung von den sünden ist, nemlich denen, so daran glauben, wie oben vermeldet, es soll auch das volck durch die kirchendiener zu seiner gelegenen zeit dahin berichtet werden, das sie die absolution von den sünden aus einer jetlichen gemeinen predig des evangelions Christi verhoffen und erholen, jedoch ist es nicht unnützlich, sondere christenliche form der absolution in der kirchen zu gebrauchen, das hiemit die application und zueignung der verzeihung der sünden, auch die nutzung des kirchendiensts, den einfältigen dester deutlicher fürgetragen und eingebildet werde." (Kurpfalz 1556 (EKO 14,145f)).

[611] Kurpfalz 1563 (EKO 14,388).

[612] Kurpfalz 1563 (EKO 14,389).

Sündenbekenntnis, jetzt aber nicht nur vom Vorsteher der Feier, sondern von jedem einzeln gesprochen. Jeder einzelne muß damit seine persönliche Stellungnahme in Form des Sündenbekenntnisses ablegen. Zugleich stellt das Sündenbekenntnis ein Glaubensbekenntnis dar, denn es endet: "und beger von hertzen gnad, durch deinen lieben son Jesum Christum"[613]. An diesem gläubigen Christusbekenntnis entscheiden sich nun Absolution oder Retention[614]. Daß der Glaube an das Evangelium über die Sündenvergebung entscheidet, wird zwar in Kurpfalz 1556 implizit ausgedrückt; daß die Absolutionsformeln am Schluß stehen, läßt aber für 'die Einfältigen' ein Verständnis der Absolution als Automatismus zu. In der vorliegenden Ordnung ist gerade ein solches Mißverständnis durch die angefügte Retention unmöglich; sie verdeutlicht nochmals, daß allein die persönliche, gläubige Annahme des Evangeliums über Rettung und Verderben entscheidet. Die Absolution aber ist auch hier nichts anderes, als ein "gewissen trost der gnaden Gottes, welche er allen gläubigen in seinem evangelio verheisset"[615]!

Von daher stellt sich die scheinbar unsinnige Doppelung des Sündenbekenntnisses als didaktisches Mittel dar, seine eigene Sündhaftigkeit zu erkennen und - auf diese Grundlage gestützt - an das in der Predigt verkündigte Evangelium zu glauben. Die Absolution kann erst nach der Stellungnahme aufgrund des Evangeliums verkündet werden, die persönliche Stellungnahme geschieht jedoch erst im zweiten Sündenbekenntnis. Das erlösende Evangelium kann - entsprechend den Aufbaukriterien des HK - nur als Antwort auf die grundsätzliche Erkenntnis eigener Sündhaftigkeit wirken, so daß ein Sündenbekenntnis ohne Absolution zu Beginn des Gottesdienstes notwendig wird.

Resümierend kann man sagen, daß der Predigtgottesdienst, der in dieser Form jeden Sonntag stattfindet (wenn auch die Predigt nicht auf das Abendmahl bezogen ist), das Ziel hat, die persönliche Stellungnahme zum verkündigten Evangelium herauszufordern und damit die persönliche Glaubensaussage, daß die eigene Erlösung im Kreuzestod Jesu Christi liegt. Mit dieser Glaubensaussage, die zugleich Bekenntnis der eigenen Sündhaftigkeit ist, geschieht die Aneignung des Kreuzesgeschehens[616] und seiner Wirkungen, aus der heraus die Gemeinde dann das Allgemeine Gebet für die Nöte der Welt sprechen kann. Von daher rückt der Predigtgottesdienst die individuelle Entscheidung in den Mittelpunkt und verneint jedes 'magische' Mißverständnis des Gottesdienstes als Feier mit automatischer Wirkung.

Die nun anschließende Abendmahlsfeier folgt aber keinem anderen Konzept! Auch hier stehen das Erlösungsgeschehen und die persönliche Stellungnahme dazu im Mittelpunkt. Das Abendmahl bildet als Sakrament nur eine andere Form und Möglichkeit der Zueignung dieses Erlösungsgeschehens (eben eine materiell-zeichenhafte), nie eine davon losgelöste Größe. Während die Predigt den Glauben weckt, wird er durch das Sakrament bestärkt[617].

---

[613] Vgl. Kurpfalz 1563 (EKO 14,389).

[614] Eine solche Retention kennen auch Calenberg-Göttingen 1542 (EKO 6.2,795) und Frankfurt 1543ff (CD 1,242); zu späteren Beispielen vgl. Schulz, Sündenbekenntnis 149[45]; Schulz, Ministerium 78[66].
Diese Konstruktion einer konditional formulierten Absolution und einer nachfolgenden Retention stellt den Versuch einer verantwortbaren, öffentlichen Absolution dar (vgl. Schulz, Ministerium 78). Sie stützt sich auf Joh 20,23: "Wem ihr die Sünden vergebt, dem sind sie vergeben; wem ihr die Vergebung verweigert, dem ist sie verweigert." Vgl. auch Schulz, Ministerium 78[65].

[615] Kurpfalz 1563 (EKO 14,389).

[616] Vgl. 5.4.

[617] Vgl. 5.4.

Wie beim Predigtgottesdienst wird zugleich jedem Verständnis des liturgischen Geschehens als objektivem Automatismus ein Riegel vorgeschoben.

Predigtgottesdienst und Abendmahlsfeier stellen sich als die zwei Weisen der Aneignung des Kreuzesgeschehens dar, eben in Wort und Sakrament, in denen es aber vom Inhalt her immer um das gleiche Kreuzesgeschehen geht. Indem beide zu einer Feier verbunden werden, vollzieht sich eine liturgische 'Verdichtung', die sonst keine Liturgie der Kurpfälzer Ordnung kennt.

7 Die Abendmahlsvermahnung

Das für uns heute auffallendste Element der evangelischen Abendmahlsordnungen der Reformationszeit und auch der vorliegenden Ordnung stellt die 'Abendmahlsvermahnung' dar. Sie fällt auf, weil sie oftmals ganze Abendmahlsliturgien zu beherrschen und alle anderen Elemente unterzuordnen scheint. Dieser Eindruck entsteht schon allein aufgrund der Länge, die sie einnehmen kann - gerade wenn man die Ordnung Kurpfalz 1563 betrachtet. Von heutiger katholischer Liturgiewissenschaft wird sie entweder gar nicht wahrgenommen oder durchweg negativ gesehen, da sie de facto in den Reformationskirchen das Eucharistiegebet verdrängt hat, die katholische Liturgiewissenschaft sich aber in diesem Jahrhundert darum bemüht hat, daß das Eucharistische Hochgebet wirklich wieder laut vollzogener Lobpreis und Bitte über den Gaben im Namen der Gemeinde sein kann. Aber auch auf evangelischer Seite wird sie und ihr 'Verdrängen' des Hochgebetes kritisch gesehen. Für die liturgischen Reformen in diesem Jahrhundert - speziell auf lutherischer Seite, aber auch in reformierten Kirchen außerhalb Deutschlands - steht weitgehend die Wiedererlangung des Eucharistiegebets im Vordergrund[618].

Die Abendmahlsvermahnung wird als homiletisch-didaktischer Text bewertet.[619] So schreibt Kolb zur Württemberger Vermahnung, die auch in Kurpfalz 1556 Aufnahme findet und in die Vermahnung der vorliegenden Ordnung einfließt: "Sie gehört aber jedenfalls dann nicht mehr in die Abendmahlsfeier, wenn eine förmliche Vorbereitung mit Predigt und Beichte vorangegangen ist, ihre richtige Stelle wäre dann hier. Würdevoller Ernst läßt sich der Abendmahlsliturgie nicht absprechen, aber diese Vermahnung trägt ein lehrhaftes Element hinein, neben welchem der Charakter einer erhebenden Feier nicht zu seinem Recht kommt."[620] Ein weiterer Kritikpunkt ist das immer wieder anzutreffende Thema der Würdigkeit, die für einige Wissenschaftler in die Vorbereitung zum Abendmahl gehört. So urteilt Bassermann ebenfalls negativ über die Vermahnung: "Es lässt sich nicht leugnen, dass diese Vermahnung einigermassen wieder von der Höhe einer Feier von gläubigen Christen, welche wir mit dem Credo erreicht zu haben glaubten, auf das Niveau der Vorbereitung herabsinkt, die doch schon tags zuvor erledigt worden war, und wenigstens in ihrem ersten Teile Gedanken enthält, welche von den Teilnehmern an jener sonnabendlichen Vorversammlung als Wiederholung empfunden werden konnte."[621]

Beide Elemente werden als anstößig angesehen und offenbaren den meisten Wissenschaftlern den spätmittelalterlichen Stand evangelischer Liturgie. Wenn aber solch starke Kritik an dieser Form geübt wird, muß sich eine einem ökumenischen Ansatz verpflichtete Untersuchung um so genauer dieser Gattung zuwenden, um vielleicht etwas mehr Licht in ihre Genese und Funktion bringen zu können. Dies soll in den ersten Unterabschnitten geschehen,

---

[618] Vgl. Schulz, Abendmahlsvermahnung 147.

[619] Vgl. Schulz, Abendmahlsvermahnung 147; Kliefoth 5,93f; Schmidt-Lauber, Eucharistie 228; Rietschel/Graff 464; Kolb 333; Hauke 37. Meßner nennt sie ein "ausgesprochen lehrhaft-pädagogisches Stück" (Meßner, Meßreform 199). Schulz konstatiert zu Recht, daß sie "als Störung des liturgischen Gefüges der Abendmahlsfeier empfunden [wird]" (Schulz, Abendmahlsvermahnung 147). An anderer Stelle sieht er in den Abendmahlsvermahnungen parakletisch getönte, dogmatische Meditationen (vgl. Schulz: Versammelte Gemeinde 33). Der Vorentwurf zur Erneuerten Agende nennt sie auch "Abendmahlsbetrachtungen" (EA 643).

[620] Kolb 333.

[621] Bassermann 41f. Er sieht, daß die Vorlagen keinen eigenen Vorbereitungsgottesdienst kennen, vermag aber die Vermahnung im Abendmahlsgottesdienst der Kurpfalz nur als alte Gewohnheit zu erklären (vgl. Bassermann 42f).

um dann die Abendmahlsvermahnung der Kurpfälzer Ordnung von 1563 analysieren zu können.

7.1 Die Abendmahlsvermahnung - eine unzureichend analysierte und definierte liturgische Gattung

Die Bezeichnung für die zu beschreibende Gattung ist - wie noch aufzuzeigen sein wird - in der wissenschaftlichen Literatur, aber auch in den Kirchenordnungen und Agenden unterschiedlich. Was mit 'Vermahnung' bezeichnet wird und was somit der Terminus bedeutet, bleibt in der wissenschaftlichen Literatur eine weithin unbeschriebene Größe. Die Kategorisierung dieser Gattung geschieht bislang fast ausschließlich aufgrund des formalen Kriteriums der Sprechweise, die durch die Anrede der Gemeinde gekennzeichnet ist. Die Unsicherheit in der Kategorisierung spiegelt sich in der Terminologie wider, wie sie in den liturgiewissenschaftlichen Handbüchern dieses Jahrhunderts verwendet wird.

a) So findet sich zwar im Register des **Liturgik-Lehrbuchs von Rietschel/Graff** das Stichwort 'Abendmahlsvermahnung'[622], aber an den entsprechenden Stellen findet sich eine disparate Terminologie. So heißt es bei der Ausführung zur Präfation des lutherischen Gottesdienstes: "Wo die Präfation weggelassen wurde, trat an ihre Stelle die Vermahnung der Kommunikanten, besonders an den gewöhnlichen Sonntagen (...). Manchmal wurden Präfation und Vermahnung zugleich angeordnet (...). - Als Vermahnung wurde entweder Luthers Form in der Deutschen Messe mit der Paraphrase des Vaterunsers (...), sehr häufig aber auch in Süddeutschland die Nürnberger Exhortation gewählt ... Auch andere Ansprachen kamen in Gebrauch."[623] Schon in diesen wenigen Sätzen finden sich also drei verschiedene Bezeichnungen, aber nicht der Begriff 'Abendmahlsvermahnung'. Eine Definition dieser Gattung findet sich nicht, nur ein deutliches Plädoyer für eine Eliminierung im aktuellen Gottesdienst.[624]

b) Auch im Handbuch **'Leiturgia'** wird man eine Abhandlung über die Vermahnung vergeblich suchen. Nur an einigen Stellen (über andere liturgische Strukturelemente) wird die Vermahnung 'gestreift'.[625] Eine eigentliche Definition und Würdigung erfährt sie nicht.

c) Ebenso finden sich im Register der neuen **Liturgik von Rainer Volp** die Begriffe 'Abendmahlsvermahnung' oder 'Vermahnung' nicht[626], was den dieser Gattung zugewiesenen geringen Stellenwert kennzeichnet.[627] Allerdings wird dann im Text auf die Vermahnung[628]

---

[622] Vgl. Rietschel/Graff 883.

[623] Rietschel/Graff 372. Daß dies bei den Ausführungen zur Präfation zu finden ist, liegt an der vermuteten Äquivalenz beider Größen; an anderer Stelle resümiert Graff: "Man kann sagen, daß die Vermahnung fast überall an die Stelle der Präfation getreten ist" (Graff, Auflösung 1,186). Zu dieser These vgl. 7.4.2.

[624] Das Resümee lautet: "Jedenfalls ist es nicht gut, wenn die didaktischen Momente da gehäuft werden, wo alles auf die Feier der Gemeinde hinstrebt, und am wenigsten ist es angebracht, diese Vermahnung erst nach der Präfation und dem Sanctus einzufügen. - Statt der Ansprache und Vermahnung empfiehlt sich vielmehr ein weihevolles Gebet als evangelisches Offertorium, in dem die Gemeinde sich selbst Gott zum Opfer darbringt (...) und sich selbst zur Feier bereitet." (Rietschel/Graff 464f).

[625] Vgl. Klaus, Rüstgebete 541f.551; Weismann, Predigtgottesdienst 53f.58.

[626] Vgl. Volp 1293-1312.

[627] Auch bei der Darstellung der Einführung der reformatorischen Liturgien und der sie kennzeichnenden Elemente findet die Vermahnung keine gesonderte Erwähnung (vgl. Volp 628-635, spez. 628f).

[628] Der Terminus technicus 'Abendmahlsvermahnung' taucht nicht auf, sondern nur der Terminus 'Vermahnung'. Daß er fast durchweg in Anführungszeichen gesetzt ist, bezeugt die Unsicherheit bezüglich der Gattung.

eingegangen, aber eigenartigerweise dem eucharistischen Gebet untergeordnet: "**Das eucharistische Gebet** wird nach altem Herkommen eingeleitet durch eine Vermahnung..., die Präfation... und kann selbst... unterschiedliche Formen annehmen."[629] Die Vermahnung selbst wird nicht durch eine Beschreibung des Bekannten, sondern durch das Aufzeigen eines Anspruchs definiert: "*Die 'Vermahnung' steht im Sinne einer Tischrede*, welche, die Situation reflektierend, von Predigt oder Vaterunser (z.B. in Luthers Deutscher Messe) überleitet zum eucharistischen Gebet. Als Festrede sollte sie nicht die Beichte ersetzen, sondern hinleitende und hermeneutische Funktion haben. In verkürzter Form besteht die Vermahnung aus dem bloßen Friedensgruß ('Der Friede des Herrn sei mit Euch allen. Keiner sei wider den anderen, keiner ein Heuchler, vergebet, wie Euch vergeben ist, nehmet einander an, wie Christus Euch angenommen hat zum Lobe Gottes'). Die Strophe eines Abendmahlliedes kann diese Funktion übernehmen. Wenigstens sollte zum stillen Gebet (auch vor dem Vaterunser) Gelegenheit gegeben werden."[630]

Die Betonung der überleitenden und hermeneutischen Funktion und die Ablehnung des Beichtcharakters zeugt davon, daß hier nicht eine gegebene Form erklärt oder analysiert, sondern eine möglichst allgemeine Funktion proklamiert wird (die den Gemeinden, die an der Vermahnung festhalten wollen, auch heute ihren Gebrauch ermöglicht), ihr zugleich ein niedriger Rang eingeräumt wird, der das Eucharistiegebet nicht verdeckt. Dem Raum, den die Vermahnung in der evangelischen Gottesdiensttradition einnimmt, wird diese Darstellung in Form und Inhalt jedenfalls nicht gerecht.

d) Auch im neuesten evangelischen **Handbuch der Liturgik**[631] findet sich keine Definition einer Abendmahlsvermahnung. Das Register verweist mit dem Stichwort nur auf die kurze Erwähnung der Abendmahlsvermahnung der vorliegenden Ordnung und in Luthers 'Deutscher Messe'[632]. Schmidt-Lauber benennt hier die Vermahnung als ein primär homiletisches Element, das die Präfation ersetze[633].

e) Aber auch auf **katholischer Seite** wird die Textgattung 'Vermahnung' oft nicht wahrgenommen. So bleibt sie im katholischen Handbuch der Liturgiewissenschaft 'Gottesdienst der Kirche' ohne Definition. Im Abschnitt über Wort und Musik im Gottesdienst findet sie

---

[629] Volp 1208. Einen Beleg für diese Behauptung gibt Volp nicht, sie wird auch schwerlich zu finden sein. So ist nur selten die Vermahnung neben einer Präfation anzutreffen. Eine Gleichsetzung von Vermahnung und Präfation (vgl. zu dieser Problematik 7.4.2) wird kurz darauf als Möglichkeit aufgezeigt: "Präfation und 'Vermahnung' können in eine Einheit zusammenwachsen: Beide haben die Aufgabe, zu entfalten, was in der protestantischen Tradition häufig radikal elementarisiert wurde in die Vermahnung: 'So höret mit Andacht die Worte der Einsetzung des heiligen Abendmahls.' Doch nicht der Respekt vor der rituellen Deklamation ist das Ziel dieser Einheit, sondern die Bereitschaft, in betender Wahrnehmung den absoluten Unterschied zwischen menschlichem und göttlichem Handeln nicht aus dem Auge zu verlieren." (Volp 1208f). So richtig letzteres auch ist, so sehr läßt sich fast jeder Gebets- und Verkündigungsvollzug im Gottesdienst so interpretieren. Die Aussage sagt somit nichts Spezifisches über die Vermahnung aus.
Auch einem Eucharistiegebet *vorgeschaltet*, wenn man unter letzterem ein Gebet versteht, das "*als Höhepunkt die Einsetzungsworte*" (Volp 1209) enthält, wird man die Vermahnung nur selten finden (vgl. z.B. BCP 1549 (CD 1,380f); BCP 1552 (CD 1,382f)). Nur einem Abendmahlsgebet *ohne* Einsetzungsbericht findet man die Vermahnung häufiger vorgeschaltet.

[630] Volp 1208.

[631] Vgl. HdL.

[632] Vgl. Bürki, Gottesdienst 165; Schmidt-Lauber, Eucharistie 228.

[633] Vgl. Schmidt-Lauber, Eucharistie 228.

keine Erwähnung[634], im Abschnitt über die reformatorischen Abendmahlsliturgien wird sie nur als kerygmatische Neuschöpfung benannt[635].

Für die liturgiewissenschaftlichen Handbücher dieses Jahrhunderts muß deshalb konstatiert werden, daß die Vermahnung keine Definition erfährt, sondern als bekannt vorausgesetzt wird, wenn sie überhaupt Beachtung findet. Die inhaltliche Füllung scheint sehr vom heutigen umgangssprachlichen Gebrauch des Wortes 'mahnen' geprägt zu sein.

Allerdings findet sich das Stichwort 'Abendmahlsvermahnung' im Pastoralliturgischen Handlexikon[636]. Intensiver ist die Gattung 'Vermahnung' in Aufsätzen und Abschnitten von Monographien behandelt worden. Balthasar Fischer[637], Hans Bernhard Meyer[638] und Hermann Reifenberg[639] haben sich umfangreich und qualifiziert zur Gattung 'Vermahnung' geäußert, wobei bei Fischer und Reifenberg primär die Vermahnungen der katholischen Ritualien in den Blick kommen und keineswegs negativ beurteilt werden, bieten sie doch erste Ansätze einer aktiven Einbeziehung der Gemeinde. Der evangelische Liturgiewissenschaftler Frieder Schulz hat jüngst in einem Aufsatz durch eine Verhältnisbestimmung von evangelischen Abendmahlsvermahnungen und der Gattung des Eucharistiegebets erstere genauer umrissen; gegenüber der bisherigen Einschätzung werden sie wesentlich differenzierter und positiver gewürdigt.[640] Weiterhin sind die Annäherungen von seiten der Philologie durch Hansjosef Goertz[641] und Klaus-Heinrich Ringel[642] erwähnenswert. Goertz bietet sogar eine recht differenzierte und beachtenswerte Definition der Abendmahlsvermahnung: "Thematisch handelt es sich bei der Vermahnung um eine Deutung der gemeinsamen Mahlfeier oder eine kurze dogmatische Darlegung zum Sakrament des Altares und dient als belehrende Vorbereitung der Gläubigen auf das Abendmahl. Indem auf die innere Haltung verwiesen wird, die der Teilnahme am Abendmahl entspricht, kann die Vermahnung einen moralischen Aspekt bekommen."[643]

---

[634] Vgl. Berger u.a., Gestalt 41-248. Zwar gibt es einen 'Admonitio (Monitionen)' überschriebenen Abschnitt (vgl. Fischer, Formen 93f), der sich aber nur auf die katholische Liturgie nach dem 2. Vatikanischen Konzil bezieht und den Begriff mit "Gebetseinladung und Kurzeinführung des Zelebranten" (Fischer, Formen 93) wiedergibt. Einen gewissen Ausgleich bildet der Nachtrag Häußlings zu Formeln der Mahnung und Aufforderung (vgl. Häußling, Formeln), wenn auch die Gattung 'Vermahnung' nicht in den Blick kommt. Dieses Manko wiegt um so schwerer, als in vielen katholischen Diözesan-Ritualien der Reformationszeit Vermahnungen als klar abzugrenzende Gattung (schon optisch durch den Wechsel der Drucktype) anzutreffen sind (vgl. unten 7.4.4). Die Vermahnung wäre also nicht nur aus ökumenischem Interesse an dieser Stelle erwähnenswert.

[635] Vgl. Pahl, Feier 396.398. Inwieweit es sich wirklich um eine Neuschöpfung handelt, wird noch zu untersuchen sein (vgl. 7.4.5).

[636] Vgl. Adam/Berger 1f.

[637] Vgl. Fischer, Predigt.

[638] Vgl. Meyer, LM 190-204.

[639] Vgl. Reifenberg, Werdegang; Reifenberg, Vermahnung; Reifenberg, Trauungsansprache; Reifenberg, Ansprache; Reifenberg, Verkündigung.

[640] Vgl. Schulz, Eucharistiegebet.

[641] Vgl. Goertz, Begriffe 296f.

[642] Vgl. Ringel 363-365.

[643] Goertz, Begriffe 296f.

7.2 Die Umreißung der Vermahnung unter formalen Gesichtspunkten

Auffallend ist, daß die evangelische wie die katholische Liturgiewissenschaft nur selten den Versuch gemacht hat, genauer zu umreißen, was denn eine 'Vermahnung' bzw. eine 'Abendmahlsvermahnung' eigentlich ist. So macht das große Liturgik-Lehrbuch von Rietschel und Graff an keiner Stelle, an der der Begriff auftaucht, den Versuch einer Definition. Dies birgt auch insofern eine Schwierigkeit, als durch den Terminus 'Abendmahlsvermahnung' die Existenz einer Textgattung und damit die inhaltliche und formale 'Einheit' eines Textabschnittes behauptet wird, die gar nicht so leicht nachzuweisen ist.

Eine konkrete Abgrenzung zu anderen Texten des Abendmahlsgottesdienstes ergibt sich zunächst auf formaler Ebene durch die Sprechrichtung. Zwar bleibt der Vorsteher der Feier der Sprechende, aber der Adressat ändert sich. Die Gebete des Vorstehers sind in der westlichen Tradition durch die Anrede des Vaters gekennzeichnet, seltener durch die Anrede Christi. Sonstige Rede des Vorstehenden kann nur an die Gemeinde gerichtet sein, findet sich dann aber - von den eigentlichen sakramentalen Formeln abgesehen, die vielfach den Empfänger anreden - als liturgischer Gruß ('Dominus vobiscum')[644], als Gebetseinladung ('Oremus'; 'Gratias agamus')[645] und selten als Handlungsaufforderung ('Sursum corda'), jeweils in der entsprechenden Knappheit. Die Funktion dieser Handlungsaufforderungen wird im 15. und 16. Jh. ohne weiteres mit 'ermahnen' angegeben[646].

Die Vermahnung, wie wir sie in den evangelischen (und später auch katholischen) Liturgiebüchern finden, ist aber *nie nur eine kurze Formel* (formelhaft wird sie sehr schnell), sondern immer ausführliche Rede, die sich an die Gemeinde richtet. Sie wird in auffälliger Weise durch die Anrede der Gemeinde (z.B. 'Ihr Geliebten in Christo' oder 'Allerliebste in Christo') eingeleitet. Das Ende der Vermahnung kann dann in der Änderung der Sprechrichtung gesehen werden, indem entweder der Vorsteher nicht mehr die Gemeinde, sondern Gott bzw. Christus anredet, der Vorsteher ein abschließendes 'Amen' spricht oder aber die Gemeinde zu Wort kommt, indem sie z.B. das Vaterunser betet. Damit steht die Vermahnung von der Sprechrichtung und vom Umfang her allein in Parallele zur Predigt. Diese Nähe

---

[644] Vgl. Häußling, Formeln 51f.

[645] Vgl. Häußling, Formeln 47-50.

[646] Zum 'Oremus' heißt es z.B.: "Also hebt der priester an vnd ermanet das volck zum gepede sprechend/Oremus..." (Tewtsch Rational 1535, Kap. 3 [Häußling Nr. 132] (c6)ʳ⁻ᵛ).
Zum 'Dominus vobiscum' schreibt der gleiche Autor: "Vierden grüß thůt der priester vnderm klainen Canon/so er fur sich zepettē die vm̃stander ermãt hat/als dañ vor der secret spricht er heimlich zů jn̄e. Der herr mit euch." (Tewtsch Rational 1535, Kap. 3 [Häußling Nr. 132] (c5)ᵛ).
Zum 'Sursum Corda' heißt es: "Das ist, das der priester das volck manet, das sie ir hertz auf erheben sollen zu Got" (Meßauslegung 1480 [Häußling Nr. 101] (Reichert 110)); "Darauf ermāt der priester das volck/ihre hertz übersich zestellē/gleich als sey die hamiligkait der meß nit herniden im fleisch sonnder oben im geist zesůchen. Darumb ist freyer will/der im hertzen sitzt/zůerheben zů himlischen dingen/nit vndersich zů jrdischen sachen/laut diß ermanung." (Tewtsch Rational 1535, Kap. 9 [Häußling Nr. 132] f2ᵛ).
Zum 'Gratias agamus' heißt es: "...deshalb frolockt der priester vnd ermant fürter dasselb volek zů danckbarkait/mit solchen worten" (Tewtsch Rational 1535, Kap. 9 [Häußling Nr. 132] f2ᵛ); "Gracias agamus Domino Deo nostro. ... Da werden wir ermanet, in andacht Got dem herrnn lob zu sagen umb die unzalberlichen gutheytten, die er uns erzeigt und getan hat." (Meßauslegung 1480 [Häußling Nr. 101] (Reichert 111)).
Ähnliches findet sich noch bei Witzel: "Alsdenn rüffet der Diacon: Jst etwas ein Catechumener noch hirin/der gehe hinaus. Redet zum volck/das sie ihre hertzen zu Gott erheben sollen (welchs die Prefation sein wirt) vnd vermanet sie zur dancksagung/vnd richtet an Gottes Lob/..." (Witzel, Typus Ecclesiae Prioris 1540 [Klaiber Nr. 3380] XX).

zur Predigt zeigt sich in seltenen Fällen auch in der Bezeichnung[647]. Zugleich dürfte die Identität der Sprechrichtung, die lobpreisende Elemente unmöglich macht, den eigentlichen Grund darstellen, warum die Vermahnung vielfach als 'homiletisch-didaktisch' deklassiert wird[648].

Haben wir also von der Sprachgestalt her eine 'Predigt' vor uns, so ist die Vermahnung von dieser abzugrenzen durch den Inhalt, der *vorgegeben* ist und der sich *immer* auf das Abendmahl bezieht, während sich die Predigt - gerade in den lutherischen Ordnungen - ohne weiteres an der Perikopenordnung orientiert[649]. Auch wird die Vermahnung schon kurz nach Beginn der reformatorischen Auseinandersetzungen bei den ersten neuen Gottesdienstordnungen thematisch genau vorgegeben und im Wortlaut festgelegt - und damit ritualisiert. Durch beide Vorgänge wird sie ebenfalls von der Predigt abgegrenzt, die neben der Vermahnung stehen bleibt, auch wenn für sie nochmals das Thema 'Abendmahl' vorgeschrieben wird: Die Vermahnung ist nicht einfach ein spezieller Fall der Predigt! Die Festlegung des Textes[650] ist einerseits Zeichen der Hochschätzung der Gattung, andererseits aber auch Zeichen dafür, daß dem Inhalt eine besondere Bedeutung zukommt,[651] so daß man ihren adäquaten Vollzug gesichert sehen möchte.

7.3 Die Bezeichnungen und ihre Etymologie als Schlüssel für ein erstes Verständnis der Textgattung

Um nun zu einem tieferen Verständnis dieser zunächst nur formal abgegrenzten Gattung zu gelangen, soll in einem ersten Schritt versucht werden, über die Bezeichnung der Textgattung und die zugrundeliegenden Verben im 16. Jh. den Inhalt und die Funktion der Vermahnungen genauer zu fassen.

7.3.1 Die im 16. Jh. verwendeten Bezeichnungen für die Vermahnungstexte

Der Begriff 'Abendmahlsvermahnung' selbst ist ein moderner und findet sich erstmals bei Löhe[652]. Davor findet sich der Begriff 'Vermahnung' bei unterschiedlichsten liturgischen Feiern und nicht nur beim Abendmahl. Betrachtet man die Abendmahlsordnungen selbst, finden sich entweder Substantive, die die Aktion als Ganze bezeichnen, oder Verben für den Vollzug.[653] Belegt sind die Termini 'Vermahnung'[654] oder 'Ermahnung'[655] mit den

---

[647] Es finden sich Bezeichnungen wie "sermon oder gesprech nach vffhebung des sacraments" (Straßburg/Ordenung 1524 (Hubert 70)), "Ein vnderricht oder predige vom Heyligen Nachtmal" (Köln 1543,CIJʳ) oder auch "vermanung und unterricht" (Mecklenburg 1552 (CD 1,100)). Auch wird die 'vermanung' im nhd. Lüneburger Artikelbuch durch den Ausdruck 'vormanynge gödtlickes wordes' in Verbindung zu 'predigt' und 'homîlie' gestellt (vgl. Goertz, Begriffe 297).

[648] Vgl. 7.1.

[649] Vgl. Goertz, Begriffe 297.

[650] Zwar findet sich bei einigen Vermahnungen die Bemerkung, daß der Text nur als Beispiel diene und auch abgeändert werden könne, aber die Tatsache, daß dann einzelne Formulierungen im Tradierungsprozeß verändert werden bzw. daß um sie gestritten wird, zeigt die Valenz des Textes an.

[651] Eine Sakralisierung des Textes zu vermuten, widerspricht der Intention der Reformatoren. Wenn überhaupt, dann wird den Einsetzungsworten Sakralität zugewiesen, die der Vermahnung vor- oder nachgeordnet sind.

[652] Vgl. Schulz, Abendmahlsvermahnung 148^{17}; Löhe 76.337.

[653] Vgl. zum folgenden Goertz, Begriffe 296f; Ringel 363-365.

[654] Als Substantiv oder als Verb in: Luther, DM 1525 (CD 1,36.37); Nürnberg/Volprecht 1524 (EKO 11,43); Preußen 1525 (EKO 4,36); Braunschweig 1528 (CD 1,53); Zürich 1535 (CD 1,194^{30}); Pfalz-Neuburg 1543

entsprechenden grammatischen und orthographischen Varianten; in diesem Wortfeld bewegen sich im Reformationsjahrhundert die meisten weiteren Belege.[656]

Dies beschränkt sich nicht auf die evangelischen Ordnungen, sondern findet sich ebenso in den katholischen Ritualbüchern. Dort findet sich vielfach der Terminus 'Vermahnung', z.B.: "Vermanung bei der heiligen Communion"[657], "An die - so auß der Consecration des Canons/das Sacrament des Altars empfahen"[658], "Vermanung bei der heiligen Communion"[659], "Vermanung an die Vmbstehdende"[660], "Vermanung gegen denen/so vorhabens sein/das hochwirdig Sacrament des Leibs und blůets Christi Jesu vnseres Seligmachers zůempfahen"[661], "Vermanung bey der Beicht"[662]. Aber auch der Terminus "Ermahnung" ist anzutreffen: "Ermanung bey einem oder vil Communicanten"[663], "Ermahnung zu den Communicanten"[664], "Christliche Ermahnung an die Gevattern und andere vmbstehende bey der Heiligen Tauff"[665], "Ermahnung bey und zu der heiligen Beicht"[666], "Ermanung den zweyen Eheleuten vor der zusammengebung zuthun"[667], "Ermanung vnnd Vnderweisung deß Krancken"[668], "Ein Christliche Ermanung zur Beicht"[669].

Die Bezeichnungen und damit die Textsorte 'Vermahnung' finden sich also nicht nur reduziert auf die Kommunion, sondern bei allen sakramentalen Vollzügen, die von einem Priester geleitet werden. Erst beigefügte Termini spezifizieren die Textsorte. Dies legt die Vermutung nahe, daß 'Vermahnung' und 'Ermahnung' keine direkten Bezeichnungen einer Textgattung darstellen, sondern Bezeichnungen einer spezifischen Form des Sprechens - einer Sprechhandlung, in der die Bedeutung der zugrundeliegenden, bedeutungstragenden Verben noch bestimmend ist. Deshalb muß nachfolgend zwischen Sprechhandlung und Textgattung unterschieden werden, die beide mit 'Vermahnung'/'vermahnen' bezeichnet werden können. Dies bedeutet nicht, daß die Sprechhandlung ohne Text vollzogen werden könnte, aber eine Textgattung 'Vermahnung' läßt sich erst beim Vorliegen von wirklich schriftlich fixierten Texten beschreiben. Die Charakteristika der Sprechhandlung 'Vermahnung' müssen dann selbstverständlich auch für die Textgattung gelten.

(EKO 13,72); Köln 1543,CIII^v; Mecklenburg 1552 (CD 1,100); Württemberg 1553 (CD 1,251f.255); Micron 1554 (CD 1,441).

[655] Als Substantiv oder als Verb in: Basel 1526 (CD 1,213); Straßburg 1526 (CD 1,317.322); Brandenburg-Nürnberg 1533 (CD 1,76); Württemberg 1553 (CD 1,256); Lüneburg 1530 (EKO 6.1,603).

[656] Zu den Belegen vgl. Ringel 363f.

[657] Mainz 1551 [Probst Nr. 350] LV^r; vgl. Reifenberg, Werdegang 89.

[658] Ritus Communionis Catholicus 1556,A^r; vgl. Mattes 287[4].

[659] Würzburg 1564 [Probst Nr. 723] LX^v.

[660] Bamberg 1587 [Probst Nr. 39] 210.

[661] Salzburg 1557 [Probst Nr. 582] 217^r; vgl. Mayer 1,780.

[662] Mainz 1551 [Probst Nr. 350] LI; vgl. Reifenberg, Sakramente 1,357.

[663] Augsburg 1580 [Probst Nr. 15] 240.

[664] Freising 1612 [Probst Nr. 403] 60.

[665] Freising 1612 [Probst Nr. 403] 19; vgl. Mattes 174. Ähnlich Bamberg 1587 [Probst Nr. 39] 98; vgl. Reifenberg, Sakramente 1,236[1309].

[666] Freising 1612 [Probst Nr. 403] 77; vgl. Mattes 205.

[667] Freising 1612 [Probst Nr. 403] 144; vgl. Mattes 321.

[668] Bamberg 1587 [Probst Nr. 39] 199; vgl. Reifenberg, Sakramente 1,365[2150].

[669] Bamberg 1587 [Probst Nr. 39] 205; vgl. Reifenberg, Sakramente 1,365[2151].

7.3.2 Die Etymologie der Begriffe

Um die Bedeutung der zugrundeliegenden Verben zu eruieren, soll nun deren Etymologie genauer untersucht werden. Gerade weil die Termini, wie gezeigt, recht unspezifisch benutzt werden können, kann die Etymologie Aufschluß über das Bedeutungsfeld geben.

7.3.2.1 Das Verb 'mahnen'

Das Verb 'mahnen' ist von althochdeutsch 'manôn' und 'manên' und mittelhochdeutsch 'manen' abgeleitet[670]. Wichtig für unseren Zusammenhang ist, daß sich für dieses Wort direkt zwei ineinander verwobene Bedeutungsfelder zeigen. Die älteste Bedeutung ist die des Antreibens, des Aufreizens[671] und des Aufforderns[672]. Ein zweiter Bedeutungsstrang ist seit der althochdeutschen Zeit die "des bloszen erinnerns an etwas zu leistendes (...), wobei selbst die darin liegende forderung zurücktreten kann"[673]. Diese Bedeutungspole Antreiben und Erinnern finden sich in mehreren verwandten Sprachen[674], wobei die Bedeutung des Erinnerns die Oberhand hat bzw. erhält[675]. Durch die Etymologie erweitert sich das Bedeutungsfeld von 'erinnern' auf 'glauben', 'denken', 'meinen'[676] und deckt damit das ganze Feld des Überzeugt-Seins ab.

7.3.2.2 Das Verb 'vermahnen'

Eine Intensivierung der Bedeutung ergibt sich durch die Vorordnung der Silbe 'ver-' zu 'vermahnen'[677]. 'Vermahnen' hat seine Wurzel in althochdeutsch 'firmanên' und in mittelhochdeutsch 'vermanen'[678]. Schon mittelhochdeutsch findet sich 'vermanunge', 'vermonunge'[679]. Zunächst ist der Terminus von 'ermahnen' kaum zu unterscheiden, erhält aber zunehmend die Vorstellung einer Warnung[680] und Bedrohung[681]. In der Schriftsprache aber wird 'vermahnen' langsam durch 'ermahnen' verdrängt, in dem auch wieder die intensivierende Bedeutung des Ermunterns und Anreizens enthalten ist.[682]

7.3.2.3 Das Verb 'ermahnen'

Bei 'ermahnen', entwickelt aus althochdeutsch 'irmanên' und mittelhochdeutsch 'ermanen', steht die antreibende, auffordernde Bedeutung im Vordergrund, wenn auch die Dimension

---

[670] Vgl. Grimm, Wörterbuch 6,1462.

[671] Vgl. Grimm, Wörterbuch 6,1462.

[672] Vgl. Paul 550.

[673] Grimm, Wörterbuch 6,1463; vgl. auch Paul 550.

[674] So finden sich im Griechischen 'μιμνήσκειν' = 'sich erinnern' und 'μαίνεσθαι' = 'rasen', 'wüten', 'von Sinnen sein', 'verrückt sein' (vgl. Pfeifer 2,1046).

[675] Vgl. auch Grimm, Wörterbuch 12.1,837.

[676] Vgl. Kluge 455.

[677] Vgl. Grimm, Wörterbuch 12.1,837.

[678] Vgl. Grimm, Wörterbuch 12.1,837.

[679] Vgl. Grimm, Wörterbuch 12.1,837.

[680] Deshalb ist nicht verwunderlich, daß sich 'Warnung' auch als Bezeichnung findet (vgl. Basel 1526 (CD 1,203)).

[681] Vgl. Paul 972.

[682] Vgl. Grimm, Wörterbuch 12.1,837.

der Erinnerung nicht wegfällt[683]. Auffällig ist, daß besonders in den deutschen Bibelübersetzungen 'ermahnen' oft im Sinne von 'ermuntern', 'auffordern', wie das lat. 'hortari' benutzt wird.[684]

Als Beleg, daß die Dimension des Erinnerns auch beim Terminus 'ermahnen' nicht wegfällt, sei die älteste deutsche Gesamtauslegung der Messe genannt. Hier findet sich das Wort 'ermanen' in der Bedeutung 'erinnern'[685] recht häufig, aber nicht nur beim Sprechen zur Gemeinde, sondern vorrangig bei einem Sprechen zu Gott. Benutzt wird der Terminus meist bei explizit anamnetischen Vollzügen, häufig unter Verwendung einer Formulierung wie 'so ermanet der priester Got den Vater', so bei den Einsetzungsworten[686], bei der eigentlichen Anamnese im Abschnitt 'Unde et memores'[687], aber auch (falls vorhanden) beim anamnetischen Abschnitt der Orationen (z.B. beim 'Domine Jesu Christe, qui dixisti Apostolis tuis'[688], beim 'Domine Jesu Christe, Fili Dei vivi'[689]). 'Ermanen' mit der Bedeutung 'erinnern' findet sich auch bei einem Gebet nach der Kommunion ("biß ermanet der grossen demuetigkeyt und miltikeyt"[690]), speziell aber bei der Überleitung zum Vaterunser. Der lateinische Text ('Preceptis salutaribus moniti et divina institutione formati, audemus dicere') wird übersetzt mit: "*Wir biten dich und werden ermanet des heylsamen gebotes und durch die aufsatzung des almechtigen Gotes unterweyst, das wir spechen tueren dise wort.*"[691] Danach wird unterschieden zwischen Mahnung und Unterweisung. Die Mahnung ist Erinnerung[692], die 'aufsatzung' aber göttliches Gebot und Anweisung[693]. Natürlich ist hier neben der erinnernden auch die antreibende Dimension enthalten, wie auch beim Einleitungsdialog zur Präfation, der als Ermahnung verstanden wird[694].

---

[683] Vgl. Grimm, Wörterbuch 3,909f.

[684] Vgl. Grimm, Wörterbuch 3,910. Vgl. dort auch die Substantive 'Ermahnen' und 'Ermahnung'.

[685] Das Glossar gibt nur diese Bedeutung an (vgl. Reichert, Gesamtauslegung 219).

[686] Vgl. Meßauslegung 1480 [Häußling Nr. 101] (Reichert 143f).

[687] Vgl. Meßauslegung 1480 [Häußling Nr. 101] (Reichert 157f). So heißt es z.B.: "Zum dritten so ermanet der priester Got den Vater seynes Sunes, so er spricht: *sed et in celos gloriose ascensionis - und auch seiner wirdigen auffart in die hymel*. Als ob er sprech: wir ermanen dich deynes eyngebornen Sunes, hymelischer Vater, seynes sterbens, seyner urstende und seyner hymelfahrt" (ebd. 157).

[688] Vgl. Meßauslegung 1480 [Häußling Nr. 101] (Reichert 183).

[689] Vgl. Meßauslegung 1480 [Häußling Nr. 101] (Reichert 185).

[690] Meßauslegung 1480 [Häußling Nr. 101] (Reichert 192).

[691] Meßauslegung 1480 [Häußling Nr. 101] (Reichert 171).

[692] "...und werden des gemant oder erinnert, die heylberliche ding, die uns nuetz sein an sel und an leib..." (Meßauslegung 1480 [Häußling Nr. 101] (Reichert 171)).

[693] "Auch so wirt uns geboten, und durch die goetliche aufsatzung auch gelert und unterweyst seyn..." (Meßauslegung 1480 [Häußling Nr. 101] (Reichert 171)). Dieser Unterschied wird dann allegorisch aus den zwei Naturen Christi abgeleitet: "*Preceptis salutaribus moniti - die manung des heylberlichen gebotes*. In disen worten werden uns fuergelegt zwu sachen, das ist: das gebot und die meynung [= Mahnung, A.d.V.], die da gehoeren seyn zu mangerley dingen. Die gebiettung oder gebot gehoert Got zu, aber manung gehoert zu dem meister... Und darumb so gehoert im zu gebieten und vermanen; gebieten nach seiner gotheyt und vermanen nach seiner menscheit." (Meßauslegung 1480 [Häußling Nr. 101] (Reichert 172f)). In verkürzender Weise wird hierbei ein Text des Bernardus de Parentinis benutzt (vgl. Reichert, Meßauslegung 173[379]).

[694] Vgl. Meßauslegung 1480 [Häußling Nr. 101] (Reichert 110f).

Von den genannten Begriffen gilt hingegen heute 'Vermahnen' als veraltet[695]. Nur noch 'Mahnung', vor allem als juristischer Fachterminus, und die 'Ermahnung' werden - mit ihren jeweiligen Verben - in der heutigen Sprache benutzt. Bei beiden bleiben die Bedeutungsgehalte des Aufforderns und des Erinnerns erhalten[696], wenn letztere Dimension auch umgangssprachlich stark in den Hintergrund gedrängt ist. Gerade diese erinnernde, anamnetische Dimension des Begriffs ist aber zu berücksichtigen, wenn man die Text- und Sprachgattung 'Vermahnung' im weiteren betrachten will.

7.3.2.4 Das Verb 'exhortari'

Als Bezeichnung für die hier zu untersuchende Gattung findet sich in den reformatorischen Kirchenordnungen auch der lateinische Begriff 'Exhortatio' oder entsprechende landessprachliche Lehnworte[697], die sich in Deutschland nur begrenzt für den norddeutschen Raum belegen lassen[698]. Auf katholischer Seite steht oftmals der lateinische Terminus in den Rubriken, wenn eine Vermahnung gemeint ist (z.B. "initium faciat ab exhortatione"[699], "ad poenitentiam et confessionem eum exhortetur in hanc sententiam"[700]). Er ist also ebenfalls nicht konfessionsspezifisch, sondern läßt sich auch in katholischen Ritualien für entsprechende Ansprachen finden. Schon zu Beginn des 16. Jahrhunderts ist 'Exhortatio' ein feststehender Ausdruck[701]. Allerdings wird der Begriff nicht spezifisch benutzt, sondern kann auch Texte bezeichnen, die nicht für den liturgischen Gebrauch bestimmt sind, wie z.B. Anweisungen und Belehrungen für die Kleriker.[702] Das Substantiv kann auch zum Äquivalent für 'Sermon' werden[703]. Sowohl beim Verb 'exhortari' als auch beim Substantiv 'exhortatio' findet sich wieder das Bedeutungsspektrum 'ermahnen'[704], 'ermutigen'[705], 'antreiben'[706],

---

[695] Vgl. Paul 972.

[696] Vgl. Duden-Wörterbuch 2,962; Wahrig 4,563.

[697] So findet sich "exhortatio(n)" (Nürnberg/Döber 1525 (EKO 11,54); Braunschweig 1528 (CD 1,53); Weißenburg 1528 (EKO 11,659); Frankfurt 1530 (CD 1,239f); Braunschweig-Lüneburg 1564 (EKO 6.1,546); Braunschweig-Wolfenbüttel 1569 (EKO 6.1,147); Lüneburg 1575 (EKO 6.1,659)) und "exhortatie" (Braunschweig 1528 (EKO 6.1,441). Im Englischen bildet 'exhortation'/'to exhorte' die gängige Bezeichnung der Vermahnung (vgl. OoC 1548 (CD 1,388), BCP 1549 (CD 1,395); FoP 1556, 1564 (CD 1,473.476)). Ebenfalls sind die Komposita "forma exhortationis" (Braunschweig-Wolfenbüttel 1569 (EKO 6.1,147)) und "formula exhortationis" (Braunschweig-Lüneburg 1564 (EKO 6.1,546); Lüneburg 1575 (EKO 6.1,659); Braunschweig-Wolfenbüttel 1569 (EKO 6.1,146)) zu verzeichnen. Vgl. hierzu Ringel 365$^{5-7}$.

[698] Vgl. Ringel 365. In englisch- und französischsprachiger Fachliteratur wird jedoch dieser Begriff durchgängig benutzt.

[699] Mainz 1599 [Probst Nr. 351] 140; vgl. Reifenberg, Werdegang 95.

[700] Mainz 1551 [Probst Nr. 350] LI; vgl. Reifenberg, Sakramente 1,358^{2104}.

[701] Vgl. die beiden handschriftlichen Einträge in Konstanzer Ritualien von 1482 und 1502 bei Dold 24*. Speziell der Begriff 'exhortatio' kommt schon wesentlich früher vor. So berichtet Heinrich Mayer von einer 'Exhortatio ad plebem christianam', die lateinisch geschrieben und unter Atto (782-810) in Freising ins Deutsche übersetzt wurde und in der die Zuhörer an ihre Abrenuntiatio und Confessio bei ihrer Taufe und an ihre Eltern- und Patenpflichten erinnert werden (vgl. Mayer 2,4; Kartschoke 106; Text vgl. Maßmann 150-154). Ob es sich bei dieser Exhortation allerdings um den Bestandteil der Taufliturgie handelt, bleibt ungewiß (vgl. Kartschoke 106).

[702] In Speyer 1512 wird ein ganzer Anhang mit Anweisungen für die Sakramentsfeiern mit 'exhortationes' bezeichnet (vgl. Speyer 1512 [Probst Nr. 607] 129^r-142^r; Lamott 49f; Siebert 190). Auch bei Surgant taucht der Begriff in einzelnen Überschriften des Manuale Curatorum auf (vgl. Konzili 4,339.349.350.351.357).

[703] DMLBS fasc.3,846.

[704] Vgl. DMLBS fasc.3,846; Glare 642; LMALB 2,448.

'warnen'[707]. Die appellativ-antreibende Dimension hat im Bedeutungsspektrum das Übergewicht, kann aber deutlich positiv geprägt sein, während die erinnernde Dimension nur indirekt benannt wird.

7.3.2.5 Das Verb 'adhortari'

Seltener findet sich in der Reformationszeit für die zu untersuchende Gattung auch der lateinische Begriff 'adhortatio'[708]. Im Deutschen existiert von 'adhortari' abgeleitet das schon im Frühhochdeutsch nachgewiesene Lehnwort 'adhortation' mit der Bedeutung 'Ermunterung', 'Antrieb'[709]. Es wird sowohl im Sinne der 'Vermahnung' als auch der 'Predigt' verwandt, schließlich aber nur noch in der Engführung von 'Ermahnung'[710]. In den Ritualien um 1500 findet sich das Verb '(ad-)hortari' oftmals dann, wenn der Priester Gläubige zu etwas auffordern soll, ohne daß ein Text geliefert wird; der Inhalt wird nur knapp skizziert.[711] Vom Bedeutungsspektrum her steht deutlich die antreibende, drängende (aber nicht die warnende) Dimension[712] im Vordergrund, aber auch die erinnernde ist belegt[713]. Das Substantiv kann eine Rede oder eine Abhandlung bezeichnen, die von etwas überzeugen möchte[714]. In der antiken Rhetorik wird der Begriff für die Gedankenfigur der direkten Anrede als einer Technik der Ermunterung verwendet, die das Gegensatzpaar des Zuratens und Abratens in sich vereinigt[715]. In der Reformationszeit gewinnt diese Figur wieder an Bedeutung, wird aber nun der Predigt untergeordnet[716].

7.3.2.6 Das Verb 'admonire'

An einigen Stellen ist auch der Begriff 'admonitio' anzutreffen.[717] Dieser Terminus kann für jegliche Form der Anrede der Gemeinde schon zu Beginn des 16. Jh. benutzt werden. Dieses Verb hat aber im Gegensatz zu 'exhortari' neben dem antreibenden[718] auch deutlich das erinnernde Bedeutungsfeld[719]. Beide Dimensionen bleiben bei den entsprechenden dt.

---

[705] Vgl. DMLBS fasc.3,846; Glare 642; LLNMA 3,1896; LMALB 2,448. Z.T. wird das Wort im Mittelalter auch für 'Tröstung', 'Aufmunterung' benutzt (vgl. LLNMA 3,1896; LMALB 2,448f.).

[706] Vgl. Glare 642; LLNMA 3,1896.

[707] Vgl. Glare 642.

[708] Straßburg/Schwarz 1524 (CD 1,316).

[709] Vgl. Frühneuhochdeutsches Wörterbuch 1,639.

[710] Vgl. Grimm, Neubearbeitung 1,1489.

[711] Vgl. unten 7.4.4.1.

[712] Vgl. Glare 41; Mittellateinisches Wörterbuch 1,178f; DMLBS fasc. 4,1174f. Dies bleibt auch bei den entsprechenden dt. Lehnworten der Fall (vgl. Grimm, Neubearbeitung 1,1489f).

[713] Mittellateinisches Wörterbuch 1,179. Auch ist die Bedeutung 'unterweisen' belegt (vgl. Mittellateinisches Wörterbuch 1,179).

[714] Vgl. Glare 41.

[715] Vgl. Ueding 1,100.

[716] Vgl. Ueding 1,103f.

[717] "Admonitio ad circumstantes" (Mainz 1551 [Probst Nr. 403] II'). Das entsprechende Verb findet sich Nürnberg/Pfarrkirchen 1524 (EKO 11,47): "Posthac admonetur populus sacramentum sumpturus his verbis:...".

[718] Vgl. Glare 49; Mittellateinisches Wörterbuch 1,219f; LMALB 1,72; DMLBS fasc. 1,33; LLNMA 1,144; TLL 1,768.

[719] Vgl. Glare 49; Mittellateinisches Wörterbuch 1,220; LMALB 1,72; TLL 1,768.

Lehnworten erhalten[720]. Das Substantiv kann zudem als Bezeichnung für Anweisungen dienen[721].

7.3.3 Resümee

Zusammenfassend kann man feststellen, daß die Terminologie für die Sprechhandlung und Textgattung 'Vermahnung' weithin aus althochdeutscher und frühneuhochdeutscher Umgangsprache kommt und auf umgangssprachlicher Ebene verbleibt, so daß sich keine spezifisch liturgische Terminologie herausbildet. Die Terminologie bezeichnet, was man als Funktion der Sprechhandlung versteht, nämlich die doppelte Funktion des 'Antreibens' (i.S. von 'Ermutigen' oder auch 'Warnen') und 'Erinnerns'. Damit ist neben dem heutigen umgangssprachlichen Verständnis von 'Vermahnung' als (meist abwehrend verstandenem) Appell die positive Dimension des Erinnerns herausgestellt. Genau dies läßt auf den Charakter der sich aus der Sprechhandlung erst allmählich herausbildenden Textgattung selbst schließen. In ihr müssen entgegen unserem heutigen Vorverständnis - wie in der Sprechhandlung - beide Dimensionen gesucht werden.

Obwohl die Vermahnungstexte - bei allen Varianten - doch schon im 16. Jh. autoritative Fixierung erhalten, wird der Terminus 'Vermahnung'/'vermahnen' erst mit der Zeit durch die konstante Verwendung in Theologenkreisen - während das Wort umgangssprachlich schon durch 'Ermahnung'/'ermahnen' ersetzt ist - zu einem spezifischen Gattungsbegriff. Erst durch die wörtliche Anbindung an 'Abendmahl' in 'Abendmahlsvermahnung' entsteht im 19. Jh. ein - keineswegs durchgängig benutzter - Terminus technicus für diese Textgattung[722]. Von daher ergibt sich die These, daß die Termini 'Ermahnung'/'Vermahnung'/'Mahnung' selbst als Bezeichnung der im 16. Jh. anzutreffenden und wörtlich fixierten Textformen noch keinen Gattungsbegriff bilden, sondern noch immer - durch Substantivierung der bedeutungstragenden Verben - Bezeichnungen der Sprechhandlung mit ihren unterschiedlichen Funktionen darstellen. Es handelt sich um eine Sprechhandlung, die sowohl appellative wie erinnernde Dimensionen beinhaltet, die unterschiedlich gewichtet werden können. Eine inhaltliche Ausrichtung erhalten die Dimensionen erst durch die konkreten Feiern, in denen die Vermahnungen verwendet werden. Beim Abendmahl bezieht sich die appellative Dimension vor allem auf die Warnung vor unwürdigem Empfang, aber sie kann auch als Aufruf zu christlichem Leben formuliert sein. Die erinnernde Dimension wird primär als Christus-Anamnese gestaltet[723]. Zur Textgattung wird die 'Vermahnung' beim Abendmahl durch die Publizierung, besonders aber aufgrund der Dignität der ersten Entwürfe, die schnell

---

[720] Vgl. Grimm, Neubearbeitung 1,1521.

[721] Vgl. Glare 49; LLNMA 1,144. Goertz gibt als weiteren Terminus 'paraphrasis' an, nennt aber als einzigen Beleg Luther, DM 1525 (CD 1,36-38). An allen Stellen findet sich dort neben diesem Begriff der der 'vermanung', so daß sich 'paraphrasis' sicher auf die Umformung des Vaterunsers bezieht. Goertz beurteilt diesen Begriff selbst nur als Gelegenheitswort (vgl. Goertz, Begriffe 296^9).

[722] Eine Spezifizierung auf das Abendmahl hin verbietet sich auch zunächst, da sich diese Gattung in beiden Konfessionen bei anderen Feiern und nicht nur bei der Kommunion findet. In modernen Wörterbüchern der deutschen Sprache findet sich der Terminus 'Abendmahlsvermahnung' nicht (vgl. z.B. die Komposita mit 'Abendmahl' in Grimm, Neuauflage 1,139). Auch moderne liturgiewissenschaftliche Literatur verwendet diesen Begriff nur gelegentlich (vgl. oben 7.1). Dieser zusammengesetzte Terminus darf nicht in die frühen Abendmahlsordnungen zurückprojiziert werden, wo durch Zufügungen zum Wort 'Vermahnung' deren Funktion genauer angegeben wird, aber kein eigentlich neuer Begriff entsteht.

[723] Vgl. 7.5.

zu einer wörtlichen Konstanz der Texte führt. Als wirklicher Gattungsbegriff findet sich 'Vermahnung' aber erst nachfolgend!

7.4 Die Genese der Textgattung 'Abendmahlsvermahnung' - der Versuch einer Bedeutungsbestimmung unter inhaltlichen und formalen Gesichtspunkten

Durch Betrachtung der formalen Ebene ist bisher die Vermahnung genauer umrissen, und durch eine Analyse der Bezeichnung sind die Dimensionen der zugrundeliegenden Sprechhandlung aufgedeckt. Eine inhaltliche Füllung ist aber allein auf diesen Ebenen noch nicht möglich. In der Literatur besteht der Versuch einer genaueren Bestimmung dessen, was unter 'Abendmahlsvermahnung' zu verstehen ist, nicht in einer genauen inhaltlichen Analyse, sondern in der Frage nach der Genese der Gattung. Dabei steht die strukturelle und funktionale Äquivalenz der Abendmahlsvermahnung zu Strukturelementen der vorreformatorischen Messe im Vordergrund.

7.4.1 Die behauptete Genese aus dem 'Habete vinculum pacis'

Einige evangelische Liturgiewissenschaftler haben schon zu Beginn dieses Jahrhunderts vermutet, daß die Abendmahlsvermahnung auf ein katholisches Vorbild zurückgehe[724]. Z.T. sind die Autoren der Meinung, Vorlage für die Abendmahlsvermahnung, speziell der Brandenburg-Nürnberger KO, sei die mittelalterliche Gebetsformel zwischen Friedensgruß und Friedenskuß: "Habete vinculum pacis et caritatis ut apti sitis sacrosanctis mysteriis Dei"[725]. Fendt schreibt dazu: "Was einst der Friedenskuß praktisch kundtat: die Bruderliebe der Mahlteilnehmer, das tut nun in der ev. Messe die Vermahnung logisch".[726] Für diese These könnte sprechen, daß hier - wie in der Vermahnung - eine Anrede der Umstehenden erfolgt und auch mit der Versöhnung untereinander ein zentrales Motiv der evangelischen Vermahnungen thematisiert wird. Vor allem aber stellt das Communio-Motiv einen inhaltlichen Grundbestand der Abendmahlsvermahnungen dar, besonders in der Tradition der Nürnberger Vermahnung[727].

Diese kurze lateinische Formel, die der Priester spricht, während er sich zum Altarkuß niederbeugt, kann aber schwerlich Ursprung der Abendmahlsvermahnung sein[728]. Ein Argument dagegen dürfte unter anderem der Sprachenwechsel sein, der keine Freiheit im

---

[724] Vgl. Waldenmeier 11²; Fendt, Gottesdienst 159; Smend, Messen 146.185.242. Graff vermutet nur eine eventuelle Anlehnung an ein mittelalterliches Vorbild (vgl. Graff, Auflösung 1,186³).

[725] Vgl. Smend, Messen 146³.242⁴; Fendt, Gottesdienst 159. In der Formel findet sich z.T. statt 'Dei' auch 'Christi' (vgl. Fendt, Gottesdienst 159). Diese Formel ist laut Jungmann primär belegt in Meßbüchern des 11.-13. Jh. aus Italien, während man im Norden auf diese Formel vielfach verzichtet habe (vgl. Jungmann, MS 2,412⁶⁰). Erst gegen Ende des Mittelalters finde sie sich wieder häufiger (vgl. ebd.; Maskell 170f). Belegen läßt sie sich z.B. im Augsburger Missale (1386) (vgl. Hoeynck 375; Franz, Messe 753), in der ältesten deutschen Gesamtauslegung der Messe (vgl. Meßauslegung 1480 [Häußling Nr. 101] (Reichert 184)), in einem Regensburger Ordo Missae um 1500, im Freisinger Missale von 1520 (vgl. Beck 269.309) und bei Gabriel Biel (vgl. Obermann/Courtenay/Zerfass 44f).

Auch findet sie sich im Mainzer Missale von 1520 (vgl. Reifenberg, Messe 83⁵²⁷). Es folgt dort nach dieser Formel: "Pax Christi et ecclesiae habundet in cordibus nostris, per spiritum sanctum, qui datus est nobis" (ebd.). Seit ca. 1250 ist diese Formel für Mainz sicher nachzuweisen; für die Ordines des rheinisch-fränkischen Meßordo findet sich die Formel in verkürzter Form (vgl. ebd. 87).

[726] Fendt, Gottesdienst 159.

[727] Vgl. Schulz, Communio 133. Zum Körnergleichnis vgl. 7.8.4.5.2.

[728] So auch Meyer, LM 191.

Text mit sich bringt[729]. Außerdem wird in den spätmittelalterlichen deutschen Meßerklärungen und Meßübersetzungen dieser Zeit gerade die Formel 'Habete vinculum' nicht mit dem Terminus 'ermanen' in Verbindung gebracht. Schließlich fände sich dann die Entwicklung von einer festen kurzen über eine - zumindest in einem Teil der ersten evangelischen Kirchenordnungen möglichen - freien, hin zu einer wieder textlich festgelegten und darüber hinaus sehr umfangreichen Formulierung. Eine solche Entwicklung ist äußerst unwahrscheinlich. Gerade daß zunächst die freie Formulierung möglich ist und die Vermahnung im Text nur angeordnet wird, zeugt davon, daß den Klerikern dieser Zeit im Grundsatz bekannt ist, was mit 'vermahnen' gemeint ist. Wäre das Phänomen 'Vermahnen' eine absolute Neuschöpfung der Reformation, so wären genauere Anweisungen unerläßlich. Zumindest die Sprechhandlung 'Vermahnen' ist bekannt. Daß dann die Vermahnungstexte vorgegeben werden, zeigt allerdings, daß die Vermahnung in den evangelischen Gottesdienstordnungen einen wesentlich höheren Stellenwert und einen ganz anderen Charakter erhält als in der katholischen Tradition.

Das entscheidende Argument gegen die Ableitung der Vermahnung aus der Formel 'Habete vinculum pacis' gibt jedoch Fendt selbst an, indem er als Unterschied herausstellt, daß "aber die Vermahnung zugleich als Anamnese, als Erinnerungspredigt an den Tod Jesu ausgebaut"[730] wird. Damit benennt er den entscheidenden Unterschied, nämlich daß die evangelischen Vermahnungen oftmals durch einen ausführlichen Anamneseteil gekennzeichnet sind, somit wesentlich umfangreicher sind und "inhaltlich einen ganz anderen Charakter"[731] aufzeigen. In der oben genannten Formel selbst gibt es aber kein Element und kein Motiv, aus denen heraus diese anamnetische Erweiterung verständlich wäre.[732]

7.4.2 Die Vermahnung als Ersatz für die Präfation und die damit behauptete Herkunft aus der Präfation

In vorreformatorischer Zeit wird die Präfation durchgehend als Vorrede zum - nach damaliger Auffassung erst nach dem Sanctus beginnenden - Hochgebet verstanden. Die älteste deutsche Gesamtauslegung der Messe schreibt dazu: "Und *prefatio* ist als vil

---

[729] Die älteste deutsche Gesamtauslegung der Messe bietet eine Übersetzung, hält sich aber strikt an die lateinische Vorlage: "Habent das band des frides und der liebe, das ir geschickt seynt der heyligen dienstberlichkeyt" (Meßauslegung 1480 [Häußling Nr. 101] (Reichert 184)). Auch das 'Tewtsch Rational' bleibt eng an der Vorlage: "Der fryd mit dir/Jr solt halten das pand des frydes vnnd der lieb/auff das jr geschickt seit zů den heiligen haimligkaitē Jesu Christi" (Tewtsch Rational 1535, Kap. 22 [Häußling Nr. 132] m(1)ʳ). Witzel übersetzt noch 1550 in 'Psaltes Ecclesiasticus', einer Schrift, die zudem selbst schon eine Kommunionvermahnung kennt, noch eng gebunden an den lateinischen Text: "Habt das band des frieds vnd der Liebe bey euch/auff das jr tüchtig seiet/zu den heiligen Sacramenten Christi. Der Friede sey mit dir Bruder/vnd mit der heiligen Kirchen Gottes." (Witzel, Psaltes Ecclesiasticus 1550 [Häußling Nr. 135] 42ʳ). Gerade die stets enge Bindung an die lateinische Vorlage und das parallele Auftreten von Formel und Vermahnung bei Witzel zeugen davon, daß nicht das eine aus dem anderen entstanden sein kann.

[730] Fendt, Gottesdienst 159. Fendt verweist auf Did 14 (vgl. ebd.).

[731] Meyer, LM 191.

[732] Eine weitere Begründung gegen die Herkunft der Abendmahlsvermahnung aus dem 'Habete vinculum', die Meyer gibt, bleibt zwiespältig, da er meint, daß die meisten Kirchenordnungen die Abendmahlsvermahnung wie Luther zwischen Wort- und Sakramentsgottesdienst stellen (vgl. Meyer, LM 191). Richtig ist, daß wirklich in nicht wenigen Kirchenordnungen die Abendmahlsvermahnung zu Beginn des Abendmahlsteils und nicht kurz vor der Kommunion steht. Daraus sollte aber nie auf eine 'Zwischenstellung' geschlossen werden, denn diese geht zu sehr von heutigen Vorstellungen aus. In diesen Ordnungen ist die Abendmahlsvermahnung auch zu Beginn des Abendmahlsteils integrativer Teil der Handlung, nicht nur Zwischenstück.

gesprochen als ein vorrede oder ein vorwort, denn vor dem Canon gat es."[733] Auch das 'Tewtsch Rational' sieht die "prefatiō als ainer vorred des grossen Canō"[734].
Schon allein deshalb, weil die Präfation eben nicht als Teil des Canon und deshalb als unwesentlich angesehen wird, kann sie in der Reformation leicht wegfallen[735]. Da sie inhaltlich meist nicht auf das Abendmahl, sondern auf das spezifische Heilsgeheimnis des Tages bezogen ist, kann Bugenhagen auch den Charakter der Vorrede abstreiten und 'ersetzt' die traditionelle Präfation durch die Vermahnung: "Sus mach wol totiden sulke prefatie unde Sanctus nabliven [= unterbleiben, A.d.V.], wente de exhortatie vamme sacramente is de rechte prefatie, dat is eyne vohrrede."[736] Zuvor hat schon Luther in einem Brief an Hausmann Präfation und Vermahnung als äquivalent herausgestellt[737].
Modernere Autoren sprechen oftmals von einem Ersatz der Präfation durch die Vermahnung[738], verstehen nun aber 'Präfation' dezidiert nicht mehr als 'Vorrede', sondern im modernen liturgiewissenschaftlichen Sinne als fest umrissene Textgattung. Letztlich liegt ein Ersatz der Präfation durch die Vermahnung[739] aber nur vor, wenn 'praefatio' nicht als liturgische Gattung mit spezifischem Inhalt und Funktion verstanden wird, sondern im sprechtechnischen Sinne als 'Vor-Rede', wie dies die zeitgenössischen Quellen auch immer wieder hervorheben!

Dagegen könnte man einwenden, daß doch schon vor der Reformation die Präfation mit der Funktion des Mahnens in Verbindung gebracht wird. So heißt es in der ältesten deutschen Gesamtauslegung der Messe: "Prefatio ist ein vorred des Canon; und ist ein antreybung und reytzung, das die cristgelaubigen menschen sich sollen erheben zu der allerhoechsten andacht zu der majestat Gottes."[740] Haben wir hier den auffordernden Charakter schon beschrieben, so wird er kurze Zeit später mit dem Terminus 'ermahnen' in Verbindung gebracht. So heißt es im 'Tewtsch Rational' zur Präfation: "...deßhalb frolockt der priester vnd ermant fürter dasselb volck zů danckbarkeit..."[741]. Fabri meint zur Präfation, durch sie ermahnt der Priester das Volk, "zů erhebē jre hertzer in Got"[742].

---

[733] Meßauslegung 1480 [Häußling Nr. 101] (Reichert 109).

[734] Tewtsch Rational 1535, Kap. 9 [Häußling Nr. 132] f2ᵛ.

[735] Allerdings ist dem gleichen Faktum zuzuschreiben, daß sie sich in der Reformation genau so häufig erhalten kann, denn vom dogmatischem Standpunkt her ist die Präfation für die Reformatoren selten problematisch. Oftmals wird der Canon ersatzlos bis auf die EW zusammengestrichen, während die Präfation erhalten bleibt (vgl. 8.2.1.1).

[736] Braunschweig 1528 (CD 1,55); vgl. Goertz, Begriffe 326.

[737] Vgl. Luther, Hausmann 1525 (CD 1,43).

[738] "Man kann sagen, daß die Vermahnung fast überall an die Stelle der Präfation getreten ist. Am verbreitetsten ist die Nürnberger" (Graff, Auflösung 1,186; vgl. Jungkuntz 2; Schmidt-Lauber, Eucharistie 228). Differenzierter äußert sich Meßner, wenn er von der Vermahnung als einer Umbildung der Präfation i.S. einer Vorrede spricht (vgl. Meßner, Meßreform 199).

[739] Daß in Württemberg 1536 statt der Abendmahlsvermahnung auch 1 Kor 11 verlesen werden kann (vgl. Württemberg 1536 (Richter, Kirchenordnungen 1,268)), spricht ebenfalls gegen eine allgemeine Äquivalenz von Präfation und Vermahnung.

[740] Meßauslegung 1480 [Häußling Nr. 101] (Reichert 114).

[741] Tewtsch Rational 1535, Kap. 9 [Häußling Nr. 132] f2ᵛ.

[742] Fabri, Was die Euangelische Meß sey 1555 [Klaiber Nr. 1068] CXVIIʳ; zitiert nach Ringel 121.

Die Ermahnungsfunktion der Präfation - und damit die Funktion der Präfation überhaupt - wird somit nicht aus dieser selbst hergeleitet, sondern aus dem Einleitungsdialog, speziell aus dem 'Gratias agamus' und dem 'Sursum corda'![743] Wenn also die Funktion des Präfationsteils, besonders artikuliert im Einleitungsdialog, in der Funktion der Ermahnung gesehen wird, so nicht als Belehrung der Gläubigen vor dem Sakramentsempfang, sondern in seiner appellativen Funktion[744]. Diese konkreten appellativen Inhalte finden sich zwar auch in kurzen Aufforderungen an die Gemeinde schon zu Beginn der Reformation, sie können aber nicht als Abendmahlsvermahnungen bezeichnet werden.

Ein weiteres Argument gegen eine Äquivalenz von Vermahnung und Präfation bildet die Tatsache, daß sich die Gattung 'Vermahnung' nicht nur in den Abendmahlsformularen, sondern auch in anderen sakramentlichen Formularen findet, die in der katholischen Vorlage überhaupt keine Präfation enthalten! Zwar nimmt die Abendmahlsvermahnung einiger evangelischer Ordnungen in etwa die Stellung der Präfation ein, aber damit ist weder eine genetische, noch eine funktionale Verbindung aufgezeigt.

7.4.3 Die behauptete Genese aus der Ankündigung der Osterkommunion

Als weitere Quelle für die Kommunionansprache wird in der wissenschaftlichen Literatur die Ankündigung der Osterkommunion angesehen.[745] Das 4. Laterankonzil hat 1215 in can. 21 die jährliche Osterkommunion verpflichtend gemacht. Zur Einhaltung dieses Gebots soll den Gläubigen jedes Jahr kurz vor Ostern dieses in Erinnerung gerufen werden[746]. Gefordert wird ein ehrfürchtiger Empfang, aber es wird auch ohne weiteres für möglich gehalten, daß jemand auf Anraten des Priesters auf bestimmte Zeit vom Empfang absieht[747], was nur in einer bestehenden Unwürdigkeit begründet sein kann. Nachfolgend wird diese Vorschrift den Gläubigen meist am Palmsonntag vorgelesen und erläutert[748]. Beispiele solcher landessprachlichen Texte bieten z.B. Speyer 1512[749], Augsburg 1580 u. 1612[750], Lüttich 1592[751], Pastorale 1629[752], Brixen 1640[753], Osnabrück 1653[754].

---

[743] Ähnlich interpretiert Wild das 'Gratias agamus', daß "der Priester vns ermanet zur Danksagung" (Wild, Betbüchlein 1554 [Klaiber Nr. 3264] 90^v; zitiert nach Ringel 121).

[744] Vgl. Ringel 122. Es findet sich meist die Wendung 'mahnen...zu...'.

[745] Z.T. wird diese Ansprache auch als 'praeconium paschale' bezeichnet (vgl. Meyer, LM 194f; Konzili 3,381). Ansonsten wird dieser Ausdruck für das Exultet verwandt, das natürlich auch eine Ankündigung des Osterfestes, aber eine ganz andere Textgattung darstellt und innerhalb - nicht außerhalb - der Osterfeier seinen Platz hat.

[746] "Unde hoc salutare statutum frequenter in ecclesiis publicetur, ne quisquam ignorantiae caecitate velamen excusationis assumat" (DH Nr. 812).

[747] "...suscipiens reverenter ad minus in Pascha Eucharistiae sacramentum, nisi forte de consilio proprii sacerdotis ob aliquam rationabilem causam ad tempus ab eius perceptione duxerit abstinendum" (DH Nr. 812).

[748] Vgl. Meyer, LM 194.

[749] Vgl. Speyer 1512 [Probst Nr. 607] 62^r-63^r; Lamott 49.

[750] Vgl. Augsburg 1580 [Probst Nr. 15] 49-50; Augsburg 1612 [Probst Nr. 17] 26-27.

[751] Vgl. Lüttich 1592 lat.-ndt. [Probst Nr. 335] 105-111 [in der Seitenzählung folgt nach 105 die 110!].

[752] Pastorale 1629 [Probst Nr. 786] 125-126.

[753] Vgl. Brixen 1640 [Probst Nr. 95] 136-137.

[754] Vgl. Osnabrück 1653 [Probst Nr. 457] 117-118.

In den gleichen Zusammenhang gehören die z.T. landessprachlich gefaßten Texte, die die Bedingungen zum würdigen Empfang und die Gründe zum Ausschluß vom Sakrament nennen. So kennt das Speyerer Rituale von 1512 ganze 41 'Articuli prohibitorii a sacra communione', die die Zulassung zur Osterkommunion (eben durch Verbote) regeln und die an den Sonntagen Laetare, Judica und Palmarum verlesen werden sollen[755]. Auch finden sich solche Artikel[756] z.B. in Surgant 1503[757], Augsburg 1580 u. 1612[758], Pastorale 1629[759]. Ähnliches ist von Johannes Eck[760] und aus dem Pfarrbuch von Unlingen (1530)[761] bekannt. Die Behauptung, daß hier eine der Wurzeln der evangelischen Abendmahlsvermahnungen zu finden ist, hat sicher insofern ihre Berechtigung, als hier das zentrale Thema des würdigen Empfangs artikuliert wird, verbunden mit einem Ausschluß vom Abendmahl, der sich in den zahlreichen Bann-Formulierungen der reformierten Tradition wiederfindet.[762] Allerdings ist eine direkte gattungsmäßige Ableitung nicht nachweisbar, schon weil in katholischen Ritualien Kommunionvermahnung und Ankündigung der Osterkommunion nebeneinander stehen können und die inhaltliche Gestaltung der evangelischen Vermahnungen wesentlich reichhaltiger ist. Zudem bieten diese Texte für den anamnetischen Anteil keinen Anhaltspunkt.

7.4.4 Die behauptete Genese aus den mittelalterlichen Kommunionansprachen

Die meisten Liturgiewissenschaftler sehen in den mittelalterlichen Kommunionansprachen die eigentliche Quelle der Abendmahlsvermahnung[763]. Diese Kommunionansprachen müssen in ihrem liturgischen Kontext gesehen werden. Da die Kommunion der Gläubigen eine Seltenheit in der spätmittelalterlichen Eucharistiefeier darstellt[764], wird sie in eine eigene, landessprachliche Einheit integriert, die praktisch einen kleinen Kommuniongottesdienst innerhalb der Eucharistiefeier darstellt.[765] Richtig ist, daß schon in frühesten liturgischen

---

[755] Vgl. Speyer 1512 [Probst Nr. 607] 63^r-64^v; Lamott 49; Siebert 190; Schulz, Ordnung 498; Schulz, Ministerium 79.

[756] Die Bezeichnung 'aricul' kann im evangelischen Raum für die Bannformel erhalten bleiben (vgl. Waldenmeier 36^3).

[757] Vgl. Surgant 1503, II Kap. 15 [Probst Nr. 756] 116^r-119^v. Auch in Surgants 'Jahrzeitbuch' findet sich auf fol. 84^r-85^v eine solche Liste (vgl. Konzili 4,355; Text ebd. 383-389, die Varianten des Manuale im Apparat). Surgant übernimmt einen großen Teil des Textes von Johannes Herolt (vgl. hierzu Konzili 3,382^3; 4,354f).

[758] Vgl. Augsburg 1580 [Probst Nr. 15] 52-62; Augsburg 1612 [Probst Nr. 17] 28-33. Sie stehen jeweils unmittelbar hinter der Ankündigung des Osterfestes und der Osterkommunion.

[759] Sie steht dort unter dem Titel 'Ein ander Form' (vgl. Pastorale 1629 [Probst Nr. 786] 113-120). Fischer berichtet das gleiche für die vorherige Ausgabe von 1627 [Probst Nr. 785] 116-123 (vgl. Fischer, Predigt 230^{32}).
Bei Martène finden sich die Verbote innerhalb eines größeren Textes in französischer Sprache ("Instructions faciendae in die Paschae" (Martène 3,490-492)). Zu Beginn steht ebenfalls die Verlesung des Dekretes 'Omnis utriusque sexus' des 4. Lateranum (vgl. ebd. 490).

[760] Vgl. Greving 139^a.140.145^a.

[761] Vgl. Konzili 3,382^3.

[762] Vgl. Meyer, LM 194f. Vgl. unten 7.7.4.2.

[763] Vgl. Meyer, LM 191-195; Fischer, Predigt; Sprengler-Ruppenthal, Mysterium 148; Waldenmeier 22; Heinz, Rules 127.

[764] Vgl. 6.2.1.2.

[765] So ist das spätere 'Herauswandern' dieser Kommunionfeier aus der Messe nicht verwunderlich.

Quellen belegt ist, daß die Einladung zur Kommunion zugleich mit einer Warnung vor unwürdigem Hinzutreten und der Aufforderung an die Teilnehmer der Eucharistie zu einem würdigen Empfang einhergeht.[766] So formuliert die Didache vor der Kommunion: "Wer heilig ist, der soll herkommen! Wer es nicht ist, soll Buße tun!"[767]. Fischer wertet dies als ersten Ansatz zu einer Kommunion-Vermahnung[768], wobei sicher richtig ist, daß das zentrale Thema des würdigen Empfangs an dieser Stelle benannt ist[769]. An dieser Stelle der Einladung ergehen auch noch im Mittelalter Ankündigungen an die Gemeinde[770] und 'Einschübe ähnlicher Art'[771]. Eine genaue Betrachtung der angeführten Belege zeigt aber, daß die Texte oftmals einen anderen Ort in der Liturgie haben, aber an die Stelle vor der Kommunion projiziert werden; außerdem läßt sich der anamnetische Charakter der evangelischen Abendmahlsvermahnungen nicht daraus ableiten.

Meyer führt als deutlichen Beleg für die Herkunft der evangelischen Vermahnungen aus der mittelalterlichen Kommunionansprache eine Stelle aus dem Rationale des Durandus auf: "In alter Zeit wurden diejenigen, welche in Bruderhaß lebten, ermahnt, zur Eintracht zu kommen, ehe sie kommunizierten und rein zu sein, ehe sie vor ihrem Heiland erschienen,

---

[766] Vgl. Adam/Berger 1.

[767] Did 10,6 (Fontes Christiani 1,124-126 Schöllgen). Auch der Ruf der byzantinischen Liturgie "τὰ ἅγια τοῖς ἁγίοις" hat sowohl einladende wie warnende Funktion (vgl. Taft, Holy Things; Arranz).

[768] Vgl. Fischer, Predigt 225[13].

[769] Nach Fischer kennt man in der Antike an dieser Stelle eine Belehrung der Neugetauften über die Eucharistie (vgl. Fischer, Predigt 225). Allerdings gibt die neueste Ausgabe der 'Traditio Apostolica' die angegebene Stelle als zwei eigenständige Sätze wieder: "De uniuersis uero his rationem reddat episcopus eis qui percipiunt. Frangens autem panem, singulas partes porrigens dicat" (TrAp 21 (Fontes Christiani 1,268 Geerlings)). Dadurch läßt sich der Zeitpunkt dieser Unterweisung nicht mehr so eindeutig angeben.

[770] Vgl. Fischer, Predigt 226. Daraus leitet Fischer den Brauch ab, z.T. Ansprachen an die Gemeinde zu halten und dabei den Behälter mit der Kommunion in der Hand zu halten (vgl. Fischer, Predigt 226[19]). Für Speyer ist eine solche Ansprache nach dem Viaticum vor der Entlassung derer belegt, die das Viaticum begleitet haben und mit ihm zur Kirche zurückgekehrt sind. Der Priester wendet sich zum Volke, und hält 'tenens scrinium eucharistiae in manu in loco consueto' eine Kurzansprache, in der er die Anwesenden auffordert, für den versehenen Kranken zu beten, speziell ein Vaterunser und Ave Maria, und verkündet schließlich allen einen Ablaß (vgl. Speyer 1512 [Probst Nr. 607] 29^r; Lamott 183; Text der Ansprache vgl. Siebert 189). Vgl. auch Surgant 1503, II Kap. 11 [Probst Nr. 756] 101^v-102^r; Konzili 3,338f. Bei diesen Texten handelt es sich aber um Gebetsvermahnungen, die zudem *nicht vor* der Kommunion stehen!
Fischer nennt daneben ein französisches Rituale des 18. Jahrhunderts, das bei der Kommunionansprache der Erstkommunion vermerkt: "tenant de la main gauche le ciboire et une hostie consacrée de la droite" (Rituel de Toul 1760,224; zitiert nach Fischer, Predigt 226[19]). Gerade für die Erstkommunion ist dies auch von anderen Orten bekannt, darf aber nicht einfach ins 16. Jh. zurückdatiert werden.
Browe behauptet: "...aber irgendeine Ermahnung hat man in vielen Kirchen gegeben, wenn auch aus dem 11. und 12. Jh. nur wenige Zeugnisse dafür erhalten sind" (Browe, Kommunionriten 24f). Als Beleg führt er an, daß z.B. nach dem Ordo der Chorherren vom Lateran der Zelebrant an Ostern nach der Opferung das Volk ermahnen soll, "mit wie großer Herzensreinheit und Frömmigkeit man die Kommunion empfangen muß, und wie gefährlich es ist, wenn diejenigen, die Zinsen nehmen oder fremdes Gut oder Zehnten zurückbehalten oder Haß gegen jemand im Herzen tragen oder eine öffentliche oder geheime Todsünde begangen haben, ohne den Rat der Priester Christi zum Tische des Herrn hinzutreten" (Fischer, Bernhardi 78; Ü.: Browe, Kommunionriten 25). Diese Mahnung geschieht aber nicht vor der Kommunion (vgl. Fischer, Bernhardi 78)! Ähnliche Ansprachen finden sich im Ordo der Passauer Chorherren des 12. Jh. und der Kirche von Siena aus dem Jahre 1213 (vgl. Browe, Kommunionriten 25).

[771] Vgl. Adam/Berger 1; Fischer 226-228. Jungmann nennt als solche Einschübe Treueschwüre bei einem Ordal und die Ordensprofeß, ebenfalls als heiliger Schwur verstanden und durch den Empfang des Sakraments besiegelt (vgl. Jungmann, MS 2,463). Als abergläubige Fehlform ist die 'Abendmahlsprobe' zu nennen (vgl. ebd. 463[41]).

der die Geheimnisse der Herzen kennt. Daraus entstand in der Kirche die Gewohnheit zu predigen. Aus demselben Grund betet man das Vaterunser, das in der Prim und den anderen Horen leise gesprochen wird, in der Messe laut und öffentlich. Denn hierin ist diese brüderliche Mahnung enthalten."[772] Und wirklich werden hier mahnende Predigt vor der Kommunion und das Beten des Vaterunsers vor der Kommunion in ihrer Funktion parallelisiert. Aber es ist nicht davon die Rede, daß diese ermahnende Predigt mit dem Vaterunser vor der Kommunion direkt verbunden wäre oder an dessen Stelle stünde. Über die Stellung der Predigt im Gottesdienst wird keine Aussage gemacht!

Auch die Aussage Luthers, der sicher das Werk Durandus gekannt hat[773] und der Vermahnung und Vaterunser in der 'Deutschen Messe' zu einer Einheit verbindet, kann nicht als Beleg aufgeführt werden: "Es sihet, als habens die alten bis her auff der Cantzel gethan, daher noch blieben ist, das man auff der Cantzel gemeyn gebet thut odder das vater unser fur spricht. Aber die vermanung zu eyner offentlichen beicht worden ist."[774] Zu dieser Stelle wehren sich die Herausgeber der Weimarer Ausgabe zu Recht gegen ein vorschnelles Verständnis des Wortes 'vermanung' i.S. der später auftretenden Gattung[775]: "Denn Luther hat nicht sowohl mittelalterliche Einrichtungen im Sinn als vielmehr jene 'Vermahnung' in dem altkirchlichen Gottesdienst, von der uns die Apostolischen Konstitutionen VIII, 12 (zu Anfang) berichten."[776]

Auch das angeführte Beispiel eines Textes von Eck stellt sich mehr als paraphrasierende Aufforderung, das 'Non sum dignus' zu sprechen, und damit als Gebetsvermahnung dar[777].

Für den behaupteten Zusammenhang der evangelischen Vermahnungen mit solchen spätmittelalterlichen Warnungen spricht vor allem die inhaltliche Nähe durch das Thema 'Würdigkeit'. Außerdem steht die Nürnberger Vermahnung zunächst direkt vor der Kommunion[778] und wird auch in der stark katholisierenden Ordnung Kurbrandenburg 1540 dort plaziert[779]. Dagegen spricht aber, daß gerade diese Stellung keineswegs durchgängig zu beobachten ist, sondern in den Ordnungen, die die Vermahnung an den Beginn des Abendmahlsteils plazieren, sich diese nicht an der Stelle einer 'Kommunionansprache' findet. Dies gilt nicht nur für späte, im Aufbau stark umstrukturierte Ordnungen, sondern z.B. auch für Zwinglis Ordnung von 1525, die noch stärker als Luthers 'Deutsche Messe' der Meßordnung verpflichtet ist.[780] Auch kennt die Baseler Abendmahlsordnung von 1526 und

---

[772] Durandus IIII, Cap. 26,1, 90; Ü.: Meyer, LM 191.

[773] Zur Diskussion vgl. Meyer, LM 191[12].

[774] Luther, DM 1525 (CD 1,37).

[775] Sie setzen sich von Rietschel ab, der Luthers Ansicht zurückweist, daß die Offene Schuld an die Stelle der Vermahnung getreten sei (vgl. Rietschel, Schuld 398).

[776] WA 19,58[2].

[777] "Nun geet frölich herzü unnd empfahent den grossen schatz des zarten fronleichnam Jhesu Christi unnsers erlesers unnd hailmaichers. Truckt in ewer hertz sein heilgen fünff wunden, schrient zü im mit hertz unnd mund mit sant Thoma: O mein her unnd mein got; o her Jesu, ain sunn David, erbarm dich mein; Jesu, ain sunn des lebendigen gottes, biß gnädig mir armen sünder. Rüefft mit tieffer demüetigkeit mit dem Centergraven: Herre, ich bin nit würdig, das du eingeest unnder mein tach, aber sprich ain wort, so würt gesundt mein seel." (Greving 215; vgl. Fischer, Predigt 229[31]).

[778] Vgl. Nürnberg/Volprecht 1524 (CD 1,67f).

[779] Vgl. Kurbrandenburg 1540 (CD 1,71).

[780] Vgl. Zürich 1525 (CD 1,194).

ihre Nachfolgerin von 1537 sogar drei Vermahnungen im Abendmahlsteil, wovon nur eine direkt vor der Kommunion steht[781]! Goertz stellt richtig fest: "Der Ort dieser Vermahnung im Ablauf der Liturgiefeier ist nicht einheitlich. Einige Formulare sehen sie nach der Predigt, andere vor der Konsekration, wieder andere unmittelbar vor der Kommunion der Gläubigen vor."[782]

Nur die Möglichkeit der Anrede der Gemeinde vor der Kommunion (aber auch an anderen Stellen der Meßfeier) kann als Anknüpfungspunkt für die evangelischen Abendmahlsvermahnungen gelten[783]. Die inhaltliche Ausrichtung läßt sich aber keineswegs daraus ableiten. Die Abendmahlsvermahnungen kreisen nicht hauptsächlich um das Thema der Würdigkeit, auch wenn in der Literatur nicht selten dieser Eindruck erweckt wird; für ihren anamnetischen Anteil aber bieten die spätmittelalterlichen Belege keine Vorlage!

Hinzu kommt, daß sich katholische Vermahnungen mit ähnlicher Ausrichtung und Qualität *vor* der Reformation nicht nachweisen lassen! Die ersten katholischen Belege finden sich erst einige Jahrzehnte nach den ersten reformatorischen! Dies soll nachfolgend genauer belegt werden.

---

[781] Vgl. Basel 1526 (CD 1,203-215), Basel 1537 (CD 1,215-225).

[782] Goertz, Begriffe 296. Der Begriff 'Konsekration' ist allerdings nicht glücklich gewählt und soll wohl die EW bezeichnen.

[783] Jungmann spricht auch ganz allgemein von 'Einschaltungen', 'Aufforderungen', 'Erklärungen' vor der Kommunion (vgl. Jungmann, MS 2,462f). Heinz bleibt ebenfalls zurückhaltend im Urteil: "In the later Middle Ages the custom of a special communion address became widespread on the main communion days, especially at Easter. The admonitions at the Lord's supper of the protestant services continue this pre-Reformation custom." (Heinz, Rules 127).

7.4.4.1 Die Kommunionansprache in den katholischen Ritualien
In der liturgiewissenschaftlichen Literatur wird bei der Frage nach der Genese der evangelischen Abendmahlsvermahnung auf entsprechende vorgegebene Vermahnungs-Texte zur Kommunion (meist zur Krankenkommunion[784]) verwiesen, die wenigstens z.T. vom Priester den Umständen entsprechend abgeändert werden. Solche Texte finden sich nicht in den Missalien, sondern in den Ritualien[785] und in ritualeähnlichen, von einzelnen Theologen herausgegebenen, aber wie Ritualien benutzten Handbüchern. Mit einer Verbreitung beider Buchgattungen ist erst ab dem Zeitpunkt zu rechnen, ab dem diese Bücher gedruckt werden können, d.h. ab dem Ausgang des 15. Jahrhunderts.[786]
Betrachtet man diese Ritualien-Drucke genauer, so stellt sich der Befund bzgl. der Kommunionansprachen aber wesentlich differenzierter als bisher dar und läßt sich m.E. in zwei Stufen einteilen.

7.4.4.1.1 Die rubrizierte Kommunionvermahnung vor der Reformation
Zunächst sind für die Zeit vor der Reformation in den gedruckten Diözesanritualien Stellen zu finden, in denen der Priester angewiesen wird, den Kommunizierenden zu ermahnen:
a) Augsburg 1487 kennt eine Mahnung nach der Kommunion[787]. Hoeynck gibt die Anweisung folgendermaßen wieder: "Der Priester soll dann dem Kranken heilsame Ermahnungen geben, namentlich ihm auflegen, nach erlangter Gesundheit sich anzumelden, um größere Buße zu übernehmen"[788].
b) Regensburg 1491 u. Regensburg 1522[789] kennen eine Mahnung des Kranken zum würdigen Kommunionempfang: "Et hortetur infirmum, ut devotius et humilius petat viaticum... Et si petat communicet eum."[790]
c) Konstanz 1502 führt in den Rubriken der Krankenkommunion eine Anweisung zur Mahnung vor der Kommunion: "Tunc sacerdos hortetur infirmum ut deuotius et humilius petat uiaticum. Et si infirmus petat eucharistie communionem, communicet eum sacerdos..."[791]. Aber auch nach der Kommunion findet sich eine Anweisung zur Mahnung:

---

[784] Ist schon im Rituale Heinrichs I. von Breslau ein Krankenkommunionritus vorgesehen, so bleibt ein solcher doch bis ins 16. Jh. hinein in den Ritualien eine Seltenheit (vgl. Lamott 179). So Mainz 1513 [Probst Nr. 349] 28ʳ-30ʳ; Konstanz 1502 [Probst Nr. 282] (Dold 55-57); Straßburg um 1500 [Probst Nr. 632] 21ʳ-22ᵛ; Surgant 1503 [Probst Nr. 756] 92ʳ-94ʳ. Vgl. Lamott 191; Vollmer 285.

[785] Zum liturgischen Buch 'Rituale' vgl. Rouillard; Vogel 257-265; Vollmer 40f; von Arx. Für unsere Frage sind sicher primär diözesane Ritualien interessant, d.h. Ritualien, die in einer Diözese vom zuständigen Bischof herausgegeben sind (so auch die Definition bei Spital 152[868]) und damit ein großes Maß an Verbindlichkeit haben. Es können selbstverständlich nachfolgend nur solche deutschsprachigen Vermahnungen benannt werden, die in der Literatur erwähnt werden oder in mir zugänglichen Ritualien zu finden sind. Eine vollständige Aufzählung oder gar eine eigenständige, vergleichende Untersuchung der Vermahnungen in den katholischen Ritualien der Reformationszeit steht aus, kann aber hier nicht geleistet werden.

[786] Vgl. Lamott 33. Ende des 15. Jh. besitzen über die Hälfte der deutschsprachigen Diözesen ein eigenes Rituale (vgl. die Auflistung bei Bissig 48[142]). Eine gründliche Bibliographie der Ritualien-Drucke der Bistümer des deutschen Sprachgebietes bietet nun Probst. Vgl. auch die hierzu ergänzende Bestandsaufnahme Klöckener, Ritualiensammlung. Zur Einteilung und den Charakteristika der frühen gedruckten Ritualien vgl. Spital 15-25.

[787] Vgl. Hoeynck 137; Lamott 192.

[788] Augsburg 1487 [Probst Nr. 5]; vgl. Hoeynck 137.

[789] Ein Regensburger Rituale von 1552 ist bei Probst nicht aufgeführt (vgl. Probst, Bibliographie 83)!

[790] Regensburg 1491 [Probst Nr. 547] und Regensburg 1522,57ᵛ; zitiert nach Mayer 3,277³.

[791] Konstanz 1502 [Probst Nr. 282] (Dold 56); vgl. Lamott 192.

"Hortetur infirmum ad gratiarum actionem, pacientiam et in bono perseuerantiam, iniungatque sibi, ut recuperata sanitate non differat redire pro penitentie subeunde specificatione"[792].

d) Surgant 1503 kennt bei der Krankenkommunion das Nachsprechen der (allerdings lateinisch abgedruckten) Hauptmannsformel durch den Kranken.[793] Außerdem ermahnt der Priester den Kranken zum Schluß der Feier zur Dankbarkeit für den Empfang der Kommunion und zur Bitte, nie von Gott getrennt zu werden, um Nachlaß der Sünden und Verleihung der Gnade, das Leben glücklich zu vollenden und zum ewigen Leben zu gelangen.[794] Schließlich findet sich ein deutscher Text einer Gebetsermahnung und der Verkündigung eines Ablasses an die die Krankenkommunion begleitenden Menschen.[795]

e) Speyer 1512 kennt einen Ordo für die Krankenkommunion, bei dem vor und nach der Kommunion Ermahnungen vorgesehen sind. Vor der Kommunion wird der Kranke ermahnt, er möge, so gut er kann, das hl. Sakrament demütig und fromm ('quo possit humilius et devotius') empfangen; es findet sich aber nur eine Rubrik, kein fixierter oder gar landessprachlicher Text.[796]

Ebenso findet sich eine Mahnung nach der Kommunion, für den Empfang der heiligen Kommunion dankzusagen, Geduld und Ausdauer zum Guten aufzubringen und rechtzeitig um die Spendung der Krankensalbung zu bitten[797]. Die Anweisung zur Vermahnung ist lateinisch, es findet sich kein deutscher Text.[798]

f) In Mainz 1513 findet sich in einem separaten Hauskommunionordo eine Aufforderung zum Sündenbekenntnis vor der Kommunion, das in Form der Offenen Schuld vollzogen wird: "*Deinde hortetur infirmum confiteri* etc *faciat eum dicere, praesente populo, generalem confessionem in lingua materna: Ich sündiger mêsch* usw."[799].

---

[792] Konstanz 1502 [Probst Nr. 282] (Dold 56f); vgl. Lamott 192.

[793] Vgl. Surgant 1503 [Probst Nr. 756]; Lamott 192.

[794] Vgl. Surgant 1503, II Kap. 11 [Probst Nr. 756] 101^r; Konzili 3,344; Lamott 192. Der Text ist lateinisch und stimmt mit Basel 1488 [Probst Nr. 50] überein (vgl. Konzili 3,344^2).

[795] Vgl. Surgant 1503, II Kap. 11 [Probst Nr. 756] 101^v-102^r; Text abgedruckt bei Konzili 3,338.

[796] Vgl. Speyer 1512 [Probst Nr. 607] 27^v; Lamott 187. Das nächste Rituale, Speyer 1719 [Probst Nr. 608], kennt eine Ermahnung des Kranken vor Empfang des Viaticums, die (abgesehen von orthographischen Verbesserungen) Mainz 1695 [Probst Nr. 353] entnommen ist und damit auf Mainz 1551 [Probst Nr. 350] zurückgeht (vgl. Lamott 197). In Speyer 1748 [Probst Nr. 609] wird dann diese Ermahnung zu einer Art Invitatorium zu Gebeten zusammengestrichen (vgl. Speyer 1748 [Probst Nr. 609] 85-87; Lamott 197).

[797] Vgl. Lamott 190.

[798] Speyer 1512 [Probst Nr. 607] 28^v; vgl. Lamott 190. Laut Lamott stimmt der Text fast völlig mit dem aus Konstanz 1502 überein (vgl. Lamott 192^{106}). Eine ähnliche Mahnung an dieser Stelle kennen auch: Abo 1522 (Freisen, Manuale Lincopense 187); Konstanz 1502 [Probst Nr. 282] (Dold 56f); Augsburg 1487 [Probst Nr. 5] (Hoeynck 137); Surgant 1508 [Probst Nr. 760] 93^r.

[799] Mainz 1513 [Probst Nr. 349]; zitiert nach Reifenberg, Werdegang 88. Reifenberg deutet dies als Ansprache und sieht die Möglichkeit, daß einige Bemerkungen über die Eucharistie gemacht werden (vgl. Reifenberg, Werdegang 88). Ergeben sich für das Bistum Mainz aus den frühen handschriftlichen Ritualien keine Hinweise für eine deutsche Kommunionansprache und bieten diese auch überhaupt keinen eigenständigen Ordo für die Kommunionspendung außerhalb der Meßfeier (vgl. Reifenberg, Werdegang 87; Reifenberg, Sakramente 1,309), so bringen auch die ersten beiden gedruckten Ausgaben von 1480 [Probst Nr. 346] und 1492 [Probst Nr. 347] darin keine Änderung (vgl. Reifenberg, Sakramente 1,309).

Es handelt sich bei diesen Stellen in den Ritualien[800] durchweg um die Mahnungen zum würdigen Empfang vor der Kommunion bzw. zur Dankbarkeit nach der Kommunion, die - besonders in der Thematisierung der Würdigkeit - auf die innere Disposition abzielen. Dabei wird aber kein konkreter Text geliefert, sondern nur die Möglichkeit einer Ermahnung und gegebenenfalls eine ganz knappe Umschreibung des Inhalts gegeben.[801] Auch finden sich Gebetsaufforderungen oder Aufforderungen zu Bekenntnissen.

Diese Möglichkeit, mit muttersprachlicher Anrede den lateinischen Ritus zu 'unterbrechen', dürfte den Ansatzpunkt für die evangelischen Ausformungen gebildet haben. Nur durch einen solchen Ansatzpunkt kann erklärt werden, daß die Tatsache, daß die Evangelischen umfangreiche Vermahnungen einführen, in den kontroverstheologischen Auseinandersetzungen nie eine Rolle spielt. Sowohl die textliche Fixierung, als auch der Inhalt dieser Texte und damit die Gattung 'Abendmahlsvermahnung' selbst lassen sich daraus - bis auf den Aspekt der würdigen Kommunion - aber nicht direkt ableiten.

In diesen Kontext der kurzen Anreden lassen sich auch die schon in handschriftlichen Ritualien auftauchenden, als Fragen gefaßten Formulierungen einordnen, die nach dem Glauben an die reale Gegenwart Christi in der Eucharistie fragen und denen, nach der Antwort 'Credo'[802], das 'Domine non sum dignus' folgt[803]. Sie werden zur Zeit des Berengarschen Eucharistiestreites zusätzlich zu dem seit dem Frühmittelalter üblichen Credo - und wohl im Verständnis einer Verlängerung desselben - beim Viatikum eingeführt, dann aber auch bei den sonstigen Kommunionspendungen übernommen.[804] Diese Fragen im

---

[800] Auch außerhalb der Ritualien finden sich Notizen, die auf solche kurze Anreden schließen lassen. Eine solche Notiz ist die Erwartung der Kölner Synode von 1536, daß die Kommunikanten auf die wahre Gegenwart Christi im Sakrament hingewiesen werden, der aus Liebe zu uns und um unserer Sünden willen gelitten hat (vgl. Schannat/Hartzheim 6,283).

[801] Wohl an diese Form denkt Luther mit seiner Bemerkung: "Aber die vermanung zu eyner offentlichen beicht worden ist" (Luther, DM 1525 (CD 1,37); vgl. Klaus, Rüstgebete 541). Nur eine solche Warnung kann als Äquivalent zur Offenen Schuld verstanden werden.

[802] Vgl. Jungmann, MS 2,460; Jungmann, Gewordene Liturgie 150. 156f; Browe, Sterbekommunion 211-215. Es findet sich z.B. bei den Dominikanern nach Anweisung der Generalkapitel 1569 und 1583 die Frage "Credis hunc esse verum Christum Deum et hominem?" (MOFPH 10 (1901) 239), im Rituale des Kardinals Santorius die Frage "Creditis hoc esse verum Christi corpus, quod pro vobis traditum fuit in mortem?" (Santorius, Rituale 1587,297) oder im Salzburger Rituale die deutsche Frage "Glaubt ihr, daß in diesem hochheiligen Sakrament der Eucharistie der wahre Leib unseres Erlösers J. Chr. mit seinem kostbaren Blute und mit seiner Seele und Gottheit zugegen ist?" (Salzburg 1582 [Probst Nr. 585]; zitiert nach Browe, Kommunionriten 27). Auch die von Jungmann angeführten Belege reichen in die zweite Hälfte des 16. Jh. (vgl. Jungmann, MS 2,461[32]).

[803] Das 'Domine non sum dignus' wird den Gläubigen seit dem 11. Jh. zum Gebet vor der Kommunion empfohlen; zunächst betet man es still, dann aber laut (vgl. Browe, Kommunionriten 32; Browe, Kommunionandacht 47f). Im 15. Jh. war es zwar schon weithin, aber nicht durchweg verbreitet (vgl. Browe, Kommunionandacht 48f). Daneben sind auch andere Formeln zur Ehrerbietung vor dem Sakrament üblich (vgl. Browe, Kommunionandacht 49f). Der erste Beleg für eine landessprachliche Formulierung findet sich in Speyer 1512, wo der Priester nach einer Gebetsermahnung das Hauptmannswort in der Muttersprache ohne Wiederholung vorspricht: "Herr, ich bin nit wirdig, das du eingaest vnder mein dach; sunder sprich mit einem wort, so wirt mein seel gesunt!" (Speyer 1512 [Probst Nr. 607] 27ᵛ-28ʳ). Diese Formel ist dem priesterlichen Vorbereitungsgebet auf den Kommunionempfang nach im Missale Speyer 1343 in der lateinischen Textfassung bekannt (vgl. Lamott 187f und die ebd. 188[66] genannten weiteren Missale-Quellen). Sie findet hier im Krankenkommunionordo erstmals eine volkssprachliche Verwendung, also ohne daß dies aus einer Reaktion auf die Reformation erklärt werden müßte (vgl. Lamott 188). Rituale des Vergleichsgebietes und -zeitraums führen es bis auf Surgant (dort in lateinischer Sprache) nicht (vgl. Lamott 192).

[804] Vgl. Browe, Kommunionriten 24.

Rahmen der Krankenkommunion zielen wie die kurzen Admonitionen auf die Herstellung der inneren Disposition. Aber einerseits konzentrieren sich die evangelischen Abendmahlsvermahnungen nicht auf die Frage der Realpräsenz, sondern sie thematisieren sie - ob sie sie nun befürworten oder ablehnen - immer *nur unter anderem*. Anderseits handelt es sich bei der Abendmahlsvermahnung nicht um ein aus Fragen und Antworten bestehendes Textsystem, sondern um einen zusammenhängenden, vom Vorsteher gesprochenen Text. Die Glaubensfragen können also ebenfalls nicht als direkte Vorläufer der evangelischen Abendmahlsvermahnungen angesehen werden.

7.4.4.1.2 Die ersten textlich ausgearbeiteten katholischen Kommunionvermahnungen in privaten Drucken

Von dieser ersten Stufe zu unterscheiden sind wirkliche Kommunionvermahnungen, die einen in Inhalt und Wortlaut genau vorgegebenen, landessprachlichen Text bieten. Sie finden sich in der katholischen Liturgie *nicht vor der Reformation*, sondern erst ab der zweiten Hälfte des Reformationsjahrhunderts. Aus dem Befund, daß nach Ausbruch der Reformation zwischen 1520 und 1550 fast keine Ritualien mehr gedruckt werden[805], ab 1550 aber zahlreiche Ritualienneudrucke zu verzeichnen sind[806], darf aber der Inhalt dieser Neudrucke nicht einfach zurückdatiert werden[807]! Diese Vermahnungen tauchen zunächst nicht in offiziellen Ritualien auf, sondern in privat herausgegebenen, aber doch verbreitet anzutreffenden, rituale-ähnlichen Büchern. Der Kontroverstheologe Georg Witzel (1501-1573)[808] ist mit seiner Schrift 'Icon Christiani Hominis' (1542)[809] der erste, bei dem sich auf katholischer Seite Vermahnungen (nicht nur für die Kommunion) nachweisen lassen; in der Schrift 'Psaltes Ecclesiasticus' von 1550 (keine offizielle, wenn auch eine offiziöse Schrift, die in einigen Abschnitten ritualeähnlichen Charakter hat) tauchen sie dann wieder auf [810].

---

[805] Vgl. Lamott 54. Dieser Befund zeigt die starke Verunsicherung, die die Reformation wohl vor allem mit ihrem Gebrauch der Muttersprache bei (fast) allen gottesdienstlichen Vollzügen auf katholischer Seite hervorruft.

[806] Vgl. Probst, Bibliographie.

[807] So etwa bei Waldenmeier 6.

[808] Zu seiner Person vgl. Bäumer, Witzel 1; Bäumer, Witzel 2; Trusen; Lukens; Henze; Padberg, Anliegen; Padberg, Witzel.

[809] Vgl. Witzel, Icon Christiani Hominis 1542 [Klaiber Nr. 3391] 29ʳ-39ʳ (die Kommunionvermahnung findet sich ebd. 33ʳ-35ʳ); Padberg, Witzel 401[52]; Text vgl. Anhang 3. Diese Schrift wird von Pralle in dessen Aufsatz gar nicht im Zusammenhang der Ansprachen erwähnt (vgl. Pralle).

[810] "Exhortation bey dem Altar/zu den Communicanten" (Witzel, Psaltes Ecclesiasticus 1550 [Häußling Nr. 135] 11ʳ-12ʳ; vgl. Padberg, Witzel 401[52]). Daß die ersten textlich gefaßten katholischen Kommunionansprachen bei Georg Witzel auftauchen, darf nicht leichtfertig übergangen werden. Dieser Theologe, der sich nach dem Studium zu Beginn der Reformation der lutherischen Lehre zuwendet, 'konvertiert' 1531 erneut zum Katholizismus, vertritt ihn danach einerseits in polemischer Weise, müht sich aber anderseits um eine weitere Reform der Kirche (die sich nicht nur im liturgischen Bereich an der Kirche der Antike orientieren soll), um den Dialog mit der lutherischen Seite und um eine erneute Einigung (vgl. Bäumer, Witzel 1,130f; zu Witzels Versuchen einer Kirchenreform vgl. nun ausführlich Henze). Er vollzieht in seinem Leben zahlreiche Ortswechsel, durch die er mit verschiedenen Bräuchen und liturgischen Ordnungen in Kontakt kommt. Seine Schrift 'Icon Christiani Hominis' (1542) dürfte in Fulda entstanden sein, wo er 1542 weilt; auch die Schrift 'Psaltes Ecclesiasticus' (1550) fällt in diese Fuldaer Periode, in der er sich verstärkt der liturgischen Erneuerung widmet (vgl. Lukens 519); erst 1552 flieht er aus Fulda und läßt sich schließlich in Mainz nieder (vgl. Bäumer, Witzel 1,128), wo er 1573 - nach letzten Jahren der Resignation - stirbt. Bäumer resümiert als Begründung für diese Resignation: "Die Ideen des sogenannten 'Kompromißkatholizismus' hatten sich als illusorisch

Pralle stellt fest, daß Witzel diese Vermahnungen in Berlin verfaßt und daß sie dann in erweiterter Form abgedruckt werden[811]. Aber Witzel gibt auch konkrete Hilfen, indem er die Gebete der Messe (wie auch anderer Feiern) übersetzt - unwissend, daß es solche Übersetzungen schon gibt[812]. Er fordert sogar die Verlesung der deutschen Texte, während der Priester die Gebete auf Latein spricht[813], ohne das Latein als eigentliche Liturgiesprache abschaffen zu wollen[814]. Darin zeigt sich deutlich Witzels doppeltes Bestreben, zum einen die Liturgie der Tradition zu erhalten bzw. die der Antike wiederherzustellen, zum anderen durch die Muttersprachlichkeit den Menschen einen wirklichen Zugang zu dieser Liturgie zu eröffnen[815]. Als Begründung für muttersprachliche Elemente führt er an: "Dasjenig, welchs die ganze Synaxis oder christliche Sammlung angeht, ist wohl wert, daß es zum Teil den Unverständigen durch die notwendige Dolmetschung verständig, klar und nützlich gemacht werde, damit jedermann wisse, was es sei, das öffentlich geschieht für alle Gläubigen und in aller Gläubigen Namen."[816] M.E. verdient die Tatsache besondere Beachtung, daß die Vermahnungen auf katholischer Seite erstmals bei einem Autor erscheinen, der zwar als Kontroverstheologe zu großer Polemik fähig ist, im Bereich der Liturgie aber - bei aller Liebe zur Tradition - den Anliegen der Reformation gegenüber wesentlich aufgeschlossener ist.[817] Die Kommunionvermahnungen Witzels und auch der späteren katholischen Ritualien

---

erwiesen" (Bäumer, Witzel 1,129). Diese 'Kompromißkatholiken' werden zudem in der polemischen Auseinandersetzung des 16. Jh. zunehmend aufgerieben, gerade weil sie oftmals Brücken zwischen den sich ausbildenden Konfessionen bauen wollen.

[811] Vgl. Pralle 234. Die Information über das eigene Verfassen der Vermahnung durch Witzel stellt ein weiteres Indiz dafür dar, daß im katholischen Raum Vermahnungen erst jetzt konzipiert werden und nicht schon vorliegen. [Leider ist von der Promotionsschrift Pralles in Freiburg nur noch ein Abschnitt über die von Witzel verwendeten mittelalterlichen und altkirchlichen Quellen vorhanden.]

[812] Vgl. Trusen 64^{66}; Pralle 233.235-237.

[813] Vgl. Trusen 63f.

[814] Vgl. Beumer, Meßerklärung 1092f.

[815] Vgl. Padberg, Witzel 401.

[816] Witzel, Ecclesiastica Liturgia 1545 [Häußling Nr. 134] a2^v; zitiert nach Pralle 234.

[817] Witzel bleibt im liturgischen Bereich oftmals neutral, verzichtet auf Polemik (vgl. Beumer, Meßerklärung 1091) und nimmt ohne weiteres 'reformatorisch' scheinende Positionen ein. Dem entspricht, daß er nicht einfach die traditionellen liturgischen Formeln als gegeben verteidigt, sondern aufgrund des Studiums von Quellen argumentiert.
Mit den Reformatoren lehnt er die Privatmesse ab und fordert die Teilnahme der ganzen Gemeinde (vgl. Trusen 63), weshalb er mit Vorliebe von 'Liturgie' spricht (vgl. Pralle 230). Zugleich fordert er, daß den Laien regelmäßig die Meßzeremonien erläutert werden (vgl. Trusen 63). Für Witzel ist jede Sprache geeignet, nicht nur die drei 'edlen' Sprachen der Kreuzesinschrift, Liturgiesprache zu sein, besonders aber die Muttersprache (vgl. Pralle 232). Allerdings sieht Witzel schon sehr deutlich das Problem, das wir heute in den Gottesdiensten nach der Liturgiereform ebenfalls erkennen: Allein die Einführung der Muttersprache erbringt noch kein 'Verstehen' der Liturgie. Daraus leitet er gerade die weitere Berechtigung der lateinischen Sprache ab (vgl. Pralle 232) und sieht sie für den Canon und das Chorgebet vor (vgl. Pralle 232).
Pralle, der Witzels liturgische Schriften untersucht hat, kritisiert Witzel als einen Humanisten, der schon aufklärerische Tendenzen zeigt: "Der Humanismus hat das Metaphysische ins Ethische übersetzt, der objektive Kult ist auf den Menschen als sittliche Bildungs- und Mittelwert bezogen" (Pralle 228). Pralle übersieht dabei, daß Witzels Absichten zunächst pastoraler Natur sind (vgl. Padberg, Witzel 401) und daß eine Pastoralliturgie, die herausstellen will, daß die gefeierte Liturgie wirklich etwas mit den Menschen zu tun hat, nicht von deren Wirkung auf die Menschen absehen kann; die Liturgie ohne innere Frömmigkeit zu absolvieren und damit letztlich zu mißbrauchen, ist Witzel ebenso ein Graus wie den Reformatoren.

zeigen eine enge Affinität zur evangelischen, besonders der Brandenburgischen Tradition.[818] Auch in einem Druck Michael Heldings (1501-1561) aus dem Jahre 1548 findet sich eine Kommunion-Vermahnung[819]. Helding gilt als entscheidender Wegbereiter des Mainzer Rituale von 1551[820], das als erstes Diözesan-Rituale landessprachliche Vermahnungen abdruckt und deswegen ausdrücklich gelobt wird[821].

7.4.4.1.3 Die textlich gefaßten Kommunionvermahnungen der nachreformatorischen Ritualiendrucke

Erst in der zweiten Hälfte des 16. Jahrhunderts tauchen dann solche Kommunionvermahnungen in offiziellen Rituale-Drucken auf: Mainz 1551[822], Ritus Communionis Catholicus 1556[823], Salzburg 1557[824], Würzburg 1564[825], Trier 1574[826], Gnesen-Posen 1579[827],

---

[818] Von Wichtigkeit dürfte sein, daß Witzel sich vorübergehend ab 1539 in Berlin aufhält, wo Kurfürst Joachim II. seinen Rat für die Neufassung der Kurbrandenburgischen KO wünscht (vgl. Bäumer, Witzel 1,127; Jungkuntz 21f). Da diese Ordnung sich in vielem an den Brandenburg-Nürnberger Vorbildern orientiert (vgl. Drömann, Nürnberger Ordnungen 71f), dürfte Witzel auch die entsprechende Vermahnung intensiv kennengelernt haben.

[819] "Vermanung an die umbstehenden bey dem hailigen Ampt der Messe" (Helding, Sacri Canonis Missae 1548 [Klaiber Nr. 1470] K(?)-Mij; vgl. Feifel 47.201; Text der deutschen Fassung vgl. Anhang 4. Zur Person Heldings vgl. Smolinsky; Feifel.

[820] Vgl. Jürgensmeier 104; Smolinsky 127.

[821] Vgl. 7.4.5.1.

[822] Im Rituale-Druck von 1551, der aus den innerdiözesanen Bemühungen um eine volkstümliche Liturgie hervorgeht (vgl. Reifenberg, Werdegang 88), findet sich im Ordo der Hauskommunion eine "Vermanung bei der heiligen Communion" (Mainz 1551 [Probst Nr. 350] LV^v-LVII^v; Text vgl. Anhang 5; Reifenberg, Werdegang 89-91). Zu dieser Vermahnung vgl. Reifenberg, Sakramente 1,308-314; Fischer, Predigt 230^{32}. Lamott vermutet Helding als Autor der Vermahnung (vgl. Lamott 54^{5a}); sie stimmt aber textlich nicht mit der Vermahnung Heldings von 1548 überein. Diese Vermahnung wird (mit kleinen Veränderungen) in den nächsten Drucken bis 1852 erhalten (vgl. Reifenberg, Werdegang 94), einzig die Überschrift ändert sich in Mainz 1599 [Probst Nr. 351] ("Deinde eum communicet, praemissa tamen sequenti commonitione, vel simili" (Reifenberg, Werdegang 89^{19})), wodurch eine Abänderung des Textes möglich wird. Außerdem bietet diese Ausgabe erstmals einen Ordo für die Kommunionspendung in der Kirche ("De administratione sacramenti eucharistiae in ecclesiae" (Mainz 1599 [Probst Nr. 351] 139ff), in der die genannte Ansprache ebenfalls Verwendung findet (vgl. Reifenberg, Werdegang 95) und dafür in den Plural übertragen werden kann. Nach Allgemeiner Beichte in der Volkssprache und Absolution wird statt des 'Domine non sum dignus' die deutsche Fassung ermöglicht (vgl. Mainz 1599 [Probst Nr. 351] 139f; Reifenberg, Werdegang 95).
In dieser Form bleibt der Kommunionritus erhalten, bis in Mainz 1671 [Probst Nr. 352] bei der Kommunion in der Kirche die Ansprache wegfällt (vgl. Reifenberg, Werdegang 96). Nun besteht der Ritus nur noch aus Confiteor, Absolution, 'Ecce agnus dei' mit 'Domine non sum dignus', wobei die letzten beiden in deutscher Sprache angeboten werden (vgl. Reifenberg, Werdegang 96f; Text vgl. Reifenberg, Sakramente 2,111^{600}). Beim Ordo der Hauskommunion bleibt die Ansprache erhalten, sie wird aber an einigen Stellen sprachlich verändert (vgl. Reifenberg, Werdegang 97; Reifenberg, Sakramente 2,90). Schließlich eliminiert die Ausgabe von 1852 [Probst Nr. 362] jegliche Ansprache bei der Kommunion und bietet bei der Hauskommunion nur eine Serie von landessprachlichen Gebeten vor und nach der Kommunion (vgl. Reifenberg, Werdegang 97f; Reifenberg, Sakramente 2,92; zur weiteren Entwicklung vgl. Reifenberg, Werdegang 98-101).

[823] "Vermanung an die so auß der Consekration des Canons das Sacrament des Altars empfahen" (Ritus Communionis Catholicus 1556,A^r-A (iiij)^r; vgl. Mattes 287^4. Mayer nennt andere Stellen (vgl. Mayer 3,277^4). Text vgl. Anhang 6). Diese Schrift Herzog Albrechts IV. wird auf Drängen der Landstände 1556 herausgegeben (vgl. Mayer 3,274^3); sie nennt es noch eine 'wunderliche newerung', daß Messe und Kommunion getrennt werden (vgl. Mayer 3,274).

[824] "Vermanung gegen denen/so vorhabens sein/das hochwirdig Sacrament des Leibs und bluets Christi Jesu vnseres Seligmachers zu empfahen" (Salzburg 1557 [Probst Nr. 582] 216^v-223^v; vgl. Mayer 1,780; 3,277^5; Varianten zu Ritus Communionis Catholicus 1556 im Apparat von Anhang 6). Laut Brück ist die Mainzer

Augsburg 1580[828], Bamberg 1587[829], Passau 1587[830], Straßburg 1590[831], Münster 1592[832],

---

Agende 1551 mit ihren deutschen Ansprachen zum Vorbild für die Salzburger Provinz geworden (vgl. Canisius 5,1029; Brück 205). Auf dem Salzburger Provinzialkonzil von 1563 regt Herzog Albrecht an: "Man solle Sorge tragen, dass das von des Erzbischofs Vorfahren ausgegebene Agendbuch 'in allen Bisthumben der dabey gesetzten teutschen Vermanungen halben' gebraucht werde" (Knöpfler 132). Die Münchener Beratung von 1564 über die Reaktion auf reformatorische Tendenzen (besonders Kelchkommunion) befürwortet, daß diese Kommunionansprache in der ganzen Salzburger Provinz angenommen werden soll: "Die Vermahnung im Salzburger Agendbuch (...) von dem Ambt und vor Spendung der Sacramente könnte mehr ausrichten, als alle angedrohten Strafen" (Knöpfler 156f). Aber nur hierin will man dem Verlangen nach einer Spendung der Sakramente in der Muttersprache entgegenkommen, um nicht als 'lutherisch' zu gelten (vgl. Mayer 3,277; Knöpfler 157).

[825] Die ersten beiden Druckritualien des Bistums Würzburg von 1482 und 1523 [Probst Nr. 721 und 722] kennen keine separate Kommunionausteilung und keine Kommunionansprache (vgl. Reifenberg, Sakramente 1,288.314f). In Würzburg 1564 [Probst Nr. 723] findet sich ein Kommunionordo für den Krankenbesuch mit einer volkssprachlichen Kommunionanrede: "Vermanung bey der heiligen Communion" (Würzburg 1564 [Probst Nr. 723] LXV-LXIII'). Sie gleicht vollkommen der aus Mainz 1551 (vgl. Reifenberg, Sakramente 1,289.315); Text-Varianten ergeben sich nur in der Schreibweise.
Mit dem Druck des Rituale 1671, das mit dem Mainzer Rituale von 1671 gemeinsam herausgegeben wurde, besteht in Würzburg bzgl. Krankenkommunion und Kommunionspendung in der Kirche die gleiche Lage wie in Mainz, das bis ins 19. Jh. erhalten bleibt. Mit der Neuausgabe des Würzburger Rituale von 1671 erhält der Krankenkommunionritus zwei Mustertexte ausgeführter deutscher Ansprachen (vgl. Reifenberg, Sakramente 2,99). Die erste (vgl. Würzburg 1836 [Probst Nr. 725] 103f) orientiert sich teilweise an der älteren Vorlage, die zweite und kürzere Ansprache (vgl. Würzburg 1836 [Probst Nr. 725] 105f) hebt nur einige wesentliche Aspekte hervor (vgl. Reifenberg, Sakramente 2,99). Beide Ansprachen werden in der nächsten Ausgabe nochmals durch eine kürzere Ausführung ersetzt (vgl. Würzburg 1883 [Probst Nr. 730] 108; Reifenberg, Sakramente 2,100). Die Musteransprache fällt erst 1902 weg, wenn auch weiterhin die Möglichkeit einer kurzen Ansprache besteht (vgl. Reifenberg, Sakramente 2,101f).

[826] Im ersten Trierer Druckrituale, dessen Genese nicht völlig klar ist (vgl. Fischer, Predigt 231[37]; Reichert, Amt 396; Vollmer 60f), die aber wohl in Zusammenarbeit von Erzbischof Jakob III. von Eltz mit mehreren Jesuiten herausgegeben wird (vgl. Reichert, Amt 397f), findet sich ein "Ordo communicandi populum sanum, tam in Paschale quam aliis diebus" (Trier 1574 [Probst Nr. 664] CVI-CIX; Text vgl. Anhang 7; Fischer, Predigt 236f). Für diese Kommunionansprache ist keine Abhängigkeit von den Mainzer und Salzburger Formularen zu erkennen (vgl. Fischer, Predigt 231[37]). In der Ausgabe von 1688 [Probst Nr. 666] finden sich unter dem Titel, unter dem zuvor die deutsche Ansprache steht, nur noch die lateinischen Texte des Rituale Romanum (vgl. Fischer, Predigt 232[41]).

[827] Vgl. Gnesen-Posen 1579 [Probst Nr. 211] 250-254.254-256 (Anrede in Einzahl), 256-258 ("Form und weis/einer Christlichen vermanung/von dem Priester zu denen/so Communiciren/oder zum Tisch des Herren tretten wöllen/zu sprechen", Anrede im Plural), 258-260 (Text des Hl. Ambrosius), 264-268 ("Opfer der Messe"). Zu den ersten drei Texten vgl. Anhang 8a-8c. Zu diesem Rituale vgl. auch Anm. 848.

[828] "Ermanung bey einem oder vil Communicanten" (Augsburg 1580 [Probst Nr. 15] 240-245; Text vgl. Anhang 9). Waldenmeier sieht eine große Ähnlichkeit zur Nürnberger Vermahnung (vgl. Waldenmeier 11[2]). Eine Kommunionvermahnung unter der gleichen Überschrift findet sich ebenfalls in Augsburg 1612 [Probst Nr. 17] 114-117. Auch finden sich Vermahnungen zur Krankenkommunion in Augsburg 1580 [Probst Nr. 15] 302-311 und Augsburg 1612 [Probst Nr. 17] 104-105.

[829] Während sich in Bamberg 1491 [Probst Nr. 36] und Bamberg 1514 [Probst Nr. 37] keine Ordnung einer separaten Kommunionausteilung findet (vgl. Reifenberg, Sakramente 1,315) und nur einige Rubriken bei der Krankenkommunion zumindest Ansatzpunkte für eine volkssprachliche Verkündigung nennen (vgl. Reifenberg, Sakramente 1,290.315), enthält Bamberg 1587 [Probst Nr. 39] sowohl eine Ordnung für die Krankenkommunion als für die Kommunion in der Kirche außerhalb der Messe (vgl. Bamberg 1587 [Probst Nr. 39] 196f.198-223; nach Reifenberg, Sakramente 1,291[1669f]). In der Ordnung der häuslichen Krankenkommunion findet sich neben anderen Redetexten auch eine ausgeführte deutsche Kommunionansprache ("Vermanung an die Vmbstehende" (Bamberg 1587 [Probst Nr. 39] 210f)) und eine abschließende Rede (vgl. Bamberg 1587 [Probst Nr. 39] 219-223; Reifenberg, Sakramente 1,293). Es handelt sich dabei um eine Gebetsaufforderung an die Umstehenden, die um einen würdigen Empfang des Viaticums und dadurch gestärkt um einen gnädigen Tod beten sollen. Sie stimmt nicht mit der Mainzer und Würzburger Ansprache überein, ist aber in spätere

Lüttich 1592[833], Konstanz 1597 I[834], Paderborn 1602[835], Freising 1612[836], Pastorale 1629[837], Osnabrück 1653[838], Metz 1662[839]. Andere Diözesen bleiben auch in dieser Zeit bei kurzen Angaben über eine Anrede in den Rubriken[840].

Freisinger Rituale eingegangen (vgl. Reifenberg, Sakramente 315). In Bamberg 1724 findet sich zu Beginn der Ordnung der Hauskommunion eine Anrede allgemeinen Inhalts, für die ein Mustertext bereitsteht (vgl. Bamberg 1724 [Probst Nr. 42] 89f; Reifenberg, Sakramente 2,105). Auch für die folgende Beichte findet sich eine Ansprache (vgl. Bamberg 1724 [Probst Nr. 42] 91; Reifenberg, Sakramente 2,105), aber auch eine Ansprache mit Bezug auf die Eucharistie (vgl. Bamberg 1724 [Probst Nr. 42] 92; Reifenberg, Sakramente 2,105), wenn keine Beichte erfolgt. Im 19. Jh. bleibt dann die Ordnung im Wesentlichen erhalten, es werden aber für die Ansprachen nur noch Gliederungspunkte genannt (vgl. Reifenberg, Sakramente 2,108)).

[830] Es handelt sich allerdings um eine Vermahnung *nach* der Krankenkommunion (vgl. Passau 1587 [Probst Nr. 487] 86ʳ-87ᵛ). Laut Meyer orientiert sich die Agende an Salzburg 1557 (vgl. Meyer 1,781). Vor der Kommunion heißt es nur in den Rubriken: "Volens ei porrigere sacrosanctam Eucharistiam, adhortetur Sacerdos Infirmum ad humilē & deuotā susceptionem, & ante communionem dicat Infirmus..." (Passau 1587 [Probst Nr. 487] 84).

[831] Straßburg 1590 [Probst Nr. 635] 85-87. Es handelt sich dabei um den unveränderten Text von Trier 1574 [Probst Nr. 664]. Ebenso finden sich Vermahnungen zur Krankenkommunion Straßburg 1590 [Probst Nr. 635] 91-93.

[832] Münster 1592 enthält eine Vermahnung zur Krankenkommunion (Münster 1592 [Probst Nr. 427] 29-30; Text vgl. Anhang 10). Zu diesem Rituale vgl. Vollmer 61.

[833] In Lüttich 1592 findet sich keine Ansprache im eigentlichen Kommunionritus, sondern nur bei der Krankenkommunion in Form einer ersten, allgemeineren Ansprache an den Kranken (vgl. Lüttich 1592 lat.-ndt. [Probst Nr. 635] 121f) und einer Ansprache vor einer evtl. Krankenkommunion (vgl. ebd. 125-128). Eine Vermahnung findet sich ebenfalls in Lüttich 1641 lat.-fr. [Probst Nr. 336] 130-132; vgl. Fischer, Predigt 230[32].

[834] "Ordo Communicandi Populum In Ecclesia Tam In Paschate, quam alijs anni temporibus" (Konstanz 1597 I [Probst Nr. 286] 89-92 (Dold 52-54); Text vgl. Anhang 11). Textlich verändert findet sich diese Vermahnung in Konstanz 1686 [Probst Nr. 288] 92-99 u. 1721 [Probst Nr. 289] 105-112. Die Ritualien ab Konstanz 1597 I [Probst Nr. 286] geben weiterhin eine deutsche Vermahnung an den Kranken, eine an die Umstehenden vor der Krankenkommunion (vgl. Dold 59.60f) und eine an den Kranken danach (vgl. Dold 62f) wieder.

[835] Paderborn 1602 [Probst Nr. 467] 109-112. Es handelt sich um eine Übernahme der Trierer Vorlage (vgl. Vollmer 290). Zu dieser Agende vgl. Vollmer 61f.

[836] Freising 1612 und 1625 führen eine "Ermahnung zu den Communicanten" (Freising 1612 [Probst Nr. 403] 60-64; Freising 1625 [Probst Nr. 404] 112-115; vgl. Mattes 289f). Die Überschrift ist dem Catechismus Romanus entnommen (Kap. IV) und es handelt sich um eine freie Übernahme von Abschnitten des Eucharistiekapitels (vgl. Mattes 289). Mit Übernahme des römischen Ritus in Freising 1673 [Probst Nr. 405] fällt die Ermahnung weg (vgl. Mattes 288f).

[837] "Form einer Ermahnung zu den Communicanten. Ex Catechismo Romano" (Pastorale 1629 [Probst Nr. 786] 109-112). In dieser Vermahnung werden allerdings die Kommunikanten nicht angeredet, sondern es handelt sich um eine aus dem römischen Catechismus zusammengestellte Lehrrede. Das Gleiche findet sich auch im Pastorale 1627 [Probst Nr. 785] 112-115; vgl. Fischer, Predigt 230[32].

[838] Diese Agende führt eine "Ermahnung vnd Vnterweisung des Kranken vor heiligen Communion" (Osnabrück 1653 [Probst Nr. 457] 124-127), die aber fast ausschließlich auf die Versöhnung und damit auf die Würdigkeit zum Empfang abzielt, und eine "Vermahnung an die Vmbstehende" (ebd. 128f).

[839] Kommunikantenvermahnung in deutscher und französischer Sprache kennt Metz 1662 [Probst Nr. 382] 47-50 (fr.) und 175-178 (dt.). Die deutschsprachige Vermahnung stellt eine Überarbeitung von Trier 1574 dar (Varianten im Apparat zu Anhang 7).

[840] So ist in Köln 1614 eine kurze Ansprache vorgesehen, in der der Priester die Andacht der Gläubigen erwecken und sie zum allgemeinen Schuldbekenntnis und Gebet des Vaterunsers einladen soll: "...vt supra dictum est, accēsis primum fideles ad fidem, & deuotionem tanti sacramenti excitet. Deinde in genua nixos hortetur, vt confessionem generalē vna cum ministro dicant; tum oratiōe Dominicā subiungāt. Interea tēporis generalē absolutiōne his verbis pronūciet...!" (Köln 1614 [Probst Nr. 259] 87; vgl. Vollmer 277). Zum Schluß der Kommunionfeier ist ebenfalls eine Ansprache zu finden, die zu dankbarem Gebet und entsprechender

Diese Kommunionvermahnungen erhalten sich solange, bis die Diözesanritualien an das römische Modellbuch angeglichen werden, was z.T. erst lange nach Erscheinen des Rituale Romanum 1614 geschehen kann.[841] Trotzdem finden sie sich in einigen Gebieten bis in die jüngste Neuzeit, besonders zur 'Generalkommunion'[842].

Wenn in der liturgiewissenschaftlichen Literatur auf die Tatsache eingegangen wird, daß - wie aufgezeigt - erst ab Mitte des 16. Jahrhunderts diese Vermahnungen textlich fixiert werden, so wird als Grund die nun notwendige dogmatische Abgrenzung zu den Evangelischen angegeben[843]. Diese Intention ist den Texten deutlich anzumerken, so daß Meyer richtig bemerkt, daß sie (die textlich ausgefeilten Kommunionanspachen katholischer Ritualien) *nicht als Grundlage der evangelischen Texte* angesehen werden können.[844] Auch Reifenberg spricht für das Rituale Mainz 1551 (das als erstes Rituale einer deutschen Diözese eine Vermahnung kennt) deutlich von der "Neueinführung eines solchen Verkündigungselementes"[845].

7.4.4.2 Die Vermahnungen bei sonstigen Sakramentenfeiern in den katholischen Ritualien

Um aber kein falsches Bild von den Vermahnungen zu erhalten, als habe sich hier eine Textgattung durchweg auf die Eucharistie bezogen herausgebildet, ist wahrzunehmen, daß sich solche Vermahnungen in den gedruckten Ritualien nicht nur im Rahmen der (Kranken-) Kommunion, sondern auch bei der Spendung anderer Sakramente finden. Ab 1570 setzt im deutschsprachigen Raum eine Welle von Ritualienneubearbeitungen ein[846]. Sie entsprechen dem Wunsch des (späteren!) Rituale Romanum, den Gläubigen die Sakramente zu erläutern, mit der Einfügung von Ansprachen in die entsprechenden, von Priestern geleiteten[847] Sakramentenfeiern. Durchgehend sind die deutschsprachigen Vermahnungen durch die

---

Lebensweise auffordern soll: "Qua oratione finita ad altaris cornu (ne sacramento terga vertat) se recipiat, eosque qui Christi corpus susceperunt, hortetur, ne statim è templo recedant, sed de tanto munere Deo gratias agant, in oratione perseuerent, moresque & vitam eo pacto instituant, vt fructus, quos ex sacramento perceperunt, perpetuo conseruent." (Köln 1614 [Probst Nr. 259] 90; vgl. Vollmer 279).

[841] Im tridentinischen Missale findet sich kein Ort, an dem eine Kommunionansprache in der Muttersprache bei der Eucharistiefeier vorgesehen wäre; allerdings tastet es auch nicht die bestehende Vielfalt des Predigtansatzes an (vgl. Fischer, Predigt 224). Diese Vielfalt des Predigtortes im Verlauf des Gottesdienstes existierte nicht nur als Unterschied verschiedener Ortstraditionen, sondern ohne weiteres an einem Ort. So kennt Johann Eck an seiner Pfarrkirche die Predigt nach dem Evangelium, beim Offertorium, vor und nach der Wandlung, selten aber nach der Messe (vgl. Greving 87). Das Tridentinum hat für die mystagogischen Hilfen, die der Priester in der Muttersprache geben sollte, keinen Ort festgelegt, sondern nur 'inter Missarum celebrationem' (vgl. Fischer, Predigt 224[9]). Erst unter Papst Klemens VIII. wird der Ort der Predigt hinter dem Evangelium festgelegt (vgl. Fischer, Predigt 224).

[842] Vgl. Jungmann, MS 2,461[31]. In Italien sind Vermahnungen als 'fervorini' bei besonderen Anlässen bekannt, z.B. bei der Erstkommunion (vgl. Fischer, Predigt 233), so daß Rom diese noch im 19. Jh. ausdrücklich gutheißt (vgl. Decreta authentica 2,Nr. 3009,4 und Nr. 3059,10; ebd. 3,Nr. 3529; Fischer, Predigt 233[42]).

[843] Vgl. Meyer, LM 192[15].

[844] Vgl. Meyer, LM 192[15].

[845] Reifenberg, Sakramente 1,310.

[846] Vgl. Mattes 45. Vgl. dort auch die Übersicht über die Neuausgaben.

[847] In nicht wenigen Ritualien findet sich auch ein Kapitel über die vom Bischof durchzuführende Feier der Firmung. Es beinhaltet meist eine theologische Belehrung über die Firmung.

Verwendung der Fraktur-Drucktype aus dem umgebenden lateinischen Text hervorgehoben.[848] Es ergibt sich bei den sonstigen Sakramentenfeiern das gleiche Bild wie bei den Kommunionfeiern: Eine Vermahnung vor jeder Sakramentenspendung fordert auf katholischer Seite wiederum Witzel in seiner Schrift 'Psaltes ecclesiasticus' und gibt solche vor.[849] Er ist also auch bei den sonstigen Sakramentenspendungen des Rituale der erste, der Vermahnungen im katholischen Raum textlich festlegt und vorgibt. In den Diözesanritualien[850] tauchen Vermahnungen erst ab dem Rituale Mainz 1551[851] auf; einzig Surgant bietet in seinem Manuale schon vor der Reformation für Krankensalbung[852] und Trauung[853] solche Ansprachen, nicht aber für die Kommunion[854].

Die Vermahnungen bestimmen ab der Jahrhundertmitte alle in den Ritualien wiedergegebenen Sakramentenfeiern, meist an zentraler Stelle. Zugleich ist eine schnelle Verbreitung der Vermahnungen in den Ritualien der deutschen Diözesen festzustellen; wo sie fehlen (z.B.

---

[848] Die Intention einer landessprachlichen Durchdringung einer ansonsten lateinischen Liturgie ist am radikalsten im ersten Einheitsrituale, dem polnischen Rituale von 1591 [Probst Nr. 510], einem Nachdruck von Gnesen-Posen 1578/79 [Probst Nr. 210f] (vgl. Probst, Bibliographie 77^{12}) verwirklicht. Es enthält alle entscheidenden Befragungen und Anreden bei den Sakramentenfeiern in den Sprachen Lateinisch, Polnisch u. Deutsch. Außerdem existiert zu jeder Sakramentenfeier, auch den bischöflichen, mindestens eine Ansprache in den drei Sprachen. An deutschen Ansprachen sind neben denen zur Eucharistie zu verzeichnen: Taufe 231-234, Firmung 234-237, Trauung 237-241.241-243, Buße 243-248.248-250, Weihe 260-264, Krankensalbung 268-270.270-271 ("Ein Christliche vermanung zum krancken/bey der letzten Oelunge"), Begräbnis 271-276.

[849] Vgl. Witzel, Psaltes Ecclesiasticus 1550 [Häußling Nr. 135] 10^r-12^v.15^v.17^r-22^r. Zu nennen sind: Taufvermahnung (vgl. ebd. 10^r-10^v), Patenvermahnung (vgl. ebd. 10^v-11^v), Kommunionvermahnung (vgl. ebd. 11^v-12^v), Ansprachen zur Trauung (vgl. 15^r-15^v.16^v-17^r; diese Ansprachen sind, da sie ohne Überschriften in einen deutschsprachigen Ritus integriert sind, nicht leicht abzugrenzen); Firmansprache (vgl. ebd. 17^r-18^r), Ansprache zur Priesterweihe (vgl. ebd. 18^r-19^r); Beichtvermahnung (vgl. ebd. 19^r-20^v), Vermahnung zur Krankensalbung (vgl. ebd. 21^r) und eine "Exhortation zum sterbenden Menschen" (ebd. 21^r-22^r). Diese Ansprachen sollen weniger den Ritus erklären als vielmehr durch die Liturgie religiös-erzieherisch wirken (vgl. Pralle 234). Witzel bleibt aber nicht bei den deutschsprachigen Ermahnungen stehen, sondern will auch Teile der liturgischen Texte ins Deutsche übersetzt sehen. So bietet er deutschsprachige Formulare für die Taufe und die Trauung (vgl. Witzel, Psaltes Ecclesiasticus 1550 [Häußling Nr. 135] 1^r-6^r.13^v-17^r), die später von Leisentrit weitgehend übernommen werden (vgl. Pralle 233).

[850] Eine ausführliche Darstellung des Materials der Ritualien nach 1550 ist hier aus Platzgründen nicht möglich.

[851] In Mainz 1551 finden sich Vermahnungen bei der Taufe (vgl. Mainz 1551 [Probst Nr. 350] III^r-IX^r; Text ebenso in Reifenberg, Verkündigung 226f; vgl. auch Reifenberg, Sakramente 1,227-236; Spital 164-167), bei der Beichte (vgl. Reifenberg, Vermahnung 366-368; Reifenberg, Sakramente 1,355-367), zur Krankensalbung (vgl. Mainz 1551 [Probst Nr. 350] LXI^r-LXIIII^r. LXXI^v-LXXII^r; Reifenberg, Ansprache; Reifenberg, Sakramente 1,430-438) und zur Trauung (vgl. Mainz 1551 [Probst Nr. 350] LXXII^v-LXXV^r.LXXVI^v-LXXVII^r; Reifenberg, Trauungsansprache 141-143.144-145).

[852] Für eine Ansprache bei der Krankensalbung bietet schon Surgant eine lateinische Vorlage (vgl. Surgant 1520, II Kap. 13 [Probst Nr. 765] 94^r-94^v; sie entspricht Nr. 204 und Nr. 206 bei Konzili 4,352), die sich auf Gersons 'Ars moriendi' stützt (vgl. Gerson 1,447-450, hier 447f; Konzili 3,354). Er kennt auch schon eine deutsche Ansprache zur Kreuzesdarreichung am Schluß des Krankenbesuchs (vgl. Surgant 1503, II Kap. 12 [Probst Nr. 756] 108^v; Text abgedruckt bei Konzili 3,371^6) und eine Ansprache an die Menschen, die den Versehgang mit dem Krankenöl begleitet haben, die ähnlich wie die zur Krankenkommunion gestaltet ist (vgl. Surgant 1503, II Kap. 12 [Probst Nr. 756] 108^v-109^r).

[853] Vgl. Surgant 1503, II Kap. 10 [Probst Nr. 756] 95^v.98^v-99^r. Vgl. Konzili 3,321-323.

[854] Evtl. könnten diese Texte aus Surgants Manuale den Impuls für einen Ausbau und eine inhaltliche Fixierung der Sprechhandlung 'Vermahnung' gegeben haben.

weil noch kein neues Rituale gedruckt ist), benutzt man Bücher anderer Diözesen.[855] Dieser Weg steht offen, weil das Trienter Konzil die Rechte der Diözesen zur Herausgabe der Ritualien nicht antastet. Es hat zwar die Willkür bei der Sakramentenspendung abgelehnt, aber für die Ritualien wird die Frage einer Revision nicht gestellt[856]. Ein künftiges Einheitsrituale ist vom Tridentinum nicht beabsichtigt. Stehen bei den katholischen Reformbestrebungen zunächst nur Missale und Brevier zur Diskussion, so erst ab der Jahrhundertmitte die Ritualien.[857] Die Herausgabe der Ritualien wird aber weiterhin als Angelegenheit der Bistümer gesehen; auch nach dem Rituale Romanum 1614 erscheinen davon völlig unabhängige Diözesanritualien[858]. Zuvor aber weiß man in Deutschland wohl lange nichts von den römischen Arbeiten an einem Rituale[859].

7.4.4.3 Die weitere Entwicklung im Rituale Romanum 1614

Im Rituale Romanum 1614[860] finden sich keine Kommunionvermahnungen und nur wenige Bemerkungen, die in eine ähnliche Richtung gehen. Allgemein wird gesagt: "In sacramentorum administratione eorum virtutem, usum, ac utilitatem, et caeremoniarum significationes ... ubi commode fieri potest, diligenter explicabit."[861] Zur Hauskommunion heißt es an den Spender gerichtet: "accedat ad infirmum, ut cognoscat, num sit bene dispositus ad suscipiendum sacrum Viaticum, et utrum velit aliqua peccata confiteri".[862] Einige Autoren meinen, daß daneben die Anrede 'Ecce Agnus Dei' das einzige Element ist, das im römischen Ritus an die Kommunionanspache erinnert, wenn diese - in Angleichung an das Rituale Romanum - weggefallen ist.[863] Finden sich 'Ecce Agnus Dei' und 'Domine non sum dignus' in den Diözesanritualien in der Landessprache[864], so werden sie im Rituale Romanum 1614 ausschließlich in Latein und vom Meßdiener gesprochen.[865] Die Übernahme des 'Ecce Agnus Dei' in das MRom ist dann die selbstverständliche Folge[866].

---

[855] Vgl. Kranemann 158. So wird in Breslau wegen der Gläubigen anstelle des lateinischen Rituale von 1510 das Mainzer von 1551 benutzt (vgl. Jungnitz 99f). Weiterhin wird das Rituale Gnesen-Posen 1578/79 wegen der landessprachlichen Teile ab 1580 für die Diözese Breslau vorgeschrieben (vgl. Jungnitz 100f; laut Probst handelt es sich sogar um die Übernahme des Gnesen-Posener Rituale (vgl. Probst, Bibliographie 11²)). Die Sakramente sollen aber in Latein gefeiert und die Bedeutung der Feier den Gemeinden in landessprachlichen Ansprachen verdeutlicht werden; diese Anordnung findet aber nur geringe Beachtung (vgl. Jungnitz 101). Das Rituale Breslau 1653 [Probst Nr. 76] schränkt den Gebrauch der Landessprache stark ein (vgl. Jungnitz 106).

[856] Vgl. Jedin 21f; Vollmer 75. Eine Reform der liturgischen Bücher fordert auch Kaiser Karl V. auf dem Augsburger Reichstag 1548, ohne die Ritualien einzuschließen (vgl. Jedin 19).

[857] Beispiele bilden hierfür die Kölner Diözesansynode 1550 (vgl. Schannat/Hartzheim 6,618; Vollmer 76) und die Mainzer Synode 1548 (vgl. Lenhart 91).

[858] Vgl. Vollmer 77.94.

[859] Vgl. Vollmer 94f.

[860] Vgl. Fischer, Originalmanuskript; Fischer, Rituale Romanum; Fischer, Entwurf; Löwenberg.

[861] RitRom 1614, Tit. I, Cap. 1, Nr. 10 (1896) 2.

[862] RitRom 1614, Tit. IV, Cap. 4, Nr. 13 (1896) 74; vgl. Reifenberg, Werdegang 87.

[863] Vgl. Reifenberg, Werdegang 87; Fischer, Predigt 232.

[864] Dies bleibt bis in die Neuzeit erhalten (vgl. Jungmann, MS 2,461f). Zum 'Ecce Agnus Dei' und zur These, daß es das Relikt der Kommunionanspache darstellt vgl. 12.6.1.1; zum 'Domine non sum dignus' vgl. 7.4.4.1.1.

[865] RitRom 1614, Tit. IV, Cap. 2, Nr. 3 (1896) 68; vgl. Jungmann, MS 2,462³⁶.

[866] Vgl. Jungmann, MS 2,462.

7.4.5 Die Genese der Vermahnung - ein Resümee
7.4.5.1 Die Genese der katholischen Kommunionvermahnungen

Finden sich schon vor der Reformation in den Rubriken einzelne Anmerkungen, die zu kurzen Mahnungen in frei formulierten Sätzen vor oder nach der (Kranken-)Kommunion auffordern, so sind fixierte oder gar muttersprachliche Texte erst zu vermerken, Jahre nachdem die evangelischen Formulare schon längst feste Vermahnungen beim Abendmahl kennen. Eine direkte Herleitung der evangelischen Texte aus katholischen Vorbildern einer Kommunionvermahnung, wie sie in den gedruckten Ritualien zu finden sind, ist schwerlich möglich. Anknüpfen können die Evangelischen nur an den Vorgang selbst, in den vorgeschriebenen Ritus Anreden einzufügen, der sich ja schon früher mit der entsprechenden Terminologie belegen läßt. Entfaltete Texte hat zudem Surgant schon für Krankensalbung und Trauung beispielhaft gegeben.

Daß die Vermahnungen im katholischen Raum dann nach der Reformation ausformuliert geboten werden, ist leicht aus der Konkurrenzsituation heraus zu verstehen, aber vielleicht auch aus dem ehrlichen Bestreben, die Gläubigen zu einer wirklich eucharistischen Frömmigkeit anzuleiten. Letzteres ist auf dem Hintergrund zu sehen, daß im Hochmittelalter die Christen selbst beim wirklichen Empfang der Eucharistie nicht selten irgendetwas beten, das eine nähere oder weitere Beziehung zur Eucharistie hat[867]: Im Mittelpunkt steht oft die Passion (die Andacht zu den Wunden und zum Blut Christi erfreut sich besonderer Beliebtheit), sowie die reale Gegenwart Christi; der Empfang ist stark subjektiv und affektiv gestimmt.[868]

Warum aber tauchen diese Vermahnungen erst ab der Mitte des 16. Jh. in katholischen Ritualien auf? Sicher wäre letztlich der heutige Weg, den Gottesdienst in der Muttersprache zu feiern, der entscheidende Weg, die Frömmigkeit der Gemeinde auf das wirkliche Geschehen hinzulenken. Und nicht wenige Versuche der Übersetzung des Meßbuchs in der ersten Hälfte des 16. Jh. streben diesen Weg an.[869] Daß stattdessen die Vermahnung zum Instrument der Förderung der Eucharistiefrömmigkeit wird, kann nur in der apologetisch motivierten Ablehnung der landessprachlichen Meßfeier durch die katholische Seite und speziell durch das Konzil von Trient begründet sein[870]. Sie macht andere Lösungen notwendig, wenn man den Wunsch der Bevölkerung nach landessprachlichem Gottesdienst nicht völlig ignorieren[871] und reformliturgische Anliegen nicht aufgeben will. Eröffnen schon

---

[867] Vgl. Browe, Kommunionandacht 61.

[868] Vgl. Browe, Kommunionandacht 62f.

[869] Vgl. hierzu Häußling, Missale Deutsch; Häußling, 'Missale' (deutsch). Es handelt sich dabei besonders um humanistisch beeinflußte Kreise (vgl. Arnold 115f).

[870] Vgl. hierzu Freudenberger. Schon in den ersten Jahrzehnten der Reformation wird die Frage der Liturgiesprache von katholischer Seite mit dem Hinweis auf die drei Kreuzesinschriften restriktiv beantwortet (vgl. Freudenberger 683[27]). Eine landessprachliche Meßfeier steht dann für das Trienter Konzil so sehr außer Frage, daß dieser Punkt zunächst gar nicht auf der Tagesordnung erscheint (vgl. Freudenberger 684). In der Konzilsdiskussion Ende 1551 und Anfang 1552 ist die Ablehnung einer landessprachlichen Meßfeier relativ breiter Konsens; nur wegen der glagolithischen Liturgie verzichtet man auf eine absolute Ablehnung (zur Diskussion vgl. Freudenberger 684-698; Schmidt, Liturgie 97-119; Froger 98-103). Auch in der abschließenden Beratung 1562 ist man sich in der Ablehnung erneut einig (vgl. Freudenberger 694-698; Schmidt, Liturgie 119-155; Froger 103-111). Nur Ansprachen an die Gemeinde und Predigten will man dulden (vgl. Freudenberger 688.697; Arnold 117).

[871] "Vor allem mußte, wenigstens im Bereich der Agendenriten, den eingedeutschten Gottesdienstformen der Neugläubigen etwas Entsprechendes entgegengesetzt werden" (Lamott 53).

die vorhandenen Ritualien die Möglichkeit zu kurzen landessprachlichen Anreden bei den Sakramentenfeiern, so nutzt man diese Möglichkeit nun zu ausgedehnten Texten, wie sie im evangelischen Raum schon seit Jahrzehnten die Feiern bestimmen. Die Einführung der landessprachlichen Vermahnungen scheint deshalb in den katholischen Ritualien durchweg der Versuch zu sein, bei grundsätzlicher, apologetisch motivierter Beibehaltung der lateinischen Liturgiesprache[872] (speziell bei der Eucharistiefeier) ab Mitte des Reformationsjahrhunderts, eine bessere Teilnahme der Gemeinde bzw. zumindest der Sakramentsempfänger zu erreichen.

Kennzeichnend für die Entwicklung ist die Veränderung der 'Reformationsformel', die zwar eine einseitige Willensäußerung der staatlichen Gewalt darstellt, aber doch aufgrund der Zustimmung der Stände den Reformwillen des damaligen deutschen Katholizismus widerspiegelt.[873] Die harte Linie der Reformationsformel Kaiser Karls V. von 1548, die streng an der lateinischen Sprache festhält und nur die Abschwörungs- und Glaubensformel bei der Taufe und das Konsensgespräch bei der Trauung wie bisher in der Landessprache gestattet[874], läßt sich schon ein Jahrzehnt später nicht mehr aufrechterhalten. So bleibt die Neuauflage der Reformationsformel von 1559 unter Kaiser Ferdinand I. grundsätzlich beim lateinischen Gottesdienst, erhebt aber die Forderung nach volkssprachlichen Exhortationes[875]. Das Trienter Konzil selbst beschäftigt sich erst 1563 in der 24. Sessio mit der Frage der Exhortationen bei der Sakramentenspendung und empfiehlt solche.[876]

Dies kann aber nur die massive Einführung von Vermahnungen in den *nach* dem Tridentinum erstellten Ritualien erklären. Eingeführt werden die Vermahnungen jedoch schon vorher. Die Veröffentlichungen von Witzel und Helding spielen eine Vorreiterrolle. Witzels Arbeiten haben im katholischen Raum Breitenwirkung; so orientiert sich Leisentrit sogar in Teilen seiner Rituale-Entwürfe an Witzel[877]. Helding erhält für die Mainzer Agende von 1551, dem

---

[872] Einen radikal anderen Weg kann nur das glagolithische (allerdings von Rom herausgegebene) Rituale von 1640 [Probst Nr. 244] gehen, das ausschließlich in der Landessprache abgefaßt ist (nur einige Überschriften und das Vorwort sind in Latein gedruckt). Es handelt sich aber um eine landessprachige Sondertradition, die auch für die Meßfeier zu vermerken ist (vgl. Meyer, Eucharistie 266) und die auch auf dem Trienter Konzil von den Befürwortern der muttersprachlichen Liturgie gegen den Absolutheitsanspruch der lateinischen Liturgie angeführt wird (vgl. Freudenberger 690f).

[873] Vgl. Lenhart 68.

[874] Vgl. Lamott 53. Lortz kommentiert dies: "Dagegen zeigen sich an anderer Stelle offenkundig die Grenzen des psychologischen Verständnisses wie der Theologie dieser Reformer: der Gebrauch der deutschen Sprache in der Liturgie wird nicht für nützlich erachtet" (Lortz 2,237).

[875] Es sei eine Agende zu edieren, die "circa singula Sacramenta exhortationes germanice compositas contineat, huc accommodas, ut populus, quid agatur, intelligat, & quid de virtute & efficacia uniuscujusque Sacramenti sentire, quid credere debeat, dilucide & breviter erudiatur" (Schannat/Hartzheim 6,754ª; Lamott 53f).

[876] "Ut fidelis populus ad suscipienda sacramenta maiore cum reverentia atque animi devotione accedat: praecipit sancta synodus episcopis omnibus, ut non solum, cum haec per se ipsos erunt populo administranda, prius illorum vim et usum pro suscipientium captu explicent, sed etiam idem a singulis parochis pie prudenterque, etiam lingua vernacula, si opus sit et commode fieri poterit, servari studeant, iuxta formam a sancta synodo in catechesi singulis sacramentis praescribendam, quam episcopi in vulgarem linguam fideliter verti atque a parochis omnibus populo exponi curabunt; necnon ut inter missarum solemnia aut divinorum celebrationem sacra eloquia et salutis monita eadem vernacula lingua singulis diebus festis vel solemnibus explanent, eademque in omnium cordibus (postpositis inutilibus quaestionibus) inserere, atque eos in lege Domini erudire studeant." (24. Sitzung, can. 7 (CT 9,981,Z.40-982,Z.9); vgl. Lamott 54⁵; Froger 111-115).

[877] Vgl. Gülden 271-276.

ersten Diözesanrituale, das Vermahnungen, aber keine sonstigen deutschsprachigen Texte bei der Sakramentenspendung einführt, das ausdrückliche Lob des damaligen Nuntius und informiert andere Diözesen davon[878].

Die Frage der Abhängigkeit muß so beantwortet werden, daß die katholische Seite auf eine auf evangelischer Seite schon existierende liturgische Gattung zurückgreift.[879] Aber nicht nur das 'daß' der evangelischen Vermahnungen wird bestimmend, sondern auch das 'was', d.h. die strukturellen und inhaltlichen Vorgaben[880]. Die entscheidenden Themen der evangelischen Vermahnungen werden auf katholische Seite wieder aufgegriffen, einige Formulierungen tauchen sogar standardmäßig immer wieder auf[881]. Daß sich die katholischen Kommunionvermahnungen enger an die evangelischen Abendmahlsvermahnungen anschließen, als bisher angenommen, wird vor allem an der breit ausformulierten Corpus-Christi-Theologie deutlich, die in den katholischen Texten bisher fehlt, sich aber speziell in der weitverbreiteten Nürnberger Vermahnung findet.[882] Allerdings wird an den entscheidenden Dissenspunkten bei aller Aufnahme der vorgegebenen Thematik der 'katholische' Standpunkt deutlich gemacht.[883] Vor allem bilden die katholischen Vermahnungen, anders als die evangelischen, immer Einschübe und werden selbst nie zum wirklich liturgischen Vollzug![884]

Dieser Vorgang der Übernahme läßt sich am besten mit dem Begriff der 'Adaption' einer durch den evangelischen Gottesdienst vorgegebenen Gattung an die Notwendigkeiten des

---

[878] Vgl. Friedensburg 81²; Brück 208. Der Gesandte des Straßburger Bischofs erhält bzgl. der Taufe vom Nuntius den Rat, man "möge an dem alten katholischen Brauch nichts ändern, nur zuvor an die Umstehenden eine deutsche Exhortation tun, 'in welcher vis et usus sacramenti samt summarischer erzellung und erinnerung der praecum und gebett angezeigt ... werden; was aber sonst die substantialia sacramenti antreff, das sollte in lingua latina verricht' [werden]" (Friedensburg 81²).

[879] Vollmer sieht die Kommunionansprachen der katholischen Ritualien entstanden "im Gegenzug zu den Reformatoren, die 'Vermahnungen' an das Volk vor dem Empfang des Abendmahles geschaffen hatten" (Vollmer 289). Allerdings reduziert Vollmer ihren Inhalt darauf, "den Glauben und die Ehrfurcht der Kommunikanten gegenüber dem in der Brotsgestalt gegenwärtigen Herrn zu erwecken" (Vollmer 289f). Eine inhaltliche Abhängigkeit von evangelischen Vorbildern konstatiert er nicht.
Reifenberg deutet die Abhängigkeit der katholischen Ansprachen von den evangelischen Vorbildern an: "Dies [die Einfügung deutscher Anreden; A.d.V.] ist nicht zuletzt dem bedeutenden reformatorischen Erneuerungsbemühen zu Beginn des 16. Jahrhunderts zuzuschreiben. Erwägt man die (oft nicht zugegebene) Reziprozität zwischen den Hauptbekenntnissen der damaligen Zeit, wie sie gerade in den Kirchenordnungen und in unserer Agende greifbar wird, kann man nur betrübt feststellen, daß sich auch hier die Gemüter leider mit der Zeit mehr und mehr auseinanderlebten." (Reifenberg, Sakramente 1,26).

[880] Z.B. hat Schulz schon früh auf die Abhängigkeit der Trierer Vermahnung von Köln 1543 und damit der Nürnberger Vermahnung hingewiesen (vgl. Meyer, LM 198³³). Waldenmeier konstatiert die Abhängigkeit der (katholischen) Augsburger Vermahnung von der (evangelischen) Nürnberger Vermahnung (vgl. Waldenmeier 11²).

[881] Vgl. die entsprechenden Anmerkungen in 7.7. und 7.8.

[882] Vgl. 7.8.4.5. Eine Anlehnung der katholischen an die evangelische Theologie ist für diese Zeit nicht ungewöhnlich: Die evangelische Theologie gibt de facto die Themen der Diskussion vor, die katholische Seite reagiert darauf meist nicht argumentativ, wozu sie vielfach auch nicht fähig ist, sondern polemisch (vgl. Trusen 57).

[883] So wird z.B. die in den evangelischen Vermahnungen durchweg zu findende Frage nach der Würdigkeit zum Empfang des Abendmahls in den katholischen so gelöst, daß auf die zuvor zu leistende Beichte als Kriterium der Würdigkeit verwiesen wird (vgl. 7.7.2).

[884] Vielleicht ist auch dies ein Grund dafür, daß die Nürnberger Vermahnung in der Zeit des Interims in Nürnberg weiter verwandt werden kann (vgl. Klaus, Veit Dietrich 296f).

katholischen Gottesdienstes (Inhalt, aber auch Ort der Vermahnung im Gottesdienst) beschreiben, wie er auch für das Kirchenlied des 16. Jh. nachweisbar ist[885]. Diese Adaption einer evangelischen Gattung ist möglich, weil der sonstige Gottesdienst nicht den reformatorischen Forderungen angepaßt wird. Vor allem aber wird diese Gattung auf katholischer Seite überhaupt nicht als für das liturgische Geschehen bestimmend angesehen, da man vom priesterlichen Vollzug ausgeht, nicht aber von der Wirksamkeit der Worte in den Gläubigen. Daß das Wort bei den Sakramentenfeiern nicht nur für die objektive Wirksamkeit (sakramentale Formel), sondern auch für die Wirksamkeit im glaubenden Subjekt von Bedeutung ist, wird auf katholischer Seite nicht gesehen, oder aber es wird wahrgenommen und durch die Vermahnung in einer Weise zu lösen versucht, die einerseits auf die individuelle gläubige Aneignung der dem Sakrament vermittelnden Gnade hinzielt, andererseits aber am eigentlich priesterlichen, 'objektiven' Geschehen keine Veränderung vornehmen muß. Für die Gemeinden dagegen dürften die Vermahnungen binnen kurzem zum entscheidenden Wortvollzug der Sakramente geworden sein, da durch sie erst deutlich werden kann, was die Kirche überhaupt als Inhalt und Funktion der einzelnen Sakramente versteht!

7.4.5.2 Die Genese der evangelischen Abendmahlsvermahnungen

Es ist deutlich geworden, daß die Frage nach der Herkunft der evangelischen Abendmahlsvermahnungen nicht mit einem Verweis auf vorbildhafte katholische Texte (Kommunionansprachen) in den Ritualien beantwortet werden kann, sondern daß man vielmehr mit der These einer Neuschöpfung durch die evangelischen Theologen wird antworten müssen, die sich allerdings des bekannten und terminologisch belegten Vorgangs bedient, kurz vor 'Empfang' eines Sakraments innerhalb der Feiern in freien Worten die Disposition der 'Empfänger' zu fördern. Inhaltlich findet sich als Vorläufer, der die Würdigkeit zum Empfang des Sakraments thematisiert, die Ankündigung der Osterkommunion mit dem Hinweis auf die zu erbringende Beichte und dem Ausschluß der notorischen Sünder[886]. Das Thema der Würdigkeit wird fast immer in den evangelischen Vermahnungen mit dem Verweis auf Paulus (z.T. recht ausgiebig) zur Sprache gebracht, macht aber nur einen Teil des Textes aus. Der andere Teil ist bestimmt von einer positiven Bestimmung dessen, was die Feier des Abendmahls bedeutet und beinhaltet. Die Kategorie des Gedächtnisses wird oftmals deutlich artikuliert. Inhalt ist vorrangig der Kreuzestod Christi und was er bedeutet - und zwar nicht allgemein, sondern für die feiernde Gemeinde, d.h. welche Wirkungen sie aufgrund des Empfangs des Abendmahles und damit letztlich aufgrund des Kreuzestodes erwarten darf. Mit letzterem sind oftmals Inhalte angesprochen, die man vom epikletischen

---

[885] Beim Kirchenlied läßt sich dies deutlich bei Leisentrit aufzeigen (dazu und zum Begriff der 'Adaption' vgl. Heitmeyer).

[886] Eine andere hochmittelalterliche Form des Ausdrucks der eigenen Unwürdigkeit zu Feier und Empfang der Eucharistie stellen die Apologien dar. Es handelt sich dabei um Schuld- und Unwürdigkeitsbekenntnisse des Zelebranten, die bereits im 7. Jh. begegnen, im 9.-12. Jh. ihre Blütezeit erleben und im 12. Jh. wieder verschwinden, die immer in Orationsform gefaßt sind und die die ganze Meßfeier durchziehen können (vgl. Meyer, Eucharistie 204-208; zu Apologien allgemein vgl. Merz, Gebetsformen 124f; Klöckener, Beten 130-135; Meyer, Eucharistie 203; Meyer, Apologien; Nocent). Neben dem deutlichen zeitlichen Abstand ist der entscheidende Unterschied zur Vermahnung, daß mit den Apologien der Zelebrant ausschließlich still für sich betet, während die Gemeinde anderes vollzieht (vgl. Köckener, Beten 134). Eine direkte Verbindung von den Apologien zu den Vermahnungen kann nicht hergestellt werden.

Abschnitt des Eucharistischen Hochgebets erwarten würde, auch wenn sie hier nicht in Form einer Epiklese formuliert sind.

Für diese Ausformung gibt es aber keine direkte Vorlage, sondern sie ist eigenständige Leistung evangelischer Theologen.[887] Das heißt nicht, daß inhaltliche Aspekte oder gar Textfragmente nicht schon vor der Reformation vorhanden wären. Hier dürfte vor allem auf Predigthandbücher rekurriert werden[888], die - anders als die vorreformatorisch vielfach allegorisch vorgehenden Meßerklärungen[889] - öfter eine brauchbare Eucharistietheologie bieten, auch wenn sich dies in der Praxis nicht positiv auswirkt[890].

Eine andere Quelle dürften private Bereitungsgebete darstellen, die vor dem Empfang der Kommunion verrichtet werden.[891] Diese privaten Gebete und die Vermahnungen weisen einige inhaltliche Parallelen auf, denn sie thematisieren: "das Gedächtnis der Erlösung durch Jesus Christus, vor allem durch sein Leiden und Blutvergießen; das Altarssakrament als Gedächtnis des erlösenden Leidens und als Unterpfand des daraus fließenden Heiles; schließlich das Bekenntnis der eigenen Unwürdigkeit und die Bitte um Hilfe zum rechten Empfang"[892].

---

[887] Daß es sich um eine Neuschöpfung handelt, sieht auch Kliefoth: "Die den Communicanten zu verlesende Vermahnung vor dem Abendmahl ist ein der lutherischen Kirche eigenthümliches neues liturgisches Stück. Das erste Formular dieser Art war, wie wir bereits sahen, Luthers Paraphrase des Vater unser nebst angehängter Vermahnung der Communicanten. Weiterhin entstand dann eine Reihe mehr ausgeführter Formulare dieser Art." (Kliefoth 5,93). Allerdings stammt der erste Text nicht von Luther, sondern aus Nürnberg (vgl. unten). Auch Pahl sieht die Abendmahlsvermahnung deutlich als Neuschöpfung evangelischer Theologie (vgl. Pahl, Feier 396.398). Klaus tendiert ebenfalls in diese Richtung, da er feststellt: "Daß sie auf ein ma. Vorbild zurückgeht, wie behauptet wird, konnte bisher nicht bewiesen werden" (Klaus, Nürnberger Deutsche Messe 29).

[888] Auch in den normalen Predigten kommt aus Anlaß einer direkt oder indirekt bevorstehenden zahlreichen Gläubigenkommunion die Eucharistie zur Sprache. So ist in der Kathedrale von Marseille um 1264 eine solche Predigt an Ostern nach dem Evangelium vorgeschrieben (vgl. Chevalier 89). Etwa um die gleiche Zeit empfiehlt Humbert von Romans: "Wenn eine große Menge kommuniziert, sollen die einfachen Gläubigen über folgende Dinge belehrt werden: was sie von dem Altarssakrament zu glauben haben, wie erhaben es ist, warum es eingesetzt wurde, daß und wie es alle zur richtigen Zeit empfangen und was sie nach dem Empfang noch tun müssen" (zitiert nach Browe, Kommunionriten 25). Für einige Orden ergehen zu dieser Zeit ähnliche Vorschriften, die diese Ermahnung aber auf den Vortag verlagern; solche Predigten sind dann auch der Ort, an dem strittige Punkte der Eucharistietheologie behandelt werden (vgl. Browe, Kommunionriten 25f).

[889] Vgl. Arnold 123-125. Dies heißt nicht, daß sich nicht auch in ihnen inhaltliche Ansätze finden. So fordert die älteste deutsche Gesamtauslegung der Messe vom Priester eine dreifache Betrachtung vor der Kommunion, nämlich 'was' (Leib und Blut Christi), 'warum' (Nutzen, Hilfe und Trost der heiligen Christenheit) und 'wie' (würdig oder unwürdig) er es empfangen will (vgl. Meßauslegung 1480 [Häußling Nr. 101] (Reichert 191)). Seebaß vermutet hinter der Nürnberger Vermahnung spätmittelalterliche deutschsprachige Meßerklärungen (vgl. Seebaß: OGA 5,156[715]).
Auffallenderweise weicht mit der reformatorischen Kritik auch in den katholischen Meßerklärungen sofort die Allegorese wirklicher Theologie (vgl. Arnold 134.139), die vor dem Tridentinum eine beachtliche Breite in der Eucharistieauffassung unter Berücksichtigung gerade auch der liturgischen Kategorien vertritt (vgl. Arnold 134-146) und sich erst in den nachtridentinischen Katechismen aussschließlich auf das Meßopfer konzentriert (vgl. Arnold 151-159; nicht ganz so positiv urteilt Kötter 311f.).

[890] Nur aufgrund des vorhandenen Materials theologischer Schriften abzuleiten, daß es auch vor der Reformation nicht an Belehrung gefehlt habe (vgl. Meyer, LM 194), bleibt in dieser Allgemeinheit zweifelhaft. Luther moniert nämlich die Unwissenheit der Gläubigen "de fide, de solatio, et de tot usu et fructu caenae" (Luther, FM 1523 (Herbst 34)) und steht mit diesem Urteil keineswegs allein.

[891] Vgl. Meyer, LM 193.

[892] Meyer, LM 193.

Die Reformatoren scheinen also bei der Formulierung der Vermahnungen auf die Inhalte dieser privaten Gebete zurückzugreifen.[893]

Daß aber nicht nur eine Gattung oder gar nur ein Text die Grundlage der evangelischen Vermahnungen bilden kann, sondern zunächst nur die Sprechhandlung 'vermahnen', zeigt sich daran, daß die evangelischen Vermahnungen im formalen Aufbau wie in der inhaltlichen Motivik von Anfang an zu unterschiedlich sind. Diese Pluriformität resultiert aus dem schnellen parallelen Entstehen unterschiedlicher Abendmahlsvermahnungen in den Jahren 1524-1526.

Balthasar Fischer nennt als erste evangelische Abendmahlsvermahnungen[894]: Kantz 1522[895], Worms 1524[896], Straßburg/Ordenung 1524[897], Nürnberg/Volprecht 1524[898], Luther, DM 1525[899]. Nicht alle diese Angaben können aufgrund des bisher Erarbeiteten bestätigt werden. So handelt es sich bei Kantz um eine kombinierte Zeige- und Spendeformel[900]. Das Gleiche ist bei Worms 1524 der Fall, wo die Kantzsche Formel übernommen und nur die (veränderte) Summationsformel des Priesters angehängt wird[901], und in Straßburg/Ordenung 1524, wo wiederum die Wormser Formel abgeändert wird[902]. Natürlich findet sich bei all diesen Formulierungen die für eine Vermahnung konstitutive Anrede der Gemeinde, aber sie alleine macht noch nicht die Textgattung 'Abendmahlsvermahnung' aus.

In den ersten Straßburger Ordnungen (die auch Fischer nennt) findet sich allerdings die Rubrik: "Adhortatio ad populum brevis. Hye pflegen sye ein kurtze vnd ernstliche ermanung zů thun zů denen, die zům sacrament geen wöllen vnd gewonlich gezogen auß der epistel vnd evangelio."[903] Sie bewegt sich noch ganz auf dem schon für die vorreformatorischen Ritualien nachgewiesenen Niveau, indem sie keine konkreten Inhalte benennt, sondern nur den Vorgang an sich rubriziert. Daß aber auf Evangelien und Episteln rekurriert werden soll, zeigt, daß andere Inhalte als nur die Frage der Würdigkeit in den Blick kommen.

---

[893] Vgl. Meyer, LM 193f.

[894] Vgl. die Angaben bei Fischer, Predigt 229[30].

[895] Vgl. Kantz 1522 (CD 1,15).

[896] Vgl. Worms 1524 (CD 1,20).

[897] Vgl. Straßburg/Ordenung 1524 (Hubert 73). Die Stellenangabe Fischers "Smend 136 (Ordnung B)" (Fischer, Predigt 229[30]) kann sich nur auf die Spendeformel beziehen.

[898] Vgl. Nürnberg/Volprecht 1524 (Anlage 2).

[899] Vgl. Luther, DM 1525 (CD 1,36f).

[900] Smend meint, daß sich in ihr "Elevation und Distribution verbinden" (Smend, Messen 80). Daß es sich um eine Spendeformel handelt, wird auch daran deutlich, daß in einer Ausgabe von 1524 diese Formel in die singulare Anrede umgeformt wird und danach die Anweisung folgt: "dysse wort sprech der Priester zu eynem yeden, dem er das sacrament reichet" (Kantz 1522 (Smend, Messen 76[14])). Allerdings kennt die Kantz'sche Messe zu Beginn des Abendmahlsteils eine Aufforderung, der Priester solle "ein ermanung thun von dem Sacrament, oder sunst etwas tröstlichs us dem heiligen Evangelio sagen, wie jm der geist Gottes eyngibt" (Kantz 1522 (Smend, Messen 73)).

[901] Vgl. Worms 1524 (CD 1,20).

[902] Vgl. Straßburg/Ordenung 1524 (Hubert 73). Obwohl Smend erstmals in Straßburg eine Vermahnung vorliegen sieht (vgl. Smend, Messen 185), stellt er an anderer Stelle fest, es scheine, "als hätte sich die Einrichtung einer Admonition erst in Nürnberg eingestellt" (Smend, Messen 146[3]).

[903] Straßburg/Schwarz 1524 (Hubert 72). Straßburg/Ordenung 1524 läßt die lat. Überschrift weg, und zieht die Rubrik direkt vor die Spendeformel, so daß diese (fälschlich) als textliche Fassung der Vermahnung aufgefaßt werden kann (vgl. Straßburg/Ordenung 1524 (Hubert 72)).

Die *erste im Wortlaut gefaßte Abendmahlsvermahnung* überhaupt ist also die Nürnberger Vermahnung von 1524[904]. Ein Jahr später konzipiert Luther seine Vermahnung (die 'Deutsche Messe' wird erstmals am 29.10.1525 gefeiert), die aber erst im Januar 1526 im Druck erscheint[905]. Zuvor aber hat Luther schon in einem Brief an Nikolaus Hausmann vom 26.3.1525 eine Vermahnung mitgeteilt[906]! Außerdem konzipiert Zwingli für Ostern 1525 seine 'Action oder bruch des nachtmals'[907], die ebenfalls eine kurze Vermahnung enthält.[908] Zusätzlich ist noch die Abendmahlsliturgie Oekolampads mit ihren Abendmahlsvermahnungen zu nennen, die spätestens 1526 im Druck erscheint[909].

Entstehen also innerhalb weniger Monate unterschiedlichste Abendmahlsvermahnungen, von denen ein Teil wegen der Autorität ihrer Verfasser zumindest regional bestimmend bleibt, so bildet die älteste eruierbare, nämlich die Nürnberger Vermahnung, diejenige, die unter diesen ersten nicht nur die am reichsten entfaltete Motivik in sich birgt[910], sondern auch am stärksten Weiterentwicklungen erfährt[911] und zum Paradigma für Neuentwürfe wird[912]. Diese Rezeption ist nur aus der Qualität des Textes zu verstehen, denn die Nürnberger Vermahnung hat in ihrer Verwendung zunächst noch gar keine so deutlich reformatorische Qualität, da sie als deutsche Erläuterung zu den lateinisch gesprochenen EW verwendet wird[913]. In der Schrift der Pröpste 'Grund und Ursach' wird die Vermahnung damit begründet, sie habe die Einsetzungsworte, "damit er [= Christus, A.d.V.] das haylig, hochwirdig sacrament eingesetzt hatt, die verporgen gewest, wider eröffnet und yederman frey verkhündigt und

---

[904] Vgl. Nürnberg/Pfarrkirchen 1524 (OGA 1,158f). Wer Verfasser dieser Vermahnung ist, bleibt umstritten. Einerseits wird in der älteren Literatur der Augustinerprior Wolfgang Volprecht genannt (vgl. Smend, Messen 185; Klaus, Nürnberger Deutsche Messe 29f), der als erstes eine deutsche Messe in Nürnberg feiert (vgl. Klaus, Nürnberger Deutsche Messe 36-39; Seebaß: OGA 1,143). Andererseits wird Osiander als der Autor angesehen, weil dieser am 22.9.1533 in einem Gutachten meint, daß die Vermahnung vor "vil jar zuvor von mir gestelt und im brauch gewest war" (OGA 7,444; vgl. Klaus, Nürnberger Deutsche Messe 29; Drömann, Nürnberger Ordnungen 84[52]; Hübner 16). Seebaß plädiert auch aufgrund innerer Kriterien und fast gleichlautender Formulierungen mit Osianders Schrift 'Grund und Ursach' für eine Verfasserschaft Osianders (vgl. Seebaß: OGA 1,144[11]). Zumindest eine bedeutende Redaktionsarbeit ist Osiander zuzuweisen (vgl. Klaus, Nürnberger Deutsche Messe 29f). Für den der Gestaltung der Ordnung der Pfarrkirchen zugrundeliegenden anonymen Entwurf hält Seebaß eine Verfasserschaft Dominikus Schleupners für möglich (vgl. Seebaß: OGA 1,147).

[905] Vgl. CD 1,27. Zum Text und seinen Varianten in der Rezeption vgl. Höfling 71f. Zur Rezeption vgl. auch CD 1,36[22].

[906] Vgl. CD 1,43f. Zur Rezeption dieser Vermahnung in anderen Ordnungen vgl. CD 1,43[29]; Höfling 72[1].

[907] Vgl. Bürki, Zürcher Ordnungen 182.

[908] Vgl. Zürich 1525 (CD 1,194).

[909] Vgl. Bürki, Basler Ordnungen 199; Jenny, Einheit 73.

[910] Zum Text und seinen unterschiedlichen Vorlagen vgl. Anhang 2. Zur Rezeption dieser Vermahnung in anderen Ordnungen vgl. CD 1,84[52]; Höfling 59-63. Zur ganzen Rezeptionsgeschichte bis ins 17. Jh. hinein vgl. Hübner.

[911] Hier ist zunächst die Fassung, die in Brandenburg-Nürnberg 1533 eingegangen ist (zu Text und Rezeption vgl. CD 1,76[36]; Höfling 82-85) und die Umgestaltung in den Württemberger Ordnungen zu nennen (vgl. Württemberg 1536, Württemberg 1553 (CD 1,252-254)). Zur Rezeption dieser Württemberger Vermahnung in anderen Ordnungen vgl. CD 1,252[37]; hinzuzufügen ist noch die stark verändernde Rezeption in Antwerpen 1579 (CD 1,275-279); vgl. Honders, Antwerpener Ordnung 274.

[912] Hierunter sind m.E. all die Vermahnungen zu fassen, die die Heilsbedeutung des Kreuzestodes Christi im Verhältnis zur Sündhaftigkeit des Menschen bestimmen und die besondere Funktion des Abendmahles herausstellen. Nicht so entscheidend ist die Integration der EW.

[913] Vgl. Simon: EKO 11,47[20]; Klaus, Nürnberger Deutsche Messe 23f; Schulz, Communio 133; Seebaß: OGA 1,157f[40f]. Die Vermahnung wird vom Lektor des Evangeliums gelesen (vgl. Seebaß: OGA 1,158[46]).

außgelegt; ...; dann wo seine wort verporgen sein, da ist das heylig sacrament schon kayn nütz mer"[914]. Gerade diese Funktion der Auslegung der EW bewirkt aber, daß die Vermahnung nicht als Beifügung stehen bleibt, sondern ein eigenständiges liturgisches Element im Gesamt der Feier wird. Seebaß sieht als Grund für die liturgische Eigenständigkeit der Vermahnung gegenüber den EW den stärker werdenden warnenden Charakter: "Sie [die Praxis der leisen EW bei lautem Verlesen der Vermahnung; A.d.V.] war möglich, solange man ... die Abendmahlsvermahnung weniger als Vermahnung und mehr als Auslegung der Einsetzungsworte verstand. Je mehr sie aber als adhortatio an die Kommunikanten aufgefaßt wurde, desto weniger konnte das leise Sprechen der Einsetzungsworte beibehalten werden."[915] Nun ist das laute Sprechen der EW eine in den ersten Jahren der Reformation sich durchsetzende Grundgestalt reformatorischer Abendmahlsfeier, die nicht abhängig von der Vermahnung erklärt zu werden braucht. Vielmehr muß die Beibehaltung der Vermahnung mit integrierten EW erläutert werden. Die von Seebaß gegebene Deutung des Vorgangs verkennt zudem die anamnetische Grundbedeutung des Wortes 'Vermahnung'[916]. Außerdem ergibt sich im Text der Vermahnung keine bedeutende Veränderung, die rechtfertigen würde, von einer Verlagerung des Akzents auf die Warnung zu sprechen. Vielmehr muß m.E. die besondere Form der Anamnese, wie sie in der Vermahnung verwirklicht wird, als Grund für die Verselbständigung angesehen werden. Die EW vermögen als Anamnese nur das Zentrum des Abendmahlsgeschehens einzuholen, als Konsekrationsformel aber drohen sie immer die Abendmahlsgabe zu einer objektiven, von anamnetischer Rückbindung freien Sache zu machen. Die Nürnberger Vermahnung dagegen schafft es, einerseits anamnetisch an das Christusgeschehen zurückzubinden, andererseits das Abendmahl und den Kreuzestod als Gabe 'für uns', d.h. für die feiernde Gemeinde, mit ihrer erhofften Wirksamkeit herauszustellen. Die Vermahnung relativiert die Objektivität der Abendmahlsgaben, indem sie sie zum Instrument der Verbindung zwischen dem letztlich objektiven Kreuzesgeschehen und der subjektiven Wirksamkeit macht. Von daher ist die wachsende Bedeutung der Vermahnung in Nürnberg darin zu sehen, daß nur sie es schafft, die theologisch-anamnetische Verbindung von kommunizierenden Gläubigen und dem einmaligen Kreuzesgeschehen ins Wort zu heben. Gerade für die bisher außer Blick geratenen Gläubigen erhält damit die Vermahnung eine Funktion, die die EW nicht erbringen können.

---

[914] Nürnberg/Pröpste 1525 (OGA 1,225).
[915] Seebaß: OGA 1,157[40].
[916] Vgl. 7.3.2.

7.5 Die genauere Kategorisierung der evangelischen Abendmahlsvermahnungen

Wie können nun die Gattung Abendmahlsvermahnung und ihre inhaltliche Füllung genauer beschrieben werden?[917] Zunächst einmal behält die oben durchgeführte Umreißung der Vermahnung unter formalen Gesichtspunkten[918] ihre Gültigkeit. Es handelt sich um eine Sprach- und Textgattung, mit der der Vorsteher der Abendmahlsfeier die Gemeinde anredet. Sie besteht nie aus einer kurzen Formel, sondern kann sogar beachtlichen Umfang annehmen und wird in der Abendmahlsordnung zumindest als Leitfaden für den Vollzug festgelegt. Von der Predigt unterscheidet sich die Abendmahlsvermahnung durch diese textliche Festlegung, die ihre Hochschätzung und Normativität anzeigt. Der Inhalt bezieht sich immer auf die Feier und den Empfang des Abendmahls, die Stellung innerhalb der Feier kann ebenso variieren wie die Anzahl der Vermahnungen innerhalb einer Abendmahlsfeier.

Die erarbeiteten beiden Bedeutungspole ('warnen' und 'erinnern') der für die Sprechhandlung und die Textgattung 'Vermahnung' verwendeten Begriffe[919] stellen zugleich die inhaltlichen Pole dar, die eine Kategorisierung der Textgattung ermöglichen, um die es geht. Diese beiden Pole sollen nun anhand eines Einteilungsversuches Kliefoths, der die Vermahnungen der lutherischen und der oberdeutschen Liturgie unterscheidet, genauer dargelegt werden, auch wenn Kliefoths landschaftlich-konfessionelle Einordnung zu pauschal ist[920].

Die nachfolgend benannten Typen sind allerdings fast nie als Rein-Form zu finden, so daß eine Zuordnung konkreter Vermahnungen nur aufgrund von motivischen Schwerpunkten geschehen kann.

7.5.1 Der 'nouthetische Typ'

Kliefoth grenzt die oberdeutschen Vermahnungen gegen die lutherischen folgendermaßen ab:

"Etwas anders sind diese Formulare in den südwestdeutschen, Württembergischen, Pfälzischen, Badischen, Straßburger, Hessischen KOO zurecht gelegt. Da nemlich diese KOO die Privatbeichte nicht haben, so lassen sie nach der Verlesung der Vermahnung zur Beichte auffordern, die allgemeine Beichte und Absolution vorsprechen, dann ausführlich darlegen, welcherlei Menschen zum Abendmahl nicht geschickt sind, und schließlich zum Gebet der Danksagung und um würdigen Genuß auffordern, welches dann vorgesprochen wird. Dieses Hineinziehen der Beichte in den Abendmahlsact wird man natürlich nicht billigen können."[921]

Was Kliefoth hier als das Hereinholen der Beichte bezeichnet, ist nichts anderes, als die Ausfaltung der paulinischen Warnung vor unwürdigem Empfang. Damit hat dieser Vermahnungs-Typ, den man als 'Warnungs-Typ' bzw. gräzisierend als 'nouthetischen Typ'[922] bezeichnen kann, den vorreformatorischen Ansatz am deutlichsten beibehalten. Er ist vor

---

[917] Auf eine Kategorisierung der katholischen Kommunionvermahnungen wird bewußt verzichtet, da dafür eine eingehende Analyse notwendig wäre, die hier nicht geleistet werden kann.

[918] Vgl. 7.2.

[919] Vgl. 7.3.

[920] Auch die Unterscheidung zwischen oberdeutschem Typ und Meßtyp hat nur bedingt etwas mit der Landschaft zu tun.

[921] Kliefoth 5,94. Der Autor verweist für die lutherischen wie die oberdeutschen Vermahnungen auf Höfling 71ff, gibt aber noch einige zusätzliche Formulare an.

[922] Das griechische Wort für "warnen" ist "νουθετεῖν", für "Warnung" ist es "ἡ νουθέησις".

allem im oberdeutschen-schweizerischen Raum, also in den reformierten Abendmahlsordnungen anzutreffen. Allerdings bedeutet die Betonung der Würdigkeitsfrage nicht das völlige Fehlen der in der Begriffsetymologie herausgearbeiteten zweiten, anamnetischen Dimension; sie erhält nur einen gering(er)en Stellenwert. Eine konkrete Zuordnung der Vermahnungen ist außerdem insofern nicht leicht, da ein Teil dieser Ordnungen mehrere feste Vermahnungen mit unterschiedlichen Akzentsetzungen enthält[923]. Motiv für die Schwerpunktsetzung besonders reformierter Ordnungen im nouthetischen Typ ist, daß die Kommunion vorrangig nicht eine Kommunion einzelner, sondern einen Akt der ganzen Gemeinde darstellt, an der sich deren Leib-Christi-Sein erweist. Deshalb können der Vermahnung entsprechende Bann- und Bußformulare[924] folgen oder solche in die Vermahnung integriert[925] werden.

Macht damit die im negativen Sinne auffordernde Dimension den Schwerpunkt aus, so finden sich auch (Teile von) Vermahnungen, die im positiven Sinne auffordernden Charakter haben. Dazu zählen die Gebetsvermahnungen[926], aber auch das umgeformte 'Sursum corda'[927]. Beide bilden aber nie den Schwerpunkt der Abendmahlsvermahnung bzw. sind nie die einzigen Vermahnungen in einer Ordnung.

7.5.2 Der 'anamnetische Typ'

Die lutherischen Vermahnungen klassifiziert Kliefoth folgendermaßen:
"Diese Formulare endigen nicht immer, aber in manchen KOO mit der Aufforderung, das Vater unser zu beten: es geschieht dies dann, wenn nach der betreffenden KO gleich nach der Verlesung der Vermahnung das Vater unser gesungen wird; es geschieht nicht, wenn gleich nach Verlesung des Vater unser die Einsetzungsworte gesungen werden, und das

---

[923] Vgl. z.B. Zürich 1525 (CD 1,194). In Zürich 1529, 1535 gleicht die Schlußvermahnung diese Schwerpunktsetzung insofern aus, als nun anamnetische Elemente und die Wirksamkeit des Abendmahls thematisiert werden (vgl. Zürich 1529, 1535 (CD 1,198[49])).
In der Basler Tradition, die drei feste Vermahnungen innerhalb einer Abendmahlsfeier kennt, ist dieses anamnetische Motiv sogar getrennt in der 2. Vermahnung angesiedelt (vgl. Basel 1526 (CD 1,213f); Basel 1537 (CD 1,222f)), während die 1. und 3. Vermahnung die Prüfung in den Vordergrund stellen (vgl. Basel 1526 (CD 1,203.214); Basel 1537 (CD 1,215f.223f)).
In Bern 1529 thematisiert besonders die Vermahnung im Wortgottesdienst ausgiebig die Frage der Würdigkeit, aber auch die Christus-Anamnese (vgl. Bern 1529 (CD 1,229-232)). In der Vermahnung innerhalb der eigentlichen Abendmahlsfeier wird die Würdigkeit mehr in Richtung einer rechten Disposition thematisiert (vgl. Bern 1529 (CD 1,234f)). Für die Schlußvermahnung (vgl. Bern 1529 (CD 1,236)) gilt das gleiche wie für Zürich.

[924] Z.B. vgl. Basel 1526 (CD 1,203-205); Basel 1537 (CD 1,215-217).

[925] Z.B. vgl. Bern 1529 (CD 1,229-232). Wenn bei a Lasco auch keine Bannformel innerhalb der Vermahnung zu finden ist, ist diese wegen des dominierenden Themas 'Unterscheidung des Leibes und Blutes Christi' dem nouthetischen Typus zuzuweisen (vgl. a Lasco 1555 (CD 1,441-443)).
Auch in den anglikanische Vermahnungen liegt der Schwerpunkt deutlich auf der Selbstprüfung (vgl. OoC 1548, BCP 1549, 1552 (CD 1,389-391)).

[926] Vgl. Luther, DM 1525 (CD 1,36f); Mecklenburg 1552 (CD 1,102f); Frankfurt 1543ff (CD 1,242f); Straßburg/Schwarz 1524 (CD 1,311f); Straßburg 1526-1536 (CD 1,319); Kassel 1539b (CD 1,332); vgl. auch Zürich 1529, 1535 (CD 1,198[49]); Bern 1529 (CD 1,236).
Außerdem können noch die Kommunioneinladungen unter diese Gruppe fallen (vgl. 12.6.1.2).

[927] Vgl. Farel 1533 (CD 1,343); Genf 1542, 1542A, 1545 (CD 1,360), Genf dt. 1563,51f; Pollanus 1551, 1552, 1554, 1555 (Honders 92f); FoP 1556, 1564 (CD 1,475f); Micron 1554 (CD 1,445); a Lasco 1555 (CD 1,442f). Nur bei Farel und in der vorliegenden Ordnung findet sich dieser Teil als eigenständiger Abschnitt (vgl. 11.2.2 und 11.3).

Vater unser erst nach diesen folgt. Alle diese Formulare sind rein didactisch-paränetischen Inhalts: sie gehen von einer kurzen Darlegung des göttlichen Heilsraths im Allgemeinen aus, setzen dann eben so kurz die Bedeutung des heiligen Abendmahls aus einander, und schließen mit einer Vermahnung der Communicanten, sich durch Selbstprüfung, Buße und Glauben, Versöhnlichkeit, und Gebet würdig auf den Genuß des Sacraments zu schicken. (...) [Sie] bleiben bei der Belehrung und Paränese stehen."[928]

Wenn auch die Zuweisung dieser Form an die lutherischen Liturgien nicht ganz griffig ist, da sich gerade Luthers eigene Vermahnungen nicht in dieses Schema pressen lassen, so ist dieser Typ in den ersten Jahrzehnten der Reformation den Liturgien zuzuweisen, die in einer mehr oder weniger großen Nähe zur lutherischen Theologie stehen. In diesem Typus steht die Anamnese im Vordergrund und wird ausführlich entfaltet, weshalb dieser Typ nachfolgend als 'anamnetischer Typ' bezeichnet werden soll. Anamnese bedeutet hier nicht nur Gedächtnis der Heilstaten Gottes und das noch einmal spezifiziert auf das Christus-Geschehen, sondern die Entfaltung der Bedeutung dieses Heilswirkens für die feiernde Gemeinde.[929]

Aufgrund der inhaltlichen Linie enthält der Gottesdienst nach diesen Ordnungen immer nur eine, recht komplexe Abendmahlsvermahnung. Stückelungen wie bei den Ordnungen, die den nouthetischen Typ beinhalten, finden sich nicht.

Seine deutlichste Ausprägung erhält dieser Typ in der Nürnberger Vermahnung und ihren Weiterentwicklungen[930]. Hier erlangt die Entfaltung des 'pro nobis' des Christusgeschehens dadurch ihre Anschaulichkeit, daß die EW in diese Anamnese eingefügt werden und mit in Jesus-Rede geformten Sätzen die Bedeutung hervorgehoben wird. Außerdem folgt der Anamnese mit den EW die (in der Nürnberger Vermahnung noch kurze, in den nachfolgenden Vermahnungen durch das Körnergleichnis ausgedehnte) Darstellung der kommunitär-korporativen Wirkung des Abendmahls im zukünftigen Leben.

Beim 'anamnetischen Typ' steht die Anamnese aber fast nie alleine, sondern die paulinische Warnung vor unwürdigem Empfang hat ebenso ihren Platz. Sie wird allerdings nicht dazu verwandt, eine düstere Stimmung der Unwürdigkeit und Angst aufzubauen oder gar jemanden auszuschließen, sondern sie dient der Herausstellung der generellen Sündhaftigkeit, um daraus das Heilswirken in Jesus Christus als Antwort zu entwickeln. Ein Teil der Formulare endet allerdings mit einer angefügten Offenen Schuld und allgemeiner Absolution.[931]

---

[928] Kliefoth 5,93f.

[929] Unter diesen Typ sind m.E. zu fassen: Braunschweig 1528 (CD 1,53f; zur Rezeption vgl. CD 1,53[12]; Höfling 77-79); 2. Vermahnung, Schwäbisch-Hall 1543 (CD 1,258-260; zur Rezeption vgl. CD 1,258[57]; Höfling 86-88); 3. Vermahnung, Schwäbisch-Hall 1543 (CD 1,260f; vgl. Höfling 88f); Straßburg 1526-1536 (CD 1,322f); Straßburg 1537ff (CD 1,317f; zur Rezeption vgl. CD 1,317[51]).

[930] Hierzu vgl. 7.4.5.2. In der Schrift 'Grund und Ursach' wird als Inhalt der Vermahnung angeben, "wie und warumb Christus gestorben sey, was wir dardurch erlangt haben und was wir hernach zů thůn schuldig sein" (Nürnberg/Pröpste 1524 (OGA 1,225)). Köln 1543 beruft sich in Vorgang und Inhalt der Vermahnung auf das Beispiel Jesu: "Das ander/das der Herre bei seinem heiligen Abentmal gethan hat/ist/das er seinen jungeren vil heilsamer lehre/vnd vermanung gethan hatt/vnd sie dadurch gefurt in weiter erkantnuß jhrer sunden/vnnd der erlosung/die er durch sein bitter leiden vnd sterben/jnen/vnd vns allen erwerben wolte/Auch des waren dienst Gottes/vnnd der gůten wercken/damit sie Got nach jrem beruff preisen/vnd das heil der menschrn furderen solten" (Köln 1543,XCVI[r]).

[931] Darüber gibt es schon bei Osiander Auseinandersetzungen, weil dieser auf einer persönlichen Anmeldung der Kommunikanten besteht und deshalb die Offene Schuld mit allgemeiner Absolution nicht in die Abendmahlsvermahnung integrieren möchte (vgl. Seebaß: OGA 1,147.158[46]; 3,528[412]; 5,156[715]). Ein breiter anamnetischer Teil, aber mit angehängter Absolution, kennzeichnet Mecklenburg 1552 (CD 1,100f; zur

7.5.3 Der Misch-Typ

Daß die Vermahnung auch beim gleichen Autor zu unterschiedlichen Seiten hin tendieren kann, zeigt sich bei Luther: Während die Vermahnung im Brief an Hausmann[932] eher dem nouthetischen Typ zuzuordnen ist, dürfte die Vermahnung in der Deutschen Messe zum anamnetischen Typ gehören[933].

Darüberhinaus gibt es jedoch auch explizite Mischformen, in denen beide Bedeutungspole ausgeprägt, aber praktisch gleichwertig vertreten sind.[934] Diese Mischformen erscheinen vor allem dann als Aneinanderreihung zweier Abschnitte, wenn der nouthetische Abschnitt dem anamnetischen folgt. Eine wirklich synthetische Mischform von anamnetischem und nouthetischem Typ bietet m.E. erst die Vermahnung der Kurpfälzer Ordnung von 1563. Sie bedient sich der Nürnberger Vermahnung (in der um das Körnergleichnis erweiterten Form der Württemberger Ordnung, die auch in Kurpfalz 1556 verwandt wird) und erweitert den ersten Abschnitt der Selbstprüfung in Orientierung an den reformierten Ordnungen erheblich und fügt ausgiebige Bannformulierungen ein, so daß sich die Vermahnung in zwei gleichberechtigte, aber aufeinander aufbauende Abschnitte aus Prüfung und Anamnese gliedert.

7.5.4 Resümee

Die Abendmahlsvermahnung kann also je nach Typ der Abendmahlsfeier eine ganz unterschiedliche theologische Ausrichtung verleihen. Nicht ohne Grund ist in den frühen Ordnungen zunächst nur eine Vermahnung pro Ordnung bzw. sind bei den Schweizer Ordnungen mehrere feste an unterschiedlichen Stellen des Gottesdienstes zu verzeichnen. Erst die späteren Ordnungen (besonders des lutherischen Bereichs) verzeichnen mehrere Vermahnungen als Alternativen, während besonders die reformierten Ordnungen an einer einzigen Vermahnung festhalten und somit feste, eucharistietheologisch begründete Vorgaben machen.

Rezeption vgl. CD 1,100[18]; Höfling 74-77). Als Autor dieser Vermahnung wird Johannes Aurifaber angesehen (vgl. Gaehtgens 272).

[932] Vgl. Luther, Hausmann 1525 (CD 1,43f).

[933] Vgl. Luther, DM 1526 (CD 1,36f).

[934] Hierunter sind m.E. zu zählen: Kassel 1539b (CD 1,329-332); Augsburg 1537, 1555 (CD 1,333-336). Beide erweitern die Straßburger Vorlage (vgl. Anm. 929) und fügen ihr z.T. ausgiebige Lasterkataloge an. Weiter gehört hierhin Frankfurt 1543ff (CD 1,241-243). Aber auch die lange Vermahnung im Wortgottesdienst der Berner Ordnung kann hier eingeordnet werden (vgl. Bern 1529 (CD 1,229-232)). Ebenfalls kann der lange Vermahnungsblock mit eingeschobenem Glaubensbekenntnis, Sündenbekenntnis und Passion bei Toussain dieser Form zugeordnet werden (vgl. Mömpelgard 1559 (CD 1,370-374)).

7.6 Die Einsetzungsworte (1 Kor 11,23-29) als Lesung zu Beginn der Abendmahlsvermahnung

Zu Beginn der Vermahnung steht der Einsetzungsbericht: "Wort der einsatzung deß heiligen abendmals". Er ist einerseits durch die Einleitung als Bibel- und Lesungstext gekennzeichnet, andererseits ist er deutlich in die Vermahnung integriert, denn die zuvorstehende Rubrik benennt den nachfolgenden Abschnitt als "diese nachvolgende vermanung bey dem tisch", so daß die EW als in die Vermahnung integriert verstanden werden müssen.[935] Außerdem erfolgt keine neue Anrede der Gemeinde nach dem Einsetzungsbericht und die nachfolgenden Abschnitte sind aus den EW heraus entwickelt.

Aber nicht nur dieser grundlegende Unterschied in der Struktur ist zu beachten, sondern schon der Wortlaut der EW selbst ist auffällig. Anders als dies im römischen Canon und den heutigen Hochgebeten der katholischen und anderer Kirchen der Fall ist, liegt kein Mischtext aus den vier biblischen Überlieferungen vor[936], sondern eine Konzentration allein auf den paulinischen Text in 1 Kor 11,23-29.

Um das Besondere dieses Einsetzungsberichtes und der mit ihm gegebenen Veränderung zu verstehen, muß zuerst ein kurzer Blick auf die Geschichte der EW in vorreformatorischer und reformatorischer Tradition geworfen werden. Leider lassen bisherige Untersuchungen der EW von katholischer Seite die evangelischen Liturgien durchweg außer acht[937]. Auch speziellere Untersuchungen evangelischer Liturgien schenken den EW nur geringe Beachtung, denn in kritischen Editionen von Abendmahlsliturgien wird vielfach nur angeführt, daß im Original die EW abgedruckt sind. Es finden sich aber in Wirklichkeit vielfache Varianten, die nicht nur in den unterschiedlichen Übersetzungen des biblischen Textes und in den zur Reformationszeit üblichen divergierenden Schreibweisen begründet sind.

7.6.1 Die Einsetzungsworte in den Liturgien der alten Kirchen

Die Feier der Eucharistie ist in der Christenheit untrennbar mit dem eucharistischen Gebet verbunden, in dem die EW eine zentrale Rolle spielen. Cesare Giraudo hat eindrücklich herausgearbeitet, daß die Eucharistiegebete nicht um den Einsetzungsbericht herum konzipiert sind, sondern an jüdische Gebetsgattungen anknüpfen.[938] Die birkat ha-mazon bietet dabei den formal wie inhaltlich dreigliedrigen Aufbau der Motive Lobpreis, Dank[939] und Bitte, die sich in den Eucharistiegebeten in unterschiedlicher Gewichtung wiederfinden.[940] Ebenfalls

---

[935] An einer späteren Stelle der Abendmahlsvermahnung befindet sich noch einmal ein Einsetzungsbericht, der aber eine andere Funktion hat und anders formuliert ist als der hier untersuchte (vgl. hierzu 7.8.3).

[936] Zu den biblischen Einsetzungsberichten vgl. Merklein/Meyer; Léon-Dufour; Meyer, Eucharistie 75-77; Merklein, Erwägungen; Schmitz, Begegnung.

[937] Vgl. Hamm; Cagin.

[938] Vgl. Giraudo. Bouley vermutet, daß die Ausbildung von Eucharistiegebeten als einer Einheit (statt der bis dahin nach jüdischem Brauch üblichen Stückelung) durch die Trennung der Eucharistiefeier von der gemeinsamen Mahlfeier motiviert ist (vgl. Bouley 87). Trotzdem bleibt zunächst das Gebet der freien, aber nicht orientierungslosen Improvisation anheimgestellt (vgl. ebd.). Auch erste schriftliche Fixierungen bedeuten keine Normierung, sondern eine Verstärkung des Orientierungselements.

[939] Dieser kann durch Einschübe anamnetisch erweitert sein (vgl. Meyer, Eucharistie 90).

[940] Allerdings ist nicht der Lobpreis (beraka/εὐλογία) zum bestimmenden Motiv der christlichen Hochgebete geworden, sondern der Dank (toda/εὐχαριστία), dem der Lobpreis untergeordnet wird (vgl. Meyer, Eucharistie 90.93). Zur Terminologie vgl. Giraudo 260-269; Gerhards, Struktur.

dürfte die tefilla eingewirkt haben[941], aber auch die toda[942], die sich durch eine anamnetisch-epikletische Struktur ausweist, in der in Form eines zitierenden Einschubs ('Embolismus') der Anlaß und die Motivation für das jetzige Gedenken und Bitten benannt werden. Genau diesen Embolismus bilden in den frühen Eucharistiegebeten die EW.[943]

Vor allem vom Aufbau her bilden die EW in den ersten greifbaren Notizen das Zentrum des über die Gaben gesprochenen Gebetes. Dabei steht die westliche Entwicklung auf der formalen Ebene in Parallele zur Entwicklung im Osten, wo in den unterschiedlichen Formen der Anaphora die EW ebenfalls eine zentrale Stellung einnehmen. Eine Ausnahme bilden einzig einige Texte vor allem aus dem ostsyrischen Liturgiebereich, die keinen Einsetzungsbericht integriert haben, bzw. wo er nachträglich eingefügt zu sein scheint.[944]

Im Westen erlangen die EW auch auf inhaltlicher Ebene zentrale Bedeutung, weil die Frage nach dem Moment der Konsekration (die sich für die frühen Kirchen der Antike nicht stellt, da die gesamte Kernhandlung von Brot- und Becherritus mit Eucharistiegebet als "wirksames Zeichen der communio mit dem gegenwärtigen Herrn"[945] betrachtet wird) seit Ambrosius mit dem Verweis auf die EW beantwortet wird, während die östliche Theologie das ganze Gebet bzw. die Epiklese als konsekratorisches Element ansieht[946]. Diese inhaltliche Konzentration auf die EW als die eigentliche 'sakramentale Formel' läßt sie im Westen stärker aus dem Eucharistegebet heraustreten; die Einheit des Eucharistiegebetes ist damit schon zerbrochen[947]!

7.6.2 Die Einsetzungsworte im Canon Romanus

Im Westen geht die erste Phase der Fixierung des Wortlautes der EW mit der des EHG insgesamt einher, die in allen Liturgiebereichen zu erkennen ist; es ist die Zeit des allgemeinen Endes von textlichen Improvisationen in der Liturgie[948]. Der römische Canon

---

[941] Vgl. Meyer, Eucharistie 55f.90.

[942] Es handelt sich um ein beim jüdischen Mahlopfer gesungenes Lied auf die Großtaten Gottes (vgl. Meyer, Eucharistie 93).

[943] Vgl. Meßner, Probleme 176. Je nach Stellung des Embolismus in der anamnetisch-epikletischen Struktur werden die Eucharistiegebete in anamnetische oder epikletische eingeteilt (vgl. Giraudo 273-355).

[944] Ob daraus zu schließen ist, daß der Vollzug dieser Eucharistiegebete ebenfalls keine EW kennt, bleibt umstritten (vgl. Meyer, Eucharistie 96-100 und die dort angeführte Literatur zur Diskussion). Hat man bis vor wenigen Jahren diese Fälle als singulär angesehen und mit einer Scheu vor der Profanisierung der heiligen Worte zu entschuldigen versucht (vgl. Jungmann, MS 2,243¹), so tendiert die Beurteilung heute dahin, diese Texte als ursprüngliche und zugleich orthodoxe Eucharistiegebete anzusehen. Entscheidend ist dieser Zeit, dem Gedächtnisauftrag Jesu gerecht zu werden, was durch den Brot-, den Becherritus und ein von jüdischen Vorbildern inspiriertes Gebet deutlich gemacht wird, wobei letzteres ausdrücklich den Bezug zur Stiftung Jesu herstellt (vgl. Meyer, Eucharistie 99f). "Das konnte in wechselndem Rahmen und in unterschiedlicher Weise geschehen: durch christlich überformte jüdische Mahlgebete (...) oder eine Festtags-Tefilla; durch epikletische Anrufung (...); durch indirekte Bezugnahme auf die Stiftungshandlung (...) und schließlich durch direkte Zitation der Einsetzungsworte in verschiedenen, durch den liturgischen Gebrauch geprägten Varianten" (Meyer, Eucharistie 100).

[945] Meyer, Eucharistie 100.

[946] Vgl. Mazza 260f.

[947] Vgl. Mazza 261.

[948] Vgl. Bouley 210. Die Notwendigkeit einer Fixierung entstammt u.a. der Praxis eines lauten gemeinschaftlichen Vollzugs in Konzelebration. Solange das Eucharistiegebet vom Vorsteher (Bischof) frei improvisiert wird, ist ein lauter Vollzug der Konzelebration nicht möglich (vgl. Mazza 30). In den Quellen

zeichnet sich nun dadurch aus, daß er kunstvoll, geradezu symmetrisch um die EW herum konzipiert ist.[949] Die fünfzehn Gebetsabschnitte bilden aber nicht mehr ein einheitliches Ganzes, sondern sind jeweils in sich abgeschlossen[950]. Bis zu Gregor dem Großen ist der Canon Romanus in seiner Form weitgehend fertiggestellt und erfährt nur noch wenige Veränderungen[951]. Variabel (aber eben nur im Sinne einer Auswahl unter vorgegebenen Texten) bleiben die Präfation, die allerdings nicht mehr als Teil des Canon Romanus angesehen wird, und die Einschübe in den Abschnitten 'Communicantes' und 'Hanc igitur'[952]. Im Spätmittelalter liegt der Canon Romanus durch die weitgehend einheitliche Verwendung römischer Missalien in der Textform fest, die dann ins MRom 1570 übernommen wird[953]. Er wird als heilig und unveränderlich angesehen[954]; eine eigenmächtige Änderung des Textes wird mit Strafe bedroht.[955]

Der hier interessierende Abschitt - nach den ersten Worten als 'Qui pridie' bezeichnet - lautet:[956]

"QVi pridie quam pateretur: *accipit hostiam:* accepit panem in sanctas ac venerabiles manus suas: *eleuat oculos in caelum:* Et eleuatis oculis in cęlum ad te Deum Patrem suum omnipotentē: tibi gratias agēs: *signat super hostiam:* bene✠dixit, fregit, deditque discipulis suis dicēs: Accipite & manducate ex hoc omnes. *Tenens ambabus manibus hostiam profert verba consecrationis distincte, secrete & attente.* **Hoc est enim Corpus meum.** *Prolatis verbis consecrationis, statim hostiam consecratam genuflexus adorat: surgit, ostendit populo: reponit super corporale, iterum adorat: & non disiungit pollices & indices, nisi quādo hostia tractanda est, vsque ad ablutionem digitorum. Tunc detecto calice dicit:* Simili modo postquam coenatū est: *ambabus manibus accipit calicem:* accipiens & hunc praeclarum calicem in sanctas ac venerabiles manus suas: item tibi gratias agēs: *sinistra tenens calicem, dextera signat super eū:* Bene✠dixit, deditq. discipulis suis, dicens: Accipite & bibite ex eo omnes. *Profert verba consecrationis super calicem, tenens illum parum eleuatum.* **Hic est enim calix sanguinis mei: noui & aeterni**

---

läßt sich der Wechsel zum lauten Vollzug der Konzelebration und damit zu einem Text mit dem OR III festmachen (vgl. Mazza 30f).

[949] Über die Stadien der Entstehung des Canon Romanus existiert weiterhin keine Sicherheit (vgl. Bouley 200-215). Meyer grenzt die Entstehungszeit auf das 3. bis 6. Jh. ein (vgl. Meyer, Eucharistie 179), Mazza begrenzt "between the end of the fourth century and the seventh century" (Mazza 53). Schon zur Zeit des Ambrosius stehen die Teile vom 'Quam oblationem' bis zum 'Supplices' in Struktur und Inhalt fest (vgl. Meyer, Eucharistie 179), so daß das Ende des 4. Jh. als spätester Termin des Beginns der Kompilation des Canon Romanus angesehen werden muß. Hierfür läßt sich nur die Verfasserschaft im lateinischen Liturgiebereich und durch einen zumindest römisch bestimmten Autor vermuten (vgl. Meyer, Eucharistie 114; Schmitz, Gottesdienst 398).

[950] Vgl. Mazza 55.

[951] Vgl. Meyer, Eucharistie 179; Mazza 53.

[952] Vgl. Bouley 210.

[953] Zu den minimalen Varianten in vorreformatorischen süddeutschen Druckmissalien vgl. Daschner 149f.

[954] Vgl. Mazza 54. Zur entsprechenden Einschätzung des Trienter Konzils vgl. DH Nr. 1745 und Nr. 1756.

[955] Dieser unantastbare Charakter hängt mit der diesem Abschnitt zugeschriebenen konsekratorischen Wirkung zusammen, die sich auch in den jeweiligen Bezeichnungen (der EW und des ganzen Canons) widerspiegelt. Zu diesen Bezeichnungen auf katholischer Seite, die entweder die äußere Handlung der Segnung oder den inneren Vollzug der 'Wandlung' bezeichnen, vgl. Goertz, Begriffe 134-137.390; Ringel 143-148.

[956] Die Rubriken, die im MRom 1570 in den Text integriert sind, werden durch Kursivdruck herausgehoben. Die im Original vorhandene drucktechnische Heraushebung der 'Konsekrationsworte' wird durch Fettdruck wiedergegeben. Zum Text des Einsetzungsberichtes des Canon Romanus vgl. Hamm 32 (allerdings überholt); Ratcliff, Institution Narrative; Botte. Zu den verschiedenen Lesarten vgl. Eizenhöfer 32f.

testamenti: mysterium fidei: qui pro vobis & pro multis effundetur in remissionē peccatorum. *Prolatis verbis consecrationis, deponit calicem super corporale, & genuflexus adorat: surgit & ostendit populo dicēs:* Haec quotiescumq; feceritis, in mei memoriam facietis. *Deponit, cooperit, & iterum adorat.*"[957]

Der Einsetzungsbericht enthält - wie der ganze Canon Romanus - eine Text- und eine Handlungsebene, die miteinander verwoben sind. Auf der *Textebene* finden sich zahlreiche Wortfrequenzen, die nicht durch die biblischen Texte abgedeckt sind[958]. Bis zur Reformationszeit findet sich jedoch auch in anderen Liturgiefamilien kein einziges Formular eines altkirchlichen Eucharistiegebetes, das einen rein biblischen Text der EW verwenden würde[959]. Die These Jungmanns, daß diese liturgischen Texte auf Überlieferungen vor der Entstehung des NT zurückgehen, was die Differenzen zwischen den einzelnen biblischen Berichten erklären würde[960], bleibt weithin fraglich. Lathrop geht vielmehr von einer freien Beeinflussung der liturgischen Einsetzungsberichte durch die biblischen Vorgaben ohne direkte Determinierung durch sie aus[961].

Dies ist aber nicht der einzige Grund für Veränderungen und Einfügungen, die sich ähnlich in vielen Liturgiefamilien finden. Zum einen wird versucht, das Brot- und das Kelchwort möglichst parallel aufzubauen[962], also eine Symmetrie in den Text zu bringen.[963] Weiterhin

---

[957] Ohne Akzentzeichen zitiert nach MRom 1570 (1594) 255f. Neben einer veränderten Schreibweise können in späteren Ausgaben die Rubriken noch umfangreicher sein. Die Bücher vor dem MRom 1570 haben nicht immer eine solche Fülle von Handlungsanweisungen. Im MRom 1474 finden sich z.B. neben den Kreuzzeichen bei 'benedixit' nur die Rubriken: "Hic accipiat hostiam in manibus dicendo."/"Hic deponat hostiam. et leuet calicem dicens."/"(Hic deponit calicem)" (MRom 1474 (HBS 17,207 Lippe)).
Ein Fehlen von Rubriken bedeutet aber nicht, daß in der Praxis entsprechende Handlungen fehlen müssen. Daschner geht davon aus, daß sie einfach als bekannt vorausgesetzt werden (vgl. Daschner 150); in den süddeutschen vorreformatorischen Druckmissalien sind nur die Kreuzzeichen eingetragen (vgl. Daschner 150f). Weiterhin können regional differierende Rubriken in den EW zu verzeichnen sein (für Mainz vgl. Reifenberg, Messe 75[472]). Reifenberg weist auf die Differenzen zu den Rubriken des MRom 1570 hin, innerhalb der Mainzer Tradition vermutet er aber trotz Abweichungen in den Aufzeichnungen eine Konstanz in der Praxis (vgl. Reifenberg, Messe 76-78).

[958] Die Theologen des Mittelalters sehen zwar die Differenz der EW im Canon Romanus und in den ntl. Schriften, führen aber die Version des Canons auf die direkte Überlieferung des Petrus an die römische Kirche zurück (vgl. Hilgenfeld 13-15).

[959] Vgl. Jungmann, MS 2,243f. Eine gute tabellarische Übersicht über die EW in den verschiedenen altkirchlichen Liturgien bietet Cagin 225-244; vgl. ebenso Hamm; Lietzmann 24-49.
Alle Texte sind stilistisch überarbeitet und ergänzt (vgl. Ratcliff, Institution Narrative 65). Selbst die ohne außerbiblische Zusätze auskommenden EW der 'Liturgia Serapionis' (vgl. PE 130; Cagin 229, Sp. 18) fügen im Zuge der Parallelisierung von Brot- und Kelchwort Textpassagen ein. Die EW der altspanischen Liturgie zitieren allerdings weitestgehend den paulinischen Text der Vulgata-Fassung (vgl. PE 498; Lietzmann 49), wenn auch geringfügige Einfügungen aus Mt zu verzeichnen sind.

[960] Vgl. Jungmann, MS 2,244. Natürlich verführt vor allem die Tatsache, daß die liturgischen EW zunächst nur einen Teil des biblischen Textmaterials benutzen (vgl. Schmidt-Lauber, Entfaltung 26f), zu einer solchen Aussage. Gerade zu Beginn der westlichen Tradition ist jedoch mit TrAp 4 eine äußerste Knappheit zu registrieren (vgl. Schmidt-Lauber, Entfaltung 27; Jungmann, MS 2,246). Selbstverständlich ist richtig, daß die biblischen EW auf gefeierter Liturgie beruhen. Die Varianten der liturgischen EW gegenüber den biblischen mit einer Rückdatierung in die Zeit vor die Entstehung des NT zu erklären, bleibt aber sehr gewagt; speziell für den Canon Romanus ist dies nicht haltbar.

[961] Vgl. Lathrop 139.

[962] Vgl. Jungmann, MS 2,244. Bei Serapion wird der Einsetzungsbericht "in zwei selbständige, parallel gebaute Einzelberichte zerlegt (...), zwischen denen sogar ein Gebet eingeschaltet erscheint" (Jungmann, MS 2,244).

147

werden Passagen (zu einem späten Zeitpunkt!) biblisiert[964], theologische Reflexionen eingebaut (so die Bezeichnung der Hände Christi als 'sanctas ac venerabilis manus suas'[965]), wie auch zelebrativ-mimetische Elemente eingefügt, in denen also die liturgische Handlung den Text bestimmt[966]. Diese zelebrativ-mimetischen Elemente sind aber nicht nur Ausschmückung, sondern dienen der Verdeutlichung einer bestimmten Eucharistietheologie. So stellt die Einfügung 'elevatis oculis in caelum ad te Deum, Patrem suum omnipotentem' (mit der entsprechenden Handlungsanweisung) einen Darbringungs- und Opfergestus dar und veranschaulicht und verstärkt somit die Opfertheologie der römischen Eucharistiefeier[967]; zumindest kann dieser Passus im Mittelalter nur so verstanden werden. Die gleiche Funktion dürfte die Anrede Gottes[968] haben, die den aktuellen Vollzug des Opfers ausdrückt.[969] Vor allem aber führt die Überzeugung, den Konsekrationsmoment auf bestimmte Worte festlegen zu können, zu einer besonderen Hervorhebung der entsprechenden Textpassagen.[970] Parallel dazu findet sich eine *Handlungsebene*, die meist mimetisch genau das umsetzt, was der Text aussagt.[971] Dahinter steht die Vorstellung, daß der Priester den Text in persona Christi spricht und deshalb das gleiche tun muß wie Christus beim Letzten Abendmahl, weil

---

[963] So werden zum Beispiel 'εὐλογήσας' (Mt 26,26; Mk 14,22) und 'εὐχαριστήσας' (Lk 22,19; 1 Kor 11,24) im Brotwort nicht zu einem Wort zusammengefaßt, obwohl sie wohl die gleichen Vollzüge bezeichnen. Sie werden mit 'gratias agens, benedixit' wiedergegeben, so daß beide Verben als unterschiedliche Vollzüge aufgefaßt werden und 'benedixit' als Segnung verstanden wird, die an dieser Stelle ein Kreuzzeichen notwendig macht. Um zu einer Parallelisierung zu gelangen, wird die gleiche Wendung beim Kelchwort benutzt, obwohl sich dort der Terminus 'εὐλογήσας' nirgends in den biblischen Texten findet.

[964] Die ältere Textgestalt des Canon Romanus ist bibelferner als die jüngere (vgl. Hamm 33; Schmidt-Lauber dagegen bezweifelt diese Aussage mit Verweis auf die eingeengte Auswahl der Quellen (vgl. Schmidt-Lauber, Entfaltung 26[32])). In der 'endgültigen' Gestalt fehlen im Canon Romanus nur wenige, allerdings entscheidende biblische Elemente (vgl. Jungmann, MS 2,245f), was Jungmann mit der Anlehnung an eine altlateinische Textform erklärt (vgl. Jungmann, MS 2,246).

[965] Dieser Zusatz ist im Osten schon früh bezeugt (vgl. hierzu Schmidt-Lauber, Entfaltung 28[36]).

[966] Vgl. Jungmann, MS 2,247-249. Innozenz III. behauptet, diese Zusätze seien auf andere Bibelstellen rückführbar (vgl. Hilgenfeld 16).

[967] Vgl. Schmidt-Lauber, Entfaltung 28[37].

[968] Vgl. hierzu Schmidt-Lauber, Entfaltung 32.

[969] Zu den einzelnen Textveränderungen vgl. Jungmann, MS 2,245-251. Ratcliff urteilt: "Their effect is to enhance the vividness of the Narrative, and to educe, with a miminum of 'enrichissement', the full significance of the Institution" (Ratcliff, Institution Narrative 67).

[970] Als eigentliche Konsekrationsworte gelten bis in die jüngste Zeit: 'Hoc est enim Corpus meum' und 'Hic est enim Calix Sanguinis mei, novi et aeterni testamenti: mysterium fidei: qui pro vobis et pro multis effundetur in remissionem peccatorum', da Christus mit diesen Worten Brot und Wein durch eine Ist-Aussage als seinen Leib und sein Blut bezeichnet, die Worte Christi aber das bewirken müssen, was sie bezeichnen (so noch in diesem Jahrhundert Umberg, spez. 87f). Zur Hervorhebung im Druck vgl. Meßbuch 1988,472f.484f.494f.507.

[971] So steht beispielsweise die Anweisung 'accipit hostiam' parallel zum Text 'accepit panem in sanctas ac venerabiles manus suas', die Anweisung 'Elevat oculos in caelum' parallel zum Text 'et elevatis oculis in caelum ad te...', die Rubrik 'caput inclinat' parallel zu 'tibi gratias agens', die Anweisung 'signat super Hostiam +' parallel zu 'benedixit'. Daß der Priester bei 'benedixit' ein Kreuzzeichen über die Gaben macht, geschieht aufgrund einer relativ jungen Interpretation des Wortes (vgl. Jungmann, MS 2,252). Hinter 'benedixit' und 'benediciens' in der Vulgata-Version des markinischen und matthäischen Brotwortes steht aber 'εὐλογήσας' (Mt 26,26; Mk 14,22), das den Segensspruch über das Brot beim jüdischen Mahl bezeichnet (vgl. Jungmann, MS 2,252[3]).
Zur gesamten Handlungsebene vgl. Jungmann, MS 2,252-271; Wegman, Rubrics; Jungmann, Heiliges Wort. Zu den begleitenden Handlungen heute vgl. Meßbuch 1988,462-477.

das gleiche geschieht wie im Abendmahlssaal[972]. Von den schon durch die biblischen Texte vorgegebenen Aktionen bleiben nur die Brotbrechung und die Austeilung ohne direkten Vollzug, da sie an anderen Stellen bereits einen festen Platz haben.[973] Weiterhin kommen Handlungselemente hinzu, die aus der Überzeugung der leiblichen Präsenz Christi in den Gaben nach dem Vollzug der 'eigentlichen Wandlungsworte' zu verstehen sind, wie die Kniebeuge vor den konsekrierten Gaben und deren Elevation.[974] Gerade die die Realpräsenz herausstellenden Gesten bestimmen das Geschehen im Spätmittelalter und verstärken so das Verständnis der EW als isolierte Konsekrationsworte[975].

Daraus ergibt sich ein anderer Charakter der EW als in den altkirchlichen Eucharistiegebeten: Sind dort die EW Zitat des Stiftungsgeschehens (also Anamnese), das die jetzige Handlung einerseits legitimiert, andererseits aus der im einmaligen Stiftungsgeschehen schon vorweggenommenen Interpretation des Kreuzestodes Jesu Christi die Dynamik der Wirksamkeit des jetzigen Dankgebetes herleitet, so bilden die EW im Canon Romanus eine aktuelle Dramatik und wirken quasi aus sich selbst. Der Priester spricht und handelt beim Einsetzungsbericht nicht mehr als Vorsteher der Gemeindeversammlung, sondern in persona Christi, so daß nun die mimetische Dimension einen Bedeutungsschwerpunkt erhält, der vorher nicht vorhanden ist. Diese Bedeutungsverschiebung ist (geschichtlich-genetisch) nur möglich, weil im Westen mit Beginn des Mittelalters die Frage des Konsekrationsmomentes an Bedeutung gewinnt, bis sie zur alles bestimmenden Frage der Theologie der Eucharistiefeier wird. Eine Reduktion der Konsekration auf das Sprechen der EW findet sich erstmals bei Ambrosius. Im Laufe des Mittelalters nimmt die philosophische Durchdringung des eucharistischen Geschehens solche Formen an, daß die Suche nach 'objektiven' Kategorien immer mehr das Bild bestimmt. In mehreren philosophisch-theologischen Auseinandersetzungen werden immer wieder Versuche einer mehr spirituellen Sicht abgewiesen, zugunsten einer in ontologischen Größen formulierten Deutung des Geschehens.[976]

---

[972] Vgl. Jungmann, MS 2,253. Das Letzte Abendmahl wird als die erste Messe angesehen.

[973] Diese beiden Elemente gehören wohl zur wesentlich kürzeren, antiken Eucharistiefeier (der es gerade nicht um eine mimetische Umsetzung der EW geht) und sind eigentlich in der mittelalterlichen Feierform nicht mehr in eine direkte Kongruenz zum Eucharistiegebet zu bringen. Der koptische und der westsyrische Ritus kennen allerdings heute noch eine erste Brechung des Brotes an dieser Stelle; im Westen gibt es seit dem 13. Jh. ebenfalls solche Traditionen (vgl. Jungmann, MS 2,252^4).

[974] Bei beiden ist die Entstehung relativ spät anzusetzen. Die Elevation ist das letzte in den Bereich der EW eingefügte Handlungselement und wird erst mit dem MRom 1570 allgemein vorgeschrieben (vgl. Meyer, Eucharistie 233). Zur Elevation vgl. Meyer, Elevation 162-196; Meyer, Elevation I. Zur Realpräsenzvorstellung des Tridentinums vgl. Wohlmuth, Realpräsenz.

[975] Vgl. Meßner, Probleme 199-201.

[976] Diese philosophische Kategorie dürfte letztlich der Grund sein, warum man in den folgenden Jahrzehnten auf katholischer Seite einer muttersprachlichen Rezitation der EW fast durchweg feindlich gegenübersteht. Diese Haltung zeigt sich noch einmal deutlich in der ablehnenden Antwort auf Leisentrits Anfrage beim Papst, in der er - wegen der Gefahr des Übertritts der Bevölkerung seines Bistums zur evangelischen Konfession - die Gläubigen bei der Messe die paulinischen EW zwischen einer kurzen Vermahnung und der Kommunion der Gemeinde in Liedform singen lassen möchte (Abdruck des Textes der Eingabe bei Gülden 117-119; vgl. auch Gülden 121). Leisentrit macht auch einen entsprechenden Liedvorschlag (1 Kor 11,23b-26) in seinem Gesangbuch, der aber nach wenigen Jahren aufgrund des kirchlichen Drucks wieder eliminiert wird (vgl. Gülden 129f; zum Ganzen vgl. auch Heitmeyer 103-113).

7.6.3 Der Text und die Stellung des Einsetzungsberichtes in den Ordnungen der Reformation

Die EW finden sich in den evangelischen Abendmahlsordnungen in vier verschiedenen Funktionen (aus denen nicht zugleich eine spezifische Stellung abgeleitet werden kann): als Lesungstext, als Rest des Canon Romanus (sei es in Verbindung mit Rudimenten oder Ersatzformen desselben, sei es isoliert), integriert in eine Abendmahlsvermahnung und als Spendeformel.[977] Der Umgang der Reformatoren mit den ihnen vorliegenden EW des römischen Kanons ist unterschiedlich und kann in gewissen Stufungen dargestellt werden, wobei sich die Darstellung primär an sachlichen Kriterien, d.h. an den Veränderungen von den EW des Canon Romanus hin zu den EW nach 1 Kor 11,23-29, und erst sekundär an zeitlichen Kriterien orientiert.[978]

Für alle Abendmahlsordnungen der Reformation gilt aber, daß (bei aller Kritik am Canon Romanus) die EW selbst als konstitutiv für die Abendmahlsfeier gelten[979], denn sie bilden die biblische Grundlegung der Feier und nur aufgrund dieser Worte Christi wird der aktuellen Abendmahlsfeier überhaupt eine Wirkung zugeschrieben, so unterschiedlich diese Wirkung und der Wirkungs-'Mechanismus' wiederum gefaßt werden. Die Konzentration auf die biblische Grundlegung, in der man das Wesentliche der Abendmahlsfeier enthalten sieht, bildet die Motivation sowohl für die Veränderung der EW, wie auch ggf. für ihre Isolierung im Gesamt der Feier.

7.6.3.1 Die erste Beseitigung unbiblischer Ausschmückungen: Die Abendmahlsordnungen vor Luther

Zunächst einmal geht es vielen Reformversuchen vor und zu Beginn der eigentlichen Reformation[980] darum, den Text den Gläubigen verständlich zu machen und deshalb in deutscher Sprache wiederzugeben.[981] In dieser Phase findet sich auch durchweg noch ein

---

[977] Auch bezüglich der Funktion ist eine klare Abgrenzung nicht immer möglich, wie bei den einzelnen Formen noch zu zeigen sein wird. So können die EW zugleich als Konsekration und als Verkündigung verstanden werden, sie können zugleich Konsekrationsformel und Spendeformel sein.
Unberücksichtigt bleiben an dieser Stelle die in Vermahnungen integrierten EW mit entsprechenden interpretatorischen Zusätzen, die keine eigene Stufe darstellen und auf die später genauer einzugehen sein wird (vgl. 7.8.3), sowie die sicher als Spendeformel abgrenzbaren EW (vgl. 12.6.2.2).

[978] Als Bezeichnung für das Sprechen der EW finden sich Begriffe, die das unterschiedliche Verständnis des Abendmahls in den verschiedenen reformatorischen Richtungen widerspiegeln. Während sich bei der (vor allem lutherischen) Richtung, die von einer Konsekration der Elemente ausgeht, entsprechende Begriffe für den äußeren Vollzug (z.B. 'segnen', 'benedeyen', 'consecrâtiôn') oder das innere Geschehen (z.B. 'darmen') finden und nur mit der Transsubstantiationslehre verbundene Begriffe gemieden werden (vgl. Goertz, Begriffe 300f; Ringel 378f.383f), bleiben andere zurückhaltender und sprechen z.B. von den 'Worten Christi' oder - noch stärker biblisch-historisch akzentuiert - von 'Worten des Abendmahls', 'Worten des Testaments', 'Worten der Stiftung' oder 'Worten der Einsetzung' (vgl. Ringel 379-383). Letztere besagen also deutlich nichts über die Wirkung dieses Textes, sondern benennen nur den Ursprung.

[979] So heißt es bei Zwingli: "Was nun die Worte Christi selbst angeht, so darf sie niemand ändern; sie müssen unantastbar bleiben" (Zürich 1523 (CR 89,558f; Ü.: Schmidt-Clausing, Kanonversuch 13)).

[980] Hier sollen die EW von Formularen angeschaut werden, die vor oder in etwa gleichzeitig mit Luther, FM 1523 entstanden sind: Kantz 1522 (CD 1,14); Worms 1524 (CD 1,18f); Müntzer 1524 (CD 1,22); Nürnberg/Volprecht 1524 (EKO 11,41), Nürnberg/Pfarrkirchen 1524 (EKO 11,47), Nürnberg/Döber 1525 (EKO 11,53); Straßburg/Schwarz 1524 (CD 1,314), Straßburg/Ordenung 1524 (Hubert 68f), Straßburg/Kirchenamt 1525 (Hubert 80). Zu Zwinglis Epicheiresis und Straßburg/Ordnung 1525 vgl. 7.6.3.3 und 7.6.3.4.

[981] Nürnberg/Pfarrkirchen 1524 (EKO 11,47) geht noch von einem leise gesprochenen Canon aus und enthält die EW des Canon Romanus (vgl. ebd. 47[17]).

relativischer Anschluß der EW an den vorhergehenden Text[982] wie beim lateinischen 'Qui pridie', da wenigstens Abschnitte des Canon Romanus erhalten bleiben. Gleichzeitig finden sich erste Ansätze, unbiblische Ausschmückungen zu beseitigen. So fällt die Wendung 'in sanctas ac venerabiles manus suas, et elevatis oculis in caelum ad te Deum, Patrem suum omnipotentem' weg[983] oder wird gekürzt[984]. Auch die Anrede Gottes wird z.T. eliminiert[985], so daß die EW noch mehr aus dem Gebetskontext herausgehoben werden als im Canon Romanus[986]. Die Doppelung von Danksagung und Segen bleibt erhalten[987] wie z. T. auch die Anweisung, bei letzterem ein Kreuzzeichen zu machen[988], und die Aufforderung zur Elevation[989]. Parallel geht man beim Kelchwort vor. Außerdem wird der Einschub 'mysterium fidei' gestrichen[990], der durch die Liturgiereform nach dem Zweiten Vaticanum auch im Canon Romanus aus den EW herausgenommen und zum Ruf des Diakons vor der Gemeindeakklamation umfunktioniert wird.

Aber es finden sich nicht nur Streichungen, sondern auch Hinzufügungen. So wird dem Brotwort in Äquivalenz zum Kelchwort grundsätzlich der Relativsatz 'der für euch hingegeben wird' (mit entsprechenden Varianten in Schreibweise und Vokabular) eingefügt[991]. Diese gegenüber dem Canon Romanus einzige Hinzufügung gründet auf den biblischen Texten (Lk 22,19; 1 Kor 11,24)[992], drückt aber auch schon die Wichtigkeit aus, die das 'für euch gegeben'/'für euch vergossen' im weiteren Verlauf der Reformation haben wird.

---

[982] Vgl. Worms 1524 (CD 1,18); Kantz 1522 (CD 1,14); Nürnberg/Volprecht 1524 (EKO 11,41), Nürnberg/Döber 1525 (EKO 11,53); Straßburg/Schwarz 1524 (CD 1,314), Straßburg/Ordenung 1524 (Hubert 68), Straßburg/Kirchenamt 1525 (Hubert 80). Kein relativischer Anschluß findet sich in Müntzer 1524 (CD 1,22).

[983] Vgl. Worms 1524 (CD 1,18). Nürnberg/Volprecht 1524 (EKO 11,41) verlagert Teile zum Dankmotiv: "...dank gesagt Gott seinem himlischen Vater...".

[984] Vgl. Kantz 1522 (CD 1,14); Nürnberg/Döber 1525 (EKO 11,53); Straßburg/Schwarz 1524 (CD 1,314), Straßburg/Ordenung 1524 (Hubert 68), Straßburg/Kirchenamt 1525 (Hubert 80). Selbst Müntzer kürzt diese Wendung in seiner deutschen Messe, obwohl er ansonsten eine fast genaue Übersetzung der EW des MRom gibt (vgl. Müntzer 1524 (CD 1,22)).

[985] Vgl. Worms 1524 (CD 1,18); Brunner, Messe 151[196].153; Nürnberg/Volprecht 1524 (EKO 11,41), Nürnberg/Döber 1525 (EKO 11,53). Bei Kantz fällt die Anrede Gottes im Kelchwort fort (vgl. Kantz 1522 (CD 1,14)).

[986] Vgl. Brunner, Messe 153.

[987] Vgl. Kantz 1522 (CD 1,14); Worms 1524 (CD 1,18); Müntzer 1524 (CD 1,22); Nürnberg/Döber 1525 (EKO 11,53); Straßburg/Schwarz 1524 (CD 1,314), Straßburg/Ordenung 1524 (Hubert 68). Sie findet sich nicht in Nürnberg/Volprecht 1524 (EKO 11,41).

[988] Vgl. Worms 1524 (CD 1,18).

[989] Vgl. Worms 1524 (CD 1,18f), Nürnberg/Döber 1525 (EKO 11,53f); Straßburg/Schwarz 1524 (CD 1,314). In Straßburg wird die Elevation wohl Weihnachten 1524 abgeschafft (vgl. Jenny, Einheit 13).

[990] Vgl. Kantz 1522 (CD 1,14); Worms 1524 (CD 1,18); Nürnberg/Volprecht 1524 (EKO 11,41), Nürnberg/Döber 1525 (EKO 11,53); Straßburg/Schwarz 1524 (CD 1,314; eine Glosse der Handschrift enthält noch den Einschub), Straßburg/Ordenung 1524 (Hubert 69), Straßburg/Kirchenamt 1525 (Hubert 80). Müntzer behält den Einschub bei (vgl. Müntzer 1524 (CD 1,22)).

[991] Vgl. Kantz 1522 (CD 1,14); Worms 1524 (CD 1,18); Müntzer 1524 (CD 1,22); Nürnberg/Volprecht 1524 (EKO 11,41), Nürnberg/Döber 1525 (EKO 11,53); Straßburg/Schwarz 1524 (CD 1,314), Straßburg/Kirchenamt 1525 (Hubert 80). Die Zufügung zum Brotwort 'Tut dies zu meinem Gedächtnis', die im Canon Romanus nicht zu finden ist, findet sich nur in den Nürnberger Formularen (vgl. Nürnberg/Volprecht 1524 (EKO 11,41), Nürnberg/Döber 1525 (EKO 11,53)). Laut Jungkuntz zeichnet sich die Nürnberger Fassung der EW dadurch aus, daß sie unabhängig bleibt und versucht, jedes Element der biblischen Vorlagen zu berücksichtigen (vgl. Jungkuntz 2[19]; vgl. dort auch die ausführliche Diskussion der Intention dieses Biblizismus).

[992] In 1 Kor 11,24 findet sich allerdings nur die kurze Form "τὸ ὑπὲρ ὑμῶν".

Alle Einsetzungsberichte enden wie der des Canon Romanus mit dem Gedächtnisbefehl, behalten also die traditionelle Abgrenzung des Textes bei.[993]

7.6.3.2 Die erste Anpassung an eine veränderte liturgische Verwendung: Die Abendmahlsordnungen Luthers

Martin Luther greift radikaler in den Text der EW ein, wenn er auch prinzipiell an einem Mischtext festhält.

a) In der 'Formula Missae' versucht er nicht mehr eine Überarbeitung des Canon Romanus, sondern er lehnt ihn in großen Teilen ab, so daß nur Einleitungsdialog, Präfation, EW und Sanctus (in dieser Reihenfolge) übrigbleiben.[994] Die EW sind durch den relativischen Anschluß mit 'qui pridie' wenigstens formal mit dem umgebenden Textmaterial verbunden und bilden den Höhepunkt der Danksagung[995]. Sie werden aber weiterhin als Konsekrationsworte verstanden und benutzt.[996] Zugleich bilden die EW in Luthers Verständnis die 'summa evangelii', sie sind "unzweifelhaft als Testamentsworte, als promissio, zu verstehen, in denen Gott dem Menschen hic et nunc das Heil, die Vergebung der Sünden wirksam zusagt"[997]. Luther nimmt aus dem Text alle unbiblischen Passagen heraus[998], so die Aussage über die Hände, die Anrede Gottes, die Parallelisierung 'ex hoc omnes'[999] beim Brotwort, die Phrase 'et hunc praeclarum'[1000] zur Bezeichnung des Kelches, 'et aeterni' zur Bezeichnung des Bundes[1001] und den Einschub 'mysterium fidei'[1002]. Auf der Textebene ist nur noch der relativische Anschluß zu Beginn Zeichen des liturgischen Gebrauchs.

Die inhaltliche Doppelung von 'gratias agens' und 'benedixit' wird beim Brotwort auf 'gratias agens' reduziert[1003], beim Kelchwort, das biblisch die Danksagung nur bei Mt und

---

[993] Eine gewisse Sonderrolle bildet die anglikanische Tradition, die zwar zeitlich wesentlich später anzusetzen ist, aber die EW weiterhin in ein Eucharistiegebet einfügt und nicht über die hier beschriebenen Streichungen und Zufügungen hinausgeht (zu den Texten vgl. BCP 1549 (CD 1,400), BCP 1552 (CD 1,407)). Die EW werden weiterhin als Mischtext tradiert und relativisch in den Gebetszusammenhang eingefügt. Alle im Canon Romanus gemachten unbiblischen Einfügungen werden eliminiert, Danksagung und Segen bleiben nebeneinander stehen, hinzugefügt wird ebenfalls 'which is geuen for you' und der Gedächtnisbefehl beim Brotwort. Ausdrücklich wird in BCP 1549 eine Elevation der Elemente abgelehnt, während selbstverständlich ist, daß der Priester die Elemente in die Hände nimmt (vgl. BCP 1549 (CD 1,400)).

[994] Vgl. Luther, FM 1523 (CD 1,34f).

[995] Vgl. Meßner, Meßreform 193.

[996] Die radikal-isolierte Auffassung vom Konsekrationsmoment, die sich schon im ausgehenden Mittelalter beobachten läßt, erhält nun in den reformatorischen Ordnungen ihre Ausprägung in der Loslösung des Textes vom liturgischen Kontext. Dies zeigt sich bereits bei Karlstadt, der "on canonem maior und minor" (Karlstadt 1521 (CD 1,13)) das Abendmahl feiert, aber von einer Konsekration spricht (vgl. ebd.), mit der nur die EW gemeint sein können.

[997] Meßner, Meßreform 193. Verkündigung und Danksagung sind so für Luther untrennbar verbunden (vgl. Meßner, Meßreform 194).

[998] Auch Brunner sieht als grundsätzliche Intention Luthers die 'Biblisierung' der EW unter Beibehaltung einer synoptisch-paulinischen 'Harmonie' (vgl. Brunner, Abendmahlszeugnis 178).

[999] Zu dieser Parallelisierung im Brotwort vgl. Schmidt-Lauber, Entfaltung 29[42].

[1000] Dieser Textpassus ist nach Ps 22,5 gestaltet (vgl. Jungmann, MS 2,248).

[1001] Die Erweiterung 'novi et aeterni testamenti' greift Ps 111,9 auf (vgl. Schmidt-Lauber, Entfaltung 28; Jungmann, MS 2,249[30]). Luther läßt diese unbiblische Erweiterung bewußt stehen. Zur Interpretation dieser Termini bei Luther vgl. Hilgenfeld 86-97.

[1002] Zur Deutung dieser weithin unklaren Worte vgl. Jungmann, MS 2,249-251.

[1003] Vgl. hierzu Schmidt-Lauber, Entfaltung 19-22; Hilgenfeld 27.

Mk enthält, fallen sogar beide Verben weg[1004]; der Vorgang wird höchstens durch das 'similiter' ausgedrückt. Bei Kelch- und Brotwort streicht Luther 'enim' weg, das sich in der Vulgata nur beim mt. Kelchwort findet. Beim Kelchwort werden sogar 'deditque discipulis suis' und 'accipite, et bibite ex eo omnes' herausgenommen, obwohl sie sich biblisch herleiten lassen[1005]. Außerdem wird das 'manducate' der Vulgata in 1 Kor 11 durch das matthäische 'comedite' abgelöst. Statt des matthäisch-markinischen Textmaterials benutzt Luther die Varianten nach Lukas und Paulus an zwei Stellen: 'similiter et calicem postquam coenavit' und 'calix novum testamentum in meo sanguine'[1006].

Aber Luther streicht nicht nur Passagen, sondern fügt wie die Reformer vor ihm und gestützt auf den lukanischen Vulgata-Text die Phrase 'quod pro vobis datur' ein, nicht aber den Gedächtnisbefehl beim Brotwort[1007].

Die Handlungsebene der EW des Canon Romanus ist in der Formula Missae völlig aufgehoben. Der Text soll in der Weise des Vaterunsers laut rezitiert werden[1008], womit er zugleich als Gebetstext gekennzeichnet wird[1009]. Ob während des Sprechens auch ein Segensgestus vollzogen wird, wie er heute für lutherische Kirchen kennzeichnend sein kann, ist allein aus der Bezeichnung 'benedictio'[1010] für die EW nicht ableitbar[1011]. Die Elevation bleibt zwar weiterhin erhalten, wandert aber hinter die EW zum Gesang des Benedictus[1012]. Als Grund für die Beibehaltung der Elevation gibt Luther selbst seelsorgliche Gründe an[1013].

b) In seiner '**Deutschen Messe**' sind die EW nicht mehr in ein Eucharistiegebet integriert, sondern sie werden mit Elevation, Kommunion und Gesang zur Kommunion in eine Gesamthandlung verwoben[1014]. Der Verheißungscharakter der EW wird dadurch noch stärker hervorgehoben[1015], so daß der Dank als gläubige Antwort in das Gemeindelied verlagert

---

[1004] Dies wird schon in Kurbrandenburg 1540 wieder rückgängig gemacht (vgl. Kurbrandenburg 1540 (CD 1,89); Schmidt-Lauber, Entfaltung 17). Hier wird auch wieder der Vater als Adressat des Dankes benannt, aber er wird weiterhin nicht angeredet (vgl. auch Pfeiffer 141f).

[1005] Gerade für das letzte Textstück bleibt dies verwunderlich, da hier das biblische Fundament für ein Grundanliegen der Reformation, nämlich die Kommunion unter beiden Gestalten, herausgenommen wird; allerdings fügt Luther es in seiner 'Deutschen Messe' wieder ein.

[1006] Gasquet und Bischop sehen in Luthers Formulierung "Hic calix est novi testamenti in meo sanguine" eine Anlehnung an die Communio-Antiphon des Passion-Sonntages (vgl. Gasquet/Bischop 181¹).

[1007] Zur Interpretation dieser Formulierung der EW vgl. auch Hilgenfeld 17-19, auch wenn sich dessen Ausführungen auf einen Sermon von 1520 beziehen.

[1008] Vgl. Luther, FM 1523 (CD 1,34).

[1009] Vgl. Niebergall, Abendmahlsfeier 290. Meßner sieht hierin einen Ausdruck des lobpreisenden Charakters (vgl. Meßner, Meßreform 196).

[1010] Vgl. Luther, FM 1523 (CD 1,34).

[1011] Zur Problematik vgl. unter b).

[1012] Vgl. Luther, FM 1523 (CD 1,34f).

[1013] Vgl. Luther, FM 1523 (CD 1,34f). Eine Abschaffung der Elevation ist für Luther schwer möglich, da es das Rituselement darstellt, das die Gemeinde bisher als einziges während des Hochgebetes wahrnimmt und auf das sie sich konzentriert, damit mit der Schau nach spätmittelalterlicher Überzeugung die gleichen Meßfrüchte verbunden sind wie mit der Kommunion selbst, die man aber scheut.

[1014] Vgl. Meßner, Meßreform 200.

[1015] Wie sehr Luther die EW als bindende Worte Jesu selbst versteht, wird am Schlußsatz der Abendmahls-vermahnung deutlich: "Dem nach wollen wir ynn seynem namen und aus seynem befelh durch seyne eygene wort das testament also handeln und brauchen" (Luther, DM 1525 (CD 1,37)).

wird¹⁰¹⁶. Dementsprechend übersetzt Luther nicht nur seine Fassung der EW aus der 'Formula Missae', sondern nimmt noch einige Änderungen vor¹⁰¹⁷. Diese Änderungen lassen sich vielfach nur aus der theologischen Deutung des Abendmahls und vor allem aus der liturgischen Vollzugsform erklären, die Luther wählt. Dies ist zu vermuten, weil er bei den EW Elemente aufnimmt, die dem Grundsatz der Biblisierung nicht entsprechen.

So wird der relativische Beginn narrativ umgebaut: "Unser herr Jhesu Christ, ynn der nacht, da er verraten ward"¹⁰¹⁸. Dieser Anfang ist zwar an 1 Kor 11,23 angelehnt, aber sowohl der Christus-Titel als auch das Personalpronomen 'unser' finden sich nicht in der Vorlage, sondern sind als Verstärkungselement der theologischen Deutung im liturgischen Vollzug zu erklären. Während alle vorreformatorischen Quellen mit Ausnahme der mozarabischen Liturgie beim (durch den relativischen Anschluß ausgedrückten) organischen Einbau des Einsetzungsberichtes in das Eucharistiegebet bleiben, bildet die lutherische Umformung ein Novum¹⁰¹⁹.

Ähnliches ist beim Gedächtnisbefehl zu beobachten, den Luther in der 'Formula Missae' in der allgemeinen Form des Canon Romanus ('haec quotiescunque feceritis'¹⁰²⁰) und nicht in der Konkretheit von 1 Kor 11,25 ('sooft ihr daraus trinkt') stehen läßt. Bei der 'Deutschen Messe' ist dies nicht mehr möglich, da Brot- und Kelchwort im Vollzug getrennt werden; nach dem Brotwort erfolgt sofort die Kommunion des konsekrierten Brotes. So fügt Luther nach dem Brotwort 'Solchs thut, so offt yhrs thut, zu meynem gedechtnis' ein (wobei 'so offt yhrs thut' nicht biblisch ist!) und ändert die Aufforderung nach dem Kelchwort in 'solchs thut, so offt yhrs trinckt, zu meynem gedechtnis'. Außerdem fügt er zum Kelchwort nicht nur 'und trincket alle daraus' hinzu, sondern schaltet wie im Canon Romanus in Parallelisierung 'Nempt hin' ein, das kein biblisches Vorbild hat, sondern hier aus dem Vollzug und aus der Funktion der EW als Spendeworte verständlich wird.¹⁰²¹

Weiterhin ist 'pro vobis et pro multis' auf 'für euch' reduziert.¹⁰²² Dies ist ebenfalls aufgrund des Charakters als Spendeworte verständlich¹⁰²³, denn eine Wirksamkeit über den Kreis der Kommunikanten hinaus zu behaupten, wäre für Lutheraner zumindest mißverständlich.

[1016] Vgl. Meßner, Meßreform 201f.

[1017] Zum Text vgl. Luther, DM 1525 (CD 1,38).

[1018] Luther, DM 1525 (CD 1,38).

[1019] Vgl. Schmidt-Lauber, Entfaltung 29⁴⁵. Dies ist zunächst einmal nur daraus zu erklären, daß das zugrundeliegende Eucharistiegebet, der Canon Romanus, nicht mehr als Einheit erkannt wird, sondern als Konglomerat von Einzelgebeten, die wegfallen können. Allerdings bildet schon das 'qui' des Canon Romanus mehr einen grammatikalischen als einen wirklich narrativen Anschluß an den vorhergehenden Abschnitt 'Quam oblationem'.

[1020] Luther, FM 1523 (CD 1,34). Der Canon Romanus steht damit in Parallele zu allen westlichen Liturgien, die - außer der mozarabischen Liturgie und im Unterschied zum Osten - 'facere' verwenden und damit auf die ganze Handlung beziehen (vgl. Schmidt-Lauber, Entfaltung 31⁵⁵.32⁵⁶).

[1021] Schmidt-Lauber vermutet, das 'Nehmet hin' soll beim Kelchwort die Abfolge 'Danksagung'/'Geben unter den Christusworten'/'Genießen' für die Kelchhandlung sichern, um sich damit gegen die markinische Fassung abzugrenzen, in der das Kelchwort nach dem Genuß des Kelches folgt (vgl. Schmidt-Lauber, Entfaltung 22f). Letztlich handelt es sich auch hierbei um eine Entscheidung aus dem gewünschten liturgischen Vollzug heraus!

[1022] Vgl. hierzu Schmidt-Lauber, Entfaltung 24²⁹. Auch diese Reduktion wird später z.T. wieder rückgängig gemacht (vgl. Schmidt-Lauber, Entfaltung 24²⁹).

[1023] Schon hinter dem 'ὑπερ ὑμῶν' beim Brotwort vermutet Jeremias die Auswirkung liturgischer Praxis; die Wanderung der Formel vom Wein- zum Brotwort ist am leichtesten erklärbar (vgl. Jeremias 160f).

Schließlich ist der Genitiv 'novi testamenti' mit der Apposition 'eyn new testament' wiedergegeben.

Die Version der EW in Luthers 'Deutscher Messe' ist bis heute die Standardform in den lutherischen Kirchen Deutschlands und darüber hinaus, wobei nicht unbedingt alle Änderungen übernommen werden[1024], sich andererseits aber keine neuen Entwicklungsschritte ergeben. Auf der Handlungsebene ist die entscheidende Änderung, daß die EW nun im Evangeliumston zu singen sind, also als Verkündigungstext und nicht mehr als Gebetstext verstanden werden[1025]; auch hierin zeigt sich eine Anpassung an die veränderte liturgische Funktion. Weiterhin wird wieder nicht deutlich, ob aus der Bezeichnung 'Segnung' ein Segensgestus abgeleitet werden kann[1026]. Auf jeden Fall bleibt in der 'Deutschen Messe' die Elevation erhalten[1027], wird aber zu den EW zurückverlagert, da Sanctus und Benedictus zur Austeilung des Sakramentes gesungen werden.[1028]

[1024] So bleibt es oft beim kurzen Gedächtnisbefehl nach dem Brotwort (vgl. Braunschweig 1528 (CD 1,55); Brandenburg-Nürnberg 1533 (CD 1,78); Kurbrandenburg 1540 (CD 1,89); Pfalz-Neuburg 1543 (EKO 13,73); Mecklenburg 1552 (CD 1,103); Württemberg 1553 (CD 1,255), Kurpfalz 1556 (EKO 14,149)), bei der Formulierung 'der kelch des neuen testaments in meinem blut' (vgl. Württemberg 1553 (CD 1,255), Kurpfalz 1556 (EKO 14,149)) bzw. 'das ist mein blut des neuen testamentes' (vgl. Brandenburg-Nürnberg 1533 (CD 1,78); Kurbrandenburg 1540 (CD 1,89); Pfalz-Neuburg 1543 (EKO 13,73); Mecklenburg 1552 (CD 1,103)) und bei 'für euch und für vil' (vgl. Brandenburg-Nürnberg 1533 (CD 1,78); Kurbrandenburg 1540 (CD 1,89); Kassel 1539b (EKO 8,123^k); Pfalz-Neuburg 1543 (EKO 13,73); Mecklenburg 1552 (CD 1,103); Württemberg 1553 (CD 1,255), Kurpfalz 1556 (EKO 14,149)). Die Württemberg Tradition kennt außerdem noch die Apposition beim Brotwort 'vnd mit seinen jungern zů Tisch sass' (vgl. Württemberg 1553 (CD 1,255), Kurpfalz 1556 (EKO 14,149)).
Zur Tradierung im kleinen Katechismus, in der Version von Johannes Bugenhagen, die dann im lutherischen Raum weitere Verbreitung findet, und zu weiteren Kirchenordnungen vgl. Schmidt-Lauber, Entfaltung 15-19. Die EW des BCP 1549 werden oftmals - bis auf die Formel 'when he had blessed' - als Übersetzung der EW aus Brandenburg-Nürnberg 1533 angesehen (vgl. Gasquet/Bishop 170¹.179-183). Brightman hingegen sieht die Abhängigkeit nicht als so eindeutig an, sondern führt den Text auf den Versuch zurück, alle biblischen Textelemente in einem Text zu vereinen, wobei das BCP und Osiander zu einem fast identischen Ergebnis kommen (vgl. Brightman, English Rite 1,CVII-CX; Ratcliff, Studies 193.206f).

[1025] Vgl. Niebergall, Abendmahlsfeier 291.

[1026] Zur Diskussion um die Einstellung Luthers zur Segnung der Elemente vgl. Rietschel/Graff 376f; Graff, Auflösung 1,193f. Luther lehnt sie wohl ab (vgl. Rietschel/Graff 376, mit Verweis auf: "omissa oratione sequenti ..., cum omnibus signis, quae fieri solent super hostiam" (Luther, FM 1523 (CD 1,35))), Agenden des 17. Jahrhunderts führen sie wieder ein (vgl. Rietschel/Graff 377).
Heute findet sich zumindest in den Verlaufsplänen der EA an dieser Stelle die einzige gestische Anweisung im gesamten Abendmahlsteil durch ein gedrucktes Kreuz (vgl. EA 39), bei dem der Liturge bzw. die Liturgin jeweils ein Kreuzzeichen über Brot und Wein machen soll.

[1027] Vgl. Luther, DM 1525 (CD 1,38). Zur Elevation bei Luther vgl. Meyer, LM 280-288; Meyer, Elevation 196-217; Schmidt-Lauber, Entfaltung 152f, spez. 153[149]. Zur Anweisung, bei den EW die jeweiligen Gaben in die Hände zu nehmen, vgl. Braunschweig 1528 (CD 1,55f); Kurbrandenburg 1540 (CD 1,89); Pfalz-Neuburg 1543 (EKO 13,73).
Eine Elevation der Gaben benennen nachfolgend auch ausdrücklich Kurbrandenburg 1540 (CD 1,88f); Pfalz-Neuburg 1543 (EKO 13,73) und andere lutherische Abendmahlsordnungen (vgl. Rietschel/Graff 376f); ausdrücklich abgelehnt wird die Elevation in Mecklenburg 1552 (CD 1,103). Zur Elevation in den lutherischen Ordnungen vgl. Graff, Auflösung 1,191f; 2,153; für Württemberg vgl. Kolb 339-341.

[1028] Laut Schmidt-Lauber übernimmt die Elevation bei Luther anamnetische Funktion (vgl. Schmidt-Lauber, Entfaltung 153).

7.6.3.3 Die erstmalige Verwendung des paulinischen Textes in der Straßburger 'Ordnung des herren Nachtmal' (1525)

In Straßburg finden sich 1525 erstmals die EW in der Version von 1 Kor 11.[1029] Zwar wird hier der Text in eine von der Messe abgeleitete Form der Abendmahlsfeier integriert[1030], aber der Text der EW wird ausdrücklich als Lesung eingeführt[1031] und als Paulus- und damit Bibeltext gekennzeichnet[1032]. Der nachfolgende Text orientiert sich mit dem Umfang (V. 23b-25) ganz an den traditionellen EW, übernimmt nicht den Text der Lutherbibel[1033] und fügt, wie dies schon aus der Geschichte der EW bekannt ist, harmonisierende Passagen ein[1034]: So findet sich beim Brotwort 'vnd gab es seinen jüngeren'[1035], und beim Kelchwort wird in traditioneller Weise eingefügt 'das für euch vnd für vil zů ablösung der sünd vergossen würt'.

Es findet sich also schon ein Einsetzungsbericht, der beansprucht, Bibeltext[1036] zu sein, aber noch nicht vollkommen vom traditionellen Mischtext loskommt. Anders als in den Straßburger Vorgängerordnungen, aber wie in den schweizerischen Ordnungen, stehen die EW nicht innerhalb eines Gebetszusammenhangs, sondern zwischen einer Vermahnung[1037] und der Kommunion. Dies bedeutet eine Veränderung der Funktion hin zu einem Verkündigungstext.[1038] Auch die nachfolgenden Straßburger Ordnungen behalten die Stellung zwischen Vermahnung und Kommunion bei, während auf den eigentlichen paulinischen Text weniger Wert gelegt wird und wieder Mischtexte auftauchen.[1039] Vor allem findet sich keine Ausweitung des Textumfangs über das bekannte Maß hinaus, wie dies z.T. in den frühen Schweizer Formularen der Fall ist.

[1029] Zu dieser Ordnung vgl. Drömann, Straßburger Ordnungen 304f und Hubert LXXf; zum Text vgl. Straßburg/Ordnung 1525 (Hubert 82-87).

[1030] Sie ist durch den Ablauf Präfation, Sanctus, Allgemeines Kirchengebet, Vaterunser, Vermahnung (frei), EW, Einladung und Kommunion gekennzeichnet (vgl. CD 1,304).

[1031] "So wöllen nůn vernemen, wie der herr sein nachtmal gehalten hab, vnd was er zů thůn befolhen hat" (Straßburg/Ordnung 1525 (Hubert 87)).

[1032] "Vnd liset die wort des nachtmals auß der ersten epistel Pauli am XI. cap. zů den Corinthern mit dapffern worten, wie hyenach" (Straßburg/Ordnung 1525 (Hubert 87)).

[1033] Gegen Smend, Messen 133³.

[1034] Gegen Drömann, Straßburger Ordnungen 305; richtig bei Smend, Messen 133³. Auch Hubert behauptet, der Text erscheine in paulinischer Form (vgl. Hubert LXX).

[1035] Daß es statt 'nach dem Abendmahl' heißt 'nachdem sye zů obent gessen hatten', darf nicht als Texteinfügung verstanden werden, sondern geht auf den Mischtext des Canon Romanus ('postquam coenatum est') zurück und findet sich zur gleichen Zeit ebenfalls bei Zwingli: Schon in der Epicheiresis 1523 heißt es "posteaquam cęnatum esset" (Zürich 1523 (CD 1,188)); 1525 lautet die Stelle "als das nachtmal geschähen was" (Zürich 1525 (CD 1,190.195)).

[1036] Der Drang zur Biblisierung läßt sich in diesem Formular auch daran erkennen, daß einzig der aaronitische Segen zugelassen wird und das Vaterunser die Doxologie erhält (vgl. Hubert LXX).

[1037] Diese wird ohne konkrete Textvorgabe nur in den Anweisungen erwähnt: "zů betrachten das leyden des herren nach yngegebnen gnaden" (Straßburg/Ordnung 1525 (Hubert 86)).

[1038] Vgl. Drömann, Straßburger Ordnungen 306. Dazu paßt auch das Fehlen jeder dramatisierenden Handlungsanweisung und damit der Elevation. Zu Bucers Argumentation gegen die Elevation vgl. BDS 1,218-230, gegen die sonstigen Gebärden vgl. ebd. 237-241.

[1039] Vgl. Straßburg 1526ff (CD 1,323). Der Text wird ehrlicherweise auch als Text der Evangelisten und des Paulus ausgegeben (vgl. Straßburg 1526ff (CD 1,323)) und orientiert sich stark an den bekannten lutherischen Fassungen; nur 'nochdem sy zu obent gessen håten' findet sich so in der lutherischen Tradition nicht und ist Reminiszenz an die Straßburger Tradition.

7.6.3.4 Die Ausweitung des paulinischen Textes bis Vers 26 in den Schweizer Abendmahlsordnungen vor Calvin

a) Als ein (logisch) weiterer Schritt auf dem Weg zum Einsetzungsbericht der vorliegenden Ordnung kann Zwinglis '**Epicheiresis**' von 1523 angesehen werden. Zwar liegt hier ein Mischtext vor, der von allen unbiblischen Ausschmückungen, wenn auch nicht von allen Parallelisierungen gereinigt ist[1040], aber er endet nicht wie die EW des Canon Romanus mit dem Wiederholungsbefehl, sondern mit 1 Kor 11,26: "Quotienscunque enim manducaveritis panem hunc, et poculum hoc biberitis, mortem domini annuntiate, quousque veniat."[1041] Die Übernahme von V. 26 wird meist mit dem Vorbild der ambrosianischen Liturgie erklärt.[1042] Zwar mag der Anstoß von dort gekommen sein, aber eine direkte Übernahme aus dem ambrosianischen Ritus liegt *nicht* vor, denn dort findet sich nicht der Text 1 Kor 11,26[1043], sondern ein nach östlichen Vorbildern in eine Christus-Rede umgeformter und erweiterter Passus[1044]. So dürfte die Intention dieser Formulierung, den Verkündigungscharakter der Eucharistie herauszustellen, von Zwingli aufgenommen worden sein, aber unter Benutzung des wirklichen biblischen Textes aus 1 Kor 11,26.

Die Auswahl des Textabschnittes stellt also ein Mittel zur liturgischen Komposition dar, durch die die Verkündigungsfunktion herausgehoben wird, die für Zwingli keine somatische Realpräsenz notwendig macht, sondern ein geistiger Akt ist[1045]. Weiterhin bringt V. 26 den

---

[1040] Zum Text vgl. Zürich 1523 (CD 1,188). Wie bei anderen Formularen vor Luther wird 'quod pro vobis datur' und der Gedächtnisbefehl beim Brot aufgrund des biblischen Befundes hinzugefügt. Die Worte Christi im Canon wiederherzustellen, ist für Zwingli Programm, wie er in seinem Vorwort zur Epicheiresis bemerkt: "Was nun die Worte Christi selbst angeht, so darf sie niemand ändern; sie müssen unantastbar bleiben, aber nicht wie wir sie bisher gebraucht, sondern wie sie *Matthäus, Markus, Lukas* und *Paulus* aufgezeichnet haben. Wenn diese Worte immer rein und unverändert bewahrt werden, so ist der Kern der Sache schon gesichert. Denn wenn es auch nur wenig ausmacht, mit welchen Worten einer Gott anredet, so soll man es nur nicht geringfügig ansehen, daß man das Wort Gottes genau wiedergibt. Es ist unantastbar" (Zürich 1523 (CR 89, 558f; Ü.: Schmidt-Clausing, Kanonversuch 13). In der Epicheiresis kritisiert er dann einzeln die unbiblischen Zufügungen (vgl. Zürich 1523 (CR 89,588-592); Schmidt-Clausing, Kanonversuch 56-61).

[1041] Zürich 1523 (CD 1,188).

[1042] Vgl. Bürki, Zürcher Ordnungen 181; Schmidt-Clausing, Kanonversuch 61[79]; Baumgartner 177. Zwingli hat den ambrosianischen Ritus durch seine Glarner Jahre als Feldprediger kennengelernt und ist deutlich durch ihn in seinen liturgischen Reformen motiviert worden (vgl. Schmidt-Clausing, Kanonversuch 19[23]). Besonders wichtig ist für ihn zu sehen, daß es neben dem Canon Romanus einen Canon gibt, der ebenso von Rom anerkannt wird, aber Alternativen aufweist; damit ist für Zwingli der Erweis erbracht, daß der Canon Romanus selbst nicht mehr unabänderlich ist (zu Zwinglis Argumentation vgl. Zürich 1523 (CR 89,565-567; Ü.: Schmidt-Clausing, Kanonversuch 19f)). Wichtig ist für Zwingli Ambrosius' "Beispiel, dem nachzueifern doch wohl erlaubt ist" (Zürich 1523 (CR 89,567); Ü.: Schmidt-Clausing, Kanonversuch 20).

[1043] Besser schon Schmidt-Clausing, Formulare 27[35], wo von einer Paraphrasierung gesprochen wird, wenn der mailändische Text auch über eine Paraphrase hinausgeht.

[1044] "Mortem meam praedicabitis, resurrectionem meam annuntiabitis, adventum meum sperabitis, donec iterum de caelis veniam ad vos" (PE 450). Ein solcher Anhang an die EW in Anlehnung an 1 Kor 11,26 findet sich häufig in den alten Liturgien, allerdings fast ausschließlich als Umformung in Christusrede (vgl. Cagin 225-244; Gerhards, Gregoriosanaphora 83; zu den Ausnahmen vgl. Anm. 1048). Die genannten Motive sind die Verkündigung des Todes, der Wiederkunft und der Auferstehung Christi, wobei allen drei Textgliedern ein entsprechendes Verb zugeordnet wird. Die Abfolge 'praedicabitis/'annuntiabitis/'sperabitis' findet sich - abgesehen von der Schreibweise - nur noch im Stowe-Missale (vgl. Cagin 227; PE 465).

[1045] Vgl. Pahl, Hochgebet 224. Zwingli sieht den engen Zusammenhang zwischen dem Gedächtnisbefehl Christi und der durch Paulus herausgestellten Verkündigungsfunktion. Er schreibt dazu: "Mit diesen deutlichen Worten wird angezeigt, daß dieses Mahl nichts anderes ist als das Gedächtnis des Leidens des Herrn. Mit welcher Stirn - ich bitte euch - haben sie aber aus dem Gedächtnis ein Opfer gemacht? Darum sollen wir, die wir

zur Dynamisierung eines statischen Eucharistieverständnisses wichtigen eschatologischen Ausblick.[1046]

Mit der Integration von V. 26 wird aber eine Änderung entscheidend, die mit dem Verhältnis von Sprecher und Hörer der EW zusammenhängt[1047]. Die bisher verwendeten EW können wie in den altkirchlichen Anaphoren als historisches Zitat innerhalb eines Gebetszusammenhangs benutzt werden, auch wenn das 'für euch' der EW von der Gemeinde auf sich selbst bezogen wird. Weil die Anrede an die Gemeinde bislang durch Christus geschieht[1048], können selbst die Termini 'quotiescumque'/'ὁσάκις' in diese Christusrede eingebaut werden[1049], ohne daß der Charakter eines Zitates des historischen Begründungsereignisses verschwunden ist. Sobald diese Termini nicht mehr in eine fiktive Christusrede eingebaut sind, wie dies in Zwinglis Epicheiresis der Fall ist, wird V. 26 zu einer Aussage über die Abendmahlsfeier an sich[1050], der sich auch die aktuelle Feier und Gemeinde nicht mehr entziehen können. Die aktuelle Feier wird damit unter einen Anspruch gestellt, den sie verwirklichen muß.[1051]

---

gläubig sind, während wir den Leib und das Blut Christi essen und trinken, den Tod des Herrn laut hinausrufen, und das, solange die Welt besteht. Das Amt des Herolds ist so groß, weil Christus uns durch seinen Tod und Blutvergießen erlöst hat. Und das hat er in die Speise hineingelegt, die wir im Glauben essen und nicht mit den Zähnen, derentwegen Gott unsichtbar in uns eindringt und unsern Geist nährt." (Zürich 1523 (CR 89, 592); Ü.: Schmidt-Clausing, Kanonversuch 61). Gerade mit der Berufung auf den paulinischen Text vermag es Zwingli, die somatische Realpräsenz abzulehnen und das Abendmahl als Gedächtnis und Verkündigung zu sehen.

[1046] Dieser dürfte aber nicht bewußt erwünscht gewesen sein, denn in Zürich 1525 streicht er 'bis er kommt' wieder (vgl. unten).

[1047] Grundlegend zum Adressaten des Eucharistiegebets vgl. Jungmann, Stellung; Gerhards, Gregoriosanaphora; Gerhards, Zu wem beten; Gerhards, Frage.

[1048] Es gibt bisher drei Ausnahmen unter den altkirchlichen Liturgien, in denen V. 26 nicht in eine Christusrede integriert wird:
a) Die altspanische Liturgie kennt eine Unterteilung der EW durch Akklamationen der Gemeinde. Auf das Amen nach dem Kelchwort spricht der Priester: "Quotiescumque manducaveritis panem hunc et calicem istum biberitis, mortem Domini annuntiabitis, donec veniat in claritate de caelis" (PE 498). Nur eine Quelle führt an dieser Stelle kein 'Amen' der Gemeinde (vgl. Lietzmann 48f).
b) Ähnliches findet sich in der byzantinischen Jakobusanaphora: "Τοῦτο ποιεῖτε εἰς τὴν ἐμὴν ἀνάμνησιν...τὸν θάνατον τοῦ υἱοῦ τοῦ ἀνθρώπου καταγγέλετε καὶ τὴν ἀνάστασιν αὐτοῦ ὁμολογεῖτε, ἄχρις οὗ ἂν ἔλθῃ" (PE 248).
c) Schließlich verbindet die maronitische Petrus-Anaphora den Gedächtnisbefehl mit 1 Kor 11,26, aber nicht wie sonst als Christus-Rede. Dort heißt es nach dem Kelchwort (hier in lat. Übersetzung): "Quotiescumque enim ex hoc sancto corpore illo manducaveritis, et ex hoc calice vitae et redemptionis biberitis, mortis et resurrectionis Domini vestri memoriam faciatis usque ad diem magnum adventus eius" (PE 413).
In allen drei Formularen, die 1 Kor 11,26 beim Einsetzungsbericht anführen, antwortet die Gemeinde mit einer Akklamation. M.E. ist dies zwingend notwendig, um dann überhaupt im Text als Gebet fortfahren zu können. Stünde nach diesem Vers keine Akklamation, könnte der Beter nicht einfach wieder in die Anrede an den Vater wechseln. Die 'Unterbrechung' des Gebetes durch die Akklamation verdeckt letztlich, daß mit V. 26 der Text auf eine Metaebene gewechselt ist.

[1049] Z.B. noch Farel versteht 1 Kor 11,26 zunächst als Wort der Einsetzung und erst später als paulinischen Zusatz (vgl. Jacobs 280).

[1050] Alle bisher genannten Textpassagen, die nicht Herrenworte sind, erläutern die historische Situation des letzten Abendmahles - ob mit oder ohne biblisches Fundament - und stören deshalb den Ablauf des Textes nicht.

[1051] Auch zahlreiche moderne Eucharistiegebete nehmen 1 Kor 11,26 auf, allerdings nicht durch Ausdehnung des traditionellen Einsetzungsberichtes, wie dies bei Zwingli geschieht, auch nicht durch Umformung von V. 26 in eine Christusrede, sondern durch die Einführung der Gemeindeakklamation: "Deinen Tod, o Herr,

b) Schon Zwinglis '**Action oder bruch**' (1525) kennt dann 1 Kor 11,20-29 als Epistellesung einer Abendmahlsfeier, die dem üblichen Predigtgottesdienst angehängt wird[1052]. Die Lesung ist nicht einem de-tempore-Zyklus unterworfen, sondern orientiert sich am klassischen Vorbild der Lesung des Missale Romanum am Fronleichnamstag[1053].
Vor allem aber verwendet Zwingli dann nochmals 1 Kor 11,23b-26[1054] als EW vor der Austeilung und wählt damit den Textumfang der Epicheiresis. Die beiden Textfassungen des Einsetzungsberichtes in 'Action oder bruch' sind in Wortlaut und Schreibweise nicht völlig identisch. Bei beiden Texten fehlt der wichtige eschatologische Ausblick ('bis er kommt' (1 Kor 11,26)), der in der Epicheiresis noch vorhanden ist und der erst 1529 bzw. 1535 wieder eingefügt wird[1055]. Ebenso erweitert er in V. 26 beide Male die Verkündigung durch den Lobpreis: "...söllend ir den tod des herren ußkünden und hoch prysen"[1056]. Gerade hieraus kann geschlossen werden, daß es Zwingli auf die Herausstellung der verkündigenden und lobpreisenden Funktion des Abendmahls ankommt, die sich von einer Fixierung auf die Realpräsenz absetzt. Hingegen wird beide Male die Apposition 'ἣ παρεδίδετο' (1 Kor 11,23) ausgeweitet zu 'als er verraaten und in tod hinggeben ward'[1057], so daß der

---

verkünden wir, und deine Auferstehung preisen wir, bis du kommst in Herrlichkeit." In der Moderne wird eine solche Gemeindeakklamation erstmals von Wilhelm Löhe 1853 in seiner Agende als Zitat der Basilius-Anaphora (im Grunde als Doppelung zum vorherigen, als Christusrede formulierten Satz) angeführt: "Liturg: Sooft ihr von diesem Brote essen und von diesem Kelche trinken werdet, sollt ihr meinen Tod verkündigen und meine Auferstehung bekennen und meiner gedenken, bis daß ich komme. Gemeinde: Deinen Tod verkündigen wir, o Herr, und Deine Auferstehung bekennen wir." (Löhe 83; vgl. auch Schulz, Beitrag). Mit einem eschatologischen Ausblick taucht die Akklamation in der Moderne erstmals in der evangelischen südindischen Kirche um 1950 auf (vgl. Bürki, Bedeutung 26; Schulz, Eucharistiegebet 94). Spätestens nach der Übernahme ins nachvatikanische Meßbuch tritt eine breite ökumenische Rezeption ein. Zum Überblick vgl. Goltzen, Acclamatio 192. Selbst Untersuchungen, die eine möglichst genaue Quellenanalyse der Hochgebete anstreben, ignorieren die Herkunft der Akklamation aus dem reformatorischen Bereich völlig (vgl. Kuhl 38f). Lengeling sieht den Zusammenhang richtig (vgl. Lengeling, Erwartung 205[106]), wie auch die Herkunft der dreigliedrigen Form (vgl. ebd. 208f). Zur Akklamation allgemein vgl. Goltzen, Acclamatio; Schneiders; Berbers; Heinz, Gemeindeakklamationen.
Mit der Integration von 1 Kor 11,26 als Gemeindeakklamation ist es gelungen, die eschatologische Dynamik der Eucharistiefeier einzuholen und damit einem statischen Eucharistieverständnis entgegenzuwirken. Als Preis zahlt man eine Unterbrechung des Gebetsvollzugs und vor allem einen Wechsel der Gebetsrichtung. Durch den Verzicht auf die alleinige Zitation von 1 Kor 11,26 unterläßt man den Wechsel auf eine Metaebene, die innerhalb des Eucharistiegebets diese Feier reflektieren würde. Selbstverständlich finden sich auch in unseren Hochgebeten Passagen, in denen verdeutlicht wird, was wir tun (z.B. in der spez. Anamnese), aber dies bleibt integriert und in gewisser Weise verdeckt durch den Gebetsvollzug und die Gebetsrichtung!

[1052] Vgl. Bürki, Zürcher Ordnungen 183. Eine solche Lesung findet sich auch schon in Ökolampads 'Testament Jesu Christi' (vgl. Smend, Messen 52f).

[1053] Vgl. Zürich 1525 (CD 1,190f); so auch Bauer 156 gegen Smend, Messen 151. Auch in den vorreformatorischen süddt. Druckmissalien findet sich diese Perikopenabgrenzung beim Fronleichnamsformular (vgl. Daschner 367f).

[1054] Vgl. Zürich 1525 (CD 1,195).

[1055] Vgl. Zürich 1535 (CD 1,190^{16}), Zürich 1529, 1535 (CD 1,195^{40}); Baumgartner 177.

[1056] Zürich 1525, 1535 (CD 1,190.195). Woher Zwingli diese Erweiterung nimmt, kann nur vermutet werden. Am wahrscheinlichsten scheint, daß hier das mit 'mortem' verbundene Verb 'praedicare' aus dem ambrosianischen Einsetzungsbericht übernommen wird; V. 26 stellt ja für Zwingli kein unabänderliches Herrenwort dar, sondern ist Erläuterung des Paulus. Auf jeden Fall ist auch dies wieder ein Beleg der Anpassung des biblischen Textes an seine liturgische Funktion.

[1057] Vgl. Zürich 1525, 1535 (CD 1,190.195).

entscheidende Inhalt der Aktion herausgehoben wird: Das Gedächtnis der Hingabe Jesu im Tod für die Gemeinde, nicht aber die Konsekration der Gaben!

Schon bei Zwingli wird - wie in der gesamten nachfolgenden reformierten Tradition - der Text nicht konsekratorisch verstanden, sondern als Verkündigung. Dies wird an der Anweisung "Der diener läse also"[1058] bzw. an der Aufforderung "Ietz hörend mit ernst und glouben"[1059] deutlich. Durch beide wird der Text ausdrücklich als Lesung ausgewiesen. Außerdem steht der Text unmittelbar vor der Austeilung, und ist damit einem wirklichen Gebetszusammenhang entzogen. Vielmehr macht der Text an dieser Stelle die Dimension des Wiedergedächtnisses der direkt anschließenden Kommunion deutlich[1060].

In der (von Bullinger nach Zwinglis Tod verantworteten) Ausgabe von 1535 wird der Text allerdings durch gleichzeitige Handlung "mit offner thaat angebildet"[1061], d.h. es findet sich wieder eine gestisch-mimetische Dramatisierung des Textes. Obwohl nun während der Verlesung der EW direkt die Austeilung erfolgt, werden sie damit nicht zur Distributionsformel, sondern geben vielmehr den Text für die Umsetzung als Gedächtnisfeier her. Die EW interpretieren nicht die empfangenen Gaben, sondern stellen die ganze Handlung als Wiedergedächtnis heraus, durch das die Gemeinde den Lobpreis Gottes vollzieht.

Zwingli lehnt jedes Verständnis des Abendmahles i.S. einer somatischen Realpräsenz ab, da es für ihn unmöglich ist, Gottes Geist mit kreatürlichen Dingen verbunden zu denken.[1062] Von daher verbietet sich für Zwingli - anders als für Luther und die lutherische Tradition - jedes konsekratorische Verständnis der EW. Dies ist der tiefere Grund für die Um- bzw. Rückformung der EW zur Lesung und für die Erweiterung der Textpassage.

c) Basel 1526

In der Basler Liturgie von 1526 findet sich hinsichtlich der EW eine ähnliche Konstellation wie bei Zwinglis 'Action oder bruch'. Hier wird 1 Kor 11,23-34 als Lesung verwandt.[1063] Die entscheidenden EW stehen dann vor dem Vaterunser und einer abschließenden kurzen Vermahnung vor der Kommunion[1064]. Der Text ist außer dem einleitenden Satzteil ('Der am nächsten tag/Ee das Jesus leydt')[1065] sehr stark an 1 Kor 11,23b-26 angelehnt. Es findet sich nur die Zufügung zum Kelchwort ('Trincken auß disem alle') und eine Zufügung im

---

[1058] Zürich 1525, 1535 (CD 1,195).

[1059] Zürich 1535 (CD 1,195³⁷).

[1060] Vgl. Jenny, Einheit 60f.

[1061] Zürich 1535 (CD 1,196⁴¹).

[1062] Vgl. Locher, Zwingli 1964. Um dies gegenüber der traditionellen Vorstellung herauszustellen, weitet er die traditionelle Evangeliumslesung des Fronleichnamsfestes Joh 6,56-59 (vgl. Daschner 391f) bis auf V. 63 aus, um mit der für ihn entscheidenden Aussage enden zu können: "Der geyst ist der, der da läbendig macht; das fleysch ist gar nüt nütz. Die wort, die ich mit üch red, sind geyst und läben." (Zürich 1525, 1535 (CD 1,193)).

[1063] Vgl. Basel 1526 (CD 1,207f). Die größte Ausdehnung findet dieser Text bis dahin in der westlichen Tradition im MRom am Gründonnerstag mit 1 Kor 11,20-32. In einer früheren, undatierten Ausgabe der Basler Liturgie fehlt dieser Lesungstext noch vollkommen (vgl. Basel <1526 (CD 1,207²⁴)).
Die Württemberger Ordnung von 1536, die sich an Basel 1526 orientiert (vgl. Drömann, Württemberger Ordnungen 246f), kennt an dieser Stelle "ein kurtze ermanung, an die jhenigen so dann zu dem hochwirdigen Sacrament gehn wöllen, aus dem eylfften Capitel der ersten an die Corinthier" (Württemberg 1536 (Richter, Kirchenordnungen 1,268)) alternativ zur Nürnberger Vermahnung.

[1064] Vgl. Basel 1526 (CD 1,214). An anderen Stellen kennt dieses Formular umfangreichere Vermahnungen.

[1065] Vgl. Jenny, Einheit 84⁸. Jenny sieht hier eine Anlehnung an die EW der römischen Messe (vgl. ebd. 83⁴).

V. 26, der wie bei Zwingli ohne eschatologischen Ausblick mit der Herausstellung der Verkündigungsfunktion endet, diese allerdings noch durch die Aufforderung zum Lobpreis ergänzt (bzw. sie miteinander gleichsetzt): "Dann so offt jr jmmer dises brot essen werdent/ vnd von disem kelch trincken/sollen jr den todt des herren verkünden vnd hoch preysen."[1066]

d) Basel (1529) 1537

In der Basler Abendmahlsordnung von (1529) 1537 finden sich die EW nicht mehr als Epistellesung, sondern nur noch im eigentlichen Abendmahlsteil und dort wie in der vorherigen Ordnung vor Vaterunser und letzter kurzer Vermahnung vor der Kommunion, also wiederum herausgenommen aus jedem Gebetszusammenhang.[1067] Der Text selbst wird durch die Aufforderung zum Hören eingeleitet und umfaßt dann 1 Kor 11,23b-26; nur das 'Nehmen' beim Kelchwort ist eingefügt, und läßt sich mit dem Bestreben nach einem besseren Satzfluß erklären.[1068]

e) Farel 1533

Bei Farels Ordnung von 1533 findet sich der Einsetzungsbericht vor der Vermahnung unmittelbar vor der Kommunion. Er wird deutlich als Verkündigungstext mit Stellenangabe eingeführt und umfaßt wiederum 1 Kor 11,23b-26.[1069] Eine solche Fassung der EW ist bei Farel die Konsequenz seiner Kritik am lateinischen und geflüsterten Vollzug der EW, der einer Verkündigung und Auslegung im Wege steht[1070], wie auch jeglicher Segensgestus als Zauberei abgelehnt wird[1071]. Messe und stiftungsgemäßes Abendmahl stellen einen unüberbrückbaren Gegensatz dar, der sich auch an der Abweichung der EW von den ntl. Texten zeigt[1072]. Als gravierend sieht Farel die Auslassung des tröstenden 'für uns' und des ermahnenden Gedächtnisbefehls an[1073]. Die EW werden von Farel allein unter der Dimension der Verkündigung gesehen, die zur Stärkung des Glaubens und zur Tröstung führen soll[1074], so daß die gewählte Textform dieser Vorstellung am adäquatesten entspricht.

Zusammenfassend ist festzustellen, daß sich in den genannten Schweizer Ordnungen innerhalb der eigentlichen Abendmahlsfeier durchweg die Herauslösung des Einsetzungsberichtes und die Stellung (fast) unmittelbar vor der Kommunion findet. Als Text wird die paulinische Fassung in der Abgrenzung V. 23b-26 benutzt, wodurch einerseits die Verkündi-

---

[1066] Basel 1526 (CD 1,214).

[1067] Vgl. Basel 1537 (CD 1,223). Zur gleichen Zeit finden sich in Bern die EW (allerdings als Mischtext) vor einer der Kommunion unmittelbar vorangestellten, ausführlichen Vermahnung (vgl. Bern 1529 (CD 1,234); Jacobs 260[405]).

[1068] Vgl. Basel 1537 (CD 1,223). Zur auffälligen Übersetzung von 'ποτήριον' mit 'trinckgschirr', die eine Besonderheit reformierter Zürcher Übersetzung darstellt, vgl. Jenny, Einheit 155[39]; Bürki, Basler Ordnungen 223[53].

[1069] Vgl. Farel 1533 (CD 1,344). In gleicher Abgrenzung, allerdings mit V. 23a beginnend und vor Vaterunser und Einladung zur Kommunion gestellt, findet sich der Text in der an Farel und den Basler Ordnungen orientierten Abendmahlsordnung Pierre Toussains wieder (vgl. Mömpelgard 1559 (CD 1,374f)).

[1070] Vgl. Jacobs 175f.

[1071] Vgl. Jacobs 173.

[1072] Vgl. Jacobs 180.190f.

[1073] Vgl. Jacobs 193.

[1074] Vgl. Jacobs 176. Zur Interpretation von Brot- und Kelchwort durch Farel vgl. Jacobs 279[485].

gungsfunktion der Eucharistiefeier herausgestellt, andererseits diese als Anspruch an die konkrete Feier erhoben wird, der nun durch die Gemeinde zu verwirklichen ist.

7.6.3.5 Der paulinische Einsetzungsbericht 1 Kor 11,23-29 als biblische Grundlage der Abendmahlsvermahnung in den calvinistischen Abendmahlsordnungen

Das eigentliche Vorbild aber für die Verwendung des Einsetzungsberichtes in der Kurpfälzischen KO ist Calvins Genfer Ordnung von 1542.[1075] Hier findet sich ein unvermischter Paulustext, der auch als solcher angekündigt wird[1076] und mit V. 23-29 (und zwar in V. 23 deutlich mit dem ersten Versabschnitt beginnend) abgegrenzt ist[1077].
Innerhalb der eigentlichen Worte Jesu kommt in V. 24 die Form 'qui est rompu pour vous' vor[1078], die auch schon in NT-Fassungen der Antike[1079] und vereinzelt schon vor Calvin in den reformatorischen Ordnungen zu finden ist[1080] und sich auf die Textfassung bei Erasmus berufen kann[1081]. Sie wird nachfolgend für die reformierten Liturgien obligatorisch[1082] und steht in Kongruenz zur als essentiell angesehenen Brotbrechung[1083]. In der Institutio erläutert Calvin, daß die ganze Wirkung des Abendmahls auf den Verben der Hingabe beruhe[1084].
Die Verlängerung der EW beinhaltet die Mahnung, das Brot und den Kelch des Herrn nicht unwürdig zu genießen, da dies ein Essen und Trinken zum Gericht beinhalten würde[1085]. Schulz beurteilt richtig, wenn er schreibt: "Die Verse 26-29 bilden den organischen Übergang zur folgenden Selbstprüfung."[1086] So folgt zusammen mit der Ausweitung des Umfangs der EW die Umstellung im Gesamt der Abendmahlsfeier *an den Beginn* der Abendmahls-

---

[1075] Vgl. Schulz, Ordnung 497. Zum Text der EW der Genfer Ordnung vgl. Genf 1542, 1542A, 1545 (CD 1,358), Genf dt. 1563,44-46.

[1076] "Escoutons comme JESUS Christ nous a institué sa saincte Cene selon que sainct Paul le recite en l'unzieme chapitre de la premiere aux Corinthiens" (Genf 1542, 1542A, 1545 (CD 1,358), vgl. ebenso Genf dt. 1563,44)). Das begründende 'γάρ' in 1 Kor 11,26 übersetzt Calvin mit 'C'est' (vgl. Brunner, Abendmahlszeugnis 215). Dagegen ist 'τὸ ποτήριον τοῦ κυρίου' (1 Kor 11,27) zu 'Calice' reduziert, erhält aber eine Dramatisierung durch die Zufügung des Demonstrativpronomens ('ce'), so daß sich 'ce Calice' ergibt, wie es in 1 Kor 11,26 in einigen griechischen Quellen vorkommt (vgl. Nestle/Aland 460) und auch bei Erasmus belegt ist (vgl. Erasmus 717). Durch diese Änderung erscheint der Text nun auf den konkreten Feiervollzug angewandt! Dadurch wird die Mahnung des Paulus von einer allgemeinen zu einer auf die konkrete Abendmahlsfeier bezogenen und erhält wesentlich größeres Gewicht.

[1077] Allerdings endet der Text in Genf 1542A schon bei 1 Kor 11,26 (vgl. Genf 1542A (CD 1,358²⁶)).

[1078] Vgl. Brunner, Abendmahlszeugnis 215.

[1079] Vgl. Nestle/Aland 460; Duplacy 31-33.39-41.

[1080] Vgl. Basel 1537 (CD 1,223).

[1081] Vgl. Erasmus 715.716²⁹.

[1082] Vgl. Pollanus 1551, 1552, 1554, 1555 (Honders 82f); Micron 1554, a Lasco 1555 (CD 1,440); FoP 1556, 1564 (CD 1,472). Vgl. auch Mömpelgard 1559 (CD 1,375);

[1083] Vgl. 12.4.2.

[1084] Vgl. Calvin, Institutio 1559, IV 17,3 (Weber 941); Spinks, Lord 117.

[1085] Es ist allerdings nicht erst die Reformation, die mit diesem Text die Frage der Unwürdigkeit so ins Zentrum der Eucharistiefeier rückt. So bildet 1 Kor 11,26f vor und nach der Reformation die Communio-Antiphon des Fronleichnamsfestes (vgl. Daschner 486), die - obwohl rein appellativen Inhalts - mit 'Alleluja' abgeschlossen wird.

[1086] Schulz, Ordnung 497. Schon in Bern 1529 findet sich innerhalb einer Vermahnung zu Beginn des Abendmahlsteils die (auch als Paulustext kenntlich gemachte) Zitation der V. 27-29 in indirekter Rede, aus der Selbstprüfung und Bann entwickelt werden (vgl. Bern 1529 (CD 1,231f)).

vermahnung[1087]. Die EW stehen zu Beginn, damit die Vermahnung logisch aus dem biblisch überlieferten Befehl des Paulus zur Selbstprüfung erwachsen kann.[1088] Zugleich ist den EW durch die Stellung noch deutlicher der Charakter einer konsekratorischen Vollzugsform genommen[1089]. Sie bilden nun einzig die Stiftungsurkunde für die nachfolgende Handlung, zu der nicht nur die Kommunion, sondern Gebete, Belehrungen und Ermahnungen gehören[1090], denn durch die Verwendung des paulinischen Textes ab 1542 werden nun auch die Selbstprüfung und der Bann deutlich biblisch legitimiert, da sie aus der Warnung des Paulus entwickelt werden können.

Dieser Textumfang und diese Stellung in der Gesamtstruktur tradieren nun einige Abendmahlsordnungen fort, die sich an Calvin orientieren: die Ordnungen Microns 1554 und a Lascos 1555[1091], die Ordnungen des Pollanus[1092] und die schottischen Ordnungen[1093].

7.6.3.6 Resümee

Betrachtet man die bisherige Verwendung der EW in den Reformationsordnungen, so sind folgende Entwicklungsstufen festzuhalten[1094]:

[1087] Eine Umstellung der EW zu Beginn der eigentlichen Abendmahlsfeier nimmt Calvin schon 1535 in seiner Institutio vor, ohne daß die Konzentration auf eine bestimmte Textfassung deutlich würde (vgl. Calvin, Institutio 1535, IV (COS 1,161)).

[1088] Vgl. 7.7.2. In seiner Institutio läßt Calvin den Bann (und damit das Thema der Prüfung) noch der Abendmahlsbelehrung folgen (vgl. Jenny, Einheit 109).

[1089] Vgl. Schulz, Ordnung 497; Weismann, Predigtgottesdienst 54; Waldenmeier 104. Einem konsekratorischen Verständnis kann die paulinische Version der EW auch deshalb entgegenwirken, weil nach dem Herrenwort in V. 27f von 'diesem Brot' und 'diesem Kelch' gesprochen wird.

[1090] Vgl. Jenny, Einheit 108; Pahl, Hochgebet 225. Jenny resümiert: "Der Befehl Christi wird also nicht nachvollzogen als Wiedergedächtnis des ersten Mahles, das uns den Verkündigungsgehalt dieser Handlung Christi besonders deutlich vor Augen, ins Herz, ja in die Wirklichkeit der Gemeinde hineinbringen soll, sondern er wird ganz schlicht im Gehorsam gegenüber jenen Worten befolgt mit einem neuen Mahle" (Jenny, Einheit 108).

[1091] Bei beiden haben die EW die gleiche Stellung vor der Vermahnung, die sich aus dem erweiterten Text von 1 Kor 11,23-29 entwickelt. Ebenso finden sich die beschriebenen Texterweiterungen der calvinischen Ordnung (vgl. Micron 1554, a Lasco 1555 (CD 1,439f)) in V. 27, die Texte sich an der biblischen Vorlage. Die lateinische Fassung a Lascos zeichnet sich darüber hinaus durch Veränderungen gegenüber dem Bibeltext aus. So fügt man in V. 23 zu 'Iesus' noch 'Christus' hinzu. Beim Brotwort fehlt das Textstück 'Accipite et manducate' (vgl. a Lasco 1555 (CD 1,440)).

[1092] Sowohl der Textumfang der EW als auch die Stellung im Gefüge der Feier bleiben gleich (vgl. Pollanus 1551, 1552, 1554, 1555 (Honders 82f)). Der französische Text von 1552 ist - außer in Fragen der Rechtschreibung - mit dem Calvinschen Text identisch (vgl. Pollanus 1552 (Honders 83)). Auch der lateinische Text von 1551 orientiert sich an Calvins Version, besitzt aber eine eigenwillige lateinische Fassung, die in den späteren Ausgaben z.T. an den Text a Lascos angeglichen wird (vgl. Pollanus 1551, 1554, 1555 (Honders 82)).

[1093] Die von Knox kreierte schottische Abendmahlsordnung kennt ebenfalls die EW in Form einer Lesung von 1 Kor 11,23-29 zu Beginn der Vermahnung (vgl. FoP 1556, 1564 (CD 1,472f)). Zum Schluß des Formulars wird noch einmal ausdrücklich die Funktion der EW reflektiert. Sie sollen keine Konsekrationsformel sein, sondern eine Lehre, wie man sich in der Abendmahlsfeier verhalten soll und ein Zeugnis Christi, daß die benutzten Zeichen von ihm eingesetzt sind: "but they are read and pronownced to teache vs how to behaue our selues in this action and that Christe might witnes vnto owr faithe as it were with his owne mowthe, that he hath ordayned these signes for our spirituall vse and comforte. wee do firste therefore examyne owr selues, accordyng to saint Pauls rule, and prepare our myndes that we may be worthie partakers of so high mysteries" (FoP 1556, 1564 (CD 1,479)).

[1094] Nochmals sei vermerkt, daß die Entwicklungsstufen nicht automatisch eine zeitliche Abfolge implizieren!

a) Zunächst findet sich eine deutsche Übersetzung der EW des Canon Romanus und ein lauter Vollzug.

b) Dann erfolgt die Streichung unbiblischer Passagen und Parallelisierungen unter Beibehaltung eines Mischtextes, z.T. werden auch neue Textelemente aufgrund der liturgischen Funktion der EW eingefügt.

c) Danach ist eine zunehmende Abkehr von einem Mischtext und eine Konzentration auf den paulinischen Text 1 Kor 11,23b-25 zu vermerken.

d) Nachfolgend wird die Verkündigungsfunktion der EW herausgestellt; dies geschieht durch:
- die Charakterisierung des Textes als Lesungstext in einer Einleitung.
- die Ausweitung des Textes bis V. 26, wodurch das Verkündigungsmotiv genannt wird.

Aus der Reflexion des Paulus über die Funktion der Feier in V. 26 ergibt sich notwendigerweise die isolierte Stellung der EW im Gesamt der Feier, da nun die Integration in ein Gebet nicht mehr möglich ist. Bis zu dieser Stufe sind aber noch immer Zufügungen zum Text der EW zu vermerken, die im liturgischen Vollzug und in der theologischen Deutung begründet sind.

e) Schließlich bilden die EW den biblischen Ausgangstext für die nachfolgende Vermahnung. Charakterisiert ist diese Stufe durch:
- die Erweiterung des paulinischen Textes zu Beginn auf V. 23a und bis V. 29 am Schluß.
- die Stellung der EW zu Beginn der Vermahnung, die sich als Ausfaltung der paulinischen Warnung vor unwürdigem Empfang darstellt.
- die strenge Orientierung am Bibeltext fast ohne Streichungen und Zufügungen.
- die grundsätzliche Formulierung 'der für euch gebrochen wird' in V. 24, die als Textvariante schon in der Antike belegt ist, die aber vor allem in Korrespondenz zu der in diesen Ordnungen obligatorischen Brotbrechung steht.

Diese Entwicklung macht deutlich, wie sehr einerseits die traditionelle Formulierung der EW des Canon Romanus den Charakter der Unveränderlichkeit verliert und statt dessen das Kriterium der Biblizität in den Vordergrund rückt, wenn auch letzteres zunächst nicht absolut bestimmend ist, so daß es noch immer zu unbiblischen Einfügungen und Parallelisierungen kommt. Andererseits wird das sich wandelnde Grundverständnis des Abendmahls durch die Konzentration auf den paulinischen Einsetzungsbericht und seine Ausdehnung auf die Warnung des Paulus veranschaulicht, die schließlich wieder liturgische Änderungen impliziert.

Die Beschränkung auf 1 Kor 11,23-29 in den reformierten Liturgien läßt sich nicht mehr allein mit dem Kriterium der Biblizität begründen, sondern stellt eine bewußte Erweiterung der EW dar, um den Aspekt der Warnung vor unwürdigem Empfang einbringen zu können, der gerade den reformierten Ordnungen wichtig ist. Ob immer dogmatische Überlegungen den einzelnen Änderungen der liturgischen EW klar vorausgehen, oder ob die Überlegungen durch solche Veränderungen erst ausgelöst werden, ist nicht mehr sicher zu sagen; ersteres hat eine größere Wahrscheinlichkeit.

7.6.4 Der Einsetzungsbericht am Beginn der Abendmahlsvermahnung der vorliegenden Ordnung

Text

"Ir geliebten in dem herrn Jesu Christo, höret an die wort der einsatzung deß heiligen abendmals unsers herrn Jesu Christi, welche uns beschreibet der heilig apostel Paulus in der ersten epistel an die Corint. am XI. capitel: Ich hab es von dem herrn empfangen, daß ich euch gegeben hab. Denn der herr Jesus, in der nacht, da er verrahten ward, nam er das brod, dancket und brachs und sprach: Nemet, esset, das ist mein leib, der für euch gebrochen wird. Solchs thut zu meiner gedechtnuß. Desselbengleichen auch den kelch nach dem abendmahl und sprach: Dieser kelch ist das neue testament in meinem blut. Solchs thut, so oft irs trinckt, zu meiner gedechtnuß.

Denn so oft ir von diesem brod esset und von diesem kelch trincket, solt ihr des herrn todt verkündigen, biß daß er kompt. Welcher nun unwirdig von diesem brodt isset oder von dem kelch des herrn trincket, der ist schuldig an dem leib und blut deß herrn. Der mensch prüfe aber sich selbs und also esse er von disem brod und trincke von disem kelch. Denn welcher unwürdig ißet und tricket, der ißet und trincket im selber das gericht, damit daß er nicht underscheidet den leib deß herrn."[1095]

Kommentar

Mit der Verwendung von 1 Kor 11,23-29 gehört die KO Kurpfalz 1563[1096] der letzten der beschriebenen Entwicklungsstufen an, so daß sie sich klar zur bisher in der Kurpfalz herrschenden lutherischen Tradition abgrenzt.[1097] Der Einsetzungsbericht steht nicht im Kontext eines Gebetes, aber auch nicht als isolierte Konsekrationsformel[1098] direkt vor der Austeilung, wie dies noch in der KO Kurpfalz 1556 der Fall ist[1099], sondern zu Beginn der eigentlichen Abendmahlsfeier, womit jede konsekratorische Interpretation vermieden ist und er zugleich die Funktion erhält, den Sinn des Herrenmahles zu explizieren[1100]. Es wird nun kein Mischtext mehr verwandt wie in den bisherigen lutherischen Ordnungen, sondern allein der paulinische Einsetzungsbericht.[1101] Damit ist gegenüber den calvinistischen Ordnungen die Biblisierung der EW radikal durchgeführt.

In der Einleitung wird zum Hören aufgefordert und die gelesene Schriftstelle genau angegeben, so daß der Text durchweg den Charakter einer Schriftlesung, nicht aber eines

---

[1095] Kurpfalz 1563 (CD 1,510f).

[1096] Zu den EW der vorliegenden Ordnung vgl. Brunner, Abendmahlszeugnis 213-219; Schulz, Ordnung 497.

[1097] Die vorhergehende, lutherische KO verwendet zur Konsekration noch die lutherische Version der EW, allerdings mit - neben der Schreibweise - kleinen Veränderungen (vgl. Kurpfalz 1556 (EKO 14,149)). Vor allem ist "und mit seinen jüngern zu tisch saß" (ebd.) eingefügt, beim Brotwort fehlt 'so oft ihrs tut', beim Kelch ist erneut der Dank eingefügt und das 'für euch' zu "für euch und für vil" (ebd.) erweitert. Die EW stehen dort direkt vor der Austeilung (vgl. ebd.).

[1098] Wenn überhaupt in reformierter Theologie von 'Konsekration' gesprochen werden kann, bezieht sie sich nie auf die Elemente, sondern auf die Handlung als Ganzes (vgl. Rohls 140) und versteht sich nur als Partizipation an der Einsetzung des Sakramentes (vgl. Rohls 138).

[1099] Vgl. Kurpfalz 1556 (EKO 14,149f). Dies findet sich häufig in der lutherischen Tradition.

[1100] Vgl. Rohls 138. Aus der Stellung der EW nach der Predigt einen direkten Basler Einfluß zu folgern und die ganze vorliegende Abendmahlsordnung als "Entfaltung der Basler Abendmahlsliturgie" (Hauke 48; vgl. ebd. 48[90]) anzusehen, ignoriert, welche liturgischen und theologischen Strömungen auf die Konzeption dieser Ordnung Einfluß genommen haben!

[1101] Der Text richtet sich durchweg nach dem Text der Lutherbibel; in der Rechtschreibung existieren an einigen Stellen Unterschiede, aber im Wortlaut ist eine völlige Identität zu vermerken. Bemerkenswert ist, daß sich die KO Kurpfalz *nicht* nach der deutschen Übersetzung der Genfer Ordnung richtet, die 1563 in Heidelberg erscheint.

Gebetsvollzuges oder eines handlungsbegleitenden Textes hat. Zugleich aber ist der Text in die Vermahnung integriert[1102].

Zunächst einmal enthalten die EW in der paulinischen Version wichtige Weichenstellungen für das Verständnis der Abendmahlsfeier. Wiederum findet sich beim Brotwort die Wahl der Textvariante "der für euch gebrochen wird", so daß sich schon hier der Bezug zur in der vorliegenden Ordnung wichtigen Brotbrechung ergibt[1103]. Beim Kelchwort hat die paulinische (wie die lukanische) Fassung für reformierte Theologie den Vorteil, keine direkte Identitätsaussage von Wein und Blut Christi zu machen: "Dieser kelch ist das neue testament in meinem blut."[1104] Diese Präferenz des paulinischen Textes wird von Erastus ausdrücklich verteidigt[1105].

Liturgietheologisch entscheidend ist die Ausweitung des Textes über die Wiedergabe der Abendmahlsszene und der Herrenworte und über 1 Kor 11,26 hinaus. Nicht nur ein Einsetzungs*bericht* wird geliefert, sondern auch eine Reflexion des Paulus über den würdigen und unwürdigen Empfang des Abendmahls. Dadurch ist die Funktion der EW eine völlig andere als in den altkirchlichen Eucharistiegebeten. Eine Verwendung als Embolismus in einem anamnetisch-epikletischen Gebet, wie Giraudo sie herausgestellt hat, ist nicht mehr möglich, da die Reflexion des Paulus über den würdigen Empfang zum Anspruch an die konkrete Feier wird, nicht in Form eines theologischen Inhalts (wie dies bei der Ausdehnung bis V. 26 der Fall ist), sondern in Form einer Bewertung der Disposition zur liturgischen Feier. Damit wechselt der Text auf eine Metaebene!

Der weitere Verlauf der Feier kann nicht umhin, sich diesem Anspruch zu stellen und ihn umzusetzen; dies geschieht innerhalb der Vermahnung[1106]. Formal wird deshalb der Text der EW nicht nur als Lesungstext vorangestellt, sondern als erster Abschnitt in die Vermahnung integriert, so daß der weitere Text der Vermahnung die EW in der paulinischen Fassung in ihrer Gesamtheit entfaltet. Der paulinischen Ergänzung wird damit zumindest formal die gleiche Valenz gegeben, wie den Herrenworten selbst. Dies steht in einer gewissen Spannung zu der Tatsache, daß der HK als die das Sakrament in seiner Wirksamkeit begründende Verheißung Christi[1107] nur 1 Kor 11,23b-26 gelten läßt[1108], obwohl mit 1 Kor 10,16f eine

---

[1102] Vgl. 7.6.

[1103] Vgl. Brunner, Abendmahlszeugnis 215. Zur Brotbrechung vgl. 12.4.3.

[1104] Auch der Text der EW im zweiten Teil der Vermahnung hat diese Textfassung (vgl. 7.8.3.3).

[1105] Erastus argumentiert: "Der Euangelist Lucas vnd apostel Paulus j Cor. xj. in der beschreibung der worten des Kelchs/schreiben nit daß der wein das blůt Christi sei/oder daß Christus also gesagt habe/Diser wein ist mein blůt: sonder also/Diser kelch oder becher ist das neuwe Testament in meinem blůt/das für euch vergossen wird. Daß nun durch dise wort Christus vñ der hailige Gaist alle sprüch vom Nachtmal hab erclären wöllen/bedarff/meines erachtens/kainer beweisung. Daß die wort Matthei vñ Marci von disem handel können durch dise wort Luce vnd Pauli wol verstanden vnd erclärt werden. Dise aber des hailigen Pauli vñ Luce wort können durch die wort S. Matthei vnd Marci nit erclärt werden... Dem nach so ist kundt vnd offenbar/daß der hailig Paulus dise Epistel etliche vil jaren nach dem Euangelio Matthei vnd Marci geschriben hat/derhalben sie auch ain erclärung derselbigen sein soll." (Erastus, Bericht 35f).

[1106] Vgl. 7.7.1.2.

[1107] Mit Frage 66 des HK wird das Sakrament definiert als das "sichtbare, heilige warzeichen und sigill, von Gott darzu eingesetzet, daß er uns durch den brauch derselben die verheissung des evanglions desto besser zu verstehen gebe und versigele, nemlich daß er uns von wegen des einigen opfers Christi, am creutz volbracht, vergebung der sünden und ewiges leben auß gnaden schencke" (Kurpfalz 1563 (EKO 14,355)). Dies wird in der Kurzen Summa wiederholt: "Und eben diese erlösung durch das einige opfer und leiden Christi am creutz, so uns im evangelio verheissen wird, versiegelt und versichert uns der heilig geist durch den rechten

Reflexion des Paulus (die als Wiederholung dieser Verheißung verstanden wird) ohne weiteres gleichen Stellenwert erhalten kann[1109].

Die Dominanz der Herrenworte als der eigentlichen Verheißung bleibt also bestehen. Aber gerade Erastus macht in seinem 'Bericht' deutlich, daß die paulinische Zufügung seines Erachtens als Erläuterung der Herrenworte zu verstehen[1110] und vom Hl. Geist eingegeben ist[1111] und deshalb unbedingt für ein klares Verständnis der EW mit berücksichtigt werden muß[1112].

Bereits bei den EW wird somit die Verschiebung in der Bedeutung der Abendmahlsfeier deutlich. Der Verheißungs- und Verkündigungscharakter des Abendmahls wird herausgestellt, und die Frage der Würdigkeit der feiernden Gemeinde wird (wie gerade in den reformierten Ordnungen bei aller Verschiedenheit durchgängig zu erkennen ist) zum durch die EW erhobenen und in der Feier zu verwirklichenden Anspruch. Diese Funktion der biblischen Begründung der Selbstprüfung wird auch dadurch deutlich betont, daß die Vermahnung gerade mit dieser Selbstprüfung beginnt[1113], d.h. diese Aufforderung zur Selbstprüfung auch liturgisch aktualisiert wird und nicht wie bei Calvin direkt der Bann folgt. Die Ausweitung der EW auf 1 Kor 11,23-29 ist somit Folge einer reflektierten Liturgiegestaltung, die sich vom traditionellen Verständnis abgrenzen, zugleich aber das eigene Verständnis herausstellen möchte.

---

brauch der heiligen sacrament" (Kurpfalz 1563 (EKO 14,379)). Betrachtet der HK die konkreten Sakramente Taufe und Abendmahl, so behandelt er in Frage 71 und 77 beim Stichwort 'Verheißung' einzig die Wirksamkeit der Zeichenhandlung (vgl. Kurpfalz 1563 (EKO 14,356f)).

[1108] Frage 77 des HK verwendet ebenfalls den paulinischen Text, der sich nur in der Schreibweise etwas vom Text des Abendmahlsformulars unterscheidet; allerdings wird im HK nur 1 Kor 11,23b-26 zitiert (vgl. Kurpfalz 1563 (EKO 14,357))! Das gleiche findet sich in der Kurzen Summa des HK, Kurpfalz 1563 (EKO 14,379)). Ursin zitiert dagegen in seinem Katechismus die Verse 23-29 (vgl. Frage 305 in Ursinus, Summa Theologiae (Lang 196)). In seinem kleinen Katechismus dagegen verwendet er die Verse 23-26 (vgl. Frage 67 in Ursinus, Catechesis minor (Lang 211)).

[1109] Vgl. Kurpfalz 1563 (EKO 14,357f). Das gleiche findet sich in der Kurzen Summa des HK, Kurpfalz 1563 (EKO 14,379). Vgl. auch Frage 67 in Ursinus, Catechesis Minor (Lang 211). Bei Erastus erhält 1 Kor 10,16f allerdings die Valenz eines Sprechens des Hl. Geistes durch Paulus (vgl. Erastus, Bericht 9).

[1110] "Daň dz wörtlin des Herren Christi/Das legt d[er] Apostel also auß/So offt jr von disem brot essen vnd vom becher trincket. Vñ da Christus spricht/Thůts zů meiner gedächtnuß/erclärt es Paulus also: Verkündiget den tod des Herrē/biß er kom̄t. Darauß daň vnwidersprächlich volget/dz dise wort des Herrē Christi/Dz thůnd zů meiner gedächtnuß/nach der erclärung Pauli eben also zůuerstehen sind/als stünden sie vngefährlich also geschriben/Jr söllet diß brot vnd wein essen vnd trincken/auff daß jr erinnert vnd versichert werden/daß eüch die hiñgebung meines leibs vnd vergiessung meines blůts speise vnd trencke zům ewigē leben: darumb jr mir daň ernstlich dancken/meinen tod rhůmē vñ preisen söllt von gantzē hertzen/biß ich wider kom̄e zů richten die lebendigen vnd todten." (Erastus, Bericht 19f).

[1111] "Sölchs beweisen auch weiter die volgende wort/Das thůt zů meiner gedächtnuß/welche der hailig Gaist durch den hailigen apostel Paulum mit disen worten/hell vnd clar außlegt: Jr söllt den tod des Herren verkündigen biß er wider kommet." (Erastus, Bericht 19).

[1112] "Also verstehet nun ain ieder Christ/der nit zänckisch/vñ die warhait liebet/dz die wort Christi/Dz ist mein leib/rc. nit wie sie an jnen selbst dem bůchstab nach/one fernnere außlegung/lautē/zůuerstehen sind: sonder daß sie also zůglauben vnd zůuerstehen sind/wie sie vns der hailig Gaist selbst erclärt hat. Dz sie aber d[er] hailig Gaist and[er]s verstandē/vñ wie er sie wölle verstandē habē/dz hab ich erstlich auß der erclärung des apostels Pauli angezaigt..." (Erastus, Bericht 53).

[1113] Vgl. 7.7.4.1; Brunner, Abendmahlszeugnis 219.

7.7 Der Abschnitt der Prüfung
In diesem Kapitel sollen die einzelnen Teile der Prüfung innerhalb der Abendmahlsvermahnung untersucht werden. Mit einem solchen Prüfungsabschnitt beginnen die meisten Abendmahlsvermahnungen, besonders die in der Tradition der Nürnberger Vermahnung stehenden, während die Kurpfälzer Ordnung von 1563 die EW als Lesungstext an den Anfang setzt.

Vor einer Untersuchung der Einzelabschnitte muß zunächst nach der Abgrenzung des Prüfungsabschnittes, nach der Anbindung an die EW und nach den Vorlagen für die Aufgliederung der Einzelabschnitte gefragt werden.

7.7.1 Die Überleitung: Die Funktion und die daraus resultierende Abgrenzung der folgenden Abschnitte
Text
"Auf daß wir nun zu unserm trost des herrn nachtmal mögen halten, ist uns vor allen dingen vonnöten, daß wir uns zuvor recht prüfen, zum andern, daß wir es dahin richten, darzu es der Herr Christus verordnet hat, nemlich zu seiner gedechtnuß."[1114]

Kommentar
Zu Beginn des Prüfungsabschnitts der Vermahnung wird noch einmal umrissen, was er leisten soll. Mit einem Satz sind zunächst Funktion und Leitmotiv der ganzen Feier angegeben, dann aber auch die Funktionen der beiden folgenden Abschnitte der Vermahnung, die dadurch voneinander abgegrenzt werden können.

7.7.1.1 Die Funktions-Angabe: Der Trost als Ziel der Feier
Ziel der ganzen folgenden Aktion ist also, "daß wir nun zu unserm trost des herrn nachtmal mögen halten". Diese Zielangabe zeigt an, daß die Vermahnung auf 'des herrn nachtmal' hinführen soll, aber nicht schon selbst dieses Geschehen ist; auch die Teilsätze "daß wir uns zuvor recht prüfen" und "daß wir es dahin richten" weisen darauf hin. Als das eigentliche Geschehen kann daher nur der Empfang von Brot und Wein angesehen werden.

Diese Formulierung hebt sich von der Nürnberger Vermahnung ab, deren Einleitungssatz lautet: "Dieweyl wir yetzo das heylig abentmal unsers herren Jesu Christi wöllen bedencken und halten"[1115]. Hier wird das 'Bedenken' als Vollzug des Abendmahls herausgestellt. Spätere Ordnungen fügen statt 'bedencken' das Verb 'begehen' ein[1116], so daß eine Doppelung zu 'halten' entsteht. Die Kölner Vermahnung verkürzt deshalb auf das eine Verb 'halten'[1117]. Hübner interpretiert: "'Bedencken' statt 'begehen' weist charakteristisch auf eine eher humanistisch-reflektierende Abendmahlsauffassung wie bei Zwingli im Gegensatz zum lutherischen liturgischen Verständnis"[1118]. Daß auf jeden Fall der geistliche Aspekt der dominante ist, zeigt sich am angefügten Relativsatz, in dem ausgesagt wird, was denn im Abendmahl geschieht. Besonders die ersten Ordnungen der Nürnberger Tradition verneinen

---
[1114] Kurpfalz 1563 (CD 1,551).

[1115] Nürnberg/Pfarrkirchen 1524, Nürnberg/Volprecht 1524, Brandenburg-Nürnberg 1533 (Anhang 2,Z.1f), Pfalz-Neuburg 1543 (EKO 13,72).

[1116] Vgl. Württemberg 1536, 1553 (CD 1,252), Kurpfalz 1556 (EKO 14,148).

[1117] Vgl. Köln 1543,CIII^v.

[1118] Hübner 8^1.

ausdrücklich die Leiblichkeit der Speisung, indem sie formulieren: "darin uns sein flaisch und plut zur speiß und zu eim tranck nicht des leibs, sonder der selen gegeben wurdt"[1119]. 1533 wird die präsentische Aussage[1120] in den Perfekt umgeformt und zurückhaltender formuliert: "darin er uns sein flaysch zu einer speyß und sein blut zu einem tranck, den glauben darmit zu stercken, gegeben hat"[1121].
In Kurpfalz 1563 wird mit der Umschreibung "daß wir nun zu unserm trost des herrn nachtmal mögen halten" nicht der 'Inhalt' des Abendmahls, sondern der 'Trost' als Ziel der ganzen Feier dargestellt. In diesem Terminus spiegelt sich das Generalthema der Theologie dieser Zeit wider, die soteriologische Fragestellung nach der Rechtfertigung.[1122] Daß diese das Hauptthema der Theologie der kurpfälzischen KO von 1563 - und damit auch ihrer Abendmahlsliturgie - darstellt, wird besonders daran deutlich, daß der in die KO integrierte HK den 'Trost' als Hauptsehnsucht christlicher Existenz an den Anfang stellt und seine ganze Dogmatik daraus entwickelt[1123]. Schon die erste Frage des Katechismus lautet:

"Frag. Was ist dein einiger trost in leben und in sterben? Antwort. Das ich mit leib und seel beyde, in leben und in sterben nicht mein, sonder meines getreuen heilands Jesu Christi eigen bin, der mit seinem theuren blut für alle meine sünden volkommlich bezalet und mich auß allem gewalt des teufels erlöset hat und also bewahret, das one den willen meines vaters im himmel kein har von meinem haupt kan fallen, ja auch mir alles zu meiner seligkeyt dienen muß. Darumb er mich auch durch seinen heiligen geist des ewigen lebens versichert und im forthin zu leben von hertzen willig und bereit macht."[1124]

Damit ist unter dem Thema 'Trost' nicht nur eine trinitarische Dogmatik entworfen, sondern schon die zentrale Stellung Christi deutlich gemacht, da als Grund des Trostes die Erlösung in Jesus Christus benannt wird.[1125] Auch die zweite Frage des Katechismus nimmt das Thema 'Trost' noch einmal auf und entfaltet daraus die drei großen Abschnitte des HK:

"Frag. Wieviel stück seind dir nötig zu wissen, daß du in diesem trost seliglich leben und sterben mögest? Antwort. Drey stück, erstlich, wie groß meine sünde und elend seyen,

---

[1119] Nürnberg/Pfarrkirchen 1524 (OGA 1,159); vgl. Anhang 2,Z.3⁹.

[1120] In der Schrift der Pröpste 'Grund und Ursach' findet sich die eindeutig präsentische Verbform "wirt" (Nürnberg/Pröpste 1524 (OGA 1,225)).

[1121] Brandenburg-Nürnberg 1533 (Anhang 2,Z.2f). Diese Formulierung findet sich schon in den Kirchenordnungs-Entwürfen (vgl. Entwurf und Gegenentwurf Brandenburg-Nürnberg 1530 (Anhang 2,Z.3⁹)). Württemberg erweitert diese Formulierung zu 'sein warhafftigen leib zu einer speiß' und 'sein eigen blüt zu einem tranck' (vgl. Württemberg 1536, 1553 (CD 1,252), Kurpfalz 1556 (EKO 14,148); vgl. auch Kolb 334f).

[1122] Es erübrigt sich, darauf hinzuweisen, daß allein diese Fragestellung die theologische (nicht gesellschaftliche) Sprengkraft der Reformation erklären kann. Es geht um die Rechtfertigung des sich selbst bewußt werdenden Individuums im Angesicht Gottes. Die ab dem Hochmittelalter festzumachende 'Wende zum Subjekt', die die Erkenntnis der eigenen Erlösungsbedürftigkeit zunächst mit quasi magischen Praktiken (extreme Formen der Heiligenverehrung, Ablaßwesen etc.) und Vorstellungen kompensiert, wird in der Reformation in einen radikal theologisch-christologischen Fragehorizont gestellt.
Um die Veränderung von Riten geht es der Reformation nie primär, sondern sie ist immer nur die Folge der Antworten auf diese theologische Grundfrage.

[1123] Vgl. Thompson, Church Order 346. Thompson sieht vor allem in der Theologie a Lascos, die auch um das Thema des Trostes kreist, die entscheidende Quelle dieser Motivik im HK (vgl. ebd. 346f). Weber verweist auf den Schülerkreis Melanchthons (vgl. Weber 27f).

[1124] Frage 1 des HK, Kurpfalz 1563 (EKO 14,342f).

[1125] Vgl. auch Neuser, Väter 190; Barth, Lehre 22-29. Barth gestaltet eine ganze Einführung in den HK ebenfalls unter dem Stichwort des Trostes (vgl. Barth, Einführung).

zum andern, wie ich von allen meinen sünden und elend erlöset werde, und zum dritten, wie ich Gott für solche erlösung sol danckbar sein."[1126]

Damit sind die drei 'Stücke' der sowohl heilsgeschichtlich wie existentiell ausgerichteten Theologie des HK umrissen: Sünde - Erlösung - Dankbarkeit, alles aber unter dem Grundthema des Trostes, der begründet ist in der Erlösung. Aus diesem Grundthema wird nun der Katechismus in den genannten Stücken und somit eine ganze systematische Theologie entwickelt, in die auch die theologische Grundlegung der liturgischen Feiern eingeordnet wird.[1127] Auffällig ist aber, daß das Thema des Trostes außer in den Einleitungsfragen des HK nur in einem engen Raum innerhalb des Abschnittes 'Erlösung' vorkommt[1128]. Während sonst die Fragen immer formulieren 'Was nützt es dir...?' oder 'Was hilft es dir...?', heißt es hier in drei Fragen ausdrücklich 'Was tröstet dich...?'. Es geht ausschließlich um eschatologische Fragen, nämlich um die Wiederkunft Christi, die Auferstehung des Fleisches und das ewige Leben[1129].

Der Trost steht somit in einer eschatologischen Perspektive, die auf die existentielle Vollendung zielt und hieraus auch ihre Funktion in der Gegenwart erhält; ihren Anfang aber hat sie schon in der jetzigen, irdischen Existenz, die dadurch wiederum als eschatologische gekennzeichnet ist. Erhält die Liturgie im HK die Funktion des Trostes, so besteht dieser in der Verheißung und Vergewisserung der persönlichen Vollendung. Deshalb wird das Thema des Trostes gerade in den Abschnitten über den Krankenbesuch, den Besuch bei Sterbenden, den Besuch bei Gefangenen und das Begräbnis mit besonderer Deutlichkeit artikuliert[1130].

Der HK stellt grundsätzlich den Hl. Geist als den Tröster heraus. Er ist es, der in der eschatologischen Existenz der Christen zwischen Himmelfahrt und Wiederkunft Christi gnadenhaft wirkt[1131]. So muß auch jede Liturgie, wenn sie denn tröstliche Wirkung haben soll, ein Handeln des Hl. Geistes implizieren. Diese Wirksamkeit des Hl. Geistes wird für die beiden Feiern, die der HK als 'Sakramente' ansieht, nochmals ausdrücklich betont[1132].

7.7.1.2 Die Abgrenzung der Abschnitte aufgrund inhaltlicher Kriterien: Die Selbstprüfung und das Gedächtnis als Dimensionen einer Feier gemäß der Einsetzung

Die Feier des Abendmahls ist im HK nicht unter das Motiv 'Dankbarkeit', sondern im Abschnitt 'Von deß menschen erlösung' eingeordnet.[1133] Damit wird deutlich, daß die Liturgie unter der Kategorie der Erlösung steht, dem eigentlichen Ort des Trostes, und

---

[1126] Frage 2 des HK, Kurpfalz 1563 (EKO 14,343f).

[1127] Vgl. die mit 'Von den heiligen sacramenten' überschriebenen Fragen 65-85 des HK, Kurpfalz 1563 (EKO 14,355-359). Auf diese Fragen, die zu einem großen Teil auch die Dogmatik der hier zu untersuchenden Abendmahlsfeier vorgeben, wird in den nachfolgenden Abschnitten Bezug genommen. Vgl. auch 5.4.

[1128] Vgl. die Fragen 52-58 des HK, Kurpfalz 1563 (EKO 14,352-354).

[1129] Vgl. die Fragen 52.57.58 des HK, Kurpfalz 1563 (EKO 14,352.354).

[1130] Vgl. Kurpfalz 1563 (EKO 14,401-408). Der Trost wird dabei als 'tröstliche Zuversicht', 'lebendiger Trost' und 'gewisser Trost' bezeichnet (vgl. Kurpfalz 1563 (EKO 14,403.404.408)).

[1131] Vgl. Frage 53 des HK, Kurpfalz 1563 (EKO 14,353).

[1132] Vgl. die Fragen 70.79.80 des HK, Kurpfalz 1563 (EKO 14,356.358). Zur Wirksamkeit des Hl. Geistes in der Feier des Abendmahls vgl. 7.8.4 und 8.3.2.

[1133] Vgl. die Fragen 75-82 des HK, Kurpfalz 1563 (EKO 14,357-359). Vgl. auch 5.4.

deshalb die Verbindung zum Erlösungswerk Jesu Christi herstellen muß. Dies bildet auch den hermeneutischen Schlüssel für das Verständnis der nachfolgenden Vermahnung. Nach Auffassung der Überleitung ist das Abendmahl "zu seiner gedechtnuß" eingesetzt (was sich leicht aus dem Gedächtnisbefehl Jesu (1 Kor 11,24f) ableiten läßt), so daß der nachfolgende Text diese Gedächtnisfunktion erbringen muß. Zugleich steht die proklamierte tröstende Funktion des Abendmahls jedoch im Gegensatz zur Möglichkeit des Essens und Trinkens zum Gericht, vor dem Paulus in 1 Kor 11,27-29 warnt. Um die gewünschte tröstende Funktion der Feier zu gewährleisten, ist deshalb eine Selbstprüfung ("daß wir uns zuvor recht prüfen") notwendig. Damit sind die beiden Funktionen des nachfolgenden Vermahnungstextes aus den pl. EW entwickelt und benannt: die Überprüfung der feiernden Gemeinde auf ihre Würdigkeit hin und die Ausrichtung der Feier, "darzu es der Herr Christus verordnet hat, nemlich zu seiner gedechtnuß"[1134]. Beide lassen sich als Erfüllung der Handlungsanweisungen des pl. Einsetzungsberichtes verstehen, so daß sich die Vermahnung als deren Realisierung begreifen läßt. Zugleich vereinigt die Abendmahlsvermahnung der vorliegenden KO die beiden schon aus der Etymologie der Bezeichnung für die 'Vermahnung' herauslesbaren Dimensionen, die appellative Dimension, die sich beim Abendmahl fast durchweg auf die pl. Mahnung zum würdigen Empfang bezieht und deshalb eher eine 'nouthetische' Dimension darstellt, und die anamnetische Dimension[1135].

Aber nicht nur von ihrer inhaltlichen Funktion her, sondern auch formal lassen sich die nachfolgenden Abschnitte der Vermahnung in zwei große Gruppen zusammenfassen, eine Textgruppe, mit der die Prüfung vollzogen wird (bestehend aus Selbstprüfung[1136], Abmahnung Unbußfertiger[1137] und Tröstung Kleinmütiger[1138]), und einer Gruppe, die das Gedächtnis bezogen auf das Abendmahl zum Inhalt hat (Betrachtung des Heilswerkes Christi, Zueignung im Abendmahl, Gemeinschaft mit Christus und den Brüdern[1139]). Diese formale Abgrenzung wird auch durch die zwischen die beiden Abschnitte eingeschobene Überleitung deutlich, die sprachlich auf eine Metaebene wechselt und die intendierte anamnetische Dimension des zweiten Abschnittes noch einmal ausdrücklich benennt[1140].
Diese schon durch die Überleitung benannten Dimensionen der Vermahnung rechtfertigen es, die beiden inhaltlich wie formal abgrenzbaren Abschnitte getrennt zu besprechen.

[1134] In Anhalt-Cöthen 1699 wird noch einmal ausdrücklich betont, daß beide Funktionen aus "diser Stifftung Christi, und Vermahnung Pauli" (Anhalt-Cöthen 1699 (CD 1,511[87])) abzuleiten sind. Kommt dies in der vorliegenden Vermahnung nicht so deutlich zum Ausdruck, so werden die beiden Aufgaben der Vermahnung doch induktiv aus dem pl. Einsetzungsbericht abgeleitet.

[1135] Zu diesen Dimensionen vgl. 7.5.

[1136] Dieser Abschnitt ist leicht abzugrenzen, da es am Anfang heißt: "Die ware prüfung unser selbs stehet in diesen dreyen stücken...". Außerdem wechseln in allen drei Abschnitten die Bezeichnungen für die Personen; im Abschnitt der Selbstprüfung heißt es immer 'ein jeder'.

[1137] Dieser Abschnitt ist durch zwei inhaltliche Antipoden gekennzeichnet und enthält nicht nur die lange Abmahnung der Unwürdigen ("Dargegen aber... Diese alle..."), sondern auf der anderen Seite die klare Umgrenzung der zum Abendmahl Zugelassenen ("Die nun also gesinnet sein..."). Die Personen werden unpersönlich mit '...die, die...' bezeichnet; der einzelne rechnet sich durch seine Entscheidung selbst einer Gruppe zu!

[1138] Dieser Abschnitt läßt sich deutlich abgrenzen, weil hier mit 'uns' von der Gottesdienstgemeinde die Rede ist.

[1139] Zur Abgrenzung dieser Abschnitte vgl. 7.8.1.

[1140] Vgl. 7.8.1.

7.7.2 Die Anbindung des Prüfungsabschnittes an die paulinische Warnung vor unwürdigem Abendmahlsempfang

Der Prüfungsabschnitt der vorliegenden Vermahnung wird deutlich an die pl. Warnung vor unwürdigem Empfang angebunden. Betrachtet man die Vermahnungen des 16. Jh. in bezug auf einen Prüfungsakt der Gemeinde und eine evtl. Anbindung an oder einen evtl. Rückbezug auf die pl. Mahnung[1141], so ergibt sich folgendes Bild:

a) Die Vermahnungen der lutherischen Ordnungen kommen meist ohne einen Rekurs auf die pl. Warnung aus, was nicht bedeutet, daß der würdige Empfang kein Thema für sie

---

[1141] Auch katholische Vermahnungen beginnen oft mit der Warnung vor dem unwürdigen Empfang. Es ist dies ja auch das Thema, das schon die kurzen Anreden der frühen Druck-Ritualien benennen. Anders aber als in den evangelischen Ordnungen dient diese Warnung vor unwürdigem Empfang dazu, darauf hinzuweisen, daß die Kommunikanten zuvor gebeichtet haben müssen: "die jr euch selbst nach des Apostels lere geprüfet vnd geurteilet/auch ordenlicher weise mit vorgethaner Beicht in warer rewe/durch denn glauben/ewer gewissen gereiniget" (Witzel 1542 (Anhang 3,Z.1-3)); "Jedoch dieweil du aus verleihung Göttlicher genaden/nach dem beuelch des Apostels/dich selbs ersuchet/deine sünden berewet/dein gebrechlichs leben/vnnd alle deine wissenliche mißhandlung in der Beicht beklagt/vnd darauff die Absolution vnd vergebung deiner sünden/im wort vnd beuelch Christi angehört vnnd erlanget hast" (Mainz 1551 (Anhang 5,Z.5-8)); "vnnd dieselbige auch in der heiligen Beicht mit hertzlichem schmertzen bekent/und darauff die Absolució erlangt/vnd mit Gott weder versönt/vnd euch auch nach der lehr deß heilgen Apostels Pauli fleißiglich ersucht/vnd mit gottseliger vbung bereytet habt" (Trier 1574 (Anhang 7,Z.2-4)); "das er sich zuuor selbest/ehe denn das er hinzu tritt prüfet vnd probieret/nach dem Gebot des heiligen Pauli/auff das er nicht vnwirdig darzu gehe/vnd jm selber das Gericht esse vnd trincke. Der aber prüfet sich selber/der da gleubet/das er Christum Gott vnd Mensch empfahe/ vnd ob er gleich seine Sünde durch ein bittere rewe/vñ lautere Beicht abgeleget/vnd von denselben loß gesprochen vnd absoluieret ist" (1. Kommunionvermahnung, Gnesen-Posen 1579 (Anhang 8a,Z.66-70)); "Du wirst aber/wie ich hoffe/auch eingedenck sein/des befelch des H. Apostels Pauli/da er heist das ein jeglicher Mensch/der zu diesem Tisch tretten wil/sich zuuor selber prüfen/vnd vorhüten sol/damit er nicht vnwirdig esse vnd trincke/vnd also jm das Gericht esse vnd tricke. Derhalben so prüfe du dich auch zuuor wol selbst/vnd gleube das allhie vnter der gestalt des Brods/doch vnsichtbarlich/gegenwertig sey dein HERR vnd dein Gott. Schew dich mit ehrerbietung gegen seiner Maiestet/weil du jn mit viel vnd schweren Sünden vorzürnet: habe Rew das du jn beleidiget hast: Vnd weil du deine Sünde seinem Diener/dem Priester/nach seiner vnd der allgemeinen Kirchen einsetzung/gebeichtet hast/vnd dauon entbunden vnd absoluiret bist/so befleissige dich/das du Heilig zu dem Allerheiligsten trettest." (2. Kommunionvermahnung, Gnesen-Posen 1579 (Anhang 8b,Z.31-39)); "als ghy nu na der Lehr des hilligen Apostels Pauli/jum flytig erfocht/geprüet/und mit Godsaliger oeuinge der Bycht und Boete juw bereydet hebben" (Münster 1592 (Anhang 10,Z.1f)).
Die Augsburger Vermahnung rekurriert ebenfalls am Anfang auf Paulus: "so wil mein obligendts Ampt erforderen/daß ich sampt Paulo dem heyligen Apostel/euch Christlich vnd trewlich ermane vnd warne/damit ein jeder sich selbs hie wol probiere vñ prüffe" (Augsburg 1580 (Anhang 9,Z.2-4)). Als Voraussetzung der Würdigkeit wird aber zunächst der Glaube an die von der Kirche gepredigten Inhalte gesehen (vgl. ebd. Z.9-23), erst dann die vorausgegangene Reinigung der Herzen in der Beichte: "wie ich dann hoffe/daß ihr alle ewer gewissen in der Sacramentalischen Beicht zuuor probiert vnd gerainigt habet/auch noch rew vnd laid vber all ewer mißsethat traget" (ebd. Z.26f).
Die Salzburger und eine Gnesener Vermahnung erinnern an die vorausgegangene Beichte, ohne die Mahnung des Paulus einzubeziehen: "auch das wir haben ain pfand/durch welchs wir vns der erlangten vergebung der Sünden/durch Püß/Rew/vnd Peicht/mehr getrösten mögen" (Ritus Communionis Catholicus 1556 (Anhang 6,Z.41f); die Ausgabe ein Jahr später ändert in die dogmatisch 'richtige' Reihenfolge: "ware rew/beicht/vnd Pueß" (Salzburg 1557 (Anhang 6,Z.42³⁴)); "Die aber/so vnwirdig hinzu tretten/die essen vñ trincken jhnen selbst das Gericht vnd Vrteil. ... Derhalben ist von nöten/die gantze Beicht der tödlichen Sünden/durch welche die Gewissen gereiniget werden; damit jr mit Hochzeitlichem Kleide gezieret/zu solchem grossen Gastgebot herzu tretet" (3. Kommunionvermahnung, Gnesen-Posen 1579 (Anhang 8c,Z.40-45)). In Konstanz besteht fast die ganze Vermahnung aus dieser Motivik, ohne sich auf Paulus zu beziehen: "die ihr durch die Gnad vnd Barmhertzigkeit deß Allmächtigen Gottes über ewere begangne Sünd ware Rew vnd Leyd tragendt auch dieselbigen in dem heiligen Sacrament der Beicht mit hertzlichem Schmertzen ewerem ordentlichen Beichtvater bekendt darauff auch die verzeyhung der Sünden von ihme erlangt vnd mit Gott dem Allmächtigen widerumb versöhnet" (Konstanz 1597I (Anhang 11,Z.1-5)).

wäre[1142]. Da Beichte und Absolution der Abendmahlsfeier im allgemeinen vorausgegangen sind[1143], wird innerhalb der Feier bei der Frage der Würdigkeit der Akzent auf den Glauben gesetzt: Die eigene Sündhaftigkeit zu erkennen, ist Reflex dieses Glaubens.

b) Als Vertreter des Meßtyps kennen jedoch die Nürnberger Ordnungen einen Rekurs auf die Warnung des Paulus, ohne den biblischen Wortlaut direkt zu zitieren: "sollen wir pillich mit grossem fleiß ein itlicher sich selbs brufen, wie Paulus sagt, und von diesem brot essen und von dem kelch trincken"[1144].

Die Entwicklung eines Prüfungsaktes (unabhängig von seiner formalen wie inhaltlichen Gestaltung) aus der pl. Warnung vor unwürdigem Genuß findet sich vor allem im oberdeutschen Typ recht häufig, zunächst ohne auf den pl. Text selbst zu rekurrieren:

c) So kennt Straßburg 1526-1536 eine Warnung vor unwürdigem Essen zum Ende der Vermahnung, ohne Paulus zu nennen[1145].

d) Die frühen Schweizer Ordnungen knüpfen indirekt an die pl. Warnung an. Zürich 1525 nimmt in der Mitte der kurzen Vermahnung auf Paulus Bezug, während zuvor die Funktion der nachfolgenden Handlung als Wiedergedächtnis, Lob und Danksagung herausgestellt wird[1146]. Basel 1526 stellt zu Beginn der 1. Vermahnung (am Anfang des Abendmahlsteils) die Gefahr heraus, "schuldig des leybs vnd blûts Christi [zu] werden"[1147] und erinnert damit deutlich auf die pl. Warnung, ohne sie direkt zu nennen.

e) Die ausdrückliche Zitation der pl. Warnung (nicht aber des ganzen Textes 1 Kor 11,23-29) und die nachfolgende Entwicklung der Selbstprüfung und des Banns daraus finden sich erstmals in Bern 1529 inmitten einer Abendmahlsbelehrung im Wortteil des Gottesdienstes[1148]; die Vermahnung innerhalb der eigentlichen Abendmahlsfeier beginnt zwar mit der Möglichkeit des Schuldigwerdens, nennt Paulus aber nicht[1149]. Die Augsburger Agenden[1150]

[1142] Vgl. Luther, DM 1525 (CD 1,36f); Braunschweig 1528 (CD 1,53f); Mecklenburg 1552 (CD 1,100-103); Frankfurt 1543ff (CD 1,241-243). Luthers Vermahnung in seinem Brief an Hausmann rekurriert allerdings beim Ausschluß der öffentlichen Sünder auf Paulus: "Welche aber noch ynn öffentlichen sunden sticken ... vnd nicht abzulassen gedencken, den sey hie mit abgesagt, vnd warnen sie trewlich, das sie nicht erzugehen, das sie nicht eyn gericht vnd schaden vber yhre seele holen, wie S. Paulus sagt" (Luther, Hausmann 1525 (CD 1,44)).

[1143] Vgl. 6.3.2.1.

[1144] Nürnberg/Pfarrkirchen 1524 (OGA 1,159); zu den anderen Nürnberger Ordnungen vgl. Anhang 2,Z.3f. Vgl. auch Pfalz-Neuburg 1543 (EKO 13,72); 2. Vermahnung des Vorbereitungsgottesdienstes, Köln 1543,CIII[r]-CIIII[r]; Württemberg 1553 (CD 1,252).

[1145] Dort heißt es: "so wissent, das ir gott, dem heylgen geist, liegen, das ir gleißner sein, vnd das ir bey des herrn nachtmal vnwirdiglich sein oder selbs niessen euch zum vrteyl vnd zur verdamnuß" (Straßburg 1526-1536 (CD 1,323)).

[1146] Dort heißt es: "Darumb erinner sich selbs eyn yeder nach dem wort Pauli ... damit sich nieman für einen glöubigen ußgäbe, der es aber nit sye, und dadurch sich an dem tod des herren verschuldige" (Zürich 1525 (CD 1,194)).

[1147] Basel 1526 (CD 1,203). Ebenso geht Basel 1537 (CD 1,215f) vor.

[1148] Vgl. Bern 1529 (CD 1,231).

[1149] Vgl. Bern 1529 (CD 1,235).

[1150] Augsburg 1537 gehört in die Straßburger Tradition, wird unter Mitarbeit Bucers erstellt und läßt in der Vermahnung deutlich eine ausgleichende Tendenz zwischen Lutheranern und Zwinglianern erkennen (vgl. Drömann, Straßburger Ordnungen 308).

werden konkreter, rekurrieren in der zweiten Hälfte ihrer Abendmahlsvermahnung auf die Warnung des Paulus und entwickeln daraus den Bann.[1151]

f) Die anglikanischen Ordnungen lassen der Vermahnung eine Paraphrase der pl. Warnung vorausgehen, worauf die Selbstprüfung erfolgt.[1152]

g) Die unter dem Einfluß Calvins stehenden Ordnungen gehen noch einen Schritt weiter und rekurrieren auf die Warnung des Paulus, indem sie die EW nach 1 Kor 11,23-29 der Vermahnung voranstellen. Die Vermahnung wird z.T. direkt aus der pl. Warnung entwickelt[1153]. Die Ordnung Calvins und die sich daran anschließenden Ordnungen lassen aber den vor der Vermahnung stehenden EW in der pl. Fassung zunächst den Bann und erst dann die Selbstprüfung folgen[1154].

In Kurpfalz 1563 entwickelt sich der weitere Text der Vermahnung aus dem Ende des paulinischen Einsetzungsberichtes und erscheint so als Erfüllung des paulinischen Auftrages zur Selbstprüfung in 1 Kor 11,28: "Der mensch prüfe aber sich selbs und also esse er von disem brod und trincke von disem kelch." Mit diesem Satz ist der Ordnung nicht nur der Inhalt, sondern auch die Struktur der Feier i.S. einer Abfolge vorgegeben. Die Vermahnung erscheint nicht mehr wie noch in einigen früheren evangelischen Ordnungen als ein in den (Meß-)Gottesdienst eingeschobener Teil. Sie wird so mit den EW verwoben, daß sie als genetische Weiterentwicklung des Inhaltes der um die pl. Überlegungen erweiterten EW erscheint, in denen durch das 'ihr' die Gemeinde angesprochen ist. Diese Anrede der Gemeinde wird im Prüfungsabschnitt der Vermahnung fortgesetzt. Der Wechsel der bisherigen Textgattung wird jedoch durch das Ende des bekannten Bibeltextes deutlich.

Somit ergibt sich nun das Bild, daß die beiden Abschnitte der EW in der pl. Fassung, nämlich die Stiftungsworte Jesu (1 Kor 11,23-25) und die Reflexion des Paulus (1 Kor 11,26-29) in der Vermahnung in umgekehrter Reihenfolge 'abgehandelt' werden. Dies ist einerseits logisch erklärbar, da zunächst die 'negative' Seite der Disposition, nämlich die Frage der Würdigkeit behandelt wird, um dann erst die 'positive' Dimension, den Glauben an das Heilswirken Jesu Christi durch das Gedächtnis zu aktualisieren. Andererseits kennt die Nürnberger Vermahnung, die in der Württemberger Fassung in Kurpfalz 1556 verwendet wird und Kurpfalz 1563 als formale Vorlage dient, die Behandlung dieser Frage direkt am Beginn, gefolgt von einem umfangreichen anamnetischen Abschnitt. Allerdings wird nun, wie in der calvinistischen Tradition, der Frage der Würdigkeit ein wesentlich größeres Gewicht beigemessen, so daß der Prüfungsabschnitt vom Textumfang gleichgewichtig zum anamnetischen Abschnitt erscheint. Vor allem werden die EW nicht mehr - wie noch in Kurpfalz 1556 - der Vermahnung nachgestellt, sondern vor die Vermahnung plaziert. Damit stellt sich die vorliegende Vermahnung in der Komposition ihrer Grundstruktur wie in der

---

[1151] Dort heißt es: "darumb wir dann auch/nach außweisung des worts des Herrn/vnd des hailigen Apostels Pauli/dise nachgemelte personen/vom tisch des Herren abmanen" (Augsburg 1537ff (CD 1,335)).

[1152] Vgl. OoC 1548, BCP 1549, 1552 (CD 1,389). OoC 1548 schließt an die Warnung Selbstprüfung, Bann und Trost (gefolgt von Sündenbekenntnis, Absolution und Trostsprüchen, die man als Ausformung dieses Trostes verstehen kann) an. BCP 1549 und BCP 1552 ziehen dann den Bann vor die Selbstprüfung und lassen darauf den Canon folgen (vgl. CD 1,389[31].396-401).

[1153] Vgl. Micron 1554, a Lasco 1555 (CD 1,441); FoP 1556, 1564 (CD 1,473).

[1154] Vgl. Genf 1542, 1542A, 1545 (CD 1,359); Genf dt. 1563,47; Pollanus 1551, 1552, 1554, 1555 (Honders 86f). Vgl. Brunner, Abendmahlszeugnis 214[137].223[161].

Stellung der EW zu ihr als Synthese der Württemberger und der calvinistischen Tradition dar!

7.7.3 Die Anordnung der Abschnitte der Prüfung

In der Ordnung Kurpfalz 1563 kann die Prüfung in drei Unterabschnitte eingeteilt werden: Selbstprüfung, Abmahnung Unbußfertiger und Tröstung Kleinmütiger. Dabei kann man den ersten und letzten Unterabschnitt ohne weiteres mit Sündenbekenntnis und Absolution parallelisieren, wie sie sich in der vorreformatorischen und evangelischen Tradition (z.B. bei der Offenen Schuld) finden[1155]. Das Besondere der vorliegenden Reihenfolge ist demgegenüber die Hineinnahme von Ausschlußformulierungen zwischen Selbstprüfung und Trostwort[1156]!

Selbst Luther kennt diese Abfolge schon rudimentär in der im Brief an Hausmann enthaltenen Vermahnung; dort stellt er den Glauben als Bedingung für den würdigen Empfang des Abendmahles heraus und läßt dann Selbstprüfung, Ausschluß und Trostwort folgen[1157]. In den deutschsprachigen Schweizer Ordnungen findet sich die gleiche Abfolge zu Beginn des Abendmahlteils[1158] und somit an der traditionellen Stelle der Offenen Schuld nach der Predigt.

[1155] Vgl. 6.3.1.2 und 6.3.2.1. Ob es sich bei der 'Absolution' um eine indikative Formulierung handelt oder um eine optative, die dann mehr den Charakter eines Trostwortes hat, stellt nur einen graduellen Unterschied dar.

[1156] Auch für diese Ausschlußformulierungen gibt es vorreformatorische Vorbilder (vgl. 7.4.3), die aber immer separat und nie in diesem Kontext stehen.

[1157] Vgl. Luther, Hausmann 1525 (CD 1,43f). Ansonsten ist dies in lutherischen Ordnungen kein Thema, da die Absolution in den lutherischen Ordnungen meist außerhalb der Abendmahlsfeier ihren Platz hat. Eine gewisse Ausnahme bilden die Frankfurter Ordnungen, die zum oberdeutschen Typ gehören, aber lutherische Theologie vertreten: Dort finden sich ebenfalls die Inhalte Sünde, Erlösung, Leben in Dankbarkeit, ohne daß diese Inhalte als Selbstprüfung gestaltet wären, gefolgt von einem Bann und einem Fürbittgebet (zunächst für die Unbußfertigen, dann für Kirche und Welt), das in einer gewissen Parallele zur Absolution steht (vgl. Frankfurt 1543ff (CD 1,241-243)).

[1158] In Basel 1526 bilden Glauben und Bewährung des Glaubens im Leben den Ausgangspunkt und das Kriterium für die Prüfung: "Er sol auch in jm brieffen/das solicher glaub vnd vertrawen jn yetz treib/zů einem neüwen/frydsamen/Gotsforchtsamen leben" (Basel 1526 (CD 1,203)). Folgerichtig vergewissert sich die Gemeinde zunächst im Glaubensbekenntnis ihres Glaubens, um dann die Unbußfertigen auszuschließen. Der Trost aber spannt sich über Fürbitte für Kirche und Welt, Offene Schuld, Bußpsalm (Ps 130), Kyrie und Absolution (vgl. Basel 1526 (CD 1,203-206)). Fast das gleiche (nur mit anderer Reihenfolge beim Trost) findet sich in Basel 1537 (vgl. CD 1,215-218).
Bern 1529 kennt in einer Abendmahlsvermahnung im Wortteil (allerdings abgedruckt in Form einer Anweisung an den Prädikanten) die Abfolge Selbstprüfung, Bann (vgl. Bern 1529 (CD 1,231f)) und nachfolgend einen Appell an die Bußwilligen zur Umkehr: "Es sye dann sach, wo einer in der glychen laster offenlich begriffen wurde, das er brüderliche straaff, (die Christus Matth. xviij. leert) in gůtem ufnemmen wöl, und nach dem er die gemeynd Gottes mit sinem bößlichen läben, vergergeret, sich welle mitt abston, besserung, unnd einem nüwen läben, mit deren versůnen" (Bern 1529 (CD 1,232)). Dieser Appell erscheint auch in Basel 1526 (CD 1,205) und Basel 1537 (CD 1,216).
Farel integriert ebenfalls traditionelle Elemente; er hat die Anordnung: Selbstprüfung, Bann, Sündenbekenntnis mit Vaterunser und Credo und Gnadenzusage (vgl. Farel 1533 (CD 1,342-344)). Die französischsprachige Ordnung Toussains stellt wiederum dem Glaubensbekenntnis den Bann gegenüber; Sündenbekenntnis und Gnadenwort folgen (vgl. Mömpelgard 1559 (CD 1,371-373)).

Schließlich gibt es reformierte Ordnungen, die nach den pl. EW die drei genannten Abschnitte bieten[1159], allerdings in unterschiedlicher Reihenfolge, durch die sich zumindest rhetorisch eine je unterschiedliche Radikalität des Ausschlusses ergibt: In den sich direkt an Calvin orientierenden Ordnungen ist die Abmahnung noch ein regelrechter Bann[1160] und rückt die Selbstprüfung an zweite Stelle (Reihenfolge: Bann, Selbstprüfung, Tröstung Kleinmütiger), wodurch der Bann härter erscheint, als wenn er in Selbstprüfung und Tröstung eingebettet wäre. Der Bann knüpft bei Calvin auch nicht an die Mahnung des Paulus zur Selbstprüfung an, sondern wird damit begründet, daß Jesus das Abendmahl nur mit seinen Jüngern gefeiert habe[1161].

Die Schottischen Ordnungen paraphrasieren im mit 'self-examination' überschriebenen Abschnitt eigentlich nur die pl. Warnung vor dem unwürdigen Empfang und führen damit zur Exkommunikation über[1162]. Dieser Bann ('fencing of the table') hat in den Ordnungen von 1556 und 1564 unterschiedlichen Wortlaut: FoP 1556 führt ihn als konditional formulierte Warnung[1163], FoP 1564 als autoritativ vollzogene und indikativ formulierte Exkommunikation[1164]. Der Dreischritt der kurpfälzischen Selbstprüfung findet sich in etwa im mit 'penitence' überschriebenen und nach dem Bann eingeschobenen Abschnitt[1165]. In der Ausgabe 1564 wird dieser durch die Aussage ersetzt, daß der Ausschluß nur für notorische Sünder gelte[1166], so daß der zuvor so apodiktisch formulierte 'Bann' zur 'Abmahnung Unbußfertiger' gemildert ist. Die Tröstung Kleingläubiger erfolgt in beiden Ordnungen sofort danach im mit 'assurance' überschriebenen Abschnitt[1167].

[1159] In gewisser Weise finden sie sich auch in der anglikanischen Tradition, denn in OoC 1548 beginnt die Vermahnung mit einer allgemeinen Paraphrase der pl. Warnung, auf die eine Selbstprüfung und der Ausschluß der notorischen Sünder folgt; als Trost könnte man den folgenden Vollzug des allgemeinen Sündenbekenntnisses und der Absolution verstehen (vgl. OoC 1548 (CD 1,389-391)). Ähnlich ist dieser Abschnitt im BCP 1552 aufgebaut (vgl. Buchanan, Lord's Supper 382f). Die Zwischenordnung BCP 1549 trennt Warnung und Bann einerseits und die als Trost zu verstehenden Abschnitte andererseits durch Hochgebet, Vaterunser und Friedensgruß (vgl. ebd. 380f).

[1160] Zur Problematisierung des Terminus 'Bann', der für diese Texte in der liturgiewissenschaftlichen Literatur verwendet wird, aber zugleich mißverständlich ist vgl. 7.7.4.2.2.

[1161] "Nous avons ouy, mes freres, comme nostre Seigneur faict sa Cene entre ses disciples: et par cela nous demonstre, que les estrangiers, et ceulx qui ne sont pas de la compagnie de ses fideles, n'y doivent point estre admis. Parquoy, suyvant ceste reigle, au Nom et en l'aucthorité de nostre Seigneur JESUS Christ: ie excommunie ...: leur denonceant qu'ilz ayent à s'abstenir de ceste saincte Table, de paour de polluer, et contaminer les viandes sacrées, que nostre Seigneur JESUS Christ ne donne sinon à ses domestiques et fidelles" (Genf 1542, 1542A, 1545 (CD 1,358f); vgl. auch Genf dt. 1563,46-48; Pollanus 1551, 1552, 1554, 1555 (Honders 84f)). Vgl. auch 7.7.4.2.2.

[1162] Vgl. FoP 1556, 1564 (CD 1,473).

[1163] Dort heißt es: "Therefore if any of you be a ... bewaylle your synnes, and come not to this holy table: lest after the takynge of this holy sacrament, the diuell entre into you as he entred into Iudas, and fill you full of all iniquities, and bring you, to destruction, bothe of bodye and soule (FoP 1556 (CD 1,473f)).

[1164] Dort heißt es: "And therefore, in the name and authority of the eternal God, and of His Son Jesus Christ, I excommunicate from this Table all ... charging them, as they will answer in the presence of Him who is the righteous Judge, that they presume not to profane this most holy Table" (FoP 1564 (CD 1,473f)).

[1165] Vgl. FoP 1556 (CD 1,474).

[1166] Vgl. FoP 1564 (CD 1,474).

[1167] Vgl. FoP 1556, 1564 (CD 1,474f).

Die Londoner Flüchtlingsgemeinde schließlich führt die Abschnitte in der gleichen Reihenfolge wie Kurpfalz 1563, so daß auch hier der Bann in eine 'Abmahnung Unbußfertiger' abgemildert ist[1168].

7.7.4 Die Analyse der Einzelabschnitte der Prüfung
Nachfolgend sollen nun die einzelnen Aspekte des Prüfungsteils der vorliegenden Abendmahlsvermahnung analysiert und exegetisiert werden.

7.7.4.1 Die Selbstprüfung in drei Stücken
Text
"Die ware prüfung unser selbs stehet in diesen dreyen stücken, zum ersten bedenck ein jeder bei sich selbst seine sünd und vermaledeyung, auf daß er im selbst mißfalle und sich für Gott demütige, dieweil der zorn Gottes wider die sünd also groß ist, daß er dieselbige, ehe denn er sie ungestraft ließ hingehen, an seinem lieben son Jesu Christo mit dem bittern und schmehlichen tod des creutzes gestaft hat.

Zum andern erforsche ein jeder sein hertz, ob er auch diser gewissen verheissung Gottes glaube, daß im alle seine sünd allein umb des leiden und sterben Jesu Christi willen vergeben sind und die volkommene gerechtigkeyt Christi ime als sein eigen zugerechnet und geschenckt sey, als wann er selbst in eigener person für alle seine sünde bezalet und alle gerechtigkeyt erfüllet hette.

Zum dritten erforsche ein jeder sein gewissen, ob er auch gesinnet sey, forthin mit seinem gantzen leben Gott, dem herrn, sich danckbar zu erzeigen und für dem angesicht Gottes aufrichtig zu wandlen, ob er auch one alle gleißnerey aller feindschaft, neid und haß von hertzen absage und einen ernstlichen fursatz habe, hernachmals in warer lieb und einigkeyt mit seinem nechsten zu leben."[1169]

Kommentar
Die Selbstprüfung schließt in Kurpfalz 1563 an die Feier des Vortages mit ihren Beicht- und Prüfungsfragen an die ganze Gemeinde an, die zugleich als persönliches Sünden- und Glaubensbekenntnis fungieren[1170]. Wie diese Prüfungsfragen, so folgt auch die jetzige Selbstprüfung dem Dreierschema Sünde - Erlösung - Dankbarkeit, den 'drei Stücken' des HK[1171].

7.7.4.1.1 Die formalen Vorbilder für dieses Dreierschema der Selbstprüfung
Dieses primär inhaltlich geprägte Dreierschema taucht im HK und in Kurpfalz 1563 nicht zum ersten Mal auf. Zunächst einmal arbeiten praktisch alle reformatorischen Ordnungen mit der Abfolge Sünde-Erlösung, da die soteriologische Fragestellung für die Reformation grundlegend ist. Analysiert man die Selbstprüfung in den evangelischen Ordnungen, so steht

---

[1168] Vgl. Micron 1554 (CD 1,441-444). Die Fassung a Lascos führt diese Abschnitte nicht, sondern verdeutlicht, was es heißt, den Leib des Herrn nicht zu unterscheiden (vgl. a Lasco 1555 (CD 1,441f)).

[1169] Kurpfalz 1563 (CD 1,511f).

[1170] Vgl. 6.3.3.2.

[1171] Dieser Terminus taucht immer wieder auf: Es heißt 'dreyen stücken' im Abendmahlsformular (vgl. Kurpfalz 1563 (EKO 14,384)), 'drey stück' im Vorbereitungsgottesdienst und in Frage 2 des HK, Kurpfalz 1563 (EKO 14,344.382).

die Erkenntnis der eigenen Sündhaftigkeit und der Erlösung durch Jesus Christus im Mittelpunkt[1172].

Die Besonderheit der reformierten Ordnungen stellt nun die Hinzunahme des dritten Schrittes dar, der als Folge der Erlösung das neue Leben nach dem Willen Gottes artikuliert. So soll in Basel jeder am Nachtmahl Teilnehmende wissen (und eben zugleich überprüfen), "das jm seyn sünd durch das leyden Christi verzygen seind/Er sol auch in jm brieffen/das solicher glaub vnd vertrawen jn yetz treib/zů einem neüwen/frydsamen/Gotsforchtsamen leben."[1173] In Bern 1529 ist dann der Dreischritt mit Betonung der Lebensführung noch deutlicher artikuliert[1174].

Bei Calvin und den eng an ihm orientierten Ordnungen finden sich innerhalb der Selbstprüfung zwei Dreierschemata (Erkenntnis, Leiden an der und Mißfallen über die Sünde, sowie Leben nach dem Willen Gottes stehen parallel zu Vertrauen in Gott, Einzigkeit Christi als Erlöser und Willen zu brüderlicher Liebe), die zusammen die drei Motive beinhalten[1175]. Bei Micron findet sich der Dreischritt formal noch deutlicher herausgearbeitet[1176]. Er wird zum Schluß des Trostes in einer Kurzform wiederholt[1177]. In FoP 1556 findet er sich nicht im mit 'self-examination'[1178], sondern im mit 'penitence' überschriebenen und nach dem Bann eingeschobenen Abschnitt, der aber auch eine Selbstprüfung beinhaltet[1179].

Dieser Dreischritt von Sünde-Erlösung-Leben nach den Geboten ist jedoch schon in Bucers Katechismus von 1537 im Abschnitt über die Taufe[1180] nachweisbar und findet danach Einzug

---

[1172] So gilt bei Luther die Selbstprüfung dem Glauben; Inhalt dieses Glaubens ist, "das also der tod fur alle seyne sunde von Christo erlitten sey" (Luther, Hausmann 1525 (CD 1,43)).

[1173] Basel 1525 (CD 1,203); ähnlich formuliert Basel 1537 (CD 1,215f).

[1174] Dort heißt es: "so sol ein yegklicher in sich selbs gon, ob doch jm der heylsam tod Christi also zů hertzenn gang, das er vestengklich gloube, jm sygind syne sünd durch den tod Christi verzygen, und bereyt syge umb des Herren willen zelieben, und dienen allen menschen, wie er begäret das jm von yedermann beschäche, und fürhin der sünd und der lasteren mitt hilff und gnad gottes jm fürsatz habe abzesterben, und wandlen in einem nüwen rechtgeschaffnen läbenn" (Bern 1529 (CD 1,231)).

[1175] Dort heißt es: "Pourtant, selon l'exhortation de sainct Paul, qu'un chascun espreuve et examine sa conscience, pour sçavoir, s'il a vraye repentance de ses faultes, et se desplaist de ses pechez, desirant de vivre doresenavant sainctement et selon Dieu. Sur tout, s'il a sa fiance en la misericorde de Dieu, et cherche entierement son salut en JESUS Christ: et renonceant à toute inimitié et rancune, a bonne intention et courage de vivre en concorde et charité fraternelle avec ses prochains." (Genf 1542, 1542A, 1545 (CD 1,359); vgl. Genf dt. 1563,47; Pollanus 1551, 1552, 1554, 1555 (Honders 86f)).

[1176] Vgl. Micron 1554 (CD 1,442).

[1177] Dort heißt es: "laet ons ons seluen van onse sonden wter herten beschuldighen, vastelick gheloouende, dat sy ons doer Christum alleene niet toegherekent syn: voer ons nemende een ernstighe beteringhe ons leuens" (Micron 1554 (CD 1,444)).

[1178] Vgl. FoP 1556 (CD 1,473).

[1179] Dort heißt es: "Iudge therefore your selues bretherne, that ye be not iudged of the lorde: repent you truly for your synnes paste, and haue a lyuely and stedfast fayth, in Christ our sauiour, sekinge onely your saluation in the merites of his death, and passion, from hensforth refusinge, and forgettinge all malice and debate, with full purpose to liue in brotherly amytie, and godlye conuersation, all the dais of your lyfe" (FoP 1556 (CD 1,474)). Dieser Abschnitt ist in den ersten Sätzen OoC 1548, vor allem mit deren Varianten in BCP 1549 und BCP 1552 entnommen (vgl. OoC 1548, BCP 1549, BCP 1552 (CD 1,389f)). Die letzten Sätze orientieren sich mehr an der calvinischen Vorlage der Selbstprüfung (vgl. Louden/Tripp 474[21]). FoP 1564 ersetzt diese Passage durch einen Text anderen Inhaltes (vgl. FoP 1564 (CD 1,474)).

[1180] Vgl. Bucer, Katechismus 1537 (Reu 1.1,76f); Schulz, Vorbereitung 17.

in die liturgischen Formulare in Köln 1543[1181] und in der Londoner Flüchtlingsgemeinde[1182]. Auch dort findet er sich meist im Kontext der Taufe und zudem noch in Frageform; Schulz sieht deshalb den Ursprung der dreifachen Frage in den Tauffragen[1183].

Das Besondere von Kurpfalz 1563 gegenüber all diesen Vorläuferordnungen ist, daß das zukünftige Leben nach den Geboten unter das Motiv der Dankbarkeit gestellt wird. Dies ist Folge der Einordnung der Gebote im HK unter den Abschnitt der Dankbarkeit. Woher diese Kategorisierung des Lebens nach den Geboten als Dankbarkeit im HK stammt, wird in der Forschung verschieden beantwortet[1184]. Für den liturgischen Bereich steht vor allem die Vermahnung der von Bucer geprägten Straßburger Tradition als Vorbild fest. Diese gliedert sich in vier Punkte, wobei sich die ersten drei unter die Begriffe Sünde (1. Abschnitt) und Erlösung (2. und 3. Abschnitt) subsumieren lassen; der 4. Abschnitt aber beschreibt sowohl die aktuelle Feier als auch das christliche Leben unter dem Stichwort der Dankbarkeit: "...das wir inn disem des herren gedechtnüß vnd fest mit warer andacht vnd danckbarkeyt halten, daher jn immer loben vnd preisen mit allen vnsern worten vnd wercken, ja mit unserem gantzen leben..."[1185].

M.E. liegt diese Motiv-Kette aber auch schon in der Nürnberger Vermahnung und ihrer Weiterentwicklung vor. Die Vermahnung nimmt ihren Ausgang bei der Sünde des Menschen, um daraufhin die Erlösung in Jesus Christus und ihre Aneignung im Abendmahl ausführlich darzustellen[1186]. Im abschließenden Abschnitt über die Folge dieser Erlösung heißt es: "Darbey sollen wir nun sein gedencken und seinen todt verkündigen,..., und ime darumb danck sagen, ein yeder sein krefitz auff sich nemen und ime nachfolgen und nach seinem gepot einander lieben, wie er uns geliebt hat."[1187] Die genannten Handlungen dürfen aber nicht additiv verstanden werden, als hätten sie keinerlei innere Verbindung, oder aber zweigeteilt werden, so daß Gedächtnis, Verkündigung und Danksagung der Liturgie zugewiesen würden, Kreuzesnachfolge, Leben nach den Geboten und Nächstenliebe aber dem täglichen Leben[1188]. Gottesdienst und Leben, wie auch alle beschriebenen Motive bilden eine unteilbare Einheit, wie dies auch in der Straßburger Vermahnung zum Ausdruck kommt.

[1181] Vgl. Köln 1543,LXXX^v.CXXXII^r.CV^v-CVI^r; Schulz, Vorbereitung 17f; Schulz, Ordnung 498^{19}.

[1182] Vgl. Micron 1554 (Dankbaar 62); a Lasco 1555 (Kuyper 2,124); Schulz, Ordnung 498^{19}. Zu Bucers und den Londoner Texten und ihrer Analyse vgl. Schulz, Vorbereitung 17-21.

[1183] Vgl. Schulz, Vorbereitung 21.

[1184] Vgl. Neuser, Dogma 289.

[1185] Straßburg 1537ff (CD 1,318). Diese Vermahnung taucht dann in Köln (vgl. Köln 1543,CIII^r) und in Kassel (vgl. Kassel 1539b (EKO 8,122^k)) wieder auf, wobei der Abschnitt ergänzt wird, ohne den Duktus zu verändern (vgl. auch Schulz, Vorbereitung 22). Auch in der Ermahnung zur Selbsprüfung bei a Lasco findet sich das Motiv der Dankbarkeit im dritten Abschnitt: "Requiri autem in nobis fidem et gratitudinem nostram, ut hoc tantum Dei beneficium amplectamur nostramque erga illum gratitudinem pro nostra infirmitate declaremus" (a Lasco 1555 (Kuyper 2,124); vgl. Schulz, Vorbereitung 23).

[1186] Diese Abfolge findet sich auch in der Vermahnung von Braunschweig 1528 (CD 1,53f) und der 2. Vermahnung, Schwäbisch-Hall 1543 (CD 1,258-260).

[1187] Brandenburg-Nürnberg 1533 (Anhang 2,Z.28-32). Auch bei den Varianten der Vorgängerordnungen gehört das Dankbarkeits-Motiv immer zum Text.

[1188] Erst die Württembergische Bearbeitung teilt die Handlungen in der beschriebenen Weise auf zwei Sätze auf (vgl. Württemberg 1536, 1553 (CD 1,253f), Kurpfalz 1556 (EKO 14,148)).

7.7.4.1.2 Die inhaltliche Ausgestaltung dieses Dreierschemas

Mit der formalen Gliederung ist zugleich die inhaltliche Linie vorgegeben, die auf der Theologie des HK gründet. Es ist die gleiche Gliederung, nach der auch die Beichtfragen des Vorbereitungsgottesdienstes am Vortag strukturiert sind[1189]. Gegenüber diesen Beichtfragen ist der Text aber deutlich komprimiert und auf die 'essentials' konzentriert. Zunächst soll jeder seine Sünde[1190] bedenken, "auf daß er im selbst mißfalle und sich für Gott demütige"[1191]. Auffallend ist, daß das erste Stück nicht wie im Katechismus eine klare inhaltliche Abgrenzung erfährt, indem auf den gerechten Zorn Gottes verwiesen wird ("dieweil der zorn Gottes wider die sünd also groß ist")[1192], sondern wie im Vorbereitungsgottesdienst bereits im ersten Abschnitt ein Ausblick auf die Erlösung in Jesus Christus erfolgt: "...daß er dieselbige, ehe denn er sie ungestraft ließ hingehen[1193], an seinem lieben son Jesu Christo mit dem bittern und schmehlichen tod des creutzes gestraft hat"[1194]. Schon daran wird deutlich, daß es auch an dieser Stelle nicht um die Selbstprüfung als formales Sündenbekenntnis geht, sondern um eine personale Glaubensaussage. Dies bleibt in Kongruenz mit der erwünschten tröstenden Funktion, bei der die Erlösung das größte Gewicht erhalten soll. Funktion der Selbstprüfung ist, die Disposition für einen würdigen Empfang herzustellen; dies geschieht über die personale Stellungnahme zu den drei Stücken! Es wäre ein fatales Mißverständnis der drei Fragen sowie der Dreiteilung des Katechismus, wenn Sünde-Erlösung-Dankbarkeit in bezug auf die personale Stellungnahme als eine lebensgeschichtliche Abfolge verstanden würden. Es handelt sich immer um den *einen* Status des Christen vor Gott, mit seinen unterschiedlichen Aspekten[1195]. Sünder-Sein liegt für den

---

[1189] Vgl. 6.3.3.2. Die inhaltlichen Aussagen der Beichtfragen sind von Schulz eingehend mit den Aussagen des HK verglichen worden; seine Analyse liegt den nachfolgenden Aussagen zugrunde (vgl. Schulz, Vorbereitung 11-14; vgl. auch Brunner, Abendmahlszeugnis 223).

[1190] Hier wird nicht mehr wie in der ersten Beichtfrage erläutert, sondern als gewußt vorausgesetzt, daß die Sünde sich in der Übertretung des doppelten Liebesgebots zeigt (vgl. Kurpfalz 1563 (EKO 14,382)). Dies steht in Kongruenz mit der Theologie des HK, in der die 10 Gebote als Norm für das aus Dankbarkeit zu führende Leben der Gläubigen gelten (vgl. die Fragen 92-113 des HK und der 3. Abschnitt der Kurzen Summa des HK, Kurpfalz 1563 (EKO 14,360-365.380f)), den Inbegriff des Gesetzes vor der Erlösung aber das Liebesgebot darstellt (vgl. Frage 4 und dem 1. Abschnitt der Kurzen Summa des HK, Kurpfalz 1563 (EKO 14,344.378)).

[1191] Im Vorbereitungsgottesdienst heißt es: "...wirdt uns unsere sünden und elend, endlich auch die ewige verdamnuß als in einem spiegel fürgestellt. Derhalben frag ich euch fürs erst, ob ir mit mir solches für dem angesicht Gottes bekennet und derwegen euch selbst mißfallet..." (Kurpfalz 1563 (EKO 14,382)). Das Mißfallen an der eigenen Sünde stellt auch der HK heraus (vgl. Frage 81 des HK, Kurpfalz 1563 (EKO 14,359)), wie auch die dt. Fassung der Genfer Liturgie: "...dieselben jm von hertzen leid sind/vnd mißfallen..." (Genf dt. 1563,47). Micron erwartet, "dat wy onse sonden ... wt der herten bekennen ende beweenen sullen" (Micron 1554 (CD 1,442)).

[1192] Im HK endet der Abschnitt in Frage 11 mit der Feststellung, daß die ewige Verdammnis eine gerechte Strafe für die Sünde der Menschen sei (vgl. Kurpfalz 1563 (EKO 14,345)). Auch der 1. Abschnitt der Kurzen Summa des HK endet mit der Verfluchung des Sünders (vgl. Kurpfalz 1563 (EKO 14,378)). Zum Begriff des 'Zornes Gottes' vgl. 7.8.2.3.

[1193] Daß Gott die Sünde nicht ungestraft lassen wollte, steht im Vorbereitungsgottesdienst aber im zweiten Abschnitt (vgl. Kurpfalz 1563 (EKO 14,382)).

[1194] Im Vorbereitungsgottesdienst endet der erste Abschnitt mit der Frage: "... und dürstet euch nach der gerechtigkeyt und gnaden Jesu Christi?" (Kurpfalz 1563 (EKO 14,382)).

[1195] Vgl. Weber 29.

Christen ebensowenig nur in der Vergangenheit, wie die Dankbarkeit eine allein zukünftige Dimension darstellt.[1196]

Im zweiten Abschnitt geht es um den persönlichen Glauben[1197], "daß im alle seine sünd allein umb des leiden und sterben Jesu Christi willen vergeben sind"[1198]. Die Aussage ist gänzlich auf den Erlösungstod Christi hin konzentriert. Sie wird direkt auf die Ebene der personalen Existenz gehoben, indem die Rechtfertigung als Ergebnis des Kreuzestodes betont wird: "und die volkommene gerechtigkeyt Christi ime als sein eigen zugerechnet und geschenckt sey"[1199]. Es handelt sich um einen Akt der Stellvertretung, in dem Jesus Christus die Position des Sünders einnimmt, der Sünder aber die Position Christi[1200]. Der Erlöste ist dadurch in einer Situation, "als wann er selbst in eigener person für alle seine sünde bezalet[1201] und alle gerechtigkeyt erfüllet hette"[1202]. Im Gegensatz zum 2. Abschnitt des Vorbereitungsgottesdienstes und der Kurzen Summa des HK verzichtet man hier auf jede Erwähnung der Inkarnation

---

[1196] Vgl. Weber 29.

[1197] Deshalb heißt es auch: "...erforsche ein jeder sein hertz, ob auch diser gewissen verheissung Gottes glaube...". Auch im 2. Abschnitt des Vorbereitungsgottesdienstes spricht man von "der gewissen verheissung des evangeliums" (Kurpfalz 1563 (EKO 14,382)).

[1198] Bei Micron heißt es: "Mer sullen betrauwen, dat alle onse sonden alleen voer niet vergheuen werden, doer de eenige verdiensten des doots Christi..." (Micron 1554 (CD 1,442)).

[1199] Die Vollkommenheit und die Geschenkhaftigkeit der erlangten Gerechtigkeit betont auch Frage 60 des HK (vgl. Kurpfalz 1563 (EKO 14,354)). Vgl. Eph 2,8; Tit 3,5.

[1200] In den Paralleltexten wird dies ausführlicher formuliert: "das er uns auch alle unsere sünden vergibt, als hetten wir nie kein gethon noch gehabt" (2. Abschnitt der Kurzen Summa, Kurpfalz 1563 (EKO 14,378)); "und daß ein jeder für sich selbst vergebung seiner sünden habe so gewiß, als wann er nie keine sünd begangen noch gehabt hette" (2. Abschnitt des Vorbereitungsgottesdienstes, Kurpfalz 1563 (EKO 14,382)); "als hette ich nie keine sünd begangen noch gehabt" (Frage 60 des HK, Kurpfalz 1563 (EKO 14,354)). Vgl. 2 Kor 5,21; Gal 3,13; 1 Petr 2,24. Zum Begriff der Stellvertretung vgl. Menke.

[1201] Der Begriff der 'Bezahlung' findet sich auch in den Paralleltexten: Der Vorbereitungsgottesdienst spricht in der 2. Frage von "dise volkommene bezalung deß sons Gottes für unsere sünd" (Kurpfalz 1563 (EKO 14,382)), der 2. Abschnitt der Kurzen Summa des HK nennt sie "die vollkomliche bezalung für alle unsere schuld" (Kurpfalz 1563 (EKO 14,378)). Zum Begriff 'bezahlen' vgl. auch die Fragen 1.13.14.16.40 des HK (Kurpfalz 1563 (EKO 14,342f.345f.350f)).
Das Motiv der Bezahlung findet sich auch in Heldings Kommunionvermahnung: "Alles darumb/das er durch sein hailigs blût vnd der wûlst unserer sünden abwaschen/vnd durch seinen vnschuldigen tod vnser wol verdiente straff bezalen/den ewigen tod von vnns abwenden/vnd vns ewigs leben gwinnen wôlt" (Helding 1548 (Anhang 4,Z.41-43)). Das Motiv stützt sich auf 1 Tim 2,6 ("der sich als Lösegeld hingegeben hat für alle") und auf das Motiv des Bezahlens der Schuld in den Gleichnissen Jesu (vgl. Mt 5,26; 18,25f; Lk 7,42). Zum Motiv des Freikaufens von der Sünde vgl. auch 1 Kor 7,23; Gal 3,13f. 4,4; 1 Petr 1,18f.

[1202] Auch diese Stellvertretungsaussage findet sich in den Paralleltexten: "wirdt auch forthin für Gott so gerecht und heilig gehalten, als hette er selbst alle gerechtigkeyt vollbracht" (2. Abschnitt des Vorbereitungsgottesdienstes, Kurpfalz 1563 (EKO 14,382)); "und dargegen uns schencket und zurechnet all den gehorsam und gerechtigkeyt Christi, als hetten wir selbst alles gethon und gelitten" (2. Abschnitt der Kurzen Summa, Kurpfalz 1563 (EKO 14,378)); "als hette ich ... selbst allen den gehorsam volbracht, den Christus für mich hat geleistet" (Frage 60 des HK, Kurpfalz 1563 (EKO 14,354)); "euen als oft wy in synen persoon de doot selue gheleden hadden" (Micron 1554 (CD 1,442)).
Bei Olevian findet sich in einer Predigt von 1563 eine etwas andere theologische und sprachliche Konstruktion, die aber letztlich das Gemeinte erläutert: Hier wird die Stellvertretung nicht durch eine 'als ob'-Konstruktion ausgedrückt, sondern aus der Gemeinschaft der Gläubigen mit Christus wird gefolgert, daß sie auch den ganzen Leidensweg Christi mitvollzogen haben: "Daß wir mit gecreutziget/mit gestorben/mit lebendig gemacht/mit aufferstanden/mit in den Himmel gesetzt seyn mit Christo" (Olevian, Gnadenbund (Franz u.a. 332)).

wie auch der Vermittlung der Erlösung durch die Sakramente[1203], nicht zuletzt weil dies im zweiten großen Abschnitt der Vermahnung geleistet wird[1204].

Im dritten Abschnitt geht es um die Gesinnung[1205] des einzelnen, "forthin mit seinem gantzen leben Gott, dem herrn, sich danckbar zu erzeigen und für dem angesicht Gottes aufrichtig zu wandlen". Wie schon oben herausgearbeitet, muß nach der Theologie des HK die Dankbarkeit Folge der geschenkten Erlösung sein[1206]. Es geht dabei aber nicht nur um eine innere Haltung, sondern um eine Form der Lebensgestaltung. Interessant ist, daß der HK in den Fragen 91-113 und dem 3. Abschnitt seiner Kurzen Summa das Leben in Dankbarkeit als Leben nach dem Gesetz darstellt und mit den Zehn Geboten erläutert[1207]. Hier und im 3. Abschnitt des Vorbereitungsgottesdienstes kommen die Begriffe 'Gebot' oder 'Gesetz' aber nicht vor[1208]. Das 'Gesetz' wird wieder auf das Liebesgebot und dann noch einmal auf das Gebot der Nächstenliebe enggeführt, und erst in der folgenden Abmahnung werden anhand der aufgezählten Laster indirekt die Zehn Gebote als in Dankbarkeit zu erfüllendes Gesetz deutlich gemacht. Während das Gebot der Nächstenliebe im Vorbereitungsgottesdienst nur durch die zu meidenden Sünden beschrieben wird[1209], findet sich hier auch die positive Beschreibung der Nächstenliebe: "ob er auch one alle gleißnerey aller feindschaft, neid und haß von hertzen absage und einen ernstlichen fursatz habe, hernachmals in warer lieb und einigkeyt mit seinem nechsten zu leben"[1210].

7.7.4.1.3 Resümee

Die Erkenntnis der Sündhaftigkeit, der Glauben an die eigene Erlösung und der Wille zu einem Leben nach den Geboten Gottes in Dankbarkeit sind die geforderten persönlichen Stellungnahmen, die die Voraussetzung für die Teilnahme am Herrenmahl darstellen, da sie die Würdigkeit ausmachen, die vor einem 'Essen und Trinken zum Gericht' schützen! Werden diese Teile im Vorbereitungsgottesdienst ausführlich entfaltet, so werden innerhalb der Vermahnung noch einmal die entscheidenden Punkte hervorgehoben. In allen drei Punkten geht es um eine Glaubensaussage, nämlich um den Glauben an die Erlösung in Jesus Christus, die das Bekenntnis der eigenen Sündhaftigkeit ebenso voraussetzt, wie die guten

---

[1203] Vgl. Kurpfalz 1563 (EKO 14,378f.382).

[1204] Vgl. 7.8.

[1205] Als anthropologische Größe, an der dies überprüft wird, wird das Gewissen genannt (ebenso bei Micron 1554 (CD 1,442)). Im Vorbereitungsgottesdienst wird dies im 'Herzen' überprüft (vgl. Kurpfalz 1563 (EKO 14,383)), dem Organ, das bei der Selbstprüfung im Abendmahlsgottesdienst mit dem Glauben in Verbindung gebracht wird. Eine Kongruenz der 'Organ'-Bezeichnungen ist also nicht vorhanden.

[1206] Vgl. Frage 86 des HK, Kurpfalz 1563 (EKO 14,359f). Vgl. Röm 12; Gal 5,13-26.

[1207] Vgl. Kurpfalz 1563 (EKO 14,360-365.380).

[1208] Die Zehn Gebote kommen im Abendmahlsgottesdienst in der nachfolgenden Abmahnung aber durch die Nennung der konkreten Vergehen ausführlich zur Sprache (vgl. 7.7.4.2)!

[1209] Eine erste Reihe von Sünden bezieht sich dort auf das Liebesgebot, eine zweite Reihe auch auf andere Gebote (vgl. Kurpfalz 1563 (EKO 14,383)).

[1210] Hier sind allerdings schon die gegen das Gebot der Nächstenliebe verstoßenden Laster genannt, die in der Abmahnung wiederkehren (vgl. 7.7.4.2.1). Vgl. auch die Fragen 105-107 des HK, Kurpfalz 1563 (EKO 14,363f). Micron erwartet allgemein "een oprechte beternisse des leuens, na Gods heylighen wille" (Micron 1554 (CD 1,442)). Genf fordert, "forthin heiliglich vñ nach Gottes willen zu lebẽ mit rechtem ernst begere" (Genf dt. 1563,47), konkretisiert dies aber nochmals in der Forderung nach Nächstenliebe: "allen haß vnd widerwillen faren laß/vnd einen guten fursatz habe/mit seinem nechsten in einigkeit vnd brüderlicher lieb zu leben" (Genf dt. 1563,47).

Werke ihre Folgen sein müssen. Damit ist deutlich gemacht, daß es bei den 'drei Stücken' des HK (Sünde/Erlösung/Dankbarkeit) um Kategorien geht, die das Christsein ein Leben lang bestimmen, und daß die 'Sünde' nicht allein in die Vergangenheit verwiesen werden kann.

Weil es aber um ein persönliches Sünden- und Glaubensbekenntnis geht, muß eine je eigene Stellungnahme zu den drei Punkten erwirkt werden. Daß der Akzent auf dieser persönlichen Glaubenseinstellung liegt, wird in der nachfolgenden Abmahnung noch deutlicher gemacht, die zusätzlich die Folgen der beiden möglichen Entscheidungen des einzelnen darlegt.

7.7.4.2 Die Abmahnung Unbußfertiger
Text
"Die nun also gesinnet sein, die wil Gott gewißlich zu gnaden annemen und für würdige tischgenossen seins sons Jesus Christi erkennen.

Dargegen aber, die dieses zeugnuß in irem hertzen nicht empfinden, die essen und trincken inen selbst das gericht. Derhalben wir auch nach dem befelch Christi und des apostels Pauli alle, die sich mit nachvolgenden lastern behaftet wissen, von dem tisch des herrn abmanen und inen verkündigen, das sie kein theil am reich Christi haben, als da sind alle abgöttische, alle, so verstorbene heiligen, engel oder andere creaturen anrüfen, die bilder verehren, alle zauberer und warsager, die viehe und leuth sampt andern dingen segnen, und, die solchen segen glauben geben, alle verächter Gottes und seins worts und der heiligen sacramenten, alle gottslesterer, alle, die spaltung und meueterey in kirchen und weltlichem regiment begeren anzurichten, alle meineidigen, alle, die iren eltern und oberkeyten ungehorsam sind, alle todtschläger, balger, haderer, die in neid und haß wider ihren nechsten leben, alle ehebrecher, hurer, follsäufer, dieb, wucherer, rauber, spiler, geitzigen und alle die, so ein ergerlichs leben führen. Diese alle, so lang sie in solchen lastern beharren, sollen gedencken und sich diser speiß, welche Christus allein seinen gläubigen verordnet hat, enthalten, auf daß nit ir gericht und verdammnuß desto schwerer werde."[1211]

Kommentar
Auch wenn dieser Abschnitt mit 'Abmahnung Unbußfertiger' überschrieben wird und diese Abmahnung fast den ganzen Passus bestimmt, ist dies doch nicht der einzige Inhalt. Von Schulz wird vollkommen richtig der vor der eigentlichen Abmahnung stehende Satz zu diesem Abschnitt gezählt[1212]. Dies bietet sich schon aus formalen Gründen an, denn es liegt hier die gleiche Konstruktion vor, wie bei den Beichtfragen des Vorbereitungsgottesdienstes und der zweiten Offenen Schuld im Predigtgottesdienst[1213]: Der vorhergehende Abschnitt, der jeweils die Sündhaftigkeit des Menschen und die Erlösung in Christus herausstellt, wird immer mit einem Satz oder Sätzen abgeschlossen, die nicht einfach absolutieren, sondern die die persönliche Entscheidung voraussetzen. Das Zueigenmachen des zuvor erfolgten Bekenntnisses entscheidet über den eigenen Status. Nur wird beim Vorbereitungsgottesdienst die negative Alternative, die Retention, nicht ausgesprochen!

[1211] Kurpfalz 1563 (CD 1,512f).

[1212] Vgl. Schulz, Ordnung 512. Zur Abmahnung vgl. Schulz, Ordnung 498; Lekkerkerker, Kanttekeningen 3,142f; Brunner, Abendmahlszeugnis 223f.

[1213] Vgl. die Abschnitte 6.3.3.2 und 6.4.

Die gleiche Entscheidungssituation wie im Vorbereitungsgottesdienst liegt auch hier vor; dies wird an der Gegenüberstellung von "Die nun also gesinnet sein, die..." und "Dargegen aber, die..." deutlich. An Glaube oder Unglaube an die eigene Erlösung in Jesus Christus erweist sich für den einzelnen die Zugehörigkeit zur jeweiligen Gruppe. Für die Glaubenden wird die Würdigkeit 'gewißlich' zugesagt: "Die nun also gesinnet sein, die wil Gott gewißlich zu gnaden annemen und für würdige tischgenossen seins sons Jesus Christi erkennen". Die Abendmahlsgemeinde wird also nicht durch die formale Zugehörigkeit zur Kirchengemeinde, sondern einzig durch den innerlichen Vollzug der Selbstprüfung und der Befürwortung der enthaltenen Glaubensinhalte konstituiert[1214]. Mit dieser Formulierung, die den würdigen Abendmahlempfang als 'Tischgenossenschaft Christi' ausdrückt, wird zugleich an die dogmatische Grundlegung der Würdigkeit bei Calvin erinnert, der herausstellt, daß Christus nur mit seinen Jüngern das Abendmahl gefeiert habe[1215]. Wird also die Frage der Würdigkeit formal durch Anbindung an die pl. Warnung erarbeitet, so geschieht dies inhaltlich durch die Orientierung an Calvins Theologie.

Für die Gegenseite wird als Retention das Essen und Trinken zum Gericht verkündet: "Dargegen aber, die dieses zeugnuß in irem hertzen nicht empfinden, die essen und trincken inen selbst das gericht." Daß es hierbei um eine Entscheidung zum Unglauben geht, wird an der Terminologie 'in ihrem Herzen empfinden' deutlich, die äquivalent zu 'glauben' steht[1216]. Diese Entscheidung wird durch die Stellungnahme zum vorhergehenden 'Zeugnis' getroffen. Wie bei der Offenen Schuld des Predigtgottesdienstes[1217] entscheiden sich Heil oder Unheil nicht nur in kognitiv-verbaler Weise, sondern auch in der Lebenspraxis durch ein sündhaftes Leben. Darin zeigt sich die für reformierte Theologie kennzeichnende Überzeugung, daß das Gesetz i.S. eines 'tertius usus legis' nicht nur anklagende Funktion für den Sünder, sondern auch positive Funktion für das christliche Leben hat und aus Dankbarkeit für die Erlösung befolgt werden muß. Diese theologische Überzeugung ist Grund für die Hochschätzung der Kirchenzucht in der reformierten Tradition und auch in der Kurpfalz[1218].

Die nachfolgende Bannformulierung macht die Retention konkret und zugleich die lebenspraktische Dimension deutlich, indem sie alle öffentlichen Sünder vom Abendmahl ausschließt. Daß diese Formel unter dem Anspruch der Kirchenzucht steht, wird daran deutlich, daß nicht nur ein Ausschluß vom Kommunionempfang erklärt wird ("die sich mit nachvolgenden lastern behaftet wissen, von dem tisch des herrn abmanen"), sondern daß zugleich festgestellt wird, "das sie kein theil am reich Christi haben". Außerdem beruft man sich ausdrücklich auf den "befelch Christi und des apostels Pauli".

[1214] Vgl. Brunner, Abendmahlszeugnis 223.

[1215] Vgl. Anm. 1316. Auch Bucers Confessio Tetrapolitana beschränkt die Teilnahme am Abendmahl auf Jünger und Gläubige (vgl. Confessio Tetrapolitana 1530 (BSRK 72)), so daß Bucer aber letztlich nur die wirklich Ungläubigen ausschließt (vgl. Rohls 184).

[1216] Zum Glaubensbegriff vgl. 7.8.2.1.

[1217] Dort heißt es: "Soviel aber under euch seind, die noch einen gefallen haben an iren sünden und schanden oder in sünden wider ir gewissen beharren, denselbigen verkündige ich..." (Kurpfalz 1563 (EKO 14,389)).

[1218] Vgl. 6.3.2.2 und 6.3.3.1.

7.7.4.2.1 Die Genese und der Inhalt der Bannformulierungen

Solche Ausschlußformulierungen finden sich schon vorreformatorisch in Ritualien bei der Ankündigung der Gemeindekommunion (meist zu Ostern) an den Sonntagen zuvor[1219]. Sie werden zusammen mit dem Dekret des 4. Laterankonzils über die verpflichtende Osterkommunion verkündet[1220]. Dort ist auffällig, daß sie stark über den durch die Zehn Gebote vorgegebenen Rahmen hinausgehen und vielfach die Übertretung kirchlicher Gebote auflisten[1221]. Ihre Funktion besteht darin, die Gläubigen zur Beichte in der Woche bis zum Kommuniongang anzuhalten[1222]. Es handelt sich nicht um einen offiziellen Exkommunikationsakt[1223]!

Wie oben dargelegt, kennen auch lutherische Ordnungen die Abweisung Unbußfertiger im Rahmen der Kirchenzucht, sie wird aber nicht innerhalb des Gottesdienstes vollzogen, sondern beim privaten Verhör vor dem Abendmahl[1224]. Selten finden sich in lutherischen Abendmahlsordnungen Formulierungen eines allgemeinen Ausschlusses öffentlicher Sünder bis zu einer Besserung[1225], noch seltener wirkliche Ausschlußformulierungen[1226].

[1219] Es werden all die aufgezählt, die vom Kommunionempfang ausgeschlossen sind. Auch in den nachreformatorischen Ritualien finden sich solche Formeln (vgl. 7.4.3).

[1220] Die Kontinuität zeigt sich auch an der z.B. in Eßlingen weiterhin verwendeten Bezeichnung 'articul' (vgl. Waldenmeier 36³).

[1221] Vgl. auch Schulz, Ministerium 79.

[1222] Vgl. Konzili 3,381.

[1223] Innerhalb katholischer Kommunionvermahnungen findet sich eine Ausschlußformulierung nur im Ritus Communionis Catholicus 1556: "...ist auch von nöten vnnd nutz/das wir wissen/das zům Sacrament leibs vnnd blůts deß Herrn Christi/dz ist zů seiner gemainschafft/nach dem wort Gottes/vnd altkirchlichen löblichen gewonhait/nit zůgelassen werden sollen/alle/so in groben/vnd todts Sünden verstrickt/vnd vnbůßfertig verharren. [Hic fiat recitatio secundum consuetudinem Ecclesiae omnium personarum, & casuum & c.]" (Ritus Communionis Catholicus 1556 (Anhang 6,Z.63-67)). Diese Nennung von Fällen fällt aber schon ein Jahr später wieder weg (vgl. Salzburg 1557 (Anhang 6,Z.66f⁴⁵).

[1224] Vgl. 6.3.2.1; vgl. auch Schulz, Ordnung 498²³.

[1225] Solche Formulierungen finden sich vor 1563 ausschließlich in Frankfurt: "Wer das alles mit Ernst begert, und sein Sünde bekennt, der ist zu disem Nachtmal zugelassen, über den Unglaubigen aber beleibt der Zorn Gottes, etc." (Frankfurt 1530 (CD 1,240)); "Diejenigen aber/die solches bußfertiges Leben nicht glauben/und Trost darinn suchen/sondern in öffentlichen Lastern Sünden und bösem Leben verharren/sollen sich solches heiligen Nachtmahls und Sacraments unwürdig und verbannet wissen/biß zur Besserung" (Frankfurt 1543 (CD 1,242)); "Diejenigen aber/so in vnbußfertigem leben/in offentlichen sünden vnd lastern verharren/sollen sich solches Heiligen Nachtmals vnwirdig/vnd verbannet wissen/biß vff besserung" (Frankfurt (1553) 1564ff (CD 1,242²²)). Hierbei ist zu bedenken, daß diese Ordnungen formal dem oberdeutschen Typ, konfessionell aber dem lutherischen Bekenntnis zuzuordnen sind (vgl. Drömann, Frankfurter Ordnungen 237).
Noch 1563 findet sich Ähnliches auch in Braunschweig: "Welchem aber seine sünde nicht leid sein, auch keinen willen hat, sich zu bessern, sondern in öffentlichen sünden und lastern forzufaren, der bleibe von diesem sacrament, denn er empfehet es ihme zum gericht, wie S. Paulus saget" (Braunschweig-Lüneberg 1564 (CD 1,62)).

[1226] In einem lutherischen Formular findet sich eine kurze Formel nur bei Luther selbst (vgl. Luther, Hausmann 1525 (CD 1,44)). In der 'Formula Missae' finden sich schon Ausschlußbedingungen, ohne daß sie zum Text des eigentlichen Gottesdienstes gehören: "...si viderit aliquem scortatorem, adulterum, ebrium, lusorem, usurarium, maledicum, aut alio crimine manifesto infamem, prorsus ab hac caena excludat, nisi manifesto argumento vitam sese mutasse testatus fuerit" (Luther, FM 1523 (Herbst 36); vgl. Schulz, Ministerium 79⁷⁴; Lekkerkerker, Kanttekeningen 3,151f).

Praktisch standardmäßig erscheinen dagegen Bannformeln in den reformierten Ordnungen, entweder im Rahmen eines Absolutionsaktes zu Beginn der eigentlichen Abendmahlsfeier[1227] oder im Rahmen der Abendmahlsvermahnung[1228]. Ebenfalls enthalten die von Bucer geprägten Ordnungen Bannformeln, die in besonderem Maße auf Kurpfalz 1563 einwirken. In den Straßburger Ordnungen werden ab 1526 einzelne Vergehen innerhalb des (ersten) Abendmahlsgebets genannt: "zorn, vnwillen, neyd, haß, eygennützigkeit, geyle, vnkeuscheit"[1229]. Vor allem aber findet sich ein weit ausgeformter Lasterkatalog in der Abfolge der Zehn Gebote in den Straßburger Ordnungen, aber nicht als Bann, sondern in einem als Bekenntnis formulierten Confiteor[1230]. Regelrechte Bannformeln erscheinen in den von Bucer verantworteten Ordnungen für Kassel[1231] und für Köln[1232], beide Male angehängt an die aus Straßburg bekannte Abendmahlsvermahnung[1233]. In Hessen kennt zudem schon die Ziegenhainer Zuchtordnung einen solchen Katalog der vom Abendmahl Auszuschließenden[1234]. Auch die von Bucer beeinflußten Augsburger und Anglikanischen Ordnungen führen die Bannformel am Schluß der Vermahnung[1235].

Die vorliegende, in Form eines Lasterkatalogs formulierte Bannformel ist in weiten Teilen fast wörtlich aus der KO Köln 1543 übernommen, welche wiederum sehr stark an die KO Kassel 1539b angelehnt ist.[1236] Selten sind diese Lasterkataloge so ausführlich wie in den drei genannten Kirchenordnungen. Allerdings sind in der kurpfälzischen KO Streichungen gegenüber Köln 1543 zu vermerken. Zum leichteren Vergleich sollen die Texte nebeneinander gestellt werden.

[1227] Vgl. Basel 1526 (CD 1,204f); Basel 1537 (CD 1,216); Bern 1529 (CD 1,232). Gäbler vermutet, daß die Einschiebung der Bannformel auf Oekolampad selbst zurückgeht (vgl. Gäbler, Oekolampad 32). Auffälligerweise wird in Zürich keine Bannformel in die Abendmahlsliturgie aufgenommen, da Zwingli sich dagegen ausspricht (vgl. CR 93.1,113; Dorbras 297[855]). Oekolampad verteidigt dagegen die Basler Praxis (vgl. CR 96,229f; Dobras 304[894]).

[1228] Vgl. Farel 1533 (CD 1,342f); Genf 1542, 1542A, 1545 (CD 1,358f); Genf dt. 1563,46f; Pollanus 1551, 1552, 1554, 1555 (Honders 84f); Mömpelgard 1559 (CD 1,371f); Micron 1554 (CD 1,443); FoP 1556, 1564 (CD 1,473f).

[1229] Straßburg 1526-1536 (CD 1,320); ab 1537 findet sich die Formulierung innerhalb eines anderen Textes (vgl. Straßburg 1537ff (CD 1,320)).

[1230] Vgl. Straßburg 1537ff (Hubert 92-94).

[1231] Vgl. Kassel 1539b (EKO 8,122-123^k); sie kommen hier innerhalb des Abendmahlformulars vor.

[1232] Vgl. Köln 1543,CIII^r-CIII^v; hier haben sie ihren Platz im Vorbereitungsgottesdienst.

[1233] Vgl. Straßburg 1537ff (CD 1,317f).

[1234] Vgl. Ziegenhainer Zuchtordnung 1539 (EKO 8,107).

[1235] Vgl. Augsburg 1537, 1555 (CD 1,335); OoC 1548 (CD 1,390f). BCP 1549 bringt statt dessen eine allgemeine 'Warning Exhortation' (vgl. BCP 1549 (Buchanan 10f); vgl. auch CD 1,395), die ihren Platz aber nicht in derselben Abendmahlsfeier, sondern im Ankündigungsgottesdienst hat (vgl. Buchanan, Lord's Supper 395[74]). 1552 wird der Text verändert und vor die Abendmahlsvermahnung gestellt (vgl. CD 1,382); allerdings kann er nun auf die aktuelle Feier bezogen werden.

[1236] Vgl. Schulz, Ordnung 498.

Tabelle 3: Lasterkataloge

Kassel 1539b

"... alle die, so mutwillig oder fahrlessig dieses sacrament verachten und nach des Herrn befehl des sich mit nichts gebrauchen, so den kinderbericht des christlichen glaubens und lebens nicht können, auch nicht lernen wöllen,

alle ungleubigen, öffentliche abgötter, so die heiligen engel oder ander creatur anruffen und anbeten,

so die bilder verehren,

alle zeuberer, warsager, die vihe und krenz sampt andern dingen gesegen, mit allen den, so solchen glauben geben,

alle gottesverechter und lesterer, die so leichtfertig und aus böser gewonheit schweren und fluchen, durchechter Gottes worts und der heiligen sacrament, die sich in den sachen des glaubens mit Gotts wort nicht wöllen berichten lassen,

die so sunderlich auf den sabat und ander festen aus mutwillen predigung verseumen, under und zwüschen der predigung arbeiten und dem Herrn seine rue nicht aushalten,

die den eltern, formünden, oberkeiten und herren nicht mit Gott gehorsam sein, ihnen fluchen, sie unehren und schmehen, aufrürisch sich aus frefell ihnen widerreden und entkegen sein,

die ihr kinder, gesind und volk im Herren nicht versorgen und ufziehen, noch mit allem fleis und treu zur gotseligkeit, zucht und gerechtigkeit anhalten,

alle todtschläger, zornige, hessichen, neidischen, alle die aus mutwillen kriegen,

Köln 1543

"...alle die on waren glauben/vnd liebe/leben/durch welche Gottes namme offentlich verlestert/vnd die gemein vererget wurdt/Als da sein

alle vngleubigen/vnd offentlich abgottische/Alle die die verstorben Heiligen/Engel/oder ander creaturē anruffen/vnd anbeten/

die bilder verehren/

Alle zeuberer/warsager/die vihe vnd leuth/sampt anderen dingen segnen/vnd die solchem segnē glauben gebē/

Alle Gottes verechter/alle lesterer/

vnd durchechter Gottliches worts/ vnd der H. Sacramenten/

Alle die auff die ordentlichen feirtag/auß mutwillen die predig/ vnd ander Gottes versamlung/beharlich verlaßen.

Die den Elterē/Furgesetzten/ Oberkeiten/vnd Herrē nicht nach Gottes gebott gehorsam sein/jnen fluchen/sie vnehren vnd schmehen/sich jnen auffrürisch vnd freuenlich entgegen setzē/

Die jre kinder/gesind/vñ volck/im Herren nit versorgen/vñ auffziehen/noch mit fleiß vnd trew zur Gottseligkeit/zucht/vñ gerechtigkeit anhaltē/

Alle todtschleger/alle die inn neid vnd haß vñ beleidigung jres nechsten verharren/

Kurpfalz 1563

"...alle abgöttische, alle, so verstorbene heiligen, engel oder andere creaturen anrüfen,

die bilder verehren,

alle zauberer und warsager, die viehe und leuth sampt andern dingen segnen, und, die solchen segen glauben geben,

alle verächter Gottes

und seins worts und der heiligen sacramenten,

alle gottslesterer,
alle, die spaltung und meueterey in kirchen und weltlichem regiment begeren anzurichten,
alle meineidigen,

alle, die iren eltern und oberkeyten ungehorsam sind,

alle todtschläger, balger, haderer, die in neid und haß wider ihren nechsten leben,

alle hurer und ebrecher, bierseufer und weinschleuch sampt den prassern	Alle hurer/vnd ehebrecher/vnd volsauffer/	alle ehebrecher, hurer, follsäufer,
alle dieb, finanzer, wücherer, reuber, spieler und die, so unzimlich gewin und gewerb treiben, so mit Gott und ehren weder zu geben noch zu nemen sein,	Alle dieb/ wucherer/ reuber/ spieler/vnd die vnzimlich gewiñ/ vnd gewerb treiben/	dieb, wucherer, rauber, spiler, geitzigen und alle die, so ein ergerlichs leben führen."
alle gesunden, starken müssiggenger und betler, so mit ihrer faulheit ein beschwerung sein dem nechsten,	Alle die mutwillig müssig gohn/ vnd ander leut beschwären/	
alle schender, falsche zungen, lügener, meineidigen, afterreder und die, so entweder underdrucken und verschweigen die warheit und gerechtigkeit."	Alle schender/falsche zunge/ lugener/meineidige/affterreder/ vnd die die warheit vnd gerechtigkeit nit bekennen/vnnd bezeuge/da sie das zuthůn schuldig sein."	
(Kassel 1539b (EKO 8,122^k))	(Köln 1543,CIII^r-CIII^v)	(Kurpfalz 1563 (CD 1,513))

Alle drei in der Tabelle aufgeführten Kirchenordnungen gestalten diese Liste der Laster im Prinzip in der Abfolge der Zehn Gebote[1237]. Dies ist in den meisten Abendmahlsordnungen der Fall, die einen Bann kennen[1238], ist aber auch schon bei den ntl. Lasterkatalogen zu beobachten[1239]. Nur Kassel 1539b kennt auch noch kirchliche Forderungen ("...so den kinderbericht des christlichen glaubens und lebens nicht können, auch nicht lernen wöllen..."), wie sie auch vorreformatorisch in solchen Listen bekannt sind[1240]. Allerdings fällt es nicht immer ganz leicht, eine Zuordnung aufgrund des eigentlichen Textes der Zehn Gebote vorzunehmen[1241], meist muß ihre Interpretation im HK[1242] hinzugenommen werden.

Werden in den Zehn Geboten das Fremdgötterverbot und das Bilderverbot nach reformierter Tradition getrennt und als zwei eigenständige Gebote aufgeführt[1243], so sind das 1. und 2. Gebot im Lasterkatalog gemäß der Kasseler und Kölner Vorlage miteinander vermischt, denn die Nennung derer, "die bilder verehren,"[1244] steht innerhalb einer Gruppe von Vergehen, mit denen das erste Gebot interpretiert wird: "alle abgöttische, alle, so verstorbene heiligen, engel oder andere creaturen anrüfen, ... alle zauberer und warsager, die viehe und leuth sampt andern dingen segnen, und, die solchen segen glauben geben".[1245] Diese Interpretation des

---

[1237] Als Überblick zum Dekalog vgl. Hossfeld, Dekalog; Boeker; Perlitt. Der Dekalog gehört seit dem Hochmittelalter zu den 'katechetischen Stücken'. Er erlangt diese Stellung laut Bahlmann durch entsprechende Leitfäden des Thomas von Aquin (vgl. Bahlmann 8[20]).

[1238] Vgl. Basel 1526 (CD 1,204f), Basel 1537 (CD 1,216); Bern 1529 (CD 1,232); Farel 1533 (CD 1,342); Genf 1542, 1542A, 1545 (CD 1,359), Genf dt. 1563,46f; Pollanus 1551, 1552, 1554, 1555 (Honders 84f); Mömpelgard 1559 (CD 1,371f). Weiterhin enthalten ungeordnete bzw. (gemessen an den Zehn Geboten) sehr unvollständige Listen: Luther, Hausmann 1525 (CD 1,44); Augsburg 1537, 1555 (CD 1,335); OoC 1548 (CD 1,390); Micron 1554 (CD 1,443); FoP 1556 (CD 1,473), FoP 1564 (CD 1,473f). Eine Verkündigung der Zehn Gebote, ohne eine Textvorlage zu bieten, findet sich in Frankfurt 1530 (CD 1,239).

[1239] Bereits die frühjüdischen Lasterkataloge weisen diese Orientierung auf (vgl. Gielen 659). Unter den ntl. Stellen sieht Gielen die deutlichste Anlehnung an den Zehn Geboten in Mt 15,19 (vgl. Gielen 659), während Becker sie in 1 Tim 1,9f erkennt (vgl. Becker, Annäherungen 413). Zu den ntl. Lasterkatalogen vgl. Mk 7,21f; Mt 15,19; Röm 1,29-31; 13,13; 1 Kor 5,9-13; 6,9-11; 2 Kor 12,20f; Gal 5,19-22; Eph 4,17-19.31; 5,3-5; Kol 3,5-8; 1 Thess 4,3-6; 1 Tim 1,9f; 6,3-5; 2 Tim 3,1-4; Tit 3,3; 1 Petr 2,1; 4,3.15; Offb 9,20f; 21,7f; 22,14f. Vgl. auch Gielen; Vögtle; Schweizer.

[1240] Vgl. Schulz, Ministerium 79.

[1241] Für die Auflistung der Zehn Gebote im HK vgl. Kurpfalz 1563 (EKO 14,360f).

[1242] Vgl. die Fragen 94-113 des HK (Kurpfalz 1563 (EKO 14,361-365)). Die KO von 1556, die den Brenzschen Katechismus verwendet, kennt eine solche Erläuterung nicht (vgl. Kurpfalz 1556 (EKO 14,131f)).

[1243] Vgl. Kurpfalz 1563 (EKO 14,360f). Anders ist dies noch in der KO von 1556, die den Brenzschen Katechismus verwendet; vgl. Kurpfalz 1556 (EKO 14,131). Zur reformierten Zählung der Gebote vgl. Ursinus, Eintheilung (Sudhoff 593-613).

[1244] Als Erläuterungen zum 2. Gebot vgl. die Fragen 96-98 des HK, Kurpfalz 1563 (EKO 14,362).

[1245] Als Erläuterung zum 1. Gebot dienen die Fragen 94 und 95 des HK. In der Antwort auf Frage 94 wird als Vergehen genannt: "alle abgötterey, zauberey, aberglaubische segen, anrufung der heiligen und anderer creaturen" (Kurpfalz 1563 (EKO 14,361)). Diese Aufzählung bleibt auch im Kleinen HK von 1576, integriert in die KO von 1585, erhalten (vgl. Kurpfalz 1585 (EKO 14,374)). Somit sind die gleichen Vergehen genannt, einzig der 'Segen' wird im Lasterkatalog der vorliegenden Ordnung noch stärker ausgeführt: "warsager, die viehe und leuth sampt andern dingen segnen, und, die solchen segen glauben geben" (Kurpfalz 1563 (EKO 14,384)).
Das Vergehen der Abgötterei wird auch genannt in: Basel 1526 (CD 1,204); Basel 1537 (CD 1,216); Bern 1529 (CD 1,232); Genf dt. 1563,46; Micron 1554 (CD 1,443). Unter das Delikt der Abgötterei fallen auch die Termini "Götzendiener" (Augsburg 1537 (CD 1,335[98]); Augsburg 1555 (CD 1,335)), "idolatres" (Farel 1533, 1538 (CD 1,342); Mömpelgard 1559 (CD 1,371); Genf 1542, 1542A, 1545 (CD 1,359); Pollanus 1552 (Honders 85)), "idololatras" (Pollanus 1551, 1554, 1555 (Honders 84)) und "idolaters" (FoP 1564 (CD 1,473)).

ersten Gebots kann mit ihrer Verwerfung des Segnens von Menschen und Dingen, wie der Anrufung von Engeln und Heiligen als deutliche Abgrenzung gegenüber den Katholiken verstanden werden.[1246] Daß so bedeutsame Elemente der spätmittelalterlichen katholischen Frömmigkeit als 'ausgemachte Abgötterei' aufgefaßt werden[1247], zeugt vom Wunsch einer klaren Abgrenzung gegenüber den Katholiken und dem bisher bestimmenden Volksbrauchtum[1248].

Keineswegs eindeutig ist die Zuordnung der nun folgenden Abschnitte zum 3. und 4. Gebot (Verbot des Mißbrauchs des Namens Gottes und Gebot der Sabbatheiligung), denn sie erscheinen ebenfalls vermischt. Dem 3. Gebot kann am ehesten der Ausschluß "alle[r] verächter Gottes"[1249] und "aller[r] gotteslesterer"[1250] zugeordnet werden. Zwar findet sich in den erläuternden Fragen 99-102 des HK nur die Warnung vor Lästerung und Mißbrauch des Namens Gottes, wie auch vor Schwören und Fluchen[1251]. Genau diese Vergehen werden aber in Kassel 1539b und Köln 1543 an dieser Stelle in Anfügung an die Gottesverächter und Gotteslästerer angeführt[1252]. Im Lasterkatalog der vorliegenden Ordnung werden die Gottesverächter und die Gotteslästerer jedoch getrennt durch die Apposition "und seins worts und der heiligen sacramenten"[1253] genannt. Diese Apposition ist einerseits Erläuterung, wie diese Verachtung Gottes geschieht, paßt allerdings auch zum 4. Gebot, denn in dessen Erläuterung in Frage 103 wird die Pflicht des Christen genannt, "das wort Gottes zu lernen,

---

Schon diese Terminologie zeigt, daß hierunter zugleich der Verstoß gegen das Bilderverbot verstanden wird. Eine ausdrückliche Nennung der Zauberei kennen: Basel 1526 (CD 1,204); Bern 1529 (CD 1,232).

[1246] Schon Luther sieht die Anrufung der Heiligen im Großen Katechismus als Verstöße gegen das 1. Gebot an (vgl. Luther, GK (WA 30.1,134)). Toussain drückt dies indirekt aus: "ou qui en autre chose quelconque mettent la confiance de leur salut, qu'au seul merite de la mort & passion du Sauueur" (Mömpelgard 1559 (CD 1,371)). Lekkerkerker sieht in der Umschreibung der vorliegenden Ordnung ein Äquivalent zu 'heretiques' in Calvins Ordnung (vgl. Genf 1542, 1542A, 1545 (CD 1,359), Lekkerkerker, Kanttekeningen 3,142).

[1247] Hier ist nochmals zu bedenken, daß auch die katholische Form der Meßfeier nach Frage 80 des HK als Abgötterei verdammt wird (vgl. Kurpfalz 1563 (EKO 14,358)). Aber auch lutherische Theologie bezeichnet die Messe als Abgötterei (vgl. Schmalkaldische Artikel 1537 (BSLK 416); Rohls 121).

[1248] Vgl. Brunner, Abendmahlszeugnis 223[166].

[1249] Auch genannt in: Genf 1542, 1542A, 1545 (CD 1,359), Genf dt. 1563,46; Pollanus 1551, 1552, 1554, 1555 (Honders 84f).

[1250] Auch genannt in: Basel 1526 (CD 1,204), Basel 1537 (CD 1,216); Bern 1529 (CD 1,232); Augsburg 1537 (CD 1,335[98]); Augsburg 1555 (CD 1,335); Genf 1542, 1542A, 1545 (CD 1,359), Genf dt. 1563,46; Pollanus 1551, 1552, 1554, 1555 (Honders 84f); Micron 1554 (CD 1,443). Hierunter fällt wohl auch der Ausdruck 'blasphemers' (vgl. OoC 1548 (CD 1,390); FoP 1556, 1564 (CD 1,473)) bzw. "blasphemateurs du nom de Dieu" (Mömpelgard 1559 (CD 1,371)).

[1251] Vgl. die Frage 99 (Kurpfalz 1563 (EKO 14,362)). Der Name Gottes kann (theologisch vollkommen richtig) als Ausdruck für Gott selbst verstanden werden, so daß eine Lästerung seines Namens und seiner selbst das gleiche sind.

[1252] Vgl. Tabelle 3.

[1253] Evtl. sind mit dieser Formulierung die gemeint, die nicht zum Predigt- und Abendmahlsgottesdienst kommen (vgl. auch Dobras 349). Vgl. auch Basel 1526 (CD 1,204), Basel 1537 (CD 1,216); Bern 1529 (CD 1,232). Ähnlich wie die Verachtung des Wortes Gottes formuliert Knox: "an hinderer or slaunderer of his worde" (FoP 1556 (CD 1,473)). Aber auch die Formulierung "die da sich in sachen des glaubens nit wöllen mit den wort richten lon" (Basel 1526 (CD 1,204)) dürfte hierunter fallen. Eine Verachtung der Sakramente nennen: Basel 1526 (CD 1,204), Basel 1537 (CD 1,216); Bern 1529 (CD 1,232). Alle drei Formulare begrenzen den Begriff Sakrament zugleich auf Taufe und Abendmahl, wie auch Toussain: "ceux qui reiettent & contemnent sa sainte Parolle, & ses saints Sacramens, assauoir le Baptesme & la Cene" (Mömpelgard 1559 (CD 1,371)).

die heiligen sacrament zu gebrauchen"[1254]. Auch die Lasterkataloge von Kassel 1539b und Köln 1543 setzen Sabbat mit Sonntag und das Übertreten des Gebots der Sabbatheiligung mit dem Fernbleiben von Predigt und Gottesdienst in eins[1255]; dort bildet dagegen die Verachtung des Wortes Gottes und der Sakramente den Übergang vom 3. zum 4. Gebot[1256]. Im Lasterkatalog von Kurpfalz 1563 wird der Sonntag gar nicht mehr genannt, so daß eine Zuordnung nicht eindeutig möglich ist.

Ebenfalls bleibt unklar, ob es sich beim folgenden Passus ("alle, die spaltung und meueterey in kirchen und weltlichem regiment begeren anzurichten"[1257]) um eine weitere Ausfaltung des 3. Gebots handelt oder um ein Vergehen, das unter das 5. Gebot fällt. Die nachfolgende Nennung des Meineids, der eindeutig zum 3. Gebot gehört[1258], deutet auf die Zugehörigkeit auch des Vergehens der Spaltung zum 3. Gebot; im übrigen kennen auch die Ordnungen nach Calvin[1259] die Abfolge von 'Spaltern der Kirche' und 'Meineidigen'. So ist sehr wahrscheinlich der ganze Passus von "verächter Gottes" bis "meineidigen" als Ausfaltung des 3. Gebots anzusehen, wobei das Entscheidende des 4. Gebots schon integriert wird, so daß es nicht mehr genannt werden muß.

Der Verstoß gegen das 5. Gebot, das Gebot der Elternliebe[1260], wird ausgeweitet auf die ganze Obrigkeit[1261] ("alle, die iren eltern und oberkeyten ungehorsam sind"), wie dies auch die Frage 104 des HK tut[1262]. Evtl. gehört auch die oben erwähnte Auflehnung gegen das

---

[1254] Kurpfalz 1563 (EKO 14,363). Die einfache Übertragung des Begriffs 'Sabbat' auf die Sonn- und Feiertage findet sich z.B. auch bei Luther (vgl. Luther, GK (WA 30.1,143f)).

[1255] Für Luther besteht die Heiligung des Sonntags im Hören des Wortes Gottes (vgl. Luther, GK (WA 30.1,145)).

[1256] Vgl. Tabelle 3.

[1257] Die sich direkt an Calvin anschließende Tradition formuliert anders: "heretiques, et toutes gens qui font sectes à part, pour rompre l'unité de l'Eglise, ...tous seditieux, mutins, bateurs" (Genf 1542, 1542A, 1545 (CD 1,359); vgl. Genf dt. 1563,46; Pollanus 1551, 1552, 1554, 1555 (Honders 84f)).

[1258] Der Meineid wird in Frage 99 des HK als typischer Mißbrauch des Namens Gottes angesehen (vgl. Kurpfalz 1563 (EKO 14,362)). Ebenso wird der Meineid an dieser Stelle genannt bei: Farel 1533, 1538 (CD 1,342); Genf 1542, 1542A, 1545 (CD 1,359), Genf dt. 1563,46; Pollanus 1551, 1552, 1554, 1555 (Honders 84f). Die Kasseler und Kölner Vorlage weisen den Meineid dem 9. Gebot zu (vgl. Tabelle 3), so daß sich in diesem Falle Kurpfalz 1563 von diesen beiden Vorlagen abhebt.

[1259] Vgl. Genf 1542, 1542A, 1545 (CD 1,359), Genf dt. 1563,46; Pollanus 1551, 1552, 1554, 1555 (Honders 84f).

[1260] Auch genannt in: Basel 1526 (CD 1,204), Basel 1537 (CD 1,216); Bern 1529 (CD 1,232); Farel 1533, 1538 (CD 1,342); Genf 1542, 1542A, 1545 (CD 1,359), Genf dt. 1563,46; Pollanus 1551, 1552, 1554, 1555 (Honders 84f); FoP 1564 (CD 1,473f).

[1261] Auch genannt in: Basel 1526 (CD 1,204), Basel 1537 (CD 1,216); Bern 1529 (CD 1,232); Farel 1533, 1538 (CD 1,342); Genf 1542, 1542A, 1545 (CD 1,359), Genf dt. 1563,46; Pollanus 1551, 1552, 1554, 1555 (Honders 84f); Mömpelgard 1559 (CD 1,371f). Die Phrase wird z.T. ergänzt um "vnd sich wideren jrer zynß vnd zols etc." (Basel 1526 (CD 1,204), vgl. Basel 1537 (CD 1,216)). Knox faßt zusammen: "all disobedient persons to father or mother, Princes or Magistrates, Pastors or Preachers" (FoP 1564 (CD 1,473f)). Diese Ausweitung des Gebots findet sich ebenso bei Luther, GK (WA 30.1,152-155).

[1262] "Frag. Was wil Gott im fünften gebot? Antwort. Daß ich meinem vater und mutter und allen, die mir fürgesetzt sein, alle ehre, liebe und treue beweisen und mich aller guten lehr und straf mit gebürlichem gehorsam underwerfen und auch mit ihren gebrechen gedult haben soll, dieweil uns Gott durch ire hand regieren wil." (Frage 104 des HK, Kurpfalz 1563 (EKO 14,363)). Die gleiche Ausweitung findet sich auch in Kassel 1539b und Köln 1543 (vgl. Tabelle 3), aber auch in der lutherischen Tradition (vgl. Luther, GK (WA 30.1,153-155)).

kirchliche und weltliche Regiment hierzu. Allerdings hat der vorliegende Lasterkatalog die Umkehrung der Elternliebe in eine Fürsorgepflicht für Kinder und Untergebene, die Kassel 1539b und Köln 1543 beinhalten[1263], nicht übernommen.

Das 6. Gebot, das Tötungsverbot, wird nach den Fragen 105-107 auf einige Vergehen ausgeweitet, die als Vorformen des Tötens verstanden werden: "alle todtschläger[1264], balger[1265], haderer[1266], die in neid[1267] und haß[1268] wider ihren nechsten leben".[1269]

Das 7. Gebot, das Verbot des Ehebruchs, wird ausgeweitet auf "alle ehebrecher[1270], hurer[1271]". Zwar findet sich der letzte Terminus nicht in den Fragen 108-109, die das 7. Gebot erläutern, aber dieses wird als Aufforderung verstanden, daß wir "keusch und züchtig leben sollen, es sey im heiligen ehestandt oder ausserhalb desselben"[1272].

[1263] Diese Pflicht von Eltern und Vorgesetzten nennt unter diesem Gebot schon Luther (vgl. Luther, GK (WA 30.1,156f)). Vgl. ebenso Mömpelgard 1559 (CD 1,371).

[1264] Auch in: Basel 1526 (CD 1,204), Basel 1537 (CD 1,216); Bern 1529 (CD 1,232); Mömpelgard 1559 (CD 1,372). Knox spricht von "murderers" (FoP 1564 (CD 1,473)).

[1265] Auch in: Farel 1533, 1538 (CD 1,342); Genf 1542, 1542A, 1545 (CD 1,359), Genf dt. 1563,46; Pollanus 1551, 1552, 1554, 1555 (Honders 84f); Mömpelgard 1559 (CD 1,372). Andere Schweizer Formulare benennen noch diejenigen, die aus Mutwillen Krieg führen: Basel 1526 (CD 1,204); Basel 1537 (CD 1,216); Bern 1529 (CD 1,232)).

[1266] Hier lassen sich auch andere anzutreffende Termini einfügen: "zorn" (Luther, Hausmann 1525 (CD 1,44)); "noyseux" (Farel 1533, 1538 (CD 1,342); vgl. Genf 1542, 1542A, 1545 (CD 1,359), Genf dt. 1563,46f; Pollanus 1551, 1552, 1554, 1555 (Honders 84f)), "twist" (Micron 1554 (CD 1,443)), "malice" (OoC 1548 (CD 1,390), FoP 1556, 1564 (CD 1,473)).

[1267] Auch in: Luther, Hausmann 1525 (CD 1,44); Buxtehude 1565 (CD 1,63); Basel 1526 (CD 1,204), Basel 1537 (CD 1,216); Bern 1529 (CD 1,232). Im Englischen findet sich "enuy"/"enuie"/"envy" (OoC 1548 (CD 1,390), FoP 1556, 1564 (CD 1,473)).

[1268] Auch in: Luther, Hausmann 1525 (CD 1,44); Buxtehude 1565 (CD 1,63); Bern 1529 (CD 1,232); Farel 1533, 1538 (CD 1,342); Mömpelgard 1559 (CD 1,372).

[1269] Zu den Fragen 105-107 vgl. Kurpfalz 1563 (EKO 14,363f). Hier ist vor allem die Antwort auf die 106. Frage interessant, weil sie die Ausweitung des Vergehens erläutert: "Es wil uns aber Gott durch verbietung des todtschlags lehren, daß er die wurtzel des todtschlags, als neid, haß, zorn rachgirigkeyt hasset und das solches alles für ihm ein heimlicher todtschlag seye" (Kurpfalz 1563 (EKO 14,364)). Ähnlich schon Luther, GK (WA 30.1,158f). Grundlage ist das Jesus-Wort Mt 5,21-26.

[1270] Auch in: Basel 1526 (CD 1,204), Basel 1537 (CD 1,216); Bern 1529 (CD 1,232); Augsburg 1555 (CD 1,335); Genf 1542, 1542A, 1545 (CD 1,359), Genf dt. 1563,47; Pollanus 1551, 1552, 1554, 1555 (Honders 84f). Im Englischen heißt es "aduouterer"/"adulterer"/"adulterers" (OoC 1548 (CD 1,390); FoP 1556, 1564 (CD 1,473)).

[1271] Auch in: Basel 1526 (CD 1,204), Basel 1537 (CD 1,216); Bern 1529 (CD 1,232); Augsburg 1537 (CD 1,335[98]), Augsburg 1555 (CD 1,335); Farel 1533, 1538 (CD 1,342); Genf 1542, 1542A, 1545 (CD 1,359), Genf dt. 1563,47; Pollanus 1551, 1552, 1554, 1555 (Honders 84f); Mömpelgard 1559 (CD 1,372).
Auch wenn sich die Terminologie nicht scharf abgrenzen läßt, fallen in diese Kategorie wohl auch: Unkeuschheit (vgl. Luther, Hausmann 1525 (CD 1,44), Unzucht (vgl. Buxtehude 1565 (CD 1,63) und 'onreinicheit' (Micron 1554 (CD 1,443)).

[1272] Kurpfalz 1563 (EKO 14,364).

Zum 7. Gebot sind auch die danach erwähnten "follsäufer"[1273] zu zählen. Zwar führt die calvinistische Tradition die Trunkenheit am Ende der Eigentumsdelikte auf[1274]; aber in den arallelen Kassel 1539b und Köln 1543 wird die Trunkenheit ebenfalls an dieser Stelle vor den Eigentumsdelikten genannt. Eine Zuordnung zum 7. Gebot ist im zuchtlosen Umgang mit dem Körper begründet, den die Frage 108 des HK dem 7. Gebot zuweist[1275].

Die nachfolgende Aufzählung von Lastern ("dieb[1276], wucherer[1277], rauber[1278], spiler[1279], geitzigen[1280]") sind Ausformungen des 8. Gebots, des Verbots zu stehlen[1281]; es wird also auf alle Eigentumsdelikte ausgedehnt.[1282]

[1273] Auch in: Basel 1526 (CD 1,204), Basel 1537 (CD 1,216); Augsburg 1537 (CD 1,335[98]), Augsburg 1555 (CD 1,335); Genf 1542, 1542A, 1545 (CD 1,359), Genf dt. 1563,47; Pollanus 1551, 1552, 1554, 1555 (Honders 84f); Mömpelgard 1559 (CD 1,372); Micron 1554 (CD 1,443). Nicht wenige Ordnungen differenzieren davon noch den 'Fresser' (vgl. Genf 1542, 1542A, 1545 (CD 1,359), Genf dt. 1563,47; Pollanus 1551, 1552, 1554, 1555 (Honders 84f), "gourmans" (Mömpelgard 1559 (CD 1,372)) oder "yvrongnes vivans dissoluement en boyre et menger" (Farel 1533, 1538 (CD 1,342)). In Kassel sind die 'Vollsäufer' erweitert zu "bierseufer und weinschleuch" (Kassel 1539b (EKO 8,123^k)).

[1274] Vgl. Genf 1542, 1542A, 1545 (CD 1,359), Genf dt. 1563,47; Pollanus 1551, 1552, 1554, 1555 (Honders 84f); Micron 1554 (CD 1,443). In Augsburger Formularen steht diese Gruppe in einer ungeordneten Liste (vgl. Augsburg 1537 (CD 1,335[98]), Augsburg 1555 (CD 1,335)).

[1275] Vgl. Kurpfalz 1563 (EKO 14,364). Auch in der Ziegenhainer Zuchtordnung von 1539, die eng mit Kassel 1539b verbunden ist (vgl. Jahr: EKO 8,21), wird das unmäßige Essen und Trinken nach den Unzuchtsvergehen am Schluß des Kataloges der vom Abendmahl Auszuschließenden genannt (vgl. ebd. 107). Ebenso kombiniert der Kasseler Katechismus von 1539 Trunksucht und Ehebruch und zählt sie zum gleichen Gebot (vgl. EKO 8,139). Letztlich geht diese Kombination auf die Straßburger Tradition zurück (vgl. Straßburg 1537ff (Hubert 93f)).
Die Trunksucht wird wohl wegen ihrer Nachfolgedelikte kritisch betrachtet; vgl. die langen Ausführungen der Hessischen Kirchenzuchtordnung von 1543 zur Trunksucht (EKO 8,149-151).

[1276] Auch in: Basel 1526 (CD 1,204), Basel 1537 (CD 1,216); Bern 1529 (CD 1,232); Augsburg 1555 (CD 1,335); Genf 1542, 1542A, 1545 (CD 1,359), Genf dt. 1563,47; Pollanus 1551, 1552, 1554, 1555 (Honders 84f); Mömpelgard 1559 (CD 1,372); FoP 1564 (CD 1,474); Micron 1554 (CD 1,443); "tous larrons qui font tort et iniure au prochain" (Farel 1533, 1538 (CD 1,342)).

[1277] Auch in: Luther, Hausmann 1525 (CD 1,44); Buxtehude 1565 (CD 1,63); Basel 1526 (CD 1,204), Basel 1537 (CD 1,216); Bern 1529 (CD 1,232); Mömpelgard 1559 (CD 1,372). In etwa passen in diese Kategorie 'Betrug' (vgl. Buxtehude 1565 (CD 1,63); Micron 1554 (CD 1,443)) und "deceivers of their neighbours" (FoP 1564 (CD 1,474)).

[1278] Auch in: Basel 1526 (CD 1,204), Basel 1537 (CD 1,216); Bern 1529 (CD 1,232); Augsburg 1537 (CD 1,335[98]), Augsburg 1555 (CD 1,335); Genf 1542, 1542A, 1545 (CD 1,359), Genf dt. 1563,47; Pollanus 1551, 1552, 1554, 1555 (Honders 84f).

[1279] Hierunter fällt wohl auch der Prasser (vgl. Basel 1526 (CD 1,204)).

[1280] Auch in: Luther, Hausmann 1525 (CD 1,44); Augsburg 1537 (CD 1,335[98]), Augsburg 1555 (CD 1,335); Genf 1542, 1542A, 1545 (CD 1,359), Genf dt. 1563,47; Pollanus 1551, 1552, 1554, 1555 (Honders 84f); Mömpelgard 1559 (CD 1,372).

[1281] In Frage 110 werden genannt: "diebstal und rauberey... es sey mit gewalt oder schein des rechtens, als unrechtem gewicht, ellen, maß, wahre, müntz, wucher..., darzu auch allen geitz und unütze verschwendung seiner gaben" (Kurpfalz 1563 (EKO 14,364f)). Hierunter fallen auch "...die so vnzimlich gwyn/handthier vnd gwerb tryben" (Basel 1526 (CD 1,204); vgl. Bern 1529 (CD 1,232)) und "tous trompeurs & deceueurs" (Mömpelgard 1559 (CD 1,372)).

[1282] Unter dieses Gebot fällt auch der häufiger genannte Müßiggang (vgl. Basel 1537 (CD 1,216); Bern 1529 (CD 1,232); Farel 1533, 1538 (CD 1,342)). Spielerei, Geiz und Müßiggang werden wegen ihrer Auswirkungen auf das Vermögen anderer hier aufgeführt.

Mit dem 8. Gebot endet der angegebene Lasterkatalog[1283], denn mit dem 9. Gebot, dem Verbot des falschen Zeugnisses, kann kein Abschnitt des vorliegenden Lasterkataloges verbunden werden,[1284] während Kassel 1539b und Köln 1543 einen hierzu eindeutig zuzuordnenden Passus haben.[1285] Schweizer Formulare sind hier wesentlich ausführlicher: "Verbant sind all falsch zungen[1286]/vnd vndertrucker der gerechtigkeit[1287]/dann die all haben kein glauben/vnd sind verspotter gottes/der da wil ein heylig dapffer volck haben."[1288] Die abschließende, summarische Formulierung "und alle die, so ein ergerlichs leben führen", die sich gleichfalls in den Ordnungen Calvins findet[1289], kann allenfalls dem 10. Gebot zugeordnet werden.[1290] Dieses wird in Frage 113 verallgemeinernd und als die Gebote zusammenfassend verstanden[1291]. Auch die anderen beiden Lasterkataloge haben kein spezifisches Äquivalent zum 10. Gebot; der Inhalt ist wohl zu deckungsgleich mit dem 8. Gebot und seiner Auslegung.

Es läßt sich also festhalten: Textlich wird meist der Abschnitt aus Köln 1543 (in Abhängigkeit von Kassel 1539b) übernommen. An einigen Stellen ist jedoch die strenge(re) Zuordnung der Vorgängertexte zu den Zehn Geboten aufgegeben; z.T. werden Passagen einfach ausgelassen, z.T. ist eine Orientierung an den calvinischen Ordnungen zu verzeichnen. Der Lasterkatalog kann seine Orientierung an den Zehn Geboten nur bis zum 8. Gebot durchhalten. Außerdem läßt sich diese Orientierung vielfach nur an der im HK vorhandenen Auslegung aufzeigen, die nicht selten über den Text der Zehn Gebote wesentlich hinausgeht[1292] und nicht nur die verbotenen Handlungen erläutert und erweitert, sondern daraus auch positive Handlungsforderungen folgert[1293]. Diese Aufladung der Gebote über den biblischen Bestand stellt jedoch weder eine Besonderheit der Kurpfälzer Ordnung noch einer Konfession dar, sondern findet sich in der Reformationszeit quer durch die Konfessio-

---

[1283] Vgl. Brunner, Abendmahlszeugnis 223[166].

[1284] Dies gelingt auch nicht mit Hilfe der das Gebot erläuternden Frage 112 des HK, Kurpfalz 1563 (EKO 14,365). Anscheinend sieht der vorliegende Lasterkatalog das Gebot mit dem zuvor genannten Meineid abgedeckt.

[1285] Vgl. Tabelle 3. Vgl. auch die in anderen Ordnungen genannte Falschheit (Buxtehude 1565 (CD 1,63)) und Lüge (Micron 1554 (CD 1,443)).

[1286] Vgl. Basel 1537 (CD 1,216); Bern 1529 (CD 1,232); "faulx tesmoignz" (Farel 1533, 1538 (CD 1,342); vgl. auch Mömpelgard 1559 (CD 1,372)). Eine vagere Formulierung ("frommen unschuldigen lüten jr Eer schmächend, und abschnydend") bringt Bern 1529 (CD 1,232).

[1287] Vgl. Basel 1537 (CD 1,216); ähnlich Bern 1529 (CD 1,232); "imposeurs de crimes" (Farel 1533, 1538 (CD 1,342)).

[1288] Vgl. Basel 1526 (CD 1,204f).

[1289] Auch in: Genf 1542, 1542A, 1545 (CD 1,359), Genf dt. 1563,47; Pollanus 1552 (Honders 85); vgl. Pollanus 1551, 1554, 1555 (Honders 84).

[1290] Solche summarischen Formulierungen am Schluß bieten auch andere Abendmahlsformulare: "finally, all such as live a life directly fighting against the will of God" (FoP 1564 (CD 1,474)); "any other notable cryme" (OoC 1548 (CD 1,390)); "any other greuous cryme" (FoP 1556 (CD 1,473)); "ende dierghelijcke sonden" (Micron 1554 (CD 1,443)).

[1291] Als Intention des 10. Gebots wird genannt: "Daß auch die geringste lust und gedancken wider irgendein gebot Gottes in unser hertz nimmermehr kommen, sonder wir für und für von gantzem hertzen aller sünde feind sein und lust zu aller gerechtigkeyt haben sollen" (Frage 113 des HK, Kurpfalz 1563 (EKO 14,365)).

[1292] Zum Verständnis der Zehn Gebote im HK vgl. Büsser.

[1293] Vgl. Büsser 166f.

nen. So genügt zur Bestätigung dieses Eindrucks ein kurzer Blick in die katholischen Katechismen dieser Zeit, in denen die Auslegung der Zehn Gebote zum Standardprogramm gehört[1294]. Die Erläuterungen dienen durchweg dazu, den Menschen ein umfassendes Bild von moralisch-sittlichem Handeln zu bieten. Die besprochenen Vergehen gehen somit auch weit über die in der Antike für den Ausschluß vom Empfang der Eucharistie relevanten hinaus[1295]. Dem zeitgemäßen Verständnis, welche Taten im einzelnen unter die Zehn Gebote fallen, wird letztlich die gleiche Valenz zugebilligt wie den biblischen Aussagen selbst! Eine Besonderheit des vorliegenden Formulars wie auch der als Vorlage dienenden Ordnungen ist die Auslegung der ersten beiden Gebote, da sie bestimmte katholische Frömmigkeitsformen dem Verbot der Abgötterei und dem Bilderverbot zuordnen und damit als Ausschlußkriterium werten[1296].

Es werden z.T. auch Vergehen genannt (z.B die Trunksucht), die als von der Gemeinde zu meidende stark an die neutestamentlichen Lasterkataloge erinnern. Und tatsächlich sind fast alle Laster auch in den Lasterkatalogen des NT (z.B. in der dt. Übersetzung der Lutherbibel von 1546) zu finden: Abgötterei[1297], Zauberei[1298], Gotteslästerung[1299], Ungehorsam gegen die Eltern[1300], Todschlag/Mord[1301], Hader[1302], Neid[1303], Haß[1304], Ehebruch[1305], Hurerei[1306],

---

[1294] Vgl. Moufang, Katholische Katechismen. Bezeichnend für das Verständnis der Zehn Gebote ist, daß bei Surgant schon einzelne Gebote im Text abgeändert werden. So lauten bei ihm das 3. und 4. Gebot: "Bedenck das du den feyertag heyligest/mit gutenn gedencken/worten/vnd auch wercken."/"Du solt vatter vnd mutter eeren. beyde leyblichen vnnd geistlichen. als die priesterschafft/vnd die heiligen kirchen." (Surgant 1520, II Kap. 5 [Probst Nr. 765] 67ᵛ).

[1295] Vgl. 6.3.1.1.

[1296] Ansonsten findet sich der dezidierte Ausschluß von Anghörigen der anderen Konfession bzw. derer, die entsprechende Glaubensinhalte vertreten, nur in einigen katholischen Kommunionvermahnungen (vgl. Ritus Communionis Catholicus 1556 (Anhang 6,Z.68-82); 1. Kommunionvermahnung, Gnesen-Posen 1579 (Anhang 8a,Z.32-41.81-88); 2. Kommunionvermahnung, Gnesen-Posen 1579 (Anhang 8b,Z.23-29)). Die polnischen Vermahnungen sagen sogar dezidiert, daß der wahre Leib Christi nur innerhalb der katholischen Kirche empfangen werden könne (vgl. 1. Kommunionvermahnung, Gnesen-Posen 1579 (Anhang 8a,Z.86f); 2. Kommunionvermahnung, Gnesen-Posen 1579 (Anhang 8b,Z.128f)).

[1297] Vgl. 1 Kor 5,10f; 6,9 (Luther, NT 1546 (WA.DB 7,99.101)); Gal 5,19 (ebd. 187); 1 Petr 4,3 (ebd. 309); Offb 21,8; 22,15 (ebd. 473.477).

[1298] Vgl. Gal 5,19 (Luther, NT 1546 (WA.DB 7,187)); Offb 9,21; 21,8; 22,15 (ebd. 445.473.477).

[1299] Vgl. Mt 15,19 (Luther, NT 1546 (WA.DB 6,73)); Mk 7,22 (ebd. 163); 1 Kor 5,11; 6,10 (Luther, NT 1546 (WA.DB 7,99.101)); 1 Tim 6,4 (ebd. 271); 2 Tim 3,2 (ebd. 279).

[1300] Vgl. Röm 1,30 (Luther, NT 1546 (WA.DB 7,33)); 1 Tim 1,9 (ebd. 261); 2 Tim 3,2 (ebd. 279). In 2 Kor 12,20 wird außerdem noch der 'auffruhr' (ebd. 171) genannt, ohne daß spezifiziert würde, wogegen dieser Aufruhr gerichtet ist.

[1301] Vgl. Mt 15,19 (Luther, NT 1546 (WA.DB 6,73)); Mk 7,21 (ebd. 163); Röm 1,29 (Luther, NT 1546 (WA.DB 7,33)); Gal 5,20 (ebd. 187); 1 Tim 1,9 (ebd. 261); 1 Petr 4,15 (ebd. 311); Offb 9,21; 21,8; 22,15 (ebd. 445.473.477).

[1302] Vgl. Röm 1,29 (Luther, NT 1546 (WA.DB 7,33)); 13,13 (ebd. 71); 2 Kor 12,20 (ebd. 171); Gal 5,20 (ebd. 187); 1 Tim 6,4 (ebd. 271).

[1303] Vgl. Röm 13,13 (Luther, NT 1546 (WA.DB 7,71)); 2 Kor 12,20 (ebd. 171); Gal 5,20 (ebd. 187); 1 Tim 6,4 (ebd. 271); Tit 3,3 (ebd. 291); 1 Petr 2,1 (ebd. 303).

[1304] Vgl. Röm 1,29 (Luther, NT 1546 (WA.DB 7,33)); Gal 5,20 (ebd. 187). Auch finden sich mehr umschreibende Formulierungen: "zorn, grim, bosheit, lesterung, schandbare wort aus ewrem munde" (Kol 3,8 (ebd. 233)); ähnliche Formulierungen finden sich in 2 Kor 12,20 (vgl. ebd. 171).

[1305] Vgl. Mt 15,19 (Luther, NT 1546 (WA.DB 6,73)); Mk 7,21 (ebd. 163); Gal 5,19 (Luther, NT 1546 (WA.DB 7,187)).

Trunksucht[1307], Diebstahl[1308], Räuberei[1309] und Geiz[1310]. Einzig die als antikatholische, konfessionelle Abgrenzung zu verstehenden Nennungen sind eindeutig nicht in den biblischen Lasterkatalogen nachzuweisen. Allerdings wird in den vorliegenden Ausschlußformulierungen formal nicht auf die ntl. Lasterkataloge zurückgegriffen, von denen auch keiner im direkten Zusammenhang zum Abendmahl steht[1311].

7.7.4.2.2 Die Funktion der Bannformulierungen

Was aber ist letztlich die Funktion dieser Bannformeln? Die Gemeinde hat nach Auffassung der KO nicht nur das Recht, sondern die Pflicht, die Unbußfertigen vom Abendmahl auszuschließen, denn sie leben nicht in der Dankbarkeit der Erlösten. Dies kommt deutlich im HK zum Ausdruck:

"Frag. Sollen aber zu diesem abendmal auch zugelassen werden, die sich mit ihrer bekandtnuß und leben als unglaubige und gottlose erzeigen? Antwort. Nein, denn es wirdt also der bundt Gottes geschmecht und sein zorn uber die gantze gemein gereitzet. Derhalben die christliche kirch schuldig ist, nach der ordnung Christi und seiner aposteln solche biß zu besserung ires lebens durch das ampt der schlüssel außzuschliessen."[1312]

Diese ekklesiale Dimension kommt auch in den anderen Ordnungen, die einen Bann kennen, zum Ausdruck[1313], ja sie ist für die reformierte Tradition konstitutiv[1314]: "...vns damit zu lehren/daß sie ausserhalb der gemein der Glaubigen sind/nit sollen darzu gelassen werdē. Derhalben wir dieser Regel folgē/Vnd ich/im Namē vñ auß befehl vnsers Herrn Jesu Christi/ schliesse auß von der Christlichen gemein..."[1315]. Der Ausschluß wird gerade in den calvinistischen Ordnungen nicht aus der Mahnung des Paulus zur Selbstprüfung abgeleitet, sondern aus der Feststellung, daß Jesus das Letzte Abendmahl nur mit seinen Jüngern gefeiert

---

[1306] Vgl. Mt 15,19 (Luther, NT 1546 (WA.DB 6,73)); Mk 7,21 (ebd. 163); Röm 1,29 (Luther, NT 1546 (WA.DB 7,33)); 1 Kor 5,9f; (ebd. 99); Gal 5,19 (ebd. 187); Eph 5,3 (ebd. 205); Kol 3,5 (ebd. 233); 1 Thess 4,3 (ebd. 245); Offb 9,21; 21,8; 22,15 (ebd. 445.473.477).

[1307] Vgl. Röm 13,13 (Luther, NT 1546 (WA.DB 7,71)); 1 Kor 5,11; 6,10 (ebd. 101); Gal 5,21 (ebd. 187); 1 Petr 4,3 (ebd. 309). Aber auch die 'fresser' werden aufgeführt (vgl. Röm 13,13 (ebd. 71); Gal 5,21 (ebd. 187); 1 Petr 4,3 (ebd. 309)).

[1308] Vgl. Mt 15,19 (Luther, NT 1546 (WA.DB 6,73)); Mk 7,22 (ebd. 163); 1 Kor 6,10 (Luther, NT 1546 (WA.DB 7,101)); 1 Petr 4,15 (ebd. 311); Offb 9,21 (ebd. 445).

[1309] Vgl. 1 Kor 5,10f; 6,10 (Luther, NT 1546 (WA.DB 7,99.101)).

[1310] Vgl. Mk 7,22 (Luther, NT 1546 (WA.DB 6,163)); Röm 1,29 (Luther, NT 1546 (WA.DB 7,33)); 1 Kor 5,10; 6,10 (ebd. 99.101); Eph 5,3 (ebd. 205); Kol 3,5 (ebd. 233); 2 Tim 3,2 (ebd. 279).

[1311] In 1 Kor 5,9-13 sollen die genannten Laster allerdings zum Ausschluß von der gemeinsamen Mahlzeit führen, so daß sich ein gewisser Zusammenhang aufzeigen ließe. Als ntl. Belege führen die Fragen 81 und 82 des HK aber keinen der Lasterkataloge an, sondern verweisen auf 1 Kor 10f (vgl. Kurpfalz 1563 (EKO 14,359)).

[1312] Frage 82 des HK, Kurpfalz 1563 (EKO 14,359).

[1313] So bei Bucer: "...daß wir betrachten, wie zum nachtmal Christi, das ist zu seiner gemeinschaft durch Gott und sein wort nicht zugelassen werden alle glaublosen, lieblosen und ergerlichen menschen, so dürren und ungesunden glieder des leibs Christi sein, durch welche Gottes name öffentlich verlesen und die gemein verergert wird..." (Kassel 1539b (EKO 8,122ᵏ)).

[1314] Vgl. Rohls 185-189.

[1315] Genf dt. 1563,46. Vgl. Genf 1542, 1542A, 1545 (CD 1,358f); "quoscunque denique qui dissolutae vitae pravo exemplo Ecclesiae scandalum dant" (Pollanus 1551, 1554, 1555 (Honders 84), 1554 u. 1555 nur mit geringfügig anderer Wortwahl und Satzstellung).

habe[1316]; deshalb wird dort 'im Namen und in der Autorität unseres Herrn Jesus Christus' ausgeschlossen[1317].

Die Gemeinde sieht dennoch nicht sich selbst als Ausschließende, sondern dies kommt Gott in seinen Geboten zu.[1318] Wer zum Leib Christi gehört, lebt aus Dankbarkeit für die Erlösung nach den Geboten Gottes[1319], wer gegen sie verstößt, ist undankbar und kann nicht zur Seligkeit gelangen[1320]. An der Nichtbefolgung der Gebote Gottes jedoch erweist sich, daß der einzelne nicht zum Leib Christi gehört[1321].

[1316] Schon in der Vermahnung nach den EW in Bern 1529 bildet die Jüngerschaft das Kriterium für die Zulassung zum Tisch des Herren (vgl. Bern 1529 (CD 1,234f)). Auch bei Zwingli bewirkt die Prüfung nicht nur, daß man sich nicht schuldig macht am Tod des Herrn, sondern "ouch nieman sich an der gantzen christlichen gemeynd, die ein lyb Christi ist, versündige" (Zürich 1525 (CD 1,194)).

[1317] Vgl. Genf 1542, 1542A, 1545 (CD 1,359), Genf dt. 1563,46; Pollanus 1551, 1552, 1554, 1555 (Honders 84f); FoP 1564 (CD 1,473).

[1318] So: "Deß gleychen haben wir auch allein die verbant/die durch das wort gottes verbant seyn" (Basel 1526 (CD 1,204)); "die das wort Gottes zů fliehen befilcht" (Basel 1537 (CD 1,216)); "in krafft des wort Gottes" (Bern 1529 (CD 1,232)); "et tous ceulx qui vivent meschamment et contre les sainctz commandemens de dieu, qui ne veulent suyvre la saincte loy de dieu et vivre selon sa parolle, ensuyant le sainct evangile, comme vrays enfans de Dieu" (Farel 1533, 1538 (CD 1,342f)); "sein durch Gott und sein wort ausgeschlossen" (Kassel 1539b (EKO 8,123^k)); "sonder sein durch Gott/vnd sein wort dauon außgeschlossen" (Köln 1543,CIII^v); "nach außweisung des worts des Herrn/vnd des hailigen Apostels Pauli" (Augsburg 1555 (CD 1,335)). "Hie haben wir gehört/liebē brüder/wie der Herr das Nachtmal vnder seinen Jüngern gehalten hat/vns damit zu lehren/daß sie ausserhalb der gemein der Glaubigen sind/nit sollen darzu gelassen werdē" (Genf dt. 1563,46; ähnliche Formulierung in Genf 1542, 1542A, 1545 (CD 1,358f), Pollanus 1551, 1552, 1554, 1555 (Honders 84f)). Zwar wird der Ausschluß autoritativ verkündigt ("ie excommie"), aber zugleich begründet "au Nom et en l'aucthorité de nostre Seigneur JESUS Christ" (Genf 1542, 1542A, 1545 (CD 1,359)); m.E. überschätzt Lekkerkerker aber die Autorität des Exkommunizierenden bei Calvin und kann so die Kurpfälzische Formulierung als irenisch hinstellen (vgl. Lekkerkerker, Kanttekeningen 3,142f).

[1319] Der HK bekräftigt dies in Frage 64 nochmals: "denn es unmöglich ist, daß die, so Christo durch waren glauben sind eingepflantzt, nicht frucht der danckbarkeyt sollen bringen" (Kurpfalz 1563 (EKO 14,355)). Der Vorbereitungsgottesdienst fragt deshalb auch in seiner 3., der Dankbarkeit zugeordneten Frage nach dem Lebenswandel der Gemeinde: "Zum dritten erforsche auch ein jeder sein hertz, ob er sich auch beger, dem herrn Christo sein gantzes leben lang danckbar zu erzeigen, ob er auch allem neid und haß und bitterkeyt von hertzen abgesagt und seinem nechsten verziegen habe, wie auch der herr Jesus uns armen sündern vieltausendtmal mehr verziegen hat, ob er auch allem fluchen, unzüchtigen worten und wercken, fressen und saufen und andern sünden also von hertzen feind sey, das er dieselbigen durch Gottes gnad hinfüro sein leben lang nit mehr zu thun, festiglich hie für dem angesicht des herren im fürneme" (Kurpfalz 1563 (EKO 14,383)). Deshalb stehen auch die Gebote - anders als die Sakramente, die Wahrzeichen und Siegel sind, "daß er uns von wegen des einigen opfers Christi, am creutz volbracht, vergebung der sünden und ewiges leben auß gnaden schencke" (Frage 66 des HK, Kurpfalz 1563 (EKO 14,355)) - nicht im Abschnitt 'Erlösung', sondern im dritten Abschnitt 'Von der danckbarkeyt' (vgl. die Fragen 92 und 94-113 des HK, Kurpfalz 1563 (EKO 14,360-365)).

[1320] So wird im HK der Bann biblisch begründet: "Frag. Können denn die nicht selig werden, die sich von ihrem undanckbaren, unbußfertigen wandel zu Gott nicht bekeren? Antwort. Keineswegs, denn, wie die schrift sagt: Kein unkeuscher, abgöttischer, ehebrecher, dieb, geitziger, trunckenpoltz, lesterer, rauber und dergleichen wird das reich Gottes erben." (Frage 87 des HK, Kurpfalz 1563 (EKO 14,360)). Als Schriftbeleg werden 1 Kor 6, Eph 5 und 1 Joh 3 angeführt (vgl. ebd.). Vgl. auch Kurpfalz 1563 (EKO 14,383).

[1321] Dies findet sich in vielen Ordnungen: "vnd die da schmähen den leyb Christi/als vngesunde vnd dürre glyderen" (Basel 1526 (CD 1,204)); "söllend sich nit vermischlen under den huffen der dancksagenden, welche die gemeynd Gottes vnnd der lychnam Christi ist" (Bern 1529 (CD 1,232)); "ne presument point venir a ceste saincte table, en laquelle doibvent venir seulement ceulx qui sont veritablement du corps de Christ, unis et enracinez en luy par vraye et vifve foy laquelle soit ouvrante par charite" (Farel 1533, 1538 (CD 1,343)); "Derhalben welche in disen/oder andern dergleichen Lastern legen/vnd nit rew vnd laid über jre sünden hetten/ Begereten auch nit inn Christo vnserm Herrn zůleben" (Augsburg 1555 (CD 1,335)).

Die Bannformel steht also unter dem radikalen Anspruch der Kirchenzucht, über formale Parallelitäten hinaus drückt sich in ihr die gleiche theologische Konstruktion aus[1322]. Und dennoch ist sie in der Kurpfälzer Ordnung nicht Ausübung der Kirchenzucht im Sinne eines konkreten Ausschlusses, denn dieser ist ganz anderen Situationen und Organen vorbehalten[1323].

Es ist zugleich nicht ersichtlich, daß irgendwo sonst in den reformierten Abendmahlsordnungen der 'Bann' zu einem aktuellen Ausschluß durch die Beauftragten führt[1324]. Dort stehen die Bannformeln immer in einem größeren Bekenntnis- und ggf. Absolutionsakt. Letztlich wird die Gültigkeit der Bannformeln auf die eingegrenzt, die in den beschriebenen Sünden verharren[1325]. Das Urteil darüber wird aber nicht von anderen gefällt, sondern bleibt dem einzelnen überlassen.[1326] Schulz spricht deshalb von einem "Element präventiver Kirchenzucht"[1327]. Die Bannformel wird ausgesprochen, damit evtl. Betroffene, die nicht durch ein Kirchenzuchtverfahren schon vom Abendmahl ausgeschlossen sind, wissen, daß eine Teilnahme an der Kommunion ihnen zum Gericht gereichen würde.

Die Kurpfälzer Ordnung steht genau in dieser Linie, denn es heißt in ihr: "Diese alle, so lang sie in solchen lastern beharren, sollen gedencken und sich diser speiß, welche Christus allein seinen gläubigen verordnet hat, enthalten, auf daß nit ir gericht und verdammnuß desto

---

[1322] Auch in den verwendeten Verben zeigt sich der gleiche Anspruch: Es findet sich 'verbannen' (vgl. Basel 1526 (CD 1,204), Basel 1537 (CD 1,216); Bern 1529 (CD 1,232); Frankfurt 1543, 1553, 1564ff (CD 1,242)), 'exkommunizieren' (vgl. Genf 1542, 1542A, 1545 (CD 1,359); Mömpelgard 1559 (CD 1,371); FoP 1564 (CD 1,473); Pollanus 1551, 1552 (Honders 84f)) und 'ausschließen' (Kassel 1539b (EKO 8,123ᵏ); Köln 1543,CIIIʳ).
Erst in späteren Ordnungen stehen Verben, wie 'admoneo' (vgl. Pollanus 1554, 1555 (Honders 84ᵇ)) und 'abmanen' (vgl. Augsburg 1555 (CD 1,335)), die nicht so radikal sind, sondern der Funktion innerhalb der Abendmahlsfeier gerechter werden. Z.T. werden in den späteren Ordnungen keine prägnanten Begriffe mehr verwendet (vgl. OoC 1548 (CD 1,390f); Micron 1554 (CD 1,443); FoP 1556 (CD 1,473)).
Luther benutzt 'absagen' und macht damit den anderen Charakter seiner Formel deutlich (vgl. Luther, Hausmann 1525 (CD 1,44)).

[1323] Vgl. 6.3.3.1. Vgl. auch Bassermann 75f.

[1324] Für Bern vgl. Jenny, Einheit 90. Auch der Bann in Calvins Ordnungen kann keine solche Funktion haben, da er durch Ankündigung des Abendmahls ausdrücklich verhindern will, "dass Unwürdige oder Unvorbereitete überhaupt zu diesem Gottesdienst erscheinen" (Jenny, Einheit 122; vgl. ebd. 135). Zudem ist der Umkehrschluß keineswegs legitim, daß aus der Existenz einer Bannformel im Abendmahlsformular auf die praktische Handhabung des Banns geschlossen werden darf (vgl. Dobras 281).

[1325] So: "wer sölche sind, und nit darvon abstond" (Basel 1537 (CD 1,216)); "sunder in offenlichen lasteren, und sünden ergerlich unnd unsträflich verwägend zů läben" (Bern 1529 (CD 1,231f), dieses Formular benennt auch eine Möglichkeit der Teilnahme Reumütiger (vgl. ebd. 232); "Diese alle, aldieweil sie solchen zu sein bleiben und verharren und sich zu bessern im glauben Christi nicht fürhaben" (Kassel 1539b (EKO 8,123ᵏ); "Diejenigen aber/die solches bußfertiges Leben nicht glauben/und Trost darinn suchen/sondern in öffentlichen Lastern Sünden und bösem Leben verharren" (Frankfurt 1543 (CD 1,242); ähnlich die späteren Frankfurter Ordnungen (CD 1,242²²)); "Want so wie herdtneckelick, in syn sonden wilt blyuen steken" (Micron 1554 (CD 1,443)).

[1326] Dies wird in einigen Ordnungen ausdrücklich gesagt: "Darnach sich habe vnd wisse eyn iglicher zu richten vnd sehe fur sich, Denn gott lesst seyn nicht spotten" (Luther, Hausmann 1525 (CD 1,44)); "Hierinn sol sich selbs ein yegklicher urteylen, unnd also zů des Herrenn Tisch kommen" (Bern 1529 (CD 1,232)); "Hier sal dan een ieghelick sijn eighen herte ende conscientie nerstelick ondersoucken" (Micron 1554 (CD 1,443)). In OoC 1548 wird extra eine Pause eingelegt, um zu sehen, ob sich jemand zurückzieht; also wird auch hier die Entscheidung dem einzelnen überlassen (vgl. OoC 1548 (CD 1,391)).

[1327] Schulz, Ministerium 79.

schwerer werde."¹³²⁸ Die Abmahnung gilt nur für die, die in den genannten Sünden verharren; eine Entscheidung aber ist den einzelnen auferlegt¹³²⁹, denn sie werden aufgefordert, des Gerichts und der Verdammnis zu gedenken¹³³⁰, die ihnen ansonsten drohen. Und wie der Glaube durch das Abendmahl 'nur' (wenn auch entscheidend und in besonderer Weise) gefestigt wird, so ist der Empfang des Abendmahls zum Gericht nicht vom Unglauben losgelöst. Wer in den Lastern lebt, steht schon in "gericht und verdammnuß"; durch die Teilnahme am Abendmahl werden diese nur "desto schwerer".

Somit kommt der Bannformel die Funktion zu, die Radikalität des Anspruches eines dankbaren und gebotsgemäßen Lebens zu verdeutlichen: Nicht nur den durch ein Kirchenzuchtverfahren Ausgeschlossenen, d.h. denen, deren Vergehen für die Gemeinschaft offensichtlich sind, droht die Verdammnis, sondern ebenso denen, die nicht durch das ordentliche Verfahren sanktioniert werden, aber in Sünde leben. Nicht die öffentlich sichtbare Strafe ist entscheidend für das Seelenheil, sondern die wirkliche persönliche und evtl. verborgene Schuld. So reklamiert auch Frage 81 des HK das Gericht gerade für die Heuchler: "Die unbußfertigen aber und heuchler essen und trincken inen selbst das gericht."¹³³¹ Die Verantwortung für die Entscheidung kann nicht an eine offizielle Stelle abgegeben werden, sondern muß von jedem selbst getragen werden!

7.7.4.2.3 Resümee

Die Abmahnung steht - wie die entsprechenden Bannformulierungen anderer Ordnungen auch - unter dem Anspruch, Kirchenzucht auszuüben. Gegenüber den vorreformatorischen Vorlagen wird aber die Auflistung auf die in den Zehn Geboten genannten Vergehen bzw. auf die Vergehen eingeschränkt, die in der Reformationszeit unter die Zehn Gebote gefaßt werden. Konfessionsspezifisch ist bei der Auslegung der Zehn Gebote aber nur, daß zeitgenössische katholische Brauchtums- und Liturgieformen unter den Verstoß gegen das 1. und 2. Gebot subsumiert werden.

Trotz des Anspruchs der Kirchenzucht hat die Bannformel aber nicht die Funktion, einzelne Personen an dieser Stelle der Liturgie autoritativ und öffentlich vom Abendmahl auszuschließen (dies ist den eigentlichen Kirchenzuchtverfahren vorbehalten). Sie soll die Entscheidungssituation verdeutlichen, vor der der einzelne Gläubige bei der Frage nach Glaube oder Unglaube steht und die in den vorhergehenden Prüfungsfragen formuliert ist. Glaube und Unglaube entscheiden sich nicht nur an der positiven Stellungnahme zu den Prüfungsfragen (und damit in gewisser Weise zur 'Glaubenstheorie'), sondern auch an der Glaubenspraxis eines dankbaren Lebens.

Dadurch wird der 'Glaube' deutlich über das Glaubenswissen ausgeweitet und als ethischer Anspruch formuliert. Indem die Ordnung die Entscheidung zum Unglauben als Leben gegen

---

[1328] Daß dieser Ausschluß nicht in voller Schärfe durchgeführt wird, sondern der Text mehr vorbereitende Funktion hat, wird auch daran deutlich, daß in Kurpfalz 1585 u.a. dieser Abschnitt ausfallen kann (vgl. CD 1,512¹⁰⁰.515¹¹²).

[1329] Vgl. Brunner, Abendmahlszeugnis 223.

[1330] Die von Schulz gewählte (vgl. CD 1,512) und im Druck von 1601 eingeschobene (vgl. Brunner, Abendmahlszeugnis 223¹⁶⁵) Bezeichnung 'Abmahnung' enthält genau diese dem Verb 'mahnen' und seinen Komposita eigene Bedeutung des Appellierens und Gedenkens.

[1331] Kurpfalz 1563 (EKO 14,359).

die Gebote so drastisch und ausführlich herausstellt, wird der pädagogische Impetus des Abschnittes offensichtlich, denn er möchte ja zu einer Entscheidung *zum Glauben* bewegen! Diese pädagogische Richtung wird auch daran deutlich, daß nur denen, die in den genannten Lastern verharren wollen, verkündet wird, daß sie das Abendmahl zum Gericht empfangen. Die Formel droht also mit allem Ernst das Gericht an, dient aber vorrangig der Weckung der Glaubensentscheidung und -entschiedenheit und ggf. der Umkehr. Daß diese Glaubensentscheidung keine Sündenlosigkeit, sondern Erkenntnis der eigenen Sündhaftigkeit bedeutet, wird im nächsten Abschnitt verdeutlicht.

7.7.4.3 Die Tröstung Kleinmütiger
Text
"Diß aber wird uns nicht fürgehalten, lieben christen, die zerschlagen hertzen der gläubigen kleinmütig zu machen, als ob niemands zum abendmal des herrn gehen möchte, dann die one alle sünde weren. Denn wir kommen nicht zu diesem abendmal, damit zu bezeugen, daß wir volkommen und gerecht seind in uns selbst, sondern dargegen, weil wir unser leben ausserhalb uns in Jesu Christo suchen, bekennen wir, daß wir mitten in dem todt ligen. Derhalben, wiewol wir noch viel gebrechen und elends in uns befinden, als da ist, daß wir nicht einen volkommen glauben haben, daß wir uns auch nicht mit solchem eyfer, Gott zu dienen, begeben, wie wir zu thun schuldig sein, sonder täglich mit der schwachheyt unsers glaubens und bösen lüsten unsers fleisches haben zu streiten, nicht desto weniger, weil durch die gnad des heiligen geists solche gebrechen uns von hertzen leyd sind und wir unserm unglauben widerstand zu thun und nach allen geboten Gottes zu leben hertzlich begeren, sollen wir gewiß und sicher sein, daß keine sünd noch schwacheyt, so noch wider unsern willen in uns uberig ist, hindern kan, daß uns Gott nit zu gnaden anneme und also dieser himmlische speiß und tranck würdig und theilhaftig mache."[1332]

Kommentar
Der auf den Bann folgende Abschnitt, der sich bereits formal sowohl durch die Anbindung "Diß aber..." als auch durch den Wechsel in der Bezeichnung der zur Sprache kommenden Subjekte von "...die, die..." zu "wir" absetzt, stellt sich inhaltlich als Tröstung der Abendmahlsgemeinde dar.[1333]

7.7.4.3.1 Die formale und textliche Anlehnung
Wie schon dargestellt, kennen auch andere Abendmahlsformulare des 16. Jh. solche Abschnitte zum Trost bei Furcht vor unwürdigem Empfang[1334]. Vorreformatorisch wird dies durch die auf die Offene Schuld folgenden Formeln 'Misereatur' und 'Indulgentiam' gelöst; auch einige lutherische Ordnungen kennen diese Form[1335]. Vor allem aber die reformierten Ordnungen greifen auf diese Absolutionsakte zurück, bringen in ihnen jedoch ihr spezifisches

---

[1332] Kurpfalz 1563 (CD 1,513f).

[1333] Zu diesem Abschnitt vgl. Schulz, Ordnung 498; Brunner, Abendmahlszeugnis 224f.

[1334] Vgl. 7.7.3.

[1335] In beiden konfessionellen Richtungen bleibt die Beichte aber der eigentliche Absolutionsakt (vgl. 6.3.1.2 und 6.3.2.1).

Profil zum Ausdruck. Dies geschieht, indem sie einem solchen Akt einen Bann vorausgehen lassen[1336]. Die Weise, wie der Akt selbst gestaltet wird, läßt sich in zwei Gruppen einteilen.

Die frühen reformierten Ordnungen integrieren zum Trost eine Reihung von Bußelementen, die aus dem katholischen Kommuniongottesdienst bekannt sind und zunächst in einer Absolution, wenig später aber in einem Trostspruch münden.[1337] Calvins und die eng an ihm orientierten Ordnungen führen dann eine Tröstung der Kommunikanten nach Bann und Selbstprüfung, die im Wortlaut ihrer deutschen Übersetzung weitgehende Richtschnur für die 'Tröstung Kleingläubiger' in Kurpfalz 1563 wird.[1338]

[1336] Zur formalen Anordnung vgl. 7.7.3 und 7.7.4.2.1.

[1337] So findet sich in Basel 1526 die Reihung: Allgemeines Kirchengebet, Vaterunser, Offene Schuld, Psalm 130, Kyrie, Absolution (vgl. Basel 1526 (CD 1,205f)). Basel 1537 verändert die Reihung zu Offene Schuld, Kyrie, Trostwort, Psalm 130, allgemeines Kirchengebet, Vaterunser (vgl. Basel 1537 (CD 1,215-218)). In OoC 1548 folgen dem Bann die Offene Schuld, Absolution, Trostworte und 'Prayer of humble access' (OoC 1548 (CD 1,391-393)). In BCP 1549 findet sich die 'Warning Exhortation' schon in einem vorherigen Gottesdienst, während die anderen Teile direkt vor der Austeilung ihren Platz haben (vgl. CD 1,380f). Im BCP 1552 steht die 'Warning Exhortation' zu Beginn des Abendmahlsteils, die anderen Teile sind mit dem Beginn des Abendmahlsgebets verwoben (vgl. Buchanan, Lord's Supper 382f).

[1338] Vgl. Genf 1542, 1542A, 1545 (CD 1,359f); Genf dt. 1563,48f; Pollanus 1551, 1552, 1554, 1555 (Honders 86-89). Die schottischen Ordnungen haben einen Text, der sich als Übersetzung des Genfer Textes mit einigen Ausweitungen im ersten Teil erweist (vgl. FoP 1556, 1564 (CD 1,474f)). Micron dagegen übernimmt nur einen Teil des calvinischen Textes und komponiert einen größeren Teil neu, der aber die gleiche Funktion hat (vgl. Micron 1554 (CD 1,443f)).

Tabelle 4: Tröstung Kleinmütiger

Micron 1554

"Dit segghen wy nochtans niet, beminde broeders, om dat wy de verslaghen herten der gheloouegen cleinmoedich souden maken: als oft niemandt ten Nachtmael des Herren soude moghen werdelick gaen, dan die van alle smerten der sonden vry ende in alle heilicheit volmaeckt ware....

Ende daerom commen die Gheloouighe ter tafelen des Herren, niet om haer van haer gherechticheit ende volmaecktheit te beroemen: mer meer om te betuyghen dat sy wt haer seluen niet syn dan kinderen des toorns, onder de sonde vercocht, ende onwerdich haer ooghen ten hemel op te heffen:..."

FoP 1556

[475]"For the ende of our comming thyther, is not to make protestation, that we are vpright or iuste in our liues, but contrariwise, we come to seke our life and perfection, in Iesu Christ, acknowledging in the meane tyme, that we of our selues, be the children of wrath, and damnation."

[474]"And albeit we fele in ourselues muche frailtie and wretchednes, as that we haue not our faith so perfite, and constant, as we ought, being many tymes readye to distruste Godes goodnes through our corrupt nature,

and also that we are not so throughlye geuen to serue God, neyther haue so feruent a zeale to set forth his glory, as our [475] duetye requireth, felinge still such rebellion in our selues,

that we haue nede dayly to fight against the lustes of our fleshe,

yet neuertheles seinge that our lorde hath dealed thus mercifully with vs, and hath printed his gospell in our hartes,

so that, we are preserued from falling into desperation and misbeliefe: and seing also that he hath indued vs with a will, and desire to renownce and withstand our own affections,

with a longing for his righteousenes and the keping of his commaundementes,

we may be now right well assured, that those defautes and manifolde imperfections in vs, shalbe no hinderance at all against vs,

to cause him not to accept and impute vs as worthie to come to his spirituall table."

(Micron 1554 (CD 1,443f))

(FoP 1556 (CD 1,474f); Reihenfolge der Abschnitte geändert)

Genf dt. 1563	Kurpfalz 1563
	"Diß aber wird uns nicht fürgehalten, lieben christen, die zerschlagen hertzen der gläubigen kleinmütig zu machen, als ob niemands zum abendmal des herrn gehen möchte, dann die one alle sünde weren.
[49]"...denn wir komen nicht darumb hieher/daß wir damit wollen bezeugen/daß wir volkomen vnd gerecht sein in vns selbst: sonder dargegen/weil wir vnser leben in Jesu Christo suchen/bekennen wir/ daß wir mitten im todt ligen."	Denn wir kommen nicht zu diesem abendmal, damit zu bezeugen, daß wir vollkommen und gerecht seind in uns selbst, sondern dargegen, weil wir unser leben ausserhalb uns in Jesu Christo suchen, bekennen wir, daß wir mitten in dem todt ligen.
[48]"Vnd wiewol wir in vns grosse schwachheit vnd elend befinden/als daß wir keinen volkomenen glauben habe/sonder zu vnglauben/vnd mißtrawen gegen Gott geneigt sein/	Derhalben, wiewol wir noch viel gebrechen und elends in uns befinden, als da ist, daß wir nicht einen volkommenen glauben haben,
daß wir nicht also gentzlich/vnd mit solchem eyuer/ wie wir solten /Gott zu dienen ergeben sein/	daß wir uns auch nicht mit solchem eyfer, Gott zu dienen, begeben, wie wir zu thun schuldig sein,
sonder für vñ für züstreitten haben wider die begierdē vnsers fleisches: doch nichts desto minder/weil vns der Herr diese gnade erzeiget/daß sein heiliges Euangelium in vnsere hertzen geschriben ist/ dardurch wir dem vnglauben vnd zweiffel können widerstehen/vnd hat vns diesen muth vnd sinn gegeben/daß wir vnsern eigen lüsten abzusagen/	sonder täglich mit der schwachheyt unsers glaubens und bösen lüsten unsers fleisches haben zu streiten, nicht desto weniger, weil durch die gnad des heiligen geists solche gebrechen uns von hertzen leyd sind und wir unserm unglauben widerstand zu thun
vnd nach seiner gerechtigkeit vnd heiligen gebotten zu leben begeren: So solle wir gantz gewiß sein/daß er/vnangesehen unsere sünd vnd gebrechen/	und nach allen geboten Gottes zu leben hertzlich begeren, sollen wir gewiß und sicher sein, daß keine sünd noch schwacheyt, so noch wider unsern willen in uns uberig ist, hindern kan,
vns zu gna[49]den annimpt/vnd für wirdig helt/daß wir dieses geistlichen Tisches theilhafftig werden."	daß uns Gott nit zu gnaden anneme und also dieser himmlische speiß und tranck würdig und theilhaftig mache."
(Genf dt. 1563,48f; Reihenfolge der Abschnitte geändert)	(Kurpfalz 1563 (CD 1,513f)

Der Text in Kurpfalz 1563 stellt sich als Kompilation und fast wörtliche Übernahme aus Micron 1554 und Genf dt. 1563 dar. Der erste Satz ist (mit kleinen Kürzungen) aus Micron 1554 übernommen und leitet auch schon dort zur Tröstung über[1339]. Der ganze Rest des Abschnittes ist der deutschen Übersetzung der Ordnung Calvins entnommen, aber es werden Umstellungen, geringfügige Auslassungen und kleine Veränderungen vorgenommen. So ist das Ende der Tröstung des calvinischen Formulars zum zweiten Satz im kurpfälzischen Formular vorgezogen; ansonsten jedoch geht der Text die Genfer Vorlage entlang[1340]. Bei den gegenüber dem Text Calvins zu vermerkenden Auslassungen handelt es sich um parallelisierende Erläuterungen von Begriffen: "daß wir keinen volkom̃enen glauben habẽ/sonder zu vnglauben/vnd mißtrawen gegen Gott geneigt sein"[1341], wird zu "daß wir nicht einen volkommen glauben haben"; "dardurch wir dem vnglauben vnd zweiffel können widerstehen"[1342] wird zu "wir unserm unglauben widerstand zu thun"; "vnd nach seiner gerechtigkeit vnd heiligen gebotten zu leben" wird zu "und nach allen geboten Gottes zu leben"[1343]. Außerdem werden umständliche Formulierungen ausgelassen ("hat vns diesen muth vnd sinn gegeben/daß wir vnsern eigen lüsten abzusagen"[1344]). Eine andere Theologie ergibt sich durch diese Auslassungen nicht.

An bestimmten Stellen aber werden Passagen ersetzt, so daß theologische Verschiebungen und Akzentuierungen zu erkennen sind.

7.7.4.3.2 Die inhaltliche Aussage

Inhaltlich knüpft die 'Tröstung' an die in der Abmahnung drastisch beschriebene Entscheidungssituation an. In dieser wird die Tragweite des Glaubens für die Gemeinde deutlich. Wird als Frucht des Glaubens die Erfüllung der Gebote aus Dankbarkeit erwartet und wird dieses Leben nach den Geboten noch erweitert verstanden als fromme Sittlichkeit, so kann sich der einzelne nur schuldig und für das Abendmahl unwürdig fühlen: Die "zerschlagen hertzen der gläubigen"[1345] werden deutlich kleinmütig gemacht, also genau das, was nach dem ersten Satz des Tröstungs-Abschnittes nicht die Funktion des Bannes sein soll. Die Tröstung besteht nun darin, zu verdeutlichen, daß christliche Existenz sich zwischen den beiden Polen bewegt, entweder ohne Sünde zu sein, was nach dem HK keinem Menschen, auch nicht dem Christen, möglich ist[1346], oder unbußfertig, wenn auch vielleicht verborgen, in der Sünde zu verharren, wie dies die Bannformel beschreibt. Nicht allein das Begehen einer genannten Sünde bewirkt schon den Ausschluß aus der Abendmahlsgemeinschaft (auch nicht aus dem 'Reich Gottes' als geistlicher Dimension) und beim Empfang des Abendmahls das Essen und Trinken zum Gericht!

[1339] Vgl. Tabelle 4. Vgl. auch Lekkerkerker, Kanttekeningen 3,137.

[1340] Vgl. Tabelle 4.

[1341] Genf dt. 1563,48.

[1342] Genf dt. 1563,48.

[1343] Siehe hierzu die Texte in der Tabelle 4.

[1344] Genf dt. 1563,48.

[1345] Der Ausdruck ist äquivalent zu "unsere mühselige und zerschlagene hertzen" im Abendmahlsgebet (vgl. 8.3.2) und "betrübten und angefochtenen hertzen" (Kurpfalz 1563 (EKO 14,397)) im Abendgebet. Vgl. Ps 51,19; Dan 3,39; Jes 66,2.

[1346] Vgl. Frage 114 des HK und den 3. Abschnitt der Kurzen Summa, Kurpfalz 1563 (EKO 14,365.380).

Entscheidend ist die eigene Einstellung zur Sünde (wie zuvor zum Glauben), die gerade im Abendmahl als Zeugnis und Bekenntnisakt zum Ausdruck gelangt. Das Abendmahl ist Zeugnis der Gemeinde und damit des einzelnen, nicht aus sich selbst gerecht und vollkommen zu sein[1347], sondern Sünder zu sein und der Erlösung zu bedürfen.[1348] Diese Bedürftigkeit wird in existentieller Weise ausgedrückt, "daß wir mitten in dem todt ligen[1349]"; sie zuzugeben ist zugleich Glaubensbekenntnis, "weil wir unser leben ausserhalb uns in Jesu Christo suchen"[1350]. Gerade auf diese Bedürftigkeit christlicher Existenz antwortet das Abendmahl!

Im Nachfolgenden wird nun diese Dialektik verdeutlicht, unter der christliche Existenz steht, nämlich erlöst zu sein und dennoch zu sündigen. Der Glaube erweist sich nämlich als unvollkommener Glaube: "Derhalben, wiewol wir noch viel gebrechen und elends in uns befinden, als da ist, daß wir nicht einen volkommenen glauben haben"[1351]. Als Konsequenz gelingt nicht der Gottes-Dienst in dem schuldigen Maße ("daß wir uns auch nicht mit solchem eyfer, Gott zu dienen, begeben, wie wir zu thun schuldig sein"[1352]), sondern die

---

[1347] In den Vorgängerordnungen heißt es ebenso: "Ende daerom commen die Gheloouighe ter tafelen des Heeren, niet om haer van haer gherechticheit ende volmaeckheit te beroemen" (Micron 1554 (CD 1,444)); "For the ende of our comming thyther, is not to make protestation, that we are vpright or iuste in our liues" (FoP 1556 (CD 1,475)); "denn wir komen nicht darumb hieher/daß wir damit wollen bezeugen/daß wir volkomen vnd gerecht sein in vns selbst" (Genf dt. 1563,49).
Nach Frage 12 des HK wäre die 'Gerechtigkeit durch uns selbst' eine Alternative der Rechtfertigung durch Jesus Christus, in Frage 13 dagegen wird die praktische Unmöglichkeit dieses Weges betont (vgl. Fragen 12 und 13 des HK, Kurpfalz 1563 (EKO 14,345)). Nach Frage 30 sind aber alle die ungläubig, "die ire seligkeyt und heil bey heyligen, bey inen selbst oder anderstwo suchen" (Kurpfalz 1563 (EKO 14,348)).

[1348] Bei Micron wird dies nicht nur aus der Sicht der feiernden Gemeinde beschrieben, sondern auch aus der Einsetzung des Abendmahls begründet: "Want Christus de Heere heeft syn Nachtmael niet inghestelt tot een ghetuychenisse onser heylicheit oft volmaeckheit: mer veel meer tot een ghetuyghenisse onser onuolmaeckheit ende ongherechticheit" (Micron 1554 (CD 1,443f)).
Indem die Feier des Abendmahls zunächst Zeugnis der Gemeinde ist, kann sie zugleich zum Zeugnis Christi und seiner Erlösung werden, wie in Frage 80 des HK deutlich gemacht wird: "Das abendmal bezeuget uns, daß wir volkommene vergebung aller unser sünden haben durch das einige opfer Jesu Christi, so er selbst am creutz vollbracht hat" (Kurpfalz 1563 (EKO 14,358)).

[1349] In den Vorgängerordnungen ist eine Radikalisierung der Ausdrucksweise zu verzeichnen: "mer meer om te betuyghen dat sy wt haer seluen niet syn dan kinderen des toorns, onder de sonde vercocht, ende onwerdich haer ooghen ten hemel op te heffen" (Micron 1554 (CD 1,444)); "that we of our selues, be the children of wrath, and damnation" (FoP 1556, 1564 (CD 1,475)); "bekennen wir/daß wir mitten im todt ligen" (Genf dt. 1563,49). Gemeint ist wohl in allen Fällen das gleiche.

[1350] Die gleiche Stelle heißt bei Knox und Calvin: "we come to seke our life and perfection, in Iesu Christ" (FoP 1556, 1564 (CD 1,475)); "sonder dargegen/weil wir unser leben in Jesu Christo suchen" (Genf dt. 1563,49).
Damit ist der in Frage 12 des HK beschriebene andere Weg zur Rechtfertigung genannt, "durch einen andern volkommene bezalung [zu] thun" (Kurpfalz 1563 (EKO 14,345)), der dann in Jesus Christus seine Konkretion findet (vgl. Fragen 13-18.29 des HK, Kurpfalz 1563 (EKO 14,345.348)).

[1351] Calvins Ordnung stellt beide Positionen nochmals gegeneinander und erläutert den Unglauben als Mißtrauen: "Vnd wiewol wir in vns grosse Schwachheit vnd elend befinden/als daß wir keinen volkomenen glauben habē/sonder zu vnglauben/vnd mißtrawen gegen Gott geneigt sein" (Genf dt. 1563,48).
Knox bringt dies mit der durch den Sündenfall verursachten 'korrupten Natur' des Menschen zusammen: "And albeit we fele in ourselues muche frailtie and wretchednes, as that we haue not our faith so perfite, and constant, as we ought, being many tymes readye to distruste Godes goodnes through our corrupt nature" (FoP 1556, 1564 (CD 1,474)).

[1352] Genf dt. 1563 hat inhaltlich nichts anderes: "daß wir nicht also gentzlich/vnd mit solchem eyuer/wie wir solten/Gott zu dienen ergeben sein" (Genf dt. 1563,48). Knox begründet dies wiederum mit dem inneren

Christen leiden unter den 'Fleischeslüsten'. Während die beiden Vorlagen es bei dieser Aussage belassen[1353], macht die vorliegende Ordnung deutlich, daß dies nichts anderes als die Schwachheit im Glauben ist: "sonder täglich mit der schwachheyt unsers glaubens und bösen lüsten unsers fleisches haben zu streiten". Was aber positiv an Glauben und seinen Folgen vorhanden ist, ist allein durch das gnadenhafte Wirken Gottes möglich, wobei Kurpfalz 1563 aufgrund der zugrundeliegenden Pneumatologie konkretisiert, daß dies "durch die gnad des heiligen geists" geschieht, während die Vorgängerordnungen vom Einschreiben des Evangeliums in die Herzen durch Gott sprechen[1354]. Als positive Dimensionen christlichen Lebens werden das 'Leiden unter der Sünde' ("nicht desto weniger, solche gebrechen uns von hertzen leyd sind"), der Widerstand gegen den Unglauben ("wir unserm unglauben widerstand zu thun")[1355] und das Leben nach den Geboten Gottes genannt ("nach allen geboten Gottes zu leben hertzlich begeren")[1356]. Inhaltlich ist damit das wiedergegeben, was der HK als "warhaftige buß oder bekehrung des menschen (und als) absterbung des alten und auferstehung des neuen menschen"[1357] beschreibt: das Leiden unter der Sünde und den Willen zu guten Werken nach den Geboten Gottes[1358]. Indem die einzelnen aufgrund ihrer jeweiligen Entscheidung beide Kriterien erfüllen, vollziehen sie die vom HK vorgesehene Bußform!

Deshalb kann das Formular wie seine Vorlagen[1359] mit der Versicherung[1360] der eigenen Würdigkeit zum Empfang des Abendmahls enden ("daß keine sünd noch schwacheyt ... hindern kan, daß uns Gott nit zu gnaden anneme und also ... würdig und theilhaftig mache"), nur daß statt des abstrakteren Ausdrucks "dieses geistlichen Tisches"[1361] nun konkreter von "dieser himmlische speiß und tranck"[1362] gesprochen wird. Die Ordnung verbindet also mit

---

Widerstand: "and also that we are not so throughlye geuen to serue God, neyther haue so feruent a zeale to set forth his glory, as our duetye requireth, felinge still such rebellion in our selues" (FoP 1556, 1564 (CD 1,474f)).

[1353] Dort heißt es: "sonder für vñ für züstreitten haben wider die begierdē unsers fleisches" (Genf dt. 1563,48); "that we haue nede dayly to fight against the lustes of our fleshe" (FoP 1556, 1564 (CD 1,475)).

[1354] Dort heißt es: "weil vns der Herr diese gnade erzeiget/daß sein heiliges Euangelium in vnsere hertzen geschrieben ist" (Genf dt. 1563,48); "that our lorde hath dealed thus mercifully with vs, and hath printed his gospell in our hartes" (FoP 1556, 1564 (CD 1,475)).

[1355] In den Vorgängerordnungen taucht hier das Motiv des Kampfes gegen die 'Fleischeslüste' auf, das in der vorliegenden Ordnung bei der Beschreibung des Unglaubens genannt wird: "wir dem vnglauben vnd zweiffel können widerstehen/vnd hat vns diesen muth vnd sinn gegeben/daß wir vnsern eigen lüsten abzusagen" (Genf dt. 1563,48). Ähnlich bei Knox: "we are preserued from falling into desperation and misbeliefe: and seing also that he hath indued vs with a will, and desire to renownce and withstand our own affections" (FoP 1556, 1564 (CD 1,475)).

[1356] So heißt es: "vnd nach seiner gerechtigkeit vnd heiligen gebotten zu leben begeren" (Genf dt. 1563,48); "with a longing for his righteousenes and the keping of his commaundementes" (FoP 1556, 1564 (CD 1,475)).

[1357] Frage 88 des HK, Kurpfalz 1563 (EKO 14,360). Vgl. Röm 6,3-4; Eph 4,22-24; Kol 3,9f.

[1358] Vgl. Fragen 89-91 des HK, Kurpfalz 1563 (EKO 14,360).

[1359] Dort heißt es: "vns zu gnaden annimpt/vnd für wirdig helt" (Genf dt. 1563,48f); "shalbe no hinderance at all against vs, to cause him not to accept and impute vs as worthie" (FoP 1556, 1564 (CD 1,475)).

[1360] Die vorliegende Ordnung verdoppelt den Begriff: "sollen wir gewiß und sicher sein". Die Vorgängerordnungen bleiben bei einem Begriff: "So sollē wir gantz gewiß sein" (Genf dt. 1563,48); "we may be now right well assured" (FoP 1556, 1564 (CD 1,475)).

[1361] Genf dt. 1563,49. Bei Knox heißt es ebenso "his spirituall table" (FoP 1556, 1564 (CD 1,475)).

[1362] Kurpfalz 1563 (CD 1,514).

der Würdigkeit die Gewißheit, daß diese Gläubigen auch wirklich des Leibes und Blutes Christi teilhaftig werden; die Vorstellung einer 'manducatio impiorum' wird hingegen abgelehnt[1363]. Nur die Würdigen empfangen wirklich den Herrn.

Diese Vergewisserung ist ebenso absolut, wie die vorhergehende Feststellung der Sündhaftigkeit, ohne diese aufzuheben. Sie gilt trotz jeglicher Sünde: "daß keine sünd noch schwacheyt ... hindern kan". Bedingung ist, daß die Sünde nicht gewollt ist, sondern "noch wider unsern willen in uns uberig ist". Sobald die einzelnen Personen diesen Willen haben[1364], haben sie zugleich die Gewißheit, daß ihnen das Abendmahl nicht zum Gericht gereichen wird.[1365]

Was inhaltlich in der Tröstung ausgesprochen wird, ist dogmatisch schon in der 81. Frage des HK enthalten:

"Frag. Welche sollen zu dem tisch des herren kommen? Antwort. Die ihnen selbst umb irer sünden willen mißfallen und doch vertrauen, daß dieselbige ihnen verzihen und die ubrige schwachheyt mit dem leiden und sterben Christi bedeckt sey, begeren auch, je mehr und mehr ihren glauben zu stercken und ihr leben zu bessern. Die unbußfertigen aber und heuchler essen und trincken inen selbst das gericht."[1366]

7.7.4.3.3 Resümee

Bei allem Anspruch an die Gemeindemitglieder, daß sie ein heiliges Leben führen, ignoriert die Kurpfälzer Ordnung nicht die Sündhaftigkeit der Christen und der christlichen Existenz, sondern fordert letztlich die Erkenntnis dieser Sündhaftigkeit. Nicht schon alleine der Vollzug einer Sünde (auch nicht des Lasterkatalogs) schließt vom Abendmahl aus, sondern das unbußfertige Verharren in der Sünde, für die die zuvor genannten Laster nur einen Maßstab bilden. Letztlich entscheidend ist aber nicht das äußere Erscheinungsbild innerhalb der Gemeinde, sondern die innere Einstellung, denn die Heuchler sind wie die Unbußfertigen vom Abendmahl ausgeschlossen. So bleibt die Frage der Zulassung letztlich eine Gewissensentscheidung des einzelnen[1367]! Sie wird dadurch aber nicht in ihrem Anspruch herabgesetzt, sondern im Gegenteil nochmals verstärkt, indem sie nicht die Öffentlichkeit (mittels Zuchtverfahren) als Zulassungsinstanz bestimmt, sondern darüber hinaus das eigene Gewissen. Damit stellt die Ordnung einen hohen Anspruch an die Gewissensbildung des einzelnen!

Zugleich erhält durch dieses letzte Stück der ganze erste Abschnitt der Vermahnung, der unter dem Stichwort der Prüfung steht, seine tröstende Funktion, nicht durch eine 'schnelle'

[1363] Vgl. Rohls 183-189.

[1364] Dies ist auch die Bedingung bei ähnlichen Trostsprüchen an anderen Stellen der vorliegenden Ordnung. So heißt es im Vorbereitunggottesdienst bei der dritten Frage: "... und andern sünden also von hertzen feind sey, das er dieselbigen durch Gottes gnad hinfüro sein leben lang nit mehr zu thun, festiglich hie für dem angesicht des herren im fürneme" (Kurpfalz 1563 (EKO 14,383)). Die Trostzusage der gleichen Feier gilt, "so lang sie in diesem fürnemen beharren, unangesehen das noch viel ubrige schwachheiten in inen seind" (ebd.). Auch die Vergebungszusage nach der Predigt ist an diese Bedingung gebunden: "...und den fürsatz haben, je lenger je mehr von sünden abzustehen und dem herrn in warer heiligkeyt und gerechtigkeyt zu dienen..." (Kurpfalz 1563 (EKO 14,389)).

[1365] Rohls resümiert zutreffend, daß die ausschließende Art der Unwürdigkeit nur im "Mangel an Glauben, Sündenreue und Besserungsvorsatz" (Rohls 187) besteht.

[1366] Kurpfalz 1563 (EKO 14,358f).

[1367] Vgl. Rohls 189.

Absolution, sondern durch die sehr drastische und eindringliche Verdeutlichung dessen, was es heißt, Christ sein zu wollen. Wie in der ganzen Abendmahlsliturgie geht es auch in diesem Abschnitt darum, persönlich die ganze Gebrochenheit christlicher Existenz einzugestehen und vor Gott zu bringen. Da dies aber zugleich das entscheidende Glaubensbekenntnis darstellt, wird die Würdigkeit als Gewißheit den Teilnehmenden zugesagt. Denn gerade das Eingeständnis der eigenen Unwürdigkeit im Sinne einer Schwachgläubigkeit (die die Schwäche der Lebenspraxis beinhaltet) macht die von den Abendmahlsteilnehmern geforderte Würdigkeit aus[1368]. Rohls resümiert richtig: "Indem das Eingeständnis der eigenen Unwürdigkeit als die notwendige und hinreichende Bedingung des würdigen Abendmahlsempfangs ausgegeben wird, wird der Trostcharakter gewahrt."[1369]

[1368] Vgl. Rohls 187.
[1369] Rohls 188.

7.8 Der Abschnitt des Gedächtnisses

Nach dem Abschnitt der Prüfung folgt in der Vermahnung der mit einem kurzen Satz eingeleitete Abschnitt des Gedächtnisses.[1370]

7.8.1 Die Abgrenzung des folgenden Abschnitts und die nochmalige Funktionsangabe

Text

"Zum andern laßt uns nun auch betrachten, warzu uns der herr sein abendmal hab eingesetzt, nemlich daß wir solches thun zu seiner gedechtnuß."[1371]

Kommentar

Mit diesem Satz wechselt der Text der Abendmahlsvermahnung wieder kurz auf eine Metaebene, in der über das aktuelle Handeln der Gemeinde reflektiert wird und durch die dieser Satz als Überleitung fungiert. Es wird einerseits rekurriert auf die Überleitung direkt nach den EW, die die Funktion der beiden größeren Abschnitte der Vermahnung ('Prüfung' und 'Gedächtnis') als Trost angibt[1372]. Andererseits wird hier nochmals ausdrücklich die Gedächtnis-Funktion des zweiten Abschnitts benannt. Als Ziel der Einsetzung durch Jesus Christus und somit als Sinn auch der aktuellen Abendmahlsfeier wird das Gedächtnis der Gemeinde herausgestellt: "nemlich daß wir solches thun zu seiner gedechtnuß". Somit ist die aktuelle Feier als Gedächtnishandlung charakterisiert.

Ein solcher Rekurs auf die Einsetzung des Abendmahls zur Klärung seiner Funktion findet sich nicht selten in den evangelischen Abendmahlsvermahnungen. Was dabei als zentrale Funktion benannt wird, verdeutlicht oftmals die je spezifische Akzentsetzung im Abendmahlsverständnis. Meist wird das Gedächtnis (nicht selten konzentriert auf den Kreuzestod) als Funktion der Feier hervorgehoben[1373], wobei neben die Gedächtnis- auch die Danksagungs-[1374] oder die Verkündigungsfunktion treten kann[1375]. Wieder andere stellen die

---

[1370] Zu diesem Abschnitt vgl. Schulz, Ordnung 499; Brunner, Abendmahlszeugnis 225; Hauke 48-54.

[1371] Kurpfalz 1563 (CD 1,514).

[1372] Vgl. 7.7.1.1.

[1373] So heißt es: "wie er befohlen hat, das man dise seyn gedechtnüß, so offt man sein nachtmal halttet, haben sol" (Straßburg 1526-1536 (CD 1,322), in Straßburg 1537ff wird in der Vermahnung nicht auf eine Einsetzung rekurriert, sondern das aktuelle Handeln als Handeln Christi hervorgehoben (vgl. Straßburg 1537ff (CD 1,317f)); "hat der gnädig und barmhertzige Herr Jesus Christus ein Gedächtnuß gestifftet seiner Wunder/und befohlen/daß wir in seinem Nachtmahl und äusserlichen Sacrament essen sollen seinen wahren Leib/und trincken sein wahres Blut/damit aller Glaubigen und Gottesfürchtigen Hertzen versichert würden solcher Gnaden und ewigen Seeligkeit" (Frankfurt 1543ff (CD 1,241)); "das Nachtmal vnsers lieben Herren Jesu Christi nach seiner stifftung zu halten/beyeinander versamlet seyen/vnd Christus/sein/vnd seins todts darbey zugedencken beuolhen hat" (2. Vermahnung, Schwäbisch-Hall 1543 (CD 1,258)); "he hath left in these holy misteries as a pledge of hys loue, and a contynuall remembraunce of the same" (OoC 1548, BCP 1549 (CD 1,390$^{40\text{-}41}$)); "he hath instituted and ordayned holy misteries as pledges of hys loue, and a contynuall remembraunce of hys death" (BCP 1552 (CD 1,390)); "Et pourtant en ce dernier repas quil a faict en ceste vie mortelle, lequel il disoit grandement desirer avant quil souffrist, il institua sa saincte cene, voulant quen memoire de sa tresgrande charite, par laquelle il a donne son corps pour nous en la croix, et espandu son sang en remission de noz pechez: nous prinssions mengeans dung mesme pain, et beuissions dung mesme calice sans aucune difference" (Farel 1533 (CD 1,341f)).

[1374] So heißt es: "Ietz wöllend, wir lieben brüder, nach ordnung und ynsatz unsers herren Jesu Christi das brot essen und das tranck trincken, die er geheyssen hat also bruchen zů einer widergedächtnus, zů lob und dancksagung deß, das er den tod für uns erlitten und sin blůt zů abwäschung unser sünd vergossen hat" (Zürich 1525 (CD 1,194)); "Darumb auch wir mit danck sagung jngedenck sein/der gůtthat seynes leybs vnd blůts/wie er vns des aller heiligsten brauchs hat wöllen erinneren seines Nachtmals" (Basel 1526 (CD 1,214)).

Vergewisserungsfunktion heraus[1376]. In den schottischen Ordnungen, die die Funktion der Einsetzung nur im Abendmahlsgebet thematisieren, wird zugleich die eschatologische Dimension des Gedächtnisses betont[1377]. Micron schließlich, dessen Vermahnung sehr stark ethisch akzentuiert ist, sieht es als Funktion der Einsetzung an, die Unvollkommenheit der Christen aufzuzeigen[1378], auf die das Abendmahl reagiert. Durch die verwendete Formulierung erfolgt zugleich die klare Abgrenzung zu einer Vorstellung, daß mit dem Abendmahl ein wiederholbares Opfer eingesetzt sei.

Wenn im oben zitierten Satz der vorliegenden Ordnung die Feier die Funktion des Gedächtnisses zugewiesen bekommt, so erhält hier die Anamnese, wie wir sie aus den Eucharistischen Hochgebeten kennen, ihren Platz, wenn auch mit einem sehr spezifischen Profil. In den altkirchlichen Eucharistiegebeten stellt die Anamnese (besonders in Form der speziellen Anamnese) die inhaltliche Begründung des locus theologicus der Feier dar, indem sie - verbunden mit den EW - des Todes Christi gedenkt und so die Verbindung von Kreuzestod und Eucharistiefeier herstellt. Deshalb kann sie zugleich die Funktion erhalten, den Dank mit dem Gedächtnis des Kreuzestodes Christi zu begründen, um daraus die Bitte um Wirksamkeit der Kommunion formulieren zu können.

Hier wird die Anamnese zur eigentlichen Funktion der Abendmahlsfeier erklärt und dies mit der Einsetzung begründet. Bedingt ist diese Engführung der Funktion der Feier auf die Anamnese zunächst in der Frontstellung gegen die Betonung der Opferdimension auf katholischer Seite. Ob daraus eine Engführung der Abendmahlsfeier allein auf die Anamnese erfolgt, wird noch zu untersuchen sein.

Dieser Abschnitt des Gedächtnisses läßt sich in der vorliegenden Vermahnung wiederum in drei Sinnabschnitte unterteilen, nämlich die 'Betrachtung des Heilswerkes Christi', die 'Zueignung im Abendmahl' und die 'Gemeinschaft mit Christus und den Brüdern'[1379]. Sie orientieren sich im Aufbau, in ihrer Thematik, z.T. aber auch textlich eng an der Vorlage der Nürnberger Vermahnung in der Württemberger Tradition; dies soll im einzelnen kenntlich

---

Eucharistische und anamnetische Funktion werden also in diesen Ordnungen als verknüpft gesehen. Zur Dimension der Danksagung in den evangelischen Ordnungen vgl. 8.1.1, 8.2.1 und 13.2.

[1375] So heißt es: "das vnser herr Jhesus Christus aus vnaussprechlicher liebe dis seyn abentmal zur letze hatt eyngesetzet zu gedechtnis vnd verkundigung seynes todtes fur vnser sunde erlitten" (Luther, Hausmann 1525 (CD 1,43)); "Doch dat wy nicht vorgeten edder träch wurden (...) to sulkeme loven der mynschwerdinge unde dodes Christi, hefft he uns ock eyne besonderge gedechtnisse edder vorkundinge synes dodes, so vakene wy willen, bevalen, dat wy ock imme uthwendigen sacramente, der vornunft vorborgen, alleyne deme loven uth deme worde Christi bekant, eten scholen unde drinken syn liff unde blut" (Braunschweig 1528 (CD 1,54)).

[1376] So heißt es: "Und zum gewissen zeugnis dieses seinen unwandelbaren willens hat der herr Christus diese ordnung eingesetzt" (Mecklenburg 1552 (CD 1,101)); "so ist es doch durch Jesum Christum/dahin verordnet/das es sein sol ein trost in allerley anfechtung/vnd ein gwisse versicherung/das kein vnglück/ja auch nicht der todt selbs vns schädlich sein mög/sonder das wir daraus gwißlich erlößt/vnd zu der ewigen seligkeit erhalten werden" (3. Vermahnung, Schwäbisch-Hall 1543 (CD 1,260)).

[1377] So heißt es: "we present our selues to this his table (which he hath left to be vsed in remembrance of his death vntyll his comming agayne)" (FoP 1556, 1564 (CD 1,477)).

[1378] "Want Christus de Heere heeft syn Nachtmael niet inghestelt tot een ghetuychenisse onser heylicheit oft volmaecktheit: mer veel meer tot een ghetuyghenisse onser onuolmaecktheit ende ongherechticheit" (Micron 1554 (CD 1,443f)).

[1379] So die Themenzuweisung durch Schulz (vgl. Schulz, Ordnung 497). Die Abgrenzung der einzelnen Abschnitte gegeneinander erfolgt in den jeweiligen Unterpunkten.

gemacht werden. Abgeschlossen wird der Abschnitt deutlich durch eine Konklusionsformel und das Amen.[1380]

7.8.2 Die Betrachtung des Heilswerkes Christi
Text

"Also sollen wir aber sein darbey gedencken, erstlich, daß wir gentzlich in unserm hertzen vertrauen, das unser herr Jesus Christus laut der verheissungen, welche den ertzvätern von anbegin geschehen, vom vater in dise welt gesandt sey, unser fleisch und blut an sich genommen, den zorn Gottes, under dem wir ewiglich hetten müssen versincken, von anfang seiner menschwerdung biß zum end seines lebens auf erden für uns getragen und allen gehorsam des göttlichen gesetz und gerechtigkeyt für uns erfüllet, fürnemlich da im der last unserer sünden und des zorns Gottes den blutigen schweiß im garten außgetrucket hat, da er ist gebunden worden, auf daß er uns entbünde, darnach unzälige schmach erlitten, auf daß wir nimmer zu schanden würden, unschuldig zum todt verurtheilt, auf daß wir für dem gericht Gottes freygesprochen würden, ja seinen gebenedeiten leib ans creutz lassen neglen, auf daß er die handtschrift unser sünden daran neglete und hat also die vermaledeyung von uns auf sich geladen, auf daß er uns mit seiner benedeiung erfüllet, und hat sich genidriget biß in die allertiefeste schmach und hellische angst leibs und der seelen am stammen des creutzes, da er schrey mit lauter stimme: Mein Gott, mein Gott, warumb hastu mich verlassen, auf daß wir zu Gott genommen und nimmermehr von im verlassen würden, endlich mit seinen todt und blutvergiessen das neue und ewige testament, den bund der gnaden und versönung beschlossen, wie er gesagt hat: Es ist vollbracht."[1381]

Kommentar

Die Betrachtung des Heilswerkes Christi wird mit "Also sollen wir aber sein darbey gedencken..." eingeleitet. Somit soll der nachfolgende Abschnitt dieses Gedächtnis Christi leisten bzw. zu diesem Gedächtnis anleiten. 'Adressat' des Gedächtnisses ist hier nicht - wie im anamnetischen Abschnitt der Eucharistischen Hochgebete - Gott, sondern die Gemeinde selbst! Schon grammatikalisch wird durch 'sein' deutlich gemacht, daß das Handeln Jesu Christi den Inhalt des Gedächtnisses bildet, die Anamnese also rein christologisch ausgerichtet ist. Deshalb wird sie von der Inkarnation bis zum Kreuzesgeschehen gespannt. In dieser Christusanamnese wird vorrangig die Soteriologie entwickelt, wie sie im HK und der calvinischen Theologie zu finden ist. Zunächst aber wird der Vorgang des Gedächtnisses spezifiziert als gläubige Zueignung der Erlösung.

7.8.2.1 Der Glaube als Modus des Gedächtnisses

Die Weise des Gedenkens wird zunächst als 'Vertrauen' gekennzeichnet: "...erstlich, daß wir gentzlich in unserm hertzen vertrauen...". Nach dem HK ist das Vertrauen[1382] neben der Erkenntnis die vom Hl. Geist geschenkte Gnade, die zusammen den Glauben ausmachen[1383].

[1380] "Das helf uns der allmechtige, barmhertzige Gott und vater unsers herrn Jesu Christi durch seinen heiligen geist, Amen." (vgl. hierzu 7.8.4.5.2).

[1381] Kurpfalz 1563 (CD 1,514f).

[1382] Gerade auf dieses Element des Vertrauens wird im Abendmahlsgebet wieder rekurriert (vgl. unten 8.3.2.1).

[1383] "Frag. Was ist warer glaub? Antwort. Es ist allein ein gewisse erkandtnuß, dardurch ich alles für war halte, was uns Gott in seinem wort offenbaret, sondern auch ein hertzliches vertrauen, welches der heilige

Die 2. Frage des Vorbereitungsgottesdienstes spricht ebenfalls von "hertzlichem vertrauen"[1384], insofern die Annahme der Erlösungsverheißung in diesem Vertrauen die Erlösung demjenigen zueigen macht. Die Benennung der beiden Komponenten des Glaubens, 'Erkenntnis' und 'Vertrauen', geht auf Melanchthon zurück[1385]. Während die Erkenntnis auf den Verstand zielt, zielt das Vertrauen auf den Willen[1386]. Während der Gegenstand des Erkennens die Hl. Schrift als Offenbarung Gottes ist und für wahr gehalten werden soll[1387], ist Gegenstand des Vertrauens das Evangelium - nicht gattungsmäßig verstanden, sondern i.S. der darin enthaltenen Verheißung, d.h. daß uns "vergebung der sünden, ewige gerechtigkeyt und seligkeyt von Gott geschenckt sey"[1388]. Während aber bei Melanchthon das Vertrauen die höhere Stufe des Glaubens darstellt[1389], können im HK die beiden Begriffe jeweils für den ganzen Glauben stehen und einander ersetzen[1390].

Es geht also im ganzen Abschnitt der Betrachtung des Heilswerks nicht allein um eine theoretische Reflexion, sondern um die *gläubige Zueignung der Erlösung* in Jesus Christus. 'Gedächtnis' wird deutlich nicht nur als bloße Erinnerung verstanden, sondern als existentielle Identifikation, gläubige Annahme und damit Zueignung des in ihm enthaltenen Erlösungsgeschehens. Für diese Zueignung wird die Passion nachfolgend ausführlich und rhetorisch gekonnt aufgebaut, damit der Glauben gefördert und zugleich gestärkt wird! Dieser Schritt ist von der Dogmatik des HK her notwendig, da der Glaube auf seiten der Empfangenden die Voraussetzung des Abendmahles bildet[1391], d.h. die unumgehbare Bedingung des heilsamen Wort- und Sakramentenempfangs ist[1392]. Ist der Glaube auf seiten der Empfangenden nicht vorhanden, so kommt es zu keiner wirklichen Christusbegegnung beim Abendmahl!

Während die Nürnberger Vermahnung diesen Abschnitt des Gedächtnisses mit "darumb hat unser lieber herr Jesus Christus sich über uns erbarmt"[1393] beginnt und so in dem Sinne mit der vorhergehenden Selbstprüfung kausal verbindet, daß das Heilswirken Christi die Antwort

---

geist durchs evangelium in mir würcket..." (Frage 21 des HK, Kurpfalz 1563 (EKO 14,346f)). Vgl. auch die Fragen 44 und 45 in Micron, De kleyne Cathechismus (Lang 128f). Sowohl Verkündigung wie Annahme der Gottesbotschaft geschehen durch die Kraft des Hl. Geistes (vgl. Coenen, Wort Gottes 88). Instrument der Glaubensweckung aber ist die Predigt des Evangeliums (vgl. ebd. 88f).

[1384] Kurpfalz 1563 (EKO 14,382).

[1385] Vgl. Neuser, Dogma 289; Neuser, Väter 182. Auch bei Calvin findet sich zunächst diese Unterscheidung (vgl. Wendel 209f); zum späteren Glaubensbegriff vgl. Wendel 210f; Neuser, Dogma 244f; Niesel, Theologie 122-126. Zum Glaubensbegriff des HK vgl. auch Gyenge.

[1386] Vgl. Neuser, Väter 182.

[1387] Vgl. Frage 21 des HK, Kurpfalz 1563 (EKO 14,346f); Neuser, Dogma 289; Neuser, Väter 182; Niesel, Zeugnis 84-86.

[1388] Frage 21 des HK, Kurpfalz 1563 (EKO 14,347); vgl. Neuser, Dogma 289; Neuser, Väter 182f; Niesel, Zeugnis 86-88.

[1389] Vgl. Neuser, Väter 182.

[1390] Vgl. Neuser, Dogma 289.

[1391] Vgl. Neuser, Dogma 290.

[1392] Vgl. Rohls 120.

[1393] Vgl. Nürnberg/Pfarrkirchen 1524, Nürnberg/Volprecht 1524, Brandenburg-Nürnberg 1533 (Anhang 2,Z.10).

auf die in der Selbstprüfung festgestellte eigene Sündhaftigkeit bildet[1394], so stehen in der vorliegenden Ordnung Anamnese und Prüfung (getrennt durch den Wechsel auf die Metaebene zwischen beiden Abschnitten[1395]) in gewissem Sinne nebeneinander und haben dennoch nicht die gleiche Gewichtung. Sowohl die 'Prüfung' als auch das 'Gedächtnis' sind die zwei durch die EW in der paulinischen Fassung vorgegebenen Dimensionen der Feier. Und dennoch sind beide Dimensionen aufeinander bezogen und kennzeichnen letztlich die 'negative' und 'positive' Seite des Glaubens. Die Prüfung zielt auf die Herausstellung der eigenen Erlösungsbedürftigkeit, sie ist schon christologisch ausgerichtet und stellt einen Akt des Glaubens dar. Das Gedächtnis aber bildet die sich aus der Einsetzung Christi ergebende positive Funktion der Vermahnung, die nun der Erlösung in Jesus Christus gedenkt und damit deren Zueignung durch die Empfangenden[1396] ermöglicht! Auch das Gedächtnis stellt somit einen Akt und eine Stärkung des Glaubens dar.

7.8.2.2 Die Christozentrik des Gedächtnisses

Schulz beschreibt diesen Abschnitt treffend: "Den Stationen des Passionsweges folgend, wird das Erlösungswerk Christi in seiner Heilsbedeutung 'pro nobis' entfaltet."[1397] Diese Anamnese ist heilsgeschichtlich geprägt, muß aber wegen der soteriologischen Perspektive christozentrisch ausgerichtet sein. Eine solche soteriozentrische und damit christozentrische Anamnese findet sich in der ganzen Tradition der Nürnberger Vermahnung zwischen Selbstprüfung (mit Feststellung der eigenen Sündhaftigkeit und Unwürdigkeit) und Gedächtnis der Einsetzung des Abendmahls in den EW. Die Version der Nürnberger Vermahnung in Nürnberg/Pfarrkirchen 1524 formuliert noch recht kurz:

> "Darumb hat unser lieber herr Jesus Christus sich uber uns erbarmet, ist umb unsertwillen mensch worden, das er fur uns das gesetz erfullet und lide, was wir mit unsern sunden verschuldigt hetten."[1398]

Schon hier wird das Handeln Christi in jedem Satzabschnitt 'für uns' ausgedeutet, so daß sich eine formale Parallelisierung von Jesu Handeln und seiner Bedeutung 'für uns' in der weiteren Überarbeitung anbietet. Diese findet sich in Brandenburg-Nürnberg 1533:

> "Darumb hat unser lieber herr Jesus Christus sich über uns erbarmt <u>und</u> ist umb unserer <u>sünden</u> willen mensch worden, auff das er das gesetz <u>und allen willen Gottes</u> für uns <u>und</u>

[1394] Auch in den katholischen Kommunionvermahnungen bildet die Feststellung der Erlösungsbedürftigkeit ein häufiges Motiv und nicht selten sogar den Ausgangspunkt für den anamnetischen Abschnitt: "Bedencket deñ fall vnserer Vorältern Adam vnd Heua/dardurch alle menschen an leib vnd seel gesterbt vnd verderbt sein müsten/vnd darfür hat kein Engel noch heilige helffen noch radtē kündten/bis da komen ist/der Son des lebendigen Gottes in dise welt" (Witzel 1542 (Anhang 3,Z.12-15)); "Nach dem durch die sünd aines menschens die gantze welt dem zorn Gottes vndergeben/vñ der verdamnuß schuldig/auch die natur aller menschen mit der seucht der sünden verderbt/vñ von jugent an zum übel gnaigt war/Daher die verderbte Adams kinder sünd mit sünden hauffeten/vnd den gerechten zorn Gottes vnnd die verdammnuß über sich selbs ymmer schwårer einfüreten" (Helding 1548 (Anhang 4,Z.4-8)); "nach dem wir alle in der sünden todt vnnd verdorben/vnnd vnterm gewalt des bösen feindts zu ewiger straff vnnd verdamnus verhafftet waren" (Mainz 1551 (Anhang 5,Z.44-46)); "da wir auß vnseren ersten Eltern/vnd vnser selbst eygener schuld/verloren/vnd seine Feinde waren" (1. Kommunionvermahnung, Gnesen-Posen 1579 (Anhang 8a,Z.6f)).

[1395] Vgl. 7.8.1.

[1396] Vgl. 7.8.3.

[1397] Schulz, Ordnung 499.

[1398] Nürnberg/Pfarrkirchen 1524 (OGA 1,159; vgl. Anhang 2,Z.10-13).

uns zu gut erfüllet und den tod und alles, was wir mit unsern sünden verschuldt hetten, für uns und zu unser erledigung auff sich neme und erlitte."[1399]
In der gleichen erweiterten Fassung findet sich dieser Abschnitt in Württemberger[1400] Ordnungen und damit in der lutherischen Ordnung der Kurpfalz von 1556[1401].
In der Kurpfälzer Ordnung von 1563 wird dieser Abschnitt jedoch nicht nur einfach erheblich erweitert, sondern - unter Beibehaltung der thematischen Abfolge, d.h. des Heilswirkens Christi von der Inkarnation (die schon in soteriologischer Perspektive gesehen wird) bis zum Kreuzestod - sehr dicht und ausführlich neu konzipiert. Man hält aber das Grundprinzip der Gegenüberstellung des Handelns bzw. Leidens Christi und der Bedeutung 'für uns' bei. Dies wird gesteigert, indem die den Handlungen gegenübergestellten Deutungen 'pro nobis' über weite Teile mit 'auf daß' eingeleitet werden, so daß die Finalität der Handlung verdeutlicht wird. Außerdem werden zur Kennzeichnung beider Ebenen begriffliche Gegensatzpaare bzw. regelrechte Antonyme benutzt: 'gebunden'/'entbünde'; 'unzälige schmach'/'nimmer zu schanden'; 'verurtheilt'/'freygesprochen'; 'seinen gebenedeiten leib'/'die handtschrift unser sünden'; 'vermaledeyung'/'benedeiung'; 'verlassen'/'nimmermehr von im verlassen;' seinen todt und blutvergiessen'/'das neue und ewige testament'.[1402] Damit setzt der Text die im HK zu beobachtende christozentrische Orientierung und (gemessen an den beiden Katechismusvorlagen von Ursinus) ungewöhnliche Konkretion der Aussagen über das Leiden Christi[1403] fort. Der Text wird durch die Parallelisierungen kunstvoll aufgebaut und als ein einziger, sich ständig steigernder Satz formuliert, der im letzten Wort Jesu am Kreuz kulminiert. Er stellt eine eigenständige Komposition dar, rekurriert aber in seinen einzelnen Formulierungen auf zahlreiche Vorlagen, vor allem aus dem HK. Zugleich stehen die Formulierungen in Parallele zu ähnlichen Stellen in anderen liturgischen Formularen der vorliegenden Ordnung[1404].

7.8.2.3 Die Verheißung und die Erfüllung des Evangeliums in Christus

Die christologische Engführung des Gedächtnisses zeigt sich schon darin, daß zunächst die Zeit vor Jesus Christus als auf ihn hindeutend interpretiert wird: "...das unser herr Jesus Christus laut der verheissungen, welche den ertzvätern von anbegin geschehe..."[1405]. Das

---

[1399] Brandenburg-Nürnberg 1533 (Anhang 2,Z.10-13). Die Unterstreichungen kennzeichnen die Zufügungen gegenüber dem vorhergehenden Text, die vor allem mit den Entwürfen von 1530 für die KO Brandenburg-Nürnberg eingefügt werden (vgl. Anhang 2,Z.10-13).

[1400] Vgl. Württemberg 1536, 1553 (CD 1,252f).

[1401] Dort ist nur 'erlitte' am Schluß gegen 'bezalete' ausgetauscht (vgl. Kurpfalz 1556 (EKO 14,148); vgl. ebenso Köln 1543,CIIII').

[1402] Vgl. 7.8.2.4. Auch die Basler und Berner Tradition arbeitet mit Begriffspaaren, um die Erlösung darzustellen, vor allem mit Begriffen der Beziehungsebene zwischen Christus und den Gläubigen: "Der hirt ist gestorben für die schäflein/Der vnschuldig hat gelitten für den sünder/Das haupt für die glyder/Der oberst Priester hat sich selbs zů einem brinnenden opffer auß vnseglicher lieb/dem vatter für vns auffgeopffert/vnd mit seynem blůt vnser verbüntnüß mit Gott dem vatter gnügsamlich versichert und versiglet" (Basel 1526 (CD 1,213); vgl. ebenso Basel 1537 (CD 1,222)). In Bern wird noch das Paar "der gmahel für sin kilch" (Bern 1529 (CD 1,230)) eingefügt.

[1403] Vgl. Lang LXXXIX.

[1404] Zu beachten ist auch die Analyse von Schulz, die den folgenden Ausführungen zugrunde liegt (vgl. Schulz, Ordnung 499[25]).

[1405] Im übrigen wird die atl. Zeit in den untersuchten Abendmahlsvermahnungen nur noch in Schwäbisch-Hall thematisiert. Dort wird auf die Propheten verwiesen, die den Tod Christi schon verkündet haben: "Vnd des

Motiv, daß das Evangelium schon den Patriarchen offenbart wird, findet sich auch in der 19. Frage des HK: "...dem heiligen evangelio, welchs Gott selbst anfenglich im paradeiß hat offenbaret, folgends durch die heilige ertzväter und propheten lassen verkündigen..."[1406]. Diese Stelle bildet eine Reminiszenz an die Vorstellung des schon vor Christus beginnenden Gnadenbundes, deren Vertreter gerade Heidelberger Theologen sind, die aber im HK nur andeutungsweise zu vermerken ist[1407]. Zum Verständnis dieser einzigen Bezugsstelle zum AT in der vorliegenden Ordnung ist außerdem zu bedenken, daß im Canon Romanus ein solcher Bezug immer vorliegt, wenn im Abschnitt 'Supra quae' auf das Opfer Abrahams und Melchisedeks rekurriert wird. Der Kurpfälzer Ordnung von 1563 geht es aber - in Abgrenzung zur katholischen Messe - im Abendmahl nicht um die Annahme eines Opfers durch Gott, sondern um die Annahme des Zentrums des Evangeliums durch die Gläubigen! Deshalb kommen gerade die Verheißungen der Propheten, nicht aber irgendwelche Opfer als atl. Bezugspunkte in Frage.[1408]

Auch die Inkarnation wird (wie das ganze Leben Jesu Christi) auf das Kreuzesgeschehen hin ausgerichtet verstanden und hat soteriologische Funktion, denn Christus ist "vom vater in dise welt gesandt"[1409]. Christus hat damit "unser fleisch und blut an sich genommen"[1410],

---

zu waren vrkundt/hat er den todt nicht vnwissentlich/heimlich vnnd stilschweigent auff sich genommen/sonder den selben zuuor durch die heiligen Propheten verkündigen lassen..." (2. Vermahnung, Schwäbisch-Hall 1543 (CD 1,258f)).

[1406] Frage 19 des HK, Kurpfalz 1563 (EKO 14,346).

[1407] Vgl. Lang LXXVIIIf. Begründet ist die geringe Beachtung der atl. Zeit in den evangelischen Vermahnungen in der christologisch-soteriologischen Ausrichtung der Reformation, die (besonders bei lutherischen Theologen) der 'Zeit des Gesetzes' nur schwerlich eine positive Funktion zuzubilligen vermag. Gerade Ursinus sieht jedoch das Gesetz positiv "als Zuchtmeister auf Christum" (Lang LXXIX). Zur altreformierten Lehre vom Gnadenbund vgl. auch Goeters, Föderaltheologie; Rohls 112-114.

[1408] Im Kontext dazu betrachte man gerade die katholische Vermahnung Heldings, die auf die atl. Opfervorstellungen rekurriert, nicht um die Messe als Opfer zu legitimieren, sondern um auf das einzig entscheidende Opfer Christi zurückzuverweisen: "Auff diß opffer haben von anfang die mancherlai opffer der Väter gedeütet. Die sy darumb gethon/jrē glauben an das künfftig opffer damit zůbezeügen/jre danckbarkait dem Almechtigē Got vmb alle seine wolthat/vnd in sonderhait/vmb die Erlösung die jnen zůkünfftiglich verhaissen war/zůerweysen/vnd also die krafft des künfftigen opffers mit glauben/andacht vñ gebet an sich zůbringen/jnen selbs aigen zůmachen/vñ zů jrem hail zůgeniessen. Die auch Got nit vmb ire opffer/sonder im glaubē auf dz künfftig opffer/in den verdiensten des blůts vnd todts Christi gerechtfertigt vñ selig gemacht hat. Gleicher weyß auch wir/vnnd alle so nach vns biß zů end der welt komen werden/in disem ainigen opffer vergebung der sündē/ versönung mit Got/vñ vnser hayl vñ seligkait erraichen müssen. Darum dañ Christus vnser lieber Herr (wie vorhin im Malachia bezeügt/vnd im Melchisedech bedeütet war) diß rain vnnd haylig opffer seines waren leybs vnd blůts seiner Kirchen verordnet/vnnd zů seiner gedechtnuß zůhalten/vnd zůentpfahen befolhen hat." (Helding 1548 (Anhang 4,Z.15-26)). Zum Opfer-Verständnis vgl. 7.8.4.1 und 8.1.1.

[1409] Schon die Sendung hat soteriologische Funktion: "...auß barmhertzigkeyt des vaters in diese welt gesandt sey..." (2. Frage des Vorbereitungsgottesdienstes, Kurpfalz 1563 (EKO 14,382)). Vgl. Joh 3,17; Röm 8,3; Gal 4,4f. Die Inkarnation wird auch in einigen anderen Ordnungen als 'Menschwerdung für uns' dargestellt: "unde hefft vor uns gegeven alse eyn gnedich Vader synen eyngeboren Sone Jesum Christum" (Braunschweig 1528 (CD 1,53)); "Das Christus Jesus der sun Gottes umb unsert willenn ist ins fleysch kommen" (Bern 1529 (CD 1,229f)); "so hat der eingeborn son Gottis vnser lieber Herr Jesus Christus sich des handels vnderfangen/ist mensch worden" (2. Vermahnung, Schwäbisch-Hall 1543 (CD 1,258)); "quant la plenitude du temps est venue, il a envoye son filz treschier, monstrant sa tresgrande charite et dilection quil a eu envers nous" (Farel 1533 (CD 1,341)).

Aber auch in den katholischen Kommunionvermahnungen wird meist die Inkarnation schon in soteriologischer Funktion gesehen: "der nach seinem beschlossen rat/aus vnmessiger liebe/seinen eingebornen Son vnsern aller liebsten Herren vnnd heylandt Jesum Christum vom Himel auff Erden gesandt/vnd dasselbig sein Wort fleisch werdē lassen hat/auff das wir/so da ewiglich verloren waren/das ewig leben durch jn haben solten" (Witzel

215

ein wichtiges Kriterium für die Soteriologie dieser Ordnung, denn laut dem HK ist die menschliche Natur Christi für die Erlösung notwendig, da es die menschliche Natur ist, die gesündigt hat[1411]. Dieses wahre Menschsein wird gekennzeichnet als stehend unter dem "zorn Gottes"[1412], der so stark ist, daß es über ihn heißt: "under dem wir ewiglich hetten müssen versincken"[1413]. Das Menschsein Christi wird dadurch gekennzeichnet, daß er den Zorn Gottes "von anfang seiner menschwerdung biß zum end seines lebens auf erden für uns getragen"[1414].

1542 (Anhang 3,Z.5-8)); "Da hat Got ain Vatter grosser lieb vnd voller erbarmnuß sich des elends seines volcks jamern lassen/vnd (wie er verhaissen het) seinen ainigen vñ gliebten Sun in die welt gesandt/angethon mit warer menschhait/vñ mit vnserm flaisch vmbgeben/auff den er aller vnser sünden gelegt/vnnd jn vmb vnsere mißhandlung in die straff geben" (Helding 1548 (Anhang 4,Z.9-12)); "Wie da der heilig Gottes Son/auß hertzlicher liebe gegen vns/sich aus seiner Göttlichen herlichkeit bis in menschlichs elendt herunter gelassen" (Mainz 1551 (Anhang 5,Z.46f)); "sich vber vns erbarmete: das fleisch an sich genommen/vnd Mensch geworden" (1. Kommunionvermahnung, Gnesen-Posen 1579 (Anhang 8a,Z.7)); "eben denselbigen/welcher vor zeiten auß einer Jungfrawen geboren" (3. Kommunionvermahnung, Gnesen-Posen 1579 (Anhang 8c,Z.9)); "der einmal von der rainen Junckfrawen geboren ist" (Augsburg 1580 (Anhang 9,Z.17f)), "der in höchster liebe mit allain vom Himmel herab zů vns verlornen Adams Kinder kommen" (ebd. Z.33f).
Mit der Beschreibung der Inkarnation in soteriologischer Funktion stehen diese Ordnungen in der Linie der Inkarnationstheologie des Thomas, die gegenüber anderen Ansichten den Grund der Menschwerdung einzig in der menschlichen Sünde und Erlösungsbedürftigkeit sieht (vgl. Müller, Inkarnation 287f; Mostert).

[1410] Ähnliche Aussagen finden sich im HK: "...waren menschlichen leib und seel an sich genommen, auf daß er an demselben unserm fleisch und blut..." (2. Frage des Vorbereitungsgottesdienstes, Kurpfalz 1563 (EKO 14,382)); "...daß Christus, der ewige son Gottes ware menschliche natur an sich genommen..." (Kurze Summa des HK, Kurpfalz 1563 (EKO 14,378)), "...ware menschliche natur auß dem fleisch und blut der jungfrauen Maria..." (Frage 35 des HK, Kurpfalz 1563 (EKO 14,350)).
Vgl. Joh 1,14; 1 Tim 3,16; Hebr 2,14; 1 Joh 4,2.

[1411] Vgl. Frage 16 des HK, Kurpfalz 1563 (EKO 14,346). Zu näheren Ausführungen vgl. unten. Bereits für Anselm manifestiert sich in der Inkarnation das neue Verhältnis Gottes zu den Menschen, weil in ihr der Wille Gottes zur Erlösung offenbar wird (vgl. Gäde 221-233). Anselm sieht in der Inkarnation Gottes den einzigen Weg, der sündigen Menschheit gegenüber sowohl gerecht als auch barmherzig sein zu können (vgl. Hopkins 211).

[1412] Der verdiente Zorn Gottes gegen die Sünde der Menschen wird im HK immer wieder herausgestellt (vgl. die Fragen 10,14 und 17 des HK, Kurpfalz 1563 (EKO 14,345f); biblische Bezugspunkte bilden Dtn 27,26; Röm 1,18; 2,5-8; Gal 3,10), aber auch in anderen Ordnungen: "das gottes zorn so gros ist wider unsere sünd" (Mecklenburg 1552 (CD 1,101)). Es wird ihm - wie in der vorliegenden Ordnung - die positive Dimension der Erlösung entgegengestellt: "da er uns durch sein blut von gots zorn, sund, todt und helle erloset hat" (Luther, DM 1525 (CD 1,37)). So ist der Zorn noch Realität, aber nicht mehr vernichtend: "sondern sollen uns zu im bekeren, fur seinem gerechten zorn erschrecken" (Mecklenburg 1552 (CD 1,100)); "die sich zu gott bekeren, und fur gottes zorn wider ire sünd erschrecken" (Mecklenburg 1552 (CD 1,101)); "dat wy in de kennisse onser sonden, ende in t'gheuoelen des toorns Gods teghen ons, om onser sonden wille, niet mistroostich oft wanhopich sullen werden von sijn goetheit t'onswaert" (Micron 1554 (CD 1,442)).
Für Calvins Theologie ist die Sicht bezeichnend, daß wir ohne Christus nur einen zürnenden Gott und erst durch die Mittlerschaft Christi einen gnädigen Gott erkennen können (vgl. Rohls 110).

[1413] Ähnlich heißt es in der Schwäbisch-Haller Vermahnung: "das wir billich/vnser sünd halben solten ewiglich verdampt sein" (2. Vermahnung, Schwäbisch-Hall 1543 (CD 1,258)).

[1414] An anderen Stellen der Ordnung findet sich das gleiche Motiv: "die straf und zorn Gottes, so wir verdient hetten, für uns trüge" (2. Frage des Vorbereitungsgottesdienstes, Kurpfalz 1563 (EKO 14,382)); "die straf und zorn Gottes, so wir sonst ewig hetten müssen leiden, getragen" (Kurze Summa des HK, Kurpfalz 1563 (EKO 14,378)); "Daß er an leib und seel die gantze zeit seines lebens auf erden, sonderlich aber am ende desselben, den zorn Gottes wider die sünde des gantzen menschlichen geschlechts getragen hat" (Frage 37 des HK, Kurpfalz 1563 (EKO 14,350)).
Ähnlich formuliert auch Olevian: "mit seinē gantzen leiden/sterben/vnd allem gehorsam/so er von anbegin seiner empfengnis/biß zum end/vns zu gut auff sich genommen" (Olevian, Gnadenbund (Franz u.a. 290)); vgl. auch ebd. 323.331). Vgl. Phil 2,8; 1 Petr 2,24; Jes 53; Röm 5,19; Hebr 5,8.

Schon während seines Lebens nimmt Jesus Christus damit die für die Erlösung so entscheidende Stellvertreterfunktion ein, indem er die ganze Sünde des Menschen und deren Konsequenz auf sich nimmt[1415]. Das Leiden Christi besteht nach dem HK nicht nur im Kreuzestod, sondern im Tragen des Zorns[1416] während des ganzen Lebens, einer Formulierung, die schon sprachlich parallel zum 'Tragen des Kreuzes' steht: "Frag. Was verstehestu durch das wörtlein gelitten? Antwort. Daß er an leib und seel die gantze zeit seines lebens auf erden, sonderlich aber am ende desselben, den zorn Gottes wider die sünde des gantzen menschlichen geschlechts getragen hat"[1417]. Möglich ist das Tragen des Zornes nach dem HK nur durch die göttliche Natur Christi: "Frag. Warumb muß er zugleich warer Gott sein? Antwort. Daß er auß kraft seiner gottheyt den last des zorns Gottes an seiner menschheyt ertragen und uns die gerechtigkeyt und das leben erwerben und widergeben möchte."[1418] Für eine 'blosse creatur' aber wäre dies unmöglich[1419].

Die hierhinter stehende Satisfaktionslehre geht auf vorreformatorische Wurzeln, näherhin die Theologie des Anselm von Canterbury zurück[1420], sie dient dazu, den Verdienstcharakter des Todes Jesu Christi deutlich herauszustellen. Anselm macht in seinem Werk 'Cur deus homo' deutlich, daß der sündige Mensch nicht die Versöhnung mit Gott bewirken kann, andererseits die Versöhnung aber unbedingt von einem Menschen geleistet werden muß. Nur ein solcher Gottmensch kann dieses Versöhnungswerk leisten, zumal es beinhalten muß, was Gott sowieso schon geschuldet wird[1421]. Die satisfactio kann nur ein Gottmensch erwirken, der Gott einzig das gehorsame Leben schuldet, aber nicht den Tod[1422]: Der Tod

---

[1415] So heißt es in einer katholischen Kommunionvermahnung, Christus habe "alles Elend menschliches lebens (außgeschlossen die Sünde)" (1. Kommunionvermahnung, Gnesen-Posen 1579 (Anhang 8a,Z.7f)) erlitten.

[1416] Vgl. Jes 53,6.12.

[1417] Frage 37 des HK, Kurpfalz 1563 (EKO 14,350). Vgl. Korn 94. Zum 'Zorn Gottes' vgl. Gablenz/Pinomaa.

[1418] Frage 17 des HK, Kurpfalz 1563 (EKO 14,346).

[1419] Vgl. Frage 14 des HK, Kurpfalz 1563 (EKO 14,345). Ebenso stellt die 2. Frage des Vorbereitungsgottesdienstes heraus, daß "alle creaturn solche straf für uns nicht hetten mögen ertragen" (Kurpfalz 1563 (EKO 14,382)). Zum Verhältnis von göttlicher und menschlicher Natur Christi nach Calvin vgl. Niesel, Theologie 109-116; Neuser, Dogma 248f; Wendel 187-202.

[1420] Vgl. Rohls 111.190. Auch der Soteriologie Calvins liegt sie zugrunde (vgl. Wendel 190f). Lang zählt die entsprechenden Fragen 12-18 des HK "zweifellos zu den schwächsten im ganzen Heidelberger" (Lang LXXXIX). Zur negativen und positiven Beurteilung dieser Fragen in der Theologiegeschichte vgl. Metz, Necessitas 15-55. Während alle Theologen der Reformationszeit von dieser Satisfaktionslehre beeinflußt sind, sind es besonders die Reformierten, die sich deutlich an Anselms Lehre anlehnen (vgl. Weier). Für den HK betont Visser die Abhängigkeit von Anselm (vgl. Visser 609-615) gegen die Einwände von Metz (vgl. Metz, Necessitas 185-221, spez. 218-221). Zur Satisfaktionslehre Anselms vgl. Wenz, Geschichte 1,42-55; Gäde; Hopkins 187-212. Zur Diskussion über die philosophischen Hintergründe der Anselmischen Satisfaktionslehre vgl. Wenz, Geschichte 1,44-46.

[1421] Vgl. Wenz, Geschichte 1,43f; Gäde 199-266; Hopkins 190-198.

[1422] Gott im Leben gehorsam zu sein, ist die Verpflichtung, die auch der Gottmensch Christus erfüllen muß (vgl. Wenz, Geschichte 1,44). Allerdings bringt ihm dieser Gehorsam die Feindschaft der Menschen und den Tod ein (vgl. Gäde 236). Barth sieht ebenfalls die Sündenlosigkeit als Gehorsamstat, versteht sie aber als Voraussetzung, an unserer Stelle die Schuld auf sich nehmen zu können (vgl. Barth, Lehre 64f).
Den Gehorsam Christi beschreibt auch Heldungs (katholische) Vermahnung als "willige vnd vns hailsame gehorsame des hailigsten Suns Gotes Christi vnsers Herrn/der auß hertzlicher liebe gegen vns/sich auß der Götlich herrligkait biß in vnser tiefstes elend enteüssert/vnd vmb vnser hail inn todt des Creützes geben hat/auf das er vns/die wir in sünden todt waren/zum leben bringen/vnd in die ewige säligkait einsetzen möcht" (Helding 1548 (Anhang 4,Z.46-49)).

Jesu ist freiwillige und ungeschuldete Hingabe Christi an den Vater[1423]. Das Leiden aber ist Akt des Gehorsams, denn in ihm hat Christus "allen gehorsam des göttlichen gesetz und gerechtigkeyt für uns erfüllet"[1424]. Auch diese vollkommene Erfüllung des göttlichen Gesetzes wird stellvertretend 'für uns' geleistet und gehört zum Versöhnungswerk Christi[1425].

7.8.2.4 Christi Leiden und Sterben als Stellvertretung

Dieser Gehorsam Christi drückt sich für die vorliegende Ordnung 'fürnemlich' in der Passion aus, "da im der last unserer sünden und des zorns Gottes den blutigen schweiß im garten[1426] außgetrucket hat". Christi Leiden und Sterben wird nun ausführlich in seiner schrecklichen Wirklichkeit der positiven Wirkung 'für uns' gegenübergestellt.

Dieser Abschnitt wird deshalb mit dem oben beschriebenen[1427] rhetorischen Mittel der Gegensatzpaare gestaltet, wobei immer die eine Formulierung das Leiden darstellt, die andere, durch 'auf daß' dagegen abgesetzte Formulierung aber die Heilswirksamkeit dieses Handelns 'für uns' konkretisiert[1428]. Das erste Gegensatzpaar thematisiert die Gefangennahme ("da er ist gebunden worden, auf daß er uns entbünde"), das zweite die Verspottung

---

[1423] Vgl. Gäde 235-238.

[1424] Im HK heißt es: "...und darinnen für uns das gesetz Gottes vollkomlich erfüllet..." (Kurze Summa des HK, Kurpfalz 1563 (EKO 14,378)).

[1425] Vgl. Rohls 190. Diese Formulierung könnte den falschen Schluß einer völlig negativen Sicht des Gesetzes nahelegen. Gerade aber in den späteren reformierten Ordnungen findet sich eine positivere Sicht des Gesetzes aufgrund des Christusereignisses, die oftmals mit der Zitierung von Jer 31,33 ausformuliert wird: "et accomplir ses sainctes promesses de nous donner leaue nette et son sainct esperit, pour nous nettoyer de toutes noz ordures et souilleures, et nous donner ung nouveau cueur, en escripuant sa saincte loy en noz cueurs" (Farel 1533 (CD 1,341)); "neantmoins, puis que nostre Seigneur nous a faict ceste grace, d'avoir son Evangile imprimé en nostre coeur, pour resister à toute incredulité" (Genf 1542, 1542A, 1545 (CD 1,359)); "doch nichts desto minder/weil vns der Herr diese gnade erzeiget/daß sein heiliges Euangelium in vnsere hertzen geschrieben ist/dardurch wir dem vnglauben vnd zweiffel können widerstehen" (Genf dt. 1563,48); "that our lorde hath dealed thus mercifully with vs, and hath printed his gospell in our hartes, so that, we are preserued from falling into desperation and misbeliefe" (FoP 1556, 1564 (CD 1,475)). Vgl. auch Fragen 73 und 74, Jud, Christliche underwysung (Lang 71).

Im HK ist deshalb das Gesetz nicht nur Ursache der Sünde, sondern vor allem aus Dankbarkeit für die Erlösung anzunehmende Norm christlicher Lebensgestaltung. Dies wird besonders daran deutlich, daß die anklagende Funktion des Gesetzes mit dem Liebesgebot erarbeitet wird (vgl. die Fragen 3-5 des HK, Kurpfalz 1563 (EKO 14,344)), den 10 Geboten aber die positive Funktion der Gestaltung des dankbaren Lebens zukommt (vgl. die Fragen 91-115 des HK, Kurpfalz 1563 (EKO 14,360-365)). Demnach bleibt die verklagende Funktion des Gesetzes erhalten und dient als Folie, um das Christusereignis darauf um so deutlicher in seiner Erlösungsfunktion darzustellen.

[1426] Vgl. Lk 22,44.

[1427] Vgl. 7.8.2.2.

[1428] Eine solche Formulierung in Gegensatzpaaren findet sich zuvor bereits in Schwäbisch-Hall: "Er ist gfangen/geschlagen/geschendt vnd geschmecht worden/aber er ist durch die gefengnus inn ewige freyheit/durch den schmertzen inn ewige freud/durch schand vnd schmach/in ewig herligkeit vnd maiestet eingangen" (3. Vermahnung, Schwäbisch-Hall 1543 (CD 1,261)).

In einer katholischen Kommunionvermahnung findet sich eine ähnliche Aufreihung der Passionsstationen, wenn sie auch nicht in Gegensätzen ausgedrückt wird: "Wie der vnschuldig Herr (nach dem er von seinē jünger verrathē war) im garten in erwatung seines volgenden leidens mit schmertzlicher angst biß zum blütigen schwaiß vmbgehen/von seinen feindē schmählich überfallen/vnmiltigklich gefangen vñ gebunden/spötlich gefürt/fälschlich anklagt/vō den Dienern die gantz nackt hönlich verspottet/von den Söldnern schmertzlich gegaiselt/volgendts ans Creütz gehenckt worden/vnd endtlich in höchster schmach vnnd schmertzen am Creütz erstorben ist" (Helding 1548 (Anhang 4,Z.36-41)).

("darnach unzälige schmach erlitten[1429], auf daß wir nimmer zu schanden würden"), das dritte die Verurteilung ("unschuldig zum todt verurtheilt[1430], auf daß wir für dem gericht Gottes freygesprochen würden"[1431]) und das vierte das Annageln ans Kreuz ("ja seinen gebenedeiten leib ans creutz lassen neglen[1432], auf daß er die handtschrift unser sünden daran neglete"[1433]). Immer handelt es sich um das Leiden, das eigentlich die Sünder treffen müßte. Da dieses Leid nun Christus trifft, sind die Sünder von der Schuld befreit. Allerdings geht die calvinistische Tradition nicht so weit wie Luther zu sagen, daß die Sünden der Menschen zu Christi eigenen Sünden würden[1434], sondern das 'Sünder-Sein' Christi wird imputativ verstanden[1435]. Christus "hat unsere Natur, aber nicht unsere Sünde angenommen"[1436].
Gerade aber an Formulierungen wie die, daß Christus sich ans Kreuz hat nageln *lassen*, in der er also auch grammatisch der Aktive bleibt, sieht man deutlich, daß hier nicht einfach ein Widerfahrnis beschrieben wird[1437]. Das aktive Handeln bleibt sogar dort erkennbar, wo die absolute Erniedrigung und Verfluchung beschrieben wird. Das 5. Gegensatzpaar thematisiert die Vermaledeiung: "...und hat also die vermaledeyung von uns auf sich geladen[1438], auf daß er uns mit seiner benedeiung erfüllet...". Mit dem 6. Gegensatzpaar, das

---

[1429] Vgl. Mt 26,67f; 27,27-31a; Mk 14,65; 15,16-20a; Lk 22,63-65; 23,11.

[1430] Vgl. Mt 27,4.24-26; Mk 15,15; Lk 23,4.25. Die Unschuld Christi betont auch Ursinus in der 27. Frage seines kleinen Katechismus: "Cur autem sub Pontio Pilato passus est? Ut ipse insons a judicio terreno condemnatus, nos a judicii divini condemnatione, quam meriti erasmus, liberaret." (Ursinus, Catechesis minor (Lang 204); vgl. auch Schulz, Ordnung 499[25]).

[1431] Die stellvertretende Verurteilung betont auch der HK: "Auf daß er unschuldig under dem weltlichen richter verdampt würde und uns damit von dem strengen urtheil Gottes, das uber uns gehen solte, erlediget.." (Frage 38 des HK, Kurpfalz 1563 (EKO 14,350)); "...der sich zuvor dem gericht Gottes für mich dargestellt..." (Frage 52 des HK, Kurpfalz 1563 (EKO 14,352)).
Die Unausweichlichkeit des Gerichts betont Bugenhagen: "derwegen wy uns ock mit unseme vorstande unde vormogen nicht konen lös maken uth deme strengen richte Gades" (Braunschweig 1528 (CD 1,53)).

[1432] Vgl. Mt 27,31b-44; Mk 15,20b-32; Lk 23,33-43; Joh 19,16b-30.

[1433] Das Motiv des Annagelns der Handschrift der Sünden findet sich auch in der Taufvermahnung: "...und all unsern fluch und vermaledeyung ans creutz genägelt..." (Kurpfalz 1563 (EKO 14,338)). Es stammt aus Kol 2,14: "...vnd ausgetilget die Handschrifft so wider vns war, welche durch Satzung entstund vnd vns entgegen war, vnd hat sie aus dem mittel gethan, uns an das Creutz gehefftet" (Luther, NT 1546 (WA.DB 7,231)). Der gleiche Gedanke findet sich auch in einer Predigt Olevians von 1563 (vgl. Olevian, Gnadenbund (Franz u.a. 303)).

[1434] Vgl. Weier 11f.29.

[1435] Vgl. Weier 26f.

[1436] Weier 27.

[1437] Zu biblischen Formulierungen vom aktiven (Er-)Tragen des Kreuzes vgl. Hebr 12,2; vgl. auch Eph 2,16; Phil 2,8; Kol 1,20. Bei den Synoptikern wird durch die spöttische Aufforderung der am Kreuz Stehenden, Jesus möge sich selbst helfen (Lk 23,37) bzw. vom Kreuz herabsteigen (Mt 27,42; Mk 15,32), das Erleiden verdeutlicht.
Schon bei Anselm tritt der poenitentielle Charakter gegenüber der altkirchlichen Tradition zurück, wohingegen der aktive Leistungs- und Wertcharakter hervorgehoben wird (vgl. Wenz, Geschichte 1,46). Anselm versteht den Tod Jesu als Äquivalenzleistung für die menschlichen Sünden, nicht aber als deren Bestrafung (vgl. Wenz, Geschichte 1,46; Gäde 102.105). Während sich die Strafe als passives Geschehen darstellen würde, ist die Genugtuung eine aktive Leistung (vgl. Gäde 101; zur Unterscheidung von Strafe und Genugtuung vgl. Gäde 94-106). Luther hingegen versteht den Tod Christi als wirkliche Übernahme der göttlichen Sündenstrafen (vgl. Wenz, Geschichte 1,63).

[1438] "...und alle vermaledeyung von mir hinweggenommen hat..." (Frage 52 des HK, Kurpfalz 1563 (EKO 14,352)). Vgl. auch Frage 39 des HK, Kurpfalz 1563 (EKO 14,350; Text siehe Anm. 1440); Korn 95.

die Gottverlassenheit zum Inhalt hat, gelangt der Satz an einen ersten Höhepunkt: "...und hat sich genidriget biß in die allertiefeste schmach[1439] und hellische angst leibs und der seelen am stammen des creutzes[1440], da er schrey mit lauter stimme: Mein Gott, mein Gott, warumb hastu mich verlassen". Dieser Ruf Jesu am Kreuz (Mt 27,46; Mk 15,34) stellt zugleich ein Zitat des zweiten Verses von Ps 22 dar, der nicht als für den ganzen Psalm stehend verstanden wird, sondern im Wortsinn als wirklicher Ausdruck der Gottverlassenheit. Die Angst Christi ("hellische angst leibs und der seelen") wird als der eigentliche Inhalt der Rede von der Höllenfahrt Christi im Glaubensbekenntnis verstanden[1441], wie dies auch der HK zum Ausdruck bringt: "Frag. Warumb folgt abgestiegen zu der hellen? Antwort. Daß ich in meinen höchsten anfechtungen versichert sey, mein herr Christus habe mich durch seine unaußsprechliche angst, schmertzen und schrecken, die er auch an seiner seelen am creutz und zuvor erlitten, von der hellischen angst und pein erlöset."[1442] Das Gedächtnis der Gottverlassenheit Christi hat somit Vergewisserungsfunktion für die Gläubigen, selbst erlöst zu sein, d.h. überhaupt durch das Handeln Christi erlöst sein zu können.

Auch nach Micron ist dieser Aufschrei Beleg dafür, daß Christus den Zorn Gottes für die ganze auf sich genommene Schuld des Menschengeschlechts gespürt habe[1443]. Der Satz ist somit 'Beweis' für die Verfluchung Christi, mit der andererseits die Erlösung verbunden ist[1444]. Der Tod Jesu ist damit als Straf- und Fluchtod gekennzeichnet, in dem der den Sünder treffende Fluch übernommen wird[1445]. "Der Fluchtod aber bedeutet die Aufhebung jeglicher

---

[1439] Vgl. Phil 2,8; Hebr 2,5-18. Auf die Verfluchung verweist Ursin in der 28. Frage seines kleinen Katechismus mit einem Zitat von Gal 3,13, in dem Dtn 21,23 aufgegriffen wird: "Quare crucifixus est? Ut testaretur maledictionem divinam, cui nos eramus obnoxii, in se derivasse: quandoquidem erat maledictus a Deo, qui penderet in ligno." (Ursinus, Catechesis minor (Lang 204); vgl. auch Schulz, Ordnung 499^{25}). Auch in Frage 60 von Microns kleinem Katechismus findet sich die Formulierung "alderschandelickste doot des cruycen" (Micron, De kleyne Cathechismus (Lang 132)).

[1440] Zum biblischen Ausdruck 'Holz des Kreuzes' vgl. Apg 13,29; 1 Petr 2,24. Der HK stellt die Bedeutung des Todes Christi gerade am Kreuz heraus: "Frag. Ist es etwas mehr, daß er ist gecreutziget worden, denn so er eines andern tods gestorben were? Antwort. Ja, denn dardurch bin ich gewiß, daß er die vermaledeiung, die auf mir lage, auf sich geladen habe, dieweil der todt des creutzes von Gott verflucht war." (Frage 39 des HK, Kurpfalz 1563 (EKO 14,350); vgl. auch den 2. Abschnitt der Kurzen Summa des HK, Kurpfalz 1563 (EKO 14,379)). Zur Formulierung 'am Stamm des Kreuzes' finden sich Parallelen in evangelischen und katholischen Vermahnungen (vgl. Bern 1529 (CD 1,235); Ritus Communionis Catholicus 1556 (Anhang 6, Z.5f.12); Augsburg 1580 (Anhang 9,Z.18).

[1441] Vgl. Olevian, Vester Grundt 1567 (Goeters, Grund 485-487); Korn 95. Gewisse Probleme bereitet ihm aber, daß Christus trotz seiner göttlichen Natur einen solchen Satz hervorstoßen kann; er löst dies mit der Vermutung, daß die göttliche Natur Christi kurze Zeit geruht habe (vgl. Olevian, Vester Grundt 1567 (Goeters, Grund 487)).

[1442] Frage 44 des HK, Kurpfalz 1563 (EKO 14,351). Vgl. auch die Frage 31 im kleinen Katechismus Ursins: "Quid de ipsius descensu ad inferna credis? Quod praeter mortem corporis, etiam dolores inferorum in sua passione senserit: seque in extremam ignominiam et humilitatem abjecerit, ut nobis laetitiam et gloriam coelestem pararet." (Ursinus, Catechesis minor (Lang 204); vgl. auch Schulz, Ordnung 499^{25}). Erast weitet die Angst und Not auf das ganze Leben Christi aus: "...deñ so ferrne er neben aller anderer angst vñ not/die er auff erden vm̃ vnsert willen erlitten..." (Erastus, Bericht 17).

[1443] "Met korte woorden, hy heeft den thooren Gods, om de sonde des menschelicken gheslachte, die hy op hem ghenomen hadde, wterlick gheuoelt, sonderlick doen hy aen't cruyce sprack: Mijn God, mijn God, waerom hebdy my ghelaten?" (Frage 60 in Micron, De kleyne Cathechismus (Lang 132)).

[1444] Diesen Zusammenhang von Verfluchung des Kreuzestodes und Erlösung stellt auch die Frage 39 des HK heraus (vgl. Kurpfalz 1563 (EKO 14,350); Text siehe Anm. 1440).

[1445] Vgl. Rohls 112.

Gemeinschaft mit Gott, so daß das Strafleiden konsequenterweise im Bewußtsein der Gottverlassenheit kulminiert."[1446] Dieser nicht nur leibliche, sondern auch geistliche Tod wird in der altreformierten Dogmatik mit dem Schrei der Verlassenheit und dem Glaubenssatz von der Höllenfahrt verdeutlicht[1447]. So heißt es in Calvins Katechismus von 1542: "Pource qu'il se presentoit à Dieu pour satisfaire au nom des pecheurs: il falloit qu'il sentist ceste horrible destresse en sa conscience, comme s'il estoit delaissé de Dieu: et mesme, comme si DIEU estoit courroucé contre luy. Estant en cest abysme il a crié: Mon Dieu, mon Dieu, pourquoy m'as-tu laissé"[1448]. Auch nach Olevians 'Vester Grundt' kulminiert die Beschreibung der Angst und Qual Christi in diesem Satz[1449]. Indem also Jesu eigener Ausruf der Gottesverlassenheit angeführt wird, kann dieser von den Gläubigen als Versicherung der eigenen Erlösung verstanden werden[1450], wie dies - wiederum als Gegensatz zur Gottesverlassenheit Christi - im Nachsatz ausgedrückt ist: "auf daß wir zu Gott genommen und nimmermehr von im verlassen würden". 'Nimmermehr' von Gott verlassen zu werden, steht hier in Korrespondenz dazu, daß Gott 'nimmermehr' der Sünden gedenkt und man 'nimmermehr' ins Gericht kommen soll[1451]. Gerade indem mit dem Leiden des Gottmenschen die menschliche Natur Christi in ihrer Erniedrigung dargestellt wird, ist zugleich deutlich gemacht, daß Jesus Christus nicht 'Vermittler' sondern 'Mittler' und das von ihm 'Vermittelte' nicht von seiner Person zu trennen ist[1452]. Deshalb kann er immer wieder Mittler beim Vater im Himmel für die Menschen sein.

[1446] Rohls 112.

[1447] Vgl. Rohls 112.

[1448] Calvin, Katechismus 1542 (BSKORK 10). Auch in der Ausgabe von 1537 findet sich der Ausruf an dieser Stelle (vgl. Rohls 112; Weier 26). Das Herrenwort findet sich als Schlußpunkt der Leidensaussage auch bei Micron (vgl. Anm. 1443).

[1449] "Zum dritten, da er im allertiefsten der hellischen qual und marter ware als diejenige, die von Gott verlassen sein, schrey er aus tiefer hellischer noth am creutz: Mein Gott, mein Gott, wie hastu mich verlassen" (Olevian, Vester Grundt 1567 (Goeters, Grund 486)).

[1450] Vgl. Korn 95.

[1451] Vgl. Frage 56 des HK, Kurpfalz 1563 (EKO 14,353). Dieses 'nimmermehr' schließt jeden sorgenvollen Blick in Vergangenheit und Zukunft aus, aber verpflichtet in der Gegenwart zu einem Leben in Dankbarkeit (vgl. Barth, Lehre 81).

[1452] Vgl. Korn 95.

7.8.2.5 Der Kreuzestod Christi als Bundesschluß

Seinen Endpunkt erhält der Abschnitt in der Nennung des Kreuzestodes Christi[1453]. Dieser Abschnitt ist sprachlich durch drei Paarformulierungen gekennzeichnet, die nun aber keine Gegensätze mehr darstellen: "...endlich mit seinen todt und blutvergiessen das neue und ewige testament, den bund der gnaden und versönung beschlossen, wie er gesagt hat: Es ist vollbracht". In ihnen wird die soteriologische Wirkung 'für uns' hervorgehoben[1454], denn Tod/Butvergießen, neues/ewiges Testament und Bund der Gnaden/der Versöhnung stellen ein und dasselbe Handeln Christi und dessen Wirksamkeit dar. Die umfassende Wirkung des Kreuzestodes ist der Bundesschluß, hier doppelt mit 'Testament'[1455] und 'Bund'[1456] bezeichnet. Mit "das neue und ewige testament" ist die Formulierung aus dem Kelchwort des Canon Romanus aufgenommen, die gerade heute wegen der Absolutsetzung des 'neuen Bundes' als problematisch angesehen wird[1457].

Während die Bundestheologie bei den 'Vätern des HK' vorher und nachher eine bedeutende Rolle spielt[1458], ist sie im HK fast nur implizit vertreten.[1459] In den liturgischen Formularen

---

[1453] Der Kreuzestod steht in den katholischen Kommunionvermahnungen immer im Zentrum, bildet aber oft neben der Inkarnation das einzige Motiv des anamnetischen Abschnitts: "Bedencket/das diser Eingeborner Gottes der alten schlangen den stoltzen kopff nider getretten/deñ herschenden Tod vberwunden/vnnd vns das leben/durch sein sterbē am Creutz triumphirlich erworben hat/also das wir nun ein frölichen zutrit haben zu seinem vñ vnserm Vater im Himel" (Witzel 1542 (Anhang 3,Z.15-18)); "Der vnser sünd an seinem leib ans Creütz getragen/vnd er vnschuldiger für die sünder/vñ der grechte für die vngerechte sein blūt außgossen/vñ ein schmertzlichen todt erlitten/vnd also durch dz opffer seines hailigē leibs vñ blūts für aller mensche sünd bezalt/vnd die gantze welt mit Gott versönet hat" (Helding 1548 (Anhang 4,Z.12-15)); "vnd so schmälichen/ schmertzlichen todt erlitten habe/vnnd gestorben sei/vmb vnsere sünden/vnd gerecht für die vngerechten/vnnd aber vom todt wider aufferstanden/auff das wir in jm vergebung vnserer sünden/errettung von der hellen vnd ewigen todt/versönung mit Gott vn ewigs leben hetten" (Mainz 1551 (Anhang 5,Z.47-50)); "daß er vor vnsere Sünden gestorben sey vnd vmb vnsere rechtfertigung widerumb aufferstanden/vnnd also vns von sünden/todt vnd hell gnedigklich erlöset hab" (Trier 1574 (Anhang 7,Z.14f)); "auch entlich den schmertzlichen bitteren Tod erlitten" (1. Kommunionvermahnung, Gnesen-Posen 1579 (Anhang 8a,Z.8f)); "vmb vnserer Sünde willen ans Creutz genagelt" (3. Kommunionvermahnung, Gnesen-Posen 1579 (Anhang 8c,Z.9f)); "am stammen des heyligen Creutzes für vns gelidten hat" (Augsburg 1580 (Anhang 9,Z.18)); "sonder auch sich in den schendelichē tod am Creutz für vns dargeben/vnd sein Rosenfarbes Blůt reichlich vergossen hat/das wir von dem ewigen flůch erlediget/mit Gott versönet/vnd wider zů dem ewigē hail gefüret wurden" (ebd. Z.34-36).

[1454] Rohls stellt heraus, daß altreformierte Theologie den Tod Jesu einzig unter dem sakrifiziellen Aspekt, d.h. als Sühnopfer, betrachtet (vgl. Rohls 110).

[1455] Der Testaments-Begriff eignet sich für Erast besonders dazu, deutlich zu machen, daß der gemeinte Inhalt nicht in den Gaben materialisiert ist, sondern wie beim juristischen Verständnis des Begriffs die dahinter stehende Beziehung aussagt (vgl. Erastus, Bericht 37-44).

[1456] Auf den Bund rekurrieren auch die frühen Schweizer Formulare: "mit seynem blůt vnser verbůntnůß mit Gott dem vatter gnůgsamlich versichert vnd versiglet" (Basel 1526 (CD 1,213); vgl. ebenso Basel 1537 (CD 1,222), Bern 1529 (CD 1,230)); "im nüwen, und ewigen gnaden pundt mit Gott sye" (Bern 1529 (CD 1,235)). Mecklenburg 1552 verwendet den Terminus 'Eid' und stellt mit Verweis auf Ez 33,11 deutlich heraus, daß der Heilswille Gottes ein grundsätzlicher und nicht zeitlich eingegrenzter ist, wenn er auch im Kreuzestod kulminiert: "...nu wisset ir den eid des allmechtigen ewigen gottes, darin er spricht, so war ich lebe, ich will nicht, das der sünder sterbe, sondern das er bekeret werde und das leben habe. Diesen eid hat gott mit seines eingebornen sons Jesu Christi blut, tod und ufferstehung bekreftiget..." (Mecklenburg 1552 (CD 1,100)).

[1457] Vgl. Gerhards, Kontinuität; Braulik. Zur Problematik des Bundes-Begriffs, die hier nicht weiter entfaltet werden kann, vgl. Hossfeld, Bund; März; Kutsch, Bund I; Kutsch, Bund III; Groß.

[1458] Bei Ursin nimmt das Bundesmotiv eine wesentlich größere Rolle ein, so daß er seine ganze 'Summa Theologiae' unter diesem Motiv ordnet (vgl. Lang LXIV-LXVI).

[1459] Vgl. Coenen, Bund, spez. 132[8]; Goeters, Föderaltheologie 248. Der Begriff 'Bund' taucht im HK nur in den Fragen 74 und 82 auf (vgl. Kurpfalz 1563 (EKO 14,356.359); Coenen, Bund 128). Wo vom Bund

der KO Kurpfalz 1563 wird der Bund häufiger thematisiert, besonders hier und im Abendmahlsgebet[1460], sehr ausführlich in der Taufvermahnung[1461], dann zu Beginn des Katechismus[1462] und beim Gebet nach der Predigt[1463]. In der Taufvermahnung und dem Gebet nach der Predigt wird auch der sich im Abendmahlsformular durch die knappe Formel aufdrängende Absolutheitsanspruch des 'Neuen Bundes' gemildert[1464], indem an dieser Stelle der Bundesschluß am Kreuz als Ausweitung, nicht aber als Ablösung des Abrahambundes verstanden wird! Die Substitution ist eine des Zeichens, nicht aber des Bundes. Allerdings ist der Adressat über Israel hinaus ausgeweitet. Ausdrücklich wird im Gebet nach der Predigt eine Verstärkung des Bundes bekannt: "Nun haben wir durch deine gnad eben denselbigen bund, aber viel herrlicher und kreftiger, zwischen dir und uns, gemacht und aufgerichtet in der hand Jesu Christi, unsers erlösers, welchen bund du uns mit seinem blut verschrieben hast und mit seinem heiligen leiden und sterben bestätiget."[1465]

Der sich immer wieder steigernde Satz endet im letzten Wort Jesu am Kreuz "Es ist vollbracht"[1466] und verdeutlicht die Wirksamkeit und Unüberbietbarkeit der Erlösung[1467], die die Gläubigen im Kreuzestod Christi haben und die nun mit einem autoritativen, nicht zu überbietenden Herrenwort festgestellt wird. So wird auch an dieser Stelle des Textes wieder ein Wort Christi eingebaut, um die Trostfunktion der Anamnese abschließend herauszustellen und um die Gläubigen zu vergewissern. Indem Christus selbst die Vollbringung seines Werkes für die Menschen feststellt, sind die Gläubigen gewiß, daß sie selbst keine Werke mehr erbringen müssen, um ihre Erlösung zu erwirken.

---

die Rede ist, wird er christozentrisch verstanden (vgl. Coenen, Bund 129). So ersetzt für den HK die Taufe als Bundeszeichen die atl. Beschneidung (vgl. Frage 74 des HK, Kurpfalz 1563 (EKO 14,356f)).
Zur Entwicklung der Bundestheologie in der reformierten Theologie vgl. Goeters, Föderaltheologie; Heron; Bierma, Covenant Theology.

[1460] Vgl. 8.3.3.

[1461] Vgl. Kurpfalz 1563 (EKO 14,338-340).

[1462] Vgl. Kurpfalz 1563 (EKO 14,341).

[1463] Vgl. Kurpfalz 1563 (EKO 14,394f). Hier wird sogar die Sündhaftigkeit Israels mit der eigenen Sündhaftigkeit in eins gesetzt. Die Barmherzigkeit Gottes gegenüber Israel nach einem Bundesbruch dient als Hoffnungsmotiv für die Gläubigen.

[1464] So sollen die Kinder getauft werden, "dieweil sie von Gott zu seinem bund berufen seind, den Gott mit Abraham, dem vater aller gläubigen und seinem samen und also auch mit uns und unsern kindern gemacht hat: Ich wil, spricht der herr, aufrichten meinen bund zwischen mir und dir und deinem samen nach dir, bey ihren nachkommen, das es eine ewiger bund sey" (Kurpfalz 1563 (EKO 14,339); zum Abraham-Bund vgl. Erastus, Bericht 45). Die Verheißung des Abrahambundes gilt folglich auch für die Gläubigen. Zum Christusereignis heißt es differenzierter: "Nun ist aber unser herr Jesus Christus in die welt kommen, nicht die gnad seines himmlischen vaters zu schmälern, sondern vilmehr den gnadenbund, so zuvor im volck Israel eingeschlossen war, durch die gantze welt außzubreiten, und hat anstadt der beschneidung den heiligen tauf zum warzeychen und sigel dises bunds uns und unsers kindern verordnet" (Kurpfalz 1563 (EKO 14,339)).

[1465] Kurpfalz 1563 (EKO 14,395). Im Gebet nach der Trauung wird zudem der erbetene Kindersegen als Erfüllung der Verheißung des Patriarchenbundes angesehen (vgl. Kurpfalz 1563 (EKO 14,401)).

[1466] Joh 19,30. Vgl. auch Joh 5,36; 19,28; Apg 13,29.

[1467] Für Erast dokumentiert dieser Satz, daß der Kreuzestod "das fürnǎm̃ste vnd die vollendung oder vollstrăckung ist aller werckē Christi zů vnser erlösung" (Erastus, Bericht 31). Das Erlösungsgeschehen ist nach dem HK mit dem Christusereignis abgeschlossen (vgl. Frage 60 des HK, Kurpfalz 1563 (EKO 14,354)), während Ursinus es zuvor noch als Prozeß darstellt (vgl. Frage 48 in Ursinus, Catechesis minor (Lang 207); Neuser, Dogma 290)).

7.8.2.6 Resümee

Der erste Teil des anamnetischen Abschnittes ist ganz auf das Christusereignis konzentriert, das von der Inkarnation bis zum Kreuzestod dargestellt und allein in seiner soteriologischen Funktion gesehen wird. Es wird als einmal geschehenes und dennoch immer für uns wirksames, aktives Handeln Jesu Christi beschrieben. In einem Satzgefüge werden das Handeln Christi und dessen Wirkung für die Gläubigen in Gegensatzpaaren nebeneinandergestellt, die die gesamte Christologie und Soteriologie des HK anklingen lassen und hinter denen die Satisfaktionslehre Anselms von Canterbury steht. Diese sich ständig steigernde Darstellung endet mit zwei Worten Jesu am Kreuz, die der Gemeinde die Absolutheit, Radikalität und Abgeschlossenheit des Leidens und Handelns Christi vergewissern.

Damit aber dieses einmalige, vergangene und quasi objektive Heilshandeln Christi auch seine Wirksamkeit für die aktuell feiernde, gläubige Gemeinde über die raum-zeitliche Distanz hinaus entfalten kann, bedarf es der Annahme dieses Heilswirkens im Glauben. In dieser gläubigen Zueignung der Erlösung besteht die eigentliche Funktion der Anamnese. Hier setzt zugleich der nächste Abschnitt an, der die Funktion des Abendmahls in diesem Geschehen zum Thema hat und es als sakramentale Form dieser gläubigen Annahme herausstellt.

7.8.3 Die Zueignung im Abendmahl
Text

"Damit wir aber festiglich glaubten, daß wir in diesen gnadenbund gehören, nam der herr Jesus in seinem letzten abendmal das brodt, dancket, brachs, gabs seinen jüngern und sprach: Nemet hin und esset, da ist mein leib, der für euch gegeben wirdt, das thut zu meiner gedechtnuß. Desselbengleichen nach dem abendmal nam er den kelch, saget danck und sprach: Nemet hin und trincket alle darauß, dieser kelch ist das neu testament in meinem blut, daß für euch und für viel vergossen wirdt zu vergebung der sünden. Solchs thut, so oft irs trincket, zu meiner gedechtnuß. Das ist, so oft ir von diesem brodt esset und von diesem kelch trincket, solt ir dardurch als durch ein gwisses gedechtnuß und pfand erinnert und versichert werden, diser meiner hertzlichen lieb und treu gegen euch, daß ich für euch, die ir sonst des ewigen todts hettet müssen sterben, meinen leib am stamm des creutzes in den todt gebe und mein blut vergiesse und euer hungerige und dürstige seelen mit demselben meinem gecreutzigten leib und vergossenem blut zum ewigen leben speise und trencke, so gwiß als einem jeden dises brodt für seinen augen gebrochen und dieser kelch im gegeben wirdt und ihr dieselben zu meiner gedechtnuß mit euerm mund esset und trincket."[1468]

Kommentar

An dieser Stelle inmitten der Vermahnung tauchen nochmals die EW auf, obwohl sie auch schon zu Beginn der Vermahnung stehen.[1469] Sie haben aber je eigene Abgrenzungen und sind voneinander verschieden gestaltet. Während die EW am Beginn als Lesungstext vorangestellt werden, sind sie hier in den Text formal wie inhaltlich integriert. Dieses Faktum eines zweifachen Einsetzungsberichtes innerhalb einer Abendmahlsfeier ist für evangelische Abendmahlsordnungen nicht außergewöhnlich. Deshalb soll zunächst betrachtet werden, welche evangelischen Abendmahlsvermahnungen die EW integrieren und welche Funktion

---

[1468] Kurpfalz 1563 (CD 1,515f).

[1469] Zu diesem Abschnitt vgl. Schulz, Ordnung 499; Lekkerkerker, Kanttekeningen 3,145f; Brunner, Abendmahlszeugnis 219f.

die EW in diesen Vermahnungen haben. Danach soll die Gestaltung der EW in diesem Abschnitt der Kurpfälzer Vermahnung analysiert werden, wobei ein besonderes Augenmerk auf die erläuternden Ergänzungen zu den EW gelegt werden soll. In diesem Zusammenhang müssen auch grundlegende Aspekte der Abendmahlstheologie betrachtet werden, um einzelne Aussagen verstehen und in den liturgischen Ablauf einordnen zu können.

7.8.3.1 Die Integration der Einsetzungsworte in die Abendmahlsvermahnung und ihre Vorbilder

Werden die EW zweimal in einer Abendmahlsordnung aufgeführt, so stehen sie zum einen isoliert vor oder hinter der Vermahnung (verstanden entweder als Konsekrationsformel oder als Lesung[1470]), zum anderen aber stehen sie dann durchweg innerhalb einer Vermahnung. Ursprung und Modell dafür sind die ersten Nürnberger Ordnungen[1471]. Nur in der Nürnberger Vermahnung und ihren Nachfolgeformen[1472] werden die EW in einer Vollständigkeit und einem Textumfang integriert, der sich sonst innerhalb eines Restes des Canon Romanus oder in isolierter, oftmals konsekratorisch verstandener Form findet[1473]. Die Integration in den anamnetischen Abschnitt der Vermahnung weist eine große Ähnlichkeit zu der des Eucharistischen Hochgebets auf[1474].

Die Straßburger Tradition integriert in ihre Vermahnungen ab 1537 ebenfalls die EW, verwendet aber nur deren von Jesus gesprochenen Kernsätze: "...wie dann seine heyligen wort lauten: 'nemmet vnd esset, das ist mein leib, der für euch gegeben ist; drincket darauß alle, das ist mein blut, das für euch zur verzeihung der sünd vergossen würt', welche wort des herren wir mit einfaltigem glauben vffnemen vnd nicht zweiffeln sollen..."[1475]. Sie fügt die EW ebenfalls in einen anamnetischen Abschnitt ein, der auf einen die Sündhaftigkeit des Menschen betonenden Abschnitt folgt und damit die Strukturvorgabe und Gedankenlinie der Nürnberger Vermahnung aufnimmt. Die Funktion der EW ist in den Straßburger Ordnungen die Belegung der Präsenz Christi beim Abendmahl mit einem Herrenwort, ohne

---

[1470] Vgl. zu dieser Form 7.6. Konsekratorisch verstandene EW stehen meist hinter der Vermahnung, als Lesung verstandene eher vor der Vermahnung. Eine feste Regel läßt sich dafür aber nicht aufstellen. Die EW können sogar noch ein drittes Mal - in abgewandelter und gekürzter Form - als Spendeformel auftreten (vgl. 12.6.2.2).

[1471] Vgl. Nürnberg/Pfarrkirchen 1524, Nürnberg/Volprecht 1524, Nürnberg/Döber 1525, Brandenburg-Nürnberg 1533 (CD 1,84f; Anhang 2,Z.13-25).

[1472] Vgl. Württemberg 1536, 1553 (CD 1,252-254), Kurpfalz 1556 (EKO 14,148f). Zur Rezeption der einzelnen Vermahnungen vgl. CD 1,76[36].84[52].252[37].

[1473] Auf Text und Funktion der EW in der Nürnberger Tradition wird in den folgenden Unterabschnitten genauer eingegangen, da die Nürnberger die Vorlage für die vorliegende Vermahnung bildet.

[1474] Vgl. Schulz, Abendmahlsvermahnung 149.

[1475] Straßburg 1537ff (CD 1,318). Sie werden in verkürzter Form wieder in der Kasseler und der 1. Kölner Vermahnung aufgenommen: "wie denn seine heiligen wort lauten: Nemet und esset, das ist mein leib, etc. Trincket daraus alle, das ist mein blut etc., welche wort des Herren wir mit einfaltigem glauben ufnehmen und nicht zweiflen sollen" (Kassel 1539b (EKO 8,122[k])); fast genau so Köln 1543,CII'). Ob hier die 'etc.'-Stellen, die in der Straßburger Vorlage fehlen, eine erweiterte Zitation der EW ermöglichen oder intendieren, bleibt unklar.

Einen etwas anderen Umfang wählt die ebenfalls zur Straßburger Tradition gehörende Augsburger Ordnung: "Nemet/esset/Das ist mein leib/der für euch gegeben wirdt. Vnd vom Kelch. Diser Kelch ist das new Testament inn meinem blůt/das für euch vnd für vil vergossen wirdt/zur verzeihung der sünden." (Augsburg 1555 (CD 1,333)). Hier wird aber 1 Kor 10,16 den EW vorgeschaltet und gibt schon damit an, wie die EW zu verstehen sind. Dieses spezifische Verständnis wird nach den EW noch weiter ausgeführt.

diese Präsenz i.S. einer somatischen Realpräsenz zu verstehen[1476]. Begründet wird diese Auffassung mit der Paraphrasierung von 1 Kor 10,16, die in gleichberechtigter Weise als Begründungstext neben den EW innerhalb der Vermahnung verwandt wird, wobei der paulinische Fragesatz in einen Aussagesatz umgeformt wird[1477]. 1 Kor 10,16 erhält somit den Rang einer Interpretation der EW!
Bei Bugenhagen dagegen werden die Bestandteile der EW am Schluß der Vermahnung in zu glaubende Aussagen einerseits und zu verwirklichende Handlungsanweisungen Jesu andererseits eingeteilt: "We nu werdich wil eten unde drinken dit sacramente, de schal twe dink dohn: he schal löven, wat Christus secht, unde dohn, wat he gebut. He secht: Dit is myn lyff, dat vor ju gegeven wert. Dit is myn blut, dat vor ju uthgegaten wert to vorgevinge der sunden. Sulk schole gy löven. He gebut overs: Nemet hen unde etet. Drinket alle daruth unde gedenket myner: Sulk schole gy dohn nach syner gnaden wort unde bevehl."[1478]
Es findet sich in den untersuchten Ordnungen keine, die neben den EW innerhalb der Vermahnung nicht noch eine weitere Zitation der EW vorschreiben würde. Einzig die 'Rubriken' der Württemberger Ordnung und der ihr folgenden Ordnung Kurpfalz 1556 bezeichnen die EW der Vermahnung als ausreichend, lassen dann aber dennoch die EW erneut zitieren:

"...dann wiewol die vermanung so vorhin verlesen die einsatzung des Nachtmals und die verkündigung des tods Christi vnd derselben nutzung nach notdurfft begreifft (Es were auch die kirch gnůgsam erinnert vnd bericht/das gegenwürtig brot vnd wein zůr empfahung des warhafftigen leibs vnd blůts Christi/durch die erste stifftung vnsers Herrn Christi gesegnet vnd geweihet were) jedoch nach dem die wort der heiligen Euangelisten/vnd Sant Paulus von dem nachtmal Christi/die bemelten stuck/in ein feine ordenliche kurtze summa verfassen. So sollen sie in haltung des nachtmals nicht außgelassen/sonder offenlich vnd verstendtlich/wie volget/verlesen werden"[1479].

Schulz schließt aus dieser Formulierung, daß die EW der Vermahnung eigentlich ausreichen würden[1480]. Ist diese Formulierung aber nicht doch viel eher durch diplomatische Unbestimmtheit bzgl. der dogmatischen Grundüberzeugung gekennzeichnet, die deshalb auch die isolierten EW beibehält? Nicht ohne Grund wird diese Rubrik in der dezidiert lutherischen Ordnung Kurpfalz 1577 so abgeändert, daß die Zitierung der EW an diesen Stellen keineswegs als überflüssig, sondern als verpflichtend benannt wird[1481].

[1476] Dort heißt es: "welche wort des herren wir mit einfaltigem glauben vffnemen vnd nicht zweifflen sollen, er der herr selb, sey mitten vnder vns durch den eusseren dienst der kirchen, den er selb darzu verordnet hat" (Straßburg 1537ff (CD 1,318)).

[1477] Vgl. Straßburg 1537ff (CD 1,318); Kassel 1539b (EKO 8,122^k); 1. Vermahnung, Köln 1543,CII^r-CIII^r; Augsburg 1555 (CD 1,333).

[1478] Braunschweig 1528 (CD 1,54).

[1479] Württemberg 1553 (CD 1,255); vgl. Kurpfalz 1556 (EKO 14,149). Das gleiche geschieht bei den als Spendeformeln verwendeten EW: "Wiewol nun beid brott vnd wein was zů dem gegenwürtigen Nachtmal gebraucht würdt/durch die stifftung Christi so vorhin in der ermanung/vnd hernach indonderheit verlesen gnůgsam geweihet seind/vnd bedarff derhalben nicht vil sonderlicher wort mehr/jedoch zů mehrer erinnerung mage der kirchendiener in darreichung des leibs Christi/zů einem jetlichen vngeuarlich volgende wort sprechen" (Württemberg 1553 (CD 1,256); vgl. Kurpfalz 1556 (EKO 14,149f)).

[1480] Vgl. Schulz, Abendmahlsvermahnung 147f.

[1481] Vgl. Kurpfalz 1577 (EKO 14,149$^{z\,und\,d}$).

In der vorliegenden Vermahnung stehen die EW im Kontext der Anamnese des Heilswirkens Christi. Mit ihnen wird, wie beim zweiten Stück der Abendmahlsvorbereitung am Vorabend, das Abendmahl als Pfand und Siegel dafür zu verstehen gelehrt, daß der Heilstod Christi dem Glaubenden zugeeignet wird[1482]. Daß es sich dabei nicht um eine sekundäre Funktion der EW in der Abendmahlsfeier handelt, wird daran deutlich, daß die EW und die beigefügten Erläuterungen im Druck hervorgehoben sein können[1483], wie dies in den katholischen Meßbüchern bei den EW des Hochgebets bis heute üblich ist. Daher müssen die EW an dieser Stelle einen ähnlichen Stellenwert besitzen, wie die konsekratorisch verstandenen EW des Canon Romanus! Allerdings erhalten sie nicht die gleiche Bedeutung, denn ein konsekratorisches Verständnis läßt die Ordnung nicht zu.

7.8.3.2 Die Einleitung der Einsetzungsworte und die sich darin spiegelnde Funktion des Abendmahls

Wie in den vorreformatorischen und altkirchlichen liturgischen Traditionen beginnt man mit den EW innerhalb eines Satzes[1484]. Innerhalb der Tradition der Nürnberger Vermahnung dient dieser Satz dazu, die Funktion des Abendmahls herauszustellen. Da die Reformation durchweg die Einmaligkeit des Kreuzesopfers Christi betont und sich damit gegen die zu dieser Zeit gängige katholische Vorstellung von den vielen Opfern der Kirche abgrenzt, besteht für sie die Notwendigkeit darzustellen, welche Funktion denn das Abendmahl überhaupt hat. Diese Funktion wird aber von den einzelnen Richtungen der Reformation unterschiedlich gefaßt. So darf nicht verwundern, daß der Einleitungssatz diese unterschiedlichen Funktionszuweisungen widerspiegelt.

Die der KO Kurpfalz 1563 vorhergehenden Ordnungen binden die EW in der Vermahnung inhaltlich durchweg anders an. So schließen sich die EW in Nürnberg an die Erkenntnis der eigenen Sündhaftigkeit und eine kurze Christusanamnese an: "Und das wir das ye festiglich glauben und uns frolich darauff verlassen mogen, nam er..."[1485]. Die sich hieran orientierenden Ordnungen formulieren leicht anders: "Und das wir das ye festigklich glaubten und durch den glauben frölich in seinem willen möchten leben, nam er...".[1486] Die Funktion der Einsetzung des Abendmahles und damit der aktuellen Abendmahlsfeier selbst wird einerseits in der Glaubensfestigung[1487] und andererseits in dem daraus folgenden fröhlichen Leben gesehen.

[1482] Vgl. Schulz, Ordnung 499.

[1483] Vgl. Schulz, Ordnung 499. In EKO 14,385 findet sich eine solche Notiz nicht; auch im Exemplar der ULB Bonn (Signatur: Gc 285) findet sich keine entsprechende Hervorhebung.

[1484] Die EW des Canon Romanus beginnen relativisch: "Qui pridie quam pateretur..." Vielfach wird der relativische Anschluß als Kennzeichen des 'liturgischen Gebrauchs' der EW angesehen.

[1485] Nürnberg/Pfarrkirchen 1524 (OGA 1,159; vgl. Anhang 2,Z.13f).

[1486] Brandenburg-Nürnberg 1533 (Anhang 2,Z.13f); fast genauso: Württemberg 1536, 1553 (CD 1,253); Pfalz-Neuburg 1543 (EKO 13,72); Kurpfalz 1556 (EKO 14,148).

[1487] Daß die Abendmahlsfeier diese Funktion der Stärkung des Glaubens hat, wird auch in dem (in Kurpfalz 1563 fortgefallenen) Abschnitt der Nürnberger Vermahnung ab Brandenburg-Nürnberg 1533 und ihren Entwürfen zu Beginn der Selbstprüfung ausgesagt: "...darin er uns sein flaysch zu einer speyß und sein blut zu einem tranck, den glauben damit zu stercken, gegeben hat..." (Brandenburg-Nürnberg 1533 (Anhang 2, Z.2f); vgl. ebenso Württemberg 1536, 1553 (CD 1,252); Pfalz-Neuburg 1543 (EKO 13,72); Kurpfalz 1556 (EKO 14,148)).

In Kurpfalz 1563 werden die EW an eine ausgedehnte christologische Anamnese[1488] angebunden und beginnen mit: "Damit wir aber festiglich glaubten, daß wir in diesen gnadenbund gehören, nam der herr Jesus...". Wie in den Vorlagen liegt die Funktion des Abendmahls in der Stärkung des Glaubens; dies wird aber in der vorliegenden Ordnung spezifiziert als Vergewisserung, in den Gnadenbund zu gehören[1489]. Man schließt an den letzten Satz der Christusanamnese an, in der der 'bund der gnaden und versönung' als Höhe- und Endpunkt des Heilshandelns und Kreuzestodes Christi dargestellt wird. Mit dem durch den Kreuzestod gestifteten 'Gnadenbund' findet sich dort eine objektive, vorgegebene Kategorie. Daß nun als Funktion des Abendmahls und damit auch der aktuellen Abendmahlsfeier die Festigung des Glaubens gesehen wird (und der Glaube ist - gerade entsprechend dem Verständnis des HK[1490] - immer eine subjektive Kategorie), zeigt, daß es nun um die 'Zueignung' geht, d.h. um die Verbindung der einzelnen Gläubigen mit dieser objektiven Kategorie, die durch das Abendmahl geschehen soll. Um dies zu verdeutlichen, werden die EW mit ihren Erläuterungen zitiert[1491].

7.8.3.3 Der Text der Einsetzungsworte und seine Abgrenzung

Die EW innerhalb der Vermahnung der Nürnberger Tradition haben im Vergleich zur biblischen Überlieferung zunächst die gleichen Grenzen wie die traditionellen EW und gehen - gemessen an 1 Kor 11 - nie über V 23b-25 hinaus. Zwar könnte nun in Kurpfalz 1563 zunächst der Satz "Das ist, so oft ir von diesem brodt esset und von diesem kelch trincket,

---

[1488] Vgl. 7.8.2.

[1489] Vgl. Brunner, Abendmahlszeugnis 220.

[1490] Vgl. 7.8.2.1.

[1491] Werden hingegen in katholischen Kommunionvermahnungen Teile der EW zitiert, dann fast ausschließlich als Beleg dafür, daß die Auffassung von der somatischen Realpräsenz der Einsetzung entspreche. Zum ersten Mal geschieht dies im Ritus Communionis Catholicus 1556: "...das vnser Herr vnd Hayland Christus/sein hailigmachend flaisch vnnd blůt/im Nachtmal/vnder den sichbaren gestalten Brots vnnd Weins/warlich darraicht vnnd vbergibt/nicht zůr speiß des zeitlichen/vnnd ewigen lebens/wie seine hailigen wort lautten. Nemet/vnnd Esset/das ist mein leib/Trincket/das ist mein blůt etc. Welche wort deß Herrn wir in ainfaltigem glauben auffnemen/vnd nicht zweifflen sollen/dann der Herr selbst sey alda warhafftig/ gegenwürtig/vnd gebe sich vns/wie er vns in disen seinen worten anzaigt" (Ritus Communionis Catholicus 1556 (Anhang 6,Z.27-33)). Eigenartigerweise wird dann als weiterer Beleg 1 Kor 10,16 angefügt: "Das also auch vns das Prot/das wir brechen/warlich sey die gemainschafft seines leibs/vnnd der Kelch/bey dem wir dancken/die gemainschafft seines blůts" (Ritus Communionis Catholicus 1556 (Anhang 6,Z.33f)).
Ebenfalls werden die EW im Gnesen-Posener Rituale zitiert: "Denn er selbes ... hat solches bekrefftiget vnd bezeuget/da er spricht: Das Brod das ich euch geben werde/ist mein Fleisch/welches ich geben werde für das Leben der Welt. Vnd wie ers zuuor verheischen/also hat er hernach in seinem letzten Nachtmal/da er mit seinen Jüngern zu Tisch saß/gethan vnd vollendet: Als er das Brod nam vnd sprach: Nemet vnd esset/das ist mein Leib/der für euch gegeben wird. Darnach nam er den Kelch/vnd sprach: Das ist mein Blut/das für euch vergossen wird/zur vorgebung der Sünden" (1. Kommunionvermahnung, Gnesen-Posen 1579 (Anhang 8a,Z.21-29)). In einer anderen Vermahnung heißt es: "Du solt auch gar nicht zweiffeln/das vnter der gestalt des Brods/ Christus warhafftig gegenwertig sey/vnd von dir genossen werde. Denn er selber (der die Warheit selbst ist/vnd nicht kan betriegen) hat gesagt/da er das Brod in seine Hand nam/das ist mein Leib/der für euch dargegebē wird. Welcher auch zuuor/vnnd eben den seinen Aposteln versprochen hat: das Brod das ich geben werde/ist mein Fleisch/das ich geben wirde für das Leben der Welt." (2. Kommunionvermahnung, Gnesen-Posen 1579 (Anhang 8b,Z.9-14)).
Drei Vermahnungen polemisieren sogar gegen eine von Evangelischen vertretene Leugnung der somatischen Realpräsenz und verweisen auf die Tradition der Kirche (vgl. Ritus Communionis Catholicus 1556 (Anhang 6,Z.68-74); 1. Kommunionvermahnung, Gnesen-Posen 1579 (Anhang 8a,Z.29-41); 2. Kommunionvermahnung, Gnesen-Posen 1579 (Anhang 8b,Z.25-29); Augsburg 1580 (Anhang 9,Z.9-20)).

solt ir ..." als Wiedergabe von 1 Kor 11,26 erscheinen. Aber schon die Einleitung ("Das ist,...") macht die Zäsur zwischen den biblischen EW und der Erläuterung deutlich. Diese Zäsur findet sich in den Vorbildern noch deutlicher: "als wôlt er sagen", "als wolt er sprechen", "als wolt der Herr sprechen"[1492]. Ab den Entwürfen zur KO Brandenburg-Nürnberg 1533 heißt es dann: "Das ist:"[1493]. In der Württembergischen Rezeption wird diese, den jeweiligen Nachsatz als Erläuterungen kennzeichnende Verbindung sogar in Klammern gesetzt, so daß die Erläuterungen direkt an die EW anschließen können[1494]. Wird also in der Vorlage Nürnberg/Pfarrkirchen 1524 noch deutlich, daß die nachfolgenden Erläuterungen trotz der Beibehaltung des Sprachduktus *nicht* Worte Jesu sind, sondern an dieser Stelle die EW interpretiert werden, wie man glaubt, daß Jesus sie gemeint habe, so erscheinen die Erläuterungen danach zunehmend als wirkliche (Einsetzungs-)Worte Jesu. Erst die vorliegende Ordnung macht die Differenz wieder expliziter deutlich.

Auch die Fortsetzung ("...dardurch als durch ein gwisses gedechtnuß und pfand erinnert und versichert werden..."), die nicht die theologische Deutung der Abendmahlsfeier aus 1 Kor 11,26 (Verkündigungs- und eschatologische Dimension) wiederholt, zeigt an, daß es sich um eine eigenständige Fortführung der Jesus-Rede ohne biblisches Vorbild handelt (wenn auch der erste Teilsatz sich an 1 Kor 11,26 anlehnt). Solche Fortsetzungen und Deutungen in Form einer Jesus-Rede finden sich schon vor der Reformation. Die älteste deutsche Gesamtauslegung der Messe deutet den Anamnesebefehl mit den Worten: "...als offt thund es in meyner gedechtnuß; das ist, das ir mein leyden und mein sterben betrachten seyt und in ewrem hertzen tragen seyt"[1495].

Bis Kurpfalz 1556 wird innerhalb der Vermahnung der Nürnberger Tradition der Wortlaut der EW aus Nürnberg/Pfarrkirchen 1524 übernommen[1496]; es handelt sich dabei um einen allein auf den Bibeltexten beruhenden Mischtext, aber nicht um die Luther-Fassung der 'Deutschen Messe'. Kurpfalz 1563 ersetzt diese Fassung der EW aus den Nürnberger Ordnungen durch die in Kurpfalz 1556 isoliert stehenden und zur Konsekration verwendeten EW[1497], die sich ebenfalls als Mischtext darstellen[1498]. Allerdings ist in der vorliegenden Ordnung der Einleitungssatz verändert; statt "Unser herr Jesus, in der nacht, da er verrathen ward und mit seinen jüngern zu tisch saß, nam er das brodt..."[1499] findet sich "...nam der

---

[1492] Vgl. die Varianten zu Brandenburg-Nürnberg 1533 (Anhang 2,Z.16^{32}.21^{42}).

[1493] Brandenburg-Nürnberg 1533 und ihre Entwürfe (Anhang 2,Z.16.21).

[1494] Vgl. Württemberg 1536, 1553 (CD 1,253); Kurpfalz 1556 (EKO 1,148).

[1495] Meßauslegung 1480 [Häußling Nr. 101] (Reichert 154).

[1496] Außer den üblichen Varianten in der Schreibweise finden sich - verglichen mit den biblischen Texten - nur wenige wesentliche Veränderungen in Wortwahl und Wortstellung (vgl. Anhang 2,Z.14-16.18-21). Ungewöhnlich ist, daß es beim Brotwort heißt: "nam er nach dem abentmal das brot". Das Wort 'nach' findet sich in den biblischen Texten nicht beim Brotwort, sondern nur beim Kelchwort in 1 Kor 11,25 (vgl. Hübner 10²). Auffällig ist ebenfalls die in den ersten Ordnungen benutzte Wendung 'der kelch des newen testaments mit meinem blut', während die späteren Ordnungen 'in meinem Blut' führen. Letztere Formulierung kann die Verbindung von Kelchinhalt und Blut Christi in nicht zu enger Weise ausdrücken (vgl. Brunner, Abendmahlszeugnis 181f).

[1497] Vgl. Schulz, Ordnung 499. Bis in die Orthographie hinein ist eine Gleichheit mit Kurpfalz 1556 zu verzeichnen (vgl. Kurpfalz 1563 (EKO 14,149)).

[1498] Vgl. auch Bassermann 44¹.

[1499] Kurpfalz 1556 (EKO 14,149); vgl. auch Württemberg 1553 (CD 1,255) und Württemberg 1536 (laut Brunner, Abendmahlszeugnis 182^{36}). Zur unbiblischen Formulierung des Zu-Tisch-Sitzens vgl. Brunner, Abendmahlszeugnis 182.

herr Jesus in seinem letzten abendmal das brodt...", womit die Stelle an die alte Nürnberger Einleitung angepaßt ist[1500]. Außerdem ist das Kelchwort neu gefaßt: Statt "...das ist der kelch des neuen testaments..."[1501] heißt es "...dieser kelch ist das neu testament...". Im Vergleich mit der Fassung Luthers in der Deutschen Messe ist das unbiblische 'so oft ihrs tut' beim Brotwort weggelassen, sowie das Danksagen und 'für viel' beim Kelchwort in Anlehnung an die markinisch-matthäische Tradition eingefügt[1502]. Im Ganzen wird also eine Biblisierung der EW durchgeführt, auch wenn man an einem Mischtext festhält!

7.8.3.4 Der erläuternde Anhang zu den Einsetzungsworten
In den nun folgenden Ergänzungen, die das besondere Kennzeichen der in die Nürnberger Vermahnung integrierten EW bilden, erfolgt die Übertragung der in den EW anzutreffenden Anrede 'für euch' (die Worte Jesu interpretieren ja zunächst das bevorstehende Todesgeschehen und erst sekundär die zukünftige Abendmahlsfeier) auf die das Abendmahl feiernde Gemeinde: Die Ergänzungen sind in der 'Ich'-Form, also als Jesusrede abgefaßt[1503], und erlangen dadurch besondere Autorität. Diese Autorisierung der Sätze als Jesus-Rede zeigt sich in Kurpfalz 1563 zusätzlich daran, daß die Vermahnung erst nach den Ergänzungen mit der Aussage fortfährt: "Auß dieser einsatzung des heiligen abendmals unseres herrn Jesu Christi sehen wir...".[1504] Diese ungewöhnliche Autorisierung und die Gleichsetzung mit den EW zeigen an, daß die Erläuterungen von keineswegs marginaler Bedeutung für diesen Abschnitt sind, sondern in gewisser Weise sogar ein 'Korrektiv' der EW darstellen, da sie diese verdeutlichen. Hier ist der Ort, die grundlegende theologische Vorstellung von Sinn und Funktion des Abendmahls zu erläutern, weshalb nach einem Blick in die liturgischen Vorlagen intensiver auf die theologische Konzeption des HK eingegangen werden muß.

7.8.3.4.1 Die Gestalt und der Inhalt der Erläuterungen in den Vorlagen
In der Tradition der Nürnberger Vermahnung finden sich zwei getrennte Erläuterungen, jeweils eine nach dem Brot- und nach dem Kelchwort.[1505] Kurpfalz 1563 führt dagegen erstmals solche erläuternden Ergänzungen zusammenfassend nach dem Kelchwort. Aber nicht nur dieser formale Unterschied ist festzustellen, sondern auch ein inhaltlicher, der mit dem formalen kongruent ist. Inhalt der Ergänzungen ist in allen Ordnungen die Bedeutung des 'für euch'. Ist schon die ganze Anamnese daraufhin ausgerichtet, indem sie die Bedeutung des Heilswirkens Christi 'für uns' herausstellt, so liegt in den EW der biblische Bezugspunkt für eine solche ergänzende Interpretation vor, in der aber der 'eigentliche', in den EW nicht so deutlich zum Ausdruck kommende Sinn des Abendmahls zur Sprache kommt. In den

---

[1500] Vgl. Anhang 2,Z.14f.

[1501] Kurpfalz 1556 (EKO 14,149); die gleiche Formulierung findet sich auch in den Nürnberger Ordnungen (vgl. Anhang 2,Z.19f).

[1502] Vgl. Luther, DM 1525 (CD 1,38).

[1503] Das Verfahren, Sätze in 'Ich'-Form und damit als Jesus-Rede anzufügen, ist aus vielen altkirchlichen Ordnungen bekannt, wobei dort inhaltlich aber immer nur 1 Kor 11,26 verarbeitet wird (vgl. 7.6.3.4). Auch für die vorreformatorische Zeit lassen sich solche Formulierungen belegen (vgl. Massa 90).

[1504] Außerdem sind die Erläuterungen im Druck wie die EW besonders hervorgehoben (vgl. Schulz, Ordnung 499; vgl. auch Anm. 1483).

[1505] Vgl. Brandenburg-Nürnberg 1533 (Anhang 2,16-18.21-25); Württemberg 1536, 1553 (CD 1,253), Kurpfalz 1556 (EKO 14,148).

vorhergehenden, nicht-reformierten Ordnungen, die zwei Einsetzungsberichte kennen, werden durch die isolierten EW die objektiven Gegebenheiten des Abendmahls i.S. der Konsekration erwirkt. Die EW innerhalb der Vermahnung und die angefügten Ergänzungen machen dagegen die existentielle Dimension des Abendmahls deutlich, d.h. was der Empfang des Abendmahls für die Empfänger bewirken und bedeuten soll. Letztlich wird an dieser Stelle erläutert, warum und in welcher Weise das Abendmahl seine tröstende Funktion ausüben kann. Zugleich aber sind die Ergänzungen der Ort, an dem die evangelischen Strömungen und Konfessionen ihre unterschiedliche Sakramententheologie, besonders aber ihre Auffassung bezüglich der Realpräsenz zu verdeutlichen suchen. Dies zeigt sich einerseits daran, ob die zu empfangenden Gaben mit dem Leib und Blut Christi identifiziert werden, und zum anderen, mit welchen sakramententheologischen Begriffen ('Zeugnis', 'Siegel' etc.) die Gaben benannt werden.

In den Vorgängerordnungen wird zum Brotwort als Bedeutung angegeben: "Das ich mensch pin worden, und alles, was ich thue und leid, das ist alles euer aygen, fur euch und euch zu gut geschehen. Des zu eim wartzeichen gib ich euch mein leib zur speiß."[1506] Hier wird der Leib Christi als Manifestation der Menschwerdung Christi angesehen, die einzig 'für uns' geschehen ist, so daß der Leib ein Sinnbild dieser Pro-Existenz darstellt. Ab Brandenburg-Nürnberg 1533 und deren Entwürfen wird 'wartzeichen' zu 'gewisen anzaygen und zeügknuß' umgeformt[1507], um den Zeugnis-Charakter des sakramentalen Zeichens zu betonen. Württemberg 1536 erweitert noch mehr, um die Realpräsenz zu betonen: "Des zů einem gewissen wortzeichen/sigel vnnd zeugknus/gib ich euch hie/mit dem brot/mein waren wesenlichen leib"[1508]. Mit dem zugefügten Begriff 'Wortzeichen' wird zudem die Worthaftigkeit und Wortgebundenheit des Sakraments hervorgehoben.[1509] Die Tendenz, die Realpräsenz herauszustellen, wird in Württemberg 1553 wieder etwas zurückgenommen, indem hier schon auf die vereinigende Wirkung verwiesen wird: "Diß zů einem gwissen anzeigen vnd zeügknus/vnd das jr jmmmer in mir bleiben vnd leben/vnd ich in eüch/gebe ich euch mein leib zůr speiß"[1510]. Zugleich wird der Begriff 'Wortzeichen' wieder gestrichen.

Zum Kelchwort heißt es in der Nürnberger Vermahnung: "Dieweil ich mich euer angenomen und euer sundt auf mich geladen hab, wil ich mich selbs fur die sundt opfern, mein plut vergiessen, gnad und vergebung der sund erwerben und also ein neu testament aufrichten, darin der sund ewig nicht gedacht soll werden[1511]. Des zum warzeichen gib ich euch mein leib zu essen und mein plut zu trincken."[1512] Hier steht mit dem Bild des vergossenen Blutes

---

[1506] Nürnberg/Pfarrkirchen 1524 (OGA 1,159; vgl. Anhang 2,Z.16-18).

[1507] Vgl. Anhang 2,Z.18.25; vgl. ebenso Pfalz-Neuburg 1543 (EKO 13,72).

[1508] Württemberg 1536 (CD 1,253[43]).

[1509] Hübner vermutet im Ausdruck 'Wortzeichen' eine spezifisch lutherische Bearbeitung, die allen Mißverständnissen im zwinglischen Sinne entgegenwirken und deshalb mit dem Ausdruck 'Wortzeichen' die Wirksamkeit der Zeichen herausstellen möchte (vgl. Hübner 18). Während für die Reformierten Zeichen und Sache getrennt sind ("das Sakrament hat Zeichenfunktion, ist Siegel, nicht aber die Sache selbst" (ebd. 22)), sind für die Lutheraner die Zeichen während des Vollzuges die Sache selbst (vgl. ebd. 22). Die Kennzeichnung des Zeichens als 'Wortzeichen' macht deutlich, daß die dem Wort eigene, wirksame Dignität zugleich dem Zeichen zuerkannt wird, wenn auch das Wort Ursache der Wirksamkeit bleibt.

[1510] Württemberg 1553 (CD 1,253); vgl. ebenso Kurpfalz 1556 (EKO 14,148). Damit ist in Württemberg 1553 die Vereinigung mit Christus schon beim Brotwort genannt.

[1511] Das Motiv vom Vergessen der Sünden findet sich in Jer 31,34 und ist dort Zeichen des neuen Bundes.

[1512] Nürnberg/Pfarrkirchen 1524 (OGA 1,159; vgl. Anhang 2,Z.21-25).

der durch den Kreuzestod geschlossene Bund im Mittelpunkt. Der nochmalige Bezug auf den Leib fällt in allen anderen Nürnberger Ausgaben fort und findet sich auch in der anonymen Vorlage nicht[1513]. Schon Brandenburg-Nürnberg 1533 und ihre Entwürfe erweitern hingegen auf "darinnen die sünde vergeben und ewig nicht mer" und "gewisen anzaygen und zeügnuß"[1514]; wieder wird der Zeugnischarakter herausgestellt. Auch beim Kelchwort stellt Württemberg 1536 wieder die Realpräsenz heraus, indem man erweiternd formuliert: "Das zů einem sichern pfandt vnnd ewiger zeugknus/gib ich euch mein eygen wesenlich vnnd warhafftig blůt zů trincken."[1515] Württemberg 1553 ändert nochmals ab, laut Kolb, weil die Gefahr des Zwinglianismus zu diesem Zeitpunkt in Württemberg überwunden ist[1516]: "...euch gnad vnd vergebung der sünden erwerben/vnd also ein Newes Testament auffrichten/ darinnen die sünd vergeben vnd ewig nicht mehr gedacht werden soll/des zů einem gwissen anzeigen vnd zeügknus/vnd zůr stercke vnd fürderung meins lebens in eüch/gib ich eüch mein blůt zů trincken"[1517].

All diese nicht-reformierten Vorlagen binden die ausgesagte Vergewisserung an das Essen des Leibes und das Trinken des Blutes und betonen die somatische Realpräsenz Christi in Brot und Wein[1518], ja bedürfen dieser Realpräsenz, damit die Abendmahlsfeier ihre tröstende Wirkung haben kann[1519]. Weil die Gläubigen nach der zugrundeliegenden Theologie wirklich Leib und Blut Christi empfangen, werden sie in den Erläuterungen dieser Ordnungen der Wirkungen dieses Empfangs versichert - während die vorliegende Ordnung als Ziel der Vergewisserung formuliert, überhaupt den Leib und das Blut Christi empfangen zu können! Zugleich schaffen es die Erläuterungen aber auch, von einem zu statischen Verständnis des Sakramentes wegzukommen, wie es durch ein konsekratorisches Verständnis der EW droht, indem nicht direkt die Frage der Identität von Brot und Leib Christi sowie von Wein und Blut Christi reflektiert wird[1520], sondern diese Statik in eine Dynamik überführt wird, in der der Akzent auf dem Darbringungsgeschehen 'für uns' liegt. In der vorliegenden Ordnung wird jedoch das sakramententheologische Paradigma einer somatischen Realpräsenz nicht mehr geteilt, sondern eine ganz andere theologische Konstruktion kommt zur Entfaltung. Aufgrund dessen müssen die Erläuterungen zu den EW auch inhaltlich umgestaltet werden.

7.8.3.4.2 Die Himmelfahrt Christi als theologische Grundlage der veränderten Funktion der Erläuterung

Die Funktion der integrierten EW und ihres erläuternden Anhangs als Verdeutlichung der existentialen Dimension des 'pro nobis' bleibt auch in der Kurpfälzer Ordnung von 1563

[1513] Vgl. Anhang 2,Z.25⁵¹.

[1514] Brandenburg-Nürnberg 1533 (Anhang 2,Z.24f); vgl. ebenso Pfalz-Neuburg 1543 (EKO 13,72).

[1515] Württemberg 1536 (CD 1,253⁴⁵). Diese Erweiterung stammt wie die beim Brotwort von Schnepf (vgl. Kolb 335).

[1516] Vgl. Kolb 335.

[1517] Württemberg 1553 (CD 1,253); vgl. ebenso Kurpfalz 1556 (EKO 14,148).

[1518] Vgl. Nürnberg/Pfarrkirchen 1524, Brandenburg-Nürnberg 1533 (Anhang 2,Z.16-18.21-25); Württemberg 1553 (CD 1,253), Kurpfalz 1556 (EKO 14,148).

[1519] Vgl. Brunner, Abendmahlszeugnis 220.

[1520] Dies wäre aufgrund der sakramententheologischen Diskussion der Reformationszeit gerade über das 'ist' der EW ohne weiteres verständlich.

erhalten, nicht jedoch die Funktion der isolierten EW. Diese werden nicht mehr konsekratorisch verstanden, sondern bilden wie in den calvinistischen Ordnungen das 'Programm' der sich aus den EW entwickelnden Feier, in der die Selbstprüfung eine entscheidende Bedeutung erlangt. Weil Kurpfalz 1563 aber nicht mehr von einer Konsekration der Gaben ausgeht, muß auch der Inhalt der die EW ergänzenden Erläuterungen innerhalb der Vermahnung anders formuliert werden.

In Kurpfalz 1563 werden die Ergänzungen zusammengefaßt den EW nachgestellt, so daß schon dadurch die sich durch die Trennung von Brot- und Kelchwort anbietende Betonung der Realpräsenz verbietet[1521]. Dagegen wird durch den Anschluß an den Gedächtnisbefehl[1522] die Funktion betont, diesen zu erläutern, d.h. deutlich zu machen, welche Wirkung das Gedächtnis und damit die ganze Aktion hat[1523], die 'zum Gedächtnis getan wird'. Dies wird in einer doppelten, chiastisch aufgebauten und zweigliedrigen Satzkonstruktion ausgedrückt. Das erste und letzte Element sagen jeweils das Essen des Brotes und das Trinken des Kelches - nicht aber des Leibes und Blutes Christi - aus, die als erfahrbare Ebene den Rahmen der restlichen Aussage abgeben, die wiederum die Bedeutung der erfahrbaren Ebene darlegt. Im ersten Teil wird zudem deutlich gemacht, daß Funktion dieses Essens und Trinkens ist, 'pfand' zu sein, 'erinnert und versichert' zu werden. Versichert wird zunächst des Kreuzestodes selbst: "daß ich für euch ... meinen leib am stamm des creutzes in den todt gebe und mein blut vergiesse". In ihm drückt sich Christi 'hertzliche lieb und treu' gegenüber den Menschen aus.

Dann aber ist dieses Essen und Trinken Pfand für das Abendmahlsgeschehen selbst. Welche Form von 'Realität' dieses 'pfand' aber hat, ist zwischen den evangelischen Strömungen umstritten. Zwar schließt die vorliegende Ordnung die 'Nährung' mit dem Leib und dem Blut Christi keineswegs aus - das Abendmahlsgebet behauptet sie sogar ausdrücklich[1524] -, weigert sich aber, diese i.S. einer somatischen Realpräsenz mit dem Essen des Brotes und dem Trinken aus dem Kelch zu identifizieren[1525]. Eine somatische Realpräsenz wird hier wie im HK ausdrücklich abgelehnt.[1526] Damit kommt die Position Calvins und der sich auf ihn berufenden Tradition zu tragen, die die grundsätzliche Unmöglichkeit der somatischen

---

[1521] Eine solche Betonung bietet sich in den Vorgängerordnungen durch die enge Anbindung an die 'das ist'-Aussagen im Brot- und Kelchwort an, während die vorliegende Ordnung allgemeiner über die EW reflektieren kann. Die Vermutung Brunners, diese Zusammenfassung sei in einem Biblizismus begründet (vgl. Brunner, Abendmahlszeugnis 219[153]), ist demgegenüber zumindest als sekundär zu bewerten.

[1522] Der Gedächtnisbefehl ist in den Vorlagen insofern marginalisiert, als er beim Brotwort ganz wegfällt und beim Kelchwort als sekundäre Dimension erscheinen kann: "...so oft ir das thut, solt ir mein darbey gedencken..." (Kurpfalz 1556 (EKO 14,148)).

[1523] Daß es um die Aktion geht, wird an der zeitlichen Bestimmung deutlich: "...so oft ir von diesem brodt esset und von diesem kelch trincket...". Diese Phrase war in den vorhergehenden Ordnungen personal formuliert: "Wer nun also von disem brodt isset und von disem kelch trincket..." (Kurpfalz 1556 (EKO 14,148)). Vgl. ebenso Nürnberg/Pfarrkirchen 1524, Nürnberg/Döber 1525, Nürnberg/Volprecht 1525, Brandenburg-Nürnberg 1533 (Anhang 2,Z.25f); Württemberg 1536, 1553 (CD 1,253).

[1524] Vgl. 8.3.2.2.

[1525] Sowieso wird in Kurpfalz 1563 noch mehr als in der Nürnberger Vermahnung der Blick von einem statischen zu einem dynamischen Sakramentsverständnis gelenkt, indem die Erläuterungen ausschließlich Handlungen beschreiben!

[1526] Vgl. Frage 78 des HK, Kurpfalz 1563 (EKO 14,358).

Realpräsenz betont: Christus sitze im Himmel zur Rechten des Vaters, während wir auf der Erde sind[1527].

Damit stoßen wir auf ein Spezifikum und zugleich auf das zentrale christologische Argument der zugrundeliegenden Abendmahlstheologie, wenn dies hier auch nur implizit anklingt. Diese Betonung der Präsenz Christi im Himmel hat weitreichende eucharistietheologische Implikationen, denn einerseits versteht reformierte Theologie 'Leib' und eben auch den 'Leib Christi' als Größe mit räumlicher Ausdehnung, die zugleich durch eine Begrenzung gekennzeichnet ist[1528]. Da aber der Himmel räumlich als Ort verstanden wird, der über den sichtbaren Himmeln liegt[1529], ist die Himmelfahrt zwingend als wirkliche Ortsveränderung zu betrachten[1530] - obwohl auch der Himmel nicht als Ort im physikalischen Sinne verstanden wird[1531]. In Frage 49 des HK wird die Frage nach der Notwendigkeit diese Erhöhung Christi beantwortet:

"Frag. Was nützet uns die himmelfahrt Christi? Antwort. Erstlich, daß er im himmel für dem angesicht seines vaters unser fürsprecher ist, zum andern, daß wir unser fleisch im himmel zu einem sichern pfand haben, daß er als das haupt uns, seine glieder, auch zu sich werde hinaufnemen, zum dritten, daß er uns seinen geist zum gegenpfand herabsendet, durch welches kraft wir suchen, was droben ist, da Christus ist, sitzend zu der rechten Gottes, und nicht, das auf erden ist."[1532]

Es wird deutlich gemacht, daß die Präsenz Christi im Himmel keine Entrückung bedeutet, sondern soteriologische Funktion hat. Weil die menschliche Natur Christi als 'unser fleisch im himmel' empfunden wird, kann die Präsenz Christi die Ausübung des priesterlichen Amtes bedeuten: Christus tritt "als der erhöhte Gekreuzigte unter Verweis auf sein einmaliges und suffizientes Sühnopfer vor dem Vater beständig für uns ein. Der satisfactio korrespondiert die intercessio"[1533].

Aufgrund dieser Betonung der Präsenz Christi im Himmel ist für calvinistische Theologie die Vorstellung einer Ubiquität, wie sie von den Lutheranern vertreten wird, abzulehnen, da es auch Gott unmöglich sei, "zu bewirken, daß der Leib Christi sich zugleich an mehr als einem Ort befindet"[1534]. An der Leiblichkeit des erhöhten Herren aber will die calvinistische Theologie unbedingt festhalten, denn nur so sieht sie die menschliche Natur Christi

---

[1527] Vgl. die Fragen 46.76.80 des HK, Kurpfalz 1563 (EKO 14,351.357f). Vgl. Krusche 140-143; Wendel 309. Schon Farel gründet hierauf seine Argumentation (vgl. Jacobs 226-228).

[1528] Vgl. Calvin, Institutio 1559, IV 17,24 (Weber 961f); Rohls 161.163f; Krusche 142.

[1529] Vgl. Rohls 160. Das 'Sitzen zu Rechten des Vaters' hingegen wird wie im Luthertum als tropische Redeweise aufgefaßt (vgl. Rohls 160).

[1530] Vgl. auch Calvin, Institutio 1559, IV 17,27 (Weber 965); Rohls 161.165; Krusche 143; Wendel 308f. Zudem ist für Calvin der Hl. Geist Garant der Himmelfahrt und Abwesenheit Christi (vgl. Calvin, Institutio 1559, IV 17,26 (Weber 964f)). Dieses Denken findet sich schon explizit bei Farel (vgl. Jacobs 233f): "Gott und Christus sind 'sursum' und dürfen nicht in irdischen Dingen gesucht werden" (Jacobs 236). Letztlich steht dahinter die Vorstellung eines fernen Gottes (vgl. Jacobs 236f).

[1531] Vgl. Rohls 161.

[1532] Kurpfalz 1563 (EKO 14,352).

[1533] Rohls 112. Für Calvin vgl. zur Mühlen 763f; Krusche 148. Für Olevian vgl. Olevian, Gnadenbund (Franz u.a. 298.302). Vgl. zu diesem ganzen Komplex auch 11.2.

[1534] Rohls 165; vgl. Wendel 306. So sieht Farel in der Ubiquitätslehre eine Ablehnung der wirklichen Leiblichkeit Christi (vgl. Jacobs 218). Diese Ablehnung der Ubiquität gilt nur bzgl. der menschlichen Natur, die göttliche Natur ist auch für calvinistische Theologie allgegenwärtig zu denken (vgl. Rohls 174; Krusche 145; Wendel 194-196).

in der personalen Integrität mit der göttlichen Natur gewahrt und gleichzeitig von ihr abgegrenzt[1535]. "Der Grund für die reformierte Ablehnung der Idiomenkommunikation im genus majestaticum ist demnach das soteriologische Interesse an der wirklichen *Mensch*werdung Gottes und *Menschheit* Christi."[1536]
Letztliches Ziel der ganzen christologischen Argumentation ist es, theologisch stringent argumentieren zu können, daß sich "Christus als Mensch, d.h. mit seinem Leib, nur an *einem* Ort befinden [kann]"[1537] und somit seine Präsenz unter den Akzidentien von Brot und Wein (so die katholische Auffassung) oder in, mit und unter Brot und Wein (so die lutherische Auffassung) nicht möglich ist[1538].

Trotzdem ist aber in Kurpfalz 1563 - wie auch sonst in den calvinistischen Formularen[1539] - vom Empfang des Fleisches und Blutes die Rede: "...und euer hungerige und dürstige seelen mit demselben meinem gecreutzigten leib und vergossenem blut zum ewigen leben speise und trencke...". Er ist auch von der zugrundeliegenden Dogmatik her notwendig, da nur so eine personale Begegnung mit dem Gottmenschen Christus in seiner göttlichen wie menschlichen Natur zum Ausdruck kommt[1540]. Gerade so wird Christus in seiner Eigenschaft als Mittler empfangen. Dieser Empfang von Fleisch und Blut Christi kommt aber nicht dadurch zustande, daß nun doch in irgendeiner Weise die menschliche Natur in die Gaben transferiert würde[1541]. Ebensowenig wird der Empfang wie bei Zwingli als 'geistig' verstanden[1542]. Der Empfang von Fleisch und Blut Christi und der Empfang der Gaben werden vielmehr als analoges Geschehen verstanden, wie die Erläuterungen ausführen.

7.8.3.4.3 Die Vergewisserung als Funktion der Erläuterung

Das Essen des Leibes und das Trinken des Blutes stehen für die calvinistische Theologie in Analogie zum Essen des Brotes und Trinken des Weines[1543]. Dies wird nun in der

---

[1535] Vgl. Rohls 171. Zur Zweinaturenlehre in Form des 'Extra-Calvinismus' vgl. Rohls 166-170.

[1536] Rohls 171.

[1537] Rohls 172. Vgl. Krusche 142.

[1538] Vgl. Rohls 172. Für Farel bildet ein weiteres Argument gegen jede Vorstellung einer Konsekration und eines Herabkommens Jesu, daß dies im Gegensatz zur Parusieerwartung stehe (vgl. Jacobs 209). Die Schrift kenne keine andere leibliche Wiederkunft Jesu als die zum Jüngsten Gericht (vgl. Jacobs 216f). Evangelisches Abendmahl müsse deshalb in der Erwartung der endzeitlichen Wiederkunft des Herrn stehen (vgl. Jacobs 209).

[1539] So heißt es z.B.: "assavoir qu'il nous veult vrayement faire participans de son corps et de son sang" (Genf 1542, 1542A, 1545 (CD 1,360); vgl. Pollanus 1551, 1552, 1554, 1555 (Honders 88f)); "daß er vns warhafftiglich wil seines leibs vnd bluts theilhafftig mache/daß er selbst gantz vnd gar vnser eigen werde" (Genf dt. 1563,49f); "for then we spiritually eate the fleshe of Christ, and drinke his bloude" (FoP 1556, 1564 (CD 1,473)). Zu entsprechenden Formulierungen in den jeweiligen Abendmahlsgebeten vgl. 8.3.2.2.

[1540] Vgl. Rohls 172.

[1541] Rohls resümiert für die altreformierte Theologie: "Die Himmelfahrt ist das Ende der *irdischen* Existenz Christi als Mensch. Es ist daher ausgeschlossen, daß wir ihm als Mensch an einem irdischen Ort - und sei es auch im Abendmahl - begegnen." (Rohls 174).

[1542] Vgl. Rohls 177-179. Für Zwingli kann das Essen deshalb nur ein gläubiges Sich-Erinnern an das Opfer Christi sein, so daß schließlich 'den Leib essen' zum Synonym für 'an Christus glauben' wird (vgl. Rohls 178). Demgegenüber betont Calvin wie das Luthertum den Empfangscharakter des Essens. Während für Zwingli Essen und Glauben identisch sind, ergibt sich für Calvin das Essen aus dem Glauben (vgl. Rohls 179).

[1543] Vgl. Rohls 179.

vorliegenden Ordnung im zweiten Teil der chiastischen Konstruktion in einem parallelen Satzbau ausgedrückt: "... daß ich ... euer hungerige und dürstige seelen mit demselben meinem gecreutzigten leib und vergossenem blut zum ewigen leben speise und trencke, so gwiß als einem jeden dises brodt für seinen augen gebrochen und dieser kelch im gegeben wirdt und ihr dieselben zu meiner gedechtnuß mit euerm mund esset und trincket". Hier werden zwei Handlungsebenen beschrieben, einerseits eine, die von den Gläubigen im Abendmahl passiv erfahren ("so gwiß als einem jeden dises brodt für seinen augen gebrochen und dieser kelch im gegeben wirdt") und aktiv sinnlich vollzogen werden kann ("und ihr dieselben zu meiner gedechtnuß mit euerm mund esset und trincket"), und andererseits die erhoffte und geglaubte 'Nährung' mit dem Leib und Blut Christi.

Nicht erst in dieser Ordnung wird eine Verbindung zwischen beiden Ebenen hergestellt. Calvin stellt in seiner Institutio vor allem die Analogie der Nährvorgänge heraus, wobei der geistliche dem sichtbaren Vorgang analog ist.[1544] Diese Analogie findet sich bei Bucer schon im Evangelien-Kommentar von 1530 in Jesus-Rede ausgedrückt: "Wenn er das Brot darreicht, sagt er: Nehmt, eßt, das ist mein Leib, der für euch gegeben ist, das heißt: Wie ich euch dieses Brot durch den leiblichen Mund zu essen gebe, so gebe ich euch auch meinen Leib für eure Seele zu essen"[1545].

Beide Handlungen sind hier nun insofern miteinander verbunden, als die sichtbare Handlung die Vergewisserung der unsichtbaren darstellt.[1546] Beide Handlungen sind im Ablauf parallel aufgebaut und finden gleichzeitig statt. Sie geschehen folglich simultan und dennoch separat[1547]. Die Kausalität und Gleichzeitigkeit von äußerem Handeln und geistlichem Geschehen wird durch die Konjunktion 'so gewiß als' herausgestellt, die zentral für das Sakramentsverständnis der Kurpfälzer Ordnung wie auch des HK ist. Mit dieser Konjunktion wird bei den beiden Feiern, die der HK mit der Bezeichnung 'Sakrament' versieht[1548] (Abendmahl und Taufe), die Verheißung des Evangeliums[1549] und damit die Verheißung Christi[1550] an diese liturgische Handlung gebunden. Im HK heißt es zum Abendmahl: "Also, daß Christus mir und allen gläubigen von diesem gebrochnen brod zu essen und von disem kelch zu trincken befohlen hat zu seinem gedechtniß und darbey verheissen, erstlich, daß sein leib so gewiß für mich am creutz geopfert und gebrochen und sein blut für mich vergossen sey, so gewiß ich mit augen sehe, daß das brod des herrn mir gebrochen und der

---

[1544] "Die leiblichen Dinge, die uns in den Sakramenten dargeboten werden, sollen uns durch eine gewisse Analogie zu den geistlichen Dingen führen. Denn wenn wir sehen, daß das Brot uns als ein Zeichen für den Leib Christi dargereicht wird, dann sollen wir sofort folgende Ähnlichkeit im Sinne behalten: wie das Brot des Lebens unsres Leibes nährt, erhält und kräftigt, ebenso dient der Leib Christi der Nahrung und Erhaltung unsres geistlichen Lebens." (Calvin, Institutio 1536 (COS 1,138); Ü.: Wendel 294).

[1545] Bucer, Ennaratio 1530 (Lang 435); Ü.: Wendel 294.

[1546] Vgl. Brunner, Abendmahlszeugnis 220.

[1547] Vgl. Rohls 181f. Schon Farel geht von der Gleichzeitigkeit der leiblichen und der geistlichen Speisung aus, auch wenn letztere nicht als objektive Gegebenheit gesehen wird (vgl. Jacobs 285f.290f)

[1548] Vgl. hierzu Frage 68 des HK, Kurpfalz 1563 (EKO 14,355).

[1549] Vgl. den HK, nach dem die Sakramente "die verheissung des evangelions desto besser zu verstehen geben und versigele" (Frage 66 des HK, Kurpfalz 1563 (EKO 14,355)).

[1550] Der Rückbezug auf die Verheißung Christi wird im HK in den Fragen 71 ("Wo hat Christus verheissen, daß wir so gewiß mit seinem blut und geist als mit dem taufwasser gewaschen seind?" (Kurpfalz 1563 (EKO 14,356))) und 77 ("Wo hat Christus verheissen, daß er die gläubigen so gewiß also mit seinem leib und blut speise und trencke, als sie von diesem gebrochnen brod essen und von diesem kelch trincken" (Kurpfalz 1563 (EKO 14,357))) deutlich.

kelch mir mitgetheilet wird, und zum andern, daß er selbst meine seel mit seinem gecreutzigten leib und vergossnen blut so gewiß zum ewigen leben speise und trencke, als ich auß der hand des dieners empfange und leiblich niesse das brod und den kelch des herrn, welche mir als gewisse warzeichen des leibs und bluts Christi gegeben werden."[1551]

Die Konjunktion 'so gewiß als' verbürgt somit im HK die von Christus zugesagte Wirksamkeit des jeweiligen Sakraments[1552]. Zugleich verbürgt die Formel 'so gewiß als' die Analogie der Vorgänge von Brechen des Brotes und Reichen des Kelches sowie Essen und Trinken auf der einen Seite und dem Speisen und Tränken mit dem Leib und Blut Christi auf der anderen Seite. In der Vermahnung ist diese Verbindung verstärkend dadurch hervorgehoben, daß sie als Aussage Christi selbst formuliert wird[1553]. Haben die erläuternden Anhänge in der Nürnberger Vermahnung die Funktion, vom Empfang des Leibes und Blutes Christi die Wirksamkeit 'pro nobis' für die Empfangenden vergewissernd abzuleiten, so wird hier die Gemeinde des Empfangs selbst versichert!

Die Speisung und Tränkung der hungrigen und durstigen Seele[1554] wird in den als Jesus-Worte gefaßten Erläuterungen wie der Kreuzestod und die Gabe von Brot und Wein präsentisch dargestellt, womit die zeitliche Verbindung beider Ebenen nochmals ausgedrückt wird.[1555] Zugleich ist damit hervorgehoben, daß der Leib und das Blut Christi keine vom

---

[1551] Frage 75 des HK, Kurpfalz 1563 (EKO 14,357). Vgl. ebenso die Kurzfassung des HK und die 2. Frage des Vorbereitungsgottesdienstes, Kurpfalz 1563 (EKO 14,379.382). Im HK heißt es bzgl. der Taufe, "daß ich so gewiß mit seinem blut und geist von der unreinigkeyt meiner seelen, das ist, allen meinen sünden gewaschen sey, so gewiß ich eusserlich mit dem wasser, welches die unsauberkeyt des leibs pflegt hinzunemen, gewaschen bin" (Frage 69 des HK, Kurpfalz 1563 (EKO 14,355f)). Vgl. ebenso Frage 73 und die Kurze Summa des HK (Kurpfalz 1563 (EKO 14,356.379)). Die Formel 'so gewiß als' findet sich auch mehrfach in Olevians Predigten von 1563 (vgl. z.B. Olevian, Gnadenbund (Franz u.a. 290.294.314f)).

[1552] Vgl. auch Rohls 182. Eine ähnliche Formulierung findet sich bei Micron: "So dat de ghelouuige de ghedachtenisse des doots Christi in het Nachtmael houdende, so seker zijn in het ghelooue, door de werckinghe des heylighen Geests, dat haer sonden door Christum vergeuen zijn, als sy sekerlick het broot daer nutten, ende den kelck des Heeren drincken." (Frage 99 in Micron, De kleyne Cathechismus (Lang 141)). Auch in seinem Abendmahlsformular sagt Micron, "dat wy vele sekerder doer de gheestelicke gemeinschap des lichaems ende bloets Christi totten ewighen leuen ghespijst werden, dan onse sterffelicke lichamen doer spyse ende dranck dagelicx onderhouden werden" (Micron 1554 (CD 1,445)). So erstaunt es auch nicht, daß bei der Definition des Sakraments die Sicherheit der 'äußeren sicheren Zeremonie' zugewiesen wird (vgl. Fragen 76 und 77 in Micron, De kleyne Cathechismus (Lang 136)).
Olevian macht in seiner Interpretation dieser Konjunktion deutlich, daß es nicht nur um eine momentane Vergewisserung der Angefochtenen geht, sondern daß damit zugleich die Wiederkunft des erhöhten Herren ausgesagt ist: "Gedëckt nit/ob ich schon durch den tod hinauff zum Vatter in den himmel fahr/daß ich ewer sey vergessen/sonder daß ich euch den Tröster durch mein leyden erwerben vnd senden wil/vnnd daß ich so gewiß auß dem himmel widerkommen werd/euch von allem creutz vollkömlich zu erretten/vnnd euch das Reich meines Vatters bescheiden werd/wie der Vatter es mir bescheiden hat/auff daß jr mit mir in meinem Reich an meinem Tisch esset vnd trincket/so gewiß als ihr von diesem gebrochenen brot/welches ich zur gedechtnis meines gecreutzigten leib genennt hab/mit eweren mund esset/vnd vom kelch der dancksagung trincket/meinem tod vnd dise meine grosse trew zu rühmen vnd zu verkündigen/biß daß ich komme." (Olevian, Gnadenbund (Franz u.a. 349f)).

[1553] Auch im HK wird diese Analogie der Vorgänge als Verheißung Christi verstanden (vgl. Frage 75 des HK, Kurpfalz 1563 (EKO 14,357); Text vgl. oben).

[1554] Hierzu vgl. 7.8.4.2.

[1555] Die intendierte personale Dimension bringt der HK noch einmal deutlich zum Ausdruck, indem er die Kausalität des Essens und Trinkens von Brot und Wein und der 'Nährung' und 'Tränkung' mit dem Leib und dem Blut Christi betont und sagt, "daß all sein leiden und gehorsam so gewiß unser eigen sey, als hetten wir selbst in unser eigen person alles gelitten und gnug gethan" (Frage 79 des HK, Kurpfalz 1563 (EKO 14,358)).

Kreuzestod losgelösten, eigenständigen Gaben darstellen, sondern daß sie die Aneignung des Kreuzestodes selbst sind, weshalb auch von "demselben meinem gecreutzigten leib und vergossenem blut" die Rede ist. Das Kreuz wie auch das dieses vermittelnde Abendmahl antworten auf die verderbte Existenz des Menschen, die im ersten Abschnitt nochmals als Verdammt-Sein zusammengefaßt wird: "für euch, die ir sonst des ewigen todts hettet müssen sterben".

Mit der beschriebenen Kausalität von äußerer und innerer Handlung vollzieht die Ordnung zugleich eine Ausweitung der Begriffe der traditionellen Sakramentstheologie: Die Bestimmung von 'innen' und 'außen' wird nicht nur für 'Dinge', d.h. für Brot und Wein auf der einen und Leib und Blut Christi auf der anderen Seite verwendet, sondern für zwei untereinander verbundene Handlungsgeschehen, nämlich den 'äußeren' Empfang von Brot und Wein im Kommuniongang und das 'innere' Geschehen der 'Nährung' mit dem Leib und Blut Christi! Das Verständnis des Abendmahls als Gnadenmittel führt aber nicht nur zu einem parallelen und simultanen Verständnis beider Handlungen, sondern ebenso zu einem impliziten: Die eine Handlung, d.h. der Empfang des Leibes und Blutes Christi, geschieht immer dann, wenn die andere Handlung, das Essen des Brotes und das Trinken des Weines, vollzogen wird[1556].

7.8.3.4.4 Resümee

Die Zitation der EW innerhalb der Vermahnung, die formal in der Tradition der Nürnberger Vermahnung steht, erhält in der vorliegenden Ordnung nicht mehr die Funktion, der sich aus dem Empfang von Leib und Blut Christi ergebenden Wirkungen, sondern des Empfangs selbst zu vergewissern! Letztlich besteht ihre Aufgabe darin, deutlich zu machen, daß mit dem Abendmahl die aktuelle Zueignung des zuvor beschriebenen und im Kreuzestod kulminierenden Heilswerkes Jesu Christi und somit die subjektive Aneignung der objektiven, geschichtlichen und damit vergangenen Gegebenheit aufgrund der Einsetzung durch Jesus Christus geschieht. Die eigentlichen EW vermögen dabei das 'für euch' der Hingabe Jesu zu verdeutlichen, während der in Jesusworte gefaßten Erläuterung zukommt, die spezifische sakramententheologische Auffassung verständlich zu machen, daß beim Abendmahl wirkliche 'Nährung' mit dem Leib und dem Blut Christi (i.S. einer personalen Christusbegegnung) geschieht, obwohl die Vorstellung einer somatischen Realpräsenz abgelehnt wird. Die 'Nährung' wird als paralleler, d.h. analoger und gleichzeitiger Vorgang des äußeren und inneren Essens und Trinkens dargestellt. Diese Parallelität der Handlungen wird nicht nur als dogmatische Überzeugung dargelegt, sondern erhält durch die Konstruktion als Jesus-Rede die Dignität der Verheißung. Sie wird als eigentlicher Inhalt der in den EW enthaltenen Verheißung verstanden. Wie aber die aktuelle Verbindung beider Handlungsebenen zustande kommt, d.h. wie die Gläubigen überhaupt an der unsichtbaren Handlung teilhaben können, wo doch der Leib Christi im Himmel zu Rechten des Vaters sitzt, wird nicht mehr ausgeführt, sondern bedarf der weiteren Klärung. Entscheidend ist an dieser Stelle, das 'daß' dieser Verbindung als Verheißung Christi selbst deutlich zu machen!

[1556] Vgl. Rohls 182. Allerdings gilt dies nur für den gläubigen Empfang, denn sonst läge ein Wirkungs-Verständnis wie beim 'ex opere operato' vor, das reformierte Theologie kritisiert (vgl. Rohls 183).

7.8.4 Die Wirkung des Kreuzestodes durch die Kraft des Hl. Geistes: Die Gemeinschaft mit Christus und den Brüdern

Text

"Auß dieser einsatzung des heiligen abendmals unsers herrn Jesu Christi sehen wir, daß er unsern glauben und vertrauen auf sein volkommen opfer, einmal am creutz geschehen, als auf den einigen grund und fundament unser seligkeyt weiset, da er unsern hungerigen und durstigen seelen zur waren speiß und tranck des ewigen lebens worden ist. Denn durch seinen todt hat er die ursach unsers ewigen hungers und kommers, nemlich die sünd, hinweggenommen und uns den lebendigmachenden geist erworben, auf daß wir durch denselben geist, der in Christo als dem haupt und in uns als seinen gliedern wohnet, ware gemeinschaft mit ihm hetten und aller seiner güter, ewigen lebens, gerechtigkeyt und herrligkeyt theilhaftig würden.

Darnach, daß wir auch durch denselben geist undereinander als glieder eines leibs in warer brüderlicher lieb verbunden würden, wie der heilig apostel spricht: Ein brod ist es, so seind wir viel ein leib, dieweil wir alle eines brodts teilhaftig seind. Denn wie aus vielen körnlein ein meel gemahlen und ein brodt gebacken wirdt und aus vielen börlein zusammengekeltert ein wein und tranck fleust und sich ineinander menget, also sollen wir alle, so durch waren glauben Christo eingeleibt sein, durch brüderliche lieb umb Christi, unsers lieben heilands, willen, der uns zuvor so hoch geliebt hat, allsamen ein leib sein und solches nit allein mit worten, sonder mit der that gegeneinander beweisen. Das helf uns der allmechtige, barmhertzige Gott und vater unsers herrn Jesu Christi durch seinen heiligen geist, Amen."[1557]

Kommentar

Gemessen an der Tradition der Nürnberger Vermahnung würde man nun einen Abschnitt über die Wirkung des Abendmahls erwarten. Und es werden im vorliegenden Abschnitt der Vermahnung auch Wirkungen benannt, die jedoch nicht als Wirkungen des Abendmahls dargestellt sind. Es handelt sich bei den hier genannten primär um die Wirkungen des Kreuzestodes Christi. Daß es sich zugleich um Wirkungen des Abendmahles handelt, schwingt zwar durch die zu den Vorlagen parallele Konstruktion implizit mit, wird aber erst im Abendmahlsgebet[1558] explizit gemacht.

Der vorliegende Abschnitt gliedert sich formal und inhaltlich in zwei Teile, wobei der erste die Vereinigung mit Christus thematisiert, der zweite hingegen die Vereinigung der Kommunikanten untereinander zu einem Leib. Während der Abschnitt über die kommunitäre Wirkung an die Württemberger Version der Nürnberger Vermahnung anschließt, ist der Abschnitt über die Vereinigung mit Christus und die Anbindung an die EW neu gestaltet, selbst wenn das Motiv auch schon in Nürnberg vorhanden ist. In der Nürnberger Vermahnung ist zwischen diese beiden Teile noch eine 'spezielle Anamnese' eingefügt, die in Kurpfalz 1563 in das Abendmahlsgebet verlagert ist[1559].

Obwohl der ganze letzte Abschnitt der Vermahnung in der Nürnberger Tradition die klassischen Inhalte des epikletischen Teils des Eucharistischen Hochgebets bietet, ist er nicht epikletisch formuliert. In der vorliegenden Ordnung ist er sogar deutlich in den Abschnitt

---

[1557] Kurpfalz 1563 (CD 1,516).
[1558] Vgl. 8.3.
[1559] Vgl. 8.3.1.

des 'Gedächtnisses' integriert, da es sich nicht um neu zu erbittende Wirkungen handelt, sondern um die Wirkungen, die aus dem Kreuzestod und der Einsetzung des Abendmahls ablesbar und deshalb Teil der gedachten Verheißung sind. Nur die Vermittlung im Abendmahl muß erbeten werden; dies geschieht im Abendmahlsgebet[1560].

7.8.4.1 Der Glaube an das einmalige Opfer Christi als Anknüpfungspunkt für die Wirkungen

Der Einleitungssatz[1561] spricht zunächst gar nicht von einer Wirkung, sondern von einem Sehen, einer Erkenntnis, die die Gemeinde aus der Betrachtung der Einsetzung des Abendmahls erhält. Als Inhalt des Erkennens wird zunächst benannt, daß Glaube und Vertrauen[1562] auf das Opfer Christi verwiesen sind. Nicht das Abendmahl, sondern der Kreuzestod ist Gegenstand des Glaubens, das Abendmahl aber setzt diesen Glauben voraus[1563]. Dabei geht es um die Einmaligkeit des Opfers Christi und seinen Charakter als alleiniger Grund der Erlösung: "...daß er unsern glauben und vertrauen auf sein volkommen opfer, einmal am creutz geschehen, als auf den einigen grund und fundament unser seligkeyt weiset...". Dies greift Formulierungen aus dem HK zum Sinn der Einsetzung der Sakramente auf: "...daß sie [die Sakramente; A.d.V.] unsern glauben auf das opfer Jesu Christi am creutz als auf den einigen grund unserer seligkeyt weisen..."/"...daß unsere gantze seligkeyt stehe in dem einigen opfer Christi, für uns am creutz geschehen...".[1564] Während aber in dieser allgemeinen Formulierung des HK die Sakramente ('sie') auf das Opfer verweisen, ist es in der Vermahnung Christus selbst ('er'), der verweist aufgrund seiner eigenen Einsetzung des Abendmahls!

Kennzeichnend ist, daß der Text mit absoluten Begriffen arbeitet: Das 'eine'/'einige' Opfer Christi[1565] bildet den 'einen'/'einigen' Grund[1566] für die 'ganze' Seligkeit[1567] des Menschen. Die Betonung der Einmaligkeit des Opfers stellt eine strikte Trennung gegenüber der (angeblichen) katholischen Auffassung vom täglichen Opfer dar, wie sie im HK in der 80. Frage dargestellt wird: "Die meß aber lehret, daß die lebendigen und die todten nicht durch die leiden Christi vergebung der sünden haben, es sey denn, daß Christus noch täglich für sie von den meßpriestern geopfert werde (...). Und ist also die meß im grund nichts anderst denn ein verleugnung des einigen opfers und leidens Jesu Christi"[1568]. In dieser Betonung des einmaligen und ausreichenden Opfers Christi ist sich Kurpfalz 1563 mit zahlreichen

---

[1560] Vgl. 8.3.2.

[1561] "Auß dieser einsatzung des heiligen abendmals unseres herrn Jesu Christi sehen wir..."

[1562] Glaube und Vertrauen sind wiederum identische Begriffe (vgl. 7.8.2.1).

[1563] Vgl. 7.8.2.1.

[1564] Frage 67 des HK, Kurpfalz 1563 (EKO 14,355).

[1565] Diese Terminologie findet sich auch in den Fragen 31.37.66.67.69.75.80 und im 2. Abschnitt der Kurzen Summa des HK, Kurpfalz 1563 (EKO 14,349f.355.357f). Der HK qualifiziert das Opfer ausdrücklich als 'Sühnopfer' (vgl. Frage 37 des HK, Kurpfalz 1563 (EKO 14,350); Lang LXXXIX).

[1566] Eine ähnliche Formulierung findet sich in Frage 67 des HK, Kurpfalz 1563 (EKO 14,355).

[1567] Siehe auch Frage 66 des HK, Kurpfalz 1563 (EKO 14,355). Frage 29 und 30 des HK sprechen von der 'einigen Seligkeit' und dem 'einigen seligmacher Jesum' (vgl. Kurpfalz 1563 (EKO 14,348)).

[1568] Frage 80 des HK, Kurpfalz 1563 (EKO 14,358). Zuvor wird das Abendmahl als Bezeugung des einzigen Opfers Christi am Kreuz nochmals herausgestellt (vgl. ebd.). Vgl. auch Rohls 123. Rohls meint allerdings, bei heutiger Betrachtung der verwendeten Kategorien sei die Kritik nicht mehr aufrecht zu erhalten (vgl. Rohls 125).

anderen Ordnungen[1569] einig, da es das einzige satisfaktorische Opfermotiv ist, das für evangelische Theologen dogmatisch zu rechtfertigen ist[1570].

7.8.4.2 Das Kreuzesopfer als Antwort auf 'den Hunger und den Durst' nach Erlösung

Aber nicht nur gegenüber der katholischen, sondern auch gegenüber der lutherischen Seite grenzt sich die vorliegende Ordnung ab. Nicht im Empfang von Leib und Blut Christi im Abendmahl, sondern im einmaligen Kreuzesopfer ist Christus "unsern hungerigen und durstigen seelen zur waren speiß und tranck des ewigen lebens worden."[1571] Für die

---

[1569] So heißt es: "das der herr Christus am creuz ein opfer fur euch gewesen ist" (Mecklenburg 1552 (CD 1,101)); "das der Herr für vnns alle syn lyb vnnd blût Gott synem himmelischen vatter geopferet hat" (Bern 1529 (CD 1,235)); "Der ist selbs das opffer vnd die versônung für vnser sünd" (Straßburg/Ordenung 1524 (CD 1,315⁴³)); "das Er sein Leib vnd Blût...nit allain für vnser sünd inn tod dem Vatter am Creütz auffgeopffert" (Augsburg 1555 (CD 1,334)); "mais pour nous le donnant, ainsi que ce bon sauveur selon le bon vouloir de son pere pour nous reconcilier a iceluy sest une foys offert a son pere pour nostre redemption, mourant pour nous assembler tous qui estions espars" (Farel 1533 (CD 1,341)); "ende dese onse proeuinghe, ende onderscheidinghe des lichaems des Heeren oft sijnder offerande, in de welcke hy syn lichaem in de doot voer ons gheoffert heeft" (Micron 1554 (CD 1,442)).
Einige Schweizer Ordnungen benennen den Kreuzestod Christi als 'Brandopfer', um die Erlösungskategorie zu verdeutlichen: "Der oberst Priester hat sich selbs zů einem brinnenden opffer auß vnseglicher lieb/dem vatter für vns auffgeopffert" (Basel 1526 (CD 1,213); vgl. ebenso Basel 1537 (CD 1,222); Bern 1529 (CD 1,230)).
In den Straßburger Ordnungen findet sich zeitweise eine Umformung des Orate fratres, die die Unwiederholbarkeit des Opfers Christi verdeutlicht, aber zugleich erläutert, wie denn die Gemeinde ein 'Dankopfer' darbringen kann (vgl. 8.2.3.1.1).

[1570] Die katholischen Kommunionvermahnungen, die die Frage nach dem 'Opfer der Kirche' reflektieren, tun sich recht schwer mit einer klaren Aussage oder gar einer Übernahme der evangelischen Position. Witzel versteht die Messe als Ein-Bilden des Opfers Christi: "...also deñ tod des Herren verkündigen/vnd allen hertzen dis opffer ein bilden..." (Witzel 1542 (Anhang 3,Z.20f)). Er findet damit eine Formulierung, die unbestimmt bleibt. Helding teilt einerseits die Auffassung von der Einzigkeit des Opfers Christi: "Nit das wir noch alle tag vergebung der sünden vñ versônung mit Got von newem verdienen müßten (Gleich als ob Christus für vns nit genügsamlich/reychlich/vnnd zum volkomesten verdienet het) sonder das wir also für vnsere Erlösung vnd alle Götliche wolthaten dancksagen sollen/vnd das jenig was durch Christum in jenigem opffer seines leibs vnd blûts am Creütz ainmal erworbe ist/durch dises Ebenbildnisch gedenckopffers seines todts mit glauben/ andacht/vñ gebet an vns bringen/vns aigen machen/vnd zů vnser selbs hayl vnd sâligkayt geniessen môgen" (Helding 1548 (Anhang 4,Z.26-32)). Andererseits spricht er aber auch von einer Darbringung von Leib und Blut Christi: "In disem hailigen Ampt/darinn wir vnsern Herrn vnnd Erlôser Christum Jesum in seinen waren leib vnd blût/zur gedächtnuß seines hailigen leidens Gott dem himelischen Vatter fürbringen wôllen..." (Helding 1548 (Anhang 4,Z.1-3). Sie soll als unblutiges Opfer geschehen: "So wôllen wir denselben vnsern Herrn (wie er vns befolhë hat) in seinem waren leib vnd blût/wie er sich selbs ainmal für vns am Creütz blûtiger vnnd schmertzlicher weiß in todt auffgeopffert hat/yetzund vnschmertzlicher/vnbûtiger vñ vnsterblicher weiß/in Gehaimnuß/vnter gestalt brots vñ weins dem himlichë Vater fürstellen/jne damit des ainmal volnbrachten Creütz opffers/des erlitten todts vnd vergoßnen blûts/seines vnschuldigen Suns erinnern" (ebd. Z.51-56).
Salzburg betont vielfach die Einzigkeit des Opfers Christi ("seines aintzigen volkommesten opffers/am Stam des Creütz beschehen" (Ritus Communionis Catholicus 1556 (Anhang 6,Z.5f))) und macht die aktuelle Feier als dessen Gedächtnis deutlich ("diser hailsamen gedechtnuß/des ain mal verbachten Sônopffers Christi" (ebd. Z.11f)), verteidigt aber zugleich den Opferritus der Messe ("Die gedechtnuß aber des versônoppfers Christi ain mal am Creutz beschehen/wirdt nit allain mit der Communion/vnd gemainschafft des Sacraments leibs vnnd blûts Christi/sonder auch mit der oblation/vnd auffopfferung herzlich begangen/vnd Celebriert/wie das gantz klar vnnd deütlich der hailig Augustinus zeüget" (ebd. Z.7-10)). Allerdings wird die Kirche als Instrument der unblutigen Darbringung verstanden: "Also stellet jnen Christum jetzund für in gehaimnuß dem himelischen vatter/on schmertzlicher/vnblûtiger/vnd vnsterblicher weiß/die hailig Catholisch kirchen/jnen damit des ainmal verbrachten Creütz opffers/des erlitnen Tods vnnd vergossnen blûts/seines Suns zûerinnern" (ebd. Z.13-16).

[1571] Eine ähnliche Formulierung findet sich schon im vorherigen Abschnitt (vgl. 7.8.3.4.3).

reformierte Abendmahlsauffassung besteht die Abendmahlsgabe nicht, wie für die lutherische Theologie, im leiblichen Empfang von Leib und Blut Christi (so sehr Calvin den wirklichen, wenn auch nicht leiblichen Empfang von Leib und Blut Christi gegen eine spiritualistische Deutung herausstellt[1572]) als eigenständigen Größen, sondern einzig in der Person Christi mit seinem Kreuzestod für uns[1573]. Deshalb ist in den Erläuterungen zu den EW auch nicht nur von 'Leib' und 'Blut' die Rede, sondern von 'meinem gecreutzigten leib und vergossenem blut'[1574]. Christus selbst ist es, der zur Speise und zum Trank des ewigen Lebens werden kann; sein Leib und Blut können nur personal und werkgebunden verstanden werden[1575]. So wird das zentrale Erlösungswerk Christi am Kreuz als 'Nährung' mit dem Leib und dem Blut Christi ausgedrückt, die existentielle Erlösungsbedürftigkeit des Menschen aber mit dem Begriff der hungrigen und durstigen Seelen! Indem die Erlösung mit der Terminologie des Abendmahls ausgedrückt wird, wird einerseits verdeutlicht, daß das Abendmahl nichts anderes als die Zueignung dieser Erlösung sein kann. Bezogen auf das Abendmahl bleibt das Formular andererseits in der Metaphorik von Hunger/Durst und Essen/Trinken, beschreibt aber den gestillten Hunger und den Durst als seelische Vorgänge[1576] und grenzt sich damit von leiblichen Vorstellungen ab[1577]. Schließlich ist deutlich gemacht, daß Christus selbst Speise und Trank für die Seele der Gläubigen sein kann - nicht aufgrund einer aktuellen Konsekration, sondern aufgrund des vergangenen und einmal geschehenen Kreuzestodes. Daraus folgt für das aktuelle Abendmahlsgeschehen, daß die Gemeinde nur durch eine wirkliche Christusbegegnung Anteil an Christi Fleisch und Blut erhalten und auf die Wirkung dieser Christusbegegnung hoffen kann. Von daher ist alles, was nachfolgend als Wirkung benannt wird, eine Wirkung des Kreuzestodes Christi, nicht aber des Abendmahls als eigenständiger Größe; diese Wirkung wird nur durch das Abendmahlsgeschehen vermittelt! Primäre Wirkung des Kreuzesgeschehens ist einerseits die Erlösung von den Sünden, die wiederum in der Mahl-Terminologie ausgedrückt wird ("Denn durch seinen todt hat er die ursach unsers ewigen hungers und kommers, nemlich die sünd, hinweggenommen"[1578]),

---

[1572] Vgl. Calvin, Institutio 1559, IV 17,7-9 (Weber 944-946).

[1573] Vgl. Rohls 144f. Auch für Calvin gibt es keine spezifische Abendmahlsgabe (vgl. Krusche 272). Die Gläubigen können nur an den Gütern Christi teilhaben, wenn sie mit Christus selbst vereinigt sind (vgl. Wendel 301f; Neuser, Dogma 263).

[1574] Vgl. 7.8.3.4.3.

[1575] Vgl. Rohls 143.

[1576] Diese Metaphorik wird im HK vielfach bezeugt (vgl. Frage 75 und 79, sowie den 2. Abschnitt der Summa des HK, Kurpfalz 1563 (EKO 14,357f.379)). Als Ziel dieses Nährens und Tränkens wird durchweg das 'ewige Leben' angegeben (vgl. ebd.). Die 'Nährung' als seelischen Vorgang zu beschreiben, ist konsequente Folge der Ablehnung einer somatischen Realpräsenz, denn diese ist es letztlich, die die katholische Messe zu "ein[er] vermaledeyte[n] abgötterey" (Frage 80 des HK, Kurpfalz 1563 (EKO 14,358)) macht. Allerdings hat der HK Mühe zu begründen, warum Christus in den EW überhaupt von 'seinem Leib' und 'seinem Blut' spricht (vgl. Frage 79 des HK, Kurpfalz 1563 (EKO 14,358)). Die Ablehnung des Glaubens an eine wesentliche Präsenz von Leib und Blut Christi und den Gaben gelingt in Frage 78 des HK in einem Vergleich mit der Taufe (vgl. Kurpfalz 1563 (EKO 14,358); vgl. auch Lang XCII).

[1577] Indem die Kurze Summa des HK von der Beseitigung der "ursach unsers ewigen hungers und verderbens" (Kurpfalz 1563 (EKO 14,379)) spricht, wird der Hunger als existentielle Größe deutlich!

[1578] Dies findet sich auch im HK in der Kurzen Summa wieder: "... daß uns allen ... die ursach unsers ewigen hungers und verderbens, nemlich die sünd durch den todt und blutvergiessen Christi vergeben und hinweggenommen sey..." (Kurpfalz 1563 (EKO 14,379)). Die Vergebung der Sünden resultiert im Abendmahl nach Frage 76 des HK aus der Annahme des Leiden und Sterbens Christi "mit glaubigem hertzen" (Kurpfalz 1563 (EKO 14,357)).

andererseits der Erwerb des "lebendigmachenden geist[es]" durch Christus. Beides bildet quasi die negative und die positive Seite des Geschehens. Alle nun weiter genannten Wirkungen folgen daraus und sind in Finalsätzen ("daß wir ... durch denselben geist") formuliert. Diese weiteren Wirkungen bestehen in der Communio mit Christus und unter den Gläubigen selbst!

7.8.4.3 Der Hl. Geist als verbindende Instanz und die daraus folgenden sakramententheologischen Implikationen

Die primäre, positive Wirkung des Abendmahls besteht zunächst im Geisterwerb durch Christus, wodurch die Gläubigen als Kommunikanten erst der weiteren, durch den Kreuzestod erworbenen Güter teilhaftig werden können. Deshalb muß an dieser Stelle ausführlicher auf das Sakramentsverständnis des HK eingegangen werden, da es direkt in diesem Geisterwerb begründet wird und sonst die weiteren Ausführungen unverständlich bleiben, auch wenn dieses Sakramentsverständnis in der Vermahnung nur implizit durch die verwendeten Begriffe und Bilder zur Sprache kommt.

Ihre Wirksamkeit erhalten die Sakramente nach dem HK, weil sie "sichtbare, heilige warzeichen und sigill [sind], von Gott darzu eingesetzt, daß er uns durch den brauch derselben die verheissung des evangelions desto besser zu verstehen gebe und versigele, nemlich daß er uns von wegen des einigen opfers Christi, am creutz volbracht, vergebung der sünden und ewiges leben auß gnaden schencke"[1579]. Diese Theologie versteht unter einem Sakrament nicht eine bloße Zeichenhaftigkeit, sondern verbindet mit diesem Zeichen auch eine Wirksamkeit. Allerdings ist diese Wirksamkeit keine dem Sakrament aufgrund einer Wesensverwandlung des Zeichens genuine, sondern eine vermittelte, nämlich die des einen Kreuzestodes Jesu Christi. 'Initiator' der Wirksamkeit ist der Heilige Geist, denn er versiegelt den Gläubigen diesen Kreuzestod in den Sakramenten[1580]. Gerade dieses Bestehen auf dem Hl. Geist als 'Subjekt des Heils' setzt sich von der katholische Lehre ab, die mit der Vorstellung vom 'opus operatum' dem Sakrament quasi eine Wirksamkeit aus sich selbst zuzusprechen scheint[1581]. Der Hl. Geist kann diese zugewiesene Funktion übernehmen, weil - wie die Kurpfälzer Ordnung sagt - Christus "uns den lebendigmachenden geist erworben" hat. Die einzige Verbindung zwischen dem erhöhten Herrn und seiner Gemeinde besteht

---

[1579] Frage 66 des HK, Kurpfalz 1563 (EKO 14,355). Auch im 2. Abschnitt der Kurzen Summa werden die Sakramente als Versiegelung und Versicherung bezeichnet (vgl. Kurpfalz 1563 (EKO 14,379)). Ebenso finden sich die Termini "pfand und warzeichen" (Frage 73 des HK, Kurpfalz 1563 (EKO 14,356)) und "sichtbare zeichen und pfand" (Frage 79 des HK, Kurpfalz 1563 (EKO 14,358)). Nach Lang handelt es sich beim Motiv der Versiegelung um den Lieblingsgedanken des HK (vgl. Lang XCIII).
Micron bezeichnet das Abendmahl ebenfalls als 'Siegel' (vgl. Frage 97 und 99 in Micron, De kleyne Cathechismus (Lang 140f)).

[1580] "Und eben diese erlösung durch das einige opfer und leiden Christi am creutz, so uns im evangelio verheissen wird, versiegelt und versichert uns der heilig geist durch rechten brauch der heiligen sacrament" (2. Abschnitt der Kurzen Summa des HK, Kurpfalz 1563 (EKO 14,379)). Inhaltlich geht es also im Sakrament nicht um etwas anderes als in der Verkündigung des Evangeliums, sondern um eine Bestätigung des Glaubens, der durch die Predigt gewirkt wird (vgl. Barth, Lehre 90). Bei Micron ist es Christus selber, der versiegelt (vgl. Frage 97 und 99 in Micron, De kleyne Cathechismus (Lang 140f)). Das Bild vom Sakrament als 'Brief und Siegel' wird von Olevian in einer Predigt von 1563 ausführlich behandelt (vgl. Olevian, Gnadenbund (Franz u.a. 350-352)), ebenso in einer Schrift des Erast von 1562 (vgl. Erastus, Bericht 46f).

[1581] Vgl. Rohls 119f.

im Hl. Geist, "der zugleich in Christo und in uns wohnet"[1582]. Der Hl. Geist ist somit die Kraft, die die aus der menschlichen Natur Christi resultierende Distanz seiner himmlischen Präsenz zum Menschen überwindet[1583]. Durch diese, im 'zugleich' ausgedrückte Verbindung und 'Gleichzeitigkeit' kann der Hl. Geist auch eine Wirksamkeit des Kreuzestodes in die aktuelle Feier des Abendmahls vermitteln. Dies wird im Formular bei beiden Wirkungen (Vereinigung mit Christus und untereinander) mit dem Ausdruck "durch denselben geist" deutlich gemacht.

Der Ausdruck 'durch die Wirkung des Hl. Geistes' findet sich bezogen auf das Abendmahl zuvor schon bei Micron[1584]; der Geist bewirkt hier die Versicherung der Kommunizierenden, daß ihre Sünden vergeben sind. Bei Erast wird diese Formel 1562 zum grundsätzlichen abendmahlstheologischen Paradigma erhoben[1585]. Die Wirkung des Geistes versichert nicht nur der Sündenvergebung im allgemeinen, sondern der wirklichen Christusgemeinschaft[1586], ja der wirklichen 'Nährung' und 'Tränkung' mit dem Leib und dem Blut Christi[1587] und damit aller daraus ergebenden Wirkungen[1588]. Sie ist letztlich Gewähr dafür, daß beim Abendmahl nicht von einer somatischen Präsenz ausgegangen werden muß, sondern daß es sich um eine 'himmlische Nießung' handelt[1589]!

Die Formel wird auch von Olevian rezipiert[1590]; dieses Geist-Geschehen beim Abendmahl wird aber von Olevian ausdrücklich nicht i.S. einer Wandlungsepiklese verstanden: "...nemlich durch den heiligen Geist/also/nit daß der heilig Geist den leib Christi in deinen

---

[1582] Frage 76 des HK, Kurpfalz 1563 (EKO 14,357). Ebenso in der Kurzen Summa des HK, Kurpfalz 1563 (EKO 14,379). Vgl. auch Olevian, Gnadenbund (Franz u.a. 298).

[1583] Vgl. Rohls 173. Jedoch nur die menschliche Natur wird durch den Geist vermittelt, die göttliche bedarf einer solchen Vermittlung nicht, da sie allgegenwärtig ist (vgl. Rohls 174).

[1584] Vgl. Frage 99 in Micron, De kleyne Cathechismus (Lang 141). Eine solche Formel findet sich dort nicht bei der Taufe und auch nicht bei der allgemeinen Sakramentenlehre.

[1585] Vgl. Erastus, Bericht 10.48-50.59f; Schulz, Ordnung 499[28]. Zu den Hintergründen vgl. Wesel-Roth 32-35.

[1586] So heißt es: "...dz das brot recht die gemainschafft des leibs Christi genennt wird/wiewol es nicht die gemainschafft selbst/sonder ain zeügnuß ist dardurch wir sölcher gemainschafft/durch den hailigen Gaist in vnseren hertzen in rechtem glauben versichert werden" (Erastus, Bericht 10). Ebenso findet sich: "...also in die gemainschafft oder gesellschafft des leibs vnd blũts Christi auffgenommen/das ist wer in seinem hertzen kräfftiglich vergewissert/überzeüget/vnd versichert ist/daß er im glauben vnd vertrauwen auff Christum/durch die vnerforschliche wirckung des hailigen Gaistes/ain lebendig glid Christi worden sei" (Erastus, Bericht 48).

[1587] So heißt es: "...daß wir nit zweiflen er speise vñ tráncke vns so gewiß mit d[er] gemainschafft seines gekreützigten leibs vñ vergoßnen blũts zũm ewigen lebē/als gewiß wir brot vñ wein empfahē: werde auch nit weniger vnser aigen durch die wirckung des hailigen Gaistes/als brot vñ wein/die wir essen vñ trincken/vnser aigen/das ist/vnser flaisch vñ blũt leiblicher weis werdē" (Erastus, Bericht 49).

[1588] So heißt es: "Wer mit rechtgeschaffnem glaubē diß hailige brot isset/vnd den kelch des Herren trincket/der wird durch den hailigen Gaist innerlich in seinem hertzen versichert vnd versiglet/daß er des leibs vnd blũts Christi thailhafftig Christo einuerleibet/vnd also in die gemainschafft aller seiner gũter angenommen/in den neũwen bund gezälet ist/vergebung d[er] sünden vnd versicherung des ewigen hiḿlischen lebens empfangē hat" (Erastus, Bericht 50).

[1589] So heißt es: "Also haben jn auch seine hailige Jünger gessen vnd getruncken/da er leiblich bei jnen am tisch gesessen. Vnd zũ sölcher niessung/die da hiḿlisch ist/vnd durch die wirckung des H. Gaistes geschicht/hat sie die leibliche gegenwertigkait Christi nit mehr genützt/ist jnen auch nit mehr vonnöten geweßt/deñ sie vns ietz istz." (Erastus, Bericht 59f).

[1590] Bei Olevian findet sich ebenfalls die vielfache Aussage, daß die Christusbegegnung beim Abendmahl durch Wirkung des Hl. Geistes geschehe (vgl. Olevian, Gnadenbund (Franz u.a. 299.316.348)); daneben betont er den Glauben als Wirkung des Hl. Geistes außerhalb des Abendmahlskontextes (vgl. Olevian, Gnadenbund (Franz u.a. 325.331)).

mund/vnnd in deinen leib herab bring/sonder daß der heilig Geist/der in dem gebenedeyten leib Christi im Himmel/vnd in deinem leib hie auff Erden wohnet/dich macht zum wahren glid des leibs Jesu Christi/der jetzunder im Himmel vnnd nicht auff Erden ist..."[1591].
Die Wirkung des Hl. Geistes ist schließlich zentrales Motiv für den HK, allerdings in der sachlichen Ausweitung, nun die grundsätzliche Formel für die Wirksamkeit Gottes in der Welt darzustellen und deshalb bei der Inkarnation des Gottessohnes, beim Glauben und vor allem bei den Sakramenten benannt zu werden[1592]. Deshalb findet es auch Anwendung in der vorliegenden Abendmahlsordnung an den zentralen sakramententheologischen Stellen, besonders im Abendmahlsgebet, wo der Geist um die entscheidende Christusbegegnung gebeten wird[1593]. Damit hebt sich die vorliegende Ordnung durch eine dezidiert ausformulierte Vorstellung einer Geistwirksamkeit beim Abendmahl deutlich von den eher allgemeineren Aussagen anderer Ordnungen ab.

7.8.4.4 Die Vereinigung mit Christus

Der Abschnitt über die Vereinigung mit Christus knüpft zwar durch die Themenstellung und die Stellung innerhalb der Vermahnung eindeutig an die Tradition der Nürnberger Vermahnung an, weist dazu aber in textlicher und inhaltlicher Gestaltung erhebliche Differenzen auf. Deshalb soll zunächst dargestellt werden, wie dieses Motiv in der Nürnberger Vermahnung zum Ausdruck kommt und dann erst auf die Gestaltung in der vorliegenden Vermahnung genauer eingegangen werden.

7.8.4.4.1 Die Vereinigung mit Christus in der Tradition der Nürnberger Vermahnung

Das Motiv der Christusverbundenheit und des daraus folgenden ewigen Lebens findet sich schon in der Nürnberger Vorlage der Vermahnung: "Wer nun also von disem brot isset und von disem kelch trincket, auch disen worten, die er von Christo höret, und disen zaychen, die er von Christo empfahet, festigklich glaubt, der bleybt in dem herrn Christo und Christus in ime, und wirdt ewigklich leben."[1594] Dieses Motiv bildet die Aufnahme von Joh 6,55f, der Stelle, die auch schon als Vorlage des Halleluja-Verses vom Fronleichnamsfest in der katholischen Liturgie dient, der lautet: "Caro mea vere est cibus et sanguis meus vere est potus. Qui manducat carnem meam et bibit meum sanguinem in me manet et ego in eo"[1595].

[1591] Olevian, Gnadenbund (Franz u.a. 298). Die Verbindung zwischen den einzelnen Christen und dem erhöhten Herren betont er auch an anderer Stelle (vgl. Olevian, Gnadenbund (Franz 333)).

[1592] Vgl. Frage 35.65.73.74.79 und 2. Abschnitt der Kurzen Summa des HK, Kurpfalz 1563 (EKO 14,350.355-379); Schulz, Ordnung 499[28].

[1593] Vgl. 8.3.2. Vgl. ebenso 13.3.3.

[1594] Brandenburg-Nürnberg 1533 (Anhang 2,Z.25-28). Zu den Varianten der Vorläuferordnungen vgl. ebd. Die Wendung 'der bleibt in Christus und Christus in ihm' findet sich als Grundbestand in sehr vielen Abendmahlsordnungen (vgl. Braunschweig 1528 (CD 1,53); Straßburg 1537ff (CD 1,318); Kassel 1539b (EKO 8,122^k); Köln 1543,CIII^r; Augsburg 1555 (CD 1,334); Genf 1542, 1542A, 1545 (CD 1,360); Genf dt. 1563,50; OoC 1548, BCP 1549, 1552 (CD 1,389). Der Bezug zu Joh 6,56.58 wird in Mecklenburg 1552 deutlich: "das er warhaftiglich bei uns sein und in uns wirken wolle, wie er spricht: Ich bin in inen, und ich gebe inen ewiges leben" (Mecklenburg 1552 (CD 1,101)). Farel arbeitet freier mit der johanneischen Motivik (Joh 5,56f): "Affin que tous fussions ung corps et une mesme chose: ainsi que le pere et luy sont une mesme chose" (Farel 1533 (CD 1,341)).

[1595] Daschner 516. Die Vereinigung mit Christus stellt auch in den katholischen Kommunionvermahnungen eine der hauptsächlich benannten Wirkungen der Kommunion dar, wobei einerseits das paulinische Bild vom Haupt und den Gliedern benutzt wird, andererseits aber auf Joh 6 zurückgegriffen wird: "Christo vnserm Häupt

Die evangelischen Ordnungen lassen aber die in Vers 55 ausgesprochene Gleichsetzung von Fleisch und Blut Christi mit Speise und Trank aus, da diese eine zu starke Betonung der somatischen Realpräsenz beinhaltet. Andererseits wird nun als Wirkung des Abendmahls das in Joh 6,54.58 verheißene ewige Leben artikuliert. Entscheidend aber ist die Veränderung des auf Joh 6,56 gründenden Verses: Es ist nicht mehr von einem Essen und Trinken des Fleisches und Blutes Christi die Rede, aus dem die Wirkung folgt, sondern die Bedingung für die Wirkung wird auf zwei Ebenen dargestellt.

Es handelt sich einerseits um eine äußerliche Ebene, auf der das Essen des Brotes und das Trinken aus dem Kelch geschieht, für die keine Gleichsetzung mit dem Leib und dem Blut Christi erfolgt. Die zweite und entscheidende Ebene aber ist die des Glaubens, in dem das Hören der Worte und das Empfangen der Zeichen (und damit des Brotes und des Kelches) geschieht[1596]. Letztlich ist also der Glaube die Bedingung für die Wirksamkeit von Wort und Zeichen. Daß das Objekt dieses Glaubens jedoch immer Jesus Christus ist, stellen Brandenburg-Nürnberg 1533 und die entsprechenden Entwürfe gegenüber den ersten Nürnberger Fassungen heraus, indem sie einfügen, daß es sich um die Worte und Zeichen Jesu Christi handelt[1597]. Die Württemberger Tradition macht dann die Vorrangigkeit des Wortes in der Sakramententheologie dadurch deutlich[1598], daß sie den Text so verändert, daß die Worte Jesu Christi geglaubt werden müssen, das Sakrament[1599] aber "zů erinnerung vnd bestätigung seins glaubens"[1600] empfangen wird.

---

eingeleibet" (Witzel 1542 (Anhang 3,Z.26)); "Vnnd damit jr alle mit Christo vnserm Herrn dester näher vnd fester verglidet vnd verainiget werden" (Helding 1548 (Anhang 4,Z.61f)); "das er dich in sich selbs verglieden vnnd einleiben wolt/damit er in dir/vnd du in jm seist vnnd bleiben mögst/also das du fürohin sein glied/vnd er dein haupt seie" (Mainz 1551 (Anhang 5,Z.15-17)); "Auch das wir also jmmermer in Christo dem Herren beleiben vnnd leben/vnd er in vns/also/das wir nun mehr sein leib vnd glider/vnd er vnser haupt sey" (Ritus Communionis Catholicus 1556 (Anhang 6,Z.42f), an anderer Stelle spricht die gleiche Ordnung von der Vereinigung mit Gott durch Christus: "vermittelst Göttlicher genaden/mit Gott dem himelischen Vatter in Christo/durch das Hochwürdig Sacrament deß Altars vnns zů verainigen/vnd verglidẽ" (Ritus Communionis Catholicus 1556 (Anhang 6,Z.24-26))); "das ihr dardurch dem Herrn Christo ingeleibt werdet/vff daß ihr vorthin in ihme pleibẽ vnd leben/vnnd er in euch/Also/daß ihr vorthin sein Leib vnnd glider/vnnd er euwer haupt seye/vnnd hernach nit euch selbst leben/sonder dem/der vor euch gestorben" (Trier 1574 (Anhang 7,Z.19-22)); "Wer mein Fleisch isset/spricht er/vñ mein Blut trincket/der bleibet in mir/vnd ich in jm. Was ist nun diß anders gesagt/als eben derselbige ist mit mir ein Leib vnd ein Geist/der ich bin das Leben vnd das Liecht der Welt" (1. Kommunionvermahnung, Gnesen-Posen 1579 (Anhang 8a,Z.43-45)); "vnd verwandelt den in sich selber/der jn jsset/weil er in jm bleibet/also/das er mit jm nicht allein ein Leib/sondern auch ein Geist werde (2. Kommunionvermahnung, Gnesen-Posen 1579 (Anhang 8b,Z.8f)); "vnd werden also inniglich Christo dem HERren vereiniget/nach seiner selbst verheissung/vnd wird dennoch das Sacrament nicht in vnser Substantz verendert: sondern wir werden etlicher massen in Christi Natur/welchen wir empfahen/verwandlet oder verkehret/vnd werden jhme am Leben vnd sitten gleich" (3. Kommunionvermahnung, Gnesen-Posen 1579 (Anhang 8c,Z.21-24)); "das also Christus in vns/vnd wir in Christo bleiben" (Augsburg 1580 (Anhang 9,Z.39)).

[1596] Hinter diesem Paar 'Wort'/'Zeichen' steht die traditionelle Sakramentenlehre Augustins, nach der ein Sakrament durch das Wort und das Zeichen konstituiert wird.

[1597] Vgl. die Varianten in Anhang 2,Z.26f[57f].

[1598] Schon in Veit Dietrichs Agende von 1548 wird der Vorrang des Wortes dadurch deutlich, daß das Zeichen als 'Wortzeichen' deklariert wird (vgl. Hübner 18). Zum Begriff 'Wortzeichen', der erstmals in Württemberg bei der Erläuterung zum Brotwort auftritt, vgl. 7.8.3.4.1.

[1599] Hier wird nicht die Dualität von 'Wort' und 'Zeichen' verwandt, sondern von 'Wort Christi' und 'Sakrament'.

[1600] Württemberg 1536, 1553 (CD 1,253); vgl. Kurpfalz 1556 (EKO 14,148). In Kurpfalz 1556 wird als Beleg für den ganzen Satz Joh 6 angegeben (vgl. Kurpfalz 1556 (EKO 14,148)).

Kurpfalz 1563 löst sich nun beim Motiv der Vereinigung mit Christus ganz von der Vorlage Joh 6,56 und formuliert keinen Bedingungssatz mehr, sondern einen Aussagesatz, in dem die Gemeinschaft mit Christus nicht aus dem Abendmahl, sondern aus dem Kreuzestod selbst abgeleitet wird. Die Wirkung ist im positiven Sinne als Verheißung, nicht aber als von Bedingungen abhängig formuliert.[1601]

7.8.4.4.2 Die Gemeinschaft mit Christus in der Kraft des Hl. Geistes

Als sekundäre Wirkung des Kreuzestodes wird an dieser Stelle der Vermahnung zunächst die Vereinigung mit Christus genannt[1602]: "auf daß wir durch denselbens geist, der in Christo als dem haupt und in uns als seinen gliedern wohnet, ware gemeinschaft mit ihm hetten und aller seiner güter, ewigen lebens, gerechtigkeyt und herrligkeyt theilhaftig würden." Das Besondere an dieser Formulierung im Vergleich zu den anderen Abendmahlsvermahnungen[1603] ist, daß die Vereinigung mit Christus als nur durch den Geist ermöglicht dargestellt wird[1604]. Nur durch den Geist kann der eine Leib gebildet werden, wobei die anthropologischen Kategorien vom Haupt und den Gliedern aus der paulinischen Theologie[1605] und dem HK aufgenommen werden: "...daß wir, obgleich er im himmel und wir auf erden sind, dennoch fleisch von seinem fleisch und bein von seinen beinen sind und von einem geist (wie die glieder unsers leibs von einer seelen) ewig leben und regieret werden"[1606]. Die

---

[1601] Selbstverständlich bleibt von der zugrundeliegenden Theologie her der Glaube Bedingung für den heilsamen Empfang des Abendmahls (vgl. Fragen 75-77 des HK, Kurpfalz 1563 (EKO 14,357f); vgl. auch oben 7.8.2.1).

[1602] Vgl. auch Frage 76 des HK, Kurpfalz 1563 (EKO 14,357).

[1603] Fast alle frühen Vermahnungen schweigen sich über den Hl. Geist aus. Nur bei Farel findet sich eine Notiz: "...et accomplir ses sainctes promesses de nous donner leaue nette et son sainct esperit, pour nous nettoyer de toutes noz ordures et souilleures..." (Farel 1533 (CD 1,341)). Ansonsten finden sich in Schwäbisch-Hall in die Vermahnung eingebaute Geistbitten, die dem Geist die Funktion zuweisen, die Gläubigen in der Gnade zu halten: "Vnd darauff zu mehrer versicherung vnd trost vnsers gwissens/.../auch bitten/er wolle vns mit dem heiligen Geist begaben/das wir bey den zugestelten Gütern bleiben/vnd inn einem Christlichem wandel vnd gehorsam bis an das ende beharren" (2. Vermahnung, Schwäbisch-Hall 1543 (CD 1,259f)); "Wir sollen auch vnsern Herrn Gott bitten/das er vns wöl durch seinen heiligen Geist erhalten/darmit wir fürohin der sünden nicht gehorsam seyen" (3. Vermahnung, Schwäbisch-Hall 1543 (CD 1,261)). Erst 1564 kommt in der Bugenhagenschen Tradition eine eingebaute Geistbitte vor, die dem Geist eine Funktion beim Abendmahl zuweist: "Das uns aber der allmechtige Gott und barmherzige Vater seinen heiligen Geist reichlich mitteilen wolle, auf das wir durch desselbigen gnade uns dieser zweier stücke von grund des herzen befleissigen mögen und also das heilige sacrament wirdiglich empfahen zu sterkung unsers schwachen glaubens und besserung unsers sündlichen lebens, so wollen wir ihnen darumb anruffen und in dem namen Christi beten von grund des herzen ein andechtig Vater unser etc." (Braunschweig-Lüneburg 1564 (CD 1,54[17])).
Eine eigenständige Funktion des Geistes, die außerhalb einer Geistbitte, aber innerhalb der Vermahnung artikuliert wird, kennt eben erst die vorliegende Ordnung. Die Reformation ist wohl zu sehr christologisch-soteriologisch konzentriert, um eine solch eigenständige Rolle des Geistes zu artikulieren; auch Kurpfalz 1563 scheint dies erst aufgrund der Probleme in der Sakramententheologie zu tun! Vgl. hierzu auch die Aussagen zur Epiklese in 8.2.3.

[1604] Zur Theologie des Hl. Geistes im HK vgl. Niesel, Zeugnis. Schon für Calvin kann die grundsätzliche Trennung von Welt und menschlicher Natur Christi nur durch den Hl. Geist überwunden werden, ja das Proprium des Heiligen Geistes ist nicht eine eigene Gegenwärtigkeit, sondern die Vergegenwärtigung Christi (vgl. Krusche 151).

[1605] Vgl. Eph 4,15; 5,23; Kol 1,18; 2,19.

[1606] Frage 76 des HK, Kurpfalz 1563 (EKO 14,357). Vgl. ebenso die Kurze Summa des HK, Kurpfalz 1563 (EKO 14,379).

Gemeinde hat durch diese geistgewirkte Vereinigung mit Christus teil an dessen 'Gütern', dem ewigen Leben, der Gerechtigkeit und der Heiligkeit.[1607]

7.8.4.5 Die kommunitäre Wirkung

Nicht nur die individuelle Verbindung mit Christus wird in Kurpfalz 1563 als sekundäre Wirkung durch den Hl. Geist artikuliert, sondern auch die kommunitäre Verbindung der Gemeinde untereinander: "Darnach, daß wir auch durch denselben geist undereinander als glieder eines leibs in warer brüderlicher lieb verbunden würden...".[1608] Diese Wirkung ist durch 'denselben geist' hervorgerufen und somit ebenfalls an den Kreuzestod Christi rückgebunden und in ihm begründet.

Schon in der Nürnberger Vermahnung wird die Gemeinschaft unter den Gläubigen thematisiert, jedoch anders entwickelt: "Darpei sollen wir auch nun seins tods gedencken und im dancksagen, ein ytlicher sein kreutz auf sich nemen und im nachvolgen, und zuvor einer den andern liebhaben, wie er uns geliebt hat"[1609]. Die nachfolgenden Ordnungen ergänzen diesen Passus, so daß sich ergibt: "Darbey sollen wir nun sein gedencken und seinen todt verkünden, nemlich das er für unser sünde sey gestorben und zu unser rechtfertigung wider aufferstanden, und ime darumb danck sagen, ein yeder sein kreütz auff sich nemen und ime nachfolgen und nach seinem gepot einander lieben, wie er uns geliebt hat"[1610]. In all diesen Ordnungen steht der erste Teil dieses Passus in seiner Funktion in Parallele zur speziellen Anamnese des Eucharistischen Hochgebets, die in Kurpfalz 1563 im Abendmahlsgebet plaziert ist[1611]! Die Gemeinschaftsbildung wird in diesen Ordnungen als eine von der Gemeinde zu erbringende Handlung ('sollen') verstanden, die die direkte Folge des im Abendmahl vollzogenen Gedächtnisses und der Danksagung darstellt und Konkretisierung dieser Danksagung ist. Indem Kurpfalz 1563 die Geistgewirktheit der Communio herausstellt, betont sie deren Geschenkhaftigkeit, ohne zugleich jeden Anspruch an die Gemeinde fallen zu lassen.

7.8.4.5.1 Der eine Leib (1 Kor 10,17)

Die kommunitäre Wirkung wird zunächst biblisch begründet; es wird an 1 Kor 10,17 angelehnt formuliert: "...dann wir vil sein ain prot und ain leib, die wir alle aines prots tailhaftig sein und aus ainem kelch trinken"[1612]. Dieses Motiv stammt aus der Nürnberger

---

[1607] Vgl. ebenso die Kurze Summa des HK, Kurpfalz 1563 (EKO 14,379); Niesel, Zeugnis 80f. Zur Anteilgabe an den Gütern Christi nach Calvin vgl. Krusche 272-300.

[1608] Dieser ganze Abschnitt und seine Quellen sind vorzüglich von Schulz analysiert (vgl. Schulz, Communio). Interessant ist, daß bei den Beschreibungen der Wirkungen des Abendmahls in der Kraft des Hl. Geistes in Frage 76 und dem 2. Abschnitt der Kurzen Summa des HK diese kommunitäre Wirkung zwar in der Vereinigung Christi mit 'uns' schon implizit enthalten ist, aber nicht explizit ausgeführt wird (vgl. Kurpfalz 1563 (EKO 14,357.379)). Hier hat also die Vorlage des liturgischen Formulars von Kurpfalz 1556 prägend gewirkt!

[1609] Nürnberg/Pfarrkirchen 1524 (OGA 1,159). Die Varianten in Nürnberg/Döber 1525 und Nürnberg/Volprecht 1525 sind nicht nennenswert (vgl. Anhang 2,Z.28-32).

[1610] Brandenburg-Nürnberg 1533 (Anhang 2,Z.28-32). Württemberg 1553 hat neben unwesentlichen Varianten nur die Erweiterung "vnd jm ewig lob vnd danck darumb sagen" (Württemberg 1553 (CD 1,254)); vgl. ebenso Kurpfalz 1556 (EKO 14,148).

[1611] Vgl. 8.3.1.

[1612] Zum Motiv des Leibes vgl. auch Röm 12,5; 1 Kor 12,12-27; Eph 1,23; 5,30; Kol 3,15.

Vermahnung¹⁶¹³. Es ist das entscheidende Communio-Motiv der evangelischen Abendmahlsvermahnungen, das vielfach aufgegriffen und in der Württemberger Tradition mit dem Körnergleichnis noch weiter entfaltet wird¹⁶¹⁴. Es verdeutlicht, daß die in den Abendmahlselementen verpfändete Liebe Christi zu uns und die Liebe untereinander sich entsprechen; die Einheit des Brotes und des Kelches wird zum Zeichen der Einheit der Gemeinde untereinander und mit Christus.¹⁶¹⁵

Bereits die antike christliche Tradition kennt die Angleichung von 1 Kor 10,17¹⁶¹⁶ an Brot und Wein des Abendmahls, die sich auch anbietet, da im vorhergehenden Vers beide zur Sprache kommen. Zum biblischen Text 1 Kor 10,17 fügen schon einige Minuskeln, die Itala, einige Vulgata-Handschriften, sowie der Ambrosiaster 'και του ενος ποτηριου' bzw. eine entsprechende lateinische Übersetzung ein¹⁶¹⁷, womit die ursprüngliche Bildebene überschritten wird. Vor allem aber im vorreformatorischen liturgischen Gebrauch scheint dieses Textstück dazuzugehören¹⁶¹⁸, und auch bei Luther findet sich diese Angleichung¹⁶¹⁹. Diese Angleichung ist in der Reformation wegen des Beharrens auf der Kommunion unter beiden Gestalten verständlich¹⁶²⁰.

[1613] Vgl. Nürnberg/Pfarrkirchen 1524, Nürnberg/Volprecht 1524, Nürnberg/Döber 1525, Brandenburg-Nürnberg 1533 (Anhang 2,Z.32f). Vgl. hierzu Schulz, Communio 133f. Die erste belegte Fassung ist die der Messe Volprechts vom Mai 1524 (vgl. Seebaß: OGA 1,143); dort fehlt aber noch das Kelchmotiv, und es heißt abschließend: "...dann wir vill, sein ein Brott, vnnd ein leib die wir alle eins brotts teylhafftig sein, Got geb seligklich Amenn" (Nürnberg/Volprecht 1524 (Klaus, Nürnberger Deutsche Messe 7); vgl. auch EKO 11,49; OGA 1,159¹; der Abdruck CD 1,86 scheint demgegenüber fehlerhaft zu sein, da er übersieht, daß die Anmerkung 'g' in der Vorlage nicht nur eine Textzufügung beinhaltet, sondern eben auch das Textfragment 'und aus einem kelch trinken' ersetzt). Auch in der Ordnung der Nürnberger Pfarrkirchen vom Juni 1524 (vgl. OGA 1,159) und in der Fassung Döbers fehlt das Kelchmotiv (vgl. Nürnberg/Döber 1525 (EKO 11,49))! Selbst in Osianders Entwurf der KO Brandenburg-Nürnberg von 1530 wird das Kelchmotiv noch nicht hinzugefügt (vgl. OGA 3,528; Anhang 2,Z.33⁶⁹). Nachweisen läßt sich das Kelchmotiv erstmals in der Schrift 'Grund und Ursach' 1524 (vgl. OGA 1,226; diese Schrift verwendet EKO 11,48f als Grundlagentext), dann im Kirchenordnungs-Gegenentwurf (vgl. OGA 3,574) und der endgültigen Fassung von Brandenburg-Nürnberg 1533 (vgl. OGA 5,158; vgl. auch Anhang 2,Z.33).

[1614] Vgl. 7.8.4.5.2.

[1615] Vgl. Schulz, Communio 134.

[1616] "Ein Brot ist es. Darum sind wir viele ein Leib; denn wir alle haben teil an dem einen Brot."

[1617] Vgl. Nestle/Aland 457. Erasmus führt in seiner NT-Ausgabe dieses Kelchmotiv nicht, begründet dies aber in einer Anmerkung ausdrücklich mit dem Fehlen des Kelchmotivs in den ältesten griechischen Belegen (vgl. Erasmus 712). Wenn Erasmus jedoch die Streichung begründet, so dürfte das Vorkommen des Kelchmotivs an dieser Stelle für ihn üblich sein.

[1618] In dieser Fassung erscheint die Stelle jedenfalls in deutschsprachigen Perikopen der vorreformatorischen Zeit (vgl. Pietsch 189f). Auch in der vorreformatorischen Eucharistiepredigt ist sie so belegt (vgl. Massa 180).

[1619] So heißt es: "Wir seyn alle eyn brott und eyn corper, die wir von eynem brott und von eynem Kilch teyll nemen" (WA 2,743); "wir synd alle eyn brot und ein tranck, die wir teilhafftig synd eyns brots und trancks" (WA 12,486).

[1620] Auch die katholischen Kommunionvermahnungen drücken die kommunitäre Wirksamkeit fast immer mit dem Bild von dem einen Brot (oft unter Zitierung von 1 Kor 10,17) aus: "das wir alle sampt ein brot vñ ein leib sind/vntereinander glieder" (Witzel 1542 (Anhang 3,Z.25f)); "Vnnd nit allein vergliedet vnd vereinigt dich diese aller heiligste vnd krefftigste speis mit Christo/als dem haupt/sonder auch mit allen außerwelten/als den mitgliedern/die aller ding mit dir ein leib/vnd ein jeder des andern mitglied werden/nach

Die vorliegende Ordnung grenzt nun diese Formulierung wieder auf die ursprüngliche, allein das Brotmotiv verwendende, Fassung von 1 Kor 10,17 ein, weil im nachfolgenden Körnergleichnis Brot und Wein noch in parallelen Bildworten zur Sprache kommen: "... wie der heilig apostel spricht: Ein brod ist es, so seind wir viel ein leib, dieweil wir alle eines brodts teilhafftig seind"[1621]. Das Zitat dient in Kurpfalz 1563 auch weniger zur Begründung eines Anspruchs an die Gemeinde als zur Erläuterung der geistgewirkten Bildung des einen Leibes Christi.

7.8.4.5.2 Das Körnergleichnis

Seine Ausfaltung erhält dieser Gedanke im folgenden mit dem 'Körnergleichnis'[1622]. Es bildet schon in Württemberg 1536 die Verdeutlichung des Zitates von 1 Kor 10,17 und zugleich den Abschluß der Vermahnung[1623] und wird so in Württemberg 1553 und Kurpfalz 1556 übernommen[1624].

Allerdings verändert Kurpfalz 1563 den Text gegenüber den Vorlagen, indem einerseits das Bild von den Körnern vor das Bild von den Trauben gezogen und damit die gleiche Reihenfolge wie im Abendmahl hergestellt wird[1625]. Anderersteits werden Passagen gekürzt

---

dem wort Pauli: Wir alle seindt ein brot vnnd ein leib/die wir alle eins brots theilhafftig werden" (Mainz 1551 (Anhang 5,Z.22-25)); "so vnsere gemainschafft in dem Hochwürdigen Sacrament/alle empfahen vnnd tailhafftig werden/seines leibs vnd blůts/vnd mit den hailigen vnd ausserwälten Gottes in gemainschafft/zůnemen/durch die liebe/dann vnser vil seind ain Brot/nach der leer des hailigen Pauli" (Ritus Communionis Catholicus 1556 (Anhang 6,Z.44-47)); "solt ihr auch durch diese communion vnnd gemeinschafft/allen lieben Gottesheiligen vnd gottse/ligen menschen/welche der geistlicher lichnam Christi seindt/zugesellet werdē/wie der Apostel sagt/ das wir alle ein brot vnd ein leib/die mir all eines brots theilhafftig sein. Darauß mir abermal einen grossen trost erlangen/in dem wir erkennen/so lang wir in solcher gemeinschafft/deß haupts vnnd aller gottseliger glider pleiben/daß vns nichts widerwertigs schädlich sein kan" (Trier 1574 (Anhang 7,Z.28-33)); "vnd auch zu erhaltung brüderlichen Lieb/mit andern Christen/als vnsern Mitbrüdern/angereizet wűrden: dieweil vnser viel (wie Paulus saget/) alle ein Brod (gleich als aus vielen körnern gemacht) seind/die wir alle eines Brods teilhafftig werden" (1. Kommunionvermahnung, Gnesen-Posen 1579 (Anhang 8a,Z.58-60)). Allerdings beschränkt man sich immer auf die Ebene des Brotes und einmal fehlt zudem der dezidierte Bezug zur Stelle 1 Kor 10,17: "das wir darbey haben ein kräfftigs zaichen der Christlichen ainigkait vnd liebe/auff das wir/welche vns alle eins Brots vnd Sacraments brauchen/vnnd ein Gaistlicher leib sein/mit einander/als die glider Christi/vns vnder einander lieben vnd verainigen/vnd also mit Christo vnserem Haupt vnd seinen außerwölten glidern für vnd für ein heylige/fridsame/vnzerbrochne gemainschafft haben vnd behalten" (Augsburg 1580 (Anhang 9,Z.40-44)).

[1621] Dieses direkte Zitat von 1 Kor 10,17 haben zuvor schon die Entwürfe für Brandenburg-Nürnberg 1533 vorgesehen (vgl. Anhang 2,Z.32⁶⁶), ohne daß es in die endgültige Fassung aufgenommen wird. Auch im HK wird diese Stelle mehrfach zitiert. Allerdings wird immer 1 Kor 10,16f zitiert, wobei diese Stelle als Wiederholung der Verheißung der EW verstanden wird, also einen sehr hohen Stellenwert erhält (vgl. Frage 77 und die Kurze Summa des HK, Kurpfalz 1563 (EKO 14,357f.379)).

[1622] Zum Körnergleichnis vgl. Schulz, Communio 135-142; Schulz, Ordnung 499; Graff, Auflösung 1,186³; Kolb 335f; Hübner 18; Schrage 453; Lekkerkerker, Kanttekenigen 3,140f.

[1623] Vgl. Württemberg 1536 (CD 1,254). Vgl. auch CD 1,254⁴⁸. Der Verfasser könnte Schnepf sein (vgl. Hübner 18; Weismann, Predigtgottesdienst 48¹⁶⁶). Schulz bleibt bei seinen Vermutungen zur Verfasserfrage unbestimmt (vgl. Schulz, Communio 136).

[1624] Vgl. Württemberg 1553 (CD 1,254), Kurpfalz 1556 (EKO 14,148f).

[1625] Vgl. Schulz, Ordnung 499³⁰. Die Reihenfolge der Bilder (zunächst Brot-, dann Wein-Metapher) findet sich aber nicht erst hier, sondern bei allen Belegstellen der Werke Luthers (vgl. Anm. 1628), aber auch schon vorreformatorisch (vgl. Massa 181). Zur Angleichung kehrt Luther sogar die Reihenfolge bei der Zitierung von 1 Kor 10,16 um (vgl. WA 12,488). An einer Stelle bringt er nur das Bild vom Brot (vgl. WA 19,511). Auch Beza, der in seiner Schrift 'Kurtze Bekanntnuß' auf das Körnergleichnis rekurriert, hat die Reihenfolge Körner/Trauben (vgl. Beza, Bekanntnuß 1562,26f (Hollweg, Untersuchungen 1,122)).

und einige Ergänzungen eingefügt[1626]: "Denn wie aus vielen körnlein ein meel gemahlen und ein brodt <und kuch> gebacken wirdt und aus vielen börlein zusammengekeltert ein wein und tranck fleust und sich ineinander menget, also sollen wir alle, so durch {waren} glauben Christo eingeleibt sein, durch brüderliche lieb umb Christi, unsers lieb<st>en heilands, willen, der uns zuvor so hoch geliebet hat, all{samen} ein leib <,tranck, kuchen und brodt werden> {sein} und solches <gegen einander> nit allein mit <lären> worten, sonder mit der that <und wahrheit, wie Johannes leeret, on allen trug> gegeneinander beweisen."[1627]

Schulz macht als Quellen für dieses Gleichnis vor allem Texte Luthers kenntlich[1628], wenn auch die in diesem Gleichnis ausgedrückte Communio-Ekklesiologie bei Luther später augenfällig zurücktritt[1629]. Aber schon in der vorreformatorischen Theologie ist dieses Motiv bekannt; besonders in der Theologie Augustins läßt sich die verwendete Metaphorik nachweisen[1630]. Sowohl die Metaphorik, als auch die damit ausgesagte Leib-Christi-Theologie (die späterer katholischer wie lutherischer Theologie fehlt) findet sich auch bei katholischen Theologen vor der Reformation[1631] und in der ersten Hälfte des 16. Jahrhunderts[1632]. Eine

---

Grund für die in der Württemberger Tradition ursprünglich gewählte Reihenfolge (zunächst Wein- und dann Brotmetapher) dürfte eine biblisierende Angleichung an 1 Kor 10,16 sein, denn dort findet sich die Reihenfolge Kelch/Brot. Zwar kennt auch die - der Reformationszeit unbekannte - Didache die Abfolge Kelch/Brot (vgl. Did 9,2f (Fontes Christiani 1,120-122 Schöllgen)). Diese Reihenfolge ist in der Didache jedoch leicht durch den engen formalen Bezug zu jüdischen Mahlfeiern verständlich (vgl. ebd. 50-54; Meyer, Eucharistie 93). Für die Vorziehung des Kelches vor das Brot in 1 Kor 10,16 bildet aber nicht eine entsprechende Abendmahlspraxis den Grund, sondern allein die Linie der Argumentation, die auf die ekklesiologische Sinnspitze hinzielt, die anhand des Brotbildes entwickelt wird (vgl. Schrage 431.433f)!

[1626] Zitiert wird der Text von Kurpfalz 1563. Die in Kurpfalz 1563 gestrichenen Passagen werden hier in < > in der Text-Fassung von Kurpfalz 1556 eingefügt; die gegenüber Kurpfalz 1556 in Kurpfalz 1563 zu vermerkenden Zufügungen sind mit {} gekennzeichnet.

[1627] Kurpfalz 1556 (EKO 14,148f), Kurpfalz 1563 (CD 1,517). In der Fassung von Kurpfalz 1556 findet sich der Text auch in Württemberg 1536, 1553 (CD 1,254).

[1628] Es handelt sich dabei vor allem um die Abendmahlspredigten Luthers (vgl. WA 2,748; 12,488f; 15,503; 19,511; 30.1,26; 37,376; vgl. auch Schulz, Communio 136f; Schulz, Ordnung 499[30]). An zwei Stellen macht Luther das Bild als Vätertradition kenntlich (vgl. WA 30.1,26; 37,376). Am ausgeprägtesten findet sich dieses Bild im ersten Beleg, dem 'Sermon vom Sakrament des leichnams Christi' von 1519: "Dan zu gleych als auß vielen kornlin, zusammen gestossen, das brot gemacht wirt, und vieler korner leybe eyns brots leyb werden, daryn eyn iglich kornleyn seyn leyb und gestalt vorleuret und den gemeynen leyb des brots an sich nympt, Desselben gleychen auch die weyn kornlyn mit vorlust yhrer gestalt werden eyns gemeyn weyns und trancks leyb, Alßo sollen und seyn wir auch, ßo wir diß sacrament recht prauchen: ... und seyn alßo durch gemeynschafft seyner guter und unßers unglucks eyn kuche, eyn brott, eyn leyb, eyn tranck, und ist alls gemeyn" (WA 2,748). Das Bild findet sich allerdings nicht nur bei Luther, sondern auch bei Zwingli (vgl. Zwingli, De vera et falsa religione commentarius 1525 (CR 90,802f)), Calvin (vgl. Calvin, Institutio 1559, IV 17,38 (Weber 980)) und in Toussains Liturgie (vgl. Mömpelgard 1559 (CD 1,370f)).

[1629] Vgl. Schulz, Communio 142.

[1630] Vgl. die Belege bei Schulz, Communio 139-142.

[1631] Vgl. Massa 181-185.

[1632] Vgl. Arnold 144-146; Trusen 59; Schulz, Communio 141[59]. Allerdings steht dort das Bild des Einswerdens im Vordergrund! So heißt es in Heldings Katechismus: "Dergleichen wirt auch die eynigkeyt des Geystlichen Leybes Christi, welchen wir durch geniessung seines Leybs und Bluts zugethon werden, gantz formlich im Brot und Wein bedeutet. Denn wie ein Brodt auß vielen Körnlein gemacht wirdt, und der Wein aus vielen Träublin zusammen fleußt, also vereynigen sich auch alle Christen in eynem geystlichen leyb, durch den gebrauch dieses Hochwürdigen Sacraments, und sie alle hangen also under eynem haupt Christo aneinander und werden miteinander glieder." (Helding, Catechesis 1555 [Klaiber Nr. 1478] (Moufang 400f)).

direkte Ableitung aus der Didache, die in der Literatur mehrfach vorgenommen wird, ist hingegen nicht möglich[1633]! Weder die Bildebene stimmt mit der des Körnergleichnisses überein, noch ist der Text im Westen während der Reformationszeit bekannt. Entscheidender Unterschied zum Communio-Motiv des Körnergleichnisses ist, daß die Sammlungsbitte der Didache wie die des jüdischen Betens eschatologisch ausgerichtet ist[1634]; diese eschatologische Dimension fehlt dem Körnergleichnis[1635].

Bei Luther steht allerdings bei diesem Bild im Vordergrund, sich selbst aufzugeben und zerstören zu lassen, wie auch die Körner und die Trauben zerstört werden: "Also soll es mit uns auch seyn, wenn ich mich gemeyn mache unnd diene dir, das du meyn geneussest, wazu du meyn bedarffst, so byn ich dein speyß"[1636]. Luther legt den Akzent auf Gestaltwandel, Austausch und Wechsel, die nicht nur bei Christus, sondern auch bei den Gläubigen geschehen sollen[1637].

Die Verwendung in der Württemberger Vermahnung bleibt dagegen beim Bild des Einswerdens stehen[1638], verwendet es aber mit deutlich ethischem Appell an die Kommunikanten, den es im Leben zu erfüllen gilt. Dieser durch das Körnergleichnis verdeutlichte Appell ist

---

Auch Georg Witzel führt dieses Gleichnis zur Begründung der mit der Eucharistie verbundenen Leib-Christi-Theologie an: "Ich neme brod ynn meine hende/euch zugeben/auff das yhr ein brod (oder wie man gesagt/ein kuch) werdet. Ich breche euch meinen leib/der brod war/auff das yhr ein leyb werdet/wie dieser mein leib ist. Diese speis ist ymmer eine/also solt yhr ymmer eynig sein. Sie ist gemacht aus vilē weitz körnlin vñ weynberen/welche zusamen zermalen vnd zerdruckt/auff eynen hauffen komen sind/vnd also ynn einander vermenget vnnd vermyschet/das man da keynen vnterscheyd mehr erkennen kan." (Witzel, Eucharisty 1534 [Klaiber Nr. 3345] E^v). Witzel führt an einer anderen Stelle das Gleichnis ausdrücklich auf die Patristik zurück: "Darauff redt Sedulius sup. Corin. Gleych wie brodt von vielen körnern zuhauff gemacht ist/also werdenn wir von vielen Heyden vnd gleubigen ynn eynen leyb Christi gesamlet etc. Welches gleychnis von vielen körnen zu eynem brod/vnd von vielen weynberen zu eynen tranck/andere Lerer mehr hernach gefüret haben." (Witzel, Eucharisty 1534 [Klaiber Nr. 3345] Eiij^v). Beachtenswert ist, daß hier wie in der Didache von der 'Sammlung' die Rede ist! Bei Witzel wird das Körnergleichnis in diesem Kapitel auch ausdrücklich benutzt, um 1 Kor 10,17 zu erläutern (vgl. Witzel, Eucharisty 1534 [Klaiber Nr. 3345] Diij^r-F^r).

Johannes Dietenberger engt das Motiv auf die Ebene des Brotes ein - wohl um die Kelchkommunion ablehnen zu können (vgl. Arnold 144): "Zum andern bedeut die gestalt des brodts den geystlichen leib Christi, das ist die gemeyne Christenheyt, umb deswillen, daß gleich, wie auß vilen fruchtkörnlein ein brodt wirt, also wirt auß vilen Christgläubigen personen ein Christlich kirch oder gemeynde, vnd also erinnert uns diß Sacrament, daß wir Christen alle eins leibs glider sein, sollen darumb gantz eins sein im glauben, in der lere, in Göttlicher liebe, und in gemeynschafft der heyligen sacrament, also daß man gar keyn spaltung under uns spüre" (Dietenberger, Catechismus 1537 [Klaiber Nr. 850] (Moufang 98).

[1633] Drömann jedenfalls behauptet eine Kontinuität des Bildmaterials bis zu Did 9 (vgl. Drömann, Württemberger Ordnungen 254^{48}). Das Sammlungsmotiv der Didache lautet: "Wie dieses gebrochene Brot zerstreut war auf den Bergen und zusammengebracht eines geworden ist, so soll zusammengeführt werden deine Kirche von den Enden der Erde in dein Reich" (Did 9,4 (Fontes Christiani 1,122 Schöllgen); zur Aufnahme des Bildes in anderen liturgischen Texten der Antike vgl. Clerici 104-112; Niederwimmer 187). Diese Bitte stellt die christliche Fortführung der Sammlungsbitte jüdischen Betens dar (vgl. Clerici, spez. 85-92; Niederwimmer 187-191).

[1634] Vgl. Clerici 94-102.

[1635] Vgl. Graff, Auflösung 1,186^3. Aber schon in den Anaphoren, in die die Sammlungsbitte von Did 9,4 eingeht, nimmt die eschatologische Dimension deutlich ab; andererseits findet sich bald eine zur Sammlung des Brots parallelisierte Bitte mit dem Motiv des Weines (vgl. Clerici 104-112).

[1636] WA 12,489.

[1637] Vgl. Schulz, Communio 137. Einmal dient das Bild bei Luther zur Warnung vor Abspaltungen (vgl. WA 19,511). Eigenartigerweise taucht das Motiv, sich für das eine Brot vermahlen zu lassen, bei Micron in der Vermahnung zur Danksagung wieder auf (vgl. 13.2.3).

[1638] Vgl. Schulz, Communio 137.

aber nichts anderes als die Entfaltung der in der Württemberger Vermahnung zuvor erhobenen Forderung, "sein creütz auff sich nemen vnd jme nachuolgen/vnnd nach seinem gebott einander lieben/wie er vns geliebt hat"[1639]. Die Forderung zur Kreuzesnachfolge wird mithin (im Sinne einer ermöglichenden Grundlegung) begründet mit der Feststellung der Einheit in 1 Kor 10,17. Diese wiederum wird entfaltet im Körnergleichnis, darin aber werden Einheit und Nächstenliebe nun als noch zu erfüllende Aufgabe benannt! Damit wird die Communio als schon gestiftete und die Nachfolge ermöglichende, zugleich aber weiterhin zu erfüllende Größe dargestellt.

In der Kurpfälzer Ordnung von 1563 fehlt diese Anbindung des Körnergleichnisses an die Aufforderung zur Kreuzesnachfolge[1640]. Der Abschnitt, bestehend aus 1 Kor 10,17 und Körnergleichnis[1641], wird durch die einleitende Konjunktion "darnach" an den Einleitungssatz des vorhergehenden Abschnittes angebunden ("Auß dieser einsatzung des heiligen abendmals unsers herrn Jesu Christi sehen wir..."). Dadurch wird er zu einer Aussage über die Communio untereinander und mit Christus, die aus der Zueignung des Kreuzestodes und des Heilswirkens Christi resultiert. Nur der imperativisch gehaltene letzte Teilsatz ("...allsamen ein leib sein und solches nit allein mit worten, sonder mit der that gegeneinander beweisen...") kennzeichnet die Communio als weiterhin zu verwirklichende Aufgabe. Von daher erscheint hier das Communio-Motiv als positiv gestalteter Schlußakzent der ganzen Vermahnung.

Daß es sich auch bei der noch zu verwirklichenden Communio um eine Gnadengabe handelt, wird an der diesen Abschnitt und zugleich die ganze Vermahnung abschließenden optativischen Bitte deutlich: "Das helf uns der allmechtige, barmhertzige Gott und vater unsers herrn Jesu Christi durch seinen heiligen geist, Amen." Schon in den Nürnberger Vorlagen sind z.T. solche liturgischen Abschlüsse belegt[1642]. Eine Bitte findet sich allerdings nicht mehr in Brandenburg-Nürnberg 1533[1643], sondern erst wieder in Württemberg 1553, wo die gleiche Formulierung wie in Kurpfalz 1563 benutzt wird.[1644]

7.8.4.6 Resümee

In der Tradition der Nürnberger Vermahnung stehend, behandelt der letzte Teilabschnitt der Vermahnung die Wirkungen, die aus dem Kreuzestod Christi resultieren und den Kommunikanten zuteil werden. Das Eigentümliche dieser Vermahnungstradition ist, daß sie damit die entscheidenden Inhalte des epikletischen Abschnittes des Eucharistischen Hochgebets, nämlich die Vereinigung mit Christus und den Gläubigen, nennt, ohne sie epikletisch zu

---

[1639] Württemberg 1536, 1553 (CD 1,254); vgl. Kurpfalz 1556 (EKO 14,148).

[1640] Das Motiv der Kreuzesnachfolge findet sich in Kurpfalz 1563 nicht in der Abendmahlsvermahnung, sondern im Abendmahlsgebet (vgl. 8.3.3).

[1641] In einer Predigt Olevians werden beide Textstücke in einer Argumentation gegen die Vorstellung einer Verwandlung von Brot und Wein verwendet: Das Brot muß Brot und damit aus vielen Körnern zusammengebacken bleiben, um wirklich vergewisserndes Zeichen der Einheit des Leibes Christi aus den Vielen sein zu können (vgl. Olevian, Gnadenbund (Franz u.a. 310f)).

[1642] Der Zusatz in Nürnberg/Volprecht 1525 lautet: "Got geb seliglich amen" (Nürnberg/Volprecht 1525 (CD 1,86[67]; Anhang 2,Z.34[68])). Nürnberg/Döber 1525 schließt mit: "Das verleihe uns Got allen, das wirs wirdiglich empfahen. Amen." (Nürnberg/Döber 1525 (CD 1,86[67])).

[1643] Vgl. Brandenburg-Nürnberg 1533 (OGA 5,158).

[1644] Vgl. Württemberg 1553 (CD 1,254), Kurpfalz 1556 (EKO 14,149).

formulieren[1645]. Gerade durch das Körnergleichnis wird die kommunitäre Wirkung in einer Weise betont, wie sie für die nachtridentinische katholische und die spätere lutherische Theologie unbekannt ist. Allerdings bindet die vorliegende Vermahnung diese Wirkungen ausdrücklich an die primären Wirkungen der Sündenvergebung und des Geisterwerbs durch Christus zurück.

Im Gegensatz zur Nürnberger Tradition werden jedoch diese Wirkungen unmißverständlich als solche des Kreuzestodes Christi und seiner gläubigen Annahme im Abendmahl und nicht als davon losgelöste Wirkungen des Abendmahls selbst verstanden. Sie sind insofern Wirkungen des Abendmahls, als es selbst zur Festigung dieses Glaubens eingesetzt ist und eine besondere Form dieser Annahme des Kreuzesopfers darstellt. Dadurch kann die Lehre von der Einmaligkeit und Vollständigkeit des Kreuzesopfers deutlich gemacht werden! Daß das Abendmahl zugleich Zueignung des Kreuzesopfers ist, wird durch die EW und ihre in Jesus-Rede gefaßten Erläuterungen verdeutlicht.

Außerdem versteht die vorliegende Ordnung die Zueignung wie die Wirkungen ausdrücklich als geistgewirktes Geschehen. Es bedarf dennoch keiner epikletischen Sprachform, da die Wirkungen aus dem Kreuzestod resultieren. Da aber die vorliegende Ordnung (anders als die Tradition der Nürnberger Vermahnung) die Christusbegegnung beim Abendmahl nicht schon durch die EW gewährleistet, sondern als einzig durch die Wirksamkeit des Hl. Geistes ermöglicht sieht, muß nun noch ausdrücklich um diese Verbindung von Christusereignis und seinen Wirkungen auf der einen Seite und den Kommunikanten auf der anderen Seite gebeten werden.

[1645] Indem zunächst Anamnese und EW dem Abschnitt über die Wirkung des Abendmahls vorangehen, bietet diese Vermahnungs-Tradition alle entscheidenden Elemente des Eucharistischen Hochgebets, wenn man von den Inhalten der Teile, nicht aber von ihrer Sprachform ausgeht!

8 Das Abendmahlsgebet

Die Abendmahlsfeier der Kurpfälzischen Kirchenordnung fährt nach der Vermahnung mit einem Gebet fort, das Frieder Schulz in 'Coena Domini' mit "Abendmahlsgebet"[1646] überschreibt. Heutiger katholischer Liturgiewissenschaft fällt es zunächst einmal schwer, diese Terminologie anzunehmen, verbindet sie doch mit ihr am ehesten die Gattung des 'Eucharistischen Hochgebets'[1647] als eines danksagend-lobpreisenden, anamnetisch-epikletischen Gebets, in das die EW als Zitat und Begründung für die nachfolgende spezielle Anamnese eingeschoben sind. Mit der heutigen Terminologie läßt sich das vorliegende Gebet schwerlich erfassen. Aber schon der Canon Romanus widersetzt sich einer Einordnung in diese Kategorie, da er kunstvoll symmetrisch aufgebaut ist, die Motive Dank und Lobpreis, aber auch der anamnetische Abschnitt auf Präfation und Sanctus beschränkt sind und mit dem Postsanctus direkt der epikletische Abschnitt beginnt. Außerdem kennt der Canon Romanus keine ausdrückliche Geistepiklese, wie sie die östlichen und unsere heutigen Eucharistiegebete (auch in vielen evangelischen Kirchen) kennen.

Trotzdem sollen unter dem Begriff 'Abendmahlsgebet' nachfolgend Eucharistiegebete verstanden werden, wie auch jede sonstige Gebetsart, die vor der Kommunion ihren Platz erhält und schon durch diese Stellung in einer gewissen Äquivalenz zum Eucharistischen Hochgebet steht. Mit der Bezeichnung 'Abendmahlsgebet' ist zudem jede formale wie inhaltliche Engführung vermieden.

Das vorliegende 'Abendmahlsgebet'[1648] bildet den ersten von drei kleineren Abschnitten (Gebet, Vaterunser, Credo), die zwar jeweils in sich geschlossen sind, sich aber zusammen vom Vorhergehenden als ein großer Gebetsakt abgrenzen, wobei das Anhängen von Vaterunser und Credo nichts anderes als die spätmittelalterliche Form des Abschlusses eines Gebets darstellt[1649]. Deshalb wird hier das Credo, das den literarischen Charakter eines Bekenntnisses hat, mit zu dieser Einheit gerechnet. Diese Zusammengehörigkeit wird auch in den entsprechenden Überleitungen zwischen den Abschnitten deutlich[1650]. Der Gebetsteil führt direkt auf die Kommunion hin.

Um den Entstehungskontext des Abendmahlsgebets, um das es zunächst gehen soll, deutlich zu machen, sollen nachfolgend entsprechende Gebetsakte vor der Kommunion in formaler wie inhaltlicher Hinsicht in den reformatorischen Ordnungen betrachtet werden. Gegebenenfalls existierende vorreformatorische Bezüge sollen bei den einzelnen Formen von 'Abendmahlsgebeten' bzw. den inhaltlichen Motiven in evangelischen Ordnungen herausgestellt werden.

[1646] Schulz, Ordnung 518.

[1647] Auf das vorliegende Gebet wendet Schulz ebenfalls den Terminus 'Eucharistiegebet' an, setzt ihn allerdings in Anführungszeichen (vgl. Schulz, Abendmahlsvermahnung 150). Zusammenfassend zur Gattung des Eucharistischen Hochgebets vgl. Gerhards, Eucharistisches Hochgebet.

[1648] Im Text der Kurpfälzer Ordnung wird dieser Abschnitt nicht so überschrieben, wie auch die sonstigen Einzelabschnitte keine Überschriften tragen.

[1649] Lekkerkerker spricht davon, daß Vaterunser und Credo in das Abendmahlsgebet aufgenommen seien (vgl. Lekkerkerker, Kanttekeningen 3,136); das Abendmahlsgebet wird aber mit einem 'Amen' deutlich von Vaterunser und Credo abgegrenzt.

[1650] Vgl. 9.3 und 10.3.

8.1 Die formale Entwicklung der Abendmahlsgebete in den reformatorischen Ordnungen

Anders als bei den anderen Punkten der Untersuchung empfiehlt es sich bei den Abendmahlsgebeten nicht, die vorreformatorischen Vorlagen der Gattung genauer darzustellen, denn in der Regel stellt die Ablehnung des vorreformatorischen Eucharistiegebets die einzige Form der Bezugnahme dar.[1651]

8.1.1 Die grundlegende Ablehnung des Canon Romanus

Nur unmittelbar zu Beginn der Reformation bleibt der Canon Romanus so lange unangetastet, wie es keine liturgischen Veränderungen durch die Reformatoren gibt[1652]. Nicht die Liturgie, sondern die Frage nach der Rechtfertigung steht zunächst im Mittelpunkt der Auseinandersetzung. Nachdem aber deutlich wird, daß eine in der Rechtfertigungslehre veränderte Theologie sich auf den Gottesdienst auswirken muß, ist die Ablehnung des Canon Romanus für die Reformation fast konstitutiv[1653]. Damit ist nicht nur der Canon Romanus, sondern zugleich das Eucharistische Hochgebet insgesamt abgelehnt. Begründet ist dies auf formaler Ebene darin, daß das Eucharistische Hochgebet als Gattung nicht abgegrenzt und erkannt wird, da es in dieser Zeit nicht als formale Einheit, sondern als Ansammlung von Gebeten verstanden wird[1654]. Andererseits wird es auch nicht als inhaltlich vom Dank, sondern von der Bitte bestimmt gesehen.[1655]

Der Inhalt des Canons ist den Reformatoren so sehr mit dem abgelehnten Opfercharakter der Messe[1656] verbunden, daß sie Darbringungsaussage, Annahmebitte und die damit verbundene spezielle Anamnese kritisieren.[1657] In dem Maße, wie die Konsekrationsvollmacht

---

[1651] Von einer ansonsten in dieser Arbeit durchgeführten Betrachtung der vorreformatorischen Bezüge soll auch wegen der Komplexität der Thematik Abstand genommen werden, der man auf knappem Raum praktisch nicht gerecht werden kann.

[1652] Inwieweit liturgische Änderungen im wahrsten Sinne zunächst 'im Stillen' durchgeführt werden, ist nicht zu sagen, da sie wegen des stillen Vollzugs des Canon Romanus der Gemeinde nicht auffallen bzw. auffallen sollen und deshalb auch nicht schriftlich fixiert werden.

[1653] Nur in England bleibt der Canon auch bei Einführung der ersten, zeitlich allerdings recht späten und für den Übergang konzipierten Abendmahlsordnung unangetastet; die OoC 1548 (CD 1,388-394) wird nur in die normale lateinische Messe nach der Priesterkommunion eingeschoben (vgl. Buchanan, Lord's Supper 378).

[1654] Vgl. Reindell 488. So heißt es in Zwinglis Epicheiresis: "Damit aber vor aller Augen sichtbar werde, daß der Kanon nichts anderes ist als eine Sammlung verschiedenartiger Gebete von verschiedenen Verfassern..." (Zürich 1523 (CR 89,558; Ü.: Schmidt-Clausing, Kanonversuch 12); ähnlich CR 89,565f; Ü.: Schmidt-Clausing, Kanonversuch 19). Zwingli berichtet schon 1523 vom regelmäßigen Auslassen von Passagen durch die zelebrierenden Priester (vgl. Zwingli 1523 (CR 89,558; Ü.: Schmidt-Clausing, Kanonversuch 12)).

[1655] Diese Ablehnung kann mit einer Infragestellung des öffentlichen Gebets überhaupt einhergehen. Für Bucer ist z.B. ein Gebet ein Gespräch des Geistes mit Gott, zu der es einer Abgeschiedenheit und Leere des Herzens, aber als Gebet des einzelnen keiner Worte bedarf (vgl. Zippert 235f). Von daher ist das öffentliche Gebet der Gemeinde relativiert, da es zuvor der Worte bedarf, "aber nur um der Anderen, nicht um unser selbst oder um Gottes willen" (ebd. 235). Öffentliche Gebete sind Anregungen für den einzelnen zum Gebet, nicht aber eigentliches Gebet (vgl. ebd. 236).

[1656] Die ganze Problematik des Opferbegriffs kann hier wegen ihrer Komplexität nicht dargestellt werden (vgl. hierzu Lehmann/Schlink; Gerlitz u.a.). In der Kritik an der Messe konzentrieren sich Lutheraner stärker auf den Werkcharakter der Messe (vgl. Rohls 121), während Zwingli die Einmaligkeit und Vergangenheit des Kreuzesopfers in Frage gestellt sieht (vgl. ebd. 122) und für Calvin die Applikation des Kreuzesopfers den Kritikpunkt bildet (vgl. ebd. 122f).

[1657] Vgl. die Kritik am großen und kleinen Canon wegen deren Opferterminologie z.B. bei Luther (vgl. Luther, FM 1523 (Herbst 20.24); Pahl, Hochgebet 222f; Brunner, Messe 149[177]), Osiander (vgl. Pfalz-Neuburg 1543

des Priesters in Zweifel gezogen und die Vorstellung einer Realpräsenz abgelehnt werden, steht auch die Wandlungsbitte in der Kritik. Außerdem scheint die ansonsten kritisierte Heiligenverehrung die Interzessionen für die Reformatoren untragbar zu machen. Letztlich meinen die meisten Reformatoren, den Canon vollkommen eliminieren zu müssen, d.h. nur noch die EW stehenlassen zu können[1658]. Mit der Konzentration auf die EW bleibt aber gerade der Teil des Eucharistischen Hochgebets stehen, der selbst keinen Gebetscharakter hat, sondern (nach der These Giraudos)[1659] als begründendes 'Zitat' innerhalb des Gebets verwandt wird.[1660]

Grund für die Verwerfung des Canon Romanus ist auch die mangelnde Biblizität bzw. Apostolizität[1661] auf der einen Seite[1662] und auf der anderen Seite der Wunsch, das Biblische und damit das Wesentliche des Abendmahls, die Stiftungsworte Jesu, herauszustellen: Die EW sind Wort Christi und damit Garantie für die göttliche Stiftung der Eucharistie[1663]; der Rest des Eucharistiegebets ist Menschenwerk und damit aufgebbar[1664].

Ebenfalls ist vielfach für evangelische wie vorreformatorische Theologen unklar[1665], daß Dank und Lobpreis entscheidende Kategorien des Abendmahls darstellen. So heißt es bei Zwingli: "Man möge mir nun nicht den Namen 'Eucharistie' entgegenhalten, weil er seinen Ursprung auch nicht von Christus oder den Aposteln hat, die ihn niemals gebraucht haben. Denn der Name 'Eucharistie' besagt nichts anderes, als daß diese Speise und dieser Trank eine freundliche, gute Gabe und Gnade Gottes ist"[1666]. Andererseits stellt die Abendmahlsfeier als ganze für Zwingli eine Danksagung dar[1667], so daß der Begriff der Danksagung neben dem des Gedächtnisses im Titel der Feier auftaucht[1668]. Calvin hingegen läßt das Lobopfer im Herrenmahl gelten[1669], und für Bucer gehört die Danksagung konstitutiv zum Abendmahls-

---

(EKO 13,63-65)), Zwingli (vgl. Zürich 1523 (CR 89,556-608); Pahl, Hochgebet 223; Lekkerkerker, Liturgiek 78f), Calvin (vgl. Pahl, Hochgebet 224), Bucer (vgl. Zippert 136-141.233f) und Farel (vgl. Jacobs 241-257).

[1658] Typisches Beispiel hierfür ist Karlstadt mit seiner kurzen Bemerkung: "prefatio, sanctus, on canonem maior und minor, dieweil die geschrift nit gemess seind" (Karlstadt 1521 (CD 1,13)).

[1659] Vgl. Giraudo.

[1660] Zur Entwicklung der EW in den Reformationsordnungen vgl. 7.6.3.

[1661] So meint Osiander, daß "gewiß ist, das solcher canon nicht von Christo noch von den aposteln, auch nicht von den rechten, alten, gelehrten, heiligen vätern herkommt und derhalben ein unnötig ding ist" (Pfalz-Neuburg 1543 (EKO 13,64)). Für Bucer vgl. BDS 1,236f.
Daß der römische Canon nicht unumstößlich ist, wird nicht selten mit dem Verweis auf den Mailänder Ritus innerhalb der lateinischen Kirche belegt, so bei Zwingli (vgl. Zürich 1523 (CR 89,566); Baumgartner 168) und Osiander (vgl. Pfalz-Neuburg 1543 (EKO 13,64)); vgl. auch Kurbrandenburg 1540 (EKO 3,64).

[1662] Von katholischer Seite wird z.B. die Unantastbarkeit des Canon Romanus beim Trienter Konzil mit seiner Irrtumslosigkeit begründet, die daraus resultiere, daß nur Worte Christi und der Apostel sowie Zusätze heiliger Päpste enthalten seien (vgl. DH Nr. 1745).

[1663] Vgl. Pahl, Hochgebet 221f.

[1664] Vgl. Pahl, Hochgebet 222.

[1665] Vgl. Arnold 126-128.

[1666] Zürich 1523 (CR 89,568f; Ü.: Schmidt-Clausing, Kanonversuch 23).

[1667] Vgl. Lutz 250-255.

[1668] Vgl. Zürich 1525 (CD 1,189), Zürich 1535 (CD 1,189¹⁰).

[1669] Vgl. Calvin, Institutio 1536, IV (COS 1,157-159); Calvin, Institutio 1559, IV 18,16-18 (Weber 1002f); Arnold 131; Rohls 130. Für Calvin setzt das Dankopfer das suffiziente Sühnopfer Christi voraus; andererseits gehört das Dankopfer konstitutiv zum Herrenmahl (vgl. Rohls 130). Unklar bleibt, ob für Calvin die ganze Abendmahlsfeier Dankopfer ist oder nur die Danksagung nach der Kommunion. Da Calvin aber dieses

geschehen[1670], während Farel die Vorstellung eines Lobopfers beim Abendmahl entschieden ablehnt[1671]. Zu diesem Zeitpunkt ist allerdings das Eucharistische Hochgebet auf evangelischer Seite schon unwiderruflich destruiert.

Auch für katholische Theologen ist in dem kurzen Zeitraum zwischen Reformationsbeginn und Tridentinum das Lob- und Dankopfer eine entscheidende Kategorie[1672]. Nach dem Tridentinum dominieren die Fragen um 'sacrificium' und Realpräsenz die Diskussion und lassen den Danksagungscharakter in den Hintergrund treten.

Daß der Canon Romanus so leicht fallen kann, liegt letztlich darin begründet, daß die Dimension des Dankes und Lobes nicht mit der Gattung des Gebets verbunden, sondern davon losgelöst betrachtet wird. Dies ist möglich, weil in Fortführung der spätmittelalterlichen Theologie den EW eine solche Objektivität zugewiesen wird, daß ein Gebet als Angriff auf diese Objektivität gedeutet würde. Das Weglassen des Gebets bedeutet nur das Wagen eines Schrittes, der in der Konsequenz der abendländischen Entwicklung liegt[1673]. Nicht die Reformatoren zerstören die innere Struktur der Eucharistiefeier mit der Aufgabe des Eucharistischen Hochgebets, sondern dies geschieht (wenn auch in der Theorie und letztlich vielleicht unbewußt) schon in der scholastischen Theologie: Indem die 'forma' der Feier auf die sakramentale Formel der Konsekrationsworte reduziert wird, ist jedes andere formale Element als unwesentlich degradiert!

8.1.2 Die Rudimente bzw. die Versuche einer Veränderung des Canon Romanus

Nur wenige Abendmahlsgebete sind deutlich als Reste oder als Adaptionen zu Resten des Canon Romanus dadurch erkennbar, daß sie bekannten formalen und inhaltlichen Kriterien entsprechen und *mit den EW verbunden* bleiben. Bei den erhaltenen Teilen handelt es sich vorrangig um die Präfation und das nachfolgende Sanctus[1674], also die Teile, die die mittelalterliche Theologie nicht zum Canon zählt. Diese mittelalterliche Abgrenzung des

---

Dankopfer an das Mittlertum Christi bindet, durch den wir die Opfergabe des Lobes erst darbringen können (vgl. Calvin, Institutio 1559, IV 18,17 (Weber 1003)), der Empfang des Abendmahls aber die enge Vereinigung mit Christus bewirkt, erscheint eine Konzentration auf die Danksagung nach der Kommunion sinnvoll (vgl. auch Calvin, Evangelien-Harmonie 2,314).

Auf jeden Fall bleibt der Dank als Gebetskategorie bei Calvin sekundär. So erkennt Calvin ohne weiteres an, daß Jesus beim Letzten Abendmahl den Dank als Gebet vollzogen hat (vgl. Calvin, Evangelien-Harmonie 2,313), sieht in dieser Danksagung aber mehr eine Vorbereitung der Jünger und einen Übergang zum Bedenken des Geheimnisses (vgl. Calvin, Evangelien-Harmonie 2,313; Calvin, Korintherbriefe 416f; Spinks, Lord 62f). Für Calvin ist das Bittgebet die primäre Form der Gottesverehrung, da es das Elend und die Sündhaftigkeit des Menschen offenbart (vgl. Scholl 39; Buschbeck 134). So sind auch alle Gebete Calvins Bittgebete (vgl. Scholl 39[49]). Zwar gehört auch für Calvin der Dank zum Gebet dazu, v.a. als Korrektiv zur drohenden Vermessenheit der Bitte (vgl. Scholl 41; Buschbeck 136), aber der Dank kann nicht von der Bitte getrennt werden (vgl. Buschbeck 136) und weist letztlich über das Gebet hinaus: "Das Dankgebet hat deutlich die Tendenz, seinen Gebetscharakter abzustreifen und im Gottesdienst und im Leben eines Christenmenschen aufzugehen" (Scholl 42). So erscheint der Dank im Gebet eher als Folge denn als Voraussetzung der Bitte (vgl. Buschbeck 136) und erlangt seine Realisierung in der Praxis der Welt.

[1670] Vgl. Anm. 1737.

[1671] Vgl. Jacobs 252.256f.

[1672] Vgl. Arnold 140-143.

[1673] Vgl. Ritter 171.

[1674] Zu Präfation und Sanctus vgl. 8.2.1, wo sie unter inhaltlich-funktionaler Perspektive betrachtet werden.

Canons wird auch von den Reformatoren übernommen[1675], so daß es den Ordnungen, die diese Stücke beibehalten, also nicht um den Erhalt des Canons geht![1676] Über Präfation und Sanctus hinaus bleibt selten etwas vom Canon Romanus übrig. Kantz behält noch die Wandlungsbitte bei, verändert aber den entsprechenden Abschnitt 'Quam oblationem' sehr stark, indem die Segensbitte, die Annahmebitte und die Opferterminologie eliminiert werden[1677].

Ansonsten sind Versuche zu vermerken, den Canon Romanus so umzuarbeiten, daß er reformatorischer Einsicht entspricht, bzw. ihn durch ein entsprechendes Äquivalent zu ersetzen. Hier sind Zwinglis Kanon-Versuch[1678], der Kanon der Wormser Deutschen Messe[1679] und die Gebete der ersten Straßburger Ordnungen[1680] zu nennen. Aber auch der (in seiner Breitenwirkung relativ unwichtige) Canon-Versuch des Breslauer Pfarrers Ambrosius Moibanus ist zu erwähnen, der diesen nicht veröffentlicht, sondern (vorrangig in lateinischer Version) an evangelisch gesinnte Pfarrer versendet, die ihn in das herkömmliche Missale legen und so tun, als würden sie den vorgeschriebenen Canon Romanus beten.[1681] Der Versuch, in Schweden 1576 über Präfation und Sanctus hinaus ein dem Canon Romanus äquivalentes Eucharistiegebet einzuführen, wird schon 1592 wieder aufgegeben[1682]. Die anglikanische Tradition schließlich ist die einzige, die dauerhaft ein Eucharistisches Hochgebet beibehält[1683].

[1675] Vgl. Meyer, LM 174. Die dem 'Te igitur' vorausgehenden Teile werden in mittelalterlichen Meßerklärungen ganz unterschiedlichen Textgruppen zugewiesen (vgl. Meyer, LM 173f).

[1676] Beispiele für die Beibehaltung der Präfation sind: Karlstadt 1521 (CD 1,13); Müntzer 1524 (CD 1,21-24); Luther, FM 1523 (CD 1,34); Braunschweig 1528 (CD 1,55; mit dazwischengeschobenem Vaterunser); Nürnberg/Volprecht 1524 (CD 1,81), Nürnberg/Pfarrkirchen 1524 (EKO 11,47), Nürnberg/Döber 1525 (EKO 11,53); Mecklenburg 1552 (CD 1,99); Straßburg/Ordnung 1525 (CD 1,327).

[1677] Vgl. Seite 280. Vgl. auch Reindell 489f.

[1678] Vgl. Zürich 1523 (CD 1,185-188). Der Anklang an den Canon Romanus ist deutlich an der Einleitungsformel 'Te igitur' zu bemerken (vgl. Zürich 1523 (CD 1,185)) und daran, daß sie am Ende einer Schrift, die den Canon Romanus kritisiert, als Verbesserungsvorschlag aufgeführt wird, auch wenn der Text von der römischen Vorlage weit entfernt ist. "Weggelassen ist alles, was sich auf den Opfercharakter der Messe bezieht, jegliche Heiligenanrufung sowie die Fürbitten für die Toten" (Jenny, Einheit 33). Das Gebet wechselt mehrfach zwischen anamnetischen und bittenden Abschnitten.

[1679] Vgl. Worms 1524 (CD 1,17-19); Brunner, Messe 149-154.

[1680] Vgl. Straßburg/Schwarz 1524, Straßburg/Ordenung 1524 (CD 1,312-315), Straßburg/Kirchenamt 1525 (Hubert 80). Z.T. wird er ausdrücklich als 'Canon' eingeführt: "Volgt yetzund der Canon" (Straßburg/Ordenung 1524 (CD 1,313[40])), "Volgt der canon" (Straßburg/Kirchenamt 1525 (C^3) (Hubert 80)). Kennzeichen dieser Gebete ist, daß sie nach dem Sanctus zunächst Fürbitten für die Obrigkeit und für die Erkenntnis der Verheißung in der Gemeinde enthalten. vgl. Straßburg/Schwarz 1524 (CD 1,313f), Straßburg/Ordenung 1524 (Hubert 65-68), Straßburg/Kirchenamt 1525 (Hubert 80). Diese Thematik bildet wohl den Anknüpfungspunkt der späteren Ordnungen, die ein Abendmahlsgebet nach einem Allgemeinen Gebet kennen (vgl. 7.1.3.1).

[1681] Vgl. Sabisch; Abdruck des Textes ebd. 106f. Vgl. auch Sander; Drömann, Ordnungen Martin Luthers 26³.

[1682] Vgl. Schweden 1576 (CD 1,124-132); Nyman 109.

[1683] Vgl. BCP 1549 (CD 1,396-401); Pahl, Hochgebet 227f. Das BCP 1552 beginnt diesen Teil wie das BCP 1549 mit Präfation und Sanctus, schiebt danach das 'Prayer of Humble Access' ein und fügt daran das 'Sacramental Prayer' an (vgl. BCP 1552 (CD 1,406f)). Pahl sieht die Ursache für die Beibehaltung eines Eucharistischen Hochgebets darin, daß Cranmer nur das ändern will, was eindeutig dem Wort Gottes widerspricht (vgl. Pahl, Hochgebet 227).

Eine Sonderstellung nimmt das Abendmahlsgebet der Ordnung Pfalz-Neuburg 1543 ein[1684], das zwar gattungsmäßig nicht eindeutig hier einzuordnen ist, da es sich um ein abgeschlossenes Gebet ohne EW handelt, dem allerdings die EW und das Sanctus direkt folgen und das inhaltlich eine auf Textmaterial des Canon Romanus zurückgreifende Neuschöpfung darstellt[1685]. Es handelt sich um ein an Christus gerichtetes, anamnetisch-epikletisches Gebet, das sowohl eine Darbringungsaussage, als auch eine 'Wandlungsepiklese' enthält. Da sich die Diskussion bzgl. dieses Textes meist auf die Frage nach der Berechtigung der Epiklese konzentriert, wird übersehen, daß dieses Gebet eine reformatorische Komposition darstellt, die in der Gedankenführung der klassischen Abfolge 'spezielle Anamnese, Darbringungsaussage, Wandlungs- und Kommunionepiklese' folgt, wie sie in den altkirchlichen Anaphoren nach den EW zu finden ist. Obwohl der Canon Romanus die Textvorlage bildet, werden die Stücke in einer Weise angeordnet, die dieser nicht kennt![1686]

8.1.3 Vom Canon Romanus unabhängige Abendmahlsgebete

Neben den Abendmahlsgebeten, die sich am Canon Romanus orientieren, finden sich in den evangelischen Ordnungen Gebete, die im Namen der Gemeinde vom Vorsteher gesprochen werden und das Abendmahl thematisieren, die aber nicht an die traditionellen Präsidialgebete anknüpfen, sondern an das Allgemeine Gebet oder die vorreformatorischen Gebete des Priesters zur Vorbereitung auf die Kommunion, oder aber die völlig neu geschaffen sind.

8.1.3.1 Mit dem Allgemeinen Gebet verbundene Abendmahlsgebete

Das Allgemeine Gebet, das zwar vorreformatorisch nicht in der Messe, sondern im Predigtgottesdienst vorkommt und dort einen hohen Stellenwert genießt, findet in vielen evangelischen Abendmahlsordnungen seinen Platz. In einem Teil dieser Ordnungen wird das Abendmahlsgebet einfach an dieses Allgemeine Gebet angehängt. Anknüpfungspunkt für diese Stellung scheinen die Interzessionen des Canon Romanus zu sein, denn in Straßburg, wo sich diese Verbindung ab 1525 nachweisen läßt, finden sich in den Vorgängerordnungen ebenfalls Fürbitten in einem Revisionsversuch des Canon Romanus[1687]. In Straßburg/Ordnung 1525 steht dieses Fürbittgebet noch nach Präfation und Sanctus, es wird jedoch anstelle des Canons eingeführt[1688]. Nach den schon in den Vorgängerordnungen verwendeten Fürbittgebeten wird ein auf das Abendmahl als Gedächtnishandlung ausge-

---

[1684] Vgl. Pfalz-Neuburg 1543 (CD 1,89f). Auf die Problematik der Adressierung des Abendmahlsgebets an Christus kann hier nicht eingegangen werden. Für antike Eucharistiegebete ist dies ohne weiteres belegt (vgl. Gerhards, Gregoriosanaphora); solche Gebete dürften Osiander aber nicht bekannt sein (vgl. Dowden 69). Zum grundsätzlichen Problem der Gebetsanrede an Christus vgl. Jungmann, Stellung; Gerhards, Zu wem beten; Gerhards, Frage; Merz, Gebetsformen; Fischer, Beten.

[1685] Klaus spricht von einem von Osiander geschaffenen "Offertoriumsgebet" (Klaus, Altbayern 126). Seebaß bezeichnet es als "von Osiander geschaffenes, vorreformatorische Formulierungen aufgreifendes epikletisches Konsekrationsgebet, das an das 'Quam oblationem' der Messe erinnert" (Seebaß: OGA 7,693[748]). Andere Autoren arbeiten als Grundlage deutlicher Abschnitte des Canon Romanus heraus (vgl. Schulz, Abendmahlsvermahnung 150[57]; Schmidt-Lauber, Entfaltung 163-165). Zu diesem Text vgl. auch Brunner, Lehre 351f; Graff, Epiklese 134; Rietschel/Graff 373. Zur Rezeption dieses Textes vgl. Schmidt-Lauber, Entfaltung 166[235]; Lehmann, Gabenepiklese.

[1686] Vgl. auch Schmidt-Lauber, Entfaltung 164f.

[1687] Vgl. Anm. 1680.

[1688] "Vnd anstatt des canon braucht man diß nachgend gebett" (Straßburg/Ordnung 1525 (Hubert 85)). Vgl. Schulz, Abendmahlsvermahnung 150.

richtetes Gebet angeschlossen, das zu Vaterunser und EW überleitet[1689]. Diese Konstruktion wird ab 1526 beibehalten und durch alternative Gebetsabschlüsse ausgebaut[1690]. Augsburg und Kassel übernehmen diese Konstruktion[1691].
Eine gewisse Parallele bietet die Mischform der sich stark an der katholischen Tradition orientierenden[1692] KO Kurbrandenburg 1540, in der auf Präfation und Sanctus die EW folgen, die aber während des Gesangs des Sanctus ausgedehnte Fürbitten vom Priester auf Deutsch sprechen läßt, die in der Bitte um Sündenvergebung enden[1693]; im Grunde gehen in dem vom Priester gesprochenen Teil die Fürbitten in die EW über.[1694]
Eine weitere Ausnahmeerscheinung bildet die Mecklenburger Ordnung, in der die Vermahnung in ein Gebet übergeht, das nacheinander an Gott und an Christus gerichtet ist und jeweils mit einer Fürbitte endet[1695]. Diese letzten beiden Abschnitte enthalten je Dank, Gedächtnis und Bitte, die sich allerdings inhaltlich nicht konkret auf das Abendmahl beziehen.

8.1.3.2 Aus den vorbereitenden Gebeten zur Kommunion des Priesters entstandene oder in Äquivalenz zu ihnen stehende Gebete

Eine andere Linie der Entstehung von Abendmahlsgebeten läßt sich von den Bereitungsgebeten des Priesters vor der Kommunion aus ziehen. Zunächst einmal wird an das Gebet 'Domine Jesu Christe, Fili Dei vivi'[1696] in den frühen Ordnungen einige Male angeknüpft[1697]; das andere Vorbereitungsgebet 'Perceptio Corporis'[1698] und das Gebet vor dem Friedensgruß

[1689] Vgl. Straßburg/Ordnung 1525 (Hubert 85-87).

[1690] Vgl. Straßburg 1526ff (CD 1,319-323). Von 1526 bis 1536 wird zwischen Vaterunser und EW nochmals eine Vermahnung eingeschoben (vgl. Straßburg 1526-1536 (CD 1,322f)).

[1691] Augsburg 1537 übernimmt die 3. Form des Fürbittgebetes mit Gebetsabschluß (der zu Vaterunser und EW überleitet) aus Straßburg 1537f (vgl. Drömann, Straßburger Ordnungen 308f). Kassel 1539b übernimmt ebenfalls das Fürbittformular der Straßburger Ordnung, überarbeitet es zwar, beläßt aber seine Position vor Vaterunser und EW (vgl. Kassel 1539b (EKO 8,120^i)).

[1692] Vgl. Drömann, Nürnberger Ordnungen 71.

[1693] Vgl. Kurbrandenburg 1540 (CD 1,87f).

[1694] Die Ordnung Kurbrandenburgs ist ein deutlicher Beweis, wie unerträglich der Canon Romanus für die Reformatoren ist, denn diese Ordnung bemüht sich ansonsten, so weit wie möglich die katholischen Riten beizubehalten. Dies zeigt sich nicht nur an Äußerlichkeiten, wie z.B. den Meßgewändern, sondern auch an den Texten der reformierten Messe. Für einen nicht geringen Teil der Meßtexte gibt die KO nur die Reihenfolge an, aber keine Texte, sondern es werden die herkömmlichen vorreformatorischen Meßbücher weiterbenutzt; der Canon Romanus allerdings wird dezidiert eliminiert, d.h. aus den in Gebrauch befindlichen Missalien herausgerissen und durch den Neuentwurf der KO ersetzt (vgl. hierzu Klaus, Kurbrandenburgische Kirchenordnung 83-85).

[1695] Vgl. Mecklenburg 1552 (CD 1,100-103).

[1696] Vgl. hierzu Jungmann, MS 2,428f; Daschner 178f.

[1697] Das früheste Zeugnis findet sich in Kantz 1522 (CD 1,15), der allerdings den Text verändert, aber wie die späteren Ordnungen den Plural benutzt. Luther fordert in seiner 'Formula Missae' ebenfalls die Umgestaltung in den Plural (vgl. Luther, FM 1523 (CD 1,35)), während das Gebet in der 'Deutschen Messe' wegfällt (Luther, DM 1525 (CD 1,38)). Die getreueste Wiedergabe des Gebets 'Domine Jesu Christe, Fili Dei vivi' bieten Nürnberg/Volprecht 1524 (CD 1,83) und Straßburg/Schwarz 1524, Straßburg/Kirchenamt 1525 (CD 1,316); die Straßburger Ordnungen bieten allerdings keine abschließende Doxologie (vgl. auch Rietschel/Graff 373).

[1698] Vgl. hierzu Jungmann, MS 2,429; Daschner 179-181.

('Domine Jesu Christe, qui dixisti'[1699]) finden sich nur in Nürnberg/Volprecht 1524 als Alternative[1700]. Kennzeichen all dieser Gebete ist, daß sie grundsätzlich die im Missale Romanum vorhandene, singularische Formulierung durch eine pluralische ersetzen und somit zu Gebeten des Vorstehers im Namen der Gemeinde, also zu Präsidialgebeten werden. Es ergibt sich keine inhaltliche Änderung[1701], die Bitte um würdigen und fruchtbaren Empfang bestimmt die Thematik. In all den Ordnungen, die diese Gebete weiterführen, existieren auch Reste des Canon Romanus oder adaptierte Gebete, bleiben also die hier betrachteten Gebete wirklich Vorbereitungsgebete für die Kommunion (nun aber der Kommunion der ganzen Gemeinde) und bilden kein Äquivalent zu einem Eucharistiegebet.

Daneben gibt es Gebete vor der Kommunion, die an diese Tradition anknüpfen, aber neu erstellt werden. Sie bilden textlich keine genetische Fortführung der zuvor genannten Gebete, haben aber gattungsgemäß einen ähnlichen Charakter. Nur noch selten stehen sie unmittelbar vor der Kommunion, wie das 'Prayer of Humble Access' des OoC 1548, das um einen würdigen Empfang bittet[1702]. Da diese Ordnung in das traditionelle Meßformular eingeschoben wird, ersetzt auch dieses Gebet noch nicht das Eucharistiegebet, sondern bereitet die Kommunion vor. Das 'Prayer of Humble Access' behält diesen Charakter auch im BCP 1549, in dem sich ein neuformulierter Canon findet[1703]. Erst im BCP 1552 verändert sich dieser Charakter, nicht indem der Text geändert wird, sondern indem er vor das 'Sacramental Prayer' gestellt wird.[1704]

Weiterhin finden sich Gebete dieser Art, die die einzigen Gebetsvollzüge zwischen Wortgottesdienst und Kommunion darstellen, also nicht neben Resten oder Adaptionen des Canon Romanus stehen[1705]. Sie haben ihren Platz durchweg vor den isoliert stehenden EW. So kennt Zürich 1525 ein Abendmahlsgebet vor den unmittelbar vor der Kommunion stehenden EW.[1706] Auch Basel 1537 zieht sein Abendmahlsgebet vor EW, Vaterunser und eine letzte Vermahnung[1707]. Sowohl das Zürcher als auch das Basler Gebet thematisieren Lob und Dank für die Erlösung und fügen Bitten an, beziehen den Inhalt aber nur indirekt auf die Abendmahlsfeier und schon gar nicht auf die Mahlhandlung oder auf Brot und Wein. Ebenfalls kennen die lutherischen Ordnungen Württemberg 1553 und Kurpfalz 1556 ein Abendmahlsgebet zwischen Vermahnung[1708] und EW, das die eigene Unwürdigkeit heraus-

---

[1699] Vgl. hierzu Jungmann, MS 2,411f; Daschner 160f.

[1700] Vgl. Nürnberg/Volprecht 1524 (CD 1,82f).

[1701] Nur Kantz streicht den Aussagesatz ('qui ex voluntate Patris, cooperante Spiritu Sancto, per mortem tuam mundum vivificasti') des Gebetes 'Domine Jesu Christe, Fili Dei vivi' (vgl. Kantz 1522 (CD 1,15)).

[1702] Vgl. OoC 1548 (CD 1,393). Es handelt sich um ein neu geschaffenes Gebet, "exhibiting Cranmer's literary skill" (Buchanan, Lord's Supper 379).

[1703] Vgl. BCP 1549 (CD 1,402).

[1704] Vgl. Buchanan, Lord's Supper 383; Dugmore 170f.

[1705] Natürlich bleiben die EW auf jeden Fall vom Canon Romanus 'übrig'; allerdings werden sie schon vorreformatorisch als herausgehoben verstanden, und in der Reformation wird ihr Charakter weiter verändert (vgl. 7.6).

[1706] Vgl. Zürich 1525, 1535 (CD 1,194f). Die Ausgabe von 1535 leitet dieses Gebet sogar wie ein Eucharistiegebet mit dem 'sursum corda' ein, indem der Diener die Anweisung gibt: "Erhebend ûwere hertzen zu gott und sprächend" (Zürich 1535 (CD 1,194^{31}); vgl. Jenny, Einheit 56²).

[1707] Vgl. Basel 1537 (CD 1,222f).

[1708] In Württemberg 1536 steht nach der Vermahnung statt des Abendmahlsgebets eine Absolution (vgl. Württemberg 1536 (Richter, Kirchenordnungen 1,268)).

stellt aber auch um Gemeinschaft mit Christus und um die Heiligung von Leib und Seele im Abendmahl bittet[1709]. Es hat wiederum vorbereitenden Charakter[1710].

Anders ist die Stellung der Abendmahlsgebete in den späteren reformierten Ordnungen. Calvin und die an ihn anknüpfenden Ordnungen stellen das Abendmahlsgebet vor die EW ganz zu Beginn des Abendmahlsteils[1711]. In den Genfer Ordnungen und der deutschen Übersetzung steht dieses Gebet in den Agenden noch nicht einmal im Abendmahlsabschnitt, sondern bei den Predigtannexen. Inhaltlich bezieht sich der fast ausschließlich aus Bitten bestehende Text aber völlig auf das Abendmahl, die erhofften Wirkungen und die innere Disposition des Empfangs. Indem dieses Gebet jeweils um die rechte Weise der Gedächtnisfeier bittet[1712], nimmt es für sich nicht in Anspruch, schon selbst diese 'Feier' zu sein, und steht somit nicht in direkter Parallele zum Eucharistischen Hochgebet.

8.1.3.3 Das schottische Eucharistiegebet als Sonderfall

Demgegenüber ist die schottische Tradition abzugrenzen, die ein ausgiebiges Danksagungsgebet vor der Kommunion neu konzipiert[1713] und damit an das Grundmotiv des Eucharistischen Hochgebets anknüpft[1714]. Aber nicht nur motivische, sondern auch strukturelle Parallelen ergeben sich[1715]. Das Gebet beginnt mit dem Lobpreis[1716], gedenkt dann der Schöpfung[1717], hauptsächlich aber der Erlösung[1718]. Es erfolgt das Gedächtnis des Heilswerkes

---

[1709] Vgl. Württemberg 1553 (CD 1,254f); Kurpfalz 1556 (EKO 14,149). Das Gebet ist aus dem Vorbereitungsgottesdienst der Kölner Ordnung (vgl. Köln 1543,CIIIIʳ) übernommen und minimal abgeändert (vgl. Drömann, Württemberger Ordnungen 254[52]; Brunner, Abendmahlszeugnis 197[89]). Mit dieser Bitte ist die Thematik der Kommunionepiklese aufgegriffen.

[1710] Vgl. Kolb 336.

[1711] Vgl. Genf 1542, 1542A, 1545 (CD 1,355f); Genf dt. 1563,14f; Pollanus 1551, 1552, 1554, 1555 (Honders 78-81); Micron 1554, a Lasco 1555 (CD 1,438f). Der Text des Abendmahlsgebets unterscheidet sich bei a Lasco und Micron erheblich von der Vorlage Calvins. Zu Calvins Abendmahlsgebet vgl. Cadier.

[1712] "Donne nous donques en ceste maniere, Pere celeste, de celebrer auiourd'huy la memoire et recordation bien-heureuse de ton cher Filz, nous exerciter en icelle, et annoncer le benefice de sa mort" (Genf 1542, 1542A, 1545 (CD 1,356)); "Dermassen gib/himlischer vater/daß wir heut die herliche vnd seelige gedechtnuß deines lieben Sons halten vnd begehen/vns darinnen zu vben vnd die wolthat seines tods zuuerkünden" (Genf dt. 1563,15; vgl. ebenso Pollanus 1551, 1552, 1554, 1555 (Honders 80f)).
Die Londoner Flüchtlingsgemeinde formuliert anders: "Wij bidden v dan oetmoedelick, alderheilichste Vader, wilt ons ghenade gheuen: dat wy dese onwtsprekelicke weldaet (in onse herten doer uwen gheest verweckt synde) werdelick ouerlegghen, ende onse gelooue in de selue oeffenen moghen" (Micron 1554 (CD 1,438)); "Te igitur supplices oramus, sanctissime Pater! ut tantum eius ipsius filii tui in nos beneficium, excitatis per Spiritum sanctum tuum nostris animis, digne nobiscum reputare fidemque in illum nostram exercere possimus" (a Lasco 1555 (CD 1,438)).

[1713] Während sich Knox ansonsten vielfach an Calvins Formulierungen anlehnt, handelt es sich hier um eine Neuschöpfung, für die weder textlich noch strukturell bei Calvin eine entsprechende Vorlage auszumachen ist (vgl. Maxwell 126[5]; Spinks, Lord 80). Der erste Abschnitt geht auf einen älteren Entwurf von Knox selbst zurück (vgl. Spinks, Lord 80).

[1714] Vgl. FoP 1556, 1564 (CD 1,476f). Das Gebet wird als Vollzug des Dankes eingeführt und als Modell abgedruckt: "then he taketh bread and geueth thankes, either in these woordes followinge, or like in effect" (FoP 1556, 1564 (CD 1,476)).

[1715] Zum Ganzen vgl. Maxwell 126[5]; Spinks, Lord 79f.

[1716] "O Father of mercye and God of all consolation..." (FoP 1556, 1564 (CD 1,476)).

[1717] "...first that thou haste created vs to thyne own Image and similitude..." (FoP 1556, 1564 (CD 1,476)).

[1718] "...that thou haste deliuered vs, from that euerlasting death and damnation..." (FoP 1556, 1564 (CD 1,476)).

Christi von der Inkarnation bis zu Tod und Auferstehung - immer in soteriologischer Perspektive[1719]. Danach findet sich die Bezugnahme auf die Einsetzung und den Befehl Jesu, ohne hier wie im Eucharistischen Hochgebet die EW zu zitieren. Gegenüber dem Eucharistischen Hochgebet werden zudem der Bezug auf die Einsetzung und die Anamnese von Tod und Auferstehung in ihrer Reihenfolge vertauscht. Die Bezugnahme ist kombiniert mit einer 'offertorialen' Aussage, die aber nicht die Gaben sondern die Feiernden 'darbringt': "...yet neuertheles at the commaundement of Iesus Christ our lorde, we present our selues to this his table (which he hath left to be vsed in remembrance of his death vntyll his comming agayne)..."[1720]. Die erfahrene Erlösung wird nochmals in einem eigenen Abschnitt zusammengefaßt[1721]. Danach folgt aber kein epikletischer Abschnitt, wie man in Parallele zum Eucharistischen Hochgebet erwarten könnte, sondern die Erklärung der schon geschehenen Erlösung in Christus, die mit vier 'by him allone'-Formeln bekräftigt wird[1722]. Die Aussage kulminiert im Fürsprechertum Christi im Himmel und der Hoffnung auf die Auferstehung und die endzeitliche Sammlung der Erwählten[1723]. Das Gebet schließt dann mit einer den Lobpreis wieder aufnehmenden Doxologie. In ihr findet sich auch ein Bezug auf den Hl. Geist - nicht in Form einer Epiklese, sondern als allgemeine, aber auch im Moment gültige Aussage, daß der Geist die Gemeinde zur Danksagung befähigt[1724].

Das Gebet zeichnet sich somit dadurch aus, daß es die für ein Eucharistisches Hochgebet typische Linie in etwa verfolgt. Nur bildet das Gedächtnis von Tod und Auferstehung nicht den Vollzug des Gedächtnisbefehls, sondern ist Vergewisserung der (schon) geschenkten Erlösung, auf die erst der Bezug zur aktuellen Feier und ihrer Einsetzung erfolgt. Deshalb muß das Gebet auch nicht um erneute Wirksamkeit bitten und von anamnetischem in epikletisches Sprechen wechseln[1725], sondern die Feier und damit der letzte Abschnitt des Gebets stellen einen Bekenntnisakt der Gemeinde dar, daß sie in Christus die Erlösung, einen Fürsprecher im Himmel und die Hoffnung auf die endzeitliche Vollendung geschenkt bekommen hat.

[1719] Schon die Inkarnation wird soteriologisch gesehen: "...to be made man, lyke vnto vs in all thynges, (synne except) that in his bodye he myght receiue the ponishmentes of our transgression..." (ebd.). Tod und Auferstehung werden selbstverständlich in ihrer erlösenden Funktion dargestellt: "...by his death to make satisfaction to thy iustice, and by his resurrection to destroye hym that was auctor of death, and so to reduce and bring agayne life to the world, frome which the whole offspringe of Adame moste iustly was exiled" (FoP 1556, 1564 (CD 1,476)).

[1720] FoP 1556, 1564 (CD 1,476f).

[1721] Vgl. den Abschnitt "O lord we acknowlege" (FoP 1556, 1564 (CD 1,476)).

[1722] "...to declare and witnes before the world, that by hym alone we haue receued libertie, and life: that by him alone, thou doest acknowlege vs thy chyldren and heires: that by hym alone, we haue entrance to the throne of thy grace: that by hym alone, we are possessed in our spirituall kingedome, to eate and drinke at his table..." (FoP 1556, 1564 (CD 1,477)).

[1723] "...with whome we haue our conuersation presently in heauen, and by whome, our bodies shalbe reysed vp agayne frome the dust, and shalbe placed with him in that endles ioye, which thow (o father of mercye) hast prepared for thyne elect, before the foundation of the worlde was layde" (FoP 1556, 1564 (CD 1,477)).

[1724] "...therefore we thy congregation moued by thy holy sprite render thee all thankes, prayse, and glorie for euer and euer" (FoP 1556, 1564 (CD 1,477); vgl. Spinks, Lord 80[109]). 1564 wird dieses Gebet noch mit einem 'Amen' bestätigt (vgl. FoP 1564 (CD 1,477[28])).

[1725] Ein Jh. später wird jedoch auch in die schottische Abendmahlsliturgie eine Epiklese eingeführt (zum Überblick vgl. Maxwell 126[5]).

8.2 Die inhaltlichen Aspekte der evangelischen Abendmahlsgebete

In diesem Abschnitt soll untersucht werden, inwieweit die Motive, die die *heutige* Liturgiewissenschaft als für die Gattung 'Eucharistisches Hochgebet' prägend ansieht, in den evangelischen Abendmahlsgebeten weitergeführt werden[1726]. Gemeint sind damit lobpreisender Dank, Gedächtnis (anamnetischer Abschnitt) und Bitte (epikletischer Abschnitt). Die letzten beiden kulminieren jeweils in der speziellen Anamnese bzw. der Epiklese. Sicher wird dabei die Subsumierung bestimmter Abschnitte unter die genannten Begriffe um so mehr auf Schwierigkeiten stoßen, je deutlicher sich das ganze Gebet vom Eucharistischen Hochgebet entfernt hat, da die genannten Kategorien in der heutigen Liturgiewissenschaft anhand der altkirchlichen Eucharistiegebete entwickelt worden sind.

Ein solches Vorgehen steht deshalb in der Gefahr, die von heutiger (katholischer) Liturgiewissenschaft als Ideal herausgearbeitete Form des Eucharistischen Hochgebets als Paradigma unhinterfragt zu übertragen. Dies muß aufgrund des gewählten methodischen Ansatzes vermieden werden. Trotzdem ist das genannte Vorgehen gerechtfertigt, einerseits um die Weiterentwicklung dieser - zumindest in Resten - auch vor der Reformation vorhandenen Kategorien zu skizzieren, zum anderen um Gründe für eine Veränderung bzw. für eine Eliminierung einzelner Inhalte festzuhalten, letztlich aber um die mit den Änderungen sich ergebenden theologischen Implikationen deutlicher herauszuarbeiten.

Aus der Natur des Ansatzes heraus ist es selbstverständlich, daß die genannten Textformen und Motive zunächst in den Adaptionen und Rudimenten des Canon Romanus wiedergefunden werden können, daneben lassen sich aber Textformen in den vom Canon Romanus unabhängigen Abendmahlsgebeten finden, die in inhaltlicher wie formaler Nähe dazu stehen.

8.2.1 Der Aspekt der Danksagung und des Lobpreises

Die heutige Liturgiewissenschaft ordnet Danksagung und Lobpreis[1727] in den Eucharistiegebeten des Westens der Präfation[1728] und dem Sanctus, aber auch dem doxologischen Schluß zu. Die Präfation ist in den westlichen Eucharistiegebeten der alleinige Ort des Dankes und des Lobpreises[1729]. Zugleich aber ist sie der Ort, an dem neben den Communicantes-Einschüben und der speziellen Anamnese vorrangig anamnetische Elemente ihren Platz haben[1730], so daß sich die für den Westen typische Verknüpfung von Dank und Gedächtnis findet. Das Motiv der Danksagung und des Lobpreises bleibt nun in den Abendmahlsgebeten der Reformation insofern erhalten, als Präfation und Sanctus in der nicht-reformierten

---

[1726] Selbstverständlich kann dies hier nur in knapper, kursorischer Form geschehen.

[1727] Heute unterscheidet man - anders als noch vor einigen Jahrzehnten - genauer zwischen 'preisen' und 'danken'. Im Westen steht der Dank und damit das soteriologische Handeln Gottes am Menschen im Vordergrund, während die Preisung im jüdischen Kontext um der Würde Gottes willen geschieht (vgl. Gerhards, Präfationen 207).

[1728] Zur Präfation im vorreformatorischen Gottesdienst vgl. Rietschel/Graff 325f; Jungmann, MS 2,145-161; Reindell 463-488. Daschner kann in den vorreformatorischen süddeutschen Missalien einen durchgängig festen Bestand von 11 Präfationen nachweisen (vgl. Daschner 143). Zum Bedeutungsspektrum des lateinischen Begriffs 'praefatio', mit dem in der christlichen Liturgie die feierliche Proklamation bezeichnet wird, vgl. Mazza 36-41.
Zur Präfation in den reformatorischen Ordnungen vgl. Rietschel/Graff 371f; Graff, Auflösung 1,186; Meyer, LM 176; Reindell 489-508; Daschner 143-148.

[1729] Vgl. Gerhards, Eucharistisches Hochgebet 973.

[1730] Zu der häufigen Bezeichnung als 'Präfation' oder als 'Vorrede' in beiden Konfessionen vgl. Goertz, Begriffe 176-178.399; Ringel 118-125 (katholisch) und Goertz, Begriffe 326f; Ringel 361f (evangelisch).

Tradition nicht eliminiert werden; es handelt sich also um die Teile, auf die sich dieses Motiv auch schon im Canon Romanus reduziert[1731].

8.2.1.1 Die Präfation

Daß die Präfation Ort der Danksagung ist, ist auch mittelalterlichen Meßerklärungen klar[1732]. Da der Inhalt dieser Danksagung für die Reformatoren nicht anstößig ist, kann die Präfation (vor allem im Falle eines beibehaltenen lateinischen Gottesdienstes) erhalten bleiben[1733]. Dies wird auch dadurch erleichtert, daß die Präfation eine gewisse literarische Einheit darstellt[1734]. Die frühe Ordnung von Schwäbisch-Hall 1526 knüpft insofern an die Danksagung in der Präfation an, als zum Dankgebet vor den EW aufgefordert wird. Allerdings wird kein Text angegeben, sondern das Gebet soll innerlich geschehen[1735]. Seltener wird die Danksagung als konstitutiv für die Abendmahlsfeier angesehen und theologisch begründet[1736]. Ein besonderes Beispiel ist hierfür die Kölner Ordnung, die ausdrücklich die Danksagung als konstitutiven Akt der Abendmahlsfeier herausstellt[1737] und eine ausgedehnte Präfation besitzt[1738], der die EW mit einem Amen der Gemeinde folgen[1739].

Insgesamt ist einerseits die Tendenz zu erkennen, die Präfationen sprachlich wie inhaltlich deutlicher an die Bibel rückzubinden[1740], statt es bei der vorreformatorisch stark dogmatischen Ausprägung zu belassen. Andererseits verfällt die Präfation zusehends, und schon die ersten reformatorischen Ordnungen bieten oft nur das Gerüst in Form der praefatio communis. Die Präfation kann in Deutschland erst im 19. Jh. wieder zurückgewonnen werden[1741]. Ihr relativer Charakter wird auch daran deutlich, daß die Präfation oft nur an Festtagen ihren Platz finden kann - teilweise auch neben, d.h. vor oder hinter der Vermahnung oder alternierend zur ihr[1742].

[1731] Vgl. Meyer, LM 178. Zum Aspekt des Lobpreises in den evangelischen Eucharistiegebeten des 16. Jh. vgl. auch Hauke 32-54. Hauke verabsolutiert aber den Lobpreis als entscheidendes Kriterium des Eucharistiegebets in einem Maße, daß die Ordnungen des 16. Jh. nur als höchst defizitär betrachtet werden können (vgl. Hauke 54).

[1732] Vgl. Meyer, LM 173.

[1733] Vgl. Meyer, LM 175. Zu den Ordnungen, die die Präfation beibehalten vgl. oben Anm. 1676.

[1734] Vgl. Gerhards, Präfationen 206.

[1735] "Zum andren nach dem von gemeiner kirchen mit andechtigem Innerlichem gebet got vnserm Herrn gedanckt, Sol der Diaconus Pfarrer oder wer dartzu verordnet wurt mit lauter stim in teutscher sprach das brot vnd den wein segnen" (Schwäbisch-Hall 1526 (CD 1,257); vgl. Weismann, Gottesdienstordnung 10; Drömann, Württemberger Ordnungen 246).

[1736] Vgl. oben 8.1.1.

[1737] Vgl. Köln 1543,XCVI^r.

[1738] Vgl. Köln 1543,CX^r; Hauke 44f.

[1739] Das Amen der Gemeinde wird ausdrücklich mit dem Verweis auf die altkirchliche Tradition begründet (vgl. Köln 1543,CX^v; Jungkuntz 143^{96}). Köhn bewertet die Präfation scharf: "Das Bedenken übertrifft in der Gestaltung der Präfation alle seine Vorlagen an Konservativismus" (Köhn 121). Pahl sieht diese Präfation stark durch die Belehrung über Gottes Erlösungswerk geprägt (vgl. Pahl, Hochgebet 232). Sicher ist der hohe anamnetische Anteil für eine klassische Präfation ungewöhnlich.

[1740] Vgl. Pahl, Hochgebet 233.

[1741] Vgl. Pahl, Hochgebet 233.

[1742] Vgl. Pahl, Hochgebet 231f; Meyer, LM 176.

8.2.1.2 Das Sanctus

Das Sanctus[1743] geht im Kernbestand auf Jes 6,3 zurück, findet sich schon im Synagogengottesdienst[1744] und spricht zunächst von Gott in der 3. Person. Diese Form wird z.T. auch im christlichen Gottesdienst[1745] weitertradiert[1746], aber es findet sich auch eine christologische Umdeutung[1747], die ihre Grundlage besonders im angehängten, immer christologisch verstandenen Benedictus nach Mt 21,9[1748] hat, aber auch schon mit der Zitation in Offb 4,8 in Verbindung gebracht werden muß[1749]. Die im christlichen liturgischen Gebrauch gängige Umformung in direkte Anrede[1750] verstärkt diese Deutung, besonders die im Osten anzutreffende Umformung von 'der da kommt' zu 'der kam und der kommen wird'[1751].

In bezug auf den Umgang der Reformatoren mit dem Sanctus ist die unterschiedliche Funktion wichtig, die das Sanctus einnehmen kann. In der Gott anredenden oder ihn in der 3. Person benennenden Version bildet das Sanctus die kulminierende Ausführung des Lobpreises Gottes; da es sich aber um den Gesang der Engel handelt (vgl. Jes 6,3; Offb 4,6-11), wird das Sanctus zugleich zum Verbindungsglied zwischen irdischer und himmlischer Liturgie[1752]. Wichtig ist aber, in welcher Weise diese Verbindung hergestellt wird. Die im 'Sursum corda' ausgedrückte Verbindung mit dem in den Himmel erhöhten Herrn, durch den überhaupt erst das Dankgebet an den Vater möglich ist, wird mit dem Sanctus aktualisiert. Als eigentlicher Ort der lobpreisenden Liturgie ist damit der Himmel herausgestellt, die feiernde Gemeinde aber weiß sich durch ihre Verbindung mit dem erhöhten Herren darin eingebunden!

[1743] Zum altkirchlichen und vorreformatorischen Gebrauch des Sanctus vgl. Rietschel/Graff 326f; Jungmann, MS 2,161-173; Müller, Ordinarium 37f; Gerhards, Entstehung 83f; Gerhards, Gregoriosanaphora 62f.213-225; Spinks, Sanctus 57-103; Taft, Interpolation 1; Taft, Interpolation 2; Bradshaw, Search 156f.

[1744] Zum jüdischen Hintergrund zusammenfassend vgl. Spinks, Sanctus 11-45.

[1745] Das Sanctus findet sich schon ab dem 4. Jh. in den Eucharistiegebeten (vgl. Taft, Interpolation 2,84-106; Spinks, Sanctus 57-103; Gerhards, Eucharistisches Hochgebet 973), während es in einigen der ältesten (z.B. dem der TrAp) fehlt (vgl. Gerhards, Entstehung 83; Taft, Interpolation 1,288.304-306). Binnen kürzester Zeit setzt es sich als fester Bestandteil des Eucharistischen Hochgebets durch und findet sich immer zwischen lobpreisendem Beginn und den EW, was auf einen gemeinsamen Ursprung schließen läßt (vgl. Taft, Interpolation 1,288; 2,113f). Diese Integration ist jedoch nur in den ägyptischen Anaphoren völlig geglückt, weshalb Taft hier den Ursprung des Integrationsprozesses sieht (vgl. Taft, Interpolation 2,119f), während das Sanctus in den anderen Liturgiefamilien deutlicher als Einfügung zu erkennen ist (vgl. Taft, Interpolation 2,114).

[1746] Taft resümiert: "Everywhere, the chant was originally addressed to God the Father with neither trinitarian nor christological overtones" (Taft, Interpolation 2,116; vgl. auch ebd. 2,120).

[1747] Zur christologischen Umdeutung vgl. Gerhards, Gregoriosanaphora 213-225. Später findet sich auch eine trinitarische Umdeutung (vgl. Gerhards, Gregoriosanaphora 219; Taft, Interpolation 2,114.120).

[1748] Vgl. Gerhards, Gregoriosanaphora 221-223; Taft, Interpolation 1,284f; 2,114.116f.120; Spinks, Sanctus 116-121; zu den ersten christlichen Vorkommen vgl. Taft, Interpolation 1,298-304.

[1749] Vgl. Gerhards, Gregoriosanaphora 214f.

[1750] Nun heißt es: "Himmel und Erde sind voll von deiner Herrlichkeit". Die Ausweitung des Ausdrucks "die ganze Erde" (Jes 6,3) zu "Himmel und Erde" ist nicht erst durch den Glauben an den erhöhten, zur Rechten Gottes sitzenden Kyrios motiviert, sondern erfolgt bereits im Judentum (vgl. Gerhards, Gregoriosanaphora 62f.218).

[1751] Vgl. Taft, Interpolation 1,285.

[1752] Vgl. Mazza 48; Hofius.

Spätestens durch die Verbindung des atl. Sanctus-Textes mit Mt 21,9 und dem doppeltem Hosanna[1753], z.T. durch eine dezidiert christologische Umformung, ergibt sich eine Bedeutungsverschiebung, in der das Sanctus innerhalb der Eucharistiefeier zum Begrüßungsakt wird und der Blick vom Lobpreis Gottes auf die Präsenz Christi gelenkt werden kann. Damit ist die Ausrichtung aber von der himmlischen Liturgie auf die irdische Liturgie gewendet. Mit dem Sanctus wird jetzt die 'Ankunft Christi' auf Erden gepriesen, so daß die 'Liturgie des Himmels' nun auf Erden stattfindet: Die Gemeinde feiert eine 'himmlische Liturgie' der realen Präsenz Christi.

In dem Maße, wie die damit im Westen verbundene Konsekrationsvorstellung unter die Kritik vor allem reformierter Theologen des 16. Jh. gerät, wird auch das Sanctus aus der Abendmahlsfeier eliminiert. Das Sanctus bleibt aber wie die Präfation in einem Teil der evangelischen Ordnungen erhalten[1754].
Die lutherischen Ordnungen verwenden das Sanctus entweder an der traditionellen Stelle zwischen Präfation und EW, nach den EW (schon vorreformatorisch läßt sich die Verlagerung des Benedictus hinter die EW nachweisen[1755]) oder als Kommuniongesang, z.T. in paraphrasierender Form[1756]. Alle diese Formen können sich auf Vorgaben Luthers berufen[1757]. In der ersten Form bildet das Sanctus weiterhin die Ausführung des lobpreisenden Motivs des Eucharistischen Hochgebets. Die zweite Form stellt noch deutlicher die Begrüßung des (nach den als konsekratorisch aufgefaßten EW) gegenwärtigen Herrn dar; so sieht es auch die zeitgenössische katholische Interpretation[1758].
Einzig die Form des Luther-Liedes bleibt zurückhaltender, und es wird deutlich, daß die lobpreisende Funktion nicht mehr im Mittelpunkt steht, da der Text narrativ umgebaut ist (somit auch die Anrede wieder wegfällt!) und dem biblischen Text angeglichen wird. Die Eliminierung des Benedictus[1759] und die Konzentration auf den Jesaja-Text zeigen eine Neuinterpretation des Textes durch Luther an[1760]. Es geht ihm um die Parallelisierung der Jesaja-Szene mit dem Kommunionempfang: Somit gibt die reinigende Berührung mit der glühenden Kohle das Bild für die im Abendmahl empfangene Sündenvergebung ab[1761].

[1753] Vgl. Gerhards, Entstehung 83; Gerhards, Gregoriosanaphora 63.

[1754] Zur weiteren Verwendung des Sanctus in den Abendmahlsordnungen der Reformation vgl. Rietschel/Graff 372; Müller, Ordinarium 38f. Als Bezeichnungen finden sich im katholischen Raum meist das Lehnwort 'Sanctus' oder die Bezeichnung 'englischer Gesang' (vgl. Goertz, Begriffe 178.399; Ringel 125-129), im evangelischen Raum bleibt das Lehnwort 'Sanctus' erhalten, evtl. wird ein 'deutsch' davorgesetzt, um den Sprachwechsel anzuzeigen, oder es werden die ersten Worte des Luther-Liedes ('Jesaia dem Propheten das geschah'; vgl. Luther, DM 1525 (CD 1,39); Wackernagel 3,18f; HDEKM 1.1,Nr. 80) als Bezeichnung verwandt (vgl. Ringel 370-372). Eine eigenwillige Übersetzung bietet die frühe Straßburger Tradition (vgl. Straßburg/Schwarz 1524 (CD 1,312); Spinks, Sanctus 155f).

[1755] Vgl. Meyer, LM 181³⁴.

[1756] Die hier vorgenommene Einteilung stimmt nicht völlig mit der von Spinks überein (vgl. Spinks, Sanctus 151-154).

[1757] Vgl. Spinks, Sanctus 151.

[1758] Vgl. Meyer, LM 182.187.

[1759] Wegen dieser Eliminierung urteilt Meßner sehr scharf über das Lied an dieser Stelle: "kein allzu glücklicher Wurf" (Meßner, Meßreform 201).

[1760] Hauke ignoriert diese Neuinterpretation (vgl. Hauke 38).

[1761] Vgl. Spinks, Sanctus 151. Zum Sanctus und seiner unterschiedlichen Funktion in den evangelischen Abendmahlsfeiern vgl. auch 12.7.1.2.

Anders als die lutherischen Liturgien eliminieren die reformierten Ordnungen des 16. Jh. das Sanctus aus der Abendmahlsliturgie, nicht nur weil nicht die Messe den Ausgangspunkt ihrer Liturgiegestaltung bildet, sondern weil die Vorstellung einer somatischen Realpräsenz (die man dann auch noch begrüßt) für diese Theologen unerträglich ist. Zugleich paßt die Vorstellung, die Gemeinde feiere eine himmlische Liturgie, nicht in die reformierte Liturgie- und Abendmahlstheologie. Ab Farel stellt das veränderte 'Sursum corda' demgegenüber die andere Theologie der Reformierten dar[1762].

Die anglikanische Tradition steht bezüglich des Sanctus genau zwischen diesen beiden Positionen. Findet sich im BCP 1549 noch ein Sanctus in englischer Übertragung an traditioneller Stelle nach der Präfation, d.h. 'zu Beginn' des neu konzipierten Canons[1763], so vollzieht Cranmer im BCP 1552 eine erhebliche Änderung. Einerseits wird zwischen Sanctus und Eucharistischem Hochgebet das 'Prayer of Humble Access' eingeschoben[1764], ein Gebet, das die eigene Unwürdigkeit herausstellt und mit dem Sanctus zusammen eine ähnliche Funktion ausüben kann wie Luthers Paraphrase von Jes 6[1765]. Andererseits wird nun ausdrücklich das Benedictus ausgelassen, weil es zu sehr die Vorstellung eines leiblichen Kommens Christi impliziert[1766].

8.2.1.3 Sonstige Danksagungselemente in den Abendmahlsgebeten

Für zwei Schweizer Abendmahlsgebete ist die Besonderheit zu vermerken, daß die Danksagung als Thema der Abendmahlsfeier nicht nur gesehen, sondern auch deutlich im Abendmahlsgebet in einem zur speziellen Anamnese äquivalenten Abschnitt artikuliert wird. So heißt es in Zürich: "Allmechtiger gott, der uns durch dinen geyst...zů einem dinem lyb gemacht hast, welchen lychnam du geheissen hast dir lob und danck sagen umb die gůthät und frye gaab, das du din eingebornen sun, unseren herren, Jesum Christum, für unser sünd in den tod ggeben hast"[1767]. In Basel heißt es: "O Herr bespreng also mit dynem blůt unsere hertzen, das wir als danckbare fürthin, nit uns selbs sůchen, aber dyn lob, nitt uns, aber dir låben...darumb wir ouch nun sölche gůtthat unser erlösung, mit dancksagung begeren zů pryßen, und yngedenck syn, wie sy unns in dem bruch des Herren Nachtmals, zů bedencken befohlen sind."[1768] Beide Texte stellen die Danksagung als Antwort des Menschen auf das Handeln Gottes heraus. Bei beiden Belegen ist das Gebet aber nicht schon selbst der Vollzug dieser Danksagung.[1769] Inhalt des Dankes ist auf jeden Fall die Erlösung durch den Tod Jesu Christi.

Calvin hingegen thematisiert - entsprechend seiner Gebetstheologie - in seinem Abendmahlsgebet die Danksagung deutlich als Folge der Wirkung des Sakramentsempfangs: "...et comme à tes enfans et heritiers bien aimez, de nous pourveoir de toutes choses necessaires, tant au

---

[1762] Vgl. unten 11.2.2.

[1763] Vgl. BCP 1549 (CD 1,398); Spinks, Sanctus 157f.

[1764] Vgl. Buchanan, Lord's Supper 381.

[1765] Vgl. Spinks, Sanctus 158; Buchanan, Lord's Supper 383[10].

[1766] Vgl. Buchanan, Lord's Supper 383[10]; Spinks, Sanctus 158.

[1767] Zürich 1525 (CD 1,194); vgl. Lutz 254f.

[1768] Basel 1537 (CD 1,222).

[1769] Bei Zwingli bildet die Kommunion die entscheidende Danksagung (vgl. Lutz 252), daneben finden sich auch lobpreisende Elemente außerhalb des Abendmahlsgebets (vgl. Lutz 254f), besonders nach der Kommunion (vgl. 13.3.2).

corps comme à l'ame: afin que incessamment, nous te rendions gloire et action de grace, et magnifions ton Nom, par oeuvres et par parolles"[1770]. Diese Formulierung stammt aus der Straßburger Tradition: "...vnd vns inn allem an leib vnd seel versehen, wie deine liebe kinder vnd erben, das wir dir alle zeit lob vnd danck verjehen vnd deinen h. namen preysen mit allen vnseren worten vnd wercken"[1771]. Damit ist die Danksagung klar als Folge des Heilswirkens Gottes herausgestellt und ihr logischer Ort hinter die Kommunion verlegt.

8.2.1.4 Resümee

Für die reformatorischen Ordnungen ist eine deutliche Reduktion des Lobpreises und des Dankes in den Abendmahlsgebeten zu vermerken. Damit wird die Tendenz fortgeführt, die sich schon für die vorreformatorische Liturgie feststellen läßt. Obwohl wenigstens von einigen evangelischen Theologen der Dank als konstitutives Element der Abendmahlsfeier gesehen wird[1772], führt dies nicht zu einer Wiedererlangung des Eucharistischen Hochgebets. Die Versuche einer Neugestaltung des Canons[1773] bzw. eines unabhängigen Danksagungsgebets bei Knox[1774] bleiben singulär. Ansonsten bleibt der Vollzug der Danksagung unklar oder wird als Ziel benannt, auf das die Feier erst hinführen muß. Die dargestellte Reduktion des Dankes und des Lobpreises in den evangelischen Abendmahlsgebeten[1775] bedeutet nicht, daß die reformatorischen Ordnungen Lobpreis und Danksagung nicht kennen! Diese finden sich freilich verlagert in Abendmahlslieder während und Dankgebete nach der Kommunion[1776], damit verbunden aber stehen sie an einer konstitutiv anderen Stelle der Abendmahlsfeier, eben während oder nach dem eigentlichen Mahl.

Diese Verlagerung steht in Kongruenz zur Abendmahlstheologie der Reformatoren, gleichgültig welcher konfessionellen Ausrichtung sie angehören. Der Dank hat für sie primär als Antwort auf den Empfang von Leib und Blut Christi bzw. auf die durch das Abendmahl empfangene Versicherung ihren Platz und weist besonders in der reformierten Tradition über das Gebet auf die Lebenspraxis hinaus.

8.2.2 Der anamnetische Aspekt

Indem das Eucharistische Hochgebet die Funktion der "aktuelle[n] Vergegenwärtigung der gesch. Heilstat Gottes in Jesus Christus"[1777] hat, bildet die Anamnese in der Nennung konkreter atl. und ntl. Heilsereignisse gleichzeitig die Begründung für den die Feier bestimmenden Dank. Zugleich bleibt sie die Grundlegung für den weiteren Verlauf des

---

[1770] Genf 1542, 1542A, 1545 (CD 1,356). In der deutschen Ausgabe heißt es: "...vnd vns in allem an leib vnd seel versehen/wie deine liebe kinder vnd erben/daß wir dir allezeit lob vnd danck sagē/vnd deinen H. Namen preysen/mit allen vnsern worten vnd wercken..." (Genf dt. 1563,15). Vgl. auch Pollanus 1551, 1552, 1554, 1555 (Honders 80f).

[1771] 3. Abendmahlsgebet, Straßburg 1537ff (CD 1,321)).

[1772] Vgl. 8.1.1.

[1773] Vgl. 8.1.2.

[1774] Vgl. 8.1.3.3.

[1775] Der Lobpreis in der Schlußdoxologie des Canon Romanus wird in den reformatorischen Ordnungen praktisch nie aufgenommen (vgl. Schmidt-Lauber, Entfaltung 171), weil diese Doxologie in der spätmittelalterlichen Theologie nicht als Abschluß verstanden und der Lobpreis überhaupt reduziert wird.

[1776] Vgl. 12.7.1.2 und 13.2.

[1777] Gerhards, Eucharistisches Hochgebet 972.

Eucharistischen Hochgebets, denn die EW und die an sie gebundene spezielle Anamnese bilden die Konkretisierung des die ganze Menschheitsgeschichte begleitenden Heilshandelns Gottes an den Menschen, das in und als Folge der Feier (und der empfangenen Gaben) auch weiterhin erhofft wird. Im Westen sind die Dankmotive mit dem anamnetischen Abschnitt verwoben, der Osten trennt beide stärker voneinander[1778].

8.2.2.1 Die anamnetischen Abschnitte außerhalb der speziellen Anamnese

Im römischen Ritus werden Dank und anamnetischer Teil in dem Maße reduziert, wie der Canon Romanus von Bitten bestimmt ist, die schon direkt nach dem Sanctus im Abschnitt 'Te igitur' beginnen. Der Dank findet ausschließlich in der Präfation seinen Platz, die den Grund des Dankes aber weniger anamnetisch (i.S. von heilsgeschichtlich), sondern häufig als dogmatische Wahrheit artikuliert. Anamnetisch bestimmt bleibt dann der Communicantes-Abschnitt mit den jeweils wechselnden Einschüben[1779].

Aufgrund der geringen Entfaltung des anamnetischen Abschnitts in der vorreformatorischen Vorlage ist es nicht verwunderlich, daß die reformatorischen Abendmahlsgebete fast keine anamnetischen Abschnitte über das Gedächtnis von Leiden, Tod und Auferstehung Christi hinaus bieten. Nur an wenigen Stellen wird überhaupt der Schöpfung gedacht[1780], während der anamnetische Abschnitt ansonsten christologisch geprägt ist.
Außer der Passion wird nur in wenigen Ordnungen die Inkarnation thematisiert[1781]. So heißt es bei Schwarz: "Dyweyl nun, almechtiger ewiger gott, geliebter und barmherziger vatter, dein einiger sun, unser herre Jesus, in die welt komen ist zu einem arzet der kranken und nit der gesunden, und aber unser blindheyt die gegenwurtige schand der sunden durch sich selbs nit sehen noch fur krankheyt erkennen mag: dan wir leider vergifft sind und in unser irrung und ubertretung uns selbs gefallen, die gebott hassen, die laster lieben"[1782]. Typisch ist an diesem Beispiel, daß auch die Inkarnation auf die sündhafte Existenz bezogen wird, letztere aber im Text schon wesentlich größeren Raum erhält als die Inkarnation selbst. Auch in Mecklenburg wird die Inkarnation ganz unter soteriologischer Perspektive gesehen: "...das du aus grosser liebe gegen der armen menschlichen creatur für uns gebeten hast, und hast menschliche natur an dich genomen, damit nicht die menschen ganz in ewikeit verworfen würden"[1783]. Bei Knox heißt es: "whom of verie loue thou didest giue to be made man, lyke vnto vs in all thynges, (synne except)"[1784]. Deutlich wird bei diesem Beispiel die Inkarnation auf der Folie der Sünde thematisiert: "but chieflye that thou haste deliuered vs, from that euerlasting death and damnation into which Satan drewe mankinde by the meane of synne"[1785].

[1778] Vgl. Gerhards, Eucharistisches Hochgebet 973.

[1779] Vgl. Gerhards, Eucharistisches Hochgebet 973.

[1780] Zürich 1523 beginnt bei der Schöpfung, die atl. Zeit wird allerdings nur als Zeit der Schuld dargestellt (vgl. Zürich 1523 (CD 1,185)). Auch das schottische Dankgebet thematisiert zunächst die Schöpfung: "first that thou haste created vs to thyne own Image and similitude" (FoP 1556, 1564 (CD 1,476)).

[1781] Zum Motiv der Inkarnation in den Abendmahlsvermahnungen vgl. 7.8.2.3.

[1782] Straßburg/Schwarz 1524 (CD 1,313).

[1783] Mecklenburg 1552 (CD 1,102).

[1784] FoP 1556, 1564 (CD 1,476).

[1785] FoP 1556, 1564 (CD 1,476).

An diesen Beispielen wird deutlich, daß die Anamnese gänzlich christologisch, letztlich soteriologisch orientiert ist, d.h. die Zeit vor Jesus wird einzig als Zeit der Sünde angesehen, die Inkarnation als Beginn der Erlösung.[1786]

8.2.2.2 Die spezielle Anamnese und die Darbringungsformel

Die 'spezielle Anamnese' ist der die aktuelle Feier und damit oftmals die Darbringungsformel begründende Abschnitt des Eucharistischen Hochgebets, in dem des Christusereignisses mit Tod, Auferstehung, Himmelfahrt und verheißener Wiederkunft gedacht wird und der das 'Gedächtnis'-Motiv und damit den Wiederholungsbefehl der EW wieder aufnimmt[1787]. Sie ist der aus den EW herauswachsende und über die aktuelle gottesdienstliche Handlung reflektierende Abschnitt des Eucharistischen Hochgebets[1788].

Die Erfüllung des Gedächtnisauftrages wird aber nicht nur als dankendes Sprach-, sondern zugleich als Handlungsgeschehen vollzogen ("memores ... offerimus ... gratias agentes"[1789]). Sie ist mit der Darbringungsformel verknüpft, und ihr schließt sich die Annahmebitte direkt an[1790], wobei Objekt der Annahme ursprünglich nicht das Opfer Christi, sondern das (Lob-)Opfer und die Lebenshingabe der feiernden Gemeinde bildet[1791].

In den evangelischen Ordnungen ist dieser Gebetsabschnitt vor allem wegen der meist enthaltenen Darbringungs- und Opferterminologie[1792] weggefallen[1793]; außerdem wird die Interpretation des Mittelalters[1794] abgelehnt, die die ursprünglich getrennten und doch aufeinander bezogenen Ebenen des Opfers der Kirche und des Opfers Christi vermischt und verknüpft. Außerdem wird das Gedenken des Erlösertodes Jesu der Predigt und den EW zugewiesen[1795]. Obwohl man heute im evangelischen Raum der speziellen Anamnese gegen

---

[1786] Der gleiche Befund findet sich innerhalb der anamnetischen Abschnitte der Vermahnungen (vgl. 7.8.2). Auf die ganze Problematik dieser verkürzenden Sicht, die nicht erst Ergebnis reformatorischer Veränderung, sondern schon vorreformatorisch anzutreffen ist, kann hier nicht eingegangen werden. Beispielhaft für die Kategorie des Bundes im Eucharistischen Hochgebet vgl. Gerhards, Schriftgebrauch.

[1787] Von den altkirchlichen Eucharistischen Hochgebeten enthält nur Serapion mit seinen aufgespaltenen EW keine spezielle Anamnese (vgl. Schmidt-Lauber, Entfaltung 148).

[1788] Vgl. Meßner, Probleme 192.

[1789] TrAp 4 (Fontes Christiani 1,226 Geerlings).

[1790] Vgl. Meyer, Eucharistie 347; Gerhards, Eucharistisches Hochgebet 379. Es gibt aber auch Eucharistiegebete ohne Darbringungsformel in der speziellen Anamnese. Besonders aber der "Gedanke der Darbringung von Fleisch und Blut Christi, wie er in den neuen Hochgebeten in der römischen Liturgie mehr oder weniger stark zum Ausdruck gebracht ist, war der gesamten Kirche bis in unsere Gegenwart hinein fremd" (Gerhards, Entstehung 81). Meßner äußert sich ähnlich deutlich zu diesem Problem (vgl. Meßner, Probleme 197-199).

[1791] Vgl. Meßner, Probleme 191-193.

[1792] Vgl. Pahl, Hochgebet 235; Meßner, Meßreform 214[34]; Schmidt-Lauber, Entfaltung 152. Im Abschnitt 'Unde et memores' des Canon Romanus ist die Trias der TrAp auf die Formel 'memores...offerimus' verkürzt.

[1793] Zur Kritik Luthers vgl. Meßner, Meßreform 192f.

[1794] Vgl. Meßner, Probleme 193-197.

[1795] Vgl. Schmidt-Lauber, Entfaltung 152.

über 'aufgeschlossener' ist[1796], sind für das Reformationsjahrhundert nur drei eindeutige Beispiele einer speziellen Anamnese in einem Eucharistischen Hochgebet mit EW bekannt[1797]:
a) Die erste findet sich im Umformungsversuch des Kanons in der Wormser Messe: "Des halbenn herr/wir deine diener betrachten des selbigen deines suns vnsers herren Jesu Christi/ leiden vnd sterben/aufferstentnuß von der hellen vnnd auch herliche auffart zů den hymmelen/deiner götlichen maiestat/da mit anbieten vnser demütiges gebet/daruff du mitt genedigem gütigen angesicht schawen vnd dir das gefallen lassest"[1798]. Hier ist deutlich die Anlehnung an den Abschnitt 'Unde et memores' zu erkennen, allerdings wird die dort vorhandene und als anstößig empfundene Darbringungsformel auf das Gebet der Gemeinde ('vnser demütiges gebet') bezogen[1799]. Die Stellung hinter den EW wird beibehalten.
b) Eine weitere spezielle Anamnese findet sich im Eucharistiegebet des ersten BCP. Hier wird versucht, eine den reformatorischen Grundsätzen entsprechende Opferterminologie auszudrücken[1800]. Es findet sich zunächst eine Art spezieller Anamnese vor der Wandlungsepiklese[1801], die vor den EW die Begründung der Feier liefert und die den einmaligen Opfertod Christi herausstellt[1802]. Demgegenüber wird als Verpflichtung der Gemeinde genannt "to celebrate a perpetuall memory of that his precious death"[1803]. In der nachfolgenden Epiklese werden die Gaben nicht als die der Gemeinde, sondern als "these thy holy giftes"[1804] bezeichnet.
Eine spezielle Anamnese findet sich dort nochmals an der traditionellen Stelle hinter den EW, verbunden mit der Kommunionepiklese[1805]. Der ganze Abschitt orientiert sich deutlich an den Abschnitten 'Unde et memores', 'Supra quae' und 'Supplices' des Canon Romanus, wobei die Einzigartigkeit des Opfers Christi in der Annahmebitte betont wird[1806]. Statt des

---

[1796] Erneuerungsversuche sind erst mit der Wiedergewinnung des Eucharistischen Hochgebets im 19. und 20. Jh. zu verzeichnen (vgl. Pahl, Hochgebet 236-239; Schmidt-Lauber, Entfaltung 153[152]).

[1797] Vgl. Schmidt-Lauber, Zukunft 87; Pahl, Hochgebet 235f.

[1798] Worms 1522 (CD 1,19). Diese Ordnung kennt auch (wie der Canon Romanus im Abschnitt 'Te igitur') schon vor den EW eine Annahmebitte: "du wöllest diß dein brot vnd wein/anschawen/gesegnen vnd bene+deien" (Worms 1524 (CD 1,18)). Ähnlich formuliert eine handschriftliche Glosse zu Straßburg/Schwarz 1524 (vgl. CD 1,314[42]).

[1799] Vgl. Pahl, Hochgebet 235f; Hauke 41.

[1800] Vgl. Pahl, Hochgebet 227.

[1801] Vgl. die Abschnitte 'O God heauenly father' und 'Heare us' (vgl. BCP 1549 (CD 1,399f); Buchanan, Lord's Supper 380). Der erste Abschnitt ist das Pendant zur Annahmebitte des 'Hanc igitur', der zweite orientiert sich am Abschnitt 'Quam oblationem' (vgl. auch Dugmore 133f). Spinks meint, im Abschnitt 'O God heuenly father' eine Kompilation aus 'The King's Book' von 1543 erkennen zu können (vgl. Spinks, Treasures 178f).

[1802] "...who made there (by his one oblacion once offered) a full, perfect, and sufficient sacrifyce, oblacion, and satysfaccyon..." (BCP 1549 (CD 1,399f)).

[1803] BCP 1549 (CD 1,400); vgl. Pahl, Hochgebet 227.

[1804] BCP 1549 (CD 1,400).

[1805] "Wherefore, O Lorde and heauenly father, accordyng to the Instytucyon of thy derely beloued sonne, our sauiour Jesu Christ, we thy humble seruauntes do celebrate, and make here before thy diuine Maiestie, with these thy holy giftes, the memoryall whyche thy sonne hath wylled us to make, hauyng in remembraunce his blessed passion, mightie resurreccyon, and gloryous ascencion, renderyng unto thee most hartie thankes, for the innumerable benefites procured unto us by the same, entierely desiryng thy fatherly goodnes, mercifully to accepte this our Sacrifice of praise and thankes geuing" (BCP 1549 (CD 1,400f)).

[1806] Vgl. Dugmore 136f.

273

Begriffs 'oblatio' heißt es 'these thy holy giftes', als 'Opfer' werden Lob und Danksagung der Gemeinde benannt[1807]. Damit opfert die Gemeinde sich selbst: "And here wee offre and present unto thee (O Lorde) oure selfe, oure soules, and bodies, to be a reasonable, holy, and liuely sacrifice unto thee"[1808]. Dieses Opfer soll dann - in einer an den Canon Romanus angelehnten Annahmebitte - von den Engeln in das himmlische Zelt getragen werden[1809]. Dieser zweite Passus wird 1552 hinter die Kommunion verschoben![1810]

c) Das dritte Beispiel einer speziellen Anamnese bietet die schwedische Interimsmesse von 1576. Dieser sehr stark an den Abschnitt 'Unde et memores' des Canon Romanus angelehnte[1811] und dennoch mit neuen Wendungen formulierte Text[1812], steht nicht direkt hinter den EW, sondern diese sind durch eine Überleitung und das Sanctus von ihm getrennt[1813]. Er beinhaltet den Dreierschritt 'memores/offerimus/gratias agentes'. Er stellt das einmalige Opfer Christi am Kreuz heraus[1814]. Nur das von der Gemeinde ergriffene Kreuzesopfer Christi wird in der Darbringung vor Gott gebracht[1815] und begründet darin die Danksagung[1816].

Neben diesen Belegen finden sich mehr oder weniger enge Parallelen zur speziellen Anamnese in den Abendmahlsgebeten ohne EW.
a) Die Ordnung Pfalz-Neuburg 1543 kennt mit ihrer speziellen Anamnese verbunden sogar eine Darbringungsformel, die sich auf die Gaben bezieht: "...der du dein leib für vns alle in den bittern tod hast dargeben/vnd dein blut zu vergebung vnserer sünde vergossen/Darzu/ den selben dein leib/vnd dasselbig dein blůt/allen deinen Jungern zu essen vnd trincken/vnd deines tods darbey zu gedencken hast befohlen. Wir bringen für deine Götliche Maiestat/dise deine gaben/Brot vnd Wein..."[1817]. Diese Ordnung macht zuvor deutlich, daß gegen eine - von falscher Opferterminologie befreite - spezielle Anamnese nichts einzuwenden sei: "Wenn sie die wort, darmit sie gestracks opfern (...) heraus tun und setzen darfur: Wir gedenken des opfers deines einigen Sons etc., so wöllen wirs glauben, das ihnen ernst sei, und sie seinds auch schuldig zu tun und könnens on ergernus wol ausrichten"[1818]. Allerdings steht

---

[1807] Vgl. Gasquet/Bishop 173¹.

[1808] BCP 1549 (CD 1,401). Hier ist die Lehre Augustins von der Selbstdarbringung der Kirche eingeflossen (vgl. Dugmore 135; Cuming 94).

[1809] Vgl. hierzu Dugmore 135; Cuming 94.

[1810] Vgl. Buchanan, Lord's Supper 382f.

[1811] Dies wird schon an den Anfangsworten 'Memores igitur' deutlich.

[1812] Vgl. Pahl, Hochgebet 236; Schmidt-Lauber, Entfaltung 152f. Man vermutet eine Anlehnung nicht nur an den Canon Romanus, sondern auch an die Chrysostomos-Liturgie (vgl. Schmidt-Lauber, Entfaltung 123¹⁶⁷; Yelverton 106¹). Senn sieht daneben einen Bezug zum BCP (vgl. Senn, Liturgia 29).

[1813] Vgl. Schweden 1576 (CD 1,128-131).

[1814] "Eundem Filium tuum, eiusdem mortem et oblationem, hostiam puram, hostiam sanctam, hostiam immaculatam..." (Schweden 1576 (CD 1,131)).

[1815] "...tuaeque praeclarae Maiestati humillimis nostris precibus offerimus" (Schweden 1576 (CD 1,131); vgl. Schmidt-Lauber, Entfaltung 123; Pahl, Hochgebet 236).

[1816] "Pro tantis tuis beneficijs pio cordis affectu, et clara voce, gratias agentes, non quantum debemus sed quantum possumus" (Schweden 1576 (CD 1,131)).

[1817] Pfalz-Neuburg 1543 (CD 1,89f).

[1818] Pfalz-Neuburg 1543 (EKO 13,65).

diese spezielle Anamnese mit der Epiklese vor den EW, so daß der Gedächtnisbefehl noch einmal thematisiert werden muß.

b) In anderen Texten finden sich Anklänge an die spezielle Anamnese der altkirchlichen Eucharistiegebete. Sie sind aber in reformatorischer Zielsetzung umgeformt, indem die Darbringungsaussage fehlt oder aber verändert wird. So folgt bei Zwingli auf den Bezug zum Opfertod Christi nicht eine Aussage über die Darbringung durch die Gemeinde, sondern Brot und Wein werden als 'Darbietung' Christi an die Gemeinde herausgestellt: "Darum, wie wir glauben, daß dein Sohn, für uns einmal als Opfer dargebracht, uns dem Vater versöhnt hat, ebenso glauben wir fest, daß er sich selbst unter den Gestalten von Brot und Wein zur Speise unserer Seele dargeboten hat, damit das Gedächtnis seiner hochherzigen Tat niemals erlösche."[1819] In der nachfolgenden Ordnung findet sich dann schon kein Bezug auf die Gaben mehr: "...dir lob und danck sagen umb die gůthät und frye gaab, das du din eingebornen sun, unseren herren, Jesum Christum, für unser sünd in den tod ggeben hast..."[1820]. Der Dank ist nun bestimmend und hat die Hingabe Christi für uns am Kreuz zum Inhalt[1821].

c) Auch in der schottischen Ordnung ist die Anamnese mit einer Darbringungsaussage verknüpft, aber es ist die Gemeinde, die sich darbringt: "yet neuertheles at the commaundement of Iesus Christ our lorde, we present our selues to this his table (which he hath left to be vsed in remembrance of his death vntyll his comming agayne) to declare and witnes before the world, that by hym alone we haue receued libertie, and life"[1822]. Bemerkenswert an dieser Formulierung ist, daß auf die Einsetzung rekurriert wird, aber die EW zuvor nicht zitiert werden. Weiterhin bildet der Bezug zu den EW die Begründung für die Handlung, die aber nicht in der Darbringung der Gaben gesehen wird (statt eines Bezugs auf die Gaben wird von 'this his table' gesprochen), sondern in der 'Selbstdarbringung' der Gemeinde ('we present our selues') im Bekenntnis.

d) Schließlich finden sich in der frühen Straßburger Tradition Äquivalente zur speziellen Anamnese, aber ohne jede Darbringungsaussage: "Wie groß ist dein gute, das du uns on allen unsern verdienst die sund nit allein verzigen hast, sunder vns zu einer versönug gegen deiner gnaden, deynen allerliebsten sun Jesum Christum in den todt geben hast."[1823] Der

---

[1819] Zürich 1523 (CD 1,187); Ü.: Schmidt-Clausing, Kanonversuch 81.

[1820] Zürich 1525 (CD 1,194).

[1821] Vgl. Lutz 254f.

[1822] FoP 1556, 1564 (CD 1,476f).

[1823] Straßburg/Kirchenamt (C³) 1525 (CD 1,314.314⁴³). Die Schwarzsche Vorlage formuliert diese Stelle noch nicht als direkte Anamnese: "Wie groß ist dein gute, das du uns on allen unsern verdienst die sund nit allein verzigen hast, sonder uns zu einer versicherung verlossen den leib und blut unsers herren Jesu Christi under dem brot und weyn: wie dan sonst alle andere verheissungen du alwegen mit eusserlichen zeichen bezeugt hast" (Straßburg/Schwarz 1524 (CD 1,314f)).

Die andere Ordnung des gleichen Jahres formuliert näher an der katholischen Vorlage, wiederum ohne Darbringungsaussage: "O wie herlich, heylsam vnd wunigklich ist vnd sol vns seyn dise heylige gedechtnüß des tods vnsers heylands vnd erlösers Jesu Christi, durch den wir vom todt, sünd vnd hell erlößt seynd, vnd du deynen heyligen geyst, o gott vnd vatter, durch den wir dir zu kyndern widergeboren vnd angenummen synd, gesant hast, also das wir in seyner vätterlichen lieb, gnaden vnd barmhertzigkeit sicher vnd gewiß synd: nemlich, so wir hye haben den gebenedyeten leyb vnd das heylig blut im brot vnd weyn deynes allerliebsten suns, vnsers herren Jesu Christi, zu einem pfand vnd sicherung solcher deyner gnaden vnd güttigkeit" (Straßburg/Ordenung 1524 (CD 1,314⁴³)).

Bezug von Kreuzestod und Feier wird zumindest indirekt hergestellt und die Feier wird auch begründet, aber sie wird als Versicherung der Annahme und Erlösung herausgestellt.

e) Am radikalsten ist die Ablösung von der klassischen speziellen Anamnese in den reformierten Ordnungen vollzogen, die das Abendmahlsgebet vor die ganze Abendmahlsfeier stellen. In ihnen bildet der Bezug zum Tod Christi nicht den zentralen Vollzug des Gedächtnisses, sondern die Begründung und das Programm für die ganze Feier. Bei Calvin steht der Bezug zum Tod Christi sogar eingebettet in die Bitte um den rechten Vollzug des Gedächtnisses, also noch nicht einmal in einem anamnetischen Abschnitt: "Donne nous donques en ceste maniere, Pere celeste, de celebrer auiourd'huy la memoire et recordation bien-heureuse de ton cher Filz, nous exerciter en icelle, et annoncer le benefice de sa mort: afin que recevant nouvel accroissement et fortiffication en Foy et tout bien, de tant plus grande fiance nous te renommions nostre Pere, et nous glorifions en toy. Amen."[1824] Bei Micron wird zwar das Gedächtnis des Todes Christi als Erfüllung der Einsetzung des Abendmahls gesehen, aber man formuliert dies im Abendmahlsgebet direkt am Anfang als ein in der Feier zu verwirklichendes Programm: "siet wy sijn hier t'samen ghecommen om het Nachtmael ws soens ons Heeren Jesu Christi, na sijn instellinghe te ghebruijcken, op dat wy de ghedachtenisse syns Doots (in de welcke hy syn lichaem voer ons gheoffert ende syn alderonnooselste bloet voer onse sonden vergoten heeft) onderhouden souden: tot een ghetuyghenisse, dat wy waerachtighe ghemeinschap met hem, in het selfde syn lichaem ende bloet, totten eewighen leuen hebben"[1825].

An die Stelle der mit der Anamnese verbundenen Darbringungsaussage tritt in diesen Ordnungen die Angabe der Funktion des Gedächtnisses als Stärkung im Glauben ("nouvel accroissement et fortiffication en Foy et tout bien"[1826]) bzw. als Bezeugung ("een ghetuyghenisse"[1827]). Der Vollzug des Gedächtnisses geschieht für diese Ordnungen nicht im Gebet, sondern im nachfolgenden Wort- und Handlungsgeschehen.

8.2.2.3 Resümee

Zusammenfassend läßt sich für den anamnetischen Anteil der Abendmahlsgebete festhalten, daß dieser fast völlig auf christologische Inhalte reduziert wird, dabei aber nochmals eine solche soteriologische Akzentuierung erfährt, daß fast nur noch das Gedächtnis von Kreuzestod und Auferstehung genannt wird, d.h. die spezielle Anamnese stehen bleibt. Damit fehlt aber der speziellen Anamnese der Bezugsrahmen, zu dem sie - wie im Eucharistischen Hochgebet - als Kulminationspunkt fungieren kann. Der Bezug auf den Kreuzestod erscheint

---

[1824] Genf 1542, 1542A, 1545 (CD 1,356). "Dermassen gib/himlischer vater/daß wir heut die herliche vnd seelige gedechtnuß deines lieben Sons halten vnd begehen/vns darinnen zu vben vnd die wolthat seines tods zuuerkünden/auff daß wir jn dem glauben an dich/vnd in allem gutten immer zunemen vnd gestercket werden/ vnd souil desto getröster dich als vnsern vater anrüffen/vnnd vns deines Namens rhümen/Amen" (Genf dt. 1563,15; vgl. ebenso Pollanus 1551, 1552, 1554, 1555 (Honders 80f)). Zuvor findet sich das Gedächtnis des Kreuzestodes zu Beginn des gleichen Gebets schon einmal als Begründung einer Bitte: "Et comme nostre Seigneur JESUS, non seulement t'a une fois offert en la croix son corps et son sang, pour la remission de noz pechez: mais aussi les nous veult communiquer, pour nourriture en vie eternelle: faiz nous ceste grace, que de vraye sinceritè de coeur, et d'un zele ardent, nous recevions de luy un si grand benefice et don" (Genf 1542, 1542A, 1545 (CD 1,355); vgl. auch Genf dt. 1563,14; Pollanus 1551, 1552, 1554, 1555 (Honders 78f)).

[1825] Micron 1554 (CD 1,438). Zu a Lascos lateinischer Version vgl. a Lasco 1555 (CD 1,438).

[1826] Genf 1542, 1542A, 1545 (CD 1,356).

[1827] Micron 1554 (CD 1,438); bei a Lasco heißt es "contestemur" (a Lasco 1555 (CD 1,438)).

ausreichend, da es einzig um die Wirksamkeit dieses Kreuzestodes für die Kommunikanten geht.

Eigentlicher Ort der Anamnese - i.S. eines vergegenwärtigenden Gedenkens - bilden aber die Vermahnung und/oder die EW. Hier ist auch der tiefere Grund für die Reduzierung und den Wegfall der Anamnese im Abendmahlsgebet zu sehen, denn 'Gedächtnis' bedeutet nicht mehr, im Gebet nicht nur die Gemeinde, sondern vor allem Gott an sein Heilshandeln zu erinnern und daraus folgend (durch die Gaben) eine neue Wirksamkeit Gottes an den Kommunikanten zu erhoffen und zu erbitten. 'Anamnese' stellt nun das - im Verkündigungsakt vollzogene - Gedächtnis der Gemeinde dar, das den Heilstod Christi 'für uns' zum Inhalt hat, aber eine neue Wirksamkeit entweder schon durch die EW oder aber allein durch die Einsetzung gewährleistet sieht.

Zudem kann die spezielle Anamnese besonders in dem Maße wegfallen oder umgeformt werden, wie die in den Eucharistiegebeten mit der speziellen Anamnese verbundene Darbringung von Gaben inopportun wird, da sie nicht mehr als Ausdruck der Selbstdarbringung der Gemeinde gesehen werden kann. Wo eine Darbringungsformel noch vorhanden ist, wird sie jedoch dezidiert auf die Gemeinde, ihr Gebet und ihr Lobopfer bezogen und schließt damit an altkirchliche Vorstellungen an.

8.2.3 Der epikletische Aspekt

In der Liturgiewissenschaft der letzten Jahrzehnte wird der Epiklese in der Eucharistiefeier neue Aufmerksamkeit zuteil.[1828] Dabei wird deutlich, daß die Epiklese ebenso den Konzentrationspunkt des ganzen epikletischen Abschnitts eines Eucharistischen Hochgebets bildet, wie die spezielle Anamnese den Konzentrationspunkt des anamnetischen Abschnitts darstellt. In den jüdischen Vorbildern eucharistischen Betens (so umstritten der Bezug auf einzelne Gattungen der jüdischen Liturgie noch immer ist) bildet der epikletische Abschnitt die Bitte und den Ausdruck der erhofften, neuen Wirksamkeit Gottes, dessen Heilshandeln man im anamnetischen Abschnitt vergegenwärtigend gedacht hat.

8.2.3.1 Die Epiklese

Die Herausbildung einer eigenen Gattung 'Epiklese' scheint sich von daher aus der geglaubten ausdrücklichen Wirksamkeit der sakramentalen Feier zu motivieren, wobei sich die Vorstellung der Wirksamkeit zunehmend auf die Gaben selbst konzentriert (und damit auf die Konsekration und den Moment ihres Vollzugs), während zunächst das ganze Gebet als konsekratorisch verstanden wird[1829]. In den altkirchlichen Eucharistiegebeten bildet die Epiklese (als Logos- oder Geistepiklese[1830]) die "Brücke zw. der Darbringung v. Brot u. Wein, die das Opfer Christi bezeichnen, u. der Kommunion der gewandelten Gaben"[1831]. Sie erhält diese Brückenfunktion, indem sie den zuvor angerufenen Gott, dessen Heilshandeln

---

[1828] Zum Überblick vgl. Gerhards, Entstehung 84; Gerhards, Epiklese; McKenna, Eucharist; McKenna, Eucharistic Prayer; Taft, Logos; Albertine, Context 390-393.

[1829] Vgl. Albertine, Context 387-389.

[1830] Zum Übergang vgl. Taft, Logos 494-498. Der Terminus 'Logosepiklese' ist jedoch für einige frühe orientalische Texte mißverständlich (vgl. Winkler, Epiklese 215-220).

[1831] Gerhards, Epiklese 716; vgl. Taft, Logos 490.

in der Anamnese vergegenwärtigt wird[1832], nun um die erneute Heilswirksamkeit bittet, d.h. um die Fruchtbarkeit der sakramentalen Handlung. Zielpunkt jeder epikletischen Sprechhandlung ist folglich immer die 'Verwandlung' der Feiernden[1833], die über die Einheit mit Christus und untereinander noch vielfältige Ausfaltung erfahren kann. Die 'Wandlung' der sakramentalen Zeichen in eine wirksame Wirklichkeit - bei der Eucharistiefeier die Wandlung der sakramentalen Speise in Leib und Blut Christi - bleibt demgegenüber sekundär[1834], erhält aber im Westen in dem Maße (logisch wie formal) den ersten Stellenwert[1835], als die verba testamenti als konsekratorischer Moment angesehen werden. So beinhaltet der Canon Romanus überhaupt keine explizite Geistepiklese[1836], sondern nur eine Wandlungsbitte ('Quam oblationem')[1837]; die 'Kommunionepiklese' ('Supplices') bleibt in der Bezeichnung der erhofften Wirksamkeit sehr abstrakt[1838]. Das sich in der Epiklese manifestierende

---

[1832] Jüdisch-christliches Beten zeichnet sich dadurch aus, daß Anaklese und Epiklese nicht direkt aneinander gebunden sind und deshalb nie i.S. einer Beschwörung verstanden werden können, in der die Anrufung des Gottesnamens schon Macht über diesen Gott erbringt (vgl. Laager 578.587). Jüdisch-christliches Beten bedarf der Anamnese als Begründung der Epiklese, da es sich der Transzendenz und Unverfügbarkeit Gottes bewußt ist.

[1833] Vgl. Gerhards, Epiklese 716; Meßner, Meßreform 161; Meßner, Probleme 189. Die 'Wandlungsepiklese' zielt letztlich auch auf die Wandlung in der Kommunion hin (vgl. Meßner, Meßreform 37; de Jong 936). Diese primär kommunitäre Dimension der Epiklese zeigt die Verbindung des epikletischen Abschnitts des Eucharistischen Hochgebets mit dem der birkat ha-mazon auf (vgl. Albertine, Context 394).

[1834] Taft geht davon aus, daß die frühe Form der Epiklese die Kommunionepiklese ist, die Konsekration der Gaben wird zunächst nicht thematisiert: "Originally, then, the epiclesis was primarily a prayer for communion, not for consecration; it was directed at the sanctification of the communicants, not of the gifts" (Taft, Logos 492). Dies heißt aber nicht, daß die Konsekration nicht implizit mit thematisiert ist (vgl. Taft, Logos 493).

[1835] Vgl. Albertine, Context 397; Stählin 1105.

[1836] Der Abschnitt 'Quam oblationem' stellt wohl ursprünglich eine Bitte um segensreiche Darbringung dar (vgl. Gerhards, Epiklese 716). Heutige Forschung ist sich darüber klar, daß eine Epiklese nicht der ausdrücklichen Nennung des Hl. Geistes bedarf (anders z.B. noch Kunze, Epiklese 139; Schmidt-Lauber, Entfaltung 162.167).

[1837] Es bleibt umstritten, inwieweit es sich dabei um eine 'Wandlungsepiklese' handelt (Schmidt-Lauber sieht hier eine Epiklese, vor allem wegen des 'fiat' (vgl. Schmidt-Lauber, Entfaltung 161f), Meßner eine 'Opferannahmebitte' (vgl. Meßner, Probleme 176)) und ob es eine solche überhaupt in den altkirchlichen Eucharistiegebeten westlicher und alexandrinischer Tradition gegeben hat, die als Belege dafür herangezogen werden (vgl. Gerhards, Entstehung 82.84; Meßner, Meßreform 67-78). Meßner wehrt sich gegen den Versuch, doch ein quasi-epikletisches Element an dieser Stelle des römischen Kanons aufzuzeigen (vgl. Meßner, Probleme 176-180; Meßner, Meßreform 87-91). Eine wirklich konsekratorisch verstandene Geistepiklese vor den EW scheint sich in der Antike nur im Fragment Dêr-Balyzeh zu finden (vgl. PE 124-127; Albertine, Problem 348); in der gleichen Epiklese wird aber auch die Einheit der Kirche und damit das zentrale Motiv der Kommunionepiklese thematisiert (vgl. Albertine, Problem 348; Albertine, Context 402). Meßner bemängelt deshalb, daß die in ägyptischen Anaphoren anzutreffende doppelte Epiklese mit einer angeblich im Canon Romanus vorhandenen gespaltenen Epiklese harmonisiert wird (vgl. Meßner, Probleme 187-189). Damit ist vor allem das heute in den römisch-katholischen Eucharistiegebeten durchgängig angewandte Konzept einer geteilten Epiklese in Frage gestellt: Eine inhaltliche wie formale Aufspaltung von Konsekration und Wirkung ist aus der Liturgiegeschichte nicht zu rechtfertigen (vgl. Gerhards, Entstehung 84; Albertine, Context 404f)!

[1838] Dort heißt es "omni benedictione caelesti et gratia repleamur" (MRom 1570 (1943) 329). Meßner sieht in den Abschnitten 'Supra quae' und 'Supplices' eine einheitliche und aufeinander aufbauende Wandlungs- und Kommunionepiklese, ohne daß aber konkret von einer 'Wandlung' gesprochen würde (vgl. Meßner, Meßreform 90). Noch dezidierter formuliert Taft, daß es sich hier um ein Zeugnis der "more primitive communion-type epiclesis following the institution narrative" (Taft, Logos 493) handle.

Bewußtsein der Unverfügbarkeit Gottes weicht der auf theologischer Ebene christomonistisch begründeten Vorstellung einer objektiven Wirksamkeit der EW[1839].

Diese christozentrische Frömmigkeit des Mittelalters führt innerhalb der Konzentration der Reformatoren auf das Rechtfertigungsgeschehen dahin, daß einzig die EW als rechtfertigende Verkündigung an uns einen Wert haben, weshalb diese radikal isoliert werden[1840] und jede Bitte der Gemeinde überflüssig wird. Deshalb bleibt die Epiklese lange Zeit der evangelischen Auffassung fremd[1841], ganz im Gegensatz zur dahinter stehenden Sicht der Unverfügbarkeit des göttlichen Heilshandelns[1842], wie dies in einigen Ordnungen dadurch ausgedrückt wird, daß jeder Abendmahlsgottesdienst mit dem 'Veni sancte spiritus' oder einem entsprechenden deutschen Lied eröffnet wird[1843]. Wenn Epiklesen in den reformatorischen Ordnungen auftauchen, so orientieren sie sich (in ihrer Zweiteilung und in ihrem Inhalt) zunächst am römischen Vorbild, grenzen sich dann aber aufgrund der veränderten theologischen Sicht von diesem Vorbild ab. Um diese Linien aufzeigen zu können, sollen die Weiterführung von Wandlungsbitte (Bitte um Schaffung der Voraussetzung zur Kommunion i.S. einer Wandlung der Gaben) und Kommunionepiklese (Bitte um Wirksamkeit der Kommunion) getrennt betrachtet werden.

8.2.3.1.1 Die Wandlungsepiklese

Gerade bei der Wandlungsepiklese läßt sich sehr gut die veränderte Zielsetzung und die daraus folgende veränderte Gestaltung erkennen, die für all die Ordnungen notwendig wird, die eine somatische Realpräsenz nicht anerkennen bzw. betonen wollen.

So finden sich einige Ordnungen, die 'Wandlungsepiklesen' enthalten, die vor den EW stehen und sich eng an den Canon Romanus anlehnen.

[1839] Diese Wirksamkeit ist letztlich durch das Amt gewährleistet (vgl. Meßner, Probleme 191).

[1840] Vgl. Ritter 170f. Folge ist der Verlust der ekklesialen Dimension der Abendmahlsfeier (vgl. ebd. 171).

[1841] Vgl. Bieritz, Diskussion 7. Die Vorbehalte bedeuten aber nicht, daß es nicht auch in reformatorischer Tradition vereinzelt Abendmahlsgebete mit Epiklesen gegeben hat (vgl. Stählin 1106; Lehmann, Gabenepiklese; Schmidt-Lauber, Entfaltung 163-167). Versuche einer Wiedergewinnung der Epiklese sind in Deutschland ab dem 19. Jh. zu verzeichnen (vgl. Pahl, Hochgebet 241-244).

[1842] Vgl. Meßner, Meßreform 160. Die Dominanz der Herrenworte ist bei Katholiken wie Evangelischen bis heute stehengeblieben. Um mit Einführung einer expliziten Geistepiklese nicht der Vorstellung Vorschub zu leisten, die EW hätten nicht mehr konsekratorische Wirkung, führt die lutherische Agende von 1955 ein Hochgebet mit einer einzigen Epiklese *vor* den EW ein (vgl. VELKD 1,51˙f), wie es zunächst von evangelischen Theologen gefordert wird (vgl. Ritter 163f). Ebenso führt die Liturgiereform der katholischen Kirche in den neuen Hochgebeten eine zweigeteilte Epiklese ein, damit dieser keine konsekratorische Bedeutung zukommen kann (vgl. Goltzen, Gratias agere 22; Albertine, Treatment 499f). Allerdings geht die katholische Liturgiewissenschaft immer mehr dazu über, das Eucharistiegebet als Ganzes als konsekratorisch anzusehen, so daß die - durch die Teilung den Konsekrationsmoment nochmals verstärkende - isolierte 'Wandlungsepiklese' leichter wegfallen kann (vgl. Meyer, Eucharistie 351[88]; Gerhards, Höhepunkt 172). Sowohl katholische westliche Liturgien als auch mit Rom unierte Kirchen gebrauchen Hochgebete mit einer einzigen Epiklese nach den EW, ohne daß dies zu dogmatischen Schwierigkeiten führen würde (vgl. Goltzen, Gratias agere 8; Gerhards, Epiklese 716).

[1843] Vgl. z.B. Württemberg 1553, Kurpfalz 1556 (EKO 14,147); Kolb 333; Ritter 165. Es handelt sich dabei aber nicht um eine evangelische Besonderheit, sondern um die Fortführung spätmittelalterlichen Brauches, der erst mit der tridentinischen Gottesdienstreform beseitigt wird (vgl. Brunner, Messe 129f). Vgl. auch Straßburg/Schwarz 1524 (CD 1,311f).

a) In den frühen Ordnungen (Kantz, Worms, Straßburg) wird Gott bzw. Christus (nicht aber der Hl. Geist) um Hilfe angerufen, damit die Gaben zu Leib und Blut Christi werden: "O aller gütigister vatter, barmherziger, ewiger Gott, hilf, das dises brot und der wein uns werde und sey der warhaftig leib und das unschuldig blut deines allerliebsten suns, unsers herren Jhesu Christi."[1844] Hierin wird deutlich, daß diese Ordnungen noch eine recht 'katholische' Auffassung von der Realpräsenz haben, die mit den EW 'hergestellt' wird, während eine Kommunionepiklese so unwichtig erscheint, daß sie nur in der Wormser Ordnung auftaucht[1845].

b) Auch der erste Abschnitt der kombinierten 'Wandlungs-' und 'Kommunionepiklese' von Pfalz-Neuburg 1543 gehört in diese Kategorie: "...vnd bitten/du wöllest die selben/durch dein Götliche gnad/güte/vnnd krafft/heiligen/segnen/vnd schaffen/das dises Brot/dein leib/vnd diser Wein/dein blüt sey/vnd allen denen/die daruon essen vnd trincken/zum ewigen leben lassen gedeihen"[1846]. Auffällig ist hier die zurückhaltende, konjunktivische Formulierung mit 'sey', die anders als 'mache' bei Kantz den Konsekrationsmoment nicht so deutlich benennt. Das gilt auch für die beiden folgenden Beispiele.

c) Eine noch vorsichtigere Formulierung findet sich in der Epiklese der schwedischen Interimsmesse von 1576, die nun ausdrücklich den Hl. Geist nennt: "Benedic et sanctifica Spiritus tui sancti virtute proposita et sacro vsui destinata, panem et vinum, vt in vero vsu nobis sint corpus et sanguis dilectissimi filij tui, alimenta aeternae vitae, quae summo desiderio expetamus et quaeramus."[1847] Zwar wird ausdrücklich um die Segnung der Gaben durch die Kraft des Hl. Geistes gebetet, als Ziel dieser Segnung wird aber angegeben, daß die Gaben beim richtigen Gebrauch ('in vero usu') Leib und Blut Christi seien. Damit wird nicht nur der Zeitraum der Präsenz eingeschränkt, womit man sich deutlich von der katholischen Vorstellung einer dauerhaften Präsenz Christi abgrenzt[1848], sondern auch die Weise der Präsenz vorsichtiger ausgedrückt, da 'in vero usu' nicht nur zeitlich und kausal, sondern auch instrumental verstanden werden kann. Allerdings ist der Ort dieser Epiklese das Bereitungsgebet *vor* der Präfation, in das auch die Interzessionen verlagert sind[1849].

[1844] Kantz 1522 (CD 1,14); vgl. Schmidt-Lauber, Entfaltung 163. Worms erweitert diese Formulierung nur auf "hilff vnd schaff" (Worms 1524 (CD 1,18); vgl. Brunner, Messe 153[199]). Zu Beginn des Wormser Kanongebets erfolgt allerdings schon eine Segensbitte: "du wöllest diß dein brot vnd wein/anschawen/gesegnen vnd bene+deien" (Worms 1524 (CD 1,18); vgl. Pahl, Hochgebet 239f). Da an dieser Stelle das Kreuzzeichen der Segensbewegung im Text eingezeichnet ist, wird hier ein stärkerer Akzent gesetzt als in der Wandlungsbitte! Ähnlich formuliert die sich an Kantz orientierende Straßburg/Ordenung 1524 die Wandlungsbitte: "Wir bitten auch dich, o du allergüttigister vatter vnd barmhertziger, ewiger gott, das du vns helffest, das dises brot vnd der weyn vns werde vnd sey der warhafftig leyb vnd das vnschuldig blut deyns allerliebsten suns, vnsers herren Jesu Christi" (Straßburg/Ordenung 1524 (CD 1,313[40])).

[1845] Vgl. 8.2.3.1.2.

[1846] Pfalz-Neuburg 1543 (CD 1,90).

[1847] Schweden 1576 (CD 1,123f).

[1848] Vgl. Senn, Liturgia 27.

[1849] Vgl. Nyman 109; Yelverton 68³.71; Schmidt-Lauber, Entfaltung 165; Senn, Liturgia 26. Senn sieht als Vorlage für diese Epiklese (wie auch für die entsprechenden Epiklesen des BCP und Pfalz-Neuburg 1543) nicht so sehr die Wandlungsbitte des Canon Romanus oder Epiklesen östlicher Anaphoren, sondern das Offertorialgebet 'Veni sanctificator' der mittelalterlichen Messe, weil in dem schwedischen Missalien dort ebenfalls die Doppelformulierung 'benedic et sanctifica' (vgl. Yelverton 14) vorkommt (vgl. Senn, Liturgia 27). Dies bleibt aber hypothetisch, da der Text dieses Gebetes in Europa starken Schwankungen unterworfen ist und gerade das Nebeneinander beider Verben nicht die Regel darstellt (vgl. Jungmann, MS 2,82-88).

d) Das erste und noch eng an das katholische Vorbild angelehnte[1850] Eucharistiegebet der Anglikaner formuliert ähnlich und macht zugleich das veränderte Verständnis der Realpräsenz deutlich: "Heare us (o merciful father) we besech thee; and with thy holy spirite and worde, vouchsafe to bl+esse and sanc+tifie these thy gyftes, and creatures of bread and wyne, that they maie be unto us the bodye and bloude of thy moste derely beloued sonne Jesus Christe."[1851] Daß es heißt 'that they maie be' und nicht 'that they become' (letzteres würde dem 'fiat' entsprechen), zeigt, daß die Bitte nicht direkt auf eine Wandlung der Gaben zielt[1852], sondern offen gelassen wird, wie unter diesen Gaben Leib und Blut Christi empfangen werden können. Außerdem wird die Heiligung der Gaben nicht nur durch den Geist erwartet, sondern ebenso durch das Wort, worunter sicher die EW verstanden werden müssen[1853]. Da diese Epiklese aber immer noch mißverstanden werden kann[1854], wird sie 1552 gestrichen und durch eine andere Epiklese ersetzt, die noch deutlicher macht, daß es nicht um eine Wandlung der Gaben geht: "and graunt that wee, receyuing these thy creatures of bread and wyne, accordinge to thy sonne our Sauioure Jesus Christ's holy institucion, in remembraunce of his death and passion, maye be partakers of his most blessed body and bloud"[1855].

Daneben erscheinen Texte, die an eine Wandlungsepiklese erinnern und z.T. sogar ausdrücklich um Sendung des Hl. Geistes bitten. Sie sind aber gegenüber den traditionellen Vorbildern insofern umgebildet, als sie nicht um Wandlung der Gaben bitten, sondern um die rechte Disposition der Feiernden, also Inhalte, die in der vorreformatorischen und katholischen Messe im Gabengebet erwartet werden könnten[1856].

[1850] Dies ist deutlich an den abgedruckten Kreuzzeichen zu erkennen.

[1851] BCP 1549 (CD 1,400).

[1852] Vgl. Pahl, Hochgebet 228; Gasquet/Bischop 169¹.252f. Konsekration bedeutet für Cranmer auch die Absonderung einer Sache aus dem profanen Bereich zum geistlichen Gebrauch (vgl. Cuming 94).

[1853] In der Literatur ist umstritten, ob es sich um eine Geistepiklese handelt und welche Texte die Vorbilder der gewählten Formulierung bilden (zum Forschungsüberblick vgl. Spinks, Holy Spirite 94-97). Als Vorbilder einer Epiklese werden in der Literatur die Gregorios- und die Basilios-Anaphora genannt (vgl. Dugmore 134). Wegen der Formel 'bless and sanctify' wird auch auf die Basilios-Liturgie eingeschränkt (vgl. Field 182; Brightman, English Rite 2,692; Gasquet/Bischop 169¹; Brightman hat seine Quellenzuweisung später revidiert (vgl. Ratcliff, Studies 195)), in der eine ähnliche Formel in der Epiklese auftaucht ("εὐλογῆσαι αὐτὰ καὶ ἁγιάσαι" (PE 236)). Daß Cranmer ägyptische Anaphoren-Texte mit einer Logosepiklese gekannt habe, ist auszuschließen (vgl. Dugmore 134⁵; Field 182); der Terminus 'word' beziehe sich auf die EW (vgl. Field 182f).
Ratcliff sieht die Vorbilder nicht in östlichen Liturgien, sondern möchte eine traditionelle westliche Phraseologie erkennen; auch er bezieht den Terminus 'word' auf die EW (vgl. Ratcliff, Studies 195.206; Beckwith 312⁴). Beckwith hält dagegen: "But in view of Cranmer's certain knowledge of the early Eastern epiclesis (...), his introduction of this language into the canon can hardly be accidental" (Beckwith 312⁴). Spinks ist kürzlich noch einmal der Frage nachgegangen; er schließt ebenfalls ein östliches Vorbild aus (vgl. Spinks, Holy Spirite 96; Spinks, Treasures 177), sieht die Quelle in der westlichen Theologie und vermutet einen Einfluß der Eucharistielehre Vermiglis (vgl. Spinks, Holy Spirite 99f).

[1854] Bucer kritisiert die erbetene Segnung der Elemente statt der Kommunikanten (vgl. Whitaker 53-55; Spinks, Holy Spirite 98).

[1855] BCP 1552 (CD 1,407); vgl. Pahl, Hochgebet 228.

[1856] Vgl. Jungmann, MS 2,118. Allerdings ist ein solcher Inhalt auch in der Secreta nicht vorrangig (vgl. Meyer, LM 139).

a) So heißt es in der Schwarzschen Messe vor den EW: "...so bitten wir, du wöllest durch gott den heiligen geist dein gesatz in unsere herzen schreiben und die verborgen sund in uns lebendig machen, und also uns verlyhen, das wir bruffen mögen, wie unmöglichen es ist guts zethun, damit wir ein durst und hunger gewynnen zu der gnaden und gerechtigkeyt, so vor dir allein gilt, welche du der welt geben hast durch Christum Jesum, unsern herren"[1857]. Die nächste Ordnung bringt inhaltlich ähnliches, formuliert nur anders.[1858] Ebenfalls ein epikletisches Element mit ausdrücklicher Bitte um Sendung des Hl. Geistes zur Herstellung der rechten Feierdisposition enthält Straßburg/Ordnung 1525; hier steht vor der Präfation ein Gebetsaufruf, der an das 'Orate fratres'[1859] der römischen Messe erinnert, aber den Opferbegriff in evangelischer Weise verwendet: "Lieben brůder vnd schwestern, bitten alle got, vnsern vatter, das er vns sende seinen heylgen geist, der vns lere vffopffern die opffer gottes, ein zerbrochnen geist vnd zerschlagen hertz, vnd das wir vnsere leib zům opffer geben, das da lebendig, heylig vnd ym wolgefellig ist, welches vnser vernunfftiger gottsdienst ist, damit wir got auch danck sagen vnd preiß vffopffern, vnd er vns zeig sein heyl."[1860] Diese Passage ist deutlich in Anlehnung an Röm 12,1 artikuliert[1861], wo der Opferbegriff mit der Kategorie des 'vernünftigen Gottesdienstes' zusammengebracht wird.

b) Andere Ordnungen der zweiten Hälfte des 16. Jh. haben ähnliche Bitten, die auf die Disposition zielen, nun aber eingeengt auf die Würdigkeit der Feiernden. So bittet das Bereitungsgebet der Österreichischen Ordnung nicht nur um die Wirkung des Abendmahls, sondern auch um die Disposition der Empfangenden: "...daß wir in bußfertigem Leben das hochwürdige Sakrament des wahren Leibs und Bluts Deines lieben Sohnes, unseres Herrn und Heilandes Jesu Christi empfahen..."[1862]. Ebenso kennt Frankfurt 1599 eine Bitte um den Geist mit dem Ziel der Herstellung der Würdigkeit: "...der vnsere Hertzen stärcke vnd erhalte...damit wir nicht vnwirdiglich/sonder wirdiglich den thewren Pfande deines heyligen Leibs vnd Bluts theilhafftig werden..."[1863]. Das Württemberger Bereitungsgebet, das sich auch

---

[1857] Straßburg/Schwarz 1524 (CD 1,313f).

[1858] "Vnd diser deyner gemein hye zugegen, in deynem namen versamlet, sende deynen heyligen geyst, den tröster, der vnsere hertzen schreybe deyn gesatz neme hyn vnsere angeborne blyndheit vnd dumkeit, durch die wir auch vnser übel vnd sünd nit erkennen mögen, sunder synd wir so gar vergifft, das wir vns auch in vnseren yrrthůmen vnd sünden wolgefallen. Darumb, o du barmhertziger, geliebter vatter, so mach in vns durch deynen heyligen geyst vnser sünde lebendig, das wir jr doch empfinden vnd das wir jr schnödigkeit erkennen vnd dadurch ...deyner gnaden vnd barmhertzigkeit hunger vnd durst überkummen" (Straßburg/ Ordenung 1524 (Hubert 66-68)). Straßburg/Ordnung 1525 formuliert in weiten Teilen ähnlich (vgl. Straßburg/ Ordnung 1525 (Hubert 66-68)).

[1859] Zum 'Orate fratres' vgl. Jungmann, MS 2,103-112; Daschner 140-142.

[1860] Straßburg/Ordnung 1525 (Hubert 85). Die nachfolgende Ordnung artikuliert noch deutlicher, indem sie sich gegen den Gedanken eines neuen Opfers Christi abgrenzt: "...das er vns den heyligen geyst zusende, der vns lere auffopffern, nit Christum, der sich selb einmal für vns geopffert hat vnd von nyemant mag geopffert werden, sonder die gottgefelligen waren opffer als ein zerbrochnen geyst, ein zerschlagen hertz vnd, das wir vnser leyb zum opffer, das lebendig, heylig vnd jm wolgefellig sey, begeben, welchs vnser vernünfftiger gottesdienst ist, in dem wir gott eer, preyß vnd dancksagung opferen" (Straßburg 1526-1536 (CD 1,319)). Zur Vorstellung vom Dank- und Lobopfer vgl. auch 8.1.1.

[1861] Vgl. Spinks, Lord 51.

[1862] Österreich 1571 (CD 1,92). Vgl. hierzu Pahl, Hochgebet 240f.

[1863] Frankfurt 1599 (CD 1,244); Pahl, Hochgebet 241. In Braunschweig kennt man ab 1564 eine ähnliche Geistbitte als Anhang an die Vermahnung von 1528: "Das uns aber der allmechtige Gott und barmherzige Vater seinen heiligen Geist reichlich mitteilen wolle, auf das wir durch desselbigen gnade uns dieser zweier stücke von grund des herzen befleissigen mögen und also das heilige sacrament wirdiglich empfahen zu

in der Kurpfälzer Ordnung von 1556 findet, geht sogar noch einen Schritt weiter und bittet um die Heiligung an Leib und Seele: "...so heilige vnser leib vnd seel/vnd gibe vns sein selige gmeinschafft/in seinem heiligen Abentmal/mit recht glaubiger begird vnd danckbarkeit zůentfahen..."[1864]. Beachtenswert ist, daß die Heiligung nun nicht mehr auf die Gaben bezogen wird, sondern auf die Kommunikanten. Die innere Disposition wird schon deutlich im Glauben und in der Dankbarkeit gesehen.

c) In den an Calvin orientierten, reformierten Ordnungen findet dieses Motiv nochmals eine Ausweitung, indem um den gläubigen Vollzug gebetet wird, aber nicht allein um der Würdigkeit willen, sondern als Voraussetzung, auch wirklich den Leib und das Blut Christi 'im Glauben' empfangen zu können: "faiz nous ceste grace, que de vraye sinceritè de coeur, et d'un zele ardent, nous recevions de luy un si grand benefice et don: c'est qu'en certaine Foy nous recevions son corps et son sang: voire luy tout entierement: comme luy estant vray Dieu et vray homme, est veritablement le sainct pain Celeste, pour nous vivifier"[1865]. Bei Micron kommt ausdrücklich die Wirksamkeit des Geistes zur Sprache: "Wij bidden v dan oetmoedelick, alderheilichste Vader, wilt ons ghenade gheuen: dat wy dese onwtsprekelicke weldaet (in onse herten doer uwen gheest verweckt synde) werdelick ouerlegghen, ende onse ghelooue in de selue oeffenen moghen: op dat wy, in de salichmakende ghemeinschap syns lichaems ende bloets beseghelt en beuesticht synde, ghespyst moghen werden totten eewighen leuen."[1866] Damit bildet nun endgültig nicht mehr die Wandlung der Gaben[1867] den Inhalt dieser Bitte, sondern die Schaffung der inneren Voraussetzung in den Kommunikanten in Form des Glaubens, so daß sie bei der Kommunion wirkliche Christusbegegnung erfahren können. Dies ist Reflex der theologischen Überzeugung, daß der Glaube notwendige Voraussetzung auf seiten der Empfänger darstellt, d.h. nur die Glaubenden wirklich Leib und Blut Christi empfangen[1868].

Trotz dieser recht unterschiedlichen Gestalt in den einzelnen Stufen der Entwicklung lassen sich m.E. alle Beispiele in einem gewissen Sinne weiterhin unter dem Begriff 'Wandlungsepiklese' zusammenfassen, insofern sie alle die Voraussetzung zur Kommunion thematisieren und um die Schaffung dieser Voraussetzung bitten. Spätestens bei den reformierten Ordnungen besteht die Voraussetzung jedoch nicht mehr in einer Wandlung der Gaben,

---

sterkung unsers schwachen glaubens und besserung unsers sündlichen lebens, so wollen wir ihnen darumb anruffen und in dem namen Christi beten von grund des herzen ein andechtig Vater unser etc." (Braunschweig-Lüneburg 1564ff (CD 1,54[17])).

[1864] Württemberg 1553 (CD 1,255). Vgl. auch Kurpfalz 1556 (EKO 14,149).

[1865] Genf 1542, 1542A, 1545 (CD 1,355); vgl. Spinks, Lord 57f. In der deutschen Fassung heißt es: "...also hilff auch vns durch deine genad/daß wir mit gätzem begierden vnd aller andacht solche grosse wolthat vnd tnres geschenck/von jm annenem/das ist/mit warem glauben niessen sein leib vnd blut/Ja jnen/vnsern Heiland selbst/waren Gott vnd menschen/das einige ware hiͤmelbrod/welche vns das ewige leben gibt/..." (Genf dt. 1563,14f). Vgl. auch Pollanus 1551, 1552, 1554, 1555 (Honders 78f).

[1866] Micron 1554 (CD 1,438f); zur lateinischen Version vgl. a Lasco 1555 (CD 1,438f). Der Geist wird auch hier wieder zur Schaffung der würdigen Voraussetzung erbeten, die letztlich auf den Glauben zielt.

[1867] Wenn von einer Konsekration gesprochen wird, dann von der Konsekration der Gläubigen aufgrund der Christusbegegnung: "per nomen eiusdem ipsius filii tui, qui solus est verus atque unicus animarum nostrarum cibus, ut intra nos ipsi conscientiae nostrae testimonio sentiamus, te vere esse Deum ac Patrem nostrum, qui nos audias, nosque vicissim tuum populum tuosque adeo filios, preciosissimo filii tui sanguine consecratos" (a Lasco 1555 (CD 1,439)).

[1868] Wie die manducatio oralis wird auch die manducatio impiorum abgelehnt.

sondern in einer Wandlung der Gläubigen. Die Wandlung der Gläubigen ist nicht mehr nur Folge (dies wäre Inhalt der Kommunionepiklese), sondern auch Voraussetzung des Abendmahlsempfangs. Aber immer bittet diese Form der Epiklese um die Schaffung der der jeweiligen Abendmahlstheologie entsprechenden Voraussetzung für den Empfang des Leibes und Blutes Christi, ob diese Voraussetzung nun in der Wandlung der Gaben gesehen wird, in der Schaffung der Würdigkeit oder aber im Glauben, der die Christusbegegnung erst ermöglicht.

8.2.3.1.2 Die Kommunionepiklese

Wenn sich auch nur wenige evangelische Ordnungen in der Textgestaltung an die Kommunionepiklese des Canon Romanus anlehnen, so finden sich doch in nicht wenigen Ordnungen im Abendmahlsgebet Bitten, die unter das heutige Verständnis einer Kommunionepiklese fallen und z.T. auch deutlicher als der Canon Romanus die Inhalte benennen, die in altkirchlichen Texten an dieser Stelle zu finden sind.

Zunächst können wiederum Ordnungen festgemacht werden, die sich noch eng an den Canon Romanus anlehnen.
a) Die 'Kommunionepiklese' (der Abschnitt 'Supplices') des Canon Romanus wird im deutschsprachigen Raum - außer in der Wormser Messe - überall eliminiert, da die in der römischen Vorlage vorhandene Bitte um das Emportragen auf den himmlischen Altar praktisch nicht in die reformatorische Abendmahlstheologie übertragen werden kann. In der Wormser Messe läßt man sie an der alten Stelle stehen, formt sie jedoch insofern um, als um die Annahme der 'Gebete und Begierden' der Gemeinde gebetet wird, aus der die Frucht der Kommunion entstehen soll: "Almechtiger got wir bitten dich demütiglichen schaff das vnser gebet vnnd begird vff den höchsten altar für das angesicht deiner götlichenn maiestat fürbracht werdt/damitt wir alle so von diesem aller heyligsten abentmol des leibs/fleysch vnd blůts deines sunes entpfahen/mitt allem götlichen segen vnd gnaden erfüllet werdenn."[1869]
Die erhoffte Wirkung wird ähnlich abstrakt ausgedrückt wie im Canon Romanus.
b) Ansonsten bleibt nur die Kommunionepiklese[1870] der schwedischen Interimsmesse so eng am katholischen Vorbild. Auch sie enthält wieder eine Bitte um Annahme der Gebete und nicht der Gaben: "...vt propitio ac sereno vultu ad nos nostrasque preces respicere digneris, easque in caeleste altare tuum in conspectu diuinae maiestatis tuae suscipias..."[1871]. Die Bitte um Wirksamkeit behält eine realpräsentische Terminologie bei, bleibt aber ebenso abstrakt wie der Canon Romanus: "...vt quotquot ex hac altaris participatione benedictum et sanctificatum cibum et potum, panem sanctum vitae aeternae, et calicem salutis perpetuae, sacrosanctum Filij tui corpus et preciosum eius sanguinem sumserimus omni benedictione caelesti et gratia repleamur"[1872].
c) Auch das Eucharistiegebet des ersten BCP hält an einer Kommunionepiklese nach den EW fest, formuliert aber schon wesentlich freier und ergänzt sie um den Aspekt der erbetenen kommunitären Wirkung: "Humbly besechyng thee, that whosoeuer shalbee

---

[1869] Worms 1524 (CD 1,19).

[1870] Der Abschnitt beginnt mit "Et supplices te" (Schweden 1576 (CD 1,131)), wodurch schon die gewollte Parallelität zum Canon Romanus deutlich wird.

[1871] Schweden 1576 (CD 1,131); vgl. Schmidt-Lauber, Entfaltung 165.

[1872] Schweden 1576 (CD 1,131f); vgl. Schmidt-Lauber, Entfaltung 165f.

partakers of thys holy Communion, maye worthely receiue the most precious body and bloude of thy sonne Jesus Christe: and bee fulfilled with thy grace and heauenly benediccion, and made one bodye with thy sonne Jesu Christe, that he maye dwell in them, and they in hym."[1873]

d) Andere Formen der Kommunionepiklese heben sich deutlicher vom katholischen Vorbild ab, formulieren aber bzgl. der Wirkung ähnlich abstrakt, so in Pfalz-Neuburg 1543: "...vnd allen denen/die daruon essen vnd trincken/zum ewigen leben lassen gedeihen"[1874].

All diesen Belegen einer Kommunionepiklese ist gemeinsam, daß sie vom wirklichen Genuß des Leibes und Blutes Christi beim Genuß der Gaben ausgehen und dies in einer vorhergehenden Wandlungsbitte zum Ausdruck kommt.

Dies ändert sich in der oberdeutschen Tradition, die sich deutlicher von der katholischen Vorlage löst und dies um so leichter kann, als sie nicht mehr an die Messe und die Tradition des Eucharistischen Hochgebets anknüpft. Dabei nimmt die calvinistische Tradition wegen der zugrundeliegenden Dogmatik noch eine Zwischenstellung ein.

a) Da Calvin von einer wirklichen 'Nährung' mit dem Leib und Blut Christi ausgeht und dies an den Kommunionakt, nicht aber an die Gaben selbst bindet[1875], artikuliert er nach der Bitte um den Empfang von Leib und Blut Christi im Glauben ein Bitte um die Wirksamkeit des Sakramentsempfangs: "...afin, que nous ne vivions plus en nousmesmes, et selon nostre nature, laquelle est toute corrumpue et vitieuse: mais, que luy vive en nous, pour nous conduire à la vie saincte, bien-heureuse et sempiternelle: par ainsi, que nous soyons faictz vrayement participans du nouveau et eternel Testament: assavoir l'alliance de grace: estans certains et asseurez, que ton bon plaisir est de nous estre eternellement Pere propice, ne nous imputant point noz faultes: et comme à tes enfans et heritiers bien aimez, de nous pourveoir de toutes choses necessaires, tant au corps comme à l'ame: afin que incessamment, nous te rendions gloire et action de grace, et magnifions ton Nom, par oeuvres et par parolles"[1876]. Sowohl die Vereinigung mit Christus wie die daraus folgende soteriologische Wirkung und die Aufnahme in den Bund werden thematisiert und als Bitte um Vergewisserung dieser

---

[1873] BCP 1549 (CD 1,401). Pahl hält einen ostkirchlichen Einfluß für möglich (vgl. Pahl, Hochgebet 227), Brightman sieht die Basilios-Anaphora als Vorlage (vgl. Brightman, English Rite 2,694). Cuming sieht hingegen westliche Vorbilder (Cuming 96-98).

[1874] Pfalz-Neuburg 1543 (CD 1,90). Konkreter ist die österreichische Doppelepiklese: "...und dadurch unser Glaube gestärkt, wir in Liebe, Hoffnung und allen Tugenden wachsen und beständig bis an unser Ende in Deinem Lobe und Gehorsam verharren..." (Österreich 1571 (CD 1,92)). Die hier erbetenen Wirkungen ähneln den traditionell in den Postcommunio-Gebeten thematisierten Wirkungen, die meist individuell verstanden werden.

[1875] Vgl. 7.8.3.4.

[1876] Genf 1542, 1542A, 1545 (CD 1,355f). In der deutschen Version heißt es: "...auff daß forthin nicht wir/ nach vnser verderbten sündlichen natur/sonder er in vns lebe/vnd ein heiliges/seeliges vnd ewiges leben wircke/ vnd wir also warlich teilhafftig seien des newen vnd ewigen Testaments/des Bunds der genaden/sicher vnd gewiß/daß du wilst ewiglich vnser genediger Vater sein/vns vnsere sünde nimmermehr zurechnē/vnd vns in allem an leib vnd seel versehen/wie deine liebe kinder vnd erben/daß wir dir allezeit lob vnd danck sagē/vnd deinen H. Namen preysen/mit allen vnsern worten vnd wercken..." (Genf dt. 1563,15). Vgl. auch Pollanus 1551, 1552, 1554, 1555 (Honders 78-81).

Wirkungen formuliert[1877]. Bei Calvin ist also noch die direkte Verbindung von Empfang und Wirksamkeit gegeben.

b) Dies ist bei Zwingli anders, der nur in seinem Kanonversuch die Bitte um kommunitäre Wirksamkeit mit der Kommunion in Verbindung bringt: "Daß solches in uns wirksamer und kräftiger werde, verleihe, daß alle, die der Speise des Leibes und Blutes deines Sohnes teilhaftig werden, den einen und einzigen leben und darstellen, und in ihm, der mit dir eins ist selbst eins werden durch denselben Christus, unsern Herrn."[1878] Diese Bitte um die kommunitäre Wirkung der Abendmahlsfeier wird im Abendmahlsgebet der 'Action oder bruch' noch deutlicher artikuliert, allerdings ist nun nicht mehr vom 'Leib und Blut Christi' die Rede: "Verlych uns ouch, das wir so unschuldiklich läbind, als dinem lychnam, dinem gsind und kinderen zymme"[1879]. Im Aussagesatz zuvor heißt es schon: "...der uns durch dinen geyst in eynigkeit des gloubens zů einem dinem lyb gemacht hast..."[1880]. Er beinhaltet, was nach dieser Ordnung die Voraussetzung für das 'geistliche Essen' bildet, formuliert diese aber nicht als 'Wandlungsepiklese', sondern als Aussage über schon Geschehenes. Das Werden zu einem Leib und die Hoffnung auf einen gerechten Lebenswandel werden nicht kausal an die Abendmahlsfeier gebunden[1881], sondern an den Glauben, der der Feier vorausgeht[1882]. In dieser 'Kommunionepiklese' spiegelt sich die Auffassung Zwinglis wider, der einzig die Wandlung der Gemeinde in den Leib Christi als Form der Realpräsenz anzuerkennen bereit ist[1883], dieses Werden zum Leib Christi aber nicht an die Abendmahlsfeier bindet, sondern für diese voraussetzt[1884].

c) In einigen Straßburger Ordnungen finden sich an der Stelle, an der in der römischen Vorlage die Kommunionepiklese steht, Texte, die nicht um bestimmte Früchte des Abendmahls bitten, sondern die das Abendmahl selbst und seine Gaben als Versicherung der schon 'erhaltenen Wirkung' des Kreuzestodes Christi verstehen und die deshalb nicht als Bitte, sondern als Aussage formuliert sind[1885]. An diesen Beispielen wird in besonderer Weise die

---

[1877] Micron verändert dieses Gebet sehr stark und teilt die Inhalte anders auf. So wird die Vereinigung mit Christus schon zu Beginn als Ziel des Gedächtnisses in der 'speziellen Anamnese' angegeben (vgl. 8.2.2.2). Als direkt erbetene Wirkung wird das Gefühl (i.S. einer Gewißheit) genannt, Kinder und Volk des Vaters und durch Christus geheiligt zu sein: "...op dat wy inwendelick in onser conscientien gheuoelen moghen: dat ghy waerachtelick onse God ende Vader syt: ende dat wy wederom v volck ende kinderen syn, doer dat alderonnooselste bloet ons Heeren gheheilicht..." (Micron 1554 (CD 1,439); vgl. auch a Lasco 1555 (CD 1,439)).

[1878] Zürich 1523 (CD 1,187); Ü.: Schmidt-Clausing, Kanonversuch 82.

[1879] Zürich 1525 (CD 1,195).

[1880] Zürich 1525 (CD 1,194); vgl. Hollenweger 182.

[1881] Vgl. Jenny, Einheit 62.

[1882] Vgl. Lutz 252f.255. Für Zwingli bedeutet das Essen des Leibes und das Trinken des Blutes Christi letztlich nichts anderes, als zu glauben (vgl. Rohls 177; Lutz 252).

[1883] Vgl. Pahl, Hochgebet 224.

[1884] Vgl. Lutz 251.

[1885] Dort heißt es: "Darumb haben wir itzund große, unwidertreibliche sicherheyt deiner gnaden und wissen, das wir dein kinder sind, dein erben und miterben Christi" [es folgt die Überleitung zu Vaterunser] (Straßburg/ Schwarz 1524 (CD 1,315)); "Nemlich, so wir hye haben den gebenedyeten leyb vnd das heylig blut im brot vnd weyn deynes allerliebsten suns, vnsers herren Jesu Christi, zu einem pfand vnd sicherung solcher deyner gnaden vnd güttigkeit" (Straßburg/Ordenung 1524 (CD 1,314[43])). Die Ausdrücke "deiner gnaden" (Straßburg/ Schwarz 1524 (CD 1,315)) bzw. "deyner gnaden vnd güttigkeit" (Straßburg/Ordenung 1524 (CD 1,314[43]))

Dominanz der EW deutlich: In ihnen ist die Wirksamkeit als Verheißung Christi enthalten, so daß sich eine erneute Bitte um Wirksamkeit erübrigt.

d) Schließlich formuliert Mecklenburg 1552 eine Bitte um Geistsendung, die auf Wirkungen hofft, die man in der Kommunionepiklese oder den Interzessionen erwarten würde, ohne dies textlich direkt mit der Abendmahlsfeier oder den Gaben in Verbindung zur bringen.[1886] Diese Stelle kann nur mit größter Vorsicht hier eingeordnet werden!

Zusammenfassend ist festzustellen, daß die Kommunionepiklese in den Abendmahlsgebeten doch wesentlich deutlicher erhalten bleibt als die Wandlungsepiklese und vielfach auch dadurch ein klareres Profil erhält, daß die Wirkungen nicht abstrakt benannt werden, sondern die Vereinigung mit Christus sowie der kommunitäre Aspekt explizit zum Ausdruck kommen. Allerdings werden in einem Teil der Ordnungen diese Wirkungen nicht mehr als direkt an den Genuß der Abendmahlsgaben gebunden aufgefaßt. Z.T. werden diese Inhalte sogar als von der Abendmahlsfeier unabhängige, jedoch bei ihr zu erbittende Hoffnung oder aber als schon erhaltene Gnade gesehen.

8.2.3.2 Die Interzessionen als Ausformung des epikletischen Aspekts

Heutige katholische Liturgiewissenschaft sieht die Interzessionen als Entfaltung des Communio-Motivs, in der es um die für das Eschaton erhoffte Einheit mit der himmlischen Kirche der vollendeten Heiligen wie auch der gesamten irdischen Kirche geht.[1887] Formal sind die Interzessionen Ausführung der vorhergehenden Epiklese und bilden mit ihr den epikletischen Teil des Hochgebets[1888]. Der römische Kanon bildet in bezug auf die Interzessionen insofern eine Besonderheit, als die Nennung der kirchlichen Hierarchie (im Abschnitt 'Te igitur') und das Gedächtnis der Lebenden (im Abschnitt 'Memento') vor den EW zu stehen kommt, Heiligenlisten aber vor (im Abschnitt 'Communicantes') und hinter (im Abschnitt 'Nobis quoque') und das Gedächtnis der Verstorbenen (im Abschnitt 'Memento') nur hinter den EW Platz finden[1889].

In der Reformationszeit sieht man allerdings in den Interzessionen nichts anderes als 'Fürbitten' (vor allem für Verstorbene), die in Form des Allgemeinen Gebets in der spätmittelalterlichen Messe fehlen, und damit als typischen Versuch, die Rechtfertigung der Sünder durch Bitten zu beeinflussen[1890]. Gerade wegen der traditionellen Bindung an die

---

sind deutlich als Äquivalent zu 'omni benedictione caelesti et gratia' des epikletischen Abschnittes 'Supplices' zu erkennen.

[1886] "Ich bitte dich mit herzlichen seufzen, du wollest mir gnedig sein, und alle meine sünde vergeben, und deinen ewigen vater fur mich bitten und mir deinen heiligen geist geben, mich regirn und bewahren wider deine feinde, nemlich, wider die gotteslesterige, lügenhaftige, unreine teufel" (Mecklenburg 1552 (CD 1,103)).

[1887] Vgl. Meyer, Eucharistie 348; Gerhards, Eucharistisches Hochgebet 973. In genau dieser Funktion finden sie sich schon in der birkat ha-mazon, einer der formalen Vorlagen für unsere Hochgebete (vgl. hierzu Clerici).

[1888] Vgl. Meyer, Eucharistie 348; Gerhards, Entstehung 85.

[1889] Anaphoren der alexandrinischen Liturgie stellen die Interzessionen sogar vor das Sanctus (vgl. Meyer, Eucharistie 133.146f).

[1890] Noch Schmidt-Lauber sieht als ursprüngliche Intention der 'Fürbitten' im Eucharistiegebet, möglichst nahe beim Moment der 'Wandlung' Gott am ehesten erreichen zu können (vgl. Schmidt-Lauber, Zukunft 173). Meßner stellt als eigentlichen Impuls für die Veränderung der Interzessionen zu 'Fürbitten' die Schwerpunktverlagerung in der Eucharistietheologie von einer actio der Kirche zu einer actio Christi heraus, die eine

Darbringung finden sich solche Bitten bis in unser Jahrhundert nicht in der evangelischen Tradition[1891]. Schon allein aufgrund der Kritik der Reformatoren an der Heiligenverehrung und dem Versuch der Beeinflussung Gottes zugunsten der Verstorbenen[1892] fallen die entsprechenden Abschnitte automatisch weg[1893]. Allerdings finden sich Interzessionen für die Lebenden, die Regierenden und die Kirche u.a. in der frühen Phase der Reformation in Abendmahlsgebeten oder mit ihnen verbunden[1894], dann aber immer *vor* den EW.[1895] Die Ausfaltung der in den altkirchlichen Eucharistiegebeten aus der Epiklese entwickelten Sammlungsbitte findet sich an einigen wenigen Stellen.[1896] Allerdings gehört die Sammlungsbitte so sehr zum Grundgestein jüdisch-christlichen Betens, daß sie nicht als konstitutiv mit einer *Geist*epiklese verbunden verstanden werden sollte[1897].

8.2.3.3 Resümee

Zusammenfassend kann man feststellen: Zielt vorreformatorisch die Wandlungsepiklese auf die Gaben und nur indirekt auf die Kommunizierenden (auch wenn letzteres das eigentliche der Epiklese ausmacht), so ändert sich dies in den reformatorischen Ordnungen. Zum einen wird die in der Bitte enthaltene Aussage über eine Wandlung der Gaben zunehmend vorsichtiger artikuliert und fällt bald völlig weg. Zum anderen wird eine äquivalente Epiklese geschaffen, die nun primär auf die Feiernden zielt, aber nicht wie die Kommunionepiklese auf die Wirkung der Kommunion in ihnen, sondern auf die Schaffung der Disposition der Kommunizierenden, entweder i.S. einer Würdigkeit oder des Glaubens, der eine wirkliche Christusbegegnung überhaupt erst ermöglicht. Immer aber zielt diese Bitte auf die Schaffung der Voraussetzung für die Kommunion und bleibt deshalb in einer gewissen Kongruenz zur Wandlungsepiklese.

In nicht-reformierten Ordnungen kann ohne weiteres die Vorstellung der Realpräsenz in den Gaben erhalten bleiben, ohne daß diese Präsenz in Form einer 'Wandlungsepiklese' erbeten

---

Umdeutung des 'offere pro' zu einer Darbringung des Meßopfers zugunsten anderer impliziert (vgl. Meßner, Probleme 195[80]).

[1891] Vgl. Kalb 372. Als problematisch wird die Spezialisierung auf bestimmte Personen und Gruppen empfunden (vgl. Schmidt-Lauber, Zukunft 173f). Außerdem sieht man eine nicht gerechtfertigte Konkurrenz zum Fürbittgebet nach der Predigt (vgl. Mahrenholz, Kompendium 107), so daß eine Übernahme von Fürbitten in das Hochgebet auf evangelischer Seite lange nicht diskutiert wird (vgl. Jordahn 254; Holze 310f). Allerdings erachtet man heute im katholischen Raum die Interzessionen als sekundär (vgl. Meyer, Eucharistie 345). In der Rezeption durch die Gläubigen wird allerdings auch heute dieser Teil nicht anders, denn als 'Fürbitte' für die kirchliche Hierarchie und die Verstorbenen verstanden.

[1892] Z.B. für die Kritik Farels vgl. Jacobs 171f.

[1893] Nur das BCP 1549 kennt solche Bitten noch (vgl. BCP 1549 (CD 1,399)); das BCP 1552 eliminiert sie (vgl. CD 1,399[86]). Vgl. Cuming 95.

[1894] Vgl. 8.1.3.1.

[1895] Vgl. Worms 1524 (CD 1,18); Kurbrandenburg 1540 (CD 1,87f); Straßburg/Schwarz 1524 (CD 1,313), Straßburg/Ordenung 1524 (Hubert 65f), Straßburg/Kirchenamt 1525 (Hubert 80), Straßburg/Ordnung 1525 (Hubert 85), Straßburg 1526ff (Hubert 100-108); Kassel 1539b (EKO 8,120f).

[1896] So sind die beiden Bittabschnitte in Mecklenburg 1552 als Sammlungsbitten formuliert (vgl. Mecklenburg 1552 (CD 1,102f)). Die Sammlungsbitte wird in Straßburg/Ordenung 1524 umgeformt zum Ausdruck der Gewißheit der kommenden Sammlung: "Vnd synd auch vngezwyfelt, so er nun in deyner majestat erschynen werd, werden wir auch mit jm erschynen in der herlicheit deyner geliebten kyndern" (Straßburg/Ordenung 1524 (CD 1,314[43])). Das BCP 1549 läßt alle Interzessionen in der Sammlungsbitte kulminieren (vgl. BCP 1549 (CD 1,399)).

[1897] Schmidt-Lauber erweckt jedenfalls diesen Eindruck (vgl. Schmidt-Lauber, Entfaltung 167).

würde, da die Realpräsenz durch die EW als gesichert gilt. In den calvinistischen Ordnungen wird hingegen die Bitte um den Glauben (als notwendiger Voraussetzung für den Abendmahlsempfang) letztlich zu einer Bitte um Gewährung der Christusbegegnung selbst, auch wenn der Glaube nicht konstituierende Bedingung für die objektive Wirksamkeit des Sakraments ist, sondern diese in der Einsetzung durch Christus (nicht aber in der Zitation der EW!) begründet ist[1898]. Der Glaube ist in diesen Ordnungen nicht konstituierende, sondern konstitutive Bedingung der Christus-Begegnung.

Die Kommunionepiklese des Canon Romanus wird nur selten abgeändert, jedoch vielfach gestrichen, weil das mit ihr verbundene Motiv der Annahme der Gaben evangelischen Vorstellungen zuwiderläuft. Eine Kommunionepiklese findet daher nur insofern Aufnahme in die evangelischen Ordnungen, als die in der römischen Vorlage genannten abstrakten Wirkungen der Kommunion mehr lebenspraktisch und kommunitär aufgefaßt werden. Oft werden diese aber in den (evtl. mit dem Abendmahlsgebet verbundenen) Fürbitten ausgesagt. Die kommunitäre Wirkung kommt jedoch - gerade in lutherisch orientierten Ordnungen - vielfach gar nicht so deutlich in den Blick, weil entscheidend ist, wirklich den Leib und das Blut Christi zu empfangen und dadurch die Sündenvergebung sakramental zugesprochen zu bekommen. Beides ist wieder durch die EW gesichert, so daß eine eigentliche Motivation für eine Wiederentdeckung der Kommunionepiklese fehlt. Deshalb ist auch nicht verwunderlich, daß keine der hier aufgezeigten 'Kommunionepiklesen' als Geistbitte formuliert wird. Die EW bzw. die darin zum Ausdruck kommende Einsetzung durch Jesus Christus sind Garanten der Wirksamkeit, eine Geistbitte würde dazu in Konkurrenz stehen und die Vollmacht Christi in Frage stellen. Letztlich bleibt in diesen Ordnungen die defizitäre spätmittelalterliche Geisttheologie wirksam.

[1898] Vgl. Rohls 186.

8.3 Das Abendmahlsgebet der vorliegenden Ordnung
Text

"Laßt uns beten.

Barmhertziger Gott und vater, wir bitten dich, daß du in diesem abendmal, in welchem wir begehen die herrliche gedechtnuß deß bittern todts deines lieben sohns Jesu Christi, durch deinen heiligen geist in unsern hertzen wöllest wircken, daß wir uns mit warem vertrauen deinem son Jesu Christo je lenger je mehr ergeben, auf daß unsere mühselige und zerschlagene hertzen mit seinem waren leibe und blut, ja mit im, waren Gott und menschen, dem einigen himmelbrod, durch die kraft des heiligen geistes gespeiset und erquicket werden, auf daß wir nicht mehr in unsern sünden, sonder er in uns und wir in im leben und warhaftig des neuen und ewigen testaments und bunds der gnaden also theilhaftig seyen, daß wir nit zweifeln, daß du ewiglich unser gnediger vater sein wöllest, uns unser sünden nimmermehr zurechnen und uns in allem an leib und seel versorgen, wie deine liebe kinder und erben. Verleihe uns auch deine gnad, daß wir getröst unser creutz auf uns nemen, uns selbst verleugnen, unsern heiland bekennen und in aller trübsal mit aufgerichtem haupt unsers herrn Jesu Christi auß dem himel erwarten, da er unsere sterbliche leichnam seinem verklärten herrlichen leib gleichförmig machen und uns zu ihm nemen wirdt in ewigkeyt, Amen."[1899]

Kommentar

Das vorliegende Abendmahlsgebet[1900] hat den Charakter eines Präsidialgebetes (Einleitung mit Gebetsaufforderung, geprochen vom Vorsteher der Feier im Namen eines kollektiven Subjekts, Anrede des Vaters), bildet aber kein evangelisches Äquivalent zu einem der klassischen Präsidialgebete der lateinischen Messe, schon gar nicht zum Eucharistiegebet in Form des Canon Romanus, da die EW fehlen. Es ist aufgrund der Gebetseinladung am Anfang und des Amens am Schluß in sich abgeschlossen. Einzuordnen ist es in die zuvor besprochene Kategorie der auf die Kommunion vorbereitenden Gebete[1901]; es bittet sowohl um wirkliche Christusbegegnung beim Abendmahl, als auch um die dadurch erhoffte Wirksamkeit.

Das Gebet stellt sich als epikletisches Gebet dar und besteht (nach der Gebetseinladung) aus zwei Bittsätzen. Der für die Gattung des Eucharistischen Hochgebets kennzeichnende Dank fehlt gänzlich. Allerdings ist hierbei zu bedenken, daß der HK in Frage 116 jedes Gebet als Vollzug der Dankbarkeit darstellt und als Inhalte des Gebets den Dank und die Bitte benennt:

"Frag. Warumb ist den christen das gebet nötig? Antwort. Darumb, daß es das fürnembste stück der danckbarkeyt ist, welche Gott von uns erfordert und das Gott seine gnade und heiligen geist allein denen wil geben, die ihn mit hertzlichem seuftzen one underlaß darumb bitten und im darfür danken"[1902].

[1899] Kurpfalz 1563 (CD 1,518f).

[1900] Klaus bezeichnet das Gebet als 'Bußgebet' (vgl. Klaus, Rüstgebete 558). Diese Engführung auf das Motiv der Sündenvergebung ist m.E. nicht vertretbar, da die Sündhaftigkeit nur die Grundlage für die Formulierung der erhofften Wirkungen bildet, nicht aber die eigentliche Zielrichtung des Gebets. Zum Abendmahlsgebet vgl. Schulz, Ordnung 499f; Brunner, Abendmahlszeugnis 225; Hauke 51.

[1901] Vgl. 8.1.3.2.

[1902] Frage 116 des HK, Kurpfalz 1563 (EKO 14,365f); vgl. Locher, Stück 175f. Eine ähnliche Gebetstheologie findet sich zuvor bei Calvin (vgl. 8.1.1).

Laut der Konkretisierung in Frage 117 des HK steht dann die Bitte dominant im Vordergrund, da sie den Gläubigen ihre Not und ihr Elend verdeutlicht[1903]. Das Bitten wird demnach nicht als Gegensatz, sondern als Vollzug der Dankbarkeit verstanden. Vom theologischen Anspruch her weist das Abendmahlgebet somit eine Nähe zum Eucharistischen Hochgebet auf, die für einen heutigen Betrachter zunächst nicht zu erkennen ist.[1904]

Betrachtet man die textlichen Vorlagen, so finden sich große Teile des ersten Satzes schon im Abendmahlgebet der Straßburger[1905] und der darauf aufbauenden calvinistischen Tradition[1906]. Von dieser bzgl. der Textfassung eine relativ starke Einheit bildenden Tradition setzt sich das vorliegende Gebet an einigen Stellen deutlich ab, um die zugrundeliegende Abendmahltheologie zu verdeutlichen. Der letzte Satz der Vorlagen, der für den Vollzug der Feier bittet, kann schon aufgrund der veränderten Stellung des Abendmahlgebets im Gesamt der Feier (nicht vor sondern hinter der Vermahnung) nicht stehen bleiben, sondern wird durch einen anderen Passus ersetzt. Ansonsten finden sich noch einzelne Phrasen, bei denen Bezüge zu anderen Ordnungen aufzuzeigen sind[1907].

[1903] Dort heißt es: "Frag. Was gehöret zu einem solchen gebet, das Gott gefalle und von im erhöret werde? Antwort. Erstlich, daß wir allein den einigen, waren Gott, der sich uns in seinem wort hat offenbaret umb alles, daß er uns zu bitten befohlen hat, von hertzen anrufen, zum andern, daß wir unsere noth und elend recht gründtlich erkennen, unß für dem angesicht seiner majestet zu demütigen, zum dritten, daß wir diesen festen grund haben, daß er unser gebet unangesehen, daß wirs unwirdig seind, doch umb des herrn Christi willen gewißlich wölle erhören, wie er uns in seinem wort verheissen hat." (Frage 117 des HK, Kurpfalz 1563 (EKO 14,366); vgl. auch die Ausführungen über das Gebet im 3. Abschnitt der Kurzen Summa des HK, Kurpfalz 1563 (EKO 14,380)).

[1904] Allerdings ist zugleich zu bedenken, daß die Abendmahlsfeier insgesamt im HK nicht dem Abschnitt der Dankbarkeit, sondern dem Abschnitt der Erlösung zugeordnet wird (vgl. 5.4). Sie wird nicht als Vollzug der Dankbarkeit gesehen, die Danksagung steht als Motiv der Feier keinesfalls im Vordergrund. Das Abendmahl ist vielmehr Instrument der Bestätigung des Glaubens, durch die Gläubigen Christus und seiner Wohltaten teilhaftig werden (vgl. Frage 65 des HK, Kurpfalz 1563 (EKO 14,355)). Somit bildet die Notwendigkeit einer solchen Bestätigung das Motiv der Feier, weshalb die Feier auch ganz unter dem Thema des Trostes steht (vgl. 7.7.1.1). Erst nach vollzogener Kommunion und erlangter Christusbegegnung scheint nach dem Verständnis der vorliegenden Ordnung die eigentliche Danksagung angebracht (vgl. 13.3).
Auch die Vorstellung eines Dankopfers ist dem HK nicht fremd: "...auf daß die bösen lüste des fleisches nicht mehr in uns regieren, sonder daß wir uns selbst im zur dancksagung aufopfern" (Frage 43 des HK, Kurpfalz 1563 (EKO 14,351)). Dabei handelt es sich weniger um eine liturgische als vielmehr um eine lebenspraktische Kategorie! Der Gedanke taucht deshalb in den liturgischen Teilen der KO im 'Kirchengebet' wieder auf: "...auf daß wir darauß lernen, all unser vertrauen auf dich allein setzen und von allen creaturen abziehen, daß auch unser alter mensch mit allen seinen begierden von tag zu tag mehr gecreutziget werde und daß wir uns dir aufopfern zum lebendigen opfer zu ehre deines heiligen namens und auferbauung unsers nechsten..." (Kurpfalz 1563 (EKO 14,389)). Letztlich dürfen jedoch die drei 'Teile' des HK 'Sünde'/'Erlösung'/'Dankbarkeit' nicht allein als (heils-)geschichtliche Abfolge verstanden werden, sondern alle drei Dimensionen bestimmen das Christsein.

[1905] Es ist dies der Abschnitt von 'seinem waren leibe und blut' bis zum Ende des Satzes (vgl. Straßburg 1537ff (CD 1,321); vgl. auch Tabelle 5). In diesen Straßburger Ordnungen handelt es sich allerdings um ein an das Allgemeine Gebet angehängtes Abendmahlgebet (vgl. Schulz, Ordnung 499f).

[1906] Vgl. Genf 1542, 1542A, 1545 (CD 1,355f); Genf dt. 1563,14f; Pollanus 1551, 1552, 1554, 1555 (Honders 78-81); vgl. auch Schulz, Ordnung 500^{32}. Zum Vergleich der einzelnen Fassungen vgl. Tabelle 5.

[1907] Die einzelnen Belege sollen an der jeweiligen Stelle erfolgen.

Tabelle 5: Das Abendmahlsgebet

Straßburg 1537	Genf 1542	Genf dt. 1563	Pollanus 1554, 1555	Kurpfalz 1563
"...vnd wie vns derselbig sein leib vnd blut nit alleyn dir für vnsere sünd am creuz vffgeopfferet hat,	"Et comme nostre Seigneur JESUS, non seulement t'a une fois offert en la croix son corps et son sang, pour la remission de noz pechez:	"Vnd wie vnser herr Jesus sein leib vn blut nicht allein ein mal dir für vnsere sünde am Creüz geopfert hat:	"ATque uti Dominus IESUS non solum una oblatione corpus suum et sanguinem tibi obtulit in remissionem peccatorum (nostrorum),	"Barmhertziger Gott und vater, wir bitten dich, daß du in diesem abendmal, in welchem wir begehen die herrliche gedechtnuß deß bittern todts deines lieben sohns Jesu Christi, durch deinen heiligen geist in unserm hertzen wöllest wircken, daß wir uns mit warem vertrauen deinem son Jesu Christo je lenger je mehr ergeben,
sonder will dasselbig vns auch zur speiß vnd tranck geben ins ewig leben,	mais aussi les nous veult communiquer, pour nourriture et vie eternelle:	sondern gibt auch vns dieselben zur speiß vnd tranck jns ewige leben:	sed eadem nobis vult impartiri in alimoniam vitae aeternae:	
das wir mit gantzen begyrden vnd aller andacht dise seine güte vnd geschencke vffnemmen	faiz nous ceste grace, que de vraye sincerité de coeur, et d'un zele ardent, nous recevions de luy un si grand benefice et don:	also hilff auch vns durch deine genad/daß wir mit gatzem begierden vnd aller andacht solche grosse wolthat vnd twres geschenck/ von jm annemen/	ita nos eo favore prosequere, ut tuo auxilio possimus syncero corde, ac studio ardenti tantum ab illo beneficium accipere:	auf daß unsere mühselige und zerschlagene hertzen mit seinem waren leibe und blut, ja mit im, waren Gott und menschen, dem einigen himmelbrod, durch die kraft des heiligen geistes gespeiset und erquicket werden, auf daß wir nicht mehr in unsern sünden,
vnd mit warem glauben ietzund ampfahen vnd niessen seinen waren leib vnd wares blut, ja jn selbs, vnseren heyland, waren gott vnd menschen, das einig ware himmelbrot, vff das wir nit mehr vnser sündtlich vnd verderbtes leben,	c'est qu'en certaine Foy nous recevions son corps et son sang: voire luy tout entierement: comme luy estant vray Dieu et vray homme, est veritablement le sainct pain Celeste, pour nous vivifier afin, que nous ne vivions plus en nousmesmes, et selon nostre nature, laquelle est toute corrumpue et vitieuse:	das ist/mit warem glauben niessen sein leib vnd blut/Ja jnen/vnsern Heiland selbst/waren Gott vnd menschen/das einige ware himmelbrod/welche vns das ewige leben gibt/auff daß forthin nicht wir/nach vnser verderbten sündlichen natur/	nempe ut certa fide imbuti participes corporis et sanguinis ipsius efficiamur: imo vero illo toto et integro perfruamur, qui vere Deus et homo est, simul panis ille sacrosanctus coelo nobis datus in vitae alimoniam, quo deinceps non amplius nobis vivamus, ut nostro ingenio nimium corrupto et vitiato obtemperemus:	
sonder er in vns vnd wir inn jm leben sein heyligs, seligs vnd ewigs leben, seien warlich theilhafft des waren vnd ewigen testaments, des bundts der genaden, sicher vnd gewiß, das du wilt ewigklich vnser genediger vatter sein, vns vnsere sünden nimmer mehr zurechen vnd vns inn allem an leib vnd seel versehen, wie deine liebe kinder vnd erben,	mais, que luy vive en nous, pour nous conduire à la vie saincte, bien-heureuse et sempiternelle: par ainsi, que nous soyons faictz vrayement participans du nouveau et eternel Testament: assavoir l'alliance de grace: estans certains et asseurez, que ton bon plaisir est de nous estre eternellement Pere propice, ne nous imputant point noz faultes: et comme à tes enfans et heritiers bien aimez, de nous pourvoir de toutes choses necessaires, tant au corps comme à l'ame:	sonder er in vns lebe/vnd in heiliges/seliges vnd ewiges leben wircke/vnd wir also warlich teilhafftig seien des newen vnd ewigen Testaments/des Bunds der genaden/sicher vnd gewiß/daß du wilst ewiglich vnser genediger Vater sein/vns vnsere sünde nimmermehr zurechne/vnd vns in allem an leib vnd seel versehen/wie deine liebe kinder vnd erben/	sed ille solus in nobis vivat, atque in vitam perducat sanctam, beatam, et aeternam. Porro deinceps facti participes testamenti sui novi atque aeterni, quod est foedus gratiae, certissimum nobis id persuasum sit et te patrem nostrum esse benevolum, qui nulla peccata aut delicta nobis imputes, quin etiam uti haeredibus ac filiis dilectissimis necessaria omnia vitae prospicias atque subministres cum corpori, tum animae,	sonder er in uns und wir in im leben und warhaftig des neuen und ewigen testaments und bunds der gnaden also theilhaftig seyen, daß wir nit zweifeln, daß du ewiglich unser gnediger vater sein wöllest, uns unser sünden nimmermehr zurechnen und uns in allem an leib und seel versorgen, wie deine liebe kinder und erben.

(Straßburg 1537ff (CD 1,321))	(Genf 1542, 1542A, 1545 (CD 1, 355f))	(Genf dt. 1563,14f)	(Pollanus 1554, 1555 (Honders 78-80))	(Kurpfalz 1563 (CD 1,518f))
das wir dir alle zeit lob vnd danck verjehen vnd deinen h. namen preysen mit allen vnseren worten vnd wercken. Dermassen gib, himlischer vatter, das wir heut die herrliche vnd selige gedechtnis deins lieben suns, vnsers herren, halten vnd begangen, verkünden seinen todt, das wir also am glauben zu dir vnd allem guten jmmer wachsen vnd gestercket werden vnd so vil getröstet…"	afin que incessamment, nous te rendions gloire et action de grace, et magnifions ton Nom, par oeuvres et parolles. Donne nous donques en ceste maniere, Pere celeste, de celebrer auiourd'huy la memoire et recordation bien-heureuse de ton cher Filz, nous exerciter en icelle, et annoncer le benefice de sa mort: afin que recevant nouvel accroissement et fortiffication en Foy et tout bien, de tant plus grande fiance nous te renommions nostre Pere, et nous glorifions en toy. Amen."	daß wir dir allezeit lob vnd danck sagė/vnd deinen H. Namen preysen/mit allen vnsern worten vnd wercken/ Dermassen gib/himlischer vater/daß wir heut die herrliche vnd seelige gedechtnuß deines lieben Sons halten vnd begehen/vns dårinnen zu vben vnd die wolthat seines tods zuuerkünden/auff daß wir jn dem glauben an dich/vnd in allem gutten immer zunemen vnd gestercket werden/vnd souil desto getröster dich als vnsern vater anruffen/vnnd vns deines Namens rhümen/Amen."	quo tibi gratias agamus immortales sine fine laudantes nomen tuum cum verbis et oratione, tum factis et tota vita. Da igitur pater coelestis ad hunc modum hodie excitari in nobis memoriam dilecti filii tui, nosque ea exerceri ad praedicandum beneficium mortis eius, ut novis subinde fidei accessibus aucti corroboremur ac omne bonum, ac singulari summaque fiducia te invocemus ac patrem agnoscamus, ut in nomine tuo gloriemur, per Iesum Christum Dominum nostrum, Amen."	Verleihe uns auch deine gnad, daß wir getröst unser creuz auf uns nemen, uns selbst verleugnen, unsern heiland bekennen und in aller trübsal mit aufgerichtem haupt unsers herrn Jesu Christi auß dem himel erwarten, da er unsere sterbliche leichnam seinem verklärten herrlichen leib gleichförmig machen und uns zu ihm nemen wirdt in ewigkeyt, Amen."

In den calvinistischen Ordnungen handelt es sich bei der äquivalenten Textstelle zwar um ein inhaltlich in sich geschlossenes Abendmahlsgebet, aber formal wird es immer an den den Predigtgottesdienst abschließenden Gebetsakt angehängt oder in diesen Gebetsakt integriert[1908]. Meist wird das Gebet mit dem Vaterunser abgeschlossen[1909]. Damit steht das Abendmahlsgebet in all diesen Ordnungen zu Beginn der eigentlichen Abendmahlsfeier vor den EW, auf die noch eine lange Vermahnung folgt! Von seiner Stellung innerhalb der Feier knüpft daher Kurpfalz 1563 nicht an die calvinistischen, sondern an die Straßburger Ordnungen ab 1537[1910] an, vor allem aber an Kurpfalz 1556 und die dahinterstehende Württembergische Tradition[1911]. Das Abendmahlsgebet bleibt somit gegenüber der lutherischen Vorgängerordnung an der gleichen Stelle der Feier, setzt sich aber inhaltlich deutlich ab.[1912] Die Notwendigkeit einer inhaltlichen Absetzung besteht auch deshalb, weil in der vorliegenden Ordnung nicht mehr (wie in Straßburg 1537ff, Württemberg 1553 und Kurpfalz 1556) die EW auf das Abendmahlsgebet folgen; seine Funktion muß somit eine andere sein. Die Stellung des Gebets an dieser Stelle der Ordnung erweist sich bei genauerer Betrachtung nicht als Relikt der lutherischen Vorgängerordnung (mit entsprechend gestörter Funktion), sondern als aus der zugrundeliegenden Abendmahlstheologie für die Funktion des Gottesdienstes unumgänglich. Dem Gebet kommt die Aufgabe zu, die wirkliche, aktuelle und sakramentale Zueignung des Kreuzestodes Christi und seiner Wirkungen, die zuvor in der Vermahnung verdeutlicht worden sind, für die Kommunion zu erbitten!

Inhaltlich können die Bittinhalte in die skizzierte Entwicklung der 'Wandlungs-' und 'Kommunionepiklese' in den evangelischen Abendmahlsgebeten eingeordnet werden[1913]. Sie entsprechen jeweils den calvinistischen Umformungen. Zunächst findet sich die Bitte um die Gewährung des wahrhaften Empfangs von Leib und Blut Christi, die in die Entwicklungslinie der 'Wandlungsepiklese' eingeordnet werden kann, und als zweites die Bitte um die Vereinigung mit Christus und die daraus resultierende kommunitäre Wirkung, der sich ein zweiter Bittsatz anschließt, der die lebenspraktische Wirkung für die eschatologische Existenz des Christen thematisiert; die letzteren Teile können aus der Kommunionepiklese abgeleitet werden. Beide Bittelemente folgen direkt aufeinander und sind auch grammatisch eng miteinander verknüpft. Außerdem ist in die erste Bitte eine Art spezielle Anamnese integriert.

8.3.1 Die 'spezielle Anamnese' des Abendmahlsgebets
In den ersten Bittsatz sind die Anrede ("Barmhertziger Gott und vater") und ein als Relativsatz gestalteter Aussagesatz integriert. Dieser Nebensatz nimmt die Funktion der

---

[1908] Zur tabellarischen Übersicht vgl. Bürki, Jean Calvin 350.

[1909] Vgl. 9.2.1.

[1910] Vgl. Straßburg 1537ff (CD 1,231).

[1911] Vgl. Württemberg 1553 (CD 1,254f); Kurpfalz 1556 (EKO 14,149); Brunner, Abendmahlszeugnis 197f.

[1912] Darin ist wiederum die oben (vgl. 5.3) beschriebene Ambivalenz der Kurpfälzer Ordnung zu erkennen, einerseits gegenüber dem Kaiser und dem Reich an die lutherische Ordnung Kurpfalz 1556 anzuknüpfen, aber andererseits die reformierte Lehre inhaltlich durchzusetzen.

[1913] Vgl. 8.2.3.1.

speziellen Anamnese eines Eucharistischen Hochgebets[1914] ein, denn er stellt den Bezug zwischen dem Tod Jesu und der aktuellen Feier her: "...in diesem abendmal, in welchem wir begehen die herrliche gedechtnuß deß bittern todts deines lieben sohns Jesu Christi...". Auch die Vorgängergebete besitzen einen solchen anamnetischen Abschnitt[1915], allerdings erfolgt dort der Bezug zur jetzigen Feier, der zum Kennzeichen der speziellen Anamnese des Eucharistischen Hochgebetes gehört, erst am Schluß des Gebets[1916]. Dieser Bezug wird in der vorliegenden Ordnung mit der Anamnese zu Beginn des Gebets hergestellt.

Das Abendmahl wird als Feier[1917] der Begehung des Gedächtnisses[1918] des Kreuzestodes Christi[1919] dargestellt. Während aber in den antiken Eucharistiegebeten zusätzlich zum Gedächtnis eine Darbringungsaussage folgt und mit diesem kausal verbunden wird (entsprechend den Stichworten 'memores' - 'offerimus' - 'gratias agentes'), verbietet sich eine solche Aussage bzgl. der Gaben hier aufgrund der zugrundeliegenden Abendmahlstheologie. Das Besondere des vorliegenden Abendmahlsgebets ist aber, daß dennoch eine 'Darbringungsaussage' gemacht wird, diese aber mit der ersten Bitte formal wie inhaltlich verknüpft wird.

8.3.2 Die 'Wandlungsepiklese'

Wie dargelegt ist die spezielle Anamnese in die erste Bitte integriert. Es wird nämlich nun das Handeln des Geistes erbeten, das grammatikalisch auf das gleiche 'abendmal' bezogen ist, das die spezielle Anamnese als Vollzug des Gedächtnisses herausstellt: "...daß du in diesem abendmal ... durch deinen heiligen geist in unsern hertzen wöllest wircken...". Diese Bitte um das Wirken des Hl. Geistes findet sich in keinem der konkret als Vorlage dienenden

---

[1914] Diese Funktion und die Angleichung an ein Eucharistiegebet wird in der Nachfolgeordnung Tecklenburg noch deutlicher, da hier diesem Abschnitt eine ausgiebige Danksagung und Anamnese vorgeschaltet wird; allerdings wird der Abschnitt dort nach der Anamnese durch eine Lobpreis-Formel unterbrochen (vgl. Tecklenburg (1588) 1619 (CD 1,518[129-130])).

[1915] So heißt es: "...vnd wie vns derselbig sein leib vnd blut nit alleyn dir für vnsere sünd am creutz vffgeopfferet hat, sonder will dasselbig vns auch zur speiß vnd tranck geben ins ewig leben..." (Straßburg 1537ff (CD 1,321)); "Et comme nostre Seigneur JESUS, non seulement t'a une fois offert en la croix son corps et son sang, pour la remission de noz pechez: mais aussi les nous veult communiquer, pour nourriture en vie eternelle..." (Genf 1542, 1542A, 1545 (CD 1,355); vgl. Genf dt. 1563,14; Pollanus 1551, 1552, 1554, 1555 (Honders 78f)).

[1916] Dort heißt es: "Dermassen gib, himlischer vatter, das wir heut die herrliche vnd selige gedechtnis deins lieben suns, vnsers herren, halten vnd begangen, verkünden seinen todt..." (Straßburg 1537ff (CD 1,321); "Donne nous donques en ceste maniere, Pere celeste, de celebrer auiourd'huy la memoire et recordation bienheureuse de ton cher Filz, nous exerciter en icelle, et annoncer le benefice de sa mort" (Genf 1542, 1542A, 1545 (CD 1,356); vgl. Genf dt. 1563,15; Pollanus 1551, 1552, 1554, 1555 (Honders 80f)).

[1917] Im vorliegenden Gebet ist eine Bezeichnung der Gaben mit dem Terminus 'Abendmahl' schon durch den sachlichen Kontext und sprachlich durch das Verb 'begehen' ausgeschlossen.

[1918] Die gewählte Formulierung findet sich z.T. schon in den Vorgängerordnungen: "die herrliche vnd selige gedestnis" (Straßburg 1537ff (CD 1,321)), "la memoire et recordation bien-heureuse" (Genf 1542, 1542A, 1545 (CD 1,356), Pollanus 1552 (Honders 81)), "die herliche vnd seelige gedechtnuß" (Genf dt. 1563,15).

[1919] Vom 'bitteren Tod' Christi sprechen auch Zürich 1529 (CD 1,198[49]); Zürich 1535 (CD 1,189[11]); Bern 1529 (CD 1,236); Straßburg 1537ff (CD 1,318); Kassel 1539b (CD 1,332); Pfalz-Neuburg 1543 (CD 1,89); Augsburg 1555 (CD 1,335). Von Straßburg abhängige Ordnungen sprechen auch vom "bitter leiden und sterben" (Kassel 1539b (CD 1,331) bzw. "bitter leiden/Creutz/vnd todt" (Köln 1543 (CD 1,337)). In Basel spricht man vom "schmelichsten tod" (Basel 1537 (CD 1,222)).
In der anglikanischen Tradition wird der Tod unter dem glorreichen Aspekt gesehen: "most glorious death" (BCP 1549 (CD 1,399)); "most precious death and passion" (BCP 1549, 1552 (CD 1,404)).

Abendmahlsgebete[1920], sondern stellt den Ausdruck der spezifischen Abendmahlstheologie der Kurpfälzer Ordnung dar und macht das Gnadenhafte des Geschehens deutlich. Mit der Bitte um das Wirken in den Herzen der Feiernden ist verdeutlicht, daß es nicht um eine Konsekration der Gaben und sowieso nicht um ein äußeres, sondern um ein geistliches Geschehen geht. Letztlich handelt es sich hier um eine große Geistepiklese, die auf die Kommunion hinzielt.

8.3.2.1 Das geistgewirkte Ergeben in Christus

Das erhoffte Wirken des Geistes wird in der ersten Bitte in einer Polarität zweier Bewegungen dargestellt, wobei die erste Bewegung mit Hilfe einer Darbringungsformulierung ausgesagt wird: "...daß wir uns mit warem vertrauen deinem son Jesu Christo je lenger je mehr ergeben...". Der Gedanke des Ergebens an Christus findet sich in der Straßburger Tradition häufiger, immer formuliert als Bitte, als noch in der Feier zu aktualisierndes Geschehen, nie als Aussage über ein schon geschehenes Ereignis.[1921] M.E. ist dieses Motiv die Fortsetzung der Bitte der Straßburger Vorgängerordnungen um Befähigung zur Selbsthingabe: "Lieben brüder vnd schwestern, bitten all gott, vnsern vatter, das er vns sende seinen heylgen geist, der vns lere vffopffern die opffer gottes, ein zerbrochnen geist vnd zerschlagen hertz, vnd das wir vnsere leib zům opffer geben"[1922]. Handelt es sich bei diesem Text um eine Umformung des 'Orate fratres'[1923], um eine mit der evangelischen Lehre zu vereinbarende Darbringungsaussage zu machen, wobei der Charakter einer Gebetsaufforderung bestehen bleibt, so wird diese Darbringungsformel im vorliegenden Text in das Gebet selbst integriert. Es handelt sich um den "typisch bucerischen 'offertorialen' Ausdruck 'sich Christo ergeben'"[1924], mit dem die Darbringung der Gemeinde - nicht der Gaben - thematisiert wird. Stellt in den altkirchlichen Eucharistiegebeten die Darbringung der Gaben einen Ausdruck der Darbringungsbewegung der Gemeinde dar, so verzichtet man hier ausdrücklich auf eine solche Materialisierung, ohne das Eigentliche der Motivik zu eliminieren[1925].

Da es sich bei diesem Ergeben laut der vorliegenden Ordnung um ein Handeln des Geistes an den Herzen handelt, steht diese Bitte um das 'Ergeben' in Parallele zum Erheben der Herzen, das im nachfolgenden 'Sursum corda'[1926] von der Gemeinde gefordert wird. Das Ziel der Bewegung ist in beiden Fällen Christus selbst, wenn das auch an dieser Stelle nicht

---

[1920] Ein solches Motiv der Geistsendung findet sich aber in anderen Ordnungen außerhalb des Abendmahlsgebets, so in der Dankkollekte in Brandenburg-Nürnberg 1533 (CD 1,79), in der Ermahnung zum Gebet in Straßburg 1526-1536 (CD 1,319) und schließlich in der Kölner Präfation (vgl. Köln 1543 (CD 1,337)).

[1921] So heißt es: "das wir vns von gantzem hertzen inn warem glauben an deinen sun, vnseren eynigen erlöser vnd heyland, ergeben" (Straßburg 1537ff (CD 1,321)); "damit wir doch einmal uns selbst und aller unser verterpter vernunft und böse lüsten gar verleugnen und uns genzlich in deinem lieben Son, unserm Herren, einigen heiland und erlöser ergeben" (Kassel 1539b (CD 1,330)); "und daher einmal genzlich uns selbst abstehen und an deinem Son, unserm einigen heiland uns ergeben" (Kassel 1539b (CD 1,331)).

[1922] Straßburg/Ordnung 1525 (Hubert 85). Straßburg 1526-1536 formuliert ähnlich und spricht von 'begeben' (vgl. Straßburg 1526-1536 (CD 1,319)). Vgl. auch 8.2.3.1.1.

[1923] Vgl. MRom 1570 (1943) 257.

[1924] Schulz, Ordnung 501[46].

[1925] In den altkirchlichen Eucharistiegebeten kann eine solche Materialisierung die eigentlich gemeinte Selbstdarbringung der feiernden Gemeinde ausdrücken.

[1926] Vgl. 11.3.

ausdrücklich im räumlichen Sinne formuliert wird und mit 'ergeben' auch mehr eine geistige als eine räumliche Bewegung verbunden wird. Da aber von einer theologischen Kongruenz der Abendmahlsordnung auszugehen ist, kann das Erheben der Herzen, zu dem im Sursum corda aufgefordert wird, nur den aktuellen Vollzug dieses Ergebens darstellen! Der Hl. Geist wird im Abendmahlsgebet letztlich gebeten, zu diesem Erheben der Herzen zu befähigen, denn es handelt sich nicht um einen Akt, zu dem die Gemeinde aus sich selbst fähig ist, auch wenn sie nachfolgend dazu aufgefordert wird. Dieser Vorgang bildet die Voraussetzung, damit die Gemeinde bei der Kommunion die Gemeinschaft mit Christus erlangen kann, weil ein 'Herabkommen' Christi nach der zugrundeliegenden Eucharistietheologie undenkbar ist[1927].

Diese vorgängige Wirksamkeit zeigt sich auch im Terminus 'mit warem Vertrauen'. Er muß in bezug zum vom Geist vorgängig geschenkten 'wahren Glauben' gesetzt werden. Der Terminus 'wahrer Glaube' taucht in der Kurpfälzer Ordnung erst im zweiten Dankgebet auf[1928], statt dessen spricht das Abendmahlsgebet vom 'Vertrauen'. Dennoch versteht die Kurpfälzische Ordnung unter Vertrauen nichts anderes als den Glauben selbst[1929]. Während die Vorlagen den wahren oder sicheren Glauben an dieser Stelle direkt und instrumental auf den Empfang des Leibes und Blutes Christi beziehen[1930], bezieht Kurpfalz 1563 das Vertrauen auf das Ergeben an Christus, durch das der Empfang des Leibes und Blutes erst möglich wird[1931]. Die vorliegende Ordnung differenziert also genauer und sieht als 'Instrument' der Kommunion nicht nur den 'wahren Glauben' - bei Calvin gleichsam das notwendige 'Empfangsorgan'[1932]-, sondern das geistgewirkte Ergeben an Christus (mit der dahinterliegenden räumlichen Vorstellung). Was somit vom Hl. Geist hergestellt werden soll, ist der Glaube und mit ihm die innere Disposition, den Leib und das Blut Christi überhaupt empfangen zu können, die erst mit dem Ergeben erreicht ist. Beide Dimensionen kommen in der 'Wandlungsepiklese' zum Ausdruck.

Warum aber findet sich dieses Motiv verbunden mit der Formulierung 'je länger...je mehr'? Die Formulierung, "daß wir uns...je lenger je mehr ergeben", verbietet, nur von einem punktuellen Geschehen auszugehen, sondern das punktuelle Geschehen ist in einen kontinuierlichen Ergebensprozeß eingebettet. Die Formulierung 'je länger...je mehr' findet

---

[1927] Vgl. 7.8.3.4 und 11.2.2.1.

[1928] Vgl. 13.3.3.

[1929] Zum Glaubensbegriff des HK und der vorliegenden Abendmahlsordnung vgl. 7.8.2.1.

[1930] So heißt es z.B.: "vnd mit warem glauben ietzund ampfahen vnd niessen seinen waren leib vnd wares blut" (Straßburg 1537ff (CD 1,321)), "c'est qu'en certaine Foy nous recevions son corps et son sang" (Genf 1542, 1542A, 1545 (CD 1,355)).

[1931] Der HK macht aber nicht nur den Zusammenhang zwischen dem wahren Glauben und dem Vertrauen deutlich, sondern stellt letzteres wiederum als geistgewirkt heraus, wie im vorliegenden Gebet das Ergeben als geistgewirkt dargestellt wird: "Es [der wahre Glaube, A.d.V.] ist nicht allein ein gewisse erkandtnuß, dardurch ich alles für war halte, was uns Gott in seinem wort hat offenbaret, sonder auch ein hertzliches vertrauen, welches der heilige geist durchs evangelium in mir würcket, daß nicht allein andern, sondern auch mir vergebung der sünden, ewige gerechtigkeyt und seligkeyt von Gott geschenckt sey auß lauter gnaden allein umb des verdiensts Christi willen" (Frage 21 des HK, Kurpfalz 1563 (EKO 14,346f)).

[1932] Vgl. Niesel, Theologie 224.

sich im HK an vier Stellen, ist zentral für dessen Verständnis von Wort und Sakrament[1933] und kennzeichnet die Unvollkommenheit christlicher Existenz, die aber nach ständiger Vervollkommnung strebt[1934]. So wird als Wirkung der Taufe beschrieben, "daß wir je lenger je mehr der sünden absterben und in einem gottseligen, unsträflichen leben wandlen"[1935]. Christsein ist als Zustand gekennzeichnet, in dem "die sünde und schwacheyt, die in uns noch uberig bleibet, je länger je mehr getödtet [werden]"[1936] und in dem Christen "den fürsatz haben, je lenger je mehr von sünden abzustehen"[1937]. Alle Formulierungen machen die Vorläufigkeit der Erlösung und die Unvollkommenheit des Glaubens deutlich. Positiv gewendet folgt daraus als Beschreibung der Voraussetzung für die Teilnahme am Abendmahl das "begeren..., je mehr und mehr ihren glauben zu stercken und ihr leben zu bessern"[1938]. Mit der Formulierung 'je länger...je mehr' ist deshalb einer Verabsolutierung des Glaubens vorgebeugt und Glauben als lebenslanger Prozeß gekennzeichnet. Die Vorstellung einer Sündenfreiheit als Teilnahmedisposition zum Abendmahl ist damit abgelehnt.

Da aber einzig aus dem zuvor beschriebenen 'Ergeben' die Kommunion gefolgert wird, verbietet sich zugleich ein Verständnis der zunächst allgemeinen Formel 'je länger...je mehr', das vom punktuellen Geschehen der Kommunion gänzlich absieht[1939]. Die Unzulänglichkeit christlichen Glaubens bedarf beim Abendmahl einer Stärkung, die der Mensch nicht aus sich selbst vollbringen kann, sondern die immer schon - aber besonders beim Abendmahl - das Wirken des Hl. Geistes benötigt[1940]. Somit ist wiederum die für die Kurpfälzer Ordnung konstitutive Dialektik von Glauben und Sakrament aufgerissen: Glaube und Erlösung bilden einen kontinuierlichen Prozeß und bedürfen der ständigen Stärkung. Ist nun der Glaube

---

[1933] Es handelt sich um die Fragen nach der Taufe, nach dem Abendmahl, nach dem Absterben des alten Menschen und nach der Verkündigung der 10 Gebote (vgl. Fragen 70.81.89.115 des HK, Kurpfalz 1563 (EKO 14,356.358.360.365)). An der letzten Stelle, der Frage 115 des HK, warum man denn die 10 Gebote verkündigen soll, obwohl sie niemand halten kann, kommt die Formulierung sogar zweimal vor: "Frag. Warum lest uns denn Gott also scharf die zehen gebot predigen, weil sie in diesem leben niemand halten kan? Antwort. Erstlich, auf daß wir unser gantzes leben lang unser sündliche art je lenger je mehr erkennen und soviel desto begieriger vergebung der sünden und gerechtigkeyt in Christo suchen, darnach, daß wir one underlaß uns befleissen und Gott bitten umb die gnade des heiligen geists, daß wir je lenger je mehr zu dem ebenbild Gottes erneuert werden, biß wir das ziel der volkommenheyt nach diesem leben erreichen." (Kurpfalz 1563 (EKO 14,365)). Sowohl Sündenerkenntnis und Sündenvergebung wie Erneuerung zum Ebenbild Gottes stellen einen lebenslangen Prozeß dar. Deshalb steht dieser Text ebenso unter dem Abschnitt 'Dankbarkeit' wie die Frage 89, die als einen Teil des bußfertigen Lebens herausstellt, "die sünde ... je lenger je mehr [zu] hassen und [zu] fliehen" (Kurpfalz 1563 (EKO 14,360)). Diese negative Seite bleibt bis zur Vollendung christlicher Existenz erhalten, ihr kommt aber ein immer geringeres Gewicht zu.

[1934] Schon in der Straßburger Tradition findet sich dieses Motiv: "...daher täglich mehr vnd mehr allem argen absterben, zu allem guten wachsen vnd zunemmen..." (Straßburg 1537ff (CD 1,320)). Bei Calvin ist es Kennzeichen der Überzeugung, daß es ein Fortschreiten in der Heiligung gibt (vgl. Neuser, Dogma 252).

[1935] Frage 70 des HK, Kurpfalz 1563 (EKO 14,356).

[1936] Taufvermahnung, Kurpfalz 1563 (EKO 14,339).

[1937] Kurpfalz 1563 (EKO 14,389).

[1938] Frage 81 des HK, Kurpfalz 1563 (EKO 14,359).

[1939] Zugleich wird durch die sprachlich enge Verbindung des Ergebens an den so charakterisierten Glauben deutlich, daß auch das Ergeben kein auf das Abendmahl beschränktes Geschehen ist, sondern letztlich Ausdruck des Glaubens selbst, der über das eigentliche Abendmahlsgeschehen hinausragt.

[1940] Dem widerspricht nicht, daß Bedingung für die Teilnahme am Abendmahl die Erkenntnis der eigenen Sündhaftigkeit ist, denn diese Erkenntnis stellt nichts anderes als den Glauben selbst dar und ist ebenfalls ein gnadenhaftes Geschehen.

unumgängliche Voraussetzung für einen wirksamen Abendmahlsempfang, so ist, weil Glaube immer schon gnadenhaft und dennoch unvollkommen ist, das Wirken des Geistes in besonderer Weise notwendig, um die Kommunikanten für den Abendmahlsempfang zu disponieren.

8.3.2.2 Der geistgewirkte Empfang des Leibes und Blutes Christi

Die zweite Folge des Wirkens des Hl. Geistes, die Kommunion als wahrhaftige Christusbegegnung, ist wiederum eine ohne jegliches Zutun der Gemeinde: "'...auf daß unsere mühselige und zerschlagene hertzen mit seinem waren leibe und blut, ja mit im, waren Gott und menschen, dem einigen himmelbrod, durch die kraft des heiligen geistes gespeiset und erquicket werden...".

Stellt das zuvor geforderte und durch die Wirkung des Hl. Geistes ermöglichte Ergeben die Bewegung der Gemeinde zu Christus dar, so geht es nun um eine Bewegung Christi hin zur Gemeinde. Auch hierin setzt sich die Kurpfälzer Ordnung von den anderen ab, denn dort wird einzig um dieses 'Empfangen' gebetet[1941]. Die vorliegende Ordnung stellt demgegenüber aber die Notwendigkeit eines Ergebens heraus, das ebenso nur durch den Geist ermöglicht wird, wie die gegenläufige Bewegung des Empfangs des Leibes und Blutes Christi. Beide sind aufeinander zugeordnete Bewegungen.

Diese Gegenbewegung erfolgt in der geistlichen 'Nährung' mit dem Leib und Blut Christi. 'Speisen' und 'Erquicken' werden grammatikalisch als passiver Vorgang dargestellt, als Objekt der 'Nährung' wird in anderen Formulierungen der vorliegenden Ordnung die Seele benannt[1942]. Die Formulierungen knüpfen deutlich an traditionelle Beschreibungen der Kommunion an, indem sie vom Gespeist- und Erquickt-Werden[1943] mit dem Leib und dem Blut Christi sprechen[1944]. Die Kommunion wird nicht nur als reines Gedächtnisgeschehen gesehen, das geistig-rational abläuft, ohne daß es zu einer direkten Christusbegegnung durch die sakramentale Handlung käme, wie dies in den 'spiritualistischen' Deutungen des Abendmahls geschieht[1945], sondern man hält an der Vorstellung einer direkten Christusbegegnung im Zusammenhang der Kommunion fest. Wird im bisherigen Verlauf der Feier, besonders in der Abendmahlsvermahnung, die angesprochene Wirkung an den Tod Christi zurückgebunden[1946], so wird hier der Bezug zum aktuellen Abendmahlsgeschehen hergestellt und von einer wirklichen aktuellen 'Nährung' mit dem Leib und dem Blut Christi gespro-

---

[1941] Vgl. Anm. 1944.

[1942] So heißt es: "hungerigs und zerschlagens hertz und matte seele" (2. Frage des Vorbereitungsgottesdienstes, Kurpfalz 1563 (EKO 14,382)), "euer hungerige und dürstige seelen" (Zusatz zu den EW der Abendmahlsvermahnung, Kurpfalz 1563 (EKO 14,385)), "an unsern seelen" (Sursum corda, Kurpfalz 1563 (EKO 14,386)), "meine seel" (Frage 75 des HK, Kurpfalz 1563 (EKO 14,357)). Zum Motiv des 'zerschlagenen Herzens' vgl. auch Ps 51,19. Vgl. auch 11.3.
Objekt des Empfangs ist die sich ihrer Sündhaftigkeit und Verlorenheit bewußte und damit zugleich gläubige, christliche Existenz.

[1943] Der Begriff 'erquicken' ist der Standardbegriff der lutherischen Dankkollekte, um die Wirksamkeit der Kommunion anzuzeigen (vgl. Luther, DM 1526 (CD 1,39)).

[1944] Auch die als Vorlage dienenden Abendmahlsgebete formulieren in dieser traditionellen Weise: "ampfahen vnd niessen seinen waren leib vnd wares blut" (Straßburg 1537ff (CD 1,321)), "recevions son corps et son sang" (Genf 1542, 1542A, 1545 (CD 1,355), Pollanus 1552 (Honders 79)), "niessen sein leib vnd blut" (Genf dt. 1563,14), "participes corporis et sanguinis ipsius" (Pollanus 1551, 1554, 1555 (Honders 78)).

[1945] Vgl. Rohls 177-179.

[1946] Vgl. 7.8.4.

chen, durch die die in der Vermahnung beschriebenen Wirkungen auch zu Wirkungen der Abendmahlsfeier werden, wenn auch primäre Ursache der Wirkungen weiterhin der Kreuzestod Christi bleibt.

Die Christusbegegnung geschieht konkret in Leib und Blut Christi. Zugleich wird durch die Appositionen "ja mit im, waren Gott und menschen, dem einigen himmelbrod" die personale Dimension betont. Der Abendmahlstheologie in der calvinistischen Tradition geht es nie um den Empfang von Leib und Blut Christi an sich, sondern sie sieht diesen immer als personale Christusbegegnung an.

Die beiden Naturen Christi herauszustellen, ist aufgrund der Soteriologie des HK wichtig[1947], findet sich aber so auch schon in den Vorgängerordnungen[1948]. Zugleich setzt man sich durch die ausdrückliche Betonung, daß auch die menschliche Natur Christi empfangen werde, von jeder rein geistigen Deutung der Christusbegegnung beim Abendmahl ab, ohne von der Präsenz der menschlichen Natur Christi im Himmel abrücken zu müssen.[1949]

Mit der traditionellen Formulierung 'Himmelsbrot'[1950] wird zum einen der Speisecharakter hervorgehoben. Dient sie jedoch im katholischen Gebrauch als Bezeichnung der konsekrierten Hostie[1951], so verbietet sich dies in der Kurpfälzer Ordnung aufgrund der zugrundeliegenden Abendmahlstheologie. Dennoch wird der Terminus nicht fallengelassen, sondern er kann gerade deutlich machen, daß während der Kommunion wirkliche 'Nährung' mit dem Leib und Blut Christi geschieht[1952]! Allerdings wird der Terminus nun für Leib und Blut zusammenfassend verwendet und steht für die ganze Person Christi.

Andererseits grenzen sich die Formulierungen deutlich von den vorreformatorischen Formulierungen ab, die von einer somatischen Realpräsenz ausgehen und deshalb das Essen und Trinken von Brot und Wein und von Leib und Blut Christi direkt ineinssetzen. Das vorliegende Abendmahlsgebet erwähnt Brot und Wein überhaupt nicht! Die in der Abendmahlsvermahnung ausgedrückte Parallelität von leiblicher und seelischer 'Nährung'[1953]

[1947] Vgl. hierzu die ausführliche Diskussion der Notwendigkeit der zwei Naturen Christi für das Erlösungswerk in den Fragen 15-18 und 47-48 des HK, Kurpfalz 1563 (EKO 14,345f.352). Vgl. auch unten die Abschnitte 11.2.2.1 und 11.3.

[1948] Sie finden sich im Straßburger Abendmahlsgebet und dessen Rezeption (vgl. Tabelle 5). Die deutschen Vorgängerordnungen bezeichnen Christus zusätzlich noch als 'Heiland' (vgl. Straßburg 1537ff (CD 1,321); Genf dt. 1563,14). Die beiden Naturen Christi werden auch in der Straßburger Vermahnung herausgestellt: "das ist sein selb gantz, der war gott vnd mensch ist" (Straßburg 1537ff (CD 1,318)). Vgl. auch die erste anglikanische Vermahnung in OoC 1548 (CD 1,390).

[1949] Vgl. hierzu auch 7.8.3.4. Schon nach Calvin werden die Herzen der Gläubigen mit dem ganzen Christus vereinigt, obwohl Calvin eine Ubiquität der menschlichen Natur Christi ablehnt (vgl. zur Mühlen 764).

[1950] So spricht man auch schon in Straßburg vom "war hymelbrot" (Straßburg 1537ff (CD 1,324f); vgl. ebd. 321).

[1951] Bei der Priesterkommunion der tridentinischen Messe heißt es ebenfalls 'panem caelestam'. Zentral ist der Begriff im Formular des Fronleichnamsfestes; besonders im Hymnus 'Sacris solemniis' werden 'panis caelicus' und 'panis angelicus' parallelisiert. Beim 'Tantum ergo' vor dem sakramentalen Segen ruft der Priester nach Weish 16,20: 'Panem de caelo praestitisti eis'. Die Rede vom Brot des Himmels findet sich auch in: Ex 16,4; Neh 9,15; Ps 78,24; Ps 105,40; Joh 6,30-33. Für die johanneische Bildrede, an die die mittelalterliche Bildrede anknüpft, konstatiert Schnackenburg die unmittelbare Verbindung zur jüdischen Manna-Vorstellung (vgl. Schnackenburg 4,121).

[1952] An einer Stelle von Olevians Predigten von 1563 wird die 'Nährung' mit dem Himmelsbrot in der Verkündigung gesehen und dies zugleich als Argument verwendet, daß auch die 'Nährung' mit dem Himmelsbrot beim Abendmahl kein äußerlicher Vorgang sei (vgl. Olevian, Gnadenbund (Franz u.a. 336f)).

[1953] Vgl. 7.8.3.4.3.

wird hier nicht aufgenommen, sondern der Akzent wird ganz auf die entscheidende seelische 'Nährung' gelegt. Die kausale Verknüpfung beider Vorgänge braucht nicht erbeten zu werden, sondern ist der Gemeinde sicher durch die in Jesus-Worte gefaßten Erläuterungen der EW verheißen[1954]. Zugleich wird wie bei der Bewegung des Ergebens noch einmal ausdrücklich gesagt (obwohl dies durch die Grammatik impliziert ist), daß diese Speisung "durch die kraft des heiligen geistes"[1955] geschehen soll. Auch dadurch wird herausgestellt, daß es sich um einen geistlichen und keinen somatischen Akt handelt[1956]. Ebenso wird verdeutlicht, daß beide Bewegungsdimensionen vom Geist gewirkt sind und im Abendmahlsgebet ausdrücklich erbeten werden müssen. Die Besonderheit besteht also im Bewußtsein, daß die Wirksamkeit des Geistes für beide Vorgänge zu erbitten und nicht i.S. eines Automatismus verfügbar ist[1957].

Als Objekt der Speisung werden wiederum die Herzen genannt, die aber als "unsere mühselige und zerschlagene hertzen" bezeichnet werden, wodurch die irdische Existenz und ihre Erlösungsbedürftigkeit nochmals betont wird.[1958] Hier - und nicht in der 'speziellen Anamnese' des Abendmahlsgebets - geschieht der entscheidende Rückbezug auf den ganzen anamnetischen Teil der voraufgegangenen Abendmahlsvermahnung[1959], in dem die entscheidenden Etappen der Heilsgeschichte nicht nur vergegenwärtigt, sondern immer in ihrer soteriologischen Dimension auf unsere Erlösungsbedürftigkeit bezogen werden.

[1954] Hierhinter steht auch die Gebetstheologie Calvins, für die das Gebet am Wort Gottes ausgerichtet und in der Gewißheit vollzogen wird, daß uns das durch das Wort Verheißene zuteil wird (vgl. Niesel, Theologie 159).

[1955] Der Ausdruck 'durch die Wirkung des Hl. Geistes' findet sich an mehreren Stellen von Kurpfalz 1563; vgl. hierzu ausführlich 7.8.4.3. Zum Ausdruck 'Kraft' im HK vgl. Zimmermann 182-190.

[1956] Rohls macht deutlich, daß der späteren Rezeption bewußt ist, daß in diesem geistlichen Geschehen mittelbar auch die leibliche Dimension einbezogen ist (vgl. Rohls 199).

[1957] Auch bei Calvin lassen sich diese beiden Bewegungen feststellen, nur spricht er neben 'erheben' auch von 'heraufziehen' (vgl. Wendel 312f; Niesel, Theologie 220): "... daß Christus nicht nur durch die äußeren Zeichen, sondern auch durch das verborgene Wirken seines Geistes zu uns herabsteigt, damit wir durch den Glauben zu ihm aufsteigen" (Calvin, Brief an Bullinger vom Dezember 1562 (CR 47,603); Ü.: Wendel 312f). In der Institutio spricht er von einem Hernidersteigen Christi, "vermöge deren er uns zu sich in die Höhe hebt" (Calvin, Institutio 1559, IV 17,16 (Weber 953)). Die aufsteigende Bewegung zu Christus beschreibt Calvin in der Institutio bezogen auf die Gläubigen einerseits passiv ("wenn er uns zu sich emporführt" (Calvin, Institutio 1559, IV 17,31 (Weber 971))), andererseits aktiv: "Denn damit die frommen Seelen Christus im Abendmahl recht ergreifen, müssen sie zum Himmel emporgerichtet werden. Ist es doch das Amt dieses Sakraments, dem Verstand des Menschen, der somit schwach ist, Hilfe zu bieten, damit er emporsteigt, um die Höhe der geistlichen Geheimnisse zu begreifen." (Calvin, Institutio 1559, IV 17,36 (Weber 978f)). Zurückhaltend bleibt Calvin, wenn es darum geht zu beschreiben, in welcher Weise der Hl. Geist Himmel und Erde verbindet. Er spricht von der verborgenen Kraft des Hl. Geistes als dem Band, das uns mit Christus verbunden sein läßt (vgl. Calvin, Institutio 1559, IV 17,33 (Weber 973)). An anderer Stelle sieht er im Hl. Geist "die Verknüpfung, durch die wir mit ihm verbunden werden, und er ist gleichsam ein Kanal, durch den alles, was Christus selber ist und hat, zu uns geleitet wird" (Calvin, Institutio 1559, IV 17,12 (Weber 949)). Letztlich bleibt die Wirksamkeit des Geistes aber jenseits einer vernünftigen Beschreibbarkeit: "Was also unser Verstand nicht begreift, das soll der Glaube erfassen: was räumlich getrennt ist, das wird vom Heiligen Geist in Wahrheit geeint" (Calvin, Institutio 1559, IV 17,10 (Weber 947)).

[1958] Das Motiv des betrübten und zerschlagenen Herzens findet sich schon in Württemberg 1536 (CD 1,252[40]). Danach spricht man in der Württemberger Tradition vom 'betrübten Gewissen' (vgl. Württemberg 1553 (CD 1,252); Kurpfalz 1556 (EKO 14,148)).

[1959] Vgl. 7.8.

8.3.3 Die 'Kommunionepiklese'

Daß die soteriologische Dimension von entscheidender Bedeutung ist, wird an den nun artikulierten Wirkungen der Speisung deutlich. Bei den Wirkungen, die im an die Wandlungsepiklese angefügten Teilsatz beschrieben werden, steht der Existenzwechsel durch die Erlösung im Vordergrund, während im nachfolgenden neuen Satz die Auswirkung auf die zukünftige Lebensführung das Hauptthema bildet. Der Existenzwechsel wird durch eine Polarität der Lebensweisen dargestellt, wobei das Leben in Sünde ("...auf daß wir nicht mehr in unsern sünden [leben]...") dem Leben in Christus[1960] gegenübergestellt wird. Die gegenseitige Durchdringung wird durch die Formel "er in uns und wir in im" betont, die sich besonders auf johanneische Theologie gründet[1961]. Dieses Motiv der gegenseitigen Durchdringung findet sich in Abendmahlsgebeten auch in Straßburg 1537ff[1962], während die calvinistischen Ordnungen nur das Leben Christi in den Kommunikanten benennen[1963]. Besonders aber in der Nürnberger Vermahnung wird dieses Motiv bis in die Vorgängerordnung Kurpfalz 1556[1964] tradiert. Nur die vorliegende Ordnung streicht in der Vermahnung, die an die Württemberger Form der Nürnberger Vermahnung anknüpft, die entsprechende Formulierung und drückt das gleiche bildhaft aus[1965].

Folge dieser Verbindung von Christus und den Glaubenden, die wieder einem Negativum gegenübergestellt ("...daß wir nit zweifeln...")[1966] und somit betont wird, ist das Leben im Neuen Bund ("...warhaftig des neuen und ewigen testaments und bunds der gnaden also theilhaftig seyen...")[1967], wobei der Charakter als Gnadenbund bedeutet, Gott als gnädigen Vater zu haben ("..daß du ewiglich unser gnediger vater sein wöllest...")[1968], von der Sünde

---

[1960] Vgl. Apg 17,28; vgl. auch Röm 14,8; Gal 2,20; 1 Thess 5,10; 2 Tim 2,11.

[1961] Vgl. z.B. Joh 6,56; 15,4.

[1962] Vgl. Straßburg 1537ff (CD 1,321).

[1963] Vgl. Tabelle 5. An Straßburg 1537ff orientieren sich auch Kassel 1539b (CD 1,331), Augsburg 1537 (CD 1,335[96]), Augsburg 1555 (CD 1,335). Vgl. ebenso OoC 1548, BCP 1549, 1552 (CD 1,393.393[68]).
In Straßburg 1537ff wird dieses Leben Christi als "sein heyligs, seligs vnd ewigs leben" bezeichnet, an dem die Gemeinde durch die gegenseitige Durchdringung Anteil erhält; die anderen Ordnungen rezipieren diesen Gedanken (vgl. Tabelle 5), formulieren ihn aber als Wirkung des (einseitigen) Eindringens Christi in die Kommunikanten mit den Termini 'führen' ("pour nous conduire à la vie saincte, bien-heureuse et sempiternelle" (Genf 1542, 1542A, 1545 (CD 1,356); vgl. Pollanus 1552 (Honders 81)), "atque in vitam perducat sanctam, beatam, et aeternam" (Pollanus 1551, 1554, 1555 (Honders 80))) oder 'wirken' ("sonder er in vns lebe/vnd ein heiliges/seeliges vnd ewiges leben wircke" (Genf dt. 1563,15)).

[1964] Vgl. Kurpfalz 1556 (EKO 14,148).

[1965] Vgl. 7.8.4.4.1.

[1966] Diese Form findet sich auch in der Londoner Flüchtlingsgemeinde: "quam nobis in ipso pro tua ineffabili misericordia ab aeterno praeparatam esse non dubitamus" (a Lasco 1555 (CD 1,439)); "D'welck wy niet twyfelen ons van v in hem vander eewicheit bereit te wesen" (Micron 1554 (CD 1,439)).

[1967] Mit der Formulierung 'des neuen und ewigen testaments' wird wie in der Vermahnung an die Bundesaussage des Canon Romanus angeknüpft (vgl. 7.8.2.5 und die dortigen Anmerkungen über die Gnadentheologie der vorliegenden Ordnung). Ebenso findet sich die Terminologie in den Vorgängerordnungen: "des waren vnd ewigen testaments, des bundts der genaden" (Straßburg 1537ff (CD 1,321)); "du nouveau et eternel Testament: assavoir l'alliance de grace" (Genf 1542, 1542A, 1545 (CD 1,356); vgl. Pollanus 1552 (Honders 81)); "des newen vnd ewigen Testaments/des Bunds der genaden" (Genf dt. 1563,15); "testamenti sui novi atque aeterni, quod est foedus gratiae" (Pollanus 1551, 1554, 1555 (Honders 80)).

[1968] Der HK bezeichnet Gott als "ein getreuer vater" (Frage 26 des HK, Kurpfalz 1563 (EKO 14,348)) und als "unser(m) getreuen Gott und vater" (Frage 28 des HK, Kurpfalz 1563 (EKO 14,348)).

befreit zu sein ("...uns unser sünden nimmermehr zurechnen...")[1969] und als Kinder Gottes zu leben ("...uns in allem an leib und seel versorgen, wie deine liebe kinder und erben...")[1970]. Außerdem ist zu beachten, daß, während die 'Nährung' mit dem Leib und Blut Christi ein geistlicher Akt ist, der die Herzen zum Objekt hat, die Wirkungen letztlich auf den ganzen Menschen mit 'leib und seel' zielen. Von daher ist die Wirkung der Kommunion eine Aktualisierung des vollzogenen Existenzwechsels in der Taufe und der Hineinnahme in den Leib Christi.[1971] Die Formulierung "daß wir nicht mehr in unsern sünden [leben]", macht zugleich die weiterhin bestehende Bedrohung christlicher Existenz durch die Sünde deutlich.[1972]

Im nun neu einsetzenden Bittsatz ("Verleihe uns auch deine gnad...") stehen die Auswirkungen auf die zukünftige Lebensführung im Mittelpunkt. Dieser Satz greift nicht auf Straßburger oder calvinistische Vorlagen zurück, sondern ersetzt einen entsprechenden Abschnitt dieser Abendmahlsgebete, der die aktuelle Feier thematisiert. In den Vorlagen wird in diesem Abschnitt hervorgehoben, daß Folge der Christusbegegnung beim Abendmahl die

---

[1969] Dieses Motiv findet sich ebenfalls an anderen Stellen der KO: "daß unserer sünde in ewigkeyt nit mehr gedacht" und "daß derselben umb des blutvergiessens Christi willen für Gott nimmermehr solle gedacht werden" (Taufvermahnung, Kurpfalz 1563 (EKO 14,339)); "das er uns auch alle unsere sünden vergibt, als hetten wir nie kein gethon noch gehabt" (2. Abschnitt des Kurzen Summa des HK, Kurpfalz 1563 (EKO 14,378)); "daß ein jeder für sich selbst vergebung seiner sünden habe so gewiß, als wann er nie keine sünd begangen noch gehabt hette" (2. Frage des Vorbereitungsgottesdienstes (Kurpfalz 1563 (EKO 14,382)).
Das Motiv findet sich zuvor in der Nürnberger Vermahnung als Erläuterung zum Kelchwort: "und also ein neu testament auffrichten, darinnen die sünde vergeben und ewig nicht mer soll gedacht werden" (Brandenburg-Nürnberg 1533 (Anhang 2,Z.23f); zu den Varianten der Vorgängerordnungen vgl. ebd.). Zum biblischen Motiv des 'Anrechnens' von Sünde und Schuld vgl. 2 Sam 19,20; Ps 69,28; 79,8; Apg 7,60; Röm 5,13; 2 Kor 5,19.

[1970] Der Ausdruck 'Erben' ist auf den für den Bund verwendeten Ausdruck 'Testament' zu beziehen und zeigt die Integration in diesen Bund an. Als Objekt des 'Erbens' stellt die Frage 59 des HK das ewige Leben heraus: "Daß ich in Christo gerecht und ein erb des ewigen lebens bin" (Kurpfalz 1563 (EKO 14,354)). Die Gotteskindschaft stellen u.a. auch die Taufvermahnung der vorliegenden Ordnung und die Frage 33 des HK heraus (vgl. Kurpfalz 1563 (EKO 14,340.349)). Das Begriffspaar 'Kinder und Erben' (vgl. Röm 8,16f; Gal 4,7) findet sich auch in: Straßburg/Schwarz 1524 (CD 1,315), Straßburg/Ordenung 1524 (CD 1,314[43]), Straßburg/Ordnung 1525 (CD 1,328), Bern 1529 (CD 1,235). Später werden die Gläubigen in der Straßburger Tradition nur noch als 'recht artige kinder' bezeichnet (vgl. Straßburg 1537ff (CD 1,320.321)). In den direkten Textvorlagen des Abendmahlsgebets heißt es: "wie deine liebe kinder vnd erben" (Straßburg 1537ff (CD 1, 321)); "comme à tes enfans et heritiers bien aimez" (Genf 1542, 1542A, 1545 (CD 1,356); vgl. Pollanus 1552 (Honders 81)); "wie deine liebe kinder vnd erben" (Genf dt. 1563,15); "haeredibus ac filiis dilectissimis necessaria" (Pollanus 1551, 1554, 1555 (Honders 80)). Im schottischen Abendmahlsgebet heißt es: "thou doest acknowlege vs thy chyldren and heires" (FoP 1556, 1564 (CD 1,477)). Die Londoner Flüchtlingsgemeinde verbindet den Gedanken der Kindschaft mit dem des erwählten Volkes: "ende dat wy wederom v volck ende kinderen syn" (Micron 1554 (CD 1,439)); "nosque vicissim tuum populum tuosque adeo filios" (a Lasco 1555 (CD 1,439)). Das Begriffspaar 'Kinder' und 'Erben' als Ausdruck der Erlösung und Gottesverbindung findet sich auch bei Erastus (vgl. Erastus, Bericht 20.45.60).

[1971] Auch die Charakterisierung eines Christen im HK sieht Existenzwechsel und Angefochtenheit als Einheit: "Frag. Warumb wirst du ein christ genent? Antwort. Daß ich durch den glauben ein glied Christi und also seiner salbung theilhaftig bin, auf daß auch ich seinen namen bekenne, mich ihm zu einem lebendigen danckopfer darstelle und mit freiem gewissen in diesem leben wider die sünde und teufel streite und hernach in ewigkeyt mit im uber alle creaturen hersche." (Frage 32 des HK, Kurpfalz 1563 (EKO 14,349)).

[1972] Ähnlich formuliert die von Straßburg abhängige Ordnung Augsburg 1555: "als die yetzt nit mehr für vns selbs arme sündtliche menschen...leben" (Augsburg 1555 (CD 1,335)).

Lob- und Danksagung in Worten und Werken ist[1973]. Damit ist einerseits zwar das Handeln als Form der Dankbarkeit benannt, das Schwergewicht liegt aber auf der Lob- und Danksagung in der Feier, da anschließend die Feier als Vollzug dieses Motivs erläutert wird.[1974] Die Kurpfälzer Ordnung legt dagegen das Gewicht mehr auf die Lebensführung der Christen, in der sich die Wirksamkeit der Erlösung zeigt. Die Wirkungen werden in einer Reihung von vier Nebensätzen ausgedrückt, die sich durch eng an der Bibel orientierte Sprache auszeichnen und die zugleich eine logische Abfolge darstellen: "...daß wir getröst unser creutz auf uns nemen, uns selbst verleugnen, unsern heiland bekennen und in aller trübsal mit aufgerichtem haupt unsers herrn Jesu Christi auß dem himel erwarten...". Die Trias von Selbstverleugnung, Kreuzesnachfolge und Erwartung der Wiederkunft Christi findet sich schon bei Calvin[1975]. Christliche Existenz wird hier keineswegs als Himmel auf Erden dargestellt, sondern ist gekennzeichnet durch das Auf-sich-Nehmen des Kreuzes. Dieses Motiv gehört zum Grundbestand der Nürnberger Vermahnung[1976] und findet sich auch in Kurpfalz 1556[1977]; aber auch an anderen Stellen der vorliegenden Kirchenordnung kehrt es wieder[1978]. Die Kreuzesnachfolge beinhaltet Selbstverleugnung (wie dies schon im Herrenwort Mk 8,34 und Lk 14,27 verlangt wird) auf der einen und Bekenntnis zu Christus auf der anderen Seite.[1979] Die Kreuzesnachfolge ist imitatio Christi, die den Glaubenden enger in die Gemeinschaft mit Christus einbindet und so zum Unterpfand der Vereinigung mit Christus wird[1980]. Letztlich aber steht sie unter der hoffnungsvollen Erwartung der Wiederkunft Christi[1981], deren Trostfunktion im HK herausgestellt wird[1982] und die in

---

[1973] So heißt es: "das wir dir alle zeit lob vnd danck verjehen vnd deinen h. namen preysen mit allen vnseren worten vnd wercken" (Straßburg 1537ff (CD 1,321), "afin que incessamment, nous te rendions gloire et action de grace, et magnifions ton Nom, par oeuvres et par parolles" (Genf 1542, 1542A, 1545 (CD 1,356); vgl. Pollanus 1552 (Honders 81)), "daß wir dir allezeit lob vnd danck sagē/vnd deinen H. Namen preysen/mit allen vnsern worten vnd wercken" (Genf dt. 1563,15), "quo tibi gratias agamus immortales sine fine laudantes nomen tuum cum verbis et oratione, tum factis et tota vita" (Pollanus 1551, 1554, 1555 (Honders 80)).

[1974] So heißt es anschließend im Straßburger Formular: "Dermassen gib, himlischer vatter, das wir heut die herrliche vnd selige gedechtnis deins lieben suns, vnsers herren, halten vnd begangen, verkünden seinen todt" (Straßburg 1537ff (CD 1,321)); die anderen Ordnungen formulieren ähnlich (vgl. Tabelle 5).

[1975] Vgl. Wendel 217-222; vgl. auch Neuser, Dogma 252.

[1976] Vgl. Nürnberg/Pfarrkirchen 1524, Nürnberg/Volprecht 1524, Nürnberg/Döber 1525, Brandenburg-Nürnberg 1533 (CD 1,77; Anhang 2,Z.30f). In einer Straßburger Vermahnung findet sich ebenfalls dieses Motiv (vgl. Straßburg/Ordenung 1524 (CD 1,314[43])) wie auf katholischer Seite in Witzels Vermahnung von 1542 (vgl. Anhang 3,Z.29).

[1977] Vgl. Kurpfalz 1556 (EKO 14,148).

[1978] So heißt es: "in dem es sein creutz ime täglich nachfolgende fröhliche trage" (Taufgebet, Kurpfalz 1563 (EKO 14,340); "dem creutz, daß wir in diesem jammerthal im gedulig sollen nachtragen" (2. Frage des Vorbereitungsgottesdiensts, Kurpfalz 1563 (EKO 14,382)). Vgl. auch Frage 122 in Jud, Christenliche underwysung (Lang 87).

[1979] Zur Selbstverleugnung vgl. Mt 16,24; Mk 8,34; Lk 9,23; 14,26. Zur geforderten Kreuzesnachfolge vgl. Mt 10,38; 16,24; Mk 8,34; Lk 9,23; 14,27. Zum damit verbundenen Bekenntnis zu Christus vgl. Mt 10,32; Lk 12,8.

[1980] Vgl. Wendel 219.

[1981] Die Wiederkunft Christi als Ziel christlicher Existenz artikuliert auch der Vorbereitungsgottesdienst: "...biß das er in den wolcken kommen wirdt und uns von dem creutz, daß wir in diesem jammerthal im gedultig sollen nachtragen, volkommenlich errette und in das ewig reich seines vaters mit leib und seel zu ime neme..." (2. Frage des Vorbereitungsgottesdiensts, Kurpfalz 1563 (EKO 14,382)). Sie ist Zielpunkt christlicher Existenz, weil sie die Vollendung des Heils bewirkt (vgl. auch Niesel, Theologie 150-153).

1 Kor 11,26 schon als Endpunkt allen anamnetischen Vollzugs in der Feier des Abendmahls genannt wird[1983].

Diese Lebensführung in Form eschatologischer Existenz besteht in einer immer stärkeren Zuwendung zu Christus und kann aus dem Zustand des Getröstet-Seins heraus geschehen. Schon die Kreuzesnachfolge steht in der Dynamik des Trostes! Damit wird das Stichwort des Trostes wieder aufgenommen, mit der bereits zu Beginn der Vermahnung die Funktion der Abendmahlsliturgie benannt wird[1984]. Der Trost wird nochmals als Funktion und eigentliches Resultat der gefeierten Liturgie und vollzogenen Kommunion beschrieben. Aus diesem Trost heraus ist erst die gewünschte Haltung ("mit aufgerichtem haupt"[1985]) in einem Leben möglich, das vom Abendmahlsgebet als auch weiterhin "in aller trübsal"[1986] verlaufend beschrieben wird. Von daher ist die Wende im Leben vollzogen, ohne daß deshalb schon der 'Himmel auf Erden' ereicht wäre, sondern das christliche Leben steht weiterhin unter dem eschatologischen Vorbehalt. Das Gebet drückt dies mit der Erwartung der Parusie[1987] aus, mit der dann der sterbliche Leib[1988] der Menschen mit dem verklärten Leib Christi gleichförmig gemacht wird: "...unsers herrn Jesu Christi auß dem himel erwarten, da er unsere sterbliche leichnam seinem verklärten herrlichen leib gleichförmig machen und uns zu ihm nemen wirdt in ewigkeyt...". Erst indem der Mensch mit Christus in seiner verklärten Leiblichkeit gleichförmig wird[1989] und von Christus bei sich, d.h. in seiner himmlischen Existenz, aufgenommen wird[1990], gelangt menschliche Existenz an ihr Ziel.

Dieser Zurückhaltung gegenüber einer vorschnellen Perspektive auf das 'ewige Leben' entspricht, daß die Kurpfälzer Ordnung im Abendmahlsgebet nicht eine Wirksamkeit für

---

[1982] Vgl. Frage 52 des HK, Kurpfalz 1563 (EKO 14,352f).

[1983] Auch in der Interpretation der EW durch Erast bildet die Wiederkunft Christi diesen Zielpunkt (vgl. Erastus, Bericht 20.43.59).

[1984] Vgl. 7.7.1.1.

[1985] Vgl. auch Lk 21,28.

[1986] Eine ähnliche Terminologie wird im HK verwendet, um die Wiederkunft Christi im Verhältnis zur irdischen Existenz zu beschreiben: "Was tröstet dich die widerkunft Christi, zu richten die lebendigen und die todten? Antwort. Daß ich in allem trübsal und verfolgung mit aufgerichtem haupt eben des richters, ..., auß dem himmel gewertig bin" (Frage 52 des HK, Kurpfalz 1563 (EKO 14,352); vgl. auch Schulz, Ordnung 500[34]). Die irdische Existenz bleibt auch als christliche Existenz ein 'Jammertal' (vgl. Frage 26 des HK und 2. Frage des Vorbereitungsgottesdienstes, Kurpfalz 1563 (EKO 14,348.382)). Im Taufgebet heißt es ganz kraß: "...dises leben, das doch nichts anderst ist denn ein tod..." (Kurpfalz 1563 (EKO 14,340)).
Auch die Straßburger Vermahnung stellt für das christliche Leben die Trübseligkeit und Sündhaftigkeit heraus: "so wir noch täglich sünden vnd darumb auch täglich noch in trübsalen, angst vnd not leben" (Straßburg/Ordenung 1524 (CD 1,315[43])); "wiewol mir noch hie, wie in sünden, also auch in stäter trübsal leben" (Straßburg/Ordnung 1525 (CD 1,328)).

[1987] Vgl. Phil 3,20; 1 Thess 1,10; vgl. auch 2 Tim 4,8; Tit 2,13.

[1988] Benutzt wird der Begriff 'Leichnam'.

[1989] Vgl. Phil 3,21; vgl. auch 1 Kor 15,44.51. Im HK wird das Gleichförmigmachen mit Christus in der Form beschrieben, "daß diß mein fleisch durch die kraft Christi auferweckt, wider mit meiner seelen vereiniget und dem herrlichen leib Christi gleichförmig werden soll" (Frage 57 des HK, Kurpfalz 1563 (EKO 14,354); vgl. Schulz, Ordnung 500[34]). Dieses Motiv findet sich auch schon in einer Straßburger Ordnung (vgl. Straßburg/Ordnung 1525 (CD 1,328)).

[1990] Die Aufnahme in den Himmel bildet auch im HK den Zielpunkt christlicher Hoffnung: "mich aber sampt allen außerwehlten zu im in die himlische freud und herrligkeyt neme" (Frage 52 des HK, Kurpfalz 1563 (EKO 14,353); vgl. Schulz, Ordnung 500[34])); "daß er als das haupt uns, seine glieder, auch zu sich werde hinaufnehmen" (Frage 49 des HK, Kurpfalz 1563 (EKO 14,552)). Vgl. auch 1 Thess 4,17.

'das ewige Leben' herausstellt, wie sie sich besonders in den deutschen Vorlagen des Abendmahlsgebets[1991], aber auch in den katholischen Meßformularen findet, sondern zunächst auf die Wirksamkeit im jetzigen Leben abzielt. Statt aber vom 'ewigen Leben' zu sprechen[1992], was auch leicht als ein individuelles 'Leben nach dem Tod' verstanden werden könnte, wird klar die kommunitäre, endzeitliche Perspektive eröffnet. Damit steht das Abendmahlsgebet in deutlicher Nähe zu den altkirchlichen Eucharistiegebeten, wo dies durch die Sammlungsbitte und das Motiv des Hochzeitsmahls artikuliert wird.

8.3.4 Resümee

Zusammenfassend kann man sagen, daß es sich bei dem vorliegenden Abendmahlsgebet nicht um ein Äquivalent zum Eucharistischen Hochgebet handelt, sondern um ein von dieser Gattung unabhängiges Gebet. Einer Zuordnung zur Gattung des Eucharistischen Hochgebets widerspricht vor allem das Fehlen des Dankes als Sprachform und eines anamnetischen Teiles über eine Art 'spezieller Anamnese' hinaus, während in der Vermahnung die Anamnese breit entfaltet ist. Das Fehlen der EW macht zudem die Absicht deutlich, nicht an die Gattung des Eucharistischen Hochgebets anschließen zu wollen.

Dennoch versteht sich das Gebet in gewisser Weise als Vollzug des Dankes, vermag dies jedoch nur in der Gestalt der Bitte auszudrücken. Die eigentliche Anamnese vollzieht sich außerhalb des Abendmahlsgebets in der Vermahnung in soteriologisch-existentieller Ausrichtung; im Abendmahlsgebet selbst wird daran nur angeknüpft. Die 'spezielle Anamnese' charakterisiert die aktuelle Feier als Vollzug des Gedächtnisses und begründet damit die auf die Feier und ihre Wirksamkeit bezogenen Bitten. Somit beschränkt sich das Abendmahlsgebet fast völlig auf die Sprachform der Bitte, die überhaupt der zugrundeliegenden Theologie für ein Gebet angemessen erscheint.

Die epikletische Sprechweise ist deshalb so dominant, weil die Vermahnung zwar die erhofften Wirkungen thematisieren kann und dies auch tut, aber diese als Wirksamkeit des Kreuzestodes charakterisiert. Die Bitten sind nun notwendig, damit die Gläubigen in der Kommunion diesen Kreuzestod und seine Wirkungen zugeeignet bekommen. Die Bitten weisen ähnliche Inhalte wie die Komunionepiklesen und epikletischen Abschnitte der altkirchlichen Eucharistiegebete auf und zeichnen sich somit durch eine reichere Beschreibung der Wirksamkeit des Abendmahls aus, als dies in den katholischen und lutherischen Vorlagen der Zeit der Fall ist. Die Verwiesenheit der Wirkungen auf das Kreuzesgeschehen wird daran deutlich, daß sie in der 'Kommunionepiklese' nicht nochmals mit einer eigenen 'Geist'-Formel erbeten werden.[1993]

[1991] So heißt es in der deutschen Fassung der Liturgie Calvins: "welche vns das ewige leben gibt" (Genf dt. 1563,15). Die sonstigen calvinistischen Ordnungen sprechen zurückhaltender nur von einer Belebung: "pour nous vivifier" (Genf 1542, 1542A, 1545 (CD 1,355); Pollanus 1552 (Honders 79-81)), "nobis datus in vitae alimoniam" (Pollanus 1551, 1554, 1555 (Honders 78-80)). Die ursprüngliche Straßburger Ordnung hat diesen Gedanken nicht an dieser Stelle, sondern verknüpft ihn mit dem Communio-Motiv. Darüber hinaus findet sich die finale Bestimmung der Kommunion zum ewigen Leben in allen Vorgängerordnungen zu Beginn in der Bezeichnung von Leib und Blut Christi als "speiß vnd tranck ... ins ewig leben" (Straßburg 1537ff (CD 1,321)), die von der vorliegenden Ordnung so nicht übernommen wird.

[1992] Der Ausdruck 'ewiges Leben' taucht in der Kurpfälzer Ordnung in der Vermahnung und im 2. Dankgebet auf (vgl. 7.8.4 und 13.3.3)!

[1993] In der Vermahnung ist der Hl. Geist als Urheber auch der Wirkungen und nicht nur der Disposition der Christusbegegnung ausdrücklich benannt (vgl. 7.8.4.3).

Die für die wirkliche Christusbegegnung notwendige Disposition, die in der 'Wandlungsepiklese' erbeten wird, wird nicht sakramentenrechtlich als Würdigkeit, sondern sakramententheologisch als spirituelle Bewegung aufgefaßt, die die Christusbegegnung erst ermöglicht. Diese Disposition muß als geistgewirkte erst erbeten werden. Hier liegt der eigentliche Grund für die Notwendigkeit eines Abendmahlsgebets in dieser Ordnung, die ein nicht-konsekratorisches Verständnis der EW beinhaltet. Bei einem konsekratorischem Verständnis der EW, wie dies in Anknüpfung an die lateinische Tradition auch für das Luthertum konstitutiv ist, bedarf es letztlich keiner Epiklese, da die EW in genügendem Maße Garant der Konsekration und damit der Wirksamkeit der Abendmahlsgaben sind. Auch die zwinglianisch orientierten Ordnungen bedürfen letztlich keiner Epiklese, da sie überhaupt nicht von einer spezifischen Wirksamkeit der aktuellen Feier oder gar der Gaben ausgehen, sondern diese ebenfalls durch die EW begründet sehen. Nur wenn einerseits von einer wirklichen Christusbegegnung beim Abendmahl ausgegangen wird, diese jedoch nicht schon durch die EW garantiert ist, ist eine Epiklese notwendig. Sie ist um so mehr notwendig, als diese Christusbegegnung nicht mit dem Empfang von Brot und Wein gleichgesetzt wird, da der Leib Christi aufgrund der soteriologischen Vorstellungen nicht vom Himmel herabkommen kann.

Was aber erbeten wird, wird in zwei aufeinander bezogenen Bewegungen ausgesagt, nämlich dem gläubigen Ergeben der Gemeinde an Christus (was als umgeformte Darbringungsaussage angesehen werden kann) und dem Empfangen des Leibes und Blutes Christi durch die Gemeinde bei der Kommunion. Damit bilden die beiden für die zugrundeliegende Theologie notwendigen Voraussetzungen einer wirklichen Christusbegegnung den Inhalt dieser 'Wandlungsepiklese'. Beide Bewegungen werden ausdrücklich als geistgewirkte herausgestellt und verdeutlichen zugleich das Gnadenhafte der Christusbegegnung.

Während der Akzent in den altkirchlichen Eucharistiegebeten auf der Kommunionepiklese liegt, liegt er hier mehr auf der 'Wandlungsepiklese'. Damit bleibt das Abendmahlsgebet innerhalb der westlichen Tradition, für die der Modus der wirklichen Christusbegegnung aufgrund der Trennung von Geist und Materie in der abendländischen Geistesgeschichte zum Problem wird, nicht aber die Wirksamkeit der Kommunion. Ist die Präsenz Christi in den Gaben durch die EW gesichert, so bilden die Wirkungen bei einem würdigen Empfang quasi die automatische Folge. Wenn auch Kurpfalz 1563 als reformierte Abendmahlsordnung eine dezidert andere Auffassung vom Modus der Christusbegegnung hat als die katholischen und lutherischen Ordnungen, so steht sie weiterhin unter der Dominanz der Problematik. Die Frage, wie Christusbegegnung zustande kommen kann, bildet weiter den Mittelpunkt; die Wirkungen dieser Begegnung (in welch beachtenswertem Maße sie auch in Kurpfalz 1563 entfaltet werden) erscheinen unproblematisch. So ist das vorliegende Abendmahlsgebet ein Beispiel dafür, daß philosophisch-theologische Probleme auch die Verwendungsweise und Gestaltung der liturgischen Gattungen implizieren.

Die 'Wandlungsepiklese' ist darüber hinaus der Teil des Abendmahlsgebets, der auch seine Stellung im Gesamt der Feier bewirkt. Das für die Christusbegegnung notwendige 'Ergeben' ist an den Glauben gebunden und letztlich nichts anderes als der Glaube selbst. Der Glaube aber wird in der Vermahnung sowohl in negativer Weise in Form der Erkenntnis der eigenen Unwürdigkeit als auch in positiver Form als Vertrauen darauf, daß das Erlösungwerk Christi zu unserem Heil geschehen ist, erneut geweckt. Das Abendmahlsgebet kann nun um die geistgewirkte Befähigung zum 'Ergeben' bitten, zu dessen Aktualisierung dann im Sursum corda aufgefordert wird.

Ebenso ist hier nach der Vermahnung, in der die Einmaligkeit und die Vergangenheit des Kreuzestodes herausgestellt sind, demgegenüber kein satisfaktorisches Opfer mehr möglich ist und aus dem auch jegliche Wirksamkeit für die Gläubigen abgeleitet werden muß, der Ort, eine Vermittlung dieses Kreuzestodes und seiner Wirksamkeit in der Abendmahlsfeier bzw. (genauer gesagt) in der Kommunion zu bitten. Genau dies macht den Inhalt des zweiten Teils der 'Wandlungsepiklese' aus!

Somit stehen die liturgischen Gattungen genau in der Reihenfolge, in der das geistige Handlungsgeschehen erhofft und erbeten wird. Zunächst wird die Erkenntnis der eigenen Sündhaftigkeit und der Glauben an das Erlösungswirken Christi und die darin verheißenen Wirkungen gefördert. Im vorliegenden Abendmahlsgebet wird um das Ergeben an Christus und die Christusbegegnung gebeten, damit die Wirkungen des Kreuzestodes zu Wirkungen an den Kommunikanten werden können. Im Sursum corda wird zum für die Christusbegegnung notwendigen Erheben der Herzen aufgefordert, so daß bei der Kommunion die Begegnung mit dem im Himmel präsenten Herrn geschehen kann. Erst in der Kommunion werden somit die beiden Ebenen des einmal geschehenen Kreuzestodes und der aktuellen Abendmahlsfeier miteinander verschmolzen. Das Abendmahlsgebet betet an der für die vorliegende theologische Konzeption richtigen Stelle um das vom Hl. Geist zu Bewirkende!

9 Das Vaterunser

In der vorliegenden Ordnung folgt auf das Abendmahlsgebet das Vaterunser. Auch wenn es im Text nicht ausgedruckt ist, sondern nur als Rubrik angegeben wird, hat es keine marginale Bedeutung innerhalb der Abendmahlsfeier.

9.1 Das Vaterunser in der vorreformatorischen Liturgie

Bei der Betrachtung des Vaterunsers in den reformatorischen Abendmahlsliturgien sind vor allem zwei verschiedene Ursprünge zu beachten, auf die die unterschiedlichen Typen (Meßtyp und oberdeutscher Typ) rekurrieren.

9.1.1 Das Vaterunser im Kommunionkreis der vorreformatorischen Eucharistiefeier

Kennen die frühesten Zeugnisse der Eucharistiefeier noch kein Vaterunser zu Beginn des Kommunionkreises, so ist es dort spätestens ab dem 4. Jh. bekannt.[1994] Außerhalb Roms geht dem Vaterunser aber mindestens die Brotbrechung voraus und für Rom ist das Vaterunser zu Beginn des Kommunionkreises erst ab Gregor dem Großen sicher belegt.[1995] Es behält den in allen Liturgien erkennbaren Charakter eines Kommuniongebetes, was daran deutlich wird, daß es auch dort gebetet wird, wo nur die Kommunion (z.B. als gesonderte Kommunionfeier oder Krankenkommunion) gefeiert wird.[1996] Das Vaterunser wird anscheinend wegen der Brotbitte schon früh auf die Eucharistie bezogen[1997]. Andererseits macht die Bitte um die Vergebung der Sünden es zu einem letzten Bußakt vor der Kommunion; der Vergebungsbitte wird auch insofern besondere Aufmerksamkeit gewidmet, als im 'Embolismus' nach der Bitte um Befreiung vom Bösen die Vergebungsbitte aufgegriffen und auf die Zukunft hin ausgeweitet wird.[1998] Die Bitte um die Sündenvergebung rückt immer stärker in den Vordergrund und bestimmt den Charakter des Vaterunsers im Kommunionkreis. Äquivalent zum Kommunionkreis in der Messe findet sich das Vaterunser auch als Vorbereitungsgebet vor der Krankenkommunion, oftmals zusammen mit dem Glaubensbekenntnis, bevor es mit dem Rituale Romanum 1614 wieder verschwindet[1999].

Kennt die byzantinische Liturgie nicht nur eine Gebetsaufforderung, sondern einen neuen Segensgruß an die versammelte Gemeinde, so begnügt sich die römische Meßliturgie mit einem 'Oremus' (und bindet damit das Vaterunser eng an den Canon Romanus an[2000]) und später der speziellen Gebetsaufforderung: "Praeceptis salutaribus moniti, et divina institutione

---

[1994] Vgl. Jungmann, Gewordene Liturgie 137; Jungmann, MS 2,343f; Furberg 16-25; Verheul. Zur Interpretation des Vaterunsers in den Vätertexten vgl. Chan 67-194.
Der eigentliche liturgische Ort des Vaterunsers ist aber zunächst das Tagzeitengebet, wo es als Ersatz der jüdischen Tefilla fungiert (vgl. Niederwimmer 168). So heißt es schon in der Didache nach dem Vaterunser: "Dreimal am Tag sollt ihr so beten" (Did 8,3 (Fontes Christiani 1,120 Schöllgen)). Vgl. auch Furberg 2-4.

[1995] Vgl. Jungmann, MS 2,344f; Furberg 25-31; Verheul.

[1996] Vgl. Jungmann, MS 2,347f; Jungmann, Gewordene Liturgie 141. Aus dieser Verwendung ist im Mittelalter in einigen Kommentaren eine konsekratorische Wirkung abgeleitet worden (vgl. Furberg 112-143).

[1997] Vgl. Jungmann, MS 2,347f; Jungmann, Gewordene Liturgie 138f.

[1998] Vgl. Jungmann, MS 2,351-353; Jungmann, Gewordene Liturgie 138. Zur Interpretation der einzelnen Bitten in bezug auf die Eucharistie vgl. Dürig 326-330; Furberg 32-56.

[1999] Vgl. Jungmann, Gewordene Liturgie 146-160.

[2000] Vgl. Jungmann, MS 2,346. Es gibt Tendenzen, das Vaterunser sogar in das Eucharistiegebet einzubinden (vgl. ebd. 346f).

formati, audemus dicere"[2001]. Allerdings wird nach dieser Einleitung das Vaterunser nicht von allen, sondern vom Priester gesprochen bzw. gesungen[2002]. Die Gemeinde (oder der Meßdiener) spricht nur den Abschluß 'sed libera nos a malo'[2003], was dann der Priester wiederum mit einem leisen 'Amen' beantwortet[2004]. Der Reformationszeit ist somit das Vaterunser von der Messe her ausschließlich als 'Präsidialgebet' bekannt[2005].

9.1.2 Das Vaterunser im Predigt- und Kommuniongottesdienst des Spätmittelalters
Neben der Messe existiert vorreformatorisch als bedeutender Gemeindegottesdienst noch der Predigtgottesdienst[2006]. In diesem findet sich nach Predigt und Allgemeinem Gebet[2007] ein Abschnitt mit 'Katechetischen Stücken'[2008], die aus Vaterunser und Ave Maria, Glaubensbekenntnis und den 10 Geboten bestehen[2009]; ggf. kommt noch die Offene Schuld hinzu[2010].

[2001] MRom 1570 (1943) 330f. Vgl. hierzu Furberg 29f.

[2002] Vgl. Meyer, Eucharistie 181; Daschner 153. Fast im gesamten Osten und in der altgallischen Liturgie spricht die Gemeinde das Vaterunser und macht damit deutlich, daß es ihr Vorbereitungsgebet zur Kommunion ist (vgl. Jungmann, MS 2,355f). Meyer vermutet das gleiche für Mailand (vgl. Meyer, Eucharistie 115; Ambrosius, De sacramentis 5,18-30 (Fontes Christiani 3,166-168 Schmitz)). Die altspanische Liturgie läßt die Gemeinde das vom Priester vorgetragene Vaterunser durch Akklamationen ratifizieren (vgl. Jungmann, MS 2,356). Der Weg des übrigen Westens, das Vaterunser vom Vorsteher der Feier beten zu lassen, zeigt sich schon bei Augustinus (vgl. Jungmann, MS 2,356).

[2003] Dies ist seit dem 8. Jh. bezeugt (vgl. hierzu Jungmann, MS 2,356f). Jungmann vermutet aber einen stillen Mitvollzug der Gemeinde (vgl. Jungmann, MS 2,356.357[61]). Vgl. auch Ringel 154; Daschner 153.

[2004] Die Zuweisung dieses Amens und damit der laute oder leise Vollzug wechseln zunächst (vgl. Jungmann, MS 2,359).

[2005] Von Vaterunser-Liedern der Gemeinde in der Messe ist nicht auszugehen (vgl. Janota 59).

[2006] Zu Predigt und Predigtgottesdienst im Mittelalter vgl. Longère, Prédication; Longère u.a, Predigt; Meyer, Eucharistie 233-236; Weismann, Predigtgottesdienst; Winkler, Predigtgottesdienst; Niebergall, Geschichte; Menzel.
Die wohl aus dem Gottesdienst der Synagoge übernommene Gattung der Predigt, die in der Antike von großer Bedeutung im gottesdienstlichen Leben ist, findet sich seit dem 5./6. Jh. im Westen immer seltener, und auch im Osten spielt sie ab dem Frühmittelalter zunehmend keine Rolle mehr (vgl. Meyer, Eucharistie 234). Im Zuge der Germanenmissionierung blüht dann die katechetisch ausgerichtete Predigttätigkeit neu auf und wird von der Obrigkeit ausdrücklich gefördert. Wegen des Sprachunterschiedes hebt sich nun die Predigt mit den ihnen angehängten liturgischen Stücken von der sonstigen Meßfeier ab, so daß sich eine eigene volkssprachliche Predigtliturgie entwickelt, die zunächst noch in der Messe ihren Ort hat, aber schließlich ausgegliedert wird (vgl. Meyer, Eucharistie 234f). Gründe sind neben Volkssprache, belehrender Grundtendenz und Länge des Predigtteils die gegenüber der Messe anderen Leiter der Predigtliturgie, die in Konkurrenz zu den regelmäßig die Messe feiernden Priestern stehen. Den diesen Gottesdienst zunächst tragenden Bettelorden ist die Predigt zur Zeit des gemeindlichen Gottesdienstes verboten. Nach dem Niedergang des Mendikantengottesdienstes werden seit dem 14. Jh. immer mehr Predigtpfründe gestiftet, deren Inhaber mit Zustimmung des Pfarrers auch in Gemeindemessen predigen dürfen, aber auch eigene Predigtgottesdienste halten. An die Prädikatur ist der Nachweis eines akademischen Grades gebunden, so daß die Inhaber eine gewisse Elite darstellen. Die Anstellung verpflichtet zu einer bestimmten Anzahl von Predigten im Jahr, deren Grundlage meist das Tagesevangelium ist, selten die Epistel oder ein anderer Bibeltext. Seine eigenen Messen 'liest' der Prädikant an einem Nebenaltar, bleibt aber ansonsten vom Pfarrer unabhängig. Ort der Prädikaturen sind vor allem die Städte; besonders im süddeutschen Raum haben sie eine große Bedeutung zum Ausgang des Mittelalters erworben (vgl. hierzu Weismann, Predigtgottesdienst 25-27; Meyer, Eucharistie 235; Menzel 369-373).

[2007] Auch das Allgemeine Gebet findet durch die Volksprachlichkeit in der Predigtliturgie seinen Ort und überdauert dort die Jahrhunderte (vgl. hierzu Müller-Geib).

[2008] Sie werden so genannt, weil sie die zu dieser Zeit vorrangig in der Katechese ausgelegten Stücke darstellen (vgl. Bahlmann 8).

[2009] Vgl. Meyer, Eucharistie 235.

Sie werden im Spätmittelalter nach der Predigt vom Vorsteher der Feier in der Muttersprache vorgesprochen[2011]. Es geht dabei nicht nur darum, den Gläubigen über die Gebete die grundlegenden Inhalte des christlichen Glaubens zu vermitteln, sondern sie werden auch als zentraler Gebetsakt verstanden. Dabei gelten Vaterunser und Credo im Spätmittelalter "zusammen als die entscheidenden Mittel der geistlichen Vereinigung mit Gott für den einfachen Laien"[2012]. So ist es nicht verwunderlich, wenn in den auf diesen Predigtgottesdienst aufbauenden evangelischen Abendmahlsordnungen[2013] das Vaterunser zusammen mit dem Credo auftaucht. Aber auch im spätmittelalterlichen Kommuniongottesdienst der Gemeinde gehört ein Vaterunser zum festen Bestandteil der Vorbereitungsgebete[2014].
Obwohl das Vaterunser vorgesprochen wird, ist zumindest von einem geistigen Mitvollzug der Gemeinden auszugehen, der durch die Muttersprachlichkeit ermöglicht ist. Es ist jedoch auch vom lauten Mitbeten der Gemeinden auszugehen, denn ansonsten wären die schon vorreformatorisch bestehenden Fassungen des Vaterunsers als Gemeindelied nicht verständlich[2015].

9.1.3 Der Textbestand des Vaterunsers in der vorreformatorischen Liturgie

Von den zwei biblischen Belegen des Vaterunsers in Mt 6,9-13 und Lk 11,2-4 hat sich schon frühzeitig der längere matthäische Text im liturgischen Gebrauch durchgesetzt.[2016] Allerdings ändert sich der Textbestand der Bibelausgaben, indem seit dem 8. Jh. in einigen griechischen Evangelienhandschriften und schon wesentlich früher in Übersetzungen ein doxologischer Schluß angehängt wird.[2017] Ebenso findet sich ein doxologischer Schluß in den alten Liturgien[2018].
In den Liturgien des Westens wird bis zur Reformation der Gebrauch des Vaterunsers ausschließlich in der Fassung ohne den im Osten gängigen doxologischen Schluß ("Denn dein ist das Reich und die Kraft...") benutzt; allerdings wird in der römischen Liturgie das

---

[2010] Vgl. Klaus, Rüstgebete 534f.

[2011] Synoden dieser Zeit fordern dies ausdrücklich (vgl. Bahlmann 38[93]; Moufang, Mainzer Katechismen 2-7). Eine Auflistung der vorreformatorischen Katechismen mit ihrem Inhalt, zu dem die katechetischen Stücke grundsätzlich gehören, bietet Bahlmann 8-23.

[2012] Goertz, Begriffe 162[2].

[2013] Vgl. hierzu Pahl, Feier 398f; Weismann, Predigtgottesdienst 27-69.

[2014] Vgl. Meyer, Eucharistie 236.

[2015] Eine deutschsprachige Liedfassung des Vaterunsers ist auf katholischer Seite erstmals im Obesquiale Regensburg 1570 [Probst Nr. 548] nachweisbar (vgl. Bäumker 1,67; 2,217f). Es ist dort aus einem evangelischen Gesangbuch übernommen, stammt aber letztlich aus vorreformatorischer Zeit (vgl. Bäumker 2,218). Seinen Ort hat es im Predigtgottesdienst.

[2016] So z.B. in Did 8,2 (Fontes Christiani 1,118-120 Schöllgen). Vgl. Häußling, Akklamationen 235f.

[2017] Vgl. Häußling, Akklamationen 236; Nestle/Aland 13; Chan 301-306.

[2018] Erstmals findet sich in der Didache ein doxologischer (allerdings zweigliedriger) Schluß des Vaterunsers (vgl. Did 8,2 (Fontes Christiani 1,120 Schöllgen)). Damit wird aber nur die frei formulierte Doxologie erstmals fixiert, die anzuhängen für einen Judenchristen selbstverständlich ist (vgl. Niederwimmer 171). Daß dieser Schluß in der Didache auch bei den Mahlgebeten (vgl. Did 9,4; 10,5 (Fontes Christiani 1,122.124 Schöllgen)) ohne das Basileia-Motiv auftaucht, legt die Vermutung nahe, daß die Doxologie von den Mahlgebeten zum Vaterunser gewandert ist (vgl. Niederwimmer 173). Zur Doxologie vgl. auch Jungmann, MS 2,354[49]; Black; Cullmann 89-91.

Vaterunser nach dem sogenannten 'Embolismus' mit dem trinitarischen Kollektenschluß beendet[2019].

In deutscher Sprache[2020] findet sich das Vaterunser schon weit vor der Reformation unter den früh übersetzten liturgischen Stücken des 8./9. Jh., wobei zunächst keine einheitliche Formulierung anzutreffen ist.[2021] Die Unterschiede resultieren offenbar "aus der Diskrepanz zwischen der Forderung nach absoluter Treue zum lateinischen Wortlaut und dem volkssprachlichen Gebrauch"[2022]. Der liturgische Ort für das deutsche Vaterunser ist im Mittelalter neben dem privaten Beten der Predigtgottesdienst[2023].

9.2 Das Vaterunser in den reformatorischen Liturgien

Das Vaterunser behält in der reformatorischen Theologie als 'Herrengebet' seinen hohen Stellenwert bei. Es gehört auch in den evangelischen Katechismen zu den standardmäßig ausgelegten Texten; ähnlich den EW wird es als Mitte des Evangeliums verstanden.[2024] Das Vaterunser findet sich in fast allen Abendmahlsordnungen der Reformation[2025], seine Stellung innerhalb der jeweiligen Ordnung kann aber recht unterschiedlich sein.[2026]

9.2.1 Die Stellung des Vaterunsers innerhalb der Abendmahlsfeier

In einem Teil der Ordnungen des Meßtyps verbleibt das Vaterunser an seiner traditionellen Stelle *nach den EW* und vor der Kommunion.[2027] Das Vaterunser kann deshalb an dieser

---

[2019] Vgl. Jungmann, MS 2,354f; Daschner 154f.

[2020] Es wird im Deutschen schon früh als 'Vater unser' oder mit dem Lehnwort 'Pater noster' bezeichnet (vgl. Goertz, Begriffe 161), wobei letzteres auch mit dem maskulinen Artikel geführt wird ('der Pater noster'), der sich ebenfalls bei der Credo-Bezeichnung 'der glaub' findet und vielleicht von der engen Verbindung beider Texte im Predigtgottesdienst herrührt (vgl. Goertz, Begriffe 162²). Seltener findet sich 'gebet des herren' o.ä. (vgl. Goertz, Begriffe 162). Diese Bezeichnungen werden auf katholischer Seite auch in der Reformationszeit beibehalten (vgl. Goertz, Begriffe 395f; Ringel 154-157).

[2021] Es handelt sich um den 'Weißenburger Katechismus' (9. Jh.), das 'Freisinger Paternoster' (9. Jh.), das 'St. Galler Paternoster' (ausgehendes 8. Jh.) und den 'Althochdeutschen Tatian' (vgl. Kartschoke 103; zu den Textbeispielen vgl. Maßmann 158-168).

[2022] Kartschoke 104.

[2023] Vgl. 9.1.2.

[2024] Einen knappen Überblick bietet Gäbler, Vaterunser 120-122. Zur Vaterunser-Auslegung Luthers vgl. Furberg 257-275. Für andere Autoren der Reformationszeit genügt ein Blick in die Katechismensammlung von Reu.

[2025] Die vorreformatorischen Bezeichnungen bleiben erhalten, wobei die muttersprachlichen überwiegen; im Gebetstext selbst kann neben 'Vater unser' auch 'Unser Vater' auftauchen (vgl. Goertz, Begriffe 327).

[2026] Zum Vaterunser in den evangelischen Ordnungen vgl. Furberg 194-256; Verheul 176-179. Zur anglikanischen Tradition vgl. Buchanan, Lord's Prayer.

[2027] Vgl. Kantz 1522 (CD 1,15); Worms 1524 (CD 1,19); Müntzer 1524 (CD 1,22); Luther, FM 1523 (CD 1,35); Nürnberg/Volprecht 1524 (CD 1,82), Nürnberg/Pfarrkirchen 1524 (EKO 11,47), Nürnberg/Döber 1525 (EKO 11,54), Brandenburg-Nürnberg 1533 (CD 1,78); Kurbrandenburg 1540 (CD 1,89); Pfalz-Neuburg 1543 (EKO 13,74); Basel 1526 (CD 1,214), Basel 1537 (CD 1,223); Straßburg/Schwarz 1524 (CD 1,315), Straßburg/Ordenung 1524 (Hubert 71f), Straßburg/Kirchenamt 1525 (Hubert 80); Köln 1543,CXᵛ; BCP 1549, 1552 (CD 1,401); Mömpelgard 1559 (CD 1,375). Vgl. auch Rietschel/Graff 378.
Die Basler sind die einzigen oberdeutschen Ordnungen, die das Vaterunser an der traditionellen Stelle vor der Kommunion führen, zuvor aber schon ein Vaterunser als Abschluß des Allgemeinen Gebets kennen (vgl. Basel 1526 (CD 1,205), Basel 1537 (CD 1,218), Gäbler, Vaterunser 123f), was leicht aus der Kompilation zweier Gottesdienstformen erklärt werden kann, denn beide Vaterunser haben unterschiedliche Funktion. Während das erste Vaterunser einfach eine Gebetseinheit abschließt, bereitet das zweite auf das Abendmahl

Stelle der traditionellen Messe stehen, weil es einerseits theologisch unbedenklich ist und weil ihm wie in der Tradition sündenvergebende Funktion zugewiesen wird[2028]. Ein Stellung des Vaterunsers *nach der Kommunion* kennt nur die anglikanische Tradition[2029].

Andere Ordnungen, die ebenfalls aus der Messe entwickelt werden, positionieren das Vaterunser *unmittelbar vor den EW*[2030]. Auch hier gehen die Bedeutungsschwerpunkte der Sündenvergebung und der Brotbitte nicht verloren[2031]. Es ist deshalb nicht sinnvoll, eine gegenüber der Tradition veränderte Funktion des Vaterunsers in die Verlagerung hineinzuinterpretieren, weil die Verschiebung deutlich dadurch hervorgerufen wird, daß die EW unmittelbar vor der Kommunion bzw. mit ihr verschränkt stehen sollen, um so EW und Kommunion direkt aneinander zu binden. Verschoben wird der Einsetzungsbericht, nicht das Vaterunser! Nur die Straßburger und die an sie anschließenden Kasseler Ordnungen schieben zwischen EW und Kommunion überhaupt noch irgendeine einladende Formel ein.

Vor allem aber Ordnungen des oberdeutschen Typs ordnen das Vaterunser *vor den EW* an[2032], wobei die calvinistischen Ordnungen das Vaterunser noch weiter 'vorziehen' bis an die Nahtstelle von Predigtgottesdienst und Abendmahlsgottesdienst und dort in einen Gebetsteil integrieren[2033]. Das Vaterunser kann dann zum Credo überleiten[2034] oder selbst diesen Gebetsteil abschließen[2035]. In diesen Ordnungen ist das Vaterunser eigentlich Teil des

---

vor. Gäblers Interpretation einer inneren Verbindung von Kommunion und Vaterunser als jeweiligem Ausdruck der Dankbarkeit (vgl. Gäbler, Vaterunser 124) übersieht, daß das Vaterunser von den Ordnungen selbst zur Herstellung größerer Wahrhaftigkeit der Danksagung, nicht aber als Ausdruck der Dankbarkeit selbst eingeführt wird (vgl. Basel 1526 (CD 1,214), Basel 1537 (CD 1,223)).

[2028] Für Luther vgl. Furberg 196-199; Schmidt-Lauber, Entfaltung 182-184.

[2029] Vgl. Buchanan, Lord's Supper 383.

[2030] Vgl. Luther, DM 1525 (CD 1,36f); Frankfurt 1530 (CD 1,240); Braunschweig 1528 (CD 1,55); Mecklenburg 1552 (CD 1,103); Württemberg 1536 (Richter, Kirchenordnungen 1,268); Schwäbisch-Hall 1543 (nach CD 1,246), Württemberg 1553 (CD 1,255); Kurpfalz 1556 (EKO 14,149); Straßburg/Ordnung 1525 (CD 1,328), Straßburg 1526ff (CD 1,322); Kassel 1539a (EKO 8,121); Kassel 1539b (EKO 8,123^k). Vgl. hierzu Graff, Auflösung 1,188.

[2031] Für Luther vgl. Furberg 210. Meyer dagegen sieht in dieser Stellung ein Indiz, daß das Vaterunser das Allgemeine Gebet ersetzt (vgl. Meyer, LM 111-113). Für die Stellung in der Ordnung Bugenhagens vgl. Furberg 216f.

[2032] Vgl. Zürich 1523 (CD 1,186), Zürich 1525, 1535 (CD 1,194); Bern 1529 (CD 1,233); Farel 1533 (CD 1,344). Zwingli gibt als Begründung für das Vorziehen des Vaterunsers an: "Wohin ich mich auch wende, ich muß nach der allgemeinen Ansicht als wahr unterstellen, daß die Apostel, als sie das Brot brachen, das heißt an ihm teilhaben wollten, mit dem Herrengebet begonnen haben... Denn in ihm ist schier alles enthalten, was wir am besten von Anfang an erbitten sollen, vornehmlich doch das, daß Gott uns unser täglich Brot, das überwesenhafte, geben wolle" (Zürich 1523 (CR 89,598; Ü.: Schmidt-Clausing, Kanonversuch 69); vgl. auch Baumgartner 174; Jenny, Einheit 59). Zum Verständnis des Vaterunsers bei Zwingli vgl. Lutz 307-339.

[2033] Vgl. Genf 1542, 1542A, 1545 (COS 2,23f), Genf dt. 1563,11-14; Pollanus 1551, 1552, 1554, 1555 (Honders 70-77); FoP 1556, 1564 (Maxwell 91); Micron 1554 (Dankbaar 66), a Lasco 1555 (Kuyper 2,90). Während in Genf 1542 das Vaterunser nur in der paraphrasierten Form gesprochen wird, findet es sich in Genf 1542A und Genf 1545 noch einmal am Ende des Gebetsteils zusätzlich mit normalem Wortlaut (vgl. Anm. 2035); dieses zweite Vaterunser ist dann wirklich Bestandteil der eigentlichen Abendmahlsfeier (zur Übersicht vgl. die Tabelle in CD 1,350). Jenny schließt aus der Überleitung und der Existenz einer Liedform des Vaterunsers, daß das Gebet der Gemeinde zukommt und oft gesungen wird (vgl. Jenny, Einheit 119).

[2034] Vgl. unten 10.2.2.

[2035] Dies geschieht mit einem nochmaligen Vaterunser in einigen calvinistischen Ordnungen (vgl. Genf 1542A (CD 1,357^{21}), Genf 1545 (CD 1,357^{22}); Pollanus 1551 (Honders 78-80)). In der Straßburger Tradition findet sich das Vaterunser häufiger in einer solchen, Gebete abschließenden Funktion, ohne bis an den Beginn der

sonntäglichen Predigtgottesdienstes, nicht der konkreten Abendmahlsfeier; in den Abendmahlsordnungen selbst steht nur noch ein kurzer Verweis auf diesen Gebetsteil ('les prieres', 'finita oratione' o.ä.)[2036]. Das Vaterunser ist deshalb in diesen Ordnungen nicht etwa 'verschoben', sondern bleibt an der Stelle, in der es in etwa auch im spätmittelalterlichen Predigtgottesdienst steht. Für diese Ordnungen muß man viel eher davon sprechen, daß sie das Vaterunser unmittelbar vor der Kommunion (wo es im mittelalterlichen Kommuniongottesdienst ebenfalls steht) nicht für notwendig halten, wohl weil seine sündenvergebende Wirkung nicht im Vordergrund zu stehen braucht. Denn diese Abendmahlsfeiern sind konstitutiv Gemeindeakte, von denen öffentliche Sünder ausgeschlossen werden, eine eigentliche Würdigkeit der Feiernden aber nicht 'hergestellt' werden kann.

Insgesamt kommt das Vaterunser nur einige Male als Paraphrase vor[2037], und nur ganz wenige Ordnungen verzeichnen kein Vaterunser[2038]. Das Vaterunser wird durchweg in der Landessprache gesprochen[2039], jedoch meist - wie im unmittelbar vorreformatorischen Brauch - als Vorstehergebet[2040]; nur selten findet es sich ausdrücklich als Gemeindegebet, d.h. als Gesang[2041].

Abendmahlsfeier zurückverlagert zu werden (vgl. Straßburg/Ordnung 1525 (CD 1,328), Straßburg 1526ff (CD 1,322); Kassel 1539b (CD 1,332)).

[2036] Vgl. Genf 1542 (CD 1,355f), Genf 1542A (CD 1,357[21]), Genf 1545 (CD 1,357[22]), Genf dt. 1563,44; Pollanus 1551, 1552, 1554, 1555 (Honders 78f); Micron 1554, a Lasco 1555 (CD 1,436).

[2037] Hier findet sich einerseits die Paraphrase Luthers (vgl. Luther, DM 1525 (CD 1,36f); Frankfurt 1530 (CD 1,240); zur Rezeption vgl. Drömann, Ordnungen Martin Luthers 36[22]), andererseits die Paraphrase Calvins (vgl. Genf 1542, Genf 1542A, 1545 (COS 2,23f); Pollanus 1551, 1552, 1554, 1555; Genf dt. 1563,11-14; (Honders 70-77); bei Pollanus kennzeichnen Randbemerkungen, daß das paraphrasierte Vaterunser zur Verkürzung durch das eigentliche Vaterunser ersetzt werden kann (vgl. Pollanus 1551, 1552, 1554, 1555 (Honders 72f)).
Köln 1543 und Veit Dietrich kennen beim Allgemeinen Gebet jeweils eine, von Luthers Fassung eigenständige Vaterunser-Paraphrase (vgl. Köln 1543,CVII[r]-CVIII[r]; Veit Dietrich 1545 (EKO 11,500f)). Zur Vaterunser-Paraphrase innerhalb der Abendmahlsfeier vgl. auch Ringel 367f; Schulz, Ordnung 500[38]; Rietschel/Graff 378. Zu den hypothetisch bleibenden Begründungen Furbergs für die Paraphrasierung des Vaterunsers bei Luther vgl. Furberg 209. Auf jeden Fall kennt schon der spätmittelalterliche Predigtgottesdienst ein paraphrasiertes Vaterunser (vgl. Waldenmeier 4).

[2038] Vgl. Schwäbisch-Hall 1526 (CD 1,257f); vgl. auch Drömann, Württemberger Ordnungen 246. Bei OoC 1548, in der ebenfalls kein Vaterunser verzeichnet ist, handelt es sich um eine Ordnung der Gläubigenkommunion innerhalb einer lateinischen Messe (vgl. Buchanan, Lord's Supper 378), so daß schon zuvor ein Vaterunser gebetet wird.

[2039] Ein lateinisches Vaterunser als eine von zwei Möglichkeiten kennt Brandenburg-Nürnberg 1533 (CD 1,78).

[2040] Wie dort muß aber nicht davon ausgegangen zu werden, daß nur der Vorsteher das Vaterunser spricht.

[2041] So heißt es in Württemberg 1536: "Auff das singe die kirch das Vatter vnser teütsch, dieweil es ein sonderlich hertzlich gebet vnd auch darzu ein offenlich beicht ist" (Württemberg 1536 (Richter, Kirchenordnungen 1,268)). Die nachfolgende Ordnung formuliert knapper: "Nach disem soll die kirch das vatter vnser teütsch miteinander singen" (Württemberg 1553 (CD 1,255); vgl. Kurpfalz 1556 (EKO 14,149)). Vgl. auch Graff, Auflösung 1,191.
Allerdings darf von der Existenz von Vaterunser-Liedern in Gesangbüchern nicht direkt auf ihren liturgischen Gebrauch in der Gemeindeliturgie geschlossen werden (vgl. Janota 59[176]; Jenny, Weisen 116).

9.2.2 Die Einleitung zum Vaterunser

Als Einleitung[2042] zum Vaterunser ist häufig die Gebetsaufforderung der traditionellen Präsidialgebete des Priesters anzutreffen: 'Laßt uns beten'[2043]. Nur selten wird die Gebetseinladung des MR (meist in einer Übersetzung) angefügt[2044]. Andere weiten diese Gebetsaufforderung mit dem Hinweis aus, daß es sich um das Gebet handle, das der Herr gelehrt habe[2045], so daß ihm eine besondere Autorität zugeschrieben wird. Inhaltlich die gleiche, aber mit einem Gebet verknüpfte und deshalb mit Rederichtung zum Vater formulierte Gebetseinladung kennt die Straßburger Tradition[2046].

[2042] Vgl. hierzu auch Ringel 376f.

[2043] Vgl. Kantz 1522 (CD 1,15); Luther, FM 1523 (CD 1,35); Worms 1524 (CD 1,19); Nürnberg/Volprecht 1524 (CD 1,82); Brandenburg-Nürnberg 1533 (CD 1,78); Kurbrandenburg 1540 (CD 1,89); Köln 1543,CX'; Pfalz-Neuburg 1543 (EKO 13,74); BCP 1549, 1552 (CD 1,401).

[2044] Vgl. Luther, FM 1523 (CD 1,35), Worms 1524 (CD 1,19). Nürnberg/Volprecht 1524 fügt nur den ersten Teil der lateinischen Vorlage ein: "Last uns bitten durch heilsame gebet erinnert" (Nürnberg/Volprecht 1524 (CD 1,82). Drömann sieht den Grund in einem flüchtigen Schauen in Luthers Formula Missae, denn dort ende die Phrase an der gleichen Stelle mit 'etc.' (vgl. Drömann, Nürnberger Ordnungen 82[45]). In der lateinischen Übersicht dieser Abendmahlsordnung heißt es: "Quo finito Preceptis salutaribus, Pater noster" (Nürnberg/Volprecht 1524 (EKO 11,39)). Im lateinischen Text bringen die Einladung des Missale Romanum nur Nürnberg/Pfarrkirchen 1524 (EKO 11,47) und (wahlweise, wie das Vaterunser selbst) Brandenburg-Nürnberg 1533 (CD 1,78).
Zwingli formt die lateinische Einleitung in seiner 'Epicheiresis' um, da das Vaterunser in einen Gebetskontext eingegliedert ist: "...dominus noster Iesus Christus. Eius itaque precepto moniti audemus dicere" (Zürich 1523 (CD 1,186)).

[2045] "Betet derhalben mit mir das Vater unser, wie uns Christus Jhesus, unser Herre, geleret hat" (Kassel 1539b (EKO 8,123[k])). Kurbrandenburg 1540 weitet aus: "...wie uns der herr Christus Jesus befohlen hat, das wir aus rechter zuversicht und vertrauen dorfen sagen" (Kurbrandenburg 1540 (CD 1,89)). Die heute bei den Katholiken übliche Einleitung ("Laßt uns beten, wie der Herr uns zu beten gelehrt hat") haben in etwa Müntzer 1524 (CD 1,22) und BCP 1549, 1552 (CD 1,401). Calvin bindet diese Einleitung an das vorangegangene Glaubensbekenntnis ("Puis que nous avons faict confession de nostre Foy pour nous testifier enfans de Dieu aussi esperans quil nous exaulcera comme un bon pere nous le prirons comme il nous a apris disans" (Genf 1542A (CD 1,357[21]))) bzw. an das Abendmahlsgebet (vgl. Anm. 2046). Toussain macht zudem durch die Einleitung das Vaterunser als Akt der Erniedrigung kenntlich: "Et afin que nostre Cene & action de graces soit aggreable au Seigneur Dieu nostre Pere celeste, humilions nous derechef deuant sa face, & le prions tous d'un coeur, ainsi que Iesuchrist son cher filz nous enseigne, disans" (Mömpelgard 1559 (CD 1,375)).
Nürnberg/Döber bringt als Einleitung einen Text, der als Zitat aus Mt 6 angegeben wird, bei dem es sich aber um einen Mischtext aus Mt 6,7 und Lk 11,1f handelt: "Darnach soll der priester sprechen, wie Matthei am 6. stehet: Als die jüngern zu dem Herrn Jesu kamen, baten in, er solt sie beten leren, do sprach er: Wenn ihr beten wölt, so solt ir nit vil plappern, wie die heuchler tun; denn sie meinen, wenn sie vil wort machen, so werden sie erhört. Sonder sprecht also wie denn hernach volgt" (Nürnberg/Döber 1525 (EKO 11,54)). Eine solche Gebetseinladung kennt schon Did 8,2 (Fontes Christiani 1,118 Schöllgen); vgl. hierzu Niederwimmer 168-170.

[2046] Dort heißt es: "und wissen, das wir dein kinder sind, dein erben und miterben Christi, und mögen frey betten, wie uns dein eingeborner sun gelernt hat, und sagen" (Straßburg/Schwarz 1524 (CD 1,315)); "vff das wir in der warheit vnd rechten geist zu dir rüffen vnd bitten mögen, wie vns vnser einiger leermeister gelert hat, vnd spreche" (Straßburg/Ordnung 1525 (CD 1,328)). Ab Straßburg 1526 schließt sich die Einleitung zum Vaterunser an ein durch liturgischen Gruß und Gebetseinladung eingeleitetes Gebet an: "vnd geb vns zu bitten, wie vnser lermeyster Christus Jesus befolhen hat, vnd auß hertzen zu sprechen" (Straßburg 1526-1536 (CD 1,320)). Ab 1537 ist diese Überleitung noch einmal umgeformt: "vnd dich jmmer anrůffen, wie vns geleret hatt vnser eyniger meyster vnd heyland, vnser herr Jesus, vnd sprechen" (Straßburg 1537ff (CD 1,320)); ähnliche Formulierungen finden sich ab 1537 bei den nun vorhandenen Alternativgebeten (vgl. Straßburg 1537ff (CD 1,321)).
Das gleiche Phänomen findet sich bei Calvin ("Par iceluy Jesus Christ ton Filz, nostre Seigneur, au Nom duquel nous te prions ainsi que par luy summes aprins" (Genf 1545 (CD 1,357[22]))), in Schottland ("In whose

Eine ganz eigene Einladung findet sich bei Farel angebunden an ein Sündenbekenntnis, wobei die ersten Motive des Vaterunsers schon vorweggenommen werden und die Aussagen christologisch formuliert sind[2047]. Einige Ordnungen lassen dem Vaterunser nicht nur eine Gebetseinladung, sondern wie beim Eucharistiegebet den Aufruf zum Erheben der Herzen vorangehen[2048]; hierin zeigt sich, welch hohe Bedeutung dem Vaterunser innerhalb der Abendmahlsfeier zugewiesen wird.[2049] Z.T. finden sich von den traditionellen liturgischen Vorbildern losgelöste Überleitungen[2050].

9.2.3 Der Abschluß des Vaterunsers

Der Text des Vaterunsers wird in seinem Kernbestand auch in den reformatorischen Ordnungen weitertradiert, da es sich um Herrenworte handelt und die Aussagen theologisch nicht umstritten sind. Wohl finden sich beim Abschluß nicht wenige Varianten (soweit der Abschluß überhaupt ersichtlich ist, weil oftmals die ersten Worte für das ganze Gebet stehen). Den traditionell abschließenden Ruf der Gemeinde ("sed libera nos a malo. Amen") ohne eine weitere Anfügung führt nur das BCP fort.[2051] Luther lehnt ihn in der Formula Missae ausdrücklich ab, wobei seine Ablehnung mehr auf den Embolismus bezogen sein dürfte[2052]. Die Handschrift zu Straßburg/Schwarz 1524 kennt sogar noch eine freie deutsche Übertragung des Embolismus, unter Verzicht auf jede Anrufung der Heiligen[2053]. Kantz hängt

---

name, we make our humble peticions vnto thee, as he hath taught vs" (FoP 1556, 1564 (Maxwell 91))) und in der Londoner Flüchtlingsgemeinde ("ende in dese hope versekert sijnde, aenropen wy oetmoedelick uwen heilighen name doer den seluen uwen wel beminden sone: so wy van hem gheleert sijn, segghende" (Micron 1554 (Dankbaar 66)); "Haec abs te nos impetraturos esse confidimus, o, Pater noster coelestis! pro tua paterna in nos pietate et misericordia, atque ea spe nomen sanctum tuum per unice tibi dilectum tuum filium, praescripta nobis ab ipso precatione, supplices invocamus" (a Lasco 1555 (Kuyper 2,90)).

[2047] Dort heißt es: "...nous pardonnant pour lamour de luy toutes noz offenses et meffaictz nous gardant de plus tomber en peche, magnifiant en nous son sainct nom, regnant en nous, parfaisant sa saincte volunte en nous: et nous donnant ce que le doulx sauveur nous a aprins de demander, en disant" (Farel 1533 (CD 1,343)).

[2048] Vgl. Luther, DM 1525 (CD 1,36); Frankfurt 1530 (CD 1,240), Frankfurt 1543 (CD 1,243); Zürich 1535 (CD 1,194³¹); Kassel 1539b (vgl. die nächste Anm.).

[2049] Dies wird besonders deutlich in Kassel 1539b, wo eine solche Umformung des Sursum corda vor die Gebetseinladung gesetzt und noch mit Textteilen der praefatio communis verbunden wird: "Erhebt euer herzen zu Gott, unserm Herren, denn es ist billich und recht, auch heilsam, daß wir an allen orten und zu aller zeit dich, Herr, himlischer vater, heiliger Gott anruffen durch Jhesum Christum unsern Herrn" (Kassel 1539b (EKO 8,123^k)).

[2050] "Damit aber noch warhafftiger sey vnser dancksagung/so laßt vns bitten" (Basel 1526 (CD 1,214)). Dies wird in der folgenden Ordnung ausgebaut und mit einer Gebetseinladung verbunden: "Damit aber unser dancksagung Gott dester angnemer sey, wöllen wir mit eynander in Christlicher lieb unsern himmelschen vatter anrüffen. Lassend uns bätten" (Basel 1537 (CD 1,223)).

[2051] Vgl. BCP 1549, BCP 1552 (CD 1,401). Im anglikanischen Raum taucht ein doxologischer Schluß erst im 17. Jh. auf (vgl. Buchanan, Lord's Prayer 19f).

[2052] Bei Luther heißt es: "...omissa oratione sequenti: <Libera nos quesumus>, cum omnibus signis, quae fieri solent super hostiam et cum hostia super calicem, nec frangatur hostia nec in calicem misceatur" (Luther, FM 1523 (CD 1,35)).

[2053] Dort heißt es: "amen. Herr, erlöße vns von allen sichtbaren vnd vnsichtbaren feinden, von dem teufel, der welt, vor vnserem eignen fleysch, durch Christum Jesum, vnsern herrn" (Straßburg/Schwarz 1524 (Hubert 71); ebenso Nürnberg/Döber 1525 (EKO 11,54)). Straßburg/Ordenung 1524 fügt in einem seiner beiden alternativen Vorschläge hinzu: "deynen sun, welicher mit dir vnd dem heyligen geyst, ein warer gott, lebt vnd herscht in ewigkeit" (Straßburg/Ordenung 1524 (CD 1,315⁴⁶)).

an das Vaterunser den trinitarischen Kollektenschluß an, der im römischen Ritus nach dem Embolismus üblich ist[2054].

Spätestens ab 1525 kommt in Straßburg am Schluß die aus dem Osten bekannte und später zum Konfessionskennzeichen werdende Doxologie vor: "dann dein ist das reich vnd die krafft vnd die herrligkeit in ewigkeit, amen"[2055]. Oft endet das vom Vorsteher gesprochene Vaterunser mit 'Amen'[2056]. In Pfalz-Neuburg 1543 kommt das Amen dem Chor zu[2057], in nur wenigen Ordnungen der ganzen Gemeinde[2058].

9.3 Das Vaterunser in der vorliegenden Ordnung
Text
"Unser vater etc."[2059]

Kommentar
In der vorliegenden Abendmahlsordnung ist das Vaterunser nur ohne ausgeschriebenen Text angeführt[2060]; ausgedruckt erscheint es an dieser Stelle erstmals in der Ausgabe von 1601[2061]. Von daher ist der Textumfang aus der Ordnung nicht direkt zu erkennen. Wahrscheinlich ist aber ein Vaterunser mit abschließender Doxologie und Amen, da das Vaterunser im HK

[2054] Dort heißt es: "...sonder erlöse uns von übel. Durch unsern herren Jhesum, deinen sun, welcher mit dir und dem heyligen geyst, ein warer Gott, lebt und herrscht in ewigkeit. Amen." (Kantz 1522 (CD 1,15)). Drömann spricht fälschlich von einem Kollektenschluß "an Stelle des fortgefallenen Embolismus" (Drömann, Deutschen Messen 15[33]). Vgl. ebenso Worms 1524 (CD 1,19); Straßburg/Kirchenamt 1525 (Hubert 80). Etwas Ähnliches beabsichtigt wohl Müntzer, wenn er an das Amen des Vaterunsers anfügt: "Durch alle ewigkeit der ewigkeit. Amen." (Müntzer 1524 (CD 1,22)).

[2055] Straßburg/Ordnung 1525 (CD 1,328). Diese Doxologie findet sich ähnlich als Glosse schon in der Handschrift von Straßburg/Schwarz 1524 (Hubert 71)), nach 1525 aber durchweg in den Straßburger Ordnungen (vgl. Straßburg 1526ff (CD 1,322)). Diesen doxologischen Schluß führen ebenfalls: Kassel 1539b (EKO 8,123[k]); Kurbrandenburg 1540 (CD 1,89); Pfalz-Neuburg 1543 (EKO 13,75); Micron 1554 (Dankbaar 59); Basel 1560ff (CD 1,223[56]); Bern 1581 (CD 1,233[12]). Er dürfte aber auch an vielen Orten praktiziert worden sein, deren Ordnungen das Vaterunser nicht im ganzen Text abdrucken (vgl. Graff, Auflösung 1,189). Im Westen wird diese Doxologie in der Reformationszeit wieder akut, als Erasmus von Rotterdam sie in seiner, philologische Zuverlässigkeit beanspruchenden, NT-Ausgabe von 1516 als bisher unterschlagenen Schluß aufführt (vgl. Erasmus 36[32]); auf diese Ausgabe stützt sich auch Luther bei seiner Bibelübersetzung (vgl. Häußling, Akklamationen 236; allerdings ist die dort gegebene Information, die Doxologie werde zunächst beim privaten Beten und erst ab dem 19. Jh. auch in den gottesdienstlichen Feiern der deutschen Evangelischen verwandt (vgl. ebd. 236f), mit den obigen Belegen nicht in Einklang zu bringen).

[2056] Aus dem Druck ist dies jedenfalls zu schließen für: Zürich 1523 (CD 1,186); Basel 1526 (CD 1,214), Basel 1537 (CD 1,223); Bern 1529 (CD 1,233); Nürnberg/Volprecht 1524 (CD 1,82), Nürnberg/Döber 1525 (EKO 11,54), Brandenburg-Nürnberg 1533 (CD 1,78); Mecklenburg 1552 (CD 1,103); Straßburg/Schwarz 1524 (CD 1,315), Straßburg/Kirchenamt 1525 (Hubert 80), Straßburg/Ordnung 1525 (CD 1,328), Straßburg 1526ff (CD 1,322); Kassel 1539b (EKO 8,123[k]).

[2057] Vgl. Pfalz-Neuburg 1543 (EKO 13,75).

[2058] Vgl. Zürich 1525, 1535 (CD 1,194); Braunschweig 1528 (CD 1,55); Kurbrandenburg 1540 (CD 1,89); Köln 1543,CX[v]. Luthers Vaterunser-Paraphrase soll zumindest mit einem innerlichen Amen der Gemeinde abgeschlossen werden: "Wilche das alles mit ernste begeren, sprechen von hertzen: <Amen>, on allen zweyffel glaubend, es sey ja und erhoret ym hymel, wie uns Christus zusagt: <Was yhr bittet, gleubt, das yhrs haben werdet, so sols geschenen>. Amen." (Luther, DM 1525 (CD 1,37)).

[2059] Kurpfalz 1563 (CD 1,519).

[2060] Auch an den anderen agendarischen Stellen der KO Kurpfalz 1563 wird das Vaterunser nie ausgedruckt (zu den Stellen vgl. Anm. 2062). Zum Vaterunser in Kurpfalz 1563 vgl. Schulz, Ordnung 500.

[2061] Vgl. Schulz, Ordnung 519[140].

mit diesem Textumfang angeführt wird[2062]. Ebenso dürfte der Text mit vorgezogenem Personalpronomen gesprochen werden ("Unser Vater"), da er so wiederum im HK geführt wird und die Angabe im agendarischen Teil der vorliegenden Ordnung immer lautet: 'Unser vater[, der du bist in [den] himmeln] etc.'[2063]. Auch im ersten Gesangbuch der Kurpfalz finden sich drei Vaterunser-Lieder, die alle mit 'Unser Vater' beginnen[2064]; bei den Liedversionen kann allerdings ohne weiteres der doxologische Schluß fehlen[2065].

Welche Funktion kommt nun dem Vaterunser an dieser Stelle der Abendmahlsliturgie zu? Daß gerade an dieser Stelle der Ordnung ein Vaterunser auftaucht, ist nach den bisherigen Überlegungen keineswegs selbstverständlich, denn es findet sich - wie oben dargelegt - ein Vaterunser in den späteren reformierten Abendmahlsordnungen nicht zwischen EW und Kommunion, sondern nur vor den EW, meist beim Abschluß des Wortgottesdienstes[2066]. Wenn sich Kurpfalz 1563 mit der Stellung des Vaterunsers in Diskontinuität zu den reformierten Ordnungen und in Kontinuität zur lutherischen Ordnung Kurpfalz 1556 stellt, wo das Vaterunser auf das Abendmahlsgebet folgt[2067], muß genauer nach der Funktion gefragt werden. Sicher stellt die Kontinuität zur bisher bestehenden Ordnung, die wo immer möglich gewahrt wird, ein Argument für die Stellung dar.
Ein zweites Argument ergibt sich aus dem textlichen Zusammenhang. Das Vaterunser schließt sich unmittelbar an das vorhergehende Abendmahlsgebet des Liturgen an und bildet mit diesem und dem nachfolgenden Glaubensbekenntnis eine Einheit. Daß es durch den Liturgen eingeführt wird, ist aus der Angabe nicht zu erkennen, bleibt aber auch unwahrscheinlich, da an anderen Stellen der gleichen KO eine solche Überleitung ohne weiteres abgedruckt ist, wenn sie vorgesehen ist - sei es abgegrenzt zum vorhergehenden Text[2068] oder in diesen integriert[2069]. Eine Aufforderung zum Vaterunser-Gebet würde auch die Einheit der drei Texte (Abendmahlsgebet, Vaterunser, Credo) stören, die sich durch die Gottesanrede ergibt, denn selbst das Credo wird noch mit einem Satz eingeführt, der an Gott gerichtet ist! Das Vaterunser hat, wie Schulz herausstellt, in sämtlichen Feiern der Kirchenordnung

---

[2062] Vgl. Frage 119 und den letzten Abschnitt der Kurzen Summa des HK, Kurpfalz 1563 (EKO 14,366.381). Auch werden die Doxologie und das Amen bei der Auslegung des Vaterunsers mit berücksichtigt (vgl. die Fragen 128 und 129 des HK, Kurpfalz 1563 (EKO 14,368).
Zum sonntäglichen Predigtgottesdienst kennt die vorliegende Ordnung ebenfalls eine Vaterunser-Paraphrase (vgl. Kurpfalz 1563 (EKO 14,390f)); es handelt sich um eine fast wörtliche Übernahme aus der deutschen Übersetzung der Genfer Ordnung (vgl. Genf dt. 1563,11-14; Goeters: EKO 14,390f[94-98]).

[2063] Vgl. Kurpfalz 1563 (EKO 14,336.340.389.390.391.392.396.397.401.404.408). Vgl. ebenso die Fragen 119 und 120, sowie die Kurze Summa des HK, Kurpfalz 1563 (EKO 14,366.381). Im Kleinen HK von 1576 heißt es aber 'Vater unser' (vgl. EKO 14,375).

[2064] Vgl. die Übersicht bei Poppen 113.

[2065] Vgl. Poppen 37; für die Ausgabe von 1573 vgl. Poppen 108. Das Fehlen des doxologischen Schlusses zeigt die Herkunft der Lieder aus einer Zeit an, die die Doxologie noch nicht als konstitutiv für das Vaterunser ansieht.

[2066] Vgl. 9.2.1.

[2067] Vgl. Kurpfalz 1556 (EKO 14,149).

[2068] Vgl. Kurpfalz 1563 (EKO 14,336.340.391.396(2x).397.401).

[2069] Vgl. Kurpfalz 1563 (EKO 14,389.390.392.404.408).

die Funktion eines 'Kollektengebetes'[2070] - in dem Sinne, daß mit ihm das vorausgehende, meist längere Präsidialgebet des Liturgen einen bündigen Abschluß findet.[2071] Schon in Kurpfalz 1556 findet sich das gesungene oder gesprochene Vaterunser als eingeübte Gemeinde-Konklusion nach dem Gebet des Liturgen[2072]. Vorbild für diese 'integrierte' Verwendung des Herrengebetes sind einerseits die Vaterunser-Paraphrasen der lutherischen und calvinistischen Tradition, aber auch der Abschluß des Allgemeinen Gebets in den reformatorischen Ordnungen, letztlich aber der volkssprachliche Gebetsakt im spätmittelalterlichen Predigtgottesdienst[2073]. Wie dort, so ist auch hier ein Mitvollzug der Gemeinde zu vermuten. Dafür sprechen die schon bestehende Übung in der Kurpfalz wie auch die im späteren Gesangbuch abgedruckten Vaterunser-Lieder.

Neben diesen mehr formalen Argumenten muß aber auch nach inhaltlichen gefragt werden. Traditionelle Pole der Deutung des Vaterunsers sind die Brotbitte und die Bitte um Vergebung der Sünden. Die Brotbitte kann nicht bestimmendes Interpretament sein, da das Abendmahl so selten gefeiert wird, daß der Terminus 'tägliches Brot' verfehlt wäre; außerdem ergäbe sich eine Verkürzung der Bildebene nur auf das Brot, die die Ordnung vermeidet. Vor allem wird ansonsten in dieser Ordnung die Ambivalenz der materiellen Gaben deutlich gemacht[2074]. Die Sündenvergebung kann aber ebensowenig leitendes Interpretament sein, da die öffentlichen Sünder durch die Abweisung Unwürdiger schon ausgeschlossen sind[2075], den anderen aber in der 'Tröstung Kleinmütiger' deutlich gemacht wird, daß sie gerade als Sünder angenommen sind[2076].

Betrachtet man das Vorkommen des Vaterunsers in Kurpfalz 1563, so fällt auf, daß es einen hohen Stellenwert erhält: Zum einen wird es im HK ausführlich ausgelegt[2077] und schon damit zum Inbegriff christlichen Betens erklärt. Zum anderen wird das Vaterunser als Gebet eingeführt, das Christus gelehrt bzw. befohlen hat[2078]. Durch den Befehl wird die Ausführung des Gebets zu einem Akt des Gehorsams gegenüber Christus[2079]. Beten selbst aber ist nach dem HK "das fürnembste stück der danckbarkeyt..., welche Gott von uns erfordert"[2080]; nur denen, die bitten und danken, ist Gottes Gnade und der Hl. Geist verheißen[2081]. Da das Vaterunser laut HK vor allem "alle geistliche und leibliche notturft"[2082] des Menschen in

---

[2070] Vgl. Schulz, Ordnung 500. Der von Schulz benutzte Terminus 'Kollektengebet' ist insofern ungewöhnlich, als er traditionell für Gebete des Vorstehers verwendet wird, mit denen dieser die (stillen) Gebete der Gemeinde zusammenfaßt, nicht aber sein im Namen der Gemeinde formuliertes Gebet.

[2071] Vgl. Kurpfalz 1563 (EKO 14,336.340.389.390.391.392.396.397.401.404.408).

[2072] Vgl. Kurpfalz 1556 (EKO 14,122.149.153.161.168).

[2073] Vgl. Schulz, Ordnung 500.

[2074] Dies geschieht besonders im Sursum corda (vgl. 11.2.2.2 und 11.3).

[2075] Vgl. 7.7.4.2.

[2076] Vgl. 7.7.4.3.

[2077] Vgl. Fragen 120-129 des HK, Kurpfalz 1563 (EKO 14,366-368). Auch in anderen Katechismen der Reformatoren erhält das Vaterunser immer eine zentrale Stellung.

[2078] Vgl. Frage 118 und 120 des HK, Kurpfalz 1563 (EKO 14,366).

[2079] Vgl. Schulz, Ordnung 500.

[2080] Frage 116 des HK, Kurpfalz 1563 (EKO 14,365).

[2081] Vgl. Frage 116 des HK, Kurpfalz 1563 (EKO 14,365f).

[2082] Frage 118 des HK, Kurpfalz 1563 (EKO 14,366).

sich enthält, wird es zum umfassenden Gebetsvollzug überhaupt. Damit aber scheint auch letztlich die Funktion des Vaterunsers an dieser Stelle bestimmt zu sein: Im Vaterunser wird die Existenz der Gemeinde als in geistlicher und leiblicher Not gekennzeichnet. Die Gemeinde befindet sich noch nicht in einer 'himmlischen' Existenzform, sondern auch als Gemeinschaft Getaufter in den Widernissen irdischen Seins[2083]. Gerade deshalb bedarf sie der Stärkung des Glaubens, um die die nachfolgende Einleitung zum Credo bittet (hätte das Vaterunser hier primär sündenvergebende Wirkung, wäre diese Einleitung unsinnig), und der Versiegelung der Verheißungen Christi im Sakrament! Zugleich aber bekennt die Gemeinde mit ihrer Bedürftigkeit schon ihren Glauben an den Mittler, so daß es sich um ein 'negatives Glaubensbekenntnis' handelt, dem nun ein positives folgt.

Resümierend kann deshalb festgehalten werden, daß das Vaterunser neben seiner abschließenden Funktion als nur durch Bitten und Wünsche gekennzeichnetes Gebet die Aufgabe hat, die angefochtene Existenz der Glaubenden vor Gott zu bringen, die zuvor schon in der Vermahnung zur Sprache kommt. Gerade aber die bekannte und knappe Form des Vaterunsers erleichtert es, die Erlösungsbedürftigkeit des Menschen noch einmal abschließend 'auf den Punkt' zu bringen. Zugleich hat das Vaterunser damit zentrale disponierende Funktion für die Gemeinde.

[2083] Diese Existenzform wird ja auch an anderen Stellen der Ordnung immer wieder betont. Dies deckt sich mit Frage 117 des HK, wo als eigentlicher Inhalt des Gebets genannt wird, "daß wir unsere noth und elend recht gründtlich erkennen, unß für dem angesicht seiner majestet zu demütigen" (Kurpfalz 1563 (EKO 14,366)).

10 Das Glaubensbekenntnis

Als dritter Teil des Gebetsaktes steht in der vorliegenden Ordnung das Glaubensbekenntnis. Es gehört aufgrund der Einleitung und der Funktion zu dieser Einheit, obwohl es ein Bekenntnis und kein direktes Gebet darstellt.

10.1 Das Glaubensbekenntnis in der vorreformatorischen Eucharistiefeier

Das Glaubensbekenntnis[2084] hat seinen ursprünglichen Ort nicht in der Eucharistiefeier, sondern in der Taufe[2085]. Dort wird es in der Antike in Frageform dem Täufling zur Zustimmung abverlangt[2086]. Beide bedeutenden Bekenntnisse (Apostolicum und Nicaeno-Constantinopolitanum) haben deshalb eine trinitarische Grundstruktur, die von der trinitarischen Taufformel herrührt[2087]. Erst ab dem frühen Mittelalter gelangen die Glaubensbekenntnisse in liturgische Feiern außerhalb der Taufe.[2088] Im Kontext der Eucharistie ist ihre Funktion außer dem Ausdruck der Feierlichkeit (da sie nicht in jeder Messe benutzt werden) immer die Zusammenfassung des in den Lesungen verkündeten Glaubens. Dabei finden die beiden Credo-Formulare in je unterschiedlichen eucharistisch-liturgischen Formen ihren Ort.

10.1.1 Das Nicaeno-Constantinopolitanum

Für die Meßfeier des römischen Ritus ist das Nicaenum (eigentlich "Nicaeno-Constantinopolitanum") bestimmend, das erstmals in den Akten des Konzils von Chalcedon (451) als Zusammenfassung des auf den Konzilien von Nicaea (325) und Konstantinopel (381) formulierten Glaubens präsentiert wird[2089]. Es ist in der Antike in Konstantinopel als Taufbekenntnis in Gebrauch, bis es dort zu Beginn des 6. Jh. seinen festen Platz in der Eucharistiefeier erhält.[2090] Bald darauf findet sich ein Glaubensbekenntnis[2091] überall im Osten

---

[2084] Für unseren Zusammenhang wichtig sind sowohl das Nicaeno-Constantinopolitanum (vgl. DH Nr. 150) als auch das Apostolicum (vgl. DH Nr. 30). Andere Glaubensbekenntnisse spielen in den westlichen Liturgien praktisch keine Rolle. Zum Glaubensbekenntnis in der Eucharistiefeier vgl. Müller, Ordinarium 29-37; Niebergall, Glaubensbekenntnis; Jungmann, MS 1,591-606; Meyer, LM 85-90; Probst, Credo.

[2085] Dies wird an der Fassung im Singular deutlich, die für ein persönliches Bekenntnis erstellt ist (vgl. Kleinheyer, Feiern 47; Niebergall, Glaubensbekenntnis 62). Zur Herkunft aus der Taufliturgie vgl. Vokes 531f.

[2086] Im Katechumenenunterricht bildet sich aus diesen Fragen eine positiv formulierte Glaubenserklärung (vgl. Kleinheyer, Feiern 47), die in den Skrutinien den Bewerbern einerseits feierlich übergeben, andererseits von diesen feierlich zurückgegeben wird (vgl. Kleinheyer, Feiern 69f).

[2087] Vgl. Vokes 537. Sonstige Versuche, Verbindungen herzustellen oder sogar ein einziges Vorgänger-Symbolon zu konstruieren (vgl. Müller, Ordinarium 29f), haben sich als unhaltbar erwiesen.

[2088] Zum Glaubensbekenntnis im Mittelalter vgl. Kaczynski, Creeds.

[2089] Vgl. Jungmann, MS 1,591; Müller, Ordinarium 31. Diese Sicht wird heute vielfach angezweifelt (zum Überblick vgl. Hauschild 444-449; zum Unterschied zwischen 'Nicaenum' und 'Nicaeno-Constantinopolitanum' vgl. ebd. 448f). Das Nicaenum ist deutlich von den dogmatischen (vor allem christologischen und trinitätstheologischen) Auseinandersetzungen der Antike gekennzeichnet und will Kompromißformulierungen festschreiben. Seinen Ursprung hat dieses Bekenntnis im Taufsymbolon Jerusalems (vgl. Jungmann, MS 1,592; zur Textgenese vgl. ebd. 593-598; Hauschild 448-454; Kelly).

[2090] Vgl. Jungmann, MS 1,598; Niebergall, Glaubensbekenntnis 62.

[2091] Wenn auch die östlichen Liturgien z.T. aufgrund anderer dogmatischer Auffassungen das Nicaeno-Constantinopolitanum abwandeln, so benutzen nur die ostsyrische und die äthiopische Liturgie eine andere Textgrundlage (vgl. Jungmann, MS 1,599[35]). Bei aller Trennung in einigen wenigen Einzelformulierungen ist das Nicaenum bis heute das die Kirchen der Christenheit verbindende Glaubensbekenntnis (vgl. Löser 199; Hauschild 454).

in der Eucharistiefeier[2092] und wird meist von der Gemeinde gesprochen[2093]. Innerhalb der Messe erscheint das Nicaenum im Westen erstmals Ende des 6. Jh. in Spanien[2094], im 8. Jh. in der gallisch-fränkischen Liturgie und in Rom im 11. Jh.[2095] Im 11. Jh. wird der Gebrauch auf die Sonn- und bestimmte Festtage eingeschränkt.[2096] Seinen Platz hat das Credo in der fränkisch-römischen Liturgie nach dem Evangelium[2097], wenn sich auch in der direkten vorreformatorischen Zeit Belege für die Stellung des Credos sowohl vor wie nach der Predigt finden.

Die Dokumente des 9. Jh. belegen, daß das Credo von der ganzen Gemeinde (evtl. nach Anstimmen durch den Priester) gesprochen wird[2098]. Da aber der kantillierende Vollzug spätestens ab der Jahrtausendwende bevorzugt wird, tritt der (vom Klerus gebildete) Chor als Träger des Credos in den Vordergrund.[2099] So wird das Nicaenum in der Messe des römischen Ritus vorrangig als dem Klerus zukommender Text weitertradiert.[2100]

Schon vor der Reformation findet sich die Liedparaphrase 'Wir glauben all' an einen Gott'[2101], die von der Gemeinde nach Intonation des Priesters gesungen wird[2102].

[2092] Dort gehört es aber nicht in den Wortgottesdienst, sondern in die Bereitung des eigentlichen Eucharistieteils (vgl. Jungmann, MS 1,599).

[2093] Vgl. Jungmann, MS 1,599. Laut Jungmann wird es zum Gemeindegebrauch (außer in der byzantinischen und jakobitischen Liturgie) in der Pluralform verwendet (vgl. Jungmann, MS 1,600).

[2094] Dort steht das in jeder Messe gesprochene Credo vor dem Vaterunser (vgl. Jungmann, MS 1,600; Meyer, Eucharistie 159). Es wird mit dieser Stellung zu einem Akt der Vorbereitung für den Abendmahlsempfang, und es wird nicht so sehr als Bekenntnis, sondern als Gebet verstanden (vgl. Niebergall, Glaubensbekenntnis 63).

[2095] Vgl. Vokes 544; Meyer, Eucharistie 204.

[2096] Vgl. Jungmann, MS 1,601. Aber auch bei der Taufe taucht das Nicaenum im Westen auf und ist dann bis ins 10.-12. Jh. häufiger im Taufzusammenhang notiert als das Apostolicum (vgl. Vokes 539).

[2097] Vgl. Jungmann, MS 1,601; Meyer, Eucharistie 204f. Als Begründung der Predigt nach dem Credo sieht z.B. der Autor des 'Tewtsch Rational' die Predigt als Ort, "darinn dem volck das gots wort vnnd warer glaub außgelegt vnd eingebildet wirt" (Tewtsch Rational 1535, Kap.6 [Häußling Nr. 132] E^r; vgl. Fischer, Predigt 223^3). Dies ist aber wohl eher eine nachträgliche Rechtfertigung dessen, daß man bei Auftauchen des Credos die festgefügte Folge Predigt - Allgemeines Gebet - Offertorium nicht stören will (vgl. Fischer, Predigt 223^3). In England und Frankreich überwiegt im Mittelalter ebenso die Predigt nach dem Credo (ebd.).

[2098] Vgl. Jungmann, MS 1,603.

[2099] Vgl. Jungmann, MS 1,604f; Müller, Ordinarium 32. Entsprechend ist das Credo in der Polyphonie oftmals das Glanzstück der Komposition (vgl. Niebergall, Glaubensbekenntnis 64).

[2100] Für die vortridentinischen süddeutschen Missalien vgl. Daschner 91f. Noch heute stellt das Nicaenum das vorrangig für die Eucharistiefeier vorgesehene Glaubensbekenntnis dar, de facto ist es aber im deutschen Sprachraum - aufgrund der schon bestehenden volkssprachlichen Tradition - durch das Apostolicum ersetzt worden, das vom deutschen Meßbuch (vgl. Meßbuch 1988,338-341) ebenfalls zur Auswahl freigestellt wird (vgl. hierzu Meyer, Eucharistie 338^{81}). Zur Problematik der Stellung des Glaubensbekenntnisses in der heutigen katholischen Eucharistiefeier vgl. Meyer, Eucharistie 338.

[2101] Vgl. Bäumker 1,683-685.687f.

[2102] Schon Berthold von Regensburg († 1272) berichtet, daß die Gemeinde an manchen Orten auf die lateinische Intonation mit dem Credo antwortet (vgl. Jungmann, MS 1,604^{66}).
Im Deutsch des Spätmittelalters finden sich als Bezeichnungen die Lehnwörter 'credo' und 'symbolum' und die - nach dem ersten der Gemeinde zukommenden Wort - gebildete Bezeichnung 'patrem' (vgl. Goertz, Begriffe 160f), aber auch die Bezeichnung 'der glaub' o.ä. (vgl. Goertz, Begriffe 160.396f; Ringel 104-110).

10.1.2 Das Apostolicum

Das Apostolische Glaubensbekenntnis[2103] ist schon früh als Taufsymbolon des Westens bezeugt, so in einer rudimentären Textfassung der Traditio Apostolica[2104]; der Textus receptus liegt zu Beginn des 8. Jh. vor[2105]. Die Verwendung des Apostolicums bleibt aber zunächst auf die Taufe beschränkt.

Eine wesentlich gewichtigere Bedeutung erhält das Apostolicum in der karolingischen Reform[2106], die die Christianisierung des Frankenreichs voranzutreiben sucht, denn dort gehört das Apostolicum (neben dem Vaterunser) zu den von den Gläubigen zu lernenden 'katechetischen Stücken'[2107]. So finden sich deutsche Übersetzungen ab dem ausgehenden 8. Jh.[2108] Nach der Jahrtausendwende gehört es zu den standardmäßig übersetzten Stücken, auch wenn die Belege nicht zahlreich sind[2109], und findet schnelle Verbreitung.[2110] Dazu trägt sicher bei, daß das Apostolicum das im Predigtgottesdienst bevorzugt verwendete (und damit muttersprachliche) Glaubensbekenntnis ist.[2111]

10.2 Das Glaubensbekenntnis in den reformatorischen Abendmahlsordnungen

In den reformatorischen Abendmahlsordnungen findet das Glaubensbekenntnis (sowohl in Form des Nicaenums als auch des Apostolicums) seinen Platz, wenn auch an unterschiedlichen Stellen und obwohl es den Theologen nicht als für die Eucharistiefeier wesentlich erscheint, da es auch bis zur Reformation nur zu bestimmten Anlässen verwandt wird und ein konstitutiver Bezug zum Abendmahl nicht hergestellt werden kann.

Meist behält es seine für die römische Tradition übliche Stelle zum Schluß des Wortgottesdienstes (vor oder nach der Predigt) bei, kann aber auch seinen Platz im eigentlichen

---

[2103] Es wird wegen seines angeblichen und im Mittelalter im Westen unumstrittenen apostolischen Ursprungs (jeder Apostel habe einen Satz hinzugefügt) so genannt (vgl. Vokes 529f). Selbst Luther toleriert diese Auffassung (vgl. WA 41,275f; Meyer, LM 85⁴).

[2104] Vgl. TrAp 21 (Fontes Christiani 1,260-262 Geerlings); Sattler 878; Vokes 532. Allgemein zur Geschichte des Apostolicums vgl. Sattler 878f; Vokes; Müller, Ordinarium 30f.

[2105] Vgl. Sattler 878.

[2106] In dieser Zeit findet das Glaubensbekenntnis auch im Stundengebet seinen Platz und wird in vielen Psalterien - aber fast ausschließlich in Form des Apostolicums - verzeichnet (vgl. Vokes 545).

[2107] Vgl. Jungmann, MS 1,603f.

[2108] 'St. Galler Paternoster und Credo' (vgl. Kartschoke 103).

[2109] Vgl. Kartschoke 237-240. Zu den frühen Textfassungen vgl. Maßmann 71-88.

[2110] In den frühen Übersetzungen des Apostolicums um die Jahrtausendwende ist die Übersetzung von 'ecclesiam catholicam' mit einer Formulierung, in der als Lehnwort 'katholisch' vorkommt, sehr selten (vgl. Maßmann 71-88); im 15. Jh. - also schon vor der Reformation - ist die Übersetzung mit 'christlich' üblich (vgl. Vokes 551). 'Ecclesiam catholicam' mit 'christliche Kirche' wiederzugeben, stellt also noch kein 'antikatholisches' Spezifikum dar; zu einem solchen wird es erst nach der Reformation. Zum Terminus 'katholisch' vgl. auch Vollmer 68f.

[2111] Vgl. Surgant 1520, I Kap. 5 [Probst Nr. 765] 67ᵛ; Bahlmann 38⁹³. Aber auch für die Messe (bzw. zumindest für die Meßerklärung) ist es bezeugt. So findet sich in der ältesten deutschen Meßerklärung zwar eine Zitation des Nicaenums, aber danach eine Erläuterung des Apostolicums (vgl. Meßauslegung 1480 [Häußling Nr. 101] (Reichert 84-96)).

Abendmahlsteil erhalten.[2112] Im oberdeutschen Typ findet sich durchweg die Position nach der Predigt und die Verwendung des Apostolicums.[2113]

10.2.1 Das Glaubensbekenntnis nach dem Evangelium

In vielen Abendmahlsordnungen des Meßtyps steht das Nicaenum an der traditionellen Stelle unmittelbar nach dem Evangelium, entweder in der Landessprache[2114] oder selten in lateinischer Sprache[2115]. Z.T. finden sich auch Luthers Credolied 'Wir glauben all an einen Gott' oder andere Credolieder[2116] - entweder im Anschluß an das Nicaenum[2117], wahlweise zu ihm[2118] oder als Ersatz[2119]. Nur wenige Ordnungen kennen an dieser Stelle das Apostolicum, meist als Alternative[2120].

10.2.2 Das Glaubensbekenntnis nach der Predigt

In einem Teil der evangelischen Ordnungen - besonders in den aus dem Predigtgottesdienst entstandenen - steht das Credo hinter der Predigt, wie dies auch als Variante von der vorreformatorischen Eucharistiefeier bekannt ist[2121]. Gerade in reformierten Ordnungen wird

---

[2112] Zum Glaubensbekenntnis in den reformatorischen Abendmahlsordnungen vgl. Rietschel/Graff 368f; Müller, Ordinarium 32-34; Graff, Auflösung 1,163-167; Mahrenholz, Stellung 476-479; Niebergall, Glaubensbekenntnis 65-74; Hauschild 454f.

[2113] Hauschild 455. Grundsätzlich bleiben die vorreformatorischen Bezeichnungen erhalten (vgl. Goertz, Begriffe 323-325; Ringel 338-344) - selbst die Bezeichnung 'patrem', obwohl sie nun das ganze Credo oder ein entsprechendes Gemeindelied bezeichnen kann und nicht nur den der Gemeinde zukommenden Teil (vgl. Ringel 339f).

[2114] Vgl. Nürnberg/Volprecht 1524 (EKO 11,41), Nürnberg/Pfarrkirchen 1524 (EKO 11,47), Nürnberg/Döber 1525 (EKO 11,53); Straßburg/Schwarz 1524, Straßburg/Ordenung 1524 (Hubert 62f); Braunschweig 1528 (Herbst 88); BCP 1549 (Buchanan 8f), BCP 1552 (Buchanan 23).

[2115] Vgl. Luther, FM 1523 (Herbst 24); Brandenburg-Nürnberg 1533 (EKO 11,195); Pfalz-Neuburg 1543 (EKO 13,72); Rietschel/Graff 368.

[2116] Zu den evangelischen Credoliedern vgl. Müller, Ordinarium 33.

[2117] Vgl. Braunschweig 1528 (Herbst 88); Rietschel/Graff 368.

[2118] Vgl. Brandenburg-Nürnberg 1533 (EKO 11,195); Pfalz-Neuburg 1543 (EKO 13,72); Straßburg 1526ff (Hubert 99). Nach Hubert ist aber als Alternative hierzu das Apostolicum gedacht (vgl. Hubert 99¹).

[2119] Vgl. Luther, DM 1525 (Herbst 82).

[2120] Vgl. Nürnberg/Döber 1525 (EKO 11,53); Straßburg/Ordenung 1524 (Hubert 63f); Straßburg/Kirchenamt 1525 (Hubert 79f).

[2121] Dabei kann die konkrete Stellung wiederum variieren. So findet sich das Glaubensbekenntnis einerseits direkt hinter der Predigt (vgl. Württemberg 1536 (Richter, Kirchenordnungen 1,268), Württemberg 1553, Kurpfalz 1556 (EKO 14,147); Straßburg/Kirchenamt 1525 (Hubert 79f), Straßburg/Ordnung 1525 (Hubert 85), Straßburg 1526-1536 (CD 1,318)). Andere Ordnungen lassen der Predigt zunächst das Allgemeine Gebet (ggf. noch Vaterunser) folgen und schließen es mit dem Glaubensbekenntnis ab: So steht das Credo in Köln direkt hinter dem Allgemeinen Gebet (vgl. Köln 1543,CIXʳ). Bei Calvin steht das Credo nach Fürbitten und Vaterunser-Paraphrase, aber immer vor den EW, aus denen heraus sich die Vermahnung entwickelt (vgl. Genf 1542 (CD 1,357), Genf 1542A (CD 1,357²¹), Genf 1545 (CD 1,357²²), Genf dt. 1563,44; ebenso bei Pollanus 1551, 1552, 1554, 1555 (Honders 70-79) und FoP 1556, 1564 (Maxwell 91; vgl. auch ebd. 51). Für Jenny erhält es gerade mit dieser Stellung eine Klammerfunktion zwischen den beiden Teilen der Feier, indem es eine Akklamation auf die gemeinsam vernommene Verkündigung darstellt, wie auch das Bekenntnis der Einheit des zum Empfang des Mahles bereiten Leibes Christi (vgl. Jenny, Einheit 118f.130f). In der Londoner Flüchtlingsgemeinde steht das Credo vor Allgemeinem Gebet und Vaterunser, aber hinter der Predigt (vgl. Micron 1554 (Dankbaar 63-66)). Vgl. auch Versammelte Gemeinde 47f; Graff, Auflösung 1,165f; Niebergall, Glaubensbekenntnis 67.

das Glaubensbekenntnis noch weiter in die Abendmahlsfeier hineingezogen[2122]. Es findet sich das von der Gemeinde[2123] gesprochene oder gesungene Apostolicum[2124], das z.T. mit 'der glaube deutsch' oder ähnlichen Formulierungen wiedergegeben wird.[2125] Es handelt sich dabei nicht um eine Weitertradierung aus dem Bereich der Meßfeier, sondern aus dem spätmittelalterlichen Kommuniongottesdienst der Gemeinde[2126], was vor allem an der Verbindung mit anderen Gebeten zu ersehen ist.

Das Credo hat in diesen Ordnungen vielfach nicht nur die Funktion, den Glauben der Gemeinde zu bekennen, sondern bildet den Abschluß einer Gebetseinheit, die entweder aus Allgemeinem Gebet und Credo[2127], aus Allgemeinem Gebet, Vaterunser (ggf. Abendmahls-

---

[2122] Nach einer Vermahnung findet sich das Credo in Straßburg 1537ff (CD 1,318) und Mömpelgard 1559 (CD 1,371), nach Vermahnung und Vaterunser bei Farel 1533 (CD 1,344).
Nach einleitender Vermahnung findet es sich in einem Bußabschnitt zu Beginn des Abendmahlsteils in Basel 1526 (CD 1,204; im Plural formuliert!), Basel 1537 (CD 1,216), Bern 1529 (CD 1,233f; hier wieder nach eingeschobenem Vaterunser). Vgl. auch Jenny, Einheit 83f. Funktion dieses Abschnitts und damit auch des Credos ist die Konstituierung der Abendmahlsgemeinde (vgl. Niebergall, Glaubensbekenntnis 68).
In Zürich rückt das Credo noch weiter in die Abendmahlsfeier hinein und hat seinen Platz nach dem spezifischen Evangelium dieses Abschnitts (vgl. Zürich 1525, 1535 (CD 1,193f)). Zugleich behält damit das Credo in gewisser Weise seinen angestammten Platz hinter dem Evangelium (vgl. Jenny, Einheit 58). Deswegen bleibt es problematisch, aus der Stellung einen verstärkten Bekenntnischarakter der Abendmahlsfeier abzuleiten (so Niebergall, Glaubensbekenntnis 68). In Zürich wird das Apostolicum verwendet (vgl. Zürich 1525, 1535 (CD 1,193f); Bürki, Zürcher Ordnungen 182).

[2123] Unsicher ist dies für die schottischen Ordnungen, da einerseits in den sonstigen Ordnungen das Credo vom 'minister' gesprochen wird, andererseits sich keine Angabe findet, daß die Gemeinde das Lied singen soll, und auch kein solches Lied nachweisbar ist (vgl. Maxwell 91[11]).

[2124] Das Apostolicum erhält in der Reformation eine gewisse Dominanz, da es in zahlreichen evangelischen Katechismen ausgelegt wird (vgl. Barth, Apostolisches Glaubensbekenntnis 554-556; zur weiteren Rezeption in den Reformationskirchen vgl. ebd. 557-563). Dabei findet das Apostolicum als altkirchliches Symbolon zwar eine breite Rezeption und wird selbstverständlich in die Theologie der Reformatoren eingebaut, aber es erhält kein besonderes theologisches Gewicht (vgl. ebd. 557), wohl weil in der Reformation nicht die Trinität, sondern die Christologie und die Soteriologie im Vordergrund stehen. Wohl auch aus diesem Grunde finden sich in der Moderne zahlreiche Versuche einer Neuformulierung eines Glaubensbekenntnisses (vgl. ebd. 563; Schröer 567f).
Dies - und weniger die variierende Stellung des Credos und die sich darin spiegelnde liturgische Unsicherheit - dürfte der eigentliche Grund für das allmähliche Verschwinden des Credos aus dem Abendmahlsgottesdienst des 17. Jh. sein (vgl. hierzu Graff, Auflösung 1,164-167; 2,118f; Müller, Ordinarium 34; Niebergall, Glaubensbekenntnis 68), bevor es im Zuge liturgischer Restaurationsbemühungen ('Preußische Agende') im 19. Jh. wieder aufgenommen wird - nun allerdings vor der Predigt zu stehen kommt (vgl. Müller, Ordinarium 34; Niebergall, Glaubensbekenntnis 70f).

[2125] So heißt es: "Hie singt oder spricht man den glauben" (Basel 1537 (CD 1,216)); "Nach diesem gebett sol die gantze gemein den glauben singen zu deutsch/dann diese bekantnuß des glaubēs der gantzen gemein Christi zu stehet/wie sie auch das heilig Euangelium gemeinlich gehört hatt" (Köln 1543,CIX^r). Württemberg fordert "den teūtschen glauben oder ein teūtschen Psalmen" (Württemberg 1536 (Richter, Kirchenordnungen 1,268)) bzw. "soll man den glauben teutsch singen" (Württemberg 1553, Kurpfalz 1556 (EKO 14,147)). Vgl. auch Straßburg/Ordnung 1525 (Hubert 85), Straßburg 1526-1536 (Hubert 99²), Straßburg 1537ff (CD 1,318)). Gerade auch die calvinistischen Ordnungen lassen das Apostolicum singen (vgl. Genf 1542A (CD 1,357^{21}), Genf 1545 (CD 1,357^{22}); Pollanus 1551, 1552, 1554, 1555 (Honders 78f)).

[2126] Vgl. Graff, Auflösung 1,165; Niebergall, Glaubensbekenntnis 66. Die schwankende Plazierung des Credos in der vorreformatorischen Meßfeier vermag diese Stellung nicht zu erklären (vgl. Graff, Auflösung 1,165).

[2127] Vgl. Köln 1543,CIX^r.

gebet) und Credo[2128] oder aus Offener Schuld, Vaterunser und Credo[2129] bestehen kann. Entsprechend finden sich Überleitungen zum Glaubensbekenntnis, die zum Bekenntnis des Glaubens auffordern können[2130], aber auch die Hoffnung und Bitte um Wachstum im Glauben zum Ausdruck bringen[2131] und schließlich das Bekenntnis als Vergewisserung verstehen, nicht zu den Ungläubigen zu gehören[2132], sondern schon in der Gemeinschaft mit Christus und untereinander zu leben.[2133]

Dieses hier zum Ausdruck kommende ekklesiologische Motiv dürfte einer der Hauptgründe für die Plazierung des Credos so kurz vor der Kommunion sein. Die Bezeugung des Glaubens ist einerseits Gedächtnis der Taufe, die die grundsätzliche Zulassung zum Abendmahl darstellt[2134], sie ist zugleich Vergewisserung der Rechtgläubigkeit und damit Rüstakt der Gemeinde[2135].

10.3 Das Glaubensbekenntnis in der vorliegenden Ordnung

Wenn ein Glaubensbekenntnis in den Kirchenordnungen der Kurpfalz erst 1601 mit dem ganzen Text ausgedruckt wird, so finden sich doch in der vorliegenden Ordnung die entsprechende Rubrik und eine Überleitung des Liturgen vom Vaterunser zum Glaubensbekenntnis.

[2128] Vgl. Genf 1542 (CD 1,357), Genf 1542A (CD 1,357^{21}), Genf 1545 (CD 1,357^{22}); Pollanus 1551, 1552, 1554, 1555 (Honders 70-79); FoP 1556, 1564 (Maxwell 91; vgl. auch ebd. 51). Zumindest Fürbitten und Credo finden sich in Genf dt. 1563,44.

[2129] Vgl. Bern 1529 (CD 1,233f); Farel 1533 (CD 1,343f).

[2130] So heißt es: "Verjåhend ouch mitt mir unseren heyligen glouben" (Bern 1529 (CD 1,233)). Bei Calvin wird die lebenspraktische Perspektive des Bekenntnisses herausgestellt: "pour testifier [au nom du peuple], que tous veulent vivre et mourir en la doctrine et Religion chrestienne" (Genf 1542, 1545 (CD 1,357.357^{22})); "daß sie alle in der Christlichen lehr vnd Religion wollen leben vnd sterben" (Genf dt. 1563,44).

[2131] So heißt es: "Nous prierons a nostre pere quil nous donne ferme, vifve, et parfaicte foy, lacroissant et augmentant en nous: affin que par icelle puissions vaincre toute la malice de nostre ennemy, en laquelle foy desirons viure en faisant confession dicelle, disant" (Farel 1533 (CD 1,344)).
Knox formuliert: "Almightie and euer lyuinge God, vouchsaue we beseche thee, to grant vs perfite contynuance in thy liuely faith, augmentinge the same in vs dayly, tyll we growe to the full measure of our perfection in Christ, whereof we make our confession, sayinge" (FoP 1556, 1564 (Maxwell 91)).

[2132] "Van welcker ghetal [der Ungläubigen; A.d.V.] op dat wy ons betuyghen niet te wesen: wy sullen int corte openbaerlick ende van herten ons ghelooue belijden, seggende" (Micron 1554 (Dankbaar 63); vgl. auch a Lasco 1555 (Kuyper 2,87)).

[2133] So heißt es: "Fürter bezeügen wir vns hie vereynigt sein/in ein leyb Christi/so in einigkeit des glaubens erfunden. Vnd ist inhalt unsers glaubens solicher" (Basel 1526 (CD 1,204)); "Deß glychen würt hie bezügt, das wir vereynbaret syen in den geystlichen lyb Christi, und also ungetrendt von syner kirch oder gemeyn, so in eynigkeit des gloubens begriffen, unnd ist jnnhalt unsers glaubens sölcher" (Basel 1537 (CD 1,216)); "confession de nostre Foy pour nous testifier enfans de Dieu aussi esperans quil nous exaulcera comme un bon pere" (Genf 1542A (CD 1,357^{21})); "confession de nostre Foy pour nous testifier enfans de Dieu aussi esperans quil nous exaulcera en disant" (Genf 1545 (CD 1,357^{22})); "Comme aussi en participant à ce sainct Sacrement, nous tesmoignons que nous sommes mis & incorporez au corps mystique de Iesuchrist nostre Seigneur: c'est a dire, à la compagnie de ses fideles, qui croyent en un mesme Dieu & en un mesme Sauueur, & qui sont regis & gouuernez d'un mesme Saint Esprit, & sont d'une mesme foy, de laquelle nous faisons confession quand nous disons" (Mömpelgard 1559 (CD 1,371)).

[2134] Vgl. Mahrenholz, Stellung 473.

[2135] Vgl. Mahrenholz, Stellung 474.

Text

"Wöllest uns auch durch diß heilig abendmal stercken in dem allgemeinen, ungezweifelten christlichen glauben, von welchem wir bekandtnuß thun mit dem mund und hertzen, sprechende: Ich glaub in Gott etc."[2136]

Kommentar

Für die vorliegende Ordnung gehört das Credo konstitutiv zur Abendmahlsfeier[2137]. Daß als Text das Apostolische Glaubensbekenntnis verwendet wird, paßt in die Entwicklung der Reformationsordnungen, die dem Apostolicum den Vorrang geben, weil es das der Gemeinde in der Muttersprache geläufige Glaubensbekenntnis ist[2138]. Das Apostolicum ist zudem das in Kurpfalz 1556[2139] und 1563[2140] verwendete und im HK ausgelegte[2141] Glaubensbekenntnis. Wie in anderen Gebieten, wo das Credo in gesungener Fassung verwendet wird[2142], finden sich auch im kurpfälzischen Gesangbuch von 1567[2143] die Credo-Lieder 'Wir glauben all an einen Gott' (von M. Luther)[2144] und 'Jn Gott glaub ich/daß er hat' (von P. Speratus)[2145]. Eine genauere Erschließung der Funktion des Credos ist zunächst aus der vom Vorsteher gesprochenen Überleitung vom Vaterunser zum Glaubensbekenntnis möglich[2146], die sich auch an mehreren anderen Stellen in ähnlicher Form in der vorliegenden Ordnung findet[2147]. Das Credo wird darin als 'allgemeiner, ungezweifelter, christlicher Glaube'[2148], d.h. als

---

[2136] Kurpfalz 1563 (CD 1,519).

[2137] Zum Credo in Kurpfalz 1563 vgl. Schulz, Ordnung 500f.

[2138] Vgl. oben 9.1.2.

[2139] Vgl. Kurpfalz 1556 (EKO 14,123.127.131).

[2140] Vgl. Kurpfalz 1563 (EKO 14,340.392.397.404.408).

[2141] Vgl. Frage 23 des HK, Kurpfalz 1563 (EKO 14,347), ausgelegt in den Fragen 24-58 des HK, Kurpfalz 1563 (EKO 14,347-354). Vgl. auch die Kurze Summa des HK, Kurpfalz 1563 (EKO 14,379).

[2142] Vgl. 10.2.1 und 10.2.2.

[2143] Vgl. hierzu Poppen 108.

[2144] Vgl. Wackernagel 3,16.

[2145] Vgl. Wackernagel 3,33-35.

[2146] Dieser Punkt ist von Schulz gut herausgearbeitet (vgl. Schulz, Ordnung 500f).

[2147] Vgl. Kurpfalz 1563 (EKO 14,340.392.404.408); Schulz, Ordnung 501[44]. Die Ordnung macht immer durch das Wort 'auch' die Verknüpfung von Vaterunser und Glaubensbekenntnis kenntlich. Dies geschieht entweder in der Aufforderungsform ("Bekennet auch mit mir..." (Kurpfalz 1563 (EKO 14,340)) oder in einer Bittform, die an die Bitten des Vaterunsers anknüpft, somit das Vaterunser in anderer Form fortsetzt und um Wachstum im Glauben bittet ("Wöllest uns auch geben standhaftigkeyt und täglichs zunemen in dem ... glauben" (ebd. 392; ähnlich vgl. ebd. 404.408); vgl. auch Schulz, Ordnung 501[44]).

[2148] In der vorliegenden Ordnung heißt es: "die articckel unsers alten, algemeinen, ungezweifelten christlichen glaubens" (Kurpfalz 1563 (EKO 14,340)), "in dem alten waren und ungezweifelten christlichen glauben" (ebd. 392), "in dem alten, waren und ungezweifelten christlichen glauben" (ebd. 404 (2x)), "in dem alten, waren, ungezweifelten christlichen glauben" (ebd. 408). Vgl. Schulz, Ordnung 501[44]. Schon Frage 22 des HK spricht von "die articckel unsers allgemeinen, ungezweifelten christlichen glaubens" (Kurpfalz 1563 (EKO 14,347); vgl. Schulz, Ordnung 500[41]). Dem entspricht im dritten Glaubensartikel die Rede von "ein[e] heilige, allgemeine christliche kirche" (Frage 23 und die Kurze Summa des HK, Kurpfalz 1563 (EKO 14,347.379); vgl. ebenso Zürich 1525, 1529, 1535 (CD 1,193); Bern 1529 (CD 1,234); Jud, Christenliche underwysung (Lang 82); Schulz, Ordnung 500[41]). Die Frage 54 des HK stellt denn auch die Zugehörigkeit zu dieser Kirche mit der "einigkeyt des waren glaubens" (Kurpfalz 1563 (EKO 14,353)) in eins und betont die zeitliche Kontinuität (vgl. ebd.).

gemeinchristlicher Glaube herausgestellt[2149]. Damit stellt sich die Gemeinde mit ihrem öffentlichen Glaubenszeugnis bewußt in Kontinuität zur christlichen Tradition[2150]. Der Wert dieser Kontinuität ist aus dem konfessionspolitischen Kontext der KO zu verstehen: Die Kurpfalz muß gerade als erstes reformiertes Territorium, das nicht automatisch in den Religionsfrieden eingeschlossen ist[2151], seine Rechtgläubigkeit in den zentralen Glaubensartikeln hervorheben; dies gelingt auch in der Reformationszeit am leichtesten, wenn man die Kontinuität des Bekenntnisses betonen kann.[2152] Somit stellt das Glaubensbekenntnis nach innen und nach außen eine Demonstration der Rechtgläubigkeit der feiernden Gemeinde dar.

Damit ist zwar eine Funktion des Credos benannt; sie kann aber noch nicht dessen Stellung im Ablauf der Abendmahlsfeier begründen. Denn die vorhergehende, lutherische Ordnung der Kurpfalz kennt ein Credo der Gemeinde, plaziert es aber entsprechend der Württemberger Tradition direkt hinter die Predigt, so daß die Vermahnung auf das Glaubensbekenntnis folgt[2153]. In der vorliegenden Ordnung ist das Credo (gemessen an der Kommunion) so weit in die Abendmahlsfeier hineingezogen, wie es selten in einer Abendmahlsordnung anzutreffen ist[2154].

Ein Argument für die Stellung dürfte sicher sein, daß das Credo den aus Abendmahlsgebet und Vaterunser bestehenden Gebetsakt abschließt, wie dies aus zahlreichen vorhergehenden Ordnungen bekannt ist[2155]. Die Funktion des Abschlusses einer Gebetseinheit findet sich zudem auch sonst in der KO Kurpfalz 1563, nämlich bei der Taufe, beim sonn- und feiertäglichen Predigtgottesdienst über den Katechismus, beim werktäglichen Abendgebet, beim Gebet bei Kranken, beim Gebet bei Sterbenden, beim Gebet beim Begräbnis[2156]. Das Glaubensbekenntnis erscheint in der KO Kurpfalz 1563 sogar einzig in dieser abschließenden Funktion - außer beim Abendmahlsvorbereitungsgottesdienst, wo es in Frageform vorkommt[2157]. Damit ist aber ein mehr formaler Grund genannt, der zudem nur eine abschließende Funktion, aber keine Funktion für den weiteren Verlauf der Feier benennen kann. Das eigentliche Motiv muß in der Theologie der Feier, d.h. in der Abendmahlstheologie gesucht werden.

Schulz sieht in der Stellung ein Nachwirken der Straßburger Tradition[2158], denn schon in den Straßburger Ordnungen sind Glaubensbekenntnis und Offertorium (in Form des

---

[2149] Vgl. Schulz, Ordnung 501.

[2150] Dies findet sich auch in anderen evangelischen Ordnungen, so in den Formulierungen "waar, allt und ungezwyfflet" (Zürich 1535 (CR 91,700)) und "alten, waren, vngezwyfleten, Christenlichen gloubens" (Jud, Christenliche underwysung (Lang 81); vgl. Schulz, Ordnung 500[42f]).

[2151] Vgl. 4.2.4.

[2152] Diese Funktion haben die Glaubensbekenntnisse bis heute - gerade unter ökumenischen Vorzeichen - behalten.

[2153] Vgl. Kurpfalz 1556 (EKO 14,147); Württemberg 1536 (Richter, Kirchenordnungen 1,268); zu Württemberg 1553 vgl. Drömann, Württemberger Ordnungen 248. Vgl. auch Schulz, Ordnung 500.

[2154] Eine entsprechende Position nahe bei der Kommunion findet sich höchstens noch bei Farel (vgl. Farel 1536 (CD 1,344)). In Straßburg hat ab 1537 das Glaubensbekenntnis ebenfalls seine Stellung hinter der Vermahnung, aber noch immer vor dem Abendmahlsgebet (vgl. Straßburg 1537ff (CD 1,318)).

[2155] Vgl. 10.2.2.

[2156] Vgl. Kurpfalz 1563 (EKO 14,340.392.397.404.408).

[2157] Vgl. Kurpfalz 1563 (EKO 14,381f).

[2158] Vgl. Schulz, Ordnung 501[46].

umgestalteten 'Orate fratres') eng aneinander geknüpft[2159]. Zunächst handelt es sich um eine Aufforderung zu einer Bitte um den Geist, durch den die Gemeinde zu einem "lebendigen, heiligen, wolgefelligen opfer, das do ist der vernunftig gottsdienst, der gott gefelt"[2160], werden soll und durch die eine deutliche Abgrenzung von der katholischen Messe vollzogen wird. Von 1525 bis 1536 wird diese Bitte in einer solchen Weise verändert, daß sie zugleich das gegenüber der katholischen Überzeugung spezifisch evangelische Verständnis[2161] des Abendmahles formuliert[2162]. Danach folgt das Sursum corda; ab 1536 entfällt diese Aufforderung und auf das Glaubensbekenntnis folgt direkt die Vermahnung. Die offertoriale Dimension findet sich nun im Abendmahlsgebet im Motiv des Erhebens von Herz und Gemüt[2163]. In der von Bucer entworfenen Kölner Ordnung wird allerdings das Motiv des Ergebens wieder aufgenommen und nun eng mit dem Glaubensbekenntnis verknüpft, indem während des Glaubensbekenntnisses die Opfergaben eingesammelt werden[2164]. Schulz sieht hierin sogar eine Deutung des Glaubensbekenntnisses als "evangelisches 'Offertorium'"[2165] und eine Verbindung zum Ausdruck 'sich Christo ergeben' der Kurpfälzer Ordnung, den er als "typisch bucerischen 'offertorialen' Ausdruck"[2166] bezeichnet. Ersteres bleibt m.E. problematisch, da die Kölner Ordnung deutlich zwischen Glauben und dem Selbstopfer als Folge des Glaubens unterscheidet, auch wenn beide als Aktion ineinander verwoben und logisch aufeinander bezogen sind. Die zweite Feststellung trifft hingegen den Kern. Wie oben gezeigt, werden im Abendmahlsgebet wahrer Glaube und das Ergeben in Christus kausal miteinander verbunden, wobei beides Früchte des Wirkens des Hl. Geistes sind[2167]. Der Glaube bildet aber die Voraussetzung, damit die Gläubigen sich Christus ergeben und ihn bei der Kommunion empfangen können. Zum Ergeben selbst wird aber im Sursum corda

---

[2159] Vgl. 8.2.3.1.1 und 8.3.2.1.

[2160] Straßburg/Schwarz 1524, Straßburg/Ordenung 1524 (CD 1,311f).

[2161] Dies wird schon an der Rubrik deutlich: "Nach endung des glaubens, auff das die vnchristlichen opffermessen dem volck nit ein anstoß bringen, vnd auff das verstanden werde, wie Christus für vns einmal geopffert sey zur volkomnen gnugthűung vnser sünd, spricht der pfarrher zu zeyten also:" (Straßburg 1526-1536 (CD 1,319)).

[2162] So heißt es: "...das er vns den heyligen geyst zusende, der vns lere auffopffern, nit Christum, der sich selb einmal für vns geopffert hat vnd von nyemant mag geopffert werden, sonder die gottgefelligen waren opffer als ein zerbrochnen geyst, ein zerschlagen hertz vnd, das wir vnser leyb zum opffer, das lebendig, heylig vnd jm wolgefellig sey, begeben, welchs vnser vernűnfftiger gottesdienst ist..." (Straßburg 1526-1536 (CD 1,319)). Eine kürzere Version findet sich in Straßburg/Ordnung 1525 (Hubert 85).

[2163] So heißt es in den drei Möglichkeiten des Abschlusses: "vff das wir allerding als deine rechtartige kinder vnser hertz vnd geműt inn recht kindtlichem vertrawen allweg zu dir erheben"; "zu disem deinem sun zűch vnser hertz vnd geműt"; "daß wir vns von gantzem hertzen inn warem glauben an deinen sun, vnseren eynigen erlőser vnd heyland, ergeben" (Straßburg 1537ff (CD 1,320f)).

[2164] Dort heißt es: "Vnd dweil ein jeder der das H. Euangelium mit warem glauben gehőrt/vnd auß dem erkennet/das jm Gott auß seiner grundtlosen liebe/seinen Son/vnd mit dem alles geschenckt hatt/auch auß solichem glauben sich selb Gott/vnd vnserem Herren Christo gantz ergibt/vnd auffopfferet/also sollen die gleubigen die weyl man den glauben singet/jre frey willige opffer bringen/ein jeder nach dem segen der jm von der milten hand Gottes verlehnet ist/Dar zu sie die Prediger allemal fleißig vermanen sollen/vnd anzeigen/ wie solche opffer/der waren bekantnus des glaubens/vnd dem gleubigen gepet alweg anhangen sollen" (Köln 1543 (CD 1,336)).

[2165] Schulz, Ordnung 501[46].

[2166] Schulz, Ordnung 501[46].

[2167] Vgl. 8.3.2.

aufgefordert[2168]. Bei der Vermahnung wird zudem deutlich, daß der Glaube Voraussetzung für die Wirksamkeit des Sakramentes ist[2169]. Das Glaubensbekenntnis kann deshalb hier vorrangig nur die Funktion haben, daß die Gemeinde, die es mit dem Vorsteher zusammen spricht, sich durch es vergewissert, daß sie schon im rechten Glauben und damit würdig zum Abendmahlsempfang ist[2170], weil sie im Glaubensbekenntnis, das den christologischen Teil breit entfaltet, das Werk Christi als Erlösungswerk anerkennt[2171]. Außerdem ist sie sich so des Wirkens des Hl. Geistes sicher, um zum Erheben der Herzen befähigt zu sein. Das Glaubensbekenntnis macht somit der im Abendmahlsgebet erbetenen Disposition zum Sursum corda gewiß; es hat Vergewisserungsfunktion. Nur aus einer solchen Bedeutung für die Feier ist die ungewöhnliche Stellung hinter dem Abendmahlsgebet verständlich!
Zugleich hat das Glaubensbekenntnis bereitende Funktion für das Mahl selbst, denn der Glaube ist nie vollkommener Besitz des Christen, sondern bedarf der ständigen Erneuerung und Stärkung. Die zum Glaubensbekenntnis überleitende Bitte hat gerade diese Stärkung des Glaubens zum Inhalt: "...durch diß heilig abendmal stercken in dem allgemeinen, ungezweifelten christlichen glauben". Und nach Frage 81 des HK sind die zum Tisch gerufen, die ihre Sünden bereuen, sowie eine Stärkung des Glaubens und eine Besserung des Lebens begehren[2172].

Genau in dieser Spannung, einerseits durch die Wirkung des Hl. Geistes schon den Glauben zu haben, um so überhaupt erst die Herzen zu Christus erheben und beim Abendmahl ihn selbst empfangen zu können, und andererseits dennoch der Stärkung des Glaubens durch das Abendmahl zu bedürfen, steht das Abendmahl laut der theologischen Konzeption der vorliegenden Ordnung und des HK. Diese Spannung wird durch das Glaubensbekenntnis und seine Überleitung deutlich gemacht. Die abschließende Funktion bleibt demgegenüber sekundär, da sie sich auf einer formalen Ebene bewegt.

[2168] Vgl. 8.3.2.1.
[2169] Vgl. 7.8.2.1 und 7.8.4.1.
[2170] Vgl. die ähnliche Funktion in anderen reformierten Ordnungen (vgl. oben 10.2.2).
[2171] Vgl. Gyenge 122.
[2172] Vgl. Frage 81 des HK, Kurpfalz 1563 (EKO 14,358f); Brunner, Abendmahlszeugnis 225.

11 Das 'Sursum corda'

Im vorliegenden Abendmahlsformular folgt abschließend vor der Kommunion noch einmal eine kurze Vermahnung, die in der Literatur als Ausweitung des 'Sursum corda'-Motivs der lateinischen Messe beschrieben wird. Von der Stellung innerhalb der Gesamtstruktur der Feier her bildet dieses Element in einem Teil der Ordnungen ein Äquivalent zur Einladung zur Kommunion[2173], die im späten Mittelalter ebenfalls als kurze 'admonitio' gestaltet sein kann.

11.1 Das 'Sursum corda' in der vorreformatorischen Eucharistiefeier

Das 'Sursum corda' bildet den zweiten Ruf des Zelebranten im Einleitungsdialog zum Eucharistischen Hochgebet: "Dominus vobiscum - Et cum spiritu tuo - Sursum corda - Habemus ad Dominum - Gratias agamus Domino, Deo nostro - Dignum et justum est"[2174]. Das Sursum corda, das mit der Antwort der Gemeinde sehr wahrscheinlich einen Satz bildet[2175], steht damit in der Mitte von Salutatio[2176] und Aufforderung zur Danksagung[2177]. An letztere knüpft einerseits die Präfation wörtlich an, andererseits wird mit dem Dank das bestimmende Motiv des gesamten nachfolgenden Hochgebetes benannt.[2178]

Über die Herkunft des Rufes 'Sursum corda' besteht in der Forschung keine Klarheit[2179], obwohl er schon früh belegt ist[2180]. Er erhält in verschiedenen Liturgien Erweiterungen[2181]. Die Funktion des Rufes wird oft in der ursprünglichen Aufforderung zum Erheben (aus einer

---

[2173] Vgl. 12.6.1.

[2174] Vgl. hierzu Jungmann, MS 2,138-144; Frör 578-580; Reindell 458; Bouman; Taft, Dialogue 1, 2 u. 3; Häußling, Formeln 52f; Haussleiter; Casel 151-167.

[2175] Vgl. Taylor 423; Taft, Dialogue 2,65.

[2176] Diese kann in späteren Quellen auch wegfallen, da sie selbstverständlich ist (vgl. Bouman 99[12]).

[2177] Zu dieser Aufforderung und ihren Varianten vgl. Bouman 101-103.

[2178] Schon im jüdischen Beten kann eine Aufforderung zur Danksagung das nachfolgende Dankgebet einleiten, so daß dieser Formel meist ein jüdischer Ursprung zugewiesen wird (vgl. Jungmann, MS 2,139f).

[2179] Vgl. Jungmann, MS 2,139[6]; Rietschel/Graff 325; Bouman 109. Haussleiter unterscheidet für das Christentum eine gemeinsame, liturgische Erhebung der Herzen von einer individuell-philosophischen, die sich bisweilen zur Ekstase steigert (vgl. Haussleiter 11).
Häufig wird als Bezugspunkt - neben Joh 11,41; 17,1 (beide Male ist davon die Rede, daß Jesus die Augen zum Himmel erhebt) - Ps 25,1 ("Zu dir, Herr, erhebe ich meine Seele") und Kol 3,1f ("...darum strebt nach dem, was im Himmel ist, wo Christus zur Rechten Gottes sitzt. Richtet euren Sinn auf das Himmlische und nicht auf das Irdische") - besonders aber Klgl 3,41 ("Erheben wir Herz und Hand zu Gott im Himmel") gesehen, da hier das Erheben der Hände, das das jüdische Beten wie die Präsidialgebete des Priesters begleitet, mit dem Erheben der Herzen verbunden wird (vgl. Jungmann, MS 2,139[6]; Reindell 458). An dieser letzten Stelle ist auch der Gebrauch von 'corda', 'καρδία', 'לב' für die ganze Person vorgegeben. Dies verweist einerseits auf das Vorbild im Judentum (vgl. Reindell 458; Haussleiter 11; Fabry, לב 425), macht aber andererseits eine griechisch-lateinische Herkunft nicht unmöglich (vgl. Taft, Dialogue 2,64).

[2180] In einer christlichen Liturgie ist es erstmals in der TrAp belegt (vgl. TrAp 4 (Fontes Chistiani 1,222 Geerlings); vgl. Reindell 463; Frör 578). Zuvor findet sich aber eine Auslegung bei Cyprian, die auf einen entsprechenden liturgischen Gebrauch schließen läßt (vgl. Taylor 422; Bouman 103; Taft, Dialogue 2,49). Im Einleitungsdialog zur Danksagung der Agape wird das Sursum corda in der TrAp ausdrücklich ausgelassen und der Eucharistiefeier vorbehalten (vgl. TrAp 25 (Fontes Chistiani 1,276 Geerlings); Jungmann, MS 2,139[6]). Zusammenfassend zu den Überlegungen über den Grund dieser Reservierung vgl. Fischer, Sursum Corda.

[2181] Im griechischsprachigen Raum kennt man neben "ἄνω (σχῶμεν) τὰς καρδίας" auch "ἄνω τὸν νοῦν" (vgl. Jungmann, MS 2,142[21]; Reindell 458; Bouman 104-108). Taft besteht ausdrücklich darauf, daß es sich um Ausfaltungen einer "common Urform" (Taft, Dialogue 2,64) handle.

liegenden Position) zur Orantenhaltung gesehen[2182], also zu einem primär äußerlichen Geschehen. Solche Aufrufe zur entsprechenden Gebetshaltung sind in der römischen Liturgie ohne weiteres bekannt[2183]. Wichtiger aber, wenn auch wenig reflektiert, ist die personale und letztlich liturgietheologische Bedeutung des Rufes. Daß es um mehr als einen äußerlichen Vorgang geht, wird an der metaphorischen Sprechweise deutlich.
Meist wird die Bedeutung darin gesehen, daß die Gemeinde sich während des folgenden Eucharistiegebets ganz auf Gott und das Himmlische konzentrieren und sich von allem Irdischen lösen soll[2184]. Fischer interpretiert die Formel in Anlehnung an Augustinus in der Weise, daß mit ihr die schon bestehende enge Verbundenheit der Eucharistiefeiernden mit Christus zum Ausdruck komme: "'Die Herzen beim Herrn (das heißt beim erhöhten Herrn) haben', das könnte Hippolyt als spezifische, wenn auch verhüllende Aussage für die Haltung derer betrachtet haben, die Eucharistie feiern."[2185] Daß mit 'dominus' Christus gemeint sei, wird für Fischer durch die enge Verbindung der Formel mit Kol 3,2 deutlich[2186].
Die spätmittelalterlichen Meßerklärungen interpretieren das 'Sursum corda' in der schon in der Antike bekannten spirituellen Weise: "Das ist, das der priester das volck manet, das sie ir hertz auf erheben sollen zu Got. Darumb so sol eyn yeglicher mensch sich mit seynem hertzen und gemuet auf heben zu Got dem allmechtigen und alle zeitliche ding außschlahen und sich mit andechtigem hertzen erheben zu Got, zu der heyligen wandlung."[2187] Auch hier wird der Vorgang wieder i.S. einer Konzentration verstanden - nun noch einmal enggeführt auf das Wandlungsgeschehen.

11.2 Das 'Sursum corda' in den reformatorischen Ordnungen

Sowohl die Stellung innerhalb der Abendmahlsfeier als auch die inhaltliche wie formale Verwendungsweise des Motivs stellen sich in den reformatorischen Abendmahlsordnungen unterschiedlich dar, je nachdem, ob es sich um eine Ordnung des Meßtyps oder des oberdeutschen Typs handelt.

11.2.1 Das 'Sursum corda' in den Ordnungen des Meßtyps

Das Sursum corda der lateinischen Messe wird in den evangelischen Abendmahlsordnungen, die dem Meßtyp zugerechnet werden, häufig aufgegriffen und in der gleichen Weise verwandt wie im katholischen Vorbild. Dies gilt für die frühen Ordnungen, die nichts anderes als eine dem Evangelium entsprechende Messe sein wollen, dies gilt aber auch für spätere Ordnungen des Meßtyps, die das katholische Vorbild weit hinter sich lassen: Sie verwenden

---

[2182] Vgl. Ferguson; Taft, Dialogue 2,72. Zu diesem Ansatz und seiner Infragestellung vgl. Fischer, Sursum Corda.

[2183] Vgl. Häußling, Formeln 50f.

[2184] Vgl. Taft, Dialogue 2,69f; Reindell 463. Zugleich hat der Ruf damit die Funktion einer Warnung vor unwürdigem, profanem Verhalten (vgl. Taft, Dialogue 2,49-53; Casel 154-167). Die Vorstellung der Erhebung der Seele über alles Irdische findet sich häufig bei den Kirchenvätern (vgl. Haussleiter 12-21), womit vor allem (neu-)platonisches Gedankengut aufgenommen wird.

[2185] Fischer, Sursum Corda 30; Pellegrino.

[2186] Vgl. Fischer, Sursum Corda 30; Casel 153.

[2187] Meßauslegung 1480 [Häußling Nr. 101] (Reichert 110f). "Darauf ermät der priester das volck/ihre hertz übersich zestelle/gleich als sey die haimligkait der meß nit herniden im fleisch sonnder oben im geist zesüchen. Darumb ist freyer will/der im hertzen sitzt/zuerheben zu himlischen dingen/nit vndersich zu jrdischen sachen/ laut diß ermanung." (Tewtsch Rational 1535, Kap. 9 [Häußling Nr. 132] F2").

das 'Sursum corda' immer im Einleitungsdialog vor der Präfation.[2188] Die Kölner KO verweist in der Interpretation dieser Formel auf Chrysostomus und Cyprian[2189] und sieht in ihr die Aufforderung und den Ausdruck, daß der folgende Danksagungsakt von der ganzen Gemeinde mitvollzogen wird[2190] und im Geist und in der Wahrheit geschehen soll.[2191] Dagegen setzt sich die Verwendungweise in Luthers Deutscher Messe ab, in der das Sursum corda in der Einleitung zur Vaterunser-Paraphrase innerhalb einer Vermahnung verwandt wird[2192]. Frankfurt 1530 nimmt diese Vorlage Luthers auf, verkürzt sie noch etwas[2193] und läßt nur die Vaterunser-Paraphrase folgen[2194]. Auch in Kassel 1539b geht der Einladung zum Vaterunser eine Umformung des Sursum corda voraus, die sich von der lutherischen Vorlage entfernt und Elemente der praefatio communis integriert[2195].

Den bisher genannten Formen der Übernahme des Sursum corda ist gemeinsam, daß sie in etwa die gleiche Funktion als Zeichen des Beginns eines Gebets beibehalten, ob das Gebet nun ein Rudiment des Eucharistiegebets ist oder das Vaterunser, das dadurch eine dem Eucharistiegebet ähnliche Bedeutung erhält. In der Interpretation sind keine Unterschiede zur vorreformatorischen Zeit zu erkennen: Die Formel vom Erheben der Herzen wird als eine besondere Verbindung mit Christus verstanden; eine weitergehende Interpretation (z.B. i.S. eines 'Ortswechsels') findet diese Formel zumindest nicht ausdrücklich!

[2188] Vgl. Worms 1524 (CD 1,17); Luther, FM 1523 (CD 1,34); Nürnberg/Volprecht 1524 (CD 1,81), Nürnberg/Pfarrkirchen 1524 (EKO 11,47), Nürnberg/Döber 1525 (EKO 11,53); Köln 1543,CX^r; BCP 1549, 1552 (CD 1,396). Bugenhagen benennt nur die Salutatio, aber der Rest des Einleitungsdialoges dürfte entweder mit diesem Gruß oder mit der Präfation mitgemeint sein (vgl. Braunschweig 1528 (CD 1,55), ebenso Mecklenburg 1552 (CD 1,99)). Bei einigen frühen Ordnungen wird das Sursum corda nicht mehr in einem Dialog geführt, sondern steht zu Beginn der vom Priester gesprochenen Präfation (vgl. Kantz 1522 (CD 1,14); Müntzer 1524 (CD 1,21); Straßburg/Schwarz 1524 (CD 1,312); Brunner, Messe 148[172]). Bei Luther lautet die Antwort "Habeamus ad dominum" (Luther, FM 1523 (CD 1,34)). Diese Variante findet sich aber auch schon in lateinischen Missalien; Bouman gibt das Missale Francorum des 7./8. Jh. an (vgl. Bouman 103f). Zur Beibehaltung des 'Sursum corda' in traditioneller Form vgl. Frör 579. Zu den modernen Übersetzungen des Sursum corda im evangelischen Raum vgl. Rietschel/Graff 465; Reindell 519[194].

[2189] Vgl. Köln 1543,XCVI^v-XCVII^r.

[2190] "Zum anderen/das der Priester alles das dancksagen/so er bei diesem H. Sacramēt thut/an stadt/vnd von wegen der gantzen gemein thut/Darumb alle gegenwertig vermanet werden/das sie jr hertz zum Herrē auff heben/vnd in dem selbigen mit dancksagē" (Köln 1543,XCVI^v).

[2191] "Nun soll in dieser handlung alles als für dem Herzen/vnd im geyst/vnd in der warheit geschehen. Derhalben diese dancksagung/in der sprach geschehen solle/welche das gegenwertige volck verstohn könde" (Köln 1543,XCVII^r).

[2192] "Lieben freunde Christi, weyl wir hie versamlet sins ynn dem namen des herrn, seyn heyliges testament zu empfahen, So vermane ich euch auffs erste, das yhr ewr hertze zu got erhebt, mit mir zu beten das vater unser, wie uns Christus unser herr geleret und erhorung trostlich zugesagt hat" (Luther, DM 1525 (CD 1,36)).

[2193] "Erhebet eure Hertzen zu Got, mit mir zu betten das Vatter Unser, wie uns Christus geleret und Erhörung tröstlich zugesagt hat" (Frankfurt 1530 (CD 1,240)).

[2194] Vgl. Frankfurt 1530 (CD 1,240).

[2195] "Erhebt euer herzen zu Gott, unserm Herren, denn es ist billich und recht, auch heilsam, daß wir an allen orten und zu aller zeit dich, Herr, himlischer vater, heiliger Gott anruffen durch Jhesum Christum unsern Herrn." (Kassel 1539b (EKO 8,123^k)).

11.2.2 Das 'Sursum corda' in den Ordnungen des oberdeutschen Typs

Dies ändert sich mit der Übernahme des Sursum corda in den Abendmahlsordnungen des oberdeutschen Typs[2196]. Ob die Bezeichnung des gemeinten Abschnittes mit 'Sursum corda' so glücklich ist, sei dahingestellt; zumindest wird dieser Abschnitt in der wissenschaftlichen Literatur als eine solche Übernahme des 'Sursum corda' angesehen[2197].

Dieses Element, das erstmals bei Farel auftaucht[2198], ist jedoch keine intensive Gebetsaufforderung vor der Präfation (und damit vor dem ganzen (eucharistisch)-anamnetischen Geschehen) oder dem Vaterunser, sondern steht direkt vor der Kommunion[2199]. Vielfach bildet es den Abschluß der Abendmahlsvermahnung. Bei den Ordnungen vor Kurpfalz 1563 ist das 'Sursum corda' nur bei Farel in die Einladung zur Kommunion integriert[2200]. Daß gerade das Sursum corda schon in den spätmittelalterlichen Meßerklärungen als Vermahnung angesehen wird, wurde schon ausgeführt[2201]. Dieses Verständnis erleichtert die Aufnahme in eine größere Vermahnung.

Spinks Interpretation ("This ... illustrates once again that the Reformers saw the sursum corda as an exhortation to the congregations which could be better archieved by a fuller exhortation to worthy communion"[2202]) übersieht jedoch weithin die eucharistietheologische Tragweite des umgeformten 'Sursum corda', die nachfolgend herausgearbeitet werden soll! Es handelt sich nicht einfach um ein funktionales Äquivalent des 'Sursum corda' zu Beginn des Eucharistischen Hochgebets - nur eben in ausgeweiteter Form! Man verwendet vielmehr das bekannte Motiv in neuem Kontext und in einer anderen theologischen Entfaltung, um die eigene Abendmahlstheologie zu verdeutlichen.

In all diesen Ordnungen wird die inhaltlich angesprochene Bewegungsdimension, das Emporheben der Herzen, gerade in ihrer spirituellen Deutung zur Veranschaulichung der für die reformierte Tradition kennzeichnenden Eucharistietheologie verwandt. Weil der erhöhte Christus nach reformierter Überzeugung nicht in den Gaben leiblich präsent sein

---

[2196] Für einen besseren Vergleich siehe Tabelle 6.

[2197] Von einer Anlehnung an das 'Sursum corda' sprechen Rietschel/Graff 357; vgl. auch Jenny, Einheit 96.111; Weismann, Predigtgottesdienst 54.59.

[2198] Zuvor kommt die ausgedrückte geistliche Bewegungsdimension bereits am Schluß des Baseler Abendmahlsgebets vor, wo es heißt: "Das wöllet nun mit erhöchtem gemüt als in dem angsicht Christi und syner Engel bedencken" (Basel 1529 (CD 1,222f)). Der Gedanke findet sich noch deutlicher in Schriften Oekolampads (vgl. Jacobs 214[202]), von dem Farel ihn wahrscheinlich übernimmt (vgl. Jacobs 213f).

[2199] In Straßburg 1537ff findet sich eine ähnliche Bewegungsdimension in den drei alternativen Abendmahlsgebeten ausgedrückt, in der entweder Gott ("Zu disem deinem sun zůch vnser hertz vnd gemůt, barmhertziger gott vnd vatter" (Straßburg 1537ff (CD 1,320)) oder die Menschen ("vff das wir allerding als deine rechtartige kinder vnser hertz vnd gemüt inn recht kindtlichem vertrawen allweg zu dir erheben" (Straßburg 1537ff (CD 1,320)); "das wir vns von gantzem hertzen inn warem glauben an deinen sun, vnseren eynigen erlöser vnd heyland, ergeben" (Straßburg 1537ff (CD 1,321))) als Aktive dargestellt werden. Nur die 3. Variante läßt sich so interpretieren (sprachlich ist dies nicht genau zu verifizieren), daß die Bewegung nicht die Folge, sondern die Voraussetzung für die Christusbegegnung sein könnte.

[2200] Vgl. Farel 1533 (CD 1,345).

[2201] Vgl. 11.1.

[2202] Spinks, Sanctus 157.

Tabelle 6: Das 'Sursum corda' der Vorgängerordnungen

Farel 1533	Genf 1542	Genf dt. 1563	FoP 1556	Micron 1554	a Lasco 1555
"Pourtant levez voz cueurs en hault, cherchans les choses celestielles es cieulx ou Jesuchrist est assis en la dextre du pere, sans vous arrester aux choses visibles qui se corrompent par lusaige. En ioye de cueur en union fraternelle venez tous prendre de la table de nostre seigneur luy rendant graces de la tresgrande charite quil nous a monstre, ayez la mort de ce bon sauveur escripte en voz cueurs, en souvenace eternelle pour estre enflambez, et pour esmouvoir aussi les aultres a lamour de dieu, a suivre sa saincte parolle."	"Pour ce faire eslevons noz espritz et noz coeurs en hault, ou est JESUS Christ en la gloire de son Pere, et dont nous l'attendons en nostre redemption. Et ne nous amusons point à ces elemens terriens et corruptibles, que nous voyons à l'oeil, et touchons à la main, pour le chercher là, comme s'il estoit encloz au pain ou au vin. Car lors noz ames seront disposées à estre nourries et vivifiees de sa substance, quand elles seront ainsi eslevees, par dessus toutes choses terrestres, pour attaindre iusque au Ciel, et entrer au Royaulme de Dieu, ou il habite. Contenons nous donques, d'avoir le pain et le vin, pour signes et tesmoignages, cherchans spirituellement la verité, où la parolle de Dieu promet que nous la trouverons."	"Daß solchs geschehe/so last vns vnser gemüter vnd hertzen hinauff gen Himmel erheben/da Christus ist in der herrligkeit seines Vaters/vnd von dannen wir seiner zu vnserer erlösung gewertig seind. Vnd nicht fallen auff die irdischen vnnd vergenglichen Element/noch daran bleiben hangen/die wir mit Augen sehen/vnd mit henden greiffen/daß wir Christum da wolten suchen/gleich als were er in das brod oder in den wein eingeschlossen. Denn also werden unsere Seelen erst recht darzu geschickt sein/daß Christus sich selbst zu einer lebendignarnede speiß vñ stetiger narūg gebe/weñ sie mit warem glaubē vber alle irdische ding/biß in den himmel zu Gott in sein Reich vnd wonung sich erhebe. Lassen vns derhalben genüge/daß wir das brod vnd den wein zu warzeichen vnd zeugnussen haben/vnd suchen die Geistliche speiß/welcher wir damit geweret vñ vergewissert werden/da vns Gottes wort verheist/daß wir sie werden finden."	"Then to the end that we may be worthy partakers of his merites, and moste comfortable benefits (which ys the true eatinge of his fleshe, and drinkinge of his bloud) let vs not suffer aboue the consideration of these earthlie, and corruptible thynges (which we see present to our eies and fele with our handes) to seeke Christ bodely presente in them, as if he were inclosed in the breade or wyne, or as yf these elementes were tourned and chaunged into the substaunce, of his fleshe and blood. For the only waye to dispose our soules to receiue norishment, reliefe, and quikening of his substance, is to lift vp our mindes by fayth aboue all thinges wordlye and sensible, and therby to entre into heauen, that we may finde, and receiue Christ, where he dwelleth vndoubtedlye verie God, and verie man, in the incomprehensible glorie of his father, to whome be all praise, honor and glorye now and euer. Amen."	"...so moghen wy niet blyuen sticken in dese vtwendighe oeffeninghen, oft in de elementen des Broots ende des Wyns: mer daer doer vermaent synde, moeten wy onse sinnen, herte ende verstandt inden hemel opheffen: daer Jesus Christus alleen, na den lichaem is, een ghetrauwe voorspraker voer ons: ontwyfelick versekert synde, dat wy vele sekerder doer de gheestelicke gemeinschap des lichaems ende bloets Christi totten ewighen leuen ghespijst werden, dan onse sterffelicke lichamen doer spyse ende dranck dagelicx onderhouden werden: ende dan wy in d'Nachtmael des Heeren broot ende wyn, nae d'instellinghe Christi, nutten. God onse hemelsche Vader wille ons ghenade gheuen: dat wij nu dese warachtighe spijse der sielen, Jesum Christum, in onse conscientien warachtelick ten eewighen leuen smaken moghen. Amen."	"Haec igitur omnia vobiscum ipsi iam reputate atque animo revolvite et corda vestra sursum ope Spiritus sancti implorata erigite ad sentiendam vim efficaciam ac dignitatem nostrae huius cum Christo Domino beatae prorsus neque unquam interrumpendae communionis in sacrosancto corpore et sanguine ipsius. Id porro nobis omnibus largiatur Pater noster coelestis per Spiritum sanctum suum, cum quo unaque et suo dilecto filio vivit et regnat verus unus aque aeternus Deus laudandus in saecula. Amen."
(Farel 1533 (CD 1,345))	(Genf 1542, 1542A, 1545 (CD 1,360))	(Genf dt. 1563,51f)	(FoP 1556, 1564 (CD 1, 475f))	(Micron 1554 (CD 1,445))	(a Lasco 1555 (CD 1, 442f))

kann, da er als Fürsprecher im Himmel zu Rechten des Vaters sitzt[2203], soll sich die Gemeinde nicht auf die Gaben konzentrieren, sondern auf das eigentliche, geistliche und - örtlich gesehen, d.h. nach damaligem wie antikem Weltbild 'oben' angesiedelte - himmlische Geschehen.

Farel nimmt dazu nicht nur das 'Sursum corda' auf (und bleibt damit auf der Bildebene der lateinischen Vorlage, indem er allein von den Herzen spricht, die erhoben werden sollen), sondern fügt direkt die ansonsten zur Interpretation herangezogene Stelle Kol 3,1f an, um die theologische Differenz deutlich zu machen: "Pourtant levez voz cueurs en hault, cherchans les choses celestielles es cieulx ou Jesuchrist est assis en la dextre du pere, sans vous arrester aux choses visibles qui se corrompent par lusaige."[2204] Der in Kol 3,2 aufgerichtete Gegensatz von Himmlischem und Irdischem wird hier auf sakramententheologische Kategorien angewandt und in einen Gegensatz von Sichtbarem und (implizit) Unsichtbarem umgeformt, um deutlich zu machen, daß die sichtbaren Gaben nicht direkt mit dem Leib und Blut Christi identifiziert werden dürfen.

Wie aber kann diese Formel vom Erheben der Herzen[2205] verstanden werden? Für Farel drückt das Sursum corda den qualitativen Unterschied des beim Abendmahl durch Jesu Befehl geforderten Gedächtnisses und einem bloßen Erinnern aus[2206]. Das Gedächtnis Jesu ist etwas, das nicht die Gläubigen bei der Verkündigung des Wortes und im Vollzug des Abendmahls leisten, sondern was ihnen dort widerfährt[2207]. Gott allein ist es, der das Gedächtnis Jesu ins Herz einprägt[2208]. So ist auch die Bewegung der Herzen 'sursum' keine eigenständige Leistung der Gläubigen, sondern Jesu Wort zieht die Herzen in die Höhe[2209]. Deshalb ist das Sursum corda in der Abendmahlsliturgie erst nach dem Gnadenspruch und dem Einsetzungsbericht (d.h. der Verkündigung des Wortes Gottes, auf der die Bewegung beruht) plaziert[2210].

Diese Interpretation und Ausformung des Sursum corda wird nun grundlegend für die ganze nachfolgende reformierte Tradition. Vor allem das die Konzeption bestimmende, im 16. Jh. allgemein gültige räumliche Modell des 'Drei-Stockwerke-Weltbildes'[2211] bleibt dabei ein Problem. Bei Farel selbst finden sich nur Ansätze einer Überwindung des dinglich-lokalen Denkens. Jacobs resümiert: "Das 'Sursum corda' als Ziehen des Geistes braucht also nicht im Sinne eines räumlichen nach oben Ziehens interpretiert zu werden... Doch lässt sich der Widerspruch nicht gänzlich auflösen."[2212]

[2203] Zur genaueren Argumentation vgl. 7.8.3.4.2. Ausdrücklich wird in der Argumentation auf Kol 3,1f Bezug genommen, die Textstelle, die auch die Kirchenväter zur Erläuterung des Sursum corda benutzen.

[2204] Farel 1533, 1538 (CD 1,345).

[2205] Farel verwendet 'Herz' äquivalent zu 'Seele', sieht darin aber nie in dualistischer Weise einen Gegensatz zu 'Leib' (vgl. Jacobs 288f).

[2206] Vgl. Jacobs 274.

[2207] Vgl. Jacobs 277.282[495].

[2208] Vgl. Jacobs 278. Gott selbst ist der Erinnernde (vgl. ebd. 283).

[2209] Vgl. Jacobs 214[202].

[2210] Vgl. Jacobs 293.

[2211] Vgl. Jacobs 233.

[2212] Jacobs 237.

Calvin nimmt in Anlehnung an Farel das Vokabular auf[2213], spricht aber nicht nur vom Herzen, sondern von "noz espritz et noz coeurs"[2214]. Damit ist das spirituelle Verständnis des Bewegungsgeschehens verdeutlicht. Der bei Farel nachfolgende Satz, der in Anlehnung an den 3. traditionellen Dialogteil zur Danksagung auffordert und zudem die erhoffte Wirkungen der Kommunion benennt[2215], wird nicht mehr aufgenommen. Dafür wird deutlich gemacht, daß das nun Geschehende, die Kommunion, nur als geistlicher Akt verstanden werden kann.[2216] Für Calvin ist das Sursum corda deutlich ein Mittel zur Abwehr jeglicher Vorstellung einer somatischen Realpräsenz Christi in den Gaben: "Christus scheint diesen Leuten nur dann gegenwärtig zu sein, wenn er zu uns herniedersteigt. Als ob wir nun seine Gegenwart nicht gleichermaßen ergriffen, wenn er uns zu sich emporführt!"[2217] Gerade im Abschnitt gegen die Anbetung der Elemente kommt Calvin direkt auf das Sursum corda zu sprechen: "Denn damit die frommen Seelen Christus im Abendmahl recht ergreifen, müssen sie zum Himmel emporgerichtet werden. Ist es doch das Amt dieses Sakraments, dem Verstand des Menschen, der sonst schwach ist, Hilfe zu bieten, damit er emporsteigt, um die Höhe der geistlichen Geheimnisse zu begreifen; wenn es aber so ist, dann irren die, welche bei dem äußeren Zeichen stehenbleiben, von dem rechten Wege, Christus zu suchen, ab. Wieso - wollen wir etwa leugnen, daß es eine abergläubische Verehrung ist, wenn sich Menschen vor dem Brote niederwerfen, um Christus darin anzubeten? ... Und keine andere Ursache lag auch für die in alter Zeit bestehende Ordnung vor, daß das Volk vor der Weihe (Konsekration) mit lauter Stimme dazu ermahnt wurde, das Herz aufwärts zu richten (sursum corda!)."[2218]

Noch weiter ist diese Phrase bei Micron ausgefaltet ("moeten wy onse sinnen, herte ende verstandt inden hemel opheffen"[2219]), wodurch - bei aller Betonung des geistlichen Geschehens - die ganzheitliche Dimension deutlicher erhalten bleibt[2220], während Knox mit "lift

---

[2213] Für Weismann stellt dies primär eine textliche, weniger eine strukturelle Anlehnung dar (vgl. Weismann, Predigtgottesdienst 54). Entscheidend ist aber auch hier wieder nicht die Struktur bzw. die Einordnung in eine Gesamtstruktur, sondern die Funktion des Textabschnittes.

[2214] Genf 1542, 1542A, 1545 (CD 1,360); Pollanus 1552 (Honders 93); "cordibus et animis" (Pollanus 1551, 1554, 1555 (Honders 92)); "vnser gemüter vnd hertzen" (Genf dt. 1563,51). Die Benennung beider Termini findet sich schon in der Jakobus-Anaphora: "Ἄνω σχῶμεν τὸν νοῦν καὶ τὰς καρδίας" (PE 244; vgl. Taft, Dialogue 2,58).
Bei der Wiederholung des Motivs in diesen Texten wird nicht mehr von den Herzen gesprochen, sondern von den 'Seelen' (vgl. Genf 1542, 1542A, 1545 (CD 1,360); Genf dt. 1563,51; Pollanus 1551, 1552, 1554, 1555 (Honders 92f)), womit aber nicht unbedingt ein wirklicher Wechsel der Bildebene zu konstatieren ist, da 'Herz' und 'Seele' häufig synonym benutzt werden. Der Wechsel des Terminus macht viel eher deutlich, daß auch 'Herz' i.S. von 'Seele' zu verstehen ist.

[2215] "En ioye de cueur en union fraternelle venez tous prendre de la table de nostre seigneur luy rendant graces de la tresgrande charite quil nous a monstre, ayez la mort de ce bon sauveur escripte en voz cueurs, en souvenance eternelle pour estre enflambez, et pour esmouvoir aussi les aultres a lamour de dieu, a suivre sa saincte parolle" (Farel 1533 (CD 1,345)).

[2216] Vgl. Genf 1542, 1542A, 1545 (CD 1,360).

[2217] Calvin, Institutio 1559, IV 17,31 (Weber 971).

[2218] Calvin, Institutio 1559, IV 17,35 (Weber 978f); vgl. auch Neuser, Dogma 264.

[2219] Micron 1554 (CD 1,445). Zu Microns christologisch orientierter Aussage vgl. Sprengler-Ruppenthal, Mysterium 151-155.

[2220] A Lasco bleibt mit "et corda vestra sursum ope Spiritus sancti implorata erigite" (a Lasco 1555 (CD 1,442)) auf der traditionellen Bildebene, hebt aber die Vorgängigkeit der Geistwirksamkeit hervor (vgl. auch Sprengler-Ruppenthal, Mysterium 151f).

vp our mindes by fayth"²²²¹ einerseits auf den Geist reduziert und damit die (für den Westen) ursprüngliche Bildebene verläßt, andererseits deutlich macht, daß diese Bewegung nur im Glauben möglich ist²²²².

Letztlich wird bei all diesen Ordnungen versucht, der Problematik der mit der Bewegung verbundenen Raumvorstellung zu entgehen, indem das Organ des Erhebens vom 'Herz' auf 'Seele', 'Verstand' oder 'Geist' ausgedehnt und somit eine materielle Vorstellung dieses Bewegungsvorganges abgelehnt wird. Die Spiritualisierung des Vorgangs verhilft dazu, bei der Bewegungs- und Raum-Terminologie bleiben zu können, ohne diesen Vorgang konkretisieren zu müssen. M.E. werden an dieser Stelle bewußt philosophische Probleme in Kauf genommen, weil die Ablehnung einer leiblichen Präsenz Christi in den Gaben das entscheidende Motiv der Gestaltung darstellt. Würde in diesen reformierten Ordnungen keine Bewegung in den Himmel konstatiert, so würden die Probleme an anderer Stelle - eben bei den Gaben - noch massiver auftreten.

Das Ziel der Bewegung ist schon bei Farel der Himmel: "cherchans les choses celestielles es cieulx ou Jesuchrist est assis en la dextre du pere"²²²³. Mit dem Plural 'les choses celestielles' ist durch den Zusammenhang auf den Leib und das Blut Christi hingedeutet²²²⁴, die den Zielpunkt der Bewegung (i.S. des Empfangs) darstellen²²²⁵. Damit verbunden sind zwei Motivstränge, die in den nachfolgenden reformierten Ordnungen weiter ausgebaut werden. Einerseits wird der Himmel als Ort der Präsenz Christi dargestellt ("ou Jesuchrist est assis en la dextre du pere"²²²⁶), zum anderen ist im Suchen nach den himmlischen Dingen implizit die Aufforderung enthalten, sich nicht auf die Abendmahlselemente zu fixieren.²²²⁷

11.2.2.1 Die Präsenz Christi im Himmel

Die Aussage der Präsenz Christi im Himmel ist leicht auf Kol 3,1 zurückzuführen. Bei Calvin wird sie zusätzlich mit der Formulierung des Apostolicums dogmatisch begründet, daß wir von dort seine Wiederkunft erwarten: "...ou est JESUS Christ en la gloire de son Pere, et dont nous l'attendons en nostre redemption"²²²⁸. Auch wird damit gegen eine 'vorzeitige' Wiederkunft Christi beim Abendmahl argumentiert.

---

²²²¹ FoP 1556, 1564 (CD 1,475).

²²²² Daß diese Bewegung im Glauben geschieht, betont auch die deutsche Übersetzung der Genfer Liturgie in einer Zufügung: "weñ sie mit warem glaubē vber alle irdische ding/biß in den himmel zu Gott in sein Reich vnd wonung sich erhebē" (Genf dt. 1563,51f).

²²²³ Farel 1533 (CD 1,345). Dies wird in den nachfolgenden Ordnungen durchweg aufgenommen; einzig Calvin spricht von "hault" (Genf 1542, 1542A, 1545 (CD 1,360), ebenso Pollanus 1552 (Honders 93)), wobei durch den Kontext deutlich wird, daß ebenfalls der Himmel gemeint ist.

²²²⁴ Vgl. Jacobs 296f.

²²²⁵ Vgl. Jacobs 294f.

²²²⁶ Farel 1533 (CD 1,345).

²²²⁷ Dies wird nachfolgend auch bei Farel noch einmal ausdrücklich formuliert (11.2.2.2).

²²²⁸ Genf 1542, 1542A, 1545 (CD 1,360). Die gleiche Formulierung findet sich leicht verändert bei Pollanus 1552 (Honders 93). In den Übersetzungen heißt es: "ubi agit, et regnat Iesus Christus in gloria Patris, unde etiam ipsum expectamus redemptorem ac liberatorem" (Pollanus 1551, 1554, 1555 (Honders 92)) bzw. "da Christus ist in der herrlichkeit seines Vaters/vnd von dannen wir seiner zu vnserer erlösung gewertig seind" (Genf dt. 1563,51).

Knox verstärkt diese Zielrichtung, indem er vom Eintreten in den Himmel, dem Finden und dem Empfang Christi spricht, und reichert diese Aussage noch mit der Betonung an, daß Christus im Himmel in wahrer göttlicher wie menschlicher Natur präsent sei: "...into heauen, that we may finde, and receiue Christ, where he dwelleth vndoubtedlye verie God, and verie man, in the incomprehensible glorie of his father, to whome be all praise, honor and glorye now and euer. Amen."[2229] Mit dieser Betonung der menschlichen Natur wird das soteriologische Interesse dieser Argumentation nochmals hervorgehoben.

Micron verändert diesen Abschnitt nun, um die dogmatische Aussage noch deutlicher zu machen. Er betont die leibhafte Präsenz Christi im Himmel und stellt sein Fürsprechertum für die Gemeinde heraus. Gegen eine mögliche Abwertung der 'nur geistlichen' Gemeinschaft mit Christus argumentiert er, daß die geistliche 'Nährung' mit dem Leib und Blut Christi wesentlich sicherer ist und zum ewigen Leben führt, als die Ernährung des sterblichen Leibes mit 'täglicher Speise und Trank' und als der alleinige Genuß des Brotes und des Weines im Abendmahl[2230].

Sprengler-Ruppenthal faßt als Funktion des Sursum corda in den reformierten Ordnungen richtig zusammen, daß dieses Element dazu verhilft, sich deutlich von lutherischer Abendmahlstheologie abzusetzen. Haben in den lutherischen Ordnungen Sanctus und Benedictus vielfach hinter den konsekratorisch verstandenen EW ihren Platz und bekennen die leibliche Gegenwart Christi in den Abendmahlsgaben, so wird mit dem umgeformten Sursum corda (ebenfalls *immer nach* den EW plaziert) deutlich gemacht, daß die EW eben nicht konsekratorisch wirken und Christus nicht in den Abendmahlsgaben, sondern im Himmel zu suchen ist[2231]! Deshalb wird nochmals die Präsenz Christi im Himmel als Argument angeführt. Somit wird ein traditionelles liturgisches Motiv aufgenommen und in spezifischer, auf bekenntnismäßige Abgrenzung abzielender Weise verwandt. Was diese eucharistietheologische Sicht für den Umgang mit den eucharistischen Gaben bedeutet, wird durch die angefügten Aussagen veranschaulicht.

11.2.2.2 Die 'Geringachtung' der Abendmahlsgaben

Aus der Präsenz Christi im Himmel, den zu erreichen im Abendmahl eigentlich angestrebt wird, folgt für die reformierten Ordnungen notwendig die geringe Beachtung des vor der Gemeinde stehenden Brots und Weins. Diese 'Geringachtung' darf aber nicht absolut verstanden werden, sondern muß in Relation zum katholischen und lutherischen Verständnis gesehen werden, das die materiellen Abendmahlsgaben als 'Ort' der Präsenz Christi ansieht.

[2229] FoP 1556, 1564 (CD 1,476). Knox baut das Motiv der Präsenz Christi im Himmel zu einem doxologischen Abschluß aus. Um dies zu ermöglichen, verschiebt Knox das Motiv der Geringachtung der Elemente vor das Motiv der Präsenz Christi im Himmel. Außerdem kann so nach der Doxologie ein großes Danksagungsgebet (FoP 1556, 1564 (CD 1,476f); vgl. 8.1.3.3) folgen, so daß hier hat das Sursum corda einerseits die reformierte Eucharistietheologie veranschaulichen, anderseits seine traditionelle Funktion als Einleitung der Eucharistie erfüllen kann (vgl. Louden/Tripp 475[25]).

[2230] "...daer Jesus Christus alleen, na den lichaem is, een ghetrauwe voorspraker voer ons: ontwyfelick versekert synde, dat wy vele sekerder doer de gheestelicke gemeinschap des lichaems ende bloets Christi totten ewighen leuen ghespijst werden, dan onse sterffelicke lichamen doer spyse ende dranck dagelicx onderhouden werden: ende dan wy in d'Nachtmael des Heeren broot ende wyn, nae d'instellinghe Christi, nutten" (Micron 1554 (CD 1,445); vgl. Sprengler-Ruppenthal, Mysterium 152f. Vgl. auch die Fragen 63 und 64 in Micron, De kleyne Cathechismus (Lang 132f.)

[2231] Vgl. Sprengler-Ruppenthal, Mysterium 154.

Die angezeigte Kausalität wird aber in den Ordnungen in unterschiedlicher Reihenfolge ausgedrückt. Farel läßt auf die Erhebung der Herzen in den Himmel die Geringachtung der Gaben folgen: "...sans vous arrester aux choses visibles qui se corrompent par lusaige"[2232]. Calvin (ebenso Pollanus) verdoppelt diesen Motivstrang (Erhebung der Herzen - Präsenz Christi - Geringachtung der Gaben) und bringt ihn zunächst im Rahmen einer Aufforderung[2233], dann aber nochmals im Rahmen einer Begründung[2234]. Nur diese, die Motivkette verdoppelnden Ordnungen sprechen beim zweiten Mal von einem passiven Erhobenwerden, durch das die aktive, traditionelle Formulierung etwas relativiert[2235] und zugleich deutlich wird, daß es sich um ein gnadenhaftes, geistliches Geschehen handelt.

Micron und Knox kehren gegenüber Farel die Reihenfolge der Motive um[2236], wobei Micron noch die Bitte um Speisung der Seelen anfügt[2237], so daß sich bei ihm eine aufsteigende positive Linie ergibt: Geringachtung der Gaben[2238] - Erhebung der Herzen in den Himmel und zur Präsenz Christi - Bitte um Speisung der Seelen.

Die Abwertung von Brot und Wein drückt sich in diesen Ordnungen deutlich in der verwendeten Terminologie für die Gaben aus. Sie werden als sinnlich wahrnehmbar darge-

---

[2232] Farel 1533 (CD 1,345).

[2233] "Et ne nous amusons point à ces elemens terriens et corruptibles, que nous voyons à l'oeil, et touchons à la main, pour le chercher là, comme s'il estoit encloz au pain ou au vin" (Genf 1542, 1542A, 1545 (CD 1,360); ebenso bzw. auf Latein bei Pollanus 1551, 1552, 1554, 1555 (Honders 92f)); "Vnd nicht fallen auff die irdischen vnnd vergenglichen Element/noch daran bleiben hangen/die wir mit Augen sehen/vnd mit henden greiffen/daß wir Christum da wolten suchen/gleich als were er in das brod oder in den wein eingeschlossen" (Genf dt. 1563,51). Im letzten Teilsatz der Formulierung sieht Lekkerkerker zu Recht eine polemische Spitze gegen die anderen Konfessionen, die im kurpfälzischen Formular weggelassen ist (vgl. Lekkerkerker, Kanttekeningen 3,143).

[2234] "Contentons nous donques, d'avoir le pain et le vin, pour signes et tesmoignages, cherchans spirituellement la verité, où la parolle de Dieu promet que nous la trouverons" (Genf 1542, 1542A, 1545 (CD 1,360); vgl. Pollanus 1551, 1552 (Honders 92f)). In der deutschen Ausgabe lautet die Stelle: "Lassen vns derhalben genüge/ daß wir das brod vnd den wein zu warzeichen vnd zeugnussen haben/vnd suchen die Geistliche speiß/welcher wir damit gewertet vñ vergewissert werden/da vns Gottes wort verheist/daß wir sie werden finden" (Genf dt. 1563,52). Die beiden Frankfurter Ausgaben der 'Liturgia sacra' streichen diese Aussage (vgl. Honders 92ª). Brunner sieht dies im Versuch begründet, unnötige Differenzen bzgl. der Abendmahlslehre zu vermeiden (vgl. Brunner, Abendmahlszeugnis 230[184]).

[2235] "Car lors noz ames seront disposees à estre nourries et vivifiees de sa substance, quand elles seront ainsi eslevees, par dessus toutes choses terrestres, pour attaindre iusque au Ciel, et entrer au Royaulme de Dieu, ou il habite" (Genf 1542, 1542A, 1545 (CD 1,360); vgl. Pollanus 1551, 1552, 1554, 1555 (Honders 92f)). Die deutsche Fassung von 1563 formuliert das Erheben wieder aktivisch: "Denn also werden unsere Seelen erst recht darzu geschickt sein/daß Christus sich selbst zu einer lebendigmachendē speiß vñ stetiger narũg gebe/weñ sie mit warem glaubē vber alle irdische ding/biß in den himmel zu Gott in sein Reich vnd wonung sich erhebē" (Genf dt. 1563,51f).

[2236] Bei Micron heißt es kurz: "so moghen wy niet blyuen steken in dese wtwendighe oeffeninghen, oft in de elementen des Broots ende des Wyns" (Micron 1554 (CD 1,445)). Knox formuliert ausführlicher: "let vs not suffer our mindes to wander aboute the consideration of these earthlie, and corruptible thynges (which we see present to our eies and fele with our handes) to seeke Christ bodely presente in them, as if he were inclosed in the breade or wyne, or as yf these elementes were tourned and chaunged into the substaunce, of his fleshe and blood" (FoP 1556, 1564 (CD 1,475)).

[2237] "God onse hemelsche Vader wille ons ghenade gheuen: dat wij nu dese warachtighe spijse der sielen, Jesum Christum, in onse conscientie warachtelick ten eewighen leuen smaken moghen. Amen." (Micron 1554 (CD 1,445)). Außergewöhnlich ist an dieser Formulierung, daß das 'Gewissen' zum Ort der Christusbegegnung beim Abendmahl erklärt und zugleich die realistische Terminologie des Schmeckens benutzt wird.

[2238] Ausdrücklicher hat Micron die Abwertung der sichtbaren Gaben bei der Formulierung der Präsenz Christi im Himmel artikuliert (vgl. 11.2.2.1). Vgl. auch Frage 63 in Micron, De kleyne Cathechismus (Lang 132f).

stellt[2239]; Micron schließlich spricht von einer "wtwendighe oeffeninghen"[2240]. Durch die sinnliche Wahrnehmbarkeit erweisen sich die Gaben als weltlich[2241]. Durch ihre Weltlichkeit sind die Gaben zerstörbar und vergänglich[2242]. Immer wieder wird wegen der negativen Beurteilung von Brot und Wein abgelehnt, Christus darin zu suchen[2243]. Darin zeigt sich deutlich die krasse Ablehnung der zeitgenössischen katholischen Abendmahlsfrömmigkeit, die die Präsenz Christi in den Gaben nicht nur glaubt, sondern sie auch sehen möchte, so daß Elevation und Hostienkult im Mittelpunkt stehen. Brot und Wein können nur Zeichen und Zeugnis sein[2244] - mehr nicht. Ihnen werden die eigentlich wichtigen "choses celestielles"[2245] gegenübergestellt.

Mit dieser Abwertung der Abendmahlsgaben stellt sich das Sursum corda zusätzlich liturgietheologisch als Gegenstück zur Epiklese (speziell der Wandlungsepiklese) der altkirchlichen Anaphoren dar[2246]. Geht es in den Epiklesen darum, den Geist (bzw. Logos) auf die Gaben und letztlich auf die Gemeinde herabzurufen und über die Wandlung der Gaben eine Wandlung der Gemeinde herbeizuführen, und sind sie deshalb Ausdruck der katabatischen Dimension der Eucharistiefeier, so fordert das Sursum corda in den reformierten Ordnungen gerade zur Geringachtung der Gaben und zum Erheben der Herzen bzw. Seelen, d.h. zur anabatischen Bewegung auf. Diese anabatische Bewegung kann aber nur eine geistliche der Seelen und keine materielle der Gaben sein.[2247] So kann gerade das Sursum corda den Anspruch ausdrücken, auch in den reformierten Eucharistiefeiern wirkliche

---

[2239] So heißt es: "choses visibles" (Farel 1533 (CD 1,345)), "que nous voyons à l'oeil, et touchons à la main" (Genf 1542, 1542A, 1545 (CD 1,360), Pollanus 1552 (Honders 93)), "quas videmus, et gustamus" (Pollanus 1551, 1554, 1555 (Honders 92)), "die wir mit Augen sehen/vnd mit henden greiffen" (Genf dt. 1563,51), "all things...sensible" bzw. "which we see present to our eies and fele with our handes" (FoP 1556, 1564 (CD 1,475)).

[2240] Micron 1554 (CD 1,445). Im Deutschen wird diese Formulierung wiedergegeben als "eusserlichen ubung" (Friesland 1565 (EKO 7.2.1,633)).

[2241] So heißt es: "ces elemens terriens" bzw. "toutes choses terrestres" (Genf 1542, 1542A, 1545 (CD 1,360), Pollanus 1552 (Honders 93)), "terrenae siquidem sunt" bzw. "terrena omnia" (Pollanus 1551, 1554, 1555 (Honders 92)), "irdischen...Element" bzw. "alle irdische ding" (Genf dt. 1563,51f), "these earthlie...thynges" bzw. "all things wordlye" (FoP 1556, 1564 (CD 1,475)).

[2242] So heißt es: "qui se corrompent par lusaige" (Farel 1533 (CD 1,345)), "et corruptibles" (Genf 1542, 1542A, 1545 (CD 1,360), Pollanus 1552 (Honders 93)), "corruptioni" (Pollanus 1551, 1554, 1555 (Honders 92)), "vergenglichen Element" (Genf dt. 1563,51), "corruptible thynges" (FoP 1556, 1564 (CD 1,475)).

[2243] So: "pour le chercher là, comme s'il estoit encloz au pain ou au vin" (Genf 1542, 1542A, 1545 (CD 1,360), Pollanus 1552 (Honders 93)), "aut pani immistus vel inclusus, aut vino immersus est putandus, ut ibi quaeratur" (Pollanus 1551, 1554, 1555 (Honders 92)), "daß wir Christum da wolten suchen/gleich als were er in das brod oder in den wein eingeschlossen" (Genf dt. 1563,51), "to seeke Christ bodely presente in them, as if he were inclosed in the breade or wyne, or as yf these elementes were tourned and chaunged into the substaunce, of his fleshe and blood" (FoP 1556, 1564 (CD 1,475)).
Micron drückt das gleiche durch die Aufforderung aus: "so moghen wy niet blyuen steken in dese wtwendighe oeffeninghen, oft in de elementen des Broots ende des Wyns" (Micron 1554 (CD 1,445)).

[2244] So: "pour signes et tesmoignages" (Genf 1542, 1542A, 1545 (CD 1,360), Pollanus 1552 (Honders 93)), "symbolum esse et signum" (Pollanus 1551, 1554, 1555 (Honders 92)), "warzeichen vnd zeugnussen" (Genf dt. 1563,52),

[2245] Farel 1533 (CD 1,345).

[2246] Vgl. Spinks, Lord 65. Spinks spricht deshalb von einer "anaklesis" (ebd.).

[2247] Letztere würde wieder eine Opferbewegung darstellen, um die es nach der zugrundeliegenden Theologie nicht gehen darf!

Christusbegegnung herbeizuführen, ohne von einer 'Wandlung' der Gaben ausgehen zu müssen. Die dogmatische Vorentscheidung gegen die katholische wie lutherische Vorstellung und Lehre der somatischen Realpräsenz impliziert also diese Veränderung und Entfaltung des Sursum corda und gibt ihr ein spezifisches Profil.

Außerdem wird an dieser Gattung deutlich, daß die reformierten Liturgien keine himmlische Liturgie auf Erden feiern wollen (wie dies etwa von der östlichen Tradition bekannt ist), daß sie aber ebenfalls von einer Verbindung ihres liturgischen Handelns mit dem himmlischen Geschehen ausgehen, auch wenn sie letzteres nicht als 'Liturgie' bezeichnen. Der Himmel wird nicht auf die Erde herabgeholt, sondern die Gläubigen müssen sich in den Himmel 'erheben'. Die Kommunion, zu der das Sursum corda hinüberleitet, wird nicht als ein irdisches, sondern ein 'himmlisches', d.h. spirituelles Geschehen verstanden.

11.3 Das zur Vermahnung erweiterte 'Sursum corda' der vorliegenden Ordnung

Text

"Auf daß wir nun mit dem waren himmelbrodt Christo gespeiset werden, so laßt uns mit unsern hertzen nicht an dem eusserlichen brodt und wein haften, sonder unsere hertzen und glauben uber sich in den himel erheben, da Christus Jesus ist, unser fürsprecher zur rechten seins himlischen vaters, dahin uns auch die artikel unsers christlichen glaubens weisen, und nicht zweifeln, daß wir so warhaftig durch die würckung des heiligen geists mit seinem leib und blut an unsern seelen gespeist und getrenckt werden, als wir das heilig brodt und tranck zu seiner gedechtnuß empfangen."[2248]

Kommentar

Die vorliegende Ordnung nimmt das in den vorhergehenden reformierten Ordnungen umgeformte und ausgeweitete Sursum corda auf[2249] und behält dessen Platz unmittelbar vor der Kommunion bei, trennt es jedoch von der großen Vermahnung, indem zwischen Abendmahlsvermahnung und Sursum corda das Abendmahlsgebet, das Vaterunser und das Glaubensbekenntnis eingeschoben werden. Diese Trennung ist notwendig, da die Vermahnung der vorliegenden Ordnung an die Nürnberger Vermahnung anschließt, an deren Ende schwerlich das Sursum corda angehängt werden kann. Theologisch begründet ist diese Trennung in der Überzeugung, daß vor einer Zueignung des in der Vermahnung beschriebenen Kreuzesgeschehens in der Kommunion das Erheben der Herzen notwendig ist, damit es zur wirklichen Christusbegegnung kommen kann, dieses Erheben jedoch einzig aufgrund des aktuellen Wirkens des Hl. Geistes möglich ist und deshalb die Disposition zum Erheben zuvor im Abendmahlsgebet erbeten werden muß.

Die Kurpfälzer Ordnung komponiert die in den vorherigen Ordnungen genannten Motive neu und ändert die Struktur; den inhaltlichen Grundsatz der Präsenz Christi im Himmel teilt sie aber mit den vorhergehenden Ordnungen[2250]. Sie übernimmt zwar von Micron die Struktur ('Abwertung der Gaben' - 'Erheben der Herzen zum Himmel und dem dort präsenten Christus' - 'Nährung und Tränkung durch seinen Leib und sein Blut'), aber eingerahmt wird

---

[2248] Kurpfalz 1563 (CD 1,519f).

[2249] Zum Sursum corda in der vorliegenden Ordnung vgl. Schulz, Ordnung 501; Lekkerkerker, Kanttekeningen 3,143f.

[2250] Vgl. 7.8.4.2.

diese Struktur durch eine Einleitung, die die positive Zieldimension der nachfolgenden Überlegungen deutlich macht und einen Schluß, der den Bezug zu den Gaben wiederherstellt, die die Gläubigen anschließend empfangen[2251]. Dadurch wird einem möglichen Mißverständnis i.S. einer Spiritualisierung des Abendmahlsgeschehens entgegengewirkt, die droht, nicht mehr des Empfangs der Abendmahlsgaben selbst zu bedürfen.

Zunächst einmal wird das Ziel der Kommunion aufgezeigt: "Auf daß wir nun mit dem waren himmelbrodt Christo gespeiset werden...". Von einer "warachtighe spijse"[2252] oder "true eatinge...and drinkinge"[2253] ist schon in früheren Ordnungen die Rede. Die (traditionelle) Bezeichnung Christi als "himmelbrod" findet sich bereits im Abendmahlsgebet der vorliegenden Ordnung[2254].
Die Aufforderung "so laßt uns mit unsern hertzen nicht an dem eusserlichen brodt und wein haften" geht im Bild des Haften-Bleibens, wie in der Bezeichnung des Äußerlichen auf Micron zurück: "...so moghen wy niet blyuen steken in dese wtwendighe oeffeninghen, oft in de elementen des Broots ende des Wyns"[2255]. Danach folgt die eigentliche Paraphrase des Sursum corda: "sonder unsere hertzen und glauben uber sich in den himmel erheben". Hier findet sich (gegenüber den calvinischen Ordnungen) wieder eine aktive, reflexive Formulierung ('sich erheben')[2256]. Es sollen sich aber nicht nur die Herzen (womit Kurpfalz 1563 wieder das traditionelle Bild aufnimmt), sondern auch 'der Glauben' erheben; bisher findet sich nur die Formulierung "mit warem glaubē"[2257] bzw. "by fayth"[2258]. Aber trotz aktivischer Formulierung und obwohl dies an dieser Stelle nicht ausdrücklich gesagt wird, ist durch die Theologie des HK klar, daß der Mensch dieses Erheben nicht aus sich selbst vollbringen kann, sondern nur durch den Hl. Geist, "durch welches kraft wir suchen, was droben ist, da Christus ist, sitzend zu der rechten Gottes, und nicht, das auf erden ist"[2259]. Um dieses Wirken des Geistes ist im Abendmahlsgebet gebetet worden, nun wird zum Vollzug des dort Erbetenen aufgefordert.
Die Passage "da Christus Jesus ist, unser fürsprecher zur rechten seins himmlischen vaters", nimmt ebenfalls auf Microns Text Bezug: "daer Jesus Christus alleen ... is, een ghetrauwe voorspraker voer ons"[2260]. Sie stellt einerseits die positive soteriologische Funktion der Präsenz Christi im Himmel dar, zum anderen gibt sie in abgrenzender Weise die Begründung, warum diese Präsenz dort notwendig ist. Die Begründungsfunktion dieser Passage wird

---

[2251] Die in den calvinischen Vorlagen vorhandene, polemische Formulierung (vgl. Anm. 2233) wird wohl bewußt ausgelassen (vgl. Lekkerkerker, Kanttekeningen 3,143).

[2252] Micron 1554 (CD 1,445).

[2253] FoP 1556, 1564 (CD 1,475).

[2254] Vgl. 8.3.2.2.

[2255] Micron 1554 (CD 1,445); "externis" findet sich auch schon bei Pollanus 1551, 1554, 1555 (Honders 92).

[2256] Vgl. ebenso Genf dt. 1563,52.

[2257] Genf dt. 1563,51.

[2258] FoP 1556, 1564 (CD 1,475).

[2259] Frage 49 des HK, Kurpfalz 1563 (EKO 14,352).

[2260] Micron 1554 (CD 1,445). Die vorhergehenden Ordnungen betonen nur die Präsenz Christi im Himmel (s.o.).

zusätzlich im Verweis auf die Glaubensartikel deutlich: "dahin uns auch die artikel unsers christlichen glaubens weisen".[2261]

Schließlich stellt der Text aber noch einmal den positiven Charakter des Empfangs von Brot und Wein als Vergewisserung dar: "...und nicht zweifeln, daß wir so warhaftig durch die würckung des heiligen geists mit seinem leib und blut an unsern seelen gespeist und getrencket werden, als wir das heilig brodt und tranck zu seiner gedechtnuß empfangen." Der negativen Betrachtung der Abendmahlsgaben wird somit noch einmal deutlich kontrastierend gegenübergestellt, daß es sich beim Abendmahl um ein dynamisches Geschehen, eben ein Handlungsgeschehen und nicht um statische 'Dinge' handelt. Sachlich nimmt diese Aussage Bezug auf die als Jesus-Rede gestaltete Erläuterung der EW innerhalb der Vermahnung, in der die geistliche und die sichtbare, erfahrbare 'Nährung' als paralleles und implizites Geschehen beschrieben wird[2262].

Sprachlich nimmt dieser letzte Teilsatz des Sursum corda eher Bezug auf Frage 79 des HK und die 2. Frage des Vorbereitungsgottesdienstes, in denen gerade geklärt wird, warum denn beim Abendmahl vom Leib und Blut Christi die Rede ist, auch wenn Christus nicht in den Gaben präsent ist.[2263]

Die Gewißheit[2264] (hier durch die Aufforderung ausgedrückt, nicht zu zweifeln) der Kausalität zwischen dem Handeln der Gemeinde im Empfang der Abendmahlsgaben und dem Handeln Christi an den Gläubigen[2265] wird in der für diese Ordnung gängigen Form ausdrücklich gemacht, bei der die erfahrbare Handlung die Vergewisserung des Handelns Christi darstellt. Auf der geistlichen Ebene sind die Seelen der Gläubigen die Empfangenden[2266], wodurch zugleich eine Verbindung zu den die materiellen Gaben Empfangenden hergestellt ist. Das geistliche Empfangen selbst wird wieder als Nähren und Tränken beschrieben[2267]. Somit wird auch auf sprachlicher Ebene die Parallele zum 'äußerlichen' Empfang von Brot und Wein bezeugt.

[2261] Damit ist einerseits auf das Glaubensbekenntnis angespielt (inhaltlich klingt der Bezug zum Credo schon bei Calvin im Verweis auf die Erwartung der Wiederkunft an (vgl. 10.2.2.1)), andererseits auf den HK (vgl. Fragen 46 u. 49 des HK, Kurpfalz 1563 (EKO 14,351f)).

[2262] Vgl. 7.8.3.4.

[2263] Zur Parallelität der Aussagen vgl. Tabelle 7.

[2264] In Frage 75 des HK findet sich dreimal "so gewiß" (vgl. Kurpfalz 1563 (EKO 14,357)), im 2. Teil der Kurzen Summa sogar viermal (vgl. Kurpfalz 1563 (EKO 14,379)). Frage 79 des HK redet von einem Versichern (vgl. Kurpfalz 1563 (EKO 14,358)). Vgl. auch 7.8.3.4.

[2265] Diese Kausalität wird in der Frage 77 des HK ebenfalls herausgestellt und mit den EW begründet (vgl. Kurpfalz 1563 (EKO 14,357)).

[2266] Dies betont auch Frage 75 des HK (vgl. Kurpfalz 1563 (EKO 14,357)).

[2267] Dies findet sich auch im 2. Teil der Kurzen Summa des HK (vgl. Kurpfalz 1563 (EKO 14,379)) und in den Erläuterungen zu den EW innerhalb der Vermahnung (vgl. 7.8.3.4.3).

Tabelle 7: Das 'Sursum Corda' in der KO Kurpfalz 1563

2. Frage des Vorbereitungsgottesdienstes	Erläuterungen zu den EW der Vermahnung	'Sursum corda'	Frage 79 des HK
"... daß der herr Christus selbst sein hungerigs und zerschlagens hertz und matte seele durch würckung des heiligen geists mit seinem gecreutzigten leib und vergossnen blut	"... daß ich ... euer hungerige und dürstige seelen	"... daß wir so warhaftig	"... daß wir so warhaftig
	mit demselben meinem gecreutzigten leib und vergossenem blut	durch die würckung des heiligen geists mit seinem leib und blut	seines waren leibs und bluts durch würckung des heiligen geists theilhaftig werden,
so gewiß zum ewigen leben speise und trencke,	zum ewigen leben speise und trencke,	an unsern seelen gespeist und getrenckt werden,	
als er aus der hand des dieners empfahet	so gewiß als einem jeden dises brodt für seinen augen gebrochen und dieser kelch im gegeben wirdt	als wir das heilig brodt und tranck	als wir diese heilige warzeichen
und mündlich isset und trincket vom heiligen brod und kelch des herrn zu seiner gedechtnuß..."	und ihr dieselben zu meiner gedechtnuß mit euerm mund esset und trincket."	zu seiner gedechtnuß empfangen."	mit dem leiblichen mund zu seiner gedechtnuß empfangen..."
(Kurpfalz 1563 (EKO 14,382))	(Kurpfalz 1563 (EKO 14,385))	(Kurpfalz 1563 (EKO 14,386))	(Kurpfalz 1563 (EKO 14,358))

Wie dies für die Sakramententheologie der vorliegenden Ordnung grundlegend ist, kann die Verbindung von materiellem und geistlichem Geschehen nur "durch die würckung des heiligen geists"[2268] geschehen. Die im Abendmahlsgebet erbetene Befähigung zur Bewegung hin zu Christus in den Himmel wird hier aktualisiert, so daß in der Kommunion die entgegengesetzte Bewegung, die 'Nährung' der Gläubigen durch den Geist, vollzogen werden kann.

Resümierend kann man festhalten, daß das Sursum corda der vorliegenden Ordnung an die Umformungen der reformierten Ordnungen ab Farel anknüpft, zum Erheben der Herzen in den Himmel auffordert und zugleich die Gaben als unverändertes Brot und unverwandelten Wein bezeichnet. Da das Erheben der Herzen nach der zugrundeliegenden Theologie die Voraussetzung für die wirkliche Christusbegegnung bei der Kommunion bildet, stellt das Sursum corda nicht nur die Aufforderung zur Erfüllung dieser Voraussetzung, sondern eine Vergewisserung der Gläubigen dar, in der Kommunion wirklich den Leib und das Blut Christi empfangen zu können.

Diese abschließende Formel der Vergewisserung, die - für die Kurpfälzer Ordnung kennzeichnend - die Kommunion als passives Geschehen darstellt, begegnet zugleich der Gefahr einer radikalen Loskoppelung der Christusbegegnung vom Mahlgeschehen der Abendmahlsfeier, da der Empfang von Brot und Wein nochmals als Basis eines analogen Handlungsgeschehens herausgestellt wird. Diese Gefahr besteht in den vorhergehenden Ordnungen gerade durch das umgeformte Sursum corda, in dem das Erheben in den Himmel mit der Abwertung der Abendmahlsgaben einhergeht. Indem das Sursum corda der vorliegenden Ordnung am Schluß nochmals die positive Funktion des sichtbaren und erfahrbaren Empfangs von Brot und Wein hervorhebt, kann es zur eigentlichen Kommunioneinladung werden.

[2268] Zu den Aussagen in Kurpfalz 1563 über das Wirken des Hl. Geistes beim Abendmahl vgl. 7.8.4.3 und 8.3.2. Die vorherigen Ordnungen bleiben mit dem Sprechen von der Suche der Wahrheit im Geiste ("cherchans spirituellement la verité" (Genf 1542, 1542A, 1545 (CD 1,360); vgl. Pollanus 1552 (Honders 93)), "veritatem ipsam ibi requiramus" (Pollanus 1551, 1554, 1555 (Honders 92))) bzw. von einer geistlichen Speise ("Geistliche speiß" (Genf dt. 1563,52)) noch relativ ungenau; nur indirekt wird deutlich, daß es sich um ein Geschehen im Hl. Geiste handeln muß. Micron wird schon deutlicher, denn bei ihm wird das Geistliche ausdrücklich mit dem Leiblichen verbunden: "dat wy ... doer de gheestelicke gemeinschap des lichaems ende bloets Christi totten ewighen leuen ghespijst werden" (Micron 1554 (CD 1,445)).

12 Die Mahlhandlung

Mit der Austeilung von Brot und Wein gelangt die vorliegende Ordnung sowohl im Handlungsverlauf als auch theologisch an ihren Höhepunkt[2269]. Wie alle reformatorischen Ordnungen bindet sie die ganze Abendmahlsfeier konsequent an die Kommunion der Gemeinde unter beiden Gestalten. Die evangelischen Theologen sehen darin einerseits die Erfüllung des Auftrags Jesu 'esset alle davon'/'trinket alle daraus', andererseits die deutliche Abgrenzung zur katholischen Messe und dem dort im Zentrum stehenden 'Opfer', für das die Kommunion der Gemeinde nebensächlich ist.

Da die Austeilung und Konsumierung der Abendmahlsgaben in der vorliegenden Ordnung, aber auch in den vorreformatorischen und den sonstigen reformatorischen Abendmahlsliturgien ein sehr komplexes und verwobenes Handlungsgebilde darstellt, bietet sich nachfolgend einzig die separate Analyse der einzelnen Aspekte an. Da aber die Aspekte in sehr unterschiedlicher Weise ineinandergreifen und um wie bei den anderen Gliederungspunkten den Text der Ordnung präsent zu haben, soll dieser vorneweg angeführt werden:

Text
"Hie soll der kirchendiener einem jeden vom brodt des herrn brechen und im darreichen sprechen:
Das brodt, das wir brechen, ist die gemeinschaft des leibs Christi.
Und der ander kirchendiener im darreichen deß kelchs sprechen:
Der kelch der dancksagung, damit wir dancksagen, ist die gemeinschaft des bluts Christi.
In dem soll nach gelegenheyt der menge der communicanten, auch nach gestalt einer jeden kirchen under der communion entweder gesungen oder etliche capitel, zu der gedechtnuß des tods Christi dienstlich, als das 14., 15., 16., 17., 18. Joh. und 53. Jesaie gelesen werden und mag hierin gebraucht werden, welches jeder kirchen am füglichsten und erbäulichsten ist."[2270]

Kommentar
Die einzelnen Aspekte sollen nun vom Allgemeinen zum Konkreten und vom formalen Ablauf zur sprachlichen Gestaltung hin untersucht werden.

12.1 Die Bezeichnung der Mahlhandlung
Die Bezeichnungen für die Mahlhandlung, besonders wie sie in den Handlungsanweisungen der liturgischen Ordnungen benutzt werden, geben vielfach Aufschluß über die für den jeweiligen Kontext selbstverständliche Auffassung von dem, was in dieser Handlung geschieht.[2271]

[2269] Zur Mahlhandlung nach Kurpfalz 1563 vgl. Schulz, Ordnung 501f; Brunner, Abendmahlszeugnis 226-232; Luth 103f.

[2270] Kurpfalz 1563 (CD 1,520f).

[2271] Dafür sollen die Ergebnisse der Forschungen von Goertz und Ringel nur zusammengefaßt werden, nicht aber anhand von Textbeispielen aus den Ordnungen dargestellt werden, da sich auch dadurch kein schärferes Bild zeichnen ließe.

12.1.1 Die Bezeichnung der Mahlhandlung in der vorreformatorischen Liturgie

Als Bezeichnung für die Konsumierung der eucharistischen Gaben findet sich in der lateinischen Liturgiesprache vorrangig der Begriff 'communio'[2272]. Dieser Begriff bedeutet zunächst 'gemeinsamer Besitz', 'gemeinsame Sorge', schließlich 'die gemeinsame Teilnahme an etwas'. Dies wird bald i.S. von 1 Kor 10,16f als Teilhabe am Leib und Blut Christi verstanden.[2273] Der Begriff wird davon ausgehend abstrahiert und zur Bezeichnung der Kirchengemeinschaft innerhalb der Gemeinde und zwischen den Gemeinden verwandt[2274], aber eben auch im übertragenen Sinne für den Akt und die Materie des die Communio stärkenden eucharistischen Mahles selbst.

Im Deutschen findet sich das substantivische Lehnwort vorreformatorisch nur als Bezeichnung der Gemeinschaft, nicht aber für den Eucharistieempfang[2275]; erst nach Beginn der Reformation erscheint es selten in letzterer Bedeutung[2276]. Statt dessen trifft man vorrangig auf Substantive und Verben, die den äußeren Vorgang von seiten des Empfängers bezeichnen: 'nyessen', 'nyessung', 'empfahung', 'empfahen' (mit 'sacrament' als Objekt), 'essen' und 'trincken', das sacrament 'nemen'/'geben'/'raichen', 'zů dem sacrament geen'.[2277] Diese äußere Dimension wird ebenfalls deutlich, wenn die eucharistischen Gaben als 'speyß' bezeichnet werden.[2278] Die Konzentration auf den äußeren Vorgang mag zunächst überraschen, ist aber aus der mangelnden geistlichen Erfahrung durch den Verfall der Gläubigenkommunion zu erklären[2279].

12.1.2 Die Bezeichnung der Mahlhandlung in den reformatorischen Liturgien

In den reformatorischen Liturgien wird zunächst einmal die alte Terminologie beibehalten: 'Kommunizieren' als transitives Verb (mit dem Priester oder einer äquivalenten Amtsperson als Subjekt![2280]) findet sich in den evangelischen Ordnungen bis Ende des 16. Jh.[2281]. Verdrängt wird es durch muttersprachliche Ausdrücke[2282]. Sie beschreiben durchweg den

---

[2272] Vgl. Goertz, Begriffe 148.

[2273] Vgl. Jungmann, Kommunion 410.

[2274] Die Verbindung der 'communio sanctorum' mit der 'sacra communio' ist auch dem Hochmittelalter noch bekannt (vgl. Jungmann, MS 2,341). Sie wird daran deutlich, daß öffentliche Sünder von der Kommunion ausgeschlossen, 'exkommuniziert' werden.

[2275] Vgl. Goertz, Begriffe 149[8]. Nur als Verb findet sich die sekundäre Bildung 'communicieren', 'communicierung' (vgl. Goertz, Begriffe 149f).

[2276] Vgl. Ringel 170-176.

[2277] Vgl. Goertz, Begriffe 149.393f; Ringel 176-182.

[2278] Vgl. Goertz, Begriffe 151.

[2279] Vgl. Goertz, Begriffe 150.

[2280] So heißt es: "So er sye nu alle communiciert hat mit dem heyligen fronleichnam Christi" (Kantz 1522 (CD 1,16)); "communicet tum sese, tum populum" (Luther, FM 1523 (CD 1,35)); "Nun communicirt er das volk" (Nürnberg/Döber 1525 (EKO 11,54)), "communicire man das volk" (Mecklenburg 1552 (CD 1,104)). Vgl. Goertz, Begriffe 311[3].

[2281] Vgl. Ringel 392. Im intransitiven Gebrauch, also aus der Sicht der Gemeinde, ist es bis weit in das 17. Jh. nachweisbar (vgl. Ringel 392f). Da die Bezeichnungen 'Kommunion' und 'kommunizieren' im katholischen Raum erhalten bleiben (vgl. Goertz, Begriffe 312), gelten sie heute als typisch katholisch (vgl. Pfeifer 2,885; Kluge 393).

[2282] Vgl. Ringel 394-402.

äußeren, wahrnehmbaren Vorgang[2283]. Es kann höchstens durch die Bezeichnungen, eben ob vom 'Leib', 'Blut' oder 'Sakrament' bzw. vom 'Brot' und 'Wein'/'Kelch' mit entsprechenden Adjektiven gesprochen wird[2284], oder nur von 'Brot' und 'Wein' oder 'Kelch', die jeweilige Überzeugung bezüglich der Realpräsenz verdeutlicht werden. Wird allein von 'Brot', 'Wein' oder 'Kelch' gesprochen, so läßt sich daraus aber nicht zwingend ein fehlender Glaube an eine Realpräsenz und schon gar nicht eine fehlende spirituelle Tiefe der Kommunion ablesen! Die Wahl der Bezeichnung der materiellen Gestalten kann ohne weiteres aus dem Wunsch der Betonung des schriftgemäßen Mahlcharakters entspringen, steht aber auch in Kongruenz zur vorreformatorischen Fixierung auf die sichtbare Seite der Kommunion.

12.1.3 Die Bezeichnung der Mahlhandlung in der vorliegenden Abendmahlsordnung

In der vorliegenden Ordnung findet sich zweimal 'communion' als substantivische Bezeichnung des Mahles[2285]. Dieses Lehnwort erscheint auch in der Bezeichnung der Empfangenden als 'communicanten'[2286]. Ansonsten wird der Vorgang nur beschrieben: "Hie soll der kirchendiener einem jeden vom brodt des herrn brechen und im darreichen sprechen"/"Und der ander kirchendiener im darreichen deß kelchs sprechen". Der Vorsteher ist der Aktive, der 'Darreichende'. Mit den Bezeichnungen der Gaben als 'brodt des herrn' und 'kelch' wird keine Realpräsenz, wohl aber eine Christus-Bindung des Vorgangs ausgesagt, die diesen Vorgang deutlich von einem normalen Essen und Trinken abhebt. Wie diese Christusbindung verstanden wird, ist aber nicht aus den Handlungsanweisungen, sondern einzig aus den Spendeformeln zu erkennen[2287]. Dennoch läßt sich schon an der Bezeichnung des Vorgangs die theologische Position innerhalb des evangelischen Spektrums zwischen somatischem Realpräsenzglauben und radikaler Spiritualisierung des Vorgangs ablesen.

12.2 Der Ort der Kommunion und die damit zusammenhängenden Bewegungsabläufe

Der Ort der Kommunion, seine Gestaltung und das Verhältnis dieses Ortes zum Kirchenraum und zur Gemeinde erfordern jeweils unterschiedliche Bewegungsabläufe und Formen der Nutzung des Kirchenraumes. Zugleich aber spiegelt sich auch in der Gestaltung und der Benutzung des Raumes die zugrundeliegende Abendmahlsvorstellung.

12.2.1 Der Ort der Kommunion in der vorreformatorischen Liturgie

Entsprechend der grundlegenden Mahlhandlung und -gemeinschaft beim letzten Abendmahl bildet für die frühe Christenheit nicht nur die Teilhabe an dem einen Brot und dem einen Kelch, sondern auch die Feier an dem einen Tisch das Zeichen der Einheit untereinander und mit Christus. Entsprechend werden für die Eucharistiefeier zunächst wirklich hölzerne Tische verwandt, die auch weggetragen werden können.[2288] Erst ab dem 4. Jh. setzt sich

---

[2283] Vgl. Ringel 401f.

[2284] Vgl. Ringel 403-406.

[2285] So heißt es: "Nach verrichter communion soll der diener sprechen"; "In dem soll ... under der communion entweder gesungen oder ... gelesen werden".

[2286] So heißt es: "nach gelegenheyt der menge der communicanten".

[2287] Vgl. 12.6.2.

[2288] Vgl. Emminghaus, Raum 388; Emminghaus, Altar 461. Die Bedeutung der Tischsymbolik wird auch daran deutlich, daß die ganze Feier mit 'Tisch des Herren' ('τράπεζα κυρίου'; vgl. 1 Kor 10,21) bezeichnet

allmählich - gefördert durch die Betonung des Opfercharakters der Eucharistie - der unbewegliche, steinerne Altar[2289] durch (auch wenn sich die Bezeichnung 'Tisch' und seine Form noch länger erhalten[2290]), der in der westlichen Liturgiefamilie zusätzlich immer mehr in die Apsis gerückt wird[2291] und so ab dem 7. Jh. den Weg zur Errichtung von Nebenaltären frei macht[2292]. Der schließlich an die Apsiswand gerückte Altar macht einen Standortwechsel des Vorstehers notwendig und eröffnet die Entwicklung zum Hochaltar mit seiner Bilderwand und seinen Reliquienbehältern.[2293] Auch weicht die bisherige Tischform der Blockform[2294], die der Opfervorstellung entgegenkommt. Für die Gemeinde kann dann vor dem als Abgrenzung dienenden Lettner ein eigener 'Kreuzaltar' aufgestellt sein[2295].

Die Bewegungsabläufe der Kommunion, die mit Form und Stellung des Altares unmittelbar zusammenhängen, zeigen sich in der Geschichte der Liturgien recht unterschiedlich. In der Antike bringen entweder die Kleriker den Gläubigen die eucharistischen Gaben (Rom), oder die Gläubigen treten selbst an den Tisch und nehmen sich die Gaben (Gallien). Das Recht, hierfür hinter die Schranken des Altarraumes (von denen in allen Liturgiebereichen berichtet wird) zu treten, wird erst in der Karolingerzeit beschnitten. Die Gläubigen empfangen dann die Kommunion an einem Seitenaltar oder am 'Kreuzaltar', wenn ein Lettner den Altarraum versperrt.[2296] Erst mit den reformatorischen Auseinandersetzungen wird der kniende Empfang bei den Katholiken allgemein üblich[2297].

12.2.2 Der Ort der Kommunion in den reformatorischen Ordnungen
Die Kirchenräume der reformatorischen Liturgien sind zunächst fast ausschließlich die überkommenen katholischen Kirchenbauten, an denen ggf. Änderungen vorgenommen werden. In bezug auf das Abendmahl ist vor allem wichtig, daß der Altar und seine Bezeichnung bei den lutherischen Kirchen erhalten bleiben und mit ihm auch die Stellung

---

werden kann, womit eine eschatologische Perspektive aufgezeigt wird (vgl. Meyer, Eucharistie 37; Schrage 447[388]). Mit der Tischsymbolik hebt sich das Christentum zunächst von den mit den heidnischen Altären verbundenen Opfervorstellungen ab. Zum Opferaltar vgl. Ratschow 305f; Wissmann. Zum 'Altar' in der Bibel vgl. Görg; Davies 100. Vgl. auch Gerhards/Wintz.

[2289] Zur Etymologie von 'Altar' vgl. Emminghaus, Raum 387; Wissmann 434; Davies 100. Im Mittelalter steht die falsche etymologische Ableitung von 'altus' ('hoch', i.S. des Hochaltars) völlig im Vordergrund (vgl. Emminghaus, Altar 461). Als deutsche Bezeichnung findet sich zunächst das mhd. Lehnwort 'alter', das gegen Ende des 15. Jh. wieder latinisiert und zu 'altâr' wird (vgl. Goertz, Begriffe 215f). Zu den Bezeichnungen für die mit dem Altar verbundenen Einrichtungsgegenstände vgl. Goertz, Begriffe 217-219.

[2290] Dies ist vor allem für den Osten zu verzeichnen (vgl. Emminghaus, Altar 461f). Zu den verschiedenen Altarformen und -materialien vgl. 462-464; Stuiber 310-313; Nußbaum 293-323.

[2291] Vgl. Adam/Berger 17; Emminghaus, Altar 464.

[2292] Vgl. Stuiber 318f. Eine deutliche Zunahme der Nebenaltäre ist ab dem 13. Jh. zu verzeichnen (vgl. Poscharsky, Altar III,321).

[2293] Vgl. Emminghaus, Raum 389; Poscharsky, Altar III,319.321.

[2294] Vgl. Poscharsky, Altar III,320.

[2295] Vgl. Emminghaus, Altar 462; Poscharsky, Altar III,319.

[2296] Vgl. Jungmann, MS 2,464. Anstelle der Lettner treten ab dem 17. Jh. fast überall die Kommunionbänke, die aber mit ihrer Höhe auf einen knienden Empfang eingestellt sind (vgl. Jungmann, MS 2,465).

[2297] Vgl. Heinz, Rules 133.

des Vorstehers mit dem Rücken zur Gemeinde.[2298] Deshalb finden sich Notizen über den Ort der Abendmahlsfeiern in den lutherischen Ordnungen oft nur am Rande[2299].

Die reformierten Ordnungen hingegen gehen von der Feier an einem Tisch aus[2300]; teilweise findet sich die Anweisung, diesen mit einem weißen Leinentuch zu decken. Oft ist dies zu Beginn der Abendmahlsordnung ausdrücklich angeordnet.[2301] Es wird bewußt die Bezeich-

---

[2298] Daran ändert auch nichts die gegenteilige Auffassung Luthers, deren Verwirklichung er aber selbst nicht als dringlich ansieht: "Da lassen wyr die Messegewand/altar/liechter noch bleyben/bis sie alle werden/odder vns gefellet zu endern wer aber hie anders wil faren/lassen wyr geschehen/Aber ynn der rechten Messe vnter eyttel Christen/muste der altar nicht so bleyben/vnd der priester sich ymer zum volck keren/wie on zweyffel Christus ym abendmal gethan hat. Nu das erharre seyner zeyt" (Luther, DM 1525 (Herbst 76); vgl. auch Jannasch 263). Nur in Württemberg wird die Stellung des Liturgen hinter dem tischförmigen Altar eingeführt (vgl. Poscharsky, Altar IV,322; Schulz, Communio 143). De facto bleiben in den lutherischen Kirchen sogar die funktionslos werdenden Nebenaltäre meistens stehen (vgl. Poscharsky, Altar IV,322).

[2299] Für die Verwendung der Bezeichnung 'altar' vgl. Nürnberg/Pfarrkirchen 1524 (EKO 11,46), Nürnberg/Döber 1525 (EKO 11,51.55); Luther, DM 1525 (CD 1,37); Braunschweig 1528 (CD 1,55); Mecklenburg 1552 (CD 1,99); Württemberg 1536 (Richter, Kirchenordnungen 1,268), Württemberg 1553 (CD 1,251.255); Pfalz-Neuburg 1543 (EKO 13,70-73); Köln 1543,CV^r.CIX^v; OoC 1548 (CD 1,394), BCP 1549 (CD 1,398.400.405). Vgl. Goertz, Begriffe 358.
Es findet sich aber auch der Terminus 'tisch' (vgl. z.B. Kassel 1539a (EKO 8,121), Kassel 1539b (EKO 8,123^k); Jahr: EKO 8,121^{26}; Schulz, Communio 143). In der Verwendung der Bezeichnung 'tisch' kann sich in solchen Fällen die Ablehnung von Opfervorstellungen widerspiegeln (vgl. Goertz, Begriffe 358). Die frühe Frankfurter Ordnung benennt die Verwendung von Altar oder Tisch (vgl. Frankfurt 1530 (CD 1,239)).
In einigen Ordnungen kann allein daraus, daß an einigen Stellen des Gottesdienstes ausdrücklich eine Wendung des Priesters zur Gemeinde verlangt wird, auf die Verwendung eines traditionellen Altares geschlossen werden (vgl. z.B. Kantz 1522 (CD 1,19); vgl. auch Basel 1526 (CD 1,205)).

[2300] Vgl. Poscharsky, Altar IV,322f; Rohls 135. Mehr beiläufig erwähnt in: Genf 1542A (CD 1,357^{21}); Genf 1545 (CD 1,357^{22}.361^{27}); FoP 1556, 1564 (CD 1,476), FBD 1560 (CD 1,480).

[2301] So finden sich ausdrückliche Bemerkungen in Zürich: "Und so die predig beschicht, wirt man ungehebelt brot und wyn ze vorderst in im gefletz uff einen tisch haben" (Zürich 1525 (CR 91,16)), "So stat dann vor in der kilchen an dem ort, da ettwan die mässischen altär gestanden sind, ein tisch mit einem lyninen reinen tůch bedeckt" (Zürich 1535 (CD 1,189^{11}; vgl. ebd. 196^{41})). Der Tisch wird also nicht im Chor, sondern im Schiff inmitten der Gemeinde aufgestellt (vgl. auch Dankbaar, Communiegebruiken 32^6), um damit einerseits die Einheit von Predigt- und Abendmahlsgottesdienst, andererseits die Einheit der feiernden Gemeinde auszudrücken (vgl. Jenny, Einheit 45-52). Die Basler Tradition hingegen bleibt gegenüber der Forderung nach einem Tisch indifferent (vgl. Jenny, Einheit 75f).
Bei Pollanus heißt es: "Atque interea pastor ad mensam accedit, quae ita sita est in extremo templi, ut totam Ecclesiam et mensam ipsam possit habere ante conspectum suum" (Pollanus 1551 (Honders 78)); "vient a la table (qui est couverte de quelque la nappe: et est tellement située que le Ministre estant là void devant soy toute l'assemblée)" (Pollanus 1552 (Honders 79)). Für die Londoner Flüchtlingsgemeinde wird bestimmt: "so werdt daer een tafel, de welcke in t'gesichte der ghemeinten staet, met een lynen tafellaken gedeckt" (Micron 1554 (CD 1,435); "mensa, quae est in totius Ecclesiae prospectu, panno linea mundo insternitur tota" (a Lasco 1555 (CD 1,435)). Das Sitzen am Tisch wird in der Londoner Flüchtlingsgemeinde programmatisch verstanden und ist vom Brauch in Ostfriesland beeinflußt (vgl. Dankbaar, Communiegebruiken 55f.60-65). Es wird nach außen hin verteidigt (vgl. den Brief a Lascos an den Erzbischof von Canterbury vom August 1551 (EKO 7.1,556^{28})). An anderer Stelle führt a Lasco aus, daß das Sitzen beim Abendmahl im 'hoc facite' eingeschlossen sei (vgl. Sprengler-Ruppenthal: EKO 7.1,557).
Auch die anglikanische Tradition feiert ab 1552 das Abendmahl an einem Tisch: "The Table hauyng at the Communion tyme a fayre lynnen clothe upon it, shall stande in the body of the Churche, or in the chauncell, where Morning prayer and Euening prayer be appoynted to bee sayde. And the Priest standing at the north syde of the Table..." (BCP 1552 (CD 1,406)). Buchanan gibt an, daß die alten Altäre zu diesem Zeitpunkt schon niedergelassen sind, die Tische aber oft in einem rechten Winkel zur Standlinie der alten Altäre stehen (vgl. CD 1,406^{100}). Ab dem 17. Jh. wird dieser Tisch in England wieder an die östliche Rückseite der Kirche geschoben, um ihn vor Entweihung zu schützen (vgl. Davies 102).

nung 'Tisch' verwendet, um einerseits Opfervorstellungen entgegenzutreten und um andererseits den Gemeinschaftscharakter des Mahles zu betonen[2302]. So geht auch die Verwendung des Tisches in der Regel mit der Beseitigung des vorherigen Altars einher, an dessen Stelle er steht[2303]. Der Tisch wird in der Regel einzig für das Abendmahl benutzt[2304].

Bezüglich der Bewegungsabläufe bei der Kommunion wird oftmals von einem 'Gehen' zur Kommunion gesprochen[2305], wobei nicht deutlich wird, ob es sich um einen kontinuierlichen Kommuniongang handelt oder, wegen der Abgrenzung der Empfängergruppen innerhalb der feiernden Gemeinde, um den Gang einzelner Gruppen[2306]. Empfängt nur ein Teil der Gemeinde das Abendmahl, so wird der Empfang schon durch den sichtbaren Ortswechsel zum Bekenntnisakt vor der restlichen Gemeinde[2307].
Nur die schottischen Ordnungen[2308] und die der Londoner Flüchtlingsgemeinde[2309] gehen von einer sitzenden Kommunion am Tisch aus. Da aber in der Londoner Flüchtlingsgemeinde nicht die ganze Gemeinde an einen Tisch paßt und der Empfang nach Geschlechtern

---

Die späteren Straßburger Ordnungen sprechen vom '(Altar-) Tisch': "ee der diener zů dem tisch gadt (der dann gegen dem volckgericht ist)" (Straßburg/Ordnung 1525 (Hubert 82)); "vnd geet für den altartisch, so sye gegen dem volck, damit yederman alle wort vernemen möge, haben lassen auffrichten" (Straßburg 1526ff (Hubert 89); vgl. auch Hubert 91). Zur Argumentation Bucers für diese Änderung vgl. BDS 1,241f; Zippert 242. Zum Ort der Abendmahlsfeier in den Straßburger Ordnungen vgl. auch Jenny, Einheit 16f.

[2302] Vgl. Davies 101f.

[2303] Vgl. Davies 102. Calvin läßt dazu Altar, Chor und Lettner in St. Peter in Genf beseitigen (vgl. Davies 102). Auch bei Zwingli, der den Tisch anstelle des Kreuzaltares aufstellen läßt, wird der Chorraum funktionslos (vgl. Poscharsky, Altar IV,322). Allerdings tauchen wenig später (in Basel 1580, in Bern 1561/63) an dieser Stelle auch wieder steinerne, unbewegliche Abendmahlstische auf (vgl. Poscharsky, Altar IV,323).

[2304] Vgl. Jannasch 264.

[2305] Vgl. Luther, DM 1525 (CD 1,38); Schwäbisch-Hall 1526 (CD 1,257); Braunschweig 1528 (CD 1,55f); Frankfurt 1530 (CD 1,240); Brandenburg-Nürnberg 1533 (CD 1,79); Pfalz-Neuburg 1543 (EKO 13,75); Württemberg 1536 (Richter, Kirchenordnungen 1,268), Württemberg 1553 (CD 1,255f); Kassel 1539a (EKO 8,122), Kassel 1539b (EKO 8,123^k); Köln 1543,CX'; Pollanus 1551, 1552, 1554, 1555 (Honders 92f); Mömpelgard 1559 (CD 1,375).
Bern wechselt 1558 von der stehenden zur wandelnden Kommunion (vgl. Bürki, Berner Ordnungen 228). Dankbaar vermutet schon für einen früheren Zeitpunkt die Wandelkommunion mit stehendem Empfang (vgl. Dankbaar, Communiegebruiken 40.44^5; Dankbaar argumentiert hier gegen Jenny, der diese Einführung erst auf 1558 terminiert (vgl. Jenny, Einheit 94); die Anweisung des Rats von 1558 aber wende sich gegen ein Verbleiben von Kommunikanten im Chorraum (vgl. Dankbaar, Communiegebruiken 43)).

[2306] Vgl. 12.5.2.

[2307] Dies wird bei Luther auch bewußt so gefordert (vgl. Luther, FM 1523 (Herbst 36); Strasser 205f).

[2308] In FoP 1556, 1564 wird einerseits vom Platznehmen am Tisch berichtet (vgl. FoP 1556, 1564 (CD 1,476)), andererseits das Erheben vom Tisch am Ende der Feier erwähnt (vgl. FoP 1556, 1564 (CD 1,478)). 1560 erfolgt noch einmal die Schlußfolgerung aus der biblischen Überlieferung, "that sitting at the table is most convenient to that holy action" (FBD 1560 (CD 1,480)). Vgl. Greaves 246. Maxwell führt den schottischen Brauch des Sitzens um einen Tisch auf Knox selbst zurück (vgl. Maxwell 126^8).

[2309] Vgl. Micron 1554, a Lasco 1555 (CD 1,446-449). Micron begründet dies in einer Schrift ausdrücklich mit dem Verweis auf das stehende Paschamahl der Israeliten: "De Israëlieten hebben hun Paaslam genuttigd, de lendenen opgeschort, in hun handen een staf en hun schoenen aan de voeten, daarmee tonende, dat zij de waarachtige Zaligmaker zochten die zich tot Hem haastten; maar wij daartegenover geven te kennen met ons tezamen zitten in het Nachtmaal des Heren, dat deze Zaligmaker gekomen is, en dat Hij volle zaligheid gegeven, en van al het kwaad verlost heeft, en dat wij met Hem tevreden geen ander zoeken of verwachten" (Micron, Bewijs 1552 (zitiert nach Lekkerkerker, Kanttekeningen 3,139); vgl. auch Sprengler-Ruppenthal, Mysterium 63; Greaves 245f).

gestaffelt wird, muß sie in Gruppen kommunizieren, so daß wiederum mehrere Kommuniongänge entstehen[2310]. Auch nach Pollanus soll die Gemeinde an einem Tisch die Gaben empfangen; da aber von der getrennten Austeilung von Brot und Wein an den beiden Enden des Tisches die Rede ist[2311], ist hier nicht von einer sitzenden, sondern einer Wandelkommunion auszugehen.

Nur in Zürich, wo der Ort der Abendmahlshandlung ebenfalls der Tisch ist[2312], aber die Gemeindemitglieder nicht am Tisch, sondern im Kirchenraum sitzen[2313], geht man davon aus, daß die Gemeindemitglieder auch während der Kommunion an ihren Plätzen bleiben.[2314] In der englischen Tradition stehen die Kommunikanten getrennt von der restlichen Gemeinde in einer Reihe[2315]; in Braunschweig und Mecklenburg stehen sie ausdrücklich im Chorraum[2316].

Resümierend läßt sich festhalten: Auch bei der Frage nach dem Ort des Abendmahls, seiner Gestaltung und Verwendung zeigt sich eine große Bandbreite innerhalb der reformatorischen Ordnungen. Geht es den lutherischen Ordnungen vor allem darum, überhaupt die regelmäßige Kommunion der Gläubigen zu ermöglichen und ggf. als bewußte Bekenntnishandlung durch die räumliche Gestaltung zu charakterisieren, ansonsten aber die traditionelle Form der Kommunion beizubehalten, so sind die reformierten Ordnungen diejenigen, die sich wesentlich stärker am Vorbild des Letzten Abendmahls orientieren und den Mahlcharakter herausstellen. Dazu verhilft vor allem die Verwendung von Tischen, die z.T. auch zu einer sitzenden Kommunion in Gruppen führt, während andere Ordnungen die Kommunion vom Tisch aus (z.B. Zürich) oder zu ihm hin (d.h. in Form einer Wandelkommunion) geschehen lassen.

Immer aber bringt die Verwendung des Tisches in den reformierten Ordnungen den Anspruch mit sich, die Kommunion als Gemeinschaftsmahl der ganzen Gemeinde zu gestalten, nicht aber als Summe von Privatkommunionen, wie dies bei der spätmittelalterlichen Form der Kommunion und z.T. noch im Luthertum der Fall ist. Der stehende oder sitzende Empfang

---

[2310] Vgl. Micron 1554, a Lasco 1555 (CD 1,448).

[2311] Vgl. Pollanus 1551, 1552, 1554, 1555 (Honders 92f).

[2312] Vgl. Zürich 1535 (CD 1,189[11]).

[2313] Vgl. Dankbaar, Communiegebruiken 32[6].

[2314] So schließt Zürich 1525 ausdrücklich das Verlassen des Platzes aus: "...unnd demnach durch verordnete diener das brot in hölzenen, breiten schüßlen harumbtragen von einem sitz zů dem anderen, und da einen yeden mit siner hand lassen einen bitz oder mundvoll abbrechen unnd essenn, ouch demnach mit dem wyn glycherwyß harumbgan, also, das sich nieman ab sinem ort můß bewegen" (Zürich 1525 (CR 91,16)). Auch in Zürich 1525 wird vom Herumtragen der Gaben durch Diener gesprochen, woraus auf ein Verbleiben auf den Plätzen zu schließen ist (Zürich 1525, 1535 (CD 1,196)). Weiterhin gibt Zürich 1535 vor der eigentlichen Abendmahlsliturgie an: "Die gemeind knůwet allenthalb durch die kilch hinwäg, doch die mann besonders und die wyber besonders, yeder an sinem ort, also das er die action hören oder sähen mag" (Zürich 1535 (CD 1,189[11])). Das Knien bezieht sich jedoch nur auf das Gebet, die Kommunion wird sitzend vollzogen (vgl. Dankbaar, Communiegebruiken 32). Aber selbst im Zürcher Umland hat sich nicht überall die sitzende Kommunion durchgesetzt (vgl. Dankbaar, Communiegebruiken 33).

[2315] "Then so manye as shalbe partakers of the holy Communion, shall tary still in the quire, or in some cunuenient place nigh the quire, the men on the one side, and the women on the other syde. And other (that mynde not to receiue the said holy Communion) shall departe out of the quire, except the ministers and Clerkes." (BCP 1549, 1552 (CD 1,396)).

[2316] Vgl. Braunschweig 1528 (CD 1,53); Mecklenburg 1552 (CD 1,99).

läßt sich nicht als Verehrungsform interpretieren und vermag somit die veränderte Vorstellung bzgl. der Realpräsenz zu verdeutlichen. Somit können geringe räumliche Veränderungen und die mit ihnen verbundenen anderen Formen der Kommunion den Wechsel zum reformierten Lager verdeutlichen.

12.2.3 Der Ort der Kommunion in der vorliegenden Ordnung

In der vorliegenden Ordnung finden sich nur wenige Notizen über die Örtlichkeiten der Abendmahlsfeier. Das Abendmahl wird nicht an einem Altar, sondern an einem Tisch gefeiert, wie aus wenigen Notizen hervorgeht. Schon der Vorgänger Friedrichs III. läßt alle Nebenaltäre in den Kirchen der Kurpfalz zusammen mit den Bildern entfernen; nur der jeweils für die Kommunion notwendige Altar soll stehen bleiben[2317]. In der Erneuerung des Bildermandats vom 14.12.1557 wird an der Formulierung "abgötterey der bilder, altharien und anderer dergleichen ding"[2318] deutlich, daß die Altäre wegen ihres Bilderschmucks entfernt werden. Daß eine erneute Verordnung notwendig ist, zeigt den geringen Erfolg des ersten Mandates an[2319].

Zu Beginn der Abendmahlsordnung spricht man von "diese nachvolgende vermanung bey dem tisch, da man das nachtmal halten wil"[2320]. Schon beim Vorbereitungsgottesdienst ist vom Tisch die Rede: "Darauf soll der diener für den tisch treten und erstlich vermanen..."[2321]. Bereits bei der Beratung über den HK hat man vereinbart: "Ein Tisch soll man in die kirchen machen"[2322]. 1565 befiehlt Friedrich III. dann ausdrücklich die Entfernung der Altäre und die Benutzung eines Tisches für das Nachtmahl: "Auch ein erlichen disch an idem ort, dorauf man das nachtmal des herren haben und taufen kunde"[2323]. Die bis dahin noch vorhandenen Altäre werden als Überbleibsel der Abgötterei verstanden[2324]. Die nun aufgestellten Tische kommen direkt unterhalb der Kanzel zu stehen[2325].

Wie die Bewegungen bei der Kommunion nach Kurpfalz 1563 im einzelnen ablaufen, ist nicht zu eruieren. Eine Wandelkommunion ist aber zu vermuten[2326], da für eine andere Form eher Anweisungen zu erwarten wären.

Damit ist auch bei der Gestaltung des Ortes der Kommunion der Bruch mit der bisherigen Praxis herausgestellt, indem Tische die Altäre ersetzen. Die Veränderung des Ortes der Kommunion zeigt den Konfessionswechsel an. Zugleich läßt sich aber keine Änderung der Kommunionform (z.B. als sitzende Kommunion am Tisch) feststellen, so daß in diesem - wohl als unwesentlich erachteten Punkt - eine Kontinuität zur bisherigen Praxis gegeben ist. Es geht der Ordnung nicht um einen stringenten Biblizismus, sondern um eine theolo-

---

[2317] Vgl. das entsprechende Mandat aus dem Jahr 1557 (EKO 14,254).

[2318] Erneuerung des Bildermandats vom 14.12.1557 (EKO 14,255).

[2319] Vgl. Goeters, Einführung 33.

[2320] Kurpfalz 1563 (CD 1,510).

[2321] Kurpfalz 1563 (EKO 14,381).

[2322] Bericht des Superintendenten des Amtes Oppenheim der Synode im Januar 1563; zitiert nach Goeters, Olevianus 339.

[2323] Befehl an die Amtleute vom 03.10.1565 (EKO 14,429); vgl. Hollweg, Untersuchungen 1,175f.

[2324] Vgl. Befehl an die Amtleute vom 03.10.1565 (EKO 14,429).

[2325] Vgl. Hollweg, Untersuchungen 1,176f.

[2326] Vgl. Dankbaar, Communiegebruiken 76.

gisch verantwortete Orientierung am Letzten Abendmahl, die aber vor allem durch die Punkte der konfessionellen Auseinandersetzung bestimmt ist. Letztere bestimmt die Vehemenz der Auseinandersetzung.

12.3 Die Materie des Mahles

Von der Materie der Abendmahlsgaben braucht erst hier die Rede zu sein, weil die Beschaffenheit dieser Gaben in den reformatorischen Abendmahlsliturgien erst bei der Kommunion und ihren unmittelbar vorbereitenden Akten Relevanz erlangt, da sie zuvor meist nur bereitgestellt werden, nicht aber mit ihnen gehandelt wird oder sie sogar dargebracht werden. In den lutherischen Ordnungen ist die Konsekration die erste Handlung mit den Gaben (ggf. auch eine Elevation[2327]), in den reformierten Ordnungen die Brotbrechung. Schon darin zeigt sich die Akzentsetzung der evangelischen Ordnungen bzgl. der materiellen Dimension der Abendmahlsfeier, die theologisch in der Ablehnung jeglicher Opfervorstellung begründet ist.

12.3.1 Die Materie des Mahles in der vorreformatorischen Liturgie
12.3.1.1 Das Brot

Als Materie für die Eucharistie ist in der Antike normales, d.h. ausschließlich gesäuertes Brot üblich, das von den Gläubigen mitgebracht wird[2328]. Es handelt sich zunächst nicht um reines Weizenbrot, sondern um aus Gerstenmehl hergestelltes Brot.[2329] Aufgrund besonderer Ehrfurcht kommt es im Laufe der Zeit zu Verzierungen des Brotes (Stempel) und dem Streben nach möglichst hellem Brot, so daß es bald nicht mehr mitgebracht, sondern gesondert (z.T. durch den Klerus) angefertigt wird.

Erst mit dem Übergang von der Hand- zur Mundkommunion erfolgt im Westen auch der Wechsel vom gesäuerten zum ungesäuerten Brot, geleitet von der Vorstellung, ganz 'reines' Brot herstellen zu wollen[2330], während der Osten meist beim gesäuerten Brot bleibt[2331]. Außerdem kommt den Ehrfurchtsvorstellungen entgegen, daß ungesäuertes Brot weniger bröckelt.

Letzteres ist schließlich um die Jahrtausendwende der Impuls, als Brot schon vorgefertigte Partikel, die 'Hostien'[2332], zu verwenden, die man nicht mehr zu teilen braucht.[2333] Im

---

[2327] Vgl. 7.6.3.2.

[2328] Zur Materie des Brotes vgl. Berger, Naturelemente 260-262; Jungmann, MS 2,40-47; Rouwhorst 34f. Zum 'Brot' in der Bibel vgl. Kellermann.

[2329] Weizenbrot ist in biblischer Zeit den Wohlhabenden vorbehalten (vgl. Kellermann 331).

[2330] Vgl. Berger, Naturelemente 261; Jungmann, MS 2,43. Wann dies genau geschehen ist, ist schwerlich zu klären. Kandler möchte den Zeitpunkt des erstmaligen Gebrauchs von ungesäuertem Brot im Westen auf den Beginn des 9. Jh. fixieren, die ausschließliche Verwendung gegen Ende des 9. Jh. (vgl. Kandler, Azyma, bes. 155; Petzolt). Jedenfalls glaubt man im Westen zunehmend, daß Jesus beim Letzten Abendmahl das ungesäuerte Brot des Paschamahles verwandt habe. Die Armenier beginnen damit schon im 6. Jh., die Syrer schon im 5. Jh. (vgl. Nikolasch, Brot 704).

[2331] Zum Brot in den östlichen Liturgien vgl. Day 38-41.

[2332] Mit den lateinischen Bezeichnungen 'hostia' (= 'Opfertier', 'Opfergabe') und 'oblata' (= 'Dargebrachtes') kommt zunächst der kultische Aspekt der Darbringung zum Ausdruck (vgl. Goertz, Begriffe 137f). Seit der Karolingerzeit wird 'hostia' bevorzugt (vgl. Berger, Naturelemente 260). Zum Begriff 'hostia' im heutigen MRom vgl. Haunerland 164-173; zum Begriff 'oblatio' vgl. ebd. 145-151. Indem beide Begriffe ins Deutsche entlehnt werden, wird zunehmend konsekriertes wie nichtkonsekriertes Brot mit ihnen bezeichnet (vgl.

355

12. Jh. formt man die Hostie für den Priester, bald auch Partikel für die Gläubigen in der heutigen, runden Form, nicht selten mit Bildprägungen verziert.[2334] Mit der Verwendung der Hostien individualisiert sich aber das Kommuniongeschehen zunehmend auch äußerlich, da die Teilung größerer Brotlaibe als Zeichen der Communio überflüssig wird.

12.3.1.2 Der Wein

Nach antiker Sitte verwendet man in den christlichen Eucharistiefeiern wahrscheinlich lange Zeit Rotwein.[2335] Die Farbe dürfte auch wegen der besseren Symbolisierung des 'Blutes Christi' Präferenz erhalten[2336]. Im Westen setzt sich aber ab dem ausgehenden Mittelalter Weißwein durch[2337], wofür häufig eine leichte Reinigung als Begründung angeführt wird. Außer in der armenischen wird dem Wein in allen vorreformatorischen Liturgien schon vor dem Eucharistiegebet Wasser zugefügt. Grund dürfte die Sitte der Antike sein, den relativ schweren Wein nicht unverdünnt zu genießen. Diese Mischung wird zwar vom Letzten Abendmahl nicht berichtet, findet sich aber schon früh in den Abendmahlsfeiern der antiken Christenheit[2338]. Sie wird theologisch mit den zwei Naturen Christi und dem biblischen Bericht vom Fließen von Blut und Wasser aus der Seite Jesu (Joh 19,34) gedeutet und begründet.[2339]

12.3.2 Die Materie des Mahles in den reformatorischen Liturgien

Die materielle Dimension des Abendmahls wird in den reformatorischen Liturgien zu einem entscheidenden Punkt der konfessionellen Abgrenzung - nicht so sehr gegenüber den Katholiken, sondern vor allem der verschiedenen evangelischen Strömungen untereinander.

12.3.2.1 Das Brot

Nur sehr wenige Ordnungen benutzen den Begriff 'hostie'[2340]. Ansonsten ist in den Abendmahlsordnungen selbst immer vom Brot die Rede. Dennoch behalten die Lutheraner

---

Adam/Berger 212). Vor allem 'hostie' steht im Gebrauch neben 'prot', so daß die konsekrierte Materie mit zusätzlichen Ausdrücken bezeichnet werden muß (vgl. Goertz, Begriffe 138-140).

[2333] Vgl. Jungmann, MS 2,46; Küppers.

[2334] Vgl. Adam/Berger 212; Döring 604.

[2335] Zur Materie des Weines vgl. Jungmann, MS 2,47f; Berger, Naturelemente 262-265; Adam/Berger 558; May, Vinum. Allerdings finden sich in der Antike auch Gruppen, die Wasser verwenden (vgl. Rouwhorst 35f).

[2336] Vgl. Rouwhorst 36f.

[2337] Vgl. Berger, Naturelemente 264. Der Wein muß heute aus Weintrauben gewonnen und naturrein sein, und er darf nicht zu Essig geworden sein (AEM 284f). Zur Diskussion über die Materie der eucharistischen Gaben heute vgl. Meyer, Eucharistie 381-383.

[2338] Vgl. Jungmann, MS 2,48-51; Berger, Naturelemente 264. Zur Mischung vgl. auch Reifenberg, Wasser. Auch jüdische Mähler kennen den gemischten Wein (vgl. Rouwhorst 16). Allerdings findet sich im Judentum praktisch nie das Trinken aus einem einzigen Kelch (vgl. ebd. 20), während dies für die frühchristlichen Eucharistiefeiern vorausgesetzt werden kann (vgl. ebd. 28).

[2339] Zur Deutung der Beigabe von Wasser in der mittelalterlichen Theologie vgl. Härdelin. Das Konzil von Florenz (1439) tritt in seinem 'Decretum pro Armeniis' lehramtlich für den universalen Gebrauch des gemischten Kelches ein (vgl. DH Nr. 1320; Härdelin 132). Die Mischung wird vom Trienter Konzil eingeschärft (vgl. DH Nr. 1748).

[2340] Vgl. Karlstadt 1521 (CD 1,13); Kantz 1522 (CD 1,15); Worms 1524 (CD 1,19); Pfalz-Neuburg 1543 (EKO 13,73).

die in der katholischen Kirche üblichen Hostien bei.[2341] Daß im Unterschied dazu in anderen Ordnungen Brot verwendet wird, ist oftmals nur an einer verzeichneten Brotbrechung zu erkennen[2342]. Diese Differenz zwischen Lutheranern und Reformierten bleibt auch in den nachfolgenden Jahrhunderten bestehen und wird zu einem Hauptpunkt der Auseinandersetzung bei Unionsbemühungen.[2343]

Bei den Lutheranern muß schon allein, um Hostien verwenden zu können, das Brot ungesäuert sein. In vielen reformierten Ordnungen geht man ebenfalls von ungesäuertem Brot aus, auch wenn dies in den eigentlichen Abendmahlsformularen nur selten ausdrücklich gesagt wird.[2344] Dagegen lassen Calvin und auch spätere reformierte Synoden ebenso gesäuertes Brot zu.[2345] Einige Male werden die auf den traditionellen Hostien üblichen Abbildungen verboten[2346], die einerseits dem Bilderverbot widersprechen, andererseits der Verdeutlichung des abgelehnten Realpräsenzglaubens dienen.

12.3.2.2 Der Wein

Über den Wein selbst finden sich in den Ordnungen selten Aussagen. Calvin stellt die Farbe des Weines dem Belieben anheim[2347]. Stärker thematisiert wird die Mischung von Wein und Wasser. Luther plädiert in seiner 'Fomula Missae' gegen eine Mischung, will daraus aber kein Gesetz machen[2348]. Zwingli lehnt die Mischung ab und sieht in ihr beispielhaft bezeugt,

---

[2341] Man ist sich bewußt, daß es sich um ein 'Adiaphoron' handle, aber befürchtet bei der Verwendung von gesäuertem Brot den 'Cryptocalvinismus' (vgl. Graff, Auflösung 1,183; Rietschel/Graff 377). Weil die Hostien beibehalten werden, gibt es auch Auseinandersetzungen über 'katholische' Prägungen auf diesen Hostien (vgl. Kolb 338).

[2342] Vgl. unten 12.4.2. Das BCP bestimmt, es solle wie bisher rundes Brot verwandt werden, aber "somethyng more larger and thicker than it was, so that it may be aptly deuided in diuers pieces" (BCP 1549, 1552 (CD 1,405)).

[2343] Vgl. Graff, Auflösung 1,183f; 2,147. Der erste Schritt zur Union ist später vielfach, in einem Gottesdienst sowohl Brot als auch Hostien auszuteilen (vgl. Graff, Auflösung 2,147; Kampmann 95.125).

[2344] In Zürich spricht man von "ungeheblet brot" (Zürich 1525 (CR 91,16), Zürich 1535 (CD 1,189[11]) und Zürich 1525 (CD 1,196); vgl. Zürich 1535 (CD 1,196[41])). Ebenso ist die Verwendung von ungesäuertem Brot bei Pollanus ("porro panis azymus" (Pollanus 1551, 1555 (Honders 94)) bzw. "le pain est sans levain" (Pollanus 1552 (Honders 95))) und in der Londoner Flüchtlingsgemeinde ("het witte huysbroot" (Micron 1554 (CD 1,435)) bzw. "panis albus" (a Lasco 1555 (CD 1,435)) belegt. Beim Gebrauch von Hostien bleiben Basel und Bern (vgl. Dankbaar, Communiegebruiken 39.42f).
In der anglikanischen Tradition heißt es zunächst nur, "the breade that shalbe consecrated shaibe suche as heretofore hath bene accustomed" (OoC 1548 (CD 1,394)), danach finden sich die Termini "unleauened" (BCP 1549 (CD 1,405)) und "purest wheate bread" (BCP 1552 (CD 1,408); mit anderen Schreibweisen im BCP 1637 (CD 1,413) und BCP 1662 (CD 1,425)).
In Schottland werden 1637 allerdings Oblaten zugelassen: "though it be lawful to have wafer bread" (BCP 1637 (CD 1,413)).

[2345] Vgl. Calvin, Institutio 1559, IV 17,43 (Weber 985); Schulz, Mahl 34[15]. Läßt die Synode von Lausanne 1538 noch ungesäuertes Brot zu, ohne eine Form vorzuschreiben und nur mit der Maßgabe, daß man es brechen können muß, so führen Bern und der Kanton Vaud 1605/1606 endgültig normales Brot ein (vgl. Dankbaar, Communiegebruiken 44).

[2346] So heißt es: "En donnant le pain lequel soit sans image" (Farel 1533, 1538 (CD 1,345)); "but without all maner of printe" (BCP 1549, 1552 (CD 1,405)).

[2347] Vgl. Calvin, Institutio 1559, IV 17,43 (Weber 985); Schulz, Mahl 34[15].

[2348] Vgl. Luther, FM 1523 (CD 1,33f). Für Luther scheint der gemischte Kelch ein Symbol für die Verfälschung des reinen Evangeliums zu sein (vgl. Härdelin 134).

daß man sich in der katholischen Messe nicht ausschließlich an Gottes Wort orientiert.[2349] Auch für Calvin ist die Mischung ein Beispiel für die mangelnde Orientierung am Befehl Christi[2350]. Deshalb geben die reformierten Kirchen dem Wein kein Wasser hinzu.[2351] Eine Zugabe von Wasser hingegen benennt ausdrücklich die anglikanische Tradition des 16. Jh.[2352].

12.3.2.3 Resümee

Betrachtet man die materielle Dimension der reformatorischen Abendmahlsordnungen, so ist eine große Bandbreite der Gebräuche - von einer engen Anlehnung an die katholische Tradition bis hin zu einer starken Reform - zu verzeichnen. Vielfach wird eine Reform unter der Maßgabe einer Biblisierung durchgeführt: So wird - entsprechend dem zeitgemäßen Verständnis der biblischen Texte - die Beimischung von Wasser abgeschafft und bildet damit zugleich keinen Diskussionspunkt mehr. Ebenso ist die grundsätzliche Kelchkommunion der Gläubigen und damit die Verwendung einer entsprechend großen Menge Wein aufgrund der EW selbstverständlich[2353].

Die wirklichen Konfliktpunkte liegen auf der theologischen Ebene und betreffen die Frage der Realpräsenz. Von daher ist zu verstehen, daß Konflikte nur wegen des Brotes, das in der spätmittelalterlichen Schaufrömmigkeit im Mittelpunkt steht, praktisch aber nicht wegen des Weines auftreten. Entscheidend ist die Anknüpfung oder Ablehnung der traditionellen Vorstellung der somatischen Realpräsenz, die sich in der Forderung von Hostien oder Brot zeigt. Die reformierten Theologen sind sich bewußt, daß die Vorstellung der Realpräsenz so eng an die Hostien und die mit ihnen verbundene Elevations- und Schaufrömmigkeit gebunden ist, daß eine Abkehr von den Realpräsenzvorstellungen nur mittels einer Abkehr von den Hostien möglich ist. Das Beharren auf ungesäuertem Brot bzw. die Ermöglichung der Verwendung von gesäuertem Brot bilden dann das Spiegelbild dieser Grundsatzentscheidung.

12.3.3 Die Materie des Mahles in der vorliegenden Ordnung

In der vorliegenden Ordnung selbst finden sich nur geringfügige Notizen über die Abendmahlsmaterie. Daraus sollte aber nicht auf eine Geringachtung der damit verbundenen Problematik geschlossen werden. Da Brot und Wein die Gegenstände des Handlungsgeschehens der Feier ausmachen, wird ihnen schon deshalb große Bedeutung zuteil, da durch entsprechende Veränderungen in diesem Bereich das evangelische und auch speziell reformierte Verständnis des Abendmahls viel eher verdeutlicht werden kann, als durch die

---

[2349] Zwingli sieht die Mischung - parallel zur Einfügung des 'mysterium fidei' in die EW - als eine solche Abkehr vom Willen Gottes; zudem ist ihm die damit verbundene Opfervorstellung ein Greuel (vgl. Zürich 1523 (CR 89,591); Härdelin 135). Schließlich findet sich in der zwinglischen Tradition die Forderung nach einfachem Trinkgeschirr statt der bisher üblichen Kelche: "Da ist gar nüt verachtlichs, unrein und unbrüchlich, aber alls one pracht und hochfart. Da ist kein syden, gold noch silber, doch alles suber und rein." (Zürich 1535 (CD 1,189[11])). Hölzerne Kelche sind bis dahin nach katholischem Kirchenrecht verboten (vgl. Dankbaar, Communiegebruiken 32[4]). Zum Trinkgeschirr in Friesland vgl. Sprengler-Ruppenthal, Mysterium 70[26].

[2350] Vgl. Härdelin 135f.

[2351] Ausdrücklich findet sich dies bei Pollanus: "et le vin sans eaue" (Pollanus 1552 (Honders 95)).

[2352] Dort heißt es: "and consecrate the biggest Chalice or soome faire and conuenient Cup or Cuppes full of wyne, with somme water put into it" (OoC 1548 (CD 1,388)); "And puttyng ye wyne into the Chalice, ..., puttyng thereto a litle pure and cleane water" (BCP 1549, 1552 (CD 1,396)).

[2353] Vgl. 12.5.2.

Veränderung der Texte. Die Abendmahlsfrömmigkeit des ausgehenden Mittelalters ist primär eine Schaufrömmigkeit und keine Kommunionfrömmigkeit. Auch stellt die Einführung der Brotbrechung (und damit des entsprechenden Brotes) das auch für die einfachen Gemeindemitglieder verstehbare und deshalb keineswegs zu unterschätzende Zeichen des Konfessionswechsels dar[2354].

12.3.3.1 Das Brot in der vorliegenden Ordnung

In der Kurpfalz wird beim Abendmahl seit 1561 Weißbrot statt der Hostien ausgeteilt und gebrochen, um 'abergläubischem' Mißbrauch[2355], d.h. jeder Identifikation von Brot und Wein mit dem Leib und Blut Christi vorzubeugen[2356]. Allerdings scheint diese Anordnung zunächst auf die Stadt Heidelberg beschränkt zu sein[2357]. Nach dem Bericht des Superintendenten im Amt Oppenheim von der Superintendentenkonferenz im Januar 1563 wird den Superintendenten jeweils "ein sonder eysen [gegeben], damit der prot pache zum Nachtmal"[2358]. Dies widerspricht der Vermutung einer generellen Einführung von Brot, denn mit diesen Eisen werden Hostien gebacken. Intention ist wohl, nicht mehr auf bebilderte Hostien aus fremden (die Katholiken beliefernden) Bäckereien angewiesen zu sein. Auch die Herbstsynode 1563 gestattet noch den Gebrauch von großen Oblaten ohne Bilder bis zur 'völligen Bekehrung' der Gemeinden[2359]. Allerdings müssen die Oblaten - wie Ursin mitteilt - so beschaffen sein, daß sie gebrochen werden können[2360].

Das Verbot der Hostien ist begründet in der durch die traditionelle Praxis hervorgerufenen Sakramentsvorstellung. Die Hostien werden abgeschafft, weil mit ihnen die Vorstellung der somatischen Realpräsenz verbunden ist, die von der reformierten Theologie abgelehnt wird.[2361] So berichtet Friedrich selbst, er "habe bei seinen Unterthanen gefunden, daß sie mit solcher Abgötterei gegen die Hostie im Nachtmal behaftet gewesen, daß sie dieselbe für den wahren Gott selbst angesehen, sie angebetet und wenn sie dieselbe nicht genießen könnten, sie (oder, wie sie zu reden pflegten, den Herrgott selbst) in ihren Nöthen zu sehen begehrten, wie denn auch die Hostie hie und da den Leuten gezeigt worden, so daß also öffentlich und ungescheut Abgötterei getrieben wurde. Und diese auszurotten und wie aus

---

[2354] Vgl. 5.1.

[2355] Vgl. Henss 18; Kluckhohn 1,514; Hollweg, Untersuchungen 1,183.

[2356] Vgl. Brunner, Abendmahlszeugnis 227.

[2357] Vgl. Goeters: EKO 14,39; vgl. auch Hollweg, Untersuchungen 1,185.

[2358] Zitiert nach Goeters, Olevianus 339.

[2359] Vgl. Kluckhohn 1,447. Die Synode von Wesel 1568 legt Wert auf den Gebrauch wirklichen Brotes: "Communem vero panem, non peculiarem aliquem aut azymum, aut aliud quid superstitionis recipientem putamus in omnibus ecclesiis esse usurpandum" (Synode Wesel 1568 (Richter, Kirchenordnungen 2,316)). Das gleiche fordert die Synode von Emden 1571: "...soll gemeines, oder teglichen speis broitz gebraucht, vnd desselb in bedhienungh des Nachtmals gebrochen werden" (Synode Emden 1571 (Richter, Kirchenordnungen 2,340)). In den Niederlanden ist danach aber auch der Gebrauch von Hostien gestattet, wenn diese nur ohne Abbildungen sind, woran die Schwierigkeiten bei der Einführung von Brot zu erkennen sind (vgl. Luth 105).

[2360] Vgl. Sudhoff 133*.

[2361] Mit der katholischen Vorstellung von der Realpräsenz wird die Anbetung der konsekrierten Elemente und eine entsprechende Opfervorstellung verbunden, die in der 80. Frage des HK als 'abgötterey' angegriffen wird (vgl. Frage 80 des HK, Kurpfalz 1563 (EKO 14,358)).

den Augen, so auch aus dem Herzen zu nehmen, sei das Brodbrechen eingeführt"[2362]. Aber nicht nur die Gefahr, mit den traditionellen Hostien auch die traditionelle Sakramentsvorstellung weiterzuführen, dürfte zu ihrer Abschaffung führen, sondern auch der Wunsch, Brot brechen zu können, um so stiftungsgemäß Abendmahl zu feiern[2363]. Argumentativ wird die Verwendung von Brot und die Praxis des Brotbrechens durch Erast unterstützt.[2364]

12.3.3.2 Der Wein in der vorliegenden Ordnung

Bezüglich des Weines findet sich in der Kurpfälzer Abendmahlsordnung keinerlei Information. Trotzdem ist davon auszugehen, daß wie in anderen reformierten Ordnungen dem Wein kein Wasser zugefügt wird. Anordnungen finden sich jedoch bzgl. der für den Wein bestimmten Gefäße. Schon Ottheinrich befiehlt 1557 zusammen mit dem Bildersturm die Einsammlung der kostbaren Metallgegenstände, darunter auch der Kelche[2365]. Auch Friedrich III. verbietet nochmals vor der Veröffentlichung der Kirchenordnung die Verwendung der alten, kostbaren Kelche. So wird auf der Beratung über den HK im Januar 1563 angeordnet: "Alle Kelch soll man aus der Kirchen thun."[2366] Sie werden abgelehnt, weil ein Kelch nach päpstlicher Vorschrift innen glatt sein soll, so daß kein Tropfen Wein hängen bleiben kann[2367]. Die mit dieser Vorschrift verbundene Sakraments- und Realpräsenzvorstellung ist also der eigentliche Grund der Ablehnung der Kelche.[2368] Zudem ermöglicht die Verwendung einfacher Trinkgefäße, das Abendmahl als Mahlgeschehen wiederzuerkennen.

12.3.3.3 Resümee

Insgesamt gesehen hat die Kurpfälzer Ordnung einerseits eine Idealvorstellung bzgl. der Materie des Abendmahls. Im Mittelpunkt steht wiederum die Einführung von Brot anstelle der Hostien, um Vorstellungen der Realpräsenz entgegenzuwirken. Bzgl. des Weins beschränkt man sich auf Anweisungen für die Trinkgefäße.

Andererseits ist man sich bewußt, welche Wende die Abschaffung der Hostien im Verhältnis zur bisherigen Frömmigkeit bedeutet und läßt deshalb zunächst als Kompromiß noch große Hostien zu, verbietet jedoch jegliche Abbildungen. Gerade aber dieser Kompromiß zeigt die hohe Bedeutung der Hostien für die Gläubigen im (bis dahin geübten) lutherischen Gottesdienst der Kurpfalz an.

[2362] Kluckhohn 1,372².

[2363] Vgl. 12.3.2.1.

[2364] Dort heißt es: "...daß durch solch brodbrechen bey dem tisch des Herren/der heilig Geist vns alle (...) vermanen vnd erinnern wil/daß wir durch die würckung des heiligen Geists ein leib/dessen haupt Christus ist/worden seyen/vnd derhalben ein andern/wie glieder eins leibs/von hertzen lieben sollen. ... Wo vnn das brod nicht gebrochen/sonder zuuor gebrochne runde brödlein außgetheilt werden/da kan vnser hertz nach der ordnung Gottes/durch die augen nicht gelehret vn erinnert werdē/dz wir alle glieder des einigen leibs Christi seyen/dieweil wir nicht alle von einem brod theil empfahen: sonder ein jeder ein besonder brod empfahet vnd isset." (Erastus, Erzelung 15f; vgl. auch Hollweg, Untersuchungen 1,183f).

[2365] Vgl. das entsprechende Mandat aus dem Jahr 1557 (EKO 14,254).

[2366] Zitiert nach Goeters, Olevianus 339.

[2367] Vgl. Götz 21.

[2368] Ein Jh. später spielt in einer Nachfolgeordnung der Wein noch eine geringere Rolle, denn "diejenige so von Natur einen Abscheu des Weines haben, dergestalt, daß sie weder Geruch noch Geschmack desselben ertragen können, sollen neben dem Brod, einen solchen Tranck, des sie gewohnt, aus der Hand des Kirchen-Dieners empfangen" (Jülich-Berg 1671 (BSKORK 322); vgl. Rohls 136).

12.4 Die Brotbrechung
12.4.1 Die Brotbrechung in der vorreformatorischen Liturgie

Aus der Verwendung von Brot für die Eucharistie entsteht die Notwendigkeit einer Teilung des Brotes in einzelne Stücke.[2369] Dies geschieht nach antikem, vor allem jüdischen Brauch[2370], besonders aber in Anlehnung an die entsprechende, in allen vier Einsetzungsberichten überlieferte Handlung Jesu im Abendmahlssaal in der Brechung des Brotes.[2371] Dabei ist in der Forschung keineswegs sicher, welchen theologischen Stellenwert das Brotbrechen im NT selbst hat[2372]. Daß das frühe Christentum die Eucharistiefeier als 'κλάσις τοῦ ἄρτου' bezeichnet, zeigt, welche Bedeutung diesem Vorgang beigemessen wird[2373]. Die Brotbrechung bildet letztlich den ältesten Akt der Vorbereitung auf den Eucharistieempfang[2374] und findet in allen vorreformatorischen Liturgien kurz vor der Kommunion statt[2375]. Ist für jüdisches Denken mit dem Brechen des Brotes "der Zusammenschluß der Tischgenossen zur Gemeinschaft um das eine Brot"[2376] verbunden, so wird es seit dem 6. Jh. im östlichen Christentum als Darstellung des Kreuzestodes gesehen[2377].

Seit Einführung der Hostien ist die Brechung eigentlich überflüssig, wird aber rudimentär zur Erlangung des Fermentums beibehalten[2378]. Um so wichtiger wird nun die allegorische Deutung: Man bezieht die Brotbrechung auf die gewaltsame Trennung von Leib und Seele Christi im Kreuzestod, die Mischung hingegen weist auf die 'Wiedervereinigung' und damit Auferstehung hin, und die gängige Dreiteilung der Hostie wird als Hinweis auf die streitende, leidende und triumphierende Kirche verstanden[2379]. Im ganzen späteren Mittelalter wird zugleich die Diskussion geführt, ob mit dem Brot auch der Leib Christi gebrochen werde;

[2369] Zur Brotbrechung in der Bibel vgl. Klauck.

[2370] Vgl. Nikolasch, Brotbrechung 332; Klauck 332. Im jüdischen Kontext bezeichnet das Brotbrechen aber nie die Mahlzeit selbst, sondern die Handlung und den die Mahlzeit eröffnenden Ritus (vgl. Schrage 432[302]; Kandler, Brotbrechen 196). Die Brotbrechung konstituiert zusammen mit dem über das Brot gesprochenen Gebet die Tischgemeinschaft (vgl. Rouwhorst 14).

[2371] Zur Brotbrechung vgl. Jungmann, MS 2,369-385; Onasch 67; Weiser/Heinz; Schmidt-Lauber, Entfaltung 173-175; Sterry; Taft, Melismos.

[2372] Zum Überblick vgl. Kandler, Brotbrechen 195-197.

[2373] Vgl. Meyer, Eucharistie 36; Klauck 332. Trotz der nicht geringen Rezeption der schon in 1 Kor 10,16 für das Herrenmahl fest geformten Bezeichnung, kann sie sich gegenüber dem Begriff 'Eucharistia' nicht durchsetzen (vgl. Klauck 332f).

[2374] Vgl. Nikolasch, Brotbrechung 332.

[2375] Der koptische und der westsyrische Ritus kennen allerdings heute noch eine erste Brechung des Brotes während der EW; im Westen gibt es seit dem 13. Jh. ebenfalls solche Traditionen (vgl. Jungmann, MS 2,252[4]).

[2376] Jungmann, MS 2,372.

[2377] Vgl. Jungmann, MS 2,415f; vgl. auch Schmidt-Lauber, Entfaltung 174. Zur Brotbrechung und ihrer Interpretation im Osten vgl. Onasch 67; Sterry; Taft, Melismos.

[2378] Seit der Antike ist das Eintauchen des 'Fermentums' in den konsekrierten Wein üblich, durch das die Einheit in den vielen Meßfeiern zum Ausdruck gebracht wird (zu Ritus und Deutung vgl. Jungmann, MS 2,385-399). Die ostsyrische Liturgie kennt diesen Ritus nicht (vgl. Nikolasch, Brotbrechung 336[29]). Da dieser Brauch in den evangelischen Ordnungen nicht aufgenommen wird, soll nicht näher auf ihn eingegangen werden.

[2379] Vgl. Nikolasch, Brotbrechung 332f.

diese Frage wird nach der Unterscheidung zwischen 'Substanz' und 'Akzidenz' negativ beantwortet[2380].

Als *Begleitgesang* zur Brotbrechung, die in der römischen Liturgie bis dahin schweigend verläuft, wird unter Papst Sergius I. um 700 das 'Agnus Dei'[2381] eingeführt[2382]. Schon im NT wird Jesus als das (Opfer-/Pascha-)Lamm dargestellt[2383], in der Offenbarung ist das 'Lamm' das bestimmende Christusmotiv[2384]. Im Osten wird auch schon früh die Eucharistie als 'Lamm' bezeichnet, so daß sich diese Anrede Christi in der Eucharistie nahezulegen scheint. Dies geschieht in einem Ruf, der vor allem nach Joh 1,29 gebildet und mit der Bitte 'miserere nobis' versehen ist. Er wird von der Gemeinde, dann zunehmend vom (Kleriker-) Chor gesungen und zunächst so oft wiederholt, wie die Brotbrechung andauert, dann auf 3 Rufe reduziert. Seit dem 10./11. Jh. endet der letzte Ruf auf 'dona nobis pacem'. Mit der Einführung von Hostien verändert sich die Funktion, indem aus dem 'Agnus Dei' ein Begleitgesang zum Friedenskuß bzw. im Spätmittelalter ein Gesang zur Kommunion[2385] wird, an den sich die Communio anschließt.[2386]

12.4.2 Die Brotbrechung in den reformatorischen Ordnungen

Innerhalb der reformatorischen Kirchen wird die Brotbrechung eigenartigerweise zum unterscheidenden Kennzeichen der Konfessionen[2387]. In den lutherischen Kirchen, die an den üblichen Hostien festhalten, ergibt sich keine Notwendigkeit zur Brotbrechung. Schon in der 'Formula Missae' lehnt Luther das Brechen des Brotes wie auch das Einlegen eines Hostienstückes in den Kelch ab[2388]. Danach ist die Brotbrechung in den lutherischen Ordnungen kein Thema mehr[2389]. Gerade gegen das Beharren der Reformierten auf der

---

[2380] Vgl. Kandler, Brotbrechen 197f. Heute hingegen wird der Bezug der Brotbrechung zu 1 Kor 10,17 auch von katholischer Seite ausdrücklich anerkannt: "Das Brechen des Brotes hat nicht nur eine praktische Bedeutung, sondern zeigt, daß wir alle in der Kommunion von dem *einen* Brot des Lebens essen, das Christus ist, und dadurch *ein* Leib werden" (AEM 56c; vgl. auch AEM 283). Zu den Versuchen einer Wiedergewinnung der Bedeutung der Brotbrechung in der katholischen Kirche nach dem 2. Vatikanum vgl. Kleinheyer, Brotbrechen; Nikolasch, Brotbrechung 334-340; Nikolasch, Brot. In der lateinamerikanischen Befreiungstheologie erhält die Brotbrechung eine stark ethische Ausrichtung: Teil des Leibes Christi zu sein, bedeutet 'sich brechen zu lassen' und zu teilen (vgl. Conn).

[2381] Vgl. Jungmann, MS 2,413-422; Meyer, Agnus Dei; Onasch 241f; Janota 60; Müller, Ordinarium 41-44; Schmidt-Lauber, Entfaltung 174f. Zur Bezeichnung vgl. Ringel 159f.

[2382] Die nicht-römischen Liturgien des Westens kennen an dieser Stelle andere Gesänge.

[2383] Vgl. Joh 1,29.36; 19,36; 1 Kor 5,7; 1 Petr 1,18f.

[2384] Vgl. Offb 5,6; 13,8 u.a. Es handelt sich bei der Bezeichnung Christi als Lamm um die Aufnahme des Lamm-Motivs aus Jer 11,18ff; diese Stelle gehört deshalb zu den zentralen Perikopen der Liturgie der Kartage in fast allen altkirchlichen Liturgiebereichen (vgl. Lurz, Jeremia 168).

[2385] Vgl. Jungmann, MS 2,493.

[2386] Als Bezeichnung findet sich im Spätmittelalter auf katholischer Seite durchweg der lateinische Begriff 'Agnus Dei' (vgl. Goertz, Begriffe 163.395; Ringel 167) oder - in der zweiten Hälfte des Reformationsjahrhunderts - die deutsche Übersetzung 'Lamm Gottes' (vgl. Goertz, Begriffe 163; Ringel 167.169).

[2387] Vgl. Olson, Trends 125-134.

[2388] Es heißt dort: "nec frangatur hostia nec in calicem misceatur" (Luther, FM 1523 (CD 1,35)). Ebenso heißt es in Worms: "Der prister darff die hostia nit brechen/noch in kelch fellen" (Worms 1524 (CD 1,19)). Vgl. Schmidt-Lauber, Entfaltung 175.

[2389] Schmidt-Lauber vermutet aber ein stillschweigendes Fortbestehen aufgrund der im 17. Jh. zu verzeichnenden Kontroversen (vgl. Schmidt-Lauber, Entfaltung 175).

Brotbrechung als einem substantiellen Bestandteil der Abendmahlsliturgie wird von lutherischer Seite ihr Charakter als Adiaphoron herausgestellt[2390]. Lutherische Pfarrer, die die Brotbrechung beibehalten, gelten bald als 'Crypto-Calvinisten'[2391].

Die anglikanischen Ordnungen des 16. Jh. kennen dagegen eine Brechung durch den Priester in mindestens zwei Stücke unmittelbar vor der Kommunion[2392]. Ab 1662 bricht der Priester das Brot beim entsprechenden Brotwort der EW, die unmittelbar vor der Austeilung ihren Platz haben[2393].

Vor allem aber die reformierten Ordnungen praktizieren die Brotbrechung, die sich einerseits als Notwendigkeit aus der strikten Verwendung von Brot ergibt, andererseits aber auch theologisch gefordert wird[2394]. Sie geschieht nun unmittelbar vor dem Empfang, entweder durch den Vorsteher, einen Diener oder die Kommunizierenden selbst.

In Zürich bricht die Gemeinde selbst das Brot: Wird das Brot 1525 noch von den Dienern durch die Reihen getragen, so daß jeder sich ein Stück vom Brot abbrechen oder aber auch vom Diener reichen lassen kann[2395], so reichen sich die Kommunikanten das Brot ab 1535 weiter und brechen sich jeweils selbst ein Stück ab[2396]. Zwingli versteht das Brotbrechen deutlich als Interpretation des Kreuzestodes: "Christus spricht: ... wie ich üch ietzt dz brot fürbrich, also wird ich verhergt und getödt für üch"[2397].

Ob es bei Calvin eine Brotbrechung gegeben hat, ist in der Literatur umstritten. In seinen Abendmahlsordnungen findet sich kein entsprechender Beleg, wohl aber im Abriß einer

---

[2390] Vgl. Kandler, Brotbrechen 198-200. Deutlich wird die Position schon in der Widerlegung des Büchleins vom Brotbrechen (Text vgl. Wolters 184-192), die als Anlage zu einem Brief der benachbarten Fürsten von Württemberg, Zweibrücken und Baden vom 04.05.1563 an den Pfälzischen Kurfürsten fungiert (vgl. ebd. 144-149). Sie sieht im 'Brotbrechen' die hebräische Bezeichnung für 'zu essen geben' (vgl. ebd. 185-188) und wehrt sich gegen eine Verpflichtung zum Brotbrechen: "aber der *autor* verstehet es auf deutsch vor brechen voneinander mit den henden, darumb kan man solchs nicht passieren lasen, vnd so vil desto weniger das der author sagt das brottbrechen sei noetig *propter significationem* das wir vns darauß des leidens vnd sterbens Christi desto bas erinnern" (ebd. 189). Gegen eine solche Identifikation argumentiert man mit der Schrift: "den es stehet von dem osterlamb geschrieben *ir sollet im kein bein zerbrechen*" (ebd. 190). Gegen die Anführung des Körnergleichnisses wird argumentiert, daß es unwesentlich sei, ob der eine Teig vor oder nach dem Backen zerteilt werde (vgl. ebd. 190f).
Die lutherische Orthodoxie unterscheidet zwischen 'actus formales', wozu die Austeilung und der Empfang gehörten, und 'actus concomitantes', wozu die Brotbrechung gehöre (vgl. Olson, Trends 132f).

[2391] Vgl. Nischan 20.

[2392] "And euery of the said consecrated breades shalbe broken in twoo peces, at the least, or more by the discretion of the minister, and so distributed" (OoC 1548 (CD 1,394)); die gleiche Vorschrift in BCP 1549 (CD 1,405)). Daß aber diese Teilung ein wirkliches pastorales Problem darstellt, zeigt der Nachsatz: "And men muste not thinke lesse to be receiued in parte, then in the whole, but in eache of theim the whole body of our sauiour Jesu Christ" (OoC 1548 (CD 1,394); vgl. BCP 1549 (CD 1,405)).

[2393] Vgl. BCP 1662 (CD 1,421).

[2394] Welchen Stellenwert die Brotbrechung in den reformierten Gemeinden erlangt, wird daran deutlich, daß sie noch im 19. Jh. einen der Hauptstreitpunkte beim Unionsversuch in Preußen darstellt (vgl. Kampmann 124-154).

[2395] "Demnach tragind die verordneten diener das ungehebelt brot harumb, und nemme eyn yetlicher glöubiger mit siner eygnen hand einen bitz oder mundvoll darvon, oder laß im dasselbig bieten durch den diener, der das brot harumb treit" (Zürich 1525 (CD 1,196)).

[2396] "Da nimpt ein glöubiger mit eigner hand ein form deß ungehebelten brots, bricht darab ein stücklin für sich. Demnach gibt er es sinem nächsten." (Zürich 1535 (CD 1,196[41])).

[2397] Züricher Einleitung 1523 (BSRK 28); vgl. Rohls 141. Ebenso interpretieren Calvin und a Lasco die Brechung des Brotes als Symbol für den Tod Christi (vgl. Sprengler-Ruppenthal, Mysterium 134f).

Abendmahlsordnung in der Institutio, wobei Brechung und Austeilung direkt verknüpft sind[2398]. Außerdem will Maxwell vom Vorkommen von Brotbrechungen in Ordnungen, die sich an Calvin anlehnen, auf eine solche in Calvins Ordnung zurückschließen[2399]. So findet sich z.B. bei Pollanus eine Brechung des Brotes[2400], und auch in der sich an Calvin orientierenden schottischen Tradition bricht der Vorsteher das Brot unmittelbar vor der Austeilung, danach aber brechen sich die Kommunizierenden das Brot noch einmal untereinander[2401].

Die Plazierung des Brotbrechens unmittelbar vor der Austeilung und damit nach dem Dankgebet wird hier ausdrücklich mit der Bindung an die Reihenfolge beim Letzten Abendmahl begründet[2402]. In der Londoner Flüchtlingsgemeinde, in der die Kommunizierenden gruppenweise um einen Tisch sitzen, wird bei jedem Kommuniongang unmittelbar vor der Austeilung eine entsprechende Menge Brot gebrochen[2403]. Dort wird der Brotbrechung auch die gleiche Versicherungsfunktion zugewiesen wie in Kurpfalz 1563[2404].

[2398] Vgl. Calvin, Institutio 1536 (COS 1,161); Calvin, Institutio 1559, IV 17,43 (Weber 985); Jenny, Einheit 106.

[2399] Vgl. Maxwell 126⁶.

[2400] Zunächst ist nur berichtet, daß der Vorstehende und der Diakon für sich selbst etwas Brot abbrechen: "Ce faict le Ministre premierement rompt et prend du pain, ..., et puis le distribue au diacre" (Pollanus 1552 (Honders 93)); "Hic pastor primum defrangit sibi bucellam panis, ..., diaconoque postea ministrat similiter" (Pollanus 1551, 1555 (Honders 92)); "Hic Minister primum defrangit administro suo panem, ..., atque ab eo vicissim accipit" (Pollanus 1554 (Honders 92ᵈ)). Die Gemeinde empfängt danach aber ein 'Stück' Brot ("une petite piece de pain" (Pollanus 1552 (Honders 93); "bucellam panis accipiunt" (Pollanus 1551, 1555 (Honders 92)). Jedem wird beim Empfang ein Stück vom Brot abgebrochen: "Est porro panis azymus integer ex quo singulis potiuncula defrangitur" (Pollanus 1551, 1555 (Honders 94)). Vgl. auch Dankbaar, Communiegebruiken 52f.

[2401] "This done, the Minister breaketh the breade and deleyuereth it to the people, who distribute and deuide the same amongst theim selues, accordinge to our sauior Christes commandement" (FoP 1556, 1564 (CD 1,477)). "That the Minister break the bread, and distribute the same to those that be next unto him, commanding the rest, every one with reverence and sobriety, to break with other, we think it nighest to Christ's action, and to the perfect practise of the Apostles, as we read it in Saint Paul" (FBD 1560 (CD 1,480)).

[2402] "Then takyng bread, wee geue thankes, breake, and distribute it, as Christe our sauior hath taught vs" (FoP 1556, 1564 (CD 1,479)). Die separate Brechung vor der Kommunion wird im 17. Jh. in Schottland beibehalten, wenn nun auch nicht mehr die Gemeindemitglieder, sondern nur der Austeilende das Brot mit einem Begleitspruch bricht (vgl. Westminster Directory 1645 (CD 1,488f); Savoy Liturgy 1661 (CD 1,491); Maxwell 126⁶).

[2403] Vgl. Micron 1554, a Lasco 1555 (CD 1,446f. 448). Allerdings ist das Brot schon vor dem Gottesdienst in Stücke geschnitten: "het witte huysbroot (in breide stucken te voeren ghesneden)" (Micron 1554 (CD 1,435)).

[2404] In Microns Katechismus heißt es: "V. Wat is het Nachtmael des Heeren? A. Het is een heylighe instellinghe Christi in de welcke hy den gheloouigen door het eten des ghebroken broots, ende het drincken des wijns wtdruckt, enn in haer beseghelt, de gheschinckte vergheuinghe der sonden, door de verdienste zijns ghebroken lichaems, enn wtgestorten bloets" (Micron, De kleyne Cathechismus (Lang 140)). A Lasco drückt dies noch deutlicher aus: "Panis fractio testatur, corpus Christi Domini pro nobis fractum ac in mortem traditum esse, et poculum testatur, sanguinem Christi in morte ipsius pro nobis effusum esse in remissionem peccatorum nostrorum" (a Lasco 1555 (Kuyper 2,133)).

In all diesen Ordnungen des 16. Jh. werden Begleitgebete oder Begleitgesänge zur Brotbrechung nicht genannt[2405]. Erst ab dem 17. Jh. finden sich in Schottland begleitende Texte[2406].

12.4.3 Die Brotbrechung in der vorliegenden Ordnung

In der vorliegenden Ordnung heißt es einfach: "Hie soll der kirchendiener einem jeden vom brodt des herrn brechen und im darreichen sprechen". Die Brotbrechung erfolgt also unmittelbar vor der eigentlichen Austeilung, aber nicht als gesonderter Akt der Brotbrechung für die ganze Gemeinde, sondern als Teil der individuellen Kommunion selbst.

Der Kurfürst Friedrich III. hat bereits am 7.12.1561 in Heidelberg die Brotbrechung beim Abendmahl ohne Befragung seiner Räte angeordnet[2407] - und damit einen schon zu dieser Zeit als dezidiert 'reformiert' geltenden Brauch eingeführt[2408]. Nach dem Bericht des Superintendenten im Amt Oppenheim über die Beratungen zum HK wird dort nochmals das Brotbrechen verpflichtend gemacht[2409]. Es wird zudem durch eine anonym veröffentlichte, aber von Erast verfaßte Schrift ausdrücklich als notwendiger Bestandteil der Abendmahlsfeier verteidigt[2410].

Das Brechen des Brotes selbst geschieht einerseits in Abgrenzung zum Luthertum, andererseits beruft man sich auf die Bibel: "Das Brotbrechen ist durch Christi eigenes Handeln Bestandteil der Einsetzung und Gebot, das die Apostel befolgt und zur Befolgung verordnet haben. Deswegen sei, so folgert Erastus, 'kein vollkommen Nachtmahl, darinnen das Brotbrechen unterlassen wird.'"[2411] So gilt das Brechen des Brotes als im Gedächtnisbefehl eingeschlossen[2412] und als Jus divinum[2413]. Die Einführung des Brotbrechens wird im

---

[2405] In der Londoner Flüchtlingsgemeinde stehen die aus 1 Kor 10,16 umgeformten Sätze unmittelbar vor der Brotbrechung und vor der Austeilung von Brot und Wein (vgl. Micron 1554, a Lasco 1555 (CD 1,446.448)). Vermutlich geht dies auf den Impuls der Ordnung des Pollanus zurück, die diese Sätze als Spendeformel kennt; allerdings findet sich keine wörtliche Übernahme (vgl. Sprengler-Ruppenthal, Mysterium 159-161). Die in London vorkommende Schriftlesung findet immer nur zwischen den einzelnen Kommuniongängen statt (vgl. Micron 1554, a Lasco 1555 (CD 1,449)).

[2406] Vgl. Westminster Directory 1645 (CD 1,488f); Savoy Liturgy 1661 (CD 1,491). In letzterer taucht nun sogar das '(Ecce) Agnus Dei' zur Brechung wieder auf: "The body of Christ was broken for us, and offered once for all to sanctify us: behold the sacrificed Lamb of God, that taketh away the sins of the world" (Savoy Liturgy 1661 (CD 1,491)). Vgl. auch Maxwell 126[6].
Dagegen kann in den Ordnungen des Meßtyps das Agnus Dei vor der Kommunion stehen bleiben (vgl. Müller, Ordinarium 42), ohne daß eine gleichzeitige Brotbrechung notwendig wäre.

[2407] Vgl. Henss 18; Press 229[38]; Goeters, Olevianus 301.

[2408] Vgl. Zeeden, Elemente 197.

[2409] Vgl. Goeters, Olevianus 339.

[2410] Vgl. Erastus, Erzelung.

[2411] Goeters, Genesis 52, unter Zitierung von Erastus, Erzelung 6. Zur Brotbrechung beim Letzten Abendmahl vgl. Erastus, Erzelung 3f. Die Brechung der Hostie in der katholischen Messe sieht Erastus aber als nicht stiftungsgemäß an, da das Brot nicht allen Anwesenden ausgeteilt wird: "Aber die Meßpfaffen brechen es noch heutigs tags in jrer Meß/nach dem befelch des stiffters derselbigē des Sathans/wider den befelch Christi in drey theil/für die lebendigen/für die verstorbenen/vnd für die himlischen/vnnd frisset gleichwol der Pfaff allein alle drey theil" (Erastus, Erzelung 8).

[2412] Vgl. Erastus, Erzelung 10.19-21; Olson, Fractio 149; Nischan 24. Erastus sieht dagegen das Sitzen beim Abendmahl oder auch eine bestimmte Tageszeit der Feier als nicht im Gedächtnisbefehl enthalten (vgl. Erastus, Erzelung 19-21). Die Nennung der Brotbrechung in Apg 2 und 20 und 1 Kor 11,24 wird von Erastus als weiterer Beleg der Biblizität aufgeführt (vgl. Erastus, Erzelung 5f; Olson, Fractio 149).

Anschluß an die Kurpfalz auch in anderen Gebieten zum entscheidenden Signal des Konfessionswechsels - schon vor jeder lehrmäßig-dogmatischen Fixierung[2414]. Das Brotbrechen wird schließlich auf der Weseler Synode im Jahre 1568 noch einmal für die reformierten Kirchen festgeschrieben und mit der 'Einsetzung' durch Christus begründet.[2415]

Aber das Brotbrechen wird nicht nur wegen der Biblizität gefordert, sondern es erhält eine besondere Funktion innerhalb der Abendmahlsfeier nach der vorliegenden Ordnung[2416], die aus dem HK und anderen Stellen der Gottesdienstordnung erkennbar wird. Die Funktion besteht nach Frage 75 des HK in der Vergewisserung der Rechtfertigung, denn Christus habe verheißen, "erstlich, daß sein leib so gewiß für mich am creutz geopfert und gebrochen und sein blut für mich vergossen sey, so gewiß ich mit augen sehe, daß das brod des herrn mir gebrochen und der kelch mir mitgetheilet wird"[2417]. Fast die gleiche Formulierung findet sich auch an zwei anderen Stellen des HK[2418]. Immer wird eine Parallele von sichtbarer Handlung und dem damit versicherten Kreuzesgeschehen aufgebaut, wobei das Brechen des Brotes parallel zum Opfer und Brechen des Leibes[2419] gesehen wird. Schon Erast bemerkt, "daß vns essen vnnd trincken den todt Christi nicht also fürbildet vnd zur gedechtnuß füret/ wie das brodbrechen. Das essen des brods des Herren/welches vns seines sterbens/für vns geschehen/erinnern sol/ist vns vornemlich darumb befohlen/daß wir vns den todt Christi zueignen vnd applicieren lerntē. Das brechen aber/daß wir solchs seines leidens vnd sterbens desto mehr vnd besser erinnert würden"[2420]. Damit erhält das Brotbrechen eine ähnliche Deutung wie in den mittelalterlichen Meßerklärungen[2421]. Der Unterschied zur mittelalterlichen Deutung liegt zum einen darin, daß die Brotbrechung nicht einfachhin als Vollzug des Brechens des Leibes gesehen wird[2422] (eine solche Deutung verbietet sich aufgrund der

---

[2413] Vgl. Goeters, Genesis 52; Erastus, Erzelung 9. Schließlich wird aber auch noch das Traditionsargument herangezogen: "Denn kein verrůmbter Gottseliger Theologus/meins wissens/wider das brodbrechen schrifftlich gestritten/oder dasselbige jemals als vnrecht getadelt vnd gescholten hat" (Erastus, Erzelung 22).

[2414] Vgl. Goeters, Genesis 52. Für Kurbrandenburg vgl. Nischan 18-24.

[2415] "Panis fractionem, quia est a Christo manifesto instituta et ab apostolis, totaque vetustiore ecclesia, non sine gravissimis causis observata, necessariam esse omnino censemus" (Synode Wesel 1568 (Richter, Kirchenordnungen 2,316)). Auch die Synode von Emden ordnet die Brotbrechung an (vgl. Synode Emden 1571 (Richter, Kirchenordnungen 2,340)).

[2416] Zur Brotbrechung in Kurpfalz 1563 vgl. Schulz, Ordnung 502[53]; Brunner, Abendmahlszeugnis 227; Olson, Fractio; Nischan.

[2417] Frage 75 des HK, Kurpfalz 1563 (EKO 14,357).

[2418] Dort heißt es: "daß so gewiß wir mit augen sehen, daß das brodt des herrn uns gebrochen und der kelch mitgetheilet wird, so gewiß sey der leib Christi am creutz für uns geopfert und gebrochen" (2. Teil der Kurzen Summa des HK, Kurpfalz 1563 (EKO 14,379)); "erstlich, daß sein leib so gewiß für in am creutz geopfert und sein blut für in vergossen sey, als er mit seinen augen siehet, daß das brod, welches der herr seinen leib nennet, im gebrochen und der kelch der decksagung im mitgetheilt wirdt" (2. Frage des Vorbereitungsgottesdienstes, Kurpfalz 1563 (EKO 14,382)).

[2419] Dies findet sich auch schon beim Brotwort zu Beginn der Vermahnung (vgl. Brunner, Abendmahlszeugnis 227[174]).

[2420] Erastus, Erzelung 10f.

[2421] Vgl. 12.4.1.

[2422] So heißt es auch in einer Predigt Olevians von 1563: "Nu ist aber das brotbrechen nicht die brechung vnd schmertzen selbst/mit welchen der leib Christi durch sein gantzes leben/vnnd fürnemlich im tod des creutzes ist gebrochen worden/sonder ein gedechtnis vnnd sigill des gnedigen willen Gottes/daß diß alles einmal vollkömlich nicht im brot/sonder an seinem eignen leib geschehen vnnd erfüllet ist/vnnd vns zu eigen von

Ablehnung einer somatischen Realpräsenz), sondern als Vergewisserungs-Ritus dient[2423]. Die Brotbrechung ist vom Herrn eingesetzte Vergewisserung des Kreuzestodes 'für uns'[2424]. Deshalb geschieht nicht nur der Kreuzestod, sondern auch die Brechung des Brotes 'für uns'. Die Verbindung aber wird durch das Verb 'brechen' im Brotwort der EW hergestellt[2425]. Die Brotbrechung hat nicht einfach einen Wert an sich, sondern nur in dieser Hinordnung auf die Kommunikanten erlangt sie ihren Sinn. Dies wird auch daran deutlich, daß an allen genannten Stellen die Brotbrechung neben das Teilen des Kelches gestellt wird, aber eine eigenständige Austeilung des Brotes nicht mehr beschrieben wird. Von daher ist die Brotbrechung letztlich nichts anderes als die Austeilung wirklichen Brotes.

Somit stehen Brechung und Kommunion als sichtbare und aneinander gebundene Handlungen genau im Kontrast zur im katholischen Gottesdienst üblichen Elevation der Hostie, die den in der spätmittelalterlichen Messe einzig sichtbaren 'Gebrauch' des Sakramentes darstellt, jedoch die Anbetung und nicht den Genuß hervorruft. Daß sie wirklich als Gegenstücke zur Elevation verstanden werden, die in der spätmittelalterlichen Messe den für die Gemeinde erfahrbaren, sichtbaren Höhepunkt darstellt, wird an der in allen drei Aussagen vorhandenen Formulierung "so gewiß ich mit augen sehe"[2426], "so gewiß wir mit augen sehen"[2427], "so gewiß ..., als er mit seinen augen siehet"[2428] deutlich. Damit wird einerseits das sicher noch nicht eliminierte Schauverhalten aufgegriffen und zugleich klar in die theologische Konzeption der vorliegenden Ordnung integriert - nicht als Akt der Anbetung, sondern als Akt der personalen Vergewisserung. Daß die Brotbrechung nach der Kirchenordnung nicht stärker rituell ausgestaltet wird, braucht nicht zu verwundern, da sie nicht um ihrer selbst geschieht, sondern immer auf die Kommunion hin, in die sie direkt übergeht und die deshalb mehr Aufmerksamkeit erhält. Demnach bildet die Brotbrechung laut der zugrundeliegenden Theologie die sichtbare Verdeutlichung des Kreuzestodes Christi und damit das entscheidende Interpretament der Kommunion, in der die Gemeinde diesen Kreuzestod zugeeignet erhält.

---

ihm geschenckt sey/daß wir alle gemeyn theil dran haben durch den Glauben" (Olevian, Gnadenbund (Franz u.a. 340)).

[2423] Vgl. Brunner, Abendmahlszeugnis 227. Ähnlich bei Calvin (vgl. Calvin, Institutio 1559, IV 17,10 (Weber 947)).

[2424] "...dz vns Christus damit hat wöllen die bittern vnd vnaußsprechlichē schmertzen seines für vns erlitnen todts/von welchen leib vnd seel gleich wie von einandern zerrissen worden seind/anbilden vnd für die augen stellen/vns hiemit zu lehren/wie schwer vñ groß vnsere sünde seind/von welcher wegen der Son Gottes solche noth hat erleiden müssen/auff das wir erweckt würdē jme desto ernstlicher für seine vnaußsprechliche wolthaten zu dancken/oder wie Paulus redet/seinen todt desto hertzlicher zuuerkündigen" (Erastus, Erzelung 13).

[2425] Vgl. Erastus, Erzelung 14. Für Erastus ist die Brotbrechung zugleich Erinnerungszeichen für die (schon geschehene) Vereinigung mit Christus, die ähnlich wie in der vorliegenden Vermahnung ausgedrückt wird (vgl. Erastus, Erzelung 15).

[2426] Frage 75 des HK, Kurpfalz 1563 (EKO 14,357).

[2427] 2. Teil der Kurzen Summa des HK, Kurpfalz 1563 (EKO 14,379).

[2428] 2. Frage des Vorbereitungsgottesdienstes, Kurpfalz 1563 (EKO 14,382).

12.5 Der Empfang der Abendmahlsgaben
12.5.1 Der Empfang der Abendmahlsgaben in der vorreformatorischen Liturgie
Auch wenn zur Zeit der Reformation auf katholischer Seite die alleinige Konsumierung der konsekrierten Hostien üblich ist und nur der zelebrierende Priester unter beiden Gestalten kommuniziert, sehen die Ursprünge anders aus.[2429]

12.5.1.1 Der Empfang des Brotes
Zunächst nehmen sich die Gläubigen in der Antike das konsekrierte Brot selbst vom Tisch[2430], was als eine Vorform der Handkommunion interpretiert werden kann. Letztere ist für das 3.-9. Jh. zahlreich belegt[2431]. Ab dem 8./9. Jh. kommt sie für die Laien außer Übung, obwohl sie nie verboten wird; der Grund liegt weniger in der Angst vor Mißbrauch als in gesteigerter Ehrfurcht.[2432] Statt dessen wird das Brot direkt in den Mund gegeben, was durch den (ebenfalls aus Ehrfurcht ab dem 11. Jh. aufkommenden und im 16. Jh. durchgesetzten) knienden Empfang und den Übergang von Brotstücken zu Hostien gefördert wird.[2433] In dem Maße, in dem die Gläubigenkommunion zurückgeht, treten Ersatzformen, vor allem die eucharistische Schaufrömmigkeit, in den Vordergrund. Der Priester wird zum einzigen Kommunizierenden während einer Messe; es entwickelt sich eine Theologie der geistlichen Kommunion[2434]. Im Falle einer Kommunion von Gemeindemitgliedern hat die Priesterkommunion immer vor der Gemeindekommunion ihren Ort[2435].

12.5.1.2 Die Kelchkommunion
Die Kelchkommunion gehört in der Antike so selbstverständlich zur Vollgestalt der Kommunion, daß der ausschließliche Empfang des Brotes abgelehnt wird[2436]. In der Kommunion unter beiden Gestalten wird die volle Zeichengestalt der Eucharistie sichtbar; außerdem fügt auf der Textebene das Kelchwort den wesentlichen Bundes- und Opfergedanken hinzu.[2437] Als Formen, den konsekrierten Wein (z.T. in Kombination mit dem Brot) zu konsumieren, sind belegt[2438]: das Trinken aus dem Konsekrationskelch, das Trinken aus dem Spendekelch, das Trinken von durch Kontakt konsekriertem Wein (auch die spätere Fehlform der Darreichung des Ablutionsweines), das Trinken mit einem Trinkröhrchen und die Intinctio.
Jedoch ist die Sorge um Entwürdigung und vor allem Verunreinigung schon früh nachweisbar. Im Osten wird die Kelchkommunion nie aufgegeben, wenn auch z.T. zur Intinctio

---

[2429] Zu den Bezeichnungen für die Austeilung vgl. oben 12.1.1.

[2430] Vgl. Adam/Berger 268f.

[2431] Vgl. Jungmann, MS 2,468-472; Kleinschmidt 98-101; Nußbaum 145-174.

[2432] Vgl. Jungmann, MS 2,472f.

[2433] Vgl. Jungmann, MS 2,466; Kleinschmidt 97; Browe, Kommunionriten 46.

[2434] Sie wird durch das Trienter Konzil legitimiert (vgl. DH Nr. 1648).

[2435] Heute wird diese Reihenfolge in nicht wenigen Gemeinden problematisiert und z.T. umgekehrt (vgl. die Diskussion bei Knauber). Die Selbstkommunion des Priesters wird vom Konzil von Trient eingeschärft (vgl. DH Nr. 1648).

[2436] Vgl. Richter, Praxis 21; Franzen 5.

[2437] Vgl. Richter, Praxis 17-19.

[2438] Vgl. Jungmann, MS 2,474-477; Fischer, Kelchkommunion 21f.

modifiziert²⁴³⁹. Im Westen ist die Kelchkommunion bis ins 12. Jh. verbreitet, wird dann aber aufgrund übertriebener Ehrfurcht immer seltener praktiziert.²⁴⁴⁰ Gefördert wird diese Entwicklung durch die Konkomitanzlehre und durch das Schauverlangen, dem das Brot mehr entgegenkommt. Für die Kelchkommunion bleibt - so sie denn stattfindet - der stehende Empfang die Regel,²⁴⁴¹ wohl aus Furcht vor einem Verschütten des konsekrierten Weines. Es handelt sich also zunächst um einen Kelchverzicht, nicht um ein Kelchverbot! Damit hat sich im Westen die Reduktion auf die Kommunion unter einer Gestalt durchgesetzt, die sich als Modus in einer Notsituation auch für frühere Zeiten nachweisen läßt.²⁴⁴²

Ein eigentliches 'Kelchverbot' wird erst in der Auseinandersetzung mit Gruppen erlassen, die den Laienkelch ultimativ fordern: Das Konzil von Konstanz (1415) verbietet den Laienkelch wegen der Hussiten²⁴⁴³. In der Reformation wird die Kelchfrage zu einem Hauptpunkt der Auseinandersetzung; der grundsätzliche Empfang beider Gestalten wird zu einer der entscheidenden liturgischen Forderungen der Reformatoren. Weniger durch offizielle Lehrentscheidungen²⁴⁴⁴ als vielmehr in der Praxis wird gegen Kelchbefürworter massiv vorgegangen. Das Konzil von Trient verbietet den Laienkelch zwar nicht, sondern verteidigt die Berechtigung der Kommunion unter einer Gestalt, überläßt aber die Entscheidung darüber dem Papst. Entsprechende, eine Kelchkommunion gestattende Indulte werden bald wieder aufgehoben²⁴⁴⁵. Auf diesem Wege wird das Kelchverbot in der Gegenreformation zu einem entscheidenden Konfessionskennzeichen der Katholiken²⁴⁴⁶. Folge ist eine Verkürzung des Zeichencharakters der Eucharistie²⁴⁴⁷, vor allem ihrer kommunitären Dimension, zumal statt des 'einen Brotes' die Hostien verwendet werden.

12.5.2   Der Empfang der Abendmahlsgaben in den reformatorischen Ordnungen

Viele reformatorische Ordnungen formulieren gar nicht ausdrücklich, in welcher Reihenfolge und Form die Kommunion vonstatten gehen soll.²⁴⁴⁸ Die meisten Ordnungen gehen - wie die katholische Tradition - davon aus, daß der Vorsteher zuerst kommuniziert, auch wenn

---

²⁴³⁹ Zu den Kommunionriten des Ostens vgl. Day 55f.

²⁴⁴⁰ Zur Kelchkommunion im Westen vgl. Gerwing. Besonders die Furcht, konsekrierten Wein zu verschütten, spielt beim Kelchverzicht eine Rolle (vgl. Fischer, Kelchkommunion 21; zu anderen Gründen vgl. Franzen 5f).

²⁴⁴¹ Vgl. Jungmann, MS 2,467; Kleinschmidt 97f.

²⁴⁴² Vgl. Fischer, Kelchkommunion 19.

²⁴⁴³ Vgl. DH Nr. 1198f; Franzen 6.

²⁴⁴⁴ Laienkelch und Priesterehe werden sogar von katholischer Seite häufig als Kompromißlösung in bezug auf die reformatorischen Forderungen genannt (vgl. Franzen 10f).

²⁴⁴⁵ Vgl. Jungmann, MS 2,478f; Meyer, Eucharistie 499; Fischer, Kelchkommunion 27f; Franzen 11f; Jürgensmeier 117f; Heinz, Rules 137. Zur Auseinandersetzung über die Kelchfrage zwischen dem Beginn der Reformation und dem Tridentinum vgl. Franzen 14-75; vgl. auch Wenz, Laienkelch.

²⁴⁴⁶ So ist es nicht verwunderlich, daß die Forderung nach der Kelchkommunion in drei der katholischen Kommunionvermahnungen in polemischer Weise abgelehnt wird (vgl. Ritus Communionis Catholicus 1556 (Anhang 6,Z.68-82); 1. Kommunionvermahnung, Gnesen-Posen 1579 (Anhang 8a,Z.76-88); 2. Kommunionvermahnung, Gnesen-Posen 1579 (Anhang 8b,Z.25-29)). Zu den heutigen Bemühungen um die Wiedergewinnung der Kelchkommunion vgl. zusammenfassend Meyer, Eucharistie 499²²; Kaczynski, Wiedereinführung.

²⁴⁴⁷ Vgl. Meyer, Eucharistie 499.

²⁴⁴⁸ Zu den Bezeichnungen für die Kommunion in den evangelischen Ordnungen vgl. 12.1.2.

dies nur selten explizit angeführt wird.[2449] Dabei ist im 16. Jh. die 'Selbstkommunion' der Vorsteher üblich, da sie noch nicht als problematisch angesehen wird[2450]. Nur wenige Ordnungen fordern oder beschreiben, daß zunächst die Gemeinde kommuniziert[2451]. Häufig findet sich die Notiz, daß zuerst die Männer und dann die Frauen kommunizieren sollen[2452].

[2449] Vgl. Luther, FM 1523 (CD 1,35); OoC 1548 (diese Ordnung wird ja erst *nach* der Kommunion des Priesters in die lateinische Messe eingeschoben (vgl. Buchanan, Lord's Supper 378)), BCP 1549, 1552 (CD 1,403). Nach Kantz kommuniziert der Priester Brot und Wein jeweils vor der Gemeinde (vgl. Kantz 1522 (CD 1,15)). Den Empfang streng nach Rang gestaffelt (Pfarrer, Diakon und Gemeinde) haben Genf 1542A, 1545 (CD 1,361[27]) und Pollanus 1551, 1552, 1554, 1555 (Honders 92f). In der Londoner Flüchtlingsgemeinde kommuniziert der Vorsteher ebenfalls zuerst (vgl. Micron 1554, a Lasco 1555 (CD 1,447f)). Eine Kommunion zuerst des Vorstehers vermutet Dankbaar für Farel (vgl. Dankbaar, Communiegebruiken 47). Vgl. ebenso Rietschel/Graff 379. Zu Ordnungen mit eigenem Kommunionritus des Priesters vgl. Klaus, Rüstgebete 555f.

[2450] Pollanus sieht in der Ausgabe der 'Liturgia Sacra' von 1554 keine Selbstkommunion vor: "Hic Minister primum defrangit administro suo panem, et calicem porrigit, atque ab eo vicissim accipit" (Pollanus 1554 (Honders 92); vgl. Dankbaar, Communiegebruiken 67); ebenso die von Bugenhagen beeinflußte KO Goslar 1531 (vgl. Brodde). In der Londoner Flüchtlingsgemeinde trinkt der Vorsteher zwar als erster aus dem Kelch, läßt ihn sich aber "wter handt syns aldernaesten" (Micron 1554 (CD 1,448)) reichen (vgl. Dankbaar, Communiegebruiken 64; Luth 103).
Die häufiger in der modernen Diskussion um die Selbstkommunion angeführte Argumentation Luthers richtet sich gegen die alleinige Kommunion des Pfarrers auf der einen Seite und gegen die Selbstkommunion der Nicht-Ordinierten auf der anderen Seite; die Selbstkommunion des Ordinierten ist für Luther selbstverständlich, wenn sie auch nicht zur Pflicht gemacht werden darf (vgl. Kunze, Aufhören 278-283). Während also im 16. Jh. die Selbstkommunion kein Problem darstellt, wird sie ab dem 17. Jh. im Luthertum diskutiert und vielfach abgelehnt, um so deutlich zu machen, daß auch der Vorsteher innerhalb der Gemeinde steht und letztlich Empfangender ist. Außerdem grenzen sich so die Lutheraner von den Reformierten ab, die die Kommunion des Vorstehers bei jeder Abendmahlsfeier fordern (vgl. Nagel/Schmidt 98). Im 19. Jh. kommt es zu einer neuen Diskussion und allmählichen Wiedereinführung der Selbstkommunion (vgl. Dienst; Fendt, Selbstkommunion; Graff, Auflösung 1,201-203; Brodde).

[2451] In Worms liegt zumindest eine solche Reihenfolge nahe, da zuerst die Gläubigenkommunion beschrieben wird und dann die Bemerkung folgt, der Priester brauche nicht unbedingt zu kommunizieren: "Er selbs niesses nit er hab dan sonderlichen hunger dazu" (Worms 1524 (CD 1,20)). In Zwinglis 'Epicheiresis' könnte die Bemerkung, daß der Zelebrant die Spendeformel für seine Kommunion umformen soll, auf eine ähnliche Reihenfolge hinweisen: "Similiter ad suam manducationem dicat, mutata tamen persona, minister" (Zürich 1523 (CD 1,188); vgl. Jenny, Einheit 56).
Daß zunächst die Gemeinde kommunizieren soll, wird auch in Straßburg gefordert (vgl. Straßburg/Ordenung 1524 (Hubert 74), Straßburg/Kirchenamt 1525 (C³) (Hubert 81); Dankbaar, Communiegebruiken 29). Die Umsetzung in der Praxis scheint in Straßburg aber sehr unterschiedlich ausgesehen zu haben; Dankbaar vermutet als Wurzel dieser Forderung die Furcht vor unwürdigem Umgang mit den Resten der Abendmahlsgaben (vgl. Dankbaar, Communiegebruiken 29).
Auch in der Nürnberger Tradition finden sich solche Forderungen (Nürnberg/Pfarrkirchen 1524 (EKO 11,49), Pfalz-Neuburg 1543 (EKO 13,75f). Die Kommunion des Vorstehers rückt in der Nürnberger Tradition hinter die Gemeindekommunion, damit übriggebliebene Gaben konsumiert werden und man sich nicht der Frage nach der der Dauer der Realpräsenz stellen muß (vgl. Simon: EKO 11,49[23]; Simon: EKO 13,76[25]).

[2452] Vgl. Luther, DM 1525 (CD 1,38); Kassel 1539b (EKO 8,123[k]); Köln 1543,CX'; Pollanus 1551, 1552, 1554, 1555 (Honders 92f); Micron 1554, a Lasco 1555 (CD 1,449f). Braunschweig unterscheidet noch genauer die beiden Gruppen in "mans und knechte... frauen unde junkfrauen" (Braunschweig 1528 (CD 1,55)). Die Frankfurter Ordnung unterscheidet neben den Geschlechtern auch nach jung und alt (Frankfurt 1530 (CD 1,240)). Eine Trennung der Gemeinde, die an ihren Plätzen bleibt bzw. in einer Reihe steht, nach dem Geschlecht findet sich auch in Zürich 1535 (CD 1,189[11]) und im BCP 1549, 1552 (CD 1,396). Daß die Männer vor den Frauen kommunizieren, findet sich noch im 17. Jh. (vgl. Graff, Auflösung 1,197).

In der Zürcher Ordnung[2453] ist ebenfalls eine Trennung nach Geschlechtern bezeugt, ohne daß sich daraus eine Reihenfolge ablesen läßt[2454].

Grundsätzlich werden im evangelischen Abendmahlsgottesdienst beide Gestalten ausgeteilt; dies ist ein reformatorisches Proprium, an dem sich gerade bei den frühen Ordnungen ablesen läßt, daß es sich nicht nur um deutsche Übersetzungen der katholischen Messe handelt.[2455] Eine getrennte Kommunion von Brot und Wein (und damit meist getrennte Kommuniongänge) findet statt, wenn der Pfarrer noch alleine die Kommunion austeilt[2456] bzw. direkt auf das Brotwort die Austeilung des Brotes erfolgt[2457]. Viele Ordnungen kennen eine gleichzeitige Kommunion an verschiedenen Orten und durch verschiedene Personen[2458]. Das Verfahren kann von der Zahl der zur Verfügung stehenden Personen abhängig gemacht werden[2459]. Immer sind Personen mit entsprechenden Amtsbezeichnungen ('Priester', 'Pfarrer', 'Minister', 'Diakon', 'Diener') die Austeilenden, wobei (entsprechend dem vorreformatorischen Vorbild, daß der Priester das Brot und der Diakon den Kelch austeilt) immer der Ranghöhere das Brot austeilt[2460].
In Schottland, wo man das Abendmahl am Tisch feiert, scheinen der Empfang von Brot und Wein ineinander überzugehen, da die Teilnehmer die Gaben untereinander weitergeben[2461]. In der Londoner Flüchtlingsgemeinde, die ebenfalls an einem Tisch sitzend kommuniziert, ist die Austeilung des Brotes und des Kelches deutlich hintereinander gestaffelt und wird jeweils vom Leitenden initiiert[2462].

[2453] Die Anweisung zur nach Geschlechtern getrennten Anordnung der Gläubigen im Raum legt diesen Schluß nahe, da die Gemeinde bei der Kommunion auf ihren Plätzen bleibt (vgl. Zürich 1525 (CR 91,15), Zürich 1535 (CD 1,189¹¹.196⁴¹); Jenny, Einheit 45).

[2454] In Mecklenburg knien die Männer und Frauen im Chorraum nach Geschlechtern getrennt (vgl. Mecklenburg 1552 (CD 1,99)), so daß auch von einer getrennten Kommunion ausgegangen werden kann.

[2455] In Nürnberg scheint die Kommunion der Gläubigen unter beiden Gestalten zunächst noch nicht verpflichtend zu sein: "Zum andern soll das sacrament halb oder ganz nach eines jeglichen begeren gereicht werden" (Nürnberg/Artikel 1524 (EKO 11,44)). Auch Luther will bzgl. des Laienkelches zunächst keinen Zwang ausüben (vgl. Dankbaar, Communiegebruiken 13-15). Es ist Karlstadt, der in Wittenberg in Abwesenheit Luthers den Laienkelch einführt und damit Luther unter Druck setzt (vgl. Dankbaar, Communiegebruiken 14).

[2456] Vgl. Kantz 1522 (CD 1,15f); Worms 1524 (CD 1,19f, nicht eindeutig, aber wahrscheinlich, da der Priester alleine austeilt); Straßburg/Ordenung 1524 (Hubert 73), wohl auch in Straßburg/Kirchenamt 1525 (Hubert 81).

[2457] So findet es sich bei Luther (vgl. Luther, DM 1525 (CD 1,38)) und Bugenhagen (vgl. z.B. Braunschweig 1528 (CD 1,55f)), aber auch Preußen 1558 und Kursachsen 1580 (vgl. Rietschel/Graff 379). Teilweise geschieht dies nur bei einer kleinen Anzahl von Kommunizierenden (vgl. Rietschel/Graff 379). Die Form findet sich auch noch im 17. Jh. (vgl. Graff, Auflösung 1,197).

[2458] Vgl. Nürnberg/Pfarrkirchen 1524 (EKO 11,49; vgl. Klaus, Nürnberger Deutsche Messe 26); Württemberg 1536 (Richter, Kirchenordnungen 1,268); Württemberg 1553 (CD 1,255f); Kassel 1539a (EKO 8,121f); Genf 1545 (CD 1,361²⁷); Pollanus 1551, 1552, 1554, 1555 (Honders 92f).

[2459] Vgl. Brandenburg-Nürnberg 1533 (CD 1,79); Pfalz-Neuburg 1543 (EKO 13,75); OoC 1548 (CD 1,393f); BCP 1549, 1552 (CD 1,403).

[2460] Nach Graff kennen in der zweiten Hälfte des 16. Jh. nur lutherische Gemeinden im hessischen Raum die Austeilung des Kelches durch 'Laien' (vgl. Graff, Auflösung 1,203).

[2461] Vgl. FoP 1556, 1564 (CD 1,477).

[2462] Vgl. Micron 1554, a Lasco 1555 (CD 1,446-448).

Im allgemeinen werden der Vorsteher und ggf. weitere Diener als die bei der Kommunion Aktiven[2463] oder aber die Kommunizierenden als passiv beschrieben.[2464] Nur sehr wenige Ordnungen benennen die Kommunizierenden als Aktive[2465]. In Zürich bringen zwar einerseits die Diener die Gaben in die Gemeinde, aber dann brechen sich die Gemeindemitglieder ein Stück des Brotes ab und reichen sich untereinander die Gaben weiter.[2466] Auch die schottischen Abendmahlsordnungen kennen das Teilen und Weiterreichen der Abendmahlsgaben[2467]. In der Londoner Flüchtlingsgemeinde ist der Vorsteher zwar der Initiator jedes Kommunionaktes, aber dann nimmt jeder der Kommunikanten, die am Tisch sitzen, ein Stück schon gebrochenes Brot aus der Schüssel bzw. einen Schluck Wein aus dem Kelch, die beide auf dem Tisch stehen[2468].

Über die Weise des Empfangs (Hand- oder Mundkommunion) geben die Ordnungen selten Auskunft. Eine 'Handkommunion' ist überall dort selbstverständlich, wo sich die Kommunizierenden das Brot selber brechen[2469]. Von den frühen Ordnungen benennt sie nur

---

[2463] So heißt es: "So er sye nun alle communiciert hat" (Kantz 1522 (CD 1,16)); "Incipiatur dein populus communicari, officiante panem prebente et ministro calicem" (Nürnberg/Pfarrkirchen 1524 (EKO 11,49); vgl. Klaus, Nürnberger Deutsche Messe 27)); "Hie teyle der prister den leib vnd blut denen/so es begeren" (Worms 1524 (CD 1,20)); "reyche und gebe" (Luther, DM 1525 (CD 1,38)); "dargebung" (Straßburg/Ordnung 1525 (CD 1,328)); "So er darreicht das brot" (Basel 1526 (CD 1,215)); "Demnách sol er...das brot unnd den kelch, der gmeynd Gottes darreychen" (Bern 1529 (CD 1,236)); "raichen" (Brandenburg-Nürnberg 1533 (CD 1,79); "Der des Herren brot gibt"/"Der den kelch gibt" (Basel 1537 (CD 1,224)); "ausspenden" (Kassel 1539a (EKO 8,122); "communicire man das volk" (Mecklenburg 1552 (CD 1,104)).
Auch in den calvinistischen Ordnungen sind die Austeilenden die Aktiven: "Ce faict, les Ministres distribuent le pain et le Calice au peuple" (Genf 1542 (CD 1,361); ähnlich Genf 1542A, 1545 (CD 1,361^{27}), Genf dt. 1563,52). Zwar wird für die Kommunion des Vorstehers der Terminus "recoipt" bzw. "reçoit" (Genf 1542A bzw. 1545 (CD 1,361^{27})) verwandt, aber es liegt trotzdem eine Selbstkommunion vor, da auch die vorreformatorischen Quellen bei der Priesterkommunion vom 'Empfangen' sprechen (vgl. Goertz, Begriffe 148f). Von einem 'Empfang' bei der Kommunion des Priester sprechen auch BCP 1549, 1552 (CD 1,403).

[2464] So: "empfacht" (Württemberg 1536 (Richter, Kirchenordnungen 1,268)); "empfahet" (Württemberg 1553 (CD 1,255)); "accedit" (Pollanus 1551, 1554, 1555 (Honders 92)), "reçoivent" (Pollanus 1552 (Honders 93)).

[2465] Bei Karlstadt können die Kommunikanten "die consecrierten hostien in die hand nemen, und selbs in den mund schieben, dergleichen auch den kelch, und daraus trinken" (Karlstadt 1521 (CD 1,13)). Zumindest beim Brot spricht Bugenhagen vom 'Nehmen', was aber wohl als 'Empfangen' zu verstehen ist: "unde nemen den licham des Heren"/"entfangen de communicanten den kelk des Heren" (Braunschweig 1528 (CD 1,55f)).

[2466] Dort heißt es: "Demnach tragind die verordneten diener das ungeheblet brot harumb, und nemme eyn yetlicher glöubiger mit siner eygnen hand einen bitz oder mundvoll darvon, oder laß im dasselbig bieten durch den diener, der das brot harumb treit" (Zürich 1525 (CD 1,196)). "Die inn der gemeind empfahend das brot von den dienern, die es durch die kilchen hin in schüßlen tragend. Da nimpt ein glöubiger mit eigner hand ein in form deß ungehebleten brots, bricht darab ein stücklin für sich. Demnach gibt er es sinem nächsten. Also gadt es durch die gantzen kilch. Nach dem brot empfacht er ouch den bächer. Daruß trinckt er und gibt in dann sinem nächsten, alles mit zucht und grossem ernst." (Zürich 1535 (CD 1,196^{41}); vgl. auch Bauer 180f).

[2467] Vgl. FoP 1556, 1564 (CD 1,477)). Dies wird ausdrücklich mit dem Auftrag Christi begründet: "...to the people, who distribute and deuide the same amongst theim selues, accordinge to our sauiour Christes commandement, and in likewise geueth the cuppe" (FoP 1556, 1564 (CD 1,477)).

[2468] Vgl. Micron 1554, a Lasco 1555 (CD 1,447f).

[2469] Vgl. Zürich 1525 (CR 91,16); Zürich 1535 (CD 1,196^{41}); FoP 1556, 1564 (CD 1,477f); Micron 1554, a Lasco 1555 (CD 1,446-448). Für Pollanus ist eine sichere Aussage nur für die französische Ausgabe von 1552 zu machen; dort heißt es: "et chascun le prend a la main, et puis le mange, et le boit" (Pollanus 1552 (Honders 95)).
Calvin sagt dazu: "Was nun den äußerlichen Brauch bei der Übung des Sakraments betrifft, so macht es nichts aus, ob die Gläubigen das Brot in die Hand nehmen oder nicht, ob sie es untereinander verteilen oder ob jeder

Karlstadt[2470]; bei Farel wird sie ausdrücklich gegen eine übergroße Ehrfurcht beim Empfang gefordert[2471]. Mit der Handkommunion ist der sitzende oder stehende Empfang verbunden[2472]; sie erscheint vorrangig in den reformierten Traditionen.
In den lutherischen Gemeinden ist dagegen der kniende Empfang üblich, auch wenn bzw. gerade weil die Ordnungen nichts dazu aussagen (sie kennzeichnen ja vornehmlich Änderungen zum bisherigen Brauch).[2473] Ebenso besteht die anglikanische Tradition auf dem knienden Empfang[2474]. Mit dieser Form des Kommunionempfangs dürfte meist die traditionelle Mundkommunion verbunden sein[2475], was sich gerade durch Abbildungen belegen läßt[2476].

12.5.3 Der Empfang der Abendmahlsgaben in der vorliegenden Ordnung

Die vorliegende Ordnung geht für die Austeilung von zwei Kirchendienern aus, von denen einer das Brot und der andere den Wein austeilt. Dankbaar meint, daß die beiden Diener an den beiden Enden des Tisches stehen[2477]. Damit bleiben die Kirchendiener in traditioneller Weise die aktiv Handelnden. Ob das Brot in die Hände gelegt wird, ist aus der Ordnung nicht ersichtlich. Von der Superintendenten-Konferenz zum HK im Januar 1563 berichtet der Superintendent des Amtes Oppenheim aber, daß "die leuth selbß [das Brot] nemen [sollen]"[2478]. Obwohl von einem Tisch als Ort der Abendmahlsfeier die Rede ist ("bey dem tisch, da man das nachtmal halten wil"[2479]), braucht nicht von einer sitzenden, sondern kann

---

ißt, was man ihm gegeben hat, ob sie den Kelch dem Diakon in die Hand geben oder an den Nächsten weiterreichen, ob das Brot gesäuert oder ungesäuert ist, und ob der Wein rot oder weiß ist" (Calvin, Institutio 1559, IV 17,43 (Weber 985); vgl. Schulz, Mahl 34[15]).

[2470] Die Kommunikanten können "die consecrierten hostien in die hand nemen, und selbs in den mund schieben" (Karlstadt 1521 (CD 1,13)).

[2471] "En donnant le pain lequel soit sans image, ne permettant quon ladore, le baillant a tous en la main: afin quilz le prennent et mangeussent" (Farel 1533, 1538 (CD 1,345); vgl. Dankbaar, Communiegebruiken 47).

[2472] So auch in Zürich, obwohl einige Handlungsanweisungen (vgl. Zürich 1535 (CD 1,189[11].196[41]) den gegenteiligen Schluß nahelegen; so geht Bauer von einem knienden Empfang aus (vgl. Bauer 181-183). Die sitzende Haltung ist für Zwingli die dem Mahlcharakter angemessenste Form (vgl. Jenny, Einheit 47).

[2473] Vgl. Dankbaar, Communiegebruiken 16.19. Auch für Straßburg ist der kniende Empfang belegt (vgl. Dankbaar, Communiegebruiken 29f) und wird in der Straßburger Concordia von 1542 (bei gleichzeitiger Handkommunion!) ausdrücklich gefordert (vgl. Hubert LXXIV; Dankbaar, Communiegebruiken 30). Der Kelch wird unter den Kommunikanten weitergereicht (vgl. Dankbaar, Communiegebruiken 30).
Noch im 17. Jh. ist der kniende Empfang die Regel und wird durch entsprechende Kniebänke erleichtert (vgl. Graff, Auflösung 1,196f).

[2474] OoC 1548 betont jedenfalls, daß die Gemeinde weiterhin kniet, während der Priester sich zur Austeilung erhebt; außerdem wird nicht von einem Kommuniongang gesprochen (vgl. OoC 1548 (CD 1,393f)). Das BCP 1552 schreibt ausdrücklich den knienden Kommunionempfang vor, möchte damit aber auf gar keinen Fall eine Form der Anbetung verbunden sehen; das Knien dient als Zeichen "of the humble and gratefull acknowledgyng of the benefites of Chryst, geuen unto the woorthye receyuer" (BCP 1552 (CD 1,408). Zur Eliminierung dieser 'Black Rubric' vgl. Buchanan, Lord's Supper 383f; ein Jahrhundert später taucht sie wieder auf (vgl. BCP 1662 (CD 1,425f); Senn, Liturgies 56[31]).

[2475] Vgl. Rietschel/Graff 379.

[2476] Vgl. Dankbaar, Communiegebruiken 21-25. Die Hände der Kommunikanten dürften dabei gefaltet sein (vgl. ebd. 21f). Bei der Kelchkommunion ist aber auch der stehende Empfang bildlich belegt (vgl. ebd. 23).

[2477] Vgl. Dankbaar, Communiegebruiken 76.

[2478] Zitiert nach Goeters, Olevian 339.

[2479] Kurpfalz 1563 (EKO 14,383).

von einer Wandelkommunion ausgegangen werden[2480]. Für eine sitzende Kommunion wäre die genauere Angabe des Ablaufs unerläßlich. Da nichts anderes festgelegt ist, dürften zuerst die Männer und dann die Frauen kommunizieren[2481], wie sich dies vielfach in den Abendmahlsordnungen dieser Zeit als Selbstverständlichkeit formuliert findet.
Die nachfolgenden Synoden der reformierten Kirchen lassen dann sowohl den stehenden als auch den sitzenden Empfang zu.[2482]

Betrachtet man die unterschiedlichen Ausformungen der Kommunion in den reformatorischen Ordnungen, so beschreitet die vorliegende Ordnung einen Mittelweg. Einerseits ist die Ausrichtung am Letzten Abendmahl (zumindest wie man es sich zu dieser Zeit vorstellt) konstitutiv, indem der Empfang von Brot und Wein verbindliche Komponenten bilden. Das Brot für den Empfang wird ausdrücklich gebrochen, weshalb vorzugsweise Brot und keine Hostien verwendet werden. So werden Brechung und Austeilung als sichtbare Vergewisserung gestaltet, daß der Kreuzestod Christi 'für uns' geschehen ist[2483]. Alles, was aber für die Brotbrechung ausgesagt ist, gilt zugleich für die Kommunion, da Brechen und Austeilen unmittelbar zusammengehören und die Interpretation sich auf beides bezieht.
Auf der anderen Seite wird die Orientierung am normativen Letzten Abendmahl aber nicht so weit durchgehalten, daß jede Komponente übernommen würde (wie dies in einigen reformierten Ordnungen der Fall ist), sondern nur die, die der vorliegenden Ordnung theologisch wichtig scheinen. So gibt es keine sitzende Kommunion am Tisch, sondern eine stehende und die Gemeinde reicht sich die Gaben auch nicht weiter, sondern empfängt sie aus der Hand der dazu bestimmten Personen.
Zu dieser in der Ordnung knapp beschriebenen Handlungsebene der Kommunion kommt noch die textliche Ebene hinzu, die das Geschehen der Gemeinde verständlich macht und ausdeutet.

[2480] Vgl. Dankbaar, Communiegebruiken 76; Bassermann 77. Dies ist auch schon in Kurpfalz 1556 der Fall (vgl. Bassermann 45).

[2481] Vgl. Dankbaar, Communiegebruiken 76.

[2482] Bei der Synode in Wesel heißt es : "Sedendo vero aut stando coenam celebrari" (Synode Wesel 1568 (Richter, Kirchenordnungen 2,316)). Die Synode in Emden beschließt in der Nr. 21: "Das Nachtmal aber gehende, stehende, oder sitzende zu geniessen wird ohne vnderscheidt zugelassen" (Synode Emden 1571 (Richter, Kirchenordnungen 2,340)).

[2483] Vgl. 12.4.3.

12.6 Die Spendeformel

Die vorliegende Ordnung kennt als Wort der Austeilenden nur Spendeformeln. Eine besondere Einladung zur Kommunion kennt erst die Fassung von 1601, dann aber unmittelbar vor Brotbrechung und Austeilung, da die Brechung nicht ritualisiert ist, sondern nur um der Austeilung willen geschieht. Einen Text gibt die Ordnung von 1601 nicht an, sondern sie umschreibt nur den Vorgang: "Hie soll der kirchendiener die communicanten vermahnen, daß sie ordentlich und in rechter andacht zum tisch deß herren kommen, ihren glauben offentlich zu bezeugen und zu stercken"[2484]. Auf die Einladungsformeln soll dennoch hier eingegangen werden, weil die Spendeformel der Kurpfälzer Ordnung auf eine Einladungsformel zurückgeht.

12.6.1 Die Einladung zur Kommunion

Die Grenze zwischen Einladungsformel und Spendeformel ist nicht immer scharf zu ziehen. Grundsätzlich löst die Einladungsformel den Bewegungsablauf Kommunion aus, während die Spendeformel direkt mit der Austeilung verbunden ist. Inhaltlich können sich aber trotzdem Überschneidungen ergeben.

12.6.1.1 Die Einladung zur Kommunion in der vorreformatorischen Liturgie

Die Furcht vor dem unwürdigen Empfang führt schon früh zu Bußelementen im Kommunionbereich. In dem Maße, wie die alleinige Priesterkommunion im Westen beherrschend wird, finden sich vor allem 'Apologien', Verteidigungsreden des Priesters[2485]. Für die seltene Gläubigenkommunion bildet sich ein zusätzliches Ritengefüge heraus. Nach der Reformation besteht dieses aus Confiteor mit Absolution, 'Ecce Agnus Dei', zugehörigem Zeigegestus und 'Domine non sum dignus'; die letzten beiden werden als Bekenntnis zum im Sakrament präsenten Herrn verstanden[2486].

Nicht ganz so eindeutig ist aber, wie die Einladung vor der Reformation ausgesehen hat. Das von der Gemeinde gesprochene 'Domine, non sum dignus' ist zwar schon weit vor der Reformation belegt[2487], aber das 'Ecce Agnus Dei' wird erstmals bei der Synode von Aix 1585 vorgeschrieben[2488] und dann erst in die Kommunionordnung des Rituale Romanum 1615 übernommen[2489].

[2484] Kurpfalz 1601 (CD 1,520[145]); vgl. Brunner, Abendmahlszeugnis 226.

[2485] Noch heute führt das Meßbuch ein solches, stilles Vorbereitungsgebet des Priesters (vgl. Meßbuch 1988,520). Zu den priesterlichen Vorbereitungsakten vgl. Jungmann, MS 2,426-435.

[2486] Vgl. Jungmann, MS 2,461f; Meyer, Eucharistie 236. Zum 'Domine non sum dignus' vgl. Daschner 187-190; Schulz, Abendmahlsgebet 111-114.

[2487] Vgl. Browe, Kommunionriten 32. Vgl. auch oben 7.4.4.1.1.

[2488] Jungmann spricht allerdings vorsichtig von einer ersten Bezeugung (vgl. Jungmann, MS 2,461; Heinz, Rules 131). Auch Meyer geht von einem Auftauchen gegen Ende des 16. Jahrhunderts aus (vgl. Meyer, LM 312[43]). Deutlich läßt sich das 'Ecce, Agnus Dei, ecce, qui tollit peccata mundi' als Adaption der Anrufung 'Agnus Dei, qui tollis peccata mundi' erkennen, die spätmittelalterlich nicht zur Brotbrechung sondern zur Kommunion verwendet wird (vgl. 11.4.1). Damit wird das Agnus Dei auf seine Grundlage, nämlich den Ruf Johannes des Täufers nach Joh 1,29 zurückgeführt. Diese Stelle ist neben Jer 11,19 auch als einziger biblischer Beleg für das Agnus Dei in der ältesten deutschen Meßerklärung verzeichnet (vgl. Meßauslegung 1480 [Häußling Nr. 132] (Reichert 181f)). Zur Lamm-Metapher vgl. auch Stevenson, Offering 276-280.

[2489] Vgl. Heinz, Rules 131. In der Zwischenzeit finden sich aber noch andere und zugleich ähnliche Formeln: Im Rituale Augsburg 1612 [Probst Nr. 17] heißt es z.B.: "Sehet das Lamb Gottes, welches hinnimmt die Sünd

In der Literatur wird letztere Formel als Nachfolgerin eines Glaubensbekenntnisses bzw. von Glaubensfragen (ggf. Fragen nach dem Glauben an die Realpräsenz) oder von entsprechenden Kommunionansprachen gesehen.[2490] Als Kommunioneinladung sei zuvor ein frei zu sprechender Text üblich[2491].

Nun muß aufgrund des oben über das erste Vorkommen von Kommunionansprachen im katholischen Raum Gesagten daran gezweifelt werden, daß die Einladeformel 'Ecce Agnus Dei' deren Kurzform darstellt[2492], denn die Kommunionansprachen kommen ja fast zur selben Zeit in den Ritualien zum Abdruck, in der auch das 'Ecce Agnus Dei' eingeführt wird.

Woher aber das 'Ecce Agnus Dei' zu diesem Zeitpunkt kommt, ist nicht sicher zu sagen. Zunächst ist auf das Vorbild entsprechender Ecce-Formeln zu verweisen, die mit der Präsentation der Eucharistie verbunden sind[2493]. Weiterhin ist auf den parallelen Aufbau, aber nie identischen Wortlaut einiger früher evangelischer Zeige- und Einladungsformeln zu verweisen[2494]. Das Auftauchen dieser Formeln bei Kantz und den von ihm abhängigen, frühen Formularen läßt sich am leichtesten aus der Existenz einer ähnlichen Formel zu Beginn der Reformation erklären[2495]; beweisen läßt sie sich nicht.

Schließlich ist an die Anlehnung an andere Liturgiefamilien zu denken. So findet sich die Formel fast in gleicher Weise im Stowe-Missale innerhalb des Kommunionteils (der außerdem kein Agnus Dei kennt), wenn daraus auch keine direkte Brücke zur Reformationszeit geschlagen werden kann[2496]. Besonders aber ist an eine Orientierung an Elementen der bereits im 16. Jh. durch Druckeditionen in Westeuropa bekannten östlichen Liturgien zu

---

der Welt. Sehet, diß ist der wahre Leib und Blut unsers Herren Jesu Christi, deß wahren Gottes und Menschen, in welches Namen wir alleinig müssen selig werden" (Hoeynck 135; vgl. Fischer, Predigt 232[40]).

[2490] Vgl. Jungmann, MS 2,460f; Meyer, Eucharistie 236.

[2491] Vgl. Meyer, Eucharistie 236.

[2492] Vgl. 6.4.4.3. Fischer sieht in der Einführung des 'Ecce Agnus Dei' im RitRom 1614 den Ersatz für die nach einer Blütezeit versiegende Kommunionansprache (vgl. Fischer, Predigt 232.232[40]).

[2493] Zeigeformeln, die mit 'Ecce' beginnen, sind auch schon vor der Reformation bekannt, wenn sie auch nicht mit dem Lamm-Motiv verbunden werden; z.B.: "Ecce, frater, corpus domini nostri Iesu Christi, quod tibi deferimus. Credis hoc esse illud, in quo est salus, uita et resurrectio nostra?" (Rituale von St. Florian 12. Jh. (Franz 82)). Eine weitere Ecce-Formel ist das 'Ecce panis angelorum', das aber eine Ostensionsformel darstellt; bei Messen vor ausgesetztem Sakrament, bei denen immer das Fronleichnamsformular verwendet wird, nimmt im Spätmittelalter der Priester bei der Sequenz 'Lauda Zion' das Sakrament in die Hand, wendet sich zum Volk und stimmt die als Ruf gestaltete Strophe 'Ecce panis angelorum' an (vgl. Browe, Verehrung 150-153).

[2494] Vgl. 12.6.1.2 a).

[2495] Auf jeden Fall kann die Einführung des 'Ecce Agnus Dei' in die katholische Liturgie nicht als Adaption an diese frühen reformatorischen Vorbilder interpretiert werden, da die zeitliche Distanz von mehr als einem halben Jh. dafür zu groß ist.

[2496] Im Stowe-Missale findet sich die Formel: "Ecce agnus dei ecce qui tollis peccata mundi" (Stowe Missale (HBS 32,18 Warner)).

denken[2497], weil auch für die Rechtfertigung der Elevation auf evangelischer Seite auf die 'graeca missa' verwiesen wird[2498].

12.6.1.2 Die Einladung zur Kommunion in den reformatorischen Ordnungen

Grundsätzlich ist festzuhalten, daß die Abgrenzung der Einladung zur Kommunion von der Spendeformel in den reformatorischen Ordnungen einige Schwierigkeiten bereitet. Oft kann nämlich eine Einladungsformel nur durch die darauf folgende Spendeformel identifiziert werden.

a) In den **frühen Ordnungen** findet man einige Male eine Orientierung am Zeigegestus der katholischen Vorlage. Dabei zeigen die ersten Belege eine gewisse Ähnlichkeit mit der Formel 'Ecce Agnus Dei' auf. Bei Kantz sind Einladung, Zeigegestus und Spendeformel direkt miteinander verbunden: "Secht, allerliebsten, das ist warlich der heylig leychnam unsers herren Jhesu Christi, der für euch gelitten hat den bittern tod. Nement hyn und essent jn, das er euch speys, neer beware in das ewig leben. Amen. Der frid sey mit euch allen."[2499]/ "Laßt uns auch trinken den kelch des heyls und anrufen den namen des herren... Secht, das ist warlich der teür schatz des kostbarlichen bluts unsers herren Jhesu Christi, damit jr erkaufft seyt. Nement hyn und teylents mit einander zu abwäschung ewer sünden."[2500] Die Wormser Messe und Straßburg/Ordenung 1524 nehmen die Kantzsche Formel auf, unterlassen Friedensgruß und Amen, fügen aber eine weitere Spendeformel an[2501]. Alle Belege sind über die Kantzsche Messe, dem zeitlich ersten erhaltenen Meßformular mit evangelischer Orientierung, voneinander abhängig[2502]. Danach ist die Formel nur noch bei katholisierenden

---

[2497] So findet sich in der durch Erasmus besorgten Ausgabe der Chrysostomos-Liturgie bei der Brechung direkt nach dem Erheben der Gaben: "Diuisurus sacerdos panem, dicit: Diuiditur agnus dei, qui tollit peccatum mundi" (Chrysostomus 5,667). Die von Witzel besorgte deutsche Übersetzung lautet: "Weñ der priester das brod teilen wil/spricht er: Das lamb Gottes wirt geteilet/das die sünde der welt weg nimpt" (Witzel, Der heiligen Messen brauch 1540,XXXVI).
In einer Ausgabe der Jakobus-Anaphora heißt es: "Et cum signat panem, dicit: Ecce agnus Dei, filius patris, qui tollit peccata mundi, mactatus pro mundi vita, & salute" (Liturgiae 1560,30'). Der entsprechende griechische Text kommt auch in der 1560 bei Morel in Paris erschienenen Ausgabe vor, die bei Daniel abgedruckt ist (vgl. Brightman, Liturgies XLVIII): "Ἴδε ὁ ἀμνὸς τοῦ Θεοῦ, ὁ Υἱὸς τοῦ Πατρός, ὁ αἴρων τὴν ἁμαρτίαν τοῦ κόσμου, σφαγιασθεὶς ὑπὲρ τῆς τοῦ κόσμου ζωῆς καὶ σωτηρίας" (Daniel 4,126; vgl. Swainson 315).

[2498] Vgl. Müller, Geschichte 457. Auch von Gropper wird im Streit mit dem Kölner Erzbischof und Bucer die Elevation mit dem Verweis auf die Elevation vor der Kommunion nach der erasmischen Ausgabe der Chrysostomos-Liturgie verteidigt (vgl. Gropper, Christliche vnd Catholische gegenberichtung 1544 [Häußling Nr. 133] LXXVII).

[2499] Kantz 1522 (CD 1,15). Nach Smend verbinden sich hier Elevation und Distribution (vgl. Smend, Messen 80; Drömann, Deutschen Messen 15³⁵). Brunner verneint diese Bewertung für die Wormser Messe mit Verweis auf die schon erfolgte Elevation (vgl. Brunner, Messe 155f). Seine Einschätzung ("In der Wormser Messe sind diese Worte lediglich die Eröffnung der Distribution" (Brunner, Messe 156)), steht aber in der Gefahr, die Genauigkeit dieser Übergangsordnung zu überschätzen.

[2500] Kantz 1522 (CD 1,16). Das Motiv der Anrufung des Namens des Herrn findet sich schon im MRom in Gebeten des Priesters vor der Kommunion: "Panem celestem accipiam et nomen domini inuocabo"/"Calicem salutaris accipiam et nomen domini inuocabo" (MRom 1474 (HBS 17,211 Lippe)).

[2501] Vgl. Worms 1524 (CD 1,20); Straßburg/Ordenung 1524 (Hubert 73).

[2502] Vgl. Krüger 86-89.

Ordnungen nachweisbar[2503], wohl weil ansonsten der mit ihr verbundene Zeigegestus und die enthaltene Aussage über die Realpräsenz nicht toleriert werden[2504].
Die Parallele dieser Formeln mit dem 'Ecce Agnus Dei' ergibt sich beim Einladungswort zum Brot aus der Anrede 'secht' ('ecce') und aus einer Benennung des Brotes als Leib Christi bzw. Lamm Christi, letztlich aber immer Christus selbst. Danach folgt ein Relativsatz, der mit "der für euch gelitten hat den bittern tod"[2505] in typischer Weise die Zusage einer personalen Sündenvergebung macht, wie dies "qui tollit peccata mundi" in allgemeiner Weise tut.
Eine ähnliche Verbindung von Zeigegestus und begleitender Formel findet sich bei Luther: Er hält in seiner 'Deutschen Messe' an der Elevation der Gaben fest[2506]. Da aber die EW als Konsekrations- und Spendeworte zugleich verwandt werden, fließen hier Elevation und Zeigegestus ineinander; die EW selbst aber fungieren zugleich als Einladung ('Nempt hyn und esset'/'Nempt hin und trincket') und Spendeformel[2507].
b) Andere evangelische Ordnungen lösen sich an dieser Stelle von einem Zeigegestus und stellen die **direkte Aufforderung zum Kommuniongang** in den Mittelpunkt. Dies kann durch ein Bibelwort ("Venite igitur omnes, qui laboratis et onerti estis, et ego requiem vobis prestabo"[2508]) oder auch verbunden mit einem Trostspruch geschehen ("Wen Er der Herr inn seinem hertzen zů disem Tisch vermanet/der komme herzů/Gott geb vns hierzů sein Genad/Amen"[2509]). In der anglikanischen Tradition tauchen solche biblischen Einladungsformeln als 'comfortable words' wieder auf[2510].
In Straßburg wird in einer solchen Kommunioneinladung zugleich die Funktion des Abendmahls als Gedächtnis und Verkündigung herausgestellt: "So kument nun hår, die ir wőllent mitt mir des herren nachtmal halten vnd entfahen! er wöl vch dazu geschickt machen

---

[2503] Auffällig ist, daß die Formel zusammen mit dem Zeigegestus in Kurbrandenburg unter Kurfürst Joachim II. als stark 'katholisierende' Tendenzen wieder auftaucht (vgl. Zeeden, Überlieferungen 23). Für die von diesem Kurfürsten erlassene Kirchenordnung von 1540 nimmt man einen wesentlichen Einfluß Witzels an (vgl. Pfeiffer 138), ohne diesen konkret nachweisen zu können (vgl. Pfeiffer 139[69]). Dort ist noch für 1598 bezeugt, daß der Priester sich nach der Konsekration zur Gemeinde kehrt und sagt: "'Sehet, liebenn Christenn, das ist der ware leib vnnsers Herrn Jesu Christi' etc., Item: 'Sehet, liebenn Christenn, das ist das ware blutt' etc. Welches, so bald es die vnuerstendigenn sonnderlich vnter den Weibesbildern anhören, schlagen sie an ihre brust oder heben die hende auff oder erzeigenn sich sonnsten, das man den aberglaubenn gnugsam dabei zu spüren hat." (Müller, Geschichte 530; vgl. Meyer, Elevation 209). Diese Formel kann sich auf Luthers 'Kurzes Bekenntnis vom heiligen Sakrament' von 1544 berufen, in der er die Elevation verteidigt: "Auch were das eine feine deutung, das der Priester mit auffhebung des Sacraments nichts anders thette, Denn das er die wort verkleret 'Das ist mein Leib', als wolt er mit der that sagen: Sehet, lieben Christen, das ist der Leib, der fur euch gegeben ist" (WA 54,163; vgl. Meyer, Elevation 207; Müller Geschichte 530).

[2504] Allerdings ist eine Elevation der Gaben noch bis in die 2. Hälfte des 16. Jh. nachweisbar (vgl. Rietschel/Graff 378; Meyer, LM 288).

[2505] Kantz 1522 (CD 1,15).

[2506] Vgl. Luther, DM 1525 (CD 1,38). Die KO Mecklenburg, die ebenfalls die EW direkt vor die Kommunion setzt, lehnt aber die Elevation ab: "Und nach dem die elevatio, aus guten und wichtigen ursachen, in vielen kirchen dieser und anderer land abgethan ist, sol sie an allen orten unterlassen werden. Damit die ungleicheit nicht gezenk bringe." (Mecklenburg 1552 (CD 1,103)).

[2507] Vgl. Luther, DM 1525 (CD 1,38).

[2508] Zürich 1523 (CD 1,188), unter Verwendung von Mt 11,28.

[2509] Augsburg 1555 (CD 1,336).

[2510] Vgl. OoC 1548, BCP 1549, 1552 (CD 1,392f). Hollenweger sieht hierin zwinglischen Einfluß (vgl. Hollenweger 182).

vnd verleyhen, sein todt mit rechtem glauben zu bedencken vnd mit warer danckbarkeit verkünden."²⁵¹¹ Schon Luther sieht im Heraustreten der Kommunikanten aus der Gemeinde einen Bekenntnisakt²⁵¹².

c) Aber auch ein **letztes Bedenken der eigenen Würdigkeit** kann wie im vorreformatorischen Ritus an dieser Stelle seinen Platz haben; dies kann in Ermahnungen geschehen²⁵¹³. In der (lutherischen) Frankfurter Ordnung werden nur die zugelassen, die zuvor gebeichtet haben: "Diejenigen so sich in ein bußfertig Leben ergeben haben/und darüber Absolution über ihre Sünden empfangen von den Dienern des Worts/die mögen mit Andacht herzugehen."²⁵¹⁴ Ansonsten wird die Frage Würdigkeit in der lutherischen Tradition mehr im Liedgut thematisiert²⁵¹⁵.

Auch die anglikanische Tradition thematisiert im 'Prayer of Humble Access' die Würdigkeit²⁵¹⁶. Die Unwürdigkeit wird mit einem Zitat von Mt 15,27 ausgedrückt, dieses aber nach dem Modell des 'Domine non sum dignus' und des darin verwendeten Zitats aus Mt 8,8 umgeformt²⁵¹⁷. Das Gebet bleibt aber nicht bei der Frage der Unwürdigkeit stehen, sondern erhofft die Vereinigung mit Christus in der Kommunion.

d) In **reformierten Ordnungen** ist die Frage der Würdigkeit stärker thematisiert und die Einladung nicht selten der Ort einer letztmaligen Aufforderung zur Selbstprüfung. So heißt es in Basel: "Ein yeder bewer sich vor hin/damit er nit das vrteil empfach/dann got will ein heilig dapffer volck in aller zucht vnd andacht/Befleyßt euch on all gleyßnerey/bezeügen Christlicher lieb vnd einmütigkeyt/damit der nam gottes durch euch geheiliget werd."²⁵¹⁸ In Bern wird in diese Formel die Aufforderung zur Teilnahme am Abendmahl integriert und die Verkündigungsfunktion hervorgehoben; es wird aber die gleiche Schlußformel wie in Basel benutzt: "Nun mit sölichem gemüt und hertzen, das jr begärend des Herren jünger

---

²⁵¹¹ Straßburg/Ordnung 1525 (CD 1,328); vgl. Dankbaar, Communiegebruiken 29. Die weiteren Ordnungen variieren leicht: "Ir, so mit mir wöllen des herren nachmal entpfahen vnd so sich anzeygt haben, kommen nun her, vnd gott wölle euch geschickt machen vnd verleyhen, sein todt in rechtem glauben zu bedencken vnd mit warer danckbarkeit zu verkünden, amen" (Straßburg 1526-1536 (CD 1,323)). Ab 1537 wird die Einladung radikal gekürzt und verändert; aus der eigentlichen Aufforderung zur Teilnahme am Abendmahl wird eine Aufforderung zu Gedächtnis, Lob und Dankbarkeit: "Glaubet dem herren vnd saget jm ewigs lob vnd danck!" (Straßburg 1537ff (CD 1,323)).

²⁵¹² "Nam huius communio caenae est pars confessionis, qua coram deo, angelis et hominibus sese confitentur esse Christianos" (Luther, FM 1523 (Herbst 36); vgl. Dankbaar, Communiegebruiken 17).

²⁵¹³ Nur als Rubrik in Straßburg/Ordenung 1524 (Hubert 81).

²⁵¹⁴ Frankfurt 1543 (CD 1,244). In der vorhergehenden Ordnung wird die Einladung noch vor den EW ausgesprochen: "Wer das alles mit Ernst begert, und sein Sünde bekennt, der ist zu disem Nachtmal zugelassen, über den Unglaubigen aber beleibt der Zorn Gottes, etc." (Frankfurt 1530 (CD 1,240)).

²⁵¹⁵ Vgl. Schulz, Abendmahlsgebet 117-119.

²⁵¹⁶ Vgl. OoC 1548 (CD 1,393); BCP 1549 (CD 1,402). Im BCP 1552 wird dieses Gebet aber vor das Abendmahlsgebet gezogen (vgl. Buchanan, Lord's Supper 383).

²⁵¹⁷ Vgl. hierzu Schulz, Abendmahlsgebet 115f.

²⁵¹⁸ Basel 1526 (CD 1,214); sprachlich etwas umgeformt und ohne den letzten Nebensatz in Basel 1537 (CD 1,223f). In Basel 1560 wird eine Einladung zur Kommunion angefügt: "Nun kommend unnd ässend von dem brot deß Herren, und trinckend uß sinem kelch" (Basel 1560ff (CD 1,224⁵⁸)). Eine Anlehnung an die Baseler Tradition spürt man auch in Mömpelgard 1559: "Par ainsi donc, mes chers amys, que ceux qui ueulent participer à ceste Cene du Seigneur, s'espreuuent diligemment, & examinent leurs coeurs & consciences, & uiennent auec uraye foy & charité ardante enuers leur prochain, renonçans à tous uices & pechez: car le seigneur Dieu ne ueut point un peuple faux n'hypocrite, mais ueut un peuple fidele & entier, qui auec uray cour retourne à luy, & participe à sa sainte Cene" (Mömpelgard 1559 (CD 1,375)).

und glider synes lybs zesin, und jm mit allen Christen ewigklich lob unnd danck zesagen, das er syn lyb und blût zû üwer erlôsung in tod gebenn hat. Kommend mit frôuden, unnd essend von synem brot, und trinckend synen kelch, und verkündend unnd prysend den tod deß Herren, und flyssend üch on alle glyßnery zebezügen üweren glouben, Christenliche lieb und einigkeyt, damit der namm Gottes durch üch geheyliget werd."[2519]

Die Einladung zur Kommunion in der Londoner Flüchtlingsgemeinde hebt sich von den vorhergehenden Beispielen ab, indem ein Zitat aus 1 Kor 5,7f verwendet wird: "Siet nu beminde broeders, Onse paeschlam Jesus Christus is voer ons gheoffert: daerom so laet ons Hoochtyt houden, niet in oude suerdeech, noch in suerdech des ercheits ende schalckheits: mer in onghedeesemt broot des een-uouicheits ende waerheits."[2520] Es handelt sich bei dieser Übernahme der Communio-Antiphon vom Ostersonntag[2521] um eine Ecce-Formel ohne jegliche Realpräsenzaussage und jeden Zeigegestus, die Aufforderung und theologische Belehrung verbindet. Ihr folgen zu Brot und Kelch außerdem noch Sätze nach 1 Kor 10,16, die als Einladung, aber auch als Spendeformel verstanden werden können[2522]. Genau diese Sätze werden in der vorliegenden Ordnung aber als Spendeformel aufgegriffen.[2523]

Zusammenfassend ist festzuhalten, daß selbst, wenn Einladungsformeln in den evangelischen Ordnungen vorhanden sind, diese ein breites Spektrum hinsichtlich Inhalt und Funktion aufweisen. Den Ordnungen, die die Realpräsenz herausstellen, geht es darum nicht alleine, sondern darum, zusammen mit der Spendeformel die personale Zueignung des Kreuzesgeschehens - d.h. des 'für euch gegeben' - zu betonen. In beiden Formeln ist dort der Ort, die zentrale Verkündigungsaussage des Abendmahls zu thematisieren, wenn nicht die EW selbst zur Einladungs- und Spendeformel werden. Die Aussage, die evangelische Theologie in der katholischen Messe so oft verschwiegen sieht, kann damit vor der Kommunion nochmals hervorgehoben werden.

Andere Ordnungen belassen es mehr bei einer rein formalen Einladung zum Empfang der Gaben, und besonders die Ordnungen, die die Vorstellung einer somatischen Realpräsenz ablehnen, betonen in der Einladung nochmals deutlich die Frage der Würdigkeit - vielleicht, um sich hier dem Realpräsenz-Problem nicht stellen zu müssen. Die Ordnung der Londoner Flüchtlingsgemeinde bildet mit ihren Sätzen nach 1 Kor 10,16 praktisch die einzige, die in dieser Gruppe mit der Einladungsformel positiv die Bedeutung des Kommuniongeschehens umschreibt und nicht die Aufforderung zur Sebstprüfung hier positioniert, obwohl die Frage der Würdigkeit in all diesen Ordnungen zuvor schon breit thematisiert worden ist.

12.6.2 Die eigentliche Spendeformel

Wie oben dargelegt, kann die Spendeformel von einer Einladungsformel zur Kommunion unterschieden werden, indem auf die Spendeformel unmittelbar der Empfang von Brot und Wein erfolgt. Sie erhält liturgietheologisch deshalb besondere Bedeutung, weil sie oftmals die zugrundeliegende Eucharistietheologie in kurzer Form zum Ausdruck bringt. Von daher

---

[2519] Bern 1529 (CD 1,235f).

[2520] Micron 1554 (CD 1,446). Vgl. a Lasco 1555 (CD 1,446).

[2521] "Pasca nostrum immolatus est christus. alleluia. Itaque epulemur in azimis sinceritatis et ueritas. alleluia. alleluia. alleluia." (MRom 1474 (HBS 17,211 Lippe)).

[2522] Vgl. Micron 1554, a Lasco 1555 (CD 1,446.448). Vgl. auch 12.6.2.2 i)-j).

[2523] Vgl. 12.6.2.3.

hat die Spendeformel innerhalb der Reformationskirchen häufig Anlaß zu Auseinandersetzungen gegeben.

12.6.2.1 Die Spendeformel in der vorreformatorischen Liturgie

Seit der Antike sind Spendeformeln zur Kommunion bezeugt[2524], die in einer großen Zahl sprachlicher Varianten auftauchen. Durchgängig wird darin das Brot und der Wein bekenntnisartig als 'Leib und Blut Christi'[2525] benannt, wobei der Kommunizierende diesen Glauben mit 'Amen' bezeugt.[2526] Z.T. wird die Formel mit ehrenden Epitheta und Wünschen (Vergebung der Sünden und Führung zum ewigen Leben) erweitert[2527].

Im stadtrömischen Ritus fehlen zunächst solche Formeln[2528]. In der fränkischen Liturgie geht der Kommunion statt einer Bekenntnisformel ein Segenswunsch voraus, dessen Grundform 'Corpus et sanguis D.N.J.C. custodiat te in vitam aeternam'[2529] lautet und der die Funktion einer Spendeformel erfüllt. Obwohl nach der Jahrtausendwende zahlreiche Varianten auftauchen, bilden sie eine große Einheit[2530]. Deutsche Übersetzungen dieser Formel finden sich schon in den Meßbetrachtungen vor der Reformation.[2531]

12.6.2.2 Die Spendeformel in den reformatorischen Ordnungen

Die Spendeformeln sind in der Geschichte der Reformationskirchen[2532] zu einem Hauptthema interkonfessioneller Auseinandersetzung und einem Mittel konfessioneller Abgrenzung geworden.[2533] Dabei stehen die Aussagen der Spendeformeln im Vordergrund, aber auch die Sachgemäßheit der Verwendung einer Spendeformel wird diskutiert. Bei letzterem engt man oft den Begriff 'Spendeformel' auf Sätze ein, die jedem Kommunikanten persönlich zugesprochen werden. Andere verzichten auf jede individuelle Spendeformel zugunsten der

---

[2524] Vgl. z.B. TrAp 21 (Fontes Christiani 1,268 Geerlings).

[2525] "Σῶμα Χριστοῦ"/"Αἷμα Χριστοῦ, ποτήριον ζωῆς" (ConstAp VIII,13,15 (SC 336,210 Metzger)).

[2526] Vgl. Jungmann, MS 2,481f; Schmidt-Lauber, Formeln 269; Krüger 84.

[2527] Vgl. Jungmann, MS 2,482; Schmidt-Lauber, Entfaltung 185f.

[2528] Vgl. Jungmann, MS 2,482.

[2529] Vgl. Jungmann, MS 2,483; Schmidt-Lauber, Formeln 270; Krüger 84. Auch hier kann wieder der Wunsch der Sündenvergebung integriert sein (vgl. Jungmann, MS 2,483[116]). Im MRom 1570 ist die obige Fomel übernommen und nur das 'te' zu 'animam tuam' umgeformt. Vorreformatorisch kommt die Form mit 'te' noch häufig vor (vgl. Daschner 190f, bes. 191[554]). Auch die Ausweitung der erhofften Wirkung auf alle Versammelten ist dort nachweisbar (vgl. Daschner 192.196).

[2530] Zu den Textelementen vgl. Jungmann, MS 2,485f. Erst durch die Liturgiereform des 20. Jh. wird auf katholischer Seite das knappe Bekenntnis 'Der Leib Christi'/'Das Blut Christi' mit anschließendem 'Amen' des Kommunizierenden eingeführt (vgl. Schmidt-Lauber, Formeln 269).

[2531] "Der fronleichnam meines lieben herren Jhesu Christi, der frumm und nutze mir zu ablas und vergebung aller meiner sünde und für meyn sele in das ewig leben. Amen." (Salus animae (1503) und Hortulus animae (1508), zitiert nach Smend, Messen 15; vgl. ebenso Krüger 84f). Die älteste deutsche Meßauslegung formuliert kürzer: "Der leyb unsers herren Ihesu Cristi geb mir gelueck zu ewigem leben. Amen." (Meßauslegung 1480 [Häußling Nr. 101] (Reichert 188)).

[2532] Zu den Spendeformeln in den deutschen evangelischen Kirchen vgl. Graff, Auflösung 1,197-199; 2,155f; Rietschel/Graff 379f; Krüger.

[2533] Noch im 19. Jh. bildet die Spendeformel in den preußischen Landen eines der Unterscheidungskriterien zwischen Reformierten und Lutheranern, über das man sich bei den Unionsbemühungen allerdings leicht einigen kann (vgl. Kampmann 124-126.133.142).

allgemeinen Anrede der Gemeinde. So führt schon Luther in seiner 'Deutschen Messe' (1526) keine gesonderten Spendeworte auf, sondern gebraucht in gewisser Weise die EW zugleich als Spendeworte, indem dem Brot- und dem Kelchworte jeweils direkt die Austeilung folgt[2534].

Es können folgende Gruppen unterschieden werden[2535] (der Kürze wegen wird meist nur die Spendeformel zum Brot benannt):
a) Es finden sich zunächst Ordnungen, in denen keinerlei Spendeformeln im herkömmlichen Sinne fixiert werden[2536]. Dies braucht keine Ablehnung einer Spendeformel zu bedeuten, noch ist daraus automatisch zu schließen, daß in der Praxis die Austeilung schweigend vonstatten geht. Gerade bei den frühen Ordnungen kann davon ausgegangen werden, daß die gängige Spendeformel weiterbenutzt wird.[2537] Und obwohl bei Calvin die Vermahnung direkt in die Austeilung übergeht[2538] und bei Knox der Austeilung ein Dankgebet vorgeschaltet ist[2539], sind für beide Spendeformeln zu vermuten.
Das Fehlen einer traditionellen Spendeformel kann besonders durch die - wie bei Luther - direkt der Kommunion vorausgehenden EW motiviert sein, die als gleichzeitige Spendeformel verstanden werden können.[2540] Dieser Zusammenhang wird von Bugenhagen auch ausdrücklich als Grund artikuliert: "Wenn man das Sakrament austeilet, so soll man den Kommunikanten ... nichts sagen, denn zuvor ist es insgemein gesagt, mit den Worten und Befehlen Christi in ihren Ohren. Das kann man nachmals nicht besser machen."[2541]

[2534] Vgl. Luther, DM 1525 (CD 1,38). Zu dieser Interpretation vgl. Schmidt-Lauber, Entfaltung 187; Schmidt-Lauber, Formeln 270.

[2535] Größtenteils orientiert sich die Einteilung an Rietschel/Graff 379f; Krüger. Die Frage, von wem das oftmals an die Spendeformel angefügte 'Amen' gesprochen wird, bleibt unberücksichtigt, da sie für die Entwicklung der Spendeformeln ohne Belang ist und da meist - wie im unmittelbar vorreformatorischen Brauch - von einem Sprechen durch den Austeilenden auszugehen ist (vgl. Krüger 162).

[2536] Vgl. hierzu Graff, Auflösung 1,198.

[2537] Vgl. Karlstadt 1521 (CD 1,13); Kantz 1522 (CD 1,15f; hier erfüllt die den Zeigegestus begleitende Formel die gleiche Funktion); Müntzer 1524 (CD 1,22f); Straßburg/Schwarz 1524 (CD 1,316); Bern 1529 (CD 1,236). Die Verwendung der alten Spendeformel für die frühen Straßburger und Nürnberger Ordnungen vermutet auch Krüger (vgl. Krüger 118-120). Ohne weiteres können in den gleichen Ordnungen, die beim Abendmahl keine Spendeformeln kennen, bei der Krankenkommunion Spendeformeln angeführt sein (vgl. Krüger 122f).

[2538] Vgl. Genf 1542, 1542A (CD 1,361.361[27]), Genf dt. 1563,52. Nur Genf 1545 enthält eine Spendeformel (vgl. Anm. 2550).

[2539] Vgl. FoP 1556, 1564 (CD 1,477f). Maxwell hält es aber für möglich, daß eine Spendeformel benutzt wird (vgl. Maxwell 126[9]).

[2540] Vgl. Zürich 1525 (CD 1,195f); Braunschweig 1528 (CD 1,55f); Frankfurt 1530 (CD 1,240); Württemberg 1536 (Richter, Kirchenordnungen 1,268); Kassel 1539a (EKO 8,121f); Kassel 1539b (EKO 8,123[k]); Mecklenburg 1552 (CD 1,103f).

[2541] Schleswig-Holstein 1542, zitiert nach Rietschel/Graff 379. Bugenhagen und die Schleswig-Holsteinische Tradition werden von Krüger als Beispiel für eine dezidierte Ablehnung einer Spendeformel angeführt (vgl. Krüger 121f). Dabei übersieht er aber einerseits, daß die EW zur Konsekration zugleich als Spendeformel verstanden werden können, zum anderen sind wesentlich früher Spendeformeln für diesen Raum nachzuweisen bzw. zu vermuten, als Krüger dies annimmt (vgl. Voß).
Ähnlich wie Bugenhagen argumentiert die Württembergische Ordnung, behält aber trotzdem die Spendeformel bei: "Wiewol nun beid brott vnd wein was zů dem gegenwürtigen Nachtmal gebraucht würdt/durch die stifftung Christi so vorhin in der ermanung/vnd hernach indonderheit verlesen gnůgsam geweihet seind/vnd bedarff derhalben nicht vil sonderlicher wort mehr/jedoch zů mehrer erinnerung mage der kirchendiener in darreichung des leibs Christi/zů einem jetlichen vngeuarlich volgende wort sprechen" (Württemberg 1553 (CD 1,256)).

b) Es finden sich Ordnungen, die einfach die (als Segenswunsch formulierte und das Bekenntnis beinhaltende) Spendeformel des lateinischen Missale (ggf. mit kleinen Änderungen) übernehmen[2542] und in die Anredeform setzen[2543]. In den anglikanischen Ordnungen wird diese Formel mit einer Aussage über die Hingabe Christi für die Kommunizierenden ergänzt und erhält somit die Funktion der Zusage wie die Formel unter c)[2544]. Zusätzlich wird beim abschließenden Wunsch die Wirkung für "body and soul"[2545] erwartet. Diese Erweiterung der erwünschten Wirkung auf Leib und Seele findet sich vereinzelt auch im deutschen Sprachraum[2546]. Diese Umschreibung der ganzen menschlichen Person wird dann wiederum durch das einfache 'dich' ersetzt: "Der Leib vnsers Herrn Christi bewar dich zum ewigen leben."[2547] Zudem wird die Formel damit biblisiert[2548].

c) Daneben findet sich (wiederum mit Abweichungen) eine Umformung des Brot- und Kelchwortes, die aber nicht mehr direkt dem römischen Kanon entnommen sind[2549]: 'Nehmet (nimm) hin und esset (iß), das ist der Leib (Jesu Christi), der für euch (dich) gegeben ist.'[2550]

[2542] Vgl. hierzu Graff, Auflösung 1,198. Das abschließende Amen wird meist vom Austeilenden gesprochen und findet sich nicht überall (vgl. Graff, Auflösung 1,198³).

[2543] Vgl. Luther, FM 1523 (CD 1,35); Krüger 89. In der Wormser Messe findet sich noch eine Einbeziehung von Priester und Empfangenden: "Der leib des herren Jesu Christi/behüt dein seel in das ewig leben"/"Das blût vnsers herren Jesu Christi behüt dein seel vnd mein seel in das ewig leben" (Worms 1524 (CD 1,20)). Straßburg/Ordenung 1524 benutzt fast die gleiche Formulierung wie Worms 1524; vor allem aber werden zuvor die referierenden Einladungsformeln aus Kantz 1522 verwandt (vgl. Straßburg/Ordenung 1524 (Hubert 73)). In Nürnberg hat die Ordnung Volprechts noch eine singularische Spendeformel für die Priesterkommunion (vgl. Nürnberg/Volprecht 1524 (CD 1,83)). Außerdem werden jeweils Passagen eingefügt, die das 'pro nobis' herausstellen: "der für uns dargeben ist"/"das fur uns vergossen ist" (Nürnberg/Volprecht 1524 (CD 1,83)). Döber nimmt die Veränderungen Volprechts auf, bringt aber zusätzlich die Erweiterung der Wormser Messe ein (vgl. Nürnberg/Döber 1525 (EKO 11,54)). Vgl. auch Krüger 123f.
Die Ausformulierung des 'pro nobis' findet sich schon im 'Testament Jesu Christi': "Der leyb unsers herren Jesu Christi, der fur mich yn tod gegeben ist, bewar meyn seel yns ewig leben"/"Das blut unsers herren Jesu Christi, das fur mich vergossen ist in der Geyßlung, in der Krönung, am Creuz vor und nach dem tod, das ich yetzund nyeß yn vergebung meyner sund, behalt mich yns ewig leben" (Oekolampad 1523 (Smend, Messen 56)).

[2544] In OoC 1548 wird eingefügt: "which was geuen for the"/"which was shed for the" (OoC 1548 (CD 1,393)). Im BCP 1549, 1552 finden sich die gleichen Erweiterungen wie in OoC 1548 (vgl. BCP 1549 (CD 1,403)). 1552 wird die Spendeformel geändert, damit sie nicht als Aussage über die Realpräsenz verstanden werden kann (siehe unter h)).

[2545] BCP 1549, 1552 (CD 1,403).

[2546] Vgl. Schmidt-Lauber, Entfaltung 188.

[2547] Schwäbisch-Hall 1543 (Richter, Kirchenordnungen 2,16).

[2548] Vgl. Krüger 86.

[2549] Die Verdeutschung und Verwendung zumindest des Kelchwortes des Canon Romanus als Spendeformel ist bei Karlstadt für Anfang 1522 nachweisbar: "Das ist der kelch des newen und ewigen testaments, gayst und gehaym des glaubens, das für euch und vil vergossen in vergebung der sünden" (zitiert nach Smend, Messen 3; vgl. Krüger 86).

[2550] Vgl. Preußen 1525 (Richter, Kirchenordnungen 1,30); Brandenburg-Nürnberg 1533 (CD 1,79); Kurbrandenburg 1540 (EKO 3,70); Württemberg 1553 (CD 1,256); Pfalz-Neuburg 1543 (EKO 13,75). Für weitere Belege vgl. auch Krüger 124; Schmidt-Lauber, Entfaltung 189.
Auch Calvin verwendet 1545 diese Formel: "Prenez, mangez, le corps de Iesus, qui a esté livré à la mort pour vous"/"C'est le Calice du nouveau Testament au sang de Iesus, qui a esté respandu pour vous" (Genf 1545 (CD 1,361²⁷)). Köln 1543 erweitert ("Nim hin/vnd iß zu deinem heil/den leib Christi/der für dich gegeben ist"/"Nim hin/vnnd drinck zu deinem heil/das blut des neuwen Testaments/das fur deine sunde vergossen ist" (Köln 1543 (CD 1,337))) und macht damit noch stärker die Heilswirksamkeit des Empfangs deutlich.

Die zentrale Aussage der EW wird den Kommunizierenden vom Austeilenden nochmals zugesagt[2551]. Dafür wird das Herrenwort in eine Aussage umgeformt[2552], die damit zu einem Bekenntnis der Identität von Gaben und Leib und Blut Christi wird. Textgrundlage bildet nun der biblische Text, aber Gestaltungskritierien sind Zusage und Bekenntnis zugleich. Gleichzeitig wird damit die Spendeformel durch den Rekurs auf die EW zu einem (vielleicht dem) entscheidenden anamnetischen Vollzug innerhalb der Feier. Was andere Ordnungen durch die direkte Kommunion nach Brot- und Kelchwort der EW erreichen, wird hier mit einer Wiederholung versucht. Zugleich wird auch hier die Existentialisierung der Anamnese vollzogen, indem nun das 'pro nobis' der EW personal zugesagt wird. Beim Kelchwort wird dies deutlich mit der sündenvergebenden Wirkung hervorgehoben: 'Nimm hin und trink, das ist das Blut des Neuen Testaments, das für deine Sünde vergossen ist.'[2553]

Die enthaltene Identitätsaussage der Gaben mit Leib und Blut Christi bereitet jedoch in der weiteren Diskussion Probleme. Dem versucht schon eine frühe Straßburger Ordnung entgegenzuwirken, indem sie beim ursprünglichen Herrenwort bleibt, aber davorsetzt: "Vnser herr Jesus Christus sprach zů sein lieben jüngeren"[2554]. Damit ist die problematische Umformung der Herrenworte vermieden, und zugleich wird die Identifikationsaussage zu einer referierenden Aussage![2555]

d) Die Form c) kann noch erweitert werden durch den Nachsatz 'der stärke und behalte euch (im wahren Glauben) zum ewigen Leben'[2556]. Damit wird einerseits das eschatologische Motiv der Spendeformel des römischen Missale integriert, andererseits wird mit dem Wunsch nach Stärkung des Glaubens noch ein spezifisch evangelisches Motiv eingefügt.

e) Auf die Infragestellung der Realpräsenz durch die Spendeformel der reformierten Ordnungen (vgl. f)-j)) reagieren schließlich ab dem Ende des 16. Jh. lutherische Abendmahlsordnungen, indem sie durch die Einfügung von 'das ist der wahre leib' in die Spendeformel die somatische Realpräsenz betonen.[2557] Damit ist aus der Bekenntnisformel eine Formel konfessioneller Abgrenzung geworden![2558]

[2551] Gerade bei der Variante im Plural wird deutlich, daß es sich auch um eine Spendeformel für eine ganze Gruppe handeln kann.

[2552] Der Text wird allerdings nicht in eine Aussage Christi selbst umgeformt; einem solchen Verständnis steht der Ausdruck 'der Leib' bzw. 'der Leib Christi' entgegen.

[2553] Vgl. Brandenburg-Nürnberg 1533 (CD 1,79); Kurbrandenburg 1540 (EKO 3,70); Württemberg 1553 (CD 1,256); Pfalz-Neuburg 1543 (EKO 13,75). Vgl. Schmidt-Lauber, Entfaltung 189.

[2554] Straßburg/Kirchenamt (C³) 1525 (Hubert 81).

[2555] Diese referierende Spendeformel wird nachfolgend nicht aufgegriffen, sondern taucht erst im 18. Jh. bei Unionsbemühungen als Kompromißformel wieder auf (vgl. Krüger 119.202. 204f.226-229).

[2556] Dieser findet sich in: Augsburg 1537, Erbach 1560, Nassau 1576, Straßburg 1598 (vgl. Rietschel/Graff 379f; Graff, Auflösung 1,198f; Schmidt-Lauber, Entfaltung 189f).

[2557] Diese Formel findet sich zuerst in Magdeburg nach 1567 (vgl. Fendt, Gottesdienst 354; Schmidt-Lauber, Entfaltung 190f), dann in Brandenburg-Nürnberg 1591 (CD 1,79⁴⁰). Vgl. Graff, Auflösung 1,199; Krüger 160f; Brunner, Abendmahlszeugnis 175[15]. Brunner weist zu Recht darauf hin, daß es um die ausgesagte Identität von 'wahrem Leib und wahrem Blut Christi' mit dem Brot und Wein geht, nicht aber um einen geistlichen Empfang von Christi 'wahrem Leib und Blut', für den der Empfang von Brot und Wein 'nur' ein Zeugnis darstellen würde, wie dies die calvinistische Überzeugung ist (vgl. ebd.).

[2558] Vgl. Schmidt-Lauber, Entfaltung 191. Einige lutherische Kirchen führen erst im Rahmen dieser konfessionellen Auseinandersetzungen eine Spendeformel ein (vgl. Krüger 158).

Von all den bisher genannten Formeln sind die Formeln zu unterscheiden, in denen dezidiert *keine* Aussage über die Identität der empfangenen Gaben mit dem Leib und dem Blut Christi gemacht wird. Sie werden mit Vorliebe dort verwandt, wo eine Identitätsaussage gerade unerwünscht ist, also bei den Reformierten.

f) Dabei ist zunächst eine Gruppe auszumachen, die nicht auf die Gaben, sondern auf den Glauben an die Hingabe Jesu 'für euch' rekurriert. So ausgerichtete Formeln finden sich zeitgleich, wenn auch völlig verschieden formuliert, in Basel ("Der vngezweifelt glaub/so ir hand in den tod christi/für eüch in das ewig leben"/"Der glaub so ir hand in das vergossen blůt jesu christi/für eüch in das ewig leben"[2559]) und Straßburg ("Gedencken, glauben vnd verkünden, das Christus, der herr, für euch gestorben ist"[2560]).

g) Farel benutzt eine Spendeformel, die noch einmal die Aussage des Sursum corda über den erhöhten Herrn wiedergibt, aber überhaupt nicht auf die Abendmahlsgaben rekurriert, sondern davon losgelöst einen Wunsch der Wirksamkeit Jesu im Empfangenden durch den Hl. Geist formuliert: "Jesus le vray sauveur du monde, qui est mort pour nous, estant assis en gloire a la dextre du pere, habite en voz cueurs par son sainct esperit (par la vertu dicelluy, le donnant et communicquant a vous), faisant que du tout soyez vivans en luy par vifve foy et parfaicte charite. Amen."[2561] In Farels Ordnung wird zudem nur eine einzige Spendeformel für beide Kommunionakte angegeben!

h) Das BCP übernimmt aus c) bzw. den EW die Aufforderung zum Essen und Trinken, fordert dann aber zum Gedächtnis und zur Dankbarkeit auf. Aber nicht beim Empfang der Gaben, sondern beim Gedächtnis des Todes Christi 'für euch' werden Leib und Blut Christi benannt, so daß hier keine direkte Identifikation mit den Gaben vorliegt: "Take and eate this, in remembraunce that Christ dyed for thee, and feede on him in thy hearte by faythe, with thankesgueing"/"Drinke this in remembraunce that Christ's bloude was shed for thee, and be thankfull"[2562].

i) Ähnlich agiert die Londoner Flüchtlingsgemeinde, die c) aufgreift, aber so umformuliert, daß keine Identitätsaussage, sondern die Kommunion zum zentralen Gedächtnis- und Glaubensakt gemacht wird: "Nemet, etet, ghedencket, ende ghelooŭet, dat het lichaem ons Herren Jesu Christi inder doot, aen de galghe des cruyces gheleuert is, tot de vergiffenisse aller onser sonden."[2563] So sehr eine Identifikation von Brot und Wein mit dem Leib und

---

[2559] Basel 1526 (CD 1,215). Krüger sieht in dieser Formel den Vermittlungsversuch Oekolampads zwischen Luthers und Zwinglis Abendmahlsauffassung (vgl. Krüger 92). Die Formel wird in Basel 1537 abgewandelt: "Dyn gloub in das sterben des lybs Christi erhalte dich in das ewig låben"/"Dyn gloub in das vergiessen des blůts Christi sterk dich in das ewig låben" (Basel 1537 (CD 1,224)). Ähnlich formuliert Mömpelgard 1559: "La foy que tu as au corps de Iesuchrist, crucifié pour tes pechez, te sauue"/"La foy que tu as au sang de Ieuchrist, respandu pour tes pechez, te donne uie eternelle" (Mömpelgard 1559 (CD 1,375)).

[2560] Straßburg 1526 (CD 1,324); in etwas anderer Schreibweise schon Straßburg/Ordenung 1525 (CD 1,328). Bucer fügt in Straßburg 1537 hinzu: "...vnd sich selb euch gibt zur speis vnd tranck ins ewig leben" (Straßburg 1537 (CD 1,324[66])). Vgl. auch Krüger 124. Waldenmeier sieht hierin eine Lutherinisierung der Spendeformel (vgl. Waldenmaier 71).

[2561] Farel 1533 (CD 1,345), in Klammern steht der Zusatz aus Farel 1538 (CD 1,345[6])). Vgl. Jacobs 297.

[2562] BCP 1552 (CD 1,407). Zum Bezug zu Bucers Formel in Straßburg 1537 vgl. Sprengler-Ruppenthal, Mysterium 162f. Ab dem BCP 1662 wird diese Formel mit der vorgeschalteten, nach dem MRom gestalteten Spendefomel des BCP 1549 kombiniert (vgl. BCP 1662 (CD 1,421f); ebenso Draft Liturgy 1618 (CD 1,484f)).

[2563] Micron 1554 (CD 1,447). Bei a Lasco heißt die Formel: "Accipite, edite et memineritis, corpus Domini nostri Iesu Christi pro nobis in mortem traditum esse in crucis patibulo ad remissionem omnium peccatorum nostrorum" (a Lasco 1555 (CD 1,447)). Unter Micron wird diese Formel 1557 in Norden so verändert, daß

Blut Christi vermieden wird[2564], so wird doch am Schluß der Kommunion noch einmal ausdrücklich vom Vorsteher versichert, daß bei der Kommunion wirkliche Christusbegegnung stattfindet[2565].

j) Ab Pollanus formen schließlich Ordnungen die Frage aus 1 Kor 10,16 zu einer Aussage um und verwenden sie als Spendeformel: "Le pain que nous rompons est la communication du corps de Christ"/"Le hanap au quel nous benissons, est la communication du corps de CHRIST"[2566]. Mit gleichen Worten wird die Austeilung bereits in der Londoner Flüchtlingsgemeinde eröffnet, worauf jedoch noch eine besondere Spendeformel folgt[2567]. Diese Formel wird zuvor schon in den Vermahnungen der Straßburger Tradition neben den EW als deren Interpretament zitiert.[2568]

Betrachtet man zusammenfassend die Spendeformeln der evangelischen Abendmahlsordnungen, so tritt in aller Schärfe der Konflikt bzgl. der Realpräsenz-Vorstellungen zutage. Indem bei der Spendeformel auf der einen Seite die zentralen Aussagen der EW wiederholt werden, wird der Konflikt bzgl. des Verständnisses der EW auf die Spendeformel übertragen. Die Gegenbewegung besteht darin, überhaupt nicht auf die Gaben Bezug zu nehmen, sondern hier den Glauben an das Kreuzesgeschehen zu artikulieren. Erst mit der ab Pollanus in reformierten Ordnungen verwendeten Spendeformel nach 1 Kor 10,16 kann auf die materiellen Gaben Bezug genommen werden, ohne eine Aussage über die Identität der Gaben mit dem Leib und dem Blut Christi zu machen. Statt dessen wird positiv der kommunitäre

---

gegenüber weiterbestehenden katholischen Überzeugungen das einmalige Opfer Jesu betont wird (vgl. Sprengler-Ruppenthal: EKO 7.1,634[23].634[26]; vgl. auch ebd. 576; Weerda, Entstehung 43f.46).

Dankbaar sieht in der Londoner Formel eine Übernahme der Formulierung Bucers in Straßburg 1537 (sieh oben unter f); vgl. Dankbaar, Micron 22; Weerda, (Rez.) Micron. Sprengler-Ruppenthal betont, daß es sich nur um eine Anlehnung und nicht um eine Übernahme handeln kann und außerdem ein Umweg über die Emdener Ordnung zu vermuten ist (vgl. Sprengler-Ruppenthal: EKO 7.1,565; Sprengler-Ruppenthal, Mysterium 162.165; zur genaueren Beziehung vgl. Sprengler-Ruppenthal: EKO 7.1,472[42].565). Als weitere mögliche Bezugspunkte sieht sie das BCP 1552 und Pollanus 1554, die ähnliche Formulierungen (allerdings ohne die Aufforderung zum Glauben) enthalten und auf a Lasco eingewirkt haben könnten, bei dem das Glaubens-Motiv ebenfalls fehlt (vgl. Sprengler-Ruppenthal, Mysterium 162-165); eine direkte Übernahme von Pollanus liegt aber nicht vor, da der Text verändert ist.

[2564] Vgl. Weerda, Entstehung 44.

[2565] "Alle die nu hier des Nachtmaels des Herren, ter ghedachtenisse sijns doots, deelachtich geworden sijt, met de ouerlegghinghe sijnder verborghentheit: ghelooft ende sijt versekert, doer t'ghetuyghen des seluen Nachtmaels, dat ghy een seker ende salichmakende ghemeinschap met hem hebt in syn Lichaem ende bloet, totten eewigen leuen." (Micron 1554 (CD 1, 451); vgl. a Lasco 1555 (CD 1,451)).

[2566] Pollanus 1552 (Honders 95); lateinisch Pollanus 1551 (Honders 94)). Die beiden nachfolgenden Ordnungen des Pollanus fügen nach der Spendeformel zum Brot an: "accipe, manduca, memor Christi corpus pro te fractum in remissionem peccatorum tuorum" (Pollanus 1554 (Honders 94[i])) bzw. "Accipite Comedite, memores corpus Christi pro vobis esse fractum in remissionem peccatorum" (Pollanus 1555 (Honders 94[i])). Nach der Spendeformel zum Kelch wird angehängt: "accipe, bibe, memor Christum sanguinem suum pro te profudisse in remissionem peccatorum tuorum" (Pollanus 1554 (Honders 94[i])) bzw. "qui pro vobis est fusus in remissionem peccatorum" (Pollanus 1555 (Honders 94[i])). Diese Anfügungen stehen in Beziehung zum BCP 1552 (vgl. h)), zu a Lasco (vgl. i); Anm. 2565; Sprengler-Ruppenthal, Mysterium 164f; Spinks, Lord 109-112), vor allem aber zur Straßburger Formel (vgl. f)). Sie wird von Brunner mit der Meidung von Konflikten begründet (vgl. Brunner, Abendmahlszeugnis 230[184]).

[2567] Vgl. Micron 1554, a Lasco 1555 (CD 1,446.448); vgl. unter i).

[2568] Vgl. Straßburg 1537ff (CD 1,318); Kassel 1539b (EKO 8,122[k]); 1. Vermahnung, Köln 1543,CII[v]-CIII[r]; Augsburg 1555 (CD 1,333). Vgl. 7.8.3.1. In Frageform erscheint 1 Kor 10,16 in der 3. Vermahnung, Schwäbisch-Hall 1543 (CD 1,261).

Aspekt herausgestellt und zugleich das Brechen des Brotes und das Trinken aus dem Kelch als Ausdruck der Gemeinschaft mit Christus verstanden.

12.6.2.3 Die Spendeformel in der vorliegenden Abendmahlsordnung

Die vorliegende Abendmahlsordnung führt als Spendeformeln die thetisch gefaßten Sätze aus 1 Kor 10,16, die seit Pollanus als Spendeformeln nachweisbar sind.[2569] Diese Spendeformeln werden aber nicht erst mit der Kirchenordnung, sondern schon vorher im Rahmen von Abendmahlsstreitigkeiten in der Kurpfalz eingeführt. Friedrich III. sucht sowohl bei Melanchthon in Württemberg als auch bei Brenz in Stuttgart um ein Gutachten über das rechte Abendmahlsverständnis nach[2570]. Melanchthon wehrt sich in seinem Gutachten einerseits gegen die katholische Lehre der Substanzverwandlung, folgt aber auch nicht der lutherischen Position Heshusens, nach der das Brot der wahre Leib sei, noch der 'Bremer Auffassung', daß das Brot der Substanz nach Leib Christi sei, sondern folgert aus 1 Kor 10,16, daß Paulus das Brot als die Vereinigung (consociatio) mit Christus benenne. Überhaupt solle man nicht vom Wesen und Geschehen, sondern von Frucht und Nutzen des Abendmahls predigen[2571]. Bei Paulus heiße es nicht, daß das Brot dem Wesen nach der Leib Christi sei, sondern "das es scy die gemeinschaft; das ist sovil geredt, es ist das, mit welchem die gesellschaft und gemeinschaft mit dem Leib Christi geschicht inn dem Recht gebrauch; und nit ohne betrachtung zugehet, alls wan die Meuß das Brot nagen"[2572].

Melanchthon hat damit das Problem deutlich angesprochen, daß bei der Diskussion um das Abendmahl (auch heute) viel zu sehr in ontologischen Kategorien argumentiert wird, während eine positive theologische Bestimmung der Funktion des Abendmahls oftmals unterbleibt; fraglich bleibt, ob sich beide Bereiche voneinander trennen lassen. Ob die Christusbegegnung für Melanchthon zu einem rein spirituellen Akt wird, bleibt umstritten[2573]. Und daß selbst das Verständnis von 1 Kor 10,16 in den Gemeinden vielfach realpräsentisch gefärbt ist,

---

[2569] Vgl. 12.6.2.2, Abschnitt j). Diese Sätze sind außerdem noch zur Brotbrechung (nicht als direkte Spendeformel) in der Londoner Flüchtlingsgemeinde nachweisbar (vgl. 12.6.1.2 d)). Brunners Charakterisierung, daß die Formeln die Brotbrechung einleiten (vgl. Brunner, Abendmahlszeugnis 229), übersieht, daß die Formeln ausdrücklich 'im Darreichen' gesprochen werden sollen (richtig ebd. 230).

[2570] Zum historischen Kontext und den Einzelheiten dieser Auseinandersetzung vgl. oben 5.1.

[2571] Vgl. Benrath, Eigenart 21.

[2572] Melanchthon, Bericht; zitiert nach Henss 8. In der lateinischen Version heißt es: "Et in hac controversia optimum esset retinere verba Pauli: Panis, quem frangimus, κοινωνία ἐστὶ τοῦ σώματος. Et copiose de fructu Coenae dicendum est, ut invitentur homines ad amorem huius pinoris et crebrum usum. Et vocabulum κοινωνία declarandum est. Non dicit, mutari naturam panis, ut Papistae dicunt. Non dicit, ut Bremenses, panem esse substantiale corpus Christi. Non dicit, ut Heshusius, panem esse verum corpus Christi, sed esse κοινωνίαν, id est hoc, quo fit consociatio cum corpore Christi: quae fit in usu, et quidem non sine cogitatione, ut cum mures panem rodunt." (Melanchthons Werke 6,484). Daß diese paulinische Formel zur Abwehr bestimmter Abendmahlsauffassungen verwendet wird, ist nicht neu; schon Bucer argumentiert mit 1 Kor 10,16 gegen jegliche Opfervorstellung (vgl. BDS 1,211f).

[2573] Brunner jedenfalls resümiert: "Melanchthon kennt einen kraft der Stiftung Christi geschichtlich gegebenen Ort außerhalb der Person des Gläubigen, an dem der ganze Christus in leibhaftiger Personalität von außen her auf den Christen zukommt, um sich ihm zu schenken und ihn in sich hineinzunehmen. Dieser vorgegebene Ort zweifelsfreier Begegnung ist für Melanchthon der Akt des Mahlvollzuges im Abendmahl." (Brunner, Abendmahlszeugnis 210). Allerdings fügt Brunner direkt hinzu, daß die Begründung dieser These eine eigene Monographie benötigen würde (vgl. ebd. 210[125]). Den Abendmahlselementen weise Melanchthon deshalb ihre Würde zu, weil "die Elemente im Vollzug des Mahles jedoch die gestifteten Mittel sind, durch die jene Vereinigung mit Christi Leib bewirkt wird" (Brunner, Abendmahlszeugnis 216).

bezeugt Olevian in einer Predigt von 1563: "Vil leut meynen/wenn sie dise wort hören/die gemeinschafft des leibs Christi/so heißt es eben so vil/als den leib Christi mit dem mund essen/wie das heilig brot. Diß meynen vil leut/dencken jhm auch nit weiter nach/sonder thun die augen zu vnd den mund aufft/seind also im Bapsthumb gelehret worden."[2574]

Auf jeden Fall macht sich Friedrich III. diese Formel zu eigen und ordnet sie 1560 für die Kurpfalz an[2575]. Damit wird sie zur Standardformel der nachfolgenden reformierten Ordnungen auf deutschem Boden. Sie wirkt konfessionsabgrenzend durch die Betonung des kommunitären Aspekts unter Vermeidung jeglicher Aussage zur Realpräsenz und durch die Benennung des Brechungsritus, den die Lutheraner nicht vollziehen.[2576]

Die Emdener Synode läßt dann 1571 formell auch die EW als Spendeformel für die reformierten Kirchen zu: "... wirt den kirchen freygelassen, Wie in gleichem vber die ausspendungh des broitz, vnd weins der wort Christi, oder Pauli zugebrauchen frey stehet, Darinnen aber verhutet werden soll, das das aussprechen der wort, nicht in gestalt, oder meinungh der Consecration gezogen werden"[2577]. Die gebotene Meidung jedes konsekratorischen Mißverständnisses läßt aber eine Präferenz für die Spendeformel nach 1 Kor 10 erkennen.[2578]

Daß die Kurpfälzer Ordnung Sätze nach 1 Kor 10,16 als Spendeformel verwendet, zeigt deutlich ihre eucharistietheologische Akzentsetzung an. Schon der HK billigt 1 Kor 10,16f mehrfach die gleiche Dignität zu wie den EW, indem diese Verse als Stiftungsworte benannt werden[2579]. Damit treffen wir an dieser Stelle wieder - wie bei der Erweiterung der EW[2580] - die Gleichstellung von Aussagen des Paulus mit Herrenworten an[2581]. Mit der Gleichsetzung

---

[2574] Olevian, Gnadenbund (Franz u.a. 328).

[2575] Vgl. oben 5.1.

[2576] Vgl. Krüger 157.199.

[2577] Synode Emden 1571 (Richter, Kirchenordnungen 2,340).

[2578] Interessant ist in diesem Zusammenhang, daß die Ausgabe Kurpfalz 1585 als Alternative zur Spendeformel nach 1 Kor 10,16 die alte Spendeform des Missale Romanum (mit eingefügter Textpassage wie oben unter b)) angibt (vgl. Kurpfalz 1585 (CD 1,521[150].521[152])). Sie scheint weniger problematisch zu sein, als die sich an den EW orientierende, lutherische Spendeformel.
In der niederländischen Tradition erfährt die Spendeformel eine Erweiterung entsprechend der Formulierung der Londoner Flüchtlingsgemeinde (vgl. Anm. 2565). Bei der Austeilung des Brotwortes wird angefügt: "Neemt, eet, ghedenckt ende ghelooft dat het lichaem Iesu Christi ghebroocken is tot een volcomen versoeninghe aller onser sonden"; bei der Austeilung des Kelches wird angehängt: "Neemt, drinckt alle daer wt, ghedenckt ende gheloouet dat het dierbaer bloet Iesu Christi vergoten is tot versoeninghe al onser sonden" (CD 1,525). Beide Zufügungen werden auf der Provinzial-Synode von Dordrecht 1574 beschlossen, finden sich aber ab 1586 nicht mehr in den Drucken (vgl. Lekkerkerk, Kanttekeningen 3,147). Zur Geschichte dieser 'Londoner Zufügung' in der niederländischen Tradition vgl. Dankbaar, Micron 26f; Sprengler-Ruppenthal, Mysterium 164[55]).

[2579] Vgl. Frage 77 und 2. Teil der Kurzen Summa des HK, Kurpfalz 1563 (EKO 14,357f.379); Schrage 460. Diese Stellung kommt 1 Kor 10,16f zu, da dort die Verheißung der EW "wirdt auch widerholet" (Frage 77 des HK, Kurpfalz 1563 (EKO 14,357); Brunner, Abendmahlszeugnis 216[142]).

[2580] Vgl. 7.6.3.5.

[2581] Vgl. Brunner, Abendmahlszeugnis 230f. Olevian sieht sogar 1 Kor 10,16 als Sprechen des Hl. Geistes durch Paulus an (vgl. Olevian, Gnadenbund (Franz u.a. 327)). Brunner macht darauf aufmerksam, daß diese Gleichstellung schon in Kurpfalz 1556 grundgelegt ist, da bei den EW im Katechismus und im Abendmahlsformular neben 1 Kor 11 auch 1 Kor 10 als Referenzstelle angegeben wird (vgl. Kurpfalz 1556 (EKO 14,132.149)), selbst wenn letztere nicht zitiert wird (vgl. Brunner, Abendmahlszeugnis 218[149]).

wiederum wird die paulinische Formel[2582] in 1 Kor 10,16f zum Interpretament der EW, mit dem gegen die Vorstellung einer somatischen Realpräsenz argumentiert werden kann[2583]. Schon das vor dem HK und der vorliegenden Ordnung 1562 publizierte und von Erast geschriebene Buch 'Gründtlicher Bericht' stellt sich über weite Strecken als Infragestellung der traditionellen Interpretation der EW mit Hilfe von 1 Kor 10,16f dar[2584].

Die Formeln werden aber auch deshalb ausgewählt, weil sie wesentliche theologische Akzente der vorliegenden Ordnung zum Ausdruck bringen können. So bieten sie einen ntl. Text, der eine Aussage[2585] sowohl über die Brot- als auch über die Kelchhandlung macht und somit die allen evangelischen Strömungen wichtige Kelchkommunion biblisch begründet und betont.[2586] Zum zweiten verwirklicht die Formel die aus der Kurpfälzer Ordnung immer wieder herauszulesende Intention, eine Verbindung zwischen dem Brot und dem Kelch als materieller, erfahrbarer Dimension und dem Leib und dem Blut Christi als geglaubter, spiritueller Dimension herzustellen. Zum dritten wird diese Verbindung nicht einfach von den Gaben ausgesagt, sondern nur insofern es sich bei den Gaben um solche handelt, an denen die Gemeinde handelt[2587]. Die Handlung besteht aber nicht in der Konsekration, sondern in Brotbrechung und Danksagung[2588]. Diese Konzentration auf die Mahlhandlungen relativiert jede konsekratorische, somatisch-realpräsentische Vorstellung!

Zum vierten wird die Verbindung als 'ist'-Aussage gemacht, wie dies auch bei den Spendeformeln nach den EW der Fall ist. Über das Verständnis des 'ist' des Brot- und des Kelchwortes haben sich zuvor schon einige Jahrzehnte Lutheraner und Zwinglianer auseinandergesetzt[2589]. Hier wird ein neuer, gegenüber den EW bedeutungsverschiebender Akzent gesetzt, indem als Objekt der Aussage nicht einfach 'Leib Christi' oder 'Blut Christi' steht, sondern "die gemeinschaft des leibs Christi" bzw. "die gemeinschaft des bluts Christi"[2590]. Damit kann sogar in den Spendeformeln die Gemeinschaft der Empfangenden mit Christus ausgesagt werden, ohne Brot und Wein direkt mit Leib und Blut Christi identifizieren zu müssen. Zugleich bleibt diese Christusgemeinschaft nicht völlig von der

---

[2582] Heute wird als wahrscheinlich angesehen, daß Paulus mit ihr vorliegende Gemeindetradition verarbeitet (vgl. Schrage 431-434).

[2583] Vgl. Schrage 454-456; Brunner, Abendmahlszeugnis 218. Aber schon allein die Biblizität verbürgt die höhere Dignität dieser gegenüber den anderen im reformierten Raum üblichen Formeln (vgl. die oben genannten Formeln unter f)-i)).

[2584] Vgl. Erastus, Bericht 5-15.

[2585] Daß die Fragen des griechischen Textes in Aussagesätze umgeformt werden, widerspricht keinesfalls dem Sinn der Fragen, die nur mit Ja beantwortet werden können.

[2586] Der Text wird in der Reformationszeit häufiger als Argument für den Laienkelch angeführt (vgl. Schrage 459). Die Umkehrung der Reihenfolge von Brot- und Kelchwort geschieht nicht gegen den biblischen Text, da auch dort nicht davon ausgegangen werden kann, daß in der zugrundeliegenden Abendmahlspraxis der Kelch vor dem Brot gereicht wird. Paulus zieht das Kelchwort vor, um die ekklesiologische Sinnspitze beim Brotwort besser herausarbeiten zu können (vgl. Schrage 431.433f).

[2587] Sie kommt im 'wir' der Relativsätze zum Ausdruck (vgl. auch Schrage 436).

[2588] Der Ausdruck 'Danksagung' ist hier nicht verfehlt, weil hier εὐλογεῖν mit εὐχαριστεῖν gleichzusetzen ist (vgl. Schrage 432f.436).

[2589] Vgl. Grötzinger. Zum Verständnis von ἐστίν an dieser Stelle, das sich vor allem aus dem κοινωνία-Begriff ergibt, vgl. Schrage 438.

[2590] Zu κοινωνία als zugrundeliegendem Begriff vgl. Schrage 437-440.

Kommunion losgelöst (d.h. vorgängig zu ihr), wenn auch die Weise ihrer kausalen Verbindung nicht ausgesagt wird; gerade dies läßt Raum für unterschiedliche Interpretationen[2591]. Letztlich offenbart sich in solchen Überlegungen die (in der Theologiegeschichte zu verzeichnende) dogmatische Überforderung des biblischen Textes, weil er aus dem Kontext der paulinischen Argumentation herausgelöst wird[2592].

Schließlich bietet der Text noch die Möglichkeit, die ekklesiologische Dimension des Abendmahls herauszustellen, die besonders reformierter Theologie wichtig ist. Er knüpft im Verlauf der Abendmahlsfeier an das Communio-Motiv des am Schluß der Vermahnung stehenden Körnergleichnisses an, das aus 1 Kor 10,17[2593] (und damit dem gleichen Textzusammenhang) entwickelt wird[2594]. Aber auch der 3. Abschnitt der Vermahnung aus Bucers Straßburger Ordnung entfaltet mit 1 Kor 10,16f schon diese kommunitäre Wirkung des Abendmahls[2595]. In Köln 1543 wird dieser Passus auch noch einmal ausführlich erläutert[2596]; die dort gezogene Schlußfolgerung lautet, daß sowohl Gemeinden, "die so inn einer versamlung mehr dann ein Abendtmal halten"[2597], als auch Gemeindemitglieder, die "one

---

[2591] Für Frage 79 des HK liegt der Grund und die Berechtigung dafür, daß Christus das Brot und den Wein als 'leib' und 'blut' bezeichnet, in genau diesem kausal verbundenen, aber nicht identischen Geschehen (vgl. Frage 79 des HK, Kurpfalz 1563 (EKO 14,358)). In Frage 77 des HK wird gerade 1 Kor 10,16 als Beleg der Gewißheit der 'Nährung' mit dem Leib und dem Blut Christi während der Kommunion angeführt (Kurpfalz 1563 (EKO 14,357f)).
Erastus setzt in seiner Interpretation der Einsetzungsworte den Akzent noch etwas anders, weil für ihn der Empfang von Brot und Wein "ain warzaichē/pfand od[er] sigel ist/dadurch wir versichert werdē dz wir in d[er] gemainschafft des leibs Christi begriffen sind" (Erastus, Bericht 9). Dieses Verständnis des Sakraments als "brief vnd sigel" (ebd. 9) erläutert er ausführlich (vgl. ebd. 9f.46f). Brot und Wein stellen für ihn eine äußerliche und augenscheinliche Versicherung dar (ebd. 10). Das Brot ist nicht Leib, ist aber auch nicht die Gemeinschaft Christi, sondern bezeugt letztere (vgl. ebd. 14f). Erast nimmt als Zwinglianer also genau die Verschiebung von einer aktuellen Begegnung und Anteilgabe mit Christus hin zu einer Versicherung schon geschenkten Heils vor, die die vorliegende Ordnung so nicht erkennen läßt! Erastus kommt aufgrund seiner Interpretation zu einer 'Neuformulierung' von 1 Kor 10,16: "Das brot das wir brechē/vñ dabei wir Gott loben vnd dancken/ist das nit ain gewisses warzeichen/pfand oder Sacrament/dardurch alle gläubigen in jren hertzen krässtiglich überzeügt werden/daß sie in der gemainschafft od[er] gesellschafft des leibs Christi sind: das ist/dz sie durch die verborgne allmächtige vnerforschliche krafft Gottes/des hailigē Gaistes Christo einuerleibet/rechtschaffene lebende glider seines leibs worden: vnd derwegen gewalt vnd gerechtigkait überkomen haben/den leib Christi mit seinen verdiensten/als weren sie jr aigen/dem zorn Gottes forzůstellen: sich damit wider den tod/Teüfel/hell vnd sünd auffzůhalten vnd zůtröstē." (ebd. 11).

[2592] Vgl. Schrage 431.448f.

[2593] Auch in der Argumentation des Paulus zielen 1 Kor 10,16f auf die ekklesiologische Dimension (vgl. Schrage 431.440-442), um die Unvereinbarkeit von Herrenmahl und Götzendienst belegen zu können (vgl. Schrage 442).

[2594] Vgl. 7.8.4.5.2; Schulz, Ordnung 501f; Brunner, Abendmahlszeugnis 231.

[2595] Dort heißt es: "...was er vns inn disen seinen worten anzeyget, das also auch vns das brot, das wir brechen, warlich sie die gemeynschafft seines leibs vnd der kelch, bei dem wir dancken, die gemeynschafft seines bluts. I. Cor. X; allein, das wir alweg fleißlich betrachten, warumb der herr vns also sein heylig sāligmachende gemeynschafft im h. sacrament immer mitteyle; nemlich darumb, das er immer mer vnd mer inn vns lebe, vnd wir sien ein leib inn jm, vnserem haupt, wie wir da von einem brot alle theyl nemmen. I. Cor. X." (Straßburg 1537ff (CD 1,318); vgl. ebenso die Textveränderungen in Kassel 1539b (ebd. im Apparat) und Köln 1543,CII^v-CIII^r).

[2596] Vgl. Köln 1543,XCV^v-XCVI^r.

[2597] Köln 1543,XCV^v.

390

bewegliche vrsachen/.../die H. Sacrament nitt mitt entpfahen"[2598], damit die Trennung vom Leib Christi anzeigen. Dieses Verständnis darf auch für Kurpfalz 1563 zugrundegelegt werden. Daraus erwächst aber nicht nur eine zusätzliche theologische Bedeutung, sondern auch eine Verpflichtung. Das Abendmahl ist Feier der ganzen Gemeinde und Zeugnis der Gemeindezugehörigkeit. Eine Nicht-Teilnahme am Abendmahl kommt nur für schwere Sünder, die sowieso schon außerhalb der Gemeinde stehen, in Frage, nicht aber für Gemeindemitglieder. Genau dies kann durch die Spendeformeln nochmals zum Ausdruck gebracht werden.

Allerdings bildet die Spendeformel nach der vorliegenden Ordnung keineswegs das einzige Interpretament der Kommunion, sondern diese Funktion übernehmen auch Psalmgesänge und Lesungen während der Kommunion.

12.7 Die Begleitgesänge und -lesungen zur Kommunion

Die neben die Spendeformeln tretenden Gesänge und Lesungen finden in der liturgiewissenschaftlichen Betrachtung meist keine größere Beachtung, weil sie (zumindest primär) nicht Teil der vom Vorsteher zu sprechenden Texte sind. Gerade aber indem die Gesangs- oder Lesungstexte nicht frei gewählt werden können, sondern vorgegeben werden, erhalten sie einen wesentlichen Stellenwert für das Verständnis des Gesamtgeschehens.

Da die Lesungen zur Kommunion nur in Abhängigkeit von den Gesängen verstanden werden können und sich in der vorliegenden Ordnung beide finden, sollen diese Gattungen hier zusammen dargestellt werden.

12.7.1 Die Begleitgesänge zur Kommunion
12.7.1.1 Die Begleitgesänge zur Kommunion in der vorreformatorischen Liturgie

Als Kommuniongesang sind ab dem 4. Jh. vorrangig Psalmen nachweisbar, die sich auf das Kommuniongeschehen beziehen lassen (z.B. Ps 33; 144). Der Gesang[2599] geht im Westen schnell an die Schola über und wird zum antiphonischen Communio-Gesang[2600] umgeformt, der unter den drei alten Scholagesängen der Messe (Introitus, Offertorium, Communio) sicher der älteste ist[2601].

Eigenart der Communio-Antiphonen ist, daß sie nicht so sehr das Kommuniongeschehen thematisieren, sondern eher auf das Festgeheimnis und die Schriftlesungen Bezug nehmen; so finden sich die einzigen Vertonungen von Herrenworten in der Gregorianik in den Communio-Antiphonen[2602].

Im Spätmittelalter bildet aber vorrangig das Agnus Dei den Gesang zur Kommunion[2603]. Daneben finden sich andere, durchweg lateinische Gesänge zur Kommunion, die aber nicht

---

[2598] Köln 1543,XCV'.

[2599] Der Begriff 'Gesang' sollte für die Gregorianik allerdings nur mit größter Vorsicht verwendet werden (vgl. Joppich 90).

[2600] Zur Communio vgl. Beckmann, Proprium 77f; Jungmann, MS 2,486-496; Janota 60.

[2601] Vgl. Jungmann, MS 2,486.

[2602] Vgl. Pietschmann 130-142.

[2603] Vgl. Müller, Ordinarium 42; Heinz, Rules 138; Jungmann, MS 2,493.

der Gemeinde zukommen[2604]. Die Communio-Antiphon selbst ist zu dieser Zeit zu einem im Meßbuch abgedruckten und vom Priester zu sprechenden Vers geworden.

12.7.1.2 Die Begleitgesänge zur Kommunion in den reformatorischen Ordnungen

In nicht wenigen evangelischen Ordnungen erscheint der Vermerk, daß die Gemeinde (bzw. in einigen Fällen der Chor) während der Kommunion singen solle.[2605] Nur selten aber findet sich dann der traditionelle Communio-Gesang[2606]. Vielfach wird der spätmittelalterliche Brauch beibehalten, das Agnus Dei zur Kommunion zu singen.[2607] Das Sanctus findet sich außer in Luthers 'Deutscher Messe' nur selten zur Kommunion.[2608]

[2604] Vgl. Meyer, LM 323; Browe, Kommunionriten 60f; Jungmann, MS 2,493. Heinz hingegen geht auch schon für die Zeit vor der Reformation von deutschsprachigen Gemeindeliedern aus (vgl. Heinz, Rules 139). Janota sieht keine Belege, die eine solche Vermutung rechtfertigen würden (vgl. Janota 61).

[2605] Aus dem bloßen Fehlen einer solchen Notiz darf wiederum nicht auf den stillen Vollzug geschlossen werden.

[2606] Luther läßt den Gebrauch der Communio zunächst frei, ordnet sie aber nach der eigentlichen Kommunion ein (sie wird jedenfalls nicht im Abschnitt über die Kommunion angeführt): "Si communionem cantare libet, cantetur" (Luther, FM 1523 (CD 1,35)). In Nürnberg steht die Communio-Antiphon zunächst neben dem Agnus Dei: "Sub communione chorus canit: Agnus Dei et communionem" (Nürnberg/Pfarrkirchen 1524 (EKO 11,49)). Bei Volprecht existiert zwar noch eine Communio ("Communio de quo sit missa" (Nürnberg/Volprecht 1524 (EKO 11,39))), aber sie hat ihren Ort hinter der Kommunion (vgl. Nürnberg/Volprecht 1524 (CD 1,84)). Kurze Zeit später wird der Begriff 'Communio' zwar noch für den Begleitgesang zur Kommunion benutzt, darunter scheint aber jeder schriftgemäße Gesang zu fallen: "Wo aber nicht schuler vorhanden sein, mag die gemain das oder etwas anders, das dem wort Gottes und gelegenheit der zeit gemäß ist, singen, wie man das im brauch hat, und wo die menig des volks so groß ist, das es sich in die lenge verzeucht, soll man nicht allein ein communio (aus der heiligen schrift genummen) singen, sunder mag und soll auch etwas mer singen, bis das das volk alles verricht ist, als das responsorium Discubuit und was sunst der schrift gemeß ist." (Brandenburg-Nürnberg 1533 (CD 1,79)). Den Gesang der 'commun' durch den Chor kennt Pfalz-Neuburg 1543 (EKO 13,75). Grundsätzlich zur Gregorianik im lutherischen Gottesdienst vgl. Höcker.

[2607] Vgl. Luther, FM 1523 (CD 1,35), Luther, DM 1523 (CD 1,38); Nürnberg/Pfarrkirchen 1524 (EKO 11,49); Brandenburg-Nürnberg 1533 (CD 1,79), Köln 1543,CXI^r; Mecklenburg 1552 (CD 104); BCP 1549, 1552 (CD 1,403). Dagegen fordert Bugenhagen das Agnus Dei unmittelbar nach der Kommunion (vgl. Braunschweig 1528 (CD 1,56)). Daneben führen aber noch viele Ordnungen das Agnus Dei (zumindest im Formular) vor der Kommunion: Kantz 1522 (CD 1,15); Worms 1524 (CD 1,19); Müntzer 1524 (CD 1,22; nicht ganz eindeutig); Straßburg/Schwarz 1524 (CD 1,316), Straßburg/Kirchenamt 1525 (Hubert 81); Nürnberg/Volprecht 1524 (CD 1,82; mit verändertem dritten Ruf), Nürnberg/Döber 1525 (EKO 11,54); Kurbrandenburg 1540 (EKO 3,69); Pfalz-Neuburg 1543 (EKO 13,75). Vgl. Müller, Ordinarium 42.
Obwohl zunächst der lateinische Begriff 'Agnus Dei' benutzt wird (vgl. Goertz, Begriffe 327; Ringel 408), wird man bald deutsche Versionen ('Christe, du Lamm Gottes' und 'O Lamm Gottes unschuldig') singen, was sich auch in der Bezeichnung 'das deutsche Agnus Dei' niederschlägt (vgl. Ringel 409).

[2608] Vgl. Luther, DM 1525 (CD 1,38f); Württemberg 1536 (Richter, Kirchenordnungen 1,268); Schäbisch-Hall 1543 (vgl. Drömann, Württemberger Ordnungen 246); Mecklenburg 1552 (CD 1,104). Diese Stellung des Sanctus ist zunächst nichts anderes als die Fortführung des auf Luther zurückgehenden (vgl. Luther, FM 1523 (CD 1,24f)) und in Nürnberg tradierten Brauches, das Sanctus nach den EW zu singen (vgl. Nürnberg/Volprecht 1524 (CD 1,81), Nürnberg/Döber 1525 (EKO 11,54); Brandenburg-Nürnberg 1533 (CD 1,78); Pfalz-Neuburg 1543 (EKO 13,74)), der wiederum auf das geteilte Singen von Sanctus und Benedictus vor und nach den EW der römischen Messe (vgl. Müller, Ordinarium 38) zurückzuführen ist.
Wesentlich häufiger taucht das Sanctus aber in den Ordnungen des Meßtyps in traditioneller Weise nach der Präfation auf (vgl. Zürich 1523 (CD 1,185); Nürnberg/Pfarrkirchen 1524 (EKO 11,47); Straßburg/Schwarz 1524 (CD 1,312), Straßburg/Ordnung 1525 (CD 1,327); dort mit angehängter Bitte), Straßburg/Kirchenamt 1525 (Hubert 80); Braunschweig 1528 (CD 1,55); Kurbrandenburg 1540 (EKO 3,68); Köln 1543,CX^v-CX^v; Mecklenburg 1552 (CD 1,99)); BCP 1549, 1552 (CD 1,398)). Vgl. Müller, Ordinarium 38f; zur Bezeichnung vgl. 7.2.1.2.

Weiterhin werden zur Kommunion die Gesänge 'Gott sei gelobet'[2609], 'Jesus Christus unser Heiland'[2610] und 'Discubuit Jesus'[2611] genannt[2612]. Kennzeichen dieser Lieder ist, daß sie nicht nur das Abendmahlsgeschehen thematisieren, sondern es in einer spezifisch theologischen Weise interpretieren. Die Abendmahlslieder bilden ein hervorragendes Medium, die nach reformatorischer Sicht vertretbare Abendmahlstheologie zu verdeutlichen. Indem die Gemeinde diese Lieder singt und wegen der deutschen Sprache auch versteht, werden sie zugleich zur Meditation der Gemeinde über die von ihr vollzogene Handlung. Somit erhalten diese Gesänge einen ganz anderen Charakter als die Communio-Gesänge der Gregorianik. Fördert die Communio-Antiphon eher die Einbindung des Kommuniongeschehens in das Ganze des Heilsmysteriums, so fördern die Abendmahlslieder die Konzentration auf die Kommunion, wenn auch gerade in ihnen ein hoher Anteil an anamnetischen Teilen zu verzeichnen ist, so daß die Abendmahlslieder nicht selten zum eigentlichen Ort der Anamnese werden[2613].

Allerdings stehen auch die genannten Abendmahlslieder nicht absolut, sondern es werden andere geeignete Abendmahlslieder zugelassen.[2614] Ebenfalls geben Ordnungen das Singen

---

[2609] Vgl. Luther, DM 1525 (CD 1,38); Braunschweig 1528 (CD 1,56); Württemberg 1536 (Richter, Kirchenordnungen 1,268), Württemberg 1553 (CD 1,256); Pfalz-Neuburg 1543 (EKO 13,75); Köln 1543,CXI^r; Mecklenburg 1552 (CD 1,104); Kassel 1539a (EKO 8,122), Kassel 1539b (EKO 8,123^k). Zum Text der Lutherfassung vgl. CD 1,45. Es handelt sich um eine Bearbeitung einer vorreformatorischen Vorlage durch Luther aus dem Jahre 1524 (vgl. Drömann, Ordnungen Martin Luthers 45^{34}; Wackernagel 3,10). Die Melodie ist einer spätmittelalterlichen Übertragung der Fronleichnamssequenz 'Lauda Sion' entnommen (vgl. Schulz, Discubuit 33). Es läßt sich in eine lobpreisende, eine anamnetische und eine epikletische Strophe einteilen (vgl. Meßner, Meßreform 195^{297}). Wie sehr dieses Lied die Kommunionfrömmigkeit des 16. Jh. bestimmt, wird daran deutlich, daß Leisentrit in seinem Gesangbuch von 1567 eine adaptierte, mit apologetischer Zielsetzung umgeformte Fassung bringt (vgl. Heitmeyer 172-185).

[2610] Vgl. Luther, DM 1525 (CD 1,38); Braunschweig 1528 (CD 1,55); Württemberg 1536 (Richter, Kirchenordnungen 1,268), Württemberg 1553 (CD 1,256); Pfalz-Neuburg 1543 (EKO 13,75); Köln 1543,CXI^r; Mecklenburg 1552 (CD 1,104). Zum Text vgl. CD 1,45. Es handelt sich um eine Bearbeitung der Vorlage 'Jesus Christus nostra salus' durch Luther aus dem Jahre 1524 (vgl. Wackernagel 3,11; Luther, DM 1525 (CD 1,38)). Auf katholischer Seite wird das vorreformatorische Lied auch von Vehe und Leisentrit bearbeitet (vgl. Heitmeyer 187-197).

[2611] Brandenburg-Nürnberg 1533 (CD 1,79; auch schon in den Entwürfen zu dieser Ordnung (vgl. OGA 3,529.575)); Kurbrandenburg 1540 (EKO 3,70); Calenberg-Göttingen 1542 (EKO 6.2,816); Pfalz-Neuburg 1543 (EKO 13,75); Osnabrück 1543 (EKO 7.1,258); Veit Dietrich 1545 (EKO 11,500); vgl. Schulz, Discubuit; Klaus, Rüstgebete 555; Ringel 415. Zur deutschen Umdichtung in Veit Dietrichs Agendbüchlein 1545 durch Sebald Heyden vgl. CD 1,92-95; Wackernagel 3,557f.
Es handelt sich hierbei um die Übernahme eines Responsoriums des Zisterzienser-Officiums zu Fronleichnam (vgl. Schulz, Discubuit 33f), in dem die EW nach Lk 22,14-17, ergänzt durch die anderen Einsetzungsberichte, rezitiert werden (vgl. ebd. 28). "Die rezipierte Textfassung prägte den Kommunikanten den Kerntext des evangelischen Abendmahls ein, während sie taten, woran der Text erinnerte" (ebd. 30). Somit bilden Text und Handlung eine anamnetische Einheit, indem sie nicht nur erinnern, sondern erinnernd vergegenwärtigen.

[2612] Sanctus, Agnus Dei und die drei genannten Abendmahlslieder bilden auch im 17. Jh. noch die Regel (vgl. Graff, Auflösung 1,197).

[2613] Vgl. auch Meßner, Meßreform 194f. Dies gilt für Ordnungen, die keine Vermahnung des anamnetischen Typs besitzen.

[2614] So heißt es: "Desgleichen andere deudsche geistliche lieder." (Mecklenburg 1552 (CD 1,104)); "soll die gantze Kirche singen Psalmen und ander Gesäng darzu dinstlich" (Frankfurt 1530 (CD 1,241)); "darnach andere geistliche gesenge und psalmen" (Kassel 1539a (EKO 8,122)); "und, wann es zu kurz were, ander gut lateinisch gesang mer, sonderlich, was de coena Domini ist"/"oder ein andern gesang, der sich nach gelegenheit der zeit schicket, lassen singen" (Pfalz-Neuburg 1543 (EKO 13,75)); "odere andere lobgesang, die rein vnnd vorhin von den supperattendenten besichtiget examiniert vnd zugelassen seien" (Württemberg 1536 (Richter,

393

von Psalmen, entweder als Alternative zum Lied[2615] oder als ausschließlichen Psalmengesang an. Da aber in der reformierten Tradition (wenn nicht ganz geschwiegen wird) ausschließlich der Psalmengesang die Kommunion begleitet[2616], ist hier nicht in dem Maße wie bisher Verwendung von Abendmahlsliedern und damit eine Konzentration auf das Abendmahlsgeschehen zu vermerken, sondern eine ähnliche theologische Weitung, wie sie die gregorianische Tradition bietet - unbeschadet der zu vermutenden christologischen Deutung der Psalmen.

12.7.1.3 Die Begleitgesänge zur Kommunion in der vorliegenden Ordnung

In der vorliegenden Ordnung stehen Begleitgesänge und -lesungen zur Auswahl: "In dem soll nach gelegenheyt der menge der communicanten, auch nach gestalt einer jeden kirchen under der communion entweder gesungen oder ... gelesen werden und mag hierin gebraucht werden, welches jeder kirchen am füglichsten und erbäulichsten ist."[2617] Während also für die Lesungen bestimmte Vorschläge gemacht werden, steht auf den ersten Blick die Auswahl der Gesänge den Gemeinden frei[2618].

Schon ab 1556 sind aber ausschließlich deutsche Psalmen und geistliche Lieder aus der Hl. Schrift oder ihr gemäß in der Kurpfalz erlaubt[2619]. Eine weitere Einschränkung der Gesänge, mit der zahlreiche der in den lutherischen Gebieten und auch bis dahin in der Kurpfalz möglichen Lieder vom Gebrauch ausgeschlossen werden, erbringt die Eingrenzung auf deutsche Psalmlieder an anderer Stelle der Kirchenordnung: "Sovil das singen der psalmen belangt, vermanet der apostel Paulus, daß es nicht allein mit dem mund, sonder auch mit dem hertzen geschehen und das alles zur auferbauung der kirchen dienen soll. Dieweil aber das hertz Gott mit dem nicht loben kan, das es nicht verstehet, so wöllen wir hiemit, daß

Kirchenordnungen 1,268)). Ganz allgemein bleibt Schwäbisch-Hall 1526, benennt aber die Funktion der Gesänge: "Hie zwuschen sol der Cor Latheinisch vnd die kirch teutsch vmb einander singen auff das die entpfaher des Sacraments vnd andere vmbstender nit allein Inwendig sonder auswendig durch das verstendtlich gesang Irs thuns ermant werden" (Schwäbisch-Hall 1526 (CD 1,257)).

[2615] Vgl. Frankfurt 1530 (CD 1,241); Kassel 1539a (EKO 8,122); Mecklenburg 1552 (CD 1,104). Es finden sich auch konkrete Vorschläge für Psalm-Lieder: "Ach, herr, wie sind meiner sünd [Ps 3]" (Straßburg/Ordnung 1525 (CD 1,329)); "singe man den CXI. psalm: Ich danke dem herrn von ganzem herzen" (Mecklenburg 1552 (CD 1,104)).

[2616] Schon 1527 werden in Basel Psalmen zur Austeilung gesungen: "Interim cum communio fit, cantat plebs psalmodias vernaculas" (Brief Oekolampads an Erasmus Ritter, zitiert nach Jenny, Einheit 75; vgl. Jenny, Einheit 84; Blankenburg, Kirchenmusik 344). In den Ordnungen finden sich folgende Notizen: "singt man eyn Psalmen oder zween" (Basel 1537 (CD 1,224)); "aut canerentur psalmi" (Calvin, Institutio 1535, IV (COS 1,161); vgl. Calvin, Institutio 1559, IV 17,43 (Weber 985); Jenny, Einheit 109); "chante quelques Psalmes" (Genf 1542 (CD 1,361); ebenso Genf dt. 1563,52); "Cependant l'eglise chante le Psal. Louenge et grace etc." (Genf 1542A, 1545 (CD 1,361[27]), gemeint ist Ps 138 (vgl. Bürki, Jean Calvin 350); eine Liedfassung existiert schon im Psalter von 1539 (vgl. Jenny, Einheit 117[4]; Blankenburg, Kirchenmusik 349)); "Ce pendant lon chante quelque Psealme à la discredition du Ministre" (Pollanus 1552 (Honders 93-95)); "Interea temporis a tota Ecclesia Psalmus aliquis gratiarum actionis decantatur dum communio peragitur" (Pollanus 1551, 1554, 1555 (Honders 92-94)); "on chante aucuns Pseaumes de David" (Mömpelgard 1559 (CD 1,375)). Zum Psalmlied vgl. Blankenburg, Kirchenmusik 345f.

[2617] Kurpfalz 1563 (CD 1,521). Von der Ausgabe 1601 an ist die Rubrik über das Singen und Lesen bei der Austeilung gestrichen (Schulz, Ordnung 497.502). Goeters vermerkt nur die Streichungen der Lesungen (vgl. Goeters: EKO 14,575).

[2618] Erst Preußen 1717 gibt konkrete Psalmlieder vor: Ps 103, Ps 111, Ps 116, Ps 23, Ps 42, Ps 118, Ps 130, Ps 30 (vgl. Preußen 1717 (CD 1,521[153])).

[2619] Vgl. Kurpfalz 1556 (EKO 14,161f).

keine andere dann teutsche psalmen in unsern kirchen gesungen werden."[2620] Diese nochmalige Einschränkung richtet sich gegen die bis dahin möglichen lateinischen Gesänge der Schüler[2621]. Ob die Eingrenzung nur Programm bleibt oder wirklich befolgt wird, bleibt aufgrund des ersten kurpfälzischen Gesangbuchs von 1567[2622] fraglich, da dort nur eine begrenzte Zahl von Psalm-Liedern zur Verfügung steht, daneben aber eine große Zahl von sonstigen geistlichen Liedern abgedruckt wird.[2623] Allerdings führen die Ausgaben von 1567 und 1573 keinerlei Abendmahlslieder[2624], weshalb von der wirklichen Verwendung der Psalmlieder auszugehen ist. Für den Inhalt ist wiederum keine Engführung auf das Abendmahl, sondern eine den Psalmen entsprechende theologische Weite anzunehmen, wenn nicht sowieso Lobpsalmen im Vordergrund stehen.

1574 wird in der Kurpfalz der Genfer Psalter[2625], der 1562 erstmals vollständig erscheint, in der 1573 durch Lobwasser[2626] besorgten deutschen Übersetzung verbindlich gemacht[2627].

12.7.2 Die Begleitlesungen zur Kommunion
12.7.2.1 Die Begleitlesungen zur Kommunion in der vorreformatorischen Liturgie

Mit den Begleitlesungen zur Kommunion taucht in den evangelischen Abendmahlsordnungen ein Element auf, das es vorher so nicht gegeben hat. Geht man von der formalen Dimension aus und fragt nach einer Lesung von Bibeltexten zu einer Mahlzeit, so ist derartiges nur im monastischen Bereich als Tischlesung bekannt; dies dürfte aber schwerlich die Vorlage für den evangelischen Brauch bilden.

[2620] Kurpfalz 1563 (EKO 14,401).

[2621] Vgl. Goeters: EKO 14,401⁴⁴. Ansonsten ist die Terminologie in Kurpfalz 1563 nicht einheitlich. So ordnet man im sonntäglichen Predigtgottesdienst einen "gesang" (Kurpfalz 1563 (EKO 14,391)) vor dem Segen (vgl. Blankenburg, Liedgesang 639), "teutsche psalmen" (Kurpfalz 1563 (EKO 14,393)) dagegen vor und nach der Werktagspredigt an (vgl. Blankenburg, Liedgesang 640). In den Dörfern genügt werktags auch "ein psalm, so zur buß dienstlich" (Kurpfalz 1563 (EKO 14,393); vgl. Blankenburg, Liedgesang 640), an Bußtagen vor der Predigt "ein teutscher psalm" (Kurpfalz 1563 (EKO 14,393)).

[2622] Vgl. Psalmen 1567. Zu diesem Gesangbuch vgl. Poppen.

[2623] Vorarbeiten für ein Gesangbuch sind schon unter Ottheinrich zu verzeichnen (vgl. Poppen 21f). Das 1567 erschienene Gesangbuch enthält dann nur 44 Psalmlieder und eine große Zahl von (lutherischen) geistlichen Liedern, obwohl zuvor schon Liedfassungen des ganzen Psalters existieren (vgl. Poppen 29f). Erst in der Ausgabe von 1573 wird der ganze Psalter in Liedform gedruckt (vgl. Poppen 90). Das Vorhandensein der geistlichen Lieder läßt zugleich auf ihre Verwendung schließen! Als Grund, daß man sich nicht nur auf das reformierte Liedgut konzentriert, führt Poppen den privaten Charakter der evangelischen Gesangbücher vor der Wende zum 17. Jh. an (vgl. Poppen 39f).

[2624] Vgl. Poppen 35.38.54. Eine Notiz zu Beginn der Abendmahlsordnung, in der die Vermahnung als Handlung vor dem Singen angesehen wird, könnte auf eine Präferenz des Gesangs gegenüber den Lesungen schließen lassen; dort heißt es: "Und gleich nach geschehener predig und sontagsgebet, wie daniden vermeldet wirdt, ehe dann man singt, soll der diener des worts diese nachvolgende vermanung ... fürlesen" (Kurpfalz 1563 (CD 1,510)). Die Präferenz der Lieder an dieser Stelle steht allerdings im Gegensatz zur profilierteren Angabe der Lesungen (vgl. 12.7.2.3)!

[2625] Zum Genfer Psalter vgl. Hucke 169; Völker, Gesangbuch 550f; Blankenburg, Liedgesang 639f; Blankenburg, Kirchenmusik 347-356.

[2626] Zu Lobwassers Fassung des Genfer Psalters vgl. Blankenburg, Kirchenmusik 369-371; Schumacher; Jenny, Beitrag 163f. Obwohl Lobwasser Lutheraner ist, wird seine Fassung des Genfer Psalters in den deutschen reformierten Gemeinden bestimmend, wenn sie auch nicht ausschließliche Geltung erhält (vgl. Blankenburg, Kirchenmusik 370).

[2627] Vgl. Völker, Gesangbuch 551; Blankenburg, Kirchenmusik 369.

Allerdings brauchen 'Gesänge' und 'Lesungen' zur Kommunion nicht grundsätzlich als Gegensätze angesehen werden, da die Gegenüberstellung von Musik und Rede zwar typisch für die Neuzeit ist, aber nicht in frühere Epochen zurückprojiziert werden darf. Die Communio-Antiphon ist zudem (wie gregorianischer Choral überhaupt) zunächst Verlautung von Bibeltext, bei der der Inhalt des Textes im Mittelpunkt steht und die Weise der Verlautung bestimmt.[2628] Außerdem sehen die Meßbücher des Spätmittelalters die Communio nicht unbedingt als Gesang an, aber immer als vom Priester zu sprechenden, d.h. zu lesenden Text. Die Wiedergabe von Bibeltexten zur Kommunion ist also nichts Neues, wohl aber ihre laute Verlesung (statt des mittelalterlichen gregorianischen 'Gesangs'), um die ganze Gemeinde daran teilnehmen zu lassen.

12.7.2.2 Die Begleitlesungen zur Kommunion in den reformatorischen Ordnungen

Der erste Beleg für den Vortrag biblischer Lesungen findet sich in Zürich 1535: "...so verliset ein läser von der cantzel herab die abentred, hept sy an amm anfang deß 13. cap. Ioan., und lißt so vil und lang, biß sich das brotbrächen gäntzlich endet unnd alle diener mit den bächeren widerumb zum tisch kummen sind"[2629].

Bullingers Handagende von 1532 verzeichnet ebenfalls die Lesung Joh 13ff, daneben aber als Alternative die Passionslesung Joh 18ff.[2630] Es ist deutlich, daß die Lesung den üblichen Communio-Gesang ersetzt. Zwingli hat den Kirchengesang (vielleicht unter dem Druck radikaler Kräfte) verurteilt und in Zürich abgeschafft[2631], weil in der bisherigen Kirchenmusik das Wort Gottes höchstens lateinisch, d.h. unverständlich erklingt und durch die Musik unkenntlich gemacht ist[2632].

Die Rezitation eines Bibeltextes stellt sich somit nicht nur als Ersatzform, sondern als dem Wort Gottes angemessene, d.h. nicht auf emotionale Bewegtheit, sondern auf stille Andacht hinzielende[2633] Form dar, die sich nachfolgend in den reformierten Ordnungen weitertradiert.

[2628] So dienen auch die Neumen in diesen Gesängen nicht der Fixierung von Tonhöhen und -längen, sondern dem Hörbarmachen des logischen und theologischen Aussagegehaltes (vgl. Joppich 91).

[2629] Zürich 1535 (CD 1,196[41]). Die vorhergehende Ordnung kennt allerdings schon die Rezitation eines Psalmes zur Danksagung (vgl. Zürich 1525 (CD 1,196-198), ebenso Zürich 1535 (CD 1,196[41].197[48])).

[2630] Vgl. Bullinger/Handagende 1532 (Zwingliana 10,22). In einer Beschreibung des Zürcher Abendmahlsbrauchs heißt es: "Nam sedentes et tacite auscultantes verbo Domini edimus et bibimus coenę sacramentum" (Zwingli, Fidei expositio 1531 (CR 93.5,103)). Jenny schließt hieraus, daß die Lesung schon zu Zeiten Zwinglis üblich ist (vgl. Jenny, Kirchenmusik 188[7]).
Die Einführung der gleichen Lesung (Joh 13-18) findet sich in Bern ab 1558 in Angleichung an den Zürcher Brauch (vgl. Bürki, Berner Ordnung 228; Jenny, Einheit 94; Dankbaar, Communiegebruiken 43); mit der Abschaffung der Musik im Gottesdienst orientiert sich Bern schon früh an Zürich (vgl. Blankenburg, Kirchenmusik 344).
Interessant ist auch die Begründung, daß man zu lesen meint "die Insatzung desselbigen [des Abendmahls, A.d.V.] vnd wie Christus das mit sinen Jungern gehallten vnd was er darin gehandlet" (zitiert nach Jenny, Einheit 94), obwohl an dieser Stelle das eigentliche Abendmahl nicht beschrieben wird!

[2631] Vgl. Baumgartner 179; Blankenburg, Kirchenmusik 344. Wirklich bekämpfen will Zwingli den Priester- und Chorgesang (vgl. Baumgartner 179; Nagel, Geschichte 128; Jenny, Kirchenmusik 189).
Ende des 16. Jh. findet sich in Zürich und Bern aber wieder Gemeindegesang (vgl. Blankenburg, Kirchenmusik 347).

[2632] Vgl. Jenny, Kirchenmusik 189.

[2633] Vgl. hierzu Aeschenbacher 1-5.

Eine Lesung während der Austeilung findet sich wieder in Genf 1542 als Alternative zum gesungenen Psalm[2634]. Allerdings verschwindet die ausdrückliche Notiz in Genf 1542A und 1545 sofort wieder[2635], erscheint aber erneut in der deutschen Ausgabe der Genfer Liturgie von 1563[2636]. Die schottischen Ordnungen wünschen ausschließlich eine Schriftlesung, "which doth lyuely set forth the death of Christ"[2637].

Auch bei Pollanus taucht eine Schriftlesung während der Austeilung ab 1554 wieder auf; bleibt die Angabe 1554 noch allgemein[2638], so dominieren 1555 die Stellen aus dem Johannes-Evangelium: "Interea temporis a tota Ecclesia decantantur Psalmi gratiarum actionis, interiecta post singulos Psalmos, recitatione alicuius loci e scriptura puta Ioh. ca. 6. 13. 14. 15. 16. 17. 18. 19. 20. 21. 1 Cor. 10. Exod 12. Recitat autem unus ex Ministris e suggestu."[2639]

In der Londoner Flüchtlingsgemeinde ist eine Schriftlesung zwischen den einzelnen schweigend vollzogenen Kommuniongängen bekannt: Es werden dann Joh 6 und Joh 13-15 und gegebenenfalls noch andere Bibelstellen gelesen, womit eine ähnliche, aber einge-

---

[2634] Vgl. Genf 1542 (CD 1,361). Vgl. auch Calvin, Institutio 1535, IV (COS 1,161); Calvin, Institutio 1559, IV 17,43 (Weber 985).

[2635] Vgl. Genf 1542A, 1545 (CD 1,361[28]). Jenny vermutet aber keinen Wegfall der Lesungen (vgl. Jenny, Einheit 117[8]).

[2636] Dort heißt es: "...wirdt entweder ein Psalm gesungen/oder etwaß gelesen auß der Schrifft/daß sich schickt zu dem/das durch die Sacramēt bedeutet wirdt" (Genf dt. 1563,52). Bezogen auf Calvins liturgische Ordnungen handelt es sich hier um den einzigen Fall, daß eine Schriftlesung nicht ausgelegt wird (vgl. Jenny, Einheit 117[8]); die Schriftlesungen selbst sind schon Auslegungsgeschehen, eben des gleichzeitig stattfindenden Abendmahls.

[2637] FoP 1556, 1564 (CD 1,477); vgl. Draft Liturgy 1618 (CD 1,485). Als Intention der Schriftlesung wird herausgestellt, "that our eyes and senses may not onely be occupied in these outwarde signes of bread and wyne, which are called the visible woorde: but that our hartes and myndes also may be fully fixed in the contemplation of the lordes death, which is by this holy Sacrament representede" (FoP 1556, 1564 (CD 1,477f)). Ebenso argumentiert das FBD 1560: "some comfortable places of the Scriptures be read, which may bring in mind the death of Christ Jesus, and benefit of the same. For seeing that in that action we ought chiefly to remember the Lord's death, we judge the Scriptures making mention of the same most apt to stir up our dull minds then, and at all times" (FBD 1560 (CD 1,480)). Die spätere Draft Liturgy läßt zwischen einzelnen Kommuniongruppen den Gesang von Ps 103 oder Ps 34 zu (Draft Liturgy 1618 (CD 1,485)).

[2638] Vgl. Pollanus 1554 (Honders 94[8]).

[2639] Pollanus 1555 (Honders 95[m]). Zu Joh 6 und seiner Exegese vgl. Schnackenburg 2,12-114; Blank 1a,335-385; Schneider 136-159; Schulz, Johannes 97-112; Beasley-Murray 81-99; Becker, Johannes 1,188-227; Gnilka 46-55. Zum Bild vom 'Brot des Lebens' in Joh 6 vgl. Schnackenburg 4,119-131.
Joh 6,47-63 wird auch schon in Zürich im Wortteil der Feier gelesen (vgl. Zürich 1525, 1529, 1535 (CD 1,192)), bildet aber zuvor schon mit der Abgrenzung Joh 6,56-59 die Evangelien-Lesung der katholischen Fronleichnamsliturgie (vgl. Daschner 391f). Der Text wird aber bei Zwingli erweitert, um im V.63 gipfeln zu können und so den geistlichen Charakter des Abendmahls gegenüber dem traditionellen Verständnis deutlich zu machen (vgl. Zwingli, Fidei expositio 1531 (CR 93.5,90)). Zugleich werden Teile dieses Textes in den vorreformatorischen Druckmissalien als Communio-Verse verwendet (vgl. Daschner 486); diese Communio-Gesänge zitieren zwar auch zweimal Joh 6, aber gerade so, daß die Kommunion des Leibes (und Blutes) Jesu herausgestellt wird (vgl. Pietschmann 137f; zu Zitaten aus Joh 13-16 vgl. Pietschmann 139f).
Besonders aber ist darauf hinzuweisen, daß sich ein großer Teil des bei Pollanus angeführten Lesematerials schon im lateinischen Meßbuch in der Karwoche findet. So gehören Ex 12 und Joh 18-19 konstitutiv zum Karfreitag, Joh 13 zum Gründonnerstag und Joh 12 zum Montag der Karwoche (vgl. die Übersicht bei Auf der Maur 102; vgl. Daschner 384f.536f.539). Allerdings wird bei Pollanus die Lesung aus Joh nicht nur auf die Leidensgeschichte eingegrenzt, sondern bis zur Auferstehung und den Erscheinungsberichten fortgeführt!

grenztere Textauswahl als in Pollanus 1555 getroffen wird[2640]. Auffällig ist, daß nicht die eigentliche Passion gelesen wird! Gerade Joh 6 scheint aber als prädestiniert verstanden zu werden, das geistliche Geschehen des Abendmahls deutlich zu machen. Vielleicht hat auf die Londoner Tradition die Lesung von Joh 13-18 bei der Abendmahlsfeier der Kreise um Wessel Gansfort eingewirkt[2641]. Der Wert dieser Lesungen für die Abendmahlsfeier scheint in der besonderen Betonung der Gemeinschaft mit Christus und untereinander zu liegen[2642].

12.7.2.3 Die Begleitlesungen in der vorliegenden Ordnung

Die vorliegende Ordnung gibt die Anweisung: "In dem soll ... entweder gesungen oder etliche capitel, zu der gedechtnuß des tods Christi dienstlich, als das 14., 15., 16., 17., 18. Joh. und 53. Jesaie gelesen werden"[2643]. Damit praktiziert sie einerseits keine ausschließliche Schriftlesung während der Austeilung wie die meisten reformierten Ordnungen, sondern läßt auch Gesang zu[2644]. Da aber nur für die Lesungen entsprechende Vorgaben gemacht werden, erhalten die Schrifttexte gegenüber den möglichen Gesängen ein deutlicheres Profil.

Im Vergleich zu den Lesungsvorschlägen bzw. -anordnungen in anderen Abendmahlsordnungen fällt die Konzentration der Lesungen auf Joh 14-18 auf (für den Krankenbesuch werden ebenfalls Lesungen aus Joh 14-17 vorgeschlagen[2645]). Man läßt somit die Lesung Joh 6 weg, die in anderen Ordnungen (wenn auch nicht unbedingt an diesem Ort) zur Betonung der spirituellen Dimension des Abendmahls gegen die Vorstellung einer leiblichen Präsenz Christi verwandt wird (Zürich, Pollanus, die Londoner Flüchtlingsgemeinde).[2646]

[2640] Vgl. Micron 1554 (CD 1,448f), a Lasco 1555 (CD 1,448-450). Als Begründung für die Lesung von Joh 6 wird ausdrücklich die Betonung des geistlichen Essens herausgestellt: "waerin dat volcomelick van het Gheestelick eten ende drinken des vleeschs ende bloets Christi ghesproken werdt" (Micron 1554 (CD 1,449)); "in quo nobis spiritualis nostra corporis et sanguinis Christi participatio exponitur et commendatur" (a Lasco 1555 (CD 1,449)). Damit ist aber das geistliche Essen nicht absolut gesetzt, sondern es wird die für Micron typische Parallelisierung von leiblichem und geistlichem Essen benannt (vgl. Sprengler-Ruppenthal, Mysterium 167f; Sprengler-Ruppenthal: EKO 7.1,570[49]).
Ebenso kennt die Kölner Ordnung im Vorbereitungsgottesdienst eine Lesung von Joh 6, aus der der Prediger seine Unterweisung entwickeln soll; die Lesung wird genauer begründet: "Dañ/ob wol der Herr in dem selbigen nit redet von dem Sacrament/so redet er doch von dē waren essen vñ drincken seynes fleisch vnd blůts/darzu er des H. Abendtmal hernaher verordnet hat" (Köln 1543,CII').

[2641] Vgl. Sprengler-Ruppenthal, Mysterium 165-167; Sprengler-Ruppenthal: EKO 7.1,570. Zur Person Wessel Gansforts vgl. Benrath, Humanismus 18-22.

[2642] Vgl. Sprengler-Ruppenthal, Mysterium 168.

[2643] Kurpfalz 1563 (CD 1,521).

[2644] Die Möglichkeit des Psalmengesangs und der Lesung von Schrifttexten während der Austeilung wird nachfolgend (jedoch ohne genauere Vorgaben zu machen) für die reformierten Kirchen am Rhein, in den Niederlanden und in Ostfriesland auf den Synoden von Wesel ("et dum ea celebratur vel scripturam legi, vel psalmos decantari indiscriminatim posse existimamus" (Synode Wesel 1568 (Richter, Kirchenordnungen 2,316))) und Emden ("Uber der außtheilung deß Nachtmals Psalmen zu singen oder die h. schrift zu lesen, wirt den kirchen freygelassen" (Synode Emen 1571 (Richter, Kirchenordnungen 2,340))) festgeschrieben (vgl. Luth 105).

[2645] Vgl. Kurpfalz 1563 (EKO 14,403).

[2646] Ein gewisses Manko von Joh 6 stellt dar, daß in diesem Kapitel wesentlich seltener vom Trinken die Rede ist, sondern der Akzent allein auf dem Essen liegt (vgl. Rohls 136). Dies steht dem Beharren auf dem Empfang von Brot und Wein in den evangelischen Ordnungen entgegen. Von katholischer Seite wird jedoch Joh 6 als Argument für die Kommunion allein unter der Gestalt des Brotes verwendet (vgl. DH Nr. 1727; Rohls 158).

Die Auslassung könnte sich gegen eine spiritualistische Engführung des Abendmahlsverständnisses stellen, wie sie in der Kurpfalz in prominenter Weise vom Zwinglianer Erast vertreten wird[2647].

Zudem wird nicht die eigentliche Passion gelesen, obwohl die Lesungen "zu der gedechtnuß des tods Christi dienstlich" sein sollen, sondern die Lesungen enden mit der Gefangennahme und dem Verhör Jesu. Dafür findet sich das Kapitel Jes 53[2648] mit der Thematik des Schmerzensmannes hier erstmals zur Kommunion[2649]. Dieses Kapitel bildet in der katholischen Tradition die konstitutive Lesung am Mittwoch der Karwoche und interpretiert das Leiden Christi[2650]. In der KO Kurpfalz 1563 stellt Jes 53 die häufigste Zitierung des Jesaja-Buches dar[2651]. Besonders wichtig ist das Kapitel für die Begründung des Verhältnisses von Gottheit und Menschheit Christi in der Christologie des HK[2652]. Gerade das Leiden des Erlösers, das für die Soteriologie des HK von so großer Bedeutung ist[2653], wird mit diesem Kapitel treffend vorhergesagt und beschrieben (so die Interpretation Ursins[2654]) und ist somit als keineswegs zufälliges, sondern als sinnvolles Geschehen gedeutet[2655].

Die Lesungen Joh 14-18[2656], die die Abschiedsreden und das Abschiedsgebet Jesu beinhalten und die das Schwergewicht des Lesungsteiles bilden, bringen in einer solchen Dichte bedeutende theologische Aussagen zur Sprache, daß es schwer ist herauszuarbeiten, worauf es den Gemeinden im Kontext des Abendmahls ankommen kann. Und doch werden für die

---

[2647] Ausführlich geschieht dies im 'Gründlichen Bericht', wo Joh 6 neben 1 Kor 10,16f die entscheidende Bibelstelle darstellt, von der aus die EW interpretiert werden (vgl. Erastus, Bericht 21-28). Die Priorität des Textes liegt für Erast darin, "dz wir auch daselbst von Christo werden gelert/.../sein flaisch züessen vnd sein blůt zů trincken" (ebd. 21f), und "wie er wölle sein leib vnd blůt von vns gessen vnd getruncken haben" (ebd. 24). Mit Verweis auf die Himmelfahrt ist für Erast - wie für Zwingli - der zentrale Satz des Kapitels: "Das flaisch sei kain nutz zům leben" (ebd. 27), "sonder allein die gaistliche niessung bringe das leben" (ebd. 27f). Auch Olevian argumentiert mit Joh 6 gegen eine Vorstellung vom leiblichen Essen (vgl. Olevian, Gnadenbund (Franz u.a. 301f)).

[2648] Zum Überblick zu Jes 53 vgl. Jay 819; Bundy; Watts 222-233; Knight 169-180; Fohrer 158-167; Ruppert; Janowski; Bastiaens.

[2649] In Basel taucht dieses Kapitel schon im Lesungsteil auf (vgl. Basel 1537 (CD 1,206f)). Die KO Grubenhagen 1581 verwendet Jes 53 innerhalb einer Präfation (vgl. Grubenhagen 1581 (CD 1,42)). Die Vermahnung der Agende Andorff 1567 zitiert Jes 53 ausführlich zur Verdeutlichung des Leidens Christi (vgl. Andorff 1567 (CD 1,286)).

[2650] Vgl. Auf der Maur 102; Daschner 358. Im NT und in der Vätertradition wird Jes 53 häufig zitiert; es wird bei den Vätern gänzlich in messianischer Perspektive gelesen und auf die wahrhafte Menschwerdung Jesu sowie auf die Passion bezogen (vgl. Jay 819).

[2651] Vgl. EKO 14,624. In Kurpfalz 1563 taucht dieses Kapitel ebenfalls als mögliche Lesung beim Krankenbesuch auf (vgl. Kurpfalz 1563 (EKO 14,403)).

[2652] Vgl. die Bibelbelege zu Fragen 15-18 des HK, Kurpfalz 1563 (EKO 14,346); vgl. auch die Fragen 37.38.44, Kurpfalz 1563 (EKO 14,350f). Barth nennt das Kapitel in diesem Zusammenhang sogar einen "Grundakkord" (Barth, Lehre 43).

[2653] Vgl. 7.8.2.4.

[2654] Vgl. Metz, Necessitas 153.

[2655] Vgl. Barth, Lehre 43.

[2656] Die exegetische Literatur zu Joh 14-18 ist so zahlreich, daß sie hier nur überblicksartig genannt werden kann werden kann; vgl. Schneider 256-303; Schulz, Johannes 182-230; Beasley-Murray 248-334; Schnackenburg 3,63-290; 4,153-164.173-183; Becker, Johannes 2,457-581; Gnilka 111-140; Blank 2,71-298; 3,37-89. Vgl. auch die entsprechenden Abschnitte der Forschungsberichte in Becker, Annäherungen 138-281.

Gläubigen vor allem durch die Kenntnis des HK bestimmte Motive sofort deutlich hervortreten.

Zunächst einmal finden sich hier zentrale Aussagen der Selbstoffenbarung Christi: "Ich bin der Weg und die Wahrheit und das Leben; niemand kommt zum Vater außer durch mich" (Joh 14,6); "Wer mich gesehen hat, hat den Vater gesehen" (Joh 14,9); "Ich bin der wahre Weinstock" (Joh 15,1); "Du sagst es, ich bin ein König. Ich bin dazu geboren und dazu in die Welt gekommen, daß ich für die Wahrheit Zeugnis ablege" (Joh 18,37). Mit diesen Aussagen stellt Jesus selbst seine Stellung als Offenbarer des Vaters und als entscheidender Heilsweg dar. Damit ist deutlich auf die Christozentrik des HK angespielt. Alle diese Aussagen offenbaren aber nicht nur Jesus als den Sohn Gottes, sondern berühren auch immer das Verhältnis der Gläubigen zu ihm, indem der einzelne im Glauben an Christus als den Erlöser das Heil und die Gemeinschaft mit dem Vater erlangen kann.

Von besonderer Bedeutung für das Selbstverständnis der Gemeinde dürfte sein, daß die Abschiedsreden insgesamt die Situation der Gemeinde zwischen Tod und Auferstehung auf der einen Seite und Parusie auf der anderen Seite deuten. Die Gemeinde ist in die Glaubensentscheidung gerufen, aus der sich Heil und Unheil ergeben; die Glaubensentscheidung aber wird sichtbar im Halten der Gebote Christi (vgl. Joh 14,15.21; 15,10). Die Gemeinde steht unter der Bedrängnis der Welt (Joh 15,18-16,4), steht aber in dieser Bedrängnis nicht alleine, sondern erhält den Hl. Geist als Helfer (Joh 14,16f.26; 15,26; 16,4-15)[2657]. Zudem hat sie die Verheißung, daß sie in Christus und er in ihr ist und sie wegen der Christuspräsenz eine Einheit bildet (Joh 15,4-6)[2658]. Damit wird das Communio-Motiv, das zuvor in der Spendeformel nach 1 Kor 10,16[2659] und in der Abendmahlsvermahnung[2660] zum Ausdruck kommt, hier nochmals ausführlich mit johanneischen Texten weitergeführt[2661].

Im Zentrum der Texte steht das hohepriesterliche Gebet (Joh 17), das die enge Einheit der Gemeinde mit Christus thematisiert und zugleich die ausgiebige Fürbitte Jesu Christi für die Gemeinde darstellt. Sowohl die Einheit mit Christus als auch die damit verbundene fürbittende Funktion bilden das Zentrum der soteriologischen Konzeption des HK und werden auch in den Texten der Abendmahlsordnung mehrfach thematisiert[2662].

Alle christliche Existenz drängt aber auf die Parusie hin (Joh 16,16-33). Dies stellt auch das Abendmahlsgebet heraus[2663]. Das 'ewige Leben' aber bildet keine naive Jenseitserwartung, sondern erhält eine besondere Qualität: "Das ist das ewige Leben: dich, den einzigen wahren Gott zu erkennen und Jesus Christus, den du gesandt hast" (Joh 17,3).

Im Kontext der Abendmahlsfeier kann so die Gemeinde mit den Lesungen ihre Situation deuten, den Herrn nicht direkt bei sich zu haben, sondern seine Wiederkunft zu erwarten und dennoch durch das Abendmahl Gemeinschaft mit ihm zu haben. Mit dieser Auswahl wird deutlich, daß es bei den Lesungen nicht um bloße Belehrung über das Abendmahl, seine

---

[2657] Vgl. die Aussagen zum Hl. Geist in den Abschnitten 7.8.4.3 und 8.3.2.

[2658] Vgl. auch 8.3.3.

[2659] Vgl. 12.6.2.3.

[2660] Vgl. 7.8.4.5.

[2661] Vgl. Brunner, Abendmahlszeugnis 231.

[2662] Zur Einheit mit Christus vgl. 7.8.4.4 und 8.3.3. Zur Fürbittfunktion vgl. 7.8.3.4.2 und 11.3.

[2663] Zur Parusieerwartung vgl. 8.3.3.

Bedeutung als Gedächtnis des Leidens Christi 'für uns' und seine Abgrenzung von jeder realpräsentischen Deutung geht. Die Lesungen sind nicht apologetisch orientiert, sondern deuten die Situation der Gemeinde in der Bedrängnis der Welt, in der ihr das Abendmahl als Trost gegeben ist. Die Gemeinde steht nun aber in einem theologischen Kontext, der sich nicht durch einen 'naiven' Realpräsenz-Glauben absichert, sondern sich der grundsätzlichen Getrenntheit vom Herrn und damit der Unvollendetheit der Welt bewußt ist. Joh 16f machen gerade für diese Situation deutlich, daß das entscheidende Kriterium für christliche Existenz das Einssein in Christus ist, das nur durch die Wirksamkeit des Geistes bewerkstelligt werden kann. Mittel dieser Wirksamkeit des Geistes, der mit Christus vereinigt, ist jedoch das Abendmahl selbst. Damit werden die johanneischen Stellen so ausgewählt, daß sie zur biblischen Vergewisserung der zuvor formulierten Eucharistietheologie und somit der in ihr ausgedrückten Christologie werden. Die theologische Deutung verbleibt deshalb nicht beim Abendmahl, sondern weist darüber hinaus und stellt das Abendmahl in den größeren christologischen, soteriologischen und eschatologischen Kontext, wie dies auch die bisherigen Texte der vorliegenden Ordnung schon versucht haben.

12.7.3 Resümee

Obwohl die Kurpfälzer Ordnung während der Kommunion sowohl Psalm-Lieder als auch Lesungen zuläßt, erhalten die Lesungen durch ihre dezidierte Auswahl eine deutliche Präferenz gegenüber den Liedern, die mehr als Zugeständnis an die bisherige lutherische Tradition erscheinen. Besonders aber an der Auswahl der Lesungen wird deutlich, daß es der vorliegenden Ordnung darum geht, durch passende Bibeltexte das Kommuniongeschehen zu interpretieren und theologisch zu werten. Die die Diskussion des 16. Jh. bestimmende Frage der Realpräsenz spielt hier keine Rolle; gerade die als Untermauerung der reformierten Position verwendete Lesung aus Joh 6 fällt weg.

Während die Abendmahlsliturgie bis zur Kommunion vielfach dadurch gekennzeichnet ist, eine nach den Grundsätzen des HK verantwortbare und von den katholischen wie lutherischen Vorstellungen abgrenzende Abendmahlstheologie zu formulieren, zielen die Lesungen ganz auf eine eigenständige, positiv formulierte Theologie des Abendmahlsgeschehens hin.

Mit den Abschiedsreden und dem hohepriesterlichen Gebet Jesu steht die grundsätzliche Trennung der Welt und des Menschen vom Himmel und von Christus im Mittelpunkt und damit die Situation, die schon zu Beginn der Abendmahlsfeier als trostbedürftig herausgestellt ist. Einzig die geistgewirkte Christusgemeinschaft (die die Gläubigen, die die Texte hören, automatisch als durch das Abendmahl vermittelte verstehen) kann zum Trost in einer solchen Existenz werden. Somit zielen die Lesungen darauf, die Trostfunktion des Kommuniongeschehens zu verdeutlichen und spirituell erfahrbar werden zu lassen. Textlich geschieht dies nun nicht wie in den bisherigen Texten der Ordnung durch biblisch wie dogmatisch gefärbte, liturgische Sprache, sondern durch den Bibeltext selbst.

13 Das Dankgebet nach der Kommunion

In der vorliegenden Ordnung werden zwischen Kommunion und abschließendem Segen zwei alternative Gebete angeboten. Damit folgt man der Tradition und schließt die Feier nicht einfach mit dem Segen ab, wählt aber unter den im vorreformatorischen Gottesdienst zwischen Kommunion und Segen vorgesehenen Elementen bestimmte aus und gestaltet sie nach eigenen Vorstellungen. Deshalb sind auch hier wiederum zunächst die vorreformatorischen Vorlagen und dann die Entwicklungslinien in den reformatorischen Ordnungen zu betrachten.

13.1 Der Abschnitt zwischen Kommmunion und Schluß der Feier in der vorreformatorischen Liturgie

Schon früh ist in der Eucharistiefeier ein Abschnitt des Dankes nach der Kommunion bezeugt[2664]; meist geschieht dies in Form eines Präsidialgebets. Die Einladung zum Gebet kann ohne weiteres entfaltet werden[2665], worauf die Oration durch den Vorsteher der Versammlung folgt. Als biblische Bezugspunkte für ein solches Gebet nach dem Abendmahl lassen sich Mt 26,30 und Mk 14,26 anführen. Mit dem Terminus "ὑμνήσαντες" dürfte dort allerdings ein Hallel-Psalm gemeint sein, d.h. nicht der Dank, sondern der Lobpreis steht im Vordergrund.

Aber auch private Gebete des Priesters haben nach der Kommunion ihren Platz. Ebenso verschiebt sich die Communio-Antiphon, deren Ort eigentlich die Kommunion selbst ist, im Spätmittelalter in den Bereich hinter die (Priester-)Kommunion, da sie im Missale verzeichnet ist und vom Priester gesprochen werden muß.[2666]

13.1.1 Die Postcommunio in der vorreformatorischen Liturgie

Das konstanteste Element in diesem Abschnitt bildet in der römischen Liturgie die Postcommunio[2667]. Die Bezeichnungen 'post communionem'[2668] (die allein eine Angabe des Ortes innerhalb der Meßfeier darstellt) und 'ad complendum'/'complenda'[2669] (als Kennzeichnung der Abschlußfunktion) sagen nichts über den Inhalt der Gebete aus. Selbst die

---

[2664] Vgl. Jungmann, MS 2,520f. Die Abgrenzung des Dankabschnitts von den benachbarten Liturgieelementen kann nicht immer eindeutig vollzogen werden.

[2665] Vgl. Jungmann, MS 2,521f.

[2666] Auf andere Elemente, die nur vereinzelt aufgenommen werden, wird im Zusammenhang der reformatorischen Ordnungen eingegangen, wo dies notwendig erscheint.

[2667] Vgl. hierzu Jungmann, MS 2,522-527; Kulp, Gemeindegebet 374-378. Nach Gruß ('Dominus vobiscum') und Gebetseinladung ('Oremus') folgt eine kurze Stille (gegen die Annahme einer Gebetsstille vgl. Kulp, Gemeindegebet 383[115]) für das Gebet der Gemeinde, das dann wiederum in dem an Gott den Vater gerichteten, typisch knappen Gebet des Priesters zusammengefaßt und mit dem 'Amen' der Gemeinde abgeschlossen wird (an Christus gerichtete Postcommunio-Orationen tauchen in der römischen Liturgie erst nach der Jahrtausendwende auf (vgl. Jungmann, MS 2,522[15])). Der zusammenfassende Charakter der Präsidialgebete, zumindest aber der Collecta, wird auch in den spätmittelalterlichen Meßerklärungen noch gesehen (vgl. Meyer, LM 56[21]).

[2668] Die deutsche Ausgabe des Durandus übersetzt noch mit "nachcommunio" (Durandus dt. [Häußling Nr. 29] (Buijsen 340)).

[2669] Z.B. im Mainzer Ritus des 16. Jh. ist dies die gängige Bezeichnung (vgl. Reifenberg, Messe 90). Unter den entsprechenden deutschen Lehnwörtern ist auch die Bezeichnung 'collect' für die Postcommunio häufig zu finden (vgl. Goertz, Begriffe 179f.398). In der 2. Hälfte der Reformation setzen sich 'complend' und 'complenda' im katholischen Raum durch (vgl. Ringel 193).

Frage, ob dieses letzte Präsidialgebet der lateinischen Meßliturgie nur den eigentlichen Eucharistieteil oder die ganze Feier abschließt, kann nicht geklärt werden, denn für beide Funktionen finden sich Hinweise.[2670]

Inhaltlich nimmt das Gebet fast immer Bezug auf die (angeblich auch von den Gläubigen vollzogene) Kommunion und benennt diese oft im ersten Abschnitt.[2671] Aber nicht der Dank, sondern die Bitte um die Frucht des empfangenen Sakraments sind das bestimmende Motiv[2672]. Dabei geht es fast ausschließlich um die Wirksamkeit an der Seele der Empfangenden (besonders um das ewige Leben), selten aber um eine kommunitäre Wirkung.[2673]

13.1.2 Die Begleitgebete zur Ablution

Ein weiteres Element dieses Abschnitts bilden die beiden als Begleitgebete zur Ablution gestalteten Priestergebete vor der Postcommunio, die sich inhaltlich nicht auf die Ablution, sondern auf die Kommunion beziehen.[2674] Sie sollen hier erwähnt werden, weil sie in den frühen reformatorischen Liturgien als Dankgebete aufgenommen werden.

Das Gebet 'Quod ore sumpsimus' findet sich als Postcommunio schon in ältesten Sakramentaren (d.h. in pluraler Fassung), dann in den Singular zum privaten Gebet des Priesters umgeformt, und schließlich - wieder in den Plural übertragen, aber weiterhin als Gebet des Priesters - in der Mehrzahl der mittelalterlichen Meßordnungen[2675]. Noch bis 1955 steht dieses Gebet am Karfreitag anstelle der Postcommunio[2676].

Das zweite Gebet 'Corpus tuum Domine' erscheint ab dem 7. Jh. in lateinischen Liturgien zunächst als Postcommunio in pluraler[2677] und dann erst in singularer Form als Privatgebet des Priesters[2678]. Der Text unterscheidet sich bei den einzelnen Belegen vom Text des späteren MRom 1570.[2679]

13.1.3 Die Communio-Antiphon

Als letztes Element, das aus diesem Abschnitt in den reformatorischen Liturgien rezipiert wird, ist 'das commun' zu nennen[2680]. Da mit dem Gesang[2681] im Spätmittelalter erst nach

---

[2670] Auch in den Bezeichnungen der heutigen Meßbücher ('oratio post communionem' im MRom 1975 und 'Schlußgebet' im Meßbuch 1988) spiegelt sich dieser Konflikt wider, wobei auch hier primär Orts- und Funktionsbestimmungen gegeben werden. In der Regel beinhalten die Gebete heute den Dank für die Gabe des Sakraments und die Bitte um seine Fruchtbarkeit (vgl. Meyer, Eucharistie 356).

[2671] Vgl. Jungmann, MS 2,524f. Schon in diesen römischen Orationen ergibt sich durch die gewählte Terminologie ein Spiegelbild der Eucharistieauffassung (vgl. ebd. 524).

[2672] Vgl. Meyer, LM 56.

[2673] Vgl. Jungmann, MS 2,525-527.

[2674] Vgl. hierzu Jungmann, MS 2,496-504; Rietschel/Graff 338.

[2675] Vgl. Jungmann, MS 2,497f; Daschner 200; Bruylants 2, Nr. 952; Corpus Orationum Nr. 4931a.

[2676] Vgl. Jungmann, MS 2,527³⁹.

[2677] "Corpus tuum, domine, quod accipimus, et calicem tuum, quem potauimus, hereat in uisceribus nostris, praesta, deus omnipotens, ut non remaneat macula, ubi pura et sancta intrauerunt sacramenta: per..." (Missale Gothicum (RED.F 5, Nr. 519 Mohlberg); vgl. auch Jungmann, MS 2,498⁹).

[2678] Vgl. Jungmann, MS 2,498.

[2679] Vgl. Jungmann, MS 2,499; Daschner 199f; Corpus Orationum Nr. 850a, 850b.

[2680] Vgl. hierzu 12.7.1.1.

[2681] Wie beim Introitus-Psalm wird in den frühesten Aufzeichnungen oftmals nur der Text der Antiphon und der Beginn des Psalms angegeben. Begründet im Verfall der Gläubigenkommunion, der eine Dauer des Gesangs

der Priesterkommunion begonnen wird und der Priester den in den Plenarmissalien enthaltenen Text mitsprechen muß, wird die Communio-Antiphon durch das Vorherrschen der Stillmessen zunehmend zu einem 'Gebet' des Priesters nach seiner Kommunion.[2682] So ist es vor allem die Communio-Antiphon, die in mittelalterlichen Meßerklärungen inhaltlich mit der 'Danksagung' verbunden wird.[2683]

13.2 Die Danksagung in den reformatorischen Abendmahlsordnungen

Nur wenige reformatorische Ordnungen gehen nach der Kommunion direkt zum Segen und damit zum Schluß der Feier über[2684]. Ansonsten wird versucht, den Dank für die Kommunion und/oder den daraus folgenden Lobpreis auszudrücken, entweder in einer Oration, in hymnischen Teilen oder - als neue Gattung an dieser Stelle - in einer erneuten Vermahnung.[2685] Ein Vaterunser erscheint nach der Kommunion nur in der (späten) anglikanischen[2686] und der niederländischen Tradition[2687].

13.2.1 Die Orationen nach der Kommunion

In vielen reformatorischen Ordnungen findet sich ein Gebet nach der Kommunion, das an das mittelalterliche Vorbild der Postcommunio anknüpft, aber um den Dank ergänzt wird, der in den lateinischen Vorlagen an dieser Stelle meist fehlt. Man beschränkt sich auf eine kleine Auswahl von Gebeten[2688], so daß der Proprienchrakter entfällt, da die Abendmahlsfeier selbst zum Proprium des Sonntagsgottesdienstes wird[2689].

13.2.1.1 Die Bezeichnung des Gebets nach der Kommunion

Nur in den frühesten reformatorischen Ordnungen findet sich keine direkte Bezeichnung des Gebets in den Rubriken, sondern nur der Text des Gebets selbst[2690]. Selten erscheint die

---

überflüssig macht, beginnt schon bald die Reduktion des Psalms, so daß er ab dem 10. Jh. in den Handschriften fehlt und nur noch die Antiphon übrig bleibt, die nun selbst 'communio' genannt wird (vgl. Jungmann, MS 2,490-492).

[2682] Vgl. Jungmann, MS 2,492-495.

[2683] Vgl. Jungmann, MS 2,492. Es ändert sich allerdings nichts an der Bezeichnung, die auch im Deutschen relativ konstant bei den Lehnworten 'das commun' und 'die communio' bleibt (vgl. Goertz, Begriffe 179.399). Beide werden im katholischen Bereich auch in der 2. Hälfte des 16. Jh. äquivalent verwandt (vgl. Ringel 186). Ohne weiteres ist bewußt, daß es sich eigentlich um einen Gesang handelt (vgl. Goertz, Begriffe 179.399; Ringel 186f).

[2684] Vgl. Basel 1526 (CD 1,215).

[2685] Vgl. hierzu Rietschel/Graff 380; Honders, Remarks; Schmidt-Lauber, Entfaltung 195-197.

[2686] Zum BCP 1552 und BCP 1662ff vgl. Buchanan, Lord's Supper 383.387.

[2687] Vgl. Frankenthal 1566 (CD 1,535). Allerdings kennt schon Celle 1545 (EKO 1,301) ein langes Gebet nach der Kommunion, das in das Vaterunser mündet, wie dies in der vorliegenden Ordnung beim Abendmahlsgebet der Fall ist.

[2688] Einzig einen Verweis auf die zu vollziehende, wohl traditionelle Postcommunio hat Karlstadt: "darnach concludiert er mit der collecten" (Karlstadt 1521 (CD 1,13)). Laut Kulp ist Spangenberg der einzige, der für jedes Festformular ein eigenes Gebet nach der Kommunion bietet (vgl. Kulp, Kollektengebete 438).

[2689] Dem Dankgebet kann ein Versikel vorausgehen, z.B.: 'Danket dem Herrn, denn er ist freundlich/Und seine Güte währet ewiglich' (vgl. hierzu Rietschel/Graff 380; Graff, Auflösung 1,203). Das BCP 1549 bietet 22 Schriftzitate (vgl. BCP 1549 (CD 1,403)).

[2690] Vgl. Kantz 1522 (CD 1,17); Worms 1524 (CD 1,20); Müntzer 1524 (CD 1,23); Nürnberg/Volprecht 1524 (CD 1,84); Zürich 1525 (CD 1,198)). Zur Bezeichnung vgl. Goertz, Begriffe 327f; Ringel 417-422.

bisherige Bezeichnung 'complenda'[2691], häufiger der zu dieser Zeit auch für die Postcommunio übliche[2692] Ausdruck 'collecta'[2693] - jedoch fast ausschließlich in den frühen Ordnungen. Einige Male (z.T. neben anderen Termini) kommt auch der Ausdruck 'Gebet' vor[2694]. Der größte Teil der Belege, bei den späteren Ordnungen fast durchgängig, kennt dagegen die Bezeichnung 'Danksagung' oder die Benennung des Themas 'Danksagung' in der Umschreibung des Vorgangs.[2695] Somit wird schon in der Bezeichnung deutlich, daß der für die evangelischen Ordnungen obligatorische Akt nach der Kommunion der der Danksagung ist[2696]. Dies stellt aber keine genuine Neuinterpretation des Gebets dar, sondern auch in zeitgenössischen katholischen Quellen wird ohne weiteres die Postcommunio als Dankgebet verstanden[2697].

[2691] So heißt es: "loco complendae" (Luther, FM 1523 (CD 1,35)); "Compl<enda>" (Straßburg/Schwarz 1524 (CD 1,316)); "Complementa, ut vocant, si gratiarum actio sint, dicantur" (Zürich 1525 (CD 1,188)). Vgl. auch Goertz, Begriffe 328. Der Terminus 'postcommunio' oder ein landessprachliches Äquivalent werden nicht verwendet (vgl. Ringel 418).

[2692] Zu den Belegen vgl. Ringel 417[4].

[2693] So heißt es: "darnach concludiert er mit der collecten" (Karlstadt 1521 (CD 1,13)); "loco complendae seu ultimae collectae" (Luther, FM 1523 (CD 1,35)); "die Collecten" (Luther, DM 1525 (CD 1,39)); "Darnach die collecten spricht zum volk" (Nürnberg/Döber 1525 (EKO 11,54)); "Darnach soll er dise zwo collecten unter einem beschluß...singen oder...sprechen" (Pfalz-Neuburg 1543 (EKO 13,76)); "Nach der communio lese der priester diese collecten" (Mecklenburg 1552 (CD 1,104)). Vgl. auch Goertz, Begriffe 328; Ringel 417f. Daß aber 'collecta' der vorherrschende Terminus ist, wie Ringel behauptet (vgl. Ringel 417), läßt sich nicht belegen.

[2694] So heißt es: "oratio illa" (Luther, FM 1523 (CD 1,35)); "Ein ander gebet" (Pfalz-Neuburg 1543 (EKO 13,76)); "spricht er eyn gebätt" (Basel 1537 (CD 1,224)); "Ein ander Dancksagung vnd Gebett" (Württemberg 1553 (CD 1,256)); "soll der kirchendiener der volgenden gebett eins fürsprechen" (Württemberg 1553 (CD 1,256)); "spricht er abermals ein gebett" (Straßburg 1526 (CD 1,324)). Vgl. auch Ringel 420; Goertz, Begriffe 328. Ringel vermutet für 'Gebet' eher einen privaten Kontext (vgl. Ringel 422).

[2695] So heißt es: "Darto danket de prester vor alle also" (Braunschweig 1528 (CD 1,56)); "Zuletzt mit einer Dancksagung und Benediction beschlossen, etc." (Frankfurt 1530 (CD 1,241)); "Ein andere Dancksagung" (Straßburg 1537ff (CD 1,324)); "soll man aber ein gemain gebet in teutsch offenlich sprechen. Das soll ein danksagung sein also" (Brandenburg-Nürnberg 1533 (CD 1,79)); "Ein ander Danksagung" (Brandenburg-Nürnberg 1533 (CD 1,80)); "Dancksagung nach dem Nachtmal" (Württemberg 1553 (CD 1,256)); "Ein ander Dancksagung vnd Gebett" (Württemberg 1553 (CD 1,256)); "Coean [!] peracta sequitur gratiarum actio" (Kassel 1539b (EKO 8,123^k)); "Alia gratiarum actio" (Kassel 1539b (EKO 8,123^k)); "Apres avoir achevé la Cene, on use de ceste action de grace, ou semblable" (Genf 1542, 1542A, 1545 (CD 1,356)); "En la fin on use d'action de grace, comme il a esté dict" (Genf 1542 (CD 1,361)); "graces apres la Cene" (Genf 1542A, 1545 (CD 1,361[29])); "ACTION DE GRACES apres la Cene" (Pollanus 1552 (Honders 95)); "Agamus Deo gratias" (Pollanus 1551, 1554, 1555 (Honders 94)); "Et la Cene paracheuée, le Ministre enhorte le peuple à rendre graces à Dieu, disant" (Mömpelgard 1559 (CD 1,376)); "Then the Priest shall geue thankes to God, in the name af all them that haue communicated" (BCP 1549, 1552 (CD 1,403)); "Gratiarum actio post coenae dominicae administrationem" (a Lasco 1555 (CD 1,453)); "Finita hac gratiarum actione" (a Lasco 1555 (CD 1,455)); "Een dancksegghinge achter de wtrichtinghe des nachtmaels" (Micron 1554 (CD 1,453)); "Achter dat dese dancksegghinghe ghedaen is" (Micron 1554 (CD 1,453)); "And after the action is done, he geueth thanckes saing" (FoP 1556, 1564 (CD 1,478)). Vgl. auch Ringel 418f. Noch im 16. Jh. kann der 'Dank' nicht nur in seiner heutigen Bedeutung, sondern auch i.S. von 'Denken' verwendet werden (zum Begriff 'Dank' vgl. Grimm, Neubearbeitung 6,213-221).

[2696] Ringel sieht eine Verbindung zur Danksagung nach der gemeinsamen Mahlzeit (vgl. Ringel 421). Zum Ausdruck 'Danksagung' vgl. Grimm, Neubearbeitung 6,238f. Als Begründung für die Danksagung nach dem Abendmahl führt z.B. Bucer Mt 26,30 an (vgl. BDS 1,247; Zippert 233[18]).

[2697] Bei Durandus heißt es: "im welichem er peten hat und danchnämichait tuet von der enphencknuz dez sacramencz" (Durandus dt. [Häußling Nr. 29] (Buijsen 340)). Auch die älteste Gesamtauslegung versteht

13.2.1.2 Die formale Entwicklung

Betrachtet man die formale Gestaltung der Danksagungsgebete, so kann eine Entwicklungslinie aufgezeigt werden.

a) Als Danksagungsgebete werden zunächst die bisherigen Priestergebete zur Ablution verwandt[2698]. Luther selbst behält sie in der 'Formula Missae' anstelle der Postcommunio bei, die Postcommunio jedoch lehnt er ab, da sie zu häufig das Opfer thematisiere.[2699] Allerdings finden sich 'Quod ore sumpsimus'[2700] und 'Corpus tuum'[2701] fast ausschließlich in frühen Ordnungen und dann zur Auswahl.[2702] Brandenburg-Nürnberg 1533 komponiert

---

zumindest den letzten Abschnitt der Messe als "*dancksagung* umb die ding, die da geschehen seyn" (Meßauslegung 1480 [Häußling Nr. 101] (Reichert 198)). Im Tewtsch Rational heißt es zur Postcommunio: "Darinn danckt der priester gott vmb das empfangen sacrament vnnd bettet für die vmbständer auch für annder die der meß vnnd krafft des sacramennts thaylhafftig worden seiñ" (Tewtsch Rational 1535, Kap. 23 [Häußling Nr. 132] (M6)'). Allerdings wird der Bitt-Anteil nicht übersehen: "Gemainklich in der Complend wirdt Gott angerůfft/daz er vns verleich der meß frucht" (ebd.).

Als katholische Besonderheit sind in dieser Zeit wieder Texte von Witzel zu verzeichnen. Zusammen mit der Kommunionvermahnung druckt Witzel jeweils "Zwo Dancksagung bey der heiligen Eucharisti oder Miss" (Witzel, Icon Christiani Hominis 1542 [Klaiber Nr. 3391] 35ᵛ; die Texte finden sich ebd. 35ᵛ-37ʳ und Witzel, Psaltes Ecclesiasticus 1550 [Häußling Nr. 135] 12ᵛ-13ʳ). Sie stellen das Thema des Dankes und Lobpreises für die Erlösung durch den Kreuzestod in den Mittelpunkt (im 2. Gebet wird sogar das Sanctus eingebaut), benennen aber die eucharistischen Gaben mit keinem Wort.

Mit einer Position hinter der Kommunion stünden sie in deutlicher inhaltlicher wie funktionaler Übereinstimmung zu Danksagungsgebeten in reformierten Ordnungen, die für das Kreuzesgeschehen danken, aber nicht konkret für den Empfang des Abendmahls. Diese textliche Gestaltung wird nur verständlich, wenn man beachtet, daß diese Gebete zuvor schon in Witzels Buch 'Von der heiligen Eucharisty' auftauchen, dort aber nicht nach der Kommunion, sondern bei der Elevation von den Gläubigen gesprochen werden sollen (vgl. Witzel, Eucharisty 1534 [Klaiber Nr. 3345] (Niiij)ᵛ). Auch dort werden sie als Danksagung eingeführt (vgl. ebd.)! In der Schrift "Psaltes Ecclesiasticus" wird weiterhin eines der Gebete zugleich als Gebet zur Elevation angeführt (vgl. Witzel, Psaltes Ecclesiasticus 1550 [Häußling Nr. 135] 41ʳ-41ᵛ).

[2698] Meyer vermutet sogar, daß sie zunächst mancherorts noch weiter als Begleitgebete zur Ablution verwandt werden (vgl. Meyer, LM 375). In der schwedischen Interimsmesse werden diese Gebete sogar ausdrücklich zur Ablution vorgeschrieben (vgl. Schweden 1576 (CD 1,138)).

[2699] "Sed loco complendae seu ultimae collectae, quia fere sacrificium sonant, legatur in eodem tono oratio illa: <Quod ore sumpsimus, domine>. Poterit et illa legi: <Corpus tuum, domine, quod sumpsimus, etce.> mutato numero in pluralem." (Luther, FM 1523 (CD 1,35)). Zur Behauptung Luthers, die Postcommunio thematisiere häufig das 'sacrificium', vgl. Meyer, LM 57²⁵.

Mit seiner Kritik steht Luther nicht allein, denn Zwingli läßt in seiner Epicheiresis die Postcommunio des Tages nur dann beten, wenn in ihr der Dank und nicht das Opfer thematisiert wird; ansonsten soll auf allgemeine Orationen ausgewichen werden: "Complementa, ut vocant, si gratiarum actio sint, dicantur; sin minus, puta, si ad oblationem aut sanctorum intercessionem, omittantur, et ad generales precationes recurratur" (Zürich 1523 (CD 1,188)).

[2700] Vgl. Nürnberg/Volprecht 1524 (CD 1,83); Straßburg/Schwarz 1524 (CD 1,316). Schwarz läßt auch andere 'christliche' Schlußorationen zu: "Vel aliam aliquam, que christiana videtur" (Straßburg/Schwarz 1524 (CD 1,316)). Aber auch die traditionell ausgerichtete Kurbrandenburger Ordnung führt u.a. dieses Gebet (vgl. Kurbrandenburg 1540 (EKO 3,70)). Vgl. Rietschel/Graff 380.

[2701] Es findet sich seit Luther immer pluralisch formuliert, aber nicht unbedingt als strenge Übersetzung der lateinischen Vorlage (vgl. Luther, FM 1523 (CD 1,35); Nürnberg/Volprecht 1524 (CD 1,83). Auch die lateinische Version ist weiterhin anzutreffen (vgl. Kurbrandenburg 1540 (EKO 3,70)).

[2702] Pfalz-Neuburg 1543 läßt allerdings beide Gebete nacheinander vom Vorsteher auf Latein nach dem zuvor auf Deutsch laut gesprochenen Dankgebet sprechen; das Gebet 'Corpus tuum' ist aber pluralisch gefaßt und abgeändert (vgl. Pfalz-Neuburg 1543 (EKO 13,76)). Dies findet sich so schon in Kurbrandenburg 1540 (EKO 3,70).

aus beiden Vorlagen ein neues Dankgebet[2703], das mit (aus dogmatischen Gründen durchgeführten) Änderungen in Köln 1543 und Württemberg 1553 weitertradiert wird.[2704] Daneben finden sich aber auch Überarbeitungen von lateinischen Postcommunio-Gebeten. So bietet Kantz 1522 zwei Gebete, wobei nicht klar ist, ob sie als Alternative benutzt werden können. Beim ersten Gebet handelt es sich um eine Bearbeitung der Kollekte des 3. Sonntags nach Pfingsten im lateinischen Missale[2705]. Das zweite stellt eine Bearbeitung des Gebets 'Placeat tibi, sancta Trinitas' vor dem Segen der römischen Messe[2706] dar, in dem im Mittelteil die Aussage vom Opfer, das der Priester darbringt, durch eine Aussage vom Werk, das Gott an der Gemeinde tut, ersetzt ist.[2707]

[2703] Vgl. Brandenburg-Nürnberg 1533 (CD 1,79f). 'Echt lutherisch' wird formuliert, daß die erhofften Wirkungen im Sakrament angezeigt und zugesagt seien und aufgrund der Bitte im festen Glauben ergriffen und behalten werden sollen (vgl. Kulp, Gemeindegebet 408[222]; Schmidt-Lauber, Entfaltung 195f).
Schon Worms 1524 verschmilzt beide Priestergebete mit dem Gebet 'Perceptio corporis tui' zu einer Postcommunio (vgl. Meyer, LM 375): "O herr Jesu Christe dein aller heyligster leib den wir handt genossen/ vnd dein vnschuldiges blût das wir haben gedrucken/wel vns nitt sein zu der verdamnuß/noch zu dem gericht/ sonder nach deiner gûtte zu eynnem schirm vnd artznei der selen vnd des leibs/eyn fürdernuß zu dem ewigen leben/der du lebest vnd regierst in ewigkeyt. Amen." (Worms 1524 (CD 1,20); vgl. Brunner, Messe 157f). Diese Oration findet sich fast ebenso in Straßburg/Ordenung 1524 (CD 1,316[48]); zur Abhängigkeit von Worms 1524 vgl. Brunner, Messe 158f.

[2704] Köln 1543 und Württemberg 1553 ändern den Passus über die Anzeige und Zusage der Wirkungen um: "welches alles vns in diesem deinen H. Sacrament so gnediglich angepotten/vnd geben hast" (Köln 1543 (CD 1,79[41])).

[2705] "Protector in te sperantium, Deus, sine quo nihil est validum, nihil sanctum: multiplica super nos misericordiam tuam; ut, te rectore, te duce, sic transeamus per bona temporalia, ut non amittamus aeterna. Per ..." (MRom 1570 (1943) 404; vgl. Bruylants 2, Nr. 911; Meyer, LM 383[3]).

[2706] Die Stellung vor dem Segen ist schon vor dem MRom 1570 belegt (vgl. Meyer, LM 383[1]).

[2707] Meyer spricht nur von Anklängen an das lateinische Gebet (vgl. Meyer, LM 383); zu dessen Textvarianten vgl. auch Reifenberg, Messe 93. Die Version Kantz' wird in Straßburg noch einmal überarbeitet; die drei Texte lauten:

MRom 1570	*Kantz 1522*	*Straßburg/Ordenung 1524*
"Placeat tibi, sancta Trinitas, obsequium servitutis meae:	"O du heylige dreivaltigkeit, laß dir wolgefallen unser lob und danksagung.	"O heylige vnd vnbefleckte dryfaltigkeit, laß dirs wolgefallen vnser vnderthenige dienstbarkeit,
et praesta; ut sacrificium, quod oculis tuae majestatis indignis obtuli, tibi sit acceptabile, mihique et omnibus, pro quibus illud obtuli, sit, te miserante, propitiabile. Per.."	Mach vest und stet das werk, das du in uns verbracht hast.	mach vest und stedt das werck, das du in vnns volbracht hast vnd verleyhe allen, so dich hand genossen, auch denen, so in dich
	Hilf, das uns fruchtbar und fürderlich sey in das ewig leben. Amen."	glauben, das solchs jn werd fruchtbar vnd fürderlich in das ewig leben, amen."
(MRom 1570 (1943) 338)	(Kantz 1522 (CD 1,17))	(Straßburg/Ordenung 1524 (CD 1,317[49]))

Ein Grund, daß gerade dieses Gebet aufgenommen wird, dürfte darin liegen, daß es schon vorreformatorisch als Gebet verstanden wird, das den Dank thematisiert - obwohl es in Wirklichkeit nur aus Bitten besteht; so heißt es zu diesem Gebet: "Da dancket der priester Got dem allmechtigen umb die grosse gutheyt, die er im erzeygt und mit geteylt hat in dem ambt der heyligen messe" (Meßauslegung 1480 [Häußling Nr. 101] (Reichert 204)). Dieses Motiv wird von Kantz aufgenommen. Ansonsten findet sich eine für die Reformation typische Bearbeitung des Textes: In allen drei Texten wird als Frucht des Geschehenen das ewige Leben erbeten. Besteht aber das 'Geschehene' in der lateinischen Vorlage noch im Opfer des Priesters (der Priester als der Aktive), so bei Kantz im 'werk, das du in uns verbracht hast' (nun ist Gott der Handelnde). In der Straßburger Variante bleibt die Kantzsche Perspektive erhalten, aber noch deutlicher wird die Fruchtbarkeit für den Genuß und den Glauben erbeten.

Zwingli scheint das im Spätmittelalter manchmal gebräuchliche Gebet 'Agimus tibi gratias'[2708] aufzunehmen[2709] und läßt ihm, wie in den Vorlagen[2710], das Nunc dimittis folgen. Damit formuliert Zürich 1525 an dieser Stelle einzig den Lobpreis und den Dank, aber keine Bitte.

b) Andere Ordnungen versuchen sich schon zur gleichen Zeit mit Neuschöpfungen. So kreiert Müntzer eine neue Postcommunio[2711], die zwar seine Abendmahlstheologie deutlich macht, aber - ganz in mittelalterlicher Tradition - kein Dankmotiv beinhaltet[2712]. Das Fehlen des Dankmotivs ist auch bei anderen frühen, neugeschaffenen Orationen zu verzeichnen.[2713]

c) Die meisten lutherischen Ordnungen verwenden Luthers Dankgebet der 'Deutschen Messe': "Wyr dancken dir, almechtiger herr gott, das du uns durch dise heylsame gabe hast erquicket und bitten deyne barmhertzigkeyt, das du uns solchs gedeyen lassest zu starckem glauben gegen dir und zu brinstiger liebe unter uns allen, umb Jhesus Christus unsers herrn willen. Amen."[2714] Sie stellt Luthers Übertragung der Postcommunio vom 18. Sonntag nach Pfingsten dar ("Gratias tibi referimus, Domine, sacro munere vegetati: tuam misericordiam deprecantes, ut dignos nos eius participatione perficias. Per...")[2715], der einzigen Postcommunio des römischen Meßbuchs, die den Dank artikuliert.[2716] Luther nimmt nur den ersten Teilsatz auf, der den Dank ausdrückt, und formuliert neu eine Bitte um Wachstum im Glauben und in der Liebe untereinander, womit er seine Auffassung vom 'rechten Brauchen' des Sakraments benennt[2717]. Hintergrund dieser Bitte bleibt aber weiterhin die Vorstellung von der 'Frucht' des Abendmahls[2718].

[2708] Nachweisbar sind zahlreiche Postcommunio-Gebete mit diesem oder einem ähnlichen Anfang (vgl. Jungmann, MS 2,501; Corpus Orationum Nr. 2753-2763b).

[2709] "Gratias agimus tibi, domine, pro universis donis et beneficiis tuis, qui vivis et regnas etc." (Zürich 1523 (CD 1,188)). In Zürich 1525 wird dieses Gebet einfach übersetzt (vgl. Zürich 1525 (CD 1,198); Baumgartner 177[66]).

[2710] Vgl. Jungmann, MS 2,501f.

[2711] Müntzer hat noch andere Dankgebete zu seinen Meßformularen geschaffen, die aber nicht auf die Abendmahlstheologie eingehen, sondern - wie viele katholische Postcommunio-Gebete - auf die jeweiligen Festgeheimnisse Bezug nehmen (vgl. Müntzer 1524 (Bräuer 74.91.98.115.127)).

[2712] Vgl. Müntzer 1524 (CD 1,23).

[2713] Vgl. Nürnberg/Volprecht 1524 (CD 1,84), Nürnberg/Döber 1525 (CD 1,86); Straßburg/Ordenung 1524 (CD 1,317[49]), Straßburg 1526 (CD 1,324); Basel 1537 (CD 1,224).

[2714] Luther, DM (CD 1,39); vgl. Braunschweig 1528 (CD 1,56); Mecklenburg 1552 (CD 1,104). Die Brandenburg-Nürnberger Tradition erweitert 'dise heylsame gabe' zu "dise hailsame gabe deines leybs und bluts" (Brandenburg-Nürnberg 1533 (CD 1,80)), was aber dogmatisch unsinnig ist, da dies den Dank für den Empfang des Leibes und Blutes des *Vaters* bedeuten würde. Deshalb ändern spätere Ordnungen zu "dise haylsame gabe des leybs unnd bluts deines Sons" (Veit Dietrich ²1543,f; zitiert nach Jungkuntz 74) bzw. "diese heilsame gabe/des leibs vnd bluts deines lieben Sons vnsers Herrn Jesu Christi" (Köln 1543,CXI'). Württemberg 1553 berichtigt den dogmatischen Fehler, indem die Oration in eine an Christus gerichtete umformuliert wird (vgl. Württemberg 1553 (CD 1,256); ebenso schon Pfalz-Neuburg 1543 (EKO 13,76); vgl. Jungkuntz 74[12]).

[2715] Vgl. Drews 95f; Corpus Orationum Nr. 2770; Bruylants Nr. 576; Kulp, Kollektengebete 429f; Schulz, Gebete 140; Meyer, LM 57.

[2716] Vgl. Kulp, Gemeindegebet 375.

[2717] Vgl. Meyer, LM 57[28]. Schulz verweist auf eine Parallele im Luther-Lied 'Jesus Christus, unser Heiland' (vgl. Schulz, Gebete 140).

[2718] Vgl. Völker, Gabe 199.

d) Im Laufe der Reformation lösen sich die Dankgebete von den lateinischen und damit katholischen Vorlagen[2719] und werden einerseits umfangreicher, anderseits werden sie zunehmend zu einem Ort, an dem durch bestimmte Formulierungen dogmatische Überzeugungen bzgl. des Abendmahls ausgedrückt und damit konfessionelle Differenzierungen deutlich gemacht werden.[2720] Ohne weiteres werden 'Gegenentwürfe' zu römischen Vorlagen präsentiert; so findet sich in Sachsen 1540 eine Umformung der Fronleichnamskollekte des Missale Romanum hin zu einem evangelischen Dankgebet nach dem Abendmahl[2721].
e) In anderen Ordnungen ist es vor allem die Frage der Realpräsenz, die zu einer veränderten Bezugnahme und zu Neuschöpfungen führt. In Straßburg finden sich ab 1537 drei neue Dankgebete[2722], die jedesmal ausdrücklich Lob und Dank artikulieren, die Christusbegegnung benennen, zugleich aber jede realpräsentische Aussage meiden und bei der Bitte um die Fruchtbarkeit auch den kommunitären Aspekt betonen. Das 1. dieser Dankgebete bildet die Vorlage für die ganze calvinistische Tradition[2723].
Auch das Dankgebet des BCP macht seine Abendmahlstheologie deutlich, indem es von "the spirituall foode of the moste precious body and bloud of thy sonne"[2724] spricht und den kommunitären Aspekt des Abendmahls[2725] benennt. Daneben tritt ab 1552 ein Gebet, das

---

[2719] Für die Collecta zu Beginn des Gottesdienstes werden noch häufiger Vorlagen des lateinischen Missale übersetzt; zugleich bildet die Hl. Schrift die Quelle für Neuschöpfungen (vgl. Meyer, LM 58f).

[2720] In diesem Zusammenhang von einem 'lehrhaften Charakter' zu sprechen (vgl. Meyer, LM 58), klingt negativ, obwohl doch alles Beten, dem es nicht um Formeln, sondern um Inhalte geht, zugleich diesen Charakter hat.

[2721] Vgl. Kulp, Gemeindegebet 401[194]; Drews 94f. Drews weist die Autorenschaft Luther zu und vermutet eine Entstehung im Jahr 1533 wegen der Veröffentlichung im Klugschen Gesangbuch in diesem Jahr (vgl. Drews 110f; Schulz, Gebete 143). In der lateinischen Vorlage heißt es: "Deus, qui nobis sub Sacramento mirabili passionis tuae memoriam reliquisti: tribue, quaesumus, ita nos Corporis et Sanguinis tui sacra mysteria venerari; ut redemptionis tuae fructum in nobis jugiter sentiamus: Qui vivis..." (MRom 1570 (1943) 397; vgl. Corpus Orationum Nr. 2770; Daschner 339). In der lutherischen Fassung wird daraus: "Ach, du lieber herr gott, der du uns bei diesem wunderbarlichen sakrament deines leidens zu gedenken und predigen befolhen hast, verleihe uns, das wir solch deines leibs und bluts sacrament, also mögen brauchen, das wir deine erlösung in uns teglich fruchtbarlich empfinden" (Sachsen 1540 (CD 1,44)). Damit sind entscheidende dogmatische Unterschiede deutlich gemacht: Das Sakrament ist nicht 'überlassen', sondern 'befohlen', des Leidens soll nicht nur 'gedacht', sondern davon soll 'gepredigt' werden, vor allem aber sollen Leib und Blut Christi nicht 'verehrt', sondern 'gebraucht' werden (vgl. Kulp, Gemeindegebet 401[194]).
Der Wechsel von 'mysterium' zu 'sacrament' ist aufgrund des zeitgemäßen Gebrauchs der Termini folgerichtig, manifestiert aber das dingliche Verständnis der Abendmahlsgaben; denn während 'mysterium' mehr die Feier bezeichnet, benennt 'sacramentum' in sachhafter Weise die eucharistischen Gaben, so daß sich in diesem Begriff eine starke Fixierung auf die somatische Realpräsenz widerspiegelt (vgl. Meßner, Meßreform 92). Auch bei den Reformatoren bezieht sich 'Sakrament', das als Lehnwort seit dem Mittelhochdeutschen bekannt ist (vgl. Kluge 614), als Dualwort auf die konsekrierten Gaben und erhält dadurch einen materialen Inhalt (vgl. Goertz, Begriffe 306).

[2722] Vgl. Straßburg 1537ff (CD 1,324f).

[2723] Vgl. Genf 1542, 1452A, 1545, (CD 1,356); Genf dt. 1563,16; Pollanus 1551, 1552, 1554, 1555 (Honders 94-97); FoP 1556, 1564 (CD 1,478). Dieses Dankgebet wird stärker verändert bei Micron 1554 (CD 1,453f) und wesentlich erweitert bei a Lasco 1555 (CD 1,453-455). Bei beiden ist das Gebet zwischen zwei langen Vermahnungen eingefügt (vgl. Micron 1554, a Lasco 1555 (CD 1,451-453.455-460)). Zur Danksagung in der Abendmahlsfeier der Londoner Flüchtlingsgemeinde vgl. Spengler-Ruppenthal, Mysterium 168-176; Honders, Remarks 148-152.

[2724] BCP 1549, 1552 (CD 1,404).

[2725] "...and that we be very membres incorporate in thy Misticall bodye, whiche is the blessed companye of all faythfull people..." (BCP 1549, 1552 (CD 1,404)).

1549 noch den Schluß des Hochgebets bildet[2726] und um Annahme des Lob- und Dankopfers der Gemeinde bittet[2727], nun aber durch seine Stellung nach der Kommunion die Veränderung in der Abendmahlstheologie deutlich macht, für die einzig nach der Kommunion der Ort für ein solches 'Lobopfer' ist.

13.2.1.3 Der Inhalt der Dankgebete

Bei einer inhaltlichen Untersuchung der Dankgebete der reformatorischen Ordnungen ist zwischen den indikativen Aussagen und den Bitten zu unterscheiden. In den Aussagen zeigt sich meist, was nach Auffassung der Betenden in bzw. während der Kommunion geschehen ist[2728], während in der Bitte die erhoffte Wirkung bei den Empfangenden artikuliert wird. Schon in der Bezeichnung der Abendmahlsgaben zeigen sich Unterschiede: Es finden sich direkt realpräsentische Bezeichnungen ('Leib und Blut Christi')[2729], teilweise mit Termini verbunden, die den sakramentalen Charakter herausstellen[2730]. Letzteres gilt vor allem bei Aufnahme der herkömmlichen Bezeichnungsweisen 'Sakrament' und 'Geheimnis' bzw. 'Mysterium'[2731]. Ebenso kommt die traditionelle Terminologie vor, ohne daß diese mit traditionellen Realpräsenz-Vorstellungen verbunden ist. Z.B. spricht man in Straßburg vom "war hymelbrot vnd speiß des ewigen lebens, vnseren herren Jesum Christum, [das du] durch dein h. evangeli vnd sacrament angebotten vnd fürgetragen hast"[2732]; eine direkte Identifikation von 'Himmelsbrot' und Abendmahlsgaben ist aber nicht mehr möglich. Wesentlich zurückhaltender bleibt die reformierte Tradition, indem sie die Gaben ganz allgemein bezeichnet[2733] oder - und dies ist in den Ordnungen der Fall, die sich nicht mehr direkt an Calvin orientieren - sie konkret gar nicht mehr benennt[2734].

Eine ähnliche Entwicklung ist bei der Beschreibung dessen, was in der Kommunion vorgegangen ist, zu vermerken. Zunächst sind Aussagen anzutreffen, die sich terminologisch

---

[2726] Vgl. Buchanan, Lord's Supper 383. Zur weiteren Entwicklung vgl. BCP 1662 (CD 1,423).

[2727] Vgl. BCP 1552 (CD 1,407f).

[2728] Nicht alle Gebete nach der Kommunion bieten solche Aussagesätze (oder Satzteile), sondern viele artikulieren nach spätmittelalterlichem Vorbild nur die Bitte. Zwingli bietet als Postcommunio zwar nur einen Aussagesatz und keine Bitte, bleibt aber in seinem Dank so allgemein, daß ein direkter Bezug zur Kommunion nur durch die Stellung innerhalb der Abendmahlsfeier hergestellt werden kann (vgl. Zürich 1525 (CD 1,198)). Basel 1537 nimmt im abschließenden Gebet gar nicht auf die Kommunion Bezug, sondern bittet direkt, "das wir allzyt yngedenck syen, der gütthatt des sterbens und lydens unsers Herren Jesu" (Basel 1537 (CD 1,224)).

[2729] Vgl. Worms 1524 (CD 1,20); Brandenburg-Nürnberg 1533 (CD 1,79). Luthers allgemeine Bezeichnung "heylsame gabe" (Luther, DM 1525 (CD 1,39)) wird in den Ordnungen, die sein Dankgebet aufnehmen, häufig um solche Termini erweitert (vgl. Anm. 2714).

[2730] So heißt es: "dis heilige zeichen seines zarten fleischs und teuren blutes" (Müntzer 1524 (CD 1,23)); "solch deines leibs und bluts sacrament" (Sachsen 1540 (CD 1,44)).

[2731] So heißt es: "deines sacraments" (Nürnberg/Volprecht 1524 (CD 1,84)); "sacrament" Straßburg 1537ff (CD 1,324)); "dis heilig sacrament" (Brandenburg-Nürnberg 1533 (CD 1,79)); "dise wirdige geheimnus" (Nürnberg/Döber 1525 (CD 1,86)); "these holy[e] misteries" (BCP 1549, 1552 (CD 1,404.404⁹⁴)).

[2732] Straßburg 1537ff (CD 1,324f).

[2733] So heißt es: "un tel bien" (Genf 1542, 1542A, 1545 (CD 1,356); Pollanus 1552 (Honders 95)); "tanto beneficio" (Pollanus 1551, 1554, 1555 (Honders 94)); "a gifte and threasor" (FoP 1556, 1564 (CD 1,478)); "de tous tes bienfaitz" (Mömpelgard 1559 (CD 1,376)).

[2734] Vgl. Micron 1554, a Lasco 1555 (CD 1,453). So heißt es z.B. auch in der deutschen Ausgabe der Genfer Ordnung ganz allgemein: "daß du vns arme Sünder also begnadet ... hast" (Genf dt. 1563,16).

noch ganz in der Tradition bewegen und in denen die Kommunion als ein aktives Handeln der Gemeinde beschrieben wird[2735]. Zwar bleiben die traditionellen, meist realpräsentischen Aussagen erhalten, aber bald wird nicht mehr die Gemeinde, sondern Gott als der Handelnde dargestellt.[2736] Indem man sich aber von einer realpräsentischen Abendmahlstheologie ablöst, findet sich - unter Beibehaltung der traditionellen Terminologie[2737] - eine spiritualisierte Darstellung des Vorganges in der Kommunion. Entweder spricht man von einem Speisen der Seelen[2738] oder von einer geistlichen Speise[2739]. Letztlich kann auch völlig unklar bleiben, ob die Speisung zeitlich mit dem Genuß der Gaben in Zusammenhang steht[2740].
Vielfach findet sich die Aussage, daß eine Verbindung oder Vereinigung mit Christus stattgefunden habe[2741]. Die spätere reformierte Tradition spricht von einem Hineinnehmen in die Gemeinschaft mit Christus, ohne dies aber direkt von der Kommunion auszusagen[2742]. Dies hat seine Grundlage in der Straßburger Tradition, wo davon gesprochen wird, daß die

---

[2735] Entweder spricht man ganz realpräsentisch vom Essen und Trinken des Leibes und Blutes Christi ("O herr Jesu Christe dein aller heyligster leib den wir handt genossen/vnd dein vnschuldiges blůt das wir haben gedruncken..." (Worms 1524 (CD 1,20)) oder vom Empfang des Sakraments (vgl. Nürnberg/Volprecht 1524 (CD 1,84)).

[2736] So heißt es : "das du uns mit dem hailsamen flaisch und blut deines ainigen Suns Jesu Christi, unsers Herrn, gespeist und getrenkt hast" (Brandenburg-Nürnberg 1533 (CD 1,79)). Luther spricht von der Erquickung durch Gott (Luther, DM 1525 (CD 1,39)). Die Straßburger Ordnungen differenzieren ab 1537 im 2. Dankgebet noch genauer, indem sie einerseits vom Handeln Gottes als Angebot ("das du vns abermals dein theuristen schatz, das war hymelbrot vnd speiß des ewigen lebens, vnseren herren Jesum Christum ... angebotten vnd fürgetragen hast" (Straßburg 1537ff (CD 1,324f)), dann aber von der Annahme und 'Nießung' auf seiten der Kommunikanten 'im wahren Glauben' sprechen (vgl. Straßburg 1537ff (CD 1,325)).

[2737] So wird weiterhin von einer Speise zum ewigen Leben gesprochen: "vnd vns den auch zur speyß vnd vffenthalt ins ewig leben geben hast" (Straßburg 1537ff (CD 1,324), ähnlich Kassel 1539b (CD 1,332)); "et le nous donnant en viande et nourriture de vie eternelle" (Genf 1542, 1542A, 1545 (CD 1,356); vgl. auch Genf dt. 1563,16; Pollanus 1551, 1552, 1554, 1555 (Honders 94f)).

[2738] So heißt es: "daß du unsere seel gespeiset hast mit dem leib und blut deines allerliebsten Sohns" (Kassel 1539b (CD 1,332)); "dat ghy ... hem ons tot salichmakende spyse onser sielen ghegheuen hebt" (Micron 1554 (CD 1,453)).

[2739] So heißt es: "thou hast vouchsafed to feede us... with the spirituall foode of the most precious body and bloud of thy sonne" (BCP 1549, 1552 (CD 1,404)).

[2740] So heißt es: "whome thou deliueredst to deathe for vs, and haste giuen hym vnto vs, as a necessarie foode and norishment vnto euerlastynge life" (FoP 1556, 1564 (CD 1,478)).

[2741] Müntzer spricht noch von einer Verbindung mit Gott durch den Geist Christi: "nach dem wir uns durch den geist Christi, deines sohnes, mit dir unwiderruflich vorbunden haben" (Müntzer 1524 (CD 1,23)). Sonst wird immer von einer Verbindung mit Christus gesprochen: "vnns seine ware gemeynschafft abermals mitgetheylet hast" (Straßburg 1537ff (CD 1,325)); "that we be very membres incorporate in thy Misticall bodye, which is the blessed companye of all faythfull people, and (be also) heyr(e)s through hope of thy euerlasting kingdome" (BCP 1549, 1552 (CD 1,404)).

[2742] So heißt es: "que tu nous as eslargy un tel bien, à nous paovres pecheurs, de nous avoir attiré en la communion de ton Filz JESUS Christ, nostre Seigneur" (Genf 1542, 1542A, 1545 (CD 1,356); vgl. Pollanus 1551, 1554, 1555 (Honders 95)); "daß du vns arme Sünder also begnadet/vñ vns zu der gemeinschafft deines Sons unsers Herrn Jesu Christi gezogen hast" (Genf dt. 1563,16); "istam tuam erga nos benignitatem, qua tanto beneficio dignatus es, quamvis peccatores, ut in partem Christi filii tui vocares ac pertraheres" (Pollanus 1552 (Honders 94)); "to graunt vnto vs miserable synners so excellent a gifte and threasor, as to receaue vs into the felowship and company of thy deare sonne Iesus Christ our lorde" (FoP 1556, 1564 (CD 1,478)); "dat ghy ons eylendighe slauen der sonden ende des Doots, in de ghemeinscap des Lich-aems ws seluen Soens aenghenomen ende hem ons tot salichmakende spyse onser sielen ghegheuen hebt" (Micron 1554 (CD 1,453)); "quodque illum nobis propter adnatam nostram infirmitatem, quae assiduis eget remediis, in cibum ac refectionem nostram salutarem donare dignatus es" (a Lasco 1555 (CD 1,453f)).

Gemeinde zu Christus gezogen worden sei, ohne einen eindeutigen Bezug zur Kommunion herauszustellen[2743]. Diese Aussage korrespondiert mit der Bitte in einem der Abendmahlsgebete des gleichen Formulars: "Zu disem deinem sun züch vnser hertz vnd gemüt, barmhertziger gott vnd vatter, vff das - so er sich selb vns inn seinem h. evangeli vnd sacramenten anbeutet, sein leib vnd blut schencket, das wir inn jm leben, die wir an vns selb verdorben seind - wir solche seine liebe mit lebendigem glauben vnd ewiger danckbarkeyt annemmen..."[2744]. Dieses Ziehen zu Christus scheint - parallel zum umgestalteten Sursum corda - mehr eine Voraussetzung für die Christusbegegnung in der Kommunion zu sein, als Inhalt des Kommuniongeschehens selbst!

Die erhofften und erbetenen Wirkungen der Kommunion können ganz im Rahmen der Tradition bleiben[2745], aber auch neue bzw. erneuerte Akzente setzen. Breiten Raum nimmt die Bitte um Vergebung oder Bewahrung vor der Sünde[2746] und die Hoffnung auf das ewige Leben ein[2747]. Die Erlösung soll täglich empfunden[2748] bzw. nicht vergessen werden[2749]. Überhaupt hat die Bitte, die Wohltaten Gottes nicht zu vergessen, besondere Bedeutung[2750] - ebenso die Bitte um Stärkung und Wachstum des Glaubens[2751].

[2743] So heißt es: "das du vns arme sünder also begnadet vnd zu deinem sun, vnserem herren Jesu Christo gezogen hast" (Straßburg 1537ff (CD 1,324)); "das du vns arme sünnder also zu deinem lieben sun, vnserem herren Jesu, gezogen vnd vnns seine ware gemeynschafft abermals mitgetheylet hast" (Straßburg 1537ff (CD 1,325)).

[2744] Straßburg 1537ff (CD 1,320).

[2745] Hierhin gehört z.B. die Bitte, daß die Kommunion nicht zu Gericht und Verdammnis gereiche (vgl. Worms 1524 (CD 1,20)), eine Bitte, die aus dem Gebet 'Perceptio corporis tui' stammt, und die bald durch entsprechende Vorbereitungsakte vor der Kommunion abgelöst wird, in denen deutlich gemacht wird, daß sowieso niemand die Gaben 'würdig' empfangen kann und diese Erkenntnis allein schon vor dem Gericht bewahre. Ebenso traditionell ist die recht allgemeine Bitte um das Heil des Leibes und der Seele (vgl. Nürnberg/Volprecht 1524 (CD 1,84)) und um die göttliche Gnade (vgl. Brandenburg-Nürnberg 1533 (CD 1,79); "to assist us with thy grace" (BCP 1549, 1552 (CD 1,404))). Die ungewöhnlich erscheinende Bitte, die heiligste Dreifaltigkeit bekennen zu können (vgl. Nürnberg/Volprecht 1524 (CD 1,84)) hat ihre Vorlage in der Postcommunio der Missa de trinitate, die bis dahin im katholischen Raum das meistens am Sonntag benutzte Formular darstellt.

[2746] Vgl. Müntzer 1524 (CD 1,23); Basel 1537 (CD 1,224); Brandenburg-Nürnberg 1533 (CD 1,79); hierhin gehört auch die Hoffnung, "das wir von allem argen entlediget [werden]" (Straßburg 1537ff (CD 1,325)). Die schottischen Ordnungen bitten um Bewahrung vor dem Satan: "confirme vs, in these perelous daies and rages of satan, that we may constanly stande and continewe in the confession of the same" (FoP 1556, 1564 (CD 1,478)).

[2747] Vgl. Brandenburg-Nürnberg 1533 (CD 1,79); Worms 1524 (CD 1,20); Nürnberg/Döber 1525 (CD 1,86). Hierhin gehört auch die auf das diesseitige Leben bezogene Bitte, "ein newes himmlischs leben zu füren keynen fleyß nimmermehr sparen" (Straßburg 1537ff (CD 1,325)).

[2748] Vgl. Sachsen 1540 (CD 1,44).

[2749] So heißt es: "das vnser erlösung gedechtniß vns nymer von hertzen kumm" (Straßburg 1526 (CD 1,324)).

[2750] So heißt es: "wir solchs nimmer von hertzen lassen" (Straßburg 1537ff (CD 1,324)); "mais plustost les aiant imprimees en noz coeurs" (Genf 1542, 1542A, 1545 (CD 1,356); vgl. Genf dt. 1563,16; Pollanus 1551, 1552, 1554, 1555 (Honders 96f)); "that thou neuer suffer vs to become so vnkinde as to forget so worthy benefittes" (FoP 1556, 1564 (CD 1,478)); "dat wy dese groote weldaet nymmermeer vergheten" (Micron 1554 (CD 1,453)).

[2751] Vgl. Luther, DM 1525 (CD 1,39); Straßburg 1537ff (CD 1,324); Kassel 1539b (CD 1,332); Genf 1542, 1542A, 1545 (CD 1,356); Genf dt. 1563,16; Pollanus 1551, 1552, 1554, 1555 (Honders 96f); Micron 1554 (CD 1,453); a Lasco 1555 (CD 1,454). Als Spezifizierungen finden sich: "mit festem glauben" (Brandenburg-

Schon in den Bitten der frühen Ordnungen steht die bleibende Vereinigung mit Christus im Vordergrund[2752]. Fast durchgehend wird die erbetene Wirkung nicht nur auf die einzelnen Kommunikanten bezogen, sondern auf die ganze Gemeinschaft. So bittet man um die Liebe untereinander[2753], um das Vollbringen guter Werke[2754] und darum, nicht von der Gemeinde getrennt zu werden[2755].

Selten ist die Bitte um Dankbarkeit und Erleuchtung der Herzen durch den Hl. Geist[2756]. Auf der Straßburger Tradition beruht die in den reformierten Ordnungen häufig zu findende, das Dankgebet abschließende Formel, das Erbetene möge eintreten zum Lobpreis Christi "vnd [zur] besserung vnsers nechsten"[2757].

13.2.2 Die lobpreisenden Elemente nach der Kommunion

Nicht selten sind nach der Kommunion auch hymnische Elemente und Psalmen zu finden, in denen vor allem der Lobpreis zum Ausdruck kommt, der seinen Ort zuvor am ehesten in der Communio-Antiphon hat. Benannt oder eingeführt wird aber auch dieses Element oftmals als 'Danksagung'[2758].

Die 'Communio' bleibt nur in wenigen Ordnungen als 'Kommuniongebet' bestehen[2759]: Allein in Nürnberg findet sich zunächst noch eine traditionelle 'Communio' der Missa de

---

Nürnberg 1533 (CD 1,79)), 'in wahrem Glauben' (vgl. Basel 1537 (CD 1,224); Straßburg 1537ff (CD 1,325); FoP 1556, 1564 (CD 1,478); Mömpelgard 1559 (CD 1,376)).

[2752] So heißt es: "das wir ...verainigung mit Christo... mit festem glauben mögen begreifen und ewiglich behalten" (Brandenburg-Nürnberg 1533 (CD 1,79f)); "das wir im liecht der welt vnd Christo wandeln, weit abgezogen von vnser tummen vernunfft vnd blinden willen, so eytel vnd schadhafftig fünsterniß sein" (Straßburg 1526 (CD 1,324)); "das dise heylige gemeynschafft bei vns jmmer würcke vnd krefftig seie" (Straßburg 1537ff (CD 1,325)); "immer vollkommener in diesem Son, unserm Herren und er in uns leb" (Kassel 1539b (CD 1,332)); "that we may continue in that holy felowship" (BCP 1549, 1552 (CD 1,404)); "ut hanc nostri in unum cum Christo Domino corpus aggregationem ... ad finem usque conservare" (a Lasco 1555 (CD 1,454)). Die späteren Ordnungen formulieren die Vereinigung mit Christus mehr als Aussage. Hierin zeigt sich deutlich eine Akzentverschiebung in der Bewertung der Kommunion: Was zunächst noch als Frucht der Kommunion erbeten wird, wird später von der eigentlichen Kommunion ausgesagt.

[2753] So heißt es: "zu brinstiger liebe unter uns allen" (Luther, DM 1525 (CD 1,39)); "in rechtschaffener liebe" (Basel 1537 (CD 1,224)); "zucht, gedult vnd liebe" (Straßburg 1537ff (CD 1,325)).

[2754] Vgl. Straßburg 1537ff (CD 1,324); Genf 1542, 1542A, 1545 (CD 1,356); Genf dt. 1563,16; Pollanus 1551, 1552, 1554, 1555 (Honders 96f); BCP 1549, 1552 (CD 1,404); Micron 1554 (CD 1,453); FoP 1556, 1564 (CD 1,478). Hierhin gehört wohl auch die Bitte, man möge "inn allem guten zu deinen ehren täglich zunemmen" (Straßburg 1537ff (CD 1,325)).

[2755] Vgl. Basel 1537 (CD 1,224); Mömpelgard 1559 (CD 1,376).

[2756] Vgl. Kassel 1539b (CD 1,332). Der Dank wird ansonsten fast durchweg indikativisch ausgesagt.

[2757] Straßburg 1537ff (CD 1,324f). Vgl. auch Kassel 1539b (CD 1,333); Genf 1542, 1542A, 1545 (CD 1,356); Genf dt. 1563,16; Pollanus 1551, 1552, 1554, 1555 (Honders 96f); Micron 1554 (CD 1,453f).

[2758] "So das geschehen ist, soll der priester nider knyen und danksagen" (Kantz 1522 (CD 1,16)); "Item zu danksagung mag man sprechen" (Kantz 1522 (CD 1,16)); "sag man uß dem bispil Christi danck mit disem 112. psalmen" (Zürich 1525 (CD 1,196)). In Zürich 1535 ist die Danksagung nicht mehr durch eine Rubrik, sondern nur durch die Aufforderung des Pfarrers umschrieben: "knüwend uff, und lassend uns gott loben und danck sagen" (Zürich 1535 (CD 1,196[41])); erst beim zweiten Psalm findet sich der Vorgang auch in der Rubrik angegeben: "Ein andere form danck ze sagen" (Zürich 1535 (CD 1,197[48])).

[2759] Vgl. Goertz, Begriffe 327. Die Bezeichnung 'das commun' (o.ä.) kann sich nur so lange erhalten, als für das eigentliche Mahl noch der Terminus 'communion' benutzt wird (vgl. Goertz, Begriffe 328).

Trinitate im deutschen Text, in der der Lobpreis thematisiert wird[2760]. Ansonsten wird der Terminus 'commun' für einen Gesang nach der Kommunion verwendet - allerdings selten und nur in frühen Ordnungen. In Luthers 'Formula Missae' heißt es noch: "Si communionem cantare libet, cantetur."[2761] Ein Relikt der Communio-Antiphon dürften ebenfalls die 'Sentences of holy Scripture', die Schriftzitate des BCP 1549 sein, die dort auch 'post Communion' genannt und vom Priester gesungen werden und denen eine Danksagung folgt[2762].

Calvin differenziert im Aufriß einer Abendmahlsfeier in seiner 'Institutio' deutlich den Lobgesang vom Dankgebet: "Postremo, gratiarum actio referretur, et laudes Deo canerentur."[2763] Was er konkret darunter versteht, bleibt jedoch unklar.

Die Funktion als lobpreisende Gesänge erhalten vermehrt Neudichtungen wie 'Gott sey gelobet'[2764] (z.T. wird hierfür die Bezeichnung 'commun'[2765] verwendet) oder andere Psalmenlieder[2766], die auch während der Kommunion gesungen werden[2767]. Der Charakter der 'commun' als Gesang geht ansonsten wieder an *während* der Kommunion der Gläubigen gesungene Gemeindelieder und Psalmen über, ohne daß die alte Bezeichnung verwendet würde[2768].

Auch andere Gattungen sind zu vermerken, die unter dem Motiv des Lobpreises stehen. So findet sich in den frühen Ordnungen noch das Nunc dimittis[2769]. Ebenso sind nach der

---

[2760] Vgl. Nürnberg/Volprecht 1524 (CD 1,84). In der Nürnberger Tradition hält sich der Begriff 'communio' auch am längsten (vgl. Ringel 414).

[2761] Luther, FM 1523 (CD 1,35).

[2762] Vgl. BCP 1549 (CD 1,403); Gasquet/Bischop 179¹.

[2763] Calvin, Institutio 1536, IV (COS 1,161). Neben Farel könnte die Konzeption Oekolampads eingewirkt haben (vgl. Jenny, Einheit 109f).

[2764] Vgl. Straßburg/Ordnung 1525 (CD 1,329); Straßburg 1526ff (CD 1,324). Vgl. auch 12.7.1.2. Nach Schwäbisch-Hall 1526 soll ein Gesang zur Danksagung folgen bzw. vom Chor "grates nunc omnes reddamus Domino" (Schwäbisch-Hall 1526 (CD 1, 257)) gesungen werden, ein Lied aus Spangenberg 1545 (vgl. CD 1,46; HDEKM 1.1, Nr. 169). Den Platz des Communio-Gesangs *nach* der Kommunion, wo er im Spätmittelalter anzutreffen ist, übernimmt bei Bugenhagen das 'Agnus Dei' (vgl. Braunschweig 1528 (CD 1,56)), das in den spätmittelalterlichen Ordnungen ansonsten *während* der Kommunion gesungen wird.

[2765] In Straßburg lautet die Rubrik zunächst: "Volget das commun" (Straßburg/Ordenung 1524 (Hubert 74)). In der nachfolgenden Ordnung wird 'commun' ausdrücklich mit der Danksagung gleichgesetzt: "Folget das commun oder dancksagung der gemein" (Straßburg/Kirchenamt 1525 (Hubert 81)). Wiederum eine Ordnung später wird der gleiche Gesang Luthers als 'lobgesang' (Straßburg 1525 (CD 1,329)) bezeichnet.

[2766] Entweder finden sich allgemeine Anweisungen ("oder ein psalmen" (Straßburg/Ordnung 1525 (CD 1,329)); "oder sunst ein psalmen, wie es sich zutregt" (Straßburg 1526ff (CD 1,324))) oder konkrete Vorschläge ("Ach, herr, wie sind meiner sünd" (Ps 3) (vgl. Straßburg/Ordnung 1525 (CD 1,329)); "My soule giue laud" (Ps 103) (FoP 1556, 1564 (CD 1,478))). Micron kennt allerdings zum Auszug als eine Möglichkeit 'Mijn Godt voet my in ouervloet' (vgl. Micron 1554 (CD 1,460)), ein Lied auf Ps 23 (vgl. Sprengler-Ruppenthal: EKO 7.2.1, 638; Honders, Remarks 152).

[2767] Vgl. 12.7.1.2.

[2768] Vgl. 12.7.1.2. Eine direkte Ablehnung der Communio-Antiphon wäre auch aufgrund der biblisierenden Tendenz der reformatorischen Ordnungen unverständlich, da die Texte der Hl. Schrift entnommen sind.

[2769] Zur vorreformatorischen Verwendung des Nunc dimittis an dieser Stelle vgl. Jungmann, MS 2,501f; Reifenberg, Messe 94f. Vgl. auch Meßauslegung 1480 [Häußling Nr. 101] (Reichert 195f).
In den reformatorischen Ordnungen wird das 'Nunc dimittis' zunächst allerdings umgeformt im Plural, so daß es von der Gemeinde auf den im Abendmahl präsenten Herrn bezogen werden kann (vgl. Kantz 1522 (CD 1,16)). Kantz führt es ausdrücklich als Dank ein ("soll der priester nider knyen und danksagen" (Kantz 1522 (CD 1,16))) und fügt ihm noch einen trinitarischen Schluß an, durch den das Dank- und Lobpreismotiv

Kommunion das Te Deum[2770] und - als Besonderheit der anglikanischen Liturgie - das Gloria[2771] anzutreffen.

13.2.3 Die Vermahnungen nach der Kommunion

In einigen Ordnungen des oberdeutschen Typs finden sich nach der Kommunion auch Vermahnungen[2772], die Inhalte bieten, die man sonst aus der Postcommunio kennt.[2773] Als formaler Anknüpfungspunkt kann hierfür die Gebetsaufforderung 'Oremus' vor der Postcommunio angesehen werden, indem nun die Aufforderung der Gemeinde zu einer Gebetsermahnung ausgedehnt wird. Honders sieht als Grund für diese von uns schwerlich nachvollziehbare Form die existentielle Auseinandersetzung der Gemeinde über den Glauben, die der Verbalisierung bedürfe[2774]; man habe den Eindruck, daß man nach einer 'Verifizierung' der gefeierten Kommunion suche: "It is as if the celebration *in actu* progressing towards *in dictu* can only realise itself *in vita*"[2775].

Die erste Notiz in dieser Richtung findet sich in der KO Schwäbisch-Hall 1526, die keinen Vermahnungstext, sondern eine Umschreibung des Inhalts bietet[2776]. Auch die ebenfalls von Brenz stammende KO Biberfeld 1535 vermerkt nur: "Post conmunionem concludatur breuissima adhortatione ad fructus dignos poenitentiae"[2777]. Für Basel ist ebenfalls eine kurze

---

integriert wird: "Dir sey lob, eer und dank, o du heylige, gebendeyte, herrliche dreivaltigkeit, Gott vatter, sun und heyliger geyst. Amen." (Kantz 1522 (CD 1,16)). Das Nunc dimittis findet sich auch in Worms 1524 (CD 1,21; hier wegen seiner Stellung am Schluß der Feier noch als Rezeßgebet verstanden (vgl. Meyer, LM 386)), Straßburg/Ordenung 1524 (CD 1,316[47]), Nürnberg/Döber 1525 (EKO 11,54); im Singular findet es sich in Zürich 1523 (CD 1,188).

In Genf findet sich das Nunc dimittis sicher ab Genf 1542A nach dem Dankgebet (vgl. Genf 1542A, 1545 (CD 1,361[29]); vgl. auch Bürki, Jean Calvin 350; Jenny, Einheit 117.117[9].128)), in der Londoner Flüchtlingsgemeinde steht es als Alternative zu einem Psalm zum Auszug (vgl. Micron 1554 (CD 1,460)). Vgl. auch Rietschel/Graff 380; Meyer, LM 386f; Honders, Remarks 147f. Honders hält das Nunc dimittis deshalb für nach der Kommunion geeignet, weil es die Verbindung von individueller Heilserfahrung mit kommunitärer und eschatologischer Bedeutung zum Ausdruck bringen kann (vgl. Honders, Remarks 147f).

[2770] Kantz führt es nach dem Nunc dimittis an (vgl. Kantz 1522 (CD 1,16)). Meyer vermutet dahinter eine Verschiebung von der Elevation, wo im Mittelalter mancherorts ein Te Deum üblich ist (vgl. Meyer, LM 375).

[2771] Ab dem BCP 1552 hat das Gloria seinen festen Platz nach der Kommunion (vgl. Buchanan, Lord's Supper 383.387; BCP 1637 (CD 1,413), BCP 1662 (CD 1,424)), ohne daß das eigentliche Danksagungsgebet verdrängt würde. Zur sonstigen Verwendung des Gloria in den reformatorischen Liturgien vgl. Müller, Ordinarium 24-26; Rietschel/Graff 366f. Zum Gloria vgl. Gerhards/Lurz.

[2772] Eingeführt werden die Vermahnungen mit: "mag der Diener beschliessen" (Bern 1529 (CD 1,236)); "Der pfarrer vermant und tröstet das volck also" (Zürich 1535 (CD 1,197[48])); "Apresque tous ont commmunicque" (Farel 1533 (CD 1,345)). Es wird also in den Rubriken noch keine Thematik angegeben; eine Ausnahme bildet Mömpelgard: "le Ministre enhorte le peuple à rendre graces à Dieu" (Mömpelgard 1559 (CD 1,376)).

[2773] Vgl. Zürich 1529, 1535 (CD 1,198[49]). Die Vermahnung wird in Bern aufgenommen und teilweise verändert (vgl. Bern 1529 (CD 1,236); Jenny, Einheit 91). Vgl. besonders Farel 1533 (CD 1,345f). Einige späte Ordnungen des 16. Jh. enthalten Vermahnungen, die nicht die Inhalte der Postcommunio führen, sondern mahnen, die Kommunion abzuwarten oder häufiger zum Abendmahl zu gehen (vgl. Ringel 427f).

[2774] Vgl. Honders, Remarks 146.

[2775] Honders, Remarks 149.

[2776] "Darnach so sol das volck mit dem Sacrament versehen, ermant werden zur cristlicher libe frid vnd creutz Dieweyl das Sacrament der Cristen lossung ist darmit sie sich in ein cristenliche lieb vnd gemeinschaft ains leips verbinden" (Schwäbisch-Hall 1526 (CD 1,257)).

[2777] Biberfeld 1535 (Weismann, Gottesdienstordnung 16).

Vermahnung nach der Kommunion in einem Brief Oekolampads belegt[2778]. In Farels Ordnung ruft die Vermahnung zu Gebet und Danksagung auf und benennt besondere Inhalte dieser Danksagung[2779], fordert aber auch zur Bitte um die Erfüllung mit dem Heiligen Geist auf[2780]. Danach erfolgt ein Aufruf zur Bewährung im Leben[2781], ein Wunsch, den man sonst als Bitte in der Postcommunio findet.

Dieses Konzept Farels nimmt Calvin in der 'Institutio' in sein eigenes Programm einer Abendmahlsfeier auf, wo es über den Abschluß der Feier heißt: "Finita coena, exhortatio haberetur, ad sinceram fidem et fidei confessionem, ad caritatem et mores Christianis dignos. Postremo, gratiarum actio referretur, et laudes Deo canerentur."[2782] Daß Calvin an dieser Stelle überhaupt einen Inhalt der Vermahnung mitteilt (der Aufriß ist ansonsten äußerst knapp gehalten), zeigt auf, welchen Stellenwert er ihr zubilligt[2783]. Damit sind besonders die appellativen Elemente der Exhortation übernommen, die eigentliche Danksagung bleibt aber davon getrennt; die Formulierung legt nahe, daß letztere in einem Gebet stattfindet und die Vermahnung als Gebetsvermahnung zu verstehen ist[2784]. Um so verwunderlicher ist, daß in den konkreten Abendmahlsordnungen Calvins sich eine solche Vermahnung nicht findet, obwohl die Auflistung der Institutio auch in späteren Auflagen in dieser Form erhalten bleibt.[2785]

Die Londoner Flüchtlingsgemeinde bietet die Besonderheit von zwei ausführlichen Vermahnungen, in die das Dankgebet eingefügt ist.[2786] Sie artikulieren noch einmal ausgiebig "das Zeugnis und die Versiegelung der Gemeinschaft mit Christus, die das Abendmahl für die Kommunikanten bedeutet"[2787]. Das Essen und Trinken als äußeres, vom Menschen vollzogenes Geschehen wird in Beziehung gesetzt zum geistlichen Geschehen, wobei die Wirksamkeit des Hl. Geistes einzig aufgrund der Einsetzung sicher ist[2788]. Besonderer Wert wird auf das durch die Christus-Begegnung hervorgehobene Gefühl gelegt, das zugleich Vergewisserungsfunktion hat[2789]. Die 2. Vermahnung (nach dem Dankgebet) zielt stärker

---

[2778] Vgl. Jenny, Einheit 75f.

[2779] Farel fordert z.B. zum Dank für die Obrigkeit auf (vgl. Farel 1533 (CD 1,345f)). Zu Farels abschließender Vermahnung vgl. Jacobs 268-270.

[2780] Farel sieht als Ziel dieser Bitte das Werden eines Leibes in Christus, bietet also genau den Inhalt der klassischen Kommunionepiklese wie auch viele Vermahnungen vor der Kommunion (vgl. Farel 1533 (CD 1,346)).

[2781] Vgl. Farel 1533 (CD 1,346).

[2782] Calvin, Institutio 1536, IV (COS 1,161). Neben Farel könnte die Konzeption Oekolampads eingewirkt haben (vgl. Jenny, Einheit 110; Honders, Remarks 146).

[2783] Vgl. Jenny, Einheit 110.

[2784] So interpretiert auch Jenny diese Stelle (vgl. Jenny, Einheit 107).

[2785] Vgl. Calvin, Institutio 1559, IV,43 (Weber 985); Jenny, Einheit 110. Auch Toussain kennt an dieser Stelle eine Gebetsvermahnung (vgl. Mömpelgard 1559 (CD 1,376)).

[2786] Vgl. Micron 1554, a Lasco 1555 (CD 1,451-453.455-460); Sprengler-Ruppenthal, Mysterium 168-173.174-176; Honders, Remarks 149-152.

[2787] Sprengler-Ruppenthal, Mysterium 169.

[2788] Vgl. Sprengler-Ruppenthal, Mysterium 169f.

[2789] Vgl. Sprengler-Ruppenthal, Mysterium 172f; Honders, Remarks 150. In der 1. Vermahnung findet sich als Besonderheit eine Wiederaufnahme des Sammlungsmotivs, das als Hoffnung auf das endzeitliche Mahl mit den Patriarchen formuliert wird: "Ick hope ooc, dat ghy alle in v aensitten ter tafelen des Heeren, met

auf den kommunitären Aspekt und die sich darin bewährende Lebensführung. Auffällig ist, daß die in der Tradition der Nürnberger Vermahnung am Schluß stehende Brotmetapher[2790] umgeformt wird, nicht so sehr um die gemeinschafts- und einheitsbildende Wirkung der Christusbegegnung herauszustellen, sondern um somit aufzufordern, sich für das 'eine Brot' vermahlen zu lassen[2791].

13.2.4 Resümee

Gattungsmäßig knüpfen die reformatorischen Ordnungen in der Gestaltung des Abschnittes nach der Kommunion an unterschiedlichste vorreformatorische Vorbilder an: Es finden sich Postcommunio-Gebete, Gesänge und Vermahnungen. Dennoch bleibt durchgehendes Gestaltungsprinzip dieses Abschnittes, daß hier der genuine Ort für Lobpreis und Dank gesehen wird, in welcher Weise sie auch immer ihren Ausdruck finden und ohne die Bitte deswegen völlig zu verdrängen.

Damit wird der Abschnitt nach der Kommunion (manchmal auch begleitend in die Kommunion hineinragend) zum entscheidenden Ort des Dankes innerhalb der gesamten Abendmahlsfeier, womit gegenüber den klassischen Eucharistiegebeten eine deutliche Akzentverschiebung festzustellen ist, die aber auch von der zeitgenössischen katholischen Theologie geteilt wird. Diese Verlagerung des Dankes ist zunächst nur aus der Betonung der Konsekration der Gaben in den westlichen Liturgien zu verstehen, so daß der Dank für den Empfang der konsekrierten Gaben gegenüber dem reduzierten, nicht mehr erfahrbaren Dank im Eucharistiegebet dominiert. Wichtig ist nun, daß selbst bei einer Abkehr von realpräsentischen Vorstellungen im evangelischen Raum die Konzentration auf die Kommunion - jetzt als obligatorische Kommunion der Gläubigen gestaltet - und mit ihr die Stellung des Dankes nach der Kommunion bestehen bleibt. Diese Konzentration zeigt sich sogar dann, wenn nicht mehr für die Kommunion selbst (ob als leiblich erfahrbares oder geistliches Geschehen) gedankt wird, sondern (in bezug auf das Eucharistiegebet kann man sogar sagen: wieder) allgemein für das Christus- und Kreuzesgeschehen.

In der konkreten textlichen Gestaltung erkennt man zunächst eine Anlehnung an vorreformatorische Texte, die für den Vollzug des Dankes adäquat scheinen, dann aber auch dezidierte Textum- und -neugestaltungen. Wegen der Veränderung in der Abendmahlstheologie verlagert sich jedoch der Grund, weswegen gedankt wird, in reformierten Ordnungen vom Abendmahlsgeschehen auf das Kreuzesgeschehen und die Hineinnahme der Gläubigen in dieses Kreuzesgeschehen. Damit ist zum einen verdeutlicht, daß das Abendmahl keine eigenständige Größe neben dem Kreuzesgeschehen sein kann, sondern das Kreuzesgeschehen den theologischen Inhalt des Abendmahls bildet. Zum anderen erhält das Danksagungsgebet eine deutliche funktionale Nähe zum Eucharistiegebet! Diese Nähe wird noch deutlicher, wenn zugleich die Bitte um Vereinigung mit Christus und untereinander gegenüber den traditionell abstrakt auf Heiligung zielenden Bitten in den Vordergrund rückt.

---

de ooghen ws gheloofs aenghesien hebt de heilighe toecomende aensittinghe met Abraham, Isaac ende Jacob in het rijeke Gods" (Micron 1554 (CD 1,452); vgl. a Lasco 1555 (CD 1,452); Lekkerker, Kanttekeningen 3,142).

[2790] Vgl. 7.8.4.5.2.

[2791] Vgl. Micron 1554, a Lasco 1555 (CD 1,455-460); Sprengler-Ruppenthal, Mysterium 174-176.

13.3 Die Dankgebete der vorliegenden Abendmahlsordnung

Die Kurpfälzer Ordnung bietet nach der Kommunion zwei Gebete zur Auswahl[2792], nur durch "Oder also" abgetrennt. Damit ist die Zahl der Danksagungsgebete wie auch sonst in den reformatorischen Ordnungen gegenüber der römischen Liturgie radikal eingeschränkt.[2793] Dafür sind mehrere Gründe anzuführen: Wenn man zum einen davon ausgeht, daß nur wenige Male im Jahr das Abendmahl gefeiert wird, erscheint die geringe Anzahl nicht mehr inadäquat. Zum anderen ergibt sich die Einschränkung aus inhaltlichen Gründen, weil das Abendmahl in seiner Bedeutung auf wenige wichtige Themen eingeschränkt wird. Diese zentralen Aussagen können aber in weniger Gebeten ausgesagt werden, zumal man deutlich von der prägnanten Kürze der römischen Postcommunio abgeht und sich nicht scheut, mehrere Gedanken einzubringen. Vielfach - so auch beim zweiten Dankgebet der vorliegenden Ordnung - hat man den Eindruck, daß man zum Abschluß noch einmal die entscheidenden Abendmahlsmotive herausstellen will, nicht zuletzt die Punkte, durch die man sich von anderen Gruppen und Konfessionen abgrenzen kann.

13.3.1 Die einleitende Gebetsvermahnung
Text
"Nach verrichter communion soll der diener sprechen:
Ir geliebten in dem herrn, dieweil jetzund der herr an seinem tisch unsere seelen gespeiset hat, so lasset uns samptlich mit dancksagung seinen namen preisen und spreche ein jeder in seinem hertzen also:"[2794]

Kommentar
Zunächst ergibt die Handlungsanweisung, daß das Dankgebet in traditioneller Weise vom Vorsteher der Feier gesprochen wird. Dabei spricht der Vorsteher aber zunächst nicht Gott an, sondern fordert wie mit dem traditionellen 'Oremus' die Gemeinde in einer Gebetsvermahnung zum Gebet auf: "...so lasset uns samptlich mit dancksagung seinen namen preisen und spreche ein jeder in seinem hertzen also".
Danach wird ein Rückblick auf das Geschehene geworfen. Spricht die Handlungsanweisung noch allgemein von 'communion', so erläutert die Aufforderung, was denn bei dieser Kommunion geschehen ist, nämlich daß "jetzund der herr an seinem tisch unsere seelen gespeiset hat". Damit wird nochmals hervorgehoben, daß mit der Kommunion wirkliche Christusbegegnung vonstatten gegangen ist, nicht aber in somatisch-realpräsentischer Form, sondern als eine Speisung der Seelen.
Aus dem Rückblick auf das in der Kommunion Geschehene erfolgt die Aufforderung zur Danksagung und zum Lobpreis. Daß die Danksagung in Form der Preisung des Namens Gottes geschehen soll, verweist auf das erste Gebet, in dem der Dank gar nicht artikuliert

---

[2792] Zu den Dankgebeten vgl. Schulz, Ordnung 502; Brunner, Abendmahlszeugnis 232.

[2793] In der Ordnung Frankenthal, die ansonsten eine Übersetzung der Abendmahlsordnung von Kurpfalz 1563 darstellt und die für die Niederlande bestimmend wird, stehen die beiden Gebete nicht zur Auswahl, sondern werden durch die Anweisung des Vorstehers "So spreecke een jeghelick met aendachtigen herten" (Frankenthal 1566 (CD 1,535)) miteinander verbunden. Dieser 'Unfall' ist leicht durch den unterschiedlichen Charakter der beiden Gebete zu erklären, der sie nicht als Alternative, sondern als Ergänzung zueinander erscheinen läßt. Während das zweite Gebet in der klassischen Form der Oration formuliert ist, bleibt der erste Text im meditativen, nicht Gott selbst, sondern die 'Seele' und dann die Gemeinde ansprechenden Stil der Psalmen.

[2794] Kurpfalz 1563 (CD 1,522).

wird, sondern in dem man Ps 103 ausbaut, der mit dem Lobpreis des Namens beginnt. Mit dem letzten Satz ist außerdem deutlich gemacht, daß der Vorsteher nicht wie mit dem traditionellen 'Oremus' zum stillen Gebet auffordert, das er danach zusammenfaßt, sondern dazu, daß jeder das nachfolgende Gebet in seinem Herzen mitspreche: "spreche ein jeder in seinem hertzen also". Das Vorstehergebet erhält somit nicht den Charakter einer Zusammenfassung der Gebete der Gläubigen im Namen der Gemeinde, sondern bildet den Leitfaden für deren stilles Gebet[2795]. Zugleich wird das Vorstehergebet in seiner Bedeutung relativiert, da das eigentliche Danksagungsgebet nach der Kommunion das der Gemeinde ist.

13.3.2 Das erste Dankgebet
Text
"Lobe den herrn, meine seel und, was in mir ist, seinen heiligen namen. Lobe den herrn, meine seel, und vergiß nit, was er mir guts gethon hat, der dir alle deine sünden vergibt und heilet alle deine gebrechen, der dein leben vom verderben erlöset, der dich krönet mit gnaden und barmhertzigkeyt. Barmhertzig ist der herr, gedültig und von grosser güte. Er handlet nicht mit uns nach unsern sünden und vergilt uns nicht nach unser missethat. Denn so hoch der himmel uber der erden ist, läßt er seine gnad walten uber die, so in förchten. So weit als der aufgang der sonnen ist vom nidergang, also weit thut er unsere ubertretung von uns. Wie sich ein vater uber seine kinder erbarmet, so erbarmet sich der herr uber die, so in förchten. Welcher auch seines eignen sons nicht verschonet, sonder hat ihn für uns all dahin gegeben und uns alles mit ihm geschencket. Darumb beweiset Gott seine lieb gegen uns, daß Christus für uns gestorben ist, da wir noch sünder waren, so werden wir je vielmehr durch in behalten werden für dem zorn, nachdem wir durch sein blut gerecht worden seind. Dann so wir Gott versönet sind durch den todt seines sons, da wir noch feind waren, vielmehr werden wir selig werden durch sein leben, nachdem wir im versönet seind. Darumb soll mein mund und hertz des herrn lob verkündigen von nun an biß in ewigkeyt, Amen."[2796]

Kommentar
Das erste Gebet[2797] bedient sich nicht nur einer biblischen Sprache, sondern ist allein aus biblischen Texten aufgebaut, wobei das Lob im Vordergrund steht und der Dank gar nicht explizit thematisiert wird. Zunächst (bis "so in förchten") werden Teile aus Ps 103 zitiert (Ps 103,1-4.8.10-13). In ihnen wird die Seele zum Lob des Herrn aufgefordert und die Barmherzigkeit Gottes gepriesen, wobei das Nichtanrechnen der Schuld den Schwerpunkt der Begründung bildet.[2798] Danach werden Sätze aus dem Römerbrief (Röm 8,32[2799] und

---

[2795] Allerdings ist eine solche Aufforderung auch deshalb notwendig, weil das 1. Gebet von seiner Sprachform her überhaupt nicht als Präsidialgebet fungieren kann.

[2796] Kurpfalz 1563 (CD 1,522).

[2797] Das erste Dankgebet fehlt in Tecklenburg (1588) 1619 und einigen nachfolgenden Ordnungen (vgl. Schulz, Ordnung 522[159]).

[2798] Ps 103 bildet auch einen Schriftbeleg bei der Frage des HK nach der Sündenvergebung (vgl. Frage 56 des HK, Kurpfalz 1563 (EKO 14,353)).

[2799] Der hintere Teilsatz von Röm 8,32, der im Griechischen als Negation in Frageform formuliert ist, ist zur positiven Aussage umgeformt.

Röm 5,8-10) angefügt[2800], die die Rechtfertigung durch den Tod Christi thematisieren und somit die zuvor benannte Barmherzigkeit Gottes christologisch zentrieren und fixieren[2801]. Durch diese Verbindung mit dem im Formular schon häufig artikulierten Rechtfertigungsgeschehen wird erst der Bezug des Gebets zum Abendmahl hergestellt, vor allem in der zentralen Aussage, die über die Blutterminologie zusätzlich eine bildliche Verbindung schafft: "...so werden wir je vielmehr durch in behalten werden für dem zorn, nachdem wir durch sein blut gerecht worden seind". Der abschließende Satz ("Darumb soll mein mund und hertz des herrn lob verkündigen von nun an biß in ewigkeyt, Amen"), der kein Bibelzitat darstellt, aber in biblischer Weise formuliert ist[2802], greift das Anfangsthema des Lobes wieder auf und bildet damit ein Rahmenmotiv.

Somit wird als erstes 'Dankgebet' kein in der Tradition der Präsidialgebete stehendes Gebet angeboten (Gott selbst wird gar nicht angesprochen), auch wenn es als solches eingeführt wird, sondern ein lobpreisender Text, wie er in der vorreformatorischen Tradition immer nur additiv zur Postcommunio verwandt wird. Formales Vorbild für die Verwendung eines Psalmes als Dankgebet ist Zwinglis Abendmahlsformular von 1525[2803]. Dort erfolgt die Danksagung mit Ps 113, dieser wird allerdings nicht verändert, sondern vollständig rezitiert.[2804] Ausdrücklich wird dort der Psalm eingeführt als Danksagung "uß dem bispil Christi"[2805]. Die Ordnung von 1535 begründet den Psalm damit, daß er auch beim Pesach gesprochen worden sei[2806]. Außerdem fügt Zürich 1535 zusätzlich "ein andere form danck ze sagen"[2807] an: Es handelt sich dabei um den gleichen Ps 103 wie in der vorliegenden Ordnung, der allerdings nicht einfach zitiert, sondern mit anderen Texten vermischt wird. So wird ihm ein Vers vorangestellt, in dem Gott direkt angeredet wird und der evtl. in Anlehnung an Ps 113,1f formuliert ist[2808], vor allem aber an Sanctus und Te Deum erinnert: "Ich will dich loben, min gott, und dinen namen prysen ymmer und eewigklich; dann alles

---

[2800] Vgl. Schulz, Ordnung 502; Brunner, Abendmahlszeugnis 232.

[2801] Röm 5,8-10 wird im HK als biblischer Beleg für das Erlösungsopfer Christi angeführt (vgl. Frage 31 des HK, Kurpfalz 1563 (EKO 14,349)) und ist auch beim Gefangenenbesuch als Trostwort vorgesehen (vgl. Kurpfalz 1563 (EKO 14,406)). Röm 8,32 findet sich auch als biblischer Beleg zur Frage nach der Gemeinschaft der Heiligen (vgl. Frage 55 des HK, Kurpfalz 1563 (EKO 14,353)).

[2802] Vgl. Ps 145,21.

[2803] Vgl. Zürich 1525 (CD 1,196-198).

[2804] Zwingli sieht eine 'Intonation' durch den Vorsteher und danach ein zwischen Männern und Frauen abwechselndes Sprechen vor (vgl. Zürich 1525 (CD 1,196-198)), das aber in der Praxis nie verwirklicht wird (vgl. Bürki, Zürcher Ordnungen 184). In den nachfolgenden Ordnungen fällt das alternierende Sprechen zwischen Männern und Frauen weg (vgl. Zürich 1529, 1535 (CD 1,196[44])), die Ordnung von 1535 läßt aber die Diakone alternierend sprechen, während der Vorsteher weiterhin intoniert (vgl. Zürich 1535 (CD 1,196[41])). Außerdem sieht Pollanus Ps 113 zum Abschluß der Trauung, also in einer vergleichbaren Position und Funktion vor (vgl. Pollanus 1551, 1552, 1554, 1555 (Honders 160f)).

[2805] Zürich 1525 (CD 1,196).

[2806] Vgl. Zürich 1535 (CD 1,196[41]). Bei Lavater, der von den beiden Psalmen nur Ps 113 nach der Kommunion kennt, heißt es: "Et simul incipit Psal. 113 quem, ut uetus traditio habet, Israelitae in celebratione agni paschalis recitarunt. Laudate pueri dominum, Laudate nomen domini." (Lavater 1559,14[r]). Zur Rezitation von Ps 113 beim Pesach vgl. Meyer, Eucharistie 60.

[2807] Zürich 1535 (CD 1,197[48]).

[2808] Besonders die 2. Vershälfte scheint an Ps 113,2 angelehnt. Bauer sieht eine Kompilation aus Ps 26,12; 34,4; 33,5; 72,19 (vgl. Bauer 160).

ertrich ist diner gůthät, trüw, glori unnd barmhertzigkeit voll"[2809]. Danach folgen nahe am Bibeltext die Verse 1.3.8.10-13 des Ps 103.[2810] Der zweite Teil dieses Dankgebets ist christologisch geprägt, wobei eine direkte Orientierung an Röm 5,8-10f nicht (wie in der vorliegenden Ordnung) zu erkennen ist.[2811] Das Gebet schließt mit einer Doxologie.[2812] Man geht hier mit Bibelzitaten frei komponierend um, um einen deutlicheren Bezug zum Abendmahl herzustellen, als dies im vorherigen Psalm der Fall ist.

Neben Zürich wird Ps 103 zur Danksagung nach der (Kranken-)kommunion schon in Sachsen 1540[2813], Kurbrandenburg 1540[2814], Calenberg-Göttingen 1542[2815], Kurpfalz 1556[2816] und Worms 1560[2817] vorgeschlagen. Auch Knox benennt zur Danksagung in den schottischen Gemeinden Ps 103[2818]. In Kurpfalz 1563 findet sich Ps 103 zudem als Lesung zum Krankenbesuch[2819].

Unverkennbar bildet also material wie formal das 2. Dankgebet von Zürich 1535 die direkte Vorlage für das 1. Dankgebet der Abendmahlsordnung Kurpfalz 1563. Allerdings sind die in Zürich zu vermerkenden nichtbiblischen Teile ausgeschieden, es ist ein anderer Textumfang gewählt und der Text ist an die Bibelübersetzung Luthers angeglichen, wenn es sich auch nicht um eine Zitation des Luthertextes handelt[2820]. Nur der Schluß der Zürcher Vorlage[2821] wird - wenn auch stark verkürzt - übernommen.

Im grundsätzlichen Vergleich mit Danksagungsgebeten in anderen evangelischen Ordnungen ist ungewöhnlich, daß in diesem Gebet nicht deutlicher das Abendmahlsgeschehen thematisiert wird, wo sich gerade die Kurpfälzer Ordnung ansonsten bemüht darzulegen, daß trotz

---

[2809] Zürich 1535 (CD 1,197[48]).

[2810] In dem aus Ps 103,1 entlehnten Satz ist der Lob durch den Dank ersetzt, wodurch sich der Text erst als Dankgebet artikuliert. Bei den Versen 11 und 13 ist jeweils der Satzteil 'die ihn fürchten' ausgelassen.

[2811] Bauer gibt als biblische Quellen an: Röm 5,10; Joh 6,55; Joh 1,29; Röm 3,25; Röm 8,32 (vgl. Bauer 160). Jenny sieht eine Orientierung an Joh 6,53-56 (vgl. Jenny, Einheit 57f). In einer Handagende Bullingers von 1532 findet sich zwar ein anderer Text (vgl. Bullinger/Handagende 1532 (Zwingliana 10,22f); Jenny, Einheit 57f), aber auch dieser Text bildet nicht die direkte Vorlage der kurpfälzischen Ordnung.

[2812] Vgl. Zürich 1535 (CD 1,197). Bauer gibt als Quelle Ps 145,21 an (vgl. Bauer 160).

[2813] Neben Ps 117,1-2 (vgl. Sachsen 1540 (EKO 1,271[1])).

[2814] Neben Ps 118 (vgl. Kurbrandenburg 1540 (EKO 3,79)).

[2815] Vgl. Calenberg-Göttingen 1542 (EKO 6.1.2,796).

[2816] Neben Ps 117,1-2 (vgl. Kurpfalz 1556 (EKO 14,172)).

[2817] Vgl. Worms 1560 (nach Goeters: EKO 14,387[82]); vgl. auch Brunner, Abendmahlszeugnis 232[187].

[2818] Dies erfolgt durch das Singen des Liedes 'My soule giue laud', einer Vertonung von Ps 103 (vgl. FoP 1556, 1564 (CD 1,478)). Ps 103 gehört auch sonst immer wieder zu den in Gottesdiensten vorgesehenen Dankpsalmen; vgl. z.B. Hessen 1566 (EKO 8,265), Hessen 1574 (EKO 8,447). In Nürnberg fungiert er als Introitus (vgl. Nürnberg/Döber 1525 (EKO 11,52)).

[2819] Vgl. Kurpfalz 1563 (EKO 14,403).

[2820] Vgl. Luther, WA.DB 10.1,434-439; Schulz, Ordnung 502.

[2821] "Darumb sol min mund und härtz des herren lob ußkünden und hoch prysen, und alle menschen sin gůte und erbermbd ymmer und eewigklich loben durch Jesum Christum, unseren herren. Amen!" (Zürich 1535 (CD 1,197[48])).

der Ablehnung der Vorstellung einer somatischen Realpräsenz mit der Kommunion wirkliche Christusbegegnung geschieht.

So schafft also in diesem Gebet nur die Tatsache, daß in ihm Gott für die Rechtfertigung in Christus nach der vollzogenen Kommunion gepriesen wird, den Bezug, daß diese Rechtfertigung mit dem Kommuniongeschehen in Zusammenhang stehen muß. Ansonsten wird dieser Zusammenhang nur durch die einleitende Gebetsvermahnung herausgestellt. Dies stellt aber kein Manko der Kurpfälzer Ordnung dar, sondern entspricht ihrer Abendmahlstheologie, die das Abendmahl als Zueignung des Kreuzestodes Christi und deren Wirkungen versteht. Primär hingegen will das Gebet Lobpreis und Dank sein, der in der Erlösung durch Jesus Christus begründet ist.

13.3.3 Das zweite Dankgebet
Text[2822]

Straßburg 1537	*Kurpfalz 1556*	*Kurpfalz 1563*
"Almechtiger gott, himmlischer vatter, wir sagen dir ewigs lob vnd danck, das du vns arme sünder also begnadet vnd zu deinem sun, vnserem herren Jesu Christo gezogen hast,	"O allmechtiger, ewiger Gott, wir sagen deiner göttlichen milte lob und danck, das du	"Almechtiger, barmhertziger Gott und vater, wir dancken dir von gantzem hertzen, daß du auß grundtloser barmhertzigkeit
jn für vns inn todt		uns deinen eingebornen son zum mittler und opfer für unsere sünd
vnd vns den auch zur speyß vnd vffenthalt ins ewig leben geben hast,	uns mit deinem heilsamen fleisch und blut deines einigen sons Jesu Christi, unsers herren, gespeiset und getrenckt hast.	und zur speise und tranck des ewigen lebens geschencket hast
		und gibst uns waren glauben, dardurch wir solcher deiner wolthaten teilhaftig werden, hast uns auch zu sterckung desselben deinen lieben son Jesum Christum sein heiliges abendmal einsetzen lassen.
verleihe vns,	Und bitten dich demütigklich, du wöllest durch deinen heiligen geist in uns wircken, wie wir das heilig sacrament mit dem mund haben empfangen, das wir auch also dein götlich gnad, vergebung der sünden, vereinigung mit Christo und ewigs leben, welches alles du uns in disem deinem heiligen sacrament so gnedigklich	Wir bitten dich, getreuer Gott und vater, du wöllest durch würckung deines geists
das wir solchs nimmer von hertzen lassen vnd daher am glauben an dich, der durch die liebe zu allen guten wercken thåtig seie, jmmer wachsen vnd		uns diese gedechtnuß unsers herrn Jesu Christi und verkündigung seines todts zu täglichem zunemen in warem glauben und der seeligen gemeinschaft Christi gedeihen lassen,

---

[2822] Der Kürze wegen werden direkt alle drei miteinander "verwandten" Texte nebeneinander abgedruckt.

zunemmen vnd also vnser gantzes leben zu deinem preiß vnd besserung vnsers nechsten diene durch denselbigen deinen sun, vnsern herren Jesum Christum, amen."	angeboten und geben hast, mit vestem glauben begreifen und ewigklich behalten mögen, durch unsern herrn Jesum Christum, Amen."	durch denselben deinen lieben son Jesum Christum, Amen."
(Straßburg 1537ff (CD 1,324))	(Kurpfalz 1556 (EKO 14,150))	(Kurpfalz 1563 (CD 1,522f))

Kommentar

Das zweite Gebet stellt sich als wirkliches Dankgebet dar, das sich nicht einfach als Übernahme oder Umgestaltung eines Gebets einer früheren Ordnung erklären läßt[2823], sondern unter Aufnahme schon bekannter Motive eigenständig komponiert ist.
Es steht formal (Anrede, Schluß, Gebetsrichtung) in der Tradition römischer Präsidialgebete, ist aber wesentlich länger als diese und deshalb in zwei Sätze unterteilt, einen indikativen Aussage-Satz und einen Bitt-Satz. Die Aussage thematisiert zunächst den Dank, dann aber den Grund des Dankes. Wenn die beiden Dankgebete der lutherischen Vorgängerordnung Kurpfalz 1556 keine Schwierigkeit haben, ihre realpräsentische Auffassung deutlich zu artikulieren und deshalb die Kommunion als Empfang des Leibes und Blutes Christi darzustellen[2824], so kann die vorliegende Ordnung diesen Weg nicht gehen, da sie die lutherische Auffassung der somatischen Realpräsenz nicht teilt[2825]. Zugleich geht sie nicht den Weg einiger reformierter Ordnungen, die das vollzogene Abendmahl im Dankgebet nicht benennen, sondern beschreitet einen Mittelweg. Dabei wird in diesem Danksagungsgebet nochmals in knappester Form die eigene Abendmahlstheologie zusammengefaßt.
Entsprechend der theologischen Überzeugung thematisiert man zunächst den Kreuzestod Christi und dann erst die Gabe des Abendmahls: "...daß du auß grundtloser barmhertzigkeit uns deinen eingebornen son zum mittler und opfer für unsere sünd und zur speise und tranck des ewigen lebens geschencket hast...".[2826] Diese Reihenfolge von Opfertod Jesu und seiner Gabe als Speise zum ewigen Leben findet sich schon im 1. Dankgebet von Straßburg 1537[2827] und dann in den calvinistischen Ordnungen[2828].

[2823] Schulz erkennt eine Anlehnung an die Dankgebete von Kurpfalz 1556 (EKO 14,150) und Straßburg 1537ff (CD 1,324f) (vgl. Schulz, Ordnung 502).

[2824] "...das du uns mit deinem heilsamen fleisch und blut deines einigen sons Jesu Christi, unsers herren, gespeiset und getrenckt hast" (Kurpfalz 1556 (EKO 14,150)). Das zweite, nach Luthers Deutscher Messe gestaltete Dankgebet formuliert genauso realpräsentisch, "das du uns durch dise heilsame gaben deins leibs und bluts erquickt hast" (Kurpfalz 1556 (EKO 14,150)).

[2825] Vgl. Brunner, Abendmahlszeugnis 232.

[2826] Die Barmherzigkeit Gottes stellt auch die 2. Frage des Vorbereitungsgottesdienstes heraus (vgl. Kurpfalz 1563 (EKO 14,382)).

[2827] So heißt es: "das du...jn für vns inn todt vnd vns den auch zur speyß vnd vffenthalt ins ewig leben geben hast" (Straßburg 1537ff (CD 1,324)); Kassel 1539b dankt zusätzlich noch für die Inkarnation (vgl. Kassel 1539b (CD 1,332)). In diesen Vorlagen ist allerdings vom 'Opfer' nicht die Rede. Die anderen Dankgebete von Straßburg 1537 thematisieren wiederum den Tod Jesu nicht (vgl. Straßburg 1537ff (CD 1,324f)).

[2828] So heißt es: "l'ayant livré, pour nous, à la mort, et le nous donnant en viande et nourriture de vie eternelle" (Genf 1542, 1542A, 1545 (CD 1,356), vgl. Pollanus 1552 (Honders 95)); "jn für vns in todt/vnd auch vns zur speise vnd auffenthalt ins ewige leben/gegeben hast" (Genf dt. 1563,16). Pollanus' lateinische Fassung ändert ab: "quem pro nobis in mortem semel quidem dedisti, iam vero subinde etiam das in alimoniam vitae aeternae" (Pollanus 1551, 1554, 1555 (Honders 94)). Auch die schottische Ordnung ändert sprachlich

Durch diese Reihung wird deutlich gemacht, daß es einzig durch den Opfertod Christi 'pro nobis' überhaupt eine Wirksamkeit des Abendmahls geben kann und daß 'zu Speise und Trank des ewigen Lebens geben' nichts anderes bedeutet, als die Aneignung dieses Opfers[2829]. Es handelt sich beide Male um den gleichen heilswirksamen Vorgang, nur daß das Abendmahl aktuell das einmalige und vergangene Geschehen vermittelt. In den Vorlagen werden die beiden Ausdrücke fast schon synonym verwendet, so daß die 'Speisung' kein spezifischer Abendmahlsterminus mehr zu sein, sondern für jegliche Aneignung des Kreuzestodes zu stehen scheint. So wird die 'Nährung' zum ewigen Leben in diesen Vorlagen nicht mit den Abendmahlsgaben direkt gleichgesetzt, aber auch nicht ausdrücklich vom Kommuniongeschehen ausgesagt. In ihnen werden die Aussagen über den Tod Christi und die 'Nährung' zum ewigen Leben dadurch verbunden, daß beide unter dem Grundthema der Hineinnahme in die Gemeinschaft mit Christus stehen, für die primär gedankt wird.[2830] Der Bezug zum Abendmahl ist durch den Ort des Gebets am Schluß der Abendmahlsliturgie hergestellt. Die vorliegende Ordnung betont demgegenüber den Zusammenhang von 'Nährung' zum ewigen Leben und Kommuniongeschehen dadurch, daß die einleitende Gebetsvermahnung von einer vollzogenen Speisung der Seelen spricht. Außerdem wird nachfolgend noch einmal auf die Einsetzung des Abendmahls rekurriert. Dennoch bildet auch hier die Gabe "zur speise und tranck des ewigen lebens" praktisch ein Synonym für die ermöglichte Zueignung des Kreuzestodes Christi.

Daß diese Zueignung nur auf die Initiative Gottes hin möglich ist und mit welchem Mittel, wird nun nachfolgend ausgesagt: "...und gibst uns waren glauben, dardurch wir solcher deiner wolthaten teilhaftig werden, hast uns auch zu sterckung desselben deinen lieben son Jesum Christum sein heiliges abendmal einsetzen lassen". Zunächst wird der Glaube als 'wahrer Glaube'[2831] herausgestellt, somit vom 'falschen Glauben' abgegrenzt und als Gabe aufgefaßt[2832], durch die die Gemeinde erst der zuvor beschriebenen 'wolthaten teilhaftig'

---

stärker ab, behält aber den Gedankengang bei: "whome thou deliueredst to deathe for vs, and haste giuen hym vnto vs, as a necessarie foode and norishment vnto euerlastynge life" (FoP 1556, 1564 (CD 1,478)).

[2829] Ungewöhnlich ist, daß der Tod im Dankgebet als Opfer bezeichnet wird, da man ansonsten in den reformatorischen Dankgebeten mit diesem Terminus zurückhaltend ist, um sich von der katholischen Theologie abzugrenzen (zur Kritik an Opferaussagen in der vorreformatorischen Postcommunio vgl. 13.2.1.2). Der Opferbegriff wird hier allerdings in Übereinstimmung mit der zugrundeliegenden Theologie verwendet, da nur der Kreuzestod als Opfer bezeichnet wird, nicht jedoch das Abendmahl. Daß erst nach der Kommunion vom 'Opfer' gesprochen wird, macht zudem ein Mißverständnis des Abendmahls als Opfer der Kirche unmöglich.

[2830] Vgl. Genf 1542, 1542A, 1545, (CD 1,356), Genf dt. 1563,16; Pollanus 1551, 1552, 1554, 1555 (Honders 94f); sprachlich stärker abgeändert in FoP 1556, 1564 (CD 1,478).

[2831] Der Begriff 'wahrer Glaube' taucht in Kurpfalz 1563 erstmals an dieser Stelle auf; im Abendmahlsgebet ist im Gegensatz zu den Straßburger und calvinistischen Vorlagen vom 'wahren Vertrauen' die Rede (vgl. 8.3.2.1). Vgl. auch Anm. 2751.

[2832] Der zweite Abschnitt der Kurzen Summa des HK definiert den Glauben als Wirkung - ebenso wie die Erlösung in Jesus Christus - des geschenkten Heiligen Geistes (vgl. Kurpfalz 1563 (EKO 14,378)). Auch sieht die 53. Frage des HK den 'wahren Glauben' als Wirkung des Hl. Geistes; erst durch ihn wird man Christi und seiner Wohltaten teilhaftig: "...zum andern, daß er auch mir gegeben ist, mich durch ein waren glauben Christi und aller seiner wolthaten theilhaftig macht..." (Kurpfalz 1563 (EKO 14,353)). Der 'wahre Glaube' ist somit für den HK der Schlüssel für die persönliche Erlösung: "Frag. Werden denn alle menschen widerumb durch Christum selig, wie sie durch Adam sind verloren worden? Antwort. Nein, sonder allein diejenigen, die durch waren glauben im werden eingeleibet und alle seine wohlthaten annemen." (Frage 20 des HK,

wird[2833]. Somit wiederholt dieses Dankgebet die Überzeugung, daß der Glaube an Christus, an seinem Kreuzestod und an dessen Wirkungen teilhaftig macht, daß aber das Abendmahl zur Stärkung dieses Glaubens eingesetzt ist[2834]. Es wird deutlich auf die Auffassung des HK vom Verhältnis von glaubensweckendem Wort und glaubensstärkendem Sakrament angespielt[2835]. Dadurch ist die zweifache Dimension des wahren Glaubens hervorgehoben: Er ist einerseits Voraussetzung für den wirksamen Empfang des Abendmahls, durch den man (formuliert in der nachfolgenden Bitte) zugleich auch eine Stärkung des Glaubens erhofft. Andererseits kann durch die Rekurrierung auf die Einsetzung des Abendmahls zwar seine stärkende Funktion und damit eine mit ihm verbundene Wirksamkeit herausgestellt werden, ohne daß eine Aussage über den konkreten Weg dieser Stärkung gemacht zu werden braucht; die lutherischen Ordnungen weisen hingegen diesen Weg oft durch eine Aussage über die Realpräsenz auf[2836].

Im nachfolgenden, als Bitte formulierten Satz ist aber noch einmal eine Aussage über den Charakter der Feier integriert, die als "diese gedechtnuß unsers herrn Jesu Christi und verkündigung seines todts" bezeichnet wird. Hiermit gibt das Dankgebet noch einmal als entscheidende Funktion und Dimension der Feier und damit der geschehenen Kommunion das Gedächtnis Jesu Christi und die Verkündigung seines Todes an.

Um was dann gebeten - und was somit als Wirkung des Abendmahls benannt - wird, bewegt sich ganz in der Tradition der reformatorischen Dankgebete. Die Bitte um das Wachstum im "waren glauben"[2837] und der Gemeinschaft Christi[2838] gehören zu den Standardbitten

---

Kurpfalz 1563 (EKO 14,346)). Die personale Dimension der Erlösung liegt in der im wahren Glauben enthaltenen Erkenntnis und im durch den Hl. Geist geschenkten herzlichen Vertrauen, daß mir die Sünden vergeben sind: "Es [der wahre Glauben, A.d.V.] ist nicht allein ein gewisse erkandtnuß, dardurch ich alles für war halte, was uns Gott in seinem wort hat offenbaret, sonder auch ein hertzliches vertrauen, welches der heilige geist durchs evangelium in mir würcket, daß nicht allein andern, sondern auch mir vergebung der sünden, ewige gerechtigkeyt und seligkeyt von Gott geschenckt sey auß lauter gnaden allein umb des verdiensts Christi willen" (Frage 21 des HK, Kurpfalz 1563 (EKO 14,346f)). Zum Glaubensbegriff des HK vgl. 6.8.2.1.

[2833] Vgl. Frage 21 des HK, Kurpfalz 1563 (EKO 14,346f).

[2834] Zur Einsetzung des Abendmahls als Verheißung, daß die Gläubigen mit dem Leib und dem Blut Christi genährt werden vgl. Frage 77 des HK, Kurpfalz 1563 (EKO 14,357f).

[2835] Eine Aussage, daß der Glaube der Kommunikanten durch das Abendmahl gestärkt werde, findet sich im HK nur indirekt in der 81. Frage ausgedrückt: "Frag. Welche sollen zu dem tisch des herren kommen? Antwort. Die ihnen selbst umb irer sünden willen mißfallen und doch vertrauen, daß dieselbige ihnen verzihen und die ubrige schwachheyt mit dem leiden und sterben Christi bedeckt sey, begeren auch, je mehr und mehr ihren glauben zu stercken und ihr leben zu bessern." (Frage 81 des HK, Kurpfalz 1563 (EKO 14,358f)). Ansonsten finden sich solche Aussagen allgemein bzgl. der Sakramente (vgl. Frage 65 des HK, Kurpfalz 1563 (EKO 14,355); vgl. auch Abschnitt 5.4). Abgesehen davon setzt nach dem HK das Abendmahl den Glauben voraus (vgl. Neuser, Dogma 290)!

[2836] So heißt es z.B. in der Vorgängerordnung der Kurpfalz nach der Aussage über die Speisung mit dem Leib und Blut des Herren: "Und bitten dich demütigklich, du wöllest durch deinen heiligen geist in uns wircken, wie wir das heilig sacrament mit dem mund haben empfangen, das wir auch also dein götlich gnad, vergebung der sünden, vereinigung mit Christo und ewigs leben, welches alles du uns in disem deinem heiligen sacrament so gnediglich angeboten und geben hast ..." (Kurpfalz 1556 (EKO 14,150)).

[2837] Vgl. oben 13.2.1.3.

[2838] Mit der Genitiv-Konstruktion "und der seeligen gemeinschaft Christi" ist nicht nur die Gemeinschaft mit Christus gemeint, sondern auch die Gemeinschaft untereinander. Schon Straßburg 1537 spricht im 3. Dankgebet von "dise heylige gemeynschafft" (Straßburg 1537ff (CD 1,325)). Dieser kommunitäre Aspekt gehört fast durchweg zum Inhalt der evangelischen Dankgebete (vgl. 13.2.1.3).

der evangelischen Ordnungen. Die Hoffnung auf das "ewige Leben" ist auch Allgemeingut der Dankgebete bei Eucharistiefeiern im Christentum[2839].

Herausragend ist wiederum, daß die Bitte zwar "durch denselben deinen lieben son Jesum Christum" formuliert wird, die Erfüllung der Bitte aber "durch würckung deines geists" erhofft wird. Damit ist trinitätstheologisch sehr sauber artikuliert, daß alle Bitte an Gott, den Vater gerichtet ist[2840], Mittler immer Christus ist, Handelnder und damit Erfüller der Bitte nur der Geist sein kann[2841]; dies steht in Kongruenz zur Pneumatologie des HK und der Kurpfälzer Ordnung.

13.3.4 Resümee

Von den in den evangelischen Liturgien entwickelten Möglichkeiten einer Gestaltung des Abschnittes nach der Kommunion wählt die vorliegende Ordnung vom Anspruch her die Form des Präsidialgebets, indem der Vorsteher die Gebete vor der Gemeinde spricht. Sie läßt aber die anderen Gattungen nicht gänzlich außer acht, sondern schaltet einerseits eine Gebetsvermahnung vor, die deutlich macht, daß das Gebet des Vorstehers nur der Anstoß für das eigentliche Gebet des einzelnen sein kann, und wählt andererseits als einen von zwei Alternativtexten einen Psalm und knüpft damit an die lobpreisenden liturgischen Gattungen an.

Obwohl das erste und das zweite Gebet zu unterschiedlichen Gebetsgattungen gehören, bilden beide den Ort des Lobpreises und der Danksagung, wie dies auch sonst aus den evangelischen Ordnungen bekannt ist. Begründet wird der Dank in beiden Gebeten aber nicht mit dem Kommuniongeschehen, sondern mit dem Christus- und Kreuzesgeschehen. Wie in den an Calvin anknüpfenden Ordnungen üblich, wird auf die Abendmahlsgaben direkt gar kein Bezug mehr genommen. Das zweite Gebet, das im Ganzen stärker die dogmatische Konzeption der vorliegenden Ordnung aufgreift und artikuliert, stellt demgegenüber die Vorrangigkeit des Glaubens und den Charakter des Abendmahls als Instrument der Bestärkung des Glaubens heraus. Indem nur das zweite Gebet überhaupt Wirkungen erbittet, wird nochmals der Hauptakzent nach der Kommunion auf Lob und Dank gelegt.

[2839] Vgl. 13.2.1.3. Vgl. auch Kurpfalz 1556 (EKO 14,150).

[2840] Beide Sätze des Gebets richten sich an den Vater: "Almechtiger, barmhertziger Gott und vater"/"Wir bitten dich, getreuer Gott und vater".

[2841] Der Geist als Handelnder findet sich auch in den Dankgebeten der Vorlage von 1556 ("du wöllest durch deinen heiligen geist in uns wircken" (Kurpfalz 1556 (EKO 14,150); ebenso Brandenburg-Nürnberg 1533 (CD 1,79) und Pfalz-Neuburg 1543 (EKO 13,76)) und bei Micron ("doer de versterckinge des heilighen Geests" (Micron 1554 (CD 1,453); vgl. auch a Lasco 1555 (CD 1,454)).

14 Der Abschluß der Feier

Obwohl der Abschluß der Feier nicht mehr im Abendmahlsformular von 1563 verzeichnet ist, soll ein Blick auf diesen Abschluß geworfen werden, um die Feier vollständig untersucht zu haben. Dabei soll die in Kurpfalz 1563 gewählte Form in das Spektrum der in den Reformationsordnungen anzutreffenden Gestaltungsmöglichkeiten eingeordnet werden.

14.1 Der Abschluß in der vorreformatorischen Liturgie

Endet die Eucharistiefeier in der Antike mit der postcommunio, so bildet sich bald ein ritualisierter Abschluß aus. Zunächst handelt es sich um ein Segensgebet über das Volk ('oratio super populo'[2842]), das aber in der römischen Liturgie bald nur in der Quadragesima weiterbesteht. Danach erfolgt der Ruf 'Ite missa est'[2843] bzw. in den Messen ohne Gloria der Ruf 'Benedicamus Domino'[2844], auf den die Gemeinde jeweils mit 'Deo gratias' antwortet. Der Priester verabschiedet sich vom Altar mit einem Altarkuß, begleitet vom Gebet 'Placeat tibi, sancta Trinitas'[2845] und erteilt den Segen[2846] mit einer einfachen trinitarischen Formel[2847], begleitet vom Kreuzzeichen über die Gemeinde[2848]. Nach der Jahrtausendwende wird zunehmend noch der Prolog des Johannes-Evangeliums angefügt[2849]; zusätzliche Segensformen (Wettersegen, Segen mit Monstranz etc.) können hinzukommen[2850].

14.2 Der Abschluß in den reformatorischen Ordnungen

Die reformatorischen Ordnungen sind dadurch gekennzeichnet, daß sie zum Abschluß alle Benediktionen unterlassen[2851] und mit Vorliebe biblische Segensformeln benutzen.[2852]

[2842] Vgl. hierzu Jungmann, MS 2,529-535. Zur deutschen Übersetzung des Terminus vgl. Goertz, Begriffe 180.

[2843] Er scheint mit zum ältesten Gut der lateinischen Meßliturgie zu gehören (vgl. Jungmann, MS 2,536-538). Der Osten verbindet die Aufforderung zum Gehen häufig mit dem Wunsch, dies möge im Frieden (des Herren) geschehen (vgl. Jungmann, MS 2,536; Daschner 206-208). Zur deutschen Terminologie vgl. Goertz, Begriffe 163-165.396; Ringel 195f.

[2844] Es handelt sich hierbei um die - in Rom erst nach der Jahrtausendwende nachweisbare - Schlußformel der gallikanischen Liturgie (vgl. Jungmann, MS 2,538f; Daschner 206).

[2845] Vgl. Daschner 211f. Dieses Gebet findet sich mit konstantem Textbestand ab dem 9. Jh. in den Quellen, ist aber noch im 14. Jh. nicht fest im Gebrauch (vgl. Jungmann, MS 2,542f).

[2846] Da der Segen zunächst ein Vorrecht der Bischöfe ist, finden sich erst zum ausgehenden Mittelalter Belege für ihn bei der Messe, während die Ordensliturgien ihn oft erst nach Beginn der Reformation übernehmen (vgl. Jungmann, MS 2,547f).

[2847] Wird zunächst - auch wenn vom Segen gesprochen wird - überhaupt keine Segensformel genannt, so finden sich bald Formeln, die den Segnenden miteinschließen, dann aber solche, die ihn nicht miteinschließen (vgl. Jungmann, MS 2,550f). Für Süddeutschland ist vorreformatorisch nur die einschließende Formel nachweisbar (vgl. Daschner 209f).

[2848] Vgl. Jungmann, MS 2,551f. Die Priester verwenden für diese Segnung häufig ein Kreuz, eine Reliquie oder sonstiges Gerät (vgl. ebd.). Der Bewegungsvollzug ('das Kreuz machen' o.ä.) wird vorreformatorisch im Deutschen auch synonym zu 'Segen' benutzt (vgl. Goertz, Begriffe 165f).

[2849] Vgl. hierzu Jungmann, MS 2,554-559; Ringel 205; Daschner 212f.

[2850] Vgl. Jungmann, MS 2,560-564.

[2851] Wirkliche Benediktionen, wie auch das als Benediktion verstandene, aber im späten Mittelalter nicht überall übliche Schlußevangelium, fallen weg (vgl. Meyer, LM 383f). Zu den Gesängen am Schluß der Abendmahlsfeier vgl. Meyer, LM 386f.

[2852] Vgl. hierzu Graff, Auflösung 1,204; Rietschel/Graff 380f.

427

Darunter nimmt der aaronitische Segen (Num 6,24-26) einen deutlichen Vorrang ein. Die Verwendung innerhalb der reformatorischen Ordnungen geht zurück auf Luthers 'Formula Missae', in der er den aaronitischen Segen vorschreibt, den Plural allerdings reflexiv verwendet: "Benedicat nos dominus..."[2853]. Daneben findet er sich oft in pluraler Anredeform[2854]. In der Regel jedoch schließen evangelische Ordnungen nach dem Vorbild von Luthers 'Deutscher Messe'[2855] mit dem aaronitischen Segen in singularer Form[2856]. Ob Luther letztlich diesen Segen aus einem liturgischen Vorbild hat, bleibt unklar. Er taucht zuvor im Westen nur als Pontifikalsegen der gallikanischen Liturgie auf.[2857] Luther selbst benennt ihn als von Gott angeordnet: "...illa Numeri vi. quam ipse dominus digessit, d. [= dicendo; A.d.V.]..."[2858]. Damit muß die Biblizität des Segens selbst gemeint sein, die auch für Ps 67,7b-8 zutrifft, den Luther als Alternative zum aaronitischen Segen nennt: "Benedicat nos deus deus noster, benedicat nos deus et metuant eum omnes fines terrae. Amen."[2859] Entscheidend für die Frage der Vorlage ist aber die Bemerkung Luthers, daß Christus vor der Himmelfahrt die Jünger auch mit einer der beiden Segensformeln gesegnet habe[2860]. Die Himmelfahrt Christi als Ursprung des abschließenden Segens der Messe zu sehen, findet sich schon in der Meßerklärung von Durandus, wo zugleich beide Segensformeln angeführt werden[2861], obwohl sie in der zeitgenössischen Messe nicht auftauchen.

[2853] Luther, FM 1523 (CD 1,35f). Laut Niebergall taucht der aaronitische Segen hier erstmals in einer Abendmahlsfeier auf (vgl. Niebergall, Abendmahlsfeier 290). Die reflexive Form ist vielleicht als Anlehnung an reflexive Segensformen der katholischen Liturgie (z.B. für Mainz vgl. Reifenberg, Messe 93) zu erklären. In Kurzform kennt diesen Segen auch Kurpfalz 1556: "Gott sey uns gnedig und barmhertzig und gebe uns seinen göttlichen segen, er laß uns sein angesicht leuchten und geb uns seinen friden" (Kurpfalz 1556 (EKO 14,150); vgl. ebenso Brandenburg-Nürnberg 1533 (CD 1,80); Köln 1543,CXI^r).

[2854] Vgl. Nürnberg/Volprecht 1524 (CD 1,84); Brandenburg-Nürnberg 1533 (CD 1,80); Straßburg/Ordnung 1525 (CD 1,329), Straßburg 1526ff (CD 1,325); Kassel 1539b (EKO 8,123^k); Köln 1543,CXI^r-CXI^v; Kurpfalz 1556 (EKO 14,150); Genf 1542, 1542A, 1545 (CD 1,356f); Pollanus 1551, 1552, 1554, 1555 (Honders 76f); FoP 1556, 1564 (Maxwell 92); Mömpelgard 1559 (CD 1,376). Eine Kurzform führen: Zürich 1529, 1535 (CD 1,198^{49}); Bern 1529 (CD 1,236)). Vgl. auch Rietschel/Graff 380. Zum aaronitischen Segen allgemein vgl. Frör 590; zur Kategorie des Segens im AT vgl. Müller, Segen. Nicht selten wird der aaronitische Segen mit einer Formel 'Gehet hin' verbunden (vgl. unten). Die unbiblische plurale Form kann mit einer Angleichung an den Schlußsegen der Messe erklärt werden (vgl. Meyer, LM 382^{28}), aber auch als Durchführung des Prinzips, Gebete nicht singularisch zu fassen.

[2855] Vgl. Luther, DM 1525 (CD 1,39). Die gegenüber der Formula Missae zu verzeichnende Änderung in den Singular ist aus dem biblischen Vorbild zu erklären (vgl. Meyer, LM 382^{28}).

[2856] Vgl. Nürnberg/Döber 1525 (EKO 11,55); Braunschweig 1528 (CD 1,56); Mecklenburg 1552 (CD 1,104); Württemberg 1553 (CD 1,256), und damit die auf diese Formulare rekurrierenden Ordnungen. Döber hängt eine trinitarische Formel an und leitet den Segen mit der Aufforderung ein: "Neigt eur herz zu Got, so will ich euch den segen geben!" (Nürnberg/Döber 1525 (EKO 11,55)). Letztere erinnert an die entsprechende Aufforderung vor der Oratio super populo (vgl. Meyer, LM 381^{25}).

[2857] Vgl. De Puniet 15f; Frör 590^{141}.

[2858] Luther, FM 1523 (CD 1,35).

[2859] Luther, FM (CD 1,36). Vgl. auch Meyer, LM 382^{30}.

[2860] Vgl. Luther, FM (CD 1,36). Schon mittelalterliche Autoren verstehen diesen Psalm als Vorbild für den Schlußsegen der Messe (vgl. Meyer, LM 381f).

[2861] Vgl. Durandus dt. [Häußling Nr. 29] (Buijsen 346-348). Diese Meinung taucht in nachfolgenden Erklärungen immer wieder auf (vgl. Meyer, LM 381; Ringel 201f). Auf Durandus ist vielleicht auch die Vorliebe der evangelischen Ordnungen für einen Segen mit ausgestreckten Händen zurückzuführen, denn dort wird behauptet, auch Christus habe seine Apostel so gesegnet (vgl. Durandus dt. [Häußling Nr. 29] (Buijsen

Es finden sich aber auch andere Segensformeln in den reformatorischen Ordnungen, die nicht direkt auf das Beispiel Luthers zurückgehen. So überliefert Micron ebenfalls einen Segen nach Ps 67, jedoch nicht nach V. 7f sondern nach V. 2: "God ontferme hem uwer ende seghene v: hy late verschynen het licht syns aenschyns onder v, ter glorien syns heilighen naems ende beware v in syne heilighe ende godsalighe vrede. Amen."[2862]

Eine Segensformel nach Phil 4,7 (heute auch als 'Kanzelsegen' in Gebrauch[2863]) kennt die anglikanische Tradition: "The peace of God whiche passeth all understandyng, kepe your hartes and myndes in the knowledge and loue of God, and of his sonne Jesus Christe, our Lorde."[2864]

Weiterhin findet sich der in der Messe übliche trinitarische Segen[2865] oder die trinitarische Formel "Gesegne und behüte uns Gott, der vater und son und heiliger geist, Amen."[2866] Keine Auskunft über die Segensformel gibt Frankfurt 1530[2867].

Was die sonstigen traditionellen Elemente zum Schluß der Eucharistiefeier angeht, so verlangt Luther in der Formula Missae, das (allerdings zu dieser Zeit vor dem Segen stehende[2868]) 'Ite missa est' durch das 'Benedicamus domino' zu ersetzen. Das 'Ite missa est' wird zu dieser Zeit in den Meßerklärungen mit dem Opfergedanken in Zusammenhang gebracht.[2869] Das Benedicamus verwenden auch andere Ordnungen.[2870]

Statt eines Segens kennt Zürich 1525 eine einfache Entlassung: "Gond hin im fryden!"[2871] Auch Basel 1526 schließt allein mit dem Friedensgruß: "Lassend eüch die lieb befolhen seyn vnder einander/vnd zůuorab die armen/Der fryd Christi sey mit eüch/Amen"[2872]. Basel 1537

---

348); zum aaronitischen Segen vgl. ebenso Tewtsch Rational 1535, Kap. 25 [Häußling Nr. 132] N2^r; Ringel 201f).

[2862] Micron 1554 (Dankbaar 66); vgl. a Lasco 1555 (Kuyper 2,91).

[2863] Vgl. Frör 583.

[2864] OoC 1548, BCP 1549, 1552 (CD 1,394). Die späteren Ausgaben fügen dem noch eine trinitarische Segensformulierung an (vgl. BCP 1549, 1552 (CD 1,394^{72})).

[2865] Vgl. Worms 1524 (CD 1,21); Straßburg/Schwarz 1524 (CD 1,317).

[2866] Kurpfalz 1556 (EKO 14,150). Vgl. ebenso Brandenburg-Nürnberg 1533 (CD 1,80); Köln 1543,CXI^v.

[2867] Vgl. Frankfurt 1530 (CD 1,241).

[2868] Vgl. Meyer, LM 379.

[2869] Vgl. hierzu Meyer, LM 379. Die Verbindung zum Opfergedanken findet sich beispielhaft in der Meßauslegung 1480 [Häußling Nr. 101] (Reichert 201). Von Zwingli wird das 'Ite missa est' ebenfalls verworfen (vgl. Zürich 1523 (CD 1,188)).

[2870] Vgl. Müntzer 1524 (CD 1,23); Nürnberg/Döber 1525 (EKO 11,55); Brandenburg-Nürnberg 1533 (CD 1,80). Ein Benedicamus nach dem Segen bietet Nürnberg/Volprecht 1524 (CD 1,84). Ein im Lobpreis ausgebautes Benedicamus findet sich in Worms: "Last vns gott gebenedeien. Danck/lob/ere/vnnd preiß sei gott durch Christum vnsern herren Amen." (Worms 1524 (CD 1,20)).

[2871] Zürich 1525 (CD 1,198). Das gleiche Motiv, aber sprachlich anders gefaßt, findet sich bei Farel 1533 (CD 1,346) und an den aaronitischen Segen angehängt in Straßburg/Ordnung 1525 (CD 1,329), Straßburg 1526ff (CD 1,325); Kassel 1539b (EKO 8,123^k); Genf 1545 (CD 1,357^{19}); Pollanus 1552 (Honders 77); Mömpelgard 1559 (CD 1,376).
Mit einem solchen Friedenswunsch als Entlassungsruf schließen zahlreiche östliche Liturgien und die mailändische Liturgie (vgl. Jungmann, MS 2,536; Frör 589); durch Kenntnis der letzteren könnte Zwingli sie in das reformatorische Erbe eingebracht haben.

[2872] Basel 1526 (CD 1,215); ähnlich Basel 1560ff (CD 1,225^{61}). Der Spruch wird in Bern aufgenommen und mit dem Segen verbunden (vgl. Bern 1529 (CD 1,236)).

schließt mit dem Segenspsalm Ps 67[2873] und nimmt damit Luthers Alternative aus der Formula Missae wieder auf.

14.3 Der Abschluß in der vorliegenden Ordnung

Das Abendmahlsformular der KO Kurpfalz 1563 enthält keinen Segen[2874], ebenso nicht der nachfolgende Separatdruck Kurpfalz 1564[2875]; erst 1601 wird ein Segen ausgedruckt.[2876] In Kurpfalz 1563 findet sich allerdings ein Segen im Formular für den sonntäglichen Predigtgottesdienst, in das ja der Abendmahlsgottesdienst bei Bedarf eingeschoben wird. Dort findet sich der aaronitische Segen (Num 6,24-26) in einer Fassung mit pluraler Anrede:

> "Der herr segne euch und behüte euch. Der herr erleuchte sein angesicht uber euch und sey euch gnedig. Der herr erhebe sein angesicht auf euch und gebe euch den frieden, Amen."[2877]

Er ist ebenso am Schluß der Abendmahlsfeier anzunehmen, wie er auch bei Calvin und Pollanus ausschließlich verwendet wird.

Damit bleibt die vorliegende Ordnung in der Linie der Verwendung einer biblischen Segensformel, auch wenn sie nicht radikal biblizistisch vorgeht, sondern Num 6,24-26 in den Plural umformt. Andere Segens- und Schlußformeln - zudem wenn sie mit entsprechenden Gesten verbunden wären - könnten als wirkliche Benediktion verstanden werden, gegen die sich die Abmahnung in Abgrenzung zum katholischen Brauchtum deutlich ausspricht[2878].

[2873] Vgl. Basel 1537 (CD 1,224f). In Straßburg erscheint Ps 67 als Lied nach dem Segen (vgl. Straßburg/Ordnung 1525 (CD 1,329)).

[2874] Zur reformatorischen Bezeichnung des Segens vgl. Goertz, Begriffe 328f. Der Segen wird in den reformatorischen Ordnungen häufiger nicht genannt (vgl. ebd. 328).
Terminologisch ergeben sich für den Segen in den evangelischen Ordnungen Änderungen erst zum Ende des 16. Jh., die vor allem die Abschlußfunktion herausheben (vgl. Ringel 423-425).

[2875] Vgl. EKO 14,387^z.

[2876] Vgl. Schulz, Ordnung 497.

[2877] Kurpfalz 1563 (EKO 14,391).

[2878] Vgl. 7.7.4.2.

15 Der liturgietheologische Ertrag und eine abschließende Reflexion

In diesem abschließenden Kapitel sollen die Ergebnisse der zuvor durchgeführten Untersuchung der Abendmahlsfeier zusammengefaßt und reflektiert werden. Wie in der Untersuchung kann es auch bei der abschließenden Reflexion nicht um eine Beurteilung in dem Sinne gehen, ob denn nun eine Abendmahlsfeier nach der vorliegenden Ordnung aus katholischer Sicht eine 'einsetzungsgemäße', 'vollständige' oder 'gültige' ist[2879]. Ebensowenig geht es darum, diese Feierform nun doch irgendwie mit den altkirchlichen Eucharistiefeiern in Kongruenz zu bringen und ihr damit indirekt 'Gültigkeit' zuzusprechen. Eine solche Beurteilung würde dem vorgestellten Ansatz einer ökumenischen Liturgiewissenschaft widersprechen, die eine fremde Liturgie zu verstehen sucht, ohne damit direkt eine weitergehende Zielsetzung zu verfolgen[2880]. Die abschließende Reflexion soll vielmehr deutlich machen, inwieweit sich aufgrund der Ergebnisse der vorliegenden Arbeit Impulse und neue Fragestellungen für die aktuelle liturgiewissenschaftliche Diskussion ergeben. Zugleich ist es notwendig, aufgrund der Ergebnisse die Tragfähigkeit der Konzeption und Methode einer ökumenischen Liturgiewissenschaft zu überprüfen und sich eröffnende Perspektiven zu reflektieren.

Bezogen auf den bisherigen Forschungsstand konnten die konkreten Bezüge der Kurpfälzer Ordnung zu den Texten, die der Erstellung dieser Abendmahlsordnung als Quellen dienten, vielfach deutlicher herausgestellt werden[2881]. Wichtige Ergebnisse bilden zudem die Einordnung der vorliegenden Ordnung in die formalen wie inhaltlichen Entwicklungslinien, die sich in den Abendmahlsordnungen der Reformationszeit aufzeigen ließen, wie die Präzisierung der Aussagen zu einigen liturgischen Gattungen[2882]. Dadurch, wie durch die Einordnung in die territoriale kirchengeschichtliche Entwicklung[2883] und in der Zuordnung zur grundlegenden Dogmatik des HK[2884], konnte der Kontext der Ordnung verständlich gemacht werden. Insgesamt konnte dadurch die Funktion der einzelnen Liturgieelemente und die Dramatik der Feier verdeutlicht werden, die bislang in der Literatur zu wenig beachtet wurden. Gerade die Beachtung der Funktion von Strukturelementen führte zu tiefergehenden Ergebnissen als der bislang geübte Vergleich von Strukturrastern; in diesem Punkt hat sich die dargestellte Methode als weiterführend erwiesen[2885].

[2879] Von der Dogmatik her gesehen entsprechen vor allem Amtsverständnis und Realpräsenz-Vorstellung nicht der katholischen Auffassung. Die Destruktion des Eucharistiegebets wird von einer katholischen Liturgiewissenschaft eindeutig bedauert werden, von einer weiterhin festzustellenden lehramtlichen Konzentration auf die EW als Konsekrationsworte her gesehen bleibt sie sekundär.

[2880] Selbstverständlich kann eine Reflexion nicht 'bewertungsfrei' sein. Schon die Untersuchung zuvor ist nicht 'bewertungsfrei', nennt aber jeweils die Kriterien der Reflexion, aufgrund deren sie zu bestimmten Ergebnissen kommt. Auszuschließen ist aber auf jeden Fall ein 'negatives' oder 'positives' Urteil über die Ordnung!

[2881] Grundsätzlich neue Quellen konnten nicht angegeben werden; die Arbeiten von Schulz weisen hier eine beachtliche Vollständigkeit auf (vgl. Schulz, Ordnung 495-523; Schulz, Vorbereitung).

[2882] Hier sind primär die Ergebnisse zu den EW (7.6.3.6), zum Abendmahlsgebet (hier besonders bezogen auf die Epiklesen (vgl. 8.2.3.3 und 8.3.4)) und zur Vermahnung zu nennen (vgl. 7.4.5 und 7.5), aber auch kleinere Anmerkungen, wie z.B. zur Herkunft der Zeigeformel 'Ecce Agnus Dei' (vgl. 12.6.1.1 und 12.6.1.2).

[2883] Vgl. 4.

[2884] Vgl. 5.2 und die angegebenen Referenzstellen zu den einzelnen Abschnitten des Formulars.

[2885] Vgl. 15.3.

15.1 Die abendmahlstheologische Konzeption der vorliegenden Ordnung

Als grundlegendes Ergebnis der Untersuchung ist festzuhalten, daß die Kurpfälzer Abendmahlsordnung ein imponierendes Beispiel einer Liturgiereform darstellt, die an Konsequenz und Entschiedenheit selbst unter den zahlreichen Entwürfen des 16. Jh. eine Sonderstellung einnimmt. So sehr die Ordnung zunächst einem katholischen Betrachter den Zugang erschwert, weil sie von seiner eigenen und der altkirchlichen Liturgietradition erheblich abweicht, um so mehr überzeugt dann bei näherer Betrachtung die liturgische Gestaltung, die sich aus einer stringenten Umsetzung einer reflektierten dogmatischen Grundlegung ergibt.

Diese Abendmahlstheologie der vorliegenden Ordnung läßt sich in den zwei Intentionen darstellen, in denen sie anscheinend auch entwickelt worden ist: einerseits in Abgrenzung gegenüber der spätmittelalterlich-katholischen, der lutherischen und der zwinglianischen Eucharistietheologie und -praxis und andererseits als eine neue Synthese in Form einer eigenständigen, in sich geschlossenen Abendmahlstheologie. Deutlich ist der Ordnung diese Zielsetzung anzumerken, nicht nur in Abgrenzung, sondern in positiver Weise das Abendmahl theologisch zu deuten und zu gestalten.[2886]

15.1.1 Die Bestimmung der Abendmahlstheologie in Abgrenzung zur zeitgenössischen katholischen Auffassung

Die Abgrenzung gegenüber der vorreformatorischen, katholischen Theologie (zumindest wie sie die Reformation versteht) besteht zunächst in der von evangelischen Theologen übereinstimmend getroffenen Feststellung, daß das Abendmahl kein wiederholbares Opfer und schon gar kein Opfer der Kirche ist, da einzig das einmalige und unwiederholbare Kreuzesopfer Christi ein soteriologisch bedeutsames Opfer darstellen kann. Deshalb spricht die vorliegende Ordnung vom 'Opfer' nur nach den erweiterten EW der Vermahnung, in denen dargelegt ist, daß bei der Kommunion eine Aneignung des Kreuzestodes und seiner Wirkungen geschieht (dies wird zudem in Jesus-Rede ausgedrückt)[2887], und im Dankgebet, d.h. nach vollzogener Aneignung des Kreuzesopfers[2888].

Außerdem verwendet die Abendmahlsordnung keinerlei Darbringungsaussage, da eine solche die Vollkommenheit des Kreuzesopfers in Frage stellen würde oder gar eine theologisch unvertretbare Darbringung Christi durch die Kirche implizieren könnte, obwohl Christus nicht als *in* den Gaben präsent verstanden wird und somit der Kirche überhaupt nicht zur Darbringung 'zuhanden' ist. Die Ordnung geht von einer fundamentalen Trennung der Gemeinde vom erhöhten Herrn aus[2889], die nicht einfach durch eine 'Materialisierung' Christi in den Gaben überbrückt werden kann.

[2886] Die Implikationen einer solchen Feststellung sind zu beachten: Nicht wenigen Abendmahlsordnungen des 16. Jh. ist der Charakter einer Reaktion auf eine als verfehlt eingeschätzte Praxis anzumerken. Ist nun im heutigen ökumenischen Dialog ein Konsens in der Einschätzung diese Fehlentwicklungen erreicht, so scheint auch ein Konsens über die 'richtige' Praxis näher gerückt. Wenn nun eine Ordnung über dieses reaktive Moment hinausgeht und eine erneute Synthese versucht, so kann heute nicht schon über eine im Dialog erreichte gleiche Einschätzung der verfehlten damaligen Praxis ein Konsens über eine heute 'richtige' Praxis gefunden werden.

[2887] Vgl. 7.8.3.4.

[2888] Vgl. 13.3.3.

[2889] Vgl. 7.8.3.4.2.

Dieser Verzicht auf eine Darbringungsaussage bedeutet nicht, daß die damit in den altkirchlichen Eucharistiegebeten gemeinte Hineinnahme der Gläubigen in die Selbstentäußerung und Hingabe Christi fehlen würde. Sie stellt jedoch keine aktuelle Handlungsdimension der Feier dar, sondern wird in Form der Kreuzesnachfolge ausdrücklich als Konsequenz der mit der Kommunion geschenkten Gemeinschaft mit Jesus Christus gefordert[2890]. In der Lebenspraxis äußert sich die Dankbarkeit für die geschenkte und in der Abendmahlsfeier sakramental angeeignete Erlösung in Jesus Christus, gerade auch im Leiden um Christi willen. Eine anabatische Dimension wird in Form des sich zu Christus in den Himmel Erhebens vielfach vor der Kommunion (speziell im Sursum corda[2891]) ausgedrückt. Dabei handelt es sich aber nicht um ein eigenständiges Handeln der Gläubigen und der Kirche, sondern dieses Handeln wird als geistgewirktes Geschenk verstanden und im Abendmahlsgebet aktuell erbeten[2892]. Es geht dabei immer um ein Ergeben an Christus, um die durch die räumliche Trennung erschwerte Christusbegegnung zu ermöglichen, nie aber um eine offertoriale Bewegung zum Vater! Eine solche Unmittelbarkeit der Gottesbegegnung ist der Kurpfälzer Ordnung fremd und wird von einer Christozentrik abgelöst, die ebenfalls keine Unmittelbarkeit erlangt, sondern der Wirksamkeit des Hl. Geistes als Vermittlungsinstanz bedarf.

Eine weitere Abgrenzung gegenüber den Katholiken besteht darin, daß die Abendmahlsfeier kein primäres Handeln der Kirche oder gar des Vorstehers in der Weise darstellt, daß sich daraus entsprechende Vollmachten (z.B. zur Konsekration) ergeben würden. Dennoch ist die Abendmahlsfeier eine Feier ausschließlich der Jünger Christi (da auch nur die Jünger Christi beim Letzten Abendmahl anwesend waren) und Erfüllung seines Auftrags[2893]. Dies bedeutet einerseits, daß all die, die sich selbst radikal von Christus abgewandt haben und deshalb die Gebote Gottes nicht halten können und wollen, vom Abendmahl ausgeschlossen sind. Dieser Ausschluß wird in der 'Abmahnung Unbußfertiger'[2894] in aller Schärfe deutlich gemacht, auch wenn dort niemand persönlich und direkt ausgeschlossen wird, da derartiges dem ordentlichen Kirchenzuchtverfahren vorbehalten ist.[2895]
Andererseits bedeutet dies, daß nicht die Kirche den Maßstab für den Inhalt und die Gestalt der Abendmahlsfeier bildet, sondern die Stiftung und der Wille Christi - selbstverständlich, wie sie die zugrundeliegende Theologie versteht. Der Wille Christi wird - so ist zumindest aus der Literatur im Umfeld dieser Ordnung zu erschließen[2896] - sowohl aus den EW als auch aus den ntl. Reflexionen über das Herrenmahl abgeleitet, wobei der paulinischen Abendmahlstheologie ein besonderer Stellenwert zugemessen wird[2897]. Deshalb bilden die EW gerade in der Form von 1 Kor 11,23-29 die höchste Norm der aktuellen Abendmahlsfeier und werden als in der Feier zu verwirklichender Grundtext an den Beginn gestellt[2898].

[2890] Vgl. 8.3.3.

[2891] Vgl. 11.3.

[2892] Vgl. 8.3.2.

[2893] Vgl. 6.3.3.

[2894] Vgl. 7.7.4.2.

[2895] Vgl. 6.3.3.1.

[2896] Vgl. z.B. die Frage 77 des HK, Kurpfalz 1563 (EKO 14,357f).

[2897] Z.B. werden bei Erastus die EW in den Evangelien mit Vorliebe von Paulus her verstanden und interpretiert - nicht umgekehrt (vgl. Erastus, Bericht)!

[2898] Vgl. 7.6.4.

Während aus den Herrenworten, wie sie auch bei den Synoptikern überliefert sind, die konstitutiven Handlungselemente Brotbrechung (statt Elevation), Empfang von Brot und Wein (statt alleinigem Empfang der Hostie) und Kommunion der ganzen versammelten Gemeinde (statt nur des Vorstehers oder einiger besonders Frommer) abgeleitet werden, wird aus der paulinischen Fassung der Gedächtnischarakter (1 Kor 11,24f) abgeleitet, aus der paulinischen Reflexion (1 Kor 11,26-29) die Verkündigungsdimension auf der einen Seite (1 Kor 11,26) und die zwingende Warnung vor dem unwürdigen und zum Gericht führenden Abendmahlsempfang auf der anderen Seite. Daß gerade die paulinischen Texte als Interpretament einer stiftungsgemäßen Abendmahlstheologie fungieren, zeigt sich auch daran, daß 1 Kor 10,16 in einen Aussagesatz umgeformt und als Spendeformel verwendet wird, um die in den lutherischen Ordnungen benutzten und leicht als Identitätsaussage verstehbaren Herrenworte zu ersetzen[2899].

Eigentlich Handelnder beim Abendmahlsgeschehen aber ist der Hl. Geist, da als Inhalt der Feier die Christusbegegnung der Kommunikanten verstanden wird, die nicht durch die feiernde Gemeinde, sondern einzig durch die Kraft und Wirksamkeit des Hl. Geistes herbeigeführt werden kann. Dennoch ist die Gemeinde nicht rein passiv, denn sie wird sowohl zum Erheben der Herzen zu Christus aufgefordert, damit es bei der Kommunion zur Vereinigung mit Christus kommen kann[2900], als auch zur Danksagung nach dem Abendmahlsempfang im Gebet (innerhalb des Gottesdienstes)[2901] und in Werken (im nachfolgenden täglichen Leben) ermuntert[2902]. In all diesen Fällen geht es um ein aktives Handeln der Gemeinde, das jedoch theologisch rückgebunden ist an die durch den Hl. Geist vorgängig vermittelte Gnade, so daß auch hier der Hl. Geist der primär Aktive bleibt.

15.1.2 Die Bestimmung der Abendmahlstheologie in Abgrenzung zur zeitgenössischen lutherischen und zwinglischen Auffassung

Nicht nur gegenüber der katholischen Eucharistieauffassung grenzt sich die vorliegende Ordnung ab, sondern auch gegenüber anderen evangelischen Strömungen. Die deutlichste Abgrenzung zur lutherischen Abendmahlstheologie findet sich bezüglich der Präsenz Christi im Abendmahl, die von lutherischer Seite ausdrücklich als somatische Realpräsenz verstanden und mit den als direkte Indentitätsaussagen aufgefaßten Herrenworten ('Das ist mein Leib'/ 'Das ist mein Blut') begründet wird. Eine Präsenz Christi in den Gaben ist für die Kurpfälzer Ordnung undenkbar, da dieser - aus der soteriologischen Konzeption heraus - zu Rechten Gottes des Vaters im Himmel sitzen muß, um dort als Fürsprecher für die Gläubigen fungieren zu können.[2903] Zur 'Korrektur' des traditionellen Verständnisses der Herrenworte (auf die man als Grundlagentext in der liturgischen Gestaltung nicht verzichten kann) wird deshalb 1 Kor 10,16f herangezogen[2904], wo die Anteilgabe am Leib und Blut Christi von der Mahlgemeinschaft ausgesagt wird, ohne daß dies in einer Identitätsaussage über die Gaben geschieht. Um deutlich zu machen, daß die EW nicht als Konsekrationsworte

---

[2899] Vgl. 12.6.2.3.

[2900] Vgl. 11.3.

[2901] Vgl. 13.3.

[2902] Vgl. 7.8.4.5 und 8.3.3.

[2903] Vgl. 7.8.3.4.2.

[2904] Vgl. 7.8.4.5.1 und 12.6.2.3.

verstanden werden sollen, sind die EW gegenüber dem traditionellen Umfang erweitert und werden der Abendmahlsvermahnung (und damit dem ganzen Abendmahlsabschnitt) als Lesungstext vorangestellt[2905], statt - wie gerade in lutherischen Ordnungen üblich - am dramaturgischen Höhepunkt der Feier, d.h. nahe bei der Kommunion plaziert zu sein. Ebenso finden sich zur Kommunion nicht - wie in den lutherischen Ordnungen - Gesänge, die im Lobpreis die Präsenz Christi herausstellen[2906].

Zugleich grenzt sich die vorliegenden Ordnung gegen die zwinglianische Theologie ab[2907], die das Abendmahl als ein Erinnerungszeichen auffaßt, eine Christusbegegnung aber 'nur' im Glaubensakt selbst für möglich hält, so daß die Abendmahlsfeier allein eine besondere, weil aufgetragene Form dieses Glaubensaktes darstellt. Natürlich versteht auch die Ordnung das Abendmahl explizit als Glaubensakt, besteht jedoch auf einer wirklichen, personalen und damit leiblichen Christusbegegnung beim Abendmahl: Es wird ausdrücklich von einem 'Essen des Leibes' und 'Trinken des Blutes Christi' gesprochen. Dies wird nicht räumlich und material, sondern zeitlich und kausal an den Empfang der Abendmahlsgaben gebunden[2908]. Diese zeitlich-kausale Bindung an die Mahlhandlung wird aber verstanden als durch die Einsetzung Jesu Christi selbst verbürgt und deshalb in den Erläuterungen der EW innerhalb der Vermahnung in Jesus-Rede ausgesagt[2909]. Zugleich ist damit der sakramentale Charakter der Feier vom Glaubensakt gegenüber dem verkündigten Evangelium unterschieden und mit der Vergewisserungsfunktion der sakramentalen Handlung begründet.

15.1.3 Die positive Bestimmung der spezifischen Abendmahlstheologie der vorliegenden Ordnung

Die theologische Synthese der Kurpfälzer Abendmahlsordnung zeigt sich bereits darin, daß die Feier als Anamnese, als Gedächtnis des Kreuzestodes Christi und seiner Wirkungen bestimmt wird[2910], wobei 'Anamnese' hier ganz auf den einzelnen Gläubigen ausgerichtet ist: Sie stellt kein rein objektives Geschehen mehr dar (so sehr ihr Inhalt als objektive Vorgegebenheit verstanden wird), sondern zielt auf die Annahme durch den Einzelnen und dessen Trost[2911]. Das Abendmahl ist keine vom Kreuzestod unterschiedene Größe, sondern ist Instrument der Vermittlung des Kreuzestodes selbst[2912].

[2905] Vgl. 7.6.4.

[2906] Vgl. 12.7.1.2 und 12.7.1.3.

[2907] Formal gibt es aber auch deutliche Anlehnungen an die Zürcher Ordnung, so beim ersten Dankgebet (vgl. 13.3.2).

[2908] Rohls gibt zu bedenken, daß sich die beiden Vorgänge des äußerlich-sichtbaren und des geistlich-innerlichen Essens trotz aller paralleler Konstruktion nicht als zwei voneinander getrennte Vorgänge darstellen lassen. Beide Vorgänge bleiben untrennbar aneinander gebunden (vgl. Rohls 199).

[2909] Vgl. 7.8.3.4.3.

[2910] Vgl. 7.8.1.

[2911] Vgl. 7.7.1.1.

[2912] Dies holt z.B. die Kritik der deutschen Reformierten an der Lima-Erklärung ein, wenn sie bemerken: "Nach unserer Erkenntnis ist das Mahl des Herrn die gültige und wirksame Bezeugung der in Christi Tod und Auferstehung geschehenen Versöhnung, nicht aber das Ereignis dieser Versöhnung selbst" (Moderamen 313). Deutlich wird hervorgehoben, daß die absolute Wirksamkeit des Kreuzestodes kein 'neues' Versöhnungs-Handeln der Kirche erlaubt (vgl. ebd.). Ob allerdings mit dem Begriff der 'Bezeugung' auch die in der vorliegenden Ordnung enthaltene anamnetische Dimension vollständig eingeholt ist, bleibt m.E. fraglich.

Schon jede Annahme des verkündigten Evangeliums ist ein Akt des Glaubens (gewirkt durch den Hl. Geist), der sich gegen Zweifel und Ungewißheit der christlichen Existenz wendet. So intendiert auch der anamnetische Abschnitt der Vermahnung nichts anderes als die gläubige Annahme des in ihm enthaltenen 'Evangeliums' durch die einzelnen Gläubigen[2913]. Durch die sakramentale Handlung des Abendmahls geschieht nun in der Christusbegegnung die gleiche Annahme des Kreuzestodes Jesu Christi, aber aufgrund der Sakramentalität in einer Ausdrücklichkeit und zu einer Gewißheit, die über die alleinige Annahme des Wortes hinausgeht. Das Geschehen beim zentralen Akt der Kommunion ist deshalb 'Anamnese' i.S. einer 'Ver-Gegenwärtigung'.

Kern der positiven theologischen Bestimmung des Abendmahls, die auf dogmatischer Ebene zunächst im HK formuliert ist, ist, daß es das Sakrament wirklicher, d.h. sowohl personaler als damit auch leiblicher Christusbegegnung darstellt. 'Ort' im zeitlichen Sinne ist die Kommunion der Gläubigen, die deshalb auch das Zentrum der ganzen Abendmahlsfeier bildet. Ausdrücklich wird der verheißene Empfang des Leibes und Blutes Christi 'kausal' (i.S. von 'implizit') an den Empfang des Brotes und des Weines durch die Gläubigen als sichtbare Handlung gebunden. Die Begegnung geschieht räumlich gesehen aber nicht 'in', 'mit' und 'unter' den Abendmahlsgaben selbst, auch nicht im Denken der Gemeinde, sondern im als Ort außerhalb der 'Welt' verstandenen Himmel, da Christus als der erhöhte Herr aufgrund der soteriologischen Implikationen an diesen Ort gebunden ist. Die Christusbegegnung der Gläubigen kann also nicht durch eine 'Ortsveränderung' Christi, sondern alleine durch eine 'Ortsveränderung' der Gläubigen herbeigeführt werden. Nicht der Leib Christi wird auf der Erde präsent gemacht, sondern die Seelen bzw. Herzen der Gläubigen werden im 'Himmel' präsent gemacht, damit Christus sich dort mit ihnen vereinigen kann[2914]. Medium dieser Bewegung aber ist der Hl. Geist[2915].

Mit dieser Konzeption stellt sich die Ordnung deutlich in die calvinistische Tradition und bildet mit dieser eine genuine Neuerung in der Abendmahlslehre, die nicht einfachhin mit den herkömmlichen Konzeptionen in Kongruenz gebracht werden kann. Sie darf auch keinesfalls mit der östlichen Vorstellung verwechselt werden, daß wir - wiederum durch die Wirkung des Hl. Geistes - auf Erden eine 'Liturgie des Himmels' feiern würden[2916]. Eine solche Nähe von himmlischer und irdischer Liturgie ist für die Abendmahlstheologie der vorliegenden Ordnung letztlich undenkbar, da Welt und irdische Existenz durch die Sünde der Menschen konstitutiv von der Unerlöstheit gekennzeichnet sind. Die Konzeption intendiert vielmehr das genaue Gegenteil: Die Kluft zwischen Himmel und Erde wird deutlich betont und die Transzendenz nicht in eine durch die Liturgie herstellbare Immanenz aufgelöst. Die mit dem traditionellen Glauben an eine somatische Realpräsenz implizierte

---

[2913] Das gleiche intendieren die Glaubensfragen des Vorbereitungsgottesdienstes (vgl. 6.3.3.2).

[2914] Vgl. 8.3.2 und 11.3. Vgl. auch 15.2.3.2.

[2915] Bezogen auf die Trinitätstheologie stellt die Hervorhebung des Wirkens des Hl. Geistes ein deutliches Gegengewicht zur Christozentrik der spätmittelalterlichen und reformatorischen Theologie dar. Zwar wird das Christusereignis weiterhin als zentrales Erlösungsgeschehen innerhalb des Gedächtnisses betont, aber es wird als geschichtlich und damit nicht einfachhin überall und jederzeit präsent bzw. aktualisierbar verstanden. Alles Wirken Gottes an den Gläubigen geschieht ausdrücklich durch die 'Wirkung des Hl. Geistes'. Damit erlangt die Pneumatologie eine Bedeutung, die sie im Spätmittelalter - bei aller Freude an der Nennung der Trinität - nicht hat. Liturgisch geht dies mit der Wiedererlangung der Epiklese einher (vgl. 8.2.3.1 und 8.3).

[2916] Diese Differenz wird gerade in der Gestaltung der 'Wandlungsepiklese' deutlich (vgl. 8.3.2).

'Materialisierbarkeit' Christi widerspricht dem Bilderverbot und wird deshalb mit der vorliegenden Konzeption umgangen.

Wenn auch das Ziel des Abendmahls mit der personalen Christusbegegnung das gleiche bleibt wie in der Tradition (wobei allerdings in der westlichen Tradition die personale Dimension durch die materielle verdeckt ist), so ist der Weg dahin doch ein völlig anderer, um die zeitgenössischen liturgischen Fehlentwicklungen zu vermeiden. Dies macht die Leistung der zugrundeliegenden dogmatischen Konzeption aus, wenn diese auch sicher einige Fragen offen läßt. So müssen aus heutiger Sicht Bedenken gegen die zugrundeliegende Raumvorstellung geäußert werden[2917]. Außerdem bleibt unklar, wie denn nun konkret die Gläubigen in den Himmel gehoben werden. M.E. werden diese Probleme in Kauf genommen, weil die gegenteilige, traditionelle Vorstellung vom Herabkommen oder von der Allgegenwart Christi zu Interpretationen führen kann, die man für wesentlich problematischer und mit den biblischen Aussagen unvereinbar hält; dazu zählen vor allem eine zur Anbetung führende Realpräsenzvorstellung und die Opfervorstellung. Daß man den Modus des Erhebens der Seelen der Gläubigen nicht mehr vernunftsmäßig klären kann, sondern dafür ein Nichtwissen konstatieren muß, wird von der calvinischen Theologie nicht als Manko, sondern als Ausdruck des Mysterien-Charakters angesehen, für das man nur das Wirken des Hl. Geistes konstatieren kann[2918].

15.2 Die liturgische Umsetzung der abendmahlstheologischen Konzeption

Nicht nur die dogmatische Konzeption ist beachtlich, sondern auch die liturgische Umsetzung überrascht durch ihre Konsequenz und Konsistenz[2919]. Man mag bezüglich der dogmatischen Überzeugungen aufgrund konfessioneller Identität anderer Meinung sein - bezüglich der liturgischen Umsetzung kann man eine liturgische Kompetenz keinesfalls abstreiten. Es ist innerhalb der Abendmahlsordnung keine Stelle zu finden, die auch nur ansatzweise in einem inhaltlichen Widerspruch zu einer anderen Stelle stehen würde. Dies liegt sicher darin begründet, daß man - so sehr man formal an die lutherische Ordnung von 1556 anknüpfen will und sich natürlich durch die Stiftung des Abendmahls gebunden weiß - keine Vorgaben der traditionellen Liturgie als bindend ansieht, sondern zunächst frei gestalten kann[2920]. Die Kurpfälzer Ordnung bildet ein Musterbeispiel, wie das Wechselverhältnis 'lex orandi - lex credendi' ganz von der Seite der Dogmatik her bestimmt und die liturgische Ordnung von der Dogmatik her entwickelt wird[2921]. Deshalb differiert auch die herausgearbeitete Theologie

---

[2917] Allerdings muß konstatiert werden, daß die gleiche Vorstellung der Anordnung von Himmel und Erde auch heute noch landläufig präsent ist. Von der Vorstellungswelt der Gläubigen her gesehen setzt man mit dieser Terminologie auch heute noch richtig an.

[2918] Bei Calvin heißt es diesbezüglich: "Was also unser Verstand nicht begreift, das soll der Glaube erfassen" (Calvin, Institutio 1559, IV 17,10 (Weber 947)).

[2919] Erst die Kirchenratsordnung von 1564 weicht in der praktischen Gestaltung der Kirchenzucht von den Vorgaben ab (vgl. 6.3.3.1).

[2920] Die in der Tradition der Eucharistiefeier nicht selten zu beobachtende Inkongruenz der Feier dürfte daher rühren, daß die Veränderung oder Einfügung einzelner Formularteile zu einer Veränderung oder zumindest Umakzentuierung der Sinngestalt, aber nicht der gesamten Feiergestalt führt, da die Tradition (in Form von konstitutiven Elementen der Feier) als normierend verstanden wird.

[2921] Vielleicht handelt es sich bei den späten reformierten Abendmahlsordnungen des 16. Jh. sogar um die ersten Liturgien in der Geschichte des Christentums, die gänzlich ein zuvor entwickeltes dogmatisches Konzept umsetzen, ohne von der liturgischen Tradition selbst schon normative Konzepte der Eucharistiefeier vermittelt zu bekommen.

der Abendmahlsordnung in keiner Weise von der zugrundeliegenden Theologie des HK. Obwohl die wenigen Informationen, die wir über die Erstellung der KO haben, von der Gestaltung durch eine Gruppe ausgehen[2922], spricht die Konsistenz der Abendmahlsordnung entweder für die Erstellung durch eine Person oder für einen sehr engen Kommunikationsprozeß bei der Erstellung, für die Maßgabe die strenge Umsetzung des HK ist, der als bekenntnismäßige Vorlage allen Umformungen in der Kurpfalz vorausgeht[2923]. Einige Punkte werden jedoch im liturgischen Text stärker herausgearbeitet[2924], was mit der Differenz zwischen liturgischer und dogmatischer Sprache begründet werden kann. So erweist sich z.B. die 'Betrachtung des Heilswerkes Christi'[2925], obwohl sie dogmatische Aussagen aufnimmt, deutlich als Komposition für die Liturgie. Auch findet die kommunitäre Wirkung durch das Körnergleichnis in der Vermahnung[2926] eine wesentlich stärkere Akzentuierung als im HK.

Diese Freiheit der Gestaltung bedeutet dennoch nicht, daß in der Kurpfälzer Ordnung keine Anknüpfung an die liturgische Tradition zu finden wäre. Deutlich ist in Struktur und Gattungen eine Anbindung an die lutherische Ordnung von 1556 zu erkennen[2927]. Dies zeigt sich an der weiteren, wenn auch stark modifizierten Verwendung der Nürnberger Vermahnung in der Württemberger Fassung[2928] und daran, daß auf die Vermahnung ebenfalls ein Abendmahlsgebet folgt, obwohl die Ordnungen Calvins es an dieser Stelle nicht kennen. An die traditionellen Gattungen wird zwar angeknüpft, aber nicht diese Tradition bestimmt deren Inhalt, vielmehr determiniert der intendierte Inhalt die liturgischen Gattungen und ihre Veränderung. So finden sich deutliche inhaltliche Verschiebungen, die zu einer Kongruenz mit der lehrmäßigen Grundlage des HK führen. Werden z.B. in den lutherischen Ordnungen die EW mit ihrer traditionellen Funktion als Konsekrationsworte übernommen, so verlieren sie diese Funktion in der reformierten Tradition. Um dies deutlich zu machen, dürfen die EW nun nicht mehr wie 1556 hinter Vermahnung und Abendmahlsgebet, d.h. unmittelbar vor der Kommunion stehen, sondern müssen zu Beginn dieser Feier plaziert werden[2929]. Ebenso erhält das in der Messe in seiner Bedeutung unklare 'Sursum corda' eine Stellung direkt vor der Kommunion, indem eine der traditionellen Deutungsweisen (nämlich die spirituelle) aufgrund der vorgegebenen dogmatischen Konzeption herausgearbeitet und entfaltet wird. Gegenüber den calvinischen Ordnungen betont wiederum das Sursum corda der vorliegenden Ordnung nicht nur die spirituelle gegenüber der materiellen Dimension

---

[2922] Vgl. 5.3.

[2923] Eine Ausnahme bilden einzig die Beseitigung der Altäre und die Einführung des Brotes statt der Hostien, die dieser Ordnung schon vorausgehen (vgl. 12.2.3 und 12.3.3.1).

[2924] So erhält das Erheben der Herzen eine breitere und prägnantere Ausformulierung als im HK (vgl. 11.3).

[2925] Vgl. 7.8.2.

[2926] Vgl. 7.8.4.5.2.

[2927] Die Einschätzung, daß diese Ordnung eine "'unierende' Tendenz" (Schulz, Ordnung 496; vgl. auch Jung 53; Langhoff 200) aufweise, scheint durch diese Anküpfung an die Tradition hervorgerufen zu sein, ist jedoch nur richtig, wenn man 'unierend' nicht auf die inhaltlich-doktrinäre Ebene bezieht!

[2928] Die Modifizierungen zeigen sich z.B. deutlich in den veränderten Erläuterungen zu den EW, die eine gegenüber der Vorlage völlig andere Abendmahlstheologie ausdrücken (vgl. 7.8.3.4).

[2929] Vgl. 7.6.4.

des Handlungsgeschehens, sondern stellt zugleich die Notwendigkeit der materiellen Dimension heraus und lädt direkt zur Kommunion ein[2930].

Damit muß die ansonsten eher in der Liturgiewissenschaft übliche negative Beurteilung evangelischer Liturgiereformen des 16. Jh. deutlich revidiert werden. In der Kurpfälzer Ordnung wird inhaltlich nicht nur auf Fehlentwicklungen reagiert, während man ansonsten in der spätmittelalterlichen liturgischen Prägung verbleibt, so daß man aufgrund der vielfachen Streichungen Brüche in den liturgischen Ordnungen konstatieren muß[2931], sondern ohne weiteres ist ein schöpferischer Umgang mit der Liturgie zu verzeichnen. So sehr einerseits ein Traditionsbruch zu beobachten ist, wenn man von der Feiergestalt ausgeht, so sehr ist andererseits ein Neuanfang zu konstatieren, der von der Sinngestalt her die Feiergestalt neu generiert.

15.2.1 Der konsistente dynamische Ablauf der Abendmahlsfeier als Kennzeichen der liturgischen Gestaltung

Dieses Gestaltungspotential wird vor allem deutlich, wenn man den dynamischen Ablauf der Feier betrachtet, der sich durch Kongruenz und Konsistenz auszeichnet. Die einzelnen Text- und Handlungseinheiten sind nicht einfachhin in Form, Inhalt und Stellung aus der Tradition übernommen, sondern sie sind so gewählt, inhaltlich bearbeitet und aufeinander bezogen, daß sich ein großer Spannungsbogen durch die ganze Feier ergibt.

Dieser Bogen nimmt seinen Ausgang in den **EW in der paulinischen Fassung** (bestehend aus dem eigentlichen Einsetzungsbericht und der paulinischen Warnung vor unwürdigem Empfang), die den Grundlagentext der aus ihr entwickelten Vermahnung und der ganzen weiteren Feier bilden; zugleich stellen sie den entscheidenden Rückbezug auf die Stiftung (im Sinne einer Zitation eines biblischen Textes) dar.

Die weiteren Teile der Vermahnung bilden die Umsetzung und Erläuterung dieser EW. Dabei wird zunächst die **Prüfung** als Umsetzung der paulinischen Warnung formuliert, die auf das Bekenntnis des Glaubens in Form des Sündenbekenntnisses zielt. Schon die Selbstprüfung macht deutlich, daß es bei der Sündenerkenntnis nicht um einzelne Taten geht, sondern um Glauben oder Unglauben als persönliche Stellungnahme; die Dimensionen 'Sünde, Erlösung, Dankbarkeit' sind gläubig von den einzelnen Personen anzunehmen. Die Abmahnung verdeutlicht, daß sich die Entscheidung für Glauben oder Unglauben am Verhältnis zur Sünde (festgemacht an Vergehen gegen die Zehn Gebote) zeigt, der Unglaube aber das konsequente Beharren-Wollen in der Sünde ist. Damit erlangt der zunächst äußerst hart erscheinende Abschnitt tröstende Funktion: Der ganze Abschnitt stellt eine 'subjektive' Vergegenwärtigung der eigenen Existenz dar, zielt aber auf die Tröstung der Kleingläubigen, indem er verdeutlicht, daß es nicht um Freiheit von Sünden, sondern um Sündenerkenntnis geht, die nur aus dem schon vorhandenen Glauben heraus möglich ist. Damit erweist sich die Sündenerkenntnis letztlich als Akt und zugleich als Vergewisserung des je eigenen Glaubens.

[2930] Vgl. 11.3.

[2931] Nicht selten werden die Reformen Luthers so beurteilt (vgl. Meßner, Meßreform 202f), obwohl jüngst Meßner eindrücklich dargestellt hat, daß der in der lutherischen Abendmahlsfeier zum Ausdruck kommende theologische Gehalt eine wesentliche Erneuerung altkirchlicher Abendmahlstheologie darstellt und positiv zu bewerten ist (vgl. Meßner, Meßreform 203-205).

Der **Gedächtnis**-Abschnitt der Vermahnung erbringt nun die inhaltliche, christologische Füllung dieses Glaubens durch die Anamnese des Heilswirkens Christi, das quasi als 'objektives' Heilsangebot der subjektiven Erlösungsbedürftigkeit gegenübergestellt wird. Dabei wird das entsprechend der Satisfaktionslehre Anselms ausformulierte Leiden und Sterben Jesu Christi in seiner Bedeutung 'für uns' verdeutlicht. Erst dann kennzeichnen die in diesen Abschnitt integrierten EW mit angehängten Erläuterungen die Feier des Abendmahls als stiftungsgemäßes Instrument der gewissen Vermittlung des Kreuzestodes an die Gläubigen: Die Anamnese des Heilswirkens innerhalb der Vermahnung hat nicht die gleiche Vergewisserungsqualität, wie die Abendmahlsfeier selbst, die der Kommunion als eigentlichem Akt der Aneignung des Kreuzesgeschehens bedarf, um ihre stiftungsgemäße Vergewisserungsfunktion erfüllen und die Vereinigung mit Christus und untereinander als lebensdynamische Wirkungen vermitteln zu können. Zugleich ist damit die Abendmahlsfeier als Anamnese in wirklich vergegenwärtigendem Sinne gekennzeichnet, d.h. die zeitliche wie räumliche Distanz von feiernder Gemeinde und Christusereignis wird einerseits wahr- und ernstgenommen, ja ausdrücklich entfaltet, andererseits wird sie durch die Vergegenwärtigung des Kreuzestodes Christi in der Abendmahlsfeier als überwunden erfahren.

Weil diese Überwindung der Distanz aber weder als durch die Stiftungsworte selbst, noch durch eine Kompetenz der feiernden Gemeinde alleine schon gesichert ist, sondern sie als geschenkhaftes, aktuelles Handeln des Heiligen Geistes angesehen wird, bittet das nachfolgende **Abendmahlsgebet**, als fast ausschließlich epikletisches Gebet, um die Wirksamkeit des Hl. Geistes. Gerade aber in der zu den vorreformatorischen Vorlagen gegensätzlichen Ausformung der Epiklese, die sich als Äquivalent zur 'Wandlungsepiklese' zeigt, wird die spezifische, den bisherigen Vorstellungen entgegenlaufende Abendmahlstheologie der Ordnung deutlich, die den wirklichen Empfang von Leib und Blut Christi bei gleichzeitiger Ablehnung einer somatischen Realpräsenz beinhaltet. So bitten die Epiklesen um das Erheben der Herzen beim 'Sursum corda' und um die dadurch erst mögliche Christusbegegnung bei der Kommunion. Die angehängten Elemente **Vaterunser und Credo** bilden einerseits den Gebetsabschluß der Gläubigen und zugleich die Form der notwendigen personalen Aneignung der Vermahnung und des Gebets durch die Gemeinde, die im Vaterunser ihre Erlösungsbedürftigkeit und im Credo ihre christologisch konkretisierte Hoffnung bekennt.

Das **'Sursum corda'**, von der Textgestalt her eine Aufforderung, bildet von der Handlungsebene her den geglaubten Vollzug des Erhebens der Herzen, das durch den Geist ermöglicht und bewirkt wird, so daß die nachfolgende **Kommunion** den Ort der personalen, leiblichen Christusbegegnung, d.h. der Aneignung des Kreuzesgeschehens und seiner Wirkungen darstellt, wobei dieses Geschehen durch die Verheißung an den Empfang von Brot und Wein gebunden ist. Damit erweist sich die Kommunion als Höhepunkt der ganzen Feier und als eigentlicher anamnetischer Akt. Besonders die neben den **Gesängen** als Begleitung zur Kommunion möglichen **Lesungen** interpretieren das Geschehen auf die Situation der Gemeinde hin, die in der eschatologischen Spannung zwischen Tod und Wiederkunft Christi lebt und die Welt, in der sie lebt, als Bedrängnis und Elend erlebt.

Die abschließende **Danksagung** stellt den Ort des Lobpreises für das Christusgeschehen dar (dafür wird auch der im ersten Auswahlgebet verwendete Psalm am Schluß deutlich christologisch abgewandelt), nachdem dieses in der Kommunion angeeignet wurde. Die Kommunion selbst wird nur im zweiten Gebet thematisiert, da sie keine gegenüber dem Kreuzesgeschehen eigenständige Größe darstellt. Während das erste Gebet mit der Gewißheit des Versöhntseins endet, klingt das zweite Gebet mit der Bitte um Wachstum im Glauben und der Gemeinschaft mit Christus aus. Mit dieser Gewißheit und Hoffnung führt die Feier dann wieder in das Leben hinüber, in dem sich die Danksagung in der Erfüllung der Gebote verwirklichen soll.

15.2.2 Die liturgischen Gattungen der Abendmahlsfeier

Der kreative Umgang mit der Liturgie wird aber nicht nur an der Konsistenz und Dynamik der Feier deutlich, sondern auch an den liturgischen Gattungen, auf die nachfolgend noch einmal eingegangen werden soll. Zugleich können damit noch einmal die Ergebnisse der Untersuchung der einzelnen Strukturelemente, ihrer Entwicklungslinien, Inhalte und Funktionen zusammengefaßt werden.[2932]

15.2.2.1 Die Einsetzungsworte

Für den Umgang mit den EW in den Abendmahlsordnungen des Reformationsjahrhunderts kann eine deutliche Entwicklungslinie aufgezeigt werden, die durch Veränderungen des Textbestandes und der Funktion der EW gekennzeichnet ist[2933].
Bilden in den altkirchlichen Eucharistiegebeten die EW das Zitat des Stiftungsereignisses, auf das die spezielle Anamnese - die aktuelle Handlung begründend - Bezug nimmt, so werden sie - auf der Ebene der Rubriken, nicht des Textes - schon im Canon Romanus so gestaltet, daß sie zum dramatischen Ausdruck des Konsekrationsgeschehens werden, das der Priester in persona Christi vollzieht und das als vom Gebetsgeschehen abgelöst verstanden wird[2934]. Dieses Verständnis kennzeichnet die ganze abendländische Entwicklung und führt folgerichtig in den lutherischen Ordnungen zur (mehr oder weniger) deutlichen Isolierung der EW. Sie werden weiterhin konsekratorisch verstanden, wenn sie der Vorsteher auch nicht mehr stellvertretend vollzieht, sondern sie ihre Wirksamkeit dadurch erhalten, daß sie Wort Christi selbst sind, weshalb eine Streichung fast aller unbiblischer Zusätze und eine Konzentration auf die biblisch belegten Texte zu verzeichnen ist. Aber immer noch handelt es sich um einen Mischtext[2935].
Die Ordnungen, die nun ein solch konsekratorisches Verständnis ablehnen, legen sich bald auf den paulinischen Text fest, der zunächst noch den gleichen Textumfang (1 Kor 11,23b-25) wie der Mischtext aufweist[2936]. In einer nächsten Stufe ist die Ausdehnung bis V. 26

[2932] Dies ist schon deshalb notwendig, weil die liturgiewissenschaftliche Forschung der letzten Jahrzehnte sich vielfach auf die Untersuchung von Gattungen konzentriert: So sind die Veränderungen in den Eucharistiefeiern der Ökumene nur aufgrund der intensiven Forschung über das Eucharistische Hochgebet zu verstehen, das dieser Forschung zum hermeneutischen Schlüssel des eucharistischen Geschehens überhaupt geworden ist. Die Gefahr einer solchen Konzentration auf die Gattungen liegt in der Absolutsetzung von 'Textgattungen' (ggf. verbunden mit der Idealisierung einer bestimmten Textform), die deren Funktion und inhaltliche Einzelaussagen ebenso marginalisiert, wie die Betrachtung des gesamten Feiergeschehens, in dem der Text nur eine Ebene darstellt.

[2933] Vgl. 7.6.3.

[2934] Vgl. 7.6.1 und 7.6.2.

[2935] Vgl. 7.6.3.1 und 7.6.3.2.

[2936] Vgl. 7.6.3.3.

zu verzeichnen, die durch die Nennung des Verkündigungsmotivs eine deutliche Veränderung in der Funktion der EW (nämlich nicht mehr als Konsekrationstext sondern als Lesungstext) markiert und durch die Zitierung der paulinischen Reflexion in V. 26 die Isolierung der EW zwingend erforderlich macht[2937]. Die ab Calvin zu beobachtende Ausdehnung der EW auf 1 Kor 11,23-29 weist schließlich nicht nur der Warnung des Paulus vor unwürdigem Empfang den Charakter einer authentischen Erläuterung der Herrenworte zu, sondern macht sie zudem zum in der Feier zu verwirklichenden Stiftungstext, der zu Beginn der eigentlichen Abendmahlsfeier steht[2938].

Die vorliegende Ordnung knüpft daran an und wird diesem Anspruch noch deutlicher gerecht, indem sie die beiden Abschnitte der Vermahnung (nämlich die Selbstprüfung der Gläubigen und das Gedächtnis des Heilswirkens Christi) aus 1 Kor 11,23-29 entwickelt, die nun erstmals im vollkommen biblischen Text zitiert werden[2939]. Die erweiterten EW sind nun sowohl vorangestellter Lesungstext - und haben damit Verkündigungsfunktion, weil sie die im Abendmahl gesetzte Verheißung verdeutlichen - als auch Teil der Abendmahlsvermahnung selbst.
Allerdings finden sich die EW nochmals an einer anderen Stelle der Feier: Sie werden in den anamnetischen Abschnitt der Vermahnung (entsprechend der Tradition der Nürnberger Vermahnung) integriert; dort wird ein Mischtext verwendet[2940]. Die Funktion des gesamten Gedächtnisabschnittes besteht in der personalen Aneignung des Heilsgeschehens in Jesus Christus. Die Funktion der EW in diesem Abschnitt wird an den angefügten Erläuterungen deutlich: Sie haben Vergewisserungsfunktionen, und die EW sind deshalb noch einmal aufgeführt, um diese Vergewisserung als Worte Jesu ausdrücken zu können[2941]. Vergewissern aber die Erläuterungen in den Vorlagen der Wirkungen des Abendmahlsempfangs, so besteht die Vergewisserung in der Kurpfälzer Ordnung darin, überhaupt den Leib und das Blut Christi empfangen zu können, obwohl die zugrundeliegende Theologie dies scheinbar unmöglich macht[2942]. Die nochmals aufgeführten EW stellen somit zwar textlich, aber nicht funktional ein Doppelung dar!
Auf eine dritte, in den reformatorischen Ordnungen mögliche Verwendungsweise als Spendeformel wird in der vorliegenden Ordnung bewußt verzichtet, da sie zu deutlich die 'Gefahr' eines realpräsentischen Verständnisses der Abendmahlsgaben beinhaltet[2943]. Deshalb werden an dieser Stelle thetisch gefaßte Sätze nach 1 Kor 10,16 verwendet, die - ohne eine direkte Identitätsaussage zu machen - die mit der Handlung verbundene Gemeinschaft mit

---

[2937] Vgl. 7.6.3.4.

[2938] Vgl. 7.6.3.5.

[2939] Vgl. 7.6.4.

[2940] Vgl. 7.8.3. M.E. sollte diese Verwendung eines Mischtext nicht in der Weise als 'integriert' von einem rein paulinischen Text abgegrenzt werden, als ließe sich dieser nicht 'integrieren'. Oben wird gezeigt, daß erst die Ausdehnung des Textes aus 1 Kor 11 auf V. 26 eine Integration in einen Gebetstext unmöglich macht, aber selbst bei einer Ausdehnung bis auf V. 23-29 eine Integration in einen Text möglich ist, der die Gemeinde anredet (vgl. 7.6.3.4 und 7.6.4).

[2941] Vgl. 7.8.3.4.

[2942] Vgl. 7.8.3.4.3.

[2943] Vgl. 12.6.2.2.

Christus proklamieren und auch im zugrundeliegenden HK als gleichwertige Interpretation der EW verstanden werden[2944].

Insgesamt wird damit für die Abendmahlsordnungen der Reformation und für die vorliegende im besonderen deutlich, daß die Verwendung der EW nicht nur als Isolierung und deshalb negativ beschrieben werden darf. Von der Funktion her, die die EW in den Ordnungen ausüben sollen, muß die Verwendungsweise als in hohem Maße reflektiert und funktionsgerecht beschrieben werden. Letztlich stimmen Sinn- und Feiergestalt in diesem Punkt viel eher überein, als dies beim vorreformatorischen Canon Romanus der Fall ist, der die EW formal-textlich integriert, vom zeitgenössischen Verständnis und vom Handlungsgeschehen her aber isoliert. Diese positive Einschätzung darf nicht mißverstanden werden, als rede sie einer Isolierung der EW das Wort, sondern sie möchte schon an diesem Beispiel deutlich machen, daß liturgische Gestaltung nur gelingen kann, wenn sie die Kongruenz von Feier- und Sinngestalt anstrebt.

Denn letztlich ergibt sich für die heutige Diskussion die Frage, ob man überhaupt eine inhaltliche Kongruenz der Feier und damit eine einheitliche Sinngestalt anstreben oder inkongruente Teile nebeneinanander stehen lassen soll?[2945] Ein gutes Beispiel für die mangelnde Kongruenz von Feier- und Sinngestalt ist in der nachvatikanischen Liturgiereform, daß sie von der Einheit des Eucharistiegebets ausgeht, aber andererseits die (besonders aus der Handlungsebene resultierende) Hervorhebung des Konsekrationsmomentes bei den EW stehen läßt, die diese Einheit stört[2946].

15.2.2.2 Die Abendmahlsvermahnung

Auch bezüglich der Abendmahlsvermahnung konnten in dieser Arbeit die bisher in der Literatur getroffenen Aussagen vielfach korrigiert bzw. spezifiziert werden[2947]. Grundsätzlich stellt sich die Abendmahlsvermahnung als Sprach- und Textgattung dar, mit der der Vorsteher der Abendmahlsfeier die Gemeinde anredet. Sie ist zwar von der Predigt durch Stellung und spezifischen Inhalt abgegrenzt; im 16. Jh. wird jedoch fast jede Anrede der Gemeinde mit dem Begriff 'Mahnung' gekennzeichnet[2948]. Dies resultiert daraus, daß vor der Reformation mit den entsprechenden Begriffen Sprechhandlungen bezeichnet werden,

---

[2944] Vgl. 12.6.2.3.

[2945] Meyer selbst geht bei der Eucharistiefeier von der umfassenden Sinngestalt des 'eulogischen Gedenkens' aus (vgl. Meyer, Eucharistie 453-455), die andere Einzelaspekte wie z.B. 'Opfer', 'Mahl' oder 'Communio' integrieren kann (vgl. ebd. 447-453.455f).

[2946] Vgl. Meyer, Feiergestalt 306f. Meyer selbst plädiert für eine einheitliche Sinngestalt: "Die Sinngestalt des Hochgebetes kann aber nur eine und die Feiergestalt, in der sie zum Ausdruck kommt, muß einheitlich sein" (ebd. 302). Zum Problem wird aber eine mittelalterliche Tradition, die der Stiftung entgegenzustehen scheint (vgl. ebd. 303). Zu einer Lösung kommt Meyer nur, indem er bestimmte Teile der Tradition als 'nicht authentisch' ausscheidet, da sie nicht aus der Reflexion über die liturgische Feier entwickelt sind (vgl. ebd. 304f).

[2947] Vgl. 7.4.1 (Herkunft aus dem 'Habete vinculum'), 7.4.2 (Herkunft aus der Präfation), 7.4.3 (Herkunft aus der Ankündigung der Osterkommunion), 7.4.4 (Herkunft aus der 'mittelalterlichen Kommunionansprache'), sowie 7.4.4.3 und 12.6.1.1 (Reduktion der Kommunionvermahnung auf katholischer Seite auf das 'Ecce Agnus Dei'). Bemängelt werden muß eine ausführliche Reflexion der Gattung 'Vermahnung' in der liturgiewissenschaftlichen Literatur (vgl. 7.1), obwohl die Vermahnung über mehrere Jahrhunderte kein Randphänomen darstellt.

[2948] Vgl. 7.2.

die höchstens in den Rubriken umschrieben, aber nicht konkret textlich vorgegeben sind[2949]; die bisher vertretene These der Existenz von Kommunionvermahnungen vor der Reformation läßt sich nicht aufrechterhalten, wenn darunter mehr als rubrikale Anweisungen verstanden werden sollen[2950]. Erst indem die reformatorischen Ordnungen festgelegte Texte einführen, kreieren sie eine entsprechende Textgattung, die nie nur aus einer kurzen Formel besteht, sondern die gekennzeichnet ist durch die textliche Festlegung und Tradierung weniger Formulare, die ihre Hochschätzung und Normativität anzeigen, und einen Inhalt, der sich immer auf die Feier und den Empfang des Abendmahls bezieht[2951]. Die Stellung wie die Anzahl der Abendmahlsvermahnungen innerhalb einer Abendmahlsfeier können weiterhin variieren und bilden kein Kriterium der Gattung.

Die aus der Etymologie erarbeiteten beiden Bedeutungspole der für die Sprechhandlung und die Textgattung 'Vermahnung' verwendeten Begriffe ('warnen' und 'erinnern')[2952] stellen zugleich die inhaltlichen Pole dar, so daß als Idealtypen ein nouthetischer und ein anamnetischer Typ der Abendmahlsvermahnung und schließlich ein Mischtyp unterschieden werden können.[2953]

Diese von den evangelischen Theologen kreierte Textgattung der Abendmahlsvermahnung wird schließlich einige Jahrzehnte später von den Katholiken in Form der Kommunionvermahnung imitiert[2954]; auch bei den sonstigen vom Priester geleiteten sakramentalen Vollzügen der katholischen Liturgie werden Vermahnungen eingeführt und bilden das reformliturgische Instrument, überhaupt die theologischen Inhalte der lateinischen und priesterzentrierten Liturgie für die Gläubigen erfahrbar und somit ansatzweise 'feierbar' zu machen[2955].

Gerade die Vermahnung der Kurpfälzer Abendmahlsordnung kann nicht nur von den zur Sprache gebrachten Motiven her als Mischtyp charakterisiert werden, sondern schließt auch textlich an bereits vorliegende Texte des nouthetischen und anamnetischen Typs an.[2956] Ihr nouthetischer und anamnetischer Abschnitt werden aus den EW und der paulinischen Warnung in 1 Kor 11,23-29 entwickelt und bauen klar aufeinander auf. Der Prüfungsabschnitt ist dabei auf eine Tröstung ausgerichtet, da er zwar Bann-Formulierungen enthält, diese aber in die tröstende Funktion der ganzen Feier integriert. Der 'Bann' ist letztlich nicht Mittel des Ausschlusses, sondern Instrument der Selbstprüfung, die auf die Erkenntnis der Sündhaftigkeit und Erlösungsbedürftigkeit hinzielt, auf die dann der ganze anamnetische Abschnitt antwortet. Auch die Sündenerkenntnis geschieht nur als Akt des Glaubens, der

---

[2949] Ausnahmen bilden kurze, formelhafte Handlungsaufforderungen des Priesters, die auch unter die Bezeichnung 'Vermahnung' subsumiert werden (vgl. 7.2).

[2950] Vgl. 7.4.4. Höchstens Texte zu Krankensalbung und Trauung bei Surgant (also knapp vor der Reformation) können den Impuls für die Fixierung einer Textgattung 'Vermahnung' gebildet haben (vgl. 7.4.4.2 c) und d)).

[2951] Vgl. 7.4.5.2.

[2952] Vgl. 7.3.

[2953] Vgl. 7.5.

[2954] Vgl. 7.4.4.1.

[2955] Vgl. 7.4.4.2 und 7.4.5.1.

[2956] Dies gilt besonders für die Abmahnung (vgl. 7.7.4.2.1), die integrierten EW (vgl. 7.8.3.1) und das Körnergleichnis (vgl. 7.8.4.5.2).

in der Tröstung breits deutlich christologisch gefüllt wird. Von daher stellt der Prüfungsabschnitt quasi den 'anamnetischen' Akt der Gläubigen dar, in dem sie sich ihrer eigenen Existenz in Vergangenheit und Gegenwart als 'sündige' subjektiv vergegenwärtigen und darauf die Anamnese des Christusgeschehens als objektives Heilsangebot antworten lassen. Der Gedächtnis-Abschnitt ist ganz christologisch-soteriologisch ausgerichtet, wobei das Abendmahl als Vermittlungsgeschehen des Kreuzestodes wie die Wirkung des Abendmahls in der Gemeinschaft mit Christus und den anderen Gläubigen ganz dieser anamnetischen Dimension untergeordnet werden, da man sich ihrer schon aufgrund der Einsetzung durch Jesus Christus gewiß ist. Nur die Verbindung von sichtbarem Mahlgeschehen und unsichtbarer Christusbegegnung bedarf 'noch' der aktuellen Wirksamkeit des Heiligen Geistes und muß deshalb erbeten werden. Wenn daher die anamnetische Dimension der Vermahnung (und damit der ganzen Feier) als subjektive Vergegenwärtigung des objektiv Verheißenen verstanden wird, so steht die vorhergehende Prüfung deutlich im Dienst dieser Anamnese, ja ist letztlich 'Anamnese' der je eigenen Erlösungsbedürftigkeit.

Damit erweist sich die Vermahnung der vorliegenden Ordnung trotz der formalen Teilung in drei Abschnitte[2957] bei näherer Betrachtung als funktionale Einheit, die die Anamnese als Gemeindevollzug in die Feier zurückholt, wie dies auf katholischer Seite erst im 20. Jh. geschieht. Sie stellt nicht nur das Erlösungsgeschehen im Kreuzestod Jesu Christi als Antwort auf die je eigene Erlösungsbedürftigkeit dar, sondern verdeutlicht zugleich, daß die Abendmahlsfeier Instrument der Vermittlung dieses Kreuzesgeschehens ist, dessen Wirkungen mit der Einsetzung verheißen sind[2958].

Einige inhaltliche Aussagen der Vermahnung müssen allerdings heute als äußerst problematisch eingeschätzt werden. Darunter zählen der ganze Bann-Abschnitt, dessen tröstende Ausrichtung für uns heute schwerlich erfahrbar sein dürfte[2959], und die starke Anlehnung der Soteriologie an die Anselmische Satisfaktionslehre, deren Sühnopfertheologie nicht geringe Probleme beinhaltet[2960]. Auch die starke Betonung der Sünde, eines Begriffs, der in dieser Ordnung das ganze Elend menschlicher Existenz beinhaltet, im heutigen Sprachgebrauch jedoch mehr im Sinne einzelner Tatvergehen verstanden wird, bleibt schwer vermittelbar. In der zeitgenössischen Theologie stellen die genannten Kategorien jedoch keine (auch keine konfessionelle) Besonderheit dar!

Für die aktuelle liturgiewissenschaftliche Diskussion ist nun vor allem die These von Schulz relevant, der eine Parallelisierung der Abendmahlsvermahnungen des anamnetischen Typs mit dem Eucharistischen Hochgebet vornimmt[2961] und dies an der Nürnberger Vermahnung deutlich macht, die in der Württemberger Form auch der Kurpfälzer Ordnung als Grundlage dient. Schulz sieht diese Vermahnung nicht nur als abgerundetes Ganzes, sondern als Text,

---

[2957] Vgl. 7.6, 7.7.1 und 7.8.1.

[2958] Vor allem macht die Vermahnung im anamnetischen Abschnitt einerseits die Unmöglichkeit einer realen Präsenz (und damit Verfügbarkeit) Christi im Abendmahl deutlich und versichert andererseits der wirklichen Christusbegegnung bei der Kommunion.

[2959] Dieser Abschnitt ist auch einer derjenigen, die am ehesten in der Rezeption wegfallen können (vgl. CD 1,512$^{98.100}$).

[2960] Nicht nur ist das hinter dieser Theologie stehende Bild des zürnenden Gottes nicht mehr vermittelbar, sondern die Exegese hat auch herausgestellt, daß der 'Opfertod' nur eine der ntl. Deutungen des Kreuzestodes darstellt.

[2961] Vgl. Schulz, Abendmahlsvermahnung 148f.

der in formaler Analogie zu einem Eucharistiegebet steht, als Begründungstext die EW integriert hat und eine weitere Zitierung der EW unnötig macht[2962]. Und wirklich finden sich in dieser Vermahnung die EW[2963] wie beim Eucharistischen Hochgebet in der Scharnierfunktion zwischen dem anamnetischen Abschnitt und einem Abschnitt, der die Wirkungen beschreibt, der allerdings aufgrund der Sprechrichtung nicht epikletisch formuliert ist. Die Parallele ergibt sich weiterhin dadurch, daß besonders dem anamnetischen Typ (bzw. dem anamnetischen Abschnitt beim Mischtyp) zukommt, die anamnetische Dimension der Feier gegenüber der mittelalterlichen, lateinischen Feierform für die Gläubigen überhaupt wieder erfahrbar zu machen und somit die Feier den Gläubigen zur Gedächtnisfeier werden zu lassen - eine Funktion, die heute wieder dem Eucharistiegebet selbst aufgrund des lauten und muttersprachlichen Vollzugs zukommt. Desweiteren finden sich besonders im Körnergleichnis der Württemberger Fassung in einem Maße Communio-Motive als Beschreibung der Wirkungen des Abendmahls, wie sie sonst selten in den reformatorischen Ordnungen und schon gar nicht in der vorreformatorischen Messe benannt werden[2964]. Betrachtet man also die aufgeführten Motive, so ist eine beachtliche Parallelität zum Eucharistischen Hochgebet zu verzeichnen. Schulz resümiert deshalb: "Somit stellt diese Vermahnung einen eucharistischen Text dar, der an die Stelle der lateinischen Kanongebete getreten ist, und in dem die überlieferten Einsetzungsworte eingebettet sind in die aus ihnen herausgewachsene Entfaltung. Der modus dicendi einer an die Abendmahlsgäste gerichteten Anrede ist durch die Textvorgabe der Einsetzungsworte bestimmt: 'Esset ... trinket ... das tut'."[2965]

Die beiden letzten Argumente dieser Aussage bleiben jedoch problematisch.[2966] Es handelt sich bei dieser Vermahnung zum einen nur dann um den zentralen 'eucharistischen' Text, wenn 'eucharistisch' nicht auf den Sprachvollzug selbst bezogen wird (da in der Vermahnung nicht gedankt wird), sondern als Charakterisierung der gesamten Feier verstanden wird. Den zentralen, die bestimmende Abendmahlstheologie ins Wort hebenden Text bildet die Vermahnung zweifellos. Zum zweiten kann die Tatsache, daß die Gemeinde angesprochen wird, nicht aus dem modus dicendi der EW geschlossen werden, da sie Kennzeichen aller Vermahnungen ist, gleichgültig ob es sich um Abendmahlsvermahnungen oder Vermahnungen für andere sakramentale Vollzüge handelt, gleichgültig wo innerhalb einer Abendmahlsfeier die Vermahnungen stehen, gleichgültig ob die EW integriert werden oder nicht[2967]. Wie oben dargestellt, muß die Sprechrichtung aus der schon vorreformatorisch nachweisbaren

---

[2962] Vgl. Schulz, Abendmahlsvermahnung 148f. Zum letzten Argument vgl. 7.8.3.1. Schon dort ist festgestellt, daß keine Ordnung, die die EW in die Vermahnung integriert hat, auf eine weitere Zitation der EW verzichtet.

[2963] Auch die Verwendung eines Mischtextes der EW zeugt für eine gewisse Analogie der Nürnberger Vermahnung zum Eucharistiegebet (vgl. Schulz, Abendmahlsvermahnung 148). Allerdings findet sich auch in den isoliert stehenden EW der frühen Ordnungen zunächst kein reiner Bibeltext (vgl. 7.6.3). Der 'liturgische Mischtext' ist also keineswegs für den integrierten Gebrauch reserviert.

[2964] Das gleiche trifft auch für andere Abendmahlsvermahnungen des anamnetischen Typs zu.

[2965] Schulz, Abendmahlsvermahnung 148. Das letzte Argument wiederholt Schulz ebd. 152.

[2966] Zunächst einmal können nur Vermahnungen des anamnetischen Typs mit dem Eucharistiegebet parallelisiert werden, nicht aber solche des nouthetischen Typs und nur begrenzt solche des Mischtyps, zu der auch die der vorliegenden Ordnung gehört. Diese Einschränkung beachtet Schulz aber, indem er die Aussage nur für die Nürnberger Vermahnung macht.

[2967] Ebenfalls zu bedenken ist, daß eine Entfaltung der Anrede-Richtung der EW in die ganze Vermahnung nur aus einem absolut isolierten Verständnis der EW im Canon Romanus resultieren kann, das die Integration in ein Gott anredendes Gebet übersieht. Die Integration der EW in Vermahnung und Eucharistiegebet unterscheiden sich aber gerade in der Anrede-Richtung des umgebenden Textes.

Sprechhandlung 'ver-/er-/mahnen' abgeleitet werden[2968]. Eine Ableitung aus den EW, obwohl unter den ersten Vermahnungen nur die Nürnberger und die Bugenhagensche die EW enthalten, bleibt demgegenüber spekulativ und erweckt den Anschein eines Rechtfertigungsdrucks.

Ebenfalls problematisch bleibt die Kategorisierung der Vermahnung als 'Gebet'[2969], obwohl sie wichtige Aspekte einholt. Schulz' Hauptbeleg für das Gebet in unterschiedlichen Sprech- und Anredeweisen sind die Psalmen. In der Liturgiewissenschaft ist jedoch umstritten, inwieweit es sich bei den Psalmen in der Liturgie um wirkliche Gebete handelt. Der Charakter ihres Gebrauchs ist unterschiedlich (z.B. als Lesungs- oder Meditationstext), und gerade die im klassischen Stundengebet zu vermerkende Anfügung einer Psalmkollekte an jeden Psalm läßt Zweifel am eindeutigen Gebetscharakter der Psalmen aufkommen.
Es gibt aber m.E. ein wesentlich wichtigeres Argument, das die Vermahnung nicht als Gebet deklariert, zugleich aber die entscheidende funktionale Parallele der Abendmahlsvermahnung zum Eucharistiegebet aufzeigt: Adressat des öffentlichen Gebets des Vorstehers einer Feier ist formal immer Gott - und hierin liegt der entscheidende Unterschied zur Vermahnung, der dort auch die Einbettung der Anamnese in den Vollzug des Dankes unmöglich macht. Von der inhaltlichen Gestaltung und damit Funktion solcher Gebete her bildet aber die Gemeinde zumindest den sekundären, wenn nicht sogar eigentlichen Adressaten des Gebetes, vor allem wenn der Inhalt von dogmatischen Ausagen geprägt ist[2970]. Indem das öffentliche (damit laut vollzogene) Vorstehergebet immer auch an die Gemeinde gerichtet ist, damit diese den anamnetischen Vollzug zu ihrem eigenen machen und am Schluß das 'Amen' sprechen kann, hat es eine funktionale Parallele zur Vermahnung. Indem die Abendmahlsvermahnung sowohl des Heilswerkes Gottes in Jesus Christus gedenkt und dabei die Abendmahlsfeier als dessen Vergegenwärtigung charakterisiert, als auch die entscheidenden Wirkungen der Abendmahlsfeier benennt, zeigt sich die funktionale Nähe zum Eucharistiegebet. Bleibende Differenz bildet hingegen das Fehlen des Dankes und der Epiklese innerhalb der Vermahnung[2971].

Aufgrund des gewählten Methodenansatzes sollten beim Vergleich von Eucharistiegebet und Abendmahlsvermahnung sowohl die deutlichen textlichen wie funktionalen Parallelen wie auch die existierenden Differenzen wahrgenommen werden, statt eine Gleichheit zu konstatieren, die bei genauerer Betrachtung nicht aufrecht zu erhalten ist. So ist auch Haukes recht formalistische Kritik gerade an der Abendmahlsvermahnung der Kurpfälzer Ordnung nur deshalb möglich, weil er auf die Charakterisierung dieses Textes als 'eucharistisch' zurückgreifen kann[2972]. Würde nicht die 'Eucharistie', d.h. eine Sprachform, sondern die Anamnese und damit die Funktion des Textes, die sich inhaltlich zudem noch auf das für

---

[2968] Vgl. 7.3.2 und 7.4.5.2.

[2969] Vgl. Schulz, Abendmahlsvermahnung 152.

[2970] Vgl. auch Merz, Gebet 56; Schmitz, Begegnung 260.

[2971] Die teilweise zu findenden epikletischen Formeln am Schluß von Vermahnungen bilden keinen integrativen Teil der Vermahnung, sondern müssen eher als Reaktion auf das Fehlen eines solchen epikletischen Elements verstanden werden.

[2972] Vgl. Hauke 52-54.

Christen konstitutive Gedächtnis des Christusereignisses spezifizieren läßt, als Charakterisierung der Vermahnung verwendet, so würde Haukes Kritik in keiner Weise greifen[2973].

15.2.2.3 Das Abendmahlsgebet

Bei der Untersuchung des zentralen Gebetsvollzugs vor dem Abendmahlsempfang wurde deutlich, daß nur die ersten Ordnungen der Reformation versuchen, den Canon Romanus so zu verändern, daß er mit der evangelischen Lehre übereinstimmt; danach bleiben nur die EW und ggf. weitere Rudimente stehen, während wenige Ordnungen versuchen, entsprechend dem Vorbild neue Eucharistiegebete zu schaffen.[2974] Demgegenüber bilden sich unabhängig von der Vorlage des Eucharistischen Hochgebets neue Abendmahlsgebete heraus[2975], die entweder mit dem Allgemeinen Gebet verbunden[2976] oder in Form von Vorbereitungsgebeten gestaltet sind[2977].

Bei der inhaltlichen Auswertung dieser Gebete (wozu bewußt auch die Abendmahlsgebete herangezogen wurden) konnte wiederum eine deutliche Entwicklungslinie aufgezeigt werden. In diesen Gebetsformen werden Lobpreis und Dank deutlich reduziert, und auch die neu geschaffenen Abendmahlsgebete gewinnen diese verlorenen Dimensionen nicht wieder[2978]. Der anamnetische Abschnitt dieser Gebete wird christologisch-soteriologisch im Kreuzesgeschehen zentriert und auf dieses reduziert, während den eigentlichen Ort der Anamnese in diesen Ordnungen meist die Vermahnung bildet[2979]. Auch die Darbringungsaussagen werden eliminiert oder in eine Selbstdarbringung der Gemeinde bzw. ihr Lobopfer umformuliert[2980]. Die entscheidende Funktion der Abendmahlsgebete ist die epikletische. Das Besondere ist dabei, daß sich vielfach eine Wandlungs- und eine Kommunionepiklese nachweisen lassen, wenn auch erstere nicht auf eine Wandlung der Gaben, sondern der Gemeinde i.S. einer Befähigung zur Christusbegegnung abzielt[2981]. Beachtlich ist dabei, daß

[2973] Wie sehr für Haukes Beurteilung das doxologische Moment bestimmend ist, wird an seiner Einschätzung der Nürnberger Ordnungen deutlich, wo jedes doxologische Element gewürdigt wird, aber die Vermahnung unkommentiert bleibt, obwohl sie in beachtlicher Weise die anamnetische Dimension wieder in die Feier der Gemeinde integriert (vgl. Hauke 41-44). Würde man als Sinngestalt der Eucharistiefeier den Begriff des 'eulogischen Gedenkens' (vgl. Meyer, Eucharistie 454f) zugrundelegen und berücksichtigen, daß Meyer selbst den Wortgottesdienst als 'eulogisch' charakterisieren kann, so müßte eine Beurteilung mit noch größerer Vorsicht erfolgen.
Haukes Kritik scheint zudem zu übersehen, daß das Anliegen von Schulz ist, die Abendmahlsvermahnung überhaupt als liturgische Gattung positiv zu würdigen, ohne damit für eine aktuelle Verwendung zu plädieren: "Nachdem die Abendmahlsvermahnungen aus den evangelischen Abendmahlsliturgien verschwunden sind, ist es natürlich richtig, die Eucharistiegebete heute als an Gott gerichtete Abendmahls-Beracha zu gestalten. Wie man einerseits vermeiden sollte, an die Sprachversuche der Reformationszeit die Maßstäbe heutiger Erkenntnisse anzulegen, so sollte man andrerseits wahrnehmen, daß es für die gegenwärtigen Bemühungen um eine angemessene 'Eucharistia' schon im 16. Jh. Ansätze gegeben hat." (Schulz, Abendmahlsvermahnung 152).

[2974] Vgl. 8.1.2 und als Sonderfall 8.1.3.3.
[2975] Vgl. 8.1.3.
[2976] Vgl. 8.1.3.1.
[2977] Vgl. 8.1.3.2.
[2978] Vgl. 8.2.1.
[2979] Vgl. 8.2.2.
[2980] Vgl. 8.2.2.2.
[2981] Vgl. 8.3.2 und 8.3.3.

ohne eine Anknüpfung an die Gattung des Eucharistiegebets die Grundintention der Unverfügbarkeit des Handelns Gottes mit der Epiklese wieder aufgenommen ist.

Auch beim Abendmahlsgebet der vorliegenden Ordnung handelt es sich nicht um ein direktes Äquivalent zum Eucharistischen Hochgebet: Vor allem das Fehlen des Dankes als Sprachform, der integrierten EW und eines anamnetischen Teils über eine Art 'spezielle Anamnese' hinaus widersprechen dieser Zuordnung. Hingegen bestimmt die epikletische Dimension das ganze Abendmahlsgebet, und besonders die 'Wandlungsepiklese' bewirkt seine Stellung im Gesamt der Feier[2982]: Nachdem in der Vermahnung die grundsätzliche Getrenntheit und zugleich die verheißene Analogie von Mahlgeschehen und geistlichem Geschehen dargelegt ist, wird der Hl. Geist um Befähigung zum Erheben der Herzen und zum Empfang des Leibes und Blutes Christi gebeten, damit dies danach beim Sursum corda und beim Empfang der Abendmahlsgaben vollzogen werden kann. Mit der Epiklese kommt das pneumatische Element wieder in die Feier hinein, das gerade in den frühen Ordnungen des 16. Jh. fehlt. Die pneumatische Dimension dieser Ordnung (dezidiert als Handeln des Hl. Geistes benannt) resultiert aus einer Reflexion über die nicht leichtfertig zu überbrückende räumliche und zeitliche Distanz Jesu Christi und des Kreuzesgeschehens von der feiernden Gemeinde und wird trinitätstheologisch distinkt artikuliert.

Bezogen auf unsere heutige liturgiewissenschaftliche Diskussion stellt sich damit die Frage, inwieweit Abendmahlsgebete ohne entfaltete Anamnese in unsere bisherige Kategorisierung des Eucharistiegebets integriert werden können, oder ob diese Kategorisierung einer Neudefinition bedarf. Dies ist um so mehr zu bedenken, als auch im frühen Christentum für die Eucharistiefeier rein epikletische Abendmahlsgebete nachweisbar sind[2983]. Desweiteren muß hinterfragt werden, ob die für das Eucharistische Hochgebet als entscheidend angesehenen Vollzüge und Motive alle in eine formale Einheit integriert werden müssen oder ob sie doch auf verschiedene Gattungen verteilt sein dürfen. Mit Abendmahlsvermahnung und Abendmahlsgebet finden sich im Grunde vor dem eigentlichen Abendmahlsempfang die gleichen Motive wie im Eucharistischen Hochgebet; mit ihnen folgen auch Anamnese und Epiklese aufeinander. Letztlich kann nur das Fehlen der danksagend-lobpreisenden Dimension als Unterschied festgehalten werden, so daß zu fragen ist, inwieweit die Einbettung der Anamnese in einen solch dankend-lobpreisenden Vollzug notwendig ist, oder ob sie nicht mehr einen Idealtyp unserer Zeit aufgrund entsprechender Forschungsergebnisse darstellt. Die Bewertung der vorliegenden Ordnung hängt in nicht geringem Maße davon ab, inwieweit eine Relativierung dieses Ideals und die Ausweitung des Anamnese-Begriffs[2984] auf Akzeptanz stößt.

15.2.2.4 Das Vaterunser und das Credo
Die Verwendung des Vaterunsers und des Credos[2985] in den Ordnungen der Reformation bildet ein Beispiel dafür, wie sich an der Textsubstanz einer Gattung nichts ändert und sich

---

[2982] Die Anknüpfung an die Vorgängerordnung Kurpfalz 1556 bleibt formal, während die aus dem Inhalt folgende Funktion des Gebets seine Stellung impliziert (vgl. 8.3).

[2983] Vgl. Meßner, Grundlinien 24-33.

[2984] Vgl. 15.2.2.2.

[2985] Vgl. 9.3 und 10.3.

trotzdem ihre Funktion wandeln kann. Diese Funktion ist in der Kurpfälzer Ordnung zum einen eine formale, indem Vaterunser und Credo das Abendmahlsgebet als Vorstehergebet abschließen, wie dies auch schon vorreformatorisch belegt ist. Sie resultiert aus der Stellung hinter dem Abendmahlsgebet.

Die eigentliche Funktion wird jedoch aus dem Inhalt, besser gesagt aus dem Verständnis des Inhalts beider Texte im HK deutlich[2986]. Hier wird das Vaterunser als vornehmster Ausdruck der existentiellen Not eines Christen, das Credo aber vor allem von seinen christologisch-soteriologischen Aussagen her verstanden. Indem nun diese Texte von der Gemeinde (beim Vaterunser zumindest im Stillen, beim Credo ausdrücklich laut) mitvollzogen werden, werden sie zum Bekenntnis der eigenen Erlösungsbedürftigkeit (Vaterunser) und des je eigenen Glaubens an die geschenkte Erlösung in Jesus Christus (Credo)[2987]. Somit wird das, was bei der Abendmahlsvermahnung ausführlich entfaltet worden ist, damit jeder Einzelne es für sich annehmen kann, nun von der Gemeinde in knappen, bekannten liturgischen Formeln zum Ausdruck gebracht und bildet somit als gemeinschaftlicher Vollzug die Grundlage des nachfolgenden Kommunionsgeschehens.

Außerdem versichert sich die Gemeinde mit dem Credo, daß sie schon im Glauben ist und deshalb zum geistgewirkten Erheben der Herzen, um das im Abendmahlsgebet gebetet wird, beim Sursum corda befähigt ist. Zum anderen macht die Einleitung zum Credo die Notwendigkeit deutlich, daß dieser Glaube der Stärkung und Vergewisserung in der Kommunion selbst bedarf.[2988]

15.2.2.5 Das Sursum corda

Das in der vorliegenden Ordnung vor die Kommunion gestellte Sursum corda ist ein Beispiel dafür, wie innerhalb der evangelischen Abendmahlsordnungen ein traditionelles Motiv aufgenommen, aber in ganz unterschiedlicher Weise und Funktion weiterentwickelt werden kann. Während in den Ordnungen des Meßtyps das Sursum corda höchstens paraphrasiert wird, aber ansonsten seine Stellung vor dem Eucharistiegebet (oder Resten von ihm) oder aber vor dem Vaterunser als äquivalentem zentralen Gebetsvollzug beibehält[2989], wird es in den Ordnungen des oberdeutschen Typs ab Farel inhaltlich ausgeweitet, es erhält eine Stellung vor der Kommunion und damit eine veränderte Funktion.

Besonders in der Weiterentwicklung durch Calvin erweist sich das umgeformte Sursum corda einerseits als Aufnahme von in Antike und Mittelalter nachweisbaren Spiritualisierungstendenzen, die es als Ausdruck der engen Christusverbundenheit der Gläubigen verstehen, zum anderen als Ausdruck der Geringachtung von Brot und Wein[2990] mit der Begründung, daß Christus in ihnen nicht präsent sein kann, da er entsprechend der soteriologischen Konzeption im von der Erde getrennten Himmel präsent sein muß[2991]. Im aktuellen

---

[2986] Damit finden wir ein Beispiel, daß genaugenommen nicht der Inhalt eines Textes, sondern das Verständnis dieses Inhaltes in einem bestimmten Kontext zur Bestimmung der Funktion führt. So kann gerade die Brotbitte, die sich ja textlich nicht ändert, aufgrund der geänderten Abendmahlsvorstellung nicht mehr zum hermeneutischen Schlüssel für die Verwendung des Vaterunsers werden (vgl. 9.3).

[2987] Vgl. 9.3 und 10.3.

[2988] Vgl. 10.3.

[2989] Vgl. 11.2.1.

[2990] Vgl. 11.2.2.2.

[2991] Vgl. 11.2.2.1.

liturgischen Vollzug wird mithin eine dem Herabkommen Christi entgegengesetzte Bewegung des Erhebens der Herzen in den Himmel ausgedrückt, um so bei der Komunion zu einer wirklichen Christusbegegnung gelangen zu können.

An diese reformierte Tradition knüpft die Kurpfälzer Ordnung formal wie textlich an, gestaltet hingegen das Sursum corda zugleich als Vergewisserung der Gläubigen, in der Kommunion auch wirklich den Leib und das Blut Christi empfangen zu können. Die abschließende Formel der Vergewisserung, die - für die vorliegende Ordnung kennzeichnend - die Kommunion als passives Geschehen darstellt, begegnet der Gefahr einer radikalen Loskoppelung der Christusbegegnung vom Empfang von Brot und Wein, da beide als analoge und implizite Handlungsgeschehen herausgestellt werden. Indem das Sursum corda am Schluß nochmals die positive Funktion des sichtbaren und erfahrbaren Empfangs von Brot und Wein hervorhebt, kann es zur eigentlichen Kommunioneinladung werden[2992].

15.2.2.6 Die Mahlhandlung

Der gesamte Komplex der Mahlhandlung erlebt in den Ordnungen der Reformationszeit auf der Text- wie auf der Handlungsebene wesentliche Veränderungen. Gerade diese Veränderungen, die auf Mißstände der (spät-)mittelalterlichen Messe reagieren und durch die Tendenz zur Biblisierung des Geschehens gekennzeichnet sind, bilden in vielen Fällen das für die Gemeinde sichtbaren Zeichen des Konfessionswechsels bzw. der Konfessionszugehörigkeit. Gleichzeitig handelt es sich um die Veränderungen, die in der kontroverstheologischen Auseinandersetzung überhaupt benannt, argumentativ begründet und diskutiert werden.

Dies beginnt bei der konstitutiven Gläubigenkommunion, ohne die es keine Abendmahlsfeier geben darf[2993], die aber in der reformierten Tradition zur obligatorischen Kommunion aller Gemeindemitglieder und nicht nur einiger Frommer wird[2994]. Ebenso ist die unabdingbare Kelchkommunion Kennzeichen der evangelischen Ordnungen[2995], nachdem die katholische Seite sie, trotz kurzer Reformbemühungen im Zuge der Kelchbewegung[2996], wieder verworfen hat.

Das Beharren der Reformierten z.B. auf der Aufstellung eines Tisches statt eines Altars[2997], auf der Verwendung von Brot statt der Hostien[2998] und auf der Brotbrechung[2999], durch das sie sich auch gegenüber den Lutheranern abgrenzen, kann zwar als Orientierung an der Bibel gekennzeichnet werden[3000], findet seine eigentliche Begründung aber in der Abwehr jeglicher Realpräsenz- und Opfervorstellungen. Gerade die Ablehnung der Realpräsenzvorstellung

---

[2992] Vgl. 11.3.

[2993] Vgl. 6.2.2.

[2994] Vgl. 12.5.2. Meyer kritisiert zu Recht, daß die Gläubigenkommunion in den dem 2. Vatikanum folgenden Dokumenten nicht als integrierender Bestandteil der Feier gewürdigt wird (vgl. Meyer, Eucharistie 452f).

[2995] Vgl. 12.5.2.

[2996] Vgl. 12.5.1.2.

[2997] Vgl. 12.2.2.

[2998] Vgl. 12.3.2.1.

[2999] Vgl. 12.4.2.

[3000] Z.B. die Forderung nach dem sitzenden statt eines stehenden oder gar knienden Empfangs zeugt deutlich vom Versuch, dem Geschehen des Letzten Abendmahles möglichst nahe zu kommen (vgl. 12.2.2 und 12.5.2).

zeigt sich auch in der Diskussion um die Textelemente dieses Abschnittes, die Spendeformel[3001] und die Gesänge bzw. Lesungen[3002].

Die vorliegende Ordnung beschreibet in der Gestaltung der Mahlhandlung innerhalb des reformierten Spektrums einen moderaten Weg und setzt nur einige spezifische Akzente. So bildet die Verwendung von Brot beim Abendmahl das der KO vorangehende Zeichen des Konfessionswechsels, wird dann aber bei der konkreten Durchführung durch die mögliche Verwendung großer Oblaten gemildert[3003]. Tische statt der Altäre werden erst nach dieser KO dezidiert eingeführt[3004], aber sie werden weiterhin nicht zu einer sitzenden Kommunion verwandt, sondern der stehende Empfang bleibt üblich[3005]. Außerdem wird zwar der Gesang auf Psalmlieder eingeschränkt[3006], aber es bleiben Gesänge und Lesungen als unterschiedliche Möglichkeiten der Verwendung von Bibeltexten nebeneinander stehen[3007].

Die Kommunion bildet den zentralen Akt der je eigenen, sakramentalen Aneignung des Kreuzestodes Christi im Empfang von dessen Leib und Blut. Die in den Abendmahlsempfang integrierte Brechung des Brotes und der Empfang von Brot und Wein bilden die Vergewisserungshandlung dieser sakramentalen Dimension[3008]. Die Spendeformeln nach 1 Kor 10,16, die schon 1560 angeordnet werden und im HK eine den EW gleiche Dignität erhalten, vermögen es, die Verbindung von Mahlhandlung und Anteilgabe an der Gemeinschaft mit Christus zu artikulieren, ohne dies über die Gaben selbst auszusagen; nicht die Gaben stehen im Mittelpunkt, wie dies in der westlichen Tradition bis in die Reformationsauseinandersetzungen der Fall ist, sondern die Handlung des Essens und Trinkens[3009]. Zugleich können die Formeln die im Körnergleichnis schon angeklungene kommunitäre Dimension des Geschehens verdeutlichen.

Werden nun keine Gesänge, sondern Lesungen während des Mahlgeschehens ausgewählt, so wird durch die vorgeschlagenen Texte noch deutlicher, daß die Ordnung nicht bei der Frage der Realpräsenz und einer entsprechend apologetischen Haltung stehenbleibt. So läßt man das Kapitel Joh 6 weg, das zur konfessionellen Abgrenzung in anderen Ordnungen konstitutiv zu diesem Lesungsblock gehört[3010]. Man legt den Akzent auf Abschiedsrede und Abschiedsgebet Jesu, die die Situation der Gemeinde als in der Bedrängnis der Welt stehend deuten, in der sich die Gemeinde der grundsätzlichen Getrenntheit vom Herrn und damit der Unvollendetheit der Welt bewußt sein muß. Damit wird das Abendmahl in einen eschatologischen Kontext gestellt, der in der westlichen Tradition des Mittelalters vielfach verloren gegangen ist. Als entscheidendes Kriterium für die christliche Existenz wird das Einssein in Christus herausgestellt, das wiederum nur durch die Wirksamkeit des Hl. Geistes

---

[3001] Vgl. 12.6.2.2.

[3002] Vgl. 12.7.1.2 und 12.7.2.2.

[3003] Vgl. 12.3.3.1.

[3004] Vgl. 12.2.3.

[3005] Vgl. 12.5.3.

[3006] Damit ist zugleich eine Entscheidung gegen die sonst im lutherischen Raum gängigen Lieder getroffen, die meist das Abendmahlsgeschehen reflektieren (vgl. 12.7.1.2).

[3007] Vgl. 12.7.1.3 und 12.7.2.3.

[3008] Vgl. 12.4.3 und 12.5.3.

[3009] Vgl. 12.6.2.3.

[3010] Vgl. 12.7.2.3.

bewerkstelligt werden kann, als dessen tröstendes Mittel jedoch die diese Lesungen hörenden Kommunikanten automatisch das Abendmahl selbst verstehen müssen. Somit kommt gerade bei Verwendung der Lesungen der Mahlhandlung die Funktion zu, die gesamte Abendmahlsfeier in einen größeren christologischen, soteriologischen und eschatologischen Kontext zu stellen, in dem die Feier zum Trost für die Gläubigen in einer gebrochenen irdischen Existenz wird[3011]. In dieser Funktion einer Antwort auf die gebrochene Existenz der Christen wird der Blick von den Lehrstreitigkeiten des 16. Jh. um die Realpräsenz weggeleitet und auf die Funktion des Abendmahls im Leben der Gläubigen gelenkt, wie dieses auch die Grundforderung Melanchthons bzgl. der Spendeformel ist[3012]. Damit erfährt die Behandlung des Abendmahls gegenüber den Auseinandersetzungen des Mittelalters, die durch philosophische Kategorien bestimmt sind, eine eindeutige Theologisierung, um die sich in ähnlicher Weise vielleicht erst das 20. Jh. wieder bemüht.

Für die heutige liturgiewissenschaftliche Diskussion können von dieser Ordnung mehrere Impulse ausgehen, die inhaltlich nicht unbedingt umstritten und deshalb nicht als Frage zu formulieren sind, aber dennoch einer Verwirklichung harren. Zunächst darf die Gläubigenkommunion nicht als Unterbrechung der Vorsteherliturgie, sondern muß als wirklicher Höhepunkt der ganzen Feier verstanden und auch gestaltet werden, der nicht zügig zu absolvieren, sondern zu feiern ist. Dazu verhilft die Konzentration auf das Wesentliche, das Mahl, das aus Teilen, Essen und Trinken besteht.

Weiterhin ist die Kurpfälzer Ordnung ein Beispiel dafür, daß das Handlungsgeschehen als wirkliches Mahlgeschehen erfahrbar wird, man damit von einer somatisch-realpräsentischen Konzentration abgeht und dennoch (so heute die nicht selten geäußerte Befürchtung) keine Banalisierung des Geschehens zu verzeichnen ist. Aussagen über die Präsenz Christi bei der Eucharistiefeier sind keineswegs abwegig, aber die Feier darf sich nicht auf sie beschränken und bei ihnen stehen bleiben. Dazu verhilft die Einordnung des Geschehens in die eschatologische Erwartung, so daß das Abendmahl als Tröstung in dieser Erwartung verständlich wird. Die Relevanz, die die Eucharistiefeier für das Leben der Christen hat oder haben kann, muß deutlich werden. Damit ist zugleich eine Existentialisierung vollzogen, die wiederum keine Banalisierung mit sich bringt, da der Trost allein aus der sakramentalen, d.h. geistgewirkten Qualität des Geschehens herrührt. Ohne eine solche Existentialisierung wird die Frage nach der Relevanz der Eucharistiefeier heute aber nicht mehr zu beantworten sein.

15.2.2.7 Das Dankgebet/Die Postcommunio

Betrachtet man den Abschnitt nach der Kommunion, so fällt auf, daß die reformatorischen Ordnungen gegenüber den vorreformatorischen Vorlagen[3013] in der Gestaltung des Abschnitts nach der Kommunion deutlicher auswählen, aber dem Repertoire der Gattungen auch hier noch die Vermahnung (vorrangig als Gebetsvermahnung) hinzufügen[3014]. In der textlichen Gestaltung gehen sie schnell eigene Wege, wobei sie in unterschiedlichem Maße auf den Abendmahlsempfang oder auf das Kreuzes- und Erlösungsgeschehen Bezug nehmen.

[3011] Vgl. 12.7.3.
[3012] Vgl. 12.6.2.3.
[3013] Vgl. 13.1.
[3014] Vgl. 13.2.

Durchgehendes Gestaltungsprinzip des Abschnitts nach der Kommunion bleibt (darin ist man sich mit den katholischen Meßerklärungen dieser Zeit einig), hier den genuinen Ort für Lobpreis und Dank innerhalb der gesamten Abendmahlsfeier zu sehen. Damit ist gegenüber dem altkirchlichen und auch dem heute vorherrschenden Verständnis, das das Eucharistiegebet als originäre Ausdrucksform des Dankes ansieht, eine deutliche Abkehr vollzogen[3015]. Diese Verlagerung des Dankes hinter die Kommunion ist im Westen schon in der vorreformatorischen Interpretation zu beobachten und resultiert aus der Betonung der Realpräsenz in den Gaben, so daß die Christusbegegnung bei der Kommunion zum eigentlichen Grund für den Dank wird.

Diese Einschätzung bleibt in der Reformation selbst dort erhalten, wo - wie in der vorliegenden Ordnung - überhaupt nicht mehr von einer somatischen Realpräsenz Christi in den Gaben ausgegangen wird, aber die Kommunion noch immer den Ort wirklicher Christusbegegnung darstellt: Nach der Kommunion steht der allgemeine Dank für das Christus- und Kreuzesgeschehen, in das die Gläubigen hineingenommen werden. Somit erhält das Danksagungsgebet aber eine deutliche funktionale Nähe zum Eucharistiegebet[3016]! Dieser Danksagungscharakter wird z.B. im 2. Dankgebet der Kurpfälzer Ordnung deutlich, während das 1. Dankgebet aufgrund der formalen Anknüpfung an einen Hallel-Psalm stärker den Lobpreis artikuliert und im anamnetischen Abschnitt auf das Versöhnungsgeschehen rekurriert. Das 2. Gebet dankt für die Erlösung, nimmt Bezug auf die Einsetzung des Abendmahls und bittet um dessen Wirkung, die besonders in der Gemeinschaft mit Christus gesehen wird.

Damit ist für die heutige Diskussion natürlich die Frage nach der Berechtigung dieser Verlagerung des Dankes hinter die Kommunion aufgeworfen.[3017] Das 'εὐχαριστήσας' der EW wird in der heutigen Liturgiewissenschaft immer mit dem Eucharistiegebet vor dem Empfang der Gaben in Verbindung gebracht, nie mit dem Dankgebet nach dem Empfang[3018]. Letztlich geht es also um die Frage, ob aus der Stellung des 'εὐχαριστήσας' in den EW zugleich eine konstitutive Stellung des Dankes in der Eucharistiefeier folgen muß. Die Eucharistiefeier ist ja nicht einfachhin eine Imitation des Letzten Abendmahls. Wenn also Jesus vor der Brot- und Becherhandlung jeweils eine Beraka gesprochen hat (was aufgrund des jüdischen Kontextes unbestritten ist), so ist zu fragen, ob dies allein schon Normativität hat oder ob eine daran anschließende Normativität des Eucharistiegebets nicht weitergehend theologisch begründet werden muß. Die Eucharistiegebete der Antike weisen z.T. ja schon erhebliche Unterschiede zur Beraka auf, so daß hier nicht einfachhin eine glatte Kontinuität

---

[3015] Diese Abkehr kann nicht alleine damit erklärt werden, daß der Canon Romanus nicht als Gattung der Danksagung erfahren wird, denn es wären zumindest komplementäre Formen der Danksagung aufgetaucht (ähnlich wie dies für die Epiklese beobachtet werden kann), wenn man den Dank vor der Kommunion als konstitutiv erachtet hätte.

[3016] 13.3.

[3017] Z.B. im Vier-Aktionen-Schema von Dix erhält das Gebet nach der Kommunion keine eigenständige Bedeutung; auch im Strukturpapier ist es der Kommunion selbst untergeordnet (vgl. Versammelte Gemeinde 13).

[3018] Zu bedenken ist allerdings, das die Birkat ha-mazon, aus der das Eucharistiegebet entstanden ist, am Ende des Mahles steht, das im jüdischen Kontext nie säkular sein kann (vgl. Mazza 17). Andererseits kann dieses Mahl nicht einfach mit dem Empfang der Kommunion parallelisiert werden!

konstruiert werden darf. Außerdem sind Gebete in der Frühzeit nachweisbar, die überhaupt keinen anamnetisch-doxologischen Abschnitt aufweisen.[3019]

Anders gewendet: Wenn man am konstitutiven Eucharistischen Hochgebet vor der Kommunion festhält, muß sich die heutige Liturgiewissenschaft der Aufgabe stellen, genauer zu definieren, welche Funktion die Postcommunio innerhalb der Eucharistiefeier hat bzw. haben soll, für was sie denn inhaltlich konkret danken und auf welches Geschehen sie rekurrieren soll[3020]. Besonders ist ihr Verhältnis zum Eucharistiegebet zu definieren, und beide Gattungen sind voneinander abzugrenzen[3021].

15.2.3 Die theologischen Grunddimensionen der Abendmahlsliturgie

Ist nun die abendmahlstheologische Konzeption, ihre Umsetzung in eine kongruente Feier und der Umgang mit den einzelnen liturgischen Elementen genauer betrachtet, so muß noch einmal auf die grundlegenden theologischen Dimensionen jeden liturgischen Handelns eingegangen werden, weil hier Wesentliches über das theologische Verständnis der Abendmahlsliturgie deutlich werden kann.

15.2.3.1 Die anamnetische Dimension

Betrachtet man zusammenfassend die anamnetische Funktion der Abendmahlsfeier, so konnte die Stellung der vorliegenden Ordnung innerhalb der Entwicklung vom Eucharistiegebet zum Abendmahlsgebet aufgezeigt werden, die die Anamnese auf Kreuzestod und Auferstehung reduziert. Diese radikale Reduktion der Anamnese ist folgerichtig, da im Gebet nicht im Vordergrund steht, Gott an sein Heilshandeln in Jesus Christus dankend zu erinnern, um daraus ein neues Heilswirken Gottes an der Gemeinde zu erhoffen und zu erbitten[3022]. Für die Kurpfälzer Ordnung gibt es nur ein einmaliges Heilshandeln Gottes in Jesus Christus, dessen sakramentale Vermittlung im Abendmahl als objektive Wirklichkeit der Gemeinde aufgrund der Stiftung und Verheißung gewiß ist, dessen subjektive Aneignung sie als aktuelles gnadenhaftes Wirken des Hl. Geistes jedoch erst erbitten muß. Die 'spezielle Anamnese' des Abendmahlsgebets charakterisiert somit die aktuelle Feier als Vollzug des Gedächtnisses und begründet damit die auf die Feier und ihre Wirksamkeit bezogenen Bitten[3023].

Den Bezugsrahmen für diese 'spezielle Anamnese' des Abendmahlsgebetes bildet der anamnetische Abschnitt der Vermahnung, der den eigentlichen Ort der Anamnese i.S. eines vergegenwärtigenden Gedenkens darstellt[3024]. Hier ist auch der tiefere Grund für die Reduktion der Anamnese im Abendmahlsgebet zu sehen, denn 'Anamnese' stellt das nun in Form der Verkündigung durch die Gemeinde vollzogene Gedächtnis des Heilstodes Christi dar. Das Heilswirken Christi aber wird rekapituliert, um eine individuelle Aneignung im

---

[3019] Vgl. Meßner, Grundlinien 24-33.

[3020] Die Frage, ob die Postcommunio allein die Eucharistiefeier oder aber Wortgottesdienst und Eucharistiefeier abschließt, bleibt demgegenüber sekundär.

[3021] Die kurze Aussage der AEM reicht keinesfalls aus, sondern beschreibt das Faktische: "Im Schlußgebet bittet der Priester, daß die Feier des Mysteriums Frucht bringe. Das Volk macht sich dieses Gebet durch die Akklamation 'Amen' zu eigen." (AEM Nr. 56 k)).

[3022] Vgl. Meyer, Anamnese 592.

[3023] Die anamnetischen Anteile der Dankgebete gehen nicht wesentlich über die spezielle Anamnese hinaus.

[3024] In nicht wenigen evangelischen Ordnungen kommen noch die EW als zentraler Verkündigungstext hinzu.

Glauben zu ermöglichen. Mit dem Kreuzestod sind aber auch die Wirkungen verheißen, die deshalb in anamnetischer Sprachform ausgedrückt werden[3025].
Da der Christ immer zwischen Glauben und Unglauben steht, bleibt diese anamnetische Aneignung mit einer Ungewißheit behaftet. Eigentliche Gewißheit erbringt die sakramentale Handlung aufgrund der Verheißung Christi: Daher stellt die Kommunion den zentralen, weil sakramentalen anamnetischen Akt der Abendmahlsfeier dar, der seine Vergewisserungsfunktion aus der Einsetzung Christi selbst erfährt.

Somit ist die anamnetische Dimension gegenüber der altkirchlichen (und heute meist in der liturgiewissenschaftlichen Literatur vertretenen) Form ausgeweitet. Mit dieser veränderten Sicht gelangt das einzelne feiernde Subjekt im anamnetischen Vollzug viel stärker in den Blick[3026], ohne die Anamnese - wie der Aufklärung oft vorgeworfen - zur rein subjektiven Erinnerung[3027] und damit ihre aktuelle Wirkung auf die je eigene Ergriffenheit zu verkürzen. Die Anamnese ist nicht mehr vorrangig Gebet, Erinnerung Gottes an sein eigenes Heilswirken, um daraus neues Heilshandeln an den Betenden zu erhoffen, und deshalb doxologisch formuliert[3028]. Eine solche Einbettung in danksagend-lobpreisendes Sprechen erscheint erst nach der Kommunion berechtigt, wo die anschließende Bitte marginal bleibt.
Die Anamnese ist nun ganz auf die Vergegenwärtigung und Aneignung des einmaligen, objektiven Heilsangebots Gottes durch den einzelnen Gläubigen mittels der Verkündigung ausgerichtet. Weil die Ordnung die Ungleichzeitigkeit von einmaligem Kreuzesgeschehen als vergangener Größe und je neuer Aneignung durch die Gläubigen als gegenwärtigem Geschehen ernstnimmt[3029], wird ihr das anamnetische Geschehen einerseits zum Problem und andererseits zum Zentrum der ganzen Abendmahlsfeier!
Diese Problematisierung ist Ergebnis des Spätmittelalters, das diese Differenz in der abbildenden Darstellung, im Nachspiel der Mysterien aufzulösen versucht, "mit dem Vorzug der subjektiven Betroffenheit, mit der Gefahr, der sachlichen Verkürzung schon, die dem Sakrament eigene Wirklichkeit der überzeitlichen Präsenz des Heilswirkens selbst nicht mehr wahrzunehmen und die Wende der Geschichte, für die Ostern und Pfingsten steht, nicht mehr zu realisieren"[3030]. Die Reformation teilt diese Verunsicherung bzgl. des Heiles[3031] und stellt

---

[3025] Auch Zukünftiges anamnetisch zu artikulieren, stellt keine Besonderheit dar, sondern gerade alttestamentlich gehören alle drei Zeitdimensionen konstitutiv zur Anamnese hinzu (vgl. Fabry, Anamnese 590; Eising 574f; Meyer, Anamnese 592; Darlap 83f).

[3026] Vielleicht muß man auch sagen, daß sich die Funktion der Anamnese verändert, weil das feiernde Subjekt in dieser Theologie viel stärker in den Blick gerät!

[3027] Vgl. Schilson 592; Kunzler 338.

[3028] Hier gilt es zu beachten, daß gerade vom Alten Testament her gesehen die doxologisch formulierte Anamnese nicht die einzige Form darstellt: "Die bekannteste Form der Anamnese ist die *Erzählung*, die die aktuelle Valenz der Ursprungsgeschichte als Objekt der Anamnese dadurch aufweist, das sie bereits im Objekt selbst durch Fiktionen (...), Kombinationen und Kompositionen zeitübergreifende Bezüge sichtbar macht" (Fabry, Anamnese 590). Sowohl Verkündigung als auch Gebet sind anamnetische Vollzüge (vgl. Meyer, Eucharistie 448).

[3029] Diese Differenz gehört konstitutiv zur Anamnese hinzu (vgl. Schilson 591; Meyer, Anamnese 592; Darlap 82).

[3030] Häußling, Gedächtnis 128f.

[3031] Vgl. Wegman, Komaf 170f.

die lebenslang notwendige Erneuerung aus dem Glauben heraus[3032]. Allerdings teilt sie in ihrem reformierten Zweig nicht mehr mit dem Mittelalter die Zuversicht der einfachen Abbildbarkeit der Mysterien (z.B. in Form der somatische Realpräsenz), sondern läßt gerade die Bildhaftigkeit und damit sichere Faßbarkeit des 'Heils' zum Problem werden[3033]. Von daher bleibt die vorliegende Ordnung nicht bei einer subjektiven Ergriffenheit stehen, sondern setzt sie voraus, um dann das sakramentale Geschehen als objektive und dennoch gnadenhaft geschenkte Wirklichkeit antworten zu lassen, in dem die Anamnese sich in Letztgültigkeit[3034] ereignen kann[3035].

Weil der einzelne Gläubige viel stärker in den Blick gerät, erlangt auch dessen eigenes Leben Aufmerksamkeit, gerade in seinem Verhältnis zu dem in der Anamnese gedachten Heilswirken Gottes in Jesus Christus: So wird im Prüfungsabschnitt der eigenen Sündhaftigkeit und Erlösungsbedürftigkeit 'gedacht', um darauf die Anamnese antworten zu lassen. Häußling stellt eine solche Dimension der Selbstprüfung in anderem Zusammenhang als unabdingbare Voraussetzung der Anamnese dar: "Das Gedenken ... braucht im voraus den Mut, zu sich selbst zu stehen als endlichen, fehlerhaften, der entscheidenden Hilfe bedürftigen, weil von Sünde und Tod regierten Menschen. ... Das ist gleichsam die Voraussetzung, die der freie Mensch erbringen muß: keine Memoria der Heilstaten ohne Umkehr, ohne die Wahrheit der Demut, ohne Glauben."[3036] Allerdings bleibt diese Form einer Anamnese des Heilswirkens Gottes vor- und untergeordnet.

Diese Konzentration der Anamnese auf das feiernde Subjekt macht die Feier keineswegs einfacher. Die Feier nach der Kurpfälzer Abendmahlsordnung setzt 'sehr reife Christen' voraus[3037], denn um die dargestellte Anamnese vollziehen zu können, müssen die Gläubigen

---

[3032] Wegman konstatiert für das katholische und evangelische Verständnis des Spätmittelalters: "Het woord *'gedenken', gedachtenis, 'anamnese' is in het geding,* hier te vertalen met: *'terugkijkende zekerheid',* de tot instrument geworden gedachtenis van de Heer. Of het nu gaat om een viering van de eucharistie, of om een woord-(preek-)dienst zonder avondmaal: alle vieringen worden gedragen door de zekerheid van de gedachtenis. Deze anamnese is zo sterk ontwikkeld vanwege de vrees om wat kommen gaat: het grote oordeel dat de mens en zijn wereld moeten ondergaan, op de gezette, maar onbekende tijd." (Wegman, Komaf 169).

[3033] Allerdings bedeutet das Fehlen 'theatralischer' Elemente nicht das Fehlen einer Dramatisierung, die in den Reformationskirchen in der Verkündigung ihren Platz hat (vgl. Wegman, Komaf 170).

[3034] Häußling möchte dies als 'Zeitgenossenschaft mit Jesus dem Christus' (vgl. Häußling, Gedächtnis 130) begreifen. Ob sich allerdings diese Zeitgenossenschaft so leicht erwirken läßt, wie dies durch das Aufgreifen altkirchlicher Ausdrucksformen den Anschein hat, bleibt m.E. zweifelhaft, weil die hinter dem Wandel der Anamnese im Spätmittelalter stehenden theologisch-philosophischen Veränderungen und Probleme nicht einfach übergangen werden können.
Wegman sieht eine Möglichkeit, von einer zur Versicherung instrumentalisierten Anamnese abzukommen, indem Anamnese nicht auf die Gleichzeitigkeit mit Vergangenem zielt, sondern wieder zum "'omzien naar de toekomst', naar de tijd van de messias en naar die van het rijk van God" (Wegman, Komaf 171) wird.

[3035] Gerade in der Ablehnung einer leiblichen Präsenz und mit dem Motiv des Erhebens der Herzen zu Christus in den Himmel kommt dieser anamnetische Vollzug einer Umschreibung nahe, die Meyer gibt: "Vielleicht darf man aber auch mit C. Giraudo eine andere Sichtweise in Betracht ziehen: Die gottesdienstliche Wort- und Zeichenhandlung zielt nicht darauf ab, Christus und sein Heilswerk uns gegenwärtig zu setzen. Es geht vielmehr darum, daß wir im Medium rituell-kultischen Tuns je neu in die Gegenwart seiner Person und seines Heilswerkes eintreten dürfen" (Meyer, Eucharistie 449).

[3036] Häußling, Gedächtnis 121f. Häußling versteht deshalb Anamnese ausdrücklich als "Selbstklärung" (Häußling, Gedächtnis 122).

[3037] Diese treffende Charakterisierung nahm der kürzlich verstorbenen Bonner Prof. J.F.G. Goeters in einem kurzen Telefongespräch vor, das ich mit ihm über diese Arbeit führen konnte.

die christologisch-soteriologischen Inhalte und die sakramententheologischen Konzeptionen genau kennen und zudem so 'selbst-bewußt' sein, daß sie zu diesen Aussagen personal Stellung nehmen können. Weiterhin müssen sie das - aufgrund der Konzentration auf das Wort - sehr abstrakte Geschehen als Wirklichkeit verstehen können, die ihr eigenes Leben bestimmt. Damit sind Bedingungen genannt, die im Spätmittelalter keineswegs leicht zu erfüllen sind und sicher ein Hauptproblem bei der Umsetzung dieser Ordnung bilden.

Daß zudem die Ordnung trotz der Ausrichtung auf das feiernde Subjekt keineswegs die Feier der subjektivistischen Willkür preisgibt, wird daran deutlich, daß das Heilswirken Christi als objektive Gegebenheit verstanden wird, das vom Vorsteher, der die ganze Feier textlich bestimmt, dargestellt wird. Bei aller Bemühung um die Gläubigen gestattet die Ordnung letztlich nur die Unterordnung und Annahme, die allerdings eine bewußte sein soll[3038].

15.2.3.2 Die epikletische Dimension

Oben wurde dargestellt, daß in den altkirchlichen Eucharistiegebeten die Epiklese bzw. der epikletische Abschnitt um erneute Aktualisierung und Wirksamkeit des in der Anamnese gedachten Christusereignisses bittet, im Eigentlichen auf die Verwandlung der Gemeinde durch die (z.T. mit eschatologischer Perspektive artikulierte) Vereinigung mit Christus und untereinander zielt, aber vielfach noch zuvor die Schaffung der Voraussetzung dazu i.S. einer Wandlung der Gaben erbittet.[3039]

Bei der Untersuchung der evangelischen Eucharistie- und Abendmahlsgebete in bezug auf eine Wandlungsepiklese[3040] zeigte sich, daß die Bitte um eine Wandlung der Gaben in den Rudimenten des Canon Romanus zunächst vorsichtiger artikuliert wird und bald völlig wegfällt, weil entweder nicht mehr von einer somatischen Realpräsenz Christi in den Gaben ausgegangen wird oder aber die Schaffung der Realpräsenz schon durch die EW garantiert scheint und eine klassische 'Wandlungsepiklese' in Konkurrenz zum Wort Christi selbst stehen würde. Entscheidend ist nun, daß gerade die Ordnungen, die nicht von einer somatischen Realpräsenz ausgehen, statt dessen eine neue Form der Epiklese einführen, die nun primär auf die Feiernden zielt, aber nicht wie die Kommunionepiklese auf die Wirkung der Kommunion in ihnen, sondern auf die Schaffung der Disposition der Kommunizierenden, wobei diese entweder i.S. einer Würdigkeit oder als der Glauben selbst verstanden wird, der eine wirkliche Christusbegegnung überhaupt erst ermöglicht. Da diese Epiklese wie die klassische Wandlungsepiklese um die Schaffung der Voraussetzung für die Christusbegegnung in der Kommunion bitten, wurde sie ebenfalls mit 'Wandlungsepiklese' bezeichnet[3041]. In den calvinistischen Ordnungen wird nun diese Bitte um den Glauben zu einer Bitte um Gewährung der Christusbegegnung selbst, auch wenn der Glaube nicht konstituierende, sondern konstitutive Bedingung der Christus-Begegnung bei der Kommunion

---

[3038] Gerade diese Vorsteherzentriertheit dürfte heute erhebliche Schwierigkeiten machen.

[3039] Vgl. 8.2.3.1. Nicht weil diese beiden Epiklesen in den heutigen römischen Eucharistiegebeten getrennt sind, sondern weil es sich um zwei verschiedene, wenn auch eng aufeinander bezogene und keineswegs gleichrangige Bitten handelt, können sie auch getrennt betrachtet werden.

[3040] Vgl. 8.2.3.1.1.

[3041] Dies bleibt selbstverständlich eine Grundentscheidung, die auch anders getroffen werden kann, da eine Ausweitung des Bedeutungsspektrums des traditionellen Begriffs vorgenommen und nicht ein neuer Begriff aufgrund des neuen Sachverhaltes verwendet wird. Nimmt man als Grundlage der Bezeichnung den Text und den Inhalt, so ist der Unterschied sehr deutlich; für die Funktion des Textabschnittes ist zwischen der klassischen und der hier aufgezeigten 'Wandlungsepiklese' aber ein größere Nähe zu verzeichnen.

bildet. Diese Form der Wandlungsepiklese nimmt wie die altkirchliche die grundsätzliche Trennung von erhöhtem Herrn und Welt ernst und zielt keineswegs wie in der östlichen Theologie auf eine Vergöttlichung der Welt[3042].

In der vorliegenden Ordnung nun ist die 'Wandlungsepiklese' notwendig, weil die Vermahnung zwar die erhofften Wirkungen des Abendmahls als Wirkungen des Kreuzestodes charakterisieren kann, aber zudem notwendig ist, daß die Gläubigen in der Kommunion diesen Kreuzestod und seine Wirkungen zugeeignet bekommen[3043]. Deshalb wird diese 'Wandlungsepiklese' zur Bitte um die für die wirkliche Christusbegegnung notwendige, sakramententheologisch als spirituelle Bewegung aufgefaßte, aktuell durch den Geist zu wirkende Disposition umgeformt. In dieser 'Wandlungsepiklese' liegt zugleich der eigentliche Grund für die Notwendigkeit eines Abendmahlsgebets in dieser, ein nicht-konsekratorisches Verständnis der EW beinhaltenden Ordnung[3044], da trotzdem von einer wirklichen Christusbegegnung ausgegangen wird. Inhaltlich werden zwei geistgewirkte, aufeinander bezogene Bewegungen erbeten, das gläubige Ergeben der Gemeinde an Christus (d.h. in den Himmel) und der Empfang des Leibes und Blutes Christi[3045], die im Sursum corda und der Kommunion aktualisiert werden.

Bei der Betrachtung der Kommunionepiklese in den evangelischen Eucharistie- und Abendmahlsgebeten[3046] fiel auf, daß diese vielfach gestrichen oder abgeändert wird, um das mit ihr verbundene und eine Opfervorstellung impizierende Motiv der Annahme der Gaben auszuschließen. Die in der römischen Vorlage genannten abstrakten Wirkungen der Kommunion werden nun eher als lebenspraktische und kommunitäre gesehen. Gerade diese Wirkungen aber werden oftmals in den Vermahnungen (also in anamnetischer Sprachform, besonders in der Nürnberger Vermahnung und ihren Derivaten) benannt[3047], da sie als durch die Einsetzung gesichert aufgefaßt werden. Eine eigentliche Motivation für eine Wiederentdeckung der Kommunionepiklese fehlt[3048], da im Mittelpunkt der meisten Ordnungen steht, wirklich den Leib und das Blut Christi zu empfangen, was durch die EW garantiert erscheint und nicht nochmals erbeten werden muß[3049]! Nur die calvinistische Tradition behält eine

---

[3042] Vgl. Albertine, Context 389.

[3043] Vgl. 8.3.2 und 8.3.4.

[3044] Beim konsekratorischem Verständnis der EW im Luthertum bedarf es letztlich keiner Epiklese, da die EW als Wort Christi nicht fehl gehen können. Zwinglianisch orientierte Ordnungen bedürfen keiner Epiklese, da sie von keiner spezifischen Wirksamkeit der aktuellen Feier ausgehen, die sich von der Wirkung des Glaubens unterscheiden könnte (vgl. 8.3.4).

[3045] Vgl. 8.3.2.1 und 8.3.2.2.

[3046] Vgl. 8.2.3.1.2.

[3047] Vgl. 7.8.3.4.1.

[3048] Ebenso fehlt ein Impuls für die Entfaltung in den Interzessionen; diese werden als Fürbitten verstanden, deshalb gestrichen oder vor die EW verlegt (vgl. 8.2.3.2).

[3049] Zwar versteht sich die Gemeinde immer als Empfangende, aber nicht unbedingt als bittend Emfangende, die nicht indikativ statuieren kann, sondern erbitten muß, "was die liturgische Feier vermittelt: heilschaffende Begegnung zwischen Gott und Mensch" (Meyer, Eucharistie 454).

Kommunionepiklese bei, formuliert sie aber als Bitte um die Gewißheit der soterischen Wirkung.[3050]

In der Kurpfälzer Ordnung ist nun die Kommunionepiklese klar ausformuliert[3051], weist ähnliche Inhalte wie die Kommunionepiklese der altkirchlichen Eucharistiegebete auf und setzt sich damit gegenüber zahlreichen zeitgenössischen Ordnungen ab. Wirklich entfaltet aber sind die Wirkungen des Kreuzestodes (und damit des diesen Kreuzestod vermittelnden Abendmahls) im ganzen letzten Abschnitt der Vermahnung, auf die die Kommunionepiklese rekurrieren kann und in der sowohl die Vereinigung mit Christus[3052] und untereinander[3053] wie die daraus folgenden lebenspraktischen Wirkungen[3054] ausgedrückt werden. Die Verwiesenheit der Wirkungen auf das Kreuzesgeschehen wird auch daran deutlich, daß sie in der 'Kommunionepiklese' nicht nochmals mit einer eigenen 'Geist'-Formel erbeten werden, während der Hl. Geist in der Vermahnung als Urheber dieser Wirkungen ausdrücklich benannt wird.[3055]

Damit ist die Epiklese in ganz ungewöhnlicher Weise wiedergewonnen, obwohl die Ordnung nicht direkt an die altkirchliche Eucharistietheologie und an die Gattung des Eucharistiegebets anknüpft. Der Schwerpunkt liegt wie in der ganzen westlichen Tradition auf der 'Wandlungsepiklese', die auf die Ermöglichung des eigentlichen anamnetischen Akts in der Kommunion als subjektive Aneigung des objektiven Heilsgeschens zielt. Die mit ihrer Subjekt-Orientierung verändert verstandene Anamnese wird somit ausdrücklich als gnadenhaftes Geschehen gekennzeichnet. Die entscheidende Veränderung ist aber die damit verbundene Wiedergewinnung der pneumatischen Dimension, die den Christomonismus des ausgehenden Spätmittelalters relativiert.

15.2.3.3 Die lobpreisende und danksagende Dimension

Zusammenfassend kann für die lobpreisende und dankende Dimension in den Abendmahlsgebeten der reformatorischen Ordnungen eine deutliche Reduktion vermerkt werden, gleichgültig ob diese Gebete sich als Rudimente des Canon Romanus oder als Neuschöpfungen darstellen. Damit wird eine Tendenz fortgeführt, die schon für die vorreformatorische Liturgie festzustellen ist: Ein Eucharistiegebet und damit der anamnetische Vollzug in danksagender Form *vor der Kommunion* wird nicht als konstitutiv für die Feier angesehen.

Obwohl wenigstens einige evangelische Theologen des 16. Jh. den Dank als wichtige Dimension der Abendmahlsfeier ansehen[3056], führt dies nicht zu einer Wiedererlangung des Eucharistischen Hochgebets. Versuche einer Neugestaltung des Canon Romanus (vor allem

---

[3050] Aufgrund der dargestellten Ambivalenz ist auch nicht verwunderlich, daß keine der untersuchten 'Kommunionepiklesen' als Geistbitte formuliert wird.

[3051] Vgl. 8.3.3.

[3052] Vgl. 7.8.4.4.2.

[3053] Vgl. 7.8.4.5.1.

[3054] Vgl. 7.8.4.5.2.

[3055] Vgl. 7.8.4.3.

[3056] Vgl. 8.1.1.

vor Luther)[3057] bzw. eines unabhängigen Danksagungsgebets bei Knox[3058] bleiben singulär. Ansonsten wird die Danksagung als Ziel benannt, auf das die Feier erst hinführen muß.

Die dargestellte Reduktion des Dankes und des Lobpreises in den evangelischen Abendmahlsgebeten bedeutet nicht, daß die reformatorischen Ordnungen Lobpreis und Danksagung nicht kennen! Diese finden sich freilich verlagert in Abendmahlslieder während des Abendmahlsempfangs und in Lobpreis und Dankgebete nach der Kommunion[3059], damit verbunden aber stehen sie an einer konstitutiv anderen Stelle der Feier, eben während oder nach dem eigentlichen Mahl.[3060] Entweder wird damit der Dank zur Funktion des Mahles selbst oder aber zur Antwort der Gemeinde auf das Geschehen in bzw. bei der Kommunion.

Die vorliegende Ordnung fügt sich in dieses Bild ein. Obwohl sie ein Abendmahlsgebet vor der Kommunion kennt, beinhaltet dieses keine lobpreisenden oder danksagenden Teile; es will auch in keiner Weise an die Tradition des Eucharistischen Hochgebets anschließen[3061]. Zur Entfaltung kommen Lobpreis und Dank hingegen in den beiden Danksagungsgebeten, wobei der Akzent beim ersten stärker auf dem Lobpreis und beim zweiten stärker auf dem Dank liegt[3062]. Hier ist der Ort, wo nicht für die Kommunion als solche, sondern allgemein für das Heilshandeln Gottes in Jesus Christus gedankt wird; nur im zweiten Gebet wird überhaupt auf Einsetzung und Empfang des Abendmahls rekurriert[3063].
Diese Verlagerung von Lobpreis und Dank hinter die Kommunion steht in Kongruenz zur Abendmahlstheologie der Reformatoren, gleichgültig welcher konfessionellen Ausrichtung sie angehören. Der Dank hat für sie primär als Antwort auf den Empfang von Leib und Blut Christi bzw. auf die durch das Abendmahl empfangene Versicherung seinen Platz und weist besonders in der reformierten Tradition über das Gebet auf die Lebenspraxis hinaus (durch die Befolgung der Gebote)! In der Kurpfälzer Ordnung ist der Lobpreis die Anwort auf das durch die Kommunion vermittelte und vergewisserte Kreuzesgeschehen und den damit empfangenen Trost.

Als Frage an die heutige Liturgiewissenschaft ergibt sich daraus, inwieweit Dank und Lobpreis den konstitutiven Grundvollzug der stiftungsgemäßen Abendmahlsfeier bilden und ob der Ort des Dankes aufgrund der Verben 'danksagen' bzw. 'lobpreisen' in den EW konstitutiv *vor* der Kommunion sein muß[3064]?
Besonders ist nach dem Impuls für die schon vorreformatorisch in den Meßerklärungen vollzogene Verlagerung des Dankes hinter die Kommunion zu fragen. Die Beantwortung dieser Frage könnte weitreichende Implikationen für die Frage nach der Berechtigung der

---

[3057] Vgl. 8.1.2.

[3058] Vgl. 8.1.3.3.

[3059] Vgl. 12.7.1.2 und 13.2.

[3060] Diese Verlagerung des Dankes zur Danksagung nach der Kommunion findet sich im Westen schon ab dem 4. Jh. (vgl. Meyer, Eucharistie 37f).

[3061] Vgl. 8.3. Das Gebet kann dennoch in gewisser Weise als Vollzug des Dankes verstanden werden, der sich jedoch nur in der Gestalt der Bitte auszudrücken vermag.

[3062] Vgl. 13.3.

[3063] Vgl. 13.3.3.

[3064] Vgl. die Anmerkungen unter 15.3.

Verlagerung haben. In diesem Zusammenhang bleibt man weitestgehend auf Spekulationen über das Welt- und Selbstverständnis dieser Zeit verwiesen. Gerade die vorliegende Ordnung, die als Funktion der Feier den Trost der Gläubigen deutlich herausstellt[3065], zeugt davon, daß keineswegs mehr mit einer Selbstverständlichkeit wie in den altkirchlichen Eucharistiegebeten die eigene, d.h. individuelle wie gemeinschaftliche christliche Existenz als Anlaß des Dankes verstanden wird. Die Sicht der Welt und der eigenen Existenz (eben auch als Christ) ist eine negative. Das Gefühl, schon erlöst und durch Glaube und Taufe im Heil zu sein, ist nicht mehr tragend, sondern die ständige Anfechtung durch die Sünde und die Existenz als Sünder kennzeichnen die Stimmung dieser Zeit. Deshalb ist nicht die Anteilgabe am Heilswirken Gottes in Jesus Christus durch Taufe und Glauben der Grund des Dankes (so letztlich beim Eucharistiegebet), sondern die die eigene, vorrangig negativ (eben sündig) empfundene Existenz wendende und der Erlösung vergewissernde Christusbegegnung im Abendmahl.

Diese Stimmung kommt nicht erst mit der Reformation auf, sondern ist für das ganze Spätmittelalter bestimmend. Kann die katholische Seite dieser Verunsicherung der individuellen Existenz im Spätmittelalter zumindest ein Bild von Kirche gegenüberstellen, das das Heil 'sichtbar' auf Erden repräsentiert, so bleibt der evangelischen Theologie diese Kirchenvorstellung verschlossen, während die Freiheit des Christen und damit die Entscheidungssituation des Indivuums zwischen Glauben und Unglauben die Unsicherheit der je eigenen Existenz verdeutlichen.

In einer solchen Befindlichkeit wird gerade das Abendmahl als sakramentale Vergewisserung der eigenen Erlösung gesehen. Von daher ist verständlich, daß der Dank für die Erlösung nicht dem Abendmahlsempfang vorausgeht (dann bedürfte man des Abendmahls als Vergewisserung nicht mehr), sondern ihm folgt. Erst nach dem Empfang des Abendmahls, der in der Kurpfälzer Ordnung ausdrücklich als Aneignung des Kreuzestodes Christi selbst verstanden wird, ergibt sich die Gewißheit, aus der heraus Dank und Lobpreis motiviert sind. Wenn die Ursache der Verlagerung des Dankes hinter die Kommunion in einem verändertem Selbst- und Weltverhältnis der Gläubigen und damit einem kulturgeschichtlichen Umbruch festgemacht werden kann, so kann die Verlagerung als 'Inkulturationsgeschehen' beschrieben werden, ohne daß sie schon alleine daraus legitimiert wäre. Diese 'Inkulturation' stellt vielleicht die brisanteste Anfrage der reformatorischen Abendmahlsliturgien an unsere heutige Liturgiewissenschaft dar. Wenn die Liturgiewissenschaft in weiten Teilen der Ökumene in diesem Jahrhundert im Eucharistiegebet die adäquateste Feierform sieht, muß sie sich fragen, ob sie damit nicht nur an altkirchliche Paradigmen anknüpft, sondern auch das Welt- und Gottesverständnis unserer Zeit trifft. Die breite Akzeptanz des Eucharistiegebets scheint der eingeschlagenen Richtung Recht zu geben. Wenn man jedoch wahrnimmt, daß das Verhältnis der Menschen zu Gott heute nicht durch die Erlösungsgewißheit, aber auch nicht durch das Gefühl der eigenen Sündhaftigkeit und Erlösungsbedürftigkeit geprägt ist, sondern vielfach durch das Gefühl der Gottesferne, stellt sich die Frage nach der Danksagung als prägender Ausdrucksform der ganzen Feier in noch radikalerem Maße[3066].

[3065] Vgl. 7.7.1.1.

[3066] Die Anfrage kann natürlich - das darf nicht verschwiegen werden - auch umgekehrt formuliert werden: Können Menschen, die nicht aus ihrer Welterfahrung heraus Gott für sein Heilshandeln zu danken vermögen, überhaupt Eucharistie feiern? Eine negative Antwort auf diese Frage würde allerdings immense Konsequenzen für unsere kirchliche Feierpraxis haben!

15.3 Abschließende Überlegungen zur Effektivität und zu Konsequenzen der Methode

Abschließend muß noch einmal die verwendete Methode in den Blick genommen werden. Das wichtigste positive Ergebnis in der Anwendung der Methode ist, daß der methodische Ansatz von Taft[3067] als effizient bestätigt werden kann, nicht bei Strukturen[3068] stehen zu bleiben und diese zu vergleichen, sondern die einzelnen Strukturelemente primär nach ihrer Funktion im Gesamt der jeweiligen Feier zu befragen. Diese Funktion wird durch die inhaltlichen Aussagen und ihre Bezüge zu anderen Strukturelementen deutlich. Es ist klar geworden, daß diese Vorgehensweise einerseits die Theologie des Textes vielfach erst deutlich werden läßt (so z.B. die Untersuchung der Epiklesen in den Abendmahlsgebeten), während eine auf einem Strukturvergleich beruhende Methodik nicht genügend die primäre Unvergleichbarkeit der Ordnungen erkennen läßt (so z.B. der Versuch, die Kompatibilität von Eucharistiegebet und Vermahnung darzustellen). Wer von der Vergleichbarkeit der Struktur und der sie ausfüllenden Textgattungen ausgeht, geht letztlich von einer Einheit der Eucharistie- und Abendmahlsfeiern aus, die an ihre Grenzen stößt und dann bestimmte Ordnungen aussondern muß. Der Ansatz, die Struktur als Verständnishilfe einer jeweiligen Ordnung zu verstehen, nimmt die Verschiedenheit bis Gegensätzlichkeit der Ordnungen wahr und ernst, kann aber dann - nach Erarbeitung der Theologie einer Ordnung - auf theologisch-systematischer Ebene unterschiedlichste Ordnungen miteinander ins Gespräch bringen.

Damit sind deutliche Fragezeichen an Versuche gestellt, einen normative Struktur[3069] der Eucharistiefeier aufzuzeigen, wie dies z.B. Dix in seinem aus den EW abgeleiteten Vier-Aktionen-Schema tut[3070], der aber schon innerhalb der Feierformen der Antike bestimmte außer acht lassen muß[3071]. Die Übereinstimmung in der liturgischen Praxis des 4. Jh. wird

---

[3067] "The 'structure' is simply a model that reveals how the object 'works'" (Taft, East and West 152).

[3068] Bei der Frage nach der Struktur der Feier geht es nicht um die Strukturierung des Gottesdienstes mit pastoraler Intention, um allen Feiernden die Orientierung im Gottesdienst und damit den aktiven Mitvollzug innerhalb der Feier zu ermöglichen. Eine solche Strukturierung geschieht vor allem durch klare Begrenzung der Text- und Handlungselemente und durch die Arbeit mit Spannungsbögen. Dieser Ansatz wäre ein anthropologisch begründetes Anliegen, das auf Strukturierung abzielt, aber nicht auf eine spezifische, weil normative Struktur der Feier hinzielt (hierzu vgl. Bieritz, Struktur 49-51).

[3069] Zu früheren Versuchen, eine Struktur von vier oder drei Handlungen für die Eucharistiefeier herauszuarbeiten, vgl. Spinks, Mis-Shapen 161f. Zu Versuchen in der evangelischen Liturgik vgl. Schulz, Struktur 81f.
In gewisser Weise führt die Diskussion um die Struktur eine Kontroverse um die Grundgestalt der Eucharistiefeier auf anderer Ebene fort (vgl. Meyer, Eucharistie 449f). Damit versucht diese Diskussion, die Eucharistiefeier von einem einheitlichen, sinngebenden Prinzip her zu verstehen, wie überhaupt der Begriff 'Struktur' ab dem Zeitpunkt in der katholischen Liturgiewissenschaft auftaucht, als es darum geht, einen Ausgleich zwischen Tradition und Veränderung herzustellen (vgl. Bieritz, Struktur 38).

[3070] Dix identifiziert 'nehmen' mit dem Offertorial-Ritus, 'danksagen' mit dem Eucharistiegebet, 'brechen' mit der theologisch gedeuteten Brotbrechung und 'geben' mit der Kommunion (vgl. Dix 48; Spinks, Mis-Shapen 162-164). Er behauptet: "In that form and in that order these four actions constituted the absolutely invariable nucleus of every eucharistic rite known to us throughout antiquity from the Euphrates to Gaul" (Dix 48). Zu Dix' Werk vgl. Stevenson, Dix.

[3071] Aufgrund einer gewissen grundsätzlichen Übereinstimmung der Eucharistiefeiern des 4. Jh. in der Grundstruktur vermutet Dix zwar keine Ursprungsgestalt, aber einen einzigen liturgischen 'Archetyp' (vgl. Dix 5; Bradshaw, Homogenization 2). Quellen die nicht in sein Schema passen, werden für die Betrachtung ausgeschieden (vgl. Bradshaw, Homogenization 2-3).
Gerade die von Dix behauptete Einheit des zum Ausdruck kommenden Sinns der Eucharistie muß aufgrund der heutigen Kenntnisse bezweifelt werden (vgl. Bradshaw, Homogenization 3; Meyer, Eucharistie 520f). Diese

heute stärker als Ergebnis einer bewußten Harmonisierung herausgestellt, die sich in allen liturgischen Bereichen feststellen läßt[3072] (gerade die Eucharistiegebete integrieren Elemente unterschiedlichster Traditionen[3073]) und auf bestimmte Ursachen zurückzuführen ist[3074]. Eine direkte Brücke von den biblischen Einsetzungsberichten zur späteren Feiergestalt ist nicht zu schlagen![3075]

Ebenfalls müssen Versuche angefragt werden, die deskriptiv eine einheitliche Struktur der Feier konstatieren wollen, wie dies z.B. das Struktur-Papier der Lutherischen Liturgischen Konferenz tut[3076]. Es beansprucht weniger eine Normativität[3077], als es vielmehr versucht, das Spektrum der Feierformen in den evangelischen Kirchen in eine Einheit zu integrieren[3078]. Problematischer ist vor allem eine Strukturierung der Einzelabschnitte, weil die "globale (im Vorgang der 'Strukturierung' implizierte) Deutung zum Kriterium gottesdienstlicher Einheit gemacht wird"[3079], diese Deutung aber nicht als je eigene und kontextgebunde

---

Interpretation stützte sich vielfach auf eine vermutete Kontinuität der Entwicklung vom letzten Mahl Jesu mit seinen Jüngern über die mit einem Sättigungsmahl verbundene Feier der Eucharistie in apostolischer Zeit zu einer vom eigentlichen Mahl getrennten Eucharistiefeier, die dann vom für die altkirchlichen Liturgien typischen Eucharistischen Hochgebet bestimmt ist. Diese Vermutung erweist sich mittlerweile als zu einfach und den Quellen nicht gerechtwerdend (vgl. Meßner, Grundlinien 4f). Gerade für den ersten Entwicklungsschritt konstatiert Meßner: "Die urchristlichen Mahlfeiern wurzeln dementsprechend ursprünglich nicht in der 'Einsetzung' einer Gedächtnisfeier des Todes Christi durch den historischen Jesus im Abschiedsmahl, sondern setzen Jesu Tischgemeinschaft mit dem Kreis der ihm ständig nachfolgenden Männer und Frauen fort" (Meßner, Grundlinien 2; zur Vielfalt urchristlicher Mahlfeier vgl. auch Fiedler, spez. 217-219). Meßner zeigt, daß im Frühchristentum mit ganz unterschiedlichen Mahlformen und damit theologischen Akzentsetzungen gerechnet werden muß (vgl. Meßner, Grundlinien 1-6).

[3072] Vgl. Bradshaw, Homogenization 3-6. Zur Kritik vgl. ausführlich Spinks, Mis-Shapen; vgl. ebenso Stevenson, Offering 10-37.222-225.

[3073] Vgl. Meßner, Grundlinien 4-6.

[3074] Vgl. Bradshaw, Homogenization 6-9.

[3075] Meyer versucht diese Differenz mit der Aussage einzuholen, "daß die Feier der Kirche nicht der Urgestalt, sondern der Grundgestalt des letzten Mahles Jesu entsprechen müsse" (Meyer, Eucharistie 84).

[3076] Vgl. Versammelte Gemeinde 9-14. In den konkreten Ausführungen wird für den Abendmahlsabschnitt die Grobstruktur 'Lobpreis', 'Einsetzung', 'Bereitung' (nicht der Gaben, sondern der Kommunikanten!) und 'Austeilung' genannt (vgl. Versammelte Gemeinde 12f), wobei EW und Austeilung als "unaufgebbare Stücke" (Versammelte Gemeinde 12) bezeichnet werden. Der Vorentwurf der Erneuerten Agende nimmt dieses Strukturpapier auf (vgl. EA 13f), läßt dann aber zwei Grundformen (Meßtyp und oberdeutschen Typ) nebeneinander stehen (vgl. EA 14-16.32-47). Weiterhin fügt das Strukturpapier nach der 'Eröffnung' noch die 'Anrufung' ein und kommt so auf fünf Abschnitte (vgl. Versammelte Gemeinde 9-14); die EA faßt dann diese beiden Abschnitte wieder zusammen (vgl. EA 14.32.42).

[3077] Man tut dem Papier und seinen Verfassern sicher Unrecht, wenn man als Ziel die Festschreibung einer 'Einheitsliturgie' herauslesen würde. Allerdings wird mit der aufgewiesenen Struktur der Anspruch verbunden, daß "darin auch die Bindung an das biblische Zeugnis zum Ausdruck kommt und festgehalten wird" (Versammelte Gemeinde 6; vgl. Bieritz, Struktur 41). Zumindest eine 'Grundstruktur' wird zur Wahrung sowohl der geschichtlichen Kontinuität als auch der Identität christlichen Gottesdienstes verlangt, ohne daß damit jede Einzelheit der Abendmahlsfeier schon festgelegt wäre (vgl. Versammelte Gemeinde 6).

[3078] Schulz zeigt z.B. in seiner Erwiderung der Kritik zu Recht die fließenden Grenzen zwischen Meßtyp und oberdeutschem Typ auf (vgl. Schulz, Struktur 91-93.91[131]). Das Strukturpapier thematisiert in seinem Vorwort dennoch die Einheit als Ziel des Papiers: "Das Strukturpapier selbst ... hat den erklärten Zweck, der Gewinnung neuer Einsichten in die Vielfalt und Einheit des christlichen Gottesdienstes zu dienen" (Versammelte Gemeinde 4).

[3079] Bieritz, Struktur 43. Erneuert wird die Kritik in Bieritz, Liturgik 15f. Bieritz merkt an, daß mit der Rede von einer 'Grundstruktur' eine Einheit behauptet wird, der bestimmte Formen und Elemente der Gottesdienste, die wir in der Geschichte vorfinden, als Ausformungsvarianten ein- und untergeordnet werden (vgl. Bieritz,

verständlich wird[3080]. Allerdings möchte ich nicht so weit gehen wie Bieritz, der meint, daß die Struktur als Deutung ihren Sinn hat, weil sie Kommunikation ermöglicht, als 'Bedeutungssystem' aber fraglich wird: "Die Frage, 'ob die solchermaßen identifizierte Struktur an sich existiert' ist in der Tat ... eine nutzlose Frage; sie geht an der eigentlichen Funktion des Phänomens - nämlich Kommunikation und damit organisiertes Verhalten zu ermöglichen - vorbei"[3081]. Eine solche Position reduziert die Funktion von Strukturen allein auf die Kommunikabilität[3082]; jede Eucharistie-/Abendmahlsfeier steht jedoch unter dem Anspruch normativer Bindung und diese Normativität muß etwas mit der Feiergestalt zu tun haben[3083]! Als eigentliche Gefahr erscheint mir, durch die übergreifende Struktur auf eine Einheit der Abendmahlstheologie zu schließen, die theologisch nicht eingeholt ist. Unterschiedliche Abendmahlstheologien gilt es wahrzunehmen, auch wenn all diese Formen "aus dem gleichen ursprungsbezogenen Kern erwachsen sind"[3084]. Damit wird weder die Struktur der Feier unwichtig, noch wird der Anspruch aufgegeben, 'vergleichende Liturgiewissenschaft' zu sein[3085], aber der Vergleich nimmt nun die ganze Feier- und Sinngestalt wahr, nicht bloß die Struktur.

Für eventuelle Liturgiereformen[3086] bedeutet dieser methodische Ansatz, vermehrt die Einheit von Sinn- und Feiergestalt zu beachten. Im Vordergrund sollten weniger Strukturschemata stehen, auch geht es nicht einfach um die Streichung von Doppelungen[3087] und Füllelementen, sondern um liturgische Gestaltung, die verantwortet (d.h. aus einer Reflexion über die Feiergestalt) von einer einheitlichen Sinngestalt her entwickelt wird.

Andererseits ist damit die Frage aufgestellt, ob bei Konsensbemühungen die bloße Einigung auf ein Strukturmodell zu einem Ergebnis führen kann oder nicht doch die Gefahr von Scheinkonsensen in sich birgt. Ein Konsens muß viel stärker über die Betrachtung der Sinn- und Feiergestalt herbeigeführt werden. Bezogen auf die Frage nach Einheit und Verschiedenheit von Liturgien wird damit deutlich, daß (wenn überhaupt) die Einheit in der Sinngestalt, nicht aber primär in der Struktur zu fordern ist.[3088]

Struktur 43). Damit erhalten bestimmte (ohne weiteres mit einer konfessionellen Identität verbundene) Elemente den Charakter einer 'Gestaltungsmöglichkeit', die sich letztlich als 'reichere' oder 'schlichtere' Form erweist (vgl. Versammelte Gemeinde 22).

[3080] Die entscheidende Aussage der Kritik Bieritz' an jedem Versuch, die Struktur der Liturgie aufzuzeigen, ist, daß jede Strukturierung einen Interpretationsvorgang darstellt (Bieritz, Struktur 41) und somit Teil eines umfassenden Prozesses theologischer Erkenntnisbildung ist (Bieritz, Struktur 47).

[3081] Bieritz, Struktur 43.

[3082] Vgl. Anm. 3068. Eine solche Sicht läßt sich nur vertreten, wenn man die Abendmahlsfeier in ihrer Gestaltung als etwas je neu zu Erfindendes ansieht.

[3083] Vgl. die kritischen Anmerkungen in Meyer, Eucharistie 533f; Schulz, Struktur 79f.

[3084] Schulz, Struktur 93[133]. Der gleiche Ursprung garantiert eben nicht die gleiche Theologie.

[3085] Vgl. 3.3.1. Gerade die Funktion einzelner Strukturelemente wird nicht nur durch die inhaltlich-textliche Ausgestaltung deutlich, sondern durch die Stellung im Gesamt der Feier, die erst durch den Vergleich problematisiert werden kann.

[3086] Zum Einfluß der Thesen Dix' auf die liturgischen Reformen der Gegenwart vgl. Spinks, Mis-Shapen 164-167; Stevenson, Dix 24; Stevenson, Offering 195-213.

[3087] Gerade bei der untersuchten Ordnung konnten alle textlichen Doppelungen funktional unterschieden werden und stellten sich in der Dynamik der Feier als keineswegs überflüssig dar; so bei den EW (vgl. 7.6.4 und 7.8.3) und bei den Sündenbekenntnissen im Wortgottesdienst (vgl. 6.4).

[3088] Dies ist in der katholischen Kirche z.B. bei der wichtigen Diskussion um Inkulturationsbemühungen der Liturgie zu beachten.

Letztlich stellt sich bei der Reflexion der Einzelprobleme die Frage nach der Bedeutung geschichtlicher Wenden und Veränderungen der Liturgien, womit wir wieder beim Problem der von Baumstark formulierten vergleichenden Liturgiewissenschaft sind, die von einem evolutiven, eigentlich ontologischen Verständnis der Liturgie ausgeht[3089]. Die heutige Liturgiewissenschaft muß sich fragen lassen, ob sie überhaupt verifizierbare Kriterien für eine positive oder negative Bewertung solcher Veränderungen der Liturgie hat. Liegen den momentan in bezug auf die Eucharistiefeier verwendeten Kriterien nicht vielmehr Entscheidungen zugrunde, die sich zwar auf die EW oder die Liturgien des 4. Jh. beziehen, aber letztlich auf einer bestimmten Interpretation dieser Größen fußen? Müssen wir nicht momentan in einer ökumenischen Liturgiewissenschaft schon deshalb eine Pluriformität akzeptieren, weil die verwendeten Kriterien für die Beurteilung nicht klar sind und mit ihnen letztlich auf Autoritäten verwiesen wird? Anders gewendet: Muß nicht eine Pluriformität der Feierformen im Moment akzeptiert werden, weil die existierende Pluriformität der Eucharistietheologien nicht in ein Einheitskonzept aufgelöst werden kann? Damit ist der Anspruch einer Normativität für die Feier nicht aufgegeben, aber man tut nicht so, als wäre sie einfachhin zu eruieren. Wie Meyer richtig feststellt, ist die Normativität "nicht a priori vorentschieden, sondern erweist sich a posteriori im Überlieferungsprozeß lebendiger kirchlicher Tradition unter der Leitung des Geistes Christi"[3090]. Dieser Überlieferungsprozeß ist aber nie abgeschlossen[3091]. Keine der bisher realisierten und in Zukunft möglichen Feiergestalten bringen das Mysterium der Eucharistie voll zum Ausdruck und keine Sinngestalt kann den Anspruch erheben, das letzte Wort zu sein[3092]. Alle bislang bekannten Typen der Eucharistiefeier und des Eucharistie-Verständnisses haben bezogen auf die jeweilige Zeit, deren Verhältnisse und Möglichkeiten und sofern sie den genannten Legitimitätskriterien gerecht werden, ihre zwar relative, aber doch wirkliche Berechtigung und sind daher entsprechend zu würdigen - "sie alle sind Stationen auf einem Weg, der noch nicht zu Ende ist"[3093].

[3089] Vgl. 2.2.3.1.

[3090] Meyer, Eucharistie 524.

[3091] Vgl. Meyer, Eucharistie 524.

[3092] Vgl. Meyer, Liturgietheologie 963.

[3093] Meyer, Liturgietheologie 964.

16 Literatur- und Abkürzungsverzeichnis

16.1 Im Text verwendete Abkürzungen

EW = Einsetzungsworte; HK = Heidelberger Katechismus; KO = Kirchenordnung; A.d.V. = Anmerkung des Verfassers; Ü. = Übersetzung; Ü.d.V. = Übersetzung des Verfassers

Alle weiteren Kürzel sind Abkürzungen für Literatur und werden im Literaturverzeichnis aufgelöst. Alle Abkürzungen, die nicht aufgelöst werden, richten sich nach: **Siegfried M. Schwertner, Internationales Abkürzungsverzeichnis für Theologie und Grenzgebiete (Berlin ²1992).**

16.2 Literaturverzeichnis

16.2.1 Wörterbucher

DMLBS, für: R. E. Latham u.a. (Hg.), Dictionary of Medieval Latin from British Sources, fasc. 1ff (Oxford 1975ff).

Duden-Wörterbuch, für: Wissenschaftlicher Rat und die Mitarbeiter der Dudenredaktion (Hg.), Duden. Das große Wörterbuch der deutschen Sprache. 8 Bde. (Mannheim ²1993-1995).

Duden 5, für: Wissenschaftlicher Rat der Dudenredaktion (Hg.), Duden 5. Fremdwörterbuch (Mannheim ³1974).

Frühneuhochdeutsches Wörterbuch, für: Robert R. Anderson/Ulrich Goebel/Oskar Reichmann (Hg.), Frühneuhochdeutsches Wörterbuch 1 (Berlin 1989).

P. G. W. **Glare** (Hg.), Oxford Latin Dictionary (Oxford 1982).

Grimm, Wörterbuch, für: Jakob und Wilhelm Grimm, Deutsches Wörterbuch. 16 Bde. (Leipzig 1884-1954).

Grimm, Neubearbeitung, für: Jakob und Wilhelm Grimm, Deutsches Wörterbuch. Neubearbeitung. Hg. von der Akademie der Wissenschaften der DDR in Zusammenarbeit mit der Akademie der Wissenschaften zu Göttingen 1ff (Leipzig 1983ff).

Rolf **Hiersche**, Deutsches etymologisches Wörterbuch. Buchstabe A. 1. Lieferung = Germanische Bibliothek.NF 2. Reihe: Wörterbücher (Heidelberg 1986).

Friedrich **Kluge**, Etymologisches Wörterbuch der deutschen Sprache. Unter Mithilfe von Max Bürgisser und Bernd Gregor völlig neu bearbeitet von Elmar Seebold (Berlin ²²1989).

LLNMA, für: J. W. Fuchs/Olga Weijers/Marijke Gumbert-Hepp (Hg.), Lexicon latinitatis nederlandicae medii aevi 1ff (Leiden 1977ff).

LMALB, für: Academia scientiarum bohemoslovaca (Hg.), Latinitatis medii aevi lexicon bohemorum 1ff (Prag 1987ff).

Mittellateinisches Wörterbuch, für: Bayerische Akademie der Wissenschaften/Deutsche Akademie der Wissenschaften zu Berlin (Hg.), Mittellateinisches Wörterbuch 1 (München 1967).

Hermann **Paul**, Deutsches Wörterbuch (Tübingen ⁹1992).

Wolfgang **Pfeifer** u.a., Etymologisches Wörterbuch des Deutschen. 3 Bde. (Berlin 1989).

TLL, für: Thesaurus Linguae Latinae 1 (Leipzig 1900).

Gert **Ueding** (Hg.), Historisches Wörterbuch der Rhetorik 1ff (Tübingen 1992ff).

Gerhard **Wahrig**/Hildegard Krämer/Harald Zimmermann (Hg.), Brockhaus Wahrig. Deutsches Wörterbuch. 6 Bde. (Wiesbaden, Stuttgart 1980-1984).

16.2.2 Quellen

16.2.2.1 Evangelische liturgische Quellen

Alle evangelischen Quellen sind möglichst mit bibliographischem Beleg (= BB) und verwendeter (Teil-)Edition (= TE) angegeben. Eine Edition in CD hat in der Zitation in der Regel Präferenz vor einer vollständigen Edition.

Andorff 1567, für: Agenda. Christliche Kirchenordnung der Gemeine Gottes/so in Antdorff der waren/reinen/ unverfelschten Augspurgischen Confession zugetan (Smalkalden 1567). BB: CD 1,273. TE: CD 1,284-289.

Anhalt-Cöthen 1699, für: Gebete und andere Kirchendienste Anhalt-Cöthen (1699). BB: CD 1,505. TE: CD 1,509-523 (Varianten zu Kurpfalz 1563 im Apparat).

Antwerpen 1579, für: Het Formulier-boeck. Vervattende VI formulieren, Die by de Christelijcke Gemeenet/toegedaen de onveranderde Ausburgse Confessie in dese Nederlanden/gebruyckt worden (Amsterdam 1672 [älteste auffindbare Ausgabe]). BB: CD 1,273. TE: CD 1,275-284.

Augsburg 1537, für: Forma/wie von dem hailigen Tauff/vnd dem hailigen Sacrament des leibs vnd blûts Christi ... zureden sey/Gestellt in die Kirch vnd Gemaind Christi der Statt Augspurg (1537). BB: CD 1,308. TE: CD 1,333-336 (Varianten zu Augsburg 1555 im Apparat).

Augsburg 1555, für: Forma./Wie vom hailigen tauf,/und dem hailigen Sacrament des leibs/und Bluts Christi ... zureden sei,/widerumb von neuem getruckt./Gestellt in die kirch und gemain Christi der statt Augspurg (Augsburg: Phil. Ulhart 1555). BB: EKO 12,95. TE: CD 1,333-336.

Basel <1526, für: Form vnd gstalt Wie das Herren Nachtmal/Der kinder Tauff/Der Krancken haymsûchung/zû Basel gebraucht vnd gehalten werden (o.O. [vor 1526]). BB: CD 1,199¹. TE: CD 1,203-215 (Varianten zu Basel 1526 im Apparat).

Basel 1526, für: Form vnd gstalt wie der kinder tauff/Des herren Nachtmal/vnd der Krancken heymsûchung/jetzt zû Basel von etlichen Predicanten gehalten werden (o.O. 1526). BB: CD 1,199. TE: CD 1,203-215.

Basel 1537, für: Form der Sacramenten bruch/wie sy zû BASEL gebrucht werden/mit sampt eynem kurtzen kinder bericht (Basel: Lux Schouber 1537). BB: CD 1,200. TE: CD 1,215-225.

Basel 1560, für: Agendbiechlin der Kirchen zû Basel (o.J. [um 1560]). BB: CD 1,200⁵. TE: CD 1,215-225 (Varianten zu Basel 1537 im Apparat).

BCP 1549, für: The Booke of the Common Prayer and Administracion of the Sacramentes, and other Rites and Ceremonies of the Churche after the Use of the Churche of England (London: Eduard Whitchurche 1549). BB: CD 1,379. TE: CD 1,395-406; Colin Buchanan (Hg.), Eucharistic Liturgies of Edward VI. A Text for Students = GLS 34 (Bramcote ²1992) 7-20.

BCP 1552, für: The Boke of the Common Prayer and Administracion of the Sacramentes, and other Rites and Ceremonies in the Churche of England (London: Eduard Whytchurche 1552). BB: CD 1,381. TE: CD 1,406-408; Colin Buchanan (Hg.), Eucharistic Liturgies of Edward VI. A Text for Students = GLS 34 (Bramcote ²1992) 21-33.

BCP 1637, für: The Book of Common Prayer and Administration of the Sacraments and other Parts of Divine Service for the Use of the Church of Scotland (1637). BB: CD 1,384. TE: CD 1,409-413.414-426 (Varianten zu BCP 1662 im Apparat).

BCP 1662, für: The Booke of Common Prayer And Administration of the Sacraments And other Rites and Ceremonies of the Church. According to the use of the Church of England (1662). BB: CD 1,386. TE: CD 1,414-426.

Bern 1529, für: Ordnung unnd satzung deß Eegrichts, straff deß Eebruchs und Hûry ze Bernn. Ouch form unnd gestalt der Eelûten ynfûrung, deß Touffs unnd Herren Nachmal, wie es ze Bernn gebrucht wirdt ([Zürich: Froschauer 1529]). BB: CD 1,227. TE: CD 1,229-236.

Bern 1581, für: Cancel und Agendt Büchlin/der Kilchen zu Bernn (1581). BB: CD 1,227¹. TE: CD 1,229-236 (Varianten zu Bern 1529 im Apparat).

Bibersfeld 1535, für: Kirchenordnung zu Bibersfeld [1535]. BB: Christoph Weismann, Ein unbekannte Gottesdienstordnung von Johannes Brenz aus dem Jahre 1535: BWKG 88 (1988) 12. TE: ebd. 14-17.

Brandenburg-Nürnberg/Kirchenordnungsentwurf 1530, TE: OGA 3,484-546.

Brandenburg-Nürnberg/Kirchenordnungsgegenentwurf 1530, TE: OGA 3,546-606.

Brandenburg-Nürnberg 1533, für: KirchenOrdnung, In meiner gnedigen herrn der marggrauen zu Brandenburg Und eins Erbern Rats der Stat Nürmberg Oberkeyt und gepieten, wie man sich bayde mit der Leer und Ceremonien halten solle (Nürnberg: Jobst Gutknecht 1533). BB: CD 1,70. TE: CD 1,76-80; EKO 11,140-205; OGA 5,63-177.

Brandenburg-Nürnberg 1591, für: Kirchenordnung, in meiner gnädigen Herrn der Marggrafen zu Brandenburg und eines erbarn rats der stat Nürnberg, obrigkeit und gebieten, wie man sich beide mit der lehr und ceremonien halten solle (Hof: Matth. Pfeilschmidt 1533). BB: EKO 11,140; TE: CD 1,79⁴⁰ (Spendeformel als Variante zu Brandenburg-Nürnberg 1533).

Braunschweig 1528, für: Der erbarn stadt Brunswig christlike ordeninge to denste dem hilgen evangelio, christliker leve, tucht, frede unde eynicheit. Ock darunder vele christlike lere vor de borgere. Dorch Joannem Bugenhagen Pomeren bescreven (Wittenberg: Joseph Kluck 1528). BB: CD 1,49; EKO 6.1,348. TE: CD 1,53-56; EKO 6.1,348-455; Herbst 88-93.

Braunschweig-Lüneburg 1564, für: Kirchenordnung: Wie es mit christlicher lere, reichung der sacrament, ordination der diener des evangelii, ordentlichen ceremonien, visitation, consistorio und schulen im herzogthumb Lünenburg gehalten wird (Wittenberg: Georg Rhaus Erben 1564). BB: EKO 6.1,533. TE: CD 1,59-62; EKO 6.1,533-575.

Braunschweig-Wolfenbüttel 1569, für: Kirchenordnung unser, von Gottes genaden Julii, herzogen zu Braunschweig und Lüneburg etc. Wie es mit lehr und ceremonien unsers fürstenthumbs Braunschweig, Wulffenbütlischen theils, auch derselben kirchen anhangenden sachen und verrichtungen hinfurt (vermittels göttlicher gnaden) gehalten werden sol (Wolfenbüttel: Konrad Horn 1569). BB: EKO 6.1,83. TE: EKO 6.1,83-280.

Bullinger/Handagende 1532, für: Kylchen brüch/und Christlich Ordnung der kylchen Zürich (1535). BB: Zwingliana 10 (1954) 6. TE: ebd. 6-23.

Buxtehude 1565, für: Buxtehuder Agende [1565]. BB: EKO 7.1,92. TE: CD 1,62-64.

Calenberg-Göttingen 1542, für: Christliche, bestendige und in der schrift und heiligen veteren wol gegrünte verklerung und erleuterung der furnemesten artikel unser waren, alten, christlichen religion, fur arme, einfeltige pfarrherrn in den druck gegeben (Erfurt: Melchior Sachsen 1542). BB: CD 1,11. TE: CD 1,24.66; EKO 6.2,708-843.

Celle 1545, für: Kirchen ordnung als von der lahre götlichs worts, ceremonien und erbarlichem wandeln der priester [1545]. BB: EKO 1,297. TE: EKO 1,297-304.

Christliche gebet 1563, für: Christliche gebet, die man daheim in heusern und in der kirchen brauchen mag (Heidelberg: Johann Mayer 1563). BB: EKO 14,44.

Draft Liturgy 1618, für: Booke of Common Prayer and Administration of the Sacraments with other Rites and Ceremonies of the Church of Scotland, as it was sett downe at first before the change thereof made by the Archbp. of Canterburie and sent back to Scotland ([1618]). BB: CD 1,466. TE: CD 1,481-486.

EA, für: Vereinigte Evangelisch-Lutherische Kirche Deutschlands, Lutherisches Kirchenamt/Evangelische Kirche der Union, Kirchenkanzlei (Hg.), Erneuerte Agende. Vorentwurf (Hannover, Bielefeld 1990).

Erbach 1560, für: Kirchen Ordnung der Löblichen Graffschafft Erbach (Frankfurt/Main 1560). BB: CD 1,309.

Farel 1533, für: La maniere et fasson quon tient en baillant le saint baptesme en la saincte congregation de dieu: et en espousant ceulx qui viennent au sainct mariage/et la saincte Cene de nostre seigneur (Neuchâtel: Pierre de Vingle 1533). BB: CD 1,339. TE: CD 1,341-346.

Farel 1538, für: Lordre et maniere quon tient en administrant les sainctz sacremens: assavoir/le Baptesme/et la Cene de nostre Seigneur. ([Genf]: Jehan Michel 1538). BB: CD 1,339. TE: CD 1,341-346 (Varianten zu Farel 1533 im Apparat).

FBD 1560, für: First Book od Discipline (1560). BB: CD 1,463. TE: CD 1,479f.

FoP 1556, für: The Forme of Prayers and ministration of the Sacraments... vsed in the Englishe Congregation at Geneua: and approued by the famous and godly learned man, Iohn Caluyn (Genf: John Crespin 1556). BB: CD 1,463. TE: CD 1,472-479; Maxwell.

FoP 1564, für: The Forme of Prayers and ministration of the Sacraments... vsed in the English Church at Geneua, approued and receiued by the Church of Scotland (Edinburgh: Robert Lekprevik 1564). BB: CD 1,463. TE: CD 1,472-479.

Frankenthal 1566, für: De Psalmen Davids, ende ander Lofsanghen, wt den Francoyschen Dichte In Nederlandschen ouerghesett, Doer Petrvm Dathenvm (Heidelberg 1566). BB: CD 1,525. TE: CD 1,526-535.

Frankfurt 1530, für: Frankfurter Kirchenordnung (1530). BB: CD 1,237. TE: CD 1,239-241.

Frankfurt 1543, für: Action bey dem Nachtmal (1543). BB: CD 1,238. TE: CD 1,241-244.

Frankfurt 1553, für: Einfältige Form, das Nachtmal des Herrn zu halten, zu taufen und Eheleute einzusegnen, sammt ihren Vermahnungen und Gebeten, wie zu Frankfurt gebräuchlich (Frankfurt 1553). BB: CD 1,238. TE: CD 1,241-244 (Varianten zu Frankfurt 1543 im Apparat).

Frankfurt 1564, für: Kirchen Ordenung vnd Gebett/wie die/nach Christlichem brauch/inn der Kirchen zu Franckfurt am Meyn beim Heyligen Nachtmal/Tauff/vnd Einsegnung der Eheleut/gehalten werden (o.O. 1564). BB: CD 1,238. TE: CD 1,241-244 (Varianten zu Frankfurt 1543 im Apparat).

Frankfurt 1589, für: Agenda, das ist/Kurtze vnd einfältige erzehlung der fürnemsten Kirchengebräuch vnd Ceremonien/so in der reinen Euangelischen Kirchen zu Franckfurt am Mayn/gehalten werden (Frankfurt: Johannes Spieß 1589). BB: CD 1,238. TE: CD 1,241-244 (teilweise als Varianten zu Frankfurt 1543 im Apparat).

Frankfurt 1599, für: [Neuausgabe von Frankfurt 1589] BB: CD 1,238. TE: CD 1,241-244 (teilweise als Varianten zu Frankfurt 1543 im Apparat).

Friesland 1565, für: Kirchenordnung, wie die unter dem christlichen könig auß Engelland, Edward dem VI. in der statt London in der niderlendischen gemeine Christi durch kön. majest. mandat geordnet und gehalten worden, mit der kirchendiener und eltesten bewilligung... (Heidelberg: Johannem Mayer 1565). BB: EKO 7.1,579. TE: EKO 7.1,579-667.

Genf 1542, für: La Forme des Prieres et Chantz ecclesiastiques, auec la maniere d'administrer les Sacremens, et consacrer le Mariage: selon la coustume de l'Eglise ancienne ([Genf] 1542). BB: CD 1,347. TE: CD 1,355-362; COS 2,11-58.

Genf 1542A, für: La manyere de faire prieres aux eglises Francoyses... ([Straßburg]: Theodor Brüß 1542). BB: CD 1,348. TE: CD 1,355-362 (Varianten zu Genf 1542 im Apparat); COS 2,11-58.

Genf 1545, für: La Forme des Prieres et Chantz ecclesiastiques. Auec la maniere d'administrer les Sacrements, et consacrer le Mariage; selon la coustume de l'Eglise ancienne (Straßburg 1545). BB: CD 1,348. TE: CD 1,355-362 (Varianten zu Genf 1542 im Apparat); COS 2,11-58.

Genf dt. 1563, für: Ordnung. Der Euangelischen Kirchen in Frankreich/so gehalten wird/im Gemeinen Gebet/Reichung der Sacrament/Einsegnen der Ehe/Besuchung der Krancken, Vnd Christlichem Catechismo (Heidelberg: Johann Mayer 1563). BB: CD 1,348.

Grubenhagen 1581, für: Des durchlauchtigen, hochgebornen fürsten und herren, herrn Wolffgangen, herzogen zu Braunschweig und Lüneburgk etc. christliche ordnung und befehl, wes sich prediger und zuhörer in Seiner F. G. lande auf jüngstgeschehene visitation hinfüro verhalten sollen (Eisleben: Urban Gaubisch 1581). BB: EKO 6.2,1041. TE: CD 1,42f.

Hessen 1566, für: Kirchen Ordnung: Wie sich die Pfarherrn vnd Seelsorger in jrem beruff mit leren vnd predigen, allerley Ceremonien vnd guter Christlicher Disciplin vnnd Kirchenzucht halten sollen: Für die Kirchen inn dem Fürstenthumb Hessen (Marburg: Andreas Kolb 1566). BB: EKO 8,178. TE: EKO 8,178-337.

Hessen 1574, für: AGENDA. Das ist: Kirchenordnung wie es im Fürstenthumb Hessen/mit Verkündigung Göttliches worts, reichung der heiligen Sacramenten vnd andern Christlichen handlungen vnd Ceremonien gehalten werden soll (Marburg: Augustinus Colbius 1574). BB: EKO 8,408. TE: EKO 8,408-464.

Jülich-Berg 1671, für: Kirchen-Ordnung der christlich-reformierten Gemeinden in den Ländern Gülich und Berg [1671]. BB: BSRKORK 298. TE: BSRKORK 303-325.

Kantz 1522, für: Von der euangelischen Messz. Mit schönen Christlichen Gebetten vor vnd nach der Empfahung des Sacraments. Durch Caspar Kantz von Nördlingen (1522). BB: CD 1,8. TE: CD 1,14-17; Smend, Messen 73-78.

Karlstadt 1521, für: Kirchen-Ordnung für Wittenberg (o.O. [1521]). BB: CD 1,7; EKO 1,697. TE: CD 1,13.

Kassel 1539a, für: Ordenung der Kirchennübung/Für die Kirchen zu Cassel (Marburg: Christian Egenolff 1539). BB: CD 1,306. TE: EKO 8,113-130.

Kassel 1539b, für: Ordenung der kirchen zu Cassel (Erfurt: Melchior Sachssen 1539). BB: CD 1,307. TE: CD 1,329-333; EKO 8,113-130 (im Apparat).

Kirchenbuch 1983, für: Kirchenbuch. Gebete und Ordnungen für die unter dem Wort versammelte Gemeinde. Hg. von Karl Halaski u.a. (Neukirchen-Vluyn ³1983).

Köln 1543, für: Von Gottes genaden vnser Hermans Ertzbischoffs zu Cölln/vnnd Churfürsten etc. einfaltigs bedencken/warauff ein Christliche/in dem wort Gottes gegrünte Reformation/an Lehr brauch der Heyligen Sacramenten ... anzurichten seye (Bonn: Laurentius von der Müllen 1543). BB: CD 1,309. TE: CD 1,336f; Richter, Kirchenordnungen 2,30-54.

Kurbrandenburg 1540, für: Kirchenordnung im churfurstenthum der marcken zu Brandenburg, wie man sich beide mit der leer und ceremonien halten sol (Berlin: Joh. Weis 1540). BB: CD 1,71. TE: CD 1,87-89; EKO 3,39-90.

Kurpfalz 1546, für: Gemaine maß, die kirchen- und gottesdinst anzurichten, bis das hierin durch kunftige visitatores und superattendenten weiter bericht gegeben würde [1546]. BB: EKO 14,94. TE: EKO 14,94-102.

Kurpfalz 1547, für: Kirchenordnu[n]g, wie es mit der christlichen lehr, heiligen sacramenten und allerley andern ceremonien in meines genedigen herrn, herrn Otthaynrichen, pfaltzgraven bey Rhein, hertzog in Nidern- und Obernbayren etc., fürstenthumb gehalten wirdt (Frankfurt: Cyriacus Jacob 1547). BB: EKO 14,109. TE: EKO 14,109-111 (nur die Varianten zu Pfalz-Neuburg 1543).

Kurpfalz/Reformationsmandant 1556, für: 'Reformationsmandat an die Amtleute, betreffend die Abschaffung des katholischen Gottesdiensts und vorläufige Ordnung des Gottesdiensts im evangelischen Sinne, vom 16. April 1556'. BB: EKO 14,111. TE: EKO 14,111-113.

Kurpfalz 1556, für: Kirchenordnung, wie es mit der christlichen leere, heiligen sacramenten und ceremonien in des durchleuchtigsten, hochgebornen fürsten und herren, herrn Ottheinrichs, pfaltzgraven bey Rhein, des heiligen römischen reichs ertzdruchsessen und churfürsten, hertzogen in Nider- und Obernbayrn etc., chur- und fürstenthumben gehalten wirdt (Neuburg: Hans Kilian 1556). BB: EKO 14,23.113. TE: EKO 14,113-220.

Kurpfalz 1563, für: Kirchenordnung, wie es mit der christlichen lehre, heiligen sacramenten und ceremonien in des durchleuchtigsten, hochgebornen fürsten und herren, herrn Friderichs, pfaltzgraven bey Rhein, des heiligen römischen reichs ertzdruchsessen und churfürsten, hertzogen in Bayrn etc., churfürstenthumb bey Rhein gehalten wirdt (Heidelberg: Johann Mayer 1563). BB: EKO 14,40.333. TE: CD 1,509-523; EKO 14,333-408.

Kurpfalz/Kirchenratsordnung 1564, für: 'Kirchenratsordnung vom 21. Juli 1964'. BB: EKO 14,409. TE: EKO 14,409-424.

Kurpfalz/Kirchenzuchtedikt 1570, für: 'Edikt über die Einhaltung der Polizeiordnung, die Einrichtung der Kirchendisziplin und der Classicalconvente und die Verbesserung des Almosens vom 13. Juli 1570'. BB: EKO 14,436. TE: EKO 14,436-441.

Kurpfalz 1577, für: Kirchenordnung, wie es mit der christlichen lehre, administrierung der heiligen sacramenten und ceremonien in des durchleuchtigsten, hochgebornen fürsten und herren, herrn Ludwigen, pfaltzgraven bey Rhein, des heiligen römischen reichs ertztruchsässen und churfürsten, hertzogen in Bayern etc., churfürstenthumb gehalten werden soll (Heidelberg: Jakob Müller 1577). BB: EKO 14,113[1]. TE: EKO 14,113-220 (Varianten zu Kurpfalz 1556 im Apparat).

Kurpfalz 1585, für: Kirchenordnung, wie es mit der christlichen lehre, heiligen sacramenten und ceremonien in der chur- und fürstlichen Pfaltz bey Rhein gehalten wirdt. Mit eynverleibtem kleinen catechismo, von neuem ubersehen und in druck gefertiget (Heidelberg: Jacob Müller 1585). BB: EKO 14,77.334f. TE: EKO 14,333-408 (Varianten zu Kurpfalz 1563 im Apparat).

Kurpfalz 1601, für: Kirchenordnung, wie es mit der christlichen lehre, heyligen sacramenten und ceremonien in des durchleuchtigsten, hochgebornen fürsten und herrn, herrn Friderichs, pfaltzgrafen bey Rhein, des heyligen römischen reichs ertztruchsessen und churfürsten, hertzogen in Bayern, churfürstenthumb gehalten wirdt (Heidelberg: Gothard Vögelin 1601). BB: EKO 14,556. TE: EKO 14,556-585.

Kursachsen 1580, für: Des durchlauchtigsten, hochgebornen fürsten und herrn, herrn Augusten, herzogen zu Sachsen u.s.w. Ordnung, wie es in seiner churf. g. landen bei den kirchen mit der lehr und ceremonien, desgleichen in derselben beiden universiteten, consistorien fürsten und partikular schulen, visitation, synodis und was solchem mehr anhanget, gehalten werden soll (Leipzig: Hans Steinmann 1580). BB: CD 1,29. TE: EKO 1,359-457.

a Lasco 1555, für: Johannes a Lasco, Forma ac ratio tota ecclesiastici Ministerii, in peregrinorum, potissimum vero Germanorum Ecclesia: instituta Londini in Anglia... 1550 (Frankfurt/Main 1555). BB: CD 1,431. TE: CD 1,435-460; Abraham Kuyper (Hg.), Joannis a Lasco opera tam edita quam inedita 2 (Amsterdam 1866) 1-283.

Lavater 1559, für: De ritibus et institutis ecclesiae Tigurinae, opusculum (Zürich [1559]).

Lüneburg 1530, für: Radtslach to nodtroft der kloster des förstendoms Lüneborch, Gades wort unde ceremonien belangen (Hamburg: Jürgen Richolff 1530). BB: EKO 6.1,586. TE: EKO 6.1,586-608.

Lüneburg 1575, für: Kirchenordnung der Stadt Lüneburg (1575). TE: EKO 6.1,650-690.

Luther, FM 1523, für: Formula missae et communionis pro Ecclesia Vuittembergensi. Martini Luther (Wittenberg 1523). BB: CD 1,25. TE: CD 1,33-39; Herbst 16-48.

Luther, DM 1526, für: Deutsche Messe vnd ordnung Gottis dienstts. ... Martinus Luther (Wittenberg 1526). BB: CD 1,27. TE: CD 1,36-39; Herbst 69-87.

Luther, Hausmann 1525, für: 'Abendmahlsvermahnung aus Luthers Brief an Nikolaus Hausmann vom 26.03.1525'. TE: CD 1,43f.

Mecklenburg 1552, für: Kirchenordnung, so in unsern, Johan Albrecht, von gottes gnaden herzogen zu Meckelnburg, fürsten zu Wenden, graven zu Swerin, der lande Rostock und Stargard herrn, fürstenthumen und landen sol gehalten werden (Wittenberg: Hans Lufft 1552). BB: CD 1,97. TE: CD 1,99-104; EKO 5,161-219.

Micron 1554, für: Marten Micron, De christlicke Ordinancien der Nederlantscher Ghemeinten te London ([Emden]: Collinus Volckwinner 1554). BB: CD 1,431. TE: CD 1,435-460; Willem Frederik Dankbaar (Hg.), Marten Micron, De chistlicke Ordinancien der nederlantscher ghemeinten te Londen (1554) = KHSt 7 (s'-Gravenhage 1956).

Mömpelgard 1559, für: L'Ordre qu'on tient en l'Eglise de Montbéliard, en instruisant les enfants, & administrant les saints Sacremens, auec la forme du Mariage, & des Prières (Basel: Jaques Estange 1559). BB: CD 1,369. TE: CD 1,370-376.

Müntzer 1524, für: Deutsch evangelisch messe, etwan durch die bepstischen pfaffen im latein zu grossem nachtheil des christen glaubens vor ein opfer gehandelt und itzt vorordent in dieser ferlichen zeit zu entdecken den greuel aller abgötterei durch solche missbreuche der messen lange zeit getrieben. Thomas Müntzer (Alstedt 1524). BB: CD 1,9f. TE: CD 1,21-24; Siegfried Bräuer (Hg.), Thomas Müntzer, Deutsche Evangelische Messe 1524 (Berlin 1988).

Nassau 1576, für: Kirchenordnung, Vnd Reformation vnser Albrechts vnd Philipsen Gebrüder, Grauen zu Nassaw, zu Sarprücken vnd zu Sarwerden, Herrn zu Loher... (Frankfurt/Main 1576). BB: Richter, Kirchenordnungen 2,400.

Nürnberg/Artikel 1524, für: Artikel, der sich die beeden pröbst, Georg Peßler zu St. Sebald und Hector Pömer zu St. Lorenzen, verglichen haben nechst, als sie beisammen waren primo Iunii 1524. BB: EKO 11,44. TE: EKO 11,44f.

Nürnberg/Pfarrkirchen 1524, für: 'Gottesdienstordnung der Pfarrkirchen 1524'. BB: CD 1,68. TE: EKO 11,46-50; OGA 1,154-164.

Nürnberg/Pröpste 1524, für: Grundt und ursach auß der heiligen schrifft, wie und warumb die eerwirdigen herren baider pfarkirchen, S. Sebald und S. Laurentzen, pröbst zu Nürmberg, die mißpreüch bey der heyligen messz, jartåg, geweycht saltz und wasser sampt ettlichen andern ceremonien abgestelt, undterlassen und geendert haben (Nürnberg: Hieronymus Höltzel 1524). BB: OGA 1,193. TE: OGA 1,193-254.

Nürnberg/Volprecht 1524, für: Anno domini 1524, die teutsch meß Hierinen ist vertzaichent die Recht Evangelisch Form vnd Weiß/wie sie ytzundt/Nach Christlicher aufsazung vnd ordnung zu diesen letzten vnd geverlichen zeitten jn der hochberumpten Statt Nurmberg gehalten wierdt. BB: Klaus, Nürnberger Deutsche Messe 1. TE: CD 1,81-84; EKO 11,39-43; Klaus, Nürnberger Deutsche Messe 1-7.

Nürnberg/Döber 1525, für: Von der evangelischen meß wie sie zu Nürnberg im Newen Spital durch Andream Döber gehalten würdt... (Nürnberg: Hanss Hergot 1525). BB: CD 1,69; Smend, Messen 162. TE: CD 1,86; EKO 11,51-55.

Oekolampad 1523, für: Das Testament Jesu Christi/das man byszher genent hat dye Messz/verteutscht durch Joannem Decōlampadiō/Ecclesiasten zů Adelnburg/zů heyl allē Euangelischē ([Straßburg: Wolfgang Stürmer] 1523). BB: Smend, Messen 49. TE: ebd. 51-57.

Österreich 1571, für: Christliche Kirchen Agenda. Wie die von den zweyen Ständen der Herrn vnd Ritterschafft/im Ertzhertzogthumb Oesterreich vnter der Enns/gebraucht wirdt (Stein a.D. 1571). BB: Hübner 5. TE: CD 1,90-92.

OoC 1548, für: The order of the Communion (London: Rychard Grafton 1558). BB: CD 1,378. TE: CD 1,388-394; Colin Buchanan (Hg.), Eucharistic Liturgies of Edward VI. A Text for Students = GLS 34 (Bramcote ²1992) 3-6.

Osnabrück 1543, für: Christliche kerkenordenunge der stadt Oßenbrugk (1543). BB: EKO 7.1,247. TE: EKO 7.1,247-264.

Pfalz-Neuburg 1543, für: Kirchenordnung, Wie es mit der Christlichen Lehre, heiligen Sacramenten, vnd allerley andern Ceremonien, in meines gnedigen herrn, Herrn Otthainrichen, Pfaltzgrauen bey Rhein, Hertzogen in Nidern vnd Obern Bairn etc. Fürstenthumb gehalten wirt (Nürnberg: Johann Petreius 1543). BB: EKO 13,41. TE: CD 1,89-90; EKO 13,41-99.

Pfalz-Zweibrücken 1557, für: Kirchenordnung, wie es mit der christlichen leer, raichunge der heiligen sacramenten, ordination der diener des evangelii und ordenlichen ceremonien, erhaltung christlicher schulen und studien, auch anderer der kirchen notwendigen stücken etc. in unser Wolfgangs, von Gottes genaden pfaltzgravens bey Rhein, hertzogens in Bayern und gravens zu Veldentz, fürstenthumb gehalten werden soll (Nürnberg: Johann vom Berg/Ulrich Neuber 1557). BB: EKO 14,64. TE: EKO 14,113-220 (Varianten zu Kurpfalz 1556 im Apparat.

Pollanus 1551, für: LITURGIA SACRA, SEU RITUS MINISTERII IN ECclesia peregrinorum profugorum propter Evangelium Christi ARGENtinae. ADIECTA EST AD FInem brevis Apologia pro hac Liturgia, Per VALERANDUM POLLANUM Flandrum (London: Stephen Mierdman 1551). BB: A. Casper Honders (Hg.), Valerandus Pollanus, Liturgia sacra (1551-1555) = KHB 1 (Leiden 1970) 5. TE: ebd. 26-270 (jeweils auf der linken Seite, Siegel "L").

Pollanus 1552, für: L'ORDRE DES PRIERES ET MINISTERE Ecclesiastique, avec La Forme de penitence pub. & certaines Prieres de l'Eglise de Londres, Et La confession de Foy de l'Eglise de Glastonbury en Somerset

(London 1552). BB: A. Casper Honders (Hg.), Valerandus Pollanus, Liturgia sacra (1551-1555) = KHB 1 (Leiden 1970) 5. TE: ebd. 27-263 (jeweils auf der rechten Seite, Siegel "G").

Pollanus 1554, für: LITURGIA SACRA, SEU RITUS Ministerii in Ecclesia peregrinorum Francofordiae ad Moenum. Addita est summa doctrinae seu fidei professio eiusdem Ecclesiae (Frankfurt: Petrus Brubach 1555). BB: A. Casper Honders (Hg.), Valerandus Pollanus, Liturgia sacra (1551-1555) = KHB 1 (Leiden 1970) 6. TE: ebd. 26-270 (jeweils auf der linken Seite im Apparat, Siegel "F 1").

Pollanus 1555, für: LITURGIA sacra, seu ritus MiniSTERII IN ECCLESIA PEREGRINORUM FRANCO-FORDIAE AD MOENUM. Addita est summa doctrinae, seu fidei professio eiusdem Ecclesiae. Editio Secunda (Frankfurt 1555). BB: A. Casper Honders (Hg.), Valerandus Pollanus, Liturgia sacra (1551-1555) = KHB 1 (Leiden 1970) 6. TE: ebd. 26-270 (jeweils auf der linken Seite im Apparat, Siegel "F 2").

Preußen 1525, für: Artikel der ceremonien und anderer kirchen ordnung. [10. Dezember 1525] (Königsberg: Hans Weinreich 1526). BB: EKO 4,30. TE: Richter, Kirchenordnungen 1,28-35; EKO 4,30-38.

Preußen 1558, für: Kirchen Ordnung Wie es im Herzogthumb Preussen, beides mit Lehr vnd Ceremonien (1558). BB: Richter, Kirchenordnungen 2,197.

Preußen 1717, für: Kirchen-Gebethe Welche Von Seiner Königlichen Majestät in Preussen in allen Evangelisch-Reformirten und Evangelisch-Lutherischen Gemeinen Dero Königreichs und anderen Landen... Von neuem wieder aufgelegt im Jahr 1717 (Berlin: Süßmilch 1717). BB: Kampmann 491. TE: CD 1,509-523 (Varianten zu Kurpfalz 1563 im Apparat).

Psalmen 1567, für: Psalmen Vnd Geistliche Lieder sampt dem Christlichen Catechismo/Kirchenceremonien vnd Gebeten (Heidelberg: Johann Meyer 1567).

Sachsen 1540, für: Agenda, das ist kirchenordnung für die diener der kirchen in herzog Heinrich zu Sachsen fürstenthum gestellet (Leipzig: Nicol. Wolrab 1540/Erfurt: Wolfg. Stürmer 1540). BB: CD 1,29^9. TE: CD 1,44; EKO 1,264-280 (Varianten zur Ausgabe von 1539 im Apparat).

Savoy Liturgy 1661, für: [Richard Baxter,] The Reformation of the Liturgy. As it was Presented to the Right Reverend Bishops, by the Divines Appointed by His Majesties Commission to treat with them about the alteration of it (London 1661). BB: CD 1,469. TE: CD 1,490-493.

Schleswig-Holstein 1542, für: Christlyke Kercken Ordeninge, De yn den Fürstendömen, Schleßwig, Holsten etc. schal geholden werdenn (Magdeburg: Hans Walther 1542). BB: Richter, Kirchenordnungen 1,353. TE: Richter, Kirchenordnungen 1,353-360.

Schwäbisch-Hall 1526, für: Kirchenordnung für die Stadt Hall und das Hallische Land (1526). BB: CD 1,245. TE: CD 1,257f; Richter, Kirchenordnungen 2,14-21.

Schwäbisch-Hall 1543, für: Ordnung der Kirchen/inn eins Erbarn Raths zu Schwäbischen Hall/Oberkeit vnd gepiet gelegen (Schwäbisch Hall: Pancratius Quecken 1543). BB: CD 1,245. TE: CD 1,258-261.

Schweden 1576, für: Liturgia Svecanae Ecclesiae catholicae & orthodoxae conformis (Stockholm 1576). BB: CD 1,109. TE: CD 1,122-142.

Straßburg/Schwarz 1524, für: Teütsche Meß vnd Tauff wie sye yetzung zů Straßburg gehalten werden... (Straßburg: Wolff Köpphel 1524). BB: CD 1,301. TE: CD 1,311-317; Hubert 57-77 (Siegel "A").

Straßburg/Ordenung 1524, für: Ordenung vnd ynnhalt Teütscher Mess vnd Vesper/So yetzund im gebrauch haben Euangelisten vnd Christlichen Pfarrherren zu Straßburg. Mit etlichen Neüwen ... Gebet/Vorred oder Prefation vnd Canon/vor vnd nach vffhebung des Sacraments (o.O. [1524]). BB: CD 1,302. TE: CD 1,311-317 (Varianten zu Straßburg/Schwarz 1524 im Apparat); Hubert 57-77 (Siegel "B").

Straßburg/Kirchenamt 1525, für: Teutsch Kirchen ampt mit lobgsengen/vnd götlichen psalmen/wie es die gemein zu Straßburg singt vnd halt mit mer gantz Christlichen gebetten/dann vorgetruckt (o.O.: Wolff Köpphel [1525]). BB: CD 1,303. TE: Hubert 77-82 (Siegel "C²").

Straßburg/Kirchenamt (C³) 1525, für: Theütsch/kirchē ampt mit lob/gseng vñ göttlich/en Psalmen, wie es die ge/meyn zů Straßburg singt/vnnd halt, mit meer gantz/ Christlichen gebettē, dañ/vor getruckt (o.O. 1525). BB: Hubert XIV. TE: Hubert 77-82 (Siegel "C³"); CD 1,311-317 (Varianten zu Straßburg/Schwarz 1524 im Apparat).

Straßburg/Ordnung 1525, für: Ordnung des herren Nachtmal: so man die Messz nennet... Wie yetzt die diener des wort gottes zů Strasszburg/Erneüwert/vnnd nach göttlicher geschrifft gebessert haben... (1525). BB: CD 1,304. TE: CD 1,327-329; Hubert 82-87 (Siegel "D¹").

Straßburg 1526, für: Psalmen gebett. vnd Kirchen übung wie sie zu Straßburg gehalten werden (o.O.: Wolff Köpphel 1526). BB: CD 1,305. TE: CD 1,317-325; Hubert 88-113 (Siegel "F¹").

Straßburg 1537, für: Psalmē vnd geystliche Lieder, die man zu Straßburg, vnd auch die man inn anderen Kirchen pflegt zu singen. Form vnd gebett zum eynsegen der Ee, den heiligen Tauff Abentmal, besuchung der Krancken, vnd begrebnůß der abgestorbnen (Straßburg: Hans Preßssen 1937). BB: Hubert XXII. TE: CD 1,317-325 (in Ergänzung zu Straßburg 1526); Hubert 88-113 (Siegel "J").

Straßburg 1598, für: Kirchen Ordnung/Wie es mit der Lehre Göttliches Worts/vnd den Ceremonien/Auch mit anderen dazů nothwendigen Sachen/Jn der Kirchen zů Straszburg/biß hieher gehalten worden/Vnd fůrohin/mit verleihung Göttlicher Gnade/gehalten werden soll (Straßburg: Jost Martin 1599). TE: CD 1,263.

Synode Emden 1572, für: Geschicht vnd Verhandlunghen deren Niderlendischen Kirchen, so vnter dem Creutze durch Deutschland vnd Ostfrieslandt verspreiet, gehalten zu Embden a. 1571. BB: Richter, Kirchenordnungen 2,339. TE: Richter, Kirchenordnungen 2,339-347.

Synode Wesel 1568, für: Acta synodi Wesaliensis, sive Certa quaedam capita, seu articuli, quos in ministerio ecclesiae Belgicae, ministri ejusdem ecclesiae partim necessarios, partim utiles esse judicarunt. [1568]. BB: Richter, Kirchenordnungen 2,310. TE: Richter, Kirchenordnungen 2,310-318.

Tecklenburg (1588) 1619, für: 'Tecklenburgische Kirchenordnung 1588'. BB: CD 1,504; Richter, Kirchenordnungen 2,476. TE: CD 1,509-523 (Varianten zu Kurpfalz 1563 im Apparat).

Veit Dietrich 1543, für: Agend/Büchlein für/die Pfar/Herren auff/dem Land (Nürnberg: Johann Berg/Ulrich Neuber 1543). BB: CD 1,73f; EKO 11,487. TE: EKO 11,487-553 (Varianten zur Ausgabe von 1545 im Apparat, wobei die beiden Auflagen von 1543 nochmals unterschieden werden).

Veit Dietrich 1545, für: Agend/Büchlein für/die Pfarrherrn auff/dem Land. Durch Vitum/Dietrich (Nürnberg 1545). BB: EKO 11,487. TE: CD 1, 92-95; EKO 11,487-553.

VELKD 1, für: Kirchenleitung der Vereinigten Evangelisch-Lutherischen Kirche Deutschlands (Hg.), Agende für evangelisch-lutherische Kirchen und Gemeinden 1. Der Hauptgottesdienst mit Predigt und heiligem Abendmahl und die sonstigen Predigt- und Abendmahlssgottesdienste. Ausgabe für die Gemeinde (Berlin 1955).

Weißenburg 1528, für: Ein kurtzer auszug und summari der ordnung in dem gottesdienst bei der christlichen gemain zu Weißenburg, durch die diener der kirchen doselben aufzurichten furgenommen (1528). BB: EKO 11,657. TE: EKO 11,657-664.

Westminster Directory 1645, für: A Directory for the Publique Worship of God throughout the three Kingdoms of England, Scotland, and Ireland (London 1644). BB: CD 1,467. TE: CD 1,486-489.

Worms 1524, für: Form und Ordenung der Euangelischen deutzschen Messen/wie sie zů Worms gehalten wirt ([Speyer: Jakob Schmidt 1524]). BB: CD 1,9. TE: CD 1,17-21.

Worms 1560, für: Agendbůchlein der christlichen kirchen in des heiligen reichs freystadt Wormbs (Worms: Paulus Köphel 1560). BB: EKO 14,64.

Württemberg 1536, für: Gemein kirchen ordnung/wie die diser zeit allenthalb im Fürstenthumb Wirtemberg gehalten soll werden (1536). BB: CD 1,246. TE: CD 1,252-254 (Varianten zu Württemberg 1553 im Apparat); Richter, Kirchenordnungen 1,265-273.

Württemberg 1553, für: Kirchenordnung/wie es mit der Leere vnd Ceremonien im Fürstenthumb Wirtemberg angericht vnd gehalten werden soll (Tübingen: Ulrich Morhart 1553). BB: CD 1,248. TE: CD 1,251-256.

Württemberg 1555, für: Kirche[n]ordnung, wie es mit der lehre und ceremonien im fürstenthumb Württemberg angericht und gehalten werden soll (Tübingen: Ulrich Morhats Witwe 1555). BB: EKO 14,24. TE: CD 1,251-256 (Varianten zu Württemberg 1553 im Apparat); EKO 14,113-220 (Varianten zu Kurpfalz 1556 im Apparat).

Zürich 1523, für: Ulrich Zwingli, De canone missae epichiresis (Zürich: Christoph Froschauer 1523). BB: CD 1,181; CR 89,554f. TE: CD 1,185-188; CR 89,556-608.

Zürich 1525, für: Action oder bruch des nachtmals, gedechtnus oder danksagung Christi, wie sy uff osteren zu Zürich angehebt wirt, im jar, als man zalt 1525 (Zürich: Christoph Froschauer 1525). BB: CD 1,182; CR 91,9f. TE: CD 1,189-198; CR 91,13-24.

Zürich 1529, für: Ordnung der Christenlichen Kilchenn zů Zürich (Zürich: Christoph Froschauer [1529]). BB: CR 91,674. TE: CD 1,189-198 (Varianten zu Zürich 1525 im Apparat).

Zürich 1535, für: Christennlich ordnung und brüch der kilchen Zürich (Zürich: Christoph Froschauer 1535). BB: CR 91,674. TE: CD 1,189-198 (Varianten zu Zürich 1525 im Apparat); CR 91,680-706.

16.2.2.2 Sonstige evangelische Literatur des 16. Jahrhunderts

Beza, Kurtze Bekanntnuß 1562 (Hollweg), für: Theodor Beza, Kurtze Bekanntnuß des Christlichen glaubens (Heidelberg: Lück 1562) (Hollweg, Untersuchungen 1,111-123).

Bucer, Ennaratio 1530 (Lang), für: Martin Bucer, Ennaratio in Evanglia (Marburg 1530) (teilweise abgedruckt in: August Lang, Der Evangelienkommentar Martin Butzers und die Grundzüge seiner Theologie = SGTK 2.2 (Leipzig 1900 = Aalen 1972)).

Bucer, Katechismus 1537 (Reu 1.1,67-90), für: Martin Bucer, Der kürtzer Catechismus vnd erklärung der XII stücken Christlichs glaubens (1537) (Johann Michael Reu (Hg.), Quellen zur Geschichte des kirchlichen Unterrichts 1.1 (Gütersloh 1904) 67-90).

BDS, für: Martin Bucers Deutsche Schriften. Hg. von Robert Stupperich. 1ff (Gütersloh, Paris 1960ff).

Calvin, Katechismus 1542 (BSKORK 1-41).

Calvin, Catechismus dt. 1563 (Reu 1.3.2.3,1061-1102), für: Catechismus. Der Euangelischen Kirchen in Franckreich gestelt in Frag vnd Antwort (Heidelberg: Johann Mayer 1563) (Johann Michael Reu (Hg.), Quellen zur Geschichte des kirchlichen Unterrichts 1.3.2.3 (Gütersloh 1924) 1061-1102).

Calvin, Evangelien-Harmonie 2, für: Johannes Calvins Auslegung der Evangelien-Harmonie 2. Übersetzt von Hiltrud Stadtland-Neumann/Gertrud Vogelbusch = Johannes Calvins Auslegung der Heiligen Schrift. Neue Reihe 13 (Neukirchen-Vluyn 1974).

Calvin, Institutio 1536 (COS 1,11-283).

Calvin, Institutio 1559, für: Johannes Calvin, Unterricht in der christlichen Religion. INSTITUTIO CHRISTIANAE RELIGIONIS. Hg. von Otto Weber (Neukirchen-Vluyn ²1963).

Calvin, Korintherbriefe, für: Johannes Calvins Auslegung des Römerbriefes und der beiden Korintherbriefe. Übersetzt und bearbeitet von Gertrud Graffmann/Hans Jakob Haarbeck/Otto Weber = Johannes Calvins Auslegung der Heiligen Schrift. Neue Reihe 16 (Neukirchen-Vluyn 1960).

Confessio Tetrapolitana 1530 (BSRK 55-78).

CR, für: Corpus reformatorum 1ff (Berlin u.a. 1834ff).

Erastus, Bericht, für: Thomas Erastus, Gründtlicher Bericht, wie die Wort Christi, Das ist mein Leib etc., zu verstehen seien,.. darauß ain ieder leicht lernen mag, wessen er sich in diesem zanck verhalten solle... (Heidelberg: Ludwig Lück 1562).

Erastus, Erzelung, für: Thomas Erastus, Erzelung Etlichen vrsachen, warumb das hochwirdig Sacrament des Nachtmals vnsers Herrn und Heylandts Jhiesu Christi nicht solle ohne das brotbrechen gehalten werden (Heidelberg: Joh. Meyer 1563).

Kasseler Katechismus 1539 (EKO 8,131-142).

Kirchenzuchtordnung Hessen 1543 (EKO 8,148-154).

Leo **Jud**, Ein kurtze **Christenliche underwysung** der jugend in erkanntnusz vnnd gebotten Gottes, im glouben, im gebätt, vnd anderen notwendigen dingen, von den Dieneren desz worts zů Zürych gestelt in fragens wysz (Zürich: Augustin Friesz 1541) (Lang 53-116).

Luther, GK, für: Martin Luther, Deudsch Catechismus (Der Große Katechismus) 1529 (WA 30.1,123-238).

Luther, NT 1546, für: Martin Luther, Das Neue Testament 1546 (WA.DB 6-7).

Philipp **Melanchthon, Bericht** und Ratschlag des Herren Philippi Melanchtonis vom stritt des Hayligen Nachtmals und zenckischen Kirchendienern... (Heidelberg 1560).

Melanchthons Werke in Auswahl. Hg. von Robert Stupperich. 7 Bde. (Gütersloh 1951-1975).

Micron, Bewijs 1552, für: Marten Micron, Een Claer bewijs van het recht ghebruyck des Nachtmaels Christi (London 1552).

Marten **Micron, De kleyne Cathechismus**, oft Kinder-leere der Duytscher Ghemeynte, van Londen, de welcke nu hier ende daer verstroyt is (Gellium Ctematium 1559) (Lang 117-149).

OGA, für: Andreas Osiander d. Ä., Gesamtausgabe. Hg. von Gerhard Müller/Gottfried Seebaß 1ff (Gütersloh 1975ff).

Olevian, Gnadenbund (Franz u.a.), für: Caspar Olevian, Der Gnadenbund Gottes 1590. Faksimile-Edition. Hg. von Gunther Franz/J. F. Gerhard Goeters/Wilhelm Holtmann (Köln, Bonn 1994).

Olevian, Vester Grundt 1567, für: Caspar Olevian, Vester Grundt 1567 [auszugsweise abgeruckt in]: J. F. Gerhard Goeters, Olevians Fester Grund. Entstehung, Geschichte, Inhalt: Caspar Olevian, Der Gnadenbund Gottes 1590. Faksimile-Edition. Hg. von Gunther Franz/J. F. Gerhard Goeters/Wilhelm Holtmann (Köln, Bonn 1994) 467-490.

Schmalkaldische Artikel 1537 (BSLK 404-468).

Zacharias **Ursinus**, Von der **Eintheilung** der Zehn Gebote Gottes und dem Verbot der Götzen (Karl Sudhoff, C. Olevanius und Z. Ursinus = LASRK 8 (Elberfeld 1857) 593-613).

Zacharias **Ursinus**, Catechesis, **Summa Theologiae** per quaestiones et responsiones exposita: sive capita religionis Christianae continens (Lang 152-199).

Zacharias **Ursinus, Catechesis minor**, perspicua brevitate christianam fidem complectens (Lang 200-218).

WA, für: Martin Luther, Werke. Kritische Gesamtausgabe 1ff (Weimar 1883ff).

WA.DB, für: Martin Luther, Werke. Die Deutsche Bibel 1ff (Weimar 1906ff).

Ziegenhainer Zuchtordnung 1539 (EKO 8,101-112).

Zürcher Einleitung 1523 (BSRK 7-29).

Huldrych **Zwingli, Fidei expositio 1531** (CR 93.5,50-163).

Huldrych **Zwingli, De vera et falso religione commentarius 1525** (CR 90,628-911).

16.2.2.3 Katholische liturgische Quellen

Folgende Ritualien werden nur mit einem Kürzel und einem Verweis in [] auf die Nr. in **Manfred Probst, Bibliographie der katholischen Ritualiendrucke des deutschen Sprachbereichs. Diözesane und private Ausgaben = LQF 74 (Münster 1993)** benannt, wo die genauen bibliographischen Angaben zu finden sind:

Augsburg 1487 [Probst Nr. 5]; Augsburg 1580 [Probst Nr. 15]; Augsburg 1612 [Probst Nr. 17]; Bamberg 1491 [Probst Nr. 36]; Bamberg 1514 [Probst Nr. 37]; Bamberg 1587 [Probst Nr. 39]; Bamberg 1724 [Probst Nr. 42]; Basel 1488 [Probst Nr. 50]; Breslau 1653 [Probst Nr. 76]; Brixen 1640 [Probst Nr. 95]; Freising 1612 [Probst Nr. 403]; Freising 1625 [Probst Nr. 404]; Freising 1673 [Probst Nr. 405]; Gnesen-Posen 1578 [Probst Nr. 210]; Gnesen-Posen 1579 [Probst Nr. 211]; Jugoslawien 1640 [Probst Nr. 244]; Köln 1614 [Probst Nr. 259]; Konstanz 1502 [Probst Nr. 282]; Konstanz 1597 I [Probst Nr. 286]; Konstanz 1686 [Probst Nr. 288]; Konstanz 1721 [Probst Nr. 289]; Lüttich 1592 lat.-ndt. [Probst Nr. 335]; Lüttich 1592 lat.-fr. [Probst Nr. 335]; Lüttich 1641 lat.-fr. [Probst Nr. 336]; Mainz 1480 [Probst Nr. 346]; Mainz 1492 [Probst Nr. 347]; Mainz 1513 [Probst Nr. 349]; Mainz 1551 [Probst Nr. 350]; Mainz 1599 [Probst Nr. 351]; Mainz 1671 [Probst Nr. 352]; Mainz 1695 [Probst Nr. 353]; Mainz 1852 [Probst Nr. 362]; Metz 1662 [Probst Nr. 382]; Münster 1592 [Probst Nr. 427]; Osnabrück 1653 [Probst Nr. 457]; Paderborn 1602 [Probst Nr. 467]; Passau 1587 [Probst Nr. 487]; Polen 1591 [Probst Nr. 510]; Regensburg 1491 [Probst Nr. 547]; Regensburg 1570 [Probst Nr. 548]; Salzburg 1557 [Probst Nr. 582]; Salzburg 1582 [Probst Nr. 585]; Speyer 1512 [Probst Nr. 607]; Speyer 1719 [Probst Nr. 608]; Speyer 1748 [Probst Nr. 609]; Straßburg um 1500 [Probst Nr. 632]; Straßburg 1590 [Probst Nr. 635]; Trier 1574 [Probst Nr. 664]; Trier 1688 [Probst Nr. 666]; Würzburg 1482 [Probst Nr. 721]; Würzburg 1523 [Probst Nr. 722]; Würzburg 1564 [Probst Nr. 723]; Würzburg 1836 [Probst Nr. 725]; Würzburg 1883 [Probst Nr. 730]; Pastorale 1627 [Probst Nr. 785]; Pastorale 1629 [Probst Nr. 786]; Surgant 1503 [Probst Nr. 756]; Surgant 1508 [Probst Nr. 760]; Surgant 1520 [Probst Nr. 765].

Ebenso werden folgende in **Angelus A. Häußling, Das Missale Deutsch. Materialien zur Rezeptionsgeschichte der lateinischen Meßliturgie im deutschen Sprachgebiet bis zum Zweiten Vatikanischen Konzil. 1. Bibliographie der Übersetzungen in Handschriften und Drucken = LQF 66 (Münster 1984)** bibliographisch nachgewiesenen Titel nur in Kurzform benannt:

Durandus dt. [Häußling Nr. 29]; Gropper, Christliche vnd Catholische gegenberichtung 1544 [Häußling Nr. 133]; Meßauslegung 1480 [Häußling Nr. 101]; Tewtsch Rational 1535 [Häußling Nr. 132]; Witzel, Ecclesiastica Liturgia 1545 [Häußling Nr. 134]; Witzel, Psaltes Ecclesiasticus 1550 [Häußling Nr. 135].

Gleiches gilt für die in **Wilbirgis Klaiber (Hg.), Katholische Kontroverstheologen und Reformer des 16. Jahrhunderts. Ein Werkverzeichnis = RGST 116 (Münster 1978)** verzeichneten Titel:

Dietenberger, Catechismus 1537 [Klaiber Nr. 850]; Fabri, Was die Euangelische Meß sey 1555 [Klaiber Nr. 1068]; Helding, Sacri Canonis Missae 1548 [Klaiber Nr. 1470]; Helding, Catechesis 1555 [Klaiber Nr. 1478]; Wild, Betbüchlein 1554 [Klaiber Nr. 3264]; Witzel, Eucharisty 1534 [Klaiber Nr. 3345]; Witzel, Typus ecclesiae prioris 1540 [Klaiber Nr. 3380]; Witzel, Icon Christiani Hominis 1542 [Klaiber Nr. 3391].

Liturgiae 1560, für: Liturgiae, sive missae sanctorum patrum: Iacobi Apostoli & fratris Domini: Basili Magni, e vetusto codice Latinae traslationis: Ioannis Chrysostomi, Interprete Leone Thusco. De ritu missae et eucharistiae: Ex libris B. Dionysii .... Hg. von Joannes a Sancto Andrea (Antwerpen: Plantin 1560).

Meßbuch 1988, für: Deutsche Bischofskonferenz u.a. (Hg.), Meßbuch. Kleinausgabe. Das Meßbuch deutsch für alle Tage des Jahres (Köln, Freiburg, Salzburg, Linz 1988).

MRom 1474 (HBS 17, Lippe).

MRom 1570 (1594), für: Missale Romanum. Ex decreto Sacrosancti Concilij Tridentini restitutum, Pii V. Pont. Max. ivssv editvm (Antwerpen 1594).

MRom 1570 (1943), für: Missale Romanum. Ex decreto SS. Concilii Tridentini restitutum S. Pii V Pontificis Maximi jussu editum ... A Pio X reformatum et Benedicti XV auctoritate vulgatum. Editio XXV juxta typicam Vaticanam (Regensburg 1943).

RitRom 1614 (1896), für: Rituale Romanum. Pauli V. Pontificis Maximi jussu editum. Editio quarta post typicam (Regensburg 1896).

Rituel de Toul 1760, für: Rituel de Toul, imprimé par ordre d' ... Henry de Thyard-Bissy, ... Nouvelle edition (Nancy 1760).

Santorius, Rituale 1587, für: Julius Antonius Santorius, Rituale sacramentorum Romanum (Rom 1587).

Ritus Communionis Catholicus 1556, für: Ritus Communionis Catholicus, Catholische und Christliche ordnung der Communion (Ingolstadt: Weißenhorn 1556).

Stowe Missale (HBS 32, Warner).

Georg **Witzel** (Hg.), **Der heiligen Messen brauch** wie er in der alten Kirchen vor tausent jaren gewesen. Aus S. Joan Chrysostomo verdeutscht (o.O. 1540).

16.2.2.4 Sonstige altkirchliche und katholische Quellen

Ambrosius, De sacramentis (Fontes Christiani 3, Schmitz).

Petrus **Canisius**, Epistulae et acta 5. 1565-1567. Hg. von Otto Braunsberger (Freiburg 1910).

Ulysse **Chevalier** (Hg.), Institutions liturgiques de l'èglise de Marseille = BLit 14 (Paris 1910).

Chrysostomus, für: Opera D. Ioannis Chrysostomi archiepiscopi constantinopolitani... 5 Bde. (Basel: Hergarten 1549).

CT, für: Görres-Gesellschaft (Hg.), Concilium Tridentinum. Diarium, actorum, epistularum, tractatuum nova collectio. 13 Bde. (Freiburg 1901-1938).

ConstAp VII-VIII (SC 336, Metzger).

Didache (Fontes Christiani 1,13-139 Schöllgen).

Guillielmus **Durandus**, Rationale divinorum officiorum (Venedig 1609).

Desiderius **Erasmus**, Novum Testamentum = Ders., Opera Omnia 6 (Leiden 1705 = Hildesheim 1962).

Ludwig **Fischer** (Hg.), **Bernhardi** cardinalis et lateranensis ecclesiae prioris ordo officiorum ecclesiae lateranensis = Historische Forschungen und Quellen 2-3 (München 1916).

Johannes **Gerson**, Opera Omnia. 5 Bde. (Antwerpen 1706).

Johannes **Herolt**, Sermones discipuli super epistolas dominicales (Basel 1482).

Edmond **Martène**, De antiquis ecclesiae ritibus. 4 Bde. (Antwerpen ²1736-1738).

Missale Gothicum (RED.F 5, Mohlberg).

Heiko A. **Obermann**/William J. **Courtenay**/Daniel E. **Zerfass** (Hg.), Gabrielis Biel Canonis missae expositio 4 = VIEG 34 (Wiesbaden 1967).

Johann Friedrich **Schannat**/Joseph **Hartzheim** (Hg.), Conciliae Germaniae. 11 Bde. (Köln 1759-1790).

Traditio Apostolica (Fontes Christiani 1,143-313 Geerlings).

16.3 Sekundärliteratur

Adolf **Adam, Grundriß** Liturgie (Freiburg 1985).

Adolf **Adam**/Rupert **Berger**, Pastoralliturgisches Handlexikon (Freiburg ⁶1994).

AEM, für: Römisches Meßbuch. Allgemeine Einführung: Deutsche Bischofskonferenz u.a. (Hg.), Meßbuch. Kleinausgabe. Das Meßbuch deutsch für alle Tage des Jahres (Köln, Freiburg, Salzburg, Linz 1988) 25*-75*

Gerhard **Aeschenbacher**, Zwingli und die Musik im Gottesdienst: Zwingliana 19.1 (1992) 1-11.

Richard **Albertine**, The Epiclesis **Problem** - the Roman Canon (Canon 1) in the Post-Vatican Liturgical Reform: EL 99 (1985) 337-348.

Richard **Albertine**, The Post-Vatican Consilium's (Coetus X) **Treatment** of the Epiclesis Question in the New Eucharistic Prayers: EL 100 (1986) 489-507.

Richard **Albertine**, The Post Vatican Consilium's (Coetus X) Treatment of the Epiclesis Question in the **Context** of Select Historical Data (Alexandrian Family of Anaphoras) and the Fragment of "Der Balyzeh": EL 102 (1988) 385- 405.

Franz Xaver **Arnold**, Vorgeschichte und Einfluß des Trienter Meßopferdekrets auf die Behandlung des eucharistischen Geheimnisses in der Glaubensverkündigung der Neuzeit: Ders./Balthasar Fischer (Hg.), Die Messe in der Glaubensverkündigung. Kerygmantische Fragen. FS Josef Andreas Jungmann (Freiburg 1950) 114-161.

Miguel **Arranz**, Le "Sancta Sanctis" dans la tradition liturgique des églises: ALw 15 (1973) 31-67.

Walter **von Arx**, Zur Entstehungsgeschichte des Rituale: ZSKG 63 (1969) 39-57.

Hansjörg **Auf der Maur**, Feiern im Rhythmus der Zeit I. Herrenfeste in Woche und Jahr = GdK 5 (Regensburg 1983).

Bäumer, Witzel 1, für: Remigius Bäumer, Georg Witzel (1501-1573): Erwin Iserloh (Hg.), Katholische Theologen der Reformationszeit 1 = KLK 44 (Münster 1984) 125-132.

Bäumer, Witzel 2, für: Remigius Bäumer, Witzel: Marienlexikon 6 (1994) 750.

Wilhelm **Bäumker**, Das katholische deutsche Kirchenlied in seinen Singweisen. 4 Bde. (Freiburg 1886-1911).

P. **Bahlmann**, Deutschlands Katholische Katechismen bis zum Ende des sechzehnten Jahrhunderts (Münster 1894).

Hans-Martin **Barth, Apostolisches Glaubensbekenntnis**. I. Reformations- und Neuzeit: TRE 3 (1978) 554-566.

Karl **Barth,** Die christliche **Lehre** nach dem Heidelberger Katechismus. Vorlesung gehalten an der Universität Bonn im Sommersemester 1947 (München 1949).

Karl **Barth, Einführung** in den Heidelberger Katechismus = ThSt(B) 63 (Zürich 1960).

Heinrich **Bassermann**, Geschichte der evangelischen Gottesdienstordnung in badischen Landen (Stuttgart 1891).

Jean Charles **Bastiaens**, Interpretaties van Jesaja 53 = TFT.S 22 (Tilburg 1993).

Johannes **Bauer**, Einige Bemerkungen über die ältesten Züricher Liturgien (I-III): MGKK 17 (1912) 116-124.152-161.178-187.

Jakob **Baumgartner**, Huldrych Zwingli (1484-1531) und die Zürcher Gottesdienstreform: HlD 39 (1985) 164-187.

Anton **Baumstark, Comparative Liturgy**. Revised by Bernard Botte (London 1958).

Anton **Baumstark, Liturgie comparée**. Principes et Méthodes pour l'étude historique des liturgies chrétiennes (Chevetogne, Paris ³1953).

Anton **Baumstark,** Vom geschichtlichen **Werden** der Liturgie = EcOra 10 (Freiburg 1923).

Anton **Baumstark, (Rez.)** G. **Dietrich**, Die nestorianische Taufliturgie ins Deutsche übersetzt und unter Verwertung der neuesten handschriftlichen Funde historisch-kritisch erforscht (Gießen 1903): OrChr 3 (1903) 219-226.

BBKL, für: Friedrich Wilhelm Bautz/Traugott Bautz (Hg.), Biographisch-Bibliographisches Kirchenlexikon 1ff (Hamm, Herzberg 1975ff).

George R. **Beasley-Murray**, John = World Biblical Commentary 36 (Waco 1987).

Anton **Beck**, Kirchliche Studien und Quellen (Amberg 1903).

Jürgen **Becker, Annäherungen**. Zur urchristlichen Theologiegeschichte und zum Umgang mit ihren Quellen. Hg. von Ulrich Mell = BZNW 76 (Berlin 1995).

Becker, Johannes 1, für: Jürgen Becker, Das Evangelium nach Johannes. Kapitel 1-10 = ÖTBK 4.1 (Gütersloh, Würzburg 1979).

Becker, Johannes 2, für: Jürgen Becker, Das Evangelium nach Johannes. Kapitel 11-21 = ÖTBK 4.2 (Gütersloh, Würzburg 1981).

R. T. **Beckwith**, The Anglican Eucharist. From the Reformation to the Restoration: Cheslyn Jones u.a. (Hg.), The Study of Liturgy. Revised Edition (London ²1993) 309-318.

Joachim **Beckmann**, Das Proprium Missae: Leiturgia 2 (Kassel 1955) 47-86.

Ernst **Bezzel**, Beichte. III. Reformationszeit: TRE 5 (1980) 421-425.

Wolfgang **Beinert**, Ökumenische Leitbilder und Alternativen: Hans Jörg Urban/Harald Wagner (Hg.), Handbuch der Ökumenik 3.1 (Paderborn 1987) 126-178.

Gustav Adolf **Benrath, Buße**. V. Historisch: TRE 7 (1981) 452-473.

Gustav Adolf **Benrath**, Die **Eigenart** der Pfälzischen Reformation und die Vorgeschichte des Heidelberger Katechismus: Heidelberger Jahrbücher 7 (1963) 13-32.

Gustav Adolf **Benrath**, Die Lehre des **Humanismus** und des Antitrinitarismus: Carl Andresen (Hg.), Die Lehrentwicklung im Rahmen der Ökumenizität = HDThG 3 (Göttingen 1989 = 1984) 1-70.

Paul **Berbers**, Wenn wir dann essen von diesem Brot... Die Beteiligung der Gemeinde am sakramentalen Handeln der Kirche: Angela Berlis/Klaus-Dieter Gerth (Hg.), Christus Spes. Liturgie und Glaube im ökumenischen Kontext. FS Sigisbert Kraft (Frankfurt/Main 1994) 25-37.

Rupert **Berger, Naturelemente** und technische Mittel: Ders. u.a., Gestalt des Gottesdienstes. Sprachliche und nichtsprachliche Ausdrucksformen = GdK 3 (Regensburg ²1990) 249-288.

Rupert **Berger** u.a., **Gestalt** des Gottesdienstes. Sprachliche und nichtsprachliche Ausdrucksformen = GdK 3 (Regensburg ²1990).

Teresa **Berger, Ecumenism** and the Liturgy: Peter E. Fink (Hg.), The New Dictionary of Sacramental Worship (Collegeville 1990) 385-390.

Teresa **Berger**, "**Erneuerung** und Pflege der Liturgie" - "Einheit aller, die an Christus glauben". Ökumenische Aspekte der Liturgiekonstitution: Hansjakob Becker/Bernd Jochen Hilberath/Ulrich Willers (Hg.), Gottesdienst - Kirche - Gesellschaft = Pietas liturgica 5 (St. Ottilien 1991) 339-356.

Teresa **Berger, Lex orandi** - lex credendi - lex agendi. Auf dem Weg zu einer ökumenisch konsensfähigen Verhältnisbestimmung von Liturgie, Theologie und Ethik: ALw 27 (1985) 425-432.

Teresa **Berger, Liturgiewissenschaft**: EKL 3 (³1992) 158-161.

Teresa **Berger, Liturgiewissenschaft interkulturell**: ZKTh 117 (1995) 332-344.

Teresa **Berger, Prolegomena** für eine ökumenische Liturgiewissenschaft: ALw 29 (1987) 1-18.

Johannes **Beumer**, Eine deutsche **Meßerklärung** aus der Reformationszeit und ihr theologisch-kerygmatischer Gehalt: Leo Scheffczyk/Werner Dettloff/Richard Heinzmann (Hg.), Wahrheit und Verkündigung. FS Michael Schmaus (München 1967) 1087-1107.

Ulrich **Beyer**, Abendmahl und Messe. Sinn und Recht der 80. Frage des Heidelberger Katechismus = BGLRK 19 (Neukirchen-Vluyn 1965).

Karl-Heinrich **Bieritz**, Abendmahl. 1. Ökum. **Diskussion**: EKL 1 (³1986) 6-9.

Karl-Heinrich **Bieritz, Abendmahl**. 4. Gegenwärtige Praxis: EKL 1 (³1986) 22-29.

Karl-Heinrich **Bieritz, Chancen** einer ökumenischen Liturgik: ZKTh 100 (1978) 470-483.

Karl-Heinrich **Bieritz**, Postmoderne **Liturgik**? Eine kritische Würdigung der *Erneuerten Agende*: Gemeinsame Arbeitsstelle für gottesdienstliche Fragen Nr. 18 (1993) 3-28.

Karl-Heinrich **Bieritz, Struktur**. Überlegungen zu den Implikationen eines Begriffs im Blick auf künftige Funktionen liturgischer Bücher: JLH 23 (1979) 32-52.

Lyle D. **Bierma, Olevianus** and the Authorship of the Heidelberg Catechism. Another Look: SCJ 13 (1982) 17-27.

Lyle D. **Bierma**, The Role of **Covenant Theology** in Early Reformed Orthodoxy: SCJ 21 (1990) 453-462.

Hans **Bissig**, Das Churer Rituale 1503-1927. Geschichte der Agende - Feier der Sakramente = SF.NS 56 (Fribourg 1979).

Matthew **Black**, The Doxology to the *Pater Noster* with a Note on Matthew 6.13b: Philip R. Davies/Richard T. White (Hg.), A Tribute to Geza Vermes. Essays on Jewish and Christian Literature and History = JSOT.S 100 (Sheffield 1990) 327-338.

Josef **Blank**, Das Evangelium nach Johannes **1a** = GSL.NT 4.1a (Düsseldorf 1981).

Josef **Blank**, Das Evangelium nach Johannes **2** = GSL.NT 4.2 (Düsseldorf 1977).

Josef **Blank**, Das Evangelium nach Johannes **3** = GSL.NT 4.3 (Düsseldorf 1977).

Walter **Blankenburg**, Der gottesdienstliche **Liedgesang** der Gemeinde: Leiturgia 4 (Kassel 1961) 559-660.

Walter **Blankenburg**, Die **Kirchenmusik** in den reformierten Gebieten des europäischen Kontinents: Friedrich Blume (Hg.), Geschichte der evangelischen Kirchenmusik (Kassel ²1965) 341-400.

Hans Jochen **Boecker**, Dekalog: EKL 1 (³1986) 797-799.

Leonardo **Boff**, Kleine Sakramentenlehre (Düsseldorf ⁸1985).

Claus **von Bormann**, Hermeneutik. I. Philosophisch-theologisch: TRE 15 (1986) 108-137.

Bernard **Botte**, Le canon de la messe romaine. Édition critique = TEL 2 (Löwen 1935).

Allan **Bouley**, From Freedom to Formula. The Evolution of the Eucharistic Prayer from Oral Improvisation to Written Texts = SCA 21 (Washington 1981).

C. A. **Bouman**, Variants in the introduction to the eucharistic prayer: VigChr 4 (1950) 94-115.

Paul **Bradshaw**, The **Homogenization** of Christian Liturgy - Ancient and Modern. Presidential Address: StLi 26 (1996) 1-15.

Paul **Bradshaw**, The **Search** for the Origins of Christian Worship. Sources and Methods for the Study of Early Liturgy (Cambridge 1992).

Georg **Braulik**, Das göttliche Bundesangebot an die Menschen. Zum 4. Hochgebet: Ansgar Franz (Hg.), Streit am Tisch des Wortes? Zur Deutung und Bedeutung des Alten Testaments und seiner Verwendung in der Liturgie = Pietas liturgica 8 (St. Ottilien 1997) 841-853.

F. E. **Brightman**, The **English Rite**. Being a Synopsis of the Sources and Revisions of the Book of Common Prayer. 2 Bde. (London 1915).

F. E. **Brightman**, **Liturgies** eastern and western (Oxford 1896).

Otto **Brodde**, Selbstkommunion: EKL 3 (1959) 925.

Peter **Browe**, Die häufige **Kommunion** im Mittelalter (Münster 1938).

Peter **Browe**, Die **Kommunionandacht** im Altertum und Mittelalter: JLW 13 (1933) 45-64.

Peter **Browe**, Die **Kommunionvorbereitung** im Mittelalter: ZKTh 56 (1932) 375-415.

Peter **Browe**, Mittelalterliche **Kommunionriten**: JLW 15 (1941) 23-66.

Peter **Browe**, Die **Pflichtkommunion** im Mittelalter (Münster 1940).

Peter **Browe**, Die **Sterbekommunion** im Altertum und Mittelalter: ZKTh 60 (1936) 1-54.211-240.

Peter **Browe**, Die **Verehrung** der Eucharistie im Mittelalter (Rom 1967 = München 1933).

Anton Ph. **Brück**, Das Erzstift Mainz und das Tridentinum: Georg Schreiber (Hg.), Das Weltkonzil von Trient. Sein Werden und Wirken 2 (Freiburg 1951) 193-243.

Peter **Brunner**, Das gottesdienstliche **Abendmahlszeugnis** in den badischen Landen vor der Union: Hermann Erbacher (Hg.), Vereinigte Evangelische Landeskirche in Baden 1821-1971. Dokumente und Aufsätze (Karlsruhe ²1971) 170-266.

Peter **Brunner**, Zur **Lehre** vom Gottesdienst der im Namen Jesu versammelten Gemeinde: Leiturgia 1 (Kassel 1954) 81-361.

Peter **Brunner**, Die Wormser Deutsche **Messe**: Heinz-Dietrich Wendland (Hg.), Kosmos und Ekklesia. FS Wilhelm Stählin (Kassel 1953) 106-162.

P. **Bruylants**, Les oraisons du Missel Romain. 2 Bde. (Löwen 1952).

Colin **Buchanan**, The **Lord's Prayer** in the Church of England = GWS 131 (Bramcote 1995).

Colin **Buchanan**, The **Lord's Supper** according to the Book of Common Prayer: Irmgard Pahl (Hg.), Coena Domini 1. Die Abendmahlsliturgie der Reformationskirchen im 16./17. Jahrhundert = SpicFri 29 (Fribourg 1983) 377-429.

Bruno **Bürki**, Das Abendmahl nach den **Basler Ordnungen**: Irmgard Pahl (Hg.), Coena Domini 1. Die Abendmahlsliturgie der Reformationskirchen im 16./17. Jahrhundert = SpicFri 29 (Fribourg 1983) 199-225.

Bruno **Bürki**, Das Abendmahl nach der **Berner Ordnung** 1529: Irmgard Pahl (Hg.), Coena Domini 1. Die Abendmahlsliturgie der Reformationskirchen im 16./17. Jahrhundert = SpicFri 29 (Fribourg 1983) 227-236.

Bruno **Bürki**, Das Abendmahl nach den **Zürcher Ordnungen**: Irmgard Pahl (Hg.), Coena Domini 1. Die Abendmahlsliturgie der Reformationskirchen im 16./17. Jahrhundert = SpicFri 29 (Fribourg 1983) 181-198.

Bruno **Bürki**, Die **Bedeutung** liturgischen Gebens und Nehmens unter den Kirchen: Karl Schlemmer (Hg.) Gottesdienst - Weg zur Einheit. Impulse für die Ökumene = QD 122 (Freiburg 1989) 19-33.

Bruno **Bürki, Gottesdienst** im reformierten Kontext: Hans-Christoph Schmidt-Lauber/Karl-Heinrich Bieritz (Hg.), Handbuch der Liturgik (Göttingen 1995) 162-174.

Bruno **Bürki**, Le sainte cène selon l'ordre de **Jean Calvin** 1542: Irmgard Pahl (Hg.), Coena Domini 1. Die Abendmahlsliturgie der Reformationskirchen im 16./17. Jahrhundert = SpicFri 29 (Fribourg 1983) 347-367.

Fritz **Büsser**, Die Bedeutung des Gesetzes: Lothar Coenen (Hg.), Handbuch zum Heidelberger Katechismus (Neukirchen-Vluyn 1963) 159-170.

G. H. **Buijsen**, Durandus' Rationale in spätmittelhochdeutscher Übersetzung. Das vierte Buch nach der Hs. CVP 2765 = Studia theodisca 6 (Assen 1966).

David **D. Bundy**, Isaiah 53 in east and west: Margot Schmidt/Carl Friedrich Geyer (Hg.), TYPUS, SYMBOL, ALLEGORIE bei den östlichen Vätern und ihren Parallelen im Mittelalter. FS Alois Brems = Eichstätter Beiträge 4. Abteilung Philosophie und Theologie (Regensburg 1982) 54-74.

Bernhard **Buschbeck**, Die Lehre vom Gottesdienst im Werk Johannes Calvins. Diss. (Marburg 1968).

Jean **Cadier**, La prière eucharistique de Calvin: B. Botte u.a., Eucharisties d'orient et d'occident. Semaine liturgique de l'Institut Saint-Serge 1 = LO 46 (Paris 1970) 171-180.

Paul **Cagin**, L'euchologie latine 2. L'eucharistia. Canon primitif de la messe ou formulaire essentiel et premier de toutes les liturgies = Scriptorium Solesmense 2 (Paris 1912).

Andrew **Cameron-Mowat**, Anton Baumstark's *Comparative Liturgy*: QuLi 76 (1995) 5-19.

Odo **Casel**, Das christliche Opfermysterium. Zur Morphologie und Theologie des eucharistischen Hochgebetes (Köln 1968).

Charles **Caspers**, The Western Church during the Late Middle Ages: *Augenkommunion* or Popular Mysticism?: Charles Caspers/Gerard Lukken/Gerard Rouwhorst (Hg.), Bread and Heaven. Customs and Practices Surrounding Holy Communion. Essays in the History of Liturgy and Culture = Liturgia condenda 3 (Kampen 1995) 83-97.

CD 1, für: Irmgard Pahl (Hg.), Coena Domini 1. Die Abendmahlsliturgie der Reformationskirchen im 16./17. Jahrhundert = SpicFri 29 (Fribourg 1983).

Anna Kai-Yung **Chan**, Il *Padre Nostro* nei principali commenti partistici e il suo uso nella Lingua latina = Ponitificium athenaeum sancti Anselmi de urbe, Pontificium institutum liturgicum, Thesis ad Laureum 181 (Rom 1993).

Luigi **Clerici**, Einsammlung der Zerstreuten. Liturgiegeschichtliche Untersuchung zur Vor- und Nachgeschichte der Fürbitte für die Kirche in der Didache 9,4 und 10,5 = LQF 44 (Münster 1966).

Lothar **Coenen**, Gottes **Bund** und Erwählung: Ders. (Hg.), Handbuch zum Heidelberger Katechismus (Neukirchen-Vluyn 1963) 128-134.

Lothar **Coenen, Wort Gottes** und der Heilige Geist: Ders. (Hg.), Handbuch zum Heidelberger Katechismus (Neukirchen-Vluyn 1963) 81-90.

Marie A. **Conn**, Eucharist. Bread and Justice: QuLi 72 (1991) 108-126.

Corpus Orationum 1ff = CChr.SL 160ff (Turnhout 1992ff).

William R. **Crockett**, Eucharist: Symbol of Transformation (New York 1989).

Oscar **Cullmann**, Das Gebet im Neuen Testament (Tübingen 1994).

Geoffrey **Cuming**, The Godly Order. Texts and Studies relating to the Book of Common Prayer = ACC 65 (London 1983).

Hermann Adalbert **Daniel** (Hg.), Codex liturgicus ecclesiae universae in epitomen redactus. 4 Bde. (Leipzig 1847-1853 = Hildesheim 1966).

Willem Frederik **Dankbaar, Communiegebruiken** in de eeuw der Reformatie (Groningen 1986).

Willem Frederik **Dankbaar** (Hg.), Marten **Micron**, De chistlicke Ordinancien der nederlantscher ghemeinten te Londen (1554) = KHSt 7 (s'-Gravenhage 1956).

Adolf **Darlap**, ANAMNESIS. Marginalien zum Verständnis eines theologischen Begriffs: ZKTh 97 (1975) 80-86.

Dominik **Daschner**, Die gedruckten Meßbücher Süddeutschlands bis zur Übernahme des Missale Romanum Pius V. [1570] = RSTh 47 (Frankfurt/Main 1995).

J. G. **Davies**, Altar: EKL 1 (^{3}1986) 100-102.

Peter **Day**, The Liturgical Dictionary of Eastern Christianity (Tunbridge Wells 1993).

Decreta authentica, für: Decreta authentica congregationis sacrorum rituum. 6 Bde. (Rom 1898-1912).

Paul **De Clerck**, "Lex oriandi, lex credendi": The Original Sense and Historical Avatars of the Equivocal Adage: StLi 24 (1994) 178-200.

Henri **de Lubac, Corpus Mysticum**. Kirche und Eucharistie im Mittelalter. Eine historische Studie (Einsiedeln 1969).

Henri **de Lubac, Méditation** sur l'Église = Théologie 27 (Paris ^{3}1953).

DH, für: Heinrich Denzinger/Peter Hünermann (Hg.), Kompendium der Glaubensbekenntnisse und kirchlichen Lehrentscheidungen (Freiburg ^{37}1991).

K. **Dienst**, Selbstkommunion: RGG 5 (^{3}1961) 1674f.

Gregory **Dix**, The Shape of the Liturgy (Westminster 1954 = ²1945).

Wolfgang **Dobras**, Ratsregiment, Sittenpolizei und Kirchenzucht in der Reichsstadt Konstanz 1531-1548. Ein Beitrag zur Geschichte der oberdeutsch-schweizerischen Reformation = QFRG 59 (Gütersloh 1993).

Alois **Döring**, Hostie/Hostienwunder: TRE 15 (1986) 604-606.

Alban **Dold** (Hg.), Die Konstanzer Ritualtexte in ihrer Entwicklung von 1482-1721 = LQF 5-6 (Münster 1923).

John **Dowden**, Further Studies in the Prayer Book (London 1908).

Paul **Drews**, Beiträge zu Luthers liturgischen Reformen = Studien zur Geschichte des Gottesdienstes und des gottesdienstlichen Lebens 4-5 (Tübingen 1910).

Hans-Christian **Drömann,** Das Abendmahl nach den **Deutschen Messen** vor Martin Luther: Irmgard Pahl (Hg.), Coena Domini 1. Die Abendmahlsliturgie der Reformationskirchen im 16./17. Jahrhundert = SpicFri 29 (Fribourg 1983) 7-24.

Hans-Christian **Drömann,** Das Abendmahl nach den **Frankfurter Ordnungen**: Irmgard Pahl (Hg.), Coena Domini 1. Die Abendmahlsliturgie der Reformationskirchen im 16./17. Jahrhundert = SpicFri 29 (Fribourg 1983) 237-244.

Hans-Christian **Drömann,** Das Abendmahl nach den **Nürnberger Ordnungen**: Irmgard Pahl (Hg.), Coena Domini 1. Die Abendmahlsliturgie der Reformationskirchen im 16./17. Jahrhundert = SpicFri 29 (Fribourg 1983) 67-95.

Hans-Christian **Drömann,** Das Abendmahl nach den **Ordnungen Martin Luthers**: Irmgard Pahl (Hg.), Coena Domini 1. Die Abendmahlsliturgie der Reformationskirchen im 16./17. Jahrhundert = SpicFri 29 (Fribourg 1983) 23-47.

Hans-Christian **Drömann,** Das Abendmahl nach den **Württemberger Ordnungen**: Irmgard Pahl (Hg.), Coena Domini 1. Die Abendmahlsliturgie der Reformationskirchen im 16./17. Jahrhundert = SpicFri 29 (Fribourg 1983) 245-264.

Hans-Christian **Drömann,** Das Abendmahl nach den **Straßburger Ordnungen**: Irmgard Pahl (Hg.), Coena Domini 1. Die Abendmahlsliturgie der Reformationskirchen im 16./17. Jahrhundert = SpicFri 29 (Fribourg 1983) 299-337.

Walter **Dürig**, Das Vaterunser in der Messe: Theodor Maas-Ewerd/Klemens Richter (Hg.), Gemeinde im Herrenmahl. FS Emil Joseph Lengeling (Einsiedeln, Freiburg 1976) 323-330.

C. W. **Dugmore**, The Mass and the English Reformers (London 1958).

Avery **Dulles**, Theology and worship. The reciprocity of prayer and belief: Ex Auditu 8 (1992) 85-94.

Jean **Duplacy**, A propos d'un lieu variant de 1 Co 11,24: Voici mon corps (-, rompu, donné, etc.) pour vous: Victor Guénel (Hg.), Le corps et le corps du Christ dans la première épître aux Corinthiens = LeDiv 114 (Paris 1983) 27-46.

H. **Eising**, זָכַר: ThWAT 2 (1977) 571-593.

Leo **Eizenhöfer**, Canon Missae Romanae 1. Traditio textus = Collectanea Anselmiana, Series minor: Subsida studiorum 1 (Rom 1954).

Tom **Elich**, Using Liturgical Texts in the Middle Ages: Gerard Austin (Hg.), Fountain of Life. In Memory of Niels K. Rasmussen (Washington 1991) 69-83.

Johannes H. **Emminghaus, Altar**: LMA 1 (1980) 461-464.

Johannes H. **Emminghaus,** Der gottesdienstliche **Raum** und seine Ausstattung: Rupert Berger u.a., Gestalt des Gottesdienstes. Sprachliche und nichtsprachliche Ausdrucksformen = GdK 3 (Regensburg ²1990) 347-416.

James **Empereur**, Models of Liturgical Theology = Alcuin/GROW Liturgical Study 4 = GLS 52 (Bramcote 1987).

Heinz-Josef **Fabry, Anamnese**. III. Biblisch: LThK 1 (³1993) 590f.

Heinz-Josef **Fabry,** לֵב: ThWAT 4 (1984) 413-451.

David W. **Fagerberg**, What Is Liturgical Theology? A Study in Methodology (Collegeville 1992).

Erich **Feifel**, Grundzüge einer Theologie des Gottesdienstes. Motive und Konzeption der Gaubensverkündigung MICHAEL HELDINGS (1506-1561) als Ausdruck einer katholischen "Reformation" = UTS 15 (Freiburg 1960).

Leonhard **Fendt,** Der lutherische **Gottesdienst** des 16. Jahrhunderts. Sein Werden und sein Wachsen = Aus der Welt christlicher Frömmigkeit 5 (München 1923).

Leonhard **Fendt,** Die "**Selbstkommunion**" im Luthertum: ThLZ 81 (1956) 423-426.

E. **Ferguson**, The Liturgical Function of the 'Sursum Corda': Studia Patristica 13 = TU 116 (Berlin 1975) 360-363.

Peter **Fiedler**, Probleme der Abendmahlsforschung: ALw 24 (1982) 192-223.

John Edward **Field**, The english liturgies of 1549 and 1661. Compared with each other and with the ancient liturgies (London 1920).

Balthasar **Fischer,** Vom **Beten** zu Christus: Josef G. Plöger (Hg.), Gott feiern. FS Theodor Schnitzler (Freiburg 1980) 94-99.

Balthasar **Fischer,** Ein bisher unveröffentlichter **Entwurf** des Einleitungs-Dokuments Pauls V. zum Rituale Romanum von 1614: Paul De Clerck/Éric Palazzo (Hg.), Rituels. FS Pierre-Marie Gy (Paris 1990) 263-271.

Balthasar **Fischer,** Formen der Verkündigung: Rupert Berger u.a., Gestalt des Gottesdienstes. Sprachliche und nichtsprachliche Ausdrucksformen = GdK 3 (Regensburg ²1990) 77-96.

Balthasar **Fischer,** Die **Kelchkommunion** im Abendland. Eine historische Skizze: LJ 17 (1967) 18-32.

Balthasar **Fischer, Liturgie** oder Liturgien?: TThZ 90 (1981) 265-275.

Balthasar **Fischer,** Das **Originalmanuskript** des Rituale Romanum: TThZ 70 (1961) 244-246.

Balthasar **Fischer,** Die **Predigt** vor der Kommunionspendung. Eine Skizze ihrer Geschichte im Abendland: Theodor Filthaut/Josef Andreas Jungmann (Hg.), Verkündigung und Glaube. FS Franz X. Arnold (Freiburg 1958) 223-237.

Balthasar **Fischer,** Das **Rituale Romanum** (1614-1964). Die Schicksale eines liturgischen Buches: TThZ 73 (1964) 257-271.

Balthasar Fischer, **Sursum corda** Habemus ad Dominum. Warum will Hippolyt diese Akklamation auf das Eucharistische Hochgebet beschränkt sehen? (Trad. Ap. 25): Erich Renhart/Andreas Schnider (Hg.), Sursum Corda. Variationen zu einem liturgischen Motiv. FS Philipp Harnoncourt (Graz 1991) 28-30.

Georg **Fohrer**, Jesaja 40-66 = ZBK.AT 19.3 (Zürich ²1986).

Adolph **Franz,** Die **Messe** im deutschen Mittelalter. Beiträge zur Geschichte der Liturgie und des religiösen Volkslebens (Freiburg 1902).

August **Franzen,** Die Kelchbewegung am Niederrhein im 16. Jahrhundert = KLK 13 (Münster 1955).

Joseph **Freisen** (Hg.), **Manuale Lincopense,** Breviarium Scarense, Manuale Aboense. Katholische Ritualbücher Schwedens und Finnlands im Mittelalter (Paderborn 1904).

Theobald **Freudenberger,** Die Meßliturgie in der Volkssprache im Urteil des Trienter Konzils: Remigius Bäumer (Hg.), Reformatio Ecclesiae. FS Erwin Iserloh (Paderborn 1980) 679-698.

Walter **Friedensburg** (Hg.), Politische Correspondenz der Stadt Strassburg im Zeitalter der Reformation 5. 1550-1555 = Urkunden und Akten der Stadt Strassburg 2.5 (Heidelberg 1928).

Kurt **Frör,** Salutationen, Benediktionen, Amen: Leiturgia 2 (Kassel 1955) 569-597.

Jacques **Froger,** Le Concile de Trente a-t-il prescrit de donner des explications en langue vulgaire pendant les cérémonies liturgiques?: EL 73 (1959) 81-115.161-205.

Herbert **Frost,** Kirchenzucht. 1. Geschichte und Praxis in der BRD: EKL 2 (³1989) 1210-1213.

Ingemar **Furberg,** Das Pater noster in der Messe = BTP 21 (Lund 1968).

G. v. **Gablenz**/L. **Pinomaa,** Zorn Gottes: EKL 3 (1959) 1919-1924.

Ulrich **Gäbler, Oekolampad**: TRE 25 (1995) 29-36.

Ulrich **Gäbler,** Das **Vaterunser** in der Basler Reformation: ThZ 48 (1992) 118-126.

Gerhard **Gäde,** Eine andere Barmherzigkeit. Zum Verständnis der Erlösungslehre Anselms von Canterbury = BDS 3 (Würzburg 1989).

Wolfgang **Gaehtgens,** Die Quellen der Mecklenburgischen Liturgie-Ordnungen: MGKK 43 (1938) 266-275.

Fritz **Galle,** Die Beichte in der reformierten Kirche: JK 5 (1937) 45-52.

Miguel M. **Garijo-Guembe,** Überlegungen für einen Dialog zwischen Orthodoxie und Katholizismus im Hinblick auf den Satz "Lex orandi - lex credendi": Klemens Richter (Hg.), Liturgie - ein vergessenes Thema der Theologie? = QD 107 (Freiburg 1986) 128-152.

Heribert W. **Gärtner**/Michael B. **Merz,** Prolegomena für eine integrative Methode in der Liturgiewissenschaft. Zugleich ein Versuch zur Gewinnung der empirischen Dimension: ALw 24 (1982) 165-189.

Aidan **Gasquet**/Edmund **Bischop,** Edward VI and the Book of Common Prayer (London ³1928).

Albert **Gerhards, Entstehung** und Entwicklung des Eucharistischen Hochgebets im Spiegel der neueren Forschung. Der Beitrag der Liturgiewissenschaft zur liturgischen Erneuerung: Andreas Heinz/Heinrich Rennings (Hg.), Gratias agamus. Studien zum eucharistischen Hochgebet. FS Balthasar Fischer (Freiburg 1992) 75-96.

Albert **Gerhards, Epiklese**: LThK 3 (³1995) 715f.

Albert **Gerhards, Eucharistisches Hochgebet**: LThK 3 (³1995) 972-975.

Albert **Gerhards, Höhepunkt** auf dem Tiefpunkt? Überlegungen zur musikalischen Gestalt des Eucharistischen Hochgebets: Erich Renhart/Andreas Schnider (Hg.), Sursum Corda. Variationen zu einem liturgischen Motiv. FS Philipp Harnoncourt (Graz 1991) 167-177.

Albert **Gerhards,** Die griechische **Gregoriosanaphora**. Ein Beitrag zur Geschichte des Eucharistischen Hochebets = LQF 65 (Münster 1984).

Albert **Gerhards, Kontinuität** und Divergenz. Konzepte der Bundestheologie im Eucharistischen Hochgebet: Klemens Richter/Benedikt Kranemann (Hg.), Christologie der Liturgie. Der Gottesdienst der Kirche - Christusbekenntnis und Sinaibund = QD 159 (Freiburg 1995) 207-223.

Albert **Gerhards,** Die literarische **Struktur** des Eucharistischen Hochgebets. Zu einer Studie über die alttestamentlichen Wurzeln der Anaphora und deren Entfaltung im jüdisch-christlichen Beten: LJ 33 (1983) 90-104.

Albert **Gerhards,** Die **Präfationen**: Reinhard Meßner/Eduard Nagel/Rudolf Pacik (Hg.), Bewahren und Erneuern. Studien zur Meßliturgie. FS Hans Bernhard Meyer = IThS 42 (Innsbruck 1995) 202-218.

Albert **Gerhards,** Der **Schriftgebrauch** in den altkichlichen Liturgien: Georg Schöllgen/Clemens Scholten (Hg.), Stimuli. Exegese und ihre Hermeneutik in Antike und Christentum. FS Ernst Dassmann = JAC.E 23 (Münster 1996) 177-190.

Albert **Gerhards, Zu wem beten**? Die These Josef Andreas Jungmanns († 1975) über den Adressaten des Eucharistischen Hochgebets im Licht der neueren Forschung: LJ 32 (1982) 219-230.

Albert **Gerhards,** Zur **Frage** der Gebetsanrede im Zeitalter jüdisch-christlichen Dialogs: TThZ 102 (1993) 245-257.

Albert **Gerhards**/Friedrich **Lurz**, Gloria in excelsis Deo: LThK 4 (^{3}1995) 751f.

Albert **Gerhards**/Birgit **Osterholt-Kootz**, Kommentar zur "Standortbestimmung der Liturgiewissenschaft": LJ 42 (1992) 122-138.

Albert **Gerhards**/Klaus **Wintz**, Altar. III. Liturgisch: LThK 1 (^{3}1993) 436-438.

Peter **Gerlitz u.a.**, Opfer: TRE 25 (1995) 253-299.

Manfred **Gerwing**, Kelchkommunion: LMA 5 (1991) 1096f.

Marlis **Gielen**, Lasterkataloge: LThK 6 (^{3}1997) 658f.

Cesare **Giraudo**, La struttura letteraria della preghiera eucaristica. Saggio sulla genesi letteraria di una forma. Toda veterotestamentaria, b^{e}raka giudaica, anafora cristiana = AnBib 92 (Rom 1981).

Johannes **Gnilka**, Johannesevangelium = NEB.NT (Würzburg 1983).

Manfred **Görg**, Altar. II. Biblisch: LThK 1 (^{3}1993) 435f.

Hansjosef **Goertz**, Deutsche **Begriffe** der Liturgie im Zeitalter der Reformation. Untersuchungen zum religiösen Wortschatz zwischen 1450 und 1530 = PStQ 88 (Berlin 1977).

Hans-Jürgen **Goertz, Kirchenzucht**. 3. Reformationszeit: TRE 19 (1990) 176-183.

J. F. Gerhard **Goeters**, Caspar **Olevianus** als Theologe: MEKGR 37/38 (1988/89) 287-344.

J. F. Gerhard **Goeters, Einführung**: EKO 14,1-89.

J. F. Gerhard **Goeters, Entstehung** und Frühgeschichte des Katechismus: Lothar Coenen (Hg.), Handbuch zum Heidelberger Katechismus (Neukirchen-Vluyn 1963) 3-23.

J. F. Gerhard **Goeters, Föderaltheologie**: TRE 11 (1983) 246-252.

J. F. Gerhard **Goeters, Genesis**, Formen und Hauptthemen des reformierten Bekenntnisses in Deutschland: Heinz Schilling (Hg.), Die reformierte Konfessionalisierung in Deutschland - Das Problem der "Zweiten Reformation". Wissenschaftliches Symposium des Vereins für Reformationsgeschichte 1985 = SVRG 195 (Gütersloh 1986) 44-59.

J. F. Gerhard **Goeters, Olevian**: TRE 25 (1995) 237-239.

J. F. Gerhard **Goeters,** Olevians Fester **Grund**. Entstehung, Geschichte, Inhalt: Caspar Olevian, Der Gnadenbund Gottes 1590. Faksimile-Edition. Hg. von Gunther Franz/J. F. Gerhard Goeters/Wilhelm Holtmann (Köln, Bonn 1994) 467-490.

Johann B. **Götz**, Der erste Einführung des Kalvinismus in der Oberpfalz 1559-1576 = RGST 60 (Münster 1933).

Herbert **Goltzen, Acclamatio** anamneseos: JLH 19 (1975) 187-195.

Herbert **Goltzen, Gratias agere** - Das Hochgebet im neuen Meßbuch: JLH 20 (1976) 1-43.

Konrad **Gottschlick**, Stationen der Abendmahlsunterweisung in Württemberg: BWKG 88 (1988) 238-272.

Paul **Graff**, Die **Epiklese** in reformatorischen Ordnungen: MGKK 45 (1940) 133-138.

Paul **Graff**, Geschichte der **Auflösung** der alten gottesdienstlichen Formen in der evangelischen Kirche Deutschlands. 2 Bde. (Göttingen ²1937, 1939).

Richard L. **Greaves**, John Knox, the Reformed Tradition, and the Sacrament of the Lord's Supper: ARG 66 (1975) 238-255.

Joseph **Greving**, Johann Ecks Pfarrbuch für U. L. Frau in Ingolstadt. Ein Beitrag zur Kenntnis der pfarrkirchlichen Verhältnisse im sechzehnten Jahrhundert = RGST 4-5 (Münster 1908).

Walter **Groß**, Neuer Bund oder Erneuerter Bund. Jer 31,31-34 in der jüngsten Diskussion: Bernd Jochen Hilberath/Dorothea Sattler (Hg.), Vorgeschmack. Ökumenische Bemühungen um die Eucharistie. FS Theodor Schneider (Mainz 1995) 89-114.

Romano **Guardini**, Über die systematische Methode in der Liturgiewissenschaft: JLW 1 (1921) 97-108.

Josef **Gülden**, Johann Leisentrits pastoralliturgische Schriften = SKBK 4 (Leipzig 1963).

Pierre-Marie **Gy**, Re-Visiting Dom Gregory Dix After Fifty Years: Worship 70 (1996) 2-15.

Emmerich **Gyenge**, Der Glaube, seine Gewißheit und Bewahrung: Lothar Coenen (Hg.), Handbuch zum Heidelberger Katechismus (Neukirchen-Vluyn 1963) 113-127.

PE, für: Anton Hänggi/Irmgard Pahl (Hg.), Prex eucharistica. Textus e variis liturgiis antiquioribus selecti = SpicFri 12 (Fribourg 1978 = ²1968).

Alf **Härdelin**, Aquae et vini mysterium. Geheimnis der Erlösung und Geheimnis der Kirche im Spiegel der mittelalterlichen Auslegung des gemischten Kelches = LQF 57 (Münster 1973).

Angelus A. **Häußling, Akklamationen** und Formeln: Rupert Berger u.a., Gestalt des Gottesdienstes. Sprachliche und nichtsprachliche Ausdrucksformen = GdK 3 (Regensburg ²1990) 220-239.

Angelus A. **Häußling, Bemerkungen** zu Teresa Bergers "Prolegomena für eine ökumenische Liturgiewissenschaft": ALw 29 (1987) 242-249.

Angelus A. **Häußling, Formeln** der Mahnung und Aufforderung. Ein Nachtrag zum Abschnitt *Akklamationen und Formeln* im Handbuch *Gottesdienst der Kirche*: ALw 32 (1990) 47-54.

Angelus A. **Häußling,** Die kritische **Funktion** der Liturgiewissenschaft: Hans Bernhard Meyer (Hg.), Liturgie und Gesellschaft (Innsbruck 1970) 103-130.

Angelus A. **Häußling,** Liturgie: **Gedächtnis** eines Vergangenen und doch Befreiung in der Gegenwart: Ders. (Hg.), Vom Sinn der Liturgie. Gedächtnis unserer Erlösung und Lobpreis Gottes = SKAB 140 (Düsseldorf 1991) 118-130.

Angelus A. **Häußling, Liturgiewissenschaft** zwei Jahrzehnte nach Konzilsbeginn. Eine Umschau im deutschen Sprachgebiet: ALw 24 (1982) 1-18.

Angelus A. **Häußling,** Liturgiewissenschaftliche **Aufgabenfelder** vor uns: LJ 38 (1988) 94-108.

Angelus A. **Häußling,** Das **Missale Deutsch**. Materialien zur Rezeptionsgeschichte der lateinischen Meßliturgie im deutschen Sprachgebiet bis zum Zweiten Vatikanischen Konzil. 1. Bibliographie der Übersetzungen in Handschriften und Drucken = LQF 66 (Münster 1984).

Angelus A. **Häußling, 'Missale' (deutsch)**: Kurt Ruh u.a. (Hg.), Die deutsche Literatur des Mittelalters. Verfasserlexikon 6 (Berlin ²1987) 607-612.

Angelus A. **Häußling, Motive** für die Häufigkeit der Eucharistiefeier: Conc (D) 18 (1982) 96-99.

Angelus A. **Häußling, Was heißt**: Liturgiewissenschaft ist ökumenisch?: Karl Schlemmer (Hg.), Gottesdienst - Weg zur Einheit. Impulse für die Ökumene = QD 122 (Freiburg 1989) 62-88.

Fritz **Hamm**, Die liturgischen Einsetzungsberichte. Im Sinne vergleichender Liturgieforschung untersucht = LQF 23 (Münster 1928).

Philipp **Harnoncourt, Verantwortung** für eine umfassende Liturgiewissenschaft: MILW 18 (1984) 16-19.

Philipp **Harnoncourt,** Worum geht es heute in der **Liturgiewissenschaft**?: BiLi 45 (1972) 161-165.

Reinhard **Hauke**, Die lobpreisende Memoria. Die ökumenische Dimension der Christusanamnese in doxologischer Gestalt = KKTS 61 (Paderborn 1995).

Winfried **Haunerland**, Die Eucharistie und ihre Wirkungen im Spiegel der Euchologie des Missale Romanum = LQF 71 (Münster 1989).

Wolf-Dieter **Hauschild**, Nicäno-Konstantinopolitanisches Glaubensbekenntnis: TRE 24 (1994) 444-456.

Fritz **Hauß**/Hans Georg **Zier** (Hg.), Die Kirchenordnungen von 1556 in der Kurpfalz und in der Markgrafschaft Baden-Durlach = VVKGB 16 (Karlsruhe 1956).

Johannes **Haussleiter**, Erhebung des Herzens: RAC 6 (1966) 1-22.

HDEKM 1.1, für: Konrad Ameln/Christhard Mahrenholz/Wilhelm Thomas (Hg.), Handbuch der deutschen evangelischen Kirchenmusik 1.1. Der Altargesang. Die einstimmigen Weisen (Göttingen 1941).

HdL, für: Hans-Christoph Schmidt-Lauber/Karl-Heinrich Bieritz (Hg.), Handbuch der Liturgik (Göttingen 1995).

Andreas **Heinz**, Anamnetische **Gemeindeakklamationen** im Hochgebet: Ders./Heinrich Rennings (Hg.), Gratias agamus. Studien zum eucharistischen Hochgebet. FS Balthasar Fischer (Freiburg 1992) 129-147.

Andreas **Heinz**, Die deutsche **Sondertradition** für einen Bußritus der Gemeinde in der Messe: LJ 28 (1978) 193-214.

Andreas **Heinz,** Eucharistische **Frömmigkeit**: EKL 1 (³1986) 1165-1167.

Andreas **Heinz,** Liturgical **Rules** and Popular Religious Customs Surrounding Holy Communion between the Council of Trent and the Catholic Restoration in the 19th Century: Charles Caspers/Gerard Lukken/Gerard Rouwhorst (Hg.), Bread and Heaven. Customs and Practices Surrounding Holy Communion. Essays in the History of Liturgy and Culture = Liturgia condenda 3 (Kampen 1995) 119-143.

Erika **Heitmeyer**, Das Gesangbuch von Johann Leisentrit 1567. Adaption als Merkmal von Struktur und Genese früher deutscher Gesangbuchlieder = Pietas liturgica. Studia 5 (St. Ottilien 1988).

Walter **Henss,** Der Heidelberger Katechismus im konfessionspolitischen Kräftespiel seiner Frühzeit. Historisch-bibliographische Einführung zur ersten vollständigen deutschen Fassung, der sogenannten 3. Auflage von 1563 und der dazugehörigen lateinischen Fassung (Zürich 1983).

Barbara **Henze**, Aus Liebe zur Kirche Reform. Die Bemühungen Georg Witzels (1501-1573) um die Kircheneinheit = RGST 133 (Münster 1995).

Frieder **Hepp**, Religion und Herrschaft in der Kurpfalz um 1600. Aus der Sicht des Heidelberger Kirchenrates Dr. Marcus zum Lamm (1544-1606). Diss. (Heidelberg 1992).

Wolfgang **Herbst** (Hg.), Evangelischer Gottesdienst. Quellen zu seiner Geschichte (Göttingen ²1992).

Rudolf **Hermann**, Die Probleme der Exkommunikation bei Luther und Thomas Erastus: ZSTh 23 (1954) 103-136.

Alasdair **Heron**, Föderaltheologie: LThK 3 (³1995) 1340.

Hartmut **Hilgenfeld**, Mittelalterlich-traditionelle Elemente in Luthers Abendmahlsschriften = SDGSTh 29 (Zürich 1971).

Bertold **Höcker**, Lateinische Gregorianik im Lutherischen Gottesdienst? = Diss.T 69 (St. Ottilien 1994).

Johann Wilhelm Friedrich **Höfling**, Liturgisches Urkundenbuch. Enthaltend die Akte der Communion, der Ordination und Introduction, und der Trauung (Leipzig 1854).

F. A. **Hoeynck**, Geschichte der kirchlichen Liturgie in des Bisthums Augsburg (Augsburg 1889).

Jakob **Hoffmann**, Geschichte der Laienkommunion bis zum Tridentinum (Speyer 1891).

Otfried **Hofius**, Gemeinschaft mit den Engeln im Gottesdienst der Kirche. Eine traditionsgeschichtliche Skizze: ZThK 89 (1992) 172-196.

David R. **Holeton**/John St. H. **Gibaut**, Gottesdienst und ökumenische Bewegung: Hans-Christoph Schmidt-Lauber/Karl-Heinrich Bieritz (Hg.), Handbuch der Liturgik (Göttingen 1995) 195-206.

Walter J. **Hollenweger**, Zwinglis Einfluß in England: Zwingliana 19.1 (1992) 171-186.

Walter **Hollweg**, Der Augsburger **Reichstag** von 1556 und seine Bedeutung für die Entstehung der Reformierten Kirche und ihres Bekenntnisses = BGLRK 17 (Neukirchen-Vluyn 1964).

Hollweg, Untersuchungen 1, für: Walter Hollweg, Neue Untersuchungen zur Geschichte und Lehre des Heidelberger Katechismus = BGLRK 13 (Neukirchen 1961).

Hollweg, Untersuchungen 2, für: Walter Hollweg, Neue Untersuchungen zur Geschichte und Lehre des Heidelberger Katechismus. Zweite Folge = BGLRK 28 (Neukirchen-Vluyn 1968).

Wilhelm **Holtmann**, Predigten von dem H.Abendmahl und Fürschlag, wie Doctor Luthers Lehr von den hl. Sacramenten...: Caspar Olevian, Der Gnadenbund Gottes 1590. Faksimile-Edition. Hg. von Gunther Franz/J. F. Gerhard Goeters/Wilhelm Holtmann (Köln, Bonn 1994) 495-498.

Heinrich **Holze**, Unreformatorischer Gottesdienst? Die Abendmahlsfeier der Lima-Liturgie aus der Sicht frühreformatorischer Gottesdienstordnungen: ZThK 88 (1991) 287-312.

A. Casper **Honders,** Das Abendmahl nach der **Antwerpener Ordnung** 1567 und (1579) 1672: Irmgard Pahl (Hg.), Coena Domini 1. Die Abendmahlsliturgie der Reformationskirchen im 16./17. Jahrhundert = SpicFri 29 (Fribourg 1983) 273-297.

A. Casper **Honders,** Das Abendmahl nach den **Ordnungen** Johannes a Lascos (1550) 1555 und Marten Microns 1554: Irmgard Pahl (Hg.), Coena Domini 1. Die Abendmahlsliturgie der Reformationskirchen im 16./17. Jahrhundert = SpicFri 29 (Fribourg 1983) 431-460.

A. Casper **Honders, Remarks** on the Postcommunio in some Reformed Liturgies: Bryan D. Spinks (Hg.), The Sacrifice of Praise. Studies on the Themes of Thanksgiving and Redemption in the Central Prayers of the Eucharistic and Baptismal Liturgies. FS Arthur Hubert Couratin = BEL.S 19 (Rom 1981) 143-157.

Jasper **Hopkins**, A Companion to the Study of St. Anselm (Minneapolis 1972).

Frank-Lothar **Hossfeld, Bund**. II. Im Alten Testament: LThK 2 (³1994) 781-785.

Frank-Lothar **Hossfeld** u.a., **Dekalog**: LThK 3 (³1995) 62-69.

Helmut **Hucke**, Das Kirchenlied: Rupert Berger u.a., Gestalt des Gottesdienstes. Sprachliche und nichtsprachliche Ausdrucksformen = GdK 3 (Regensburg ²1990) 165-179.

Friedrich **Hubert** (Hg.), Die Straßburger liturgischen Ordnungen im Zeitalter der Reformation nebst einer Bibliographie der Straßburger Gesangbücher (Göttingen 1900).

Jürgen **Hübner** (Hg.), Johannes Kepler, Unterricht vom H.Sacrament des Leibs und Bluts Jesu Christi unsers Erlösers (1617) = Bayerische Akademie der Wissenschaften. Mathematisch-Naturwissenschaftliche Klasse. Abhandlungen NF 137 (München 1969).

Kevin W. **Irwin, Context** and Text. Method in Liturgical Theology (Collegeville 1994).

Irwin, Liturgical Theology 2, für: Kevin W. Irwin, Liturgical Theology: Peter E. Fink (Hg.), The New Dictionary of Sacramental Worship (Collegeville 1990) 721-732.

Irwin, Liturgical Theology 1, für: Kevin W. Irwin, Liturgical Theology = American Essays in Liturgy (Collegeville 1990).

Kevin W. **Irwin, Method** in Liturgical Theology: Context is Text: Église et Théologie 20 (1989) 407-424.

Elfriede **Jacobs**, Die Sakramentslehre Wilhelm Farels = ZBRG 10 (Zürich 1978).

W. **Jannasch**, Altar. III C. In der evangelischen Kirche: RGG 1 (³1957) 263f.

Johannes **Janota**, Studien zu Funktion und Typus des deutschen geistlichen Liedes im Mittelalter = MTUDL 23 (München 1968).

Bernd **Janowski**, Er trug unsere Sünden. Jesaja 53 und die Dramatik der Stellvertretung: ZThK 90 (1993) 1-24.

Pierre **Jay**, Jesaja: RAC 17 (1996) 764-821.

Hubert **Jedin**, Das Konzil von Trient und die Reform der liturgischen Bücher: EL 59 (1945) 5-38.

Markus **Jenny**, Die beiden **Weisen** zu Luthers Vaterunser-Lied: JLH 6 (1961) 115-118.

Markus **Jenny**, Die **Einheit** des Abendmahlsgottesdienstes bei den elsässischen und schweizerischen Reformatoren = SDGSTh 23 (Zürich 1968).

Markus **Jenny**, Der reformierte **Beitrag** zu Kirchenlied und Kirchenmusik im 16. und 17. Jahrhundert: MuK 57 (1987) 161-169.

Joachim **Jeremias**, Die Abendmahlsworte Jesu (Göttingen ⁴1967).

Johannes Petrus **de Jong**, Epiklese: LThK 3 (²1959) 935-937.

Godehard **Joppich**, Vom Schriftwort zum Klangwort: I.A.H. Bulletin 23 (1995) 89-122.

Ottfried **Jordahn**, Die ökumenische Bedeutung der Hochgebete in der erneuerten römischen Liturgie: US 31 (1976) 245-256.

Friedhelm **Jürgensmeier**, Die Eucharistie in der Barockfrömmigkeit am Mittelrhein: AMRhKG 23 (1971) 103-119.

Wolfgang **Jung**, Zur Geschichte des evangelischen Gottesdienstes in der Pfalz 1. Von der Reformation zur Union = VVPfKG 7 (Grünstadt 1959).

Theodore Robert **Jungkuntz**, Die Brandenburg-Nürnbergische Kirchenordnung von 1533 und ihre Auswirkung. Ein Beitrag zur Geschichte und Theologie der lutherischen Kirchenordnungen des 16. Jahrhunderts. Diss. (Erlangen 1964).

Josef Andreas **Jungmann**, "**Abendmahl**" als Name der Eucharistie: ZKTh 93 (1971) 91-94.

Josef Andreas **Jungmann, Gewordene Liturgie**. Studien und Durchblicke (Innsbruck 1941).

Josef Andreas **Jungmann, Heiliges Wort**. Die rituelle Behandlung der Konsekrationsworte in den Liturgien: Miscellanea Liturgica. FS Giacomo Lercaro 1 (Rom 1966) 307-319.

Josef Andreas **Jungmann, Kommunion**: LThK 6 (²1961) 410-412.

Jungmann, MS, für: Josef Andreas Jungmann, Missarum Sollemnia. Eine genetische Erklärung der römischen Messe. 2 Bde. (Freiburg ⁵1962).

Josef Andreas **Jungmann**, Die **Stellung** Christi im liturgischen Gebet = LQF 19-20 (Münster ²1962).

Joesph **Jungnitz,** Die Breslauer Ritualien: Schlesisches Pastoralblatt 9 (1892) 71-73.80-82.88-90.99-101.106-108.116-117.

Bernice M. **Kaczynski,** Liturgigal Use of **Creeds**: Joseph R. Strayer (Hg.), Dictionary of the Middle Ages 3 (New York 1983) 675-677.

Reiner **Kaczynski,** Die **Wiedereinführung** der Kelchkommunion im römischen Ritus: Heinrich Spaemann (Hg.), "...und trinket alle daraus". Zur Kelchkommunion in unseren Gemeinden (Freiburg 1986) 74-97.

Friedrich **Kalb,** Liturgie. I. Christliche Liturgie: TRE 21 (1991) 358-377.

Jürgen **Kampmann,** Die Einführung der Berliner Agende in Westfalen. Die Neuordnung des evangelischen Gottesdienstes 1815-1835 = BWFKG 8 (Bielefeld 1991).

Karl-Hermann **Kandler,** Das **Brotbrechen**: ThV 7 (1976) 195-204.

Karl-Hermann **Kandler,** Wann werden die **Azyma** das Brotelement in der Eucharistie im Abendland?: ZKG 75 (1964) 153-155.

Dieter **Kartschoke,** Geschichte der deutschen Literatur im frühen Mittelalter (München 1990).

Ralph A. **Keifer,** Liturgical Text as Primary Source For Eucharistic Theology: Worship 51 (1977) 186-196.

M. **Kellermann,** Brot: Manfred Görg/Bernhard Lang (Hg.), Neues Bibel-Lexikon 1 (Zürich 1991) 331f.

John Norman Davidson **Kelly,** Altchristliche Glaubensbekenntnisse (Göttingen ³1972).

H. J. **Klauck,** Brotbrechen: Manfred Görg/Bernhard Lang (Hg.), Neues Bibel-Lexikon 1 (Zürich 1991) 332f.

Bernhard **Klaus,** Die **kurbrandenburgische Kirchenordnung** Joachims II. in der liturgischen Praxis ihrer Zeit: JLH 4 (1959) 82-85.

Bernhard **Klaus,** Die **Nürnberger Deutsche Messe** 1524: JLH 1 (1955) 1-46.

Bernhard **Klaus,** Reformatorische Kirchenordnungen aus **Altbayern**: JLH 11 (1966) 125-128.

Bernhard **Klaus,** Die **Rüstgebete**: Leiturgia 2 (Kassel 1955) 523-567.

Bernhard **Klaus, Veit Dietrich**. Leben und Werk = EKGB 32 (Nürnberg 1958).

Bruno **Kleinheyer, Brotbrechen:** Zeichen der Einheit und des Friedens: Heribert Roßmann/Joseph Ratzinger (Hg.), Mysterium der Gnade. FS Johann Auer (Regensburg 1975) 175-182.

Bruno **Kleinheyer, Riten** um Ehe und Familie: Bruno Kleinheyer/Emmanuel von Severus/Reiner Kaczynski, Sakramentliche Feiern II = GdK 8 (Regensburg 1984) 67-156.

Bruno **Kleinheyer,** Sakramentliche **Feiern** I. Die Feiern der Eingliederung in die Kirche = GdK 7.1 (Regensburg 1989).

Bruno **Kleinheyer**/Emmanuel **von Severus**/Reiner **Kaczynski,** Sakramentliche Feiern II = GdK 8 (Regensburg 1984).

Beda **Kleinschmidt,** Zur Geschichte des Kommunionritus: ThPQ 59 (1906) 95-109.

Theodor **Kliefoth,** Die ursprüngliche Gottesdienst-Ordnung in den deutschen Kirchen lutherischen Bekenntnisses, ihre Destruction und Reformation. 5 Bde. = Liturgische Abhandlungen 4-8 (Schwerin ²1858-1861).

Martin **Klöckener,** Die **Ritualiensammlung** in der Bibliothek des Deutschen Liturgischen Instituts: LJ 44 (1994) 33-61.

Martin **Klöckener,** Zeitgemäßes **Beten**. Meßorationen als Zeugnisse einer sich wandelnden Kultur und Spiritualität: Reinhard Meßner/Eduard Nagel/Rudolf Pacik (Hg.), Bewahren und Erneuern. Studien zur Meßliturgie. FS Hans Bernhard Meyer = IThS 42 (Innsbruck 1995) 114-142.

Fred H. **Kloster,** The Priority of Ursinus in the Composition of the Heidelberg Catechism: Derk Visser (Hg.), Controversy and Conciliation. The Reformation and the Palatinate 1559-1583 = PThM 18 (Allison Park 1986) 73-100.

August **Kluckhohn** (Hg.), Briefe Friedrichs des Frommen, Kurfürstes von der Pfalz. 2 Bde. (Braunschweig 1868-1872).

Adolf **Knauber,** Die Frage der "Präzedenz" im Eucharistieempfang: MThZ 27 (1976) 325-350.

George A.F. **Knight,** Servant Theology. A Commentary on the Book of Isaiah 40-55 = ITC (Edinburgh ²1984).

Alois **Knöpfler,** Die Kelchbewegung in Bayern unter Herzog Albrecht V. Ein Beitrag zur Reformationsgeschichte des 16. Jahrhunderts (München 1891).

Mechtild **Köhn**, Martin Bucers Entwurf einer Reformation des Erzstiftes Köln. Untersuchung der Entstehungsgeschichte und der Theologie des "Einfältigen Bedenckens" von 1543 = UKG 2 (Witten 1966).

Franz Josef **Kötter**, Die Eucharistielehre in den katholischen Katechismen des 16. Jahrhunderts bis zum Erscheinen des Catechismus Romanus (1566) = RGST 98 (Münster 1969).

Franz **Kohlschein**, **Liturgiewissenschaft** im Wandel? Fragmentarische Überlegungen zur Situation und Zukunft einer theologischen Disziplin: LJ 34 (1984) 32-49.

Franz **Kohlschein**, Zur **Geschichte** der Liturgiewissenschaft im katholischen deutschsprachigen Bereich: Ders./ Peter Wünsche (Hg.), Liturgiewissenschaft - Studien zur Wissenschaftsgeschichte = LQF 78 (Münster 1996) 1-72.

Christian **Kolb**, Die Geschichte des Gottesdienstes in der evangelischen Kirche Württembergs (Stuttgart 1913).

Kongregation für den Gottesdienst und die Sakramentenordnung, Römische Liturgie und Inkulturation. IV. Instruktion zur ordnungsgemäßen Durchführung der Konzilskonstitution über die Liturgie (Nr. 37-40) = VApS 114 (Bonn 1994).

Konzili 1, für: Jürgen Konzili, Studien über Johann Ulrich Surgant (ca. 1450-1503): ZSK 69 (1975) 265-309.

Konzili 2, für: Jürgen Konzili, Studien über Johann Ulrich Surgant (ca. 1450-1503): ZSK 70 (1976) 107-167.

Konzili 3, für: Jürgen Konzili, Studien über Johann Ulrich Surgant (ca. 1450-1503): ZSK 70 (1976) 308-388.

Konzili 4, für: Jürgen Konzili, Studien über Johann Ulrich Surgant (ca. 1450-1503): ZSK 71 (1977) 332-392.

Wm. E. **Korn**, Die Lehre von Christi Person und Werk: Lothar Coenen (Hg.), Handbuch zum Heidelberger Katechismus (Neukirchen-Vluyn 1963) 91-104.

Peter **Krämer**, Bann. IV. Historisch-theologisch: LThK 1 (^{3}1993) 1391.

Benedikt **Kranemann**, Liturgische Bücher als schriftliche Zeugnisse der Liturgiegeschichte. Entstehung - Typologie - Funktion: Géza Jászai (Hg.), Imagination des Unsichtbaren. 1200 Jahre bildende Kunst im Bistum Münster. [Ausstellungskatalog] (Münster 1993) 147-166.

Friedrich **Krüger**, Geschichte der Spendeformel bei der Feier des heiligen Abendmahls in den deutschen evangelischen Kirchen: MGKK 16 (1911) 84-92.117-125.157-164.198-205.226-232.

Werner **Krusche**, Das Wirken des Heiligen Geistes nach Calvin = FKDG 7 (Göttingen 1957).

Kurt **Küppers**, Hostie: LMA 5 (1991) 138f.

Manfred **Kuhl**, Das zweite Hochgebet: Otto Nußbaum (Hg.), Die Eucharistischen Hochgebete II-IV. Ein theologischer Kommentar = RLGD 16 (Münster 1971) 30-61.

Hans-Ludwig **Kulp**, Das **Gemeindegebet** im christlichen Gottesdienst: Leiturgia 2 (Kassel 1955) 355-415.

Hans-Ludwig **Kulp**, Die **Kollektengebete** - Die Praefationen - Das Gebet post communionem: Joachim Beckmann u.a., Der Gottesdienst an Sonn- und Feiertagen. Untersuchungen zur Kirchenagende I,1 (Gütersloh 1949) 281-439.

Gerhard **Kunze**, Das **Aufhören** der Selbstkommunion in der deutschen lutherischen Kirche: MGKK 43 (1938) 275-283.

Gerhard **Kunze**, Kennen reformatorische Ordnungen die **Epiklese**?: MGKK 45 (1940) 138-140.

Michael **Kunzler**, Gedenken. I. Liturgisch: LThK 4 (^{3}1995) 338f.

Barbara **Kurze**, Kurfürst Ott Heinrich. Politik und Religion in der Pfalz 1556-1559 = SVRG 174 (Gütersloh 1956).

Ernst **Kutsch**, **Bund**. I. Altes Testament: TRE 7 (1981) 397-403.

Ernst **Kutsch**, **Bund**. III. Neues Testament und frühe Kirche: TRE 7 (1981) 406-410.

Catherine Mowry **LaCugna**, Can Liturgy ever again become a Source for Theology?: StLi 19 (1989) 1-13.

Jacques **Laager**, Epiklesis: RAC 5 (1962) 577-599.

Alois **Lamott**, Das Speyerer Diözesanrituale von 1512 bis 1932 = QMRKG 5 (Speyer 1961).

August **Lang** (Hg.), Der Heidelberger Katechismus und vier verwandte Katechismen (Leipzig 1907 = Darmstadt 1967).

Johannes **Langhoff**, Das Engagement der Reformierten für die Unionsagende bei ihrer Revision seit 1952. Ein kirchengeschichtlicher Beitrag zur aktuellen Diskussion um die EKU-Agende: MEKGR 34 (1985) 173-227.

Gordon W. **Lathrop**, The Institution Narrative: Frank C. Senn (Hg.), New Eucharistic Prayers. An Ecumenical Study of their Development and Structure (Mahwah 1987) 139-145.

Detlef **Lehmann**, Eine **Gabenepiklese** in einer lutherischen Agende des 19. Jahrhunderts: JLH 29 (1985) 109-111.

Karl **Lehmann**/Edmund **Schlink** (Hg.), Das Opfer Jesu Christi und seine Gegenwart in der Kirche. Klärungen zum Opfercharakter des Herrenmahles = DiKi 3 (Freiburg, Göttingen 1983).

John H. **Leith**, Kirchenzucht. 1. Begriff: TRE 19 (1990) 173f.

Leiturgia, für: Karl Ferdinand Müller/Walter Blankenburg (Hg.), Leiturgia. Handbuch des evangelischen Gottesdienstes. 5 Bde. (Kassel 1954-1970).

Arie Frederik Nelis **Lekkerkerker**, Gereformeerde **liturgiek** in de zestiende eeuw: NedThT 6 (1951-1952) 72-89.

Arie Frederik Nelis **Lekkerkerker**, **Kanttekeningen** bij het Hervormde Dienstboek. 4 Bde. ('s-Gravenhage 1952-1956).

Emil Joseph **Lengeling, Liturgie/Liturgiewissenschaft**: Peter Eicher (Hg.), Neues Handbuch theologischer Grundbegriffe 3 (München 1985) 26-53.

Emil Joseph **Lengeling**, Von der **Erwartung** des Kommenden: Josef P. Plöger (Hg.), Gott feiern. Theologische Anregung und geistliche Vertiefung zur Feier von Messe und Stundengebet. FS Theodor Schnitzler (Freiburg 1980) 193-238.

Xavier **Léon-Dufour**, Letztes Abendmahl Jesu. I. Im Neuen Testament: LThK 1 (^{3}1993) 30-34.

Ludwig **Lenhart**, Die Mainzer Synoden von 1548 und 1549 im Lichte der im Schloß-Archiv Vollrads/Rhg. aufgefundenen Protokolle: AMRhKG 10 (1958) 67-111.

Hans **Lietzmann**, Messe und Herrenmahl. Eine Studie zur Geschichte der Liturgie = AKG 8 (Berlin 1955 = Bonn 1926).

Christoph **Link**, Bann. V. Reformation und Neuzeit: TRE 5 (1980) 182-190.

Liturgischer Ausschuß (Hg.), Zur Feier des Heiligen Abendmahls 1. Zur Ordnung und ihrem Sinn. Eine Handreichung = Materialien für den Dienst in der Evangelischen Kirche von Westfalen. Reihe A, Heft 28 (Bielefeld 1988).

Gottfried W. **Locher**, "Das vornehmste **Stück** der Dankbarkeit". Das Gebet im Sinne der Reformation nach dem Heidelberger Katechismus: Lothar Coenen (Hg.), Handbuch zum Heidelberger Katechismus (Neukirchen-Vluyn 1963) 171-185.

Gottfried W. **Locher, Zwingli**. II. Theologie: RGG 6 (^{3}1962) 1960-1969.

Wilhelm **Löhe**, Agende für christliche Gemeinden des lutherischen Bekenntnisses = Ders., Gesammelte Werke 7.1. Hg. von Klaus Ganzert (Neuendettelsau 1953).

Werner **Löser**, Glaubensbekenntnis: Wolfgang Beinert (Hg.), Lexikon der katholischen Dogmatik (Freiburg 1987) 199f.

Bruno **Löwenberg**, Die Erstausgabe des Rituale Romanum von 1614: ZKTh 66 (1942) 141-147.

Jean **Longère**, J., La **prédication** médiévale (Paris 1983).

Jean **Longère u.a., Predigt**: LMA 7 (1995) 171-183.

Joseph **Lortz**, Die Reformation in Deutschland. 2 Bde. (Freiburg ^{4}1962).

R. Stuart **Louden**/David H. **Tripp**, The Lord's Supper according to the Scottish Presbyterian Orders, together with the Savoy Liturgy: Irmgard Pahl (Hg.), Coena Domini 1. Die Abendmahlsliturgie der Reformationskirchen im 16./17. Jahrhundert = SpicFri 29 (Fribourg 1983) 461-493.

Michael Baird **Lukens**, Georg Witzel and sixteenth century catholic reform. A study in the development of a pretridentine theology. Diss. 1974 (Ann Arbor 1975).

Friedrich **Lurz, Jeremia** in der Liturgie der Alten Kirche: EO 9 (1992) 141-171.

Friedrich **Lurz, Krise** ohne Ausweg? Perspektiven liturgischer Bildung: Pastoralblatt für die Diözesen Aachen, Berlin, Essen, Hildesheim, Köln, Osnabrück 47 (1995) 205-216.

Jan R. **Luth**, Communion in the Churches of the Dutch Reformation to the Present Day: Charles Caspers/Gerard Lukken/Gerard Rouwhorst (Hg.), Bread and Heaven. Customs and Practices Surrounding Holy Communion. Essays in the History of Liturgy and Culture = Liturgia condenda 3 (Kampen 1995) 99-117.

Samuel **Lutz**, Ergib dich ihm ganz. Huldrych Zwinglis Gebet als Ausdruck seiner Frömmigkeit und Theologie (Zürich 1993).

Claus-Peter **März**, Bund. III. Im Neuen Testament: LThK 2 (^{3}1994) 785-788.

Das **Mahl des Herrn**. 25 Jahre nach Arnoldshain. Ein Votum des Theologischen Ausschusses der Arnoldshainer Konferenz = Veröffentlichungen aus der Arnoldshainer Konferenz (Neukirchen-Vluyn 1982).

Christhard **Mahrenholz, Kompendium** der Liturgik des Hauptgottesdienstes (Kassel 1963).

Christhard **Mahrenholz,** Die **Stellung** des Credo im Hauptgottesdienst: Ders., Musicologica et Liturgica. Hg. von Karl Ferdinand Müller (Kassel 1960) 472-479.

Pierre Ch. **Marcel**, Die Lehre von der Kirche und den Sakramenten: Lothar Coenen (Hg.), Handbuch zum Heidelberger Katechismus (Neukirchen-Vluyn 1963) 135-158.

Salvatore **Marsili** (Hg.), Anàmnesis. Introduzione storica-teologica alla Liturgia (Turin 1974 ff).

Aimé Georges **Martimort** (Hg.), L'Église en prière. Introduction à la Liturgie. Édition nouvelle. 4 Bde. (Paris 1983-1984).

William **Maskell**, The ancient Liturgy of the Church of England. According to the uses of Sarum York Hereford and Bagor and the Roman Liturgy arranged in parallel columns with preface and notes (Oxford ^{3}1882).

Willi **Massa**, Die Eucharistiepredigt am Vorabend der Reformation. Eine material-kerygmatische Untersuchung zum Glaubensverständnis von Altarssakrament und Messe am Beginn des 16. Jahrhunderts als Beitrag zur Geschichte der Predigt = VMStA 15 (St. Augustin 1966).

H. F. **Maßmann** (Hg.), Die deutschen Abschwörungs-, Glaubens-, Beicht- und Betformeln vom achten bis zum zwölften Jahrhundert = Bibliothek der gesammten deutschen National-Literatur von der ältesten bis auf die neuere Zeit 7 (Leipzig 1839 = Hildesheim 1969).

Bernhard **Mattes**, Die Spendung der Sakramente nach den Freisinger Ritualien = MThS.S 34 (München 1967).

Georg **May, Bann**. IV. Alte Kirche und Mittelalter: TRE 5 (1980) 170-182.

Georg **May, Vinum** de vite als Materie des eucharistischen Opfersakramentes: Bernd Jochen Hilberath/Dorothea Sattler (Hg.), Vorgeschmack. Ökumenische Bemühungen um die Eucharistie. FS Theodor Schneider (Mainz 1995) 429-452.

Mayer 1, für: Heinrich Mayer, Geschichte der Spendung der Sakramente in der alten Kirchenprovinz Salzburg (Taufe, Firmung und Kommunion) 1: ZKTh 37 (1913) 760-804.

Mayer 2, für: Heinrich Mayer, Geschichte der Spendung der Sakramente in der alten Kirchenprovinz Salzburg (Taufe, Firmung und Kommunion) **2**: ZKTh 38 (1914) 1-36.

Mayer 3, für: Heinrich Mayer, Geschichte der Spendung der Sakramente in der alten Kirchenprovinz Salzburg (Taufe, Firmung und Kommunion) **3**: ZKTh 38 (1914) 267-296.

William D. **Maxwell**, The Liturgical Portions of the Genevan Service Book used by John Knox while a minister of the English Congregation of Marian Exiles at Geneva, 1556-1559 (Westminster ²1965).

Enrico **Mazza**, The Eucharistic Prayer of the Roman Rite (New York 1986).

Elsie Anne **McKee**, John Calvin on the Diaconate and Liturgical Almsgiving = THR 197 (Genf 1984).

John H. **McKenna, Eucharist** and Holy Spirit. The eucharistic epiclesis in the twentieth century theology (1900-1966) = ACC 57 (London 1975).

John H. **McKenna, Eucharistic Prayer**: Epiclesis: Andreas Heinz/Heinrich Rennings (Hg.), Gratias Agamus. Studien zum eucharistischen Hochgebet. FS Balthasar Fischer (Freiburg 1992) 283-291.

Joachim **Mehlhausen**, Kirchenordnungen und die Weitergabe des Glaubens und der Lehre: Wolfhart Pannenberg/Theodor Schneider (Hg.), Verbindliches Zeugnis II. Schriftauslegung - Lehramt - Rezeption = DiKi 9 (Freiburg, Göttingen 1995) 284-308.

Karl-Heinz **Menke**, Stellvertretung. Schlüsselbegriff christlichen Lebens und theologische Grundkategorie = Sammlung Horizonte. NF 29 (Einsiedeln 1991).

Michael **Menzel**, Predigt und Predigtorganisation im Mittelalter: HJ 111 (1991) 337-384.

Helmut **Merklein, Erwägungen** zur Überlieferungsgeschichte der neutestamentlichen Abendmahlstradition: BZ 21 (1977) 88-101.235-244.

Helmut **Merklein**/Hans Bernhard **Meyer**, Einsetzungsberichte: LThK 3 (^{3}1995) 556.

Michael B. **Merz, Gebetsformen** der Liturgie: Rupert Berger u.a., Gestalt des Gottesdienstes. Sprachliche und nichtsprachliche Ausdrucksformen = GdK 3 (Regensburg ²1990) 97-130.

Michael B. **Merz,** Liturgisches **Gebet** als Geschehen. Liturgiewissenschaftlich-linguistische Studie anhand der Gebetsgattung Eucharistisches Hochgebet = LQF 70 (Münster 1988).

Reinhard **Meßner, Grundlinien** der Entwicklung des Eucharistischen Gebets in der frühen Kirche: Albert Gerhards/Heinzgerd Brakmann (Hg.), Prex Eucharistica 3. Studia (Fribourg [im Druck]).

Reinhard **Meßner,** Einige **Probleme** des Eucharistischen Hochgebets: Reinhard Meßner/Eduard Nagel/Rudolf Pacik (Hg.), Bewahren und Erneuern. Studien zur Meßliturgie. FS Hans Bernhard Meyer = IThS 42 (Innsbruck 1995) 174-201.

Reinhard **Meßner,** Feiern der **Umkehr** und Versöhnung: Reinhard Meßner/Reiner Kaczynski, Sakramentliche Feiern I/2 = GdK 7.2 (Regensburg 1992) 9-240.

Reinhard **Meßner,** Die **Meßreform** Martin Luthers und die Eucharistie der Alten Kirche. Ein Beitrag zu einer systematischen Liturgiewissenschaft = IThS 25 (Innsbruck 1989).

Wulf **Metz,** Heidelberger **Katechismus**. I. Kirchengeschichtlich: TRE 14 (1985) 582-586.

Wulf **Metz, Necessitas** satisfactionis? = SDGSTh 26 (Zürich 1970).

Hans Bernhard **Meyer, Agnus Dei**. II. Liturgisch: LThK 1 (³1993) 243f.

Hans Bernhard **Meyer, Anamnese**. V. Liturgisch: LThK 1 (³1993) 592f.

Hans Bernhard **Meyer, Apologien**: LThK 1 (³1993) 847.

Hans Bernhard **Meyer,** Die **Elevation** im deutschen Mittelalter und bei Luther: ZKTh 85 (1963) 162-217.

Hans Bernhard **Meyer, Elevation**. I. Liturgisch: LThK 3 (³1995) 586f.

Hans Bernhard **Meyer, Eucharistie**. Geschichte, Theologie, Pastoral = GdK 4 (Regensburg 1989).

Hans Bernhard **Meyer,** Eucharistie, Eucharistiefeier. VIII. Liturgiewissenschaftlich 4. **Liturgietheologie**: LThK 3 (³1995) 963f.

Hans Bernhard **Meyer,** Die **Feiergestalt** der Prex eucharistica im Licht der Rubriken zum Hochgebet: Andreas Heinz/Heinrich Rennings (Hg.), Gratias agamus. Studien zum eucharistischen Hochgebet. FS Balthasar Fischer (Freiburg 1992) 293-313.

Meyer, LM, für: Hans Bernhard Meyer, Luther und die Messe. Eine liturgiewissenschaftliche Untersuchung über das Verhältnis Luthers zum Meßwesen des späten Mittelalters = KKTS 11 (Paderborn 1965).

Leonel L. **Mitchell,** The Liturgical Roots of Theology: J. Neil Alexander (Hg.), Time and Community. FS Thomas Julian Talley (Washington 1990) 243-254.

Das **Moderamen** des Reformierten Bundes zu den Lima-Erklärungen über Taufe, Eucharistie und Amt. Mit einem Kommentar von Jörg Schmidt: US 39 (1984) 310-316.

Walter **Mostert,** Menschwerdung. Ein historische und dogmatische Untersuchung über das Motiv der Inkarnation des Gottessohnes bei Thomas von Aquin = BHTh 57 (Tübingen 1978).

Christoph **Moufang** (Hg.), **Katholische Katechismen** des sechzehnten Jahrhunderts in deutscher Sprache (Mainz 1881 = Hildesheim 1964).

Christoph **Moufang,** Die **Mainzer Katechismen** von der Erfindung der Buchdruckerkunst bis zum Ende des achtzehnten Jahrhunderts (Mainz 1877).

Gerhard **Müller, Inkarnation**: Wolfgang Beinert (Hg.), Lexikon der katholischen Dogmatik (Freiburg 1987) 286-289.

Nikolaus **Müller,** Zur **Geschichte** des Gottesdienstes der Domkirche zu Berlin in den Jahren 1540-1598: JBrKG 2-3 (1906) 337-549.

Hans-Peter **Müller, Segen** im Alten Testament. Theologische Implikationen eines halb vergessenen Themas: ZThK 87 (1990) 1-32.

Karl Ferdinand **Müller,** Das **Ordinarium** Missae: Leiturgia 2 (Kassel 1955) 1-45.

Werner **Müller-Geib,** Das Allgemeine Gebet der sonn- und feiertäglichen Pfarrmesse im deutschen Sprachgebiet = MThA 14 (Altenberge 1992).

Paul **Münch,** Zucht und Ordnung. Reformierte Kirchenverfassungen im 16. und 17. Jahrhundert (Nassau-Dillenburg, Kurpfalz, Hessen-Kassel) = SMAFN 3 (Stuttgart 1978).

William **Nagel**, **Geschichte** des christlichen Gottesdienstes = SG 1202/1202a (Berlin ²1970).

William **Nagel**/Eberhard **Schmidt**, Der Gottesdienst: Handbuch der Praktischen Theologie 2 (Berlin ²1979) 7-137.

Douwe **Nauta**, Die Verbreitung des Katechismus, Übersetzung in andere Sprachen, moderne Bearbeitungen: Lothar Coenen (Hg.), Handbuch zum Heidelberger Katechismus (Neukirchen-Vluyn 1963) 39-62.

Nestle/Aland, für: Eberhard Nestle u.a (Hg.), Novum testamentum graece (Stuttgart ²⁶1979).

Burkhard **Neunheuser, Handbücher** der Liturgiewissenschaft, in den großen europäischen Sprachen, 25 Jahre nach SC, der Liturgiekonstitution des 2. Vatikanums: EO 6 (1989) 89-103.

Burkhard **Neunheuser, (Rez.)** J. Neil **Alexander** (Hg.), Time and Community. FS Thomas Julian Talley (Washington 1990): ALw 33 (1991) 105f.

Wilhelm **Neuser, Dogma** und Bekenntnis in der Reformation: Von Zwingli und Calvin bis zur Synode von Westminster: Carl Andresen (Hg.), Die Lehrentwicklung im Rahmen der Konfessionalität = HDThG 2 (Göttingen 1989 = 1980) 167-352.

Wilhelm **Neuser**, Die **Väter** des Heidelberger Katechismus: ThZ 35 (1979) 177-194.

Bridget **Nichols**, Liturgical Hermeneutics. Interpreting Liturgical Rites in Performance. Diss. Durham 1994 (Frankfurt/Main 1996).

Alfred **Niebergall, Abendmahlsfeier.** III. 16. bis 19. Jahrhundert: TRE 1 (1977) 287-310.

Alfred **Niebergall, Agende**: TRE 1 (1977) 755-784; TRE 2 (1978) 1-91.

Alfred **Niebergall**, Die **Geschichte** der christlichen Predigt: Leiturgia 2 (Kassel 1955) 181-353.

Alfred **Niebergall**, Das **Glaubensbekenntnis** im Gottesdienst. Ein Beitrag zu einem aktuellen Problem: Ulrich Fabricius/Rainer Volp (Hg.), Sichtbare Kirche. FS Heinrich Lang = SIKKG 3 (Gütersloh 1973) 61-80.

Kurt **Niederwimmer** (Hg.), Die Didache = KAV 1 (Göttingen 1989).

Wilhelm **Niesel**, Die **Theologie** Calvins = EETh 6 (München ²1957).

Wilhelm **Niesel**, Das **Zeugnis** von der Kraft des Heiligen Geistes im Heidelberger Katechismus: Walter Herrenbrück/Udo Smidt (Hg.), Warum wirst du ein Christ genannt? Vorträge und Aufsätze zum Heidelberger Katechismus im Jubiläumsjahr 1963 (Neukirchen-Vluyn 1965) 79-93.

Franz **Nikolasch, Brotbrechung**, Mischung und Agnus Dei: Theodor Maas-Ewerd/Klemens Richter (Hg.), Gemeinde im Herrenmahl. FS Emil Joseph Lengeling (Freiburg 1976) 331-341.

Franz **Nikolasch, Brot**. II. Liturgisch: LThK 2 (³1994) 704.

Bodo **Nischan**, The "Fractio Panis:" A Reformed Communion Practice in Late Reformation Germany: ChH 53 (1984) 17-29.

Adrien **Nocent**, Les apologies dans la célébration eucharistique: Liturgie et rémission des péchés. Conférence Saint-Serge XXᵉ semaine d'études liturgiques, Paris, 2-5 juillet 1973 = BEL.S 3 (Rom 1975) 179-196.

G. **Nordholt**, Die zum Katechismus gehörende Gestalt der Gemeinde und des Gottesdienstes (unter Berücksichtigung der kurpfälzischen Kirchenordnung): Lothar Coenen (Hg.), Handbuch zum Heidelberger Katechismus (Neukirchen-Vluyn 1963) 24-38.

Otto **Nußbaum**, Geschichte und Reform des Gottesdienstes. Liturgiewissenschaftliche Untersuchungen. Hg. von Albert Gerhards/Heinzgerd Brakmann (Paderborn 1996).

Helge **Nyman**, Das Abendmahl nach den schwedisch-finnischen Ordnungen: Irmgard Pahl (Hg.), Coena Domini 1. Die Abendmahlsliturgie der Reformationskirchen im 16./17. Jahrhundert = SpicFri 29 (Fribourg 1983) 104-149.

Oliver K. **Olson**, Contemporary **Trends** in Liturgy Viewed From the Perspektive of Classical Lutheran Theology: LuthQ 26 (1974) 110-157.

Oliver K. **Olson**, The "**Fractio** Panis" In Heidelberg And Antwerp: Derk Visser (Hg.), Controversy and Conciliation. The Reformation and the Palatinate 1559-1583 = PThM 18 (Allison Park 1986) 147-153.

Konrad **Onasch**, Lexikon Liturgie und Kunst der Ostkirche (Berlin 1993).

Rudolf **Padberg**, Georg **Witzel** der Ältere, ein Pastoraltheologe des 16. Jahrhunderts: ThQ 135 (1955) 385-409.

Rudolf **Padberg**, Zum katechetischen **Anliegen** Georg Witzels (1501-1573): ThGl 43 (1953) 192-200.

Irmgard **Pahl,** Das Eucharistische **Hochgebet** in den Abendmahlsordnungen der Reformationskirchen: QuLi 53 (1972) 219-250.

Irmgard **Pahl,** Die **Feier** des Abendmahls in den Kirchen der Reformation: Hans Bernhard Meyer, Eucharistie. Geschichte, Theologie, Pastoral = GdK 4 (Regensburg 1989) 393-440.

Michele **Pellegrino,** "Sursum cor" nelle opere di sant'Agostino: RechAug 3 (1965) 179-206.

Lothar **Perlitt** u.a., Dekalog: TRE 8 (1981) 408-430.

Martin **Petzolt,** Azymen: LThK 1 (^{3}1993) 1326-1328.

Gerhard **Pfeiffer,** Die Brandenburg-Nürnbergische und die kurbrandenburgische Kirchenordnung in der katholischen Kritik des 16. Jahrhunderts: WDGB 35/36 (1973/1974) 123-147.

Joanne M. **Pierce,** Early Medieval Liturgy. Some Implications for Contemporary Liturgical Practice: Worship 65 (1991) 509-522.

Paul **Pietsch,** Ewangely und Epistel Teutsch. Die gedruckten hochdeutschen Perikopenbücher (Plenarien) 1473-1523 (Göttingen 1927).

Petrus **Pietschmann,** Die nicht dem Psalter entnommenen Meßgesangstücke auf ihre Textgestalt untersucht: JLW 12 (1932) 87-144.

Pius XII., Mediator Dei: AAS 39 (1947) 521-600.

Hermann **Poppen,** Das erste Kurpfälzer Gesangbuch und seine Singweisen = VVKGB 12 (Lahr 1938).

Peter **Poscharsky, Altar. III.** Mittelalter: TRE 2 (1978) 318-321.

Peter **Poscharsky, Altar. IV.** Reformations- und Neuzeit: TRE 2 (1978) 321-324.

Ludwig **Pralle,** Die volksliturgischen Bestrebungen des Georg Witzel (1501-1573): JBMz 3 (1948) 224-242.

Volker **Press,** Calvinismus und Territorialstaat. Regierung und Zentralbehörden der Kurpfalz 1559-1619 = KiHiSt 7 (Stuttgart 1970).

Manfred **Probst, Bibliographie** der katholischen Ritualiendrucke des deutschen Sprachbereichs. Diözesane und private Ausgaben = LQF 74 (Münster 1993).

Manfred **Probst, Credo:** LThK 2 (^{3}1994) 1340f.

Pierre **de Puniet,** Le sacramentaire romain de Gellone: EL 51 (1937) 13-63.

Johannes **Quasten,** Kirchenordnungen. I. Altchristliche K.: LThK 6 (^{2}1961) 238-241.

Polycarp **Rado,** Umfang und Probleme der gegenwärtigen Liturgiewissenschaft: BiLi 44 (1971) 262-269.

Karl **Rahner,** Die Sakramente als Grundfunktionen der Kirche: HPTh 1 (Freiburg 1964) 323-332.

Edward C. **Ratcliff,** The **Institution Narrative** of the Roman Canon Missae: Its Beginnings and Early Background: Kurt Aland/F. L. Cross (Hg.), Studia Patristica 2. Papers presented to the Second International Conference on Patristic Studies held at Christ Church, Oxford, 1955; Part II = TU 64 (Berlin 1957) 64-82.

Edward C. **Ratcliff,** Liturgical **Studies.** Hg. von A. H. Couratin/D.H. Tripp (London 1976).

Carl Heinz **Ratschow,** Altar. I. Religionsgeschichtlich: TRE 2 (1978) 305-308.

Wilhelm **Rees,** Exkommunikation: LThK 3 (^{3}1995) 1119f.

Franz Rudolf **Reichert** (Hg.), Die älteste deutsche **Gesamtauslegung** der Messe (Erstausgabe ca. 1480) = CCath 29 (Münster 1967).

Franz Rudolf **Reichert, Amt** und Aufgabe der Taufpaten nach den ersten gedruckten Trierer Ritualien: Hansjörg Auf der Maur/Bruno Kleinheyer (Hg.), Zeichen des Glaubens. Studien zu Taufe und Firmung. FS Balthasar Fischer (Köln, Freiburg 1972) 395-414.

Hermann **Reifenberg,** Die **"Ansprache"** bei der Krankensalbung nach Mainzer Diözesanbrauch seit dem Mittelalter: MZ 60/61 (1965/1966) 61-69.

Hermann **Reifenberg,** Die deutsche **"Vermahnung"** beim Bußsakrament in den Alt-Mainzer Ritualien: TThZ 73 (1964) 363-372.

Hermann **Reifenberg, Messe** und Missalien im Bistum Mainz seit dem Zeitalter der Gotik = LQF 37 (Münster 1960).

Hermann **Reifenberg, Sakramente**, Sakramentalien und Ritualien im Bistum Mainz seit dem Spätmittelalter. Unter besonderer Berücksichtigung der Diözesen Würzburg und Bamberg. 2 Bde. = LQF 53-54 (Münster 1971-1972).

Hermann **Reifenberg**, Die **Trauungsansprache** in den Mainzer Ritualien. Eine 400 Jahre überdauernde Konzeption und ihr Werdegang: ZKTh 87 (1965) 137-159.

Hermann **Reifenberg**, Volkssprachliche **Verkündigung** bei der Taufe in den gedruckten Mainzer Diözesanritualien: LJ 13 (1963) 222-237.

Hermann **Reifenberg, Wasser** im Wein? Perspektiven zum gemischten Kelch: Theodor Maas-Ewerd/Klemens Richter (Hg.), Gemeinde im Herrenmahl. FS Emil Joseph Lengeling (Einsiedeln, Freiburg 1976) 272-282.

Hermann **Reifenberg**, Der **Werdegang** der volkssprachlichen Eucharistie-"Vermahnung" in der Mainzer Diözensanliturgie: ALw 9.1 (1965) 86-101.

Walter **Reindell**, Die Präfation: Leiturgia 2 (Kassel 1955) 453-521.

Johann Michael **Reu** (Hg.), Quellen zur Geschichte des kirchlichen Unterrichts 1.1-1.3 (Gütersloh 1904-1935).

Aemilius Ludwig **Richter** (Hg.), Die evangelischen **Kirchenordnungen** des sechszehnten Jahrhunderts. Urkunden und Regesten zur Geschichte des Rechts und der Verfassung der evangelischen Kirche in Deutschland. 2 Bde. (Weimar 1846 = Nieuwkoop 1967).

Klemens **Richter** (Hg.), Liturgie - ein vergessenes Thema der **Theologie**? = QD 107 (Freiburg 1986).

Klemens **Richter, Liturgiewissenschaft**: Erich Feifel (Hg.), Studium Katholische Theologie 3 (Einsiedeln 1975) 83-88.132-136.

Klemens **Richter**, Zur **Praxis** der Kelchkommunion: Heinrich Spaemann (Hg.), "...und trinket alle daraus". Zur Kelchkommunion in unseren Gemeinden (Freiburg 1986) 15-33.

Georg **Rietschel**, Lehrbuch der **Liturgik 2**. Die Kasualien = SLPT 3 (Berlin 1909).

Georg **Rietschel**, Die offene **Schuld** im Gottesdienst und ihre Stellung nach der Predigt mit besonderer Berücksichtigung der sächsischen Agende: MGKK Kunst 1 (1896/1897) 396-402.

Georg **Rietschel**/Paul **Graff**, Lehrbuch der Liturgik. 2 Bde. (Göttingen ²1951-1952).

Klaus-Heinrich **Ringel**, Der Wortschatz der Liturgie von 1530 bis zum Ende des 16. Jahrhunderts = PStQ 116 (Berlin 1987).

Karl Bernhard **Ritter**, Bemerkungen zur eucharistischen Epiklese: Heinz-Dietrich Wendland (Hg.), Kosmos und Ekklesia. FS Wilhelm Stählin (Kassel 1953) 163-173.

Jan **Rohls**, Coena Domini. Die altreformierte Abendmahlslehre und ihre Wandlungen: Miguel Mª Garijo-Guembe/Jan Rohls/Gunther Wenz, Mahl des Herrn. Ökumenische Studien (Frankfurt/Main, Paderborn 1988) 105-221.

Ph. **Rouillard**, Rituel: Cath. 13 (1993) 3-5.

Gerard **Rouwhorst**, Bread and Cup in Early Christian Eucharist Celebrations: Charles Caspers/Gerard Lukken/Gerard Rouwhorst (Hg.), Bread and Heaven. Customs and Practices Surrounding Holy Communion. Essays in the History of Liturgy and Culture = Liturgia condenda 3 (Kampen 1995) 11-40.

Lothar **Ruppert**, "Mein Knecht, der gerechte, macht die Vielen gerecht, und ihre Verschuldungen - er trägt sie" (Jes 53,11): BZ 40 (1996) 1-17.

Alfred **Sabisch**, Der Meßcanon des Breslauer Pfarrers Dr. Ambrosius Moibanus: ASKG 3 (1938) 98-126.

Don E. **Saliers**, Hermeneutics and Worship: Peter E. Fink (Hg.), The New Dictionary of Sacramental Worship (Collegeville 1990) 523-526.

Hans-Adolf **Sander**, Beiträge zur Geschichte des Lutherischen Gottesdienstes in Breslau. Die lateinischen Haupt- und Nebengottesdienste im 16. und 17. Jahrhundert = Breslauer Studien zur Musikwissenschaft 1 (Breslau 1937).

Dorothea **Sattler**, Apostolisches Glaubensbekenntnis I.-II.: LThK 1 (³1993) 878-880.

Meinrad **Schaab, Geschichte** der Kurpfalz 2. Neuzeit (Stuttgart 1992).

Meinrad **Schaab**, Obrigkeitlicher **Calvinismus** und Genfer Gemeindemodell. Die Kurpfalz als frühestes reformiertes Territorium im Reich und ihre Einwirkung auf Pfalz-Zweibrücken: Ders. (Hg.), Territorialstaat und Calvinismus = Veröffentlichungen der Kommission für geschichtliche Landeskunde in Baden- Württemberg. Reihe B: Forschungen 127 (Stuttgart 1993) 34-86.

Andreas **Schilling** (Hg.), Die religiösen und kirchlichen **Zustände** der ehemaligen Reichsstadt Biberach unmittelbar vor Einführung der Reformation: FDA 19 (1887) 1-191.

Heinz **Schilling**, Die **Konfessionalisierung** im Reich. Religiöser und gesellschaftlicher Wandel in Deutschland zwischen 1555 und 1620: HZ 246 (1988) 1-45.

Arno **Schilson**, Anamnese. IV. Theologisch: LThK 1 (^{3}1993) 591f.

Anton **Schindling**/Walter **Ziegler**, Kurpfalz, Rheinische Pfalz und Oberpfalz: Dies. (Hg.), Die Territorien des Reichs im Zeitalter der Reformation und Konfessionalisierung. Land und Konfession 1500-1650. 5. Der Südwesten = KLK 53 (Münster 1993) 8-49.

Karl **Schlemmer** (Hg.), **Gottesdienst** - Weg zur Einheit. Impulse für die Ökumene = QD 122 (Freiburg 1989).

Karl **Schlemmer** (Hg.), **Gemeinsame Liturgie** in getrennten Kirchen? = QD 132 (Freiburg 1991).

Heinrich Richard **Schmidt, Konfessionalisierung** im 16. Jahrhundert = Enzyklopädie deutscher Geschichte 12 (München 1992).

Herman A. P. **Schmidt, Liturgie** et langue vulgaire. Le problème de la langue liturgique chez les premiers Réformateurs et au Concile de Trente = AnGr 53 (Rom 1950).

Fritz **Schmidt-Clausing**, Zwinglis **Kanonversuch** (Frankfurt/Main 1969).

Fritz **Schmidt-Clausing**, Zwinglis liturgische **Formulare** (Frankfurt/Main 1970).

Hans-Christoph **Schmidt-Lauber, Begriff**, Geschichte und Stand der Forschung: Ders./Karl-Heinrich Bieritz (Hg.), Handbuch der Liturgik (Göttingen 1995) 15-39.

Hans-Christoph **Schmidt-Lauber**, Die **Eucharistie**: Hans-Christoph Schmidt-Lauber/Karl-Heinrich Bieritz (Hg.), Handbuch der Liturgik (Göttingen 1995) 209-247.

Hans-Christoph **Schmidt-Lauber**, Die Eucharistie als **Entfaltung** der verba testamenti. Eine formgeschichtlich-systematische Einführung in die Probleme des lutherischen Gottesdienstes und seiner Liturgie (Kassel 1957).

Hans-Christoph **Schmidt-Lauber**, Liturgische **Formeln**. III. Liturgiegeschichtlich und praktisch-theologisch: TRE 11 (1983) 265-271.

Hans-Christoph **Schmidt-Lauber, Liturgiewissenschaft/Liturgik**: TRE 21 (1991) 383-401.

Hans-Christoph **Schmidt-Lauber**, Die **Zukunft** des Gottesdienstes. Von der Notwendigkeit lebendiger Liturgie = calwer taschenbibliothek 19 (Stuttgart 1990).

Josef **Schmitz, Gottesdienst** im altchristlichen Mailand. Eine liturgiewissenschaftliche Untersuchung über Initiation und Meßfeier während des Jahres zur Zeit des Bischofs Ambrosius († 397) = Theoph. 25 (Köln 1975).

Josef **Schmitz**, Von der **Begegnung** im Mahl: Josef G. Plöger (Hg.), Gott feiern. FS Theodor Schnitzler (Freiburg 1980) 256-268.

Rudolf **Schnackenburg**, Das Johannesevangelium **2** = HThK 4.2 (Freiburg 1971).

Rudolf **Schnackenburg**, Das Johannesevangelium **3** = HThK 4.3 (Freiburg 1975).

Rudolf **Schnackenburg**, Das Johannesevangelium **4** = HThK 4.4 (Freiburg 1984).

Hubert **Schnackers**, Kirche als Sakrament und Mutter. Zur Ekklesiologie von Henri de Lubac = RSTh 22 (Frankfurt/Main 1979).

Johannes **Schneider**, Das Evangelium nach Johannes = Theologischer Handkommentar zum Neuen Testament. Sonderband (Berlin ²1978).

Marc **Schneiders**, Acclamations in the eucharistic prayer: Charles Caspers/Marc Schneiders (Hg.), Omnes circumadstantes. Contributions towards a history of the role of the people in the liturgy. FS Herman Wegman (Kampen 1990) 78-100.

Albert **Schönfelder** (Hg.), Ritualbücher = Liturgische Bibliothek 1 (Paderborn 1904).

Hans **Scholl**, Der Dienst des Gebetes nach Johannes Calvin = SDST 22 (Zürich 1968).

Wolfgang **Schrage**, Der erste Brief an die Korinther 2. 1Kor 6,12-11,16 = EKK 7.2 (Düsseldorf, Neukirchen-Vluyn 1995).

Henning **Schröer**, Apostolisches Glaubensbekenntnis. III. Praktisch-theologisch: TRE 3 (1978) 566-571.

Gerhard **Schuhmacher**, Der beliebte, kritisierte und verbesserte Lobwasser-Psalter: JLH 12 (1967) 70-88.

Frieder **Schulz**, Das Abendmahl als **Communio**: MPTh 51 (1962) 132-148.

Frieder **Schulz,** Das Abendmahl nach der kurpfälzischen **Ordnung**: Irmgard Pahl (Hg.), Coena Domini 1. Die Abendmahlsliturgie der Reformationskirchen im 16./17. Jahrhundert = SpicFri 29 (Fribourg 1983) 495-523.

Frieder **Schulz,** Ein **Abendmahlsgebet** Luthers. Die Frage nach der Würdigkeit zum Sakrament: Otto Hof (Hg.), Dienende Kirche. FS Julius Bender (Karlsruhe 1963) 105-119.

Frieder **Schulz, Agenda mortuorum**. Evangelische Marginalien zu einer katholischen Darstellung der Sterbe- und Begräbnisliturgie: ALw 29 (1987) 385-402.

Frieder **Schulz,** Der **Beitrag** Wilhelm Löhes zur Ausbildung eines evangelischen Eucharistiegebetes: Andreas Heinz/Heinrich Rennings (Hg.), Gratias agamus. Studien zum eucharistischen Hochgebet. FS Balthasar Fischer (Freiburg 1992) 457-467.

Frieder **Schulz, Benedictio nuptialis**. Evangelische Marginalien zu einer katholischen Darstellung der Riten um Ehe und Familie: ALw 29 (1987) 199- 212.

Frieder **Schulz,** "**Discubuit** Jesus". Verbeitung und Herkunft eines evangelischen Abendmahlsgesanges: JLH 25 (1981) 27-48.

Frieder **Schulz, Einführung**: Irmgard Pahl (Hg.), Coena Domini 1. Die Abendmahlsliturgie der Reformationskirchen im 16./17. Jahrhundert = SpicFri 29 (Fribourg 1983) 1-6.

Frieder **Schulz,** Das **Eucharistiegebet** in den Kirchen der Reformation als Frucht ökumenischer Konvergenz: Karl Schlemmer (Hg.), Gemeinsame Liturgie in getrennten Kirchen? = QD 132 (Freiburg 1991) 82-118.

Frieder **Schulz,** Eucharistiegebet und **Abendmahlsvermahnung**. Eine Relecture reformatorischer Abendmahlsordnungen im ökumenischen Zeitalter: Erich Renhart/Andreas Schnider (Hg.), Sursum Corda. Variationen zu einem liturgischen Motiv. FS Philipp Harnoncourt (Graz 1991) 147-158.

Frieder **Schulz,** Die **Gebete** Luthers. Edition, Bibliographie und Wirkungsgeschichte = QFRG 44 (Gütersloh 1976).

Frieder **Schulz, Initiatio christiana**. Evangelische Marginalien zu einer katholischen Darstellung der Feiern zur Eingliederung in die Kirche. Zu *Gottesdienst der Kirche. Handbuch der Liturgiewissenschaft*, Teil 7,1: ALw 33 (1991) 43-76.

Frieder **Schulz,** Das **Mahl** der Brüder. Herrenmahl in neuer Gestalt: JLH 15 (1970) 32-51.

Frieder **Schulz, Ministeria communitatis**. Evangelische Marginalien zu einer katholischen Darstellung der Ordinationsliturgie: ALw 27 (1985) 412-424.

Frieder **Schulz, Ministerium** reconciliationis: ALw 37 (1995) 68-86.

Frieder **Schulz,** Ökumenische **Konvergenz**. Im Gottesdienst der Reformierten Kirchen. Außerhalb des deutschen Sprachgebiets: Liturgische Blätter der Pfalz 43 (1987) 5-15.

Frieder **Schulz,** Die **Offene Schuld** als Rüstgebet der Gemeinde: JLH 4 (1958/59) 86-90.

Frieder **Schulz,** Die **Struktur** der Liturgie. Konstanten und Varianten: JLH 26 (1982) 78-93.

Frieder **Schulz,** Das **Sündenbekenntnis** im evangelischen Gottesdienst. Rückblick und Gestaltungsvorschläge in der "Erneuerten Agende": LJ 41 (1991) 141-157.

Frieder **Schulz,** Die **Vorbereitung** zum Abendmahl in der Kirchenordnung der Kurpfalz von 1563. Ein Beitrag zum Jubiläum der Kirchenordnung: JLH 7 (1962) 1-39.

Siegfried **Schulz,** Das Evangelium nach **Johannes** = NTD 4 (Göttingen [14]1978).

Eduard **Schweizer,** Gottesgerechtigkeit und Lasterkataloge bei Paulus (inkl. Kol und Eph): Johannes Friedrich/Wolfgang Pöhlmann/Peter Stuhlmacher (Hg.), Rechtfertigung. FS Ernst Käsemann (Tübingen, Göttingen 1976) 461-477.

Frank C. **Senn, Liturgia** Svecanae Ecclesiae. An Attempt at Eucharistic Restoration during the Swedish Reformation: StLi 14 (1980/1981) 20-36.

Frank C. **Senn,** Lutheran and Anglican **Liturgies**. Reciprocal Influences: AThR 64 (1982) 47-60.

Frank C. **Senn** (Hg.), New **Eucharistic Prayers**. An Ecumenical Study of Their Development and Structure (New York 1987).

Frank C. **Senn, Sündenbekenntnis** in den Kirchen der Reformation: Conc(D) 23 (1987) 156-163.

[Hermann] **Siebert,** Die alten Speyerer Agenden: Der Katholik 92.2 (1912) 182-193.

Julius **Smend,** Die evangelischen deutschen **Messen** bis zu Luthers Deutscher Messe (Göttingen 1896 = Niewkoop 1967).

Rudolf **Smend**/Peter **Stuhlmacher**/Gerhard **Sauter,** Hermeneutik: EKL 2 (^{3}1989) 491-502.

Heribert **Smolinsky,** Michael Helding (1506-1561): Erwin Iserloh (Hg.), Katholische Theologen der Reformationszeit 2 = KLK 45 (Münster 1985) 124-136.

Bryan D. **Spinks,** 'And with thy **Holy Spirite** and Worde'. Further Thoughts on the Source of Cranmer's Petition for Sanctification in the 1549 Communion Service: Margot Johnson (Hg.), Thomas Cranmer. Essays in Commemoration of the 500th Anniversary of His Birth (Durham 1990) 94-102.

Bryan D. **Spinks,** From the **Lord** and "The best Reformed Churches". A study of the eucharistic liturgy in the English Puritan and Separatist traditions 1550-1633 = BEL.S 33 (Rom 1984).

Bryan D. **Spinks, Mis-Shapen.** Gregory Dix and the Four-Action Shape of the Liturgy: LuthQ NS 4 (1990) 161-177.

Bryan D. **Spinks,** The **sanctus** in the eucharistic prayer (Cambridge 1991).

Bryan D. **Spinks, Treasures** Old and New. A Look at Some of Thomas Cranmer's Methods of Liturgical Compilation: Paul Ayris/David Selwyn (Hg.), Thomas Cranmer. Churchman and Scholar (Woodbridge 1993) 175-188.

Hermann Josef **Spital,** Der Taufritus in den deutschen Ritualien von den ersten Drucken bis zur Einführung des Rituale Romanum = LQF 47 (Münster 1968).

Anneliese **Sprengler-Ruppenthal, Kirchenordnungen.** II. Evangelische: TRE 18 (1989) 670-707.

Anneliese **Sprengler-Ruppenthal, Mysterium** und Riten. Nach der Londoner Kirchenordnung der Niederländer (ca. 1550 bis 1566) = FKRG 7 (Köln 1967).

Joachim **Staedtke, Entstehung** und Bedeutung des Heidelberger Katechismus: Walter Herrenbrück/Udo Smidt (Hg.), Warum wirst du ein Christ genannt? Vorträge und Aufsätze zum Heidelberger Katechismus im Jubiläumsjahr 1963 (Neukirchen-Vluyn 1965) 11-23.

Joachim **Staedtke, Reformation** und Zeugnis der Kirche. Hg. von Dietrich Blaufuß = ZBRG 9 (Zürich 1978).

Rudolf **Stählin,** Epiklese: EKL 1 (1956) 1105f.

Jürgen **Stein,** Kirchenbann: EKL 2 (^{3}1989) 1100-1102.

Christopher **Sterry,** The Fraction in the Eastern Eucharistic Liturgies: StPatr 26 (Löwen 1993) 81-87.

Kenneth W. **Stevenson,** Eucharist and **Offering** (New York 1986).

Kenneth W. **Stevenson,** Gregory **Dix** - Twenty-Five Years on = GLS 10 (Bramcote 1977).

Ernst **Strasser,** Der lutherische Abendmahlsgottesdienst im 16. und 17. Jahrhundert: Hermann Sasse (Hg.), Vom Sakrament des Altars. Lutherische Beiträge zur Frage des heiligen Abendmahls (Leipzig 1941) 194-223.

Alfred **Stuiber,** Altar. II. Alte Kirche: TRE 2 (1978) 308-318.

Erdmann K. **Sturm,** Der junge Zacharias Ursin. Sein Weg vom Philippismus zum Calvinismus (1534-1562) = BGLRK 33 (Neukirchen-Vluyn 1972).

Karl **Sudhoff,** C. Olevanius und Z. Ursinus = LASRK 8 (Elberfeld 1857).

Charles Anthony **Swainson,** The Greek Liturgies. Hg. von C. Bezold (London 1884 = Hildesheim 1971).

Robert **Taft,** Beyond **East and West.** Problems in Liturgical Understanding (Washington 1984).

Taft, Dialogue 1, für: Robert Taft, The Dialogue before the Anaphora in the Byzantine Eucharistic Liturgy. I: The Opening Greeting: OCP 52 (1986) 299-324.

Taft, Dialogue 2, für: Robert Taft, The Dialogue before the Anaphora in the Byzantine Eucharistic Liturgy. II: The *Sursum corda*: OCP 54 (1988) 47-77.

Taft, Dialogue 3, für: Robert Taft, The Dialogue before the Anaphora in the Byzantine Eucharistic Liturgy. III: "Let us give thanks to the Lord - It is fitting and right": OCP 55 (1989) 63-74.

Robert **Taft,** From **logos** to spirit. On the early history of epiclesis: Andreas Heinz/Heinrich Rennings (Hg.), Gratias Agamus. Studien zum eucharistischen Hochgebet. FS Balthasar Fischer (Freiburg 1992) 489-502.

Robert **Taft,** Die **Häufigkeit** der Eucharistie im Lauf der Geschichte: Conc (D) 18 (1982) 86-95.

Robert **Taft**, "Holy Things for the Saints". The Ancient Call to Communion and Its Response: Gerard Austin (Hg.), Fountaine of Life. In Memory of Niels K. Rasmussen (Washington 1991) 87-102.

Taft, Interpolation 1, für: Robert Taft, The Interpolation of the Sanctus into the Anaphora: When and Where? A Review of the Dossier. Part I: OCP 57 (1991) 281-308.

Taft, Interpolation 2, für: Robert Taft, The Interpolation of the Sanctus into the Anaphora: When and Where? A Review of the Dossier. Part II: OCP 58 (1992) 83-121.

Robert **Taft**, The **Liturgy** of the Hours in East and West. The Origins of the Divine Office and Its Meaning for Today (Collegeville 1986).

Robert **Taft, Melismos** and comminution. The fraction and its symbolism in the byzantine tradition: Giustino Farnedi (Hg.), Traditio et progressio. FS Adrien Nocent = StAns 95 = ALit 12 (Rom 1988) 531-552.

T.F. **Taylor**, Sursum Corda. No Dialogue: Studia Patristica 13 = TU 116 (Berlin 1975) 422-424.

Bard **Thompson**, A **Bibliography** of Christian worship = ATLA.BS 25 (London 1989).

Bard **Thompson**, The Palatinate **Church Order** of 1563: Church History 23 (1954) 339-354.

Jakob **Torsy**, Eucharistische Frömmigkeit im späten Mittelalter: AMRhKG 23 (1971) 89-102.

Achille Maria **Triacca**, Le "Conferenze San Sergio". Settimane ecumeniche di studi liturgici = BEL.S 76 (Rom 1994).

Winfried **Trusen**, Um die Reform und Einheit der Kirche. Zum Leben und Werk Georg Witzels = KLK 14 (Münster 1957).

J. B. **Umberg**, Die wesentlichen Messopferworte: ZKTh 50 (1926) 73-88.

A. **Verheul**, Le "Notre Père" et l'Eucharistie: QuLi 67 (1986) 159-179.

Versammelte Gemeinde, für: Lutherische Liturgische Konferenz (Hg.), Versammelte Gemeinde. Struktur und Elemente des Gottesdienstes. Zur Reform des Gottesdienstes und der Agende (Hamburg o.J. [1974]).

Derk **Visser**, St. Anselm's *Cur deus homo* and the *Heidelberg Catechism* (1563): Joseph C. Schnaubelt u.a. (Hg.), Anselm Studies. An Occasional Journal 2 (New York 1988) 607-634.

Anton **Vögtle**, Die Tugend- und Lasterkataloge im Neuen Testament = NTA 16,4-5 (Münster 1936).

Alexander **Völker**, Durch diese heilsame **Gabe** erquickt. Bemerkungen zur Dankkollekte nach dem Abendmahl: Heinrich Riehm (Hg.), Freude am Gottesdienst. FS Frieder Schulz (Heidelberg 1988) 198-200.

Alexander **Völker, Gesangbuch**: TRE 12 (1984) 547-565.

Cyrille **Vogel**, Medieval Liturgy. An Introduction to the Sources. Hg. von William G. Storey/Niels Krogh Rasmussen (Washington 1986).

Frederick Ercolo **Vokes**, Apostolisches Glaubensbekenntnis. I. Alte Kirche und Mittelalter: TRE 3 (1978) 528-554.

Thomas **Vollmer**, Agenda Coloniensis. Geschichte und sakramentliche Feiern der gedruckten Kölner Ritualien = StPaLi 10 (Regensburg 1994).

Rainer **Volp**, Liturgik. Die Kunst, Gott zu feiern. 2 Bde. (Gütersloh 1992, 1994).

Herbert **Vorgrimler, Liturgie** als Thema der Dogmatik: Klemens Richter (Hg.), Liturgie - ein vergessenes Thema der Theologie? = QD 107 (Freiburg 1986) 113-127.

Herbert **Vorgrimler, Sakramententheologie** = LeTh 17 (Düsseldorf ²1990).

Theodor **Voß**, Geschichte der Spendeformel in Schleswig-Holstein: MGKK 16 (1911) 338-343.

Philipp **Wackernagel**, Das deutsche Kirchenlied von der ältesten Zeit bis zu Anfang des XVII. Jahrhunderts. 5 Bde. (Leipzig 1864-1877 = Hildesheim 1964).

Geoffrey **Wainwright**, Doxology. The Praise of God in Worship, Doctrine and Life (London ²1982).

Hermann **Waldenmaier**, Die Entstehung der evangelischen Gottesdienstordnungen Süddeutschlands im Zeitalter der Reformation = SVRG 125-126 (Leipzig 1916).

John D. W. **Watts**, Isaiah 34-66 = World Biblical Commentary 25 (Waco 1987).

Otto **Weber**, Analytische Theologie. Zum geschichtlichen Standort des Heidelberger Katechismus: Walter Herrenbrück/Udo Smidt (Hg.), Warum wirst du ein Christ genannt? Vorträge und Aufsätze zum Heidelberger Katechismus im Jubiläumsjahr 1963 (Neukirchen-Vluyn 1965) 24-39.

Jan Remmers **Weerda, Entstehung** und Entwicklung der Gottesdienstordnungen der reformierten Gemeinde zu Emden. Eine Studie zur Geschichte der reformierten Liturgie in Deutschland: Ders., Nach Gottes Wort reformierte Kirche. Beiträge zu ihrer Geschichte und ihrem Recht. Hg. von Anneliese Sprengler-Ruppenthal = TB 23 (München 1964) 11-49.

Jan Remmers **Weerda, (Rez.)** Marten **Micron**, De Christlicke ordinancien der Nederlantscher ghemeinten te London (1554). Hg. von W. F. Dankbaar = Kerkhistorische Studien 7 ('s-Gravenhage 1956): ThLZ 82 (1957) 206f.

Herman [A. J.] **Wegman**, De '**komaf**' von het liturgisch gedenken. Anamnese gespiegeld aan menselijk ervaren: TTh 25 (1985) 163-175.

Herman A. J. **Wegman**, The **Rubrics** of the Institution-Narrative in the Roman Missal 1970: Pierre Jounel/Reiner Kaczynski/Gottardo Pasqualetti (Hg.), Liturgia. Opera divina e umana. FS Annibale Bugnini = BEL.S 26 (Rom 1982) 319-328.

Reinhold **Weier**, Die Erlösungslehre der Reformatoren: Bonifac A. Willems/Reinhold Weier, Soteriologie. Von der Reformation bis zur Gegenwart = HDG 3.2c (Freiburg 1972) 1-34.

Alfons **Weiser**/Andreas **Heinz**, Brotbrechen: LThK 2 (^{3}1994) 705f.

Christoph **Weismann**, Eine unbekannte **Gottesdienstordnung** von Johannes Brenz aus dem Jahre 1535: BWKG 88 (1988) 7-21.

Eberhard **Weismann**, Der **Predigtgottesdienst** und seine verwandten Formen: Leiturgia 3 (Kassel 1956) 1-97.

François **Wendel**, Calvin. Ursprung und Entwicklung seiner Theologie (Neukirchen-Vluyn 1968).

Gunther **Wenz**, Confessio Augustana XXII und der Streit um den **Laienkelch**. Ein historisches Beispiel mißlungenen Ausgleichsbemühens: Bernd Jochen Hilberath/Dorothea Sattler (Hg.), Vorgeschmack. Ökumenische Bemühungen um die Eucharistie. FS Theodor Schneider (Mainz 1995) 258-276.

Gunther **Wenz, Geschichte** der Versöhnungslehre in der evangelischen Theologie der Neuzeit 1 = MMHST 9 (München 1984).

Ruth **Wesel-Roth**, Thomas Erastus. Ein Beitrag zur Geschichte der reformierten Kirche und zur Lehre von der Staatssouveränität = VVKGB 15 (Lahr/Baden 1954).

Fritz **West**, The Comparative Liturgy of Anton Baumstark = Alcuin/GROW Joint Liturgical Studies 31 (Bramcote 1995).

E. C. **Whitaker**, Martin Bucer and The Book of Common Prayer = ACC 55 (Great Wakering 1974).

Cornelius August **Wilkens**, Tilemann Heßhusius. Ein Streittheologe der Lutherkirche (Leipzig 1860).

Gabriele **Winkler**, Nochmals zu den Anfängen der **Epiklese** und des Sanctus im Eucharistischen Hochgebet: ThQ 174 (1994) 214-231.

Eberhard **Winkler**, Der **Predigtgottesdienst**: Hans-Christoph Schmidt-Lauber/Karl-Heinrich Bieritz (Hg.), Handbuch der Liturgik (Göttingen 1995) 248-270.

Hans **Wissmann**, Altar. I. Religionsgeschichtlich: LThK 1 (^{3}1993) 434f.

Josef **Wohlmuth, Dogmatik** 1. Charakteristik des Faches: Ders. (Hg.), Katholische Theologie heute. Eine Einführung in das Studium (Würzburg 1990) 248-252.

Josef **Wohlmuth, Jesu Weg** - unser Weg. Kleine mystagogische Christologie (Würzburg 1992).

Josef **Wohlmuth, Realpräsenz** und Transsubstantiation im Konzil von Trient. Eine historisch-kritische Analyse der Canones 1-4 der Sessio XIII. 2 Bde. = EHS.T 37 (Frankfurt/Main 1975).

Eike **Wolgast, Formen** landesfürstlicher Reformation in Deutschland. Kursachsen - Württemberg/Brandenburg - Kurpfalz: Leif Grane/Kai Hørby (Hg.), Die dänische Reformation vor ihrem internationalen Hintergrund = FKDG 46 (Göttingen 1990) 57-90.

Eike **Wolgast**, Die **Universität** Heidelberg 1386-1986 (Berlin 1986).

Ernst **Wolf, Kirchenordnungen**. II. Ev. Kirchenordnungen: RGG 3 (^{3}1959) 1497-1499.

Ernst **Wolf**/Martin **Albertz** (Hg.), Kirchenbuch. Ordnungen für die Versammlungen der nach Gottes Wort reformierten Gemeinden deutscher Zunge (München 1941).

Albrecht **Wolters** (Hg.), Der Heidelberger Katechismus in seiner ursprünglichen Gestalt (Bonn 1864).

Eric Esskildsen **Yelverton**, The Mass in Sweden. Its Development from the Latin Rite from 1531 to 1917 = HBS 57 (London 1920).

Ernst Walter **Zeeden,** Calvinistische **Elemente** in der kurpfälzischen Kirchenordnung von 1563: Thomas Würtenberger/Werner Maihofer/Alexander Hollerbach (Hg.), Existenz und Ordnung. FS Erik Wolf (Frankfurt/Main 1962) 183-214.

Ernst Walter **Zeeden,** Katholische **Überlieferungen** in den lutherischen Kirchenordnungen des 16. Jahrhunderts = KLK 17 (Münster 1959).

Ernst Walter **Zeeden, Kirchenordnungen**. III. Evangelische K.: LThK 6 (^{2}1961) 241-243.

Ernst Walter **Zeeden,** Kleine **Reformationsgeschichte** von Baden-Durlach und Kurpfalz (Karlsruhe 1956).

Gunter **Zimmermann**, Der Heidelberger Katechismus als Dokument des subjektiven Spiritualismus: ARG 85 (1994) 180-204.

Christian **Zippert**, Der Gottesdienst in der Theologie des jungen Bucer. Diss. (Marburg 1969).

Karl-Heinz **zur Mühlen**, Jesus Christus. IV. Reformationszeit: TRE 16 (1987) 759-772.

Anhang 1: Abendmahlsformular Kurpfalz 1563

[1]VOM HEILIGEN ABENDMAL DES HERRN.
An denen tagen, wann man das abendmal halten wil, soll eine predigt vom todt und abendmal des herrn geschehen, darin vom einsetzen, ordnung, ursachen, nutz und frucht deß heiligen abendmals gehandlet werde. Und in dieser predigt soll sich der diener der kürtze befleissen umb folgender
5 action willen, darin das nachtmal gnugsam außgeführt. Und gleich nach geschehener predig und sontagsgebet, wie daniden vermeldet wirdt, ehe dann man singt, soll der diener des worts diese nachvolgende vermanung bey dem tisch, da man das nachtmal halten wil, verstendtlich, außtrücklich und ernstlich fürlesen.

10 FORM, DAS HEILIGE ABENDMAL ZU HALTEN.
<VERMAHNUNG MIT EINSETZUNGSWORTEN>
<EINSETZUNGSWORTE>
Ir geliebten in dem herrn Jesu Christo, höret an die wort der einsatzung deß heiligen abendmals unsers herrn Jesu Christi, welche uns beschreibet der heilig apostel Paulus in der ersten epistel an
15 die Corint. am XI. capitel: Ich hab es von dem herrn empfangen, daß ich euch gegeben hab. Denn der herr Jesus, in der nacht, da er verrahten ward, nam er das brod, dancket und brachs und sprach: Nemet, esset, das ist mein leib, der für euch gebrochen wird. Solchs thut zu meiner gedechtnuß. Desselbengleichen auch den kelch nach dem abendmahl und sprach: Dieser kelch ist das neue testament in meinem blut. Solchs thut, so oft irs trinckt, zu meiner gedechtnuß.
20 Denn so oft ir von diesem brod esset und von diesem kelch trincket, solt ihr des herrn todt verkündigen, biß daß er kompt. Welcher nun unwirdig von diesem brodt isset oder von dem kelch des herrn trincket, der ist schuldig an dem leib und blut deß herrn. Der mensch prüfe aber sich selbs und also esse er von disem brod und trincke von disem kelch. Denn welcher unwürdig ißet und tricket, der ißet und trincket im selber das gericht, damit daß er nicht underscheidet den leib
25 deß herrn.

<SELBSTPRÜFUNG>
Auf das wir nun zu unserm trost des herrn nachtmal mögen halten, ist uns vor allen dingen vonnöten, daß wir uns zuvor recht prüfen, zum andern, daß wir es dahin richten, darzu es der herr
30 Christus verordnet hat, nemlich zu seiner gedechtnuß.
Die ware prüfung unser selbs stehet in diesen dreyen stücken, zum ersten bedenck ein jeder bei sich selbst seine sünd und vermaledeyung, auf daß er im selbst mißfalle und sich für Gott demütige, dieweil der zorn Gottes wider die sünd also groß ist, daß er dieselbige, ehe denn er sie ungestraft ließ hingehen, an seinem lieben son Jesu Christo mit dem bittern und schmehlichen tod des creutzes
35 gestaft hat.
Zum andern erforsche ein jeder sein hertz, ob er auch diser gewissen verheissung Gottes glaube, daß im alle seine sünd allein umb des leiden und sterben Jesu Christi willen vergeben sind und

---

[1] Der Text der Abendmahlsordnung wird hier entsprechend der Edition in CD 1,509-523 nochmals zusammenhängend angeführt. Eine Überarbeitung der Edition erwies sich - bis auf eine kleine Korrektur - als nicht notwendig. Nur die in CD kursiv gedruckten Texte sind hier entsprechend EKO 14,383-387 in normaler Type wiedergegeben. Alle Texte in "< >" sind Zusätze des Editors, werden aber für eine leichtere Bezugnahme in den Ausführungen benötigt.

die volkommene gerechtigkeyt Christi ime als sein eigen zugerechnet und geschenckt sey, als wann er selbst in eigener person für alle seine sünde bezalet und alle gerechtigkeyt erfüllet hette.

40 Zum dritten erforsche ein jeder sein gewissen, ob er auch gesinnet sey, forthin mit seinem gantzen leben Gott, dem herrn, sich danckbar zu erzeigen und für dem angesicht Gottes aufrichtig zu wandlen, ob er auch one alle gleißnerey aller feindschaft, neid und haß von hertzen absage und einen ernstlichen fursatz habe, hernachmals in warer lieb und einigkeyt mit seinem nechsten zu leben.

45
<ABMAHNUNG UNBUSSFERTIGER>
Die nun also gesinnet sein, die wil Gott gewißlich zu gnaden annemen und für würdige tischgenossen seins sons Jesus Christi erkennen.

Dargegen aber, die dieses zeugnuß in irem hertzen nicht empfinden, die essen und trincken inen
50 selbst das gericht. Derhalben wir auch nach dem befelch Christi und des apostels Pauli alle, die sich mit nachvolgenden lastern behaftet wissen, von dem tisch des herrn abmanen und inen verkündigen, das sie kein theil am reich Christi haben, als da sind alle abgöttische, alle, so verstorbene heiligen, engel oder andere creaturen anrüfen, die bilder verehren, alle zauberer und warsager, die viehe und leuth sampt andern dingen segnen, und, die solchen segen glauben geben,
55 alle verächter Gottes und seins worts und der heiligen sacramenten, alle gottslesterer, alle, die spaltung und meueterey in kirchen und weltlichem regiment begeren anzurichten, alle meineidigen, alle, die iren eltern und oberkeyten ungehorsam sind, alle todtschläger, balger, haderer, die in neid und haß wider ihren nechsten leben, alle ehebrecher, hurer, follsäufer, dieb, wucherer, rauber, spiler, geitzigen und alle die, so ein ergerlichs leben führen. Diese alle, so lang sie in solchen lastern
60 beharren, sollen gedencken und sich diser speiß, welche Christus allein seinen gläubigen verordnet hat, enthalten, auf daß nit ir gericht und verdamnuß desto schwerer werde.

<TRÖSTUNG KLEINMÜTIGER>
Diß aber wird uns nicht fürgehalten, lieben christen, die zerschlagen hertzen der gläubigen
65 kleinmütig zu machen, als ob niemands zum abendmal des herrn gehen möchte, dann die one alle sünde weren. Denn wir kommen nicht zu diesem abendmal, damit zu bezeugen, daß wir volkommen und gerecht seind in uns selbst, sondern dargegen, weil wir unser leben ausserhalb uns in Jesu Christo suchen, bekennen wir, daß wir mitten in dem todt ligen. Derhalben, wiewol wir noch viel gebrechen und elends in uns befinden, als da ist, daß wir nicht einen volkommenen glauben haben,
70 daß wir uns auch nicht mit solchem eyfer, Gott zu dienen, begeben, wie wir zu thun schuldig sein, sonder täglich mit der schwachheyt unsers glaubens und bösen lüsten unsers fleisches haben zu streiten, nicht desto weniger, weil durch die gnad des heiligen geists solche gebrechen uns von hertzen leyd sind und wir unserm unglauben widerstand zu thun und nach allen geboten Gottes zu leben hertzlich begeren, sollen wir gewiß und sicher sein, daß keine sünd noch schwacheyt, so
75 noch wider unsern willen in uns uberig ist, hindern kan, daß uns Gott nit zu gnaden anneme und also dieser himmlischen speiß und tranck würdig und theilhaftig mache.

<BETRACHTUNG DES HEILSWERKES CHRISTI>
Zum andern laßt uns nun auch betrachten, warzu uns der herr sein abendmal hab eingesetzt, nemlich
80 daß wir solches thun zu seiner gedechtnuß.

Also sollen wir aber sein darbey gedencken, erstlich, daß wir gentzlich in unserm hertzen vertrauen, das unser herr Jesus Christus laut der verheissungen, welche den ertzvätern von anbegin geschehen,

vom vater in dise welt gesandt sey, unser fleisch und blut an sich genommen, den zorn Gottes, under dem wir ewiglich hetten müssen versincken, von anfang seiner menschwerdung biß zum end
85 seines lebens auf erden für uns getragen und allen gehorsam des göttlichen gesetz und gerechtigkeyt für uns erfüllet, fürnemlich da im der last unserer sünden und des zorns Gottes den blutigen schweiß im garten außgetrucket hat, da er ist gebunden worden, auf daß er uns entbünde, darnach unzälige schmach erlitten, auf daß wir nimmer zu schanden würden, unschuldig zum todt verurtheilt, auf daß wir für dem gericht Gottes freygesprochen würden, ja[2] seinen gebenedeiten leib ans creutz
90 lassen neglen, auf daß er die handtschrift unser sünden daran neglete und hat also die vermaledeyung von uns auf sich geladen, auf daß er uns mit seiner benedeiung erfüllet, und hat sich genidriget biß in die allertiefeste schmach und hellische angst leibs und der seelen am stammen des creutzes, da er schrey mit lauter stimme: Mein Gott, mein Gott, warumb hastu mich verlassen, auf daß wir zu Gott genommen und nimmermehr von im verlassen würden, endlich mit seinen todt und
95 blutvergiessen das neue und ewige testament, den bund der gnaden und versönung beschlossen, wie er gesagt hat: Es ist vollbracht.

<ZUEIGNUNG IM ABENDMAHL>

Damit wir aber festiglich glaubten, daß wir in diesen gnadenbund gehören, nam der herr Jesus in
100 seinem letzten abendmal das brodt, dancket, brachs, gabs seinen jüngern und sprach: Nemet hin und esset, da ist mein leib, der für euch gegeben wirdt, das thut zu meiner gedechtnuß. Desselbengleichen nach dem abendmal nam er den kelch, saget danck und sprach: Nemet hin und trincket alle darauß, dieser kelch ist das neu testament in meinem blut, daß für euch und für viel vergossen wirdt zu vergebung der sünden. Solchs thut, so oft irs trincket, zu meiner gedechtnuß. Das ist, so
105 oft ir von diesem brodt esset und von diesem kelch trincket, solt ir dardurch als durch ein gwisses gedechtnuß und pfand erinnert und versichert werden, diser meiner hertzlichen lieb und treu gegen euch, daß ich für euch, die ir sonst des ewigen todts hettet müssen sterben, meinen leib am stamm des creutzes in den todt gebe und mein blut vergiesse und euer hungerige und dürstige seelen mit demselben meinem gecreutzigten leib und vergossenem blut zum ewigen leben speise und trencke,
110 so gwiß als einem jeden dises brodt für seinen augen gebrochen und dieser kelch im gegeben wirdt und ihr dieselben zu meiner gedechtnuß mit euerm mund esset und trincket.

<GEMEINSCHAFT MIT CHRISTUS UND DEN BRÜDERN>

Auß dieser einsatzung des heiligen abendmals unseres herrn Jesu Christi sehen wir, daß er unsern
115 glauben und vertauen auf sein volkommen opfer, einmal am creutz geschehen, als auf den einigen grund und fundament unser seligkeyt weiset, da er unsern hungerigen und durstigen seelen zur waren speiß und tranck des ewigen lebens worden ist. Denn durch seinen todt hat er die ursach unsers ewigen hungers und kommers, nemlich die sünd, hinweggenommen und uns den lebendigmachenden geist erworben, auf daß wir durch denselbens geist, der in Christo als dem haupt und in
120 uns als seinen gliedern wohnet, ware gemeinschaft mit ihm hetten und aller seiner güter, ewigen lebens, gerechtigkeyt und herrligkeyt theilhaftig würden.

Darnach, daß wir auch durch denselben geist undereinander als glieder eines leibs in warer brüderlicher lieb verbunden würden, wie der heilig apostel spricht: Ein brod ist es, so seind wir viel ein leib, dieweil wir alle eines brodts teilhaftig seind. Denn wie aus vielen körnlein ein meel
125 gemahlen und ein brodt gebacken wirdt und aus vielen börlein zusammengekeltert ein wein und

---

[2] Das in CD 1,515 und EKO 14,385 angeführte "je" ist nach dem Orginaldruck in "ja" abgeändert.

tranck fleust und sich ineinander menget, also sollen wir alle, so durch waren glauben Christo eingeleibt sein, durch brüderliche lieb umb Christi, unsers lieben heilands, willen, der uns zuvor so hoch geliebet hat, allsamen ein leib sein und solches nit allein mit worten, sonder mit der that gegeneinander beweisen. Das helf uns der allmechtige, barmhertzige Gott und vater unsers herrn
130 Jesu Christi durch seinen heiligen geist, Amen.

<ABENDMAHLSGEBET>
Laßt uns beten.
Barmhertziger Gott und vater, wir bitten dich, daß du in diesem abendmal, in welchem wir begehen
135 die herrliche gedechtnuß deß bittern todts deines lieben sohns Jesu Christi, durch deinen heiligen geist in unsern hertzen wöllest wircken, daß wir uns mit warem vertrauen deinem son Jesu Christo je lenger je mehr ergeben, auf daß unsere mühselige und zerschlagene hertzen mit seinem waren leibe und blut, ja mit im, waren Gott und menschen, dem einigen himmelbrod, durch die kraft des heiligen geistes gespeiset und erquicket werden, auf daß wir nicht mehr in unsern sünden, sonder
140 er in uns und wir in im leben und warhaftig des neuen und ewigen testaments und bunds der gnaden also theilhaftig seyen, daß wir nit zweifeln, daß du ewiglich unser gnediger vater sein wöllest, uns unser sünden nimmermehr zurechnen und uns in allem an leib und seel versorgen, wie deine liebe kinder und erben. Verleihe uns auch deine gnad, daß wir getröst unser creutz auf uns nemen, uns selbst verleugnen, unsern heiland bekennen und in aller trübsal mit aufgerichtem haupt unsers herrn
145 Jesu Christi auß dem himel erwarten, da er unsere sterbliche leichnam seinem verklärten herrlichen leib gleichförmig machen und uns zu ihm nemen wirdt in ewigkeyt, Amen.

<VATERUNSER>
Unser vater etc.
150
<GLAUBENSBEKENNTNIS>
Wöllest uns auch durch diß heilig abendmal stercken in dem allgemeinen, ungezweifelten christlichen glauben, von welchem wir bekandtnuß thun mit dem mund und hertzen, sprechende: Ich glaub in Gott etc.
155
<KURZE VERMAHNUNG>
Auf daß wir nun mit dem waren himmelbrodt Christo gespeiset werden, so laßt uns mit unsern hertzen nicht an dem eusserlichen brodt und wein haften, sonder unsere hertzen und glauben uber sich in den himmel erheben, da Christus Jesus ist, unser fürsprecher zur rechten seins himmlischen
160 vaters, dahin uns auch die artikel unsers christlichen glaubens weisen, und nicht zweifelen, daß wir so warhaftig durch die würckung des heiligen geists mit seinem leib und blut an unsern seelen gespeist und getrencket werden, als wir das heilig brodt und tranck zu seiner gedechtnuß empfangen.

<AUSTEILUNG>
165 Hie soll der kirchendiener einem jeden vom brodt des herrn brechen und im darreichen sprechen: Das brodt, das wir brechen, ist die gemeinschaft des leibs Christi.
Und der ander kirchendiener im darreichen deß kelchs sprechen:
Der kelch der dancksagung, damit wir dancksagen, ist die gemeinschaft des bluts Christi.
In dem soll nach gelegenheyt der menge der communicanten, auch nach gestalt einer jeden kirchen
170 under der communion entweder gesungen oder etliche capitel, zu der gedechtnuß des tods Christi

dienstlich, als das 14., 15., 16., 17., 18. Joh. und 53. Jesaie gelesen werden und mag hierin gebraucht werden, welches jeder kirchen am füglichsten und erbäulichsten ist.

<DANKGEBET>
175 Nach verrichter communion soll der diener sprechen:
Ir geliebten in dem herrn, dieweil jetzund der herr an seinem tisch unsere seelen gespeiset hat, so lasset uns samptlich mit dancksagung seinen namen preisen und spreche ein jeder in seinem hertzen also:
Lobe den herrn, meine seel und, was in mir ist, seinen heiligen namen. Lobe den herrn, meine seel,
180 und vergiß nit, was er mir guts gethon hat, der dir alle deine sünden vergibt und heilet alle deine gebrechen, der dein leben vom verderben erlöset, der dich krönet mit gnaden und barmhertzigkeyt. Barmhertzig ist der herr, gedültig und von grosser güte. Er handlet nicht mit uns nach unsern sünden und vergilt uns nicht nach unser missethat. Denn so hoch der himmel uber der erden ist, läßt er seine gnad walten uber die, so in förchten. So weit als der aufgang der sonnen ist vom nidergang,
185 also weit thut er unsere ubertretung von uns. Wie sich ein vater uber seine kinder erbarmet, so erbarmet sich der herr uber die, so in förchten. Welcher auch seines eignen sons nicht verschonet, sonder hat ihn für uns all dahin gegeben und uns alles mit ihm geschencket. Darumb beweiset Gott seine lieb gegen uns, daß Christus für uns gestorben ist, da wir noch sünder waren, so werden wir je vielmehr durch in behalten werden für dem zorn, nachdem wir durch sein blut gerecht worden
190 seind. Dann so wir Gott versönet sind durch den todt seines sons, da wir noch feind waren, vielmehr werden wir selig werden durch sein leben, nachdem wir im versönet seind. Darumb soll mein mund und hertz des herrn lob verkündigen von nun an biß in ewigkeyt, Amen.

Oder also:
195 Almechtiger, barmhertziger Gott und vater, wir dancken dir von gantzem hertzen, daß du auß grundtloser barmhertzigkeit uns deinen eingebornen son zum mittler und opfer für unsere sünd und zur speise und tranck des ewigen lebens geschencket hast und gibst uns waren glauben, dardurch wir solcher deiner wolthaten teilhaftig werden, hast uns auch zu sterckung desselben deinen lieben son Jesum Christum sein heiliges abendmal einsetzen lassen. Wir bitten dich, getreuer Gott und
200 vater, du wöllest durch würckung deines geists uns diese gedechtnuß unsers herrn Jesu Christi und verkündigung seines todts zu täglichem zunemen in warem glauben und der seeligen gemeinschaft Christi gedeihen lassen, durch denselben deinen lieben son Jesum Christum, Amen.

Anhang 2: Abendmahlsvermahnung Brandenburg-Nürnberg 1533

¹ ²Ir² allerliebsten in Gott! Dieweyl wir yetzo das ³heylig abentmal³ unsers⁴ herren Jesu Christi wöllen bedencken und halten, darin ⁵er⁵ uns sein flaysch⁶ ⁷zu einer⁷ speyß und ⁸sein blut zu einem⁸ tranck, ⁹den glauben darmit zu stercken, gegeben hat⁹, sollen wir pillich mit ¹⁰grossem¹⁰ fleyß ein yeder sich selbs brüfen, wie ¹¹der heylig Paulus uns vermanet¹¹. Dann ¹²diß heylig sacrament ist
5 zu einem sundern trost und sterck geben den armen betrübten¹² ¹³gewissen¹³, die ire sünde bekennen¹⁴, Gottes zorn und den todt förchten und nach der gerechtigkeyt hungerig und dürstig ¹⁵sind¹⁵. So wir aber uns selbs brüfen ¹⁶und ein yeder in sein aygen gewissen geet, wie uns der heylig Paulus leret, werden wir gewißlich nichts anders finden¹⁶ dann ¹⁷allerley greüliche¹⁷ sünde und ¹⁸den¹⁸ todt, ¹⁹den wir mit der sünde verschuldt haben, und können doch¹⁹ uns selbs ²⁰in keinen
10 wege²⁰ darauß helfen. Darumb hat unser lieber herr Jesus Christus sich über uns erbarmt ²¹und²¹ ist ²²umb²² ²³unserer sünden²³ willen mensch worden, ²⁴auff²⁴ das er²⁵ das gesetz ²⁶und allen willen

---

¹ Aufgrund der neuen Texteditionen wird hier die Vermahnungen in der Fassung Brandenburg-Nürnberg 1533 (OGA 5,156-158) mit den Varianten der vorhergehenden Fassungen abgedruckt. Abk.: A = anonymer Vorentwurf 1524 (OGA 1,158f, im App. mit "Anonymus I" abgekürzt); V = Nürnberg/Volprecht 1524 (OGA 1,158f, im App. mit "Volprecht" abgekürzt); PF = Nürnberg/Pfarrkirchen 1524 (OGA 1,158f); PR = Nürnberg/Pröpste 1524 (OGA 1,225f); KE = Brandenburg-Nürnberg/Kirchenordnungsentwurf 1530 (OGA 3,527-529); KG = Brandenburg-Nürnberg/Kirchenordnungsgegenentwurf 1530 (OGA 3,574). Alleinige Schreibvarianten werden nicht berücksichtigt; zitiert wird die jeweils jüngste Variante.

² V, PF: Mein

³ A, V, PF, PR: abentessen

⁴ A, V, PF add.: lieben

⁵ A, V, PF, PR om.

⁶ A, V, PF add.: und plut

⁷ A, V, PF, PR: zur

⁸ A, V, PF: zu eim; PR: zum

⁹ A, V, PF, PR: nicht des leibs, sonder der selen gegeben wirt; KE, KG: nit des leybs, sonder der selen geben hat

¹⁰ V: hohem

¹¹ A, V, PR: Paulus sagt, und alsdann von dysem prot essen und von dysem kelch trincken; PF: Paulus sagt, und von diesem brot essen und von dem kelch trincken

¹² A: es soll nicht dann; PF, PR: es soll nicht dann nur

¹³ A, V, PF, PR: ain hungerige seel; KE, KG: und hungerigen selen

¹⁴ A, V, PF, PR: erkennt

¹⁵ A, V, PF, PR: ist, diß heylig sacrament empfahen.

¹⁶ A, V, PF, PR: finden wir nichts in uns

¹⁷ A, V, PF, PR, KE, KG om.

¹⁸ A, V, PF, PR om.

¹⁹ A, V, PF: kunnen auch; PR: khönnen

²⁰ A, V: in keinen weg; PF: nit

²¹ A, V, PF om.

²² V: von

²³ A, V, PF, PR: unsert-; KE: unser sundt

Gottes für uns und uns zu gut²⁶ erfüllet und ²⁷den todt und alles²⁷, was wir mit unsern sünden verschuldt hetten, ²⁸für uns und zu unser erledigung auff sich neme und erlitte²⁸. Und das wir das ye festigklich glaubten und ²⁹durch den glauben frölich in seinem willen möchten leben²⁹, nam er
15 nach dem ³⁰abentmal³⁰ das brot, saget danck, ³¹brachs³¹ und sprach: "Nemet hyn und esset! Das ist mein leyb, der für euch dargegeben wirdt". ³²Das ist³²: Das ich mensch byn worden und alles, das ich thu und leyde, ³³ist³³ alles euer aygen, für euch und euch zu gut geschehen; deß zu ³⁴einem³⁴ ³⁵gewisen³⁵ ³⁶anzaygen und zeügknuß³⁶ gib ich euch mein leyb ³⁷zur³⁷ speyß. Deßgleichen ³⁸nam er³⁸ auch den kelch und sprach: "Nemet hyn und trincket ³⁹auß disem alle³⁹. Das ist der kelch des
20 neuen testaments ⁴⁰in⁴⁰ meinem blut, ⁴¹das⁴¹ für euch und für vil vergossen wirdt zu vergebung der sünde. Sooffit ir das thut, solt ir mein darbey gedencken." ⁴²Das ist⁴²: ⁴³Dieweyl⁴³ ich mich euer ⁴⁴angenummen⁴⁴ und euer sünde auff mich geladen hab, will ich mich selbs für ⁴⁵die⁴⁵ sünde ⁴⁶in todt⁴⁶ opfern, mein blut vergiessen, gnad und vergebung der sünde erwerben und also ein neu testament auffrichten, darinnen die sünde ⁴⁷vergeben und⁴⁷ ewig nicht ⁴⁸mer soll gedacht werden⁴⁸;
25 deß ⁴⁹zu einem gewisen⁴⁹ ⁵⁰anzaygen und zeügknuß⁵⁰ gib ich ⁵¹euch⁵¹ mein⁵² blut zu trincken. Wer

---

²⁴ A, V, PF om.

²⁵ A, V, PF, PR add.: für uns

²⁶ A, V, PF, PR om.

²⁷ A, V, PF, PR: lide

²⁸ A, V, PF, PR om.

²⁹ A: uns frolich darauff verlassen solten; V, PF, PR: frölich darauff verlassen möchten

³⁰ A, V, PF, PR, KE, KG: abentessen

³¹ V om.

³² A, V, PF, PR: als wölt er sagen

³³ V: das; A, PF: das ist

³⁴ A, V: om.

³⁵ A, V, PF om.

³⁶ A, V, PF, PR: warzaichen

³⁷ A: zu einer

³⁸ A, PF, PR om.

³⁹ V: all daraus

⁴⁰ A, PF: mit

⁴¹ A, PF: der

⁴² A: als wolt er sagen; V: als wolt der Herr sprechen; PF, PR: als wölt er sprechen

⁴³ V: Wiewol

⁴⁴ A: angenomen habe

⁴⁵ V: eur

⁴⁶ A, V, PF om.

⁴⁷ A, V, PF, PR om.

⁴⁸ A, PF: gedacht soll werden; V: nit soll ewig gedacht werden

⁴⁹ A, PF: zum; V: zu

⁵⁰ A, V, PF, PR: warzaichen

⁵¹ A, V om.

⁵² PF add.: leib zu essen und mein

nun ⁵³ ⁵⁴also⁵⁴ von disem brot⁵⁵ isset und ⁵⁶von⁵⁶ disem kelch trincket, ⁵⁷auch⁵⁷ ⁵³ disen worten, die er ⁵⁸von Christo⁵⁸ höret, und disen zaychen, die er ⁵⁹von Christo⁵⁹ empfahet, festigklich ⁶⁰glaubt⁶⁰, der bleybt in ⁶¹dem herrn⁶¹ Christo und Christus in ime, und ⁶²wirdt ewigklich leben⁶². Darbey sollen wir ⁶³nun⁶³ ⁶⁴sein gedencken und seinen todt verkündigen, nemlich das er für unser sünde sey
30 gestorben und zu unser rechtfertigung wider aufferstanden⁶⁴, und ime darumb danck sagen, ein yeder sein kreütz auff sich nemen und ime nachfolgen und ⁶⁵nach seinem gepot einander⁶⁵ lieben, wie er uns geliebt hat. Dann⁶⁶ wir ⁶⁷alle⁶⁷ sind ein brot und ein leybe, dieweyl wir alle eines brots taylhafftig sind⁶⁸ ⁶⁹und auß einem kelch trincken⁶⁹.

Anhang 3: Kommunionvermahnung Witzel 1542

¹Ir geliebten in Christo/die jr euch selbst nach des Apostels lere geprüfet vnd geurteilet/auch ordenlicher weise mit vorgethaner Beicht in warer rewe/durch denn glauben/ewer gewissen gereiniget/vnd zu disem heiligen Disch Gottes bereitet habt/ich ein vnwirdiger Diacon vnserer Kirchen ermane euch im Herren/auff das jr ewer gemüte zu dem lebendigen Gott im Himel
5 erhebet/vñ in hitziger liebe/ewers hertzens lust an jm gentzlich habt/als an dem/der nach seinem beschlossen rat/aus vnmessiger liebe/seinen eingebornen Son vnsern aller liebsten Herren vnnd heylandt Jesum Christum vom Himel auff Erden gesandt/vnd dasselbig sein Wort fleisch werdē lassen hat/auff das wir/so da ewiglich verloren waren/das ewig leben durch jn haben solten. Vnd weil sein hohe maiestet befolhen vnd gesprochen hat/So offt jr dis thut/so thut es zu meinem
10 gedechtnis/wil von nöten sein/das jr/so jtzt dis hochwirdig Maal kosten werdet/für andern brüder alhie tieff betrachtet vnd wol bedencket/welche ein vbergrosse wolthat durch das heilig leidē vnd sterben Jesu Christi/dem gantzen menschlichen geschlecht wider faren sey. Bedencket deñ fall

---

⁵³ V om.

⁵⁴ A om.

⁵⁵ A add.: also

⁵⁶ A: aus

⁵⁷ A, V, PF, PR, KE, KG: das ist, wer

⁵⁸ A, V, PF, PR om.

⁵⁹ A, V, PF, PR om.

⁶⁰ A: geglaubet

⁶¹ A, V, PF om.

⁶² A, V, PF: lebt ewiglich; PR: lebet also ewigklich

⁶³ PF: nun auch; V om.

⁶⁴ A, V, PF, PR: seins todts gedencken

⁶⁵ A, V, PF, PR: zůvor ayner den andern

⁶⁶ KE, KG add.: ain prot ists;

⁶⁷ A, V, PF: vil

⁶⁸ V add.: Gott geb seliglich amen

⁶⁹ A, V, PF, KE om.

¹ Kommunionvermahnung aus Witzel, Icon Christiani Hominis 1542 [Klaiber Nr 339] 33ʳ-35ᵛ. Der Text in Witzel, Psaltes Ecclesiasticus 1550 [Haußling Nr. 135] 11ᵛ-12ᵛ stimmt damit bis auf die Schreibweise völlig überein.

vnserer Vorältern Adam vnd Heua/dardurch alle menschen an leib vnd seel gesterbt vnd verderbt
sein mûsten/vnd darfür hat kein Engel noch heilige helffen noch radtē kündten/bis da komen ist/der
15 Son des lebendigen Gottes in dise welt. Bedencket das diser Eingeborner Gottes der alten schlangen
den stoltzen kopff nider getretten/deñ herschenden Tod vberwunden/vnnd vns das leben/durch sein
sterbē am Creutz triumphirlich erworben hat/also das wir nun ein frölichen zutrit haben zu seinem
vñ vnserm Vater im Himel/weil wir von hertzen gleuben/vnd vns nach abgelegter feindschafft/seiner
liebe vnd freundtschafft frey vertrösten mögen/weil wir von jm erst geliebt/jn hertzlich wider lieben.
20 Dis gedechtnis Christi sollen wir vnter vns erfrischen/bey disem Sacrament/vnd also deñ tod des
Herren verkündigen/vnd allen hertzen dis opffer ein bilden/inn dem wir im glauben sehen vnd
entpfahen seinen waren leib/der für vns geben ist in tod/vnd sein wares blut/das für vns vergossen
ist/zur vergebung der sünden. Für welchs opffer wir hirbey die allergröste dancksagung thun
sollen/aus gantzem hertzen/mit worten vnd wercken/als vnserem einigen Erlöser vñ helffer. Sollen
25 auch bey dieser heiligen speis vñ tranck eriñert werden/das wir alle sampt ein brot vñ ein leib sind/
vntereinander glieder/Christo vnserm Häupt eingeleibet/dardurch einer deñ andern lieben sol/als
sich selbst/mit guten thaten/wie vnser gemeinen bruderschafft zu gehöret/inn disem newen vnd
heiligen Testament oder Bund Gottes mit vns vñ werden gereitzt hirdurch/vmb seines Namens
willen/vnser Creutz bis inn tod zu tragen vñ vns selbst opffern/wie der Herr williglich gethan hat.
30 Wer solchs zuthun gesinnet ist/der sprech/Amen. Jnn starkem vertrawen/gehe er zu inn fried/vnd
daruon im vorsatz Christlich zu leben/domit er sein gut gewissen beware. Des helffe vns der herr.

Anhang 4: Kommunionvermahnung Helding 1548

[1]IR Geliebten in Christo Jesu vnserm Herrn. In disem hailigen Ampt/darinn wir vnsern Herrn vnnd
Erlöser Christum Jesum in seinen waren leib vnd blût/zur gedâchtnuß seines hailigen leidens Gott
dem himelischen Vatter fürbringen wöllen/Sollen wir das gantz werck menschlicher erlösung in
vnsern hertzen vnd gedancken kurtzlich erholen/vñ erstlich zů gmût fůrē. Nach dem durch die sünd
5 aines menschens die gantze welt dem zorn Gottes vndergeben/vñ der verdamnuß schuldig/auch
die natur aller menschen mit der seucht der sünden verderbt/vñ von jugent an zum übel gnaigt war/
Daher die verderbte Adams kinder sünd mit sünden hauffeten/vnd den gerechten zorn Gottes vnnd
die verdammnuß über sich selbs ymmer schwärer einfüreten.
Da hat Got ain Vatter grosser lieb vnd voller erbarmnuß sich des elends seines volcks jamern lassen/
10 vnd (wie er verhaissen het) seinen ainigen vñ geliebten Sun in die welt gesandt/angethon mit warer
menschhait/vñ mit vnserm flaisch vmbgeben/auff den er aller vnser sünden gelegt/vnnd jn vmb
vnsere mißhandlung in die straff geben. Der vnser sünd an seinem leib ans Creütz getragen/vnd
er vnschuldiger für die sünder/vñ der grechte für die vngerechte sein blût außgossen/vñ ein
schmertzlichen todt erlitten/vnd also durch dz opffer seines hailigē leibs vñ blûts für aller menschē
15 sünd bezalt/vnd die gantze welt mit Gott versönet hat. Auff diß opffer haben von anfang die
mancherlai opffer der Väter gedeütet. Die sy darumb gethon/jre glauben an das künfftig opffer damit
zůbezeügen/jre danckbarkait dem Almechtigē Got vmb alle seine wolthat/vnd in sonderhait/vmb
die Erlösung die jnen zůkünfftiglich verhaissen war/zůerweysen/vnd also die krafft des künfftigen

---

[1] Kommunionvermahnung aus Helding, Sacri Canonis Missae 1548 [Klaiber Nr. 1470] K(?)-Mij. Die
in diesem Werk vorhandene Bogenzählung ist auf der mir zur Verfügung gestellten Kopie nicht völlig
rekonstruierbar.

opffers mit glauben/andacht vñ gebet an sich zůbringen/jnen selbs aigen zůmachen/vñ zů jrem hail
20 zůgeniessen. Die auch Got nit vmb ire opffer/sonder im glaubē auf dz künfftig opffer/in den
verdiensten des blůts vnd todts Christi gerechtfertigt vñ selig gemacht hat. Gleicher weyß auch wir/
vnnd alle so nach vns biß zů end der welt komen werden/in disem ainigen opffer vergebung der
sündē/versōnung mit Got/vñ vnser hayl vñ seligkait erraichen müssen.
Darum dañ Christus vnser lieber Herr (wie vorhin im Malachia bezeügt/vnd im Melchisedech
25 bedeütet war) diß rain vnnd haylig opffer seines waren leybs vnd blůts seiner Kirchen verordnet/
vnnd zů seiner gedechtnuß zůhalten/vnd zůentpfahen befolhen hat. Nit das wir noch alle tag
vergebung der sünden vñ versönung mit Got von newem verdienen müßten (Gleich als ob Christus
für vns nit genůgsamlich/reychlich/vnnd zum volkomesten verdienet het) sonder das wir also für
vnsere Erlōsung vnd alle Gōtliche wolthaten dancksagen sollen/vnd das jenig was durch Christum
30 in jenigem opffer seines leibs vnd blůts am Creütz ainmal erworbē ist/durch dises Ebenbildnisch
gedenckopffer seines todts mit glauben/andacht/vñ gebet an vns bringen/vns aigen machen/vnd zů
vnser selbs hayl vnd sāligkayt geniessen mōgen.
So wōlt nun jr geliebten in dem Herrn ewere hertzē vnd gemüter hieher in dise handlung richten/vnd
nach dem befelh des Herrn seines hailigen vnschuldigen leydens vnd sterbens ain gedāchtnuß helffen
35 halten/vnd mit ernstem fleiß in ewern hertzen bedencken/was der hailig Sun Gottes für vns vñ vmb
vnser hail erlittē vñ verrichtet hat. Wie der vnschuldig Herr (nach dem er von seinē jünger verrathē
war) im garten in erwartung seines volgenden leidens mit schmertzlicher angst biß zum blůtigen
schwaiß vmbgeben/von seinen feindē schmāhlich überfallen/vnmiltigklich gefangen vñ gebunden/
spōtlich gefürt/fālschlich anklagt/võ den Dienern die gantz nacht hōnlich verspottet/von den Sōldnern
40 schmertzlich gegaiselt/volgendts ans Creütz gehenckt worden/vnd endtlich in hōchster schmach
vnnd schmertzen am Creütz erstorben ist. Alles darumb/das er durch sein hailigs blůt den wůst
vnserer sünden abwaschen/vnd durch seinen vnschuldigen tod vnser wol verdiente straff bezalen/den
ewigen tod von vnns abwenden/vnd vns ewigs leben gwinnen wōlt.
Darbey wir dañ die grosse liebe Gottes des Vaters gegen vns behertzigē sollē/der auch seinem aigen
45 Sun nit verschonet/sonder jn für vns dargeben hat. Deßgleichen sollen wir vns zů gmüt füren die
willige vnd vns hailsame gehorsame des hailigsten Suns Gotes Christi vnsers Herrn/der auß
hertzlicher liebe gegen vns/sich auß der Gōtlich herrligkait biß in vnser tiefstes elend enteüssert/vnd
vmb vnser hail inn todt des Creützes geben hat/auf das er vns/die wir in sünden todt waren/zum
leben bringen/vnd in die ewige sāligkait einsetzen mōcht. Weil wir dañ vergebung vnserer sünden/
50 versōnung mit Got/auch alles hail vñ sāligkait zeitlich vnd ewiglich/nit in vns selbs/sonder allain
inn disem theüren blůt/vnd disen haylsamen verdiensten Christi finden vnd erlangen mōgen. So
wōllen wir denselben vnsern Herrn (wie er vns befolhē hat) in seinem waren leib vnd blůt/wie er
sich selbs ainmal für vns am Creütz blůtiger vnnd schmertzlicher weiß in todt auffgeopffert hat/
yetzund vnschmertzlicher/vnbůtiger vñ vnsterblicher weiß/in Gehaimnuß/vnter gestalt brots vñ weins
55 dem himlichē Vater fürstellen/jne damit des ainmal volnbrachten Creützopffers/des erlitten todts
vnd vergoßnen blůts/seines vnschuldigen Suns erinnern/vnd von hertzen bitten/dz er vmb die theüre
vnd hailsame verdienst des hayligen leidens vnd vergoßnen blůts Christi/vns sampt allen glidern
Christi/vnsern mitglaubigen/so inn/oder auß den leyben seind/gnedig sein/vnnd vnns/auch allen
gleubigen/heüt vnnd zů allen zeyten/zů vnserm hayl vnd sāligkait wōlle gedeihen lassen/was sein
60 geliebter Sun vnser Herr vnnd Hayland Jesus Christus im opffer seines leibs vnnd blůts am Creütz
für vnns/vnnd die gantze Welt verrichtet/gewonnen/vnnd erworben hat. Vnnd damit jr alle mit
Christo vnserm Herrn dester nāher vnd fester verglidet vnd verainigt werden/vnnd alle seine gnaden
zur sterckunge ewer seelen/vnd zů gewissem hail dester mehr geniessen mōcht/so wōllet auch zum

endt/das hailigste Sacrament des waren leibs vnd blûts Christi (wo nicht mit dem mund Sacrament-
65 lich) doch mit hertzen im warē glauben vnd andacht gaistlich empfahen. Dem Allmechtigen Got
für alle seine gnaden vnd wolthat von hertzen dancken/euch selbs vnd die gantze Christenhait in
seine Vâterliche gnad vnd schirm befelhen/vnd dañ im namen Gottes zûhauß gehn/mit trôstlicher
zûuersicht/das der Allmechtig Gott die haylsame verdienst Christi/yetz vnd zû allen zeiten/vns seinen
glaubigen zû vnserm nutzen gelten lassen/vns vmb Christi willen gnedig sein/in seinem schirm
70 erhalten/vnnd vns zeytlichs vnd ewigs hail nach seiner warhait vñ barmhertzigkait verleyhen wôlle.
Durch Christum Jesum vnsern Herrn/Dem seye mit dem Vatter vnd hayligen Gayst lob/ehr vnd
preyß in ewigkayt/Amen.

Anhang 5: Kommunionvermahnung Mainz 1551

[1]ALler liebster in Christo/Weil du aus guter eingebung Gottes des heiligen Geists/nach recht
Christlicher andacht deine gemût vnd begirden dahin gewendet hast/das hochheilig/heilsam
Sacrament des waren leibs vnd bluts Christi zu entpfahen/Wiewol du dein hertz vor diesem
Gôttlichen vnd aller hôchsten geheimnus zum tieffsten demûtigen/vnnd dich dieser aller heiligsten
5 speis einen vnwirdigen Gast halten vnnd erkennen solt/Jedoch dieweil du aus verleihung Gôttlicher
genaden/nach dem beuelch des Apostels/dich selbs ersucht/deine sûnden berewet/dein gebrechlichs
leben/vnnd alle deine wissenliche mißhandlung in der Beicht beklagt/vnd darauff die Absolution[2]
vnd vergebung deiner sûnden/im wort vnd beuelch Christi angehôrt vnnd erlanget hast/Magstu nun
auff die Gôttliche gûte vnnd barmhertzigkait vertrawen/der dir diese speis aus seiner vnmâssigen
10 liebe zu deinem heil zubereitet/vnd dich aus genaden darzu eingeladen hat/der werde dich nach
seiner gûtigkeit vnnd erbarmnus/der selbigen auch wirdig machen.
Dagegen aber du deinen Glauben ermundern/vnd dich auff das vnfelich wort Christi gentzlich
[3]lassen[3]/vnnd one zweiffel darfür halten solt/das in dieser sichtbarn gestalt/Christus warer Gott vnnd
mensch/in seinem waren fleisch vnnd blut/lebendig vnd gantz behalten/vnnd dir gereicht werde.
15 Der darumb dir sich selbs/sein fleisch vnd blut/zur [4]Geistlichê speis[4] verlassen hat/das er dich in
sich selbs verglieden vnnd einleiben wolt/damit er in dir/vnd du in jm seist vnnd bleiben môgst/also
das du fûrohin sein glied/vnd er dein haupt seie/vnd du durch jn Gemeinschafft/huld vnd freundtschafft mit Gott/trôstung wider alle anfechtung/schutz vnnd sicherhait/vor allen leiblichen vnnd
Geistlichen feinden/stillung vnnd verdrûckung der bôsen begirden/ja hie zeitlich die vollung aller
20 heilsamer gaben vnd genaden haben/vnnd nach diesem leben/die ewige freude mit jm vnd allen
außerwelten besitzen môchtest.
[5]Vnnd nit allein vergliedet vnd vereinigt dich diese aller heiligste vnd krefftigste speis mit Christo/
als dem haupt/sonder auch mit allen außerwelten/als den mitgliedern/die aller ding mit dir ein leib/
vnd ein jeder des andern mitglied werden/nach dem wort Pauli: Wir alle seindt ein brot vnnd ein

---

[1] Kommunionvermahnung aus Mainz 1551 [Probst Nr. 350] LV^r-LVII^v; zitiert nach Reifenberg, Werdegang 89-91. Der Text der Vermahnung in Würzburg 1564 [Probst Nr. 723] LX^v-LXIII^v ist außer in der Schreibweise völlig identisch.

[2] Ab Mainz 1599 ist 'Absolution' nicht wie der sonstige deutsche Text in Fraktur gesetzt (vgl. Reifenberg, Werdegang 89).

[3] Mainz 1695, 1696: verlassen

[4] Mainz 1671ff: wahrhafftig zur speis

25 leib/die wir alle eins brots theilhafftig werden.⁵ Daraus du dann hertzlichen trost erholen ⁶solt/vnd wissen⁶/⁷nach dem du durch den gebrauch dieses aller heilsamsten Sacraments/in die Gemeinschafft Christi vnd aller außerwelten eingenommen bist/das nun Christi vnd aller außerwelten genad/ verdienst/vnd fürbit dir zum guten vnnd zum heil dienen/vnd dir mit jnen alle ding gemein seindt/ vnnd sie ja alle deines heils begern/vnd für dich sorgen/wie sie alles/was an leib vnd Seel schedlich
30 sein möchte/von dir abwenden.⁷ Daher dann billich dein hertz tieff in die liebe gegen Gott vnd deinem nechsten einsincken soll/das du ja Gott den himelischen Vatter ⁸aus⁸ grund deines hertzen lieben/vnnd jme mit jnnerlichen⁹ seufftzen/worten vnd wercken/dancken solt/das er aus groser liebe/ seinem einigen Son/deinet halben nit verschonet/sonder jne vmb deine erlösung in todt gebê hat. Du solt auch Christum Gottes Son/deinen erlôser jnniglich lieben/vnnd jme von mund vnnd hertzen
35 dancken/der nit allein seinen leib in todt geben/vnd sein blut vergossen hat vmb deine erlösung/ sonder auch den selben seinen leib vnd blut/dir zur speis gemacht hat/zur sterckung vnnd vffenthalt deines geists vnd deiner Seelen.
Deßgleichen du dein lieb auch gegen andern menschen neben dir richten solt/vnnd sie lieben/wie Gott dich geliebt hat/vnnd jnen mit allem deinem vermögen dienen/¹⁰vnnd alle deine hab vnnd gut/
40 mit jnen teilen¹⁰/gleich wie Gott dich der verdienst Christi/vnd aller seiner genaden vnd gaben theilhafftig werden last.
Da du nun dis aller heiligst geheimnus jtzundt ¹¹handeln¹¹/vnd diese heilsame speis zu trost vnd sterckung deiner Seelen geniesen wilt/soltu dabei Christi deines erlôsers gedencken/vnnd seines todts ein gedechtnus halten/vnnd dich kürtzlich erinnern/nach dem wir alle in der sûnden ¹²todt
45 vnnd¹² verdorben/vnnd ¹³vnterm¹³ gewalt des bôsen feindts zu ewiger straff vnnd verdamnus verhafftet waren/Wie da der heilig Gottes Son/auß hertzlicher liebe gegen vns/sich aus seiner Göttlichen herlichkeit bis in menschlichs elendt heruntergelassen/vnd so schmälichen/schmertzlichen todt erlitten habe/vnnd gestorben sei/vmb vnsere sünden/der gerecht für die vngerechten/vnnd aber vom todt wider aufferstanden/auff das wir in jm vergebung vnserer sünden/errettung von der hellen
50 vnd ewigen todt/versönung mit Gott vn ewigs leben hetten.
Solche gedechtnus dieser vber grosen wolthat Gottes/soltu in deinem hertzen bey entfahung dieses heiligsten Sacraments ¹⁴erfristen¹⁴/vnd dagege die aller gröste dancksagung mit hertzen/mund vnnd wercken thun/vnd jnniglich in deinem hertzen begern vnnd bitten/auch getröst hoffen/das der Almechtig gütig Gott/durch entpfahung dis heiligsten Sacraments/dich nach seiner barmhertzigkeit/

---

⁵ Mainz 1671ff om.

⁶ Mainz 1671ff: vnd wissen solt

⁷ Mainz 1671ff: daß du im würdigen Gebrauch dieses H. Sacraments nit nur der Verdiensten deines Heylands JESV Christi/in Mittheilung seiner Gnaden gaben: Sonder noch vber das seiner selbst also weßentlich theilhafftig wirst/daß sein Fleisch vnnd Blut als ein Hertzstärckende Speiß deine Seel erquicket/vnd wie ein kräfftige Artzeney dich vor dem geistlichen Tod der Sünden verwahret/auch dasjenige was du etwa auß böser Eingebung deßleidigë Sathans/Anreitzung der Verfürischen Welt/vnd deines eigenen Fleisches böser Neigung an dich gefangen/gewißlich vertreiben wird.

⁸ Mainz 1599ff: von

⁹ Mainz 1599ff add.: Hertzes

¹⁰ Mainz 1671ff om.

¹¹ Mainz 1599ff: emfangen

¹² Mainz 1599ff: vnd Tod

¹³ Mainz 1599ff: vnder dem

¹⁴ Mainz 1599ff: erfrischen

55 aller sōlcher verdienst Christi theilhafftig machen/wider alle bōse anfechtung vnnd sūnde/genad
vnnd krafft geben/zu allem guten stercken/vnnd zur ewigen freud vnd seligkeit verhelffen wōlle/Die
verleihe Gott vns allen/durch Christum Jesum vnsern HErrn/Amen.

Anhang 6: Kommunionvermahnung Ritus Communionis Catholicus 1556

[1] [2]GEliebten[2] in dem Herren/Dieweil wir jetzundt vorhabens[3]/zůnemen das Hochwürdig Sacramēt/des
warē [4]leibs/vnd blůts[4] Christi Jesu/vnnd das nach dem beuelch vnsers Herrn vnd Erlōsers/in denen
worten/[5]das thůt zů meiner gedechtnuß[5] [6]. Welliche wort wir hoch behertzigen sollen/vnd bedencken/
Das vns nit allain zů Communiciern/vnd das[7] Sacrament [8]leibs vnd blůts[8] zůempfahen/sonder [9]Christi
5 vnsers Herrn/vñ Haylands[9] Todt vnd leiden/darzů auch seines aintzigen volkommesten opffers/am
Stam̃ des Creütz beschehen/hailsame gedechtnuß zůbegeen/auffs ernstlichist gebotten vnd beuolhen[10].
Die gedechtnuß aber des versōnoppfers Christi ain mal am Creutz beschehen/wirdt nit allain mit
der Communion/vnd gemainschafft des Sacraments leibs vnnd blůts Christi/sonder auch mit der
oblation/vnd auffopfferung[11] herzlich begangen/vnd Celebriert/wie das gantz klar vnnd deütlich
10 der hailig Augustinus zeüget.
Derhalben sollen wir anfengklich bey diser hailsamen gedechtnuß/des ain mal verbachten Sōnopffers
Christi/wol behertzigen/das/wie sich Christus ain mal für vnns am Stam̃ des Creütz/blůtiger vnd
schmertzlicher weiß/in[12] todt auffgeopfert hat. Also stellet[13] jnen Christum [14]jetzund für in
gehaimnuß[14] dem himelischen vatter[15]/on schmertzlicher/vnblůtiger/vnd vnsterblicher weiß/[16]die
15 hailig Catholisch kirchen[16]/jnen damit des ainmal verbrachten Creützopffers/des erlitnen Tods vnnd
vergossnen blůts/seines Suns zůerinnern/vnnd bittet ihne von hertzen/das er vmb die hailsame
verdienst des leidens vnd vergossnen blůts Christi/[17]vñs/sambt allen glidern Christi[17]/vnsern
mitglaubigen/so iñ/oder auß den leiben sein/vnd vns/auch allen glaubigen hewt/vnd zů allen zeiten/
zů vnserm hail vnd seligkait wōlle gedeihen lassen/was sein geliebter Sun/vnser Herr vnnd Hayland

---

[1] Kommunionvermahnung aus Ritus Communionis Catholicus 1556,A[r]-A(iiij)[v]. Mit den Textvarianten von Salzburg 1557 [Probst Nr. 582] 216[v]-223[v]. Alleinige Schreibvarianten werden nicht berücksichtigt.

[2] Salzburg 1557: Ir geliebte

[3] Salzburg 1557 add.: sein

[4] Salzburg 1557: Fronleichnams

[5] In Salzburg 1557 in großen Lettern!

[6] Salzburg 1557 add.: etc.

[7] Salzburg 1557 add.: hochwirdig

[8] Salzburg 1557: vñsers herren Jesu Christi Fronleichnam

[9] Salzburg 1557: auch seines

[10] Salzburg 1557 add.: ist

[11] Salzburg 1557 add.: durch den Priester im ambt der heiligen Meß

[12] Salzburg 1557 add.: den

[13] Salzburg 1557 add.: yetz die heilig Christlich Khirch/durch den Briester

[14] Salzburg 1557: Gott

[15] Salzburg 1557 add.: für/im Ambt der heyligen Meß

[16] Salzburg 1557 om.

[17] Salzburg 1557 om.

20 Jesus Christus/im opffer seines leibs vnd blûts/am Creütz für vns/vnd die gantz welt verrichtet/ gewunnen vnd erworben hat. Dann wir vergebung der Sünden/versônung mit Gott/auch alles hail zeitlich vnd ewigklich/nit in vns selbs/sonder allain in dem [18]theuren blût vnnd[18] hailsamen verdiensten Christi/finden vnd erlangen môgen.

Zûm andern/dieweil wir jetzund fürhabens sein vermittlest Gôttlicher genaden/mit Gott dem
25 himelischen Vatter in Christo/durch das Hochwürdig Sacrament [19]deß Altars[19] vnns zû verainigen/ vnd[20] vergliden. So [21]wôllen wir zûuor die gehaimnuß dises Hochwürdigen Sacraments auffs kürtzest erklâren. Vnnd erstlich sollen wir[21] bedencken/das vnser Herr vnd Hayland Christus[22]/[23]sein hailigmachend flaisch vnnd blût/im Nachtmal/vnder den sichbaren gestalten Brots vnnd Weins/ warlich darraicht vnnd vbergibt[23]/nicht [24]zûr[24] speiß des zeitlichen/sonder deß gaistlichen/vnnd
30 ewigen lebens/[25]wie seine hailigen wort lautten. Nemet/vnnd Esset/das ist mein leib/Trincket alle darauß/das ist mein blût etc. Welche wort deß Herrn[25] wir in ainfaltigem glauben auffnemen/vnd nicht zweifflen sollen/dann der Herr selbst sey alda warhafftig/gegenwürtig/[26]vnd gebe sich vns/ wie er vns in disen seinen worten anzaigt. Das also auch vns das Prot/das wir brechen/warlich sey die gemainschafft seines leibs/vnnd der Kelch/bey dem wir dancken/die gemainschafft seines blûts.[26]
35 Allain das wir/allwege fleissig betrachten/warumb der Herr vns/also sein gemainschafft im hailgen Sacrament/[27]jm̃er[27] mitthaile/Nemlich darumb/vnd darzû/das wir durch jn/als das lebendig brot/nach gleichnuß des leiblichen/gaistlich an vnser Seelen gespeißt/[28]vnd ernâret[28] werden/zûm ewigen leben/ vnnd also volgend durch mehrung der genaden/vnd liebe [29]anderer tugenden auffgericht[29]/vnd [30]im[30] newen leben mehr gefürdert/[31]gestercket[31]/wider alle anfechtung des Fleisch/der Welt/vnd des
40 Teuffels[32]/vnd in summa[33]/ain krefftige Artznei/für die verborgen vnd jnnwendig ligenden Sünden/ letstlich/auch das wir haben ain pfand/durch welchs wir vns der erlangten vergebung der Sünden/ durch [34]Pûß/Rew/vnd Peicht[34]/mehr getrôsten môgen. Auch das wir also [35]jmmermer[35] in Christo dem Herren beleiben vnnd leben/vnd er in vns/also/das wir nun mehr sein leib vnd glider/vnd er

---

[18] Salzburg 1557 add.: vnschuldigen/Leiden vnd Todt/auch in den
[19] Salzburg 1557 add.: seines Fronleichnams
[20] Salzburg 1557 add.: zû
[21] Salzburg 1557: solt jr erstlich
[22] Salzburg 1557 add.: Jesus
[23] Salzburg 1557: seinen heiligsten Fronleichnam/vnns
[24] Salzburg 1557: zû ainer
[25] Salzburg 1557: hinder sein gelassen hat/vnd vnns tâglich damit speyset/Welches
[26] Salzburg 1557 om.
[27] Salzburg 1557: jmerdar
[28] Salzburg 1557 om.
[29] Salzburg 1557 zû andern Tugenden geraitzt
[30] Salzburg 1557: zû ainem
[31] Salzburg 1557: vñ
[32] Salzburg 1557 add.: gesterckt werden
[33] Salzburg 1557 add.: so ist dises Sacrament
[34] Salzburg 1557: ware rew/beicht/vnd Pueß
[35] Salzburg 1557: stetigklich

vnser haupt sey/wellichs wir bezeügen/so³⁶ vnsere gemainschafft ³⁷in dem Hochwürdigen Sacrament/
45 alle³⁷ empfahen vnnd tailhafftig werden/seines leibs vnd blůts/vnd mit den hailigen vnd ausserwälten
Gottes in gemainschafft/zůnemen/durch die liebe/dann vnser vil seind ain Brot/nach der leer des
hailigen Pauli. ³⁸1. Cor. 10³⁸.
Darumb aber/macht vns Christus ainß/mit jm selbs/auff das wir in jme finden/vnd haben/was wir
auß vns selbs nit vermügen/darumb verainigt er vnser sterblich flaisch/³⁹mit seinem lebendigmachen-
50 den flaisch³⁹/auff das wir ewigs leben in jm finden/vnd erholen/die wir auß vns selbs tödtlich sein/
vnd ewig sterben můssen.
Dieweil wir dann durch die Sacramentliche Communion ain ding mit Christo werden/so ist kain
absönderung mehr/in allen genaden/sein gůt wirdt vnser/vnd vnser schwachhait/vnnd ellend nimbt
er von vns auff sich/vnd hilffts tragen. So ist nun kutzlich die krafft⁴⁰ des hailigen Sacraments/es
55 macht vns ain ding mit Christo/bringt vns in seine gemainschafft/das wir vns getrösten können/das
wir in Christo auch gemainschafft aller genaden Gottes haben/das wir jetz im schirm Gottes seind/
hie zeitlich/vnd so dañ dort Christus erscheinen wirdt/in der herrlichkait Gottes/⁴¹so werden alsdann
wir auch in gleicher herrlichkait erscheinen. Souerr vnnd wir durch würdige Communion des
Sacraments/leibs vnd blůts des Herrn/glider Christi in der warhait worden sein.⁴¹
60 Seytenmal aber/⁴²das Sacrament deß leibs vnnd blůts Christi⁴²/allain dem gerainigten/durch ⁴³Bůsse/
Rew/vnnd Beicht etc.⁴³ auch allen/an denen die werck deß widergebornen leibs erscheinen zůgehört/
vnnd zůstendig ist/Darzů auch vnser Gott ain sollicher Gott ist/das jme kain Gottloß wesen gefelt/
vnd nichts böses vor jme beleibt/ist auch von nöten vnnd nutz/das wir wissen/das zům Sacrament
⁴⁴leibs vnnd blůts deß Herrn Christi⁴⁴/dz ist zů seiner gemainschafft/nach dem wort Gottes/vnd
65 altkirchischen löblichen gewonhait/nit zůgelassen werden sollen/alle/so in groben/vnd todts Sünden
verstrickt/vnd vnbůßfertig verharren. ⁴⁵Hic fiat recitatio secundum consuetudinem Ecclesiae omnium
personarum, & casuum & c.
Beuor aber⁴⁵/die/so in Secten vnnd spaltungen der hailigen Kirchen/vnrůw vnd eintrang thůnd/also
die/so nit glauben/das vnder den gestalten brots vnnd weins/die warhait leibs vnnd blůts/warhafftig
70 außthailt vnd geraicht werde. Nachmals die/so Nestorij in Concilio Ephesino verdampte opinion/
wider ernewern/das der leib Christi allain vnder der gestalt deß brots sey. Das blůt aber allain vnder
der gestalt deß weins/zůletzt/die mit Pelagio leeren/glauben/vnd halten/das die Communion sub
utraq vnder baider gestalt notwendig sey/alssam man sündiget/oder nit genügsam/oder als vil
empfienge/wo man anderst ⁴⁶Communiciert/vnnd⁴⁶ das Hochwürdig Sacrament empfienge. Welche
75 Secten alle samentlich mit jrem vnderschidlichen fürgeben/der hailigen Kirchen zů wider sein/die

---

[36] Salzburg 1557 add.: wir durch

[37] Salzburg 1557: das hochwirdig Sacrament

[38] In Salzburg 1557 am Rand notiert.

[39] Salzburg 1557 om.

[40] Salzburg 1557 add.: vnd würckhung

[41] Salzburg 1557 om.

[42] Salzburg 1557: die emphahung des hochwirdigen Sacraments

[43] Salzburg 1557: ware Rewe/Beicht vnd Půeß

[44] Salzburg 1557: vñsers HErrn Fronleichnams

[45] Salzburg 1557: beuorab

[46] Salzburg 1557 om.

je vnd allweg ⁴⁷geleeret⁴⁷/gehalten/vnnd geglaubt hat/das vnder jeder gestalt der gantz Christus sey/ vnnd vnder baider gestalt nit mehr/auch vnder ainer gestalt nit ⁴⁸minder⁴⁸ sey/sonder ain gleiche würckung/krafft/vnnd nutzbarkait volge/auß der Communion vnnd gemainschafft deß Sacraments/ ongeacht/wie man Communiciere/vnder baider/oder ainer gestalt/wie solliches die hailige gemain
80 Catholich Christlich Kirch jeder zeit ordnet. Dise alle/⁴⁹all dieweil⁴⁹ sie in sollichen jrrthumben/vnnd sünden beleiben vnnd verharren/vnnd sich zů bessern nit ⁵⁰warlich fürhaben⁵⁰/mögen zů dem Sacrament ⁵¹deß leibs/vnd blůts Christi⁵¹ nit zůgelassen werden.

Anhang 7: Kommunionvermahnung Trier 1574

¹IHr allerliebsten in Christo/welche durch gnad deß almechtigen vber euwere sünde/ware rew vnnd leydt traget/vnnd dieselbige auch in der heiligen Beicht mit hertzlichem schmertzen bekent/und darauff die Absolucio̅ erlangt/vnd mit Gott weder versönt/vnd euch auch nach der lehr deß heilgen Apostels Pauli fleißiglich ersucht/²vnd mit gottseliger vbung bereytet habt²/vnd ³ietzundt³ vor dem
5 Altar deß Herren demütiglich erscheinet/vnd die himlische speis seines allerheiligesten leichnams/den er vor vns vnd vnsere sünde in den todt geben hat/nicht vnwirdiglich zum gericht/sonder andächtigklich zů euwer selen seligkeit zů geniessen. Auff daß ihr dan solche̅ schatz nit zů der verdamnus/sonder zů dem leben empfahet/so ist euch vor allen dingen von nöte̅/daß ihr vest vngezweiffelt glaubet/das vnder der sichtbarlicher gestalt/des heiligen Sacraments/⁴die⁴ ich euch
10 ietzuudt geben vnnd reichen werde/vnser Herr und heilandt Christus Jesus/vnd sein allerheiligste fleisch und theubar blůt warhafftiglich vnd vollkommen enthalten sey/vnnd dz er vns solchen hohe̅ schatz zůr geistlicher speis darumb verlassen hab/daß wir darbey seiner alweg biß⁵ er widerkome̅n wirde gedencken/seinen bittern todt großmachen/vnd mit ⁶hertzfreuden⁶ preisen/vnnd herrlich verkundigen sollen/Nemlich/daß er vor vnsere Sünden gestorben sey vnd vmb vnsere rechtfertigung
15 widerumb aufferstanden/vnnd also vns von sünden/todt vnd hell gnedigklich erlöset hab/vnd ihm darumb ewiges lob und dancksagen. Vnd solt ⁷darneben⁷ wissen/daß ihr die mit einem büßfertigen hertzen/vnd warer rew vber alle euwere sünden/vnnd mit vestem vffsatz forthin die sünden zů meiden/herzů gehen vnd kommen/durch diese niessung dieses hochwirdigen und heiligen Sacraments diese hohe gnadenreiche gaben/vnnd fruchten erlangen und bekommen sollent. Erstlich/das ihr
20 dardurch dem Herrn Christo ingeleibt werdet/vff daß ihr vorthin in ihme pleibe̅ vnd leben/vnnd

---

⁴⁷ Salzburg 1557: gelernet

⁴⁸ Salzburg 1557: weniger

⁴⁹ Salzburg 1557: so lang

⁵⁰ Salzburg 1557: ainen waren fürsatz haben

⁵¹ Salzburg 1557 om.

¹ Kommunionvermahnung aus Trier 1574 [Probst Nr. 664] CVI-CIX. Mit den Varianten von Metz 1662 [Probst Nr. 382] 175-178. Alleinige Schreibvarianten werden nicht berücksichtigt.

² Metz 1662 om.

³ Metz 1662 om.

⁴ Metz 1662: so

⁵ Metz 1662 add.: das

⁶ Metz 1662: Hertzlichen freuden

⁷ Metz 1662: darumb

er in euch/Also/daß ⁸ihr⁸ vorthin sein Leib vnnd glider/vnnd er euwer haupt seye/vnnd hernach nit euch selbst leben/sonder dem/der vor euch gestorben und aufferstanden ist/und sich selbs euch zů einer speisen in diesem hochheiligen Sacrament/auß vnaußsprechlicher liebe gegeben hat/darauß zůbekommen die ware geistliche krafft/allen bösen anfechtungen widerzůstehen/vnnd in allem guten
25 zu zunemmen/Darauß ihr mit feuriger lieb solt angezündet werden gegen Gott den himmelischen Vatter/der seines eingebornen Sons nit verschonet/sonder ihn vor vns alle dargeben hat.

Und deßgleichen gegen Gott dem eingebornen Son vnsern Heylandt/das er vmb vnsere erlösung willen den aller schmelichsten todt gelitten hat. Zum an/dern solt ihr auch durch diese communion vnnd gemeinschafft/allen lieben Gottesheiligen vnd gottse/ligen menschen/welche der geistlicher
30 lichnam Christi seindt/zugesellet werdẽ/wie der Apostel sagt/das mir alle ein brot vnd ein leib/die mir all eines brots theilhafftig sein. Darauß mir abermal einen grossen trost erlangen/in dem wir erkennen/so lang wir in solcher gemeinschafft/deß haupts vnnd aller gottseliger glider pleiben/daß vns nichts widerwertigs schädlich sein kan. Darauß ihr dan auch angezündt sollet werden/zů der lieb euwers nechsten/das ihr ihn auch liebet/wie vns Christus geliebet hat.

35 Vff daß ihr nun solcher gnadenreichen gaben theilhafftig durch die heilige communion möget werdẽ/ so sprecht alle mit andacht Vatter vnser.

So kommet nun herzů zu empfahen mit forcht vnd glauben die gab vnserer erlösung/vnnd das pfandt deß ewigen lebens/das vnbefleckt Lamb Gottes/Christum Jesum vnsern Herrn.

Anhang 8a: 1. Kommunionvermahnung Gnesen-Posen 1579

¹WEil du/geliebtes Kind/zu dem Tisch deines HErren vñ Seligmachers tretten wilst/soltu wol bey dir betrachten/von wem derselbige Tisch/mit welcherley Speise/vnd auß waserley vrsach sie dir zubereitet vñ vorsehen sey. Schick dich auch dermassen darzu (wie ich wol halte/das du es thust) damit du nicht vnwirdig diese speise geniessest. Fürs erste wisse/das Christus Jhesus Gottes Son/der
5 mit Gott dem Vater vnd H. Geist/eines selbstendigen Wesens/gleicher Macht/Weißheit vñ gůtigkeit ist/da wir auß vnseren ersten Eltern/vnd vnser selbst eygener schuld/verloren/vnd seine Feinde waren/sich vber vns erbarmete: das fleisch an sich genommen/vnd Mensch geworden: alles Elend menschliches lebens (außgeschlossen die Sünde) auch entlich den schmertzlichen bitteren Tod erlitten: vñ also sich selbst Gott seinem Himlischen Vater/ein angenehmes Opffer aufgeopffert hat/
10 vnd seinen Zorn gestillet: vnnd vns von der gewalt der Sünden/des Teuffels/vnd des Todes/darzu auch von der Ewigen Vordamnus erlöset. Vber das alles/hat er vns aus lauter vnd vnaußsprechlicher Liebe (vnangesehen was für grosse vnd vberauß vortreffliche wolthaten er vns erzeiget vnd bewiesen) gegen das Menschliche geschlecht/da er widerumb zu seinem Himlischen Vater/auß dieser Welt gehen wolt/diesen so herrlichen vnd milden Tisch zugerichtet vnd bereitet/auff welchẽ er vns
15 nicht Kälber/Ochsen/oder Wieder fleisch/Wildbrāt/Vögel oder Fische/noch früchte der Erden vnd Beume/noch jrgend etwa durch Menschen kunst erdachte leckerhafftige vnd wolschmeckende Speise/ sondern sein selbst eygen Fleisch/vnd teuerbares rosenfarbes Blut/welches in sich hat süssigkeit alles wolgeschmacks/fürgesetzt/auch noch heut zu tag fürtregt. Welches sein Fleisch vnd Blut/ob wirs schon mit leiblichen Augen nicht sehen/noch mit dẽ Henden greiffen/dennoch sollen wir durch
20 den Glauben/der auff seine wort gegründet/vor gewisser haben vnd halten/als wenn wirs mit

---

⁸ Metz 1662 om.

¹ 1. Kommunionvermahnung aus Gnesen-Posen 1579 [Probst Nr. 211] 250-254.

leiblichen augen sehen/vnd mit henden griffen vnd tasteten. Denn er selbes/der Himel/Erde/Meer/vnd alles was darinnen ist/mit dem Vater vnd Heiligen Geist erschaffen/der auch/das jhm aller gewalt im Himel vnd Erden gegeben sey/gesprochen/welcher die Warheit selbst ist/vnd keines weges betriegen kan noch wil/hat solches bekrefftiget vnd bezeuget/da er spricht: Das Brod das ich euch
25 geben werde/ist mein Fleisch/welches ich geben werde für das Leben der Welt. Vnd wie ers zuuor verheischen/also hat er hernach in seinem letzten Nachtmal/da er mit seinen Jüngern zu Tisch saß/gethan vnd vollendet: Als er das Brod nam vnd sprach: Nemet vnd esset/das ist mein Leib/der für euch gegeben wird. Darnach nam er den Kelch/vnd sprach: Das ist mein Blut/das für euch vergossen wird/zur vorgebung der Sünden. Vnd also hat von anbegin/vnnd von der Aposteln zeit
30 biß anher/die Allgemeine Christliche Kirche/so in der gantzen Welt außgebreitet/gegläubet: also habens die heiligen Väter in jren Schrifften vns erkleret vnd hinderlassen: eben also habens bekant vnd gestanden die heiligen Concilia: Welche auch alle die jenigen für Ketzer vordampt/die da leugneten/das in diesem Sacrament/vnter der gestalt des Brods vnd Weins/der Leib vnd das Blut Christi/warhafftig vnd wesentlich vorhanden vnd begriffen sey. Welche Ketzer etwan Tausent jar
35 nach Christi Geburt entstanden. Derhalben mein Kind/soltu auch also mit der allgemeinen Christlichen Kirchen gläuben/vnd keines weges zweiffeln/das in diesem Sacrament das Brod vnd der Wein/wenn der Priester die wort Christi darüber gesprochẽ/nicht mehr Brod vnd Wein/sondern das Fleisch vnd Blut Christi sey: wie solches auch etliche vnserer zeit vormessene Ketzer/im anfang jrer Ketzerey bekant haben/vñ zum teil auch noch heutiges tages bekennen. Auch Berengarius
40 ein anfenger vñ Author Jrrthumbs/vnangesehẽ/wie sehr er jn vortediget vor 500. jaren/hat jn dennoch in einem Concilio widerruffen/vnd eben dasselbige/wie oben gemeldt/bekant. Zu welchem nutz aber vnser HERR Jesus Christus diß Nachtmal seines Leibs vnd Bluts vns eingesetzt habe/lehret er selber im Euangelio: Wer mein Fleisch isset/spricht er/vñ mein Blut trincket/der bleibet in mir/ vnd ich in jm. Was ist nun diß anders gesagt/als eben derselbige ist mit mir ein Leib vnd ein Geist/
45 der ich bin das Leben vnd das Liecht der Welt. Vnd also wird er auch des Lebens vnnd des waren Liechts mit teilhafftig/vnd nimbt daraus eine gewisse Hoffnunge/das er sey ein Son Gottes/vnnd Miterbe Christi/welcher in jme wohnet/weil er von jme dessen ein gewisses vnderpfandt/als nemlich/ jn selbst entpfehet. Dann man sol mit nichten gedencken/als das wir allhie allein den Leib vnd sein Blut/one Seel vnd Gottheit entpfahen. Er ist ein lebendiges Brod/wie er selbst bezeuget: Stirbt nun
50 nicht mehr/weil er schon ein mal von den Todten aufferstanden ist/nach dem zeugnus des heiligen Pauli: Gleich wie nun ein Mensch auff diese Welt gebracht/vnd von dem vnflat/so er auß seiner Mutter Leib mit sich bringt/gewaschen wird/forthin nicht leben kan/er werde dann mit speise ernehret: also gibt er vns/die wir in der Tauffe new geboren/vnd durch die Busse gereiniget werdẽ/ diese Geistliche speise/auff das wir im geistlichen leben/vnd in der genade Gottes leben mögen.
55 Gleich wie er vns im Euangelio zugesagt hat/sprechende: Werdet jr nicht vom Fleisch des Menschen Sons essen/vnd trincken von seinem Blut/so werdet jr kein Leben in euch haben. Vber das alles hat vns Christus/der vmb vnsers Heils willen gestorben/diß Pfandt hinderlassen/das wir dardurch zur danckbarkeit gegen jm ermanet/vnd auch zu erhaltung brüderlichen Lieb/mit andern Christen/als vnsern Mitbrüdern/angereitzet würden: diewiel vnser viel (wie Paulus saget/) alle ein Brod (gleich
60 als aus vielen körnern gemacht) seind/die wir alle eines Brods teilhafftig werden. Ja es ist vber das auch/ein Artzney der Krancken/welche die schwachen zur liebe Gottes/vnnd des Nehesten/vnd guts zu thun lustig macht. Diewiel dann dieser Tisch/also herrlich vnd also nutz ist/must du zugleich freudig vnd ehrerbietig darzu tretten. Als denn aber gehet der Mensch ehrerbietig darzu/wenn er vnterscheidet den Leib des HErren/von gemeiner vnd anderer Speiß: vnd betet/den er essen wil/
65 seinen HErren vnd seinen Gott/nicht allein an/gleich wie Thomas der Apostel/da er seine Wunden

anzugreiffen geheissen ward/sondern wie das er sich zuuor selbest/ehe denn das er hinzu tritt/prüfet vnd probieret/nach dem Gebot des heiligen Pauli/auff das er nicht vnwirdig darzu gehe/vnd jm selber das Gericht esse vnd trincke. Der aber prüfet sich selber/der da gleubet/das er Christum Gott vnd Mensch empfahe/vnd ob er gleich seine Sünde durch ein bittere rewe/vñ lautere Beicht
70 abgeleget/vñ von denselben loß gesprochen vnd absoluieret ist/schatzet er sich dennoch mit jenem Heuptman vnwirdig/das eine so grosse Maiestat einkere vnter das Dach seines Leibes/verwunderet sich bey sich selber seiner Barmhertzigkeit vnd Liebe gegen sich: sonder lobet vnd preiset sie auch mit frolocken: gedenckt vnd befleissiget sich auch/wie er Gott seinen Schöpffer vnd Erlöser Christum Jhesum/aus grund seines Hertzen liebe/seinen Mitbrüdern aber alles guts erzeigen vnd
75 beweisen möge. Vnd als denn gehet man wirdig vnd mit frucht zum Tisch des HERren: das alles glaub ich liebes Kind/das es von dir schon geschehen/betrachtet vnd behertziget sey. Du solst aber gewis darfür halten/das du vnter der einigē gestalt des Brods/nichts weniger empfahest/als wenn du es vnter beyden gestalten empfiengest. Vnd in dem soltu dem gebrauch vñ satzung der heiligen Kirchen/vnser getrewen Mutter gehorchen/vnd nicht zertrennen die eintracht vnd einhelligkeit/
80 dieweil sie ein Zeichen vnd Geheimnüs ist der einigkeit: fürnemlich/weil auch Christus selbst hieruon nichts gewisses gebotten hat. Das denn Luther selbst/der Author vnd anfenger der jtzien spaltunge bekant/da er die Böhemen straffete/das sie beyde gestalt brauchten. Aber die Kirche/eine Braut vnd Leib Christi/ein Pfeiler vnnd Grundfest der Warheit/die aller gewisseste Außlegerin vnd Bewarerin seines Worts/hats also/vmb wichtiger vrsach willen/zugeniessen eingesetzt. Hüte dich
85 derhalben mit fleis/das du dich von jr nicht absonderst/wiltu anders von Christo nicht geschieden sein. Dann ausserhalb der Kirchen wird mit nichten Christi Leib genossen/oder ja one frucht/ja viel mehr zum vorderben/eben wie jn Judas Jscarioth gegessen hat. Nun aber entfahe du/on sonder zweiffel/lebendig/Christum Jesum/mit Leib/Blut/Seel vnd Gottheit.

Anhang 8b: 2. Kommunionvermahnung Gnesen-Posen 1579

[1]DV solt/vielgeliebter/oder vielgeliebte in Christo/vnter anderen fürtrefflichen vnd sonderlichen wolthaten/die an dich vnser HERR Christus gewandt/auffs höchste vnd fleissigste/mit danckbarem gemüte bewegē/das er selbst/da er dich mit seinem teuerbaren Rosenfarben Blut/von der gewalt der Sünden/des Todes/vnd des Teuffels erlöset/vnd auß einem Feinde/dich einen Son vnd Erben
5 Gottes/auch seinen Miterben gemacht: hat jhm daran nicht genüget/sondern er hat auch seinen eigenen Leib/zur Speise vnd Tranck/seiner vbertrefflichen Liebe/die er zu dir treget/dir zum vnterpfandt vnd versicherung des Ewigen lebens/gelassen. Dañ das Brod gibt der Welt das Leben: wie er von sich selber im Euangelio bezeuget hat/vnd verwandelt den in sich selber/der jn jsset/weil er in jm bleibet/also/das er mit jm nicht allein ein Leib/sondern auch ein Geist werde. Du solt auch
10 gar nicht zweiffeln/das vnter der gestalt des Brods/Christus warhafftig gegenwertig sey/vnd von dir genossen werde. Denn er selber (der die Warheit selbst ist/vnd nicht kan betriegen) hat gesagt/da er das Brod in seine Hand nam/das ist mein Leib/der für euch dargegebē wird. Welcher auch zuuor/ vnnd eben den seinen Aposteln versprochen hat: das Brod das ich geben werde/ist mein Fleisch/das ich geben wirde für das Leben der Welt. Demnach so ist ers selber/der durch meinen dienst/dir
15 jetzund sein Fleisch vnd Blut/oder seinen Leib/ja sich selber gantz darreicht/als vnd wie er jenes mal/durch sich selber/auß krafft seines Worts/seine Creaturen in sich selber vorwandelt/gereicht/vnd

---

[1] 2. Kommunionvermahnung aus Gnesen-Posen 1579 [Probst Nr. 211] 254-256.

seinen Aposteln dagegeben hat: Wie diß anzeigen vnd zu verstehen geben/der heilige Christostomus/ Cyprianus/Ambrosius/Augustinus/Cyrillus/vnd sonst andere heilige Våter mehr/die für Tausent/zwey/ auch drey Hundert jaren/die Kirche Christi mit jrer Lehr vnd Leben/etliche auch durch jres Bluts
20 zeugnus vñ marter erleucht haben. Eben ein solches haben auch bekant vñ gestanden/die eltsten vnd jüngsten Concilia/durch den heiligen Geist versamlet: also hat auch allwege/von der zeit der Aposteln/biß anher geglaubet/die heilige allgemeine Kirche/vnd also gleubet sie auch noch biß auff den heutigen tag. Diesen vnd so glaubwirdigen Zeugen/soltn geliebter/oder geliebten/oder geliebte im HErren/weit mehr trawen vnd glauben/denn etlichen wenigen/new erwachsenen vnd auff-
25 rührischen Menschen/Ketzern vnd abtrünnigen. Gedenck mit nichten/das du vnter einerley gestalt weniger/als vnter beyder gestalt empfahest: oder das du wider den befelch Christi handelest/wenn du seiner Kirchen befelch vnd satzung heltest. Ja soltest lieber vnter einer gestalt geniessen/als das du die Einigkeit zertrennest: Da ausserhalb der allgemeinen Kirchen/in welcher wir sein/wird der Leib Christi mit nichten empfangen/oder ja one frucht/vnd viel mehr zum vorderben. Von welchen
30 dingen dann weitleufftiger vnd fleissiger an offentlichen Predigten gesagt vnnd gehandelt wird. Du wirst aber/wie ich hoffe/auch eingedenck sein/des befelch des H. Apostels Pauli/da er heist das ein jeglicher Mensch/der zu diesem Tisch tretten wil/sich zuuor selber prüfen/vnd vorhüten sol/damit er nicht vnwirdig esse vnd trincke/vnd also jm das Gericht esse vnd trincke. Derhalben so prüfe du dich auch zuuor wol selbst/vnd gleube das allhie vnter der gestalt des Brods/doch vnsichtbarlich/
35 gegenwertig sey dein HERR vnd dein Gott. Schew dich mit ehrerbietung gegen seiner Maiestet/weil du jn mit viel vnd schweren Sünden vorzürnet: habe Rew das du jn beleidiget hast: Vnd weil du deine Sünde seinem Diener/dem Priester/nach seiner vnd der allgemeinen Kirchen einsetzung/ gebeichtet hast/vnd dauon entbunden vnd absoluiret bist/so befleissige dich/das du Heilig zu dem Allerheiligsten trettest. Aber wenn du nun alles gethan hast/so gedencke gleich an jenen Hauptmann/
40 vnd sprich: HERR ich bin nicht wirdig/das du gehest vnter mein Dach. Also wirstu endlich den Leib des HErren mit frucht vnd nutzbarkeit entpfangen/zur mehrung vnd zu wachs des Geistlichen lebens. Da du hernach mit höchstem fleis in acht haben solt/vnd vorhüten/auff das du nicht widerumb so einen grossen Gast/mit einigerley sünden außstossest/vnd dich des versprochenen Ewigen lebens/mit diesem Sacrament/als mit einem Sygel bestetiget vnd bekrefftiget/vnwirdig
45 machest.

Anhang 8c: 3. Kommunionvermahnung Gnesen-Posen 1579

[1]SO viel als ewer zum Gottlichen Tisch herzu tretten/das aller fürtrefflichste vnd Hochheilige Sacrament zu empfahen/seyd gegenwertig mit ewrem Hertzen vnd Gemüt/gleich wie jr mit dem Leib vorhanden seyd. Dañ es ist vnbillich/wil sich auch mit nichten geziemen vñ gebühren/solche grosse Geheimnus/mit vmbschweiffenden vñ zerrütten Gemüttern zu empfahen. Dieweil die
5 Eucharistia, oder das hochheilig Sacrament des Altars das end ist/zu welchem alle/beydes der Brunn/ aus welchem aller anderen Sacramenten krafft vnd tugend herfleust/als auch die heiligkeit/gezogen werden. Die andern Sacrament seind zwar Heilig: diß Sacrament aber begreifft in sich den Stiffter selbst der Heiligkeit (die vnwissenheit oder hinlessigkeit hindan gesetzt) Christum den HERRN: eben denselbigen/welcher vor zeiten auß einer Jungfrawen geboren/vmb vnserer Sünde willen ans
10 Creutz genagelt/jetzund in den Himeln sitzet/zur Rechten hand des Vaters. Lasset euch ewre

---

[1] 3. Kommunionvermahnung aus Gnesen-Posen 1579 [Probst Nr. 211] 256-258.

Vernunfft vnd Sinne nicht betriegen noch verführen: Dann es ist kein Brod/welches jr sehet/sondern die gestalt des Brods: vnter welcher bedecket wird/der lebendige vnnd warhafftige Leib Christi. Solches schafft vnd wircket die Göttliche krafft/welche nicht Göttlich were/weñ seine Maiestet vnd Hoheit/die menschliche Vernunfft köndte ergründen oder begreiffen. Mit dem Wort Gottes/mit
15 welchem Himel vnd Erden erschaffen seind/wird diß Göttlich Werck vollendet. So jr nun einen solchen so grossen König/zur Herberg auffnemen werdet/ist leicht zu erachten/wie hoch ein reines Hertz von nöten sey/damit nichts in euch die Augen einer so grossen Maiestet verletze: zugleich auch geniesset vnd teilhafftig werdet/der aller süssesten Früchte dieses Sacraments: deren größ/weder mit gedancken begriffen/noch mit der rede mag erkleret vnd außgesprochen werden. Die Eucharistia,
20 oder das Hochheilig Sacrament des Altars/ist ein Brod der Seelen: gibt vnd bringt derhalben denen/ so es wirdiglich empfahen/eben das/was die Speis dem Leib: vnd werden also inniglich Christo dem HERren vereiniget/nach seiner selbst verheissung/vnd wird dennoch das Sacrament nicht in vnser Substantz verendert: sondern wir werden etlicher massen in Christi Natur/welchen wir empfahen/verwandlet oder verkehret/vnd werden jhme am Leben vnd sitten gleich. Mit dieser
25 Narung werden wir im guten erhalten vnd gemehret/der geschmack wird erwecket/also/das wir von tag zu tag/auß diesen Geheimnussen eine grössere süssigkeit schöpffen vñ empfahen. Es ist dem Himelbrod gleich/welches den Vätern in der Wüsten ist gegeben worden: aber auß vnser schuld geschichts offt/das vnserem geschmack/die Speiß der Engel nicht schmecket/was von den sünden schwach worden ist/das wird durch den brauch dieses Hochheiligen Sacrametns/gestercket vnd
30 auffgerichtet: wir werden sterker die tödlichen Sünden zuuermeiden/die läßlichen werden verziehen/ die krefte der bösen gewonheit werden geschwecht: mit der H. Engeln hut vnd schutz werden wir vmbgeben vnd bewaret/welche jhren HErrn mit grosser anzal beleiten. Der Glaub wird geübet/vnd mit der hoheit des Geheimnus vermehret: die Hoffnung wird mit diesem Pfand/der ewigen vnsterbligkeit vorsichert vnd vorgewissert: Daher dann die gröste vrsach der fröligkeit entstehet.
35 Es ist gleich wie ein Feur/welches die Flammen der Lieb in den Hertzen anzündet/mit welcher die Brunst des Fleisches gedempffet/vnd die bösen neigungen in vns gezämet werden: werden auch starckmütiger vnd hertzhafftiger/wider alle widerwertigkeiten dieses Lebens: vnd gehen also mit dieser Speise genehret vnd vorsehen/immer fort/auff dem angefangenen Weg der Tugend/biß das wir endlich gelangen vnnd kommen zu dem Berg Gottes Oreb. Aber diese vnd andere vnzehliche
40 früchte mehr/empfangẽ allein die jenigen/welche wirdiglich Communiciren: Die aber/so vnwirdig hinzu tretten/die essen vñ trincken jhnen selbst das Gericht vnd Vrteil. Wie es dañ auch den allerbesten dingen angeborn/das sie nützlich seind zu gelegener/hergegen schedlich/zu vngelegener zeit genossen. Derhalben ist von nöten/die gantze Beicht der tödlichen Sünden/durch welche die Gewissen gereiniget werden: damit jr mit Hochzeitlichem Kleide gezieret/zu solchem grossen
45 Gastgebot herzu tretet. Dann auch Christus selbst hat zuuor/ehe er den Aposteln das Hochheilige Sacrament gab/die Füsse gewaschen. Tretet derhalben mit grosser ehrerbietung vnd tieffer Demuth herzu/den König der Engel zu empfahen: erwecket in euch die andacht mit heiligen gedancken/vnd fürnemlich mit betrachtung des Leidens Christi/wie er selbst geboten hat/sprechende: Das thut zu meinem gedechtnus. Eilet nicht so geling/gleich wie etliche solch Hochheilig Sacrament begerende
50 zuentpfahen/zu thun pflegen. Dann Heilige dinge/sind heilig zu handeln/vnd mit gebürlicher reiffigkeit oder langsamkeit: welches geschehen wird/so wir vor vnd nach empfangenem Hochheiligen Sacrament/vnser Gemüth mit heilsamen gedancken speisen/vnd mit inbrünstigem Gebet/die Göttliche Barmhertzigkeit anruffen werden/durch Christum vnsern HERRN/welcher mit dem Vater vnd Heiligen Geist/lebet vnd regieret/von Ewigkeit zu Ewigkeit/AMEN.

Anhang 9: Kommunionvermahnung Augsburg 1580

[1]IHR geliebten in dem Herren/Dieweil jhr jetz vorhabens seyt/die Göttliche speyß des hochwürdigen Sacraments hie zuempfahĕ/so wil mein obligendts Ampt erforderen/daß ich sampt Paulo dem heyligen Apostel/euch Christlich vnd trewlich ermane vnd warne/damit ein jeder sich selbs hie wol probiere vñ prüffe. Dann gleich wie kain speiß edler/kräfftiger vnd hailsamer ist auff Erden/dann
5 deß zarten Fronleychnams Jesu Christi vnsers lieben Herren/wann man ihn würdigklich emphahet/ Also ist auch kein ding schier dem Menschen an Leib vnd Seel schädlicher/wann man zů dem Tisch des Herren gehet vnwürdigklich/vnd sich mit disem Himmelbrot versündiget.
Demnach/damit diß hochheylig vnd vnbegreifflich Sacrament Christenlich empfangen werde/auch vnaußsprechliche Gnad vnd nutz in dir wircke: Solt du frommer Christ/vor allen dingen glauben
10 vnd bekennen vestigklich nicht mehr oder weniger/dann vnsere liebe Mûter die allgemaine Christliche Kirch bey vnd von disem Sacrament durchauß gelaubet/bekennet vnnd lehret. Der Kirchen sag ich/die ein saul der warhait ist/solt du glauben in dem rechten verstand deß Göttlichen worts von disem Sacrament geschriben. Also wirst du glauben mit deiner vernunfft/nit den eusseren synnĕ/nit den fürwitzigen gedanckĕ oder betrieglichem geschwätz irrender Leuth. Also wirst du
15 auch vngezweyfelt vnd in deinem hertzen gewiß sein/das du hie hast gegenwertig nichts anders dann Christum Jesum waren Gott vnd Menschen/vnser aller ainigen Hayland vnd Seligmacher/vnd eben den Christum mit seinem lebendigen Flaisch vnd Blût/der einmal von der rainen Junckfrawen geboren ist/am stammen des heyligen Creutzes für vns gelidten hat/vnd am Jüngsten Tage widerumb leiblich kommen wirdt zurichten die lebendigen vnd die todten/also das du von hertzen vnd mund
20 mit Thoma hie billich bekennen vnd sagen soltest: Mein Herr vnnd mein Gott. So kanst vnd wirstu auch nit daran zweiffeln/das du allein vnder der gestalt des Brots den wahren gantzen Leib Christi/ vnd die rechte würckung vnd krafft dises Sacraments empfahest/laut der verhaissung Christi: Wer von disem Brot essen wirdt/der wirdt leben in ewigkeit.
Zum andern/dieweil diß Himmelbrot gegeben ist den Kindern/vnd nit den hunden/oder vnbüßfertigen
25 Sündern/soll man dasselbig nit allain mit rechtem Glauben/sonder auch mit gerainigtem hertzen annemmen vnd empfahen/wie ich dann hoffe/daß ihr alle ewer gewissen in der Sacramentalischen Beicht zuuor probirt vnd gerainigt habet/auch noch rew vnd laid vber all ewere missethat traget/vnd forthin/wie gehorsame Kinder Gottes vnd der Kirchen/den sünden absterben /vnd der Christlichen gerechtigkait leben wöllet vnd begeret.
30 Zum dritten/můß ein Christglaubiger sich wol erinnern/wie vnd warumb er diß hochheilig Sacrament nemmen vnd empfahen soll/nemlich nach Christi seines Herrn willen vnd beuelch. Fürnemlich zwar/daß ein glaubiger darbey hab vnd übe danckbare gedächtnuß deß heyligen Leydens vnd bitteren Sterbens seines Haylands/der in höchster liebe nit allain vom Himmel herab zů vns verlornen Adams Kinder kommen/sonder auch sich in den schendelichĕ tod am Creutz für vns
35 dargeben/vnd sein Rosenfarbes Blût reichlich vergossen hat/das wir von dem ewigen flůch erlediget/ mit Gott versönet/vnd wider zů dem ewigĕ hail gefüret wurden. Item ist Christi will vnd mainung/ daß man diß Sacrament empfahe zů einer Gaistlichen Speiß der Seelen/dardurch wir vnd alle Glaubigen in dem Christlichen wesen vnd leben gestercket/auch zů allem gůten aufferzogen vnd ermanet mögen werden/das also Christus in vns/vnd wir in Christo bleiben. Aber das will das
40 hochwürdig Sacrament dermassen empfangen sein/das wir darbey haben ein kräfftigs zaichen der Christlichen ainigkait vnd liebe/auff das wir/welche vns alle eins Brots vnd Sacraments brauchen/

---

[1] Kommunionvermahnung aus Augsburg 1580 [Probst Nr. 15] 240-245.

vnnd ein Gaistlicher leib sein/mit einander/als die glider Christi/vns vnder einander lieben vnd verainigen/vnd also mit Christo vnserem Haupt vnd seinen außerwölten glidern fur vnd fur ein heylige/fridsame/vnzerbrochne gemainschafft haben vnd behalten.

45 Mit kurtzem aber/damit du den zarten Fronleychnam Christi Jesu/Christlich vns nutzlich empfahest/ schleusse (mein Brůder) auß deinem hertzen alle irdische vnnütze sorgen vnd gedancken: kom̄ wie ein geladener Gast zů dem Abentmal deines Herren/wend die augen deines glaubens auff Christum Jesum hie leiblich gegenwertig/betrachte seiner Person höhe vnd würde/wie er mit souil tausent Engeln zů dir komme/vnd seine genade dir freundtlich anbiettet. Bedencke sein wunderbarliche
50 lieb/gůte/gehorsam/demůt vnd gedult/so er fürnemlich in seiner grausamen Marter gehabt vnd erzaigt. Liebe vnd lobe ein solchen getrewen freund vnd Herren/für das gantz Werck seiner Menschwerdung vnd vnsere Erlösung/begere auch die wahre gnadreiche frucht vnd krafft dises würdigsten Sacraments/als nemlich/das es dir seye ein krăfftige artzney wider die bösen Lust vnd vnordenliche begirde oder kranckhaiten deß alten Adams/das es dich fürdere zů wahrer Christlicher
55 lieb vnd ainigkait: das es dein hertz raitze zů der andacht/gedult/danckbarkait vnd allem gůten. Das es dein Seel von grossen gefăhrlichkaiten vnd anfechtungen beware/das es auch seye die recht speiß vnd Wegbrot zů deiner Gaistlichen sterckung vnd vnderhaltung. Solliche vnd andere würckungen vnd krafft dises hochwürdigen Sacraments/gebe vns allen Communicanten Gott der Vatter/Gott der Sun/vnd Gott der hailig Gaist/
60 Amen/Spreche darauff ein Vatter vnser.

Anhang 10: Kommunionvermahnung Münster 1592

[1]ANdaechtige leue N. als ghy nu na der Lehr des hilligen Apostels Pauli/jum flytig erfocht/geprõuet/ und mit Godsaliger oeuinge der Bycht und Boete juw bereydet hebben/und nu demordichlich Begeren de Himmelsche Spyse des allerhilligsten Lichnams den der Herr Jesus vor uns und unse Sûnde in den Doet gegeuen hefft tho entfangen/dat ghy solchs nu nicht unwerdiglich tom Gerichte/
5 sunder andechtiglich tho juwer Seelen Salicheit entfangen/so ist vor allen Dingen nu nôdich/dat gy vast ungerwieuelt gelouen/dat under dũsser sichtbarlichen Gestalt des hilligen Sacraments/de ich juw itzundt geuen und reichen werde/unser Herr und Heilandt Christus Jesus und syn allerhyllig- ste Fleisch und durbar Bloit (luidt synes hilligen Words) warhafftiglich und vullenkommen entholden sy.
10 Querat Sacerdos: Solches gelőue gy fast vnd vngetwyuelt?
Respondeat aegrotus: Ich gelőue. Sacerdos: Wan gy dan dat gelōuet/so sprecht my nu demoedich na: O Herr Jesu/ich bin nicht werdich dat du ingaest vnder myn Dack: sunder spreck ein Wort so werdt myne arme Seele gesundt.

---

[1] Kommunionvermahnung aus Münster 1592 [Probst Nr. 427] 29-30.

Anhang 11: Kommunionvermahnung Konstanz 1597 I

[1]Ihr Geliebte in Christo dem Herren die ihr durch die Gnad vnd Barmhertzigkeit deß Allmächtigen Gottes über ewere begangne Sünd ware Rew vnd Leyd tragendt auch dieselbigen in dem heiligen Sacrament der Beicht mit hertzlichem Schmertzen ewerem ordentlichen Beichtvatter bekendt darauff auch die verzeyhung der Sünden von ihme erlangt vnd mit Gott dem Allmächtigen widerumb
5 versöhnet vnd jetzundt vor dem Altar deß Herren demütigklich erscheinent vnd begerent den waren Leib vnd Blut Christi vnsers Herren vnd Seligmachers in dem Hochwürdigisten Sacrament deß Altars würdigklich zu empfahen so erdemütigent vnd bekennent euch als arme Sünder vnd sprechendt mir nach die gemeine Beicht.
Ich armer Sünder....

---

[1] Kommunionvermahnung aus Konstanz 1597 I [Probst Nr. 286] 89-92. Textlich verändert findet sich diese Vermahnung in Konstanz 1686 [Probst Nr. 288] 92-99 und 1721 [Probst Nr. 289] 105-112. Texte zitiert nach Dold 52f.

Rainer Bucher

Kirchenbildung in der Moderne

Eine Untersuchung der Konstitutionsprinzipien
der deutschen katholischen Kirche im 20. Jahrhundert
1998. 304 Seiten. Kart.
DM 49,80/öS 364,–/sFr 46,–
ISBN 3-17-015269-6
Praktische Theologie heute, Band 37

Diese pastoraltheologische Studie mit zeitgeschichtlicher Tiefenschärfe befragt die jüngste Vergangenheit der deutschen Kirche um der Chancen der Kirche in Gegenwart und Zukunft willen. Nach welchen Prinzipien bildete sich Kirche in diesem mit Katastrophen geschlagenen und doch an Aufbrüchen reichen Jahrhundert? Welche Hoffnungen zeigten sich als Irrwege und welche Wege stehen ihr noch offen? Die Analyse historischer kirchlicher Zeitgenossenschaft, die Begegnung mit deren Größe und Elend, soll helfen auf dem Weg der Kirche in der entwickelten Moderne. Bucher plädiert für eine "Ordnung des Pluralen", für die Mühe der angemessenen Qualifikation real kirchenbildender Prozesse, für deren Vernetzung und für Prozesse der wechselseitigen Anerkennung als Orte des Volkes Gottes.

Privatdozent Dr. Rainer Bucher ist Stellvertretender Leiter der Bischöflichen Studienförderung Cusanuswerk, Bonn.

Kohlhammer

W. Kohlhammer GmbH · 70549 Stuttgart · Tel. 07 11/78 63 - 2 80

Heike Radeck

Ignatianische Exerzitien und Bibliodrama

Ein hermeneutischer Strukturvergleich
1998. 176 Seiten. Kart.
DM 39,80/öS 291,–/sFr 37,–
ISBN 3-17-015277-7
Praktische Theologie heute, Band 35

In der vorliegenden Arbeit wird die bekannte Tradition der ignatianischen Exerzitien auf ihre Bedeutung für das Bibliodrama untersucht. Zeigt das Bibliodrama eine intensivere Wahrnehmung der Leistungsfähigkeit biblischer Texte, so wird den Ignatianischen Exerzitien eine stärkere Orientierung an Spiritualität zuerkannt, die für die Bibliodrama-Arbeit immer wichtiger wird.

Die Darstellung entspricht ganz den Zielsetzungen der Reihe "Praktische Theologie heute": Ein wichtiges aktuelles Thema wird ökumenisch vorurteilsfrei untersucht, die derzeitige Praxistheorie des Bibliodramas deutlich gefördert und in verständlicher Weise Anschluß an die Verhältnisbestimmung von Wissenschaft zu Spiritualität gewonnen.

Dr. Heike Radeck ist Pfarrerin in Kassel.

Kohlhammer

W. Kohlhammer GmbH · 70549 Stuttgart · Tel. 07 11/78 63 - 2 80